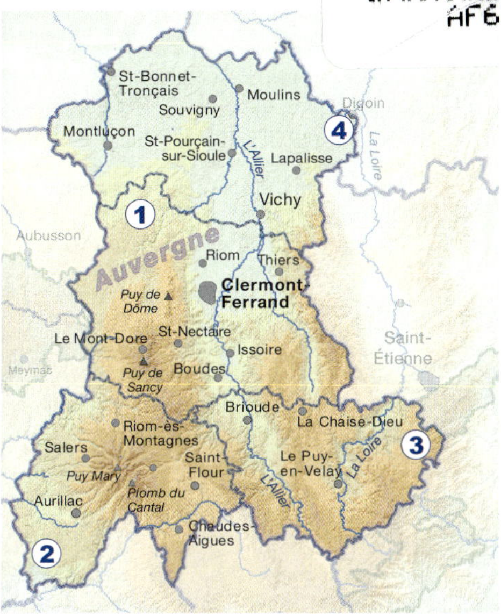

St-Bonnet-Tronçais
Moulins
Souvigny
Digoin
Montluçon
St-Pourçain-sur-Sioule
L'Allier
La Loire
Lapalisse
Vichy
Aubusson
Auvergne
Riom
Thiers
Clermont-Ferrand
Puy de Dôme
Le Mont-Dore
St-Nectaire
Issoire
Saint-Étienne
Meymac
Puy de Sancy
Boudes
Brioude
La Chaise-Dieu
Riom-ès-Montagnes
Salers
Saint-Flour
Le Puy-en-Velay
La Loire
Puy Mary
L'Allier
Plomb du Cantal
Aurillac
Chaudes-Aigues
1
2
3
4

Crozant
Montluçon
La Creuse
Boussac
La Vienne
Le Dorat
La Souterraine
Guéret
Oradour-sur-Glane
Bourganeuf
Aubusson
Ambazac
Lac de Vassivière
Saint-Junien
Limoges
St-Léonard-de-Noblat
La Vienne
Limousin
Meymac
La Corrèze
Brive-la-Gaillarde
Tulle
Aubazine
Collonges-la-Rouge
La Vézère
La Dordogne
Beaulieu-sur-Dordogne
Aurillac
5
6
7

Unterwegs mit

Severine Wahl

Aufgewachsen in der Südpfalz, unweit der französischen Grenze, war Severine Wahl schon immer fasziniert von Frankreich. Sie lebte in Paris und Lille, und ergriff nach ihrem Studium den Beruf der Redakteurin. Wenn sie nicht gerade am Recherchieren oder Schreiben ist, widmet sie sich ihren Leidenschaften: ihren beiden Kindern, Radeln, Kaffee und Nachhaltigkeit.

Was für eine traumhafte Aussicht breitete sich vor uns aus, als wir die Felsen oberhalb der Creuse betraten und die Ruinen von Crozant auf der gegenüberliegenden Flussseite erblickten! Was für ein albtraumhaftes Herumgeirre hatten wir hinter uns, bis wir endlich den richtigen Weg gefunden hatten ... Nicht nur, dass die Einheimischen im Limousin oft selbst nicht wissen, welche Schätze sie da vorzuweisen haben und schnell mal ein paar Hinweisschilder vergessen – bei unserer ersten Reise ins Limousin war auch kein einziger deutschsprachiger Reiseführer auf dem Markt, der uns bei der Suche hätte helfen können.

Wie schade, denn egal, ob Wandertouren, schöne Schlösser und Burgruinen oder Badeseen – im Limousin und auch beim Nachbarn, der Auvergne, kann man so viel entdecken. Da sollte man doch zumindest eine kleine Handreichung zusammenstellen, so die Idee. Aus der „kleinen Handreichung" ist dieser dicke Band geworden ... so dick, weil eben auch die Auvergne, die einen Großteil des Zentralmassivs einnimmt, mit ihren atemberaubenden Vulkanen, mondänen Kurorten und leckeren Käsesorten in diesem Reiseführer nicht fehlen darf. Sie macht gemeinsam mit dem Limousin dieses Buch über das grüne Herz Frankreichs erst komplett..

Was haben Sie entdeckt?

Haben Sie ein besonderes Restaurant, ein neues Museum oder eine nette Unterkunft entdeckt? Wenn Sie Ergänzungen, Verbesserungen oder Tipps zum Buch haben, lassen Sie es uns bitte wissen!

Schreiben Sie an: Severine Wahl, Stichwort „Auvergne & Limousin"
c/o Michael Müller Verlag GmbH | Gerberei 19 | D – 91054 Erlangen
severine.wahl@michael-mueller-verlag.de

Auvergne & Limousin Zentralmassiv

Severine Wahl

3. komplett überarbeitete und aktualisierte Auflage 2023

Inhalt

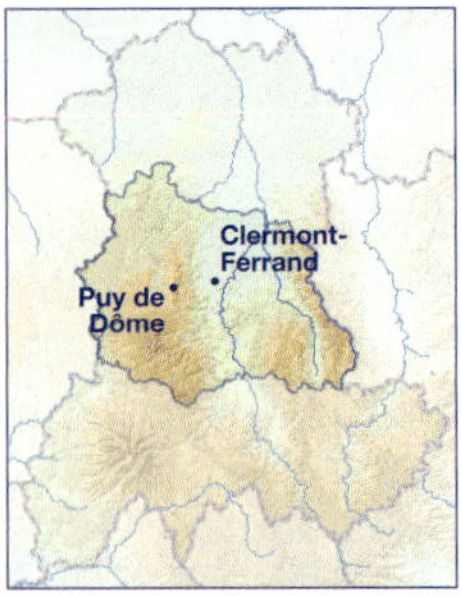

Zwei gigantische Vulkanmassive prägen die Landschaft in der Mitte der Auvergne: eine Vulkankette mit sanften Kuppen, Kratern und Seen und das Sancy-Massiv mit riesigen Felsformationen. Bekannt ist das Departement für sein berühmtes Volvic-Wasser und seine Thermalbäder. Zwischen all dem Grün setzen Städte aus schwarzem Vulkangestein dunkle Akzente.

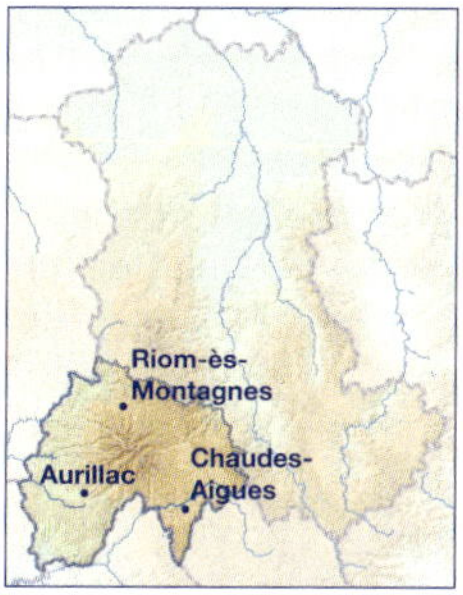

Das Cantal ▪ 104

Ein nahezu immergrünes Gebirge mit schwindelerregenden Pass-Straßen, traumhaften Ausblicken und markanten Gipfeln lassen die Herzen von Wanderern und Wintersportlern höher schlagen. Täler und idyllische Bergdörfer sorgen in dieser spektakulären Landschaft für Abwechslung. Nirgendwo sonst zeigt sich die Auvergne von ihrer ursprünglichsten Seite.

Traumhafte Panoramarouten führen durch die Auvergne

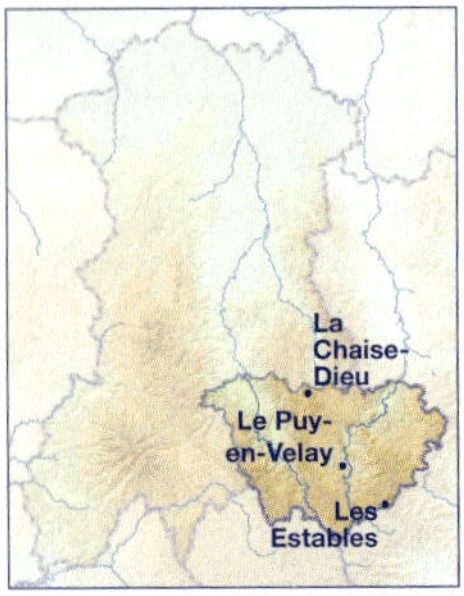

Die Haute-Loire ▪ 152

Die Loire und der Allier graben tiefe Schluchten in diese schroffe, bewaldete Vulkan-Hochebene. Romantische Dörfer mit Häusern aus Basaltstein und roten Ziegeln erstrecken sich entlang der Ufer und verleihen dem Departement einen fast schon mediterranen Charme. Ein Kontrast dazu: der karge Südosten, der mit kulinarischen Überraschungen auftrumpft.

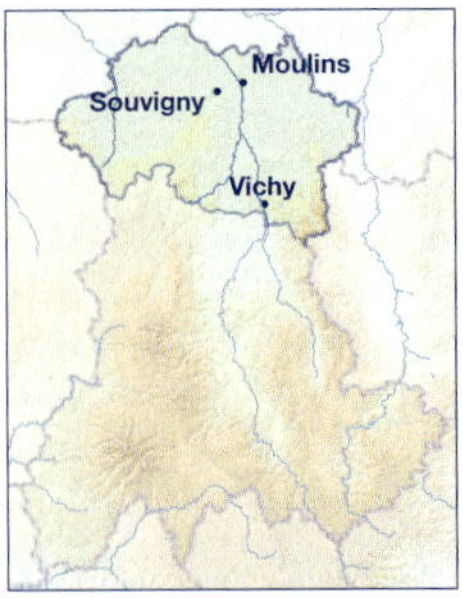

Das Allier ▪ 198

Der Norden der Auvergne kommt ohne Vulkane aus. Dafür lockt das Departement mit Burgen und Schlössern, einem eindrucksvollen Eichenwald – und Geschichte: Ein mächtiges Königsgeschlecht ging hervor, Römer errichteten erste Thermalbäder, eines der ältesten Weinbaugebiete Frankreichs erstreckt sich hier, das Vichy-Régime hinterließ ein dunkles Erbe.

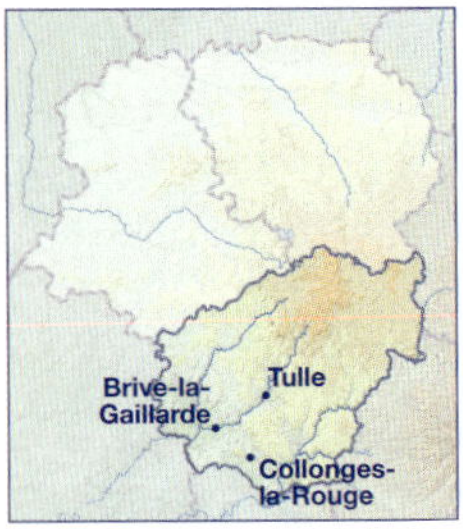

Die Corrèze ■ 374

Als Pforte zum Süden gilt die Corrèze – wegen seines warmen Klimas und seiner schroffen, südlich geprägten Landschaft mit tiefen Flusstälern. Raue Mittelgebirgslandschaften und ausgedehnte Wälder verleihen dem Departement Facettenreichtum. Ein Schmankerl sind einzigartige Dörfer, die zu den schönsten Frankreichs zählen.

Was haben Sie entdeckt?

Haben Sie ein besonderes Restaurant, ein neues Museum oder ein nettes Hotel entdeckt? Wenn Sie Ergänzungen, Verbesserungen oder Tipps zum Buch haben, lassen Sie es uns bitte wissen!

Schreiben Sie an: Severine Wahl, Stichwort „Auvergne & Limousin"
c/o Michael Müller Verlag GmbH | Gerberei 19, D – 91054 Erlangen
severine.wahl@michael-mueller-verlag.de

Preise Übernachten
(DZ inkl. Frühstück in der Hauptsaison)

€	bis 60 Euro
€€	61–110 Euro
€€€	111–149 Euro
€€€€	ab 150 Euro

Preise Essen
(ein Hauptgericht)

€	bis 25 Euro
€€	26–40 Euro
€€€	41–69 Euro
€€€€	ab 70 Euro

nachhaltig, ökologisch, regional

meinTipp Die besondere Empfehlung unserer Autorin

Die Berge der Auvergne sind ein Paradies für Wanderer und Biker

Orientiert

in der Auvergne & im Limousin

Die Region im Profil

Die Auvergne ist …

Die Landschaft ist ein einzigartiges Naturerlebnis. Von Vulkanen geprägt, zeigt das Zentrum Frankreichs auch andere Facetten: dunkle Nadelwälder, mediterrane Landstriche, karge Plateaus – in allen Grünschattierungen. Vor allem Ruhesuchende, Bergsportler und Feinschmecker finden hier ihr Glück.

Fläche: 26.013 km²

Einwohner: 1.369.348 (Stand 2020)

Bevölkerungsdichte: 52,6 Einwohner pro km²

Departements: Allier, Puy-de-Dôme, Haute-Loire und Cantal

Hauptort: Clermont-Ferrand

… Frankreichs grünes Herz

Das vulkanisch geprägte Zentralmassiv liegt in Frankreichs Mitte und erscheint immerzu grün (außer im Winter). Im Norden im Allier noch flach, steigt die Landschaft im Puy-de-Dôme an. Zwei Vulkanketten prägen hier das Landschaftsbild: die rund 80 Vulkane, Kegel und Krater der Chaîne des Puys mit seinem Wahrzeichen dem Puy de Dôme sowie die Monts Dore (auch Sancy-Massiv), die im knapp 1900 m hohen Puy de Sancy gipfeln. Bilderbuchhafte Kraterseen und traumhafte Gletschertäler mit faszinierenden Felsformationen prägen die Landschaft. Daran schließen sich die Berge des Cantal an, die aus einem einzigen Vulkan entstanden sind. Hier wechseln sich wie mit Moos überzogene Berge mit idyllischen, von Flüssen durchzogenen Tälern ab. Fast schon mediterran mutet die sanft gewellte Limagne d'Issoire sowie die waldreiche Châtaigneraie im Süden des Cantal an. Wildromantisch erscheinen die Schluchten des Allier, der sich durch das Land des Velay zieht. Einen Kontrast bilden die Nadelwälder im hochgelegenen Livradois-Forez sowie die kärgeren Plateaus der Planèze und von Aubrac.

… Unesco-Welterbe

Elf Jahre lang hat sich die Auvergne um ein Welterbe der Unesco bemüht. Mit Erfolg! Die Chaîne des Puys und die Tektonikarena der Limagne-Verwerfung haben es auf die Liste geschafft und wurden seit 2018 als erste Naturstätte des französischen Festlands als Welterbe aufgenommen. Denn anhand der Stätte werden die geologischen Prozesse bei der Entwicklung von Landschaftsformen sichtbar.

... ein Eldorado für Outdoor-Sportler

Die Berge des Cantal sind bestens geeignet für Outdoor-Sport. Beliebt sind im Sommer die Ski-Pisten bei Mountainbikern, im Winter natürlich bei Langläufern und Abfahrts-Skifahrern. Auch Touren auf Schneeschuhen und im Hundeschlitten liegen voll im Trend. Rennradler quälen sich gerne die engen Serpentinen hinauf. Flüsse wie der Allier und die Loire sind für Kanuten und für Rafting prädestiniert. Der Klassiker bleibt allerdings Wandern – für jeden Anspruch.

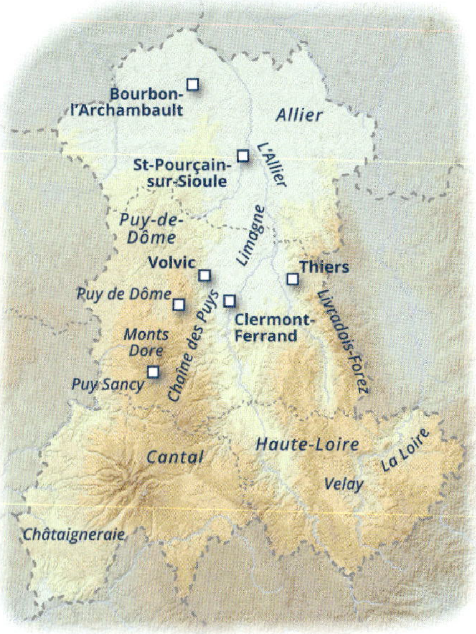

... die Wiege einer mächtigen Königsdynastie

Wahrhaft geschichtsträchtig ist die Auvergne, besonders das Allier. Denn dort etablierte sich das Herzogtum der Bourbonen und stieg zu einer der mächtigsten Dynastien Frankreichs auf. Sieben Monarchen hat es hervorgebracht. Das Königshaus in Spanien stammt übrigens auch von der Linie ab. Bourbon-l'Archambault gilt als Wiege der Bourbonen, wurde als Herrschersitz von Moulin abgelöst. Die Überreste der Festungen kann man besichtigen.

... Messer-, Reifen- und Wasserhochburg

Obwohl die Menschen in der Auvergne lange als Selbstversorger lebten, haben sich bedeutende Industriezweige entwickelt. Auf eine lange Tradition der Messerschmiedekunst blickt die Stadt Thiers im Norden des Livradois-Forez zurück. Die Werkstätten befanden sich im Tal entlang des Flüsschens Durolle. Moderner Gegensatz: In Clermont-Ferrand produziert der Weltkonzern Michelin Autoreifen. Nicht weit davon entfernt, in dem Örtchen Volvic, werden täglich tausende Liter Wasser durch den gleichnamigen Hersteller abgezapft. Es fließt durch Vulkangestein und gilt als besonders mineralhaltig.

... ein Muss für Käse- und Weinliebhaber

Wein vermutet man zwischen Vulkanen weniger. Tatsächlich liegt dort eines der ältesten Weinbaugebiete Frankreichs bei Saint-Pourçain-sur-Sioule in der nördlichen Limagne. Die edlen Tropfen waren in Königshäusern und im Papstpalast heiß begehrt. Zu Wein serviert man gerne Käse und davon hat die Auvergne herausragende Sorten zu bieten. Kein Wunder, denn auf den saftigen Hochalmen hat das Vieh genug Platz zum Grasen. Aus dessen Milch werden die würzigen Rohmilchkäsesorten Cantal und Salers, der cremige Weichkäse Saint-Nectaire und die Blauschimmelkäsesorten Fourme d'Ambert und Bleu d'Auvergne produziert. Alle fünf Sorten sind mit der „Appellation d'Origine Protégée" (AOP) geschützt.

Die Region im Profil

Das Limousin ist …

Frankreichs Ruhepol. Die westlichen Ausläufer des Zentralmassivs schätzen vor allem Städter wegen der Abgeschiedenheit und der Natur. Letztere zog bereits zahlreiche Künstler an, die darin ihre Muse fanden. Das Limousin trumpft aber auch mit einer facettenreichen Landschaft auf.

Fläche: 16.942 km²

Einwohner: 727.308 (Stand 2020)

Bevölkerungsdichte: Knapp 43 Einwohner pro km²

Departements: Creuse, Haute-Vienne und Corrèze

Hauptort: Limoges

… das Tor zum Süden

In drei Departements unterteilt sich das Limousin und landschaftlich unterschiedlicher könnten sie nicht sein. Wildromantisch und waldreich zeigt sich die Creuse im Nordlimousin. Der gleichnamige Fluss schlängelt sich durch felsige Schluchten. Hier ist die Natur noch am ursprünglichsten. Maler wie Claude Monet waren von der Schönheit der Natur angetan und haben direkt an den Gewässern ihre Staffeleien aufgestellt.

Auf mythische Felsenformationen trifft man in der Creuse. So auch im Departement Haute-Vienne: Druidenhafte Dolmen ragen in den Mont d'Ambazac und den Monts de Blond empor. Die sanften Mittelgebirge sorgen in der sonst eher kargen Gegend für etwas Abwechslung. An der Vienne haben sich größere Orte wie Limoges und Saint-Junien mit Handwerksbetrieben angesiedelt. Die Corrèze ist klimatisch wie landschaftlich dem Périgord schon sehr nah. Das Department, überhaupt das ganze Limousin, gilt als Tor zum Süden. An der Grenze zur Auvergne steigt die Landschaft an – Richtung Nordosten geht das Monédières-Massiv mit schönem Heideland in die raue und wasserreiche Hochebene von Millevaches mit dem höchsten Gipfel des Limousin, dem Mont Bessou, über. Das Plateau erstreckt sich über alle drei Departements und gilt als gigantischer Wasserspeicher, nicht zuletzt wegen des 10 Quadratkilometer großen Stau- und Badesees Lac du Vassivière.

… eine der menschenleersten Regionen Frankreichs

Knapp 43 Einwohner leben auf einem Quadratkilometer, im Departement Creuse sind es sogar nur 21. Einzig in Lozère in der Region Okzitanien leben noch weniger Menschen. Viele junge

Leute zieht es in die Metropolen im Land. Immerhin ist die Dichte an Zweitwohnsitzen auffällig hoch.

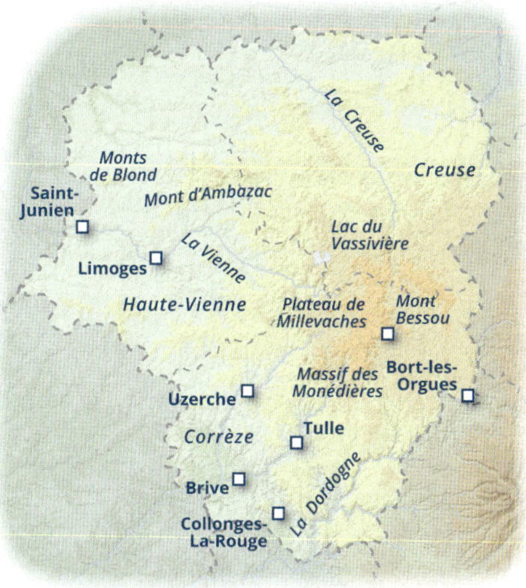

… kulinarische Hochburg

Die wiesenreichen Landstriche begünstigen natürlich die Viehzucht als bedeutenden Wirtschaftsfaktor. Die wichtigste Rasse ist das rotbraune Limousin-Rind, dessen deliziöses Fleisch in über 70 Länder exportiert wird. Aber nicht nur wegen des feinen Rindfleisches gehört die Region zu Frankreichs kulinarischen Hochburgen. Beliebt sind zudem Delikatessen wie Foie gras, Confit, Kastanien und Schinken vom Cul-noir-Schwein. Typisch für die Gegend ist das Fondu Creusois (Käsesoße, die zu Kartoffeln oder einem Omelett serviert wird). Den süßen Hunger stillt man traditionell mit Clafoutis (Kirschauflauf), Massepain (aus Mandeln und Eischnee) oder köstlichen Madeleines.

In Städten wie Limoges, Tulle und Brives haben sich viele Restaurants einen Namen gemacht – in Limoges ploppen sogar zunehmend vegetarische und vegane Cafés und Bistros auf – ein Trend, der sich in den nächsten Jahren bestätigen dürfte.

Das Klima in der Corrèze ist sogar so warm, dass im Becken von Brive süßer Strohwein sowie andere Schnäpse und Liköre, vornehmlich Nussliköre, produziert werden.

… die Mutter der schönsten Dörfer Frankreichs

Malerische Dörfer und Städtchen sind wie im Bilderbuch in die Landschaft platziert. Manche gelten als wahre Perlen wie Uzerche, andere gehören zu den schönsten Dörfern Frankreichs. Fünf davon zählt das Limousin. Die Mutter der schönsten Orte darf sich Collonges-La-Rouge nennen. Das erste Örtchen mit dieser Bezeichnung hebt sich allerdings mit seinen Häusern aus rotem Sandstein von den Bauten aus sonst hellem Sandstein oder Granit deutlich ab. Typischerweise decken rote Ziegel oder Schiefer die Dächer. Letzterer stammt von imposanten Steinbrüchen in der Nähe von Brive, durch dessen Felswände man über eine schwindelerregende Hängebrücke wandeln kann.

… Kletter- und Kanuparadies

Flüsse wie die Dordogne, die Vienne oder die Creuse sind ein wahres Eldorado für Kanu- und Kajakfans. Vor allem an der Dordogne trifft man auf zahlreiche Anbieter der Boote (auch an Campingplätzen). Einige Uferstellen sind sogar mit Badestränden bestückt. Sagenhafte Felsen wie in Bort-les-Orgues, die an steinerne Orgelpfeifen erinnern, locken viele Kletterfreunde an. Für geübte Kraxler bietet sich der Steinbruch in Le Maupuy bei Guéret an.

Facettenreiches Erbe

Erlebnis Kultur

Dank der Schätze der Natur sind die Auvergne und das Limousin gespickt mit prächtigen Kathedralen aus dunklem Vulkan- und mehrfarbigem Sandstein, mächtigen Burgen und Schlössern. Und über die Landesgrenzen hinaus bekannt ist die Handwerkskunst wie das Limoger Porzellan und Email.

Das Zentralmassiv ist gespickt mit besonderen Kirchen wie die Schwarze Kathedrale in Clermont-Ferrand

Kirchen in allen Farben

Clermont-Ferrand: Die Kathedrale aus schwarzem Vulkanstein mit ihrem fast 51 m hohen Uhrturm überragt erhaben die Altstadt. → S. 58

La Chaise-Dieu: In der ehrwürdigen Abbaye Saint-Robert beeindruckt die wundersame Wandmalerei, der Totentanz. → S. 101

Souvigny: In der Église Saint-Pierre-et-Saint-Paul befinden sich Gräber bourbonischer Herzöge – ein Wallfahrtsort. → S. 212

Le Puy-en-Velay: Ausgangspunkt einer der ältesten Pilgerrouten Frankreichs ist die prächtige Kathedrale auf einem erloschenen Vulkankegel. → S. 157

Clermont-Ferrand: In der Basilique Notre-Dame-du-Port sind neben einer schwarzen Madonna aus Nussbaumholz auch herausragende Säulen mit Figuren- und Pflanzenkapitellen zu bestaunen. → S. 59

Issoire: Die ehemalige Benediktinerabteikirche Saint-Austremoine lockt mit vielen prächtigen Farben. → S. 87

Saint-Nectaire: Biblische Szenen schmücken die 103 Säulenkapitelle in der Église de Saint-Nectaire auf dem Mont Cornadore. → S. 40

Orcival: 244 skulptierte Kapitelle und eine Madonnenstatue aus vergoldetem Nussbaumholz sind der Stolz der Basilika Notre-Dame. → S. 53

Saint-Saturnin: In einem der schönsten Orte Frankreichs findet man die anmutende Église Notre-Dame. → S. 83

Limoges: Sehenswert sind die Kathedrale und der schöne Bischofsgarten. → S. 260

Arnac-Pompadour: Die Kapelle Saint-Blaise ziert ein 300 m² großes modernes Kunstwerk. → S. 402

Sous-Parsat: Fast schon skurril sind die Malereien in der Kirche in Sous-Parsat. → S. 348

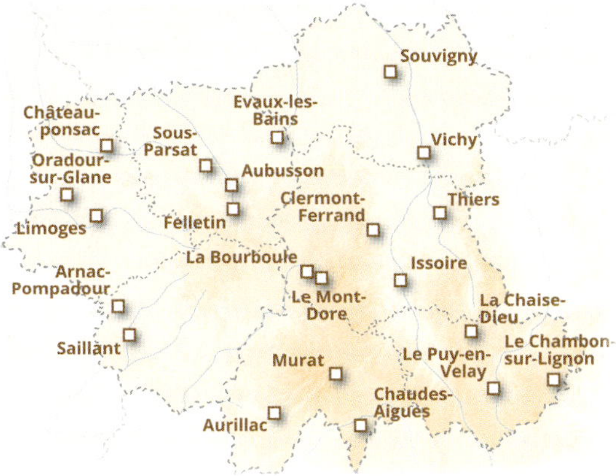

Allasac: Wirklich einzigartig sind die Fenster der Kapelle von Saillant, kreiert wurden sie von Marc Chagall. → S. 395

Kuren wie im „Zauberberg"

Vichy: Die Stadt mit den heilversprechenden Quellen lockt immer noch viele Gäste an und hat ihren mondänen Charme bewahren können. → S. 235

Le Mont-Dore: Die einstige Noblesse hat ein wenig gelitten, das Heilwasser ist aber immer noch gefragt – kein Wunder, in einer der schönsten Thermen Frankreichs lässt's sich gut aushalten. → S. 32

Chaudes-Aigues: Der Ort verfügte bereits im 17. Jh. über ein Netz, das alle Häuser mit Warmwasser und Fußbodenheizung versorgte. → S. 148

Évaux-les-Bains: Einziger Kurort im Limousin, einst sollen hier über 30 Quellen gesprudelt haben. → S. 362

Feuerkünste und mehr

Thiers: Die Auvergne ist besonders stolz auf ihre Messerhauptstadt, wo man viel über die „scharfe" Schmiedekunst erfährt. → S. 95

Limoges: Im Limousin etablierte sich die Herstellung von Porzellan, Email und Glas rund um Limoges. → S. 256

Aubusson: Die Adresse für alle, die an der Teppichweberei und -wirkerei interessiert sind. → S. 350

Felletin: In der „Hauptstadt der Wolle" werden in einigen Ateliers heute noch kunstvolle Teppiche hergestellt. → S. 355

Kunst- und Heimatmuseen

Clermont-Ferrand: Klassische Kunstmuseen wie das für moderne Kunst (Le Frac) findet man wenige. → S. 59

Aurillac: Mit archäologischen Exponaten bestückt ist das Musée d'Art et d'Archéologie. Im Ort gibt es auch ein informatives Vulkanmuseum. → S. 124

Limoges: Die Stadt hat ihrer Porzellankunst mit dem Museum Adrien Dubouché einen herrlichen Ort geschaffen (→ S. 262).

Ebenfalls sehenswert ist das Musée du Four des Casseaux, wo man einen Brennofen von innen sehen kann (→ S. 265).

Im Musée des Beaux-Arts, untergebracht im prächtigen Bischofspalast, kann man Gemälde und Emailkunst bewundern (→ S. 262).

Murat: Eine reiche Sammlung der Fauna und Flora besitzt das Maison de la Faune. → S. 117

Clermont-Ferrand: Das Musée Henri Lecoq gibt u. a. Aufschluss über die Geschichte der Naturwissenschaft, Flora, Fauna und Mineralien. → S. 60

Châteauponsac: Das traditionelle Leben im Limousin wird nirgendwo besser illustriert als im Musée René Bauberot. → S. 321

Montrol-Sénard: Im Museumsdorf bekommt man Einblicke in das Leben im Limousin Anfang des 20. Jh. → S. 326

Bombastische Panoramen

Erlebnis Natur

Nirgendwo sonst ist die Natur noch so ursprünglich, sind weite Teile noch so unberührt wie in Frankreichs grünem Herzen. Das mächtige Zentralmassiv mit seiner immergrünen Vulkanlandschaft zieht sich vor allem mit gigantischen Höhen durch die Auvergne und läuft sanft im Limousin aus.

Wanderauszeit im Westen des Zentralmassivs

Vulkane, Plateaus und Moore

Sancy-Massiv: Das Zentralmassiv erreicht seine höchsten Erhebungen in der Auvergne in den Monts Dore mit dem Puy de Sancy. → S. 28

Plomb du Cantal: Mit knapp 1900 m ist er der höchste Gipfel in der menschenleeren Gegend im Cantal-Massiv. → S. 108

Puy Mary: Unweit davon lockt der Puy Mary mit seinen zahlreichen Wandermöglichkeiten Besucher an. → S. 109

Gorges de la Jordanne: Tiefgrün sind die Weiden der Bergriesen des Cantal-Massivs, unterbrochen von tiefen Tälern. Insbesondere im Tal der Jordanne kommt Abenteuerfeeling beim Durchqueren der Schlucht auf. → S. 112

Puy de Dôme: Einzigartig reihen sich rund 80 erloschene Vulkane, Krater und Maare hier wie eine Kette aneinander. Ein gutes Panorama darauf hat man von oben. → S. 48

Monts d'Ambazac und Monts de Blond: Fast schon sanft wirken dagegen die beiden Mittelgebirge um Ambazac und um Blond, die gespickt sind mit Dolmen und Menhiren. → S. 312, 325

Mont Bessou: Seinen Höhepunkt mit knapp 1000 m erreicht das Limousin im raueren Plateau de Millevaches. → S. 442

Tourbière des Dauges und Tourbière du Longeyroux: In den Monts d'Ambazac und auf dem Plateau Millevaches setzen Heidelandschaften farbige und durchaus feuchte Akzente. Wanderungen durch die Torfmoore lohnen sich allemal. → S. 312, 443

Schluchten und Täler

Große Flüsse wie die Loire und der Allier graben tiefe Schluchten durch die Vulkanmassive der Auvergne.

Tal des Allier von Brioude bis Langeac: Von seiner romantischen Seite zeigt sich das Tal des Allier im Departement

Haute-Loire. Die malerischen Dörfer am oder hoch über dem Flussufer sollte man sich nicht entgehen lassen. → S. 169

Tal der Santoire: Im Cantal schlängeln sich kleinere Flüsse durch traumhafte Täler. Eine gigantische Bergkulisse erhebt sich über dem Tal der Santoire mit kuriosen Felsformationen und Wasserfällen. → S. 115

Tal der Petite Rhue: Hier trifft man auf einen märchenhaften Wasserfall, die Cascade du Sartre. → S. 113

Flüsse und Wasserfälle

Wie die Loire und der Allier in der Auvergne sind im Limousin die Dordogne im Süden und die Creuse im gleichnamigen Departement im Norden bedeutende Flüsse.

Argentat-sur-Dordogne und Beaulieu-sur-Dordogne: Einzigartig sind Fahrten auf Lastkähnen, den Gabarren. → S. 421, 427

Crozant: Hier lassen sich idyllische Flussschleifen jeweils von Felsvorsprüngen bewundern. → S. 335

Pontgibaud: Das Departement Puy-de-Dôme wartet mit der Méandre de Queuille mit einer der schönsten Flussschleifen auf. → S. 82

Tulle und Puy-en-Velay: Traumhaft sind so manche der zig Wasserfälle, in der Corrèze allen voran die dreistufigen Cascades de Gimel, und im Haute-Loire die Cascade de la Beaume auf fast schwarzem Granit. → S. 415, 162

Naturparks und Gärten

Um die Ursprünglichkeit der Landschaft zu bewahren, wurden regionale Naturparks geschaffen.

Plateau de Millevaches: Das klimatisch raue, wasserreiche Plateau de Millevaches wurde zum Naturpark erklärt. → S. 442

Naturpark Volcans d'Auvergne: In der Auvergne bündelt der Parc naturel regional des Volcans die Vulkanmassive des Puy-de-Dôme und des Cantal. → S. 54

Naturpark Livradois-Forez: Im Osten des Departements Puy-de-Dôme steht das vogelreiche Gebiet unter Naturschutz. → S. 93

Naturpark Aubrac: Im Südosten des Puy-de-Dôme streckt der Park seine Fühler in die Hochebene von Aubrac und der Planèze im Cantal aus. → S. 142

Trotz der reichen Natur haben die Menschen etliche Gärten selbst angelegt, etwa in Form von Arboreten.

Crozant: Besonders schön ist das Arboretum de la Sédelle mit über 130 Ahornarten. → S. 337

Allassac/Varetz: Themengärten wie der Jardins de Colette bilden die Lebensabschnitte der Schriftstellerin nach. → S. 396

Auriac: Der Kosmetikhersteller Sothys hat an der Grenze zur Auvergne einen botanischen Garten, die Jardins Sothys, zu Forschungszwecken angelegt. → S. 425

Tipps für den Familienurlaub

Auvergne und Limousin mit Kindern

Was regt die Kinderfantasie mehr an als die Natur? Vulkane, Wälder, Höhlen und Burgen können kleine Abenteurer entdecken. Erlebnismuseen und Fahrten in historischen Zügen sorgen für Abwechslung. Und dank vieler Seen kommt auch der Badespaß nicht zu kurz.

Ein Hauch Nostalgie findet sich auch in Bergdörfern wie in Salers.

Vulkane und Berge

Feuer speien die Berge im Zentralmassiv zwar nicht mehr, dennoch üben die Vulkane eine Faszination aus. Per Wanderung oder Bergbahn lassen sich die erloschenen Bergriesen erklimmen.

Puy de Dôme: Die Panoramique des Dômes, eine moderne Zahnradbahn, bringt Gäste flott auf den Vulkan. → S. 52

Le Mont-Dore: Abenteuerlich ist die Fahrt mit der nostalgischen Drahtseilbahn Funiculaire du Capucin. → S. 35

Puy de Lemptégy: Forschergeister weren auf einer Tour im Krater des Puy de Lemptégy belohnt – ob zu Fuß oder mit einem Bummelzug. → S. 50

Vulcania: In direkter Nachbarschaft taucht man im Freizeitpark in die Welt der Feuerriesen ein. → S. 50

Höhlen und mythische Felsen

Gouffre de la Fage: Mutige Unterweltler können in die kühle Tiefe der riesigen Tropfsteinhöhle hinabsteigen. Im Winter finden hier Fledermäuse ihr Plätzchen. → S. 388

Site Troglodyte de Jonas: Fast schon kurios wirkt das Felsendorf mit vielen kleinen Höhlen, die einst als Wohnungen dienten. → S. 46

Pierres des Jaumâtres: Zwischen den riesenhaften Felsformationen können Kinder herrlich herumklettern. Unterhalb davon befindet sich noch ein richtiger Kletterpark. → S. 359

Stauseen und Maare

Viele Flüsse graben sich durch die Täler im Zentralmassiv. Einige sind zu Seen aufgestaut.

Lac du Vassivière: Der größte Stausee erstreckt sich im Limousin über alle drei Departements. Viele Sandstrände und eine Insel garantieren Badespaß. → S. 303

Gour de Tazenat: In der Auvergne finden sich dafür Maare wie der runde Kratersee mit Stränden und Felsen zum Hineinspringen. → S. 82

Erlebnismuseen

Spaß versprechen sogenannte Scénomusées mit Lichtspektakeln und Figurenspiel.

Le Puy-en-Velay: Geschichte hautnah erleben Kinder im großartigen Hôtel des Lumières. → S. 159

Volvic: Ans Herz gehen die Szenografien im Maison de la Pierre Volvic, die sich der Geschichte der Stadt widmen. → S. 79

La Bourboule: Um das bäuerliche Leben geht es im Scénomusée La Toinette et Julien, toll gemacht und authentisch nachempfunden. → S. 30

Saugues: Die Bestie von Gévaudan ist Thema im Musée Fantastique de la Bête nahe Saint-Privat-d'Allier. → S. 184

Bénévent-l'Abbaye: Mit allen Sinnen wird man in der Scénovision „Marion et la Bénéventine" in die Welt der Likörherstellung hineingezogen. → S. 367

Cheniers: In der Tuilerie de Pouligny, dem Ziegelei- und Keramikmuseen, in der Nähe von La Celle-Dunoise, dürfen auch Kids bei Workshops mitwerkeln. → S. 340

Billom: Auch hier im Keramikmuseum können Kinder an Töpferkursen teilnehmen. → S. 94

Burgen und Ruinen

Ritterfans dürften bei den vielen Festungen und Ruinen aus dem Staunen nicht mehr herauskommen.

Murol: Das Château de Murol lockt mit Ritterspielen und zeichnet das mittelalterliche Leben nach. → S. 37

Égletons: Mittelalterfans kommen auch bei einem Besuch des Château de Ventadour auf ihre Kosten. → S. 440

Historische Züge und Vélorail

Wandern schön und gut, aber irgendwann sind auch Kinderfüße müde.

Riom-ès-Montagnes: Berge und Viadukte lassen sich in historischen Zügen mit dem Enzian-Express überqueren. → S. 132

Bosmoreau-les-Mines: Mit Vélorails, auf den zu Fahrrädern umgebauten Draisinen, geht es nahe Bourganeuf bergab ins Tal und über ein Viadukt. → S. 372

Mauriac: Über Vulkanplateaus und über einen Wasserfall hinweg führt die Route mit dem Vélorail. → S. 135

Wolfs- und Dinoparks

Sainte-Feyre: In einem riesigen Wildgehege inmitten eines Waldes bei Guéret kommt den Wölfen von Chabrières ganz nah. → S. 343

Gannat: Im Paléopolis Parc bei Charroux können Kinder auf den Spuren von Dinosauriern wandeln, Skelette entdecken und selbst nach Knochen graben. → S. 221

Glockenturm im Stil der Renaissance – Kirche Saint-Jean in Ambert

Unterwegs

in der Auvergne

Das Puy-de-Dôme

Berge – überall ragen Berge auf im Puy-de-Dôme. Namensgebend für das Departement ist der erloschene Vulkankegel Puy de Dôme bei der Hauptstadt Clermont-Ferrand. Er ist zwar nicht der höchste Berg der Region, aber der höchste und bekannteste in der Vulkankette Chaîne des Puys.

Mit 662.000 Bewohnern ist das Departement das am stärksten besiedelte der Auvergne. Trotz der vielen Berge, die sich über die 7970 km² große Fläche verteilen.

Die atemberaubende Vulkanlandschaft des Puy-de-Dôme besteht aus zwei Massiven: die Chaîne des Puys, eine fast 50 km lange Kette aus sanften Vulkankuppen, Kratern und bilderbuchartigen Kraterseen um den Puy de Dôme, um den Gleitschirmflieger wie Vogelschwärme segeln. Und das gewaltige Massif du Sancy, wo zwischen riesigen Felsformationen zwergenhaft wirkende Salers-Rinder grasen.

Wo Berge sind, sprudelt auch Wasser. Bekannt ist das Departement für sein berühmtes Volvic-Mineralwasser, das selbstverständlich aus einem Vulkan kommt. Bekannt ist es auch für seine Thermalbäder, darunter beliebte Kurorte wie Le Mont-Dore, La Bourboule und Royat.

Was anschauen?

Schwarze Kathedrale und Altstadt: Spätestens der Reifenhersteller Michelin hat Clermont-Ferrand weltbekannt gemacht. Doch auch wegen der Altstadt mit historischen Bauten aus schwarzem Lavastein ist die Hauptstadt der Auvergne einen ausgiebigen Besuch wert. Besonders eindrucksvoll erhebt sich die Cathédrale Notre-Dame-de-l'Assomption, von deren Portal man zum Puy de Dôme blicken kann. → S. 58

Musée de la Coutellerie: Die Hauptstadt des Messers heißt Thiers. Eintauchen in das Handwerk kann man im Besteckmuseum. Zudem lassen sich dort viele außergewöhnliche Exponate bestaunen. Die Stadt ragt hoch über der Durolle. Am Fluss stehen noch alte Messerfabriken und Mühlen. → S. 96

Winzer- und Bergdörfchen in der Limagne d'Issoire: Entlang des Allier

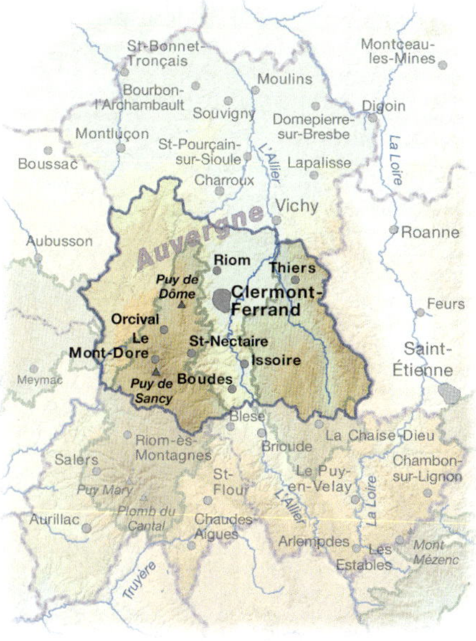

fühlt man sich wie in der Toskana. Die sanft gewellte Landschaft mit kleinen Vulkanhügeln ist gespickt mit malerischen Dörfchen wie Montpeyroux, Champeix und Saint-Floret. Bei einem Tagesausflug mit dem Auto von Saint-Saturnin bis Boudes kann man sie besichtigen. **→ S. 83**

Romanische Kirchen in der Basse-Auvergne: Eine Besonderheit der romanischen Kirchenkunst sind die Fünflingskirchen mit ausladenden Kapellen um den Chorraum. Mit am schönsten sind die Basilika Notre-Dame in Orcival und die Abteikirche in Issoire. **→ S. 55 Kasten**

Cheminées de Fées: Mitten im Nirgendwo erheben sich ähnlich wie in Colorado bizarre, rötliche Felsformationen in einem Wald im Vallée des Saints bei Boudes. Der kleine Grand Canyon, ein ungewöhnliches Naturspektakel, lässt sich bei einer Wanderung erkunden. **→ S. 91**

Steinerner Totentanz in der Abbaye Saint-Robert: Eine kuriose Szenerie zeigt die Wandfreske „Der Totentanz" in der Abteikirche von La Chaise-Dieu: eine 26 m lange Menschenkette, allen voran der Papst. Sehenswert sind u. a. auch der Echosaal und eine Serie von 14 flandrischen Wandteppichen. **→ S. 101**

Was unternehmen?

Wandern im Vallée de Chaudefour: Dieses Gletschertal bietet von einer wundervollen Fauna und Flora über einen Wasserfall bis hin zu markanten Felsformationen alles, was das Herz des Naturliebhabers höher schlagen lässt. **→ S. 38**

Dreierlei Ski-Spaß: Pisten über Pisten für Abfahrt- und Langlaufski finden sich im Sancy-Massiv bei La Bourboule (→ S. 31) und Le Mont-Dore (→ S. 35). Ein relativ junger Wintersportort ist Super-Besse (→ S. 47), die Pisten sind sogar mit denen am Puy de Sancy verbunden.

Einen Vulkankrater erkunden: In direkter Nachbarschaft vom Puy de Dôme kann man zu Fuß oder via Bummelzug einen richtigen Vulkankrater erkunden. Einzigartig sind die verschiedenfarbigen Stein- und Ascheschichten des Puy de Lemptégy. **→ S. 50**

Wo baden?

Lac Chambon: Entstanden durch einen Vulkanausbruch zählt der See zu einem der beliebtesten Badeorte der Auvergne. Einen Ausflug lohnt zudem die stattliche Burg von Murol, die auf einem Hügel über dem Nordostufer thront. **→ S. 37**

Gour de Tazenat: Das Maar mit zum Teil kargem, zum Teil felsigem Ufer ist ein schönes Beispiel für einen kreisrunden Vulkansee. Selbst im Sommer bleibt das Wasser erfrischend kühl. **→ S. 82**

Montluçon
Néris-les-Bains
Commentry
Montluçon, Bourges
Lépaud
Budelière
Chambon-sur-Voueize
Limoges
Chantelle
Lapeyrouse
Marcillat-en-Combraille
Montaigut
Saint-Éloy-les-Mines
Évaux-les-Bains
Étang des Landes
Youx
Ébreuil
Creuse
Pionsat
Menat
La Sioule
Gannat
Mainsat
Rougnat
Saint-Gervais-d'Auvergne
Châteauneuf-les-Bains
Aigueperse
Auzances
Artonne
Saint-Priest-des-Champs
Méandre de Queuille
Charbonnières-les-Vieilles
Combronde
Bellegarde-en-Marche
Viaduc des Fades
Lac des Fades-Besserve
Queuille
Gour de Tazenat
Saint-Georges-de-Mons
Manzat
Montel-de-Gelat
Châtel-Guyon
Mérinchal
Les Ancizes-Comps
Mozac
Volvic
Riom
Crocq
Pontaumur
Condat-en-Combraille
Saint-Ours
Le Puy de Lemptégy 1019
Cébazat
Gerzat
Combrailles
Pontgibaud
Vulcania
Clermont-Ferrand
Giat
Puy de Dôme 1465
Chaîne des Puys
Flayat
Ceyssat
Herment
Olby
Ceyrat
Parc Naturel Régional de Millevaches en Limousin
Romagnat
Nébouzat
Rochefort-Montagne
Orcival
St-Amant-Tallende
Aydat
Eygurande
Bourg-Lastic
Lac d'Aydat
Saint-Saturnin
Merlines
Roches Tuilière et Sanadoire
Lac de Servières
Montpeyroux
St-Sauves-d'Auvergne
Col de Guéry 1268
Lac de Guéry
Messeix
La Dordogne
Saint-Nectaire
Champeix
Murat-le-Quaire
Chambon-sur-Lac
La Bourboule
Murol
Limagne d'Issoire
Tauves
Le Mont-Dore
Lac Chambon
St-Floret
Meilhaud
Ussel
Puy de Sancy 1886
Vallée de Chaudefour
Site Troglodyte de Jonas
La Tour-d'Auvergne
Massif du Sancy
Super-Besse
Besse-et-St-Anastaise
Brive-la-Gaillarde, Bordeaux
Corrèze
Notre-Dame-de-Vassivière
Château de Villeneuve-Lembron
Lac Pavin
Cascade de Vaucoux
Boudes
Margerides
La Diège
Picherande
Vallée des Saints
Parc Naturel Régional des Volcans d'Auvergne
Liginiac
Églisneuve-dEntraigues
Bort-les-Orgues
Champs-sur-Tarentaine-Marchal
Ardes
Lac de Triouzoune
Cézallier
Ydes
Condat
La Rhue
Blesle
Cantal
Riom-ès-Montagnes

Das Puy-de-Dôme

Mächtige Bergflanken prägen das Sancy-Massiv

Das Sancy-Massiv (Monts Dore)

Die Berglandschaft um den Puy de Sancy, mit 1886 m die höchste Erhebung im Zentralmassiv, ist vulkanischen Ursprungs – und doch ist sie so ganz anders als die Vulkankette weiter nördlich. Während sich dort sanfte Kuppen wie Perlen aneinanderreihen, ist das Massif du Sancy, das auch Monts Dore genannt wird, eine schroffe, aber dennoch tiefgrün leuchtende Hochgebirgslandschaft. Wer sich hinaufwagt und auf den Bergkämmen rund um das Tal der Dordogne wandert, zu der sich die Bächlein Dore und Dogne am Fuß des Puy de Sancy vereinen, gelangt schnell auf maximale Distanz zur Zivilisation und kann die Macht und die gewaltige Schönheit der Natur fühlen. Mächtig ragt das Massiv empor, atemberaubend ist auch der Anblick des von zwei felsigen „Zuckerhüten" – Roche Tuilière und Roche Sanadoire – eingerahmten und scheinbar unendlichen Gletschertals Vallée du Chausse. Die markante, vielzackige Gipfelsilhouette des Puy de Sancy prägt in Richtung Westen und Süden weithin das Landschaftsbild. Tiefe Abgründe tun sich zu seinen Füßen auf und an der Ostflanke liegt ein wahres Eldorado, das Vallée de Chaudefour, Naturschutzgebiet und Heimat faszinierender Felsformationen.

Seen wie tiefblaue Augen sind über die Landschaft verstreut, darunter Maare wie der fast perfekt kreisrunde Lac Pavin bei Besse, der idyllische Lac de Servières hoch oben in den Bergen oder der Lac Chauvet, der sich im Privatbesitz befindet und wo der ehemalige französische Präsident François Mitterrand häufig seinen Angelurlaub verbrachte. Der Favorit bei Badegästen ist aber eindeutig der durch einen Vulkanausbruch entstandene Lac Chambon zu Füßen der Burg von Murol mit ihren Mittelalterspektakeln. Durch das vulkanische Gestein sprudeln im Sancy-Massiv auch jede Menge heilsame Quellen an die Oberfläche. La Bourboule erstrahlt heute noch im mondänen Glanz des goldenen Kurzeitalters und Le Mont-Dore besitzt mit seinem neobyzantinischen Prachtbau gar eine der schönsten Thermen Frankreichs. Auch nach Saint-Nectaire strömten einst die Kurgäste. Der Ort ist durch seinen schmackhaften, cremigen Käse gleichen Namens weithin bekannt. Das Retortenörtchen Super-Besse, wie die meisten Wintersportorte ein „Traum in Beton", sorgt dafür, dass auch zur kalten Jahreszeit die Touristen in Scharen ins Sancy-Massiv strömen. Hier und auf der gegenüberliegenden Seite bei Le Mont-Dore können passionierte Skifahrer auf Dutzenden von Pistenkilometern talabwärts wedeln.

La Bourboule

Wunderschön im engen Tal der noch sehr jungen Dordogne liegt dieser lang gezogene Thermalort mit 1800 Einwohnern, der mit seinen neobyzantinischen Thermen und den vielen Hotel-Palästen noch immer den Charme der Belle Époque versprüht.

Herrlich verschnörkelte Treppengeländer zieren das Innere des Rathauses, das auch das Office de Tourisme beherbergt. Wer hinein will, muss vorbei an vier griechisch angehauchten Frauenskulpturen, die den Balkon tragen. Zur Finanzierung der reichen Verzierungen sorgte das Gebäude einst selbst: Hier war früher das Casino der Stadt untergebracht.

Die Thermalquellen in La Bourboule kannte man zwar schon lange – 1463 wurden sie bereits am Standort der heutigen Thermes genutzt –, doch erst im 19. Jh. entwickelte sich die Stadt langsam zum mondänen Kurort, der sich v. a. auf Atemwegs- und Hauterkrankungen sowie Entwicklungsprobleme bei Kindern spezialisiert hat. Ab 1876 entstanden die Grands Thermes im neobyzantinischen Stil, die die Stadt mit ihren großen Kuppeln prägen. Die Gäste sollen sich hier in eine andere, exotische Welt versetzt fühlen und den drögen Alltag weit hinter sich lassen (Führungen über die Touristeninformation möglich). Das kann man übrigens auch im prächtigen Casino Chardon nicht weit vom Rathaus, das durch seine mit Mosaiken und Blumenmustern verzierte Fassade beeindruckt. In einem hohen, mit Stuck und Säulen geschmückten Saal lässt sich stilvoll Geld verlieren.

Durch die französische Wirtschaftskrise und die Pandemie ist der Reichtum der Stadt allerdings bedroht. Während die Kinder früher in Scharen zur Kur kamen, stehen die großen Unterkünfte nun leer. Teure Kuren werden kaum mehr bezahlt, stattdessen setzt man auf Medikamente. Nicht nur die Hotel-Paläste verfallen, sondern auch die Pâtisserie Rozier am Boulevard Clemenceau (Nr. 223–225), der von einladenden Restaurants und Cafés gesäumten Hauptschlagader des Ortes. Trotzdem ist sie mit ihren überbordenden Mosaiken noch immer ein Blickfang.

Parc Fenestre: Südlich vom Rathaus schließt sich ein 12 ha großer Park an, der nicht nur Raum für entspannende Spaziergänge, sondern mit einem richtigen Freizeitpark auch jede Menge Attraktionen bietet. Ein großer Rutschenturm, Freefalltower, ein Autoscooter und mehr bieten jede Menge Spaß. Außerdem tuckert ein kleiner

 → Karte S. 26/27

Westernzug durch den Park. Alternativ kann man sich im Kletterpark austoben.

▪ Die Grünanlage ist das ganze Jahr über zugänglich, der Freizeitpark hat ab April bis Ende des Sommers geöffnet. Avenue Agis Ledru, www.parcfenestre.com.

Roche des Fées: Wer nach einem Stadtspaziergang noch etwas Kraft in den Waden hat, sollte den Roche des Fées (Feenfelsen) oberhalb der Thermes Choussy besteigen. Für den anstrengenden Aufstieg wird man mit einem fantastischen Panoramablick auf die Stadt belohnt. Nahe dem Place Lacoste beginnt das Wadentraining.

Scénomusée La Toinette et Julien: Zu Tränen gerührt ist so mancher Besucher dieser einzigartigen szenografischen Darstellung bäuerlichen Lebens, die in zwei traditionellen Häusern in Murat-le-Quaire (von La Bourboule 3 km steil den Berg hoch) dargeboten wird. Authentisches Dekor, Gerüche, Ton-, Licht- und Spezialeffekte lassen Besucher im Maison de la Toinette das Leben einer Bäuerin im 19. Jh. nachempfinden. Im zweiten Haus, der Grange de Julien, fragt sich ein Nachfahre von Toinette, wie die Zukunft des bäuerlichen Lebens aussehen soll.

▪ Eintritt 10,20 € für beide Häuser, 8 € für Toinette, 6 € für Julien. In den franz. Schulferien Di–So 10–12 und 14–18 Uhr (im Juli/Aug. bis 19 Uhr und auch Mo geöffnet), Jan.–März Di–So 14–18 Uhr, April–Juni sowie Sept./Okt. Di–So 10–12 und 14–18 Uhr. Letzte Vorführung 45 Min. vor Schließung. Cour de la Mairie, 63150 Murat-le-Quaire, ✆ 04-73811228, www.toinette.com.

Banne d'Ordanche: Von Murat-le-Quaire lohnt sich ein Ausflug zur markanten Felsspitze Banne d'Ordanche (1515 m). Mit dem Auto gelangt man bis zum Fuß des Berges, von dort sind es noch etwa 45 Min. Aufstieg.

Basis-Infos

Information **Office de Tourisme,** befindet sich im Erdgeschoss des Rathauses. Dort gibt es auch öffentliche Toiletten. Das Fremdenverkehrsamt hat das ganze Jahr über geöffnet, in der Hauptsaison tägl., Öffnungszeiten → Website. 15, place de la République, 63150 La Bourboule, ✆ 04-73655771, www.sancy.com.

Symbol für den Thermalort: la source – die Quelle

Baden **Sancy'O – Pôle Aqualudique,** Freizeitbad mit 25-m-Becken, großem Spaß- und Kinderbecken und Rutschen sowie Sauna und Dampfbad. 208, boulevard des Vernières, ✆ 04-73211624, www.piscine-labourboule.fr.

Casino **Casino de La Bourboule,** das Casino befindet sich in einem wunderschönen Gebäude im Art-déco-Stil, Restaurant mit exquisiter Küche. Tägl. 14 Uhr bis Mitternacht geöffnet, Fr/Sa bis 1 Uhr. Quai Fayolle, ✆ 04-736 55445, www.casino-labourboule.com.

Klettern Das Sancy-Massiv ist ein wahres Eldorado für Kletterer. In La Bourboule kann man etwa den Roche des Fées emporklettern, auch für Anfänger geeignet, www.roche-des-fees.com.

Markt **Wochenmarkt** am Sa und **Biomarkt** Juni–Sept. jeden Di am Square Joffre.

Mountainbike Im Sancy-Massiv gibt es rund 50 Strecken und Pisten für unterschiedliche Ansprüche, z. B. auch Cross-Country. Auf dem Plateau de Charlannes starten einige Mountainbike-Routen. www.sancy.com.

Reiten **Centre équestre,** u.a. Pferde- und Ponywanderungen. Chemin de la Suchère, ✆ 04-73655655.

Wellness/Therme **Les Grands Thermes,** in den zentralen Thermen gibt es jede Menge pauschale Spa-Angebote. Massagen, Gesichtsbehandlungen, aber auch Kuranwendungen für jedermann. April und Mitte Juli bis Okt. Di–Sa 13–19 Uhr, Mai bis Mitte Juli Do–Sa 13–19 Uhr, So 10–17 Uhr. 76, boulevard Georges Clemenceau, ✆ 04-73812139, www.grandsthermes-bourboule.com.

Wintersport 6 Langlaufloipen (knapp 22 km) auf dem Plateau de Charlannes. Hier werden auch Touren mit dem Hundeschlitten angeboten (www.auvergnetraineau.fr). 13 Pisten für Langlauf (76 km) bei der Station Tour d'Auvergne / La Stèle. Dort sind auch Schneeschuh-Touren möglich.

Übernachten / Essen & Trinken

Le Parc des Fées, bourgeoises Haus der Belle Époque mit weißen Holzfensterläden, an der Dordogne und neben dem Casino gelegen. In dem charmanten Haus von 1874 finden sich 42 Zimmer, die eine Hälfte nach vorne zur Dordogne, die andere Hälfte zum neu angelegten Park. Zweckmäßige Einrichtung, der eine Überholung guttäte. Spa-Bereich mit Sauna, Dampfbad und Whirlpool (letzterer von Panoramafenstern umgeben), Pflegeanwendungen in Kooperation mit der Therme. Auch ein Kinderspielzimmer ist vorhanden. Tägl. lädt abends ein Restaurant zu regionalen Speisen ein, mittags serviert eine separate Brasserie preisgünstigere Varianten. 107, quai Maréchal Fayolle, ✆ 04-73810177, www.parcdesfees.com. **€€**

La Tour Pom'Pin, in dem Stadthaus mit dem dicken Rundturm gibt es 5 zeitgemäß ausgestattete Zimmer in kräftigen Farben. Im Salon steht für entsprechende Liebhaber ein alter Spielautomat. Spa-Bereich mit Sauna, Dampfbad und Massage. 178, avenue d'Angleterre, ✆ 07-62125759, www.location-sancy.fr. **€€€**

La Villa François Premier, gegenüber dem Tour Pom'Pin bietet das alte, renovierte Stadthaus mit 2 Zimmern und 2 Suiten Platz für bis zu 15 Pers. Trotz des historischen Flairs sind die Räume sehr modern und etwas edler und stilvoller als im Gegenüber. Eine Konkurrenz ist das Gästehaus für den Tour Pom'Pin nicht, denn die Villa gehört derselben Familie. Übernachtungsgäste können daher auch den Spa-Bereich nutzen. 167, avenue d'Angleterre, ✆ 07-62125759, www.location-sancy.fr. **€€€**

Le Pavillon, und noch ein schönes Gästehaus in der Rue d'Angleterre. Es kann mit 4 gepflegten Zimmern im Landhausstil aufwarten. Auf Anfrage Massagen. 209, avenue d'Angleterre, ✆ 04-73220893, www.lepavillon-auvergne.fr. **€€**

L'Amuse Bouche, das beste und beliebteste Restaurant von La Bourboule empfängt seine Gäste leicht zurückversetzt vom Hauptboulevard in einem hohen Saal mit Stuckdecke, dunklen Balken und Galerie. Auf den Teller kommen u. a. exquisiter Fisch, Foie gras mit Mango-Chutney oder Langustenravioli. Mo–Mi geschlossen. 15, rue des Frères Rozier, ✆ 04-732 16885, www.restaurant-lamusebouche.fr. **€€€**

Mein Tipp **Le comptoir Cyrano,** nostalgisch schlemmen lässt es sich in dieser Brasserie (ehemals ein Hotel). Das Jugendstil-Ambiente ist wunderschön, dazu gibt es eine Galerie im Club-lounge-Stil. Die Küche überzeugt mit auvergnatischen Klassikern wie Fondue, Confit oder Eintopf. Wir hatten eine sehr gelungene Truffade und einen erfrischenden Caesar-Salat. Hier kann man auch einfach nur gemütlich bei einem Getränk sitzen. In der Hochsaison tägl. mittags und abends geöffnet, sonst mittags, Fr/Sa auch abends. 37, boulevard Georges Clemenceau, ✆ 04-73810225, www.lecomptoircyrano.com. **€€**

Le Chalet, Pizza ist ihre Leidenschaft: Corinne Barreau zeigt ihr Können nicht nur bei den jährlichen Pizza-Backmeisterschaften, bei denen sie es schon ins Finale schaffte, sondern auch in ihrem rustikalen Restaurant. Hier kreiert sie Pizzen von klassisch über exotisch (z. B. indischer Art) bis hin zu auvergnatisch mit Truffade. Auch vegetarische Pizzen, Salate und Fondue sind im Angebot. Mo/Di Ruhetag. 98, quai Féron, ✆ 04-73650469, www.pizzerialechalet 63150.com. **€€**

La Table qui Roule, Essen auf vier Rädern der besonderen Art. Von Ende Juni bis Mitte Sept. kann man in einer nostalgischen Pferdekutsche aus dem Jahr 1900 dinieren und dabei La Bourboule und dessen Bergpanorama genießen. Apropos genießen: Das Menü wird zuvor auf einem Bauernhof mit frischen, lokalen Produkten zubereitet. Einstieg ist beim Bahnhof. Mi–So, nur abends und mit Reservierung. ✆ 06-83151807. **€€–€€€**

Le Cellier Muratois, sympathisches Café in einem ehemaligen Bauernhof. Wurst- und Käseplatten, deftige, zum Teil überbackene Sandwiches, Kuchen und Waffeln. Angegliedert ist ein Shop mit einem großen Sortiment an frischen Produkten der Region. Schöner Garten, für alle, die ihren Kaffee außen trinken wollen. Im Winter gibt es auch Raclette. Juli/Aug. tägl. ab 10 Uhr geöffnet. Sonst tägl. außer Mo vormittags. Rue de la Jonquille 63150 Murat-Le-Quaire, ✆ 04-73659776, www.lecelliermuratois-63.fr. **€–€€**

Camping ******* Les Vernières,** großer Campingplatz im Tal, der auf Nachhaltigkeit setzt. Neben den normalen, durch Hecken voneinander abgetrennten und mit viel Schatten bedachten, großen Stellplätzen gibt es für - mehr oder weniger experimentierfreudige Gäste verschiedene Arten von Holzhütten mit oder ohne eigene Sanitäranlagen. Im Zentrum des Campingplatzes befindet sich eine riesige Spielwiese, auf der friedlich Esel grasen. Snackbar, Trampolin, Hüpfburg, Pool. 170, avenue Mal de Lattre de Tassigny, ✆ 04-73811020, www.camping-la-bourboule.fr.

***** Les Clarines,** schön auf 900 m in die Berglandschaft eingebundener, großer Campingplatz mit 187 Plätzen, darunter viele Mobil-Homes. Etwas wenig Schatten. Mit Schwimmbad, Basketball- und Volleyballfeld und einem Mountainbike-Hindernisparcours. Der Campingplatz empfängt auch im Winter und bei Schnee Gäste. 1424, avenue du Maréchal Leclerc, ✆ 04-73810230, www.camping-les-clarines.com.

****** Le Panoramique,** der König unter den Campingplätzen, was die traumhafte Aussicht auf das Sancy-Massiv betrifft. Den Panoramablick kann man auch vom Pool aus genießen. Viele Chalets und zeltartige, einfache Mobil-Homes, Stellplätze durch hohe Hecken abgetrennt. Sehr gepflegt, terrassenförmig am sanft abfallenden Hang angelegt. Pool, Snackbar, Spielplatz, Ballspielareal. Le Pessy / Route de la Gacherie, 63150 Murat-Le-Quaire, ✆ 04-738118 79, www.campingpanoramique.fr.

****** Camping de Tauves,** sehr familienfreundlicher, angenehmer Campingplatz, 13 km südwestlich von La Bourboule. Teilschattige Plätze, mit Bäumen und Hecken voneinander abgetrennt, viele Holzchalets ohne Sanitäranlagen; große, komfortable Mobil-Homes. Freundlicher, hilfsbereiter Empfang, abwechslungsreiche Animation für Kinder. Zudem organisierte Ausflüge zu Wasserfällen und anderen Naturschauplätzen in der Umgebung. Pool, Spielplatz. 31, place du foirail, 63690 Tauves, ✆ 04-73211406, www.aquadis-loisirs.com.

Le Mont-Dore

Le Mont-Dore ist in eine gigantische Kulisse eingebettet – weiß im Winter, sattgrün im Sommer, golden in der Morgen- und Abendsonne. Die monströsen Bergriesen des Sancy-Massivs umgeben den beschaulichen Thermalort in einem engen Tal am Ufer der Dordogne.

Im Süden überragt der Puy de Sancy mit seinen 1886 m Höhe die gesamte umliegende Bergwelt – er ist der höchste Gipfel des Zentralmassivs. Im Winter stürzt man sich hier ins Schnee- und im Sommer ins Wandervergnügen. Der Aufstieg zum Gipfel ist fast ein Muss, zahlreiche Wanderrouten starten direkt in Le Mont-Dore. Wer abkürzen möchte, nimmt die Seilbahn an der Skistation. Für die letzten Meter zum Gipfel ist ein bequemer Pfad mit Holztreppen angelegt. Weitere Naturwunder wie die Grande Cascade locken Besucher – etwa 1 km südlich von Le Mont-Dore stürzt der atemberaubende Wasserfall rauschend einen Basaltfelsen hinab.

Mit besonderen Sehenswürdigkeiten kann die Kleinstadt (1280 Einwohner) nicht auftrumpfen – die Monts Dore sollten reichen –, dafür mit einer Menge Restaurants und Souvenirläden. Größte Attraktion ist die Therme, ein gigantischer Bau im neobyzantinischen Stil und eine der schönsten Thermen in ganz Frankreich. Wer pure Nostalgie erleben möchte, darf sich eine Fahrt im Funiculaire du Capucin nicht entgehen

Das alte Wasserbecken der Therme in Le Mont-Dore

lassen. Die Drahtseilbahn ist die älteste und erste elektrisch betriebene in Frankreich. Die Holzwaggons werden mit hölzernen Rädern und Lederriemen angetrieben. 1898 ging die Bahn in Betrieb, seither fährt sie auf 1245 m Höhe zu einer Lichtung am Le Capucin – ein toller Ausgangspunkt zum Wandern und Skilanglaufen (→ S. 269).

Thermes du Mont-Dore: Honoré de Balzac war hier, George Sand und auch Madame de Sévigné – heute können ganz normale Touristen die neobyzantinische Pracht der 1817 bis 1823 erbauten Thermen bewundern. Schon die Kelten erkannten die Heilkräfte des durch Vulkanstein gefilterten Wassers und auch die Römer wussten das Quellwasser zu schätzen. Angeblich waren es die Pferde der römischen Soldaten, die auf die Qualität des Wassers aufmerksam machten. Die erschöpften Tiere sollen nach dem Trinken schneller als sonst zu Kräften gelangt sein, was die Söldner mehr als erstaunte und sie selbst eifrig ihre Wasserreserven auffüllen ließ.

An der Stelle der daraufhin im 1. Jh. entstandenen römischen Thermen wurden im 19. Jh. die heutigen Anlagen errichtet, um in imposantem Ambiente Rheuma und Atemwegserkrankungen zu heilen. 32 bis 44 °C sind die sechs aus 85 m Tiefe hervorsprudelnden Quellen warm, es sind die kieselsäurehaltigsten in ganz Frankreich. Wie auf Thomas Manns Zauberberg kann man sich hier fühlen, wenn man die 120 vor Mosaiken aneinandergereihten Plätze sieht, an denen die Patienten sich das Gas aus der Tiefe der Thermalquellen durch einen kleinen Schlauch in die Nase leiten lassen. In dieser Atmosphäre fühlt man sich schnell so erhaben wie ein Honoré de Balzac.

Untergebracht sind die Anlagen in scheinbar himmelhohen Hallen, die Gewölbe werden von einer Stahlkonstruktion im Stile Eiffels getragen. Besonders beeindruckend ist der schwarzweiß gemusterte Säulengang, der auf die Source César zuläuft. Wie der Heilige Gral thront sie über der Halle, überdacht von einer bunten Kuppel in orientalischem Stil. Neben Mosaiken, Wandmalereien und historischen Wannenbädern kann man auch Reste der römischen Thermen sehen.

■ Zuletzt eingeschränkte Führungen (Info beim Fremdenverkehrsamt). Nicht-Kurgäste können einen Spa-Bereich besuchen und einzelne Anwendungen buchen. 1, place du Panthéon, ✆ 04-73650510, www.chainethermale.fr/le-mont-dore.html.

Col de Guéry – Roches Tuilière et Sanadoire und Lac de Guéry: Fährt man in Le Mont-Dore über die D 983 in Richtung Clermont-Ferrand den Berg hinauf, so gelangt man nach 9 km zu einem gigantischen Aussichtspunkt, der einem das Gefühl vermittelt, ein fantastisches, unbekanntes Tal entdeckt zu haben. Eingerahmt von den Felsformationen Roche Tuilière zur Linken und Roche Sanadoire zur Rechten liegt das zunächst bewaldete, dann in eine grüne Wiesenlandschaft auslaufende Gletschertal Vallée du Chausse u-förmig vor dem Auge des Betrachters. Wer diese Aussicht nicht genossen hat, war nicht in der Auvergne! Der linke Vulkanschlot hat seinen Namen von den Ziegeln *(tuiles)*, die hier abgebaut wurden, der rechte vom Klang, der durch das Anschlagen des Phonolith-Gesteins erzeugt wird.

Vom Parkplatz am Col de Guéry ist es nicht weit bis zum großen, ovalen Lac de Guéry, der wunderschön in die Landschaft eingebettet ist. Er liegt auf 1268 m und ist damit der höchstgelegene See der Auvergne. Anfang März treffen sich hier die Angler zum Eisfischen – einmalig in Frankreich! Der Col de Guéry ist Startpunkt für viele Wanderungen, die z. B. um den See oder zum schönen Wasserfall Cascade de Guéry führen. Außerdem gibt es hier das Cap Guéry Centre Montagnard, ein Zentrum für Outdoor-Aktivitäten mit umfangreichem Programm (→ Basis-Infos).

Lac de Servières: Wer vom Lac de Guéry für weitere 5 km der D 983 in Richtung Clermont-Ferrand folgt, gelangt zu diesem nahezu kreisrunden und bis zu 26 m tiefen Kratersee in 1200 m Höhe. Das von Lärchen und Tannen umgebene Maar ist ein paar Fußminuten von der Straße entfernt und ein sehr beliebtes Ausflugsziel im Sommer. Im Wasser tummeln sich Forellen und Saiblinge – und im Sommer jede Menge Badegäste (obwohl das Baden eigentlich verboten ist ...). Wer sich an das Badeverbot halten will, kann gemütlich in etwa einer Stunde um den See spazieren oder am Ufer picknicken. Einen Kiosk, Toiletten oder sonstige touristische Infrastruktur sucht man vergeblich, immerhin gibt es an der Straße das nette Café du Lac (→ S. 36).

Wanderung 1:
Königsetappe rund um das Sancy-Massiv → S. 511
Herausfordernde Tour, die mit gigantischen Panoramen entschädigt

Basis-Infos

Information **Office de Tourisme du Mont-Dore,** ganzjährig geöffnet, in der Hochsaison tägl., Öffnungszeiten → Website. Im selben Gebäude befindet sich eine Schlittschuhbahn. 11, avenue de la Libération, 63240 Le Mont-Dore, ✆ 04-73652021, www.sancy.com.

Casino **Casino du Mont-Dore,** tägl. 14–23 Uhr, Fr/Sa bis Mitternacht. Zum Casino gehört eine Brasserie, die Mi–Fr abends sowie Sa/So mittags und abends auftischt. 12, rue Meynadier, ✆ 04-73650058, www.casino-montdore.com.

Markt Jeden Fr Wochenmarkt auf dem Place de la République.

Parken Gegenüber der Touristeninformation und um die historische Seilbahn herum gibt es Parkplätze.

Mit der Drahtseilbahn auf die Monts Dore

Seilbahn Der **Funiculaire du Capucin** ist Frankreichs erste elektrisch betriebene Drahtseilbahn (1898). Sie fährt recht steil auf 1245 m Höhe zu einer Lichtung am Salon du Capucin. Auf dem Berg kann man die Technik dieses Gefährts bewundern. Schwindelfrei sollte man allerdings sein und sich vom Knarzen nicht verunsichern lassen. Station in der Rue René-Cassin in der Nähe der Tourist-Info, Einzelfahrt 8 €, Hin- und Rückfahrt 10 €. Alle 20 Min., Juli/Aug. 10–18.40 Uhr, Mai/Juni und Sept./Okt. Mi–So 10–12.10 und 14–17.40 Uhr. www.sancy.com

Eine **Seilbahn** fährt von der Skistation in Le Mont-Dore zum Gipfel des Puy de Sancy. Einzelfahrt 13,40 €, Hin- und Rückfahrt 17,90 €. Station du Mont-Dore / Le pied du Sancy.

Veranstaltungen **Fête de la Saint-Sixte,** Immer am 6. Aug. starten von 4 Orten des Sancy-Massivs Wanderer den Aufstieg zum Gipfel des Puy de Sancy, wo mit einem großen Picknick gefeiert wird. Startpunkt in Le Mont-Dore ist die Tourist-Info oder – bei individueller Route – am Parking des Longes.

Course de Côte du Mont-Dore, das Bergrennen der französischen Autorennmeisterschaften findet immer um den 10. Aug. bei Mont-Dore statt. Die Strecke auf der D 36 zwischen Monneaux / Chambon-sur-Lac und dem Col de la Croix Saint-Robert gilt als eine der schönsten Europas. Ein Highlight sind die historischen Rennautos. www.coursedecote-montdore.com.

Wintersport Bei der **Domaine du Guéry** am Col de Guéry gibt es 8 Langlaufloipen (58 km) und 20 km ausgeschilderte Schneeschuh-Routen – ergänzt durch ein umfangreiches Programm: Langlaufkurse, Schneeschuh-Touren, Ausflüge mit von Ponys gezogenen Schlitten etc., ideal auch für Familien. www.capguery.com.

Die **Station du Mont-Dore** am Nordhang des Puy de Sancy bietet Skispaß auf bis zu 1800 m Höhe, mit 30 Pisten (33 km) und Skiliften. Zudem eine Rodelbahn und ein sogenannter Ludopark, eine Art Spielplatz für Freestyler. 29 km Langlaufloipen beim Salon du Capucin. Die **Station de Chastreix-Sancy** liegt am Westhang des Puy de Sancy, ca. 23 km westlich von Mont-Dore. Sie ist mit 18 Pisten (16 km) und 47 km Langlaufloipen kleiner, dafür weniger touristisch. Gut für Anfänger und Familien. Zudem Schneeschuh-Wanderungen und Touren mit Hundeschlitten. www.sancy.com.

Übernachten / Essen & Trinken

**** Le Grand Hôtel,** stattliches, großbürgerliches Haus neben dem Casino, umgeben von einem Garten, zentral und dennoch ruhig gelegen. 26 geschmackvoll eingerichtete Komfortzimmer stehen den Gästen zur Verfügung, manche mit Blick auf den Puy de Sancy. Fitnessraum, Spa-Bereich mit Sauna, Whirlpool, Lichttherapie. Im Hotel gibt es keinen Aufzug. 2, rue Meynadier, ✆ 04-73650264, www.hotel-mont-dore.com. **€€**

Auvergne | Das Puy-de-Dôme → Karte S. 26/27

***** Hôtel de Russie,** im Zentrum von Le Mont-Dore versprüht dieses auf Nachhaltigkeit setzende Hotel mit Öko-Label Berghütten-Charme. Sogar der Aufzug ist mit Holz ausgekleidet! Die 32 Zimmer, darunter Familiensuiten, sind dagegen modern, puristisch, hell und sehr gepflegt. Zur Zeit des letzten Zaren nächtigten hier viele Kurgäste aus Russland; den unterirdischen Durchgang zur Therme gibt es allerdings nicht mehr. Zum Hotel gehören ein gemütlicher Teesalon im skandinavischen Stil sowie das Restaurant **1050** im Almhütten-Flair. Serviert werden neben regionalen Spezialitäten auch Gemüsesuppe, Fondue und Raclette. 3, rue Favart, ✆ 04-73650597, www.lerussie.com. **€€–€€€**

Villa Mirabeau, diese bezaubernde Villa im anglo-normannischen Stil liegt direkt an der Dordogne. Neben einem Garten bietet sie 3 geräumige Appartements und ein Gästezimmer mit Blick auf den Fluss – allesamt freundlich, hell und zum Teil mit Holzelementen gestaltet. Kleiner Spa-Bereich mit Sauna. 13, rue Sidoine Apollinaire, ✆ 06-11960187, www.villamirabeau.fr. **€€€**

Yourte du Sancy, ein außergewöhnliches Übernachtungserlebnis in direkter Nachbarschaft zum Puy Sancy hat man in dieser Jurte auf dem Plateau des Lac du Guéry. Einzigartig ist die Aussicht, herrlich frisch die Bergluft gleich nach dem Aufstehen. Die Jurte bietet bis zu 5 Pers. Platz. Sie gehört zu einem kleinen Bauernhof, der sich in der Nähe befindet und Übernachtungsgäste auf Wunsch verköstigt (bio und vegetarisch). Hier kann man auch selbst gemachte Konfitüre und Seife kaufen. Der Lac de Guéry liegt etwa 1,5 km entfernt. Ferme du Guéry, 63240 Mont-Dore, ✆ 06-878 45557, www.fermeduguery.fr. **€€€**

meinTipp **La Golmotte,** die Herberge befindet sich in einem Bauernhof aus dem 18. Jh. Sensationell ist das Ambiente des Restaurants: Aufgetischt wird im alten Viehstall mit Bretterverschlägen. Aber keine Angst, nach Stall riecht es schon lange nicht mehr. Der Raum ist duftgeschwängert von Truffade, Wildschweinfilet und anderen lokalen Spezialitäten wie Pounti oder Foie gras. Die Küche ist mit einem Bib Gourmand von Michelin ausgezeichnet. Dazu 4 schlichte, ländliche Gästezimmer (mind. 2 Nächte). So abends sowie Di/Mi geschlossen. Le Barbier (über die D 996 auf die D 983, Richtung Col de Guéry), ✆ 04-73650577, www.aubergelagolmotte.com. **€€–€€€**

**** Auberge du Guéry,** wunderschön am Lac de Guéry liegt diese alte Herberge mit Restaurant. Eine kleine Terrasse unmittelbar am Seeufer ermöglicht tolle Ausblicke. Der Speisesaal ist gemütlich-rustikal, auf den Teller kommen traditionelle Gerichte wie Foie gras, Rinderfilet, Forelle in Mandelpanade oder Entenkeule. 7 traumhafte Zimmer mit antikem Interieur und ein Spa-Bereich mit Sauna, Dampfbad und Massageangeboten verleihen der „Herberge" fast schon Luxuscharakter. Mo/Di geschlossen. Lac de Guéry, 63240 Mont-Dore, ✆ 04-736502 76, www.auberge-lac-guery.fr. **€€€**

Les Fées Mères, fast schon Märchenhaftes zaubert hier Küchenchef Thomas Perron. Schmackhafte regionale Spezialitäten peppt er kreativ auf: Süßkartoffelsuppe, hausgemachte Burger, Steinpilzrisotto mit pochiertem Ei, Schweinebrust an Gemüse der Saison mit einem Hauch von Vanille – alles frisch mit Produkten vom Markt oder von lokalen Erzeugern. So–Di abends sowie Mi mittags geschlossen. 21, rue Jean Moulin, ✆ 04-73215233, www.restaurantlesfeesmeres.fr. **€€–€€€**

Chez Pépé Jean, einfach, regional und deftig speist man in diesem Restaurant mit nostalgischer Wintersportdeko. Wurstplatten, Ofenkäse, Truffade und andere Klassiker kommen auf den Tisch – nach einer Wander- oder Skitour in den Bergen ist das genau das Richtige. Nicht ganz so spektakulär ist die Sicht auf den Verkehr im Außenbereich. Eine Reservierung wird empfohlen. Das Restaurant ist sehr beliebt und die Plätze schnell weg. Do Ruhetag. 3, place Charles de Gaulle, ✆ 04-732 21644. **€€**

Le petit Paris – Chez Mimi, kleines Bistro im Belle-Époque-Stil, in dem man sich beinahe in Paris wähnen könnte. Die Karte ist einfach, aber die Gerichte sind lecker: Crêpes, deftige Omeletts, Truffade, Fondue, Linsensalat vom Feinsten. Do Ruhetag. 8, rue Jean Moulin, ✆ 04-73650177. **€–€€**

Café du Lac Servières, gegenüber vom Parkplatz des Lac de Servières kommen nur Bioprodukte auf den Tisch. Auf der Karte stehen z. B. Moussaka, Truffade, griechischer Salat, Raclette, Omeletts oder Crêpes. Das alles kann man genießen in einem Saal mit bodentiefen Panoramafenstern, die eine erhebende Aussicht auf die umliegenden Hügel bieten. Zudem 3 Schlafsäle für bis zu jeweils 7 Pers. Im Sommer kann man Mountainbikes, im Winter Schneeschuhe ausleihen. Mo/Di geschlossen. Servières Haut, 63210 Orcival, ✆ 04-73659363, www.gitedulacservieres.com. **€–€€**

Auvergne | Das Puy-de-Dôme → Karte S. 26/27

Chambon-sur-Lac

Sicher, das 420-Einwohner-Dorf östlich des Sancy-Massivs hat eine hübsche Friedhofskapelle aus dem 10. und 12. Jh. Aber deswegen kommt nun wirklich niemand hierher. Angezogen werden die Massen vielmehr vom ausgesprochen beliebten Badesee **Lac Chambon,** der malerisch von Vulkanhügeln umgeben ist. Entstanden ist er durch den am Ostufer gelegenen Vulkan Tartaret, dessen Ausbruch dafür sorgte, dass der Flusslauf des Couze Chambon unterbrochen und der See aufgestaut wurde. Um den See reihen sich Campingplätze, im Osten und im Nordwesten gibt es zwei Strände mit jeder Menge Freizeitangeboten. Um den See ist ein 3,5 km langer Fußweg angelegt; im Westen gelangt man auf einem auf Pfählen gelagerten Bretterweg durch ein Sumpfgebiet. Über dem Nordufer erhebt sich die markante Felswand Dent du Marais. Fast noch mehr Touristen als der See zieht die Burg von Murol an, die auf einem kleinen Vulkanhügel nordöstlich des Sees thront. Ritterspiele bringen Leben in die Burg – ein wahres Paradies für Kinder.

Château de Murol: Der Touristenmagnet Nummer eins am Lac Chambon ist zweifelsohne das Château de Murol, etwa 3 km östlich vom Seeufer. Über dem Dorf Murol thront die Burg majestätisch auf einer Basaltkuppe. Ihre Anfänge gehen auf das 12. Jh. zurück, die Familie Murol beherrschte von hier das Grande Vallée bis zu den Monts Dore. Durch Heirat gelangte die Festung mit dem markanten Hauptturm in den Besitz des mächtigen Adelsgeschlechts d'Estaing. Dank dessen Ansehen ließ Richelieu die Burg nicht – wie viele andere – schleifen. Dennoch verwahrloste das Château im Laufe der Zeit. Während der Französischen Revolution belagerten es Räuberbanden, später diente es als Steinbruch beim Bau der Häuser von Murol. Inzwischen herrscht wieder Leben in der Burg. Vor allem im Sommer tummeln sich Gaukler und Ritter bei mittelalterlichen Spektakeln innerhalb der Burgmauern. Unter anderem begeistern Greifvogelshows und Bogenschießen, außerdem werden Lebensweisen und Handwerk des Mittelalters anschaulich demonstriert. Die Burg ist vom Keller bis auf die Mauern hinauf begehbar – oben kommt man in den Genuss einer fantastischen Panoramasicht. Thron- und Speisesaal, Waffen- und Schlafkammer können besichtigt werden.

▪ Eintritt 9,60–10,50 € (Aufpreis bei Führung und Animation). April–Juni und Sept. tägl. 10–19 Uhr, Juli/Aug. tägl. 10–20 Uhr, Febr./März und Okt. Bis Mitte Nov. tägl. 10–18 Uhr, Mitte Nov.–Dez. tägl. 14–17 Uhr. Rue du Château, 63790 Murol, ✆ 04-73888250 www.murolchateau.com.

Musée des Peintres de l'École de Murol(s): In diesem Museum stehen Künstler um Léon Boudal und Victor Charreton im Mittelpunkt. Die beiden Maler gründeten 1910 die „Schule von Murol". Rund 50 Künstler aus Frankreich und dem Ausland zog es bis in die 1930er in das kleine Bergdorf. Der polnische Maler Wladimir Terlikowski etwa etablierte sich zu einem bedeutenden Vertreter dieser Kunstrichtung, die stark an Postimpressionismus und Fauvismus angelehnt ist. (Schnee-)Landschaften, v. a. die Berge des Sancy-Massivs, Bergdörfer und ihre Bewohner mit ihrem Alltag begeisterten die Maler. Das Museum kann mit einer beachtlichen Sammlung solcher Werke auftrumpfen. Ein Bereich ist Léon Boudal gewidmet, mit Porträts, Landschaftsszenen und Postkarten. Ein kurzer Film (15 Min., auf Französisch) führt in die École de Murol(s) ein.

▪ Eintritt 6 €. April–Juni/Sept. Mi–So 10–12.30 und 14–18 Uhr, Juli/Aug. tägl. 10–13 und

14.30–19 Uhr, Febr./März sowie Sept./Okt. Mi–So 10–12.30 und 14–17.30 Uhr. Parc du Pré-long, Route de Saint-Nectaire, 63790 Murol, ✆ 04-73886006, www.musee-murol.fr.

Vallée de Chaudefour: Ein wundervolles, tiefes Gletschertal mit einzigartiger Flora und Fauna erstreckt sich 7 km südwestlich von Chambon-sur-Lac zu Füßen des Sancy-Massivs. Das Tal steht unter Naturschutz, das Pflücken der 520 Pflanzenarten, darunter so seltene wie die Alpen-Soldanelle, ist streng verboten. Ein kleines Informationsgebäude *(Maison de la Réserve)* beim Parkplatz am Zugang zum Tal klärt über die Pflanzen- und Tierwelt sowie die Geologie auf. Auch Wanderkarten und Tourenvorschläge kann man sich hier besorgen. Im Sommer werden geführte Wanderungen angeboten. Man kann sich aber auch einfach auf eigene Faust auf den Weg machen: In nicht mal eineinhalb Stunden (Hin- und Rückweg) bekommt man einen schönen Eindruck vom Tal. Dabei passiert man den hübschen Wasserfall Pérouse sowie die Thermalquelle Sainte-Anne, bevor sich das Tal schließlich öffnet und man äußerst markante Felsformationen erblickt: links den Crête de Coq (Hahnenkamm), hoch oben in der Mitte die Cornes du Diable (Teufelshörner) und rechts den Dent de la Rancune (Zahn des Grolls). Hier kann man umdrehen – oder aber noch eine Stunde weiterlaufen, um den sehenswerten Wasserfall Cascade de la Biche zu erreichen. Mit viel Glück erblickt man Murmeltiere, Gämsen oder Mufflons.

Vallée de Chaudefour: ein Naturjuwel

▪ **Maison de la Réserve:** Informationen und Ausstellungen zu Fauna und Flora. Eintritt frei. Mai–Sept. tägl außer Sa 10–11.45 und 14–17.45 Uhr. Chaudefour, 63790 Chambon-sur-Lac, ✆ 04-73886880.

Basis-Infos

Information **Office de Tourisme,** in Chambon, Juli/Aug. tägl. 14–18 Uhr. Plage du Lac Chambon, 63790 Chambon-sur-Lac, ✆ 04-73786510, www.sancy.com.

Office de Tourisme, in Murol, Juli/Aug. tägl. geöffnet, sonst → Website. Rue de Jassaguet, 63790 Murol, ✆ 04-73886262, www.sancy.com.

Baden Großes Seezentrum am Ostufer mit Strand, Bar, Restaurant, Minigolf, Spielplatz und Tretbootverleih. Moderner und atmosphärisch schöner ist es am Nordwestufer mit gepflegtem Badestrand, aufblasbarer Spielinsel auf dem Wasser, Kinderplanschbecken, großem Spielplatz, Tretbootverleih, Tischtennis, Beachvolleyball und Strandbar-Brasserie.

Heißluftballon **Auvergne Montgolfière,** im Juli/Aug. kann man den Lac Chambon bei Ballonfahrten auch von oben bewundern. Buchungen beim Seezentrum, www.auvergne-montgolfiere.com.

Markt Im Juli/Aug. **abendlicher Markt** jeden Di sowie **Bauernmarkt** jeden Do in Chambon-sur-Lac, ganzjährig jeden Mi auf dem Kirchplatz in Murol.

Mountainbike 2 ausgeschilderte Routen um Chambon, Start beim Strand bei der Tourist-Info. Außerdem Strecken um Murol, u. a. um die Burg. Ausgangspunkt ist die dortige Tourist-Info. Eine Tour startet auch bei der Kirche im benachbarten Beaune-le-Froid. Weitere Strecken → www.sancy.com.

Veranstaltungen Fête de la Saint-Sixte, Immer am 6. Aug. starten von 4 Orten des Sancy-Massivs Wanderer den Aufstieg zum Gipfel des Puy de Sancy, wo bei einem großen Picknick gefeiert wird. Startpunkt in Chambon-sur-Lac ist die Tourist-Info.

Course de Côte du Mont-Dore, das Bergrennen der französischen Meisterschaften im Autorennen findet um den 10. Aug. bei Mont-Dore statt. Die Strecke auf der D 36 zwischen Monneaux / Chambon-sur-Lac und dem Col de la Croix Saint-Robert gilt als eine der schönsten Europas. Ein Highlight sind die historischen Rennautos. www.coursedecote-montdore.com.

Auvergne | Das Puy-de-Dôme → Karte S. 26/27

Übernachten / Essen & Trinken

***** Hôtel de Paris,** gepflegtes Hotel in Murol mit 13 modern und kreativ eingerichteten Zimmern mit unterschiedlichen Farbakzenten. Von allen hat man einen wundervollen Ausblick auf die Burg und die Kirche von Murol! Place de l'Hôtel de Ville, 63790 Murol, ✆ 04-73601909, www.hotel-paris-murol.com. **€€**

**** Le Grillon,** echten Puppenstuben-Charme hat dieses Hotel-Restaurant direkt an der Uferstraße des Sees: Die 20 Zimmer sind zum Teil modernisiert und teilweise im Landhausstil gestaltet, andere sind farbenfroh im Stil der 1970er- oder 1980er-Jahre und dennoch modern. Freundlicher Speisesaal mit Streifentapete, ein zweiter mit unverputzten Steinmauern. Neben den üblichen Spezialitäten kann man auch Tapas und ein vegetarisches Menü bestellen. Mi Ruhetag. Lac Chambon, 63790 Murol, ✆ 04-73886066, www.hotel-grillon.com. **€€**

Aux 500 Diables, wenn man in dem an der D 36 gelegenen Örtchen Monneaux vom Weg ins Vallée de Chaudefour abzweigt, gelangt man schon bald zu diesem dunklen Steinhaus mit Terrasse, in dem sich ein urig-rustikales Inneres mit blanken Holzstämmen an der Decke und einem großen Grill in der Mitte verbirgt. Serviert wird gehobenere regionale Kost, aber auch Deftiges wie verschiedene Truffade-Varianten. Die 7 ultramodern eingerichteten Zimmer in der Eco-Lodge nebenan stehen in Kontrast zum Gastraum. Juli/Aug. Mo Ruhetag, während der Ferien (außer den Sommerferien) Mo/Di geschlossen, sonst Mo–Mi geschlossen. Chambon-des-Neiges, 63790 Chambon-sur-Lac, ✆ 04-71888171, www.500diables.com. **€€€**

Camping *** La Ribeyre,** auf diesem riesigen Campingplatz mit 400 Plätzen bei Murol ist die Hölle los. 2500 m² misst allein die Wasserlandschaft mit Rutschen, Erlebnisbecken und überdachtem Schwimmbecken. Doch nicht nur hier kann man planschen: Am Rande des Areals befindet sich auch noch ein eigener kleiner See mit Sandstrand und Paddelmöglichkeiten. Außerdem: jede Menge Animation, Tennis, Fußball, Snackbar. Mobil-Homes, zum Teil sehr moderne Chalets und Cottages. Jassat, 63790 Murol, ✆ 04-73886429, www.sandaya.fr.

******* Le Pré Bas,** großer familienfreundlicher Erlebnis-Campingplatz am See. Überdachtes Schwimmbecken plus Pool im Freien, 4 parallele Rutschen. „Splash-Bad" mit Wasserspielen für Kinder, Family Center mit Klettermöglichkeiten, Trampolinen etc. (beides gegen Eintritt auch für auswärtige Gäste zugänglich!). Spa-Bereich mit Whirlpool, Dampfbad und Sauna. Direkter Zugang zum Strand, moderne Brasserie Le 50 mit chilliger Dachterrasse am Seeufer. Schattige Stellplätze, die durch Hecken voneinander abgetrennt sind. Zudem viele Mobil-Homes und teilweise trendige Cottages und Ferienhäuschen. Lac Chambon, 63790 Chambon-sur-Lac, ✆ 04-73886304, www.campingauvergne.com.

***** Les Bombes,** dieser freundliche, sehr gepflegte Campingplatz im Tal, 800 m vom See entfernt, ist die ruhigere Alternative zu Le Pré Bas. 122 große Stellplätze, geräumige Chalets sowie etwas abseitig romantische Bauwagen und Holzhütten mit Zeltdach. Schwimmbecken, Solarium, Snackbar, Volleyball, Pétanque, Fahrradverleih. 2, chemin de Pétary, 63790 Chambon-sur-Lac, ✆ 04-73886403, www.camping-les-bombes.com.

***** Camping de Serrette,** an der D 636 oberhalb von Chambon-sur-Lac und mit traumhafter Aussicht auf den See und die Burg von Murol liegt dieser mittelgroße Campingplatz mit netter Atmosphäre. Er bietet einen überdachbaren Pool, Sauna, Tischtennis, Pétanque, Bar und im Juli/Aug. auch eine Brasserie. Kinder können sich an einem kleinen, ungefährlichen Bach erfreuen, der durch das Gelände fließt. Hohe Hecken grenzen mehrere Areale mit jeweils einigen Stellplätzen voneinander ab. Außerdem gibt es einige Mobil-Homes und Chalets im Holz-Look. Serrette, 63790 Chambon-sur-Lac, ✆ 04-73886767, www.campingdeserrette.com.

***** Domaine du Lac,** neben dem Campingplatz mit 120 Stellplätzen gibt es hier, am Ostufer des Sees, auch funktionale Cottages, moderne Chalets, stylische Holz-Lodges und romantische Waldhütten auf Stelen, komplett aus Holz. Hier kann man es sich so richtig gemütlich machen. Die hölzerne Badewanne und der dekorativ von Holzstämmen durchzogene Innenraum sind dabei behilflich. Im Seehaus mit Gastronomie für die Strandbesucher stehen außerdem 8 zeitgemäße Zimmer zur Verfügung. Restaurant mit einfachen regionalen Speisen. Im Sommer tägl. geöffnet. Plage Est, 63790 Murol, ✆ 04-44052158, www.domaine-lac-chambon.fr.

Saint-Nectaire

Er ist weich und cremig, aromatischer als ein Camembert, leicht mit Schimmel bedeckt und mit seinem nussigen Geschmack eine echte Delikatesse. Saint-Nectaire ist eine der fünf berühmten Käsesorten der Auvergne – und gleichzeitig ein geschichtsträchtiger Ort an den östlichen Ausläufern der Monts Dore.

Der 760-Einwohner-Ort besteht aus zwei Teilen: Saint-Nectaire-le-Haut, wo auf dem Mont Cornadore majestätisch eine der fünf romanischen Hauptkirchen der Basse-Auvergne thront, und (einige Hundert Meter entfernt) Saint-Nectaire-le-Bas unten im Tal des Flüsschens Le Courançon. Oben auf dem Berg liegt der Ursprung des Ortes. Hier missionierte der heilige Nectarius im 3. Jh. die Bevölkerung und errichtete das erste Gotteshaus. Die heutige Kirche mit ihren vielen prächtigen Kapitellen entstand ab Mitte des 12. Jh.

Schon die Römer wussten die Heilkräfte der Thermalquellen von Saint-Nectaire zu nutzen. Überbleibsel sind noch in den Grottes du Cornadore zu besichtigen. Erst Anfang des 19. Jh. wurden sie wiederentdeckt – und damit der Grundstein für den unteren Teil des Ortes gelegt, der sich das Tal entlangzieht und mit seinen mondänen Villen, prächtigen Palais und Hotels so ganz anders als andere Bergdörfer wirkt. Vier große Thermalkomplexe gab es Ende des 19. Jh.: die Grands Thermes (heute das Office de Tourisme), die Bains Romains (das Hotel Mercure), die Résidence du Parc (ein Wohnhaus mit vielen Appartements) und die Therme du Cornadore.

Im November 1981 lockte ein außergewöhnliches Ereignis Tausende Schaulustige nach Saint-Nectaire. Durch Bohrungen war ein Geysir entstanden, der drei Tage lang alle zehn Minuten das Wasser bis zu 50 m in die Höhe spie. Ein fantastisches Schauspiel, an das der künstliche Geysir im Freizeitpark Vulcania (→ S. 50) erinnert. Im Jahr 2003 kam endgültig der letzte Kurgast nach Saint-Nectaire – trotz aller Bemühungen, die Konkurrenz war zu groß. Der weltläufige Charme immerhin ist dem Ort erhalten geblieben. Doch nicht nur von dieser relativ jungen Vergangenheit als Thermalkurort ist Saint-Nectaire geprägt: Vier Dolmen und zwei Hinkelsteine auf dem Gemeindegebiet zeigen, wie lange diesem Fleckchen Erde schon Bedeutung beigemessen wird. Der größte und bekannteste Dolmen steht im Parc du Dolmen, der sich an die Grands Thermes mit dem Office de Tourisme anschließt.

Église de Saint-Nectaire: Die Prioratskirche ist ein Juwel der auvergnatischen Baukunst. Sie gehört zu den fünf Hauptkirchen der Basse-Auvergne.

Mächtig erhebt sich die Kirche über Saint-Nectaire

Mönche aus La Chaise-Dieu erbauten das erhabene Gotteshaus im 12. Jh. im oberen Ortsteil auf dem Mont Cornadore. Die Westfassade, umsäumt von zwei Türmen, ist relativ einfach gehalten. Einen bombastischen Kontrast bildet die Ostseite mit ihrer auvergnatischen Pyramide. Der Chorraum beeindruckt durch seine Vielfarbigkeit, drei Radialkapellen umgeben ihn. Im Inneren des Gotteshauses fallen die zahlreichen Säulenkapitelle auf: 103 sind es insgesamt. Besonders schön sind jene im Chor. Die Figurenkapitelle zeigen u. a. biblische Szenen wie die Passion Christi, die Apokalypse, die Höllenfahrt, das Jüngste Gericht und die Brotvermehrung. Auch Szenen aus dem Leben des heiligen Nectarius sind dargestellt. Weitere Schätze sind eine Büste des heiligen Baudimus, eines Gefährten des Schutzpatrons, Reliquien des Nectarius, aufbewahrt in einem silbernen Arm aus dem 15. Jh. (er enthält Hand und Unterarm des Heiligen), eine schlichte, thronende Madonna aus Holz und kostbare Buchdeckel aus Email. Eine tolle Sicht auf die Kirche in all ihrer Pracht hat man auf dem Weg zum ausgeschilderten Dolmen.

▪ Tägl. geöffnet, Führungen 4 € (nach Voranmeldung), Juli/Aug. Mo, Di, Do, Fr um 15.30 Uhr.

Fontaines Pétrifiantes: Gegenüber dem Freizeitbad, das die alte Kurtradition spielerisch aufrechterhält, wird das stark mineralhaltige Wasser schon viel länger genutzt. Nicht zum Wohl des Körpers, sondern zum Wohl der Kunst. Bereits seit 1821 werden die heißen Quellen verwendet, um in einem langwierigen Prozess künstliche „Versteinerungen" herzustellen. Auf großen Leitern werden Hunderte von Formen aus gummiartigem Guttapercha platziert. Das Wasser läuft sechs bis 20 Monate darüber hinweg und hinterlässt kunstvolle Kalkablagerungen. Viele der Skulpturen sind eher kitschig, doch auch die Kreationen moderner Künstler werden „in Stein gegossen".

Während eines Besuchs erfährt man in der faszinierenden Ausstellung vom Ursprung der Thermalquellen und steigt selbst hinab in die steinernen Galerien. Man trifft auf ein von Tropfsteinen eingefasstes Becken, wo die beiden genutzten Quellen (52 und 18 °C) zusammentreffen. In offenen Rinnen wird das Wasser an der Wand entlang zur Versteinerungsleiter geführt. Zu Beginn ist das Wasser reich an Eisenoxiden. Damit die Kunstwerke später nicht rostfarben werden, entziehen Kiefern- und

Auvergne | Das Puy-de-Dôme → Karte S. 26/27

Tannenspäne in den Rinnen dem Wasser das Eisenoxid. Schließlich tritt man in das Heiligtum: den Raum mit der 14 m hohen Versteinerungsleiter. An zwei weiteren Stellen in Saint-Nectaire produziert das Unternehmen mit noch größeren Leitern, 25 und 28 m hoch. Doch diese sind nicht öffentlich zugänglich.

▪ Eintritt 6,80 €. Mitte Mai bis Mitte Sept. tägl. 9.30–12 und 13.30–19 Uhr, ab Mitte Nov. Bis Mitte Dez. geschlossen, sonst → Website. 1, avenue du Docteur Roux / Les Sources, ✆ 04-73885080, www.fontaines-petrifiantes.fr.

Grottes du Cornadore: Hier kann man tief in den Granit des Mont Cornadore eindringen, auf dem die Kirche steht. Hinein geht es gut behelmt unten im Tal, von dort führt die Entdeckungstour zu Tropfsteinen, historischen römischen Bädern tief im Felsen und zu verschiedenen Wasserbecken. Auch Versteinerungsleitern wie bei den Fontaines Pétrifiantes sind aufgestellt.

▪ Eintritt 8,90 €. Tägl. 10–18 Uhr, Abweichungen möglich, → Website. Route de Murol, ✆ 04-73885797, www.grottes-du-cornadore.fr.

Maison du Fromage: In dem kleinen Häuschen am Ortsausgang Richtung Murol findet sich nicht nur ein Laden mit großer Käseauswahl und anderen regionalen Spezialitäten, sondern man kann bei einer 35-minütigen Führung auch die Cave entdecken, wo der Saint-Nectaire reift, mehr über seine Herstellung erfahren und ihn am Ende auch probieren (im Eintritt inbegriffen).

▪ Führung 7,90 €, tägl. 10–12.30 und 14–18 Uhr. Route de Murol, ✆ 04-73885796, www.maison-du-fromage.com.

La Ferme Bellonte: Nirgendwo kann man der Faszination des Saint-Nectaire-Käses so leicht erliegen wie hier. Der Hof, in dem man jeden Tag um 6 und um 15.30 Uhr beim Melken und um 8.30 sowie um 17.30 Uhr bei der Käseherstellung zusehen kann, liegt im Tal unterhalb des Örtchens Farges (3 km östlich von Saint-Nectaire-le-Haut). Knapp eineinhalb Stunden nach dem ersten Melken startet mit der Rohmilch direkt vor Ort die Produktion eines neuen Saint-Nectaires. Etwa 100 Laibe werden pro Tag produziert. Im Strohlager neben dem Kuhstall kann man, umschwirrt von Fliegen, einen Film über die Herstellung ansehen und in einem kleinen Laden die Produkte kaufen.

Mit diesem Angebot ist der Hof natürlich nicht der einzige der Umgebung, wohl aber mit etwas anderem: Oben in Farges lockt die eher pathetische Scénovision „Les Mystères de Farges“ in ehemalige Höhlenwohnungen, die den Arbeitern des darüberliegenden Steinbruchs einst als Behausung dienten. Heute reift in den 12 °C kalten Räumen (auch im Sommer unbedingt an die warme Jacke denken!) nicht nur der Käse auf seinem Strohlager, sondern man kann durch Projektionen, Lichteffekte und aus Lautsprechern dringenden Erzählungen (auch auf Deutsch) die rührende Geschichte des Antoine Dubois erfahren, der während der Französischen Revolution die Reliquien des heiligen Nectarius rettete. Beeindruckend sind die Stereoskopie-Aufnahmen von 1902 bis 1908, die Saint-Nectaire in 3D zeigen. Außerdem befindet sich auf dem Hof die gemütliche Grange d'Alphonse, wo man deftige Spezialitäten genießen kann (Juli/Aug. Mi–Sa mittags und abends, sonst Febr.–Juni und Sept.–Okt. Mi–Sa jeweils mittags und abends, Do und So nur mittags).

▪ Eintritt für die Scénovision 6,60 €. Juli/Aug. tägl. 10–18 Uhr, April–Juni und Sept. tägl. 10–12 und 14–17 Uhr, sonst auf Anfrage. 3, rue du 10 Août 1944, Farges, 63710 Saint-Nectaire, ✆ 04-73885225, www.st-nectaire.com.

Information **Office de Tourisme,** befindet sich in den 1888/89 errichteten Grands Thermes. Juli/Aug. tägl. geöffnet, sonst → Website. Les Grands Thermes, 63710 Saint-Nectaire, ✆ 04-73885086, www.sancy.com.

Baden/Wellness **Thermadore,** Spaß- und Wellnessbad mit beheiztem Becken und Whirlpool, Spa-Bereich und Wellnessangeboten. 4, avenue du Docteur Roux, ✆ 04-73788347, www.thermadore.fr.

Einkaufen La Musette, großes Geschäft für regionale Produkte. Zu dem Laden gehört auch eine Brasserie mit typischen auvergnatischen Spezialitäten (→ Übernachten/Essen). 22–23, avenue du Docteur Roux, 63710 Saint-Nectaire-le-Bas, ✆ 04-73885396, www.lesbaladins-lamusette.com.

Casino Ein Kurort ist Saint-Nectaire zwar nicht mehr, ein stattliches Casino existiert aber immer noch. Neben Spielautomaten und Pokertischen gibt es hier auch das Restaurant La Bonne Carte. Tägl. ab 14 Uhr bis Mitternacht, Fr/Sa bis 1 Uhr. 3, allée du Casino, ✆ 04-73796618.

Markt Bauernmarkt jeden So im Juli/Aug. Mitte Juni bis Mitte Sept.

Mountainbike 4 ausgeschilderte Routen, Start beim Office de Tourisme. Download der Routen → www.sancy.com.

Zoo Parc Pédagogique Myocastors et Kangourous, kleiner Tierpark mit niedlichen Biberratten, Kängurus (darunter Wallabys), Murmeltieren, Erdhörnchen, Lamas, Mufflons, Rentieren, Hühnern, Kaninchen, Gänsen und Enten. Im dazugehörigen Laden kann man Pflegeprodukte mit dem Öl der Biberratte kaufen. Eintritt 9,50 €. Juli/Aug. tägl. 10.30–11.30 und 14.30–18.30 Uhr, Febr.–Juni und Sept. bis Allerheiligen sowie in den Weihnachtsferien tägl. 14.30–17 Uhr. Boissières / Route du Murol, ✆ 04-738 86681, www.parc-pedagogique-saintnectaire.fr.

Übernachten/Essen * Mercure – Les Bains Romains,** in den prächtigen ehemaligen Bains Romains (entgegen dem Namen erst 1817, aber auf den Resten antiker Thermen erbaut) finden sich 71 moderne und wohnliche Zimmer. Ein Highlight ist der Pool auf der mondänen Sonnenterrasse. Außerdem: Wellnessbereich und Fitnessraum. Geradezu majestätisch wirkt der lichtdurchflutete Speisesaal des Restaurants Le Jardin Romain (So Ruhetag, Reservierung erfoderlich) mit 8 m hohen Decken und Erkerfenstern. Einen stylischen Kontrast bildet die Bar. 26, avenue du Docteur Roux, ✆ 04-73885700, www.hotel-bains-romains.com. **€€**

**** Hôtel de la Paix,** an der Auffahrt zum Mont Cornadore befindet sich dieses Hotel-Restaurant mit 15 einfachen, aber freundlichen Zimmern, gemütlich genug für einen kurzen Zwischenstopp. Auch ein Restaurant mit lokalen Spezialitäten gibt es (Truffade, Fondue, Saint-Nectaire-Pastete). Die Küche hat in den letzten Jahren geschmacklich gut aufgeholt. 7, rue de l'Église, ✆ 04-73734716, www.hotel-dela paix.net. **€€**

Villa St. Hubert, in dieser stattlichen Villa am Fuße des Mont Cornadore gibt es 4 im altfranzösischen, ländlichen Stil eingerichtete Gästezimmer. Das Haus stammt von 1750, wurde aber um 1900 von einem reichen Pariser zur Villa ausgebaut. Idyllischer Garten mit Sonnenterrasse und großen Kastanien. 1, rue de l'ancienne Poste, ✆ 04-73692086, www.villasthubert.com. **€€**

Les Baladins, hier bekommt man die exquisiten Zutaten direkt aus dem angeschlossenen Geschäft La Musette, dem Spezialisten für regionale Produkte. Kein Wunder also, dass das Restaurant so beliebt ist. Auf der Karte: Truffade, Aligot, Fondue und dergleichen. Den Tag kann man hier mit einem Frühstück beginnen. Tägl. geöffnet. 22–23, avenue du Docteur Roux, ✆ 04-73885135, www.lesbaladins-la musette.com. **€€**

Auberge de l'Âne, 6 km nördlich von Saint-Nectaire-le-Haut liegt mitten im Nirgendwo im kleinen Örtchen Les Arnats diese einfache, aber gemütliche Landgaststätte, die sich dank ihrer schmackhaften Küche (Truffade, Fondue, Foie gras) über regen Zuspruch freuen darf. Di/Mi geschlossen. 2, chemin des Sagnes / Les Arnats, ✆ 04-73885039, www.auberge-de-lane.com. **€–€€**

Camping * La Vallée Verte,** im „Campingplatz-Viertel" am südöstlichen Ortsausgang von Saint-Nectaire ist dieses sehr grüne Areal der erste Campingplatz, den man erreicht. Die Stellplätze des mittelgroßen Platzes sind durch kleine Hecken voneinander abgetrennt und verstreut angelegt. Dazu gibt es Chalets, Mobil-Homes und Holzhütten. Zudem überdachter Pool, Tischtennis, Volleyball, Badminton, Trampolin, Snackbar. Route des Granges, ✆ 04-738 85268, www.valleeverte.com.

****** La Clé des Champs,** direkt neben dem Vallée Verte liegt dieser Campingplatz, der etwas akkurater angelegt ist als sein Nachbar. Rund 60 Stellplätze, durch kleine Hecken voneinander abgetrennt, Mobil-Homes und Chalets. Auch ein Spa-Bereich mit Sauna und Whirlpool, ein überdachter Pool, eine Snackbar, ein Trampolin, Billard, Tischkicker, ein Outdoor-Fitnessbereich und ein Spielplatz sind vorhanden. 2, rue du Pont Romain, ✆ 04-73885233, www.campingcledeschamps.com.

***** Le Viginet,** kleiner, ruhiger Campingplatz oberhalb des Tals mit 60 Stellplätzen, Mobil-Homes, Chalets und Zelt-Lodges, Pool, Snackbar, und Spielplatz mit Seilbahn. 2, chemin du Manoir, ✆ 04-73885380, www.camping-viginet.com.

Der Marktplatz von Besse

Besse-et-Saint-Anastaise

Wie ein klassisches Bergdorf darf man sich Besse nicht vorstellen. Zwar schnuppert man hier auf über 1000 m Höhe Bergluft und verfügt mit dem Nachbarort Super-Besse über ein modernes Wintersportzentrum – doch für Almhüttengaudi kommt der 1500-Einwohner-Ort viel zu nobel daher. Die Altstadt ist gespickt mit Restaurants sowie Souvenir- und Feinkostläden.

Zu einer florierenden Handelsstadt mit bedeutendem Markt blühte Besse im Mittelalter und in der Renaissance auf. Die vornehmen grauen Häuser aus dem 15. und 16. Jh. mit Türmchen und Wappen über den Eingängen zeugen vom Reichtum ihrer einstigen Besitzer. Besonders viel Charme vergangener Zeiten versprüht die Metzgerstraße (Rue de la Boucherie), in der sich alte Schlacht- und Handwerkerhäuser aneinanderreihen. An der Ecke zur Rue Mercière findet sich eines der ältesten Gebäude der Stadt (Nummer 11), das nur La Reine Margot genannt wird – die erste Frau von König Heinrich IV. hat hier eine Nacht verbracht. In dem Haus ist Frankreichs erstes Skimuseum eingerichtet (Eintritt 4,50 €, eingeschränkte Öffnungszeiten, → www.sancy.com, ✆ 04-73795730).

Eine dicke Stadtmauer mit drei Eingängen schützte Besse einst vor unwillkommenen Eindringlingen, davon ist allerdings nur wenig erhalten – die Bewohner nutzten die Steine, um Häuser und Scheunen zu bauen. Als eines der Überbleibsel ragt der Glockenturm (Beffroi) über dem doppelten Stadttor südlich der Altstadt in die Höhe. Einen Blick lohnt auch die ehemalige Stiftskirche Saint-André im romanisch-gotischen Stil (12. Jh). Säulen mit Figurenkapitellen umgeben den Chorraum.

Hübsch ist auch das Chorgestühl mit Schnitzereien. Nicht wundern, wenn die Kirche ohne schwarze Marienstatue auskommt – die Skulptur hält Sommerresidenz in der nahegelegenen Kapelle in Vassivière. In einer feierlichen Prozession wird sie jedes Jahr auf den Hügel hinauf- und wieder hinuntergetragen.

Cascade de Vaucoux: 12 m fällt die Cascade de Vaucoux (auch Cascade de l'Anglard wegen der Nähe zur Brücke Anglard genannt) eine Felswand aus dunklem Vulkangestein hinunter. Kleine Stege führen zum Wasserfall und über den Bach Vaucoux. Obwohl sich die Cascade mitten im Wald befindet, ist sie leicht zu finden: Von Besse die D 36 südwärts Richtung Compains (Route de Compains) nehmen und der Straße für etwa 2 km bis zu einer kleinen Parkbucht auf der linken Seite folgen. Hier führt ein Fußweg in den Wald hinab, diesem geradeaus und immer weiter bergab folgen. Gegen Ende ist der Boden recht verwurzelt. Nach etwa 10 Min. wird man mit dem schönen, nassen Naturspektakel belohnt.

Super-Besse: Hübsch ist es nicht anzuschauen, das Wintersportzentrum Super-Besse (auf 1350 m), was wohl am Look der 1960er-Jahre liegt. 1961 wurde die Skistation 7 km westlich von Besse am Fuße des Berges Puy de Perdrix errichtet – sie ist ideal auch für Anfänger und Familien. Über 40 km Pisten und rund 60 km Langlaufloipen gibt es hier, diese sind mit dem Pistennetz vom Puy de Sancy verbunden. 13 Pisten sind beleuchtet, sodass der Skispaß auch im Dunklen weitergehen kann. Aber Super-Besse bietet mehr als nur Skispaß: Schnee-Quad-Touren, Schneeschuh-Wanderungen (auch nachts) und im Sommer auch eine 1,6 km lange Zipline. Eine Gondelbahn fährt im Winter wie im Sommer auf den Gipfel des 1824 m hohen Perdrix, von oben bietet sich ein atemberaubender Panoramablick auf die Monts Dore mit dem Puy de Sancy und auf die Täler ringsherum. Im Sommer kann man sich bei Wandertouren oder auf ausgeschilderten Mountainbike-Routen austoben.

Chapelle Notre-Dame-de-Vassivière: Die kleine Kapelle mit großem Zulauf liegt knapp 8 km westlich von Besse auf einer Anhöhe. Erbaut Mitte des 16. Jh., ist sie der bedeutendste Wallfahrtsort in der Umgebung. Angezogen werden die Besucher von einer schwarzen Madonnenstatue – allerdings nur eine Kopie, denn das Original wurde während der Französischen Revolution verbrannt. Jedes Jahr wird sie bei der sogenannten *Montade* am 2. Juli in einer feierlichen Prozession von der Kirche Saint-André in Besse auf die Anhöhe getragen – im 19. Jh. wohnten diesem Ritual bis zu 20.000 Pilger bei. Im Chorraum hinter dem Altar thront die gekrönte Statue in edlem Gewand mit dem Jesuskind auf dem Schoß, über ihr schweben zwei vergoldete Engel, rechts von ihr wacht Saint Nectaire und links Saint Austremoine. Am Sonntag nach dem 21. September kommt die schwarze Madonna zurück nach Besse. Diese *Dévalade* findet mit einem Feuerwerk ihren Abschluss. Neben der Kapelle befindet sich eine Herberge zum Übernachten oder für einen Snack.

■ Juli–Sept. zugänglich. Über die D 978 Richtung Super-Besse/Égliseneuve d'Entraigues, Vassivière, Besse-et-Saint-Anastaise.

Lac Pavin: Der Lac Pavin ist ein Kratersee wie aus dem Bilderbuch. Er gilt als einer der schönsten der Auvergne. Unergründlich tief wirkt er, tatsächlich ist er mit 92 m der tiefste der Region. 5 km westlich von Besse (an der D 978) liegt er auf 1197 m Höhe, umsäumt von Nadelbäumen. Besteigt man den Puy de Montal (1411 m, ca. 30 Min.) an der Südseite, sieht man, dass das Maar fast kreisrund ist. Der See zählt zu den jüngsten vulkanischen Erscheinungen Frankreichs: Vor etwa 6900 Jahren entstand der Kratersee am Südostrand des Sancy-Massivs durch einen Vulkanausbruch. Einem Mythos zufolge soll in

Auvergne | Das Puy-de-Dôme → Karte S. 26/27

dem Krater ursprünglich ein Dorf gelegen haben. Weil die Bewohner ein zu lasterhaftes Leben führten, überschwemmte Gott den Ort, um sie zu bestrafen. Wirft man der Legende nach am 31. Dezember eine Münze in die Mitte des Sees, kann man angeblich noch die Glocken der alten Dorfkirche aus den Tiefen hören. Baden ist verboten, stattdessen stehen (Tret-)Boote für kleine Touren zur Verfügung. Berühmt ist der See auch für seine Saiblinge, die man im Restaurant am Ufer genießen kann. Auf einem Wanderweg lässt sich das Gewässer in etwa einer Stunde umrunden (den gelben Zeichen folgen, Parkplatz an der D 978).

Site Troglodyte de Jonas: Wie ein überdimensionaler Schweizer Käse wirkt die Felswand aus vulkanischem Tuff, die sich 10 km nordöstlich von Besse (über die D 978) über dem Tal des Couze Pavin erhebt. Hier lebten einst bis zu 600 Menschen in Felsenwohnungen und einfachen Häusern darunter. Schon die Kelten schlugen 400 v. Chr. erste Höhlen in den Stein. Um das Jahr 1000 schufen sich Mönche ein felsiges Refugium mitsamt Kapelle. Noch heute sind Fresken aus dem 11. Jh. zu sehen. Die Blütezeit der 500 m breiten und 100 m hohen Felswand war aber im 13. Jh. Im (heute unzugänglichen) nördlichen Teil lebten damals die einfachen Dorfbewohner und die Tiere, im (zugänglichen) östlichen Teil der Ritter Dalmas de Jaunac. Sieben Etagen war seine über eine Wendeltreppe erschlossene „Herrenhöhle" hoch. Diese und andere Hohlräume kann man besichtigen. Auch wenn es der heutige Zustand nicht unbedingt vermuten lässt: Einstmals ließ es sich hier durchaus komfortabel leben. Die ausgehöhlten Felsen kann man auch bei mittelalterlichen Führungen erkunden.

▪ Eintritt 7 €. Ganzjährig geöffnet. Öffnungszeiten → Website. Es empfiehlt sich festes Schuhwerk. Jonas, 63610 Saint-Pierre-Colamine, ✆ 04-73561642, www.jonastroglo.fr.

Cézallier mit Égliseneuve-d'Entraigues: Zwischen dem Sancy-Massiv und den Bergen des Cantal erstreckt sich das weite Basaltplateau des Cézallier – in seiner Menschenverlassenheit, seiner Weite, seiner rauen, strengen Natur eine beeindruckende Landschaft. Kleine Sträßlein führen zwischen Weiden hindurch und laden zur Spazierfahrt ein. Oder man besucht das Örtchen Égliseneuve-d'Entraigues, das neben einem außergewöhnlichen Hotel-Restaurant auch mit dem Maison des Fromages d'Auvergne aufwarten kann. Es ist angegliedert an das Office de Tourisme, wo man in einem Film mehr über die fünf AOP-Käsesorten der Auvergne erfährt und sie anschließend gleich probieren kann.

▪ **Maison des Fromages d'Auvergne**: Eintritt frei. Di–So 10–18 Uhr. Place du Foirail, 63850 Égliseneuve-d'Entraigues, ✆ 06-688386 56, www.maisondesfromages.fr.

Basis-Infos

Information **Bureau de Tourisme,** im Juli/Aug. tägl. geöffnet, sonst → Website. 13, rue Notre Dame, 63610 Besse-et-Saint-Anastaise, ✆ 04-73795284, www.sancy.com.

Maison du Tourisme, im Juli/Aug. tägl. geöffnet, sonst → Website. Rond Point des Pistes, 63610 Super-Besse, ✆ 04-73796029, www.sancy.com.

Baden Künstlich angelegter, 14 ha großer Badesee **Lac des Hermines** in Super-Besse. In den Sommerferien ist der Badestrand überwacht. Daneben Sport- und Spaßzentrum **Les Hermines** mit Schwimmbad, Indoorspielplatz und Kletterhalle.

Markt Jeden Mo Wochenmarkt in der Altstadt von Besse-et-Saint-Anastaise.

Mountainbike Bei Besse gibt es 4 ausgeschilderte Routen, bei Super-Besse noch einmal 3. Bei der Skistation wurde ein Biker-Park geschaffen; hier kann man Mountainbike-Pisten hinabkurven. In der Nähe von Égliseneuve-d'Entraigues, beim Gîte d'Étape les Rivaux, sind 3 weitere Strecken markiert.

Seilbahn Die Seilbahn ist während der Winter- und Sommersaison geöffnet. Sie führt von Super-Besse auf den Puy de Perdrix.

Veranstaltungen **Transhumance de la Vierge noire,** die schwarze Madonna wird am 2. Juli von der Kirche in Besse 8 km zur Kapelle von Vassivière getragen (Fête de la Montade), am So nach dem 21. Sept. wird das Prozedere in umgekehrter Richtung wiederholt (Fête de la Dévalade).

Fête de l'Estive, am 1. So im Aug. Volksfest am Lac Pavin mit Shows, Animationen und Salers-Rindern. Eines davon landet auf dem Spieß überm Feuer.

Fête de la Saint-Sixte, immer am 6. Aug. starten von 4 Orten des Sancy-Massivs Wanderer den Aufstieg zum Gipfel des Puy de Sancy, wo mit einem großen Picknick gefeiert wird. Startpunkt an der Tourist-Info in Super-Besse.

Wintersport Das Skigebiet von Super-Besse umfasst etwa 60 km Langlaufloipen und 4 km Pisten, die mit den Pisten des Puy de Sancy verbunden sind. Zudem gibt es beleuchtete Pisten und markierte Schneeschuh-Wanderrouten.

Übernachten / Essen & Trinken

****** Mildiss,** optisch ungewöhnlicher Hotelkomplex mit exzentrischer Holzkonstruktion inmitten einer grünen Idylle. Er beherbergt 32 einfache, aber geschmackvoll eingerichtete Zimmer, deren dezenter Stil sich im Restaurant mit Panoramafenstern fortsetzt. Hier kann man gehobenere französische Küche genießen, auch eine vegetarisches Menü. Die Karte wechselt im Wochentakt. Ein Spa-Bereich mit Innen- und Außenpool, Sauna und Dampfad sowie Pflegeanwendungen geben dem Ganzen Wellnesscharakter. So/Mo abends geschlossen. Serre-Bas, ✆ 04-73791010, www.mildiss.com. **€€€–€€€€**

***** L'Auberge de la Petite Ferme,** der frühere Bauernhof außerhalb von Besse hat sich in ein stattliches Hotel mit rund 30 Zimmern in verschiedenen Komfortkategorien verwandelt – viele mit Balkon oder Terrasse, komfortabel und modern ausgestattet in angenehmen Braun- oder Rottönen. Zum Inventar gehören ein Spa sowie Fitness- und Billardraum. Im Restaurant speist man in freundlicher und ebenfalls moderner Atmosphäre. In der offenen Küche wird Traditionelles frisch zubereitet – beachtliche Auswahl an Truffade-Varianten. Tägl. geöffnet. Le Faux, ✆ 04-73795139, www.auberge-petite-ferme.com. **€€–€€€**

Mein Tipp **** Hôtel de la Providence,** 17 km südwestlich von Besse, mitten in der faszinierenden Landschaft des Cézallier, liegt dieses außergewöhnliche Hotel-Restaurant. Die Zimmer sind ein Wohntraum, sehr hell, cremefarben und mit liebevoll ausgesuchtem Dekor versehen. Es gibt auch 6 sehr preiswerte Zimmer mit Gemeinschaftsdusche und WC. Im Restaurant serviert man überwiegend traditionelle auvergnatische Gerichte, wobei auch internationale Akzente gesetzt werden. Sehr gute Weinkarte! Deutschsprachig. Restaurant nur abends geöffnet, Reservierung erforderlich. 13, route de Besse, 63850 Égliseneuve-d'Entraigues, ✆ 04-73719003, www.hotel-providence.com. **€€€**

**** Hôtel Le Sancy,** im Stadtkern gelegenes, familiengeführtes kleines Hotel in einem Hospiz aus dem 15. Jh. Mit 9 hellen Zimmern, gemütlich in bäuerlichem Stil gehalten. Besonders charmant: In 4 Zimmern sind die traditionellen Kamine erhalten. Zum Haus gehört eine rustikale Brasserie mit einfacher Küche (Crêpes, Salate, Wurstplatte, Fondue). 3, place Docteur Alfred Pipet, ✆ 04-73795013, www.hotel-sancy-besse.com. **€€**

Aaisa, in dem 700 Jahre alten ehemaligen Postrelais in der Altstadt wurden 5 große Zimmer und ein Appartement ganz bezaubernd herausgeputzt – hell, freundlich, modern, teilweise mit Holzgebälk. Sehr herzliche Atmosphäre. 2, rue du Marché, ✆ 04-73795950, www.aaisa.eu. **€€**

Datcha Anastasia, kleine Ruheoase etwas außerhalb von Besse mit 5 angenehmen Gästezimmern im Stil ihres jeweiligen Namens gehalten – es gibt ein afrikanisches, ein japanisches, ein skandinavisches, ein auvergnatisches und ein russisches Zimmer. Zum Abendessen wird im Wechsel Französisches, Mediterranes oder Exotisches serviert – bio und frisch. Zudem gibt es ein Dampfbad zum Entspannen und Aufwärmen. Saint-Anastaise, ✆ 06-89377224, www.datcha-anastasia.com. **€€**

L'Oustaou, gemütliches Restaurant mit riesigem Kamin im Herzen der Altstadt. Serviert wird traditionelle Regionalkost, Klassiker wie Truffade, Fondue, Steak vom Salers-Rind etc.

Vor allem im Winter herrscht eine lauschige Atmosphäre beim Knistern des Kaminfeuers. Tägl. geöffnet, Mo–Mi nur mittags. 18, rue Notre Dame, ✆ 04-73795961. **€–€€**

Le Bessoi, jede Menge deftige Galettes gibt es in diesem sympathischen Lokal im Herzen der Altstadt mit großer Terrasse zum Place de la Gayme. Doch das Gasthaus ist nicht nur eine Crêperie: Auch regionale Spezialitäten wie Chou farci, Fondue mit Saint-Nectaire-Käse oder Truffade (direkt in der Pfanne) werden aufgetischt. Mi/So abends und Do ganztägig in der Nebensaison geschlossen. 1, place de la Gayme, ✆ 04-73795663. **€–€€**

La Bergerie, beliebtes Restaurant in einem traditionellen Steinhaus gegenüber den Pisten in Super-Besse. Berühmt für seine Truffade – eine der besten in der Umgebung und direkt in der Pfanne serviert. Während der Winter- und Sommersaison tägl. nur mittags geöffnet (im Sommer schon ab 10 Uhr), abends nur mit Reservierung. Route de Vassivière, 63610 Super-Besse, ✆ 04-73796106, www.labergerie-superbesse.com. **€–€€**

Le Lac Pavin, traumhaft am Lac Pavin ist dieses Hotel-Restaurant gelegen. Unten bietet die Brasserie – bei schönem Wetter auf der Terrasse am Ufer – Regionaltypisches und Snacks. Das Restaurant oben hat nur abends geöffnet. Die Spezialität des Hauses ist der Seesaibling, auch Rotforelle genannt, die der Küchenchef meist selbst fängt. Auch sonst viel Fisch auf der Karte, insgesamt feine Küche. Reservierung empfohlen. Zum Haus gehören 5 farbenfrohe, gepflegte und ruhige Zimmer – allesamt mit Blick auf den See. Das Restaurant hat während der franz. Ferien tägl. und Juni–Sept. tägl. mittags geöffnet, die Bar mit Terrasse auch bis abends. ✆ 04-73796279, www.lac-pavin.com. **€€**

Rund um die Vulkankette

Der Auvergne hat die Natur ein ungewöhnliches Meisterwerk geschenkt: Die Monts Dômes – das Markenzeichen der Region und ein Teil des Naturparks Volcans d'Auvergne. Majestätisch erheben sich diese grünen Berge, besser bekannt als Chaîne des Puys, im nördlichen Teil des Departements. Eine Kette aus über 80 Vulkanen bildet diese in Europa einzigartige Landschaft. Seit 2018 gehört sie zum UNESCO-Weltnaturerbe. Vor etwa 95.000 Jahren begann die Natur, dieses grüne Wunderwerk zu formen. Aktiv sind die Vulkane in der Auvergne nicht mehr. Die letzten Ausbrüche ereigneten sich vor rund 8400 Jahren.

Fahrt mit Aussicht:
Mit der Panoramabahn lässt sich der Gipfel bequem erklimmen

Über 45 km ziehen sich die mit Wiesen und Wäldern bedeckten Vulkane westlich von Clermont-Ferrand von Norden nach Süden. Am häufigsten kommt der Schlackenkegel vor, geformt von Lavaströmen, ähnlich wie der Stromboli bei Sizilien. Die naturgewaltigen Katastrophen vor Urzeiten sind heute ein Segen, denn sie haben kleine Paradiese geschaffen, wie z. B. den Lac d'Aydat, eine beliebte Freizeitidylle für Sonnenanbeter und Wasserratten. Auch Kraterseen wie das Maar Gour de Tazenat sowie Lavadome reihen sich in die Kette der Naturschönheiten ein. Der bekannteste unter den Vulkanen ist der Puy de Dôme. Von seinem Gipfel bietet sich eine gigantische Aussicht auf die Chaîne des Puys. Ausflüge empfehlen sich nicht nur auf die Anhöhen, sondern auch mitten in die Krater hinein, wie in den des Vulkans von Lemptégy. Oder zu einer ganz neumodischen Vulkanwelt: Vulcania, eine Art Disneyland für Lavafans. Um die Kette finden sich zahlreiche schmucke Kirchen, eine der schönsten der ganzen Region ist die Basilika Notre-Dame d'Orcival – ein Muss für Liebhaber kunsthistorisch wertvoller Architektur und für Marienverehrer.

Puy de Dôme

Er ist der Big Boss in der Vulkankette. Mit 1465 m ist der Puy de Dôme der höchste und markanteste Kegel in der Chaîne des Puys; nicht umsonst ist das Departement nach ihm benannt. Einen Krater hat er nicht, dafür setzt er sich aus zwei Vulkandomen zusammen, die ihm von Weitem die Form eines Hutes verleihen. Der Puy de Dôme ist als „Grand Site de France" ausgezeichnet – als besonders wertvoller Ort. Vor rund 12.000 Jahren entstanden die Kegel aus übereinandergelagerten, erkalteten Lavaströmen. Seit jeher übt der Puy de Dôme eine große Faszination auf die Menschen aus. Schon die Römer errichteten im 2. Jh. auf dem Gipfel zu Ehren von Merkur, dem Götterboten und Schutzpatron der Reisenden, einen Tempel gewaltigen Ausmaßes. Die Wahl des Ortes war kein Zufall: Zum einen bildete die Gebetsstätte den höchsten Punkt auf der Via Agrippa. Zum anderen war der Tempel von weitem und aus vielen Richtungen gut sichtbar, v. a. vom Verwaltungssitz Clermont-Ferrand aus (damals noch Augustonemetum genannt). Im 19. Jh. wurde ein Observatorium mit Turm errichtet – Letzteren ersetzte in den 1950er-Jahren ein Funkmast. Im Zuge des Baus entdeckte man Überreste des Merkurtempels, die die immensen Dimensionen erahnen lassen. Besucher können sie besichtigen und sich in dem Beobachtungszentrum über die Geschichte des Puy de Dôme informieren (Eintritt frei).

Der Besuch des Gipfels dieses mächtigen Kegels ist für Besucher ein Muss: Steile Wanderwege führen hinauf. Weniger schweißtreibend und wesentlich bequemer geht es mit der Zahnradbahn nach oben. Bereits während der Fahrt bekommt man einen Vorgeschmack auf die grandiose Aussicht. Oben angekommen, kann man das gewaltige Panorama so richtig genießen: den Blick auf die Vulkankette, auf das weiter entfernte Sancy-Massiv mit seinem markanten Bergkamm und auf Clermont-Ferrand, wo die schwarze Kathedrale hervorsticht. Bei sehr, sehr klarem Wetter kann man sogar den Mont Blanc erspähen. Am meisten beeindruckt zweifelsohne der Anblick der Vulkankette selbst: Nah am Puy de Dôme reihen sich der Grand Suchet (1231 m), daneben links der Puy de Côme (1253 m) und rechts der Cliersou (1199 m) aneinander. Rechts davon schließt sich der berühmte Puy Pariou (1290 m) mit seinem schönen Krater an. Mit 90 m Tiefe und 317 m Durchmesser hat er besonders

Wanderung 2:
Puy de Dôme – der Star unter den Vulkanen → S. 513
Grandiose Sicht auf die Vulkankette, „Aufstieg" per Zahnradbahn

gewaltige Ausmaße. Der Vulkan dient als Logo des Getränkeherstellers Volvic, ist aber in privatem Besitz. Dennoch kann man ihn besteigen. Im Sommer bietet sich ein besonderes Spektakel: Bunte Gleitschirme füllen den Himmel.

Vulcania: In die Puys-Kette reiht sich ein ganz außergewöhnlicher Vulkan ein – ein Titankegel, der außen mit Vulkangestein verkleidet ist und innen golden schimmert. Gerade mal 28 m ragt er in die Höhe und macht damit den anderen, echten Bergriesen keine Konkurrenz. Unter ihm aber tut sich eine ganz andere Welt auf – Vulcania, ein Mekka für Vulkanfreunde rund 15 km westlich von Clermont-Ferrand. Tief hinab steigt man; statt glühend heißer Lava findet man einen Freizeit- und Themenpark rund um die feuerspeienden Bergriesen vor. Auf mehreren Etagen kann Groß und Klein alles über Vulkanismus erfahren – einen Plan mit allen Shows, Filmen und Attraktionen auf Deutsch sowie Audioguides gibt es beim Info-Point. Achterbahnen sucht man hier vergeblich, vielmehr geht es mit rotierenden Fahrgeschäften und sich bewegenden Plattformen ins simulierte Innere eines Vulkans oder der Erde, dabei kann man auch jeder Menge Drachen und anderen Monstern begegnen. Teilweise wird man dabei gut durchgeschüttelt, die Attraktionen sind entsprechend markiert.

Nachgebaute Landschaften mit Geysiren, Entdeckungspfade, Videoprojektionen – auf einer Riesenleinwand von 415 m² – Modelle, Scénovisionen und Ausstellungen informieren über Geschichte, Entstehung und Verbreitung von Vulkanen weltweit. Spielerischer und interaktiver geht es in dem speziellen Kinderbereich zu. Zudem gibt es eine Cafeteria und jeden Mittwochabend im Juli sowie zusätzlich am Dienstagabend im August eine Lichtershow.

■ Eintritt 26–30,50 € (bei Online-Buchung gibt es regelmäßig Rabatte). Mitte März bis Mitte Nov. geöffnet, im Sommer tägl. wechselnde Öffnungszeiten → Website. 2, route de Mazayes, 63230 Saint-Ours-les-Roches, ☎ 04-731970 00, www.vulcania.com.

Puy de Lemptégy: Auch in unmittelbarer Nachbarschaft von Vulcania (an der D 941 zwischen Orcines und Pontgibaud) darf man in die wundersame Welt der Vulkane eintauchen. Hier geht es aber ins Innere eines echten Vulkans, in den Puy de Lemptégy. Der

Schlackenkegel entstand vor ca. 30.000 Jahren. Den markanten Krater mit den verschiedenfarbigen Lava- und Ascheschichten kann man zu Fuß mit Führung (rund 1,8 km) oder mit der Bummelbahn entdecken. Zu Fuß dringt man zwar nicht wie mit dem Zug tief in den Kern ein, dafür hat man die Steine zum Greifen nah – man darf sogar ein paar Erinnerungsstücke mitnehmen – und kann die unterschiedlichen Gesteinsschichten begutachten. Seine Tiefe verdankt der Krater dem Abbau von Puzzolanen. 60 Jahre lang wurde das feine Vulkangestein abgetragen, die Maschinen sind begehbar. Auffällig sind Felsformationen in der Mitte des Vulkans. Weil sie so widerstandsfähig waren, mussten die Arbeiter darum herum graben. Bei dem Rundgang erfährt man viel über die unterschiedlichen „Vulkangeschosse", die je nach Form kuriose Namen tragen wie Bombe, Blumenkohl, Spindel oder Kuhfladen. Außerdem bieten sich tolle Aussichten auf einige Vulkane der Puys-Kette. Zum Besuch gehört auch ein Film über die Zeit des Steinabbaus im Lemptégy und den Vulkanismus in der Region sowie ein wortwörtlich bewegendes 4D-Erlebnis, das die Fahrt in eine Mine nachempfinden lässt. Zudem: Restaurant mit auvergnatischen Klassikern, Picknickplätze, Besucherzentrum mit Ausstellung und Shop. Im Sommer empfehlen sich ein Schirm und ein Sonnenhut, da der Krater keinen Schatten oder Schutz bietet. Audioguides gibt es auf Deutsch.

▪ Eintritt 12–17 €. Mitte Febr. bis Mitte Nov., im Sommer tägl. Genaue Öffnungszeiten → Website. 31, route des Puys, 63230 Saint-Ours-Les-Roches, ✆ 04-73622325, www.auvergne-volcan.com.

Information **Espace Puy de Dôme** am Fuße des Puy de Dôme mit Informationen rund um die Vulkankette. Für Kinder gibt es eine eigene interaktive Infoecke. 1, chemin du Couleyras, La Font de l'Arbre, 63870 Orcines. Zudem

Tief hinab in einen ehemaligen Vulkan geht es beim Puy de Lemptégy

frei zugänglicher **Espace Temple de Mercure** auf dem Gipfel (im Winter geschlossen), mit integriertem interaktiven Museum. Außerdem können Gäste auch im großen Besucherzentrum einiges zu Mythen und Sagen rund um den Puy erfahren. www.panoramiquedes domes.fr.

Verbindungen Ein **Pendelbus** verkehrt tägl. im Juli/Aug. zwischen Clermont (ab dem Hauptbahnhof), der Vulkankette und Vulcania. Im Juni/Sept. sowie in den Oster- und Herbstferien muss man den Bus mind. 48 Std. im Voraus buchen. ✆ 06-85920445.

Gleitschirmfliegen **Flying Puy de Dôme,** Flüge vom Vulkangipfel, April–Nov. Empfangshaus: 97, route du Puy de Dôme / La Font de L'Arbre, 63870 Orcine. ✆ 06-79462854, www.flying-puydedome.fr.

Panoramabahn **Panoramique des Dômes,** die moderne Zahnradbahn fährt mehrmals tägl. auf den Vulkan: Jan.–März und Nov./Dez. Mi–So 10–17 Uhr zur vollen Stunde, April–Juni und Sept./Okt. tägl. 9–19 Uhr alle 40 Min. Letzte Rückfahrt um 19.20 Uhr. Juli/Aug. tägl. 9–20 Uhr alle 20 Min., letzte Fahrt hinunter um 20.20 Uhr. An 2 Do im Juli/Aug. finden auch Nachtfahrten statt, Dauer 15 Min. Ticket für Hin- und Rückfahrt 14,30–15,50 € (je nach Saison). Talstation: 1, chemin du Couleyras, La Font de l'Arbre, 63870 Orcines, www.panoramiquedesdomes.fr.

Vulcania:
ein ungewöhnlicher Erlebnispark

Wandern Drei ausgeschilderte Wege führen über den Gipfel des Puy de Dôme – Chemin des Pèlerins, Chemin des Conquérants und Chemin des Curieux. Zudem schlängeln sich Wanderwege auch vom Fuße des Berges auf den Gipfel, wie der Chemin des Muletiers vom Parkplatz am Col de Ceyssat (→ Wanderung S. 513) oder der Chemin de Chèvres vom Maison de Site beim Puy de Couleyras.

Übernachten/Essen ***** Les Hirondelles,** Hotel-Restaurant am Fuße des Puy de Dôme mit 30 Zimmern. Insgesamt präsentieren sie sich etwas biederer, sind aber gepflegt und recht hübsch. Die Küche serviert gelungene Regionalspezialitäten. Fr/Sa geschlossen. 34, route de Limoges, 63870 Orcines, ✆ 04-73622243, www.hotel-leshirondelles.com. **€€**

Auberge de la Baraque, der Name ist etwas irreführend, denn dieses freundliche Restaurant bietet wirklich erlesene Gerichte. Küchenchefin Géraldine Laubrières verwöhnt ihre Gäste mit feinen, regionalen Leckereien, die nicht nur ein Gaumen-, sondern auch ein Augenschmaus sind. Und Michelin verwöhnte sie dafür mit einem Bib Gourmand. Mo–Mi geschlossen. 2, route de Bordeaux, 63870 Orcines, ✆ 04-73622624, www.laubrieres.com. **€€€–€€€€**

L'Éveil des Puys, das gemütliche Bistro in der modernen Holzhütte lädt schon ab dem Morgen zu einem geselligen Kaffee ein. Hier treffen sich die Nachbarn und Touristen, um lokale Spezialitäten zu genießen, die liebe- und kunstvoll auf dem Teller drapiert werden. Die Karte wechselt wöchentlich. Und wem es geschmeckt hat, der kann sich hier gleich mit Feinkost eindecken. Regelmäßig finden Konzerte statt. So/Mo sowie Mi abends geschlossen. Brunch am 1. So im Monat. Rue de la Ribeyre, 63210 Ceyssat✆ 04-73887238, www.eveildespuys.fr. **€–€€**

***** Hôtel Archipel Volcans,** sympathisches Hotel-Restaurant in direkter Nachbarschaft zum Puy de Dôme. Modern und gepflegt ist das Holzhaus mitten im Grünen. Die Zimmer sind ebenfalls modern und mit Hochbetten für Kinder ausgestattet. Ideal für Familien. Aus der Küche gibt's auvergnatische Klassiker. Tägl. geöffnet 19, route de Clermont-Ferrand, Laschamps, 63122 Saint-Genès-Champanelle, ✆ 04-73621515, www.archipel-volcans.com. **€€**

Auberge de la Monéro, uriges Hotel-Restaurant in einem typischen Landhaus mit rustikalem Charme beim Col de Monéro, in das man vor allem wegen des guten Essens einkehrt. Die Küche zaubert hervorragende Truffade oder Filet vom Salers-Rind, Foie gras-Sandwiches etc. Man kann hier auch nächtigen. Die Zimmer sind zum Teil etwas klein, manche Bäder etwas veraltet. Da das Hotel-Restaurant an der Straße liegt, kann man von Verkehrslärm geweckt werden. Im Juli/Aug. Mi Ruhetag, im Mai/Juni und Sept./Okt. auch Di geschlossen, Nov.–März zudem Mo abends geschlossen. Laschamps (D942) / Col de la Moréno, 63122 Saint-Genès-Champanelle, www.aubergemoreno.com. **€€**

Mein Tipp **Volca'lodges,** am östlichen Rand der Vulkankette darf man leben wie ein moderner Robinson Crusoe – in Öko-Lodges (für bis zu 5 Pers.). Die umweltfreundlichen Holzwürfel sind komfortabel, modern und gemütlich. Im dazugehörigen Restaurant Les tables de Marceline wird Regionaltypisches in einem modern hergerichteten ehemaligen Stall unter Gewölbe aufgetischt. So/Mo geschlossen. Abendessen auf Bestellung in die Lodge tägl. möglich. Tournebise, 63230 Saint-Pierre-Le-Chastel, ✆ 04-73849669, www.volcalodges.com. **€€–€€€**

Orcival

In eine Talsohle etwa 20 km südwestlich vom Puy de Dôme, umgeben von dunklen Wäldern, sind die grauen, mit Schiefer gedeckten Steinhäuser von Orcival eingebettet. Ein eigentlich unspektakuläres Bergdorf (250 Einwohner), wäre da nicht die prächtige Basilika Notre-Dame d'Orcival. Sie gehört zu den fünf bedeutenden romanischen Kirchen der Basse-Auvergne (→ Kasten S. 55). An ihrer Stelle hatten bereits im 7. Jh. Mönche aus La Chaise-Dieu eine Kirche errichtet. Die heutige Basilika entstand Anfang des 12. Jh. An dieser Stelle soll der Legende nach die Heilige Jungfrau an einer Quelle erschienen sein. Das zog natürlich die Pilger im Mittelalter an. Nach Clermont-Ferrand gehört Orcival zu den wichtigsten Wallfahrtsorten im Puy-de-Dôme – und nicht nur auf Pilger (v. a. zu Christi Himmelfahrt), sondern auch auf Touristen übt die Basilika eine magische Anziehungskraft aus. Um die Kirche herum gruppieren sich einige nette Restaurants.

Basilique Notre-Dame d'Orcival: Die Kirche ist ein schönes Exemplar auvergnatischer Romanik. Ungewöhnlich ist, dass eine ausgeprägte Westfassade fehlt. Dafür ist die Ostseite umso gigantischer. Eine typisch auvergnatische Pyramide bildet das schmucke Chorhaupt mit dem Kapellenkranz bis hoch zum achteckigen Glockenturm. Im Inneren beeindrucken 244 skulptierte

Vergoldete Madonna in Orcival

Kapitelle – verziert mit Blumenschmuck, Bibelszenen, Teufeln und Dämonen. Der eigentliche Star befindet sich über dem Altar im Chor: Notre-Dame d'Orcival – eine Madonnenstatue aus vergoldetem Nussbaumholz. Auf ihr sitzt das Jesuskind wie auf einem Thron. Sehenswert ist auch die Krypta: Sie ist mit zahlreichen Säulen und Fensterchen ausgestattet, außerdem gibt es hier eine vergoldete Friedenstaube zu bewundern.

▪ Ostern bis Allerheiligen 8–19.30 Uhr, sonst 8–18 Uhr. Es gibt kostenlose Führungen mit Ehrenamtlichen – oder mit richtigen Guides (5 €). Telefonische Anmeldung. ✆ 04-73658977 oder direkt über die Touristeninformation.

Lac d'Aydat: Der mit 65 ha größte See der Auvergne, 19 km östlich von Orcival, ist einerseits ein turbulentes Freizeitparadies, andererseits aber auch groß genug, um eine Oase der Ruhe sein zu können. Am Westufer gibt es in Sauteyras, einem Ortsteil von Aydat, ein großes Seezentrum mit überwachtem Badestrand und ausgedehnter Liegewiese, Beachvolleyball, Segelschule, Tretboot- und Kanuverleih sowie Restaurants, Bars und eine Crêperie. Den See kann man auf einem 6 km langen Weg umrunden, allerdings nicht auf einer autobahnähnlichen Uferpromenade, sondern auf einem naturbelassenen, kurvenreichen Waldpfad nah am Wasser. Vor dem Wald-Campingplatz Lac Aydat haben findige Geschäftsleute jede Menge Imbissbuden aufgebaut. Auch regionale Produkte und Eselwanderungen werden angeboten.

Maison du Parc naturel regional des Volcans d'Auvergne: Reichlich Informationen über den Vulkanismus, die Flora und Fauna und Biodiversität des Regional-Naturparks erhält man in diesem zentralen Informationsgebäude neben dem Château de Montlosier, 7 km nordwestlich von Aydat und 16 km östlich von Orcival. Es gibt eine moderne Dauerausstellung über die Besonderheiten des Parks, teilweise spielerisch und interaktiv.

▪ Freier Eintritt. Juli/Aug. tägl. 9.30–19 Uhr, Juni tägl. 9.30–18 Uhr, April/Mai und Sept. tägl. 10–12.30 und 13.30–17.30 Uhr. Montlosier, 63970 Aydat, ✆ 04-73656426, www.parcdesvolcans.fr.

Information **Office de Tourisme Terres Dômes Sancy,** Juli/Aug. tägl. geöffnet, sonst → Website. Place Notre Dame, 63210 Orcival, ✆ 04-73658977, www.auvergnevolcansancy.com.

Einkaufen **Maison de la Confiserie,** Süßwaren- und Schokoladenladen mit Scheunencharakter. Zu kaufen gibt es u. a. klassische auvergnatische Geleebonbons. Zudem kleine Ausstellung über Zuckerwaren der Auvergne. Mo geschlossen. Le Bourg, ✆ 04-73658560, www.patisserie-juilhard.fr.

La Bresade, Regionalladen mit großer Auswahl an auvergnatischen Spezialitäten, auch Wurst und Käse. Tägl. geöffnet (Mitte Okt. Bis Mitte Dez. geschlossen). 63, place de la Fontaine, ✆ 06-83352074, www.auvergnegourmande.com.

Golf **Golf des Volcans,** 18- und 9-Loch-Golfplatz am Fuße des Puy de Dôme, rund 10 km westlich von Clermont. La Bruyère des Moines, 63870 Orcines, ✆ 04-73621551, www.golfdesvolcans.fr.

Markt Im Sommer jeden So Markt im Zentrum.

Übernachten/Essen ***** Auberge Le Cantou – Hôtel Roche,** sympathisches, familiär geführtes Hotel-Restaurant schräg gegenüber der Basilika. Serviert werden bewährte Klassiker (Truffade, Foie gras, Käse der Auvergne etc.) in angenehmem Ambiente. Die 12 Zimmer sind zeitgemäß, sehr gepflegt und in dezenten Farben gehalten, teilweise mit Blick auf die Basilika. 61, place de la Basilique, ✆ 04-736 58207. **€€**

Camping ***** Lac d'Aydat,** ruhiger Campingplatz im Wald direkt am Lac d'Aydat. Sehr naturbelassen und mit viel Schatten. Außerdem: große Chalets, moderne Mobil-Homes. Animation für Kinder, Spielplatz, Volleyball, Badminton, Petanqueplatz, Tischtennis, Bar-Restaurant. 16, boulevard du Lac / Forêt du Lot, 63970 Aydat, ✆ 04-73793809, www.camping-lac-aydat.com.

***** Les Volcans,** sehr hoch auf 1100 m gelegener, kleiner Campingplatz oberhalb des Lac d'Aydat. Ruhig, mit Sicht auf das Sancy-Massiv und Ausgangspunkt für Wanderungen. Stellplätze teilweise ohne Schatten. Neben Mobil-Homes auch ungewöhnliche Unterkünfte wie Tipis, Rundzelte und Rundhütten. Pool, Petanque, Tischtennis, Spielplatz, Snackbar. 11, chemin de la Rodde – La Garandie, 63970 Aydat, ☏ 04-73793390, www.campinglesvolcans.com.

Die Fünflingskirchen der Basse-Auvergne

Sie gleichen sich nahezu bis ins Detail – die fünf romanischen Hauptkirchen der Basse-Auvergne. Dazu gehören die Basilika Notre-Dame-du-Port in Clermont-Ferrand, die Basilika Notre-Dame in Orcival, die Pfarrkirche in Saint-Saturnin, die ehemalige Prioratskirche in Saint-Nectaire und die ehemalige Abteikirche Saint-Austremoine in Issoire. Oft wird die ehemalige Abteikirche Saint-Pierre et Saint-Caprais in Mozac dazugezählt, allerdings haben die Erdbeben von 1477 und 1490 große Teile des Bauwerks zerstört. Dabei stürzte auch ihre prächtige auvergnatische Pyramide ein, ein wichtiges Merkmal dieser Kirchen. Die Mutter aller Églises majeures d'Auvergne und Inspiration der auvergnatischen Baumeister war die vorromanische Kathedrale von Clermont-Ferrand. Sie musste der schwarzen Kathedrale in der Altstadt weichen. Erhalten ist noch die Krypta aus dem 10. Jh.

Notre-Dame-du-Port

Charakteristisch für die fünf Hauptkirchen ist die sogenannte auvergnatische Pyramide – eine harmonische Komposition aus Chorhaupt, Chorumgang, den rhythmisch aneinandergereihten Radialkapellen, Querriegel (Massif barlong) sowie dem achteckigen Vierungsturm. Typisch sind um das Chorhaupt auch Ausschmückungen durch Skulpturen und byzantinisch inspirierte Mosaike. Die Westfassade ist dafür umso schlichter, ebenso das eher kleine Eingangsportal. Schlicht ist auch das Innere gehalten, denn hier sollte man spirituelle Klarheit beim Beten und Meditieren erlangen können, ohne durch unnötigen Schnickschnack abgelenkt zu werden. Mehr oder weniger reich verziert ist dagegen meist der Chor mit Fresken und Säulen mit Figuren- und Pflanzenkapitellen. Sie zeigen biblische Szenen für die damals nicht lesende Pilgerschaft. Feine Unterschiede weisen die fünf Hauptkirchen natürlich dennoch auf – etwa in der Anzahl der Radialkapellen oder in der Ausschmückung des Altar- und Chorraums.

Herrlicher Blick auf die Kathedrale von der Place de la Victoire

Clermont-Ferrand → Karte S. 68/69

Clermont-Ferrand ist in jeder Hinsicht das Zentrum der Auvergne – geografisch, wirtschaftlich, administrativ und kulturell. Aus der mächtigen Bischofsstadt ist mittlerweile eine lebendige Studentenstadt geworden. Und das verleiht der charmanten Altstadt eine herrlich jugendliche Frische.

Im Ballungsraum Clermont-Ferrand leben rund 467.200 Menschen – etwa jeder Dritte in der Auvergne. Die Hauptstadt des Departements, bzw. des Puy-de-Dôme (147.900 Einwohner), liegt in einem Becken im Tal des Allier in der Limagne. Naherholungsgebiete hat sie unmittelbar vor der Haustür: Im Westen ragt der erloschene Puy de Dôme empor, eingereiht in die Vulkankette. Im Osten beginnt der Naturpark Livradois-Forez. So viel Natur tut Clermont-Ferrand gut. Denn die Stadt ist industriell geprägt. Um das Fabrikgelände des Reifenherstellers Michelin etwa wurden ganze Arbeitersiedlungen hochgezogen, und auch andere Vororte wirken nicht gerade einladend.

Die historische Altstadt ist dafür mit ihren herrschaftlichen Stadtpalais aus dunklem Volvic-Lavastein umso schöner. Ganz mondän gibt sich das lebendige Zentrum um den Place de Jaude. Hier fügen sich helle Prachtbauten im neoklassizistischen und Jugendstil harmonisch ins Stadtbild, zu dem auch moderne Bauten wie ein Einkaufszentrum gehören. Hier trifft sich Jung und Alt zum Bummeln und Ausgehen. Von dem Platz geht die Fußgängerzone ab. Die Haupteinkaufsmeile, die Rue des Gras, führt bis zum Hauptportal der höher gelegenen, schwarzen Kathedrale. Die historische Altstadt darum herum ist gespickt mit Kneipen, Cafés, individuellen Boutiquen und Antiquitätenläden. In den malerischen Gässchen finden sich kleine Brunnen, deren trinkbares Wasser man sich selbstverständlich abfüllen darf.

Vor allem Studenten beleben die Innenstadt. Rund 40.000 junge Leute sind an der Universität und sieben weiteren Hochschulen, u. a. mit Architektur-, Kunst-, Ingenieurs- und Informatikschwerpunkt, eingeschrieben. Überhaupt wird Wissenschaft in Clermont ganz groß geschrieben, was auch der Vergangenheit geschuldet ist. Besonders stolz ist die Stadt auf ihren berühmtesten Sohn: 1623 ist hier der Mathematiker Blaise Pascal geboren. Als 19-Jähriger erfand er die erste mechanische Rechenmaschine, die Pascaline. Man kann sie im Musée Henri Lecoq bewundern. Clermont verfügt über zahlreiche informative und sehenswerte Museen in den Bereichen Kunst, Naturwissenschaft und Archäologie.

Für den Wellnessfaktor der Stadt sorgt der Vorort Royat. Im Südwesten geht Clermont nahtlos in den Kurort über. Bereits die Römer nutzten das Quellwasser. Eine Renaissance fand im 19. Jh. statt, seither gehört Royat zu den beliebtesten Thermalorten der Region. Das eisen- und kohlensäurehaltige Heilwasser soll bei Arthrose, Rheuma sowie Herz- und Kreislauferkrankungen helfen. Sehenswert sind dort die prächtige Wehrkirche Saint-Léger (11. Jh.), die mit ihren Zinnen wie eine Burg wirkt, sowie ein Casino im Art-déco-Stil aus dem Jahr 1921.

Geschichte

Schon unter keltischer Herrschaft genoss die Gegend um das heutige Clermont-Ferrand Hauptstadtstatus. Wenige Kilometer südlich der Stadt zeugen Ruinen im heutigen Gergovie von der einstigen Averner-Hauptstadt Gergovia. Der gallische Keltenstamm hatte im Jahr 52 v. Chr. unter seinem berühmt-berüchtigten Anführer Vercingetorix zwar einen Sieg gegen die Römer erringen und Gergovia erfolgreich verteidigen können, doch nur zwei Jahre später mussten sich die Averner geschlagen geben. Ihr Land wurde römische Provinz – und ganz Gallien war von den Römern besetzt. Darunter auch das nahe Gergovie gelegene Nemossos (das heutige Clermont-Ferrand), welches den römischen Truppen als Verwaltungssitz diente und bald in Augustonemetum umbenannt wurde.

Rasch entwickelte sich daraus eine florierende Stadt mit rund 20.000 Einwohnern. Im 4. Jh. bereiteten die Westgoten dem Römischen Reich ein jähes Ende, nisteten sich in der Stadt ein und nannten sie fortan Arvernis. Erst ab 848 wurde aus der Stadt Clairmont, namensgebend war die Festung Mons Clarus („heller Berg"), die rund 60 Jahre zuvor zerstört worden war. Im Mittelalter setzte die Christianisierung ein, Clairmont stieg schnell zum Bischofssitz auf. Papst Urban II. eröffnete dort im Jahr 1095 eine Synode, bei der er den Ersten Kreuzzug ausrief. Als Clairmont fest in kirchlicher Hand war, bildete sich ab dem 12. Jh. ein weltlicher Machtgegenpol mit Montferrand nordwestlich der Stadt, wo sich vornehmlich Grafen und andere Adlige ansiedelten. Beide Städte standen in ständiger Konkurrenz zueinander, bis sich Clairmont im 17. Jh. seinen Nachbarn einverleibte. König Ludwig XIII. beschloss den Zusammenschluss mit dem Edikt von Troyes am 15. April 1630: Aus Clairmont wurde Clermont-Ferrand. Adlige und Großbürger zog es ins Zentrum, Montferrand war weitgehend verlassen. Clermonts Macht wuchs weiter, nicht zuletzt, weil der königliche Verwaltungssitz samt Gericht von Riom nach Clermont verlagert wurde. Damit kamen die Stadträte, Magistrate, Anwälte, Richter und andere Beamte, bauten ihre herrschaftlichen Residenzen sowie Stadtpalais und prägten damit das heutige Bild der Altstadt. Die Stadtbefestigung wich Boulevards, die

 → Karte S. 26/27

noch immer die Altstadt umringen. Die Industrialisierung setzte hier im 19. Jh. zunächst in Gestalt einer Kautschukfabrik ein, die später der Reifenhersteller Michelin übernahm. Auch wirtschaftlich entwickelte sich die Stadt zum Zentrum der Auvergne.

Sehenswertes in der historischen Altstadt

Beim Anblick der Gebäude in der Altstadt, rund um die hoch aufragende, schwarze Kathedrale, fühlt man sich schnell um einige Jahrhunderte zurückversetzt – wären da nicht die zahlreichen geschäftigen Läden, Brasserien und Kneipen, die einen schnell ins Hier und Jetzt zurückholen. Die Haupteinkaufsstraße, die Rue des Gras, führt leicht ansteigend zum Westportal der Kathedrale hinauf. Ihr Name rührt von den Treppenstufen (*gradins* bzw. *gras*) des Portals. Bei gutem Wetter blickt man von hier direkt auf den Puy de Dôme. Auf der Südseite öffnet sich die Kathedrale zum Place de la Victoire, wo sich eine Statue zu Ehren des Papstes Urban II. erhebt und wo sich auch das Fremdenverkehrsbüro befindet. Pläne mit drei verschiedenen Rundgängen stehen hier zur Verfügung. Auf der Nordseite liegt die Börse. Diese passiert man auf dem Weg zum Hôtel de Ville, einem prächtigen Palast aus dunklem Volvic-Stein mit einer wunderschönen, von Arkaden durchsetzten, Galerie im Innenhof. In dem ehemaligen Palais de Boulogne residierten ab Ende des 13. Jh. die Grafen von Clermont, später wurde der Bau als Gericht und Gefängnis genutzt. In den malerischen Gässchen finden sich viele noble Stadtpalais und herrschaftliche Stadthäuser, reich verziert mit Medaillons, Skulpturen und Türmchen. Sehenswert und besonders authentisch sind das Quartier du Port mit seinen vielen Lädchen voller Antiquitäten und verschlungenen Gässchen und davon abgehend die Rue Blaise Pascal, in der Streetart-Künstler etliche Läden mit Graffitis verschönert haben. Die ehemalige Rue des Nobles ist eine der schönsten Straßen der ganzen Stadt, hier reihen sich stattliche Häuser aus dem 16., 17. und 18. Jh. aneinander.

Cathédrale Notre-Dame-de-l'Assomption: Mitten in der Altstadt thront die Kathedrale wie eine Bastion, was nicht nur an ihrer gewaltigen Gestalt, sondern wohl auch an ihrer eindringlichen Farbe liegt. Erbaut aus fast schwarzem Volvic-Lavastein erkennt man das Bauwerk mit den grazilen, 108 m hohen Glockentürmen sogar vom Gipfel des Puy de Dôme mit Leichtigkeit – umgekehrt hat man von der Westfassade den Vulkan fest im Blick. Fast niedlich erscheint der nur halb so hohe Uhrturm am Ostwerk, der Tour de la Bayette (knapp 51 m) mit einer frei schwingenden Glocke. 250 Stufen muss man überwinden, um dann mit einer schönen Aussicht auf die Dächer Clermonts und auf ein ungewöhnliches Skulpturengebilde auf dem Chordach belohnt zu werden.

Baubeginn war im Jahr 1248, erst 1902 wurde das religiöse Monument fertiggestellt. Die fünfschiffige Kathedrale ist gotisch, der einzige romanische Teil stammt von der Vorgängerkathedrale: die Krypta aus der ersten Hälfte des 10. Jh. Einen tollen Kontrast bilden im Inneren die Kirchenfenster und Rosetten. In schillernden Farben werden v. a. im Chorraum Szenen aus dem Leben verschiedener Heiliger dargestellt. Hinter dem Hauptaltar thront eine Vierge en Majesté, eine schwarze Madonna in goldenem Gewand.

Außen zieren herrliche Wasserspeier die Fassaden, und auch das ausladende Chorhaupt sowie das Südportal sind beeindruckend. Eine Kuriosität birgt das Nordportal: Hier ist ein auffälliger Strich eingekerbt – die Messlatte dafür, wie hoch die Stadt im Winter 1833 eingeschneit war: Rund 2 m hoch türmten sich die Schneemassen.

■ Mo–Sa 7.45–12 und 14–18 Uhr (Mitte Juni bis Mitte Sept. bis 19 Uhr), So und feiertags 9–12 und 15–20 Uhr. Der Tour de la Bayette war zuletzt geschlossen. Place de la Victoire, www.cathedrale-catholique-clermont.fr.

Hôtel Fontfreyde: Unterhalb der Kathedrale lohnt sich in der Rue des Gras ein Stopp bei Nr. 34 (Ecke Petite-Rue-Saint-Pierre), dem Hôtel Fontfreyde. Das Stadtpalais aus dem 16. Jh. widmet sich mit dem neuen Centre Photographique ganz der Fotografie (wechselnde Ausstellungen). Doch einen genaueren Blick sollte man auch auf das Gebäude wagen, besonders auf die Fassade zur Petite-Rue-Saint-Pierre mit ihren prächtigen Arkaden, der mit Balkonen durchsetzten Treppe und den bunten Fenstern.

■ Eintritt frei. Di–Sa 13.30–19 Uhr. 34, rue des Gras, ✆ 04-73423180.

Basilique Notre-Dame-du-Port: Die Basilika gehört zu den fünf romanischen Hauptkirchen der Basse-Auvergne (→ Kasten S. 55) und ist auch UNESCO-Welterbe. Die Wallfahrtskirche steht etwas abseits im Schatten der Kathedrale, teilweise verdeckt von den Wohnhäusern und Läden des alten Stadtviertels Port, muss sich aber architektonisch vor der großen Schwester nicht verstecken. Hell und strahlend wirkt die nahezu gänzlich aus Arkose bestehende Basilika. Auffällig ist der Glockenturm aus dunklem Volvic-Stein – an dieser Stelle ragten einst zwei Glockentürme über dem Westwerk empor, sie stürzten nach den starken Erdbeben von 1477 und 1490 ein. Ungewöhnlich tief liegt der Eingang beim Westwerk, sehenswert ist das Südportal mit einem herrlichen Tympanon. Es stammt wie die Kirche aus dem 12. Jh.

Im Innern beeindrucken Fresken in den Seitenschiffen. Das Hauptpilgerziel befindet sich in der Krypta: eine schwarze Madonna aus Nussbaumholz, die ihren Sitz in einem Wandtabernakel hat. Herausragend sind die Säulen mit Figuren- und Pflanzenkapitellen sowie die Arkaden des doppelstöckigen Mit-

Imposante Treppe: Hôtel Fontfreyde

telschiffes und der Apsis. Prächtig ist das Chorhaupt außen mit seinem Kranz aus vier Kapellen und den Mosaiken – gut sichtbar vom Aussichtspunkt in der Rue Robert Nr. 1 (Eintritt frei, Juli/Aug. 10–17 Uhr).

■ Zugang über die Rue Couronne oder Passage du Port. Tägl. 9–18 Uhr, https://basiliquenotredameduport.fr.

Le FRAC: Das Kunstmuseum organisiert ausschließlich Sonderausstellungen mit zeitgenössischen Gemälden, Skulpturen, Installationen und Videoprojektionen. Die Kunstwerke unbekannter wie namhafter französischer und internationaler Künstler verteilen sich großzügig auf zwei Etagen. Immer wieder sehenswert.

■ Eintritt frei. Di–Sa 14–18 Uhr, So 15–18 Uhr. 6, rue du Terrail, ✆ 04-73905000, www.frac-auvergne.com.

Parc de Montjuzet: Hoch über der Altstadt thront ein grünes Paradies – der Parc de Montjuzet. Mit 26 ha ist er der größte Park der Stadt und nimmt den Hügel nördlich des Zentrums fast komplett ein. Mit den Zypressen, Pinien und Olivenbäumen mutet er mediterran an. Chinesische Hanfpalmen, Eukalyptus und Chilenische Araukarien setzen exotische Akzente. Dazwischen: zwei Skulpturen des japanischen Bildhauers Takashi Naraha und des venezolanischen Künstlers Carlos Cruz-Diez. Die Besucher kommen zum Spazieren, Picknicken, Austoben auf einem der Spielplätze oder bloß zum Entspannen. Und um die grandiose Aussicht auf die Stadt zu genießen.

■ Mai bis Mitte Sept. tägl. 7.30–21 Uhr, März/April sowie ab Mitte Sept.–Okt. tägl. bis 19.30 Uhr und Nov.–Febr. bis 18 Uhr. Rue du Parc-de-Montjuzet.

Sehenswertes im Quartier Jaude

Westlich der Altstadt öffnet sich der belebte Place de Jaude – das eigentliche Zentrum der Stadt. Hier reihen sich vornehmlich Geschäfte – auch die Galeries Lafayette –, Kneipen, Cafés und Kinos aneinander, hier spuckt die Tram in regelmäßigem Takt Leute jeden Alters aus, die sich zum Shoppen und Ausgehen treffen.

Vor wenigen Jahren wurde der weitläufige Platz neu gestaltet, trotz der historischen Bauwerke wirkt er sehr modern und mondän. Das liegt wohl an dem verglasten Einkaufszentrum und den flachen, quadratischen Brunnenbecken, die mit den prächtigen Jugendstil- und neoklassizistischen Bauten kontrastieren. Fahrgeschäfte wie kleine Karusselle sorgen für kitschige Animation. Zwei Statuen schmücken außerdem den Platz: südlich General Desaix, der in der Schlacht bei Marengo fiel, und nördlich Vercingetorix, Volksheld der Auvergne. Letztere Skulptur kreierte 1903 der Bildhauer Frédéric-Auguste Bartholdi, der auch die New Yorker Freiheitsstatue schuf. Hinter Vercingetorix protzt der Prachtbau der Oper (erbaut 1891–94) im klassischen italienischen Theaterstil. Schön sind im Inneren die Kuppel mit Fresken und der Opernsaal mit Galerien. Bis zu 600 Gäste können die Aufführungen auf der Bühne verfolgen. Ein recht dunkler Bau gegenüber der Oper fällt sofort ins Auge: die Klosterkirche Saint-Pierre-des-Minimes mit ihrem kuppelartigen Glockenturm. Sie wurde im 17. Jh. errichtet und gehörte zum Paulanerorden. Vom Place de Jaude gelangt man zu Fuß auch recht schnell zu Musée und Jardin Lecoq. Apropos Jardin: Weil der Place de Jaude gerade im Sommer mit zu den heißesten Plätzen der Stadt zählt, wurde auf ihm eine winzige grüne Oase geschaffen, damit die Menschen im Schatten der Pflanzen etwas aufatmen können. Über Clermont verteilt finden sich im Sommer mehrere solcher kleinen „Îlots de Fraîcheur“.

Musée Henri Lecoq: In dem Stadtpalais ist seit 1878 das Naturkundemuseum untergebracht. Neben den Wissenschaftlern Blaise Pascal und Antoine Laurent de Lavoisier widmet es sich seinem Namensgeber, dem Botaniker Henri Lecoq, der von 1826 bis zu seinem Tod im Jahr 1871 in Clermont lebte und forschte. Anhand originaler und skurriler Gerätschaften wie alten Rechenmaschinen (u. a. eine Pascaline), Barometern und anderen Messgeräten wird die Geschichte der Naturwissenschaft nachgezeichnet. Auf zwei Etagen verteilt sich eine reiche Sammlung von Flora und Fauna, Mineralien und Edelsteinen aus der Region sowie daraus hergestelltem Schmuck, Fossilien und präparierten Tieren – sogar Elefantenstoßzähne beeindrucken im Treppenhaus. Nachgestellt sind verschiedene Naturräume wie Berglandschaft, Wald, Sumpf, Feld oder See mit den jeweils typischen tierischen Bewohnern und Pflanzen. Zum Museum gehört auch ein kleiner Garten.

■ Eintritt 5 €. Di–Sa 10–18 Uhr, So 13–18 Uhr, feiertags geschlossen. 15, rue Bardoux, ✆ 04-73762560, www.clermontmetropole.eu.

Kleine Stadtoase: Jardin Lecoq

Jardin Lecoq: Einen Katzensprung vom Musée Lecoq entfernt tut sich eine grüne Oase auf: der Jardin Lecoq. 1863 legte ihn der Landschaftsgärtner Paul de Lavenne an – der Herzog von Choulot gestaltete etwa 300 Gärten und Parks in ganz Frankreich. Mit nur 5 ha ist der Park eher kleiner, aber der Platz reicht fürs Abschalten zwischendurch. Familien kommen gerne hierher, genauso wie Studenten von der nahegelegenen Universität oder Beschäftigte in der Mittagspause und nach Feierabend. Spazieren lässt es sich genauso wunderbar wie Picknicken. Der Park verfügt über mehrere Spielplätze und einen kleinen See mit einer sprudelnden Fontäne in der Mitte. Direkt daneben bietet ein größerer Kiosk mit Außenterrasse und Glasfront nach der Seeseite Snacks und kleine Gerichte. In dem hübschen Park wurde zudem ein ganz besonderer Baum gepflanzt: der Baum der Freundschaft – ein Geschenk aus Italien. Er steht kurz nach dem Eingang (aus Richtung Boulevard Lafayette).

■ Mai bis Mitte Sept. tägl. 6.45–21 Uhr, März/April sowie ab Mitte Sept.–Okt. tägl. bis 19.30 Uhr und Nov.–Febr. bis 18 Uhr. Boulevard François Mitterrand.

Musée Bargoin: Wer mehr über die Entstehung des Departements Puy-de-Dôme erfahren will, ist im Musée Bargoin richtig. Direkt neben dem Jardin Lecoq bietet es seit 1903 in dem neoklassizistischen Prachtbau eine einzigartige Sammlung für Archäologie-Begeisterte. Drei großen Epochen ist die Ausstellung gewidmet: der Vorgeschichte, der Bronze- und Eisenzeit und der gallorömischen Zeit. Neben der Archäologie wird die Handwerkskunst ganz groß geschrieben, besonders der Bereich der Textilkunst. Teppiche aus der ganzen Welt (dem Iran, Kaukasus und Kongo, der Türkei, aus Nordafrika, Kamerun und China) kann man in ihren schillernden Farben bewundern. Zudem gibt es Sonderaustellungen.

■ Eintritt 5 €. Di–Sa 10–18 Uhr, So 14–18 Uhr, feiertags geschlossen. 45, rue Ballainvilliers, ✆ 04-73762550, www.clermontmetropole.eu.

Sehenswertes im Quartier Fontgiève

Südlich des Quartiers Jaude schließt das älteste Viertel der Stadt an: Fontgiève. Schon vor 4000 Jahren hatten sich hier Menschen angesiedelt. Waren zur gallorömischen Zeit vor allem Handwerker, wie z. B. Töpfer, ansässig, mischten sich ab dem 5. Jh. zunehmend Juden unter das Handwerkertum – und das blieb lange Zeit so. Das kleine Viertel lässt sich auf einem Rundgang schnell erkunden.

Los geht es in der Rue Sainte-Rose bei der Chapelle de l'hôpital général mit deren markanten gelben Tür hinter den dunklen, griechisch anmutenden Säulen. Wir folgen der Straße östlich bis zum Place Gilbert mit dem nächsten architektonischen Highlight: Le Majestic im Art-déco-Stil. Das trapezförmige, frühere Hotel bot 100 Zimmer – damals mit eigenen Bädern. In Verruf geriet das Etablissement im Jahr 1935, als der Sohn des Besitzers und zugleich Hotelchauffeur gestand, seine Geliebte erwürgt und anschließend in den Lac Chambon geworfen zu haben.

Wir setzen die Tour links am Gebäude vorbei in die Rue Fontgiève fort. Gleich drei Gebäude verdienen unsere Aufmerksamkeit. Nr. 15 (hier eröffnet sich auch eine beeindruckende Sicht auf den Puy de Dôme): ein weiterer Art-déco-Komplex in strahlendem Weiß mit markanten Eisengittern vor den Fenstern. Nr. 20: ein neoklassisches Stadthaus, das der damalige Bürgermeister bauen ließ und selbst ein Jahr darin residierte. Es birgt ein traumhaftes Treppenhaus mit Wandmalereien und zwei steinernen Skulpturen, die als Deckenstütze dienen. Nr. 46: Sehenswert ist die Eingangstür im gotischen Flamboyantstil. Teile der Kathedrale wurden hier eingebaut, die Revolutionäre 1793 aus dem Gotteshaus entfernen ließen.

Wir betreten gegenüber die Rue Louis Braille, folgen dieser bis zum Ende und biegen rechts in die Rue Sainte-Rose, um nach wenigen Metern wieder rechts in die Rue des Quatres-Passes zu gehen. Dies ist die älteste Straße Clermonts. Hier steht die recht kleine Synagoge Beit Yacov (Nr. 20). Am Ende des Sträßchens gehen wir links auf den Place du Chang und wieder links in die Rue des Vieillars. Einige Cafés und Restaurants beleben dieses Eck, die umliegenden Gebäude wirken recht heruntergekommen. Anschließend kommen wir wieder zur Rue Sainte-Rose und weiter rechts zu unserem Ausgangspunkt.

Einen starken Farbkontrast bietet die Chapelle de l'hôpital général

Sehenswertes in Montferrand

Die Bastide, der gräfliche Sitz Montferrand, behauptete sich einige Jahrhunderte als weltliches Machtzentrum neben der geistlichen Hochburg Clermont. In zwei Etappen schluckte Clermont schließlich seinen Rivalen: Per Edikt wurde Montferrand 1630 und 1731 an die Bischofsstadt angegliedert und verschmolz so mit seinem Nachbarn zu Clermont-Ferrand – dem mächtigsten Ort der Auvergne.

Ein Rundgang führt durch das historische Viertel – man muss nur den silberfarbenen Plaketten auf dem Boden folgen, darauf ist eine Gräfin zu Pferd, die Comtesse G, abgebildet. Diese hatte der Stadt ihre Freiheiten und Rechte verliehen. Montferrand entwickelte sich dadurch schnell zu einer wohlhabenden Stadt, entsprechend vornehme Häuser säumen die Straßen und Gassen. Der Charme des Mittelalters und der Renaissance ist noch immer zu spüren, etwa in der Rue du Séminaire. In der Straße ließen sich viele Händler nieder. Bemerkenswert ist die ehemalige Halle aux Toiles (Nr. 3), wo Leinen und Tücher verkauft wurden. Die Bogeneingänge sind noch erhalten. Montferrand war eine bedeutende Kaufmannsstadt, was wohl daran lag, dass zwei große Handelsrouten sich hier kreuzten. Eine dieser Achsen verlief durch die Rue de la Ronade und in der Verlängerung durch die Rue du Séminaire. Prächtige Stadtpalais aus dunklem Volvic-Stein, Türmchen und Fachwerkhäuser prägen das Viertel. Die wichtigsten sind mit Info-Tafeln gekennzeichnet. Der Rundgang führt auch in die Église Notre-Dame-de-Prosperité. Die gotische Kirche (14.–16. Jh.) zeichnet sich durch 15 Kapellen aus. Außen sollte man eingehender die zahlreichen Wasserspeier entlang der Fassade betrachten – einen Dackel kann man hoch über dem Portal entdecken und auch eine nackte Frau. Neben dem historischen Viertel hat sich Michelin eingerichtet und zum Industrie-Charme der Stadt beigetragen. Am Ende der Rue des Fossés, hinter den Resten der einstigen Stadtbefestigung, schaut man auf das ehemalige Testgelände des Reifenherstellers – ein ungewöhnlicher Kontrast.

Musée d'Art Roger-Quilliot: Das Musée d'Art Roger-Quilliot, kurz „Marq", benannt nach einem früheren Bürgermeister der Stadt, ist allein schon wegen seiner Architektur einen Besuch wert. Nachempfunden ist es dem Solomon R. Guggenheim Museum in New York. Im Foyer hat man ein fantastisches Atrium geschaffen, rundherum führen Rampen zu den Sälen. Jeder Raum widmet sich einem anderen Thema. Die Sammlung beginnt im Keller mit religiösen Exponaten aus dem 7.–10. Jh. wie Madonnenstatuen oder Säulenkapitellen, im Erdgeschoss wird man durch die Romanik über die Gotik bis in die Renaissance geführt – zu sehen gibt es u. a. Kirchenreliquien, Stein- und Holzskulpturen sowie Kirchenfenster der Kathedrale von Clermont, aber auch Gemälde, Porträts, Marmorreliefs und Emailkunst. Ein Highlight befindet sich im ersten Stock: eine Serie aus zwölf Gemälden, die sogenannte „La Folie de Roland". Dargestellt sind Szenen des Rolandsliedes, unterlegt mit Auszügen aus dem Heldenepos. Zu sehen sind zudem Gemälde italienischer Künstler aus dem 17. Jh. Mit bildender Kunst geht es im zweiten Stock weiter – Skulpturen und Malereien aus dem 19. Jh., u. a. von Eugène Delacroix sowie Impressionisten aus der Region. Neu auf dieser Ebene ist ein Bereich über den Mathematiker Blaise Pascal. Zeitgenössische Kunst kommt im Marq ebenfalls nicht zu kurz, hierzu muss man allerdings wieder in den Keller hinabsteigen – die kunterbunten Landschaftsbilder und Akte lohnen aber. Sonderaustellungen finden in der ehemaligen Kapelle des Ursulinenklosters statt.

■ Eintritt 5 €. Di–Fr 10–18 Uhr, Sa/So 14–18 Uhr. Place Louis-Deteix, ✆ 04-73762525, www.clermontmetropole.eu.

Espace ASM Experience: Wer in die Welt des Rugby eintauchen will, ohne sich schmutzig zu machen oder aus der Puste zu kommen, kann dies im neuen Erlebnismuseum des Rugby-Vereins der Association Sportive Montferrandaise. Unterhalb einer der Stadiontribünen erfährt man alles über den Lieblingsballsport im Zentralmassiv. Zehn Stationen führen u. a. durch die Geschichte des Clubs, dessen Fankultur und den Sport selbst. Zudem ist eine Besichtigung des

Eine Stadt gibt Gummi!

So wie der Zeitgeist hat sich auch das berühmte Michelin-Maskottchen Bibendum verändert. War die Symbolfigur des Unternehmens mit Hauptsitz in Clermont-Ferrand bei ihrer Geburt 1898 noch ein echter Lebemann mit Zigarre in der Hand und aus 40 Reifen geformten Rundungen, so mutierte sie bald zum Nichtraucher und wurde einer Schlankheitskur unterzogen. Der Name kommt vom lateinischen Spruch „Nunc est bibendum!" („Jetzt lasst uns trinken!"). Auf dem ersten Plakat hielt der Reifenmann eine mit Glassplittern und Nägeln gefüllte Schale in die Höhe und verkündete: „Nunc est bibendum! C'est-à-dire: À votre santé! Le Pneu Michelin boit l'obstacle!" („Auf Ihr Wohl! Der Michelin-Reifen schluckt das Hindernis!"). Aus Bibendum wurde übrigens der Bib Gourmand, mit dem der Michelin-Gastroführer Restaurants auszeichnet, die „sorgfältig zubereitete und preiswerte Mahlzeiten" anbieten.

Dass es überhaupt Michelin-Reifen gibt, ist den Pariser Cousins Aristide Barbier und Édouard Daubrée zu verdanken, die 1832 in Clermont eine Fabrik für Landmaschinen gründeten. Zu verdanken ist es aber auch der Liebe, die manchmal eben auch da hinfällt, wo man ein gutes Geschäft machen kann. Daubrée jedenfalls heiratete die Nichte des Schotten Charles Macintosh, der den berühmten gummierten Regenmantel erfunden hatte. So gelangte das Wissen um die Geheimnisse des Kautschuks in die Familie. Anfangs wurden damit nur Gummibälle für Kinder und Dichtungen produziert. Erst als in den 1880ern die Brüder Édouard und André Michelin, Söhne von Jules Michelin und Adèle Louise Blanche Barbier, Enkelin des Firmengründers Aristide Barbier, - den Betrieb übernahmen und Édouard 1889 den auswechselbaren Fahrradreifen erfand, begann der Siegeszug des Pneu-Geschäfts. 1895 statteten die Michelins für das Rennen Paris–Bordeaux–Paris als erste Konstrukteure überhaupt ein Auto mit Luftreifen aus. Obwohl es von einem Sieg weit entfernt war, war die Alltagstauglichkeit bewiesen und der Verkauf zog an.

Gleichzeitig wuchs die Fabrik (in Clermont nur als „L'Usine" bekannt) zu einem gewaltigen Komplex an. 30.000 Menschen arbeiteten hier in den 1970ern, heute sind es noch etwa 9000. Nicht alles ist mehr in Betrieb, Schulen und Kinderkrippen gehören mittlerweile der Stadt, die Werkswohnungen privaten Investoren. Die auffällig in die Luft ragenden Rampen, auf denen einst die Reifen getestet wurden, prägen aber noch immer das Bild des Stadtteils Montferrand.

Längst stellt Michelin nicht mehr nur Reifen her. Aus einem Büchlein, das bei der Premiere 1900 noch v. a. auf Werkstätten oder Batterieladestationen hinwies, ist die berühmte Reiseführerreihe „Guide Michelin" geworden. Den Restaurantführer, dessen Sterne Gourmetlokale schmücken, kennt ohnehin jeder. Gleiches gilt für die Straßenkarten und den Online-Routenplaner ViaMichelin. Auch der Verkehr von Clermont-Ferrand ist geprägt von einer Erfindung aus dem Hause Michelin: Die Straßenbahnen der Stadt sind auf Gummireifen der Usine unterwegs!

Stadions und ein Blick hinter dessen Kulissen möglich.

■ Museum 10 €, Stadiontour 12 €, beides 18 €. Besuchszeiten → Website. 35, rue du Clos Four, ✆ 04-73146023, www.asm-rugby.com.

L'Aventure Michelin: Neben dem Stadion Marcel Michelin, wo sehr erfolgreich Rugby gespielt wird, kann man seit 2009 in ehemaligen Werkshallen auf 2000 m² mehr über die Geschichte des Reifenherstellers erfahren. Empfangen wird man gleich in der Eingangshalle von einem in Deutschland weitgehend unbekannten Kapitel der Firmenhistorie: der Micheline. Dieser schlanke Schienenbus auf Luftreifen fuhr ab den 1930ern über französische Schienennetze. In der ehemaligen französischen Kolonie Madagaskar ist noch heute ein Exemplar im Einsatz. Komplett ausrangiert ist hingegen die Bibendum-Fontäne, die bis 1984 Generationen von Kindern im Hallenbad von Clermont-Ferrand beim Schwimmenlernen zusah und nun nur noch im Museum Wasser spucken darf.

In der ansprechend gestalteten und dank des deutschen Audioguides gut verständlichen Ausstellung verfolgt man die gesamte Firmengeschichte, trifft auf erste Gummiprodukte und Fahrradreifen, das erste bereifte Auto und natürlich jede Menge historische Fotos. Man erfährt, dass Michelin im Zweiten Weltkrieg auch Kinderwagen herstellte, betritt durch eine riesige Bibendum-Figur das Obergeschoss, kann sich alte Werbefilme ansehen und lernt auch allerhand über die neuere Firmengeschichte.

■ Eintritt 11 €. Juli/Aug. tägl. 10–19 Uhr (Mitte Juli/Aug. Di bis 22 Uhr), sonst tägl. außer Mo 10–18 Uhr. Zu Stoßzeiten sollte man kurze Wartezeiten beim Einlass einkalkulieren. Audioguide auf Deutsch. 32, rue du Clos Four, ✆ 04-73986060, https://laventure.michelin.com.

La Serre Michelin: Einen grünen Akzent setzt Michelin mit seinem recht neuen Gewächshaus auf halber Strecke zur historischen Altstadt Clermonts. Hauptattraktion sind prächtige Kautschukbäume, aus deren Milch Kautschuk für die Autoreifen gewonnen wird. Der Besuch beginnt mit einem eindrucksvollen Film, der von der Kautschukherstellung erzählt. Anschließend darf man in dem tropischen Innengarten zwischen exotischen Gewächsen wie Maniok, Kakaobäumen, Ananaspalmen und Orchideen wandeln. Zum Ausklang lädt das Café Équateur ein, das jedem offen steht. Hier kann man u. a. feine Kaffeeröstungen genießen. (Mo–Fr 8–17 Uhr).

■ Eintritt 11 €. Führung 90 Min. Ganzjährig tägl. geöffnet. Place des Carmes-Déchaux, ✆ 04-739 86063, https://laventure.michelin.com.

Auvergne | Das Puy-de-Dôme → Karte S. 26/27

Basis-Infos

→ Karte S. 68/69

Information Office de Tourisme de Clermont-Ferrand, im Keller kleine Ausstellung zur Geschichte der Stadt. Juli/Aug. tägl. geöffnet, sonst → Website. Place de la Victoire, 63000 Clermont-Ferrand, ✆ 04-73986500, www.clermontauvergnetourisme.com.

Baden Stade Nautique Pierre-de-Coubertin, Hallen- und Freibad mit Schwimm- und Spaßbecken, Sauna und Dampfbad. Rue Pierre de Coubertin, ✆ 04-63669640.

Piscine Jacques-Magnier, kleineres Ganzjahres-Sport- und Familienbad. Im Sommer wird die Decke eingefahren und das Bad zum Freibad. 13, rue Louise Michel, ✆ 04-63669540.

Centre Aquatique Les Hautes-Roches, Vergnügungsbad mit Schwimm-, Spaß- und Wellenbecken, Sonnenwiese, Solarium und Sauna. 3 km südwestlich vom Zentrum. Avenue de la 1ère Armée Rhin Danube, 63400 Chamalières, ✆ 04-63669630.

Einkaufen Galeries Lafayette 21, imposanter Ableger des renommierten Pariser Warenhauses. So geschlossen. 25, place de Jaude, ✆ 04-73938255, www.galerieslafayette.com.

So manche Schätze lassen sich in den Antiquitätengeschäften in der Fußgängerzone in der Rue du Port, Rue Pascal oder Rue Savaron entdecken. Schicker einkaufen kann man westlich der Place de Jaude in der Rue Maréchal Foch und der Rue Blatin sowie in der Passage dazwischen. Individuellere Modeboutiquen findet man in der Rue Saint-Gènes.

Golf **Golf de Royat Charade,** 9- und 18-Loch-Platz oberhalb von Clermont mit Ausblick auf die Stadt und die Berge. 6–8, allée du Parc, Village de Charade, 63130 Royat, ✆ 04-733573 09, www.golfderoyatcharade.fr.

Kino **Cinéma Le Rio,** Kult- und Nostalgiekino, Filme in Originalsprache mit Untertiteln. 178, rue Sous les Vignes, ✆ 04-73242262, www.cinemalerio.com.

Beim Einkaufszentrum gibt es das **Ciné Jaude,** einen modernen Komplex mit 7 Sälen, und in direkter Nachbarschaft das **Ciné Capitole** mit 5 Sälen sowie das **CGR Le Paris** mit 7 Sälen. Alle drei um den Place de Jaude, www.cinealpes.fr.

Les Ambiances, kleineres Kino in der Verlängerung der Rue des Gras mit speziellem Programm für jüngeres Publikum und Veranstaltungen abseits des Filmprogramms. 7, rue Saint-Dominique, ✆ 09-51026725.

Ciné Dôme, riesiger Kinokomplex mit IMAX in der Peripherie. Avenue Lavoisier / ZAC des Varennes Est, 63170 Aubière, ✆ 08-09103103, www.cinemaspathegaumont.com.

Konzerte **La Coopérative de Mai,** das legendäre Pop-Duo Les Rita Mitsouko hat die Coopé mitgegründet. Seit 2000 treten nationale und internationale Stars im Kongresszentrum Polydome auf. Rue Serge Gainsbourg, ✆ 04-73144808, www.lacoope.org.

Zénith d'Auvergne, größere Konzerte und Veranstaltungen finden in dem futuristischen Komplex statt, 12 km südöstlich vom Zentrum. 24, rue de Sarliève, 63800 Cournon-d'Auvergne, ✆ 04-73772424, www.zenith-auvergne.com.

Krankenhaus **Centre hospitalier universitaire Gabriel-Montpied,** 58, rue Montalembert, ✆ 04-73750750, www.chu-clermont ferrand.fr.

Centre hospitalier universitaire Estaing, 1, rue Lucie et Raymond Aubrac, ✆ 04-737507 50, www.chu-clermontferrand.fr.

Markt **Marché Saint-Joseph,** hübscher Markt in alter Markthalle jeden Freitagvormittag in der Rue de Courpière.

Marché Saint-Pierre, großer Markt mit rund 40 Händlern im neueren Espace Saint-Pierre auf dem Place Saint-Pierre, Mo–Sa 7–19 Uhr, Mo mit reduziertem Angebot.

Jaude fait son marché, Biomarkt am 1. und 3. So im Monat auf dem Place de Jaude.

Marché de Montferrand, jeden Fr vormittags auf dem Place Poly.

Marché aux Puces des Salins, Traditionsflohmarkt für Schnäppchenjäger jeden So vormittags auf dem Place Gambetta. www.puces63.com.

Nach Ladenschluss offenbart sich so manche Streetart

Professioneller **Antik- und Flohmarkt** jeden 1. Sa auf dem Place du 1er Mai.

Place aux Arts, jeden 1. So im Monat **Open-Air-Kunstmarkt** auf dem Place Jaude.

Parken Im Zentrum ist Parken kostenpflichtig, neben ausgewiesenen Parkplätzen stehen auch Parkhäuser zur Verfügung. Zudem gibt es 5 Park & Ride-Plätze, die an die Trambahn angeschlossen sind, www.clermontmetropole.eu.

Theater **Opéra-Théâtre,** prächtiges Theater mit 600 Plätzen, entstanden Ende des 19. Jh. im italienischen Stil, mit beeindruckender Deckenbemalung. Konzerte, Tanz und einige Eigenproduktionen aus dem Bereich Oper, Theater und Musical. 22, boulevard Desaix, ✆ 04-73426363, www.clermont-auvergne-opera.com.

La Comédie de Clermont – Scène Nationale, modernere Bühne, die seit 1997 besteht. Zahlreiche Inszenierungen: Theater, Konzerte, Tanz, Kabarett und andere Shows. 69, boulevard François Mitterand, ✆ 04-43554343, www.lacomediedeclermont.com.

Veranstaltungen **Festival international du Court-métrage,** aus einem Studentenprojekt hat sich inzwischen ein renommiertes Kurzfilmfestival entwickelt mit rund 7000 Filmen. Eine Woche lang Ende Jan./Anfang Febr. www.clermont-filmfest.com.

Jazz en Tête, internationales Jazzfestival während der franz. Herbstferien, bei dem bereits internationale Größen wie Kenny Garrett, Miles Davis oder Cassandra Wilson auftraten. www.jazzentete.com.

Europavox, Ende Juni/Anfang Juli treten während des Festivals Bands aus ganz Europa der Sparten Rock, Electro, Folk und Hip-Hop in der Coopérative auf. www.europavoxfestivals.com.

Musiques Démesurées, in der ersten Novemberhälfte zeigen Künstler der zeitgenössisch-klassischen und experimentellen Musik ihr Können. www.musiquesdemesurees.net.

Les Contre-Plongées de l'Été, Open-Air-Kino und andere Events im Juli/Aug. verteilt in der ganzen Stadt, u. a. auf dem Place de Jaude, dem Place de la Victoire, Place du 1er Mai oder im Jardin Lecoq. Programm → www.clermont-ferrand.fr.

Sable-Show, im Juli/Aug. wird ein Stadtstrand auf dem Place du 1er Mai aufgeschüttet, mit Foodtrucks, Spielplatz und Wasserspielen.

Wellness/Therme **Royatonic,** Thermalbad mit Innen- und Außenbecken, Spa- und Wellnessbereich. Zudem verschiedene Arten von Wassergymnastik. Knapp 4 km südwestlich vom Zentrum. Place Allard/5, avenue Auguste Rouzaud, 63130 Royat, ✆ 04-73295890, www.royatonic.com.

Verbindungen

Flughafen Der Flughafen **Aéroport Clermont-Ferrand Auvergne** liegt 7 km nördlich vom Zentrum. Tägl. Direktflüge nach Paris (Roissy-Charles de Gaulle), nach Strasbourg, Porto und Fes (Marokko). 63510 Aulnat, www.clermont-aeroport.com.

Bahn und Bus Der TGV und Intercitys aus Paris steuern tägl. den **Hauptbahnhof** an der Avenue de l'Union Soviétique an. Zudem Regionalzüge und Busse zu allen wichtigen Orten der Auvergne, nach Nîmes und Lyon.

Stadtverkehr Mit **Straßenbahnen** und **Stadtbussen** unterhält Clermont ein gut ausgebautes öffentliches Verkehrsnetz. An den Wochenenden sind die Fahrten mit Bus und Trambahn kostenlos. **Pendelbusse** verkehren Juni–Sept. zwischen Clermont, dem Puy de Dôme, Vulcania und dem Puy de Lemptégy, im Juni und Sept. mind. 48 Std. im Voraus buchen, im Juli/Aug. tägl. Fahrten ab Hauptbahnhof, www.clermontauvergnetourisme.com.

Citybike Das öffentliche Verkehrsnetz wurde durch sogenannte C.vélos ergänzt. Knapp 60 Stationen sind in der Stadt und außerhalb des Zentrums verteilt. www.c-velo.fr.

Übernachten

→ Karte S. 68/69

****** Oceania** **25**, großes Luxushotel südlich der Altstadt mit 130 schick-gediegenen und klimatisierten Zimmern. Sehr moderne Bäder mit großen Duschen. Die Zimmer der oberen Kategorie haben Panoramafenster mit Aussicht auf den Puy de Dôme. Fitnessraum, Spa mit Whirlpool und Dampfbad (im Zimmerpreis inbegriffen). Eigene Tiefgarage. Regionale Küche im angeschlossenen Restaurant (Mo Ruhetag). 82, boulevard François Mitterrand, ✆ 04-73295959, www.oceaniahotels.com. **€€€** (Hotel), **€€** (Restaurant)

****** Mercure 22**, dieses große Hotel steht direkt am zentralen Place de Jaude. 125 moderne, wohnliche und farbenfrohe Zimmer. Pool, Fitnessstudio, Kids Club. Bar mit Panoramablick. 1, avenue Julien, ✆ 04-63662100, www.all.accor.com. **€€€–€€€€**

****** Hôtel Littéraire Alexandre Vialatte 4**, dieses Hotel am belebten Place Delille der Basilika Notre-Dame-du-Port ist mit 62 modernen, ansprechenden und geschmackvoll designten Zimmern bestückt. Vom Frühstückssaal unter dem Dach des Hauses hat man eine prächtige Aussicht auf die Stadt und die Kathedrale. Zum Hotel gehört eine gemütliche, helle Lounge-Bar im skandinavischen Stil (Mo–Fr nur abends geöffnet). 16, place Delille, ✆ 04-739 19206, www.hotelvialatte.com. **€€€**

MeinTipp *****Le Lion 19**, schickes, zentral am Place de Jaude gelegenes Hotel mit 29 modernen, individuell und originell eingerichteten, geräumigen Zimmern und Suiten. Keines gleicht dem anderen. Die kunstvollen Tapeten hinter den Betten sind ein wahrer Blickfang. Der Morgen startet mit einem Top-Frühstück. Zu Mittag und zu Abend kann man in der Brasserie essen (tägl. geöffnet). Neben auvergnatischen Klassikern bietet die Karte eine feine Auswahl an Sandwiches, Burgern, Pizza, Salaten und Crêpes, auch Vegetarisches und Veganes. Unter der Woche gibt es abends eine Bier-Happy Hour. 16, place de Jaude, ✆ 04-731760 80, www.hotel-le-lion-clermont.fr. **€€**

**** Cit'Hôtel Beaulieu 23**, in der Nähe des Jardin Lecoq lockt dieses nette kleine Hotel mit modernen, freundlichen und einfachen Zimmern. 16 Zimmer und 5 Studios mit Kochecke im Nebengebäude. Alle Zimmer sind ähnlich gestaltet und klimatisiert. Freundlicher Frühstücksraum mit Zweiertischchen. 13, avenue des Paulines, ✆ 04-73924699, www.logishotels.com. **€–€€**

**** Hôtel Ravel 13**, in einer ruhigen Ecke beim Markt Saint-Joseph empfängt dieses Traditionshotel hinter seiner Mosaikfassade bereits seit 1904 Gäste. Das Hotel hat Stil, einen sehr schönen Frühstücksraum mit grüner Holztäfelung sowie alten Holztischen und -stühlen. Toller Eingangsbereich mit Mosaikboden und viel Charme. Die Zimmer dagegen sind einfach und schmucklos, aber sauber und ordentlich. Kleiner Wellnessbereich mit Sauna und Whirlpool. 8, rue des Maringues, ✆ 04-73915133, www.hotelravel-clermontferrand.com. **€€**

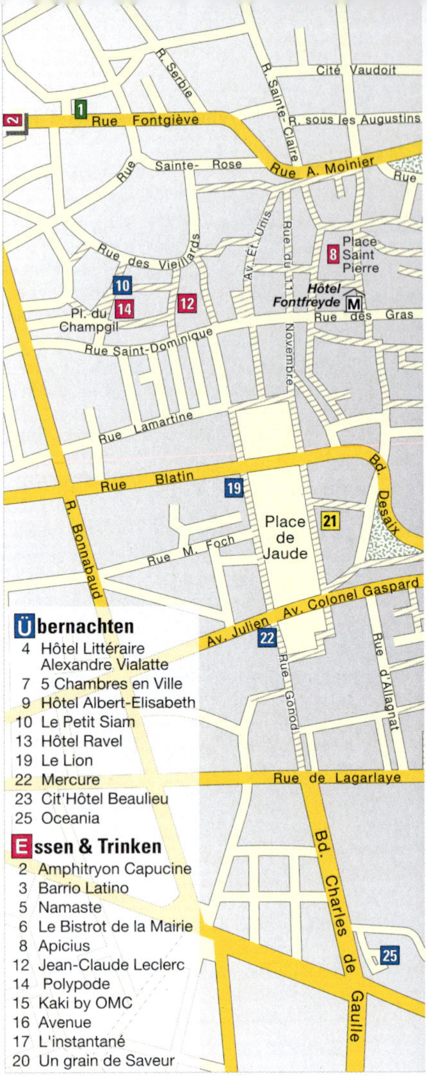

**** Hôtel Albert Elisabeth 9**, ein paar hundert Meter vom Bahnhof findet sich dieses Hotel mit neu herausgeputzter Fassade. Dahinter befinden sich 38 moderne, stilvolle, aber recht kleine Zimmer. Insgesamt ist das Haus eher unprätentiös, aber eine gute Adresse für einen Zwischenstopp. 37, avenue Albert et Elisabeth, ✆ 04-73924741, www.hotel-albertelisabeth.com. **€€**

meinTipp 5 Chambres en Ville 7, kleines Gästehaus zum Wohlfühlen, gleich bei der berühmten Basilika. 5 wundervolle, charmante Zimmer und ein Appartement, z. B. mit einer Badewanne umgeben von Schieferwänden, oder mitten im Schlafzimmer. Kleiner Gemeinschaftssalon mit modernen, farbenfrohen Polstermöbeln und kleiner Küchenecke. 8, rue Neyron, ✆ 07-81166095, www.5-chambresenville.com. **€€**

Le Petit Siam 10, zentral, aber von der Altstadt etwas abseits gelegenes Gästehaus, das jede Menge exotisches Flair versprüht. Man fühlt sich ein wenig wie in Thailand. Die großen Zimmer, zum Teil Familiensuiten, sind im kolonialen und asiatischen Stil eingerichtet, zum Teil mit Reismatten an den Wänden und in warmen Farben. Am besten gefällt uns das Zimmer Sukhothai mit viel Holz und Holzparavents ums Bett. Zwei der 5 Räume haben ein Gemeinschaftsbad. Schnuckeliger kleiner Innenhof. 23 place du Champgil, ✆ 06-76245902, www.chambre-gite-lepetitsiam.com. **€€**

Essen & Trinken

→ Karte S. 68/69

Avenue* 16, sehr angesehenes, kleines Restaurant mit zeitgenössisch-stylishem Dekor. Küche auf regionaler Basis mit mediterranen Einflüssen, auch viel Fisch. So/Mo und Sa mittags geschlossen. Mittags gibt es Menüs, abends à la carte. 10, rue Massillon, ✆ 04-73904464, www.restaurant-avenue.fr. **€–€€**

Un grain de Saveur 20, dieses sympathische Bistro gehört zu den besten Adressen der Stadt. Kein Wunder, denn Küchenchef Damien Marie beweist einen ganz gehörigen „Funken Geschmack". Und der kommt in Form von Kokos-Curry-Muschelsuppe, Foie-gras-Pastete an Rote Bete und Hibiskus, Makrele und Jakobsmuscheln mit Currysoße oder Obst-Tabulé als Dessert daher. Es gibt sogar ein Hummer-Menü. Mo/Di geschlossen, Mi–Fr abends sowie Sa/So mitttags und abends geöffnet. 8, rue de Abbé-Girard, ✆ 04-73903059, www.ungraindesaveur.fr. **€€€–€€€€**

L'instantané 17, etwas länger als einen Augenblick sollte man in dem kleinen Restaurant mit Gewölbesaal schon verweilen – der Atmosphäre und guten Küche wegen. Kleiner Vorgeschmack: Schnecken, Ziegenkäse in Blätterteig mit Auberginen-Tomaten-Kaviar, Foie gras an Erdbeer-Rhabarbermarmelade oder Kalbsbries. Sa/So geschlossen. 2, rue Abbé Girard, ✆ 04-73919719. **€€–€€€**

MeinTipp **Kaki by OMC 15**, einige vegetarische und vegane Restaurants konnten sich in der Michelin-Stadt leider nicht halten, vielleicht schafft es dieses Café. Das Flair überzeugt: zeitgemäß mit Metrofliesen und schwarz-weißer Holz-Optik. Das Essen ebenso. Morgens kann man frühstücken, mittags Suppen, Salate, Bowls, Burger und warme, gemüselastige Gerichte schlemmen. Oder einfach nur den süßen Hunger u. a. mit Tartes oder Bananenbrot stillen. So/Mo geschlossen. ✆ 04-73910926, 3, rue des Chaussetiers. **€–€€**

Amphitryon Capucine 2, kleines Restaurant in klassisch-elegantem Ambiente. Der Koch aus Marseille sorgt für exzellente Küche mit südlichem Flair und Produkten vom Markt. Von Michelin mit dem Bib Gourmand für das gute Preis-Leistungs-Verhältnis ausgezeichnet. Auf Anfrage auch vegetarisch und vegan. So/Mo geschlossen. 50, rue Fontgiève, ✆ 04-73313839, www.amphitryoncapucine.com. **€€–€€€**

MeinTipp **Le Bistrot de la Mairie 6**, urgemütliches, typisch französisches Bistro, wie man es sich klischeehaft vorstellt – mit Eisentischen mit Marmorplatte, Werken lokaler Künstler an den Wänden und Kellnern in Ringelshirts. Die Karte ist einfach, aber völlig ausreichend, die Teller sind üppig beladen: Aligot mit Würstchen, Schweinelenden mit Datteln, Wolfsbarsch mit Guacamole und Reis oder Sandwich mit Hühnchen-Auberginen-Feta-Mix. Vorsicht: Zur Mittagszeit sind die Tische schnell besetzt. Abends trifft man sich hier gern auf einen Drink. Sa/So geschlossen, Mo/Di nur bis 15 Uhr geöffnet. 11, rue Philippe Marcombes, ✆ 09-83885213. **€€**

Barrio Latino 3, dieses kleine Restaurant mit Bar-Charakter lädt ein zu einer Reise nach Südamerika, geführt von einer Kolumbianerin. Gute Laune und Genuss werden hier großgeschrieben. An bunten Möbeln unter bunten Wimpeln und zu Latino-Rhytmen darf man sich Fischgerichte, Tortillas, Burritos, gefüllte Teigtaschen, Kokospannacotta und mehr schmecken lassen. Auch vegetarisch. Neben Cocktails gibt es auch kolumbianisches Bier. Do–Sa geöffnet, Sa auch am Mittag. 9, rue du Port, ✆ 09-81924025.

Namaste 5, genau gegenüber kann man einen Abstecher in die indische Küche machen. Eine reiche Auswahl an Currys, Kormas, Kalashs und Massalas wird in diesem feinen Restaurant mit stilechtem Ambiente angeboten. Perfekt für einen kleinen Ausflug in eine andere Welt. Tägl. geöffnet. 10, rue du Port, ✆ 04-73244446. **€–€€**

Apicius 8, das Restaurant von Arkadiusz Zuchmanski darf sich seit 2010 mit einem Stern schmücken. Der Gastraum vereint klassische Eleganz mit geradliniger Moderne, der Koch hat eine Vorliebe für frische, regionale Produkte und verfügt über jede Menge Kreativität. Genießen kann man etwa Hase à la Royale mit Trüffel- und Steinpilz-Gnocchis oder grüne Puy-Linsen mit schwarzem Trüffel und Kalbsbries. So/Mo geschlossen. Place Saint Pierre, ✆ 04-73911361, www.apicius-clermont.com. **€€€€**

Jean-Claude Leclerc – JCL 12, und noch ein Restaurant am Sternenhimmel. Jean-Claude Leclerc hat eine große Schwäche für französische, vor allem südfranzösische Leckereien. Entsprechend sind auch Meeresfrüchte und Fische auf seiner Karte vertreten: verschiedene Fische, Hummer und Langusten, Jakobsmuscheln und Kaviar. Er kann aber auch herrliche andere Kost zaubern, etwa Kalbsbries an cremigem Risotto, mit Haselnuss und Trüffel verfeinert. Den Sterne-Genuss gibt es in gemütlich-edlem Ambiente. So/Mo sowie Mi abends geschlossen. 12, rue Saint-Adjutor, ✆ 04-733 64630, www.restaurant-jcl.com. **€€€–€€€€**

Mein Tipp **Polypode 14**, ein ungewöhnlicher Name für ein Restaurant: „Tüpfelfarn". Das Ambiente ist weniger ausgefallen – stilvoll und eher puristisch, ein Saal mit großem Steinbogen –, dafür ist das kulinarische Konzept ungewöhnlich. Die Karte wechselt täglich und nennt, wie das mittlerweile oft üblich ist, nur die Zutaten der Gerichte. Zum Beispiel: Perlhuhn, Sellerie, goldene Erbsen, Quitte. Wie das auf dem Teller letztendlich serviert wird, ist jedes Mal aufs Neue eine Überraschung. Weniger überraschend, dass das Essen überaus lecker, sehr frisch und mit Liebe angerichtet ist. Di–Fr nur Mittagsküche. 6, place du Champgil, ✆ 04-731 93782, www.restaurantpolypode.fr. **€€**

Les Goûters de Justine 11, schnuckelige, kleine Teestube mit Oma-Flair, die gar nicht altmodisch, sondern geschmackvoll daherkommt. Und das gleich im doppelten Sinne: nicht nur wegen der Mischung aus antikem und modernem Mobiliar, das man auch erstehen kann, sondern auch wegen der leckeren selbst gemachten Kuchen. Mi–Sa 13.30–19 Uhr. 11 bis, rue Blaise Pascal, ✆ 04-73922653, les-gouters-de-justine.business.site. **€**

Mein Tipp **Loveday's 18**, kleine, feine Teestube im Potpourri-Ambiente, von einer Britin geführt. Teeliebhaber kommen hier auf ihre Kosten, aber auch Kaffeesüchtige. Dazu kann man selbst gebackene Scones und Cookies oder englisches Frühstück genießen – wunderbar britisch. Mittags gibt es Salate und Sandwiches, So Brunch. Mo/Di geschlossen. 7, rue de la Treille, ✆ 06-23679339. **€**

Un Singe en Hiver 1, „ein Affe im Winter" ist die wohl lässigste Bar der Stadt, benannt nach einem Filmtitel von Henri Verneuil. Hier sitzt man in Retroatmosphäre auf roten Barhockern, umgeben von Werbe- und Filmplakaten an den roten Wäden. Der Betreiber lässt sich gerne auf ein Schwätzchen ein. Gemütlicher Außenbereich mit Fässern als Tische. Zum Wein werden lediglich kalte Platten serviert. Mi–Sa ab 19 Uhr. 13, place Maréchal Fayolle, ✆ 04-73369436. **€€**

Le 17.45 24, um diese Uhrzeit wird gerne ein Aperitif gereicht. Aber nicht nur, auch Wein gibt es in dieser coolen, jungen Weinbar mit Metrofliesen-Theke. Als Basis für Hochprozentiges wird eine üppige Wurst- und Käseauswahl serviert. Zudem gibt es leckere Desserts, z. B. Tiramisu in Gläsern. Das Konzept kommt gut an, das gibt es inzwischen in 8 Städten in Frankreich. Das erste 17.45 eröffnete übrigens in Paris im 17. Arrondissement, in der Rue des Dames Nummer 45. Di–Sa ab 17.45 Uhr. 6, rue Michel Rocard, ✆ 04-732963 69, www.le17-45.fr. **€€**

Shoppen in der Rue des Gras (mit Blick auf den Puy de Dôme)

Von Clermont nach Pontgibaud

Im Herzen der Auvergne erstreckt sich um das Tal des Allier herum die recht ebene **Limagne.** Im Norden reicht diese Landschaft als Limagne Bourbonnais bis ins Allier hinein. Das Gebiet im Zentrum des Puy-de-Dôme nennt man auch Grande Limagne. Einst waren diese relativ flachen Auen ein Seen- und Sumpfgebiet, das sich heute durch seine fruchtbaren Böden auszeichnet. Die Limagne ist das am dichtesten besiedelte Gebiet der Region. Höhenzüge grenzen die Landschaft ein – im Westen die Puy-Kette und das Plateau Gergovie, im Osten der Naturpark Livradois-Forez. Bei Volvic sprudelt nicht nur das berühmte Mineralwasser, sondern türmen sich auch Vulkane aus besonders dunklem Gestein auf. Dieser fast schwarze Lavastein prägt bis heute die historische Altstadt von Riom, der ehemaligen Hauptstadt der Auvergne, und verleiht den herrschaftlichen Prachtbauten einen besonderen Charme.

Ein Stück weiter westlich lohnt sich ein Abstecher in die **Combrailles** genannte Landschaft um Pontgibaud, die einen völlig anderen Charakter aufweist als die Limagne: kaum besiedelt und von tiefen Flusstälern durchzogen, die nur durch kleine Sträßlein erschlossen sind. Hier stößt man auf die malerische Flussschleife der Queuille und ein fast kreisrundes Maar, den Kratersee Gour de Tazenat, der zum Baden einlädt.

Riom

Die einstige politische Hochburg – Riom war bis zur Französischen Revolution Hauptstadt der Auvergne – liegt nur 15 Autominuten von Clermont-Ferrand entfernt. Obwohl Riom sein Privileg als Sitz der königlichen Verwaltung an Clermont abtreten musste, konnte es den vornehmen Charakter seiner Altstadt bewahren.

Die einstige Befestigung der 19.000-Einwohner-Stadt ist einem Boulevardring um den Stadtkern herum gewichen. Geblieben sind die meisten der prächtigen Bauwerke aus der Zeit der Renaissance, erbaut aus dunklem Volvic-Stein, sodass hier eine etwas düstere Atmosphäre herrscht. Die Rue Saint-Amable und die Rue de l'Hôtel de Ville zeugen von der bedeutsamen Vergangenheit Rioms als königlichem Verwaltungssitz. Ein schöner Bau ist das Maison des Consuls aus dem Jahr 1527. Ums Eck, in der Rue de l'Horloge, ragt Rioms Wahrzeichen, der Uhrturm, empor. Am Ende der Straße lohnt die Basilika Saint-Amable einen Besuch, denn sie birgt einen Schrein mit den Reliquien des heiligen Amable, Schutzpatron von Riom. Schräg gegenüber dem Konsulnhaus verdient das prächtige Hôtel de Ville mit seinen Galerien Aufmerksamkeit. Am Eingang ist ein Brief von Jeanne d'Arc an die Bürger Rioms eingemeißelt, im Innenhof steht eine Bronzeskulptur des Bildhauers Auguste

Rodin. Die Büste soll das siegreiche Frankreich (Gallia Victrix) personifizieren. Modell stand hier Rodins Lebensgefährtin, die Künstlerin Camille Claudel, deren Züge in die Statue eingearbeitet sind. Läuft man weiter die Straße entlang, gelangt man zum Maison Mandet. Das Kunstmuseum ist mit seiner reichen Sammlung in zwei alten Stadtpalais untergebracht. Am Ende der Rue de l'Hôtel de Ville stößt man auf den Boulevardring. Auf der linken Seite, am Boulevard Michel-de-l'Hospital, steht heute der Cour d'Appel, und nur über diesen hat man Zutritt zur Sainte-Chapelle, dem einzigen Überbleibsel des Prunkpalastes des früheren Stadtbesitzers Jean de Berry (1 €, April–Sept. Mo–Di 8–19 Uhr, Sa/So 10–17 Uhr, Okt.–März Mo–Fr 8–17 Uhr, Sa/So 10–17 Uhr, im Juli/Aug. zudem Sa/So 10–17 Uhr). Die Fenster des spätgotischen Baus aus dem 15. Jh. schillern in allen Farben.

Viele kleine Läden, Brasserien und Restaurants säumen die Straßen und Gassen der Altstadt. Besonders belebt ist die Rue du Commerce, die ihrem Namen mehr als gerecht wird. Hier sollte man einen Abstecher in die gotische Stiftskirche Notre-Dame-du-Marthuret aus dem 14. Jh. einplanen. Unter dem prächtigen dunklen Portal fällt sofort eine weiße Madonnenstatue ins Auge: die Vierge à l'Oiseau. Allerdings handelt es sich nur um eine Kopie, einen kleinen Vorgeschmack auf das Original, das im Inneren in der ersten Kapelle auf der rechten Seite steht. Abseits der Hauptstraßen lohnt es sich, in den zahlreichen Gässchen zu flanieren, um den historischen Charme auf sich wirken zu lassen.

Erste Bedeutung erlangte Riom im 13. Jh., als König Philipp Augusts Truppen den Ort einnahmen. Der Herrscher richtete hier den Sitz der königlichen Verwaltung ein, Riom mauserte sich zur Hauptstadt der Auvergne. Auch genoss die Stadt durch gewählte Konsuln das Privileg der Selbstverwaltung. Dank dieses Status wurde die Stadt erweitert, was ihr heutiges Erscheinungsbild prägt. Im Jahr 1360 fiel Riom an den Herzog Jean de Berry – ein Glücksfall, denn der Kunst- und Literaturliebhaber versammelte Schriftsteller, Baumeister und Künstler um sich und ließ sich mit einem bombastischen Palast ein Denkmal setzen. Mit einer skandalösen Heirat blieb er außerdem noch in Erinnerung: 60-jährig ehelichte de Berry eine Herzogin – nichts Ungewöhnliches, wäre besagte Braut nicht 48 Jahre jünger gewesen. Nach seinem Tod ging Riom an die Bourbonen. Unter

Tour de l'Horloge: 128 Stufen bis zum Aussichtsglück

König Franz I. stieg Riom zum Gerichtszentrum auf, 1542 fanden die „Grands Jours d'Auvergne" (die sogenannten Großen Gerichtstage) statt. Bei diesem Gerichtsprozess wurden viele Adlige enteignet und hingerichtet. Katharina von Medici ließ den Verwaltungssitz nach Clermont verlagern, das königliche Gericht folgte im 17. Jh. Rioms Bedeutung schwand zunehmend; zwar wurde bis 1804 der französische Appellationsgerichtshof hier eingerichtet, Riom konnte an seine Glanzzeit aber nicht mehr anknüpfen. Daran erinnern lediglich die prächtigen Bauwerke in der Altstadt.

Musée Mandet: Das Museum gibt es bereits seit 1866. Auf zwei noble Stadtpalais verteilt sich die große Sammlung an Gemälden, Plastiken, Email, Porzellan, moderner Glaskunst und herrlichem Silbergeschirr. Zwei Rodins findet man in diesem verwinkelten Museum, Gemälde der flämischen und französischen Schule des 17. und 18. Jh., zeitgenössische Werke ebenso wie antike und christliche Exponate, prächtige Antiquitäten und Wandteppiche. Ein wenig Zeit sollte man einplanen für einen Besuch.

■ Eintritt 5 €. Juli/Aug. Di–So 10–12.30 und 14.30–18 Uhr, sonst 10–12 und 14–17.30 Uhr. 14, rue de l'Hôtel de Ville, ✆ 04-73381853, www.rlv.eu.

Musée régional d'Auvergne: Zehn Jahre brauchte Museumsgründer Pierre Sabatier, bis er alle Exponate für dieses regionale ethnografische Heimatmuseum zusammen hatte: 4000 Stück. Diese führen zurück in die Vergangenheit der Auvergne, deren Traditionen und das Leben der Bewohner. Im Zentrum stehen das rurale Leben, die Landwirtschaft und traditionelle Handwerksberufe. Aber auch eine schöne Trachtensammlung zählt dazu. Zurück in die Gegenwart gelangt man durch die Werke des zeitgenössischen Künstlers Jean-Paul Marcheschi, die in der ehemaligen Kapelle zu sehen sind.

■ Eintritt 3 €, Mai/Juni und Sept.–Nov. Di–So 14–17.30 Uhr, Juli/Aug. Di–So 10–12 und 14.30–18 Uhr. 10 bis, rue Delille, ✆ 04-733817 31, www.rlv.eu.

Tour de l'Horloge: Der Uhrturm ist das Markenzeichen der Stadt. 30 m ragt er am ehemaligen Coin des Taules (Eck der Tafeln) hoch, wo im Mittelalter die Preise der Geldwechsler und Händler aushingen. Anfang des 14. Jh. wurde der viereckige Turm errichtet, im 16. Jh. wurde noch ein kleiner achteckiger Turm daraufgesetzt, die Spitze bzw. das Dach ruht auf acht Säulen. Hat man erst einmal die 128 Stufen überwunden, genießt man eine faszinierende Aussicht auf die Dächer Rioms, die Vulkankette und auf die Ebene der Limagne.

■ Eintritt 2 €. Juli/Aug. Di–So 10–12 und 14–18 Uhr, sonst bis 17 Uhr. 5, rue de l'Horloge, ✆ 04-73389994.

Mozac: Im Westen geht Riom nahtlos in Mozac über. Als wahrer Schatz dieses Ortes entpuppt sich die Abteikirche Saint-Pierre bzw. das, was sich in ihr verbirgt: die wohl schönsten Kapitelle der Auvergne mit christlichen, heidnischen und mythologischen Szenen und Figuren – von Jesus über Affen und Gaukler bis hin zu Kentauren und den Atlanten. Zahlreiche Kirchen, u. a. Saint-Laurent in Auzon (→ S. 173), nahmen sich die schmückenden Skulpturen zum Vorbild. Die eigentliche Kirche wurde im 12. Jh. errichtet. Allerdings konnte sie gleich mehreren Erdbeben im 15. Jh. nicht standhalten. Vor allem der Chorraum, der einst stark der Kirche Notre-Dame du Port in Clermont-Ferrand ähnelte (→ S. 59), wurde weitgehend zerstört. Von den ursprünglich 48 Kapitellen haben immerhin 45 überlebt. Zwei Kapitelle des Chorraums wurden restauriert, sie stehen am Ende

Die Kirche von Mozac lockt mit kunstvollen Kapitellen

des Langhauses. Sehenswert sind zudem zwei Reliquienschreine: ein schlichter Holzschrein mit den Reliquien des Heiligen Austremomius sowie ein kostbarer vergoldeter und mit Email verzierter Schrein mit den Reliquien der Gründer von Mozac, des Hl. Calmin und der Hl. Namadie. Das Südportal führt zum ehemaligen Kreuzgang, wo sich weitere herrliche Portale befinden.

■ Mai–Okt. tägl. 8.30–18.45 Uhr, sonst 9–17 Uhr.

Basis-Infos

Information Office de Tourisme de Riom – Terra Volcana, ganzjährig geöffnet, in der Hochsaison täglich. Aktuelle Öffnungszeiten → Website. 27, place de la Fédération, 63200 Riom, ✆ 04-73385945, www.terravolcana.com.

Verbindungen Vom **Gare de Riom Châtel Guyon** fahren tägl. Züge nach Paris, Lyon, Clermont-Ferrand, Vichy und Montluçon.

Baden Piscine Béatrice Hess, modernes Bad mit Schwimm-, großem Spaß- und Kinderbecken. Dampfbad. Place de l'Europe, ✆ 04-73644550.

Golf Golf de Riom, 18-Loch-Golfplatz mit Blick auf die Vulkankette. Avenue Georges Gershwin, ✆ 04-73383888, www.golfderiom.fr.

Kanu Auvergne Loisirs Canoë, Kanuverleih am Allier rund 17 km südöstlich von Riom, auch Stand-up-Paddeln wird angeboten. Rue Côte d'Allier, 63430 Pont-du-Château, ✆ 06-87108768, www.auvergneloisirs.com.

Kino Cinéma Lux, etwas unscheinbar in einer engen Seitengasse gelegenes Kulturkino. 3, rue Pascal, ✆ 04-73382536, www.cinema-lux.com.

Cinéma Arcadia, modernes Kino mit 3 Sälen auf dem Gelände der Jardins de la Culture. 2 bis, Faubourg de la Bade, www.cinearcadia.fr.

Krankenhaus Centre hospitalier Guy Thomas de Riom, 1, boulevard Étienne Clémentel, ✆ 04-73678000, www.ch-riom.fr.

Markt Jeden Sa sehr schöner Markt der lokalen Erzeuger in der Markthalle (alte Getreidehalle aus dem 18. Jh.) am Place de la Fédération und in der Rue Saint-Amable.

Theater **Forum Rexy,** aus einem Traditionskino wurde eine Theaterbühne gestaltet. 24, rue Hellénie, ✆ 04-73330751, www.ville-riom.fr.

Veranstaltungen **Piano à Riom,** meist in den ersten drei Juniwochen ertönt in Riom und in den umliegenden Gemeinden beim Pianofestival Klaviermusik. ✆ 04-73381577, www.piano-a-riom.com.

Les Volcaniques, Anfang Juli steigt in Saint-Bonnet-près-Riom (4 km südlich von Riom) dieses Kultfestival auf einem alten Weingut und Postkutschenrelais mit Musik, Tanz, Spektakeln und Verköstigung. Zudem Trainings und Workshops. www.brayauds.fr.

Wellness Rund 6 km nordwestlich von Riom befindet sich der Kurort **Châtel-Guyon** mit seinen Thermen. Das Heilwasser ist für seinen hohen Magnesiumgehalt bekannt. Wellnessangebote gibt es auch für Nicht-Kurgäste. www.aiga-resort.com oder www.terravolcana.com.

Übernachten / Essen & Trinken

***** Ibis,** modernes Kettenhotel 2 km östlich vom Zentrum gleich beim Golfplatz in einer eher uncharmanten Umgebung. 46 Zimmer mit stylishem Ambiente, geschmackvoll designt ist auch der Bar- und Frühstücksbereich. In direkter Nachbarschaft befindet sich das etwas preisgünstigere Ibis Budget, die Zimmer sind ebenfalls modern, aber weniger schick, eher zweckmäßig. Ausfahrt 13 der A 71, Rue Louis Armstrong, ✆ 04-73334770, ibis.accor.com. **€€**

***** Ace Hôtel,** ganz in der Nähe wartet das nächste Kettenhotel mit 65 in ähnlichem Stil gehaltenen Komfortzimmern auf. Das Dekor ist dezent und modern, die Zimmer sind geräumig. Rue Louis Armstrong, ✆ 04-473676767, www.ace-hotel-riom.fr. **€€**

Le Flamboyant, schickeres Restaurant auf mehreren Ebenen mit angenehmem, modernem Ambiente mitten in der Altstadt. Die Küche genießt auch ohne Stern einen ausgezeichneten Ruf. Die Karte wechselt mit den Jahreszeiten und bietet gehobene, regional akzentuierte Spezialitäten. Mittagsküche, Fr/Sa auch abends. Sonntagabend, Mo geschlossen. 21 bis, rue de l'Horloge, ✆ 04-73630797, www.restaurant-le-flamboyant.com. **€€€**

mein Tipp **BHV 2.0,** trendiges Szene-Bistro mit guter Weinauswahl und moderaten Preisen. Hoher Gourmetanspruch, der definitiv erfüllt wird, etwa mit zarten Steaks oder Dorade. Die Desserts sind ein Traum, das Schokoladensoufflé etwa zergeht auf der Zunge. Ab 10 Uhr geöffnet, So/Mo geschlossen. 44, boulevard Desaix, ✆ 04-73339218, www.bhv-riom.fr. **€€**

Le Moulin de Villeroze, Rioms feinste Küche befindet sich außerhalb der Stadt in einer alten Mühle. Außen sitzt man wunderschön auf einer Terrasse an einem kleinen Bach, innen in etwas nobel-biederem Ambiente. Serviert werden franz. Spezialitäten auf hohem Niveau: Foie gras, Perlhuhn an saisonalem Gemüse und Walnüssen, Täubchen und viel Fisch. Di–So mittags, Sa/Fr zudem abends geöffnet. 144, route de Marsat, ✆ 04-73386223, www.le-moulin-de-villeroze.fr **€€€–€€€€**

Le Caveau des Tontons, in einer Seitenstraße der Rue du Commerce befindet sich diese schnuckelige, sympathische Weinbar, die trotz Gewölbe offen und hell wirkt. Der Besitzer und passionierte Weinliebhaber wählt die edlen Tropfen selbst aus. Dazu isst man Sandwiches, Burger, Aligot, Entenbrust oder Tiramisu. So und Montagmittag geschlossen. 28, rue Lafayette, ✆ 04-73386355, www.lecaveaudestontons.com. **€€–€€€**

Les Terrasses de Massillon, im Herzen der Altstadt hinter den Mauern eines stattlichen Hauses aus Volvic-Stein verbergen sich 2 angenehme Gästezimmer. Das eine etwas größer und schöner, das andere etwas kleiner und zweckmäßiger, beide in angenehmem Landhausstil. Dazu gibt es noch ein etwas teureres Appartement mit eigener Kitchenette. 26, rue Saint-Amable, ✆ 06-70885010, www.lesterrassesdemassillon.jimdo.com. **€€**

Domaine de Cambrai, in dem traditionellen Herrenhaus etwas außerhalb des Zentrums wird ein gemütliches Gästezimmer in lieblichem Landhausstil angeboten. Und der ehemalige Taubenschlag wurde in ein Ferienhaus mit ähnlich geschmackvollem Dekor für bis zu 3 Pers. verwandelt. Zudem Pool im Freien. Le Marais, ✆ 06-74095865, www.domainedecambrai.fr. **€€**

Der Prozess von Riom

Am 19. Februar 1942 begann vor dem Obersten Gerichtshof des Vichy-Regimes in Riom ein Prozess gegen mehrere hochrangige Vertreter der französischen Vorkriegspolitik und des Militärs – eine Art Déja-vu der Großen Gerichtstage, die die Stadt im 16. Jh. erlebt hatte. Auf der Anklagebank saßen die ehemaligen Premierminister Léon Blum (Hauptangeklagter), Édouard Daladier und Paul Reynaud, die Minister Georges Mandel und Guy La Chambre, der Oberbefehlshaber des französischen Heeres Maurice Gamelin und der Generalinspekteur der Armeeverwaltung, Robert Jacomet. Man warf den Genannten vor, Frankreich durch die Kriegserklärung vom 3. September 1939 in ein militärisches Abenteuer mit Deutschland geführt zu haben, auf das die Nation u. a. wegen der massiven Kürzung von Verteidigungsausgaben nur mangelhaft vorbereitet gewesen sei. Daraus ergebe sich die Verantwortung für die rasche militärische Niederlage und den daraus resultierenden Zusammenbruch der öffentlichen Ordnung in Frankreich – zusammengenommen eine veritable Anklage wegen Hoch- und Landesverrates.

Inszeniert wurde Riom als Schauprozess, der die gesamte politische und militärische Führungselite des demokratischen Frankreich an den Pranger stellen und Vichy selbst aufwerten sollte. In welchem Umfang das nationalsozialistische Deutschland im Hintergrund die Fäden zog, ist bis heute nicht geklärt; dass es seine Finger im Spiel hatte und selbst ein spezifisches Interesse verfolgte, liegt aber auf der Hand. Hitler höchstselbst formulierte unmissverständlich: „Was wir von Riom erwarten, ist eine offizielle Bestätigung der Verantwortung für den Krieg selbst!"

Genau das lieferte der Prozess nicht. Der Schuss ging sogar nach hinten los, denn die Angeklagten nutzten die öffentliche Bühne des Verfahrens geschickt und konnten u. a. nachweisen, dass etwa die Reduzierung des Verteidigungsetats bereits vor ihrer Zeit eingeleitet worden war – pikanterweise unter der Ägide Pétains, der 1934 als Kriegsminister selbst Verantwortung getragen hatte.

Weil alles nicht so lief, wie es die Propaganda Vichys vorgesehen hatte, wurde der Prozess auf Betreiben der Deutschen am 14. April 1942 zunächst unterbrochen, um dann nach über einem Jahr Pause am 21. Mai 1943 offiziell für beendet erklärt zu werden. Zu diesem Zeitpunkt waren die Angeklagten bis auf Guy La Chambre bereits an die Deutschen ausgeliefert und in Konzentrationslagern interniert worden. Léon Blum saß im KZ Buchenwald ein, Daladier, Gamelin und Reynaud im Tiroler Schloss Itter, einem Außenlager des KZ Dachau für prominente Häftlinge. Bis auf Georges Mandel, der 1944 von den Deutschen an französische Kollaborateure überführt und von diesen ermordet wurde, wurden alle in Deutschland internierten Angeklagten nach dem Zusammenbruch des Naziregimes von alliierten Soldaten befreit. Auch Guy La Chambre, der an verschiedenen Orten in Frankreich inhaftiert war, überlebte und kam nach dem Ende des Vichy-Regimes im Herbst 1944 wieder auf freien Fuß.

Volvic

Volvic ist der in Deutschland wohl bekannteste Ort der Auvergne. Das liegt natürlich nicht am hübschen Ortskern des 4600-Einwohner-Städtchens, sondern am berühmten Mineralwasser.

Welche Ironie, dass ausgerechnet hier über viele Jahrhunderte chronische Wasserknappheit herrschte! Die einst von Mönchen gegrabenen Brunnen reichten bei weitem nicht aus, immer wieder gab es Epidemien durch verunreinigtes Wasser. Erst als man 1927 auf Initiative des Bürgermeisters Pierre Moity im Vallée du Goulet eine 700 m lange Galerie in den Fels bohrte, stieß man auf wertvolles Trinkwasser. 1938 wurde es erstmals in Flaschen abgefüllt und verkauft. Das heutige Volvic-Wasser stammt allerdings aus einer anderen Quelle: 1961 stieß man in 92 m Tiefe auf die Source Clairvic, die so rein war, dass ihr 8 °C kaltes Wasser 1965 zum Mineralwasser erklärt und weltweit vermarktet wurde. Der edle Tropfen kommt übrigens nicht vom markanten Gipfel des Puy de Pariou (neben dem Puy de Dôme), mit dessen wundervoll geschwungener Silhouette so erfolgreich geworben wird. Vielmehr wird das Wasser durch das Gestein des einstigen Lavastroms des Puy de la Nugère gefiltert, der deutlich näher bei Volvic liegt. Eine 4 km lange Leitung führt von der Quelle zur Fabrik, wo natürlich auch das Wasser für den deutschen Markt (der für das Unternehmen sogar wichtiger ist als der einheimische!) in die Flaschen strömt. 3800 ha groß ist das Einzugsgebiet der Quelle, mit Wald und Heidelandschaft.

Kunstvoller Wasserspeier in Volvic

Das Trachyandesit genannte Vulkangestein des Puy de la Nugère hat nicht nur wegen seiner Filterfunktion eine gewaltige Bedeutung für Volvic: Seit dem 13. Jh. wurde der teilweise fast schwarze Fels abgebaut, die Kathedrale von Clermont-Ferrand und viele Gebäude in Montferrand und Riom wurden damit erbaut. Vielerorts wurde der berühmte Volvic-Stein als hübscher Kontrast zu hellem Sandstein bei Verzierungen genutzt. Auch die Fassade der Kirche Saint-Priest in Volvic (hübsch sind im Innenraum die modernen Mosaik-Kreuzwegtafeln), der Brunnen mit den vier Löwenköpfen vor dem Rathaus und die 5,5 m hohe Marienstatue, die auf dem Berg über der Stadt thront, sind daraus gefertigt. Aber nicht nur optisch ist der Stein reizvoll, auch wegen seiner Widerstandsfähigkeit gegen Frost und hohe Temperaturen war er viele Jahrhunderte lang als Baumaterial gefragt. Der Faszination dieses schwarzen Lavagesteins kann man in der berührenden Scénovision des Maison de la Pierre erliegen, wo ein unterirdischer Steinbruch auf einzigartige Art und Weise in Szene gesetzt wird.

Espace d'Information Volvic: Ein Stück westlich vom eigentlichen Ort hat die Firma Volvic ein Besucherzentrum rund um ihr berühmtes Mineralwasser aufgebaut. Dort bekommt man nicht nur Kugelschreiber, Rucksäcke und Hemden mit dem Volvic-Logo, sondern auch jede Menge Informationen über die Herkunft und die Zusammensetzung des Wassers. Neben Info-Tafeln werden auch zwei Filme über die Quelle und ihre Herkunftsregion sowie die Flaschenabfüllung gezeigt. Rund um das Haus ist ein kleiner Park mit Picknickplatz angelegt. Von hier starten Wanderwege zum Puy de la Nugère und ins Einzugsgebiet der Quelle. Im Sommer werden auch geführte Wanderungen und Kutschfahrten angeboten.

■ Eintritt 3 €. Aktuelle Öffnungszeiten → Website. Rue des Sources, ✆ 04-73645124, www.volvic.fr.

Maison de la Pierre: In einem ehemaligen Steinbruch in der Nähe des Volvic-Mineralwasser-Besucherzentrums kann man in die Welt des dunklen Volvic-Steins eintauchen – anhand einer Scénovision, einer pathetischen Geschichte rund um Jean Legacy-Chevalier (1856–1913), der einstmals viel unternahm, um die Arbeitsbedingungen in den Steinbrüchen zu verbessern. Verschiedene Stationen unter der Erde und im Freien entführen Besucher mit Ton- und Lichteffekten, Projektionen, sich wie von Zauberhand bewegenden Türen etc. in eine andere Welt. Kaum einer bleibt unberührt von der herzergreifenden Liebe Jean Legacy-Chevaliers zu seiner Frau Anne-Marie – sodass man im Anschluss auf dem Friedhof der Stadt viele Führungsteilnehmer beim Grab der beiden wiedertrifft (in der obersten Reihe auf der Außenseite, gleich links vom Mittelgang).

■ Eintritt 8 €. Juli/Aug. tägl. 10–19 Uhr, April–Juni tägl. 11–18 Uhr, Febr./März Di–Do 11–13 und 14–17 Uhr, Anfang bis Mitte Sept. tägl. 11–13 und 14–18 Uhr Mitte bis Ende Sept.–Okt. 14–18 Uhr. 2, route du Pont Jany, ✆ 04-73335692, www.grotte-pierre-volvic.fr.

Château de Tournoël: Eine der mächtigsten Burgen der Limagne wacht über Volvic. Erbaut im 12. Jh., war das Château de Tournoël um 1200 im Besitz von Guy II., Graf der Auvergne. Nach ständigen Querelen zwischen Guy und seinem Bruder Robert, Bischof von Clermont (der Graf kerkerte diesen sogar in seiner Burg ein), ließ König Philipp II. die Festung einnehmen. Entgegen dem Schicksal vieler Burgen wurde Tournoël nicht geschleift, blieb aber dennoch nicht vollständig erhalten. Karg und schlicht bestückt sind die Räume, die Kapelle und Küche sind weitgehend original. Ein Besuch lohnt weniger wegen des Interieurs als vielmehr wegen der Türme und Mauern. Vom 15 m hohen Tour carré hat man ein grandioses 360-Grad-Panorama über Volvic, Riom und der Limagne. Zwischen den teilweise engen Mauern wandelt man auf Dachhöhe. Von hier kann man den 32 m hohen Donjon näher betrachten. Der Rundturm mit seinen 4 m dicken Wänden soll als nächstes restauriert und für Besucher zugänglich gemacht werden.

■ Eintritt 10 €. Juli/Aug. tägl. Führungen um 10, 11, 14, 15, 16 und 17 Uhr. Tournoël, 2,5 km nördlich vom Zentrum, ✆ 04-73335306, www.tournoel.com.

Information Office de Tourisme – Maison Unesco, ein Ausstellungsbereich widmet sich dem UNESCO-Weltnaturerbe der Vulkankette sowie der Limagne. Juli/Aug. tägl. geöffnet, sonst → Website. 10, rue des Sources, 63530 Volvic, ✆ 04-73332831, www.terravolcana.com.

Verbindungen Der **Bahnhof** liegt knapp 5 km südwestlich vom Stadtzentrum auf der Strecke von Clermont-Ferrand nach Le Mont-Dore. Es verkehren **Züge** nach Clermont.

Einkaufen Le petit panier rouge, in diesem kleinen Feinkostlädchen am Kirchplatz gibt's ausgewählte regionale Produkte, die man dort auch gleich serviert bekommt. Zudem finden hier Kunstausstellungen statt. Tägl. geöffnet. Di–Sa 10–12.30 und 16–19.30 Uhr. 23, place de l'Église, ✆ 04-73332175.

Kunst Maison de l'Artisan, die Vereinigung „Pro-Lave" hat sich der Verarbeitung des

Auvergne | Das Puy-de-Dôme → Karte S. 26/27

Volvic-Vulkangesteins verschrieben und zeigt ihre Werke – Skulpturen, Gravuren und v. a. emaillierte Lava im Le Pigeonnier („Taubenschlag") bei Ausstellungen. Aktuelle Öffnungszeiten → Website der Tourist-Info. Place de la Grande Fontaine, ✆ 06-43411780, www.terra volcana.com.

Markt Jeden Fr Markt auf dem Kirchplatz.

Übernachten/Essen **Les Ombelles,** das Gästehaus in einem Weiler oberhalb von Volvic bietet 2 schöne Zimmer in einer alten Scheune – das eine naturbelassener mit viel Holz, das andere im romantischen Stil. 6, place du Communal La Coussedière, ✆ 09-53015352, www.les-ombelles.fr. **€€**

Volvic Organic Resort, 8 trendige Holzhütten außerhalb von Volvic in der Nähe des alten Steinbruchs – umgeben von Grün. Alle Häuschen sind modern und stilvoll ausgestattet. Für bis zu 4 Pers., eine Familienlodge. Frühstückskorb möglich, kleines Bioládchen auf dem Anwesen. Rue du Pont Jany, ✆ 06-684535 23, www.volvic-organic.fr. **€€€**

L'Impulsif, exklusives Gourmetrestaurant im nahegelegenen Kurort, in dem man viel Geld lassen kann, aber auch äußerst fabelhaft diniert. Traditionellen französischen Spezialitäten verleiht Küchenchef Rémi fernöstliche Akzente. 19, avenue Baraduc, 63140 Châtel-Guyon, ✆ 04-738 64889, www.limpulsif-restaurant.com. **€€€–€€€€**

Pontgibaud

Der ganze Stolz des 760-Einwohner-Ortes am Ufer der Sioule ist seine mittelalterliche Burg, das Château Dauphin: Mächtig erhebt sie sich über dem Ortskern, mit dicken, hohen Türmen, gekrönt von Zinnen.

Aber auch Spuren aus der industriellen Vergangenheit des Ortes kann man entdecken. Seit der galloromischen Zeit wurde Bleiglanz (Galenit) abgebaut, in der zweiten Hälfte des 19. Jh. erreichte das Gewerbe seinen Höhepunkt mit rund 800 Minenarbeitern, darunter viele Briten. Vereinzelt findet man in der Umgebung verfallene Gebäude und Minenlöcher aus dieser Zeit. Spaziert man über den Friedhof, entdeckt man viele Gräber mit englischen Namen. Hinter dem Friedhof ragt noch ein Fabrikschlot in die Höhe. Ein winziges Museum im Château Dauphin widmet sich der Geschichte des Bergbaus.

Neben diesem Kulturerbe besitzt die Gegend um Pontgibaud weitere Reize: Combrailles nennt sich diese Landschaft, in die die Sioule sanfte Schluchten gegraben hat und die noch den Bocage-Charakter des Allier besitzt, aber bereits durchsetzt ist von den schroffen Bergen der Vulkan-Auvergne. Wunderbare Schätze der Natur kann man hier bei einem Tagesausflug von Pontgibaud aus entdecken. Etwa zur knapp 26 km nordwestlich gelegenen Eisenbahnbrücke Viaduc des Fades und daneben zur Sioule, die zu einem 15 km langen See gestaut ist und wo sich zahlreiche Wasseraktivitäten ausüben lassen. Unweit des Viadukts bildet der Fluss eine malerische Schleife: die Méandre de Queuille. Mit dem Auto muss man allerdings knapp 17 km bis dorthin zurücklegen und ein Stück über die D 62 zurückfahren. Aber der doppelte Weg lohnt sich: Die Flussschleife bietet einen erhebenden Anblick! Noch einmal 17 km weiter östlich trumpft die Combrailles mit einem anderen Gewässer auf: dem Gour de Tazenat, einem fast kreisrundem Kratersee mit klarer, spiegelnder Wasserfläche – ideal zum Baden.

Château Dauphin: Die Bastion mit klassischen Zinnen ist ein besonders schönes Beispiel einer mittelalterlichen Festung. Graf Robert I., Dauphin d'Auvergne, ließ sie Ende des 12. Jh.

errichten, fertiggestellt wurde sie erst im 15. Jh. Aus rotem und schwarzem Vulkanstein ist die Burg erbaut, umgeben von einer mächtigen Verteidigungsmauer mit sechs von ursprünglich sieben Wachtürmen. Hübsch ist der 33 m hohe Rundturm, von dem man eine tolle Sicht auf die gesamte Anlage hat.

Die Burg wechselte mehrmals den Besitzer. 1756 kaufte César I. de Moré, Graf von Pontgibaud und Musketier von Ludwig XV., die Festung. Seine Nachkommen leben noch immer hier. Das Burginnere wurde im 19. Jh. erneuert. Ungewöhnlich ist der „Flur", der als kleiner Lichthof mit Galerien gestaltet ist. Fresken gibt es zu bewundern, herrliche Antiquitäten, eine Ritterrüstung und eine ungewöhnliche Sammlung von Broschen, auf denen Besitzer und Bewohner des Châteaus porträtiert sind. Der Rundgang führt zudem in einen Turm, der als Kühlschrank diente, und in einen prächtigen Speisesaal mit Holzvertäfelungen. Vor der Burg ist seit dem 16. Jh. ein Park mit einem mittelalterlichen Gemüsegarten angelegt.

■ Eintritt 7 € (mit Minenmuseum 10 €), nur Museum 4,50 €. Juli/Aug. Di–So 14–19 Uhr, Ostern–Juni und Sept.–Allerheiligen So und feiertags 14–18 Uhr. 6, rue du Frère Genestier, 63230 Pontgibaud, ☎ 04-73887339, www.chateaudauphin.com.

Viaduc des Fades: Auf mächtigen Pfeilern aus Granit überquert der Viaduc des Fades („Fade" ist das auvergnatische Wort für Fee) das Flusstal der Sioule zwischen den Gemeinden Ancizes-Comps und Sauret-Besserve, knapp 26 km nordwestlich von Pontgibaud (über die D 62 erreichbar). Mit 132,50 m war er nach seinem Bau (1901–09) die höchste Eisenbahnbrücke der Welt und löste damit das Garabit-Viadukt (→ S. 174) im Cantal ab. Das Stahlfachwerk-Konstrukt ist 470 m lang und war Teil der Linie Clermont-Ferrand–Montluçon. 2007 wurde die

Auvergne | Das Puy-de-Dôme → Karte S. 26/27

Die Sioule schlängelt sich in einer formvollendeten Schleife durchs Grün

Bahnstrecke allerdings stillgelegt. Westlich des Viadukts befindet sich der Stausee Fades-Besserve mit mehreren Badestränden. Nah ist der Plage de la Chazotte bei Saint-Jacques-d'Ambur.

Méandre de Queuille: Es ist eine der malerischsten Aussichten in Frankreich: Neben der Kirche in dem Dörfchen Queuille, 23 km nördlich von Pontgibaud, blickt man von einem über 250 m hohen Felsvorsprung auf die Sioule herab. Eine perfekte, fast 2 km lange Schleife gräbt der gestaute Fluss in die saftig-grünen, bewaldeten Granithügel der Combrailles. Die Halbinsel Murat ist wie ein Gaumen geformt. Gigantisch und friedlich ist dieser Ausblick, zu Recht wird die Flussschleife auch Paradies von Queuille genannt.

■ Über die D 62, D 19 und D 90; 17 km vom Viaduc des Fades, über die D 62, D 419, D 19 und D 90.

Gour de Tazenat: „Ein schöner See, kühl und rund, genauso wie eine Silbermünze. […] Und dieses ruhige Wasser, so eben und glänzend wie Metall, das die Bäume auf der einen Seite und das karge Ufer auf der anderen Seite mit einer perfekten Klarheit widerspiegelt", schwärmte 1885 der französische Schriftsteller Guy de Maupassant von dem Kratersee, der vor 30.000 Jahren durch eine Vulkanexplosion entstand. Verändert hat sich seither nicht viel. Noch immer spiegeln sich die Bäume in dem fast kreisrunden Maar mit 700 m Durchmesser und 66 m Tiefe. Auf der kargen Uferseite liegen Badegäste am Strand. Bei Mutigen ist das Ufer gegenüber beliebter, wo man von Felsen ins Wasser springen kann. Mehrere Wander- und Spazierwege sind ausgeschildert, bei der gemütlichen Variante lässt sich der See in weniger als zwei Stunden umrunden.

■ Von Queuille über die D 90 und D 19, Parkplatz an der Landstraße (Les Quatre Chemins, 63410 Charbonnières-les-Vieilles), ein kleiner Pfad führt von dort zum See.

Information **Bureau de Tourisme de Pontgibaud,** Juli/Aug. tägl. geöffnet, sonst → Website. 18, rue du Commerce, 63230 Pontgibaud, ✆ 04-73858094, www.tourisme-combrailles.fr.

Baden Drei Badestrände gibt es am Stausee **Lac des Fades Besserve** bei Sauret-Besserve: Confolant (Miremont), Pont-du-Bouchet (Miremont/Les Ancizes-Comps) und La Chazotte (mit Snackbar, bei Saint-Jacques-d'Ambur), zudem zahlreiche Möglichkeiten für Wasseraktivitäten wie Kanufahren, Wasserski oder Segeln. www.lacdesfades-auvergne.fr.

Badestrände sind auch am Kratersee **Gour de Tazenat** in Charbonnières-les-Vieilles angelegt. Dort gibt es einen Kiosk, jedoch keine öffentliche Toilette.

Markt Jeden Do **kleiner Markt** im Säulengang unter dem Rathaus, jeden 3. Do im Monat **großer Markt.**

Übernachten/Essen ***** Hôtel de la Poste,** das Hotel-Restaurant im Zentrum von Pontgibaud ist wegen seiner erfinderischen regionalen Küche zu empfehlen, es gibt dort etwa gegrilltes Perlhuhn an Karamellsoße oder Entenbrust an Mango. 11 moderne und gepflegte Zimmer gehören zu dem ehemaligen Postrelais, können aber etwas beengter ausfallen. Frühstück weniger üppig. Mo/Di sowie So abends geschlossen, im Juli/Aug. nur Mo Ruhetag. Place de la République, ✆ 04-73887002, www.hoteldelaposte-pontgibaud.com. **€€**

Mein Tipp ***** Auberge de la Hulotte,** einsam an einem verschlafenen Sträßlein beim Stausee Fades-Besserve liegt dieses schöne Steinhaus mit 4 Zimmern (u. a. ein großes Familienzimmer). Rustikal und gemütlich mit viel Holz eingerichtet, gleichzeitig aber sehr stilvoll, hell und klar. Balken an der Decke, Parkett und antike Möbel. Ein Zimmer mit Balkon und Sicht auf die Vulkankette. Der Fernseher fehlt ganz bewusst. Für das kleine Restaurant mit großem Kamin und Holzsäulen wird eine Reservierung empfohlen. Serviert werden regionale Spezialitäten, z. B. Hühnchen mit Fourme d'Ambert, Truffade oder Kalb mit Biersoße und Pflaumen. In der Nähe lädt der Plage de la Chazotte zum Baden ein. Mi–So abends geöffnet, Sa/So auch mittags. La Pêche, 63230 Saint-Jacques-d'Ambur, ✆ 04-73877271, www.aubergedelahulotte.com. **€€**

Zwischen Vulkanen und Allier: die Limagne d'Issoire

Fast wähnt man sich in der Toskana, so sanft gewellt ist die Landschaft mit ihren kleinen Vulkanhügeln, so mild scheint das Licht auf die schon sehr mediterran anmutenden Häuser. Die Limagne d'Issoire erstreckt sich als fruchtbare Ebene entlang des Laufs des Allier bis hinunter ins kleine Weinanbaugebiet von Boudes, geschmückt mit sehenswerten, oft auf Hügeln thronenden Örtchen wie Montpeyroux und Usson. Typisch sind die Kirchen, Häuschen und Burgruinen aus Arkose – hellem Sandstein –, gedeckt mit roten Ziegeln. Im Westen schließen sich die engen Täler von Couze Chambon und Couze Pavin an, mit dem in eine felsige Schlucht eingeklemmten Saint-Floret und Champeix, das eine romantische Burgruine mit Aussicht bietet.

Wirtschaftliches und industrielles Zentrum dieser Region ist das Städtchen Issoire, das mit seiner beeindruckenden Abteikirche mit überbordender Farbigkeit im Innenraum begeistert. Auf keinen Fall entgehen lassen sollte man sich das Vallée des Saints („Tal der Heiligen") bei Boudes, wo rote Sandsteinformationen bizarr in die Höhe ragen (→ Wanderung 7, S. 523).

Saint-Saturnin

Auf erstarrten Lavazungen erhebt sich im Tal der Monne eines der „Plus Beaux Villages de France": Saint-Saturnin. Um genauer zu sein: Das friedliche Örtchen mit 1160 Einwohnern verteilt sich malerisch auf zwei Etagen. Im unteren Ortsteil liegen der Marktplatz und daneben die Rue des Granges mit alten Bauernhäusern und Scheunen, wo sich einstmals das niedere Volk tummelte. Oben thronen majestätisch Kirche und Burg, wo früher Adel und Klerus das Gleichgewicht in der Machtschale hielten. Zwischen beiden ehrwürdigen Bauten ist ein uriger Steinbrunnen aus dem Jahr 1500 platziert. Enge Gassen führen von unten nach oben, vorbei an alten Winzer- und stattlichen Herrenhäusern. Den Eingang in die alte Stadtbefestigung bildet ein recht niedriges Tor, es führt in die Metzgergasse – benannt nach einem alten Schlachthaus direkt dahinter.

Église Notre-Dame: Die Kirche aus dem 12. Jh. ist die kleinste der fünf romanischen Hauptkirchen der Basse-Auvergne, aber nicht weniger anmutig. Als einziger hat ihr achteckiger Glockenturm die Französische Revolution unbeschadet überstanden, sodass ihn Restauratoren bei der Nachbildung anderer Kirchtürme zum Vorbild nehmen konnten. Aus hellem Sand- und dunklem Volvic-Stein ergibt sich ein schönes Zusammenspiel. Einen Kapellenkranz um das Chorhaupt kann Notre-Dame nicht vorweisen, dennoch bildet die Ostseite eine auvergnatische Pyramide. Im Inneren lohnt ein genauer Blick auf den verschnörkelten, vergoldeten Altar mit Tabernakel, die Kapitelle aus dunklem Lavastein und die Wandfresken. Dargestellt sind Mariä Verkündigung und als selteneres Motiv die Auferweckung des Lazarus. In der Krypta findet sich eine mehrfarbige Pieta aus Kalkstein (tägl. 9–19 Uhr).

Gegenüber der Église Notre-Dame lädt ein Minipark zum Verweilen ein, hier befand sich einst ein Friedhof. Rechts daneben fällt die kleine Kapelle Sainte-Madeleine mit ihrem ungewöhnlichen Verteidigungsturm auf. Sie diente als Gotteshaus, als Leichenhalle, Wohnhaus und Schule.

Château Royal: Prachtvoll behauptet sich die schlossähnliche Burg mit dicken Türmen und Zinnen hinter der Kirche. Eine Burgmauer und dahinter ein hübscher Garten im französischen Stil umgeben die Festung. Im 13. Jh. ließen die Barone aus dem Hause La Tour d'Auvergne das gewaltige Monument aus Arkose und dunklem Volvic-Stein errichten. Seine heutige Gestalt erhielt es erst in der Renaissance im 15. und 16. Jh. Mächtige Herrscher gingen aus dieser Dynastie hervor: Katharina von Medici, ihr Sohn König Karl IX. und ihre Tochter Reine Margot. Die Herrschaften verbrachten nur wenig Zeit in Saint-Saturnin, Margot etwa machte nur einen Zwischenstopp vor ihrem Exil in Usson (→ S. 88). Sie schenkte das Château später Ludwig III., dem Sohn ihres Ex-Mannes König Heinrich IV.

■ Eintritt 10 €. Führungen nach Anmeldung von Mai bis Mitte Sept. Place de l'Ormeau, ✆ 04-73393964, www.chateaudesaintsaturnin.com.

Information **Bureau d'informations,** in der Grange de Mai, Juli/Aug. Mo–Mi und Sa/So 10–12.30 und 14–17.30 Uhr, sonst → Website. Ortsplan mit Rundgang zur Monne erhältlich. Place du 8 Mai, 63450 Saint-Saturnin, ✆ 04-733 92117, www.mondarverne.com.

Übernachten/Essen **Le Bistrot d'Ici,** sympathisches kleines Bistro mit kleinem Lädchen im Ortskern. Hier ist immer etwas los. Kein Wunder, denn man kann fast jederzeit einkehren, sei es für den morgendlichen Espresso, einen Mittagssnack oder auf ein Abendbier – inmitten der Einheimischen. Das Essen ist auf Brasserie-Nivau: Würstchen mit Kartoffelbrei, Burger mit Pommes, frittierter Fisch an Linsen oder Süßes wie Waffeln. Hin und wieder gibt es Livemusik. Zudem 2 wunderbare und gemütliche Gästezimmer (ideal für Familien): hell, zeitgemäß, minimalistisch und in dezenten Farben – ein optischer Kontrast zum Bistro. Mo Ruhetag, sonst durchgehend geöffnet. Place du 8 Mai, ✆ 04-73393291, www.lebistrotdici.fr. **€–€€**

Château Royal, ganz schön herrschaftlich und nicht gerade billig lässt es sich in der Burg leben. 2 Zimmer und 3 Suiten stehen den Gästen zur Verfügung. Benannt sind sie u. a. nach den einstigen Besitzern und Bewohnern, etwa nach den Königen Karl IX. und Ludwig III., und eingerichtet im Stil der damaligen Zeit. Am modernsten wirkt noch das Kardinalszimmer im Kolonialstil. Place de l'Ormeau, ✆ 04-73393964, www.chateaudesaintsaturnin.com. **€€€€**

Montpeyroux

Steinen kommt in Montpeyroux (330 Einwohner) eine große Bedeutung zu – bereits der Name des Örtchens deutet darauf hin: „steiniger Berg" (lat. *mons petrosus*). Bis Ende der 1920er-Jahre wurde in den Steinbrüchen der Umgebung Arkose abgebaut, ein heller Sandstein, der nicht nur prächtigen Bauwerken wie der Kirche in Issoire ihren hellen Teint verliehen hat, sondern auch den Orten in der Umgebung, und natürlich Montpeyroux selbst. Das zweite Pfund, mit dem das Dorf lange Zeit wuchern konnte, war der Wein, der hier noch bis ins 19. Jh. in großem Stil kultiviert wurde. Genauer gesagt, bis zum Jahr 1875: Dann kam die Reblaus und zerstörte die wichtige Einnahmequelle. Die Bewohner waren so verzweifelt und wütend, dass sie sogar die Statue des

Saint Verny, Schutzpatron der Winzer, in der Kirche mit dem Gesicht zur Wand stellten.

Doch trotz des Verlusts seiner Weinberge hat Montpeyroux nicht an Charme eingebüßt. Zu Recht zählt es zu Frankreichs schönsten Dörfern. Die kleinen Gässchen sind gesäumt von herrlichen, mit Wein bewachsenen Winzer- und Landhäusern mit bunten Fensterläden; eines davon (am Place des Croix Vieilles) hatte Jacqueline ihrem Künstler-Ehemann Pablo Picasso zum Geburtstag geschenkt. Hoch über dem Dorf thront ein Donjon aus dem 13. Jh. (Eintritt 2,50 €, von Mitte April bis Anfang Nov. geöffnet, tägl. im Juli/Aug., Öffnungszeiten unter www.issoire-tourisme.com). In der Nähe des Turms ist noch ein schönes Tor der früheren Stadtbefestigung aus dem 14. Jh. erhalten. Beim Aufstieg auf den Wehrturm kann man einiges über die Dorfgeschichte erfahren und alte Winzergerätschaften begutachten. Oben hat man eine sagenhafte Aussicht auf die Umgebung bis zum Puy de Dôme.

Information **Bureau de Tourisme de Montpeyroux,** hier ist ein Modell des Ortes sowie die der Hauptattraktionen ausgestellt. Juli/Aug. tägl. geöffnet, sonst → Website. Allée du 19 Mars 1962, 63114 Montpeyroux, www.issoire-tourisme.com.

Übernachten/Essen **La Vigneronne,** 6 entzückende Gästezimmer im schicken Landhausstil – in kräftigen Rot- und Blautönen – bietet das ebenso entzückende Winzerhaus mit blauen Fensterläden und wildem Wein an. Terrasse und Garten, ideal für Familien oder kleine Gruppen. 5, rue des Granges, ☏ 06-838617 12, http://delherme.lavigneronne.pagesperso-orange.fr. **€€**

Le Petit Volcan, ruhiges Gästehaus mit 2 geschmackvoll eingerichteten Zimmern. Eines befindet sich im Erdgeschoss mit eigenem Zugang und kleiner Terrasse und ist im modernen Stil gehalten. Das andere im oberen Stock ist dekorativ verspielt mit exotischem Touch. Bei schönem Wetter Frühstück auf der Terrasse mit tollem Ausblick. 2, place du Cheix, ☏ 04-738911 41, www.lepetitvolcan.fr. **€€**

L'Echarpe d'Iris, das Winzerhaus aus dem 19. Jh. wirkt wie ein kleines Museum: Antiquitäten sind im ganzen Haus verteilt. Am meisten beeindruckt der Salon mit edlen Ledertapeten aus Córdoba. Hier dürfen sich die Gäste beim Frühstück ganz herrschaftlich fühlen. Die 3 Gästezimmer sind eher schlicht gehalten, dafür mit farbenfrohen Wänden. Die beiden Zweibettzimmer kann man als Familiensuite buchen. Schwimmbad. 8, rue la Chacusse / Ecke Rue des Perreux, ☏ 04-73962811, www.echarpediris.fr. **€€**

Le Bistrot Zen, wer hier an asiatische Küche denkt, irrt. Denn Zen heißt Ex-Sternekoch Cyrille mit Nachnamen und der ist für seine kreativ-exquisite, lokale Küche bekannt. In seinem Bistro kommt Schmackhaftes auf den Tisch: mit Ziegenkäse gefüllte Teigtaschen, Burger oder Entenbrust an Erdnüssen und Gemüse. Monatlich wechselnde Karte. Zens Leidenschaft am Herd schmeckt man deutlich. Mi–So mittags sowie Do–Fr auch abends Küche. Die Öffnungszeiten können variieren, → Website. Rue de la Grande Charreyre, ☏ 04-73969536, www.lebistrotzen.com. **€€**

Champeix

Das hübsche 1400-Einwohner-Örtchen Champeix zwängt sich ausgesprochen malerisch ins enge Tal des Flüsschens Couze Chamon, zieht sich am Wasser entlang und die Hänge hinauf. An einer der Hauptrouten ins Sancy-Massiv gelegen, zeigen die vielen schmalen, hoch aufragenden Häuser im mediterranen Stil die einstige Bedeutung des Ortes als Handelsplatz für Getreide, Wein und Früchte.

Hoch über dem Tal thronen auf einem steilen Felsvorsprung die Reste des im 12. Jh. erbauten und von Richelieu geschleiften Château du Marchidial, der ehemaligen Zweitresidenz des Dauphin der Auvergne. Es lohnt sich, den steilen Fußweg hinaufzusteigen,

Die Burgkapelle von Champeix erhebt sich hübsch über dem engen Tal

allein schon wegen der prächtigen Aussicht auf den Ort (keine Angst, auch eine Straße gibt es). Über der ehemaligen Burgkapelle Saint-Jean und dem anschließenden Gebäude erhebt sich ein kaminartiger Glockenturm. Hier gibt es zuweilen im Sommer Kunstausstellungen in stimmungsvollem Ambiente. Auf den Terrassen über dem Tal ist mit viel Liebe ein großer Garten angelegt, in dem man ein wenig flanieren kann.

Markt Festlicher **Nachtmarkt** jeden Mi 19–23.30 Uhr während der franz. Sommerferien, sowie normaler **Wochenmarkt** jeden Fr auf dem Place du Pré.

Essen & Trinken **Bistro Bougnat,** Feinschmeckertempel in zeitgemäßem Look. Küchenchef Damien Monestier legt Wert auf frische, lokale und saisonale Produkte, und er hat eine kleine Schwäche für helle Linsen. Eine Spezialität des Hauses sind etwa Socca – gerollte Fladen (hier aus Linsenmehl) mit Krabben oder Räucherlachs. Lecker auch: Steak vom Aubrac-Rind an gegrilltem Gemüse und Linsenpüree. Mo/Di sowie So abends geschlossen. 11, place de la Halle, ✆ 04-638 09738. **€€**

Saint-Floret

Und noch eines der schönsten Dörfer Frankreichs erstreckt sich 7 km südwestlich von Champeix am Ufer des Couze Pavin. Saint-Floret ist eine Ansammlung hübscher Steinhäuser, gedeckt mit roten Ziegeln, in deren Hintergrund sich schroffe, mit Grün überwucherte Felsen erheben. Auf einem der Vorsprünge thront ein Burgfried – Überbleibsel einer Festung aus dem 13. Jh. Darin zierten einst rund 40 Malereien aus dem 14. Jh. die Wände eines Gewölbesaals. Immerhin 13 sind davon noch übrig, u. a. zeigen sie Szenen aus dem Leben von Tristan und Isolde (zugänglich von April bis Ende Sept., tägl. außer Do, weitere Infos beim Infopoint oder bei der Touristeninformation in Issoire, ✆ 04-73711039). Die mittelalterliche Brücke Pont de la Pède überquert den Couze Pavin. Ein schöner Aussichtspunkt auf Saint-Floret versteckt sich hoch über dem rechten Flussufer, bei einer Kapelle hinter dem alten Friedhof. Links neben dem Friedhofstor geht ein kleiner Pfad ab. Vom Geländer aus blickt man dann hinab. Über die D 627 gelangt man mit dem Auto dorthin, vom Dorf führt ein Wanderweg hinauf.

▪ **Info-Punkt** an der Ortsdurchfahrt. April–Sept. geöffnet. Place du 30 juin 1944, 63320 Saint-Floret, ☏ 04-73549066, www.issoire-tourisme.com.

Issoire

Mitten in der „auvergnatischen Toskana", wie diese Gegend entlang des Allier gerne betitelt wird, liegt die Stadt Issoire als wirtschaftliches und industrielles Zentrum (15.300 Einwohner). Doch nicht nur in der Aluminiumbranche und der Luftfahrtindustrie hat sich die Agglomeration einen Namen gemacht, sondern auch in kirchenarchitektonischer Hinsicht. Bereits Ende des 3. Jh. gründete hier Austremoine, Missionar und erster Bischof der Auvergne, ein Kloster. Um 1130 entstand dann die berühmte Abteikirche der Stadt, gebaut aus Arkose: hellem, etwas gelblichem Sandstein. Ihr Innenraum erstrahlt in überbordender Farbigkeit.

Insgesamt wirkt die Stadt sehr mediterran, ganz besonders der zentrale Place de la République mit seinen Häusern in sanften Pastelltönen und den mit Arkaden geschmückten Renaissance-Gebäuden. Schade nur, dass die gute Stube der Stadt v. a. als großer Parkplatz dient und dadurch viel von ihrem Charme einbüßt. Aussichtspunkte, von denen man auf die orangefarbene Dächerlandschaft und die sanft gewellte auvergnatische Toskana blicken kann, bieten sich viele, etwa vom Uhrturm im Zentrum.

Abbatiale Saint-Austremoine: Die ehemalige Benediktiner-Abteikirche Saint-Austremoine ist ein schönes Beispiel romanischer Kirchenkunst. Sie gehört zu den fünf Hauptkirchen der Basse-Auvergne, ist 65 m lang und 19 m hoch. Errichtet wurde das Gotteshaus im 12. Jh., dem Höhepunkt der Pilgerzeit. Issoire lag günstig zwischen den Hauptrouten Via Lemovicensis und Via Podiensis. Für einen Besuch sollte man sich Zeit nehmen: Beim Betreten fallen die schillernden Farben der Säulen, Gewölbe, Wände und Fenster sofort ins Auge. Die Fresken stammen aus dem 19. Jh. Das Glanzstück ist der Chor: Der Säulenumgang ist vorwiegend in Rot und Gelb gehalten. Szenen aus dem Leben Jesu schmücken die skulptierten Kapitelle. Über dem Chorraum thront ein segnender Christus, darunter vier Heilige. Außen bildet die Ostseite vom Kapellenkranz bis hoch zum achteckigen Vierungsturm eine auvergnatische Pyramide. Die Umgangskapellen zieren

Der Innenraum der Abteikirche

Auvergne | Das Puy-de-Dôme → Karte S. 26/27

die zwölf Tierkreiszeichen. Unter dem Chor liegt die gut erhaltene Krypta. Sie birgt einen Reliquienschrein (13. Jh.) aus Limosiner Email. Die kleine Truhe hat bereits eine Verfolgungsjagd hinter sich: In der Nacht auf den 4. August 1983 wurde sie gestohlen. Ihre Spuren führten in die Niederlande, nach Los Angeles, Alaska, Neuseeland und schließlich Hawaii, wo man ihrer 1990 habhaft werden konnte und sie zurück an ihren Platz nach Issoire brachte.

▪ Tägl. 8.30–18.30 Uhr. Im Juli/Aug. werden kostenpflichtige Führungen über die Touristeninformation angeboten.

Tour de l'Horloge: Hoch erhebt sich der schlanke Uhrturm mit seinem darauf thronenden Glöcklein am Rande des zentralen Place de la République. Wer die 27 m und 141 Stufen vorbei am Ziffernblatt hinauf auf die Aussichtsplattform überwunden hat, kann einen herrlichen Blick auf die nahe Abteikirche, den Puy d'Ysson und das Château de Verrières genießen. Bei schönem Wetter reicht die Sicht sogar bis zum Puy de Sancy. Den Uhr- und Wachturm ließen im 15. Jh. die Kaufleute und Konsuln Austremoine und Antoine Bohier errichten. Der Komplex umfasst auch das angrenzende ehemalige Pensionat Sévigné, in dem Sonderausstellungen veranstaltet werden. Höhepunkt des Besuchs ist die Scénovision, bei der die Zeit der Renaissance in drei Episoden lebendig wird.

▪ Turm 2 €, Scénovision 6 €, Sonderausstellungen sind frei zugänglich. Juli/Aug. Di–So 10–12.30 und 14–18 Uhr, März–Juni und Sept.–Nov. Di–So 14–18 Uhr, Sa zudem 10–12.30 Uhr. 4, rue du Ponteil, ✆ 04-73890770, www.tour-horloge.issoire.fr.

Centre d'Art Roman Georges-Duby: Im ehemaligen Benediktinerkloster neben der Kirche dreht sich alles um romanische Kunst. Jedes Jahr widmet sich eine Sonderausstellung einem anderen Thema, z. B. Fabelwesen, Troubadouren oder Betten im Mittelalter. In kleinen Ateliers gehen Künstler einem typischen Handwerk aus dieser Zeit nach. Zudem erfährt man einiges über die Geschichte und Architektur der Abtei sowie über Issoire. Ausgestellt sind Exponate der Kirche wie etwa die Sternzeichen vom äußeren Chorhaupt. Freigelegt ist auch ein Teil des ehemaligen Kapitelsaals mit verblassten Fresken.

▪ Eintritt frei. Das Kunstzentrum ist auf unbestimmte Zeit geschlossen. Wann es wieder öffnet, wird auf der Website oder → www.issoire-tourisme.com bekannt gegeben. Parvis Raoul-Ollier, ✆ 04-73895604, www.centre-artroman.issoire.fr.

Château de Parentignat: Ein wahres Schatzkästchen findet sich 4 km südöstlich von Issoire: das Schloss Parentignat. Der auvergnatische Schriftsteller Henri Pourrat gab ihm den Namen „kleines Versailles der Auvergne". Tatsächlich erinnert das Schloss mit seinen drei Flügeln, dem weitläufigen Park dahinter und der Esplanade davor ein wenig an das prächtige Château de Versailles. Und das kommt nicht von ungefähr, denn die mächtige Familie Lastic pflegte enge Beziehungen nach Versailles. Sie hatte das Anwesen mit Herrensitz Anfang des 18. Jh. gekauft und ließ, inspiriert vom Vorbild, das Schloss 1710–14 in seiner heutigen Form errichten. Im Inneren beeindrucken u. a. eine üppige Gemäldesammlung bedeutender Hofmaler, Salons mit prächtigen, holzverkleideten Wänden, wertvolle Antiquitäten, antike, kuriose Luxusgegenstände, herrliche Baldachinbetten, Wandteppiche aus Aubusson, drei Sänften und mehr. Immens ist die Bibliothek mit über 10.000 Büchern. Hinter dem Schloss lädt ein 15 ha großer Park zum Spazieren ein. Dort befinden sich noch eine alte Mühle und ein Teehaus. Ein deutsches Informationsblatt ist an der Kasse erhältlich.

▪ Eintritt 10 €, Schlossgarten gratis. Juni–Sept. Mi–So 10.30–18 Uhr, Führung 45 Min. Genaue Zeiten der Führungen → Website. 7, place du Château, 63500 Parentignat, ✆ 04-73895110, www.parentignat.com.

Usson: An den Hang eines erloschenen Vulkanhügels über dem Allier-Tal schmiegt sich der 300-Seelen-Ort 11 km östlich von Issoire, der (wiederum) als eines der schönsten Dörfer Frankreichs klassifiziert ist. Einzigartig war die dreifache Ringmauer der Festung. Die Burg ist allerdings längst geschleift, Richelieu höchstpersönlich wohnte 1634 der Zerstörung bei – wohl um sicherzugehen, dass jede Erinnerung an die Festung ausgelöscht wurde. Usson war nämlich das Exil für Margarete von Valois (auch bekannt unter dem Namen la Reine Margot) gewesen, die erste Frau des Hugenottenkönigs Heinrich IV. Die Hochzeit des Paares ging auch als Pariser Bluthochzeit oder Bartholomäusnacht in die Geschichtsschreibung ein. 19 Jahre war Reine Margot nach einem gescheiterten Komplott gegen ihren Bruder Heinrich III. hier gefangen. Ein Segen, denn während ihrer Gefangenschaft mauserte sich Usson zur Literatenhochburg; Schriftsteller und Philosophen gingen hier ein und aus. Margot soll ihren Wärter betört und somit einige Freiheiten errungen haben.

Heute ist Usson längst kein Rückzugsort für Dichter und Denker mehr. Dabei wäre der Ort ein wahrer Quell der Ruhe und Inspiration. Gemächlich lässt es sich durch die Gassen flanieren, vorbei an hübschen Sandsteinhäusern aus der Renaissance und Überbleibseln der Stadtbefestigung. Je höher man steigt, desto mehr kann man entdecken – etwa die kleine, charmante Kirche Saint-Maurice aus dem 12. Jh. Einen Abstecher lohnt das Innere, wo Fresken farblich an die große Schwester in Issoire erinnern. Spaziert man ein Stück weiter, wartet das nächste, recht imposante Highlight: Basaltsäulen, die sich über mehrere Etagen fast kerzengerade aneinander schmiegen – ein Meisterwerk der Natur.

Die Lock förderte einst Kohle aus 160 m Tiefe zutage

Hier muss man vorbeilaufen, um zum Gipfel zu gelangen. Auf 639 m thront eine 7 m hohe, weiße Marienstatue. Von hier hat man eine atemberaubende Rundumsicht auf die Vulkankette um den Puy de Dôme und das Sancy-Massiv sowie auf die Berge des Livradois-Forez.

Musée de la Mine: 20 km nördlich von Issoire lockt der ehemalige Bergwerksort Brassac-les-Mines mit seinem außergewöhnlichen Minenmuseum im ehemaligen Kohlebergwerk. Seit dem Jahr 1430 lebte das Städtchen vom Kohleabbau. 1978 war schließlich Schicht im Schacht. Ein 90-minütiger Rundgang führt durch die Vergangenheit der Bergleute, zeigt verschiedene Alltags- und Arbeitssituationen und widmet sich den Frauen der Kumpel, die sich vorwiegend auf Spitzenklöppelei spezialisiert hatten. Highlight ist der Abstieg in 160 m Tiefe, wo man die beengte Arbeitssituation der Kumpel nachempfinden kann.

▪ Eintritt 7 €, Juli bis Mitte Sept. Di–So 14–18 Uhr, Führungen um 14.30 und 16.30 Uhr, sonst auf Anfrage. Audioguide auf Deutsch. Route de la Combelle, Bayard, 63570 Brassac-les-Mines, ✆ 94-73543088, www.brassaclesmines.fr.

Basis-Infos

Information Office de Tourisme, Juli/Aug. tägl. geöffnet, sonst → Website. 9, place Saint-Paul, 63500 Issoire, ✆ 04-73891590, www.issoire-tourisme.com.

Verbindungen Züge u. a. nach Brioude, Le Puy-en-Velay, Aurillac, Clermont-Ferrand und Nîmes. Auch Intercitys halten in Issoire.

Baden **Centre Aqualudique,** schönes Spaßbad mit Rutschen und Saunabereich sowie Freibad. Avenue de l'Union Soviétique, ☏ 04-73717676.

Issoire Plage, Badestrand (im Sommer überwacht) und Wassersportaktivitäten an einem kleinen See am Westufer des Allier. Base de loisirs les Mayères, 63500 Parentignat, ☏ 06-184 29305, www.issoireplage.fr.

Kanu **USI Canoë-Kayak,** Kanuverleih. 12, avenue du Docteur Bienfait, ☏ 04-73896551, www.canoe-kayak-issoire.fr.

Kino **Le Modern,** Kino mit 3 Sälen. 2, place du Postillon, ☏ 04-73550683, www.cinemodern-issoire.fr.

Krankenhaus **Centre hospitalier Paul Ardier,** 13, rue du Docteur Sauvat, ☏ 04-738 97272, www.ch-issoire.com.

Markt Jeden Sa Wochenmarkt auf dem Place de la République sowie dem Place de la Montagne und umliegenden Straßen.

Mountainbike In Issoire starten einige Mountainbike-Routen, zum Teil mehrtägig, u. a. in die Livradois-Forez – Abfahrt ab der Mountainbike-Station beim See. Eine Tour führt ab dem Bahnhof bis nach Brassac-les-Mines. Base VTT: 12, rue du Docteur Bienfait, ☏ 04-738940 34, www.issoire-tourisme.com.

Veranstaltungen **Festival d'Art Romain,** Ende Juli steht die romanische Kunst in all ihren Ausprägungen im Mittelpunkt. Spektakel, Konzerte, Märchenerzählungen, Handwerkerateliers, Ausstellungen etc. www.centre-artroman.issoire.fr.

Festival international du Folklore d'Issoire, in der 3. Juliwoche herrscht Folklorestimmung in Issoire. Rund 200 Künstler aus der ganzen Welt versammeln sich in der Stadt, geben Konzerte und führen landestypische Tänze auf. www.festival-issoire.fr.

Übernachten / Essen & Trinken

***** Le Pariou,** das beste Hotel der Stadt liegt mit seinen 54 Zimmern an einer Haupt-Durchfahrtsstraße, ist aber bestens schallisoliert. Die klimatisierten Zimmer sind modern und dezent eingerichtet und glänzen – ganz unüblich für Frankreich – mit 2 m mal 2 m großen Kingsize-Betten. Auch einen Treppenlift gibt es. Das Gelände erstreckt sich weit nach hinten, mit Garten, Terrasse, Pool und einem zweiten Gebäude mit Zimmern. Zum Hotel gehört eine gemütliche Bar, die täglich von morgens bis spät abends geöffnet hat. 18, avenue John Fitzgerald Kennedy, ☏ 04-73559037, www.hotel-pariou.com. **€€–€€€**

MeinTipp **Chez Mémé,** Nostalgie pur versprüht dieses Restaurant südlich der Altstadt. Das mag einerseits an der Einrichtung liegen – Vintage in allen Ecken, auch auf dem Tisch: Serviert wird in Topf und Pfanne, gegessen aus Blümchengeschirr, getrunken teilweise aus Senfgläsern. Wie bei Oma soll man sich fühlen. So mutet auch die Karte an: bodenständig, gemüselastig, zum Teil deftig, etwa dicke Gemüsesuppen, Rippchen mit Honig verfeinert an Kartoffeln oder Bratapfel. 39, rue De La Berbiziale, ☏ 04-63448841, www.chezmeme-issoire.fr. **€€**

L'Atelier Yssoirien, am Altstadtring bei der Abteikirche liegt dieses kleine, stylishe Restaurant mit einem Michelin-Stern. Die Gerichte sind auch etwas fürs Auge: experimentell zubereitet und fantasievoll angerichtet, etwa Adlerfisch an Zucchini-Carpaccio, Muscheln und Fenchel-Birnenmus, Entenbrust mit Sellerie-Cannelloni und Spinat. Die Karte wechselt öfters, um die Gäste kulinarisch immer wieder zu überraschen. So/Mo Ruhetag, von Sept.–Juni auch Mi abends geschlossen. 39, boulevard Triozon Bayle, ☏ 04-73894447, www.atelier-yssoirien.com. **€€€–€€€€**

MeinTipp **Le P'tit Roseau,** außerhalb der Altstadt hat sich der Feinschmeckertempel in einer Art Pavillon neben einem kleinen Park eingerichtet. Das Ambiente ist hell, schlicht und freundlich, die Küche originell, lokal und nachhaltig. Küchenchef Jérémy Bonhivers' Motto ist: vom Feld auf den Teller. Mit Sorgfalt wählt er seine Zutaten aus – viel Gemüse und Kräuter, frisch vom Feld. Das schmeckt man auch. Mo/Di sowie So abends geschlossen. 2, avenue de la gare, ☏ 04-73890917, www.lepetitroseau.fr. **€€**

Wake Up Coffee, das Café in dem charmanten Jugendstilbau wirkt zunächst wie eine der großen Coffeeshop-Ketten, ist es aber nicht. Innen sitzt man in trendigem Ambiente mit großem Tresen und Vitrine mit toller Kuchen- und Gebäckauswahl. Der Stil setzt sich auf der heimeligen Terrasse fort. Kaffeeliebhaber dürfen sich auf Latte Art freuen, ansonsten gibt es auch Tee, Säfte und Limonaden, Frühstück und Brunch. 13, avenue de la Gare, ☏ 04-73561195. **€–€€**

Origines, das stylishe, in eine Burgruine integrierte Hotel-Restaurant, ist eines der exquisitesten in der Umgebung. Kaum verwunderlich, denn es darf sich mit einem Michelin-Stern und drei Kochmützen von Gault & Millau schmücken. Adrien Descouls versteht sein Handwerk und verfeinert französische Spezialitäten mit regionalem Touch. Genießen darf man mit Sicht durch große Panoramafenster auf die Dächer des Ortes, das umliegende Tal und die Berge. Diese Aussicht bietet sich auch von den 6 großen, eleganten Suiten. Di–Do mittags sowie Fr/Sa abends geöffnet. Rue du Clos de la Chaux, 63500 Broc (Issoire), ✆ 04-737171 71, www.restaurant-origines.fr. **€€€€**

La Bergerie de Sarpoil, in der ehemaligen Poststation stattlichen Ausmaßes mit schmucken Steinwänden und einer idyllischen Terrasse. 10 km südöstlich von Issoire befindet sich dieses stilvolle Restaurant, das unter seinem vorigen Küchenchef mit einem Stern gesegnet wurde. Stern und Koch sind zwar weg, feine Kreationen kann man hier dennoch genießen: viel Vegetarisches und Veganes, etwa vegane Austern, aber auch lokale Klassiker innovativ interpretiert, wie Foie gras mit geröstetem Buchweizen, Feigen und Roter Bete. Di/Mi und Sonntagabend geschlossen. Sarpoil, 63490 Saint-Jean-en-Val, ✆ 04-73710254, www.labergeriedesarpoil.com. **€€€**

Camping ***** Camping municipal du Mas,** gleich beim See Plan d'Eau du Mas liegt das für einen städtischen Campingplatz recht große Areal mit über 130 Stellplätzen. Minigolf, einfache Bowlingbahn, Tischtennis. Gleich daneben Freizeitangebote wie Kanufahren, Tennis, Bogenschießen oder Mountainbiken. Auch Mobil-Homes, feste Zelte und Chalets. 14, rue du Docteur Bienfait, ✆ 06-09805263, www.camping-issoire.com.

Boudes

Nach Boudes am Flüsschen Couzillon kann man durchaus wegen des süffigen Rebsaftes kommen, schließlich wachsen hier auf etwa 50 ha die feinen Trauben, aus denen kräftige, fruchtige Weine mit erfrischender Säure produziert werden. Doch die meisten Besucher des 290-Einwohner-Dorfes haben etwas anderes im Sinn: das Tal der Heiligen! Das Vallée des Saints ist eine Art Grand Canyon im Miniaturformat, mit hoch aufragenden, bizarren Felsformationen aus rotem Sandstein. Das Areal ist durch einen schönen Wanderpfad erschlossen.

Aber auch das Winzerdörfchen selbst ist mit seinem mediterranen Charme einen Spaziergang wert. Aus dunkelgrauem Basalt, ocker- oder orangefarbenem Sandstein und hellgrauem Kalkstein sind die Häuser gemauert, über allem erhebt sich ein historischer Wehrturm und eine romanische Kirche aus dem

Vallée des Saints: ein Grand Canyon en miniature

Auvergne | Das Puy-de-Dôme → Karte S. 26/27

11. Jh. Dass kaum jemand ohne ein edles Fläschchen im Kofferraum den Ort verlässt, versteht sich von selbst.

Château de Villeneuve-Lembron: Ein Schloss, das man nicht verpassen sollte! 6 km nördlich von Boudes (in einem großen Bogen über Chalus) empfängt die Besucher schon im Pferdestall ungewöhnlich aufwendiges Dekor. Die Decke ist übersät von detailreichen Darstellungen von Rössern in Zeiten des Kriegs und des Friedens, entstanden im 16. Jh. Das Schloss von Villeneuve-Lembron wurde Ende des 15. Jh. während des Übergangs vom Mittelalter zur Renaissance erbaut. Bauherr war Rigaud d'Aureille, Vogt der auvergnatischen Berge und Maître d'Hôtel für vier Könige. Das helle, von einem Graben umgebene Gebäude zeichnet sich aus durch die markanten, spitzen Kegeldächer auf den runden Ecktürmen. Im großen Innenhof kann man Fresken vom Ende des 15. Jh. entdecken, mit furchterregenden, Menschen verschlingenden Fabelwesen.

Auch das Innere des Schlosses ist voller Deckenmalereien und Verzierungen, ebenso die Kapelle. Auf einem Aubusson-Wandteppich ist das Leben Alexanders des Großen dargestellt. Ungewöhnlich ist der (schwingende!) Boden im Obergeschoss, der dem Besucher durch seine Pflastersteine den Eindruck vermittelt, sich im Erdgeschoss zu befinden. Im Sommer kann man im Innenhof immer wieder Konzerte und Theateraufführungen genießen.

Doch nicht nur dieses Schloss ist einen Abstecher wert – eigentlich sind es zwei herrschaftliche Bauten, die man nicht verpassen sollte! Denn in Villeneuve-Lembron selbst befindet sich auch noch das burgähnliche Herrenhaus Hôtel d'Aureilhe, das ein Privatmann wieder in einen sehenswerten Zustand versetzt hat (Führungen 5 €, Juli bis Mitte Sept. tägl. außer Di 13.30–19.30 Uhr, Place du Château, 63340 Saint-Germain-Lembron, ✆ 06-081687 63, www.chateaufort-aureilhe.fr).

▪ Schloss: Führung 6 €. Mitte Mai bis Mitte Sept. Di–So 10–12.30 und 14–18.30 Uhr, sonst Mi–So bis 17.30 Uhr. Führungen starten immer zu halben Stunde. 63340 Villeneuve-Lembron, ✆ 04-73964164, www.chateau-villeneuve-lembron.fr.

Einkaufen **Sauvat,** auf 11 ha werden auf diesem Weingut v. a. Rotweine angebaut, aber auch Weißwein und Rosé sind im Angebot. Mo–Sa 9–12 und 14–19 Uhr. Route de Dauzat, 63340 Boudes, ✆ 04-73964142, www.sauvat-vins.com.

Biscuiterie Landon, ein wahres Keksparadies findet man in diesem Knusperhäuschen, 6 km östlich von Boudes. Savoir-faire seit sieben Generationen. Mi–Sa 10–12 und 15–18 Uhr. 23, route du Breuil, 63340 Saint-Germain-Lembron, ✆ 04-73964153.

Markt März–Sept. jeden Do 17–19.30 Uhr Abendmarkt in Saint-Germain-Lembron auf dem Place du Désert, 6 km östlich von Boudes.

meinTipp **Übernachten/Essen** **Le Boudes La Vigne,** dass sich auf der Karte einige edle lokale Tropfen finden, versteht sich von selbst. Doch in dem überraschend modernen, klar und hell dekorierten Speisesaal des Restaurants im Zentrum von Boudes ist auch das Essen hochwertig und kreativ zubereitet, z. B. Schneckentäschchen mit Knoblauchcreme oder Jakobsmuschel-Carpaccio auf Trüffeln. Auch 5 unprätentiöse, aber freundliche Zimmer werden angeboten. Das Appartement Raison bietet eine Dachterrasse, von der aus der Kirchturm zum Greifen nah ist. Mo/Di und Sonntagabend geschlossen. Place de la Mairie, ✆ 04-73965566, www.le-boudes-la-vigne.com. **€€–€€€**

Wanderung 3:
Zu den Cheminées de Fées bei Boudes → S. 515
Mittelschwere, kurze Wanderung zu bizarren Sandsteinformationen

Auvergne | Das Puy-de-Dôme → Karte S. 26/27

Der Naturpark Livradois-Forez

Als hätten Landschaftsgärtner Hand angelegt, so ordentlich wirkt der Naturpark Livradois-Forez. Heiden unterbrechen abrupt die dichten, dunklen Nadelwälder, die dadurch wie getrimmte Hecken aussehen. Gegründet wurde der 322.000 ha große Parc naturel régional Livradois-Forez 1986. Er bedeckt den Osten des Departements und zieht sich von Norden über die Messerstadt Thiers bis in den Süden nach La Chaise-Dieu in der Haute-Loire.

Zwei große Mittelgebirgsrücken prägen das Landschaftsbild. Zum einen die Monts du Forez, eine Bergkette im Osten des Naturparks: Hier wird der Edelschimmelkäse Fourme d'Ambert traditionell in den sogenannten Jasseries hergestellt; solche Bergbauernhöfe finden sich noch um Ambert. Die Monts du Forez gipfeln im 1634 m hohen Pierre-sur-Haute an der Grenze zwischen Puy-de-Dôme und Loire. Und dann ist da der Livradois im Westen, wo sich bewaldete Berge mit Plateaus abwechseln. Teile dieser Wälder sind so dunkel, dass sie Bois noirs, Schwarzwald, genannt werden. Am Westrand des Naturparks um das mittelalterliche Städtchen Billom herum wähnt man sich dagegen fast in mediterranen Gefilden – klimatisch wie landschaftlich. Hier gedeiht Knoblauch en masse, die fruchtbare Ebene der angrenzenden Grande Limagne lässt grüßen. Zwischen beiden Mittelgebirgen gräbt die Dore ein recht flaches Tal in die Landschaft. An ihren Ufern erstreckt sich Ambert, Hochburg des milden Schimmelkäses Fourme d'Ambert und einst bedeutendes Zentrum der Papierherstellung.

Im Livradois-Forez kann man v. a. beim Wandern zur Ruhe kommen. Möglich, dass einem dabei der ein oder andere Sing- oder Greifvogel begegnet: Hier tummeln sich in den Lüften und Wäldern Ringdrosseln, Schwarzspechte und Rauhfußkauze, Habichte, Sperber, Bussarde, Rotmilane und Schlangenadler.

▪ **Maison du Parc**, Mo–Do 9–12.30 und 13.30–17.30 Uhr, Fr 9–12.30 und 13.30–16.30 Uhr. 63880 Saint-Gervais-Sous-Meymont, ✆ 04-73955757, www.parc-livradois-forez.org.

Billom

Nicht nur unter Regisseuren beliebt ist Billom wegen seiner Altstadt. Als authentische Kulisse hat sie schon so manchem Film gedient. Tatsächlich hat sich die Kleinstadt (4780 Einwohner) knapp 27 km östlich von Clermont-Ferrand ihren mittelalterlichen Charme mit den alten Fachwerk- und Steinhäusern bewahrt. Wie um ein Jahrtausend zurückversetzt fühlt man sich, wenn man durch die kleinen Gassen oder über alte steinerne Brücken flaniert. Dabei kann man herrliche Zeugen des Mittelalters und der Renaissance entdecken: in der Rue des Boucheries die alten Häuser der Metzger und Händler mit vorgesetzten Fachwerkfassaden, einen schlanken sechseckigen Glockenturm (Beffroi) oder Reste der Stadtbefestigung, wie die alten Stadttore aus dem frühen Mittelalter. Über der Altstadt thront die gotische Stiftskirche

Saint-Cerneuf mit Fresken aus dem 14. Jh. und eine der ältesten romanischen Krypten der Auvergne. Dort sollen in einem Reliquienschrein angeblich Reste des Kreuzes Christi aufbewahrt sein.

Große Bedeutung erlangte Billom ab Ende des 12. Jh., als hier die vierte Universität Frankreichs eingerichtet wurde – zunächst nur eine Fakultät der Künste, später genehmigte Papst Eugen IV. Lehrstühle für Zivil- und Kirchenrecht. Theologie wurde nie angeboten, dafür aber entstand in Billom im Jahr 1556 das erste französische Jesuitenkolleg. Vom Glanz dieser hochgeistigen Zeiten zeugt nur noch das Maison du Chapitre, ein Teil der mittelalterlichen Universität, in der Rue des Écoles, die am Ende der Rue Boucheries abzweigt.

Bekannt ist Billom inzwischen als einer der wichtigsten Knoblauchlieferanten des Landes. Rosa sind die Knollen, die im fruchtbaren Boden der Limagne prächtig gedeihen, von deren Ausläufern das Städtchen am Westrand des Naturparks Livradois-Forez noch profitiert. Auf weiten Feldern wächst ein Sechstel der Gesamternte Frankreichs heran. Im August huldigt der berühmte Knoblauchmarkt der kleinen aromatischen Knolle.

Musée départemental de la Céramique: Eine der bedeutendsten Produktionsstätten für römische Terra-Sigillata-Keramik befand sich vom 1. bis zum 5. Jh. in Lezoux, 12 km nördlich von Billom. Einige herrliche Fundstücke sind auf 1200 m² Fläche in diesem modernen Museum in einer ehemaligen Töpferfabrik ausgestellt: Geschirr und Vasen, sogar eine antike Babyflasche und Spielwürfel, drei Brennöfen (einer außen), eine nachgestellte Ausgrabungsstätte etc. Über Info-Tafeln, Videos und auf interaktive, spielerische Art erfährt man einiges über die allgemeine Geschichte und Herstellung der Terra Sigillata in Lezoux und der Umgebung. Dafür sollte man allerdings gut Französisch können, denn noch gibt es keine Informationen auf Deutsch oder Englisch. Erweitert wird die Schau durch Sonderausstellungen im Nachbargebäude, die sich ebenfalls rund um das Handwerk drehen. Um das Museum herum haben sich einige Töpfer und Keramiker mit kleinen, hübschen Läden und Galerien niedergelassen. Die Ateliers sind ausgeschildert.

▪ Eintritt 5 €, Sonderausstellungen 2 €. April–Sept. Mo, Mi–Fr 10–18 Uhr, Sa/So 14–19 Uhr, Okt.–März Mo, Mi–Fr 10–17 Uhr, Sa/So 14–18 Uhr. 39, rue de la République, 63190 Lezoux, ✆ 04-73734242, musee-ceramique.puy-de-dome.fr.

Information **Bureau d'Information,** Juli/Aug. tägl. geöffnet, sonst → Website. 13, rue Carnot, 63160 Billom, ✆ 04-73683985, www.vacances-livradois-forez.com.

Markt Jeden Mo Wochenmarkt im Zentrum.

Veranstaltungen **Foire à l'Ail,** am 2. Augustwochenende lockt das beliebte Knoblauchfest mit über 130 Schaustellern Freunde der duftenden Knolle an.

Übernachten/Essen **La Chante Bise,** sympathisches kleines Restaurant, wie man es sich auf dem Land vorstellt. In herzlicher Atmosphäre speist man originelle regionale Köstlichkeiten wie Blutwurst-Tarte mit Kartoffeln, Cannelloni gefüllt mit Krabben oder Lammrücken an Knoblauch und Datteln, dazu selbst gebackenes Brot. Als Dessert u. a. Erdbeertiramisu. Juni–Aug. Mo/Di sowie So abends geschlossen, sonst auch Mi abends geschlossen. 11 km von Billom, 5 km von Lezoux. Courcourt, 63190 Seychalles, ✆ 04-73629141, www.restaurant-chantebise63.com. **€–€€**

Auberge du Pont, aus dem ehemaligen Schiffsrelais am Allier – an vier Türen konnten Boote andocken, eine Tür ist davon noch übrig – hat sich ein kleiner Gourmettempel entwickelt. Hier darf in schickem, trendigem Ambiente bei gehobener, raffinierter Regionalküche mit bretonischen Einflüssen auch das Auge mitgenießen. Nachdem die feine Kochkunst mit einem Michelin-Stern geehrt wurde, stoppte ein Brand den Betrieb. Über ein Jahr später konnte Sternekoch Rodolphe Regnauld wieder Gäste empfangen. Sonntagabend, Mo/Mi geschlossen. 70, avenue du Docteur Besserve, 63430 Pont-du-Château, ✆ 04-73830036, www.auberge-du-pont.com. **€€–€€€**

Le Clos Goëlle, hübsches Ensemble auf halber Strecke zwischen Billom und Lezoux. Traditionelle Steinhäuschen mit 2 stilvollen, gepflegten Gästezimmern in dezenten Farbtönen, Landhausstil mit Holzgebälk. Beide Suiten haben Platz für bis zu 4 Pers. Den Gästen stehen eine Küche und ein Salon zur Verfügung. Ein malerischer Blumengarten mit Veranda und ein leicht schiefer Turm verleihen dem Gästehaus ein besonderes Flair. Eigene Bäder, jedoch Gemeinschafts-WC. Goëlle, 63190 Moissat, ✆ 04-73629884, www.clos-goelle.com. **€€**

Thiers

Einst klapperten in der 11.800-Einwohner-Stadt Thiers im Norden des Livradois-Forez nicht nur Hunderte von Mühlen am rauschenden Bach, sondern auch die Klingen der Messer, die hier hergestellt wurden. Ab dem 13. Jh. wurde Thiers zum Zentrum der französischen Messerindustrie. Bis heute werden dort etwa 80 Prozent der Klingen des Landes hergestellt, darunter die berühmte „Laguiole". Produziert wird in rund 130 Unternehmen, die meisten davon Kleinbetriebe mit weniger als zehn Mitarbeitern. Insgesamt zählt die Stadt noch rund 110 Produzenten und Handwerker.

Der „rauschende Bach" heißt Durolle. Reste der alten Mühlenlandschaft kann man bei einem Spaziergang durch das Vallée des Rouets bei Château Gaillard entdecken (4 km östlich von Thiers an der D 2089). Anfang des 20. Jh. stiegen täglich etwa 600 Arbeiter die steile, enge Schlucht zur Durolle hinab, um in ihren Werkstätten zu schuften. Die Messerschleifer lagen bäuchlings auf Holzplanken über den Schleifsteinen, zwölf Stunden am Tag. Um die Arbeiter vor der Kälte zu schützen, machten es sich wärmende Hunde auf ihren Beinen bequem. Eine der Mühlen, die Rouet Chez Lyonnet, wurde wieder aufgebaut und veranschaulicht bei Führungen das traditionelle Handwerk (Führung 4,30 €, Juli/Aug. tägl. 14–19 Uhr), von den anderen Mühlen künden

Mühlen-Ruine im Tal der Durolle

nur noch verfallene Ruinen. Ab 1930 verließen die Messerschleifer das Tal, moderne Fabriken übernahmen zunehmend ihre Arbeit.

Nicht nur für das Vallée des Rouets, sondern auch für die Erkundung der Altstadt von Thiers braucht man stramme Waden. Steil ziehen sich die engen Gassen den nach Süden ausgerichteten Berg über dem Tal der Durolle hinauf. Gleich in der Rue Terrasse haben Besucher eine grandiose Sicht auf die Vulkankette mit dem Puy de Dôme. So schön die ferne Natur ist, so heruntergekommen wirkt die Stadt mancherorts, teilweise werden wieder einige Häuser renoviert. Ansehnliche historische Bausubstanz gäbe es ja an sich genug. Die Altstadt schmückt sich mit einigen hübschen Fachwerkhäusern. Am beeindruckendsten ist das Hôtel du Pirou, in dem auch das Office de Tourisme untergebracht ist. Hoch erhebt sich das 1410 von Ludwig II. von Bourbon in Auftrag gegebene Gebäude mit seinem steilen Giebel und den Auskragungen über dem Eingang der Fußgängerzone. Sehenswert ist auch das Maison des Sept Péchés Capitaux (11, rue du Pirou), bei dem die sieben Todsünden in die hölzernen Balken eingeschnitzt sind. Nicht weit entfernt ragt die romanische Basilika Saint-Genès mit ihren Seitenkapellen empor, die im 11. Jh. ohne Fundament direkt auf den Felsen errichtet wurde.

Am Fuße der Messerhauptstadt

Zentrum der Messerschmiedekunst ist die Rue de la Coutellerie, wo in zwei zusammengehörigen Häusern das traditionelle Handwerk veranschaulicht wird. Einmal in einem Museum, einmal durch Vorführung der historischen Techniken. Rund um die Fußgängerzone werden in zahlreichen Geschäften Messer aus Thiers feilgeboten. Wie wichtig die Metallbearbeitung für die Stadt ist, merkt man auch auf dem Place Antonin Chastel, wo von 9 bis 21 Uhr zu jeder vollen Stunde mächtig Radau gemacht wird. Dann hebt sich der Jacquemart über dem Uhrenhäuschen in Form eines Wasserrads empor, und der Schmied schlägt effektvoll auf seinen Amboss ein.

Musée de la Coutellerie: Wer mehr über die Messer von Thiers erfahren will, klappert idealerweise drei Stationen ab: In der Hausnummer 23 der Rue de la Coutellerie geht es um die traditionelle Herstellung. In der Hausnummer 58 werden die Arbeitsschritte von professionellen Handwerkern erklärt. Zudem kann man eine große Auswahl an historischen und außergewöhnlichen Messern (rund 700 Stück) bewundern. Abrunden kann man seinen Ausflug mit einem Spaziergang durch das Vallée des Rouets, wo die Messer einst geschliffen wurden.

■ Eintritt 5,90–7,20 €. Juli/Aug. tägl. 10–12.30 und 13.30–19 Uhr (letzter Einlass 45 Min. vor Schließung), März–Juni und Sept. Di–So 10–12 und 14–18 Uhr, Okt.–Dez. Mi–Sa 14–18 Uhr (Weihnachtsferien zudem 10–12 Uhr), Febr. Di–Sa 10–12 und 14–18 Uhr. 23 und 58, rue de la Coutellerie, ✆ 04-73805886, www.ville-thiers.fr.

Cité des Couteliers: Thiers widmet sich nicht nur der Vergangenheit des Messerhandwerks, sondern auch der Gegenwart. Die Galerie dient quasi als großes Schaufenster der Fabrikanten, Handwerker und Künstler, um ihre neuesten scharfen Klingen zu präsentieren. Daneben finden regelmäßig auch Ausstellungen statt.

Eintritt frei. Juli/Aug. 10–12.30 und 14–18 Uhr, Juni/Sept. sowie während der Ferien (außer Sommerferien) Di–Fr 14–18 Uhr, Sa 10–12.30 und 14–18 Uhr, 1, rue Conchette, ✆ 04-73803818, www.ville-thiers.fr.

Centre d'Art contemporain: Unterhalb der Altstadt, am Ausgang des Vallée des Usines (Tal der Fabriken), befindet sich das Creux de l'Enfer (was so viel wie „Hohlraum der Hölle" bedeutet), wo die Durolle tosend an einer ehemaligen Messerschleiferei neben zahlreichen weiteren alten Fabriken vorbeischießt. Hier hat sich in dem alten Gebäude sowie nebenan in der ehemaligen Usine du May das Zentrum für zeitgenössische Kunst angesiedelt, das in wechselnden Ausstellungen moderne Werke präsentiert.

Eintritt frei. Nur während Ausstellungen geöffnet. Mi–So 14–18 Uhr. 83–85, avenue Joseph Claussat, ✆ 04-73802656, www.creuxdelenfer.fr.

Information **Office de Tourisme,** Juli/Aug. tägl. geöffnet, sonst → Website. 1, place du Pirou, 63300 Thiers, ✆ 04-73806565, www.ville-thiers.fr.

Verbindungen Vom **Bahnhof** verkehren Züge und Busse u. a. nach Clermont-Ferrand, Vichy und Ambert.

Baden **Centre Aquatique Communautaire,** modernes, großes Sport- und Freizeitbad mit Rutschspaß, ideal für Familien. 1, allée Rives de Thiers, ✆ 04-73801917, www.ville-thiers.fr.

Bei der **Base de loisirs d'Iloa** gibt es einen 100 m breiten Sandstrand an einem kleinen See, 7 km von Thiers, mit Verleih von Stand-Up-Paddles und Wasserbikes. Minigolf und Spielplatz. Im Sommer steuert ihn ein Pendelbus aus Thiers an.

MeinTipp **Einkaufen** **7 ici,** wunderschöner Feinkostladen, den man allein schon wegen des historischen Flairs des Gebäudes betreten sollte. Tolle Auswahl an regionalen Produkten, von 11–18 Uhr kann man Wurst und Käse verkosten. So/Mo geschlossen. 7, rue Conchette, ✆ 04-73946893.

Kino **Le Monaco,** alteingessenes Nostalgiekino mit 3 Sälen. 17, rue Conchette, ✆ 04-738 00531, www.ville-thiers.fr/cinema-le-Monaco.

Krankenhaus **Centre hospitalier,** Route de Fau, ✆ 04-73511000, www.ch-thiers.fr.

Markt Wochenmarkt jeden Mi auf dem Place d'Europe, Do und Sa auf dem Place Antonin Chastel.

Touristenzug 45 Min. lang tuckert eine kleine **Bimmelbahn** durch die Altstadt und bis ins Vallée des Usines. Erklärungen auch auf Deutsch. Fahrt 7 €, Mitte Juli bis Ende August tägl. außer Sa Abfahrten um 15, 16, 17 und 18 Uhr, 70, avenue Léo Lagrange (beim Parkplatz), www.rajat.net.

Varieté **Le Moulin bleu,** die sogenannte Cabaret Music Hall bietet Revuen zu aufwendigen Menüs. 13, chemin de l'ancienne Gare, ✆ 04-73800622, www.moulin-bleu.com.

Veranstaltungen **Coutellia,** das internationale Festival des Messerhandwerks und der Messerkunst ist der wichtigste Event des Jahres. Am 3. oder 4. Maiwochenende tummeln sich rund 230 Austeller aus über 20 Ländern in Thiers. www.coutellia.fr.

Übernachten/Essen In Thiers befinden sich einige Hotels, die in Ordnung, aber nicht mehr auf dem neuesten Stand sind.

***** Eliotel – Le Quai des Découvertes,** das Hotel-Restaurant 5 km westlich der Altstadt ist von außen betrachtet keine Augenweide, dafür innen umso mehr. Vor allem im Restaurant beweist man ein modernes, stilvolles Händchen. Die Küche bietet Feinstes, etwa Avocado-Lachs-Millefeuille, Salers-Rind an Morcheln, karamellisiertes Foie gras aus der Limagne und viel Fisch. Die 17 Zimmer sind gepflegt und komfortabel. Mi mittags und So abends geschlossen. 51, route de Maringues, 63920 Peschadoires, ✆ 04-73801014, www.eliotel.fr, www.le-quai-des-decouvertes-peschadoires.com. **€€**

Maison Conchette, stattliches Stadtpalais aus dem frühen 17. Jh., etwas außerhalb des historischen Zentrums. Die 5 Suiten sind familientauglich und von nobel bis rustikal ausgestattet. Begrünter Innenhof. 35 Rue Conchette, ✆ 04-73944675, www.maison-conchette.com. **€€**

Maison d'hôtes La Tuilerie, in diesem stattlichen, für die Region relativ untypischen Anwesen westlich von Thiers werden nicht nur Sportpferde gezüchtet, sondern auch 5 schöne

Auvergne | Das Puy-de-Dôme → Karte S. 26/27

Gästezimmer angeboten. Der stimmungsvolle Speisesaal ist in Pastellfarben gehalten, die Zimmer beeindrucken mit erlesenen antiken Möbeln und solchen im romantischen Shabby Chic. Domaine de La Tuilerie / Voie Romaine, 63920 Peschadoires, ✆ 04-73807543, www.chambre-hote-63.weonea.com. **€€**

Le Choix des Mets, freundliches Bistro in hellem Holzdesign. Raffinierte lokale Küche mit internationalen Akzenten, darunter Ziegenkäse auf Zucchinicarpaccio, Lammconfit an Auberginen und Oliven-Fenchel-Karamell- oder Nektarinen-Clafoutis. Sa/So geschlossen, nur Mittagsküche, Fr auch abends. 2, rue Léo-Lagrange, ✆ 04-73510661, www.le-choix-des-mets.fr. **€€–€€€**

Le Chaudron, außergewöhnliches Ambiente mit Gewölbe, Steinboden und großem Kamin. Das kleine Restaurant in der Altstadt unweit des Jacquemart ist äußerst beliebt wegen seiner regionalen Klassiker wie Truffade und Würstchen, Saint-Nectaire-Schmelzkäse oder Steak. Mo/Di und Sonntagabend geschlossen. 10, rue Denis Papin, ✆ 04-73800967. **€–€€**

Cosina, hier gibt es die besten Pizzen der Stadt. Zusätzlich wird traditionelle Kost wie Foie gras, Confit oder Rindertatar geboten. Zwar ist die Küche klein, aber äußerst fein. So Ruhetag, Do–Sa auch abends geöffnet. 4, rue du Bourg, ✆ 04-43141266. **€**

MeinTipp **Le Brin de Zingue,** Weinbar mit Charakter und Ausblick! Nachdem man den schlauchartigen Eingangsbereich, vorbei an Weinregal und Theke, passiert hat, taucht man ein ins Savoir-Vivre. Wein gibt es en masse, dazu rustikale Wurst- und Käseplatten, aber auch Salate, Bruschetta, Burger, Fisch- und Fleischgerichte, teils mit mediterraner Note. Das Ganze bei einer tollen Sicht auf die Vulkankette um Clermont-Ferrand. So Ruhetag. Rue Camille Joubert, ✆ 06-77344350.

**** Camping Iloa,** winziger Campingplatz bei der Base de loisir Iloa am See mit nur rund 40 größtenteils schattigen Stellplätzen und 3 festen Unterkünften, darunter ein festes Rundzelt. Route de Dorat, ✆ 07-77323901, www.camping-iloa-thiers.com.

Ambert

In Frankreich werden ja gerne Labels verteilt. Und auch Ambert hat eines. Es gehört zur Rubrik „Die schönsten Umwege Frankreichs". Einen Umweg sollte man tatsächlich in das Städtchen im Tal der Dore machen. Nicht der Landschaft wegen, auch wenn die bewaldeten, die Ebene einschließenden Berge des Livradois im Westen und des Forez im Osten, durchaus ihren Reiz haben. Sondern vielmehr des Käses wegen. Ambert ist die kulinarische Geburtsstätte des milden Edelschimmelkäses Fourme d'Ambert – es ist wohl kein Zufall, dass Gorgonzola in Italien mit Ambert eine Städtepartnerschaft pflegt.

Bekannt war die Stadt einst jedoch für ein ganz anderes Erzeugnis: Papier. Im 15. Jh. produzierten etwa 300 Mühlen um Ambert massenweise Papier aus Hanf und Flachs. Gefragt war es in ganz Frankreich. Der Philosoph und Schriftsteller Denis Diderot verfasste auf Ambert-Papier die ersten Ausgaben seiner Enzyklopädien. Im 17. Jh. belieferten fast ausschließlich Müller aus Ambert die Druckerstadt Lyon. Mühlräder sieht man um Ambert herum allerdings fast keine mehr. Ein schönes und noch aktives Exemplar besitzt die Moulin Richard de Bas in der nahen Umgebung.

Die 6700-Einwohner-Stadt Ambert eignet sich bestens zum Flanieren. Hübsch ist die Altstadt mit Fachwerkhäusern; ein Rundturm überragt die mittelalterliche Kulisse. Er ist der letzte Rest der alten Wallmauer: der Tour Mandrin, benannt nach dem Anführer einer Räuberbande, Louis Mandrin. Das wohl schönste Bauwerk ist die Kirche Saint-Jean im gotischen Flamboyant-Stil. Hübsche Skulpturen und Wasserspeier schmücken sie. Mit dem 50 m hohen Glockenturm ohne Spitze, der eine Ecke der Westfassade einnimmt, wirkt das Gotteshaus etwas unharmonisch, aber dennoch prächtig. Das wohl ungewöhnlichste Gebäude der Stadt ist das Rathaus, eine kreisrunde alte Kornhalle – fast wie ein steinerner Käselaib. Der Schriftsteller Jules Romain verewigte es in seinem Roman „Les Copains" (Die Freunde) als Dorftreffpunkt. Das ist das Rathaus heute noch immer, nämlich wenn Marktstände unter den Arkaden und darum herum allwöchentlich den Platz beleben.

Maison de la Fourme d'Ambert: Welch harte Arbeit die Käseherstellung einst war, erfährt man, wenn man die (hölzerne) Kuh in diesem Häuschen am oberen Ende der Fußgängerzone von Ambert melkt. Bei einer Führung oder im Alleingang erfährt man alles über Herstellung und Geschichte des milden Blauschimmelkäses Fourme d'Ambert, der schon im 9. Jh. in den Monts du Forez produziert wurde. Die traditionellen Werkzeuge werden erklärt, und auch einen kurzen Film gibt es. Zum Ende der Führung kann man ein Stückchen des edlen Käses kosten. Wer möchte, bestellt sich ein Käsebrettchen. Im angegliederten kleinen Café mit Außenbereich kann man zudem Burger mit Fourme d'Ambert probieren.

■ 4 €, Führung 6,50 €. April bis Anfang Nov. Di–Sa 10–12.30 und 14–18 Uhr, Mitte Juli bis Mitte Aug. zudem So 11–12.30 und 14–17 Uhr. 29, rue des Chazeaux. ✆ 04-73824923, www.maison-fourme-ambert.fr.

Moulin Richard de Bas: Diese Papiermühle ist eines der letzten aktiven Überbleibsel einer ehemals florierenden Industrie. Papier wurde hier einst im großen Stil hergestellt. Noch immer werden 200 Blätter pro Tag handgeschöpft, im Winter ganz weiße, im Sommer werden Blüten aus dem Garten eingearbeitet – das sogenannte Papier fleuré. Alles über die Geschichte, Produktion und verschiedenen Arten von Papier sowie über die Lebens- und Arbeitsweise der Müllerfamilie erfährt man bei einem etwa einstündigen Rundgang durch die alte Mühle. Man geht durch Wohnräume, historische Gerätschaften sind ausgestellt, ebenso eine Freske, die den Weg des Papiers von China nach Europa nachzeichnet. Dem Mühlwasserrad kommt man ganz nah, außerdem wird die Papierherstellung demonstriert. Der Großvater des heutigen Besitzers arbeitete hier sogar mit Künstlern wie Salvador Dalí zusammen.

■ Eintritt 8,90 €. Im Sommer tägl. geöffnet. Aktuelle Öffnungszeiten → Website. Etwa 4 km östlich von Ambert (über die D 996 und D 57). Moulin Richard de Bas, ✆ 04-73820311, www.richarddebas.fr.

Dolmen von Boisseyre: Wie ein Tisch schaut die Dolmenansammlung in der Nähe von Ambert aus. Sie wird auch Pierre Couverte genannt, denn die rund 25 t schwere Platte aus Glimmerschiefer bedeckt vier weitere Steine, die quasi als Tischbeine dienen. Bereits seit über 5000 Jahren stehen die Steine auf dieser Wiese mit Blick auf Ambert und Umgebung. Der Legende nach soll sie eine Fee dort errichtet haben. Die Dolmen findet man rund 3 km südwestlich von Ambert. Man erreicht sie über die D 906 Richtung Le Puy-en-Velay. Von hier fährt man rechts auf die D 996 Richtung Issoire durch den Weiler Boisseyre. Kurz nach Le Bouchet Boisseyre führt ein Feldweg rechts ab. Nach ca. 150 m verlässt man den Weg und gelangt querfeldein zu den Dolmen.

Le Rocher de la Vierge: Fährt man von Boisseyre die D 996 noch einige Kilometer weiter, gelangt man nach Le Monestier und dort zu einer besonders schönen Heiligenstatue. Auf dem Jungfrauenfelsen hinter der Kirche erhebt sich in strahlendem Weiß eine gekrönte Madonna und ein Stück rechts unterhalb von ihr Jesus am Kreuz – ebenfalls in Weiß. Von dem Felsen bietet sich eine fantastische Aussicht auf die Dächer von Le Monestier und auf die Berge des Livradois. Das Örtchen liegt etwa 9 km von Ambert entfernt.

Unterhalb der Statue befindet sich ein kleiner Parkplatz.

Information **Office de Tourisme du Pays d'Ambert,** Juli/Aug. tägl. geöffnet, sonst → Website. 4, place de l'Hôtel de Ville, 63600 Ambert, ☏ 04-73826190, www.vacances-livradois-forez.com.

Markt Jeden Do **Markt** unter den Arkaden des Rathauses, Sa **Markt der Erzeuger** auf dem Place Saint-Jean.

Touristenzug Die **Ligne touristique du Livradois-Forez** startet am Bahnhof von Ambert und tuckert über Arlanc bis nach La Chaise-Dieu. Die verschiedenen nostalgischen Panoramazüge fahren das ganze Jahr über, auch Themenfahrten, z. B. an Halloween oder Nikolaus. Tickets und Reservierung auch bei der Tourist-Info, Fahrplanauskunft und Ticketkauf → www.agrivap.fr.

Vélorail Über den gleichen Anbieter sind dreierlei Touren (8 km, 14 km und 18 km) mit dem Vélorail vom Bahnhof in Ambert aus möglich. Fahrten von Mitte April bis Anfang Nov. Place Jean-Berne, www.agrivap.fr.

Wintersport Rund um Ambert, im Skigebiet Ambert-Crêtes du Forez, gibt es beim Col des Pradeaux knapp 40 km Langlaufloipen, dazu etwa 15 km Schneeschuh-Wanderwege. Beim Col des Supeyres befinden sich vier Langlaufstrecken von insgesamt 30 km sowie 3 Schneeschuh-Routen von 16 km. www.ambertlivradoisforez.fr, www.vacances-livradois-forez.com.

Übergroße Madonna am Rocher de la Vierge

Übernachten/Essen **Les Copains,** inspiriert ist der Name des Hotel-Restaurants vom gleichnamigen Roman von Jules Romains. Einen guten Ruf genießt v. a. das Restaurant mit seiner kreativen regionalen Küche, das bereits in vierter Generation geführt wird. Die Karte wechselt entsprechend der Jahreszeiten. 10 einfache, zweckmäßige, etwas altmodische Zimmer gehören zum Hotel. Sa Ruhetag, nur mittags geöffnet. 42, boulevard Henri IV, ☏ 04-738 20102, www.hotelrestaurantlescopains.com. **€€**

***** La Chaumière,** moderner präsentiert sich dieses Hotel-Restaurant etwas abseits vom Zentrum. Sowohl die kleineren „Chambres de Confort" als auch die deutlich größeren „Chambres de Charme" sind stilvoll und schlicht mit raffinierten Akzenten. Das Restaurant ähnelt innen einem großen Pavillon. Mit schönem, großem Kamin, geschmackvoller Einrichtung und hübschem Außenbereich. Sehr feine französiche Küche mit lokaler Note. Als Spezialität des Hauses gilt ein Kartoffelauflauf mit dicker Käsekruste. Fr/So abends geschlossen (Juli/Aug. So geöffnet). 41, avenue Maréchal Foch, ☏ 04-73821494, www.chaumiere-ambert.fr. **€€–€€€**

MeinTipp **Le M,** Ambert hat einige schmackhafte Adressen zu bieten, das M von Frédéric Martinez gilt derzeit als die beste. Das Bisto schräg gegenüber vom Place du Livradois fällt durch moderne Kunst neben dem Eingang auf. Kunstwerke finden sich auch auf dem Teller. Mit viel Fisch und Meeresfrüchten (auch Tintenfisch oder Hummer) sowie Biogemüse – innovativ, kreativ und gewagt. So abends und Mo geschlossen. 5, place du Livradois, ☏ 04-738 22891. **€€**

MeinTipp **Aux Gênets de Joséphine,** 3 charmante Gästezimmer in einem alten Steinhaus, alle in einem unterschiedlichen Look, in dezenten Farben, mit modernen Bädern – einfach zum Wohlfühlen. 2 der Zimmer führen auf eine Terrasse hinter dem Haus. Gefrühstückt wird an einer langen Tafel im Souterrain. Massagen und Quadfahrten buchbar, Billardtisch vorhanden. 19 km südwestlich von Ambert. Le Bourg / Route d'Ambert, 63980 Fournols, ☏ 06-62467014, www.aux-genets-de-josephine1.webnode.fr. **€€**

La Chaise-Dieu

La Chaise-Dieu, wörtlich „Gottes Stuhl" bzw. „Sitz Gottes", erstreckt sich zwischen den Monts du Livradois im Norden und den Monts du Velay im Süden auf einem 1082 m hohen Granitplateau im Süden des Naturparks Livradois-Forez. Das 620-Einwohner-Dorf liegt somit streng genommen bereits jenseits der Grenze des Departements Puy-de-Dôme in der Haute-Loire.

Eigentlich leitet sich der Ortsname vom lateinischen *casa dei* – Haus Gottes – ab. Und dieses Haus hat die hier Gestalt einer protzigen Abteikirche. Das Gotteshaus mit seinen bulligen Glockentürmen zieht alle Blicke auf sich. In den letzten Jahren hat die Gemeinde das geistliche Zentrum saniert und auch die umliegenden Gässchen verschönert. Durch die Altstadt mit Boutiquen, Ateliers, Bäckereien, Feinkostlädchen und Restaurants ist man schnell gelaufen, dafür sollte man sich für die Kirche mit ihren wundervollen Schätzen mehr Zeit nehmen.

Die Abtei geht auf den adeligen Kanoniker Robert von Turlande zurück. 1043 gründete er das noch immer gut erhaltene Benediktinerkloster, das fließend in die Kirche übergeht. Zugänglich ist u. a. der Kreuzgang, Teil des Museumsrundgangs (s. u.). La Chaise-Dieu streckte seine geistlichen Fühler in ganz Europa aus: 13 Abteien und 320 Priorate, darunter in Belgien, Italien, Spanien und in der Schweiz, gehörten zum Orden. Ein wahrer Karrierist ging im 14. Jh. aus dem Kloster hervor: der Mönch Pierre Roger de Beaufort, später bekannt als Papst Clemens VI. Er ordnete 1344 den Bau der Prachtkirche an – nicht ohne Hintergedanken: Einem Papst würdig sollte sie sein, denn hier wollte Clemens VI. begraben liegen. Das Grab kann man im Chor besichtigen. Der Orden musste während der Französischen Revolution schließen. Ein Mönch nutzte die Gelegenheit und ließ sich 1790 zum ersten Bürgermeister von La Chaise-Dieu wählen. Wiederbelebt hat die Abtei der ungarisch-französische Pianist György Cziffra im Jahr 1966 mit einem grandiosen Konzert in der Kirche – Auftakt des Festival de La Chaise-Dieu. Seither verzaubern alljährlich internationale Größen der geistlichen Musik La Chaise-Dieu mit ihren Klängen. Während des Musikfestivals kann man die Kirche allerdings nicht besichtigen.

Abbaye Saint-Robert: Die Kirche ist nach der Kathedrale in Clermont-Ferrand die bedeutendste im gotischen Stil in der Auvergne. Schlicht ist die Fassade mit ihrem strengen Linienverlauf gehalten, die Mauern ähneln denen einer Wehranlage. Karg wirkt die Kirche auch im Inneren mit dem strengen und

Klostergalerie neben der Kirche

ebenso schlichten, hohen Kirchenschiff, überzogen von Kreuzrippengewölben. Und doch gibt es hier herrliche Schätze zu entdecken: im Mönchschor das Grab von Papst Clemens VI., eine weiße Skulptur auf schwarzem Mamor, mit Löwenfiguren zu Füßen und umringt von einem gigantischen Chorgestühl mit 144 Sitzen. Normalerweise schmücken 14 flandrische Wandteppiche aus dem 16. Jh. den Chor. Die Bildserie mit biblischen Szenen ist inzwischen in der restaurierten Chapelle du Collège neben der Kirche und am Place de l'Écho untergebracht. Berühmtestes Inventar ist der „Totentanz" – eine ursprünglich 26 m lange Wandfreske hinter der linken Chorseite. Die Wandmalereien aus dem 15. Jh. sind nicht vollständig, aber in beeindruckendem Ausmaß erhalten. Dargestellt sind Hand in Hand 23 Menschen jeden Alters und Geschlechts aus allen Gesellschaftsschichten. Der Papst führt die tanzende Menschenkette an, ein einfacher Mönch bildet das Schlusslicht. Die Botschaft: Egal, ob arm oder reich, jung oder alt, Herrscher oder Diener, jeder ist vor dem Tod gleich. Sehenswert ist auch die Orgel mit geschnitzten Engelsfiguren.

■ Tägl. 9–19 Uhr frei zugänglich (nicht während des Sonntagsgottesdienstes). Während des Musikfestivals in der zweiten Augusthälfte kann die Kirche nicht besichtigt werden. Aufzüge befinden rechts neben dem Treppenaufgang. Place de l'Abbaye, ✆ 04-71000606, www.abbaye-chaise-dieu.com.

Salle de l'Écho: Ein Phänomen ist dieser Gewölbesaal aus dem 17. Jh. mit dekorativen Fresken. Stellen sich zwei Personen mit dem Gesicht zur Wand in je eine der Ecken des Raumes, die sich diagonal gegenüberliegen, können sie über die Mauer miteinander plaudern. Durch das Gewölbe wird der Schall wie durch einen Telefonhörer übertragen. Daher rührt der Name Echosaal. Früher diente der Salle de l'Écho Leprakranken, um in sicherer Distanz dem Geistlichen ihre Sünden zu beichten, ohne dass der Beichtvater sich anzustecken drohte.

■ Der Saal kann April–Nov. innerhalb des Museumsrundgangs besichtigt werden. Ticket 9 €, erhältlich bei der Tourist-Info. Mit dem Ticket hat man auch u. a. Zugang zum Kloster, zum Espace des Bâtisseurs, den Wandteppichen

Die Botschaft des Totentanzes: Ob arm oder reich, sterben muss jeder

und einer Szenografie über den Totentanz. Place de l'Écho.

Parcours muséographique: Der Museumsrundgang führt zu neun verschiedenen Sehenswürdigkeiten des Ortes. Zu den Stationen zählen neben dem Salle de l'Écho auch das Kloster, 14 flämische Wandteppiche, eine Szenografie, die den Totentanz schildert, die Loge Clément VI sowie der Espace. Hierbei erfährt man viel über die Erbauung der Klosterkirche, das geistliche und vergangene Leben in La Chaise-Dieu.

▪ Ticket 9 € inkl. Audioguide sowie ein Übersichtsplan in der Tourist-Info erhältlich, während des Musikfestivals kostet das Ticket weniger, da nicht alle Stationen zugänglich sind. Rundgang April–Nov. möglich.

Le Jardin Pour La Terre: In knapp 90 Minuten um die Welt? Das ist im Jardin Pour La Terre möglich. Denn der 6 ha große Park – 15 km nordöstlich von La Chaise-Dieu – vereinigt alle Erdteile. Diese sind in eigenen Themengärten mit für den jeweiligen Kontinent typischer Flora angelegt. Im Eingang befindet sich ein kleines Café mit origineller Sitzecke, z. B. mit Koffern als Tische.

▪ Eintritt 6 €, Mitte Juli bis 3. Augustwoche. tägl. 10.30–19.30 Uhr, Ende Mai/Juni und Anfang bis Mitte Sept. tägl. 14–18 Uhr. 31, rue du Moulin, 63220 Arlanc, ✆ 04-73950071, https://arlanc.fr/jardin-pour-la-terre.

Information **Office de Tourisme,** Juli/Aug. tägl. geöffnet, sonst → Website. Avenue de la Gare, 43160 La Chaise-Dieu, ✆ 04-71000116, www.lepuyenvelay-tourisme.fr.

Einkaufen Der Place de l'Abbaye und davon abgehend die Rue Saint-Martin und Avenue de la Gare sind gespickt mit Bäckereien, Metzgereien, Käsereien, Ateliers und kleinen Feinkostläden mit Spezialitäten der Auvergne.

Mein Tipp **Dans la Fôret,** ein wirklich hübsches und weitläufiges Buchcafé, in dem man es sich in Sesseln bequem machen und bei einem Getränk in Bücher hineinschmökern kann. Di–Sa geöffnet. 8, place de la Fontaine, ✆ 04-71061728, www.librairiedanslaforet.com.

Touristenzug Die **Ligne touristique du Livradois-Forez** hält am Bahnhof von La Chaise-Dieu und fährt über Arlanc nach Ambert. Die verschiedenen nostalgischen Panoramabahnen fahren das ganze Jahr über, auch Themenfahrten. Fahrplanauskunft und Ticketkauf → www.agrivap.fr.

Veranstaltungen **Festival de La Chaise-Dieu,** das Festival geistlicher Musik findet in den beiden letzten Augustwochen in der Kirche Saint-Robert statt. Tickets und Programm bei der Tourist-Info. www.chaise-dieu.com.

Foire aux champignons, am letzten Do im Okt. dreht sich alles um Champignons. Das Fest mit großem Markt steigt ab 6 Uhr. Der Höhepunkt folgt 12 Stunden später: ein riesiges Pilzomelett, das im Jardin Public serviert wird.

Übernachten/Essen **Notre Bergerie,** das ruhige Ferienhaus, das innen schöne Steinwände hat, befindet sich 2 km nördlich von La Chaise-Dieu. Rustikal, aber stilvoll präsentieren sich der Salon und die beiden Schlafzimmer mit Berghüttenflair. Mit Küche. Mindestaufenthalt 3 Nächte. Ein Gartenhäuschen wurde zu einem Doppelzimmer mit Dusche und WC umgewandelt – schlicht, aber originell. 30, Baffour, La Chaise-Dieu, ✆ 06-52191648, http://notrebergerie.monsite-orange.fr. **€€**

Yourtes en Terrasse, leben wie moderne Nomaden kann man 10 km östlich von La Chaise-Dieu in 2 Jurten. Geschmackvoll dekoriert, modern und komfortabel mit Kochecke und Bad eingerichtet und von Natur umgeben – hier lässt es sich in besonderer Atmosphäre entspannen. Platz für bis zu 5 Pers., Kochecke, Schwedenofen, Biotoilette. Bogenschießen auf Anfrage. La Terrasse, 43160 Bonneval, ✆ 07-8728 4010, www.yourtesenterrasse.com. **€€**

Croc & Broc, uriges Kultcafé und Trödelladen in einem. Aufgetischt werden zwischen Antiquitäten, Vintage und Plunder Kaffee und Kuchen, Snacks, Wurst- und Käseplatten, warme Tagesgerichte, Tee und mehr. Schöne Terrasse hinter dem Gebäude. Tägl. 9–19 Uhr. 27, rue Saint-Martin, ✆ 04-71001174. **€–€€**

Le Fougaou, kleines Bistro mit gemütlichem Kamin, etwas unterhalb des Zentrums. Über den Geschmack der Einrichtung lässt sich streiten (rustikal-originell), nicht aber über den der Küche. Denn der ist hervorragend: Alles ist frisch und selbstgemacht. Zubereitet werden regionale Klassiker. Besonders zu empfehlen sind die Desserts. Etwas Zeit sollte man einplanen. Nur Fr/Sa abends sowie So geöffnet. 7, rue Baniche, ✆ 04-71000939. **€€**

Das Cantal

Wer das Cantal nicht kennt, kennt die Auvergne nicht, und wer die Auvergne nicht kennt, kennt Frankreich nicht, schrieb einst der Schriftsteller Bernard Pouchèle. Zu Recht, denn nirgendwo sonst lässt sich ein so ursprüngliches, traditionsbehaftetes Frankreich erleben.

144.400 Menschen leben im Cantal. Sie gelten als eigenbrötlerisch und störrisch. Und robust – wie die Präsidenten, die das 5726 km² große Departement hervorgebracht hat.

Das Cantal hat seinen Namen von dem gewaltigen Vulkan, der einst den Großteil des Gebiets bedeckte und der größte Europas war. Seine Überreste bilden ein veritables Gebirge mit schwindelerregenden Pass-Straßen, erhebenden Ausblicken und den markanten Gipfeln des Puy Mary und des Puy Griou. Der höchste Berg aber ist der Plomb du Cantal, der 1858 m hinaufragt. Auf den Hochweiden grasen seit Urzeiten die roten Salers-Rinder und seit ehedem fertigen Bergbauern die lokalen Käsesorten Cantal und Salers. Das Vulkan-Massiv lockt mit traumhaften Wasserfällen sowie schier unendlichen Möglichkeiten für spektakuläre Wanderungen, Panoramafahrten und Skiabfahrten im Winter.

Was anschauen?

Musée d'Art et d'Archéologie: Von der Sonne verwöhnt und von der Vergangenheit mit einer schönen Altstadt bedacht, punktet Aurillac, die historische Hauptstadt des Regenschirms, mit einem sehenswerten Kunst- und einem Vulkanmuseum. → S. 124

Burons de Salers: Salers ist mit seiner schönen Renaissance-Altstadt nicht nur *der* Touristenmagnet des Cantal, sondern auch der Name für eine Rinderrasse, würzigen Käse und Kekse. Wer Salers besucht, sollte unbedingt in einer traditionellen Sennhütte *(buron)* einkehren. → S. 138

Cathédrale Saint-Pierre: Bekannt ist Saint-Flour für seine Kathedrale aus dunklem Gestein – Europas höchstgelegene Kathedrale, die auf 892 m Höhe auf einer mit steinernen Orgelpfeifen umsäumten Lavazunge thront. → S. 145

Château d'Anjony: Vier 40 m hohe Rundtürme charakterisieren eine der schöns-

ten Burgen in einem der idyllischsten Dörfer der Auvergne. Das Château d'Anjony befindet sich seit über 500 Jahren im Besitz derselben Familie und birgt Schätze wie eine schwarze Madonna im Goldgewand. → **S. 141**

Chapelle Monolithe Notre-Dame de Fontages: Die wohl ungewöhnlichste Kapelle in Salers muss man fast schon suchen. Denn sie wurde in einen begrünten Hügel gebaut. Die Felsen sind zugleich die Wände dieser winzigen Kirche. → **S. 139**

Heiße Quellen in Chaudes-Aigues: Im Südosten des Cantal, auf dem Hochplateau von Aubrac, sprudeln im Kurort Chaudes-Aigues warme Quellen – und mit 82 °C sogar die heißeste Europas – aus dem Boden. Ihr Wasser fließt in einer Gasse oberhalb des Marktplatzes und neben dem Museum Geothermia in einen Trog. → **S. 148**

Viaduc de Garabit: Das 122 m hohe Garabit-Viadukt spannt sich eindrucksvoll über die Truyère. Die Konstruktion von Gustave Eiffel war 25 Jahre lang die höchste Brücke der Welt. Einzigartig bleibt sie durch ihren roten Anstrich. → **S. 147**

Was unternehmen?

Den Puy Mary erklimmen: Der Aufstieg zum pyramidenförmigen Puy Mary ist ein Muss. Belohnt wird der steile Treppenaufstieg mit einer grandiosen Aussicht auf die Täler und Nachbarberge. → **S. 109**

Wandern durchs Tal der Santoire: Eine abwechslungsreiche Tour startet im Tal der Santoire, wo man u. a. einen besonders schönen Gebirgskamm, die Brèche de Roland, überquert. → **Wanderung 4, S. 517**

Sport-Spaß in Le Lioran: Die größte Skistation lockt beim Plomb du Cantal. Im Winter kann man den Berg auf Skiern hinunterdüsen, den Rest des Jahres mit dem Mountainbike. → **S. 119**

Wo baden?

Lac de Saint-Étienne-Cantalès: Westlich von Aurillac bietet der weit verzweigte Stausee drei Badestrände. Besonders lauschig ist es am Plage de Puech des Ouilhes mit Zugang zu einer kleinen Insel. → **S. 125**

Lac du Barrage de Grandval: Im Osten des Cantal staut sich in der Nähe des Viadukts von Garabit der Fluss Truyère zu einem Badesee mit Wassersportangebot. → **S. 148**

Was sonst noch?

Espace Avèze – Maison de la Gentiane: Enzian ist nicht nur hübsch anzuschauen, sondern schmeckt auch – als Aperitif (Gentiane). In Riom-ès-Montagnes im Maison de la Gentian erfährt man viel über die Herstellung und kann den Tropfen gleich verkosten. Danach tuckert man am besten noch mit dem nostalgischen Gentiane Express durch das Hochland. → **S. 132**

Clermont-Ferrand
Saint-Yrieix-le-Déjalat
Maussac
Margerides
Parc Naturel Régional de Millevaches en Limousin
Lanobre
Égletons
Liginiac
Champs-sur-Tarentaine-Marchal
Bort-les-Orgues
Lac de Triouzoune
Moustier-Ventadour
Neuvic
Rosiers-d'Égletons
Champagnac
Corrèze
La Dordogne
Ydes
Saignes
La Triouzoune
Riom-ès-Montagnes
Lapleau
Château d'Auzers
Clergoux
Laval-sur-Luzège
Soursac
Château de Miremont
Auzers
Marcillac-la-Croisille
Barrage de l'Aigle
Chalvignac
Trizac
Apchon
La Sumène
Le Vigean
La Roche-Canillac
Auriac
Mauriac
Anglards-de-Salers
Le Mars
Cascade de Salins
Ally
Château de La Vigne
Le Falgoux
Cascade du Biaguin
Saint-Privat
Salers
Récusset
Pas de Peyrol 1588
Pleaux
Saint-Martin-Valmeroux
Puy Violent 1592
Saint-Julien-aux-Bois
Chapelle monolithe Saint-Michel
Puy Mary 1783
Argentat-sur-Dordogne
Puy Chavaroche 1739
La Maronne
Rudez
Xaintrie
Tours de Merle
Saint-Cernin
Tournemire
Mandailles-Saint-Julien
Gorges de la Jordanne
Cantal
Thiézac
Mercœur
La Jordanne
Jussac
La Cère
Vic-sur-Cère
Reilhac
Laroquebrou
St-Simon
Naucelles
Siran
Polminhac
Saint-Paul-des-Landes
Aurillac
Lac de Saint-Étienne-Cantalès
Ytrac
Arpajon-sur-Cère
Sansac-de-Marmiesse
Raulhac
Vézac
Sousceyrac
Le Rouget
Saint-Mamet-la-Salvetat
Roannes-Saint-Mary
Mur-de-Barrez
Châtaigneraie
Latronquière
Lafeuillade-en-Vézie
Marcolès
Rvoir de Montézic
Calvinet
Maurs
Maison de la Châtaigne
Montsalvy
Saint-Amans-des-Cots
St-Constant
Mourjou
Cassaniouze
Bagnac-sur-Célé
Entraygues-sur-Truyère
Brive-la-Gaillarde, Bordeaux
Brive-la-Gaillarde
Figeac
Rodez
Le Lot

Picherande
Clermont-Ferrand
Vernet-la-Varenne
Boudes
Auzat-la-Combelle
St-Germain-Lembron
Puy-de-Dôme
Jumeaux
Égliseneuve-d'Entraigues
Ardes
Sainte-Florine
Brassac-les-Mines
Auzon
Lempdes-sur-Allagnon
D 678
Condat
Cézallier
N 102
La Rhue
Blesle
L'Allier
Marcenat
Brioude
La Petite Rhue
La Santoire
Parc Naturel Régional des Volcans d'Auvergne
D 588
D 679
Massiac
Le Puy-en-Velay
Haute-Loire
Allanche
L'Alagnon
D 3
Cheylade
D 585
Cascade de la Roche et du Sartre
A 75
N 122
Le Claux
Dienne
Lavoûte-Chilhac
Chalinargues
Neussargues-Moissac
Lavigerie
Puy de Peyre Arse 1806
Talizat
Murat
D 679
Le Lioran
Ussel
Puy Griou 1694
Plomb du Cantal 1858
D 926
Roffiac
D 990
Pinols
D 590
L'Ander
Monts du Cantal
Saint-Flour
La Margeride
Les Ternes
Saint-Georges
Ruynes-en-Margeride
Planèze
D 4
Alleuze
D 921
Château d'Alleuze
Viaduc de Garabit
D 90
Lac du Barrage de Grandval
Pierrefort
Neuvéglise
D 809
La Truyère
Barrage de Grandval
D 989
D 40
Le Malzieu-Ville
Chaudes-Aigues
Fournels
Ste-Geneviève-sur-Argence
Le Bès
D 989
La Truyère
Saint-Chély-d'Apcher
Saint-Alban-sur-Limagnole
A 75
Aubrac
D 921
Aumont-Aubrac
Saint-Urcize
D 987
D 806
Laguiole
D 15
Montpellier
Lac de la Selves
Nasbinals
D 900
5 km
Das Cantal

Panoramastraßen schlängeln sich durch das Cantal

Die Berge des Cantal

Wo sich heute Gämsen tummeln und Wanderer die tiefgrünen Berge erkunden, befand sich einst kein Meer von markanten Gipfeln, sondern eine einzige Erhebung: die des größten Vulkans Europas. Die Spitze von ursprünglich 3500 m Höhe ist längst erodiert, dafür füllt das Massiv mit einer Fläche von beachtlichen 2700 km² das Herz des Cantal aus.

Der Vulkan bildete sich vor etwa 13 Mio. Jahren und erlosch vor 3 Mio. Jahren. Der jüngste Teil des Massivs ist der Plomb du Cantal, mit 1858 m der höchste Gipfel. Der markanteste aber ist die Pyramide des Puy Mary (1783 m). Sie wurde von Gletschern geformt, wie auch die großen Trogtäler, die vom Gipfel sternförmig in alle Richtungen ausgehen. Insgesamt 23 Täler durchziehen das Cantal. Weiter von den Gipfeln entfernt haben Lavaströme große Basalt-Plateaus geschaffen, die sogenannten Planèzes. Das größte davon ist die Planèze von Saint-Flour.

Wegen seiner unwirtlichen Bedingungen war das Cantal-Massiv immer eine menschenleere Gegend. Kein Wunder, dass Patrick Süskind seinen Helden aus „Das Parfum“, Jean-Baptiste Grenouille, sieben Jahre in einer Höhle am Plomb du Cantal verbringen ließ – auf der Suche nach dem menschenfernsten Punkt Frankreichs. Außer Grenouille kamen in die Berge lange Zeit hauptsächlich Viehhirten mit ihren Kühen. Seit Urzeiten werden die Rinder im Sommer auf die Hochweiden getrieben. Die Hirten errichteten sich kleine, gedrungene, eng an und in den Hang gebaute Steinhäuschen aus dunklem Basalt und deckten sie mit vulkanischem Phonolitgestein. 1950 gab es noch etwa 1000 von diesen Burons genannten Hütten, in denen der traditionelle Salers-Käse hergestellt wurde. Heute sind die meisten davon verfallen, nur noch zwei Stück sind aktiv (die anderen dienen teilweise als primitive, unbewirtschaftete Übernachtungsmöglichkeit für Wanderer). Kühe gibt es im Sommer aber noch immer jede Menge, v. a. die Rassen Salers und Aubrac.

Ganz unter sich sind die Kühe nicht: Etwa 800 Gämsen, mehr als 430 Mufflons und an die 200 Murmeltiere tummeln sich im Cantal. Um sie zu sehen, braucht man natürlich etwas Glück. Nicht weglaufen kann dagegen die mannigfaltige Gebirgsflora: Den auffälligen Gelben Enzian, aus dem der berühmte Aperitif „Salers" produziert wird, findet man hier überall, genauso wie Arnika, die gelben Alpen-Kuhschellen, und den blauen Frühlingsenzian. Immer wieder trifft man auf berauschende Bergwiesen, die in kräftigem Gelb, Violett und Pink erstrahlen. Wald gibt es dagegen nur wenig, die Landschaft war stets Weideland und ist von weiten, offenen Flächen geprägt. Bei Le Falgoux immerhin gibt es einen großen Tannenwald, während bei Mandailles Buchen dominieren.

Die Gegend lebt weitgehend vom Tourismus. Etwa 500.000 Menschen kommen jeden Sommer zum Wandern, zu Panoramafahrten oder um die Ruhe der einzigartigen Natur zu genießen. Im Winter hat der Großteil des Massivs seine Ruhe. Nicht aber der Plomb du Cantal, zu dessen Füßen in Le Lioran eine große Wintersport-Station entstanden ist. Das Massiv ist natürlich keine Gegend der kurzen Wege und schnellen Besorgungen. Die Bewohner des Nachbartals sind da schnell mal genauso weit weg wie die Hauptstadt Paris – im Winter sogar noch weiter: Dann ist nämlich sechs Monate lang der Pass am Puy Mary gesperrt, der Verknüpfungspunkt der Täler schlechthin. Wer (im Sommer) von Murat am Ostrand nach Salers im Westen will, muss über den Pass am Puy Mary – und braucht für 43 km etwa 50 Min. Trotzdem sollte man sich auf den engen Serpentinen nur ja nicht beeilen, v. a. wenn der Gipfel in dichten Nebel gehüllt ist. Das kommt häufig vor, schließlich sind der Puy Mary und der Plomb du Cantal als erste ernsthafte Hindernisse für die vom Atlantik einströmenden Luftmassen die Orte mit dem meisten Niederschlag in Frankreich (2,5 m/Jahr).

Auvergne | Das Cantal → Karte S. 106/107

Puy Mary

Die symbolträchtige Pyramide des Puy Mary auf 1783 m ist eine der Attraktionen überhaupt im Cantal. Etwa 500.000 Touristen lenken ihr Fahrzeug jede Saison die nicht enden wollenden Serpentinen zum Col du Pas de Peyrol hinauf, dem Pass unterhalb des Gipfels. Ihnen bietet sich ein gewaltiges Tableau an Wandermöglichkeiten und ein gigantisches Panorama mit der tobleroneartigen Felsspitze des Puy Griou (1694 m), dem Stegosaurus-Rücken des Peyre Arse (1806 m) und den gezackten Felswänden der Brèche de Roland.

Dem Puy Mary wurde 2012 das Label „Grand Site de France" verliehen und damit ist er Mitglied in einem exklusiven Netzwerk außergewöhnlicher Natur- und Kulturräume (auch der Puy de Dôme, die Somme-Bucht und das Aquädukt Pont du Gard sind dabei). Dieses Label verlangt eine nachhaltige Bewahrung der Orte für zukünftige Generationen.

Der Gipfelbereich ist neu gestaltet und mit einem modernen Info-Zentrum versehen. Von dort aus können die Besucher über eine breite Treppe den Gipfel erklimmen – vom Pass sind es noch knapp 200 Höhenmeter. Trampelpfade und Erosion sollen so vermieden werden. Das Restaurant „Le Chalet du Puy Mary" am Pass ist mit seiner großen Terrasse dagegen schon seit 1967 da. Seit 2014 fahren kleine Pendelbusse von den großen Tälern ringsum zum Gipfel, um den Individualverkehr zu verringern. Außerdem soll nicht nur der Gipfel als Attraktion dienen: Seit 2014 hat jedes große Tal um den Puy Mary sein eigenes Maison du Site. Die Info-Zentren in Dienne, Mandailles, Le Falgoux und Le Claux bieten jeweils eigene Schwerpunkte.

Selbst im Sommer kann der Puy Mary von Nebel umhüllt sein

Information **Maison de Site du Pas de Peyrol (Puy Mary),** audiovisuelles Info-Zentrum zur Geschichte des Vulkans und des Cantal. Hier starten auch geführte Wanderungen zu den Gämsen und den Murmeltieren (Anmeldung erforderlich). Juli/Aug. tägl. geöffnet, sonst → Website, da das Info-Zentrum wetterbedingt geschlossen sein kann. Le Pas de Peyrol, 15380 Le Falgoux, ✆ 06-08033510, www.puymary.fr.

Parken In der Hochsaison ist von 10–18 Uhr Parken am Pas de Peyrol verboten bzw. nur auf den vorgesehenen Parkplätzen erlaubt. Juni–Sept. fällt zudem eine einmalige Parkgebühr für eine Art Vignette von 4 € an. Mit dieser kann man beliebig oft parken.

Verbindungen In der Hochsaison fahren 7 **Pendelbusse** von den Orten Le Falgoux, Dienne, Le Claux und Mandailles in den umliegenden Tälern u. a. den Pas de Peyrol, Le Lioran und den Col de Serres an. Fahrt 1,50 €, Abfahrtszeiten → www.stabus.fr.

Das Tal des Mars

Das Tal des Flüsschens Mars breitet sich am Westhang des Puy Mary aus. Es ist das ruhigste und verschlafenste der großen Täler und wird geprägt von seinem großen Tannenwald. In den kleinen Dörfern kann man noch viele besonders ursprüngliche Steinhäuser sehen, manche mit beachtlichen Ausmaßen. Hauptort ist das von hohen Bergen umschlossene **Le Falgoux,** wo man mit dem Hotel-Restaurant des Voyageurs *die* Restaurant-Institution des Massivs findet! Das Bergdorf liegt in einem Talkessel, auch Cirque du Falgoux genannt, dessen Pracht sich bei Wanderungen oder auch bei der Fahrt hinab in den Ort entfaltet.

Auf dem Weg zum Puy Mary, direkt in einer Linkskurve der D 12 knapp 5 km von Le Falgoux (direkt nach Le Pont des Eaux), gelangt man rechter Hand nach wenigen Metern zu Fuß zu einem schönen Naturerbe, der Cascade du Biaguin. Wie weiße Fäden zieht sich das Wasser hier die dunkelgrauen Felsen hinunter.

Information Im **Foyer rural** befindet sich das **Maison de Site** (gemeinsam mit dem Rathaus und der Post). Im alten Gemeindehaus schräg gegenüber der Kirche von Le Falgoux informiert es hauptsächlich über das Tal des Mars. Zudem Sonderaustellungen. Mo/Di und Do/Fr 9–12 und 13–16 Uhr, Mi und Sa 9–12 Uhr. Le Bourg, 15380 Le Falgoux, ✆ 04-714 8678, www.puymary.fr.

Verbindungen In der Hochsaison fährt ein **Pendelbus** (Linie 2) zwei Mal am Vormittag und zwei Mal am Nachmittag zum Puy Mary. Abfahrtszeiten → www.stabus.fr.

Wintersport **Foyer Ski Fond,** 5 Loipen und 2 Schneeschuh-Routen auf 32 km. Start bei der Skistation in Le Falgoux an der D 12, 5 km von Le Falgoux in Richtung Puy Mary. Bei Schnee hat das Info-Haus zu den gleichen Öffnungszeiten wie das Rathaus. Skiverleih. Le Pont des Eaux, 15380 Le Falgoux, ✆ 04-71695128.

Übernachten/Essen **Hôtel-Restaurant des Voyageurs,** hier sollte man unbedingt reservieren, denn es gibt keinen Ort im Massiv, an dem Einheimische und Touristen lieber Truffade, Pounti oder Tripoux essen. Auf Wunsch auch vegetarisch und vegan, gluten- oder laktosefrei. Nach außen hin wenig spektakulär, doch immer voll besetzt und mit ausgezeichneter regionaler Küche. Große Terrasse mit Sicht auf den Puy Mary. Saal mit Panoramafenstern (die besten Plätze sind schnell weg!). Dazu gibt es 11 helle, einfache Hotelzimmer mit schöner Aussicht, die meisten davon mit Blick auf den Puy Mary. Tägl. geöffnet. Le Bourg, 15380 Le Falgoux, ✆ 04-71695159, https://hotel-bar-restaurant-des-voyageurs-hotel.business.site. **€€**

La Michie, über Le Falgoux thront das Ferienhäuschen im Nebengebäude eines stattlichen, bürgerlichen Hauses, umgeben von einer grünen Berglandschaft. Ebenso bürgerlich und freundlich ist das Ferienhaus im Landhausstil mit antiken Möbeln, groß und gemütlich, etwa der Salon mit Kamin. Die Anfahrt mit dem Auto ist eine steile Angelegenheit, dafür kann man als Gast von einer herrlichen Aussicht profitieren. Langer, schmaler Garten zum Flanieren und Picknicken. Für 2 Pers. La Michie, 15380 Le Falgoux, ✆ 04-71695436. **€€**

Zauberhafter Mars auf dem Weg zur Cascade du Biaguin

L'Impradine, wer es rustikal mit viel Holz liebt, ist in dem Ferienhaus auf 1100 m Höhe, 4,5 km südöstlich von Le Falgoux, genau richtig. Riesiger Salon mit Kamin. Außen gibt sich das Häuschen traditionell auvergnatisch, innen dagegen zeitgemäß und gemütlich. 13 Einzel- und 3 Doppelbetten in modernen Zimmern, gut für eine größere Gruppe oder mehrere Familien. Le Tahoul, 15380 Le Falgoux, ✆ 04-716 95167, www.limpradine.com. **€€€€**

Ferme-auberge Le Buron du Chaussedier, etwas abgeschieden auf 1300 m Höhe, umgeben von immergrüner Landschaft, lädt Hausherr Alain Mathieu in dem ehemaligen Buron zu einem herzhaften Mahl ein. In rustikalem Flair tischt er nur Lokales auf: Wurstplatte, Fleisch vom Salers-Rind, Truffade oder Bourriol, den für die Auvergne typisch dicken Pfannkuchen. Juli/Aug. Di–So, Mitte bis Ende Juni sowie Anfang bis Mitte Sept. Sa/So geöffnet. An der D 63 gelegen, Col d'Aulac, 15380 Le Vaulmier, ✆ 04-71695305, http://buron.chaussedier.free.fr. **€€**

Das Tal der Jordanne

In **Mandailles,** nicht weit von der Quelle der Jordanne am Puy de Peyre-Arse, endete einst die Welt und eröffnet sich noch heute eine beeindruckende Gebirgsarena. Eingerahmt von Puy de Peyre-Arse, Puy Mary und Puy Chavaroche war das Tal mit seinem großen Buchenwald lange Zeit eine isolierte

Auvergne | Das Cantal → Karte S. 106/107

Sackgasse, in der noch Anfang des 20. Jh. Wölfe lebten. Erst die Passstraße zum Puy Mary verband den Landstrich ab 1937 mit den anderen Tälern. Auf dem Weg zum Pass sieht man in dem Örtchen Rudez am Hang die typischen, eng aneinandergebauten Häuschen, die die Bewohner vor den harten Wintern schützen sollen.

Gorges de la Jordanne: Der wildromantische Pfad durch die Schluchten der Jordanne ist ein absolutes Muss! Auf 2 km Länge begleitet man den rauschenden Fluss durch enge Felswände. Ein echtes Urwaldabenteuer ist das, wenn man auf den über dem Wasser an den Felsen entlanglaufenden Holzgalerien wandelt, auf der großen Hängebrücke hin und her schwankt oder die hohe, japanische Bogenbrücke überquert. Begleitet wird man von Stromschnellen und kleinen Wasserfällen, bevor man am Ende auf den größten stößt. Durch die Hitzesommer kann die Jordanne weniger Wasser führen und dadurch etwas weniger beeindruckend erscheinen.

Kinder können bei einem kleinen Spiel unterwegs raten, vor welchem Baum sie stehen und welches Tier die gezeigten Fußspuren hinterlassen hat. Mit einberechnen sollte man, dass man dieselbe Strecke auch wieder zurücklaufen muss. Weil es in der Schlucht etwas rutschig oder matschig sein kann, empfiehlt sich gutes Schuhwerk. Für Babys und Kleinkinder stehen Tragehilfen zur Verfügung.

▪ Eintritt 5 €, Tickets auch online erhältlich. Juni/Sept. Mo–Fr 14–18 Uhr, Sa/So 10–18 Uhr, Juli/Aug. tägl. 9.30–20 Uhr. Letzter Zutritt 2 Std. vor Schließung! Parkplatz zwischen Lascelles und Saint-Cirgues-de-Jordanne an der D 17, dann Abstieg ins Tal zum Ausgangspunkt. Le Bourg, 15590 Saint-Cirgues-de-Jordanne, ✆ 04-71479395, http://lesgorgesdelajordanne.fr.

Information **Maison de Site,** in dem imposanten Steinhaus in Mandailles erfährt man in dem integrierten Museum viel über Flora und Fauna des Massivs. Organisierte Wanderungen, im Sommer werden auch Zweitagestouren mit Eseln angeboten (rechtzeitige Anmeldung!). Nur in der Hochsaison geöffnet, Öffnungszeiten → Website. Mandailles, 15590 Mandailles-Saint-Julien, ✆ 04-71479442, www.puymary.fr.

Einkaufen **Ferme de Laveissière,** frischer Salers-Käse vom Bauernhof. Mai bis Mitte Okt. Mo–Sa ganztags sowie am So vormittags geöffnet. Laveissière, 15590 Saint-Julien-de-Jordanne, ✆ 06-22293328.

Marché de Pays in Saint-Cirgues-de-Jordanne an jedem Fr im Juli/Aug. auf dem Kirchplatz ab 18 Uhr.

Hochseilgarten/Canyoning **Murmur & Nature,** Hochseilgarten beim Lac des Graves. Auch Klettern, Canyoning und mehr wird angeboten. Jaulhac / Lac des Graves, 15590 Lascelles, ✆ 06-09352167, www.murmurnature.com.

Veranstaltungen **La Transhumance,** 1000 Schafe ziehen Ende Mai/Anfang bis Mitte Juni in 15 Etappen 180 km vom Lot-Tal nach Le Lioran, auch durchs Tal der Jordanne. Wanderer können sie tageweise begleiten und abends mit dem Bus zum Ausgangspunkt zurückfahren. www.transhumance.info.

Wintersport Mehrere gespurte Loipen für Skilanglauf und Schneeschuh-Wanderungen, Infos und Angebot über die Station Pleine Nature in Mandailles-Saint-Julien gemeinsam mit dem Bureau des guides d'Auvergne. Zudem auch Rad-Verleih, Wanderungen, Kutschfahrten und mehr. Im Juli/Aug. tägl. geöffnet, während der franz. Schulferien von Mi-So, sonst auf Anfrage. ✆ 07-64063493, www.bureau-guides-auvergne.fr.

Übernachten/Essen ***** L'Enclos du Puy Mary,** wunderschönes kleines Hotel-Restaurant gegenüber der Kirche von Mandailles. 7 helle, freundliche, schlichte Zimmer zum Wohlfühlen, die nach den Flüssen der Umgebung benannt sind. Wellnessbereich mit Sauna und Whirlpool inkl. Im Restaurant gibt es tägl. wechselnde Menüs mit regionalen Produkten, auch vegetarisch, vegan und glutenfrei. Von Linden beschattete Terrasse. Allerdings muss man mind. 48 Std. vorher reservieren! Tägl. geöffnet. 61, route des Volcans, 15590 Maindailles-Saint-Julien, ✆ 06-76692165, www.enclos-puymary.fr. **€–€€** (Hotel), **€** (Restaurant)

**** Hôtel Les Tilleuls,** ordentliche, individuell eingerichtete Zimmer mit Charme. Swimmingpool, Whirlpool, Sauna. Stilvoller, schöner Speisesaal mit Kamin. Auf der Karte: Entenbrust, Froschschenkel, Tripoux, viel regionale Kost. Mo–Sa sowie So mittags geöffnet. Le Bourg, Saint-Cirgues-de-Jordanne, ✆ 04-71479406, www.hotellestilleuls.com. **€€**

Lac des Graves, großer Komplex mit 24 einfachen, sauberen und freundlichen Hotelzimmern mit Seeblick. Außerdem 5 große Chalets für 6–7 Pers., Bauwagen für bis zu 4 Pers. und Holzlodges auf Stelen beim Wasser. Dazu helles, modernes Restaurant mit Seeterrasse. Auf den Teller kommen frische, regionale Spezialitäten, aber auch Burger mit Fleisch vom Salers-Rind und Truffade statt Pommes. Mo/Di und So abends geschlossen. Lac des Graves / Jaulhac, 15590 Lascelle, ✆ 04-71479406, www.lacdesgraves.com. **€€–€€€**

Les 4 Saisons, 4 gemütliche, mit viel Liebe eingerichtete Gästezimmer, die sich jeweils an einer Jahreszeit orientieren, die „Winter-Zimmer" z. B. sind rustikal mit viel Holz gestaltet. Zum Anwesen gehört auch ein Ferienhaus mit mehreren Schlafzimmern. 5, rue de la Remise, 15590 Mandailles-Saint-Julien, ✆ 04-71479381, www.gite-vertazur.com. **€€**

Das Tal der Petite Rhue

Von Riom-ès-Montagnes kommend, nähert sich der Besucher dem Örtchen **Apchon** durch das weite, offene Tal der Petite Rhue. Schon von Weitem ziehen zwei Basaltkuppen die Blicke magisch auf sich. Noch vor Apchon ragt ein Hügel mit steinernen Orgelpfeifen in die Höhe, den Ort selbst dominiert eine gewaltige Basaltkuppe mit Ruinen einer im 11. Jh. erbauten Burg, in der eine der mächtigsten Familien der Haute-Auvergne lebte. Auch die wenigen verbliebenen Mauern der einst beeindruckenden Festung drohten zuletzt zu zerbröckeln, doch der unlängst verliehene Denkmalstatus sichert inzwischen ihr Fortbestehen. In der Dorfmitte entpuppt sich die gewöhnlich wirkende Pfarrkirche aus dem 16. Jh. als wahres Schatzkästchen. Im Innern hat sie fünf reich verzierte, vergoldete Barockaltäre zu bieten. Besonders sind die detaillierten Skulpturen, Putti und Reliefs – am Hauptaltar etwa Mariä Verkündigung, an einem der vier Altäre

1400 bemalte Holztäfelchen zieren die Decke der Kirche von Cheylade

in den Seitenkapellen die Flucht nach Ägypten. Gegenüber dem Eingang ist eine schwarze Madonna aus Bronze, die Notre-Dame d'Apchon, platziert.

Fährt man das Tal der Petite Rhue, die am Nordosthang des Puy Mary entspringt, weiter hinab, kann man zwischen den Örtchen Cheylade und Le Claux beeindruckende Wasserfälle bewundern – und in Cheylade eine Kirche, in der es lohnt, sich den Hals zu verrenken.

Église Saint-Léger de Cheylade: Einen Euro sollte man opfern, damit die eigentliche Sehenswürdigkeit der romanischen Kirche aus dem 12. Jh. nicht im Dunkeln verborgen bleibt. An der steinernen Gewölbedecke reihen sich knapp 1400 kleine Karrees aus Holz aneinander – allesamt bemalt mit Blumen, Engeln, Herzen, Tieren wie Hund, Friedenstaube, Adler, Esel, Fuchs oder Huhn und Fantasiegeschöpfen wie Medusa oder Drache. Jedes Motiv wiederholt sich einmal, nur die Darstellung eines Schäfers im linken Teil ist ein Unikat. Geöffnet ist die Kirche tägl. 9–19 Uhr.

Wasserfälle von Cheylade: Die Cascade du Sartre ist wohl einer der schönsten Wasserfälle der Auvergne. 32 m stürzt das Wasser der Petite Rhue in die Tiefe. Eng und dunkel ist das Basaltbecken, obwohl doch oben so ein weites, grünes Trogtal liegt. Eine kleine Erlebnisstation mit Fern- und Hörrohren und ein Pfad mit versteckten Figuren laden zu einer Entdeckungstour ein. Den Wasserfall erreicht man, indem man an der D 62 zwischen Le Claux und Cheylade zum Lac des Cascades abbiegt (etwa 200 m nach der Abzweigung.) Folgt man der Straße weiter, passiert man kurz darauf linker Hand den See mit Ausflugslokal, bevor man gleich darauf bei einer kleinen Brücke sein Auto an der Straße abstellen kann, um zum nächsten Wasserfall hinabzusteigen. 16 m fließt das Wasser die schräge Felswand der Cascade de la Roche mit ihren kleinen Stufen hinab.

Information **Maison de Site du Claux,** in dem modernen, originellen Info-Zentrum dreht sich alles um das Tal der Petite Rhue. Wechselnde Sonderausstellungen. Nur während der Hochsaison geöffnet, Öffnungszeiten → Website. Gegenüber der Gleitschirmschule, 15400 Le Claux, ✆ 04-71402856, www.puymary.fr.

Einkaufen Salers- und Cantalkäse gibt es u. a. bei den Kooperativen zu kaufen: **GAEC de Chamalières,** in dem Weiler Chamalières (nördlich von Le Claux), ✆ 04-71789368, sowie bei **GAEC Lapeyre,** 17–19 Uhr, in dem Weiler Lapeyre (südlich von Le Claux), ✆ 04-71789529.

Gleitschirmfliegen **Parapente Puy Mary,** Le Bourg, 15400 Le Claux, ✆ 04-71789521, www.parapente-puy-mary.com.

Mountainbike Zwei Routen sind ausgeschildert, herunterzuladen → www.leclaux-puymary.com.

Veranstaltungen **Fête du Terroir,** am 1. Wochenende im Aug. treten in Le Claux Folkloregruppen auf, der alte Brotofen wird angeworfen und der Samstagabend mit einem ländlichen Mahl beschlossen. Am So wird morgens ein Marché de Pays mit regionalen Produkten abgehalten.

Wintersport **Zone Nordique du Haut Cantal,** 70 km gespurte Loipen, 4 Schneeschuh-Routen um Le Claux und Hundeschlittentouren-Start beim Col de Serre oder in Lascourt. Mit Skiverleih. ✆ 04-71789388, www.leclaux-puymary.com.

Übernachten/Essen **Naturessime Village & Spa,** oberhalb des Tals der Petite Rhue befindet sich dieses moderne Gästehaus mit originellen Appartements und urigen Baumhäusern. Entspannen kann man im Spabereich mit Schwimmbad, Dampfbad, Massage und Panoramasauna, sich austoben wiederum im Fitnessraum. 3, route du Limon, 15400 Cheylade, ✆ 06-24432311, www.naturessime.fr. **€€**

Le Lac des Cascades, schön beim See zwischen den Wasserfällen gelegenes Restaurant. Terrasse unter einer Pergola mit Aussicht auf das Wasser und die Berge. Auswahl verschiedener Regionalteller mit Truffade, zudem Pizzen. April–Nov. tägl. geöffnet. Le Pont de la Roche, 15400 Cheylade, ✆ 04-71789174, www.auberge-lacdescascades.fr. **€€**

Das Tal der Santoire

Hauptort des breiten Santoire-Tals ist das kleine **Dienne,** das sich mit einigen hübschen, teilweise mit vulkanischem Phonolitgestein gedeckten Steinhäusern schmückt. Über dem Dorf erhebt sich eine etwas überdimensionierte romanische Kirche aus dem 12. Jh. Seinen Namen hat Dienne von einem Diana-Tempel, der sich einst auf dem nahe gelegenen Gipfel des Rocher de Laqueuille befand. Heute erstreckt sich dort ein 40 ha großes Naturschutzgebiet mit zwei Hochmooren.

Über das Plateau de Limon kann man von Dienne aus schön nach Cheylade im benachbarten Tal der Petite Rhue wandern. Verlaufen kann man sich dabei nicht, denn alle 20 m markiert ein Steinhaufen den Weg. Die Quirous genannten Markierungen sorgten schon vor Urzeiten dafür, dass diese wichtige Verbindung zwischen den beiden Orten auch im Winter gefunden wurde. Wer die ganze Route abgehen möchte, sollte für eine Rückfahrtmöglichkeit sorgen, die Strecke ist 12,5 km lang. Ein Übersichtsblatt zu dieser und zu einer Wanderung im Tal der Impradine bei Lavigerie gibt es im Maison de Site. Nur zu Fuß zu erreichen ist auch der Col de Cabre zwischen den Tälern der Santoire und der Jordanne. Dort steht das älteste Buron des Cantal. Die Sennhütte entstand bereits 1721.

Einige Unentwegte haben bei Dienne überdies die **Moulin de Drils** wieder instand gesetzt. Die Mühle aus dem 17. Jh. ist zwar winzig, dafür ist man nah dran an den Apparaturen und bekommt den Enthusiasmus der Einheimischen über ihre Handwerksgeschichte mit (Ende Mai bis Sept. jeweils am ersten Mo 14–18 Uhr, sonst auf Anfrage; um telefonische Voranmeldung wird gebeten, ✆ 04-71208341).

Die mit Vulkangestein gedeckten Dächer von Dienne

Auvergne | Das Cantal → Karte S. 106/107

Wanderung 4: Runde unterhalb des Puy Mary und durch das Tal der Santoire → S. 517
Lange, traumhaft schöne Bergtour durch das grüne Herz des Cantal

Information Maison de Site, integriertes Museum, das über das Gestein des Massivs informiert, zudem bekommt man alle Dienstleistungen einer Touristeninformation. Organisierte Wanderungen, z. B. zum Rocher de Laqueuille oder zu den Murmeltieren. Juli/Aug. tägl. geöffnet, sonst → Website. 2, route du Puy Mary, 15300 Dienne, ✆ 04-71202758, www.puymary.fr oder www.hautesterrestourisme.fr.

Einkaufen Ferme de la Chapelle, Cantal- und Salers-Käse vom Bauernhof. La Chapelle, 15300 Lavigerie, ✆ 04-71208270, www.gite-puy-mary.com.

Gleitschirmfliegen Thang-Ka, auch Tandem-Flüge für Anfänger. Drils, 15300 Dienne, ✆ 06-62188260, www.thang-ka-parapente.com.

Übernachten/Essen Alta Terra, ein junges Paar hat das Hotel aus den 1920er-Jahren am Fuße des Puy Mary wiederbelebt und in einen Mix aus Brasserie, Café und Gästehaus verwandelt. Die Brasserie ist im rustikalen Retro-Stil gehalten, kleine regionale Gerichte und Snacks werden serviert. Schön ist die Terrasse auf der gegenüberliegenden Straßenseite über dem Tal der Santoire mit Blick auf den Puy Mary und die Brèche de Roland (Juli/Aug. tägl. ab 16 Uhr). 4 rustikale Zimmer mit viel Holz stehen zur Verfügung. Spa-Bereich mit Sauna, Dampfbad und nordischem Bad – einem übergroßen Holzfass. Zudem gibt es eine stylish-rustikale Holzhütte für 2 Pers. im skandinavischen Stil mit modernem Bad. Minimum 2 Nächte, 3 in der Hochsaison. Le Pradel, 15300 Lavigerie, ✆ 04-71208303, www.altaterra-cantal.com. **€€**

Auberge d'Aijean, auf 1200 m kann man im letzten Örtchen vor dem Puy Mary auf einer Wiesenterrasse mit schönem Panorama speisen – oder im rustikalen Inneren mit großem Kamin und Steinmauern. Jeweils nur ein Tagesmenü mit drei Speisen zur Auswahl, z. B. Filet Mignon, Kabeljau oder karamellisierte Äpfel mit Carré-de-Salers-Keksen. 7 angenehme Zimmer mit Holzbalken und Steinwänden. In dem Wellnessbereich lässt es sich bei Bergblick entspannen. Restaurant tägl. nur abends geöffnet. Reservierung erforderlich. La Gandilhon, 15300 Lavigerie, ✆ 04-71208343, www.auberge-puy-mary.com. **€€**

La Boudio, wo die Straße ins Tal der Santoire endet, steht dieses lang gezogene Gästehaus. Wanderer können sich im Sommer mittags an urigen Tischen im Freien mit Truffade, Omeletts oder Galettes stärken. Wer übernachtet, bekommt das Abendmahl an riesigen Holztischen serviert. Schlafsaal für 8 Pers., 8 wunderschöne Zimmer und 3 Suiten, allesamt fast komplett mit Holz verkleidet und so urgemütlich wie das ganze Haus. Buchbar ist Halbpension mit Mittag- oder Abendessen, und zwar frisch gekochte auvergnatische Klassiker. La Boudio, 15300 Lavigerie, ✆ 04-71208187, www.gite-laboudio.fr. **€**

Monts et Délices, am oberen Ende von Dienne liegen mit toller Aussicht auf den Rocher de Laqueille diese 3 neuen Gästezimmer. Individuell eingerichtet, ein Rocker-Zimmer mit Gitarre an der Wand, aber auch ein klassisch-verschnörkeltes Mozart-Zimmer. Schöner Salon mit Designermöbeln und Antikem. Whirlpool mit Gegenschwimmanlage. 6, route de Nozières, 15300 Dienne, ✆ 06-13707351, www.montsetdelices.com. **€€**

Murat

Der 1850 Einwohner zählende Ort liegt im Tal des Alagnon und wird vom Rocher de Bonnevie mit seinen eindrucksvollen Orgelpfeifen aus Basalt dominiert, auf dem eine weiße Madonnenstatue thront. Bis 1633, dem Jahr ihrer Zerstörung durch Richelieu, erhob sich hier oben die gewaltige Festung der Vizegrafen von Murat. Ein kleiner Wanderweg führt ab der Kirche Saint-Nicolas links herum zu dem Berg hinauf, einfach der Plakette mit der Madonnenstatue bzw. dem Jakobsweg folgen (ca. 20 Min.).

Die Altstadt hingegen ist gut erhalten, dunkelgraue Häuser drängen sich dicht an dicht entlang enger Gässchen. Bei einem Rundgang (mit deutschem Info-Blatt!) kommt man am Konsulhaus aus dem 15. Jh. mit Renaissance-Fenstern vorbei, am ehemaligen Gericht im Louis-quinze-Stil, einem Renaissance-Haus mit Erkertürmchen und allerlei Verzierungen und an der Markthalle vom Ende des 19. Jh., die mit ihrer Eisenkonstruktion der von Limoges ähnelt. Von der ehemaligen Stadtbefestigung ist ein beliebter Zungenbrecher übrig geblieben: „Un mur murat Murat et Murat murmura" („eine Mauer ummauerte Murat und Murat murmelte").

Heute ist Murat das Versorgungszentrum der Umgebung – und bekannt für den Abbau von Kieselgur, ein seltenes, weißes Pulver, das v. a. für die Filteranlagen von Brauereien verwendet wird. Eine schmackhafte Spezialität sind die Cornets de Murat, mit Sahne und Waldfrüchten oder Erdbeeren gefüllte Biskuit-Hörnchen.

Mémorial des Déportés de Murat: Im Untergeschoss des Office de Tourisme wird das grausame Schicksal der 109 Einwohner von Murat geschildert, die am 24. Juni 1944 von deutschen Soldaten festgenommen und deportiert wurden – eine Vergeltungsmaßnahme für einen Angriff französischer Partisanen zwölf Tage zuvor. Die Widerstandskämpfer hatten bei einer Polizei-Aktion der Deutschen das Feuer auf diese eröffnet und u. a. Hugo Geissler, den Sicherheitschef von Vichy, getötet. Die festgenommenen Franzosen wurden überwiegend in das Hamburger KZ Neuengamme verschleppt und zu einem großen Teil für den Bau des U-Boot-Bunkers Valentin bei Bremen eingesetzt. Nur 34 der Deportierten überlebten den Krieg.

Erzählt wird die Geschichte in einem stockdunklen, engen Keller anhand von unheimlichen Wandfresken, die mithilfe von Scheinwerfern in Szene gesetzt werden. Aus Lautsprechern hört man von den furchtbaren Erlebnissen der Verschleppten. Nach jeder Freske tastet man sich im Dunkeln ein paar Meter weiter voran. Eine bedrückende Erfahrung! Im Anschluss informiert ein 20-minütiger Film mit deutschen Untertiteln noch genauer über die Ereignisse.

▪ Eintritt 4 €. Führung nach Anmeldung (Juli/Aug. Di–So, Termine und Anmeldung → Tourist-Info). Place de l'Hôtel de Vil le, ✆ 04-712009 47, www.hautesterrestourisme.fr

Maison de la Faune: In einem mit Türmchen verzierten Stadtpalais aus dem 16. Jh. findet sich auf vier Stockwerken eine beeindruckende Auswahl an präparierten Tieren, von Käfern mit gewaltigen Ausmaßen und Schmetterlingen in schillernden Farben bis hin zu Wildschweinen, Igeln, Hasen, Füchsen und Milanen, die sich in großen Szenerien aus verschiedenen Lebensräumen wie Sumpf, Planèze, Bergwald oder Hochgebirge tummeln. Dank der am

Auch Bambi hat es ins Maison de la Faune in Murat geschafft

Atlantik gelegenen Partnerstadt Olonne-sur-Mer sind aber auch Möwen, Enten und Flamingos vertreten.

■ Eintritt 5 €. Öffnungsz eiten → Website, letzter Einlass 45 Min. vor Schließung. Rue Porte de la Garde, ✆ 04-71200380, www.murat.fr.

Église prieurale de Bredons: Der schönste Blick auf die Stadt bietet sich vom 980 m hohen Rocher de Bredons südlich der Stadt. Von dem ab dem 11. Jh. hier oben entstandenen Benediktiner-Priorat ist noch die wehrhafte romanisch-byzantinische Kirche mit einem bedeutenden Barock-Altar übrig.

■ Nur Juli/Aug. geöffnet, Di–So 14–17 Uhr. Führungen 14, 15 und 16 Uhr, sonst nach Anmeldung beim Rathaus von Albepierre-Bredons, ✆ 04-71200280. Auch mit dem Auto erreichbar. Bredons, 15300 Albepierre-Bredons.

Information **Office de Tourisme,** mit kleiner Ausstellung über die Vulkan-Auvergne, im Keller „Kino-Kabinen“. Die kurzen Filme stellen u. a. Murat, dessen Handwerk und weitere Attraktionen der Umgebung vor. Juli/Aug. tägl. geöffnet, sonst → Website. Place de l'Hôtel de Ville, ✆ 04-71200947, www.hautesterrestourisme.fr.

Verbindungen Der **Bahnhof** von Murat liegt auf der Bahnlinie von Aurillac über Le Lioran nach Arvant. Zudem **Busse** nach Saint-Flour und Riom-ès-Montagnes.

Baden **Hallenbad,** nur Febr.–Nov. geöffnet. 3, rue Olonne sur Mer.

Schmackhafte Cornets de Murat

Einkaufen In den meisten Bäckereien und Konditoreien gibt es Cornets zu kaufen, z. B. bei **Aux Cornets de Murat** am Place de l'Hôtel de Ville unterhalb des Maison de la Faune.

Die Käse der Auvergne sowie andere regionale Spezialitäten kann man z. B. in der Käserei **Caldera** erstehen, 3 Rue Justin Vigier.

Boîte à Biscuits, Bio-Tee und -Kaffee, Süßwaren sowie regionale Feinkost führt der schnuckelige Café-Laden neben der Tourist-Info.

Kino **Cinéma l'Arverne,** 18, avenue Hector Peschaud, ✆ 04-71201033, www.murat.fr.

Krankenhaus **Centre hospitalier,** 4, rue Porte Saint-Esprit, ✆ 04-71203040, www.ch-murat.fr.

Markt Jeden Fr Bauernmarkt in der Markthalle von Murat.

Mountainbike Um Chalinargues, Albepierre-Bredons und Neussargues en Pinatelle gibt es etliche ausgeschilderte Routen, www.hautesterrestourisme.fr.

Reiten **Le Col de la Molède à Cheval,** hier kann man auch Ponys und Esel für Ausflüge leihen, zudem Ausritte und Wanderungen mit Pferden. Route de Murat / D 39, 15300 Albepierre-Bredons, ✆ 06-88894170, www.cheval-cantal-gite.fr.

Veranstaltungen **Fête du Cornet,** meist am 3. So im Sept. wird den schmackhaften, gefüllten Hörnchen mit einem Fest auf dem Rathausplatz gehuldigt. Termin → www.fete-cornets-murat.fr.

Übernachten/Essen **Les Volcans,** 4 sehr hübsche Gästezimmer, benannt nach den Bergen des Cantal, in einem ehemaligen Hotel aus dem 19. Jh. am Rande der Altstadt. Deftig geht es im Restaurant La Table des Volcans im Erdgeschoss zu: Truffade, Pachade (dicke Pfannkuchen), Pounti, Tarte au Cantal etc. – Hauptsache auvergnatisch. Nov.–Jan. geschlossen. 23, rue Faubourg Notre-Dame, ✆ 04-71202595, www.chambresdhotes-lesvolcans-murat.fr. **€€**

La Gaspardine, das alte Bauernhaus aus Granit in dem kleinen Weiler 3 km östlich von Murat ist mit seinem hellblauen Gatter und den hellblauen Fensterläden kaum zu übersehen. Hier haben Joëlle und Denis 4 Gästezimmer liebevoll eingerichtet – zum Teil etwas kitschig mit Blümchenakzenten. Am besten gefiel uns das Chambre Rose mit dem antiken Bauernbett, der anheimelnden Patchworkdecke und der

Steinmauer. Gaspard, 15300 La Chapelle d'Alagnon, ✆ 04-71200191, www.cantal-hote.com. **€**

Auberge les Fontilles, 11 km östlich von Murat findet sich diese Herberge mit 6 Zimmern in einer alten Scheune, in denen Steinwände und Holzbalken auf gediegenes, geschmackvolles Dekor treffen. Angeschlossen ist ein Restaurant mit rustikal-auvergnatischem Saal, in dem man Spezialitäten der Region mit lokalen Produkten, sowie Burger, genießen kann. Le Bourg, 15170 Coltines, ✆ 04-71731976, www.auberge-coltines.com. **€€**

MeinTipp **Le Très Petit Café,** klein, aber oho ist dieses Restaurant mit Café-Charakter. Die Menüs kommen wie riesige Snacks daher, etwa Wraps oder Sandwiches mit Pommes frites und Salat. Gute Auswahl auch für Vegetarier, zudem gibt es immer mindestens ein veganes Gericht auf der Karte. Zum Nachtisch oder auch zum Kaffee locken u. a. hausgemachte Waffeln. Das gemütliche Mini-Restaurant lädt auch einfach nur zum Verweilen bei einem Drink ein. Sa Ruhetag. 1, rue du Faubourg Notre Dame, ✆ 06-88624567. **€–€€**

Crêperie chez Laurette, sehr gemütliche Crêperie mit Steinwänden und Holztäfelung im Renaissance-Haus nahe der Kirche im Herzen der Altstadt. Große Auswahl an Galettes und Crêpes, zudem Truffade und Salate sowie Cornets zum Dessert. Freitags gibt es ein „Marktgericht". Mo sowie So abends geschlossen. 28, rue du Bon Secours, ✆ 04-71200131, www.creperiechezlaurette.fr. **€–€€**

Le Jarrousset, Koch Jérôme Cazanave arbeitete in mehreren Drei-Sterne-Restaurants, bevor er sich 4 km östlich von Murat sein eigenes Reich schuf. Hier kann er seine Leidenschaft für gehobene Kulinarik ausleben. Das Ambiente ist ländlich-nobel, die traditionelle Küche vorzüglich. Juli/Aug. Ruhetag, sonst Mo/Di sowie Mi/So abends geschlossen. Route Nationale 122, 15300 Murat (Richtung Virargues), ✆ 04-71201069, www.restaurant-le-jarrousset.com. **€€€–€€€€**

Buron de Prat de Bouc, auf einem Bergpass auf knapp 1400 m Höhe, 10 km südwestlich von Murat, liegt diese ehemalige Postkutschenstation, die längst in ein sehr beliebtes Berghütten-Restaurant umgewandelt wurde. Im rustikalen, dunklen Inneren oder im Freien werden deftige Spezialitäten der Auvergne wie Truffade oder Pachade (dicke Pfannkuchen) serviert. Im Juli/Aug. täglich mittags und abends geöffnet, sonst nur mittags und Sa abends, im Okt./Nov. geschlossen. Col de Prat de Bouc, 15430 Paulhac, ✆ 04-71733084, www.pratdebouc.fr. **€€**

Le Lioran

Schön sind aus dem Boden gestampfte Wintersportorte meist nicht, auch Le Lioran zu Füßen des Plomb du Cantal macht da keine Ausnahme. Dafür kann man sich in der größten Skistation des Cantal prächtig austoben – übrigens auch im Sommer, wenn man nicht nur auf den höchsten Berg des Cantal wandern, sondern aufs Mountainbike steigen oder im Hochseilgarten balancieren kann.

Nicht immer war so viel geboten. Noch im 17. Jh. bevölkerten nur Bären und Wölfe das Tal. Doch dann wurde die Nationalstraße gebaut, die den Ort gut anbindet. Und nicht nur das: Ab 1839 trieb man den ersten Straßentunnel Frankreichs 1414 m durch den Berg, er war damals der längste Tunnel der Welt. Die Seitenschächte nutzte man nach dem Bau ganz pragmatisch – zur Lagerung von reifendem Käse! Seit 2007 gibt es einen neuen Tunnel, der alte war mit der Zeit einer der gefährlichsten von ganz Frankreich geworden.

Information **Office de Tourisme,** bei der Seilbahn in Super-Lioran. Hier beginnt ein 10,5-km-Rundwanderweg zu einigen Burons. Während der Skisaison tägl. geöffnet, sonst → Website. Super-Lioran, 15300 Le Lioran, ✆ 04-714 95008, www.lelioran.com.

Verbindungen Der **Bahnhof** liegt auf der Linie von Aurillac nach Arvant. Im Winter kann man von hier direkt mit dem Schlepplift weiterfahren. Von Super-Lioran fährt ganzjährig eine **Seilbahn** auf den Plomb du Cantal.

Einkaufen **Maison du Buronnier,** in dem ehemaligen Buron kann man Käse kaufen und probieren und bei einer Führung mehr über die traditionelle Lebens- und Arbeitsweise in einem Buron sowie die Herstellung von Käse erfahren. Führung mit Anmeldung, 4 €. Juli/Aug. tägl. 10–18 Uhr, Mai/Juni und Sept./Okt. tägl. 10–12 und 14–18 Uhr. Route des Belles Aigues, 15300 Laveissière, ✆ 04-71201530, www.laveissiere.fr.

Freizeitpark Aktivpark **Royaume des Grenouilles** in Super-Lioran mit Trampolinen, Hüpfburgen, Acro-Bungy. Juli/Aug. sowie Mitte Dez. bis April tägl. 10–18.30 Uhr.

Hochseilgarten **Lioran Aventure,** Kletterpark mit 12 Parcours und 155 m langer Zip-Line. Ab und an begleitet unter dem Blätterdach ein Pianist auf dem Klavier den Kletterspaß. Juli/Aug. tägl. ab 13.30 Uhr, sonst mit Voranmeldung. Praire des Sagnes, 15300 Laveissière ✆ 06-74974094, www.lioran-aventure.com.

Mountainbike 5 Abfahrten vom Plomb du Cantal (Auffahrt mit der Seilbahn), 11 Abfahrten vom Puy de Masseboeuf (Auffahrt mit dem Sessellift in Font d'Alagnac). Mehrere Verleih-Stationen.

Reiten **Ferme Équestre d'Alagnon,** u. a. Ausflüge mit dem Pferd, bei Schnee auch Skijöring. Font d'Alagnon, ✆ 06-73548641, www.equitation-le-lioran.fr.

Wintersport Mehrere Loipen in Le Lioran und am Col de Prat de Bouc. Außerdem 43 markierte Skipisten, 3 davon sowie der Snowpark mit Sprungschanzen mit Flutlicht. Außerdem gibt es eine Sommerrodelbahn, die auch im Winter in Betrieb ist, eine ganzjährig geöffnete Eislaufhalle, außerdem Ausflüge mit Motorschlitten und Eisklettern, www.lelioran.com.

Übernachten/Essen ***** Hôtel des Chazes,** nettes Berghotel mit 19 zeitgemäßen Zimmern, darunter 8 Familienzimmer. Terrasse mit tollem Panorama. Modern eingerichtetes Restaurant mit regionalen Spezialitäten (auch vegetarisch) und feinere Küche wie karamellisierte Schweinerippchen, Garnelenspieße oder Entenbrust an Honig- Enzian-Limonen-Soße. Mo - mittags geschlossen. Les Chazes Basses, 15800 Saint-Jacques-des-Blats, ✆ 04-71470568, www.hotel-des-chazes.com. **€€**

**** Le Rocher du Cerf,** Hotel-Restaurant bei den Skipisten. Manche Zimmer im Berghüttenstil, andere etwas mondäner. Angegliedert ist das Spa-Center La Balnéotherapie Kaï-Län du Lioran mit Sauna, Hamam und weiteren Anwendungen (www.balneodulioran.com). Im Haus befindet sich das Restaurant La Table de Félix. Nicht Félix, sondern Julien wartet hier mit Klassikern des Cantal auf, z. B. Würstchen mit Truffade. 4, route du Rocher du Cerf, 15300 Laveissière, ✆ 04-71495014, www.lerocherducerf.com. **€€**

meinTipp **Le Bufadou,** 7 gemütliche Zimmer, darunter einige Familienzimmer, im Berghütten-Ambiente in einem großen Holzhaus am Hang bei der Skistation. Das Restaurant ist hell und freundlich mit großen Panoramafenstern. Hier kann man neben Truffade, Salaten, Fleisch vom Salers-Rind auch Burger und vegetarische Speisen genießen – vieles in Bioqualität. In dieser Berghütte gibt es auch einen Co-Working-Space. In der Skisaison von Mitte Dez. bis April tägl. geöffnet, sonst → Website. 12, route du Rocher du Cerf, 15300 Laveissière, ✆ 04-71495576, www.lebufadou.fr. **€€**

meinTipp **La Maison de Jeanne,** 4 gediegene Gästezimmer im geschmackvollen Landhausstil mit verschnörkeltem Dekor, 13 km südwestlich von Le Lioran. Schöne Terrasse. Sauna und Whirlpool gegen Bezahlung. Gemütlicher Gemeinschaftsraum mit Kicker, Billard und Bibliothek. Zu dem traumhaften Anwesen gehören auch 4 zum Teil geräumige Ferienhäuschen, bzw. -wohnungen, die ebenso schön eingerichtet sind. Rue des Balcons, 15800 Thièzac, ✆ 04-71470482, www.maisondejeanne.net. **€€**

Wanderung 5: Auf das Dach des Cantal → S. 519

Durch Blumenwiesen (und über Skipisten) auf den Plomb du Cantal

Die Châtaigneraie

Im Südwesten des Departements enden die Berge des Cantal und gehen in eine von kleinen Tälern und Becken durchfurchte Wiesen- und Waldlandschaft über: die Châtaigneraie cantalienne (dt. Kastanienhain). Vulkangestein ist so gut wie keines zu finden, dafür umso mehr Schiefer und Granit. Die einst dominanten und namensgebenden Kastanienwälder sind zugunsten der Viehzucht – v. a. Schweine und Milchkühe – inzwischen stark dezimiert worden und beschränken sich auf die Anhöhen. Die Kastanie und die daraus gewonnenen Spezialitäten werden trotz des wirtschaftlichen Bedeutungsverlustes jedoch nach wie vor groß gehandelt – der Höhepunkt des Kastanienkultes ist die alljährliche Foire de la Châtaigne Ende Oktober in Mourjou mit rund 25.000 Besuchern. Einen guten Einblick in die Entwicklung des Maronenanbaus gibt das Maison de Châtaigne im selben Ort.

Aus der Vogelperspektive wird der Landstrich gerne zweigeteilt: in die graue Châtaigneraie, wo die Dächer in den Dörfern wie Marcolès mit Schiefersteinplatten gedeckt sind. Und in die rote Châtaigneraie, wo rote Röhrenziegel dominieren. Diese wurden einst im Maurs-Becken gefertigt. Besonders die rote Châtaigneraie mutet optisch und durch ihr sehr mildes Klima schon südfranzösisch an. Die Kleinstadt Maurs-la-Jolie etwa – sehenswert sind die Klosterkirche aus dem 14. Jh., die historische Altstadt und der Donnerstagsmarkt – wird auch „kleines Nizza im Cantal" genannt; bis Ende des 19. Jh. wurde dort noch Wein kultiviert. In der Châtaigneraie befindet man sich jedoch immer noch nicht in Südfrankreich, die Grenze dazu zieht der Fluss Lot. Malerische Dörfer und Weiler liegen in dieser kleinen Region verstreut.

Auch der Norden der Châtaigneraie hat seine Reize. Er gehört noch zur Xaintrie, deren Großteil im benachbarten Limousin liegt. Einen Ausflug ist La Roquebrou wert, ein idyllisches Mittelalterdorf am Ufer der Cère. Auf einem Felsvorsprung thront eine einfache Festung, neben Häusern aus Granit reihen sich solche mit Fachwerk. Nur wenige Kilometer weiter bietet sich mit dem verzweigten Stausee Saint-Étienne-Cantalès ein Bade- und Ruheparadies mit den üblichen Freizeitmöglichkeiten und einigen Campingplätzen.

Aurillac, Hauptstadt des Cantal und nördlich der Châtaigneraie gelegen, wird gerne zu dem Landstrich gezählt, liegt jedoch davon abgetrennt in einem Sedimentbecken.

Auvergne | Das Cantal → Karte S. 106/107

Aurillac

→ Karte S. 127

Die Hauptstadt des Cantal ist ganz anders als der beschauliche, von der Natur dominierte und traditionsbehaftete Rest des Departements: eine äußerst geschäftige, moderne Stadt, gespickt mit Cafés, Bars und kleinen Läden. Und mit einer Altstadt, die reichlich Sehenswertes zu bieten hat.

Eigentlich hat Aurillac ein Imageproblem: Auf den nationalen Wetterkarten ist die 25.600 Einwohner zählende Stadt meist die kälteste unter den Departement-Hauptstädten, noch dazu ist sie seit Mitte des 19. Jh. das Zentrum der französischen Regenschirm-Produktion. Kälter ist es hier v. a., weil Aurillac auf über 600 m deutlich höher als die übrigen französischen Departement-Hauptstädte liegt. Dafür scheint die Sonne viel öfter, häufiger sogar als beispielsweise im südlicher gelegenen Toulouse oder Biarritz. Das Leben lässt sich also durchaus genießen in dieser kleinen Metropole des Cantal: Man kann ausgehen, kulturelle Angebote und die Sonne genießen sowie angesagte Mode finden.

Geschichte

Die Geschichte Aurillacs beginnt schon zu gallorömischer Zeit mit einer ersten Ansiedlung. An Bedeutung gewann der Ort jedoch erst gegen Ende des 9. Jh., als der Adelige Géraud ein Benediktinerkloster gründete, das sich rasch zu einem der bedeutendsten im Zentralmassiv entwickelte. Mitte des 10. Jh. trat ein junger Schafhirte namens Gerbert in das Kloster ein, der sich später in Astronomie, Mathematik und anderen Wissenschaften bestens ausgekannt haben soll. Er wurde zum Lehrer und Berater des deutschen Kaisers Otto III. und unter dem Namen Silvester II. um die Jahrtausendwende zum ersten französischen Papst gewählt.

Ab Ende des 12. Jh. entstand mit den Konsuln eine weltliche Macht in der Stadt. Eine verhängnisvolle Auseinandersetzung mit diesen ließ Mitte des 13. Jh. den Einfluss der Mönche schwinden. Starke Zerstörungen erlitt die Stadt während der Religionskriege im 16. Jh. Ab dem 17. Jh. erlebte Aurillac dank Spitzenherstellung, Käse, Viehmärkten und Messingwaren einen Aufschwung, doch die Industrialisierung erreichte die abgelegene Stadt lange Zeit nicht. Erst mit der Eröffnung der Bahnlinie 1866 fand sie langsam den Weg in die Moderne und entwickelte sich zur einzigen wirklich bedeutenden Stadt des Cantal. Neben der Fleisch und Milch verarbeitenden Industrie spielt die Herstellung von Regenschirmen heute eine große Rolle.

Sehenswertes

Einen Stadtrundgang beginnt man am besten bei der Kirche Notre-Dame-aux-

Das Markenzeichen der Stadt ziert die Fußgängerzone

Neiges in der Nähe des zentralen Place du Square, einer im 13. Jh. für den Orden der Cordeliers erbauten romanisch-gotischen Hallenkirche mit dunklem Chorgestühl. In der Sakristei findet man neben den lebensgroßen Puppen eines Jakobspilgers und eines Cordeliers-Bruders auch eine schwarze Madonna aus dem 17. Jh. Nebenan tobt das Leben auf dem von Cafés und Hotels umsäumten Place du Square, in deren Mitte sich ein hübscher kleiner Park mit bunten Blumenbeeten, Springbrunnen und Teich befindet. Über die Avenue Gambetta gelangt man zum Cours Monthyon mit seinem großen Park- bzw. Marktplatz an der Jordanne. Am Ende der Straße trifft man auf ein Denkmal von Gerbert, dem ersten französischen Papst (→ „Geschichte"). Hier lohnt es sich, kurz auf die andere Flussseite überzuwechseln und die sich im Wasser spiegelnden Häuser mit ihren Balkonen anzusehen – eine der bekanntesten Stadtansichten.

Zurück auf der anderen Flussseite gelangt man zum etwas versteckten Marché aux Fromages, einer alten Markthalle für Käse von 1890, in der auf der einen Seite ein Buron mit alten Gerätschaften aus der Käseproduktion nachgestellt ist, auf der anderen Seite in den „Fromageries Morin Père et Fils" aber auch noch Käse verkauft wird. Nur eine Ecke weiter befindet sich bei der Kirche Saint-Géraud die Keimzelle der Stadt. Viel ist allerdings nicht mehr übrig vom alten Kloster, das ab Ende des 9. Jh. entstand. Die Kirche wurde im Jahr 1569 von den Protestanten zerstört und im 17. Jh. im gotischen Stil wiederaufgebaut, nur einige Bögen aus dem 11. Jh. blieben erhalten. Der mächtige Turm erhielt erst 1898 seine heutige Gestalt. Im hohen, nüchternen Kirchenschiff findet man einige schöne romanische Kapitelle, eine gewaltige Orgel des Elsässers Joseph Rabiny von 1779, Holztäfelungen in der Kapelle Notre-Dame du Cœur und eine Statue des Stadt- und Klostergründers Géraud, der eine Kirche in der Hand hält. Auf dem Place Saint-Géraud steht rechts die ehemalige Getreidehalle, die später als Gewerkschaftshaus fungierte und heute ein Gymnasium beherbergt. Gegenüber der Kirche befand sich das alte Pilgerhospiz, von dem noch drei originale Bögen an dem heute dort stehenden Gebäude zu erkennen sind, und ein Brunnenbecken aus Serpentingestein, beides aus dem 12. Jh. Links sind noch einige mittelalterliche Häuser zu sehen. Von hier bietet sich ein Abstecher zur Burg Saint-Étienne an, in der die Eltern des Stadtgründers und Klosterabtes Géraud lebten. Original ist nur noch der Wehrturm, der Rest brannte im 19. Jh. ab und wurde im Stil des Papstpalastes von Avignon wiederaufgebaut. Heute ist hier ein Vulkan-Museum untergebracht.

Wir begeben uns zurück in die Altstadt, wo auch die Rue du Collège mit beeindruckenden Gebäuden aufwarten kann, etwa mit gewaltigen Eingangsportalen und Fachwerkhäusern mit Auskragungen in den oberen Etagen. Sie verblassen jedoch gegenüber dem 1580 erbauten gotischen Konsulhaus am Beginn der Rue de la Coste mit seinen zwei Türmchen und dem beeindruckenden Eingangsportal, das von einem Wappen mit Jakobsmuscheln geschmückt wird. Auf der anderen Seite befindet sich unter der großen Kuppel das Theater in einer ehemaligen Klosterkirche. Am Ende der Rue de la Coste, vorbei an der hübschen Rue Noailles, gelangt man zur Votivkapelle Notre-Dame d'Aurinques, die 1616 zum Dank für die Befreiung von den Hugenotten erbaut wurde. Im Inneren ist eine Trompete ausgestellt, sie wurde auf dem damaligen Schlachtfeld gefunden. In diesem Viertel in der nördlichen Altstadt lebte früher das Bürgertum von Aurillac. In der parallel zur Rue Noailles verlaufenden Rue Vermenouze lohnt sich ein Blick auf die Eingangstüren, etwa bei den Hausnummern 20, 21

Auvergne | Das Cantal → Karte S. 106/107

und 41. Über die Straße gelangt man zum gewaltigen, im Empirestil erbauten apricotfarbenen Rathaus. Dort schließt sich das Einkaufsviertel mit seiner Fußgängerzone an. Die meisten und beliebtesten Geschäfte befinden sich in der Rue des Forgerons, der Rue Victor Hugo und der Rue des Frères.

Musée d'Art et d'Archéologie: In einem Visitantinnen-Kloster aus dem 17. Jh. präsentiert die Stadt ihre archäologischen, modischen und künstlerischen Schätze. Im Erdgeschoss darf sich der Besucher am Anblick der berühmten Regen- und Sonnenschirme von Aurillac erfreuen. Der erste Stock ist der Archäologie gewidmet: Die Geschichte der Region wird geschildert, Fundstücke von der Frühzeit bis ins Mittelalter sind ausgestellt – Knochen, Werkzeug, Schmuck, Vasen, Skulpturen, Münzen, Sarkophage. Rund um die bildenden Künste dreht sich die Ausstellung im 2. Obergeschoss. Hauptsächlich Gemälde – von lokalen Künstlern wie Eloy Chapsal, der gemeinsam mit Aurillacs Bürgermeister das Museum 1853 gründete, sowie von anderen französischen und italienischen Malern –, aber auch Skulpturen aus der Zeit ab dem 17. Jh. gibt es zu sehen. Bevor das Kloster zum Museum und Kulturzentrum umgewandelt wurde, fungierte es zunächst als Kaserne, später dann als nationales Gestüt. Die alten Stallungen mit Sonderausstellungen sind nachmittags zugänglich.

Kriegerdenkmal am Place du Square

▪ Eintritt 5 €, gültig auch für das Muséum des Volcans. Öffnungszeiten → Website; Stallungen: Eintritt frei, Di–Sa 14–18 Uhr, nur während Ausstellungen geöffnet. 37, rue des Carmes, ✆ 04-71454610, musees.aurillac.fr.

Muséum des Volcans: In den Räumen eines ehemaligen Internats beim Château Saint-Étienne oberhalb des Stadtzentrums informiert das Vulkan-Museum anhand von Landschaftsmodellen sowie nachgestellten Biotopen mit ausgestopften Tieren über Geschichte, Geologie, Fauna und Flora des Cantal. Beeindruckend ist etwa die Sammlung der Fossilien wie auch der Schädel eines Nashorns. Die Ausstellung geht über die Vulkane der Auvergne hinaus und stellt anhand animierter Modelle verschiedene Vulkantypen weltweit, deren Eigenschaften und Funktionsweise vor. Von der Burg Saint-Étienne nebenan ist nur noch der mächtige Donjon original, der Rest wurde im 19. Jh. rekonstruiert. Von der Terrasse kann man eine zauberhafte Aussicht auf Aurillac genießen.

▪ Eintritt 5 €, gilt auch für das Kunst- und Archäologiemuseum, Öffnungszeiten → Website. Place Château Saint-Étienne, ✆ 04-71480700, https://musees.aurillac.fr.

Église de Saint-Simon: Auf zwölf großen, modernen, fast schon kitschigen Fresken, die der ungarische Künstler Gabor Szinte im Jahr 2005 gemalt hat, kann man in der Kirche von Saint-Simon, 6 km nordöstlich von Aurillac, die wichtigsten Lebensstationen des Mönchs Gerbert, dem späteren ersten französischen Papst, nachempfinden.

▪ Eintritt frei. Tägl. 9–18.30 Uhr.

Ausflug nach Laroquebrou: Das Mittelalterstädtchen, rund 20 km nordwestlich von Aurillac, war einst eine Hochburg des Handwerks. Gerber, Schuster und Weber hatten sich am Ostufer der Cère klar aufgeteilt: Erstere in der unteren Ortshälfte näher am Fluss, die anderen beiden im oberen Teil. Noch höher thronte der Adel auf 500 m Höhe im Schloss und seit Ende des 19 h. der Klerus in Form einer überdimensionierten Madonnenstatue. Links an der Tourist-Info vorbei führen eine Gasse und Treppen bergan zu den gut erhaltenen Ruinen. Das Gelände ist frei zugänglich, das Schloss selbst öffnet nur im Rahmen von Sonderausstellungen. Gegenüber steht auf einem Quarzfelsen eine Kopie der Notre Dame de Fourvière von Lyon. Von hier eröffnet sich ein toller Blick auf die Altstadt mit der wehrhaften Kirche Saint-Martin, die zwei schöne Holzaltäre enthält. Vom Kirchplatz gehen zwei sehenswerte Straßen ab: die Rue Nègrerieu, wo die meisten Handwerker angesiedelt waren, und die Rue Damont, wo in den Fachwerkhäusern das gehobene Bürgertum residierte.

▪ Point Accueil Laroquebrou, Außenstelle des Office de Tourisme de la Chataîgneraie, Juli/Aug. tägl. außer Sonntagnachmittag 9.30–12.30 und 14–18.30 Uhr, sonst Di/Mi, Fr/Sa 9–12 und 14–17 Uhr. 15, rue de la Tremolière, ✆ 04-714 69482, www.chataigneraie-cantal.com.

Auvergne | Das Cantal → Karte S. 106/107

Basis-Infos

→ Karte S. 127

Information **Office de Tourisme,** Juli/Aug. tägl. geöffnet, sonst → Website. 7, rue des Carmes, 15000 Aurillac, ✆ 04-71484658, www.iaurillac.com.

Verbindungen **Trans'cab-Busnetz** in Stadt und Umgebung (www.stabus.fr). **Zugverbindungen** Richtung Brive, Toulouse und Clermont-Ferrand. **Busse** nach Mauriac, Murat, Saint-Flour und Maurs. Vom kleinen **Flughafen** am südwestlichen Stadtrand starten tägl. Flüge nach Paris-Orly.

Baden **Centre aquatique CABA,** großes Spaßbad mit Rutschen, Whirlpool, Sauna, Dampfbad, Aquafitness, Schwimmer- und Außenbecken, großer Kinderbereich. Rue du Docteur Patrick Béraud, ✆ 04-71482680, http://centreaquatique.caba.fr.

Lac de Saint-Étienne-Cantalès, der große, verzweigte Stausee mit seinen 3 überwachten Sandstränden befindet sich 20 km westlich von Aurillac. Am Plage de Puech des Ouilhes südlich von Lacapelle-Viescamp gibt es einen 1,6 km langen Weg auf Holzplanken, der auf eine Miniinsel führt und nachts mit einem stimmungsvollen Licht- und Soundkonzept aufwartet. Überwachte Becken mit Holzumrandung im See integriert, Tret- und Segelboote, Beachvolleyball und Strandbistro. Drei-Sterne-Campingplatz um die daneben gelegene Halbinsel. Im Juli/Aug. Badeaufsicht von 14–18.45 Uhr.

Einkaufen **Parapluies Piganiol 8,** in einem winzigen Geschäft gibt es Regenschirme mit allen erdenklichen Mustern, Verzierungen und in allen Preisklassen. Das Traditionsunternehmen produziert seit 1884. Di–Fr 10–12 und 14–19 Uhr, Sa 9.30–12.30 und 14–19 Uhr. 28, rue des Forgerons, ✆ 04-71430551, www.piganiol.fr.

Crémerie Leroux 10, regionale Produkte wie Saucissons, Käse, Confit oder Likör. Di–Sa 9–12 und 14.30–19 Uhr. 15, rue Émile-Duclaux, ✆ 04-71482889.

Fromageries Morin Père et Fils 2, der Käse-Veredler hat dem alten Käsemarkt 1985 neues Leben eingehaucht und verkauft u. a. dort seine Spezialitäten. Di–Sa 8.30–12.30 und 14.30–19 Uhr. 7, rue du Buis, ✆ 04-71486310. Zudem Verkaufsstellen im Einkaufszentrum Marimiers sowie in Avenue Garric Nr. 13, www.morin-fromager.fr.

Distillerie Louis Couderc, 1908 gründete Louis Couderc seine Destillerie an dem Ort, an dem sich heute der Laden befindet. Spezialitäten sind der Enzian-Aperitif, der Crème de Châtaigne und der Verbenen-Digestif. Di–Sa 9.30–12.30 und 14.30–19 Uhr. 14, rue Victor Hugo, ✆ 04-71636791, www.distillerie-couderc.com.

Thé ou Café 12, von zwei Frauen geführte Kaffeerösterei am Rand der Altstadt. Die Röstmaschine steht direkt hinter dem Schaufenster, sodass man ihnen bei der Arbeit zuschauen kann. Die verschiedenen Kaffeesorten kann man natürlich auch probieren. Di–Sa 9–12.30 und 13.30–19 Uhr. 28, rue des Frères, ✆ 04-714 31400, www.boutique-theoucafe.fr.

Golf **Club de Vézac,** 18-Loch-Platz im Tal der Cère, 12 km südöstlich von Aurillac. 1, place du 19 mars 1962, 15130 Vezac, ✆ 04-716244 11, www.golfvezac.com.

Golf de Haute-Auvergne, 18-Loch-Platz, 11 km südwestlich von Aurillac. 2, route du Golf, 15130 Sansac-de-Marmiesse, ✆ 04-714 77375, www.golfdehauteauvergne.com.

Kino **Cinéma Le Christal,** großer, futuristisch anmutender Kinokomplex mit 7 Sälen. 1, place de la Paix, ✆ 04-7164020203, www.cine aurillac.fr.

Krankenhaus **Centre hospitalier Henri Mondor d'Aurillac,** 50, avenue de la République, ✆ 04-71465656, www.ch-aurillac.fr.

Markt Mi und Sa **Bauernmarkt** auf dem Rathausplatz. Moderne **Markthalle** **1** schräg gegenüber vom Rathaus (Mi–Sa 6.30–12.30 Uhr außer Mi in der Ferienzeit) in der Rue de la Coste.

Theater **Théâtre d'Aurillac,** gegenüber dem Konsulhaus im Gebäude einer ehemaligen Klosterkirche. Theater, Tanz, Literatur und Musik in einem großen Saal mit schönen Steinmauern. 4, rue de la Coste, ✆ 04-71454604, https://theatre.aurillac.fr.

Veranstaltungen **Les Européennes du Goût,** großes Feinschmecker-Festival am 1. Juliwochenende. Kochshows und -wettbewerbe, Delikatessenmarkt und Animation.

Festival International de Théâtre de Rue (Festival d'Aurillac), das Straßentheater-Festival bringt in der 2. Augusthälfte kunterbuntes Leben in die Gassen von Aurillac. Mit Hunderten von Schauspieltruppen und insgesamt 130.000 Zuschauern. www.aurillac.net.

Festi' Jump, ein Musikfestival in der 3. Juliwoche, mit Swing, Boogie Woogie, Blues und Rock'n'Roll. Konzerte und Tanzvorführungen. www.aurillac.fr.

Übernachten / Essen & Trinken

→ Karte S. 127

***** Hôtel Saint-Pierre** **15**, stilvolles Hotel mit Brasserie an der Jordanne und mit größtenteils sehr modernen, freundlichen Zimmern. Vorsicht: Auch einige einfache gibt es noch, zu geringeren Preisen. Wellnessbereich mit Pool, Sauna und Pflegeanwendungen. Die angeschlossene Brasserie d'Aurillac beeindruckt mit verschnörkelten und skulptierten Nussbaum-Holztäfelungen von 1898. Abwechslungsreiche, regionale Küche. So abends geschlossen. Hotel: 16, cours Monthyon, ✆ 04-71480024, www.hotelsaintpierreaurillac.com, Brasserie: 18, cours Monthyon, ✆ 04-71483760, www.brasserie-aurillac.fr. **€€–€€€**

***** Hôtel La Thomasse** **11**, etwas außerhalb des Zentrums steht dieses von Efeu umrankte Hotel-Restaurant mit 21 erstklassig und individuell designten Zimmern und Pool im Garten. Das Gebäude war früher einmal ein Gehöft, später war darin eine Holzschuhfabrik untergebracht. Der Speisesaal ist traditionell mit Holzbalken ausgestattet, auf der Terrasse zum Garten geht es moderner zu. Deutlicher Preisunterschied zwischen Haupt- und Nebensaison. 28, rue du Docteur Louis Mallet, ✆ 04-71482647, www.hotel-la-thomasse.com. **€€€–€€€€**

***** Grand Hôtel de Bordeaux** **13**, neben dem Justizpalast liegt dieses strahlend weiße Hotel aus dem Jahr 1812, das zur Best-Western-Gruppe gehört, mit großer Balustradenterrasse. Edler Salon mit Flügel und einer gediegenen Bar. Komfortable, gepflegte Zimmer, die teilweise modern, teilweise mit antiken Akzenten gestaltet sind. 2, avenue de la République, ✆ 04-71480184, www.hotel-de-bordeaux.fr. **€€–€€€**

***** Hôtel des Carmes** **18**, 23 Zimmer zum Verlieben. Zugegeben, sie könnten etwas größer sein, aber umso stylisher kommen sie daher – größtenteils in Schwarz-Weiß gehalten, mit Schachbrett- und anderen Mustern. Zudem kleiner Pool. Angegliedert ist eine Brasserie im Stil britischer Pubs. Hier trifft lokale auf internationale Küche: Entrecôte Limousine, Entenrillette mit Aprikosenchutney, Burger mit Salers-Rind oder Lachs, Fish and Chips, Krabbenbagel mit Avocado oder Thunfisch-Tataki, zudem Sonntagsbrunch. Tägl. göffnet. 20, rue des Carmes, ✆ 04-71480169, www.hoteldescarmes.fr. **€€€–€€€€**

Les Quatres Saisons **4**, die nobelste (und auch teuerste) kulinarische Adresse der Stadt. Vom Äußeren sollte man sich nicht täuschen lassen, denn das Restaurant wirkt von außen unscheinbar und ist innen recht bieder. Highlights erlebt man dafür auf dem Teller: Languste mit Mandeln und Fenchel, Lammbraten mit Artischocken und Eisenkrautwürze oder klassisch: Braten vom Salers-Rind an Haselnussöl

und Truffade. Das Mittagsmenü unter der Woche ist deutlich günstiger als die weiteren Menüs. So abends und Mo geschlossen. 10, rue Jean Baptiste Champeil, ✆ 04-71648538, www.quatresaisons.onlc.fr. **€€€–€€€€**

Le Cromesquis 6, auch wenn es so scheint: Luc hat noch keinen Stern für seine Kochkunst, dafür hat er in mehreren Sternerestaurants in der Schweiz sein Können perfektioniert. Französische Spezialitäten interpretiert er in dieser ehemaligen Schmiede modern und mit Pep zu moderaten Preisen. So/Mo geschlossen, Fr/Sa auch abends Küche. 1, rue du Salut, ✆ 04-716 23480, www.restaurant-cromesquis.fr. **€€–€€€**

Les 2 Pieds sous la Table 9, ohne Reservierung bekommt man vor allem zur Mittagszeit seine Füße kaum unter den Tisch, so beliebt ist dieses Restaurant mit einem Möbelmix aus den 1940er- bis 1970er-Jahren. Vielleicht liegt es am Humor, mit dem Küchenchef Vincent seine Karte spickt, oder einfach an seinen traditionellen, aber international zubereiteten

Gerichten: Gazpacho, Butternusskürbis-Suppe, Curry-Lamm, Rumpsteak vom Salers-Rind, Burger. So geschlossen, Fr/Sa auch abends Küche. 10, rue du Salut, ✆ 09-81040243. **€€**

L'Arsène sur Cour 3, drei Säle mit Charakter, einer z. B. sehr roh mit roten Backsteinen und Holzmobiliar, moderner Kunst und Metallstühlen. Neben regionaler Küche Spezialitäten aus den Savoyen wie der Kartoffelauflauf Tartiflette, Fondue oder auf heißem Stein gebrutzeltes Fleisch. Große Terrasse nach hinten. Mittags gibt es Menüs, abends nur à la carte. So/Mo geschlossen. 18, rue Arsène Vermenouze, ✆ 04-71484897, www.aurillac-restaurant.com. **€€–€€€**

mein Tipp **La Table des Matières 5**, leichte, kreative Feinschmeckerküche mit viel frischem Biogemüse – eine der Top-Adressen Aurillacs. Angegliedert ist ein Feinkostladen. So/Mo geschlossen, Di sowie Fr/Sa auch abends Küche. Reservierung empfohlen. 5, rue de l'Hôtel de Ville, ✆ 04-71482550. **€€–€€€**

Le Champ des Vignes 16, eines der beliebtesten Restaurants der Stadt, gemütlich mit modernen Polstermöbeln. Große Weinauswahl, saisonale, regionale Speisen mit Pfiff, z. B. deftige Käsekuchen, Geflügel mit Pfifferlingcreme oder Lammkeule. So/Mo Ruhetag. 11-13, rue Baldeyrou, ✆ 04-71480781. €€

Blick auf Laroquebrou

Séréni Thé 7, kleines Restaurant mit Café-Charakter, das frisch und bio kocht. Die Auswahl ist klein, aber sehr fein: Zubereitet wird meist eine Gemüsequiche mit und ohne Speck, aber auch saisonale Suppen, z. B. Kürbis-Kastanien-Suppe. Man kann im schönen Ambiente im hinteren Loungebereich auch einfach nur einen Tee oder Kaffee oder Säfte bei Gebäck genießen. So/Mo geschlossen. 3, place Claude Erignac, ✆ 04-71627646. **€–€€**

mein Tipp **Le Mozart**, was für eine kulinarische Überraschung in diesem Steinhäuschen mit elegantem Interieur 6 km nordöstlich von Aurillac. Innovativ und kreativ ist diese regionale Küche, etwa Foie gras mit Mirabellen und Walnuss, Schweinscarpaccio an Linsen und Senfsoße oder Fischfilet mit kandiertem Fenchel. Sa/So geschlossen. Roque, 15130 Giou-de-Mamou / Arpajon-sur-Cère, ✆ 04-714 95976, www.restaurant-le-mozart-giou-de-mamou.fr. **€€€**

Le Kiosque 14, gediegenes Café mit Flair in einem alten Pavillon am Parkrand. Gebäck, Häppchen und andere Snacks, Tagesgericht und regelmäßig Austern. Mo Ruhetag. place du Square. **€–€€**

Le Séquoia 17, winzige und alteingesessene Bar in Aurillac. Beliebter Ort der Einheimischen zum Plaudern, um den Tag mit einem Espresso zu starten oder bei einem Feierabendbier ausklingen zu lassen. Hier herrscht immer Trubel und gute Laune – auch dank des sehr freundlichen Betreibers. 11, place du Square, ✆ 04-71480749. **€**

Camping Um den **Lac de Saint-Étienne-Cantalès** (ca. 30 km westlich von Aurillac) befinden sich gleich mehrere Campingplätze.

****** Camping Club La Pommeraie**, auch in Aurillac gibt es einen Campingplatz, doch viel schöner gelegen ist dieser Platz bei Vic-sur-Cére, 22 km nordöstlich von Aurillac. Fantastische Aussicht auf die Berge des Cantal. Ansprechend gestaltete Badelandschaft mit überdachtem Pool, Schwimmbecken im Freien und Wasserrutschen. Tennisplatz, Spielplatz, Hüpfburg, Trampolin, Animation. Bar und Restaurant. Große Stellplätze sowie Mobil-Homes. La Pommeraie, 15800 Vic-sur-Cère, ✆ 04-71475418, www.camping-la-pommeraie.com.

Idyllisches Örtchen zum Flanieren

Auvergne | Das Cantal → Karte S. 106/107

Marcolès

Im südwestlichsten Zipfel des Cantal lädt das schmucke 600-Einwohner-Dörfchen Marcolès zum Bummeln und Flanieren durch seine malerischen, kopfsteingepflasterten Sträßchen ein. Früher wehte hier ein geistlicher Wind, denn der mittelalterliche Ort entstand im 13. Jh. um ein Priorat der Abtei Aurillac. Heute dürfen sich die Bewohner über einen künstlerischen Touch freuen: Galerien, Ateliers und kleine Läden haben sich in den hübschen, zum Teil von wildem Wein umrankten Granithäusern entlang der Rue Longue eingerichtet. Doch Vorsicht: Marcolès blüht vor allem im Sommer auf. Außerhalb der Saison können die Gassen recht unbelebt sein.

Die hübsche Straße beginnt, bzw. endet mit dem Portail haut und dem Portail bas. Das obere Tor durften früher nur Beamte und Handwerker passieren, inzwischen darf es jeder auf dem Weg zum schönen Place de la Fontaine durchschreiten.

Église Saint-Martin: Außen imposant gotisch mit gedrungenem, quadratischem Turm, innen recht verspielt – die Kirche mit dem nach der Französischen Revolution wiederaufgebauten Glockenturm entstand im 15. Jh. und gehörte zur Abtei Saint-Géraud d'Aurillac. In ihrem Inneren fallen gleich beim Eingang vier Skulpturen auf: rechts die heilige Anna und Maria mit dem Jesuskind, links der heilige Jakob und eine Darstellung von Mariä Verkündigung. Acht Kapellen säumen das Kirchenschiff, darin befinden sich hübsche Fresken und vergoldete Holzaltäre. Ein barocker Altar mit Marmorsäulen und Puttifiguren füllt fast komplett den Chorraum aus, die Wand vor dem Altarraum schmückt ein aufgemalter Vorhang. Eine Holzskulptur zeigt den heiligen Martin von Tours, dessen Reliquien man hier gefunden hat.

Maison de la Châtaigne: Rund um die Kastanie dreht sich alles im Maison de la Châtaigne knapp 14 km südlich von Marcolès, einem mit allen Sinnen erlebbaren naturkundlichen Heimatmuseum. Erzählerin Colette Castanier führt durch die Geschichte der Kastanie und der Châtaigneraie, erklärt den mit dem Kastanienanbau verbundenen wirtschaftlichen Auf- und Abstieg der Region. Hübsche Dinge gibt es hier zu entdecken, etwa einen Brotofen, einen alten Kastanienröster, einen herzigen Tante-Emma-Laden im Stile der 1950er und einen gepflegten Garten mit Kastanien, Apfelbäumen und Gemüsebeeten. Verköstigung am Ende des Besuchs. Zudem kann man auf einem Pfad zunächst entlang eines Bachs, dann am Ufer des Flüsschens Célé wandeln (Rundgang ca. 90 Min.) und mithilfe eines Faltblatts die Vielfalt der Vegetation entdecken. Info-Material auch auf Deutsch.

■ Eintritt 5 €. Juli/Aug. tägl. 13.30–18.30 Uhr, April–Juni und Sept. bis Mitte Nov. Di–So 14–18 Uhr. 15340 Mourjou en Châtaigneraie, ✆ 04-71499800, www.maisondelachataigne.com.

Veranstaltungen **Lez'Arts de la Rue,** Mitte Aug. sind die die musischen Geister der Umgebung los. Bei dem Künstlerfestival verwandelt sich Marcolès in eine große Bühne. Musik, Puppentheater, Akrobatik, Schauspiel und mehr stehen auf dem Programm, www.marcoles-animation.fr.

Foire de la Châtaigne et du Châtaignier, auf dem am vorletzten Oktoberwochenende in Mourjou gefeierten Fest, zu dem alljährlich bis zu 25.000 Besucher herbeiströmen, dreht sich alles um die Kastanie: Bei Musik und anderen Animationen kann man die Nuss geröstet, gekocht, als süße Creme, als Likör und in vielen weiteren Varianten genießen. Zudem gibt es einen Markt mit etwa 80 Ständen. www.foirechataignemourjou.fr.

Übernachten/Essen ****** Auberge de la Tour,** schönes Granithaus aus dem 17. Jh. mit Rundturm, der zu einigen der 8 geräumigen, stilvollen Zimmern führt, die überwiegend in warmen Farben gehalten sind. Manche der Suiten haben Zugang zur Terrasse. Das Restaurant zählt inzwischen offiziell zu den feinsten in der Region. Darüber hinaus wurde Küchenchef Renaud Darmanin von Michelin mit einem Stern und von Gault & Millau mit zwei Kochmützen geehrt. Darmanins Können beweist er im modernen Ambiente unter rustikalem Steingewölbe vor der reizvollen Kulisse des Stadttors und des alten Brunnens. Auf den Teller kommt innovative, gehobene regionale Küche, z. B. Foie gras mit Kastanien und Gelee aus Matcha und Erdbeeren oder Kalbsnuss an Ravioli und weißem Spargel. Verfeinert wird das Ganze mit heimischen Kräutern und Pflanzen. Place de la Fontaine, 15220 Marcolès, ✆ 04-71469915, www.aubergedela-tour.com. **€€€€**

MeinTipp **La Clairière,** spontan wie die beiden Mailänder Camilla und Alessandro sind, haben sie ihrer Heimat den Rücken gekehrt und sich 2 km westlich von Marcolès ein kleines Paradies geschaffen – und ihre ganze Passion dort hineingesteckt. Herausgekommen sind 2 charmante Zimmer, die Zeitgemäßes mit antiken Elementen verbinden – eins im Haupthaus, eins in einer abgelegenen Steinhütte. Abends steht der Hausherr auf Anfrage der Gäste am Herd, eigentlich ein Arzt, der feinste italienische Gerichte zaubert. Die Hausherrin, eigentlich Übersetzerin, sorgt für muntere Gespräche. Kleines Highlight ist der riesige Garten hinter dem Haus aus dem 18. Jh. In dem klitzekleinen Häuschen, in dem früher Kastanien getrocknet wurden, kann man auch übernachten. La Veissière, 15220 Marcolès, ✆ 09-50300803, https://chambres-dhotes-alaclairiere.blogspot.com. **€€**

Yourte Cantal, mitten im Nirgendwo kann man 10 km westlich von Marcolès im Wald übernachten. Und zwar in 3 ungewöhnlichen, unterschiedlich gestalteten Jurten. Eines der riesigen Nomadenzelte bietet Platz für 6 Pers., in einem anderen wechselt stimmungsvoll das Licht und hat sogar eine Dusche mit Dampfsauna-Funktion. In allen Jurten sind Kochmöglichkeiten vorhanden. Lacamp, 15220 Vitrac, ✆ 06-60074376, www.yourte-cantal.com. **€€**

Zwischen Dordogne und den Bergen

Während der Großteil des Cantal landschaftlich durch Vulkanismus geprägt ist, wurde der wegen seiner vielen Seen, Moore, Wälder und Heidelandschaften auch „Skandinavien der Auvergne" genannte Nordwesten des Departements im Quartär von Gletschern geformt. Im äußersten Westen kann man in der Grenzregion Xaintrie schon etwas Limosiner Luft schnuppern.

Den Westen und den Nordwesten des Cantal dominieren sanftere Taleinschnitte mit Orten aus dunklem Basalt sowie einigen wenigen prächtigen Festungen und Burgruinen. Nett flanieren lässt es sich in Riom-ès-Montagnes, der Hochburg des Enzians und des Käses Bleu d'Auvergne, oder in der etwas größeren und geschichtsträchtigeren Kleinstadt Mauriac mit ihrer Klosterkirche Saint-Pierre, in der eine hübsche schwarze Madonna steht.

Unweit davon trennt die sich durch ein tiefes Tal schlängelnde Dordogne das Cantal von der Corrèze in der Nachbarregion Limousin, wo der größte Teil der Xaintrie liegt. Doch das Hochplateau aus Granit zieht sich weit ins Cantal bis nach Salers, Touristenmagnet und eines der „Plus Beaux Villages de France" – berühmt für die zotteligen Salers-Rinder, die auf den hohen Weiden grasen. Umgeben ist der Ort von saftig grünen, tiefen Tälern, hinter denen sich bereits die Berge des Cantal erheben. Etwas weiter südlich lohnt sich der Besuch eines weiteren „schönsten Dorfes Frankreichs", das diesen Titel seiner prächtigen Burg zu verdanken hat: Tournemire an einem Hang im Tal der Doire.

Riom-ès-Montagnes

Woher der Name Riom-ès-Montagnes rührt, darüber rätseln die Riomois noch immer. Kommt er vom gälischen Rigomagus, Markt des Königs, oder von Ritomagus, Markt an der Furt? Wahrscheinlicher ist die zweite Vermutung, denn die 2500 Einwohner zählende Kleinstadt im Nordwesten des Cantal liegt am Ufer der Véronne. Schon die Kelten überquerten hier auf ihrer Handelsroute den Fluss. Noch heute ist Riom für seine Märkte, v. a. für die Viehmärkte, bekannt. Touristisch bedeutender ist der Handel mit Enzian bzw. den herben Getränken, die daraus gewonnen werden. Riom versteht sich als Hauptort im Pays de Gentiane, dem Land des Enzians, und ist außerdem berühmt für seinen Blauschimmelkäse Bleu d'Auvergne. Die Altstadt mit ihren verzweigten Gassen und den grauen Renaissance-Häusern sowie der romanischen Kirche Saint-Georges lädt zu einem netten Spaziergang ein, zur Einkehr bieten sich zahlreiche, allerdings recht durchschnittliche Bars und Brasserien an. Lebhaft geht es rund um den Place du Monument zu, dessen Pétanque-Plätze sich großer Beliebtheit erfreuen.

Espace Avèze – Maison de la Gentiane: Schön anzusehen ist der Gelbe Enzian, der überall im Bergland wächst und von Juni bis August blüht. Vielen ist er trotzdem als Aperitif lieber. Eine der bekanntesten Marken ist Avèze. Das Rezept für die Herstellung des Aperitifs wurde 1929 von Émile Refouvelet in Riom erfunden. Im Espace Avèze, dem Haus des Enzians, kann man viel über die Pflanze erfahren, alte Geräte und Kessel aus der Produktion bestaunen – und den Aperitif verkosten. Hergestellt wird er aus den Wurzeln des Enzians.

■ Eintritt frei. Mo–Fr 11–12 und 14–15 Uhr. 5, rue de la Gentiane, ✆ 04-71780304, www.aveze.com.

Information **Office de Tourisme du Pays Gentiane,** Juli/Aug. tägl. geöffnet, sonst → Website. 1, avenue Fernand Brun, 15400 Riom-ès-Montagnes, ✆ 04-71780737, www.tourisme-gentiane.com.

Verbindungen **Busse** verkehren von Riom-ès-Montagnes über Aurillac und Murat bis Saint-Flour, Clermont-Ferrand, Mauriac und Bort-les-Orgues. Die genauen Abfahrtszeiten bekommt man in der Tourist-Info.

Baden **Centre aquarécréatif,** Freibad mit zwei Becken, davon ein teilüberdachtes. Juni Mi, Sa/So geöffnet, Juli/Aug. Mo geschlossen. 1, rue Jean Menardie, ✆ 04-71782787, www.ville-riom-es-montagnes.fr.

Einkaufen **Société fromagère,** beim Bahnhof von Riom ist eine riesige Käsefabrik, die 4500 t pro Jahr produziert, davon 2500 t Cantal und mehr als 1500 t Bleu d'Auvergne. Vor Ort kann man einkaufen (das ganze Jahr), Infotafeln lesen und einen kurzen Film über die Herstellung ansehen (nur in der Hochsaison). Juli/Aug. Mo–Sa 9.30–12.30 und 14–18.30 Uhr, sonst Di–Fr 9.30–12 und 13–17 Uhr und Sa 9–12 Uhr. Route de Saint-Etienne de Chomeil, ✆ 04-71780006.

Kino **Le Quai des Arts,** moderner, kleiner Kinokomplex, Place de la Gare, ✆ 04-71781360, www.ville-riom-es-montagnes.fr.

Markt Kleiner Wochenmarkt Sa vormittags im Zentrum sowie am 2./4. Mi im Monat, im Juli/Aug. jeden Mi.

Touristenzug **Gentiane Express,** der Enzian-Express tuckert durch das Land, in dem der Enzian in schillerndem Gelb blüht. Oldtimer-Züge aus den 1920ern und 1950ern legen einfach 16 km bis zum Plateau du Cézallier und dem 1061 m hohen Col de Pierrefite zurück. Dabei überquert man das imposante Viadukt Barajol. In Betrieb April bis Mitte Okt., im Juni und Sept. wöchentlich sowie im Juli/Aug. tägl. Touren. Hin und zurück 17 €, einfache Fahrt 12 €. Abfahrt beim Bahnhof (Avenue de la Gare), www.gentiane-express.com.

Veranstaltungen **Fête de la Gentiane,** dem Enzian wird meist am 1., 2. oder 3. Juliwochenende ein Fest mit Musik, Kutschfahrten, Kunsthandwerk gewidmet. Natürlich werden auch Kostproben des Aperitifs ausgeschenkt.

Fête du Bleu d'Auvergne, meist am 2. oder 3. Augustwochenende wird Riom für zwei Tage zur Hauptstadt des Blauschimmelkäses mit kulinarischen Angeboten, Tier-Ausstellungen, Musik und jeder Menge Ständen regionaler Anbieter.

Übernachten & Essen **Ferme Auberge des Arbres,** knapp 3 km südlich außerhalb des Zentrums kann man auf dem Bauernhof speisen – in einem typischen Landhaus mit herzlicher Atmosphäre. Die Produkte aus eigenem Anbau und eigener Viehzucht wandern direkt in die Küche. Teils deftige, regionale Gerichte. Im Juli/Aug. So abends und Mo geschlossen, sonst nur Sa abends und So mittags geöffnet. Les Arbres, ✆ 04-71409951. **€€**

Auberge L'Amandine, ein kulinarischer Genuss offenbart sich in diesem schönem Restaurant mit Holzbalken, Steinwänden und einem großen Cantou, rund 6 km westlich von Riom. In stilvollem und dennoch gemütlichem Ambiente gibt es Regionales zu moderaten Preisen, darunter gegrillte Forelle, Lammspieß an Rosmarin-Bratkartoffeln oder Kalbsbries an Morcheln, dazu Aligot oder Truffade. Sonntagabend und Mo geschlossen. Le Bourg, 15400 Valette, ✆ 04-71780283, www.restaurant-lamandine-valette15.fr. **€€**

Camping * Le Sédour,** zentral und am Ufer der Véronne gelegener kleiner Campingplatz mit rund 50 teilschattigen Stellplätzen, Mobil-Homes, modernen Ferienhäuschen und Gemeinschaftsunterkünften. Im Sommer findet hier Fr ein Nachtmarkt statt. 11, rue des Docteurs Roche, ✆ 06-82329163, http://campingitesriomcantal.com.

Bollwerk mit imposanten Rundtürmen: das Schloss von Auzers

Auvergne | Das Cantal → Karte S. 106/107

Château d'Auzers

Nicht gerade eine glückliche Entscheidung getroffen hatte die Familie Auzers damit, ausgerechnet inmitten der Unruhen des Hundertjährigen Kriegs mit dem Bau ihrer Burg zu beginnen. Sie wurde dann auch prompt kurz nach der Errichtung 1364 gebrandschatzt. Davon ließen sich die Barone von Auzers jedoch nicht unterkriegen und bauten die Festung in den Jahren von 1470 bis 1510 wieder auf. Seither erhebt sich das kontinuierlich von der gleichnamigen Familie bewohnte, prächtige Château d'Auzers mit seinen hübschen Rundtürmen mitten im Ort Auzers, der genau zwischen Mauriac und Riom-ès-Montagnes liegt.

Besichtigen kann man es im Rahmen einer ca. einstündigen Führung, zusätzlich ist ein ausführliches Informationsblatt auf Deutsch an der Kasse erhältlich. Los geht es in einem Salon mit einem großen Kamin aus der frühen Renaissance, der durch seine geschwungenen Seiten beeindruckt. Herrliche Antiquitäten gibt es zu bewundern, wie etwa prächtige Möbel im Regency-Stil, Porzellan und Reiseutensilien. Weiter wird man durch die Bibliothek, wo in einer Vitrine alle Siegel der Besitzer ausgestellt sind, ins „Empire"-Zimmer, das an die enge Freundschaft zwischen Napoleon und Jean-Louis d'Auzers erinnert, und in ein Schlafgemach geführt. Im Untergeschoss findet man die alte Burgküche mit einem großen Kamin vor, die heute vorwiegend Hochzeitsgesellschaften empfängt. Im alten Wächterzimmer darf man einen Ritterhelm Probe tragen und das ehemalige Oratorium ist reichlich mit Fresken aus dem 16. Jh. geschmückt. Hier kann man auch in ein Schuldnerbuch aus dem Jahr 1615 hineinschauen. Der Rundgang endet im Garten, wo sich eine weite Sicht auf das Tal und den idyllischen Seerosenteich bietet.

▪ Eintritt 8 €, nur Schlosspark 3 €. Juli/Aug. tägl. 14–18.30 Uhr, Park ab 12.30 Uhr, April–Juni und Sept. bis Mitte Okt. Fr–So Führung um 15.30 Uhr, Park Do–Mo 12.30–18.30 Uhr zugänglich. 15240 Auzers, ✆ 04-71786259, www.chateau-auzers.com.

Mauriac

Ganz nah am Limousin im äußersten Westen des Cantal befindet sich Mauriac, unter baulichen Gesichtspunkten ist die Kleinstadt (3500 Einwohner) jedoch weit von der benachbarten Region entfernt. Mauriacs Altstadt ist in die typischen dunkelgrauen Töne des auvergnatischen Vulkangesteins getaucht. Imposante Bauwerke umsäumen den Place Georges Pompidou: die romanische Basilika, das Kloster nebenan und an der angrenzenden Rue du Collège die Unterpräfektur im ehemaligen Hôtel d'Orcet aus dem 16. Jh. Deren Seiteneingang ziert das Tympanon des einstigen Speisesaals der Abtei. Darauf abgebildet ist Samson, der einen Löwen niederstreckt. Nur ein paar Meter weiter bereichert das nach dem französischen Enzyklopädisten Jean-François Marmontel benannte Lycée Marmontel mit seinem prächtigen, von Säulen eingerahmten Eingangsportal die Altstadt. Der aus dem nicht weit entfernten Bort-les-Orgues in der Corrèze stammende Schriftsteller studierte von 1734 bis 1738 an dem von Jesuiten gegründeten und später königlichen Kolleg, bevor er ab den 1750ern als Enzyklopädist in Erscheinung trat.

Notre-Dame-des-Miracles: Die aus dunklem Basalt erbaute Basilika (12./13. Jh.) ist ein prächtiges Beispiel für die romanische Kirchenarchitektur der Haute-Auvergne und eine der bedeutendsten Kirchen aus dieser Epoche im Cantal. Auf dem Tympanon des eindrucksvollen Portals ist die Himmelfahrt Christi zu sehen. Zu seinen Füßen beten die (inzwischen kopflose) Heilige Jungfrau und die zwölf Apostel. Die beiden Säulen links und rechts des Eingangs ruhen jeweils auf einer steinernen Löwenfigur. Die Archivolte über dem Eingang schmücken die zwölf Tierkreiszeichen – Symbol für die Herrschaft Jesu über den Kosmos. Man betrachtet sie von rechts nach links dem Jahreslauf folgend, beginnend mit dem Widder. Das Innere der beeindruckend hohen Kirche birgt zwei Schätze: eine schwarze Madonna mit Jesuskind in weißem Gewand in einer Nische im Chorraum sowie ein herrliches Taufbecken aus dem 12. Jh. aus Vulkangestein, das bunt mit 14 biblischen Motiven verziert ist.

Monastère Saint-Pierre: Eine Heiligenstätte gab es hier schon zu galloromischer Zeit, nämlich einen Merkurtempel. Es folgten ein Merowinger-, dann ein Karolingerkloster, bevor die Abtei in ein Benediktinerkloster umgewandelt wurde – ein schönes, sehr gut erhaltenes Ensemble romanischer und gotischer Baukunst mit sehenswertem Kreuzgang und Kapitelsaal.

■ Eintritt 3 €. Juli/Aug. tägl. außer So vormittags 10–12 und 14.30–17.30 Uhr, Mitte bis Ende Juni sowie Anfang bis Mitte Sept. Mo, Mi–Sa 14–18 Uhr. 7, place Georges Pompidou, ✆ 04-71681987.

Château de Miremont: Auf einem 640 m hohen Basaltplateau über dem Zusammenfluss von Dordogne und Labiou thronen knapp 9 km nordwestlich von Mauriac die hübsch anzuschauenden, pflanzenüberwucherten Ruinen der aus dem 11. Jh. stammenden Burg von Miremont. Mehrere Familien, darunter die Häuser Mauriac, Miremont und Saint-Exupéry, herrschten hier am Rande des Cantal. Zwischenzeitlich galt die Burg als Grenzposten zwischen Frankreich und England.

■ Das ganze Jahr über freier Zugang. Miremont / Bellauride, 15200 Chalvignac.

Château de la Vigne: Gut erhalten ist dagegen die Festung der Familie Scorailles, deren Nachkommen die ca. 10 km südlich von Mauriac gelegene

Burg aus dem 15. Jh. noch immer bewohnen. Von der Merowingerburg, die sich ursprünglich an dieser Stelle befand, sind einige Reste erhalten. Im Inneren des Château finden sich prächtige Säle, darunter der Salle de Justice mit seinen reichen Wand- und Deckenfresken. Eine Extra-Ausstellung zeigt eine beachtliche Sammlung von 4500 Modellautos und 1500 Puppen. In den antik eingerichteten Schlafgemächern darf man sogar übernachten, was allerdings nicht ganz billig ist. Und voller Stolz weisen die Nachkommen auf den bekanntesten Gast des Hauses hin: den Philosophen Jean-Jacques Rousseau, der hier drei Monate residierte.

▪ Eintritt 7 € für das Schloss, 3 € für den Schlossgarten, 7 € für die Miniaturausstellung, Kombiticket 9 €. Juli/Aug., 11–12 und 14–19 Uhr, sonst auf Anfrage. Schlossrundgang nur mit Führung. Lavigne, 15700 Ally, ✆ 04-716900 20, www.chateaudelavigne.fr.

Cascade de Salins: Vor allem nach regnerischen Tagen stürzt dieser Wasserfall 30 m beeindruckend und respekteinflößend in die Tiefe. Ein schönes Panoramabild ergibt sich vom Parkplatz an der D 922: der Wasserfall mit Viadukt als Kulisse. Hier steigt man zu einem 3 km langen Rundgang hinab. Dieser führt entlang der Felswand hinter der Cascade de Salins vorbei und etwa 1 km weiter zu einem weiteren, stufigen Wasserfall. Festes Schuhwerk und eine gute Stunde für den ganzen Rundgang sollte man einplanen.

▪ Von Mauriac über die D 922 südöstlich Richtung Salins, Parkplatz rechts von der Straße nach ca. 6 km.

Information **Office de Tourisme Pays de Mauriac,** Juli/Aug. tägl. geöffnet, sonst → Website. 1, rue Chappe d'Auteroche, 15200 Mauriac, ✆ 04-71681987, www.tourisme.pays demauriac.fr.

Verbindungen Tägl. verkehren **Busse** von Mauriac nach Aurillac, Salers, Riom-ès-Montagnes, Clermont-Ferrand und Bort-les-Orgues.

Baden **Centre Aquatique du Pays de Mauriac,** Hallenbad mit zwei Schwimmbecken und einem Planschbecken, Sauna und Dampfbad. Avenue du Commandant Gabon, ✆ 04-71405890.

Einkaufen **La Chocolaterie,** herziges, kleines Schokoladenatelier hinter der Kirche. Man kann hier Schokolade nicht nur kaufen, sondern auch etwas verweilen und probieren. Di–Fr 11–18.30 Uhr und Sa 9.30–18.30 Uhr. 5, rue Notre Dame, ✆ 04-7106-59532515, www.la chocolaterie-mauriac.com.

Freizeitpark **Espace Tourisme Le Val St. Jean,** Freizeit- und Naturpark mit Freibad, See mit überwachtem Strand, Kanufahren, Angeln, Beachvolleyball und Kletterpark beim Campingplatz. Plan d'Eau du Val Saint-Jean, ✆ 04-71673113, www.cantalcamping.fr.

Golf 18-Loch-Golfplatz beim Espace Tourisme Le Val St. Jean (s. o.). ✆ 04-71682359, www.golf valsaintjean.org.

Krankenhaus **Centre Hospitalier de Mauriac,** Rue Fernand Talandier, ✆ 04-716733 33, www.ch-mauriac.fr.

Markt **Wochenmarkt** jeden Sa auf dem Place George Pompidou. **Viehmarkt** jeden Mo 10–12 Uhr im Parc des Rédines, Route de Pleaux.

Radfahren **Vélorail du Pays de Mauriac,** schöne Strecke auf einer stillgelegten Bahntrasse, man fährt u. a. über ein altes Viadukt. Achtung, hier sollte man schwindelfrei sein. Genauere Infos auch beim Fremdenverkehrsamt in Mauriac. 22 €, Juni bis Mitte Sept. Abfahrt 11, 14.30 und 17.30 Uhr am Gare de Drugeac, 15140 Drugeac, ✆ 04-71405418, www. velorail.paysdemauriac.fr.

Übernachten/Essen ***** Auv'Hôtel,** komfortables Hotel am Rand der Altstadt. 11 gepflegte, geräumige, etwas biedere Zimmer. Garten zum Verweilen, Spa-Bereich mit Anwendungen, Sauna und Whirlpool gegen Gebühr. 4, rue du 11 Novembre ✆ 04-71681910, www. auv-hotel.com. **€€**

***** Hotel L'Écu de France,** das alte Postrelais aus dem 18. Jh. beherbergt 17 gepflegte, helle Zimmer, die in modernem Schwarz-Weiß gehalten sind. Die Preise orientieren sich an der Lage – am günstigen sind die Zimmer zur Straße. Etwas außerhalb von Mauriac liegt Chalvignac. Dort, im Grünen und umringt von Mammutbäumen, führen die Betreiber des Écu die charmante **Hostellerie du Bruyère** mit 11 Zimmern im dezent nobleren Stil des Hotels. Im eleganten Restaurant mit einer originellen

Holzkassettendecke herrscht eine angenehme Atmosphäre. Serviert werden üppige Spezialitäten der Auvergne und des Limousin wie Aligot, Tripoux, Filet vom Salers-Rind oder Foie gras. Ein vegetarisches Menü ist ebenfalls im Angebot. 6, avenue Charles Perié, ✆ 04-716800 75, www.ecudefrance-mauriac.com. **€€–€€€**

La Charrette, origineller könnte ein Ort für ein Bar-Restaurant kaum sein: ein altes Kino. Dieser Geist schwingt in dem großen Saal noch mit, auch wenn die Stuhlreihen modernen Bartischen aus Blechtonnen gewichen sind. Jung und modern ist die Atmosphäre, ein geselliger Treff für Jung und Alt, um einen Wein oder Cocktail zu trinken. Neben Tapas kann man zwischen Salaten, Fish & Chips und Burgern wählen. So/Mo geschlossen. 26, avenue Charles et Raymonde Périé, ✆ 09-71340908.

La Cantine du Palais, kleines zeitgemäßes Café beim alten Justizpalast, das vor allem süße Gaumen anspricht. Zu einem Kaffee kann man sich köstliche Cupcakes, Cookies, Scones und andere selbst gebackene Leckereien gönnen oder den Tag mit einem Frühstück starten. Zudem gibt es immer ein Tagesgericht, bzw. Menü. So/Mo geschlossen. 12, place du Palais, ✆ 04-71682390. **€**

Château de la Vigne, sich betten wie der Adel kann man sich in dieser Burg aus dem 15. Jh. Keines der 5 Gästezimmer gleicht dem anderen. Das Minnesängerzimmer ist romantisch-verspielt, die Louis-XV-Kammer in den Farben schlichter, aber genauso nobel. Gehalten sind die Räume im authentischen Renaissance-Stil, zum Teil mit Baldachinbetten. Lavigne, 15700 Ally, ✆ 4-71690020, www.chateaude lavigne.fr. **€€€€**

Camping ****** Camping Le Val St-Jean,** großer Campingplatz im Grünen beim See Saint-Jean, knapp 2 km westlich von Mauriac. 100 teilschattige, in Hufeisenform angelegte Stellplätze, dazu jede Menge feste Unterkünfte wie Chalets, Blockhütten, Mobil-Homes, Zelte mit Sicht zum Himmel und zeltartige Bungalows. Pool, Animation im Sommer. Plan d'Eau du Val Saint-Jean, ✆ 04-71673113, www.cantalcamping.fr.

Salers

„Salers" – das ist wahlweise eine alte französische Rinderrasse, ein würziger Käse, ein herber Aperitif oder ein knuspriger Butterkeks (Carré de Salers). Zuallererst aber ist Salers ein Dorf – eines der schönsten in Frankreich sogar.

Salers liegt ziemlich ab vom Schuss, ist aber der touristischste Ort im Cantal – unschwer zu erkennen an seinen zahlreichen Souvenirläden. Abenteuerlich gestaltet sich die Anfahrt aus Richtung Puy Mary über die D 680. Die Bergstraße führt eng am Abhang entlang – Schweißhände und erhöhter Puls sind bei nicht Schwindelfreien garantiert, dafür hat man während der Fahrt aber eine durchgehend grandiose Aussicht auf das Tal der Maronne. Wo sich heute das 330-Einwohner-Dörfchen an den Rand eines 900 m hohen Plateaus im Westen des Cantal schmiegt, hatten im Mittelalter die Barons des Salers, deren Linie vermutlich auf das italienische Salerno zurückgeht, eine Burg errichtet. Zu ihrem Entsetzen gab 1428 Charles de Bourbon, Herzog der Auvergne, den auf dem gegenübergelegenen Hügel siedelnden Bürgern von Salers grünes Licht für eine Stadtbefestigung – der Beginn des Machtverlusts der Barone, der sich 1508 mit der Verleihung der Stadtrechte an die Bürgersiedlung fortsetzte. Von der Stadtmauer sind heute noch die prächtige Porte de Beffroi mit der frei schwingenden Glocke und die weniger spektakuläre Porte de la Martille erhalten.

Gleich am Ortseingang bekommt man einen Vorgeschmack auf die zu erwartenden architektonischen Schönheiten. Linker Hand thront die im 14. Jh. erbaute und im 19. Jh. erneuerte Chapelle Notre-Dame de Lorette. Ungewöhnlich sind die burgähnlichen Zinnentürme, auf deren mittlerem eine weiße Statue der Heiligen Jungfrau hervorsticht. Salers' Renaissance-Altstadt, die zu den schönsten der Region zählt, kann nur zu Fuß besichtigt werden, das Auto kann man auf einem der Parkplätze rund um das Zentrum abstellen. Von dort führen alle Wege durch malerische Gassen auf den Place Tyssandier d'Escous, wo sich die Leute in diversen Restaurants und Cafés tummeln. Der Platz nebst Büste huldigt dem ersten Züchter des Salers-Rindes, Ernest Tyssandier d'Escous. In den noblen Bürgerhäusern aus dunklem Vulkanstein, die den Place säumen, sind u. a. das Rathaus und die Touristeninformation untergebracht. Leider nicht mehr zugänglich ist die Maison dite du Bailliage, eine ehemalige Vogtei. Von außen lohnt sich dennoch ein Blick. Besonders schön ist das älteste Haus von Salers, die Maison de la Ronade gegenüber, mit ihrem unübersehbaren hohen Rundturm, in dem sich ein schnuckeliger Teesalon befindet. Wer es etwas ruhiger haben möchte, sollte zur Esplanade de Barrouze spazieren. Ein nostalgisches Karussell dreht dort seine Runden, und man hat eine fantastische Sicht auf die Berge des Cantal, zum Beispiel auf den Puy Violent.

Église Saint-Mathieu: Dass die Kirche auf dem Place d'Empeyssine ursprünglich ein romanisches Bauwerk aus dem 12. Jh. war, daran erinnert noch immer der nach einem Brand im 19. Jh. stilgetreu rekonstruierte, breite Glockenturm. In ihrem Inneren zieht rechts neben dem Eingang eine Figurengruppe bei der Grablegung Jesu die Blicke auf sich, in der ersten Kapelle links steht ein herrlicher, vergoldeter Tabernakel aus Holz. Interessant ist auch das gotische Gewölbe aus dem 16. Jh. und im Chorraum beeindruckt ein Aubusson-Teppich.

Musée de Salers: Wohl interessanter als das Museum ist die Geschichte seines Gebäudes in der Rue des Templiers. Obwohl es im Volksmund „Templerhaus" genannt wird, entstand es erst deutlich nach dem Ende des Ordens. Es wurde im 15. Jh. errichtet und unterstand wohl dem Malteserorden. Bemerkenswert ist der Korridor vor der Eingangstür mit seinen verzierten gotischen Gewölben. Auf drei Stockwerken und in den Zwischengeschossen informiert eine Schau im Stile eines Heimatmuseums über die Geschichte Salers', die Käseherstellung, das Leben der Kuhhirten und den bäuerlichen Alltag rund um den wärmenden Cantou.

▪ Das Museum war zuletzt wegen Sanierung und Umgestaltung geschlossen. Am besten bei der Tourist-Info nachfragen, wann es wieder öffnet.

Cave de Salers: In einer ehemaligen Scheune am westlichen Ortsausgang kann man hunderten von Salers-Käsen

Salers als Keks und als Käse

beim Reifen zusehen. Zehn Produzenten liefern ihre 45 kg schweren Laibe hierher, um sie bei 9 bis 11 C und 95 bis 98 Prozent Luftfeuchtigkeit drei bis 18 Monate lang zu lagern. Dank großer Panoramafenster können die Besucher den Käse im Keller ausgiebig bewundern. Im Erdgeschoss kann man sich an einer Käsetheke mit allen fünf AOP-zertifizierten Käsesorten der Auvergne eindecken. Ein Film und diverse Texttafeln informieren über die Herstellung des Salers.

▪ Eintritt frei. Juli/Aug. tägl. 9–19 Uhr, April–Okt. Mo–Sa 9–12 und 14–17.30 Uhr, Nov.–März Mo–Sa 9–12 Uhr. Les Prés de Faure, ✆ 04-71691048, www.cavedesalers.com.

Burons de Salers: Von den Uranbergwerken des Limousin hin zur sattgrünen Natur des Cantal führt der Lebensweg des Pierre Lallet. An der Passstraße Richtung Puy Mary, die sich von Salers aus zum Col de Néronne nah am Abgrund entlangzieht, hat der ehemalige Bergmann am Hang über dem majestätischen Gebirgstal der Maronne, die hier ihren Ursprung nimmt, seine Leidenschaft für die Vergangenheit des Cantal in Stein gemeißelt und einen Touristen-Magneten geschaffen. Lallet hat zwei traditionelle Burons rekonstruiert und sie dem Käse, dem Salers-Rind und dem Enzian-Aperitif „Salers" gewidmet. Bei einer Führung erklärt er die Bauweise der Hütten und zeigt historische Werkzeuge und Originalgeräte aus der Salers-Destillerie. Produziert wird der Aperitif in Turenne im Limousin, seine offizielle Präsentationsstätte ist jedoch hier in den Burons. Natürlich gibt es auch eine Verkostung mit Cantal- und Salers-Käse sowie dem Enzian-Aperitif. Im Juli und August kann man mittags auf Reservierung eine traditionelle Truffade schlemmen.

▪ Führung 5 €. Mai–Sept. tägl. 10–19 Uhr, Fr keine Führungen. Route du Puy Mary, 15140 Salers, ✆ 04-71407071, www.buronsdesalers.fr.

Maison de la Salers: Nirgends erfährt man mehr über die stattlichen Salers-Rinder als in dieser zu einem Multimedia-Spielplatz umgewandelten Scheune aus dem 17. Jh., 4 km nördlich von Salers. Texttafeln, Animationen und ein interaktives Quiz lassen keine Fragen zu den roten Schönheiten offen. Ein Film zeigt beeindruckende Bilder vom Almauftrieb, ein weiterer bietet

Nicht nur Touristen nutzen Salers gern für einen Zwischenstopp

Einblicke in eine der turbulenten Rinderversteigerungen, die sich im Anwesen nebenan abspielen. Geschmälert wird das Vergnügen im Maison de la Salers allerdings durch den happigen Eintrittspreis – immerhin ist eine Käse-Verkostung inbegriffen.

▪ Eintritt 7 €. Juli–Sept. tägl. 9–19 Uhr, Febr. bis Mitte Nov. sowie Mitte bis Ende Dez. tägl. 10–12 und 14–18 Uhr. Domaine du Fau, 15140 Saint-Bonnet-de-Salers, ✆ 04-71405400, www.maisondelasalers.fr.

Chapelle Saint-Michel / Chapelle Monolithe Notre-Dame de Fontages: Was von weitem wie ein grüner Hügel aussieht, entpuppt sich bei näherer Betrachtung als ein einmaliges Monument – eine gänzlich in den Berg integrierte Kapelle. Im 19. Jh. wurde der pflanzenüberwucherte Felshügel am Ufer der Aspre ausgehöhlt und die Kapelle Saint-Michel eingebaut, auch Chapelle Monolithe Notre-Dame de Fontages genannt. Das Portal ist ganz im Stile einer Kirche gehalten, mit steinernen Skulpturen, vermutlich die Tierkreiszeichen. Das Innere beeindruckt durch nackte Felswände. Bestückt ist diese Grotte mit einer Pieta, einem Kirchenfenster, einem Steinaltar mit dem Relief des heiligen Michael und einem Steintabernakel in Form einer Burg. Auf der Felsanhöhe steht eine große, weiße Marienstatue, zu der ein kleiner Weg hinaufführt.

▪ April bis Mitte Nov. tägl. 9.30–20 Uhr. Die Chapelle Monolithe befindet sich 6 km südlich von Salers im Tal von Fontanges (Anfahrt über die D 35).

Entdeckerpfade von Récusset: 10 km östlich von Salers liegt im Tal der Maronne das Örtchen Récusset mit seinen traditionellen Sommerweiden. Der „Sentier du Petit Pâtre" begibt sich für 4,5 km auf die Spuren der Alm-Tradition. Auf fünf Tafeln in Form einer Hirtensilhouette kann man unterwegs nachlesen, wie sich die Arbeit der Hirten im Gebirge gestaltete. Der 5 km lange Spazierweg „Sur les pentes du pré dansant" informiert, ebenfalls anhand von kleinen Schautafeln, über die Artenvielfalt in der Gegend. Außerdem liegt auf dem Weg das restaurierte Buron du Roc de Labro, ein traditionelles Hirtenhaus, das durch eine Klanginstallation zum Leben erweckt wird.

Basis-Infos

Information **Office de Tourisme du Pays de Salers,** Juli/Aug. tägl. geöffnet, sonst → Website. Place Tyssandier d'Escous, 15140 Salers, ✆ 04-71405808, www.salers-tourisme.fr.

Einkaufen Am Anfang und am Ende der Rue Notre Dame sind die zwei einzigen Feinschmeckertempel, die die köstliche Butterkeks-Spezialität Carré de Salers aus der eigenen Backstube anbieten: das **Maison Servans** am Ortsein- bzw. ausgang (Nr. 32) / Ecke Place Géraud Maigne und unterhalb der Porte de l'Anne die Boulangerie Pâtisserie **Au Carré de Salers** von Robert Pierre (Nr. 18). Im Maison de Servans bekommt das feine, dünne Gebäck zudem Konkurrenz von Schokolade und Pralinen in zig Geschmacksrichtungen.

Mit Käse und Feinkost kann man sich in der kleinen Brasserie **Le P'tit Comptoir** eindecken (→ Essen & Trinken).

Ferme de Rosiers, Käse vom Bauernhof. Besichtigung möglich. 2 €, Mai–Okt. Mo–Sa 9–15 Uhr, Melken 15–16.30 Uhr. Verkauf Mo–Sa 8–19 Uhr, So 8–11 und 15–18 Uhr. Conches, 15140 Saint-Projet-de-Salers, ✆ 06-70516741.

Markt Jeden Mi vormittags **Wochenmarkt** auf dem Place Tyssandier d'Escous. Jeden Do ab 18.30 Uhr im Juli/Aug. **Marché du Pays** in Saint-Paul-de-Salers mit Musik, Folkloregruppen und kostenlosen Kutschfahrten.

Parken Um Salers herum stehen mehrere Parkplätze gegen eine kleine Gebühr zur Verfügung.

Veranstaltungen **Journée de la Vache et du Fromage,** meist in der ersten Augustwoche verwandelt sich Salers in einen großen Käse- und Rindermarkt, mit Umzug und Ball. www.salers-tourisme.fr.

Übernachten / Essen & Trinken

***** Les Remparts,** neben dem Place de Barrouze präsentiert dieses Logis-Hotel 15 große, adrette Zimmer – einige mit Ausblick auf die Berge, einige mit schönem Steinkamin. Die Zimmer sind modern, freundlich, in hellen Farben gehalten und vereinzelt mit kräftigen Farbakzenten versehen. Das Restaurant bietet Regionaltypisches: Pounti mit Pflaumen, Truffade, Entenbrust mit grünem Pfeffer. Grandios ist die Aussicht von der Panoramaterrasse. Esplanade de Barrouze, ✆ 04-71407033, www.salers-hotel-remparts.com. **€€–€€€**

***** Hôtel Le Bailliage,** getafelt wird in modernem, elegantem Ambiente und nur feinste, saisonale Kost – ein Gaumen- und Augenschmaus. Zum Beispiel Schnecken an grünen Linsen auf einem Blätterteigbett, Foie gras mit Feigen und Honig oder Salers-Rinderfilet mit Steinpilzen. Wechselnde Gerichte, große Terrasse. Einfach bis nobel, allesamt aber geschmackvoll eingerichtet sind die 23 Zimmer. So abends, Mo und Di mittags geschlossen. Pool im Freien, Spa-Bereich. 31, rue Notre-Dame, ✆ 04-714071 95, www.salers-hotel-bailliage.com. **€€€**

Les Sagranières, wundervolles Gästehaus von den Betreibern des P'tit Comptoir. Die fünf Zimmer präsentieren sich völlig unterschiedlich – ein Hauch von Schweden, Schottland und vom Cantal weht in den formvollendet eingerichteten Räumen. Etwas farbenfreudiger ist das Enzianzimmer, in dem sich das Blau der Pflanze wiederfindet. 44, rue de Notre-Dame, ✆ 04-71407050, www.le-sagranier.com. **€€**

Le Jardin du Haut Mouriol, dieses Familienhaus im Grünen außerhalb des Ortskerns bietet 4 ruhige, recht komfortable Gästezimmer mit separatem Zugang – die einen lieblicher mit floralen Akzenten und weißen Metallbetten, die anderen etwas rustikaler mit Holzdekor. Großer Garten, in dem je nach Wetter das Frühstück serviert wird. Route du Puy Mary, ✆ 04-71407402, www.salers-chambres-hotes.com. **€€**

MeinTipp **La Demeure de Cyr,** wer den touristischen Trubel scheut, findet in diesem stattlichen Herrenhaus, ca. 16 km südlich von Salers, eine wahre Ruheoase. Die 4 Zimmer sind mit viel Liebe und Geschmack eingerichtet – Alt trifft auf Neu und Rustikalität auf Charme. Umgeben ist das Anwesen von einem weitläufigen Obstgarten. 1, route des Côtes, 15140 Saint-Chamant, ✆ 04-770101832, www.lademeurede cyr.fr. **€€**

La Diligence, „die Postkutsche" parkt im Herzen von Salers in Form eines rustikalen Restaurants mit nackten Steinwänden. Aufgetischt werden üppige Gerichte – Klassiker der auvergnatischen Küche wie Truffade, Patranque und Tripoux. Spezialität des Hauses sind Bourriols – dicke Pfannkuchen, süß oder salzig. 14, rue du Beffroi, ✆ 04-71407539, www.ladiligencesalers.com. **€€**

MeinTipp **Le P'tit Comptoir,** charmante kleine Brasserie mit Weinbar und Feinkostladen, die mit ihrem jungen Esprit frischen Wind in das historische Städtchen bringt. Genuss steht hier an oberster Stelle: Neben Wurst- und Käseplatten kann man Burger, Klassiker wie Aligot, Schinkenkäse-Nudeln mit Crème fraîche nach Cantal-Art oder Bourriols vertilgen. Wer mag, beobachtet das geschäftige Treiben auf dem Platz vor der Brasserie oder genießt das Bergpanorama auf der hinteren Terrasse. Sept.–Juni geöffnet, Do Ruhetag. Place Géraud Maigne, ✆ 04-71407200, www.brasserie-leptit comptoir.fr. **€–€€**

Tournemire

Südlich von Salers und noch in der Xaintrie gelegen, klammert sich Tournemire im Tal der Doire an einen Hang. Der winzige Ort (130 Einwohner) trägt das Label „Plus Beaux Villages de France". Er hat es v. a. seiner Burg zu verdanken, einem Bollwerk aus Basaltstein mit vier fast 40 m hohen Rundtürmen. Erreichbar ist die Burg nur zu Fuß, das Auto muss auf dem Parkplatz am Ortseingang stehen bleiben. Weil man das Haus der Schlosseigentümer umgehen muss, erreicht man den Eingang jedoch nur über einen kleinen Umweg. Immerhin kann man sich dabei an bunten Blumen und dem Ausblick auf das Tal mit seinen sanften grünen, bewaldeten Hügeln erfreuen.

Château d'Anjony: Das Château d'Anjony zählt zu den schönsten Burgen der Auvergne und ist seit 500 Jahren in Familienbesitz, derzeit in dem von Robert, Marquis de Léotoing von Anjony. Ein Glockenschlag läutet die knapp einstündige Führung ein. Über einen Turm geht es u. a. in den Salle Basse: ein weiter Raum mit einem prächtigem Cantou, über dem das Familienwappen prangt, und Wandteppichen aus Flandern und Aubusson. Der eigentliche Star befindet sich in der Kapelle: eine schwarze Madonna, Notre-Dame d'Anjony, im Goldgewand, umgeben von herrlichen Fresken mit Bibelszenen. Eine Etage darüber wartet der Salle des Preux mit noch prächtigeren Fresken aus dem 16. Jh. auf. Die „Neun Helden" (Les Neuf Preux) schmücken die Wände, wobei Julius Cäsar inzwischen einem später eingebauten Fenster zum Opfer gefallen ist. Ein Hingucker sind zudem ein alter Billardtisch und ein spanischer Reisekoffer mit unzähligen versteckten Schubladen.

Louis d'Anjou, ein Gefährte von Jeanne d'Arc, ließ die Festung im Jahr 1430 errichten. Leider löste ihr Bau eine zwei Jahrhunderte andauernde Fehde mit der Familie Tournemire aus, die neidisch auf die größere Festung blickte. Trotz dieser Tumulte und auch während der Französischen Revolution blieb das Château gänzlich unversehrt.

▪ Eintritt 9 €. Führungen Juli/Aug. tägl. außer So vormittags 10.45 und 12 Uhr sowie regelmäßig zwischen 14 und 18.15 Uhr, Febr./März und Okt. Bis Mitte Nov. täglich außer Di Führungen um 14.15, 15.30 und 16.45 Uhr, April–Juni und Sept. tägl. außer Di Führungen um 14.15, 15.30, 16.45 und 18 Uhr. ✆ 04-71476167, www.anjony.com.

Information **Bureau d'Information du Tourisme,** Juli/Aug. tägl. geöffnet, sonst → Website. 4, rue du Calvaire, ✆ 04-71405808, www.salers-tourisme.fr.

Wintersport Skistation und 38 km auf 8 Langlaufpisten sowie 2 Schneeschuh-Routen beim 1231 m hohen Col de Légal, 12 km östlich von Tournemire bei 15140 Saint-Projet-de-Salers.

Übernachten & Essen ***** Hôtel La Source du Mont,** sympathisches Hotel mit 12 großen Zimmern mit antikem Touch (Zimmer auf der Gartenseite bevorzugen!) und Außenpool. Dazu ein Restaurant mit guter, bodenständiger, lokaler Küche: Truffade, Tripoux, Tatarsteak, aber auch Rochenfilet mit Kirschtomaten und Basilikum, Burger oder „Cantal-Risotto". Auch vegetarisches Menü. 9, rue du Foirail, 15140 Saint-Martin-Valmeroux, ✆ 04-716928 55, www.lasourcedumont.com. **€€**

MeinTipp **La Petite Grange,** freundliches, charmantes, kleines Restaurant mit Teesalon. Innen sitzt man an großen Panoramafenstern vor blumigen Wänden auf farbigen Polsterstühlen. Bei herrlichem Ausblick auf die Burg und ins Tal kann man originelle Gerichte der saisonalen Küche genießen, etwa frittierte Käse-Gemüsebällchen, herzhafte Sandwiches mit „Linsencapuccino" (eine Art Suppe) oder Kalbskotelett an Saint-Nectaire-Soße und Truffade. Wer weniger Hunger hat, bestellt einfach süße oder salzige hausgemachte Snacks. Kleine Aussichtsterrasse hinter dem Haus. Mo/Di geschlossen. 17, rue Edouard Marty, ✆ 04-71433926, www.lapetitegrange.fr. **€€**

Gîte Col de Légal, Panorama-Gästehaus beim Col de Lègal, das von außen wie eine moderne Holzscheune ausschaut. Die 17 Ein- bis Vierbettzimmer sind zeitgemäß, aber eher spartanisch und zweckmäßig gehalten. Die Bäder, die Gemeinschaftsküche und der Speisesaal präsentieren sich modern, in Holz und Beton. Spa-Bereich mit Sauna. Col de Légal, 15140 Saint-Projet-de-Salers, ✆ 04-71673066, www.gite-coldelegal.com.

Immer der Straße nach für die ganze Pracht der Festung

Auvergne | Das Cantal → Karte S. 106/107

Der Osten des Cantal

Europas höchstgelegene Kathedrale, die wärmste Quelle des Kontinents, die einstmals höchste Eisenbahnbrücke: Der auf den ersten Blick recht unscheinbare Osten des Cantal hat einige Superlative zu bieten. Sein eigentlicher Charme aber liegt in den weiten Ebenen vulkanischen Ursprungs, auf denen friedlich die hübschen Aubrac-Rinder grasen.

Durch den äußersten Osten des Cantal zieht sich die Bergkette La Margeride. Die Truyère gräbt hier sanfte Schluchten in das dicht bewaldete Granitmassiv. In eines der Täler fügt sich das berühmte rote Garabit-Viadukt von Gustave Eiffel ein. Zu ihrer Entstehungszeit war die Eisenbahnbrücke die höchste der Welt. Den Titel verlor sie allerdings bereits 25 Jahre später an den 165 km entfernten Viaduc des Fades bei Clermont-Ferrand.

An den Westen des Margeride-Massivs schmiegt sich die Planèze de Saint-Flour an – eine erstarrte Lavazunge, deren Boden als besonders fruchtbar gilt. Der Anbau heller Linsen erlebt hier seit einigen Jahren wieder eine Renaissance. Das Basaltplateau wird gerne in die hohe und die tiefe Planèze eingeteilt. Erstere zieht sich bis in 1100 m Höhe zu den Monts du Cantal, zweitere gilt als die eigentliche Planèze, auf der sich auch Saint-Flour befindet.

Im Süden schließt sich an die Lavazunge eine weitere Hochebene an: das an vielen Stellen prärieartige Aubrac, im Norden von dem Fluss Truyère, im Süden vom Lot begrenzt. Auf den weiten, leicht hügeligen Flächen unterbrechen lediglich ein paar Bäume den freien Blick bis zum Horizont – Häuser sowieso nicht, denn das Aubrac ist extrem dünn besiedelt. Dafür grasen hier umso mehr Aubrac-Rinder, die nicht nur wegen ihrer geschwungenen Hörner und ihrem gelblich-braunen Fell wahre Schönheiten sind, sondern auch wegen ihrer schwarz umrandeten, wie mit Kajalstift geschminkten Augen. Den größten Teil des Aubrac teilen sich die Departements Aveyron und Lozère, zum Cantal gehört nur die kleine Landzunge um Chaudes-Aigues und Saint-Urcize. Weite Teile des etwa 3000 km² großen Plateaus liegen über 1000 m, nicht umsonst kommt der Name von „alto braco", was so viel bedeutet wie „hoher Ort". Zum Tal des Lot hin fällt das Gelände recht abrupt mehrere Hundert Meter ab.

Saint-Flour

Saint-Flour verteilt sich auf zwei „Etagen": die Ville-Basse im Tal des Ander und die Ville-Haute auf einem 900 m hohen Basaltplateau, das Teil der Planèze Saint-Flour ist. Sehenswerter ist der obere Ortsteil mit seiner Altstadt aus dunklem Vulkangestein. Am schönsten ist jedoch der Blick von unten, bei dem man die ganze Pracht der Lavazunge mit den steinernen Orgelpfeifen vor Augen hat.

Der Name des 6460 Einwohner zählenden Ortes geht auf den heiligen Florus zurück, der im 4. Jh. in der Gegend missionierte. Der Legende nach soll er sich auf dem Weg zu den Bewohnern des Mont Indiciac beim Besteigen des Hügels kurz zum Beten niedergekniet haben. Als er dabei seine Hand auf einen

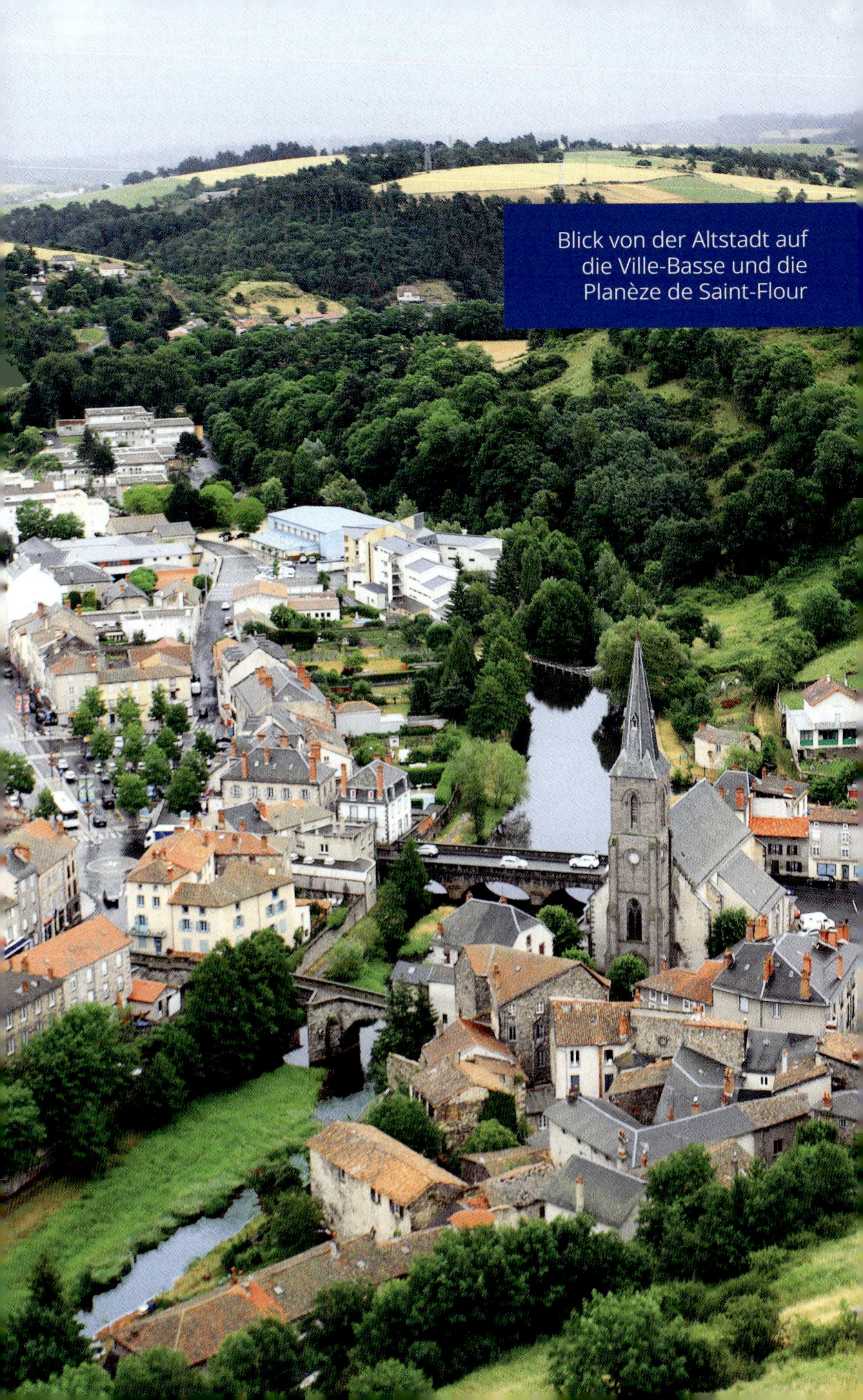

Blick von der Altstadt auf die Ville-Basse und die Planèze de Saint-Flour

Felsen stützte, soll sich dieser geöffnet und den heutigen Durchgang hinterlassen haben. (Wer den auf einem der Felsen angeblich noch sichtbaren Handabdruck des Geistlichen suchen möchte, folgt zunächst der Rue de la Frauze und biegt dann links in die Montée de la Main de Saint-Flour ein. Nicht enttäuscht sein, wenn Sie ihn nicht finden – zahlreiche Besucher haben schon vergeblich danach gesucht.) Beeindruckt von dem Wunder, errichtete Florus ein erstes Gotteshaus. Zu wachsen und blühen begann die Gemeinde jedoch erst im 14. Jh., als Papst Johannes XXII. sie zur Diözese erhob und diese somit unabhängig von Clermont war.

Die berühmteste mit der Stadt verbundene Persönlichkeit nach dem Papst ist der 1974 verstorbene Politiker Georges Pompidou. Bevor er französischer Staatspräsident wurde, war er Abgeordneter im Bezirk Saint-Flour, auch wenn seine Heimatstadt fast 70 km entfernt in Montboudif an der Grenze zur Corrèze liegt.

Bekannt ist Saint-Flour für seine Lentilles blondes – helle Linsen, die auf der Planèze gut gedeihen. Der Ackerbau wurde allerdings zugunsten der Viehwirtschaft in der Vergangenheit drastisch reduziert. Die Linsen feierten in den letzten Jahren jedoch glücklicherweise ein Comeback und gehören so neben Schwein und Tripoux weiterhin zu den kulinarischen Spezialitäten des Plateaus. Zu kaufen gibt es diese Leckereien z. B. in den Läden der geschäftigen Rue Marchande, Rue du Beuil und Rue Sorel, die neben anderen hübschen Gassen die Altstadt vom Place d'Armes aus durchziehen. Zugegeben, die Häuser an diesem Platz haben schon bessere Zeiten gesehen. Doch davon lenken die bombastische Kathedrale mit der westlichen Doppelturmfassade ab sowie rechts davon der ehemalige Bischofspalast und links das Konsulhaus mit den prächtigen Fassaden. Zwei kleine Stadttore erinnern an die mittelalterliche Wehranlage: die Porte des Roches links hinter der Kathedrale und die Porte du Thuile in der Rue de la Frauze.

Obwohl viele Gebäude während der Gotik und Renaissance konstruiert wurden, wirkt die Altstadt insgesamt recht mittelalterlich. Bei einem Spaziergang sollte man genauer auf die Eingänge blicken: Neben den neuen findet man hier auch noch die original erhaltenen alten eingemeißelten Hausnummern. Einen Blick werfen sollte

Denkmal zu Ehren von Georges Pompidou

man auch in die ehemalige Stiftskirche Notre-Dame auf dem Place de la Halle. Wohl bekannter ist sie unter dem Namen Halle aux Bleds (Kornhalle). Während der Französischen Revolution war sie zur Markthalle umfunktioniert worden, in der vorwiegend Getreide verkauft wurde, und noch heute findet von November bis März jeden Samstag ein Wochenmarkt unter den einst heiligen Dächern statt. Im Rest des Jahres kommt zeitgenössische Kunst in der Weite und Kargheit der Kirche gut zur Geltung. Ein Abstieg in den unteren Ortsteil lohnt sich wegen des Blicks von dort auf die Lavazunge. Von der Brücke der Avenue du 11 Novembre bietet sich mit der Sicht auf die Pont Vieux und den Hügel dahinter ein tolles Fotomotiv.

Cathédrale Saint-Pierre: Nicht im Zentrum der Altstadt, sondern an deren Rand erhebt sich die gotische Kathedrale Saint-Pierre auf 892 m Höhe, so hoch wie keine andere in Europa. – Sie ist ein Bollwerk mit zwei mächtigen quadratischen Türmen aus dunklem Lavastein. Errichtet wurde sie im 14. Jh. auf dem Grab von Florus, dem ersten Missionar der Haute-Auvergne. Im Inneren verdient ein schwarzer, gekreuzigter Jesus auf der linken Seite des Längsschiffes Aufmerksamkeit. Die Statue, die „Le Beau Dieu noir" genannt wird, stammt aus dem 12. Jh. und war ursprünglich mehrfarbig. Im Laufe des 19. Jh. wurde sie schwarz gefärbt, wie es auch bei den schwarzen Marienstatuen in der Auvergne üblich war. Neun Kapellen umsäumen das Kirchenschiff und den Chor. Eine Pieta, die Reliquien des heiligen Florus und eine Freske mit der Darstellung der Höllenfahrt schmücken diese aus.

Musée de la Haute-Auvergne: Rechts neben der Kathedrale, im ehemaligen Bischofspalast von 1610, kann man eintauchen in das traditionelle Leben und die Geschichte der Haute-Auvergne. In der einstigen Privatkapelle des Bischofs sind jede Menge historische Skulpturen, darunter eine Petrus-Figur aus dem 12. Jh. und eine Madonna aus vielfarbigem Holz aus dem 14. Jh., zu bewundern. Man sieht ein Chorgestühl aus dem 15. Jh., den Kirchenschatz der Kathedrale, eine beeindruckende Sammlung von historischen Schränken, diverse antike Truhen und Musikinstrumente (z. B. den auvergnatischen Dudelsack Cabrette) sowie „Lits mi-clos" genannte, schrankähnliche Betten. Auch Alltagsgegenstände wie Spinnräder aus der ersten Hälfte des 19. Jh. und Modelle von archäologischen Fundstellen der Umgebung sind zu sehen.

▪ Eintritt 5 €, Kombiticket mit dem Musée Alfred Douët 7 €. Juli–Sept. tägl. 10.30–18 Uhr, April–Juni und Okt. Mi–Sa 14–18 Uhr, Nov.–März Do/Fr 14–17 Uhr. 1, place d'Armes, ✆ 04-71602232, www.pays-saint-flour.fr.

Musée d'Art et d'Histoire Alfred Douët: Saß rechts neben der Kathedrale früher im Bischofspalast die geistliche Macht, war links von ihr im Konsulhaus die weltliche untergebracht. Heute findet man in dem Gebäude aus dem 13. Jh., das eine Renaissance-Fassade von 1540 ziert, ein wahres Kuriositätenkabinett, geschaffen von dem Anwalt, Pferdezüchter und leidenschaftlichen Sammler Alfred Douët, der bis zu seinem Tod 1952 hier alles zusammentrug, was ihm von Wert schien: Tapisserien aus Aubusson, Waffen, Gemälde, Möbel, Email, historische Bücher, eine sitzende Christusfigur aus dem 15. Jh. und Archäologisches. Er selbst lebte im Château des Ternes in Les Ternes, 9 km südwestlich von Saint-Flour, das auf Anfrage besichtigt werden kann (✆ 04-71730060). Der Schlosspark ist das ganze Jahr über zugänglich.

▪ Eintritt 5 €, Kombiticket mit dem Musée de la Haute-Auvergne 7 €, Juli–Sept. tägl. 10.30–18 Uhr, April–Juni und Okt. Mi–Sa 14–18 Uhr, Nov. –März Do/Fr 14–17 Uhr. Letzter Zutritt 30 Min. vor Schließung. 17, place d'Armes, ✆ 04-716044 99, www.musee-douet.com.

Château d'Alleuze: Die wohl schönste Burgruine der Planèze erhebt sich auf einer Basaltanhöhe oberhalb der Truyère

Auvergne | Das Cantal → Karte S. 106/107

rund 13 km südlich von Saint-Flour. Die vier schlanken Türme ragen ehrwürdig in die Höhe. Jeder einzelne ist betretbar und gewährt einen Blick durch ein „Fenster" auf den Fluss oder die schöne grüne Hügellandschaft, durch die sich vereinzelt schroffes Gestein sprengt. Unterhalb der Burg befinden sich ein alter Friedhof und eine hübsche kleine Kapelle. Das Gelände ist frei zugänglich. Beim Aufstieg empfiehlt sich festes Schuhwerk, denn der Boden ist recht holprig und mit Pflanzen überwuchert. Im Sommer kann man die Ruine bei Nachtführungen erkunden (Anmeldung über die Touristeninformation in Saint-Flour). Leider nur wenige und keine klar gekennzeichneten Parkplätze seitlich der Straße.

D 40, Château d'Alleuze, 15100 Alleuze.

Information **Office de Tourisme du Pays Saint-Flour,** organisiert Stadtführungen, Juli/Aug. tägl. geöffnet, sonst → Website. 17 bis, place d'Armes, 15100 Saint-Flour, ✆ 04-71602250, www.pays-saint-flour.fr.

Verbindungen **Züge** nach Clermont über Issoire sowie **Busse** nach Clermont tägl. ab dem Gare Saint-Flour-Chaudes-Aigues, Avenue du Général de Gaulle. **Floribus,** kostenloser Stadtbus mit 3 Linien Mo–Sa innerhalb Saint-Flour.

Baden **Centre Aqualudique,** Hallenbad mit Schwimm- und Spaßbecken sowie Fitness- und Wellnessbereich. Route de Chaudes-Aigues, Domaine du colombier, ✆ 04-71607686.

Einkaufen Lokale Produkte wie helle Linsen von der Planèze, Käse der Auvergne, Kekse oder Bier erhält man z. B. im **Maison Cathelat** (17, rue de la Collégiale) oder in der **Crémerie des Lacs** (53, rue des Lacs).

Kino **Cinéma Delta,** kleines Kino mit 2 Sälen. Place du Palais de Justice, ✆ 04-71603410, www.cinema-ledelta.fr.

Krankenhaus **Centre hospitalier,** 2, rue du Docteur Mallet, ✆ 04-71606464, www.ch-stflour.fr.

Markt Jeden Sa traditioneller Markt auf dem Place de la Halle (Ville-Haute) und in den Straßen darum herum, Nov.–März findet der Markt in der Halle aux Bleds (ehemalige Stiftskirche) statt, zusätzlich jeden Di auf dem Place de la Liberté (Ville-Basse).

Mountainbike 800 km Pisten mit 35 Touren durch die Schluchten der Truyère und über die Planèze von Saint-Flour. www.pays-saint-flour.fr.

Reiten **Club Hippique Saint-Flour au Galop,** Reitkurse, Ausflüge mit Pferd oder Pony. Juli/Aug. tägl. 2, rue du vieux four, Volzac (Ville-Basse), ✆ 04-71608901, www.stflourgalop-15.ffe.com.

Equi Club Saint-Flour, Kurse und Ausflüge mit Pferd oder Pony. Village de Volzac (Ville-Basse), ✆ 04-71604862.

Veranstaltungen **Festa del Païs,** am 1. Wochenende im Aug. dreht sich rund um die Allée Georges Pompidou alles um die Landwirtschaft und deren alte Traditionen, mit Festprogramm und jeder Menge Vorführungen. www.saint-flour.fr.

Le Festival des Hautes Terres, dreitägiges Festival Anfang Juli, bei dem die Kulturen verschiedener Bergvölker – nicht nur aus dem Zentralmassiv, sondern aus der ganzen Welt – mit Konzerten, Tänzen, Ausstellungen, Feinschmecker-Markt und vielem mehr gefeiert werden. www.festivalhautesterres.fr.

Chemin d'art – Biennale d'art contemporain, alle 2 Jahre ist Saint-Flour von Mitte Juli bis Mitte Sept. fest in der Hand zeitgenössischer Künstler. Ihre Werke sind in verschiedenen Gebäuden wie auch im Freien ausgestellt. Los geht die Entdeckertour in der alten Markthalle. Dabei verbindet der „Kunstweg" die obere Alt- mit der unteren Neustadt. Wegen der Coronapandemie wechselte der Rhythmus. Die letzte Biennale fand 2021 statt. Wegweiser → www.chemindart.fr.

Übernachten/Essen ***** Grand Hôtel de l'Etape,** modernes Hotel-Restaurant in der Neustadt mit geräumigen, gepflegten und ansprechenden Zimmern. So gut wie man sich hier bettet, diniert man auch. In stilvoller Atmosphäre gibt es Spargelsuppe mit Foie gras, Blätterteigkuchen mit Tomaten und Cantal-Käse oder Aubrac-Entrecôte an Blauschimmelkäse. So/Mo geschlossen. 18, avenue de la République, ✆ 04-71601303, www.hotel-etape.com. **€€–€€€**

MeinTipp **Folie des Sens,** in angenehmem, unaufdringlichem Ambiente mit etwas Schick darf man sich auf erstklassige regionale Küche mit mediterranen Einflüssen zu moderaten Preisen freuen, etwa Gazpacho mit Büffelmozzarella, Tatar vom Aubrac-Rind mit Zucchinimousse oder Schweinefilet an Saint-Nectaire-Crème. Nicht umsonst ist das Restaurant so beliebt. Im Sept. Di/Mi geschlossen, im Okt. zudem So abends. 36, rue de la Rollandie, ✆ 04-71604221, www.folie-des-sens.fr. €€

Chez Geneviève, schnuckliges Restaurant auf zwei Etagen im Herzen der Altstadt mit Blick auf die Dächer Saint-Flours. Umgeben von den typisch rustikalen Steinwänden dürfen sich Feinschmecker auf lokale Küche freuen: hausgemachte Tripoux, Lachs- und Rindertatar, Aligot, Truffade, große Salatauswahl, Lachs- und Schinkensandwiches. In den Topf bzw. in die Pfanne kommen helle Linsen und Fleisch von Salers- oder Aubrac-Rind. Zum Restaurant gehört die gemütliche Weinbar **Le Zag** gleich nebenan. Im Juli/Aug. tägl. geöffnet, im Sept. So und sonst So/Mo und Mi abends geschlossen. 25–27, rue des Lacs, ✆ 04-71601797, www.restaurant-saint-flour.com. €€

La Maison d'Adélaïde, in der Nachbarschaft des Restaurants Folie des Sans kann man exklusiv in einem ehemaligen Stadtpalais übernachten. Im heutigen Gästezimmer Clothilde residierte bereits ein Bischof. Alle 4 Zimmer befinden sich in der 2. und 3. Etage. Sie sind elegant, mit modernen Akzenten, ohne dabei den historischen Charme des Gebäudes zu verlieren. Von allen Zimmern hat man einen wunderbaren Ausblick auf die Dächer der Stadt. Achtung, es gibt keinen Aufzug. 12, rue de la Rollandie, ✆ 04-71739650, www.maisonadelaide.com. €€€

**** Cantal Cottages Hôtel,** 5 km südöstlich von Saint-Flour gelegen, verfügt das motelartige Hotel über 30 preisgünstige Zimmer. Die sind modern, einfach und dennoch komfortabel und unterscheiden sich lediglich in der kräftigen Wandfarbe. Trotz der Nähe zur Autobahn (A 75, Ausfahrt 29) relativ ruhig. Le Crozatier, 15100 Saint-Georges, ✆ 04-71202925, www.hotel-cantal-cottages.com. €

Ferme le Ruisselet, Mutter und Tochter bieten auf ihrem Bauernhof rund 4 km nordwestlich von Saint-Flour (D 926 Richtung Murat) 5 gemütliche Gästezimmer in antik-rustikalem Ambiente an. Sehr herzliche Atmosphäre! Gut für Familien geeignet. Whirlpool gegen Gebühr. Im heimischen Garten stehen Campern 12 Stellplätze sowie ein Mobil-Home zur Verfügung. Zudem kann man in 2 Ferienhäusern übernachten, eines davon mit 18 Schlafplätzen. Verkauf von regionalen Produkten wie helle Linsen, Käse etc. Mazeyrat, 15100 Roffiac, ✆ 04-71601133, www.ferme-le-ruisselet.com. €€

Auvergne | Das Cantal → Karte S. 106/107

Viaduc de Garabit

Ein Abstecher zum Viaduc de Garabit bei Ruynes-en-Margeride ist ein Muss. Etwa 13 km südöstlich von Saint-Flour zieht sich das Monument aus 3250 t Stahl und Eisen über den aufgestauten Fluss Truyère. Harmonisch fügt sich die rote Eisenbahnbrücke in die schroffen, bewaldeten Ausläufer des Zentralmassivs ein. Einen besonders schönen Blick hat man von einem kleinen Parkplatz kurz nach der Straßenbrücke (D 909) am rechten Flussufer. Besonders

Markantes Erbe von Gustave Eiffel: Viadukt von Garabit

schön: Nachts ist das Viadukt beleuchtet, im Sommer bis 1 Uhr, an Weihnachten und Neujahr die ganze Nacht durch, sonst nur bis 22 Uhr. Eine fast noch bessere Aussicht mit dem weiten Tal als Hintergrundkulisse eröffnet sich vom Rastplatz auf der A 75. Dort befindet sich auch ein Info-Zentrum zum Bau des Monuments.

Der „Eisenzauberer" Gustave Eiffel und die beiden Ingenieure Maurice Koechlin und Émile Nouguier – dem Trio ist auch der Eiffelturm zu verdanken – konstruierten die Brücke, die nach vier Jahren Bauzeit 1884 in Betrieb genommen wurde. Etwa 500 Arbeiter werkelten an dem Koloss. 565 m lang – allein die Spannweite des Bogens misst 165 m – und 122 m hoch, war sie 25 Jahre lang die höchste Brücke der Welt. Die Überfahrt mit dem Zug dauert eine Minute. Das Viadukt kann sogar ein paar Gastauftritte in Filmen vorweisen, z. B. im Streifen „L'Enfer" („Die Hölle") des französischen Regisseurs Henri-Georges Clouzot mit Romy Schneider. Damals schillerte die Eisenkulisse allerdings noch nicht im ungewöhnlichen Rot – den Anstrich bekam die Brücke erst 1996 verpasst. Seit 2017 hofft man, dass das Monument in die Riege des UNESCO-Kulturerbes aufgenommen wird.

Information **Maison du Cantal,** Info-Zentrum über das Viadukt mit sagenhafter Aussicht an der A 75, beim Rasthof zwischen den Ausfahrten 30 und 31. Von Nov.–Ostern Mo–Fr, sonst tägl. geöffnet. Aire de repos de Garabit, 15320 Ruynes-en-Margeride.

Baden **Lac du Barrage de Grandval,** am Plage de Mallet (im Sommer mit Badeaufsicht), ein Stück weiter westlich des Viadukts staut sich die Truyère zu einem Badesee, mit Kanu- und Bootsverleih.

Zirkus **Diego n'Co,** Ganzjahres-Zirkus mit Akrobatik, Pferdeshow und weiteren Attraktionen. La Plenne (D13), 15320 Ryenes-en-Margeride, ✆ 07-86601163, http://diego-n-co.fr.

Übernachten ***** Hôtel Beau Site,** der Name des Hotel-Restaurants ist Programm: Getafelt wird mit einer tollen Aussicht auf das Garabit-Viadukt. Schön anzusehen und schmackhaft ist auch, was auf den Teller kommt: Kürbis-Kastanien-Suppe, Jakobsmuscheln mit Safran an Basilikum-Risotto, Ente an Enziansoße mit karamellisierten Kartoffeln. Es gibt auch ein vegetarisches und glutenfreies Menü. Angenehm sind die 16 gepflegten Zimmer – freundlich und zeitgemäß eingerichtet. Spa-Bereich, Pool im Freien, Panoramaterrasse. Garabit, 15320 Loubaresse, ✆ 04-71234146, www.beau-site-hotel.com. **€€–€€€**

Chaudes-Aigues

Dass das 840-Seelen-Örtchen Chaudes-Aigues im engen Tal des Baches Remontalou nicht nur das Tor zum Aubrac-Hochplateau ist, sondern mit dem weltweit ersten Fernwärmenetz Geschichte geschrieben hat, erkennt man nicht sofort. Eher glaubt man, sich in einem alten Kurort zu befinden, der seine besten Tage schon hinter sich hat. Doch das stimmt nicht.

Aber fangen wir von vorne an: Bereits im Jahr 1332 wurden in Chaudes-Aigues Häuser durch das Wasser warmer Quellen geheizt, früher als überall sonst! Mehr als 30 warme Quellen gibt es in der Stadt, die wärmste davon, die Source du Par, sprudelt oberhalb des Marktplatzes aus der Wand und bringt es auf 82 °C – damit ist sie die wärmste natürliche Quelle Europas. In vergangenen Zeiten wurde mit dem heißen Wasser Wolle entfettet, geschlachtete Schweine wurden damit abgebrüht, damit man ihre Borsten besser entfernen konnte. Im Lauf der Zeit entstand in Chaudes-Aigues ein Fernwärmenetz mit Leitungen aus Kiefernholz zum Transport des heißen Wassers, sodass es in den Häusern per Fußbodenheizung wohlig warm werden konnte. Ab dem 17. Jh. schließlich war der ganze Ort an das Netz angeschlossen – im sehenswerten Geothermie-Museum kann man sich näher über seine Geschichte informieren. Auch die Eignung des Wassers für Heil- und Thermalzwecke wurde bald erkannt. Beim Marktplatz wurde ein großes, öffentliches Bad errichtet, viele kleinere existierten in Privathäusern. Später entstanden Kureinrichtungen und brachten Chaudes-Aigues den Beinamen „französisches Karlsbad".

Seit mit der Einrichtung Caleden nicht nur ein Thermalzentrum für Kurgäste zur Behandlung von Rheuma und Arthrose geschaffen wurde, sondern gleichzeitig ein öffentliches Thermalbad, in dem auch Touristen das warme Wasser genießen können, erlebt der Ort einen kleinen Aufschwung. Weil die heißen Quellen aber nun Caleden versorgen, müssen die Stadtbewohner mit normalen Heizungen vorliebnehmen. Nur die Kirche, das Schwimmbad und die Häuser, die über privaten Quellen liegen, werden noch mit warmem Wasser geheizt.

Von den neun über die Stadt verteilten Brunnen, jeweils mit Schrein und Schutzheiligem daneben – jedes Stadtviertel hatte einst seinen eigenen Brunnen mit heißem Quellwasser – existieren heute noch acht, allerdings sind nur drei davon in Betrieb. Neben der 82 °C heißen Source du Par sind das eine Quelle auf dem Marktplatz und die auf der anderen Flussseite gelegene Fontaine de l'Hospice, von der aus man einen kleinen Stadtrundgang starten kann. Der Weg ist durch auf dem Boden angebrachte Wassertropfen-Symbole markiert und mit Infotafeln an verschiedenen Stationen versehen. Kurz nach der Fontaine de l'Hospice gelangt man zu einem öffentlichen Waschhaus, das von der 62 °C heißen Quelle Lestende gespeist wird. Noch immer reinigen alte Frauen hier ihre Wäsche mit Savon de Marseille. Ein Stück weiter erreicht man die neuen Thermengebäude. Am anderen Ende des Ortes befindet sich die Kapelle Notre-Dame de Pitié, unter deren Schutz die Stadt steht und die mit einem violett gestrichenen Gewölbe glänzt.

Geothermia: Gleich neben der Source du Par widmet sich ein Museum auf vier Etagen der Geschichte der heißen Quellen von Chaudes-Aigues. Anhand von Texttafeln und einem Film, dem Besuch einer winzigen, nachgebauten Grotte und einer kleinen Animation, bei der man mit einem U-Boot abtaucht, werden interessante Informationen zu den Themen Thermalwasser, Geothermie und Vulkanismus vermittelt.

■ Eintritt 5 €. April–Okt. geöffnet, tägl. 10–12.30 und 14–18.30 Uhr, Anfang bis Mitte Nov. sowie in den Weihnachtsferien tägl. 10–12.30 und 14–17.30 Uhr. 5, Quartier du Par, ✆ 04-712 35876, www.pays-saint-flour.fr.

Caleden: In dem neuen Thermalbad mit angeschlossenen Kureinrichtungen kann man Massagedüsen, Whirlpool, Wasserfälle, Dampfbäder und oben auf der Terrasse ein kleines Becken mit Unterwassermusik und Aussicht auf die Stadt genießen. Besonders groß ist das Bad nicht, das Entspannen im 32 bis 37 °C warmen Wasser ist aber natürlich durchaus angenehm. Auch wer kein Kurgast ist, kann nachmittags zusätzlich einzelne Anwendungen buchen.

■ März bis Mitte Nov. geöffnet. 27, avenue Georges Pompidou, ✆ 04-71235106, www.caleden.com.

Information **Office de Tourisme,** Juli/Aug. tägl. geöffnet, sonst → Website. 3, place du Gravier, 15110 Chaudes-Aigues, ✆ 04-712352 75, www.pays-saint-flour.fr.

Verbindungen **Buslinie** nach Saint-Flour.

Baden **Städtisches Freibad,** nördlich der Innenstadt neben dem großen Parkplatz (nach

Auvergne | Das Cantal → Karte S. 106/107

dem Ortseingang von Saint-Flour kommend), von heißen Quellen beheizt.

Casino Neben den gängigen Glücksspielen finden auch Konzerte statt. Ab 14 Uhr geöffnet. Zum Casino gehört eine Brasserie mit Spezialitäten der Region wie Aligot mit Würstchen oder Tripoux, Wurst- und Käseplatten, außerdem Salate (Mo/Di geschlossen). 29, place du Gravier, ✆ 04-71235243, www.casino-chaudes aigues.com.

Hochseilgarten/Klettern **Truyère Evasion,** Hochseilgarten mit 6 Parcours und einer Seilbahn. Parc de la Piscine, ✆ 06-83488461, www.truyere-evasion.fr.

Kino **Cinéma la Source,** 29, rue Saint-Julien, ✆ 04-71235679, www.chaudesaigues.com.

Markt Mo/Do März–Nov. Bauernmarkt in Chaudes-Aigues. Im Sommer Markt der lokalen Erzeuger Mi abends unterhalb der Kirche.

Wassersport **Base Nautique de Lanau,** 6 km nördlich von Chaudes-Aigues kann man sich bei Dam'Nature in der aufgestauten Truyère austoben. Verleih von verschiedenen Kanus und einem Drachenboot. 5, impasse de l'Embarcadère, 15260 Neuvéglise-sur-Truyère, ✆ 04-71239317, www.basenautiquedelanau.fr.

Beim **Camping Le Couffour** wird auch Canyoning angeboten.

Übernachten/Essen **** Hôtel Beauséjour,** Traditionshotel mit schönem Pool im Garten und 40 altmodischen, etwas überteuerten Zimmern, mit Außenpool. 3 Speisesäle und ein Bar-Salon. Fleisch vom Aubrac-Rind, auf Whisky flambierte Gambas und Aligot. 9, avenue Georges Pompidou, ✆ 04-71235237, www.hotel-beausejour-chaudes-aigues.com. **€€**

Sodade, Serge Vieira (s. u.) hat mit Aurélien Gransagne einen guten Freund nach Chaudes-Aigues geholt, um auch im Zentrum kulinarisch groß aufzufahren. 2 Sterne wie Viera hat Gransagne zwar nicht, aber mit immerhin einem Bib Gourmand kann er in der Küche gut mithalten. In sehr modernem Ambiente kommen etwa Wildschweinterrine, Kalbsbrust im Ingwersud mit jungem Gemüse oder Kastaniencreme auf den Teller. Mo/Di geschlossen. 21, avenue Georges-Pompidou, ✆ 04-71601023, www.sergevieira.com. **€€€**

MeinTipp **La Maison de Gilbert,** wir sind angetan von diesem zauberhaften, alten Bauernhof. Künstlerisch durchgestlyt sind die 5 Gästezimmer, zum Teil mit Steinwänden, Holzbalken und Deko-Kaminen. Uriger Gemeinschaftsraum mit Billard, Pool und Whirlpool im Freien, hauseigenes 3-Loch-Golfplätzchen. La Valette, ✆ 04-712 06727, https://lamaisondegilbert.mystrikingly.com. **€€–€€€**

***** Le Relais de la Poste,** 11 km nördlich von Chaudes-Aigues liegt dieses hübsche Landhotel mit 8 stilvoll-modernen, hellen Zimmern zum Wohlfühlen. Das Restaurant ist für seine ausgezeichnete Küche bekannt, darunter Rind auf Waldpilzen, Kaninchenconfit oder Schnecken. Sa mittags geschlossen. Cordesse, 15260 Neuvéglise-sur-Truyère, ✆ 04-71238232, www.relaisdelaposte.com. **€€–€€€**

MeinTipp **Serge Vieira,** wer seinem Gaumen einmal eine Abwechslung von der allgegenwärtigen Truffade gönnen, seinen Geldbeutel deutlich erleichtern möchte und auf eine Geschmacksexplosion aus ist, kehrt bei Serge Vieira ein. Schließlich hat der Koch 2 Michelin-Sterne und beim renommierten Kochwettbewerb Bocuse d'Or Gold gewonnen. Am Ende einer Lindenallee am Südrand der Stadt befindet sich sein Restaurant, das sich in außergewöhnlicher Architektur aus Glas, Stahl und Stein an das Château de Couffour anschließt. Die Hotelzimmer bieten modernsten Komfort und ein ebensolches Design. Mi–Sa geöffnet, Juli–Sept. auch So geöffnet. Le Couffour, ✆ 04-71207385, www.sergevieira.com. **€€€€**

MeinTipp **Domaine de la Bâtisse,** ein wahres Kleinod inmitten der Natur ist dieses Gästehaus 7 km nördlich von Chaudes-Aigues. Die Natur spielt auch in den 5 anmutig gestalteten, puristischen Zimmern eine Rolle, sowohl optisch als auch in Namen wie Zeder, Süßkirsche oder Wölfin. Es besteht die Möglichkeit, Tennis und Boule zu spielen. Grandval, 15260 Lavastrie, ✆ 06-78781426, www.domaine-batisse.com. **€€**

Camping ****** Flower Camping le Belvedere,** schöner Campingplatz über der Truyère-Schlucht mit toller Aussicht von der Terrasse. Pool, beheiztes Hallenbad, Restaurant, Snackbar. Mobil-Homes, Chalets, Freeflower-Zelte. Lanau, 4, route des Vacances, 15250 Neuvéglise-sur-Truyère, ✆ 04-71235050, www.campinglebelvedere.com.

**** Camping Le Couffour,** netter kleiner Campingplatz beim Château de Couffour. Nur klassische Stellplätze. Spielplatz, Tennisplatz, Kletterwand. Ausgangspunkt für Klettertouren und Canyoning. Le Couffour, ✆ 06-33163032.

Saint-Urcize

Das kleine Örtchen (400 Einwohner) mit seinen engen Straßen und einigen hübschen Häuschen, die von einer bedeutenderen Vergangenheit künden, schmiegt sich mitten auf dem Aubrac-Hochplateau an einen Basaltfelsen. Südlich des Ortes und damit im äußersten Südzipfel des Cantal erhebt sich der 1427 m hohe Puy de Gudette. Aber auch im Ort selbst gibt es einen schönen Aussichtspunkt: Vom Rocher de la Vierge, wo der Wehrturm der ehemaligen Burg stand, kann man den Blick auf den Ort und die Weite des Aubrac genießen. Sehenswert ist v. a. die Kirche Saint-Michel aus dem 12. Jh. In ihrer Glockenwand hängen vier Glocken, die älteste davon stammt aus dem Jahr 1583 und ist damit eine der ältesten Frankreichs. Das Kirchenschiff geht kurioserweise mehr in die Breite als in die Länge. Um den Chor führt ein schöner, mit Säulen geschmückter Gang, von dem drei kleine Kapellen abgehen. An den Motiven der Kapitelle erkennt man, dass Saint-Urcize eine traditionelle Station auf dem Jakobsweg ist. Eines zeigt beispielsweise einen essenden Pilger, ein anderes einen Pilger, der sich eine Kapuze überzieht.

Information Informationen über Saint-Urcize erhält man im Office de Tourisme von Chaudes-Aigues, → S. 149. Im Juli/Aug. gibt es auch einen Info-Point.

Markt Jeden So Bauernmarkt im Zentrum.

Wintersport **Super Blaise,** kleines familienfreundliches Skigebiet mit 6 Pisten, außerdem 35 km gespurte Loipen und 4 Routen für Schneeschuh-Wanderungen. Route d'Aubrac.

Übernachten/Essen **La Fontaine de Grégoire,** 5 wundervolle Gästezimmer in einem alten Haus unterhalb der Kirche, ausgestattet mit einer Mischung aus rustikal-bäuerlichen und verschnörkelten Elementen. Riesiger Garten mit Terrasse und Zelt in marokkanischem Stil zum Entspannen. Das Haus selbst besitzt unglaublich viel Charakter: Ein Teil stammt noch aus dem 12. Jh., u. a. das Gewölbe in der Küche. Für die Rezeption hat der Besitzer das Chorgestühl einer Kapelle nachbauen lassen. Unter dem Dach befindet sich ein riesiger Salon im Atelier-Stil. 2, rue de la Croix de Grégoire, ✆ 04-71232069, www.fontainedegregoire.com. **€€€€**

mein Tipp **Chez Remise,** mit Anglerutensilien dekoriertes und rot-orange gestrichenen Holzkassetten getäfeltes Restaurant mit feiner Küche, das bereits in der 5. Generation geführt wird. Kleine Außenterrasse. Traditionelle Gerichte, natürlich auch Fisch. Mittagsküche, So und Mi geschlossen. Zum Haus gehört ein Hotel mit 10 freundlichen, hellen Zimmern. Le Bourg, ✆ 04-71232002, www.aubrac-chezremise.com. **€€€–€€€€** (Hotel), **€€** (Restaurant)

Vier Glocken für ein Halleluja

Die Haute-Loire

Der Südosten der Auvergne beeindruckt durch eine ungewöhnliche Landschaft: ein Relief, aus dem erloschene Vulkanschlote emporragen, Bergmassive, grüne und bewaldete Plateaus, tiefe Flusstäler und ein Kratersee. Akzente setzen belebte Städte und idyllische Dörfer.

Rund 227.500 Menschen leben in der Haute-Loire. 4977 km² groß ist das Paradies für Pilger, Biker und Wassersportler.

Zwei der großen Flüsse Frankreichs graben tiefe Schluchten in diese Vulkan-Hochebene. Da wäre der Allier, der sich vom Süd- in den Nordwesten schlängelt und hier noch besonders wild und ursprünglich ist. Romantische Dörfchen mit Häusern aus Basaltstein und roten Ziegeln erstrecken sich entlang des Ufers oder thronen hoch über dem Tal auf kleinen Plateaus.

Die Loire, der größte Fluss Frankreichs, entspringt am Fuße des Mont Gerbier-de-Jonc im Departement Ardèche. Der Berg gehört zum Massiv Mézenc, das sich weit in die Haute-Loire zieht. Karg ist die Gegend mit weiten Wiesen und Bergdörfer mit Stroh- und Schindeldächern. Waldreicher wird die Haute-Loire wieder, je weiter man sich von der Loire nach Osten bewegt.

Was anschauen?

Pilgerstadt Puy-en-Velay: Noch immer strömen massenweise Pilger nach Le-Puy-en-Velay. In der Stadt startet die Via Podiensis nach Santiago de Compostela. Aber auch als Nicht-Pilger sollte man dem attraktiven Ort mit den erloschenen Vulkankegeln einen Besuch abstatten. Auf ihnen thronen sehenswerte Bauten wie die prächtige Kathedrale, eine gigantische Madonnenstatue und ein Kapelle. → S. 156

Lieu de Mémoire in Le Chambon-sur-Lignon: Die Bewohner von Chambon-sur-Lignon versteckten bis zu 5000 Juden während des Zweiten Weltkriegs und halfen den Menschen zur Flucht in die Schweiz. Eine moderne Gedenkstätte gibt Einblick in diese Form des Widerstandes. → S. 186

Ravin de Corboeuf: Auf den ersten Blick erscheint das Naturschauspiel – der Colorado von Velay – wie eine gigantische

Wanderdüne. Es handelt sich aber um eine schroff gefächerte Schlucht, hauptsächlich aus Kalkstein, Lehm und Ton – entstanden vor 40 Mio. Jahren durch ständige Erosion. → **S. 163**

Cascade de la Beaume: Der märchenhafte Wasserfall ist ein einzigartiges Naturspektakel. Von dem gestuften, tiefschwarzen Felsen fließt das Wasser in vielen kleinen Rinnsalen herab. Die weiße Gischt ist ein fantastischer Kontrast! → **S. 162**

Was unternehmen?

Per Auto oder Motorrad den Allier erkunden: Enge Straßen schlängeln sich an Felswänden über den Schluchten des Allier. Malerische Dörfer setzen Farbtupfer. Ein Entdeckungstour lohnt im Auto oder auf dem Motorrad, beginnend bei Lavoûte-Chilhac bis nach Saint-Privat-d'Allier. → **S. 176 ff**

Ski-Spaß im Mézenc-Massiv: Fast schon öde wirkt das stattliche Gebirge im Südosten der Haute-Loire. Dennoch ist die Hochebene saftige Nahrungsgrundlage für so manches Vieh. Zudem setzen markante Felsformationen spektakuläre Akzente in dieser Weidelandschaft. Im Winter lässt es sich hier hervorragend Ski fahren. → **S. 190**

Biken und Wandern im Meygal-Massiv: Beeindruckende, teils kurios geformte Berge hat das Meygal-Massiv zu bieten. Vor dieser gigantischen Kulisse bettet sich Saint-Julien-Chapteuil – ein wunderbarer Startpunkt für Biker und Wanderer. → **S. 189**

Den Stevensonweg wandern: In Monastier-sur-Gazeille startet der Pilgerweg, den der „Schatzinsel"-Autor Robert Louis Stevenson gemeinsam mit einem Esel aus Liebeskummer beschritt. Wanderfreunde können hierfür eigens Esel mieten. → **S. 195 Kasten**

Wo baden?

Im Allier: Entlang des Alliers gibt es ab Lavoûte-Chilhac in fast jeder Ortschaft Badestellen mit Strand, z. B. in Lavoûte-Chilhac unterhalb des Priorats, unweit davon in Chilhac oder in Prades am Fuße einer Klippe. Im Sommer sind die Strände überwacht. → **ab S. 176**

Lac du Bouchet: Der kreisrunde Kratersee liegt auf 1200 m Höhe und ist von dunklen Nadelwäldern umsäumt. Neben Baden kann man hier Tretboot fahren oder den See zu Fuß umrunden. Der See liegt gute 20 km entfernt von Saint-Privat-d'Allier. → **S. 183**

Was sonst noch?

Aromatische grüne Linsen: Dank des warmen Föhns und der vielen Sonnenstunden gedeihen östlich des Margeride-Massivs die berühmten Linsen von Le Puy mit leicht nussigem Geschmack – und zwar bereits seit 2000 Jahren. Etwa 650 Landwirte bauen den Kaviar der Armen auf mehr als 3000 ha an. → **S. 492**

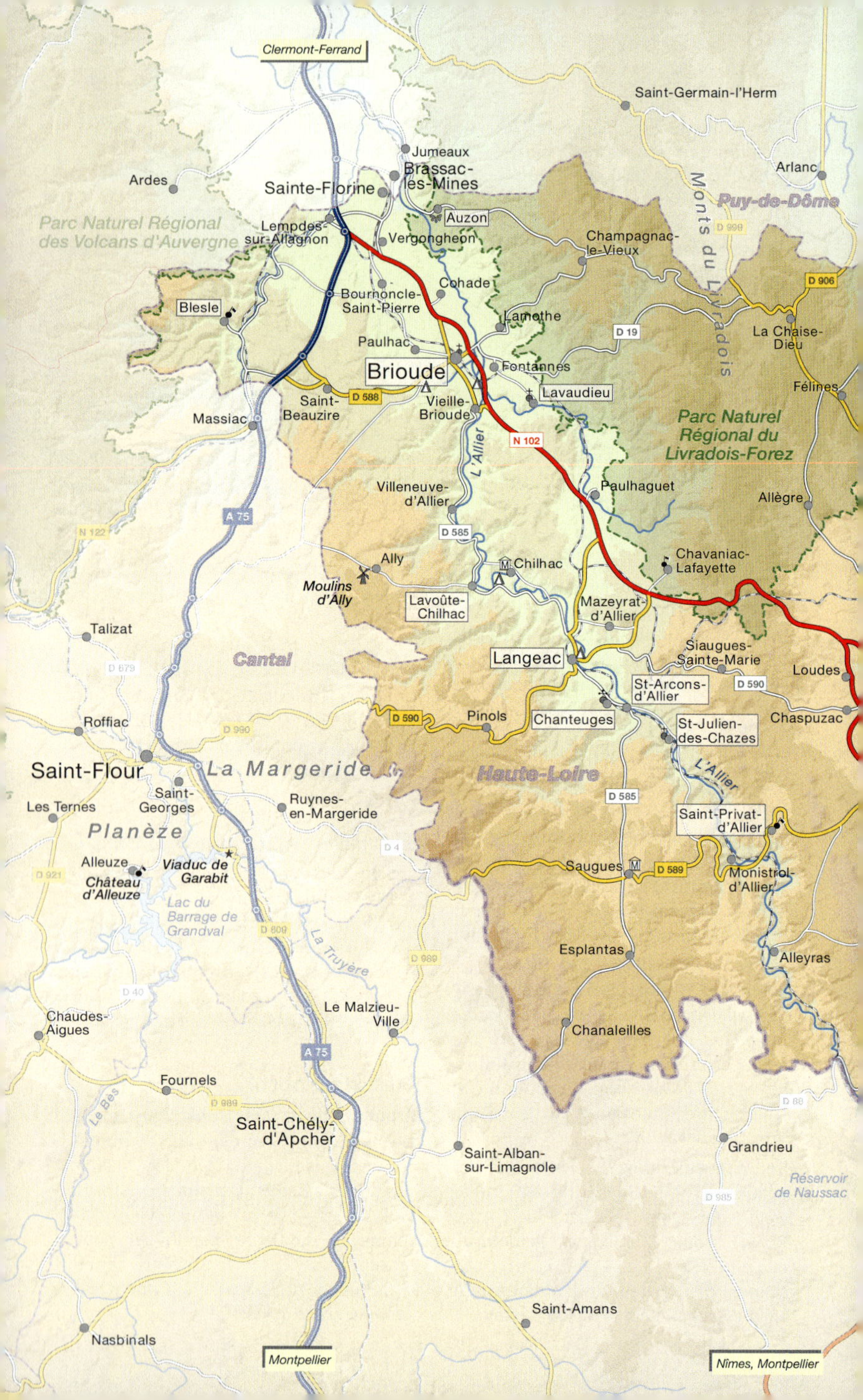
Clermont-Ferrand
Saint-Germain-l'Herm
Jumeaux
Brassac-les-Mines
Sainte-Florine
Ardes
Arlanc
Puy-de-Dôme
Parc Naturel Régional des Volcans d'Auvergne
Lempdes-sur-Allagnon
Auzon
Vergongheon
Champagnac-le-Vieux
Monts du Livradois
D 999
D 906
Cohade
Bournoncle-Saint-Pierre
Blesle
Lamothe
D 19
La Chaise-Dieu
Paulhac
Brioude
Fontannes
Lavaudieu
Félines
Saint-Beauzire
D 588
Vieille-Brioude
Massiac
Parc Naturel Régional du Livradois-Forez
N 102
L'Allier
Paulhaguet
Allègre
Villeneuve-d'Allier
A 75
N 122
D 585
Ally
Chilhac
Chavaniac-Lafayette
Moulins d'Ally
Lavoûte-Chilhac
Mazeyrat-d'Allier
Talizat
Cantal
Siaugues-Sainte-Marie
Langeac
Loudes
D 879
St-Arcons-d'Allier
D 590
Roffiac
D 590
Pinols
Chanteuges
Chaspuzac
D 990
St-Julien-des-Chazes
Saint-Flour
La Margeride
Haute-Loire
L'Allier
Saint-Georges
Les Ternes
Ruynes-en-Margeride
D 585
Saint-Privat-d'Allier
Planèze
D 4
Alleuze
Viaduc de Garabit
Saugues
D 589
D 921
Château d'Alleuze
Monistrol-d'Allier
Lac du Barrage de Grandval
D 909
La Truyère
D 989
Esplantas
Alleyras
D 40
Le Malzieu-Ville
Chaudes-Aigues
Chanaleilles
A 75
Fournels
D 989
Le Bès
D 88
Saint-Chély-d'Apcher
Grandrieu
Saint-Alban-sur-Limagnole
Réservoir de Naussac
D 985
Saint-Amans
Nasbinals
Montpellier
Nîmes, Montpellier

Saint-Just-Saint-Rambert
Clermont-Ferrand
Saint-Étienne
Le Chambon-Feugerolles
Unieux
Saint-Bonnet-le-Château
Usson-en-Forez
Aurec-sur-Loire
Firminy
Saint-Ferréol-d'Auroure
Craponne-sur-Arzon
Saint-Pal-de-Chalencon
La Chapelle-d'Aurec
Pont-Salomon
Saint-Just-Malmont
Saint-Genest-Malifaux
Valence
Saint-Georges-Lagricol
Bas-en-Basset
Monistrol-sur-Loire
La Séauve-sur-Semène
St-Didier-en-Velay
Marlhes
Parc Naturel Régional du Pilat
L'Ance
Beauzac
Sainte-Sigolène
St-Romain-Lachalm
Saint-Pal-de-Mons
Riotord
Dunières
Bellevue-la-Montagne
La Loire
Retournac
St-Maurice-de-Lignon
Grazac
Lapte
Montfaucon-en-Velay
Vorey
St-Bonnet-le-Froid
St-Vincent
Rosières
Yssingeaux
St-Paulien
Château de la Rochelambert
Beaulieu
Ravin de Corbœuf
Tence
Lavoûte-sur-Loire
Saint-Jeures
Forteresse de Polignac
Chadrac
St-Hostien
Suc de Monac 1022
Grand Testavoyre 1436
Le Lignon
Le Chambon-sur-Lignon
Polignac
Brives-Charensac
Massif du Meygal
Mazet-Saint-Voy
Le Puy-en-Velay
St-Germain-Laprade
St-Julien-Chapteuil
Suc de Chapteuil 1031
Champclause
Saint-Agrève
Bains
Coubon
Lantriac
Fay-sur-Lignon
Arsac-en-Velay
Bigorre
Cascade de la Beaume
Laussonne
Mont Signon 1455
Solignac-sur-Loire
Maison du Fin gras
Moudeyres
Saint-Martin-de-Valamas
Narces de Chaudeyrolles
Chaudeyrolles
Cayres
Massif du Mézenc
Le Monastier-sur-Gazeille
Mont d'Alambre 1691
Mont Mézenc 1753
L'Eyrieux
Le Cheylard
Lac du Bouchet
Costaros
Les Estables
Arlempdes
Gerbier de Jonc 1551
Landos
Loire-Quelle
Parc Naturel Régional des Monts d'Ardèche
Pradelles
Orange, Avignon
5 km
Die Haute-Loire
N 88
D 906
D 1
D 9
D 103
D 105
D 15
D 23
D 503
D 500
D 1082
D 104
D 488
D 3
D 501
D 121
D 532
D 533
D 120
D 578
D 122
D 538

Le Puy-en-Velay

→ Karte S. 164/165

Le Puy-en-Velay – der Berg im Velay! Um genau zu sein, sind es drei vulkanische Basaltkegel, die in der größten Stadt der Haute-Loire in die Höhe ragen. Jeder ist von einem imposanten Bauwerk gekrönt: von einer romanischen Kirche, einer Marienstatue und einer der Muttergottes geweihten Kathedrale.

Kirche, Statue und Kathedrale prägen nicht nur die hübsch anzuschauende Silhouette der Stadt – sie sind auch ihre Visitenkarte als einer der großen Marienwallfahrtsorte Frankreichs. Begründet wurde der hiesige Marienkult bereits zu Beginn des 5. Jh. Der Legende nach soll die Heilige Jungfrau damals auf dem Mont Anis, dem heutigen Standort der Kathedrale, erschienen sein und einer von todbringendem Fieber geplagten Frau zur Genesung verholfen haben. Sie tat das praktischerweise am Standort einer keltischen Kultstätte und so konnte die Deckplatte eines Dolmen, der den Druiden als Altar gedient hatte, in der christlichen Tradition fortleben: als wundertätiger „Pierre de l'Apparition" (Stein der Erscheinung) oder „Pierre des Fièvres" (Fieberstein), von dessen Berührung sich fortan zahllose Pilger Linderung ihrer Leiden erhofften. Der Stein befindet sich heute in der Chapelle du Saint-Crucifix in der Nordapsis der Kathedrale.

Die Basaltkegel bieten einen imposanten Anblick

Zweites Ziel der Pilger war ab dem 13. Jh. eine schwarze Madonna, die 1254 von Ludwig IX., dem heiligen Ludwig, vom siebten Kreuzzug nach Frankreich gebracht und dann der Stadt Le Puy übergeben wurde. Angeblich war sie das Geschenk eines ägyptischen Sultans und ziemlich sicher stellte sie auch nicht die christliche Muttergottes, sondern die ägyptische Göttin Isis dar, sodass auch hier wieder nichtchristliche und christliche Symbolik ineinanderflossen. Die Madonnenfigur wertete Le Puy als Pilgerziel noch einmal enorm auf, zumal sich die hiesige Kathedrale zum offiziellen Startpunkt der Via Podiensis entwickelte, die ein noch bedeutenderes Ziel ansteuerte: das Jakobsgrab im spanischen Santiago de Compostela (→ Kasten S. 167).

Pilgerziel ist die 19.200-Einwohner-Stadt Le Puy noch immer, religiöses wie touristisches. Wer hierherkommt, wähnt sich schon beinahe in südlichen Gefilden. Dafür sorgen nicht zuletzt die vielen schlanken Häuser mit bunten Fassaden, denen allerdings auch regionstypische dunkle Basaltsteingebäude mit Erkern und Rundtürmen zur Seite stehen. Entdecken lässt sich Le Puy auf mehreren ausgeschriebenen Rundgängen. Wer will, kann auch mit dem Bummelzug durch das historische Viertel tuckern, bei den Steigungen vielleicht keine schlechte Idee.

Sehenswertes in der Stadt

Der klassische Rundweg nimmt etwa zwei Stunden in Anspruch und beginnt am Place du Martouret mit dem hübschen klassizistischen Hôtel de Ville aus dem Jahr 1760. Über die Rue Courrerie erreicht man den schönsten Platz der Stadt, den Place du Plot im italienischen Stil mit seinen farbenfrohen Häusern. Besonders belebt ist er samstags beim traditionellen Wochenmarkt, doch auch sonst sorgen die vielen Cafés und Restaurants ringsherum für Trubel. An lauen Sommerabenden können hier schon einmal beschwingte Rhythmen ertönen, zu denen Frauen und Männer ausgelassen Salsa tanzen.

An die Rue Courrerie schließt die Haupteinkaufsstraße an, die Rue Pannessac, die mit hübschen Häusern und Treppentürmchen aufwartet. Wie überhaupt in der Stadt findet man kaum Läden der gängigen Modeketten, sondern schnuckelige Boutiquen und Feinkostläden. Rechts geht es in die Rue Chènebouterie, wo einst das Geld residierte. Halb links beginnt die Rue Raphaël mit ihren vielen Restaurants, einem Museum, das sich der Spitzenklöppelei widmet, und einer ganzen Reihe von Läden, in denen man sich mit Spitze eindecken kann. Das Handwerk hat eine lange Tradition in Le Puy, vermutlich waren es Pilger, die es im 15. Jh. aus Italien in die Stadt brachten. Gerade im Sommer wird in der Rue Raphaël und den umliegenden Gassen auch heute noch geschäftig geklöppelt. Aber Vorsicht, vieles, was angeboten wird, ist billiger Ramsch aus dem Ausland.

Am Ende der Rue Raphaël zweigt vom Place des Tables die gleichnamige Rue des Tables ab, die hinauf zur Kathedrale führt. In der Gasse standen einst die Verkaufstische *(tables)* der Händler, die die Pilger mit Nützlichem für Geist, Seele und Körper versorgten. Die Kathedrale selbst erhebt sich auf der niedrigsten der drei Basaltkuppen, auf dem Mont Anis, und wirkt auf den ersten Blick ein wenig furchteinflößend – zumindest beim Anblick der majestätischen Treppe. Wer glaubt, nach dem Aufstieg der doch recht steilen Rue des Tables und der Stufen gemütlich die Kathedrale zu betreten, der irrt. Denn nach dem Hauptportal empfängt bereits die nächste Treppe die Kirchenbesucher. Sie endet direkt vor dem Altar. Hinter der Kathedrale ragt der höchste Kegel, der Rocher Corneille, mit seiner gigantischen roten Madonnenstatue hervor. Links geht die Rue Bec de Lièvre ab, hier lohnt ein Besuch des Hôtel des Lumières (zuvor Hôtel-Dieu), einer ehemaligen Pilgerherberge, in der heute ein fantastisches Museum untergebracht ist. Noch ein Stück weiter erreicht man über die Rue Gouteyron die dritte Vulkankuppe mit der Kirche Saint-Michel. Geht man die Rue Gouteyron zurück, gelangt man links auf die Rue Grasmanet und zum Kloster mit seinem bedeutenden Kreuzgang. Nur wenige Schritte entfernt liegt der Place du For mit der herrlichen Renaissance-Fassade des Bischofspalasts. Von dort geht's weiter in die Rue Cardinal Polignac, dann in die Rue Rochetaillade mit den kleinen Treppenstufen, die Eselsschritte genannt werden, und einem der ältesten Häuser der Stadt (Nr. 7). Die anschließende Rue Meymard führt zum Ausgangspunkt zurück.

Cathédrale Notre-Dame-de-l'Annonciation du Puy-en-Velay: Für seine Marienwallfahrt hat Le Puy mit der Kathedrale „Unserer lieben Frau der Verkündigung"

Auvergne | Die Haute-Loire → Karte S. 154/155

einen bombastischen Tempel geschaffen. Erbaut wurde die Kirche größtenteils im 11. und 12. Jh., älter sind Teile des Chors, die Steine der Joche stammen von Bauten aus galloromischer Zeit. Prächtig ist die maurisch anmutende Westfassade mit ihren fünf Arkadenreihen und dem farbigen Muster aus hellem Sand- und dunklem Vulkanstein. Hier mündet auch die große Freitreppe (102 Stufen), über die man direkt ins Schiff vor den Altarraum gelangt – eine architektonische Besonderheit mit Kalkül: Die Pilger soll(t)en direkt ins Herz der Kirche geleitet werden zur schwarzen Madonna im anschließenden Chor. Die originale, vom heiligen Ludwig gestiftete Skulptur der Gottesmutter empfing die Heilsuchenden dort bis zum Ende des 18. Jh. Dann war Revolution und die Skulptur ereilte genau das Schicksal, das für religiöse Symbole in Zeiten großer weltlicher Umbrüche beinahe unvermeidlich ist: Sie wurde zerstört, genauer gesagt, auf dem Place de Matouret öffentlich verbrannt. Nach der Revolution kam schnell Ersatz und so ist das heutige Objekt der Anbetung eine aus dem 17. Jh. stammende Madonna, die aus einer anderen Kirche in die Kathedrale überführt wurde. Ein Bild von der Ursprungsmadonna kann man sich aber auch heute noch machen: Der in Le Puy gebürtige, 2011 verstorbene Künstler Philippe Kaeppelin hat eine Kopie angefertigt, die in der Reliquienkapelle (Chapelle du Saint-Sacrement) aufbewahrt wird.

Zu bewundern gibt es in der seit 2003 als UNESCO-Weltkulturerbe geführten Kathedrale darüber hinaus noch stattliche Fresken, Statuen, Gemälde, eine riesige Orgel aus dem 17. Jh., eine herrliche Kanzel mit feinen Schnitzereien, eine gigantische Kuppel mit Hirschskulpturen und nicht zuletzt prächtige Portale. Wer sich mit religiösen Devotionalien eindecken will, findet in der ehemaligen Sakristei einen entsprechenden Verkaufsraum.

■ April–Okt. tägl. 6.30–19 Uhr, Mitte Juli bis Mitte Aug. bis 22 Uhr, Nov.–März Mo–Fr 7–19 Uhr, Sa/So 8–19 Uhr.

Bombastisches Bauwerk: die Kathedrale von Le Puy-en-Velay

Kreuzgang: Eine Kirche braucht Platz, insbesondere dann, wenn sie ein so bedeutendes Pilgerziel ist wie die Kathedrale von Le Puy, die darüber hinaus noch von einem Domkapitel verwaltet werden will. Und so entstand bereits ab dem 12. Jh. ein wunderschöner Kreuzgang mit angeschlossener Bibliothek und Kapitelsaal, in dem sich die weltgeistlichen Chorherren – allesamt adelige Herren ohne die Bürde des Ordensgelübdes – ihren administrativen Tätigkeiten widmen konnten. Das von der Kathedrale bekannte Farbenspiel setzt sich in den von starken Säulen getragenen Arkaden des Kreuzgangs fort: Schwarzer Vulkanstein, heller Sandstein und rotes Terrakotta bilden schöne Mosaike im mozarabischen Stil. Herrlich ist der Skulpturenschmuck der Kapitelle. Hier treffen christliche, weltliche und heidnische Motive aufeinander: in der Westgalerie etwa ein Olifant (ein aus Elfenbein gefertigtes Signalhorn), ein Abt und eine Äbtissin, die um einen Bischofsstab ringen, sowie Zentauren. Die Themen sind Tugend und Laster, Verdammnis und Erlösung. In der Südgalerie und im Kapitelsaal schmücken Fresken die Wände. Die ehemalige Bibliothek sowie der Versammlungssaal der Stände bergen Kirchenschätze.

▪ Eintritt 6 €. Mitte Mai bis Mitte Sept. tägl. 9.30–18.30 Uhr, letzter Einlass um 17.45 Uhr, sonst Di–So. 9.30–12.15 und 14–17 Uhr, letzter Einlass 11.30 bzw. 16.30 Uhr. www.cathedrale-puy-en-velay.fr.

Le Camino: Was wäre eine Pilgerhochburg ohne Pilgermuseum? Daher nimmt „Le Camino", getreu seinem Namen, die Besucher mit auf den Weg Richtung Santiago de Compostela. In dem interaktiven Museum wandelt man durch die Geschichte des Jakobswegs und seiner Pilger und lernt dabei die Etappen dieser Route kennen. Eine Verschnaufpause vom Trubel der Stadt kann man sich auf der Terrasse oder im schönen Garten gönnen oder bei einem Getränk oder Snack im dazugehörigen Pilgercafé.

▪ Eintritt 4 €. Mitte Mai bis Mitte Okt. tägl. 14–18 Uhr, Juli/Aug. tägl. 11.30–19.30 Uhr. 2, rue de la Manécanterie, ✆ 04-71090600, www.lecamino.org.

Hôtel des Lumières: Die ebenfalls bereits im 12. Jh. entstandene ehemalige Pilgerunterkunft, die v. a. den Armen und Kranken als Zufluchtsstätte diente, erhebt sich links neben dem Treppenaufgang zur Kathedrale. Heute ist hier ein fantastisches digitales Museum untergebracht. Auf verschiedenen Ebenen kann man in unterschiedliche Welten eintauchen und zwar via spaciger Szenografien – Film- und Bildprojektionen auf Wänden, der Decke und dem Boden, die die Besucher umhüllen. So begleitet man General Lafayette auf dem Schiff Richtung Amerika, ist mitten in der Französischen Revolution oder erlebt Leonardo Da Vincis Erfindungen hautnah. Ungewöhnlich auch sind die 3-D-Modelle bedeutender Kirchen in der Region in spektakulärem Licht. Besonders reizvoll ist das

Auvergne | Die Haute-Loire → Karte S. 154/155

farbenprächtige Schauspiel in dem historischen Ambiente des Gebäudes. Ruhig und unaufgeregt wirkt dagegen die holzgetäfelte Apotheke aus dem 18. Jh., die nicht minder prachtvoll ist. Ein wahrer Schatz, der in dieser Größe nirgendwo in Frankreich zu finden ist. Im hübschen Innenhof befindet sich ein nettes Café-Restaurant.

▪ Eintritt 9,50 €. Wechselnde Öffnungszeiten, → Website. Zugang über die Treppe der Kathedrale, für Rollstuhlfahrer über 2, rue Bec de Lièvre. ✆ 04-71093841, www.hoteldeslumieres.com.

Marienstatue auf dem Rocher Corneille: 120.000 Pilger strömten herbei, als die (mit Sockel) über 22 m hohe Statue der Notre-Dame-de-France im Jahr 1860 auf dem mit 751 m höchsten Basaltkegel der Stadt eingeweiht wurde. Fitness ist also gefordert, wenn man die rote Madonna mit Kind auf dem rechten Arm hautnah in Augenschein nehmen will. Gegossen wurde sie aus 213 Kanonen, die 1855 während des Krimkriegs in Sewastopol erbeutet wurden. Von der Plattform auf dem Gipfel hat man eine fantastische Sicht auf die Kathedrale, den schmalen Basaltkegel mit der Kirche Saint-Michel d'Aiguilhe, die weit dahinter liegende Festung von Polignac und die ebenfalls imposante Statue des heiligen Joseph, die das Nachbarstädtchen Espaly-Saint-Marcel auf einem allerdings deutlich niedrigeren Felsen als dem Rocher Corneille aufgestellt hat. Wer will, kann übrigens noch höher hinaus und in das Innere der Madonna schlüpfen. 91 Stufen führen bis zu ihrem von einer Plexiglas-Kuppel gekrönten Haupt hinauf. Unterwegs erlauben zwölf kleine Fenster einen tollen Rundblick.

▪ Eintritt 4 €. Juli/Aug. tägl. 9–19.30 Uhr, Mai/Juni und Sept. bis 19 Uhr, Mitte März–April bis 18 Uhr, Febr. bis Mitte März sowie Anfang bis Mitte Nov. tägl. 10–17 Uhr. Rue du Cloître, ✆ 04-71041133.

Rocher et Chapelle Saint-Michel d'Aiguilhe: 268 Treppenstufen führen auf den 82 m hohen Lavakegel. Ziel der Quälerei ist die romanische Kirche Saint-Michel d'Aiguilhe (heiliger Michael auf der Nadel). Sie nimmt fast die komplette Spitze dieser imposanten Felsnadel ein, dennoch kann man die Kirche umrunden und dabei eine sagenhafte Sicht auf Le Puy und den höheren Nachbarfelsen Rocher Corneille genießen. Ratsam ist ein Besuch gegen Abend, wenn Saint-Michel ins sanfte Licht der untergehenden Sonne getaucht wird.

Den Bau einer ersten Kapelle veranlasste Bischof Gothescalk im 10. Jh. Zuvor stand hier schon ein Tempel, vermutlich zu Ehren des römischen Gottes Merkur. Gegen 1100 wurde das Gotteshaus erweitert. Innen bringen Fresken, eine Statue des Erzengels und Reliquien im Chor etwas Farbe in die karge Atmosphäre des Säulenumgangs. Außen beeindruckt das Eingangsportal, das mit seinen verschiedenfarbigen Steinen mozarabisch anmutet: zwei Sirenen über den Säulen im Tympanon, darüber der dreilappige Bogen, umsäumt von einem Mosaik, im oberen Teil der Fassade Christus, umringt von Johannes, Maria, Michael und Petrus. Am Fuße der Basaltkuppe steht die kleine Kapelle Saint-Clair, die wie Saint-Michel aus unterschiedlichen Vulkangesteinen erbaut wurde.

▪ Eintritt 6 €. Juli/Aug. tägl. 9–19 Uhr, Mai–Juni und Sept. 9–18.30 Uhr, Mitte März bis April sowie Okt. bis Mitte Nov. tägl. 9.30–17.30 Uhr, Weihnachtsferien tägl. 11–17 Uhr. Im Aug. findet Do um 20.30 Uhr eine Nachtführung statt. Rue du Rocher (Zugang über die Place Saint-Clair), 43000 Aiguilhe, ✆ 04-71095003, www.rochersaintmichel.fr.

Spitzenmuseum: Der langen Tradition der Spitzenklöppelei ist dieses kleine Museum gewidmet. Pilger brachten das Handwerk im 15. Jh. vermutlich aus Venedig nach Le Puy. Ein kurzer Film (15 Min.) führt in die Geschichte und Technik ein. Die Ausstellung zeigt Skizzen, Kleider aus dem 19. Jh., Handschuhe, Bordüren sowie Stoffe aus anderen Regionen und Ländern. Angegliedert ist ein Atelier, in dem man Hobby-Klöpplern über die Schulter schauen kann. Nebenan bietet ein Laden Material und Bücher mit Anleitungen zum Klöppeln an.

■ Eintritt 4,50 €. Ausstellung: Juli/Aug. Mo–Fr 9–17.30 Uhr, Sa 9–18 Uhr, sonst Mo–Fr 9–17 Uhr. 38–44, rue Raphaël, ✆ 04-71020168, www.ladentelledupuy.com.

Musée Crozatier: Tradition und Moderne treffen in dem ältesten Museum der Stadt aufeinander. Vor allem architektonisch: der neoklassizistische Prachtbau wurde in einer fünf Jahre dauernden, umfassenden Umbauaktion um einen quaderförmigen Anbau erweitert. Der zusätzliche Platz ist notwendig, schließlich befinden sich hier quasi vier Museen in einem. 160.000 Exponate setzen bildende Kunst, archäologische Funde, Heimatkunde und Wissenschaft in Szene. Zudem gibt es einen großen Fundus an Spitzenstoffen, -bordüren und -applikationen.

■ Eintritt 6 €. Während der franz. Ferien tägl. 11–18 Uhr geöffnet, sonst Di geschlossen. 2, rue Antoine Martin, ✆ 04-71066240, www.musee.patrimoine.lepuyenvelay.fr.

Espace Pagès: „Grün, grün, grün sind alle meine Spezialitäten", könnte die Haute-Loire singen. Denn neben den grünen Linsen gibt es auch den giftgrünen Likör Verveine du Velay. Er wird nach einem Geheimrezept aus mindestens 32 Pflanzen und Kräutern hergestellt, deren markanteste die Zitronenverbene ist. Bereits 1859 entwickelte der Apotheker Joseph Rumillet-Charretier das noch immer verwendete Rezept für die Spezialität, die bis zu 55 % Alkohol aufweist. Im ehemaligen Kino gegenüber der Präfektur kann man viel über die mehr als 150-jährige Geschichte des Likörs erfahren und ihn natürlich auch probieren und kaufen. Wer tiefer einsteigen möchte, kann sich auch 8 km weiter östlich nach Saint-Germain-Laprade begeben und sich durch die Brennerei führen lassen.

■ Eintritt frei. Juli/Aug. Mo–Sa 10–13 und 14–19.30 Uhr, April–Juni und Sept. Di–Sa 10–12.30 und 14.30–19 Uhr, Jan.–März und Okt.–Dez. Di–Sa 10–12.30 und 14.30–18 Uhr. 29, place du Breuil, ✆ 04-71024680. Führung in der Distillerie Saint-Germain-Laprade: Eintritt 6,80 €, Juli/Aug. tägl. außer So 10.30, 14.30, 15.30 und 16.30 Uhr, ab Mitte März bis Dez. Di–Sa 10–12.30 und 14–18.30 Uhr mit Anmeldung, Jan. bis Mitte März Mi/Do 10–12.30 und 13.30–17 Uhr mit Anmeldung. 202, avenue René Descartes, 43001 Saint-Germain-Laprade, ✆ 04-710 30411, www.vedrenne.fr.

Klöppeln als Tradition

Sehenswertes in der Umgebung

Forteresse de Polignac: Imposant thront die Festung von Polignac auf einem Basaltplateau 6 km nordwestlich von Le Puy-en-Velay. 100 m erheben sich die Felsen schroff und fast kerzengerade aus der ebenen Landschaft – ein erhebender Anblick! Fast uneinnehmbar war die im 10. Jh. errichtete Burg der Adelsfamilie Polignac, die sich aber ab dem 16. Jh. für eine bequemere Behausung in Lavoûte-Polignac entschied. Das 14 km nordöstlich, schön in einer Loire-Schleife gelegene Schloss kann ebenfalls besichtigt werden. Von der früheren Festung ist deshalb nicht mehr viel übrig – außer dem markanten, 32 m hohen Wehrturm. Das Felsplateau ist noch immer von Mauern gekrönt, auch einige Häuschen sind stehen geblieben. Überwältigend ist die

Aussicht auf Le Puy, das hübsche Örtchen Polignac mit seiner romanischen Kirche aus dem 12. Jh. und auf die Bergmassive Meygal und Mézenc.

■ Eintritt 6 €. Juli/Aug. tägl. 10–19 Uhr, April–Juni und Sept./Okt. tägl. 10–12 und 13.30–18 Uhr, Febr./März und 1. Novemberhälfte tägl. 10–12 und 13.30–17 Uhr. Letzter Einlass 1 Std. vor Schließung. Forteresse de Polignac, Place Princesse de Polignac, 43000 Polignac, ✆ 04-71040604, www.forteressedepolignac.fr.

Château de la Rochelambert: 15 km nordwestlich von Polignac schmiegt sich ein verwunschenes Märchenschloss wie aus dem Bilderbuch an den Fels über dem Flüsschen Borne. Das im 12. Jh. aus düsterem Vulkangestein errichtete Bauwerk mit zwei romantischen Türmchen wurde im 16. Jh. von den Hugenotten in Brand gesetzt und anschließend neu aufgebaut. Die Schriftstellerin George Sand schaute am 14. Juni 1859 vorbei, weshalb einige Objekte an die berühmte Autorin erinnern. Außerdem kann man eine Sammlung antiker Möbel und Kunstwerke bewundern, etwa romanische Marienfiguren aus dem 11. und 12. Jh., eine Christusstatue auf einem Palmesel und Ritterrüstungen. Die Felsenwohnungen neben dem von Nadelwald umgebenen Schloss können nach Anmeldung besichtigt werden.

■ Führung 8 €. Mai–Sept. Di–Sa jeweils zur vollen Stunde um 14–17 Uhr, Okt.–April Mi–Sa jeweils zur vollen Stunde um 14–16 Uhr. Marcilhac, 43350 Saint-Paulien, ✆ 07-66831901, www.chateau-de-la-rochelambert.com.

Cascade de la Beaume: Die Grande Cascade bei Le Mont-Dore im Sancy-Massiv mag noch etwas höher sein, doch die Cascade de la Beaume wirkt poetischer, märchenhafter und unwirklicher. Das Wasser des Flüsschens La Beaume stürzt eine steile Felswand hinab, um weiter unten auf treppenartigen, tiefschwarzen Felsen zu zerbersten und dort eine stäubende, in vielen kleinen Rinnsalen herabfließende weiße Gischt zu bilden. Ein toller Kontrast! 27 m fällt das Wasser insgesamt ins Tal hinab. Einen ersten Eindruck kann man von einem Aussichtspunkt bei einem kleinen Parkplatz an der D 54 südlich von Solignac-sur-Loire (12 km südlich von Le Puy-en-Velay) gewin-

Fantastisches Naturspektakel: Ravin de Corboeuf

nen, gleich nach dem kleinen Örtchen Agizoux. Weniger als 1 km weiter auf der D 54 findet sich im Tal rechts von der Straße ein etwas größerer Wanderparkplatz. Von hier kann man nach etwa 20 Minuten Fußmarsch durch den idyllischen Wald den Wasserfall erreichen. Gutes Schuhwerk ist dafür unbedingt empfehlenswert.

Ravin de Corboeuf: Colorado von Velay bzw. von Frankreich wird diese ungewöhnliche Naturformation ca. 20 km nordöstlich von Le Puy-en-Velay auch genannt. Was auf den ersten Blick wie gigantische Wanderdünen aussieht, ist in Wirklichkeit eine schroff gefächerte Schlucht hauptsächlich aus Kalkstein, Lehm und Ton (ein Mix aus rotem und grünem Ton). Die leichten Farbspuren sind gut erkennbar. Entstanden ist dieses Naturwunder bereits vor 40 Mio. Jahren durch tektonische Bewegungen und ständige Erosionen in den darauffolgenden 5 Mio. Jahren. Über der Schlucht führt ein stillgelegtes Eisenbahnviadukt, von dem sich eine gute Sicht auf die Bergformation bietet. Ein Wanderweg führt nah an die Ravin de Corboeuf heran (von Roisères kommend nach dem Viadukt links). Am besten gelangt man zu Fuß zu dem Naturwunder über die alte stillgelegte Bahntrasse *(sentier de Galoche)*. Das Auto kann man in Rosières in der Avenue de la Gare abstellen. Ein Ausflug lohnt sich allein schon wegen der Fahrt: Die D 103 über Lavoûte-sur-Loire fährt man durch die wild-romantische Schlucht an der Loire entlang. Anschließend gelangt man über die D 7 nach Rosières.

Basis-Infos

→ Karte S. 164/165

Information **Office de Tourisme,** Juli/Aug. tägl. geöffnet, sonst → Website. Stadtführungen auf Deutsch nach Anmeldung, Audioguides auf Englisch. 2, place du Clauzel, 43000 Le Puy-en-Velay, ✆ 04-71093841, www.lepuyenvelay-tourisme.fr.

Verbindungen Der **Bahnhof** befindet sich am Place Maréchal Leclerc nur ein paar Gehminuten von der Altstadt. Regionalzüge verkehren nach Clermont-Ferrand, Lyon sowie Saint-Étienne. Der **Aéroport Le Puy/Loudes** liegt 10 Min. außerhalb von Le Puy an der D 916. Mo–Fr Flüge von/nach Paris Orly-Sud.

Baden/Wellness **Centre Aqualudique La Vague,** großes, modernes Spaß- und Wellnessbad mit Außenbereich. Tägl. bis 20 Uhr geöffnet. Avenue d'Ours Mons, ✆ 04-71005700, www.piscine-lavague.com.

Einkaufen **Spitzengeschäfte** befinden sich in der Rue des Tables und der davon abgehenden Rue Raphaël.

Sabarot **12**, wer sich mit Linsen, getrockneten Bohnen oder Pilzen eindecken möchte, hat hier eine große Auswahl. Auch weitere Feinkost. So/Mo geschlossen. 15, rue Courrerie, ✆ 04-71001015, www.sabarot.com.

Golf **Golf du Puy-en-Velay,** schöner 9-Loch-Golfplatz mit fantastischer Panoramasicht auf Le Puy. Sénilhac, 43000 Ceyssac, ✆ 04-710 91777, www.golfdupuyenvelay.com.

Kino **Cinéma Ciné-Dyke,** modernes Kino mit 6 Sälen. 4, place Michelet, ✆ 04-71060200, www.cine-dyke.fr.

Krankenhaus **Centre hospitalier Émile Roux,** 12, boulevard du Docteur André Chantemesse, ✆ 04-71043210, www.ch-lepuy.fr.

Markt Jeden Sa großer Bauernmarkt mit mediterranem Flair auf dem Place du Plot.

Mountainbike/Radfahren Knapp 30 Strecken zwischen 6 und 500 km ab und um Le Puy-en-Velay und die Haute-Loire. Eine Tour beginnt z. B. direkt in Aiguilhe und ist bei 194 km auf 2–3 Tage kalkuliert, andere Touren führen den Jakobsweg entlang.

Besonders charmant ist der Radweg **Voie Vert.** Auf der ehemaligen Bahnstrecke von Le Puy-en-Velay nach Langogne kann man 23,8 km weit radeln – die Strecke ist Teil der Radroute von Brives-Charensac nach Brignon. Dabei durchfährt man fünf Tunnel und überquert ein Viadukt. Los geht die Tour beim Bahnhof von Brives-Charensac (4 km östlich von Le Puy). Ein Abstecher führt zur Cascade de Beaume.

Theater **Le Théâtre,** das Theater im italienischen Stil (eröffnet 1893) ist v. a. von innen schön. Auf dem Programm stehen Sprechtheater, Konzerte, Kabarett und Jazzabende. Place du Breuil, ✆ 04-71090345, www.spectacles.envelay.com.

Touristenzug Der **Petit Train** fährt alle sehenswerten Stationen der Altstadt ab. Start am Place Michelet Mai–Sept. tägl. um 10, 11, 14, 15, 16 und 17 Uhr, im Juli/Aug. zudem um 18 Uhr und nach Voranmeldung jeden Di und Fr um 21.30 Uhr. Nachtfahrten im Juli/Aug. jeden Di/Mi mit Voranmeldung, die Rundfahrt dauert 90 Min. Die 45-minütige Fahrt kostet 9–12 €. www.petittrains.com.

Veranstaltungen **Fête de la Lentille,** seit mehr als 40 Jahren wird in Rosières, 19 km nordöstlich von Le-Puy-en-Velay, Mitte Aug. das Linsenfest gefeiert. Mit Umzug, Musik, Flohmarkt und viel Brauchtum.

Fête du Roi de l'Oiseau, vom 3. Mi bis So im Sept. taucht Le Puy in die Zeit der Renaissance ein – mit Shows, Animation und 6000 Kostümierten. Das Festival erinnert an einen traditionellen Wettbewerb, bei dem es erstmals im Jahr 1524 einen Stoffvogel abzuschießen galt. Der Sieger genoss ein Jahr lang Sonderrechte in der Stadt. Mehr → www.roideloiseau.com.

Heiliges Jahr, ein deutscher Mönch prophezeite den Weltuntergang am 25. März 992, so viele Pilger wie nie strömten daraufhin nach Le Puy. Das Jüngste Gericht blieb aus, dafür erteilte Papst Johannes XV. das Recht, ein Heiliges Jahr zu feiern, wenn am 25. März Mariä Verkündigung und Karfreitag zusammenfallen. Das war zuletzt 2016 der Fall, dann erst wieder 2157.

Puy de Lumières, seit 2017 verwandeln sich von Mai bis Sept. fünf bedeutende Monumente der Stadt in ein kunterbuntes Lichtermeer: das Rathaus und Theater, die Kathedrale und Kapelle Saint-Alexis, der Rocher de Saint-Michel d'Aiguilhe, der Place du Plot und das Musée Crozatier. In Brives-Charensac werden die alte Brücke sowie die Mediathek bestrahlt. Ab Sonnenuntergang bis 1.30 Uhr erstrahlen dort fantastische Bilder und Videos. Auf dem Rathaus wird die Geschichte Frankreichs nachgezeichnet, auf dem Rocher Saint-Michel die Geschichte der Stadt – das ganze im Loop und kostenlos. Sehenswert! www.puydelumieres.fr.

Rassemblement International Montgolfières, um den 11. November (Martinsfest) herum heißt es Augen gen Himmel richten, denn alljährlich schweben dort Scharen von Heißluftballons. www.montgolfiere-en-velay.fr.

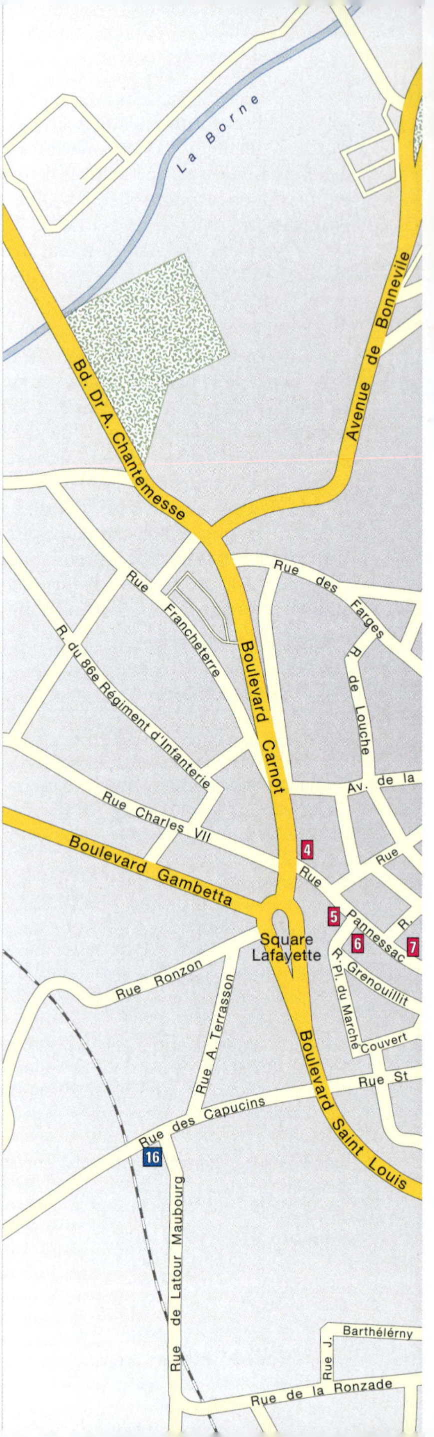

Übernachten
1 Les Cimes du Puy-en-Velay
11 L'Epicurium
13 Agapi
14 Ibis Style
16 Appart'Hôtel des Capucins
17 La Terrasse de Marie
18 Les Jardins de Champfleury
19 Hôtel Chris'tel
Essen & Trinken
2 Comme à la Maison
3 Les Flâneurs
4 Le Grand Bowl d'Air
5 Le Poivrier
6 L'Ecu d'Or
7 Beaux Thés du Monde
8 Entrez Les Artistes!!!
9 Tournayre
10 Chez mon Pote
Cafés
13 Agapi
15 La Distillerie
Einkaufen
12 Sabarot
Rocher et Chapelle Saint-Michel d'Aiguilhe
Carré Magique
Chapelle Saint-Claire
Rocade d'Aiguilhe
Ch. de la Passerelle
R. Bernard
Rue de l'Abbaye
R. St Michel
Rue Goutheyron
Montée Goutheyron
Boulevard Monferrand
Bois du Grand Séminaire
Rocher Corneille/ Statue de Notre Dame de France
Rue du Cloître
Rue Henri Pourrat
Hôtel Dieu
Cloître
R. St-Georges
Cathédrale Notre-Dame
Rue de Vienne
R. des Farges
Rue des Tables
Rue Séguret
Centre d' Enseignement de la Dentelle au Fuseau
Bischofs-palast
Pl. du For
Le Camino
Rue Cardinal de Polignac
Rue du Petit Vienne
Cathédrale
Grangevieille
Rue du Consulat
Rue Raphael
R. du Prat du Loup
R. Rochetaillade
Rue Jules Vallès
Rue Ste Claire
R. Chamarlenc
Rue du Bouillon
Rue du Général Lafayette
R. sur Ste Claire
Rue du Faubourg Saint Jean
Bd. de la République
R. de Chênebouterie
R. Meymard
Place du Clauzel
R. Collège
Rue St Francois Régis
Rue du Bessat
Rue Droite
Rue Courerie
Jacques
Mairie du Puy-en-Velay
Rue St Pierre
Rue Chaussade
R. Chèvrerie
Pl. Cadelade
R. d'Avignon
R. Dolaizon
Av. Charles Dupuy
Rue St Gilles
R. Porte Aiguière
Espace Pagès
R. Crozatier
Boulevard du Maréchal Fayolle
Av. de la Dentelle
Place du Breuil
Rue Pierret
Av. G. Clemenceau
Place du Breuil
Rue Vibert
Pl. du Breuil
Avenue du Général de Gaulle
Place Michelet
Place Michelet
R. Burel
25 m
Le Puy-en-Velay

Übernachten

→ Karte S. 164/165

***** Ibis Style 14**, 50 moderne, farbige und freundliche Zimmer mit gutem Komfort im typischen Kettenhotel-Ambiente. Das Hotel liegt sehr zentral ca. 5 Min. von der Kathedrale entfernt, jedoch an einer größeren Durchfahrtsstraße. Mit dem Ibis Budget und dem klassischen Ibis ist die Kette mit zwei weiteren, etwas preisgünstigeren und zentral gelegenen Hotels in Le Puy vertreten. 47, boulevard Maréchal Fayolle, ✆ 04-71093236, www.all.accor.com. **€€–€€€**

***** Appart'Hôtel des Capucins 16**, das Hotel bietet 31 einfache, helle Zimmer und Appartements, zum Teil mit Galerie. Bar, Terrasse, netter Innenhof. Zudem gibt es günstige Mehrbettzimmer, ideal für Wanderer und Pilger. 29, rue des Capucins, ✆ 04-71042874, www.lescapucins.net. **€–€€**

***** Hôtel Chris'tel 19**, unweit der Altstadt und direkt neben dem Jardin Henry Vinay liegt dieses Hotel-Restaurant mit 30 geräumigen, gepflegten und schlichten Zimmern, zum Teil mit Balkon. Zum Hotel gehört ein Restaurant mit regionaler Küche, dazu eine gute Auswahl an Sandwiches, z. B. mit Linsen und Lachs. 15, boulevard Alexandre Clair, ✆ 04-71099595, www.hotel-christel.fr. **€€**

Agapi 13, kleiner, schöner Wohlfühl-Teesalon mit einer großen Teeauswahl und einem Lädchen, in dem man das passende Geschirr für die Tea-Time kaufen kann. Ein modernes, gemütliches Gästezimmer sowie ein rustikaleres Appartement gehören zum Maison Agapi (buchbar über die Website oder airbnb). 1, rue Saint-Gilles, ✆ 06-01958651, www.maisonagapi.com. **€–€€**

Das Farbenmeer von Puy-en-Valley

L'Epicurium 11, 5 Gästezimmer und ein Appartement in einem typischen Altbau in einer Seitengasse der Altstadt – allesamt renoviert, minimalistisch und zeitgemäß designt, ohne den historischen Charme des Gebäudes aus dem Blick zu verlieren. 5, rue du Bessat, ✆ 04-43072711, www.l-epicurium.com. **€€**

Les Cimes du Puy-en-Velay 1, zwei sehr stilvolle, eher luxuriöse Gästezimmer in einem Haus aus dem 15. Jh. gleich bei der Kathedrale, also mittendrin im geistlichen Zentrum von Le Puy. Von der Suite hat man einen tollen Blick auf den Rocher Corneille mit der Marienstatue und darf sich im Badezimmer über einen Whirlpool freuen. 12, rue Saint-Georges, ✆ 06-73758601, www.lescimesdupuyenvelay.fr. **€€€€**

La Terrasse de Marie 17, 4 gemütliche Zimmer bietet Madame Denis an, darunter ein Appartement. Alle Zimmer farbenfroh und mit spielerischen Details ausgestattet. Besonders charmant ist das Zimmer „Christine". Unterm Dach wird gefrühstückt, von hier hat man auch Zugang zur Terrasse mit herrlichem Blick auf die Altstadt. 3, rue Oddo de Gissey, ✆ 06-03713811, www.lepuyenvelay-chambres-hotes.fr. **€€**

Les Jardins de Champfleury 18, etwas außerhalb vom Zentrum, dafür mit Blick auf die Stadt, liegt dieses schöne Gästehaus mit 4 modernen, sehr gepflegten und hellen Zimmern mit geschmackvollem Dekor. Besonders gut gefallen haben uns die Zimmer „Orchidee" und „Amaryllis". Garten und Terrasse zum Erholen. 133 bis, avenue Maréchal Foch, ✆ 04-71023675, www.lesjardinsdechampfleury.fr. **€€**

Villa Bel Air, ein wenig fühlt man sich in dieser 5 Min. vom Zentrum entfernten Villa wie in einem Museum, v. a. im Salon: Man weiß dort gar nicht, wohin man zuerst schauen soll. Die 4 Zimmer sind nicht minder edel – bestückt mit herrlichen Antiquitäten. Riesiger Park, Tischtennis, Gemeinschaftsbadezimmer. 3, chemin des Hauts de La Ronzade, ✆ 06-19031743, www.lamaisondemireille.e-monsite.com. **€€€€**

Château de Durianne, fürstlich schlafen lässt es sich in diesem Schlösschen aus dem 15. Jh. Die 3 Zimmer präsentieren sich klassisch

Immer der Jakobsmuschel nach: die Via Podiensis

Wer sich in Le Puy-en-Velay genau umschaut, sieht sie überall: Jakobsmuscheln – über Türrahmen, an Hauswänden oder auf der Straße. Der Grund: In Le Puy beginnt die älteste französische Pilgerroute nach Santiago de Compostela und die besagte Muschel dient bereits seit dem Mittelalter als Zeichen für den Jakobsweg.

Als erster Nichtspanier soll der Bischof Gothescalk 950 oder 951 die Strecke zu Fuß zurückgelegt haben. Laut seinen Aufzeichnungen begleitete ihn ein ganzer Trupp Kleriker, Adliger und Troubadoure sowie Lanzenreiter und Bogenschützen, die die edlen Herren beschützten. Das löste einen wahren Pilgerboom aus. Mit Stock, Rucksack und muschelgeschmücktem Hut strömten Pilger nach Le Puy zur Kathedrale Notre-Dame-de-l'Annonciation mit ihrer schwarzen Madonna, dem Startpunkt der Via Podiensis.

Die landschaftlich wunderschöne Route führt durch vulkanische Reliefs, über grüne Wiesen und Hochebenen, durch Schluchten und malerische Täler, entlang friedlicher Flüsse, durch das Aubrac-Land mit seinen schönen hellbraunen Rindern, durch die wildromantischen Kalkhochebenen der Causses bis zum Pyrenäengebirge. In Ostabat trifft die auch als Fernwanderweg GR 65 ausgeschilderte Via Podiensis auf die Via Turonensis und die Via Lemovicensis und geht dann in den Camino Francés über.

Die Etappen bis Conques im Aveyron sind ausführlich auf www.lepuy-conques.chemindesaintjacques.com beschrieben.

im alten Stil eines Herrensitzes. Große Räume, gefüllt mit Antiquitäten. Umgeben ist das Anwesen von einem 5 ha großen Park. Radverleih. Bei der D 374, 5 km nordöstlich von Le Puy. 13, rue Séquoia Chateau de Durianne, 43700 Le Monteil, ✆ 06-680705932, www.chateaudedurianne.com. **€€–€€€**

La Gourmantine, direkt zu Füßen der Festung von Polignac finden sich in einem restaurierten Bauernhof aus dem 18. Jh. 5 sehr charmante und urgemütliche Zimmer, teilweise mit stimmungsvollen Holzbalken. 2, chemin de Ridet, 43000 Polignac, ✆ 04-71059429, www.gourmantine.fr. **€€**

Essen & Trinken

→ Karte S. 164/165

Einige Restaurants mit Barcharakter und Brasserien umsäumen den Place du Plot, wo man auch bei einem Kaffee, einem Drink oder einem kleinen Snack das Treiben der Stadt beobachten kann. Am Place des Tables versammeln sich etliche Eisdielen.

Le Grand Bowl d'Air 4, am Rande der Altstadt gegenüber vom Tour de Pannessac überzeugt dieser kleine Feinschmeckertempel mit lokaler Küche, die sich an den Jahreszeiten orientiert. Fleisch vom Rind und Schwein stammt aus dem nahen Meygal- und dem

Auvergne | Die Haute-Loire → Karte S. 154/155

Mézenc-Massiv. Trotz der Fleischvorliebe gibt es auch mehrere vegetarische Gerichte wie Gemüselasagne oder -ravioli. Und sonst: Hase in Senfsoße mit Kürbis-Kartoffel-Püree oder Burger und Fisch. So/Mo geschlossen. 2, boulevard Carnot, ✆ 04-71090792, www.grandbowldairrestaurant.fr. **€€–€€€**

Comme à la Maison 2, „Wie zu Hause" heißt dieses Restaurant mit modernem Ambiente, das von Michelin für sein gutes Preis-Leistungs-Verhältnis ausgezeichnet wurde. Auf den Teller kommt Regionales mit nordafrikanischen Akzenten z. B. eine „Lamm-Trilogie": Tajine, Kotelett, Taboulé und Kebab. So/Mo abends geschlossen. 7, rue Séguret, ✆ 04-71029473. **€–€€€**

MeinTipp **Les Flâneurs 3**, in altehrwürdiger Kulisse am Fuße der Kathedrale experimentieren Guillaume und Vincent, die in diverse Sternerestaurants hineingeschnuppert haben, mit der französischen Küche. Heraus kommen feine Leckereien wie Dorsch an Graupen und Karöttchen mit einem Hauch Basilikumschaum oder Lachstatar mit Misonudeln. Besonders schön sitzt man im Hof direkt neben dem Treppenaufgang zur Kathedrale. Innen gefällt das Restaurant durch minimalistisches Design. Im Aug./Sept. Di/Mi abends geschlossen, sonst Di/So. 16, rue Séguret, ✆ 06-35301148. **€€–€€€**

L'Ermitage, Restaurant etwas außerhalb der Stadt, aber mit schöner Sicht von der Terrasse auf das Tal. Traditionelle Küche, originell aufgepeppt: z. B. Foie gras, mit Lebkuchen gefüllt, oder Risotto an Jakobsmuscheln. Ausgezeichnetes Preis-Leistungs-Verhältnis. Es wird vorwiegend mit Biofleisch gekocht. Mo ganztägig, Di/Mi sowie So abends geschlossen. 73, avenue de l'Ermitage, 43000 Espaly-Saint-Marcel, ✆ 04-71040899, www.restaurantermitage.fr. **€€–€€€**

Le Poivrier 5, Restaurant mit moderner Atmosphäre, das der Vereinigung Toques d'Auvergne angehört, die für Qualität bürgt. Bis auf die Straßenfront leider fensterlos. Dafür kommt die Erleuchtung auf dem Teller, z. B. eine Terrine mit Foie gras, Rote-Bete-Chutney und Jakobsmuscheln am Spieß, Linsensalat mit Entenbrust. So/Mo sowie Mi abends geschlossen. 69, rue Pannessac, ✆ 04-71024130, www.lepoivrier.fr. **€€**

Tournayre 9, exquisites Restaurant in einem Speisesaal mit Gewölbe aus dem 16. Jh. Kreative Küche mit regionalen Grundlagen, z. B. Steinbutt mit Spargel und Gnocchi oder Lamm mit grünen Linsen. In der dazugehörigen Brasserie „Le 14" nebenan bekommt man preisgünstigere Alternativen. Sonntagabend sowie Mo/Di geschlossen. 12, rue Chènebouterie, ✆ 04-71095894, www.restaurant-tournayre.com. **€€–€€€€**

L'Ecu d'Or 6, eine der angesagtesten Adressen der Stadt, mitten im Zentrum. In einem zwar dunklen, aber hübschen Gewölbesaal mit etwas kitschigen Wandmalereien geht das Feinschmeckerherz auf: Kalbsfiletstückchen an Biersoße, Schnecken-Millefeuille oder Entenbrust mit Linsenremoulade. So abends sowie Mi geschlossen. 59–61, rue Pannessac, ✆ 04-71021936, www.restaurant-lecudor.fr. **€€–€€€**

Chez mon Pote 10, wie „bei meinem Kumpel" soll man sich fühlen. Und das tut man, wie das vor allem mittags volle Haus gegenüber der Markthalle beweist. Lokale Spezialitäten mit frischen Zutaten landen hier auf dem Teller, u. a. Burger. So/Mo Ruhetag. 17, rue Grenouillit / Place Marché couvert, ✆ 04-71096743. **€–€€**

MeinTipp **Beaux Thés du Monde 7**, eine erfrischende Überraschung ist dieses kleine Restaurant in Le Puys Gourmetstraße, hinter dessen Namen man zunächst eine Teestube vermutet. Weit gefehlt: Séverine und Christophe führen ein modernes Restaurant, in dem man mit Farb- und Geschmacksexplosionen rechnen darf: Linsenrisotto mit Steinpilzen und Parmesan oder Barschfilet an Süßkartoffelpüree. Dabei achtet das Paar auf Bioqualität und Regionalität der Zutaten. Auch Vegetarisches. Di ganztägig und So abends geschlossen, Reservierung empfohlen. 46, rue Pannessac, ✆ 04-71093525, www.beauxthesdumonde.fr. **€–€€**

Entrez Les Artistes!!! 8, uriges Lokal im Bistrostil mit Wäscheleinen (und daran altmodische Unterwäsche) über den Tischen und bunten Bildern an den Wänden. Regionale Küche. Samstagabend und So/Mo geschlossen. 29, rue Pannessac, ✆ 04-71097178. **€–€€**

La Distillerie 15, Brasserie mit toller Einrichtung im Hinterhof beim Espace Pagès. Kupferkessel, jede Menge Emailschilder, dinerartige Sitzgruppen, viel Holz – und alles kombiniert mit etwas Seefahrercharme. Deftige Speisen wie Salate, Sandwiches, Burger, Würstchen oder Truffade. So geschlossen. 11, rue Porte Aiguière, ✆ 04-71049112, www.brasserie-la-distillerie.fr. **€–€€**

Rund um das Tal des Allier

Entlang des Allier zeigt sich das Departement Haute-Loire von seiner wildromantischen und mediterranen Seite. Kleine, malerische Dörfer und Weiler verteilen sich an den Ufern oder hoch darüber auf Basaltplateaus. Von weitem sind sie am schönsten anzuschauen – wie aus einem Bilderbuch ausgeschnitten und in die Kulisse der grünen, mit schroffen Felsen durchsetzten Landschaften hineingesetzt. Im Zentrum ragt meist eine Kirche in die Höhe, darum herum versammeln sich die aus Basaltstein gebauten und mit roten Ziegeln gedeckten Häuser. Die Reise startet in Brioude am Eingang des Allier-Tals. Einen kleinen Abstecher lohnt Lavaudieu mit einem der schönsten Kreuzgänge der Auvergne. Dann geht es weiter auf der Route den Fluss entlang. Auch für Kanuten und Wanderer ist dieser vom tiefen Tal durchbrochene, grüne Landstrich ein wahres Paradies. Rafting steht ebenfalls hoch im Kurs, v. a. im Herzen der Allier-Schluchten bei Saint-Privat-d'Allier. Bleiben zuletzt noch die Angler, die der Fluss wieder zunehmend anzieht. Sogar Lachse tummeln sich im Allier – dank der größten europäischen Lachszucht in Chanteuges. Dennoch sollte man es mit dem Fischen nicht übertreiben.

Brioude

Wie auf einer Terrasse über dem Ufer des Allier erstreckt sich „Brioude la Douce" – Brioude, die Sanfte. Sanft, fast schon mediterran mutet das Klima am Eingang des Allier-Tals an. Unterschiedliche Landschaften umgeben diese weit über 1000 Jahre alte Stadt: im Osten die Berge des Livradois, im Westen das beginnende Margeride-Massiv, im Norden schließlich die große Ebene der Limagne. Brioude liegt etwa 70 km südöstlich von Clermont-Ferrand und ist über die Nationalstraße 102 gut an die A 75 angebunden.

Herzstück der mittelalterlichen Stadt mit 6600 Einwohnern ist die Basilika. Umsäumt ist sie von malerischen Häuschen, prachtvollen Herrensitzen und einer roten Getreidehalle. Die romanische Kirche wurde zu Ehren des heiligen Julianus von Brioude errichtet. Der soll als bekennender Christ in der römischen Armee gedient haben und 303 während der Christenverfolgung auf Anraten seines ebenfalls christlichen Befehlshabers Ferreolus von Vienne nach Brioude geflohen sein. Doch römische Soldaten entdeckten bald sein Versteck. Julianus stellte sich freiwillig und wurde geköpft. Der Legende nach wuschen die Soldaten seinen Kopf in einer Quelle und brachten ihn zurück nach Vienne, sein Rumpf wurde in Brioude begraben. Der Brunnen Fontaine Saint-Julien befindet sich 2 km nordwestlich von Brioude auf der Straße nach Clermont-Ferrand. Zahlreiche Pilger zog es im Mittelalter in die Stadt, noch heute legen dort Jakobspilger einen Zwischenstopp ein.

Basilique Saint-Julien: Eine baulich vielgestaltigere und größere romanische Kirche als die von Brioude gibt es in der gesamten Auvergne nicht. Vier

Baumeister-Generationen haben an ihrer Errichtung zwischen 1060 und 1180 mitgewirkt und dabei alle Register der Romanik gezogen. Das Westportal wurde als Haupteingang entworfen, denn aus dieser Richtung kamen die Pilger. Prächtiger ist aber das Südportal: Holztore mit Schmiedearbeiten und zwei pfiffigen Türklopfern – ein Löwe und ein Affe als Symbol für die Stärke und die Schwäche des Menschen. Stunden kann man im Inneren verbringen, allein um die Fresken aus dem 12. und 13. Jh. in der Chapelle Saint-Michel neben der Empore über der Vorhalle zu begutachten. Derzeit ist sie allerdings nur im Rahmen einer Führung begehbar. Einen Kontrast bilden die modernen Kirchenfenster des südkoreanischen Künstlers und Dominikanermönchs Kim En Joong. Bemerkenswert sind auch die freskenverzierten Säulen mit figurierten Kapitellen im Kirchenschiff. Unter dem Altarraum sind in der Krypta in einem Schrein die Reliquien des heiligen Julianus von Brioude aufbewahrt.

Beeindruckend – innen wie außen – ist das Farbspiel der Steine: Dunkler und roter Basalt, heller und dunkler Marmor sowie roter Sandstein harmonieren wunderbar miteinander. Das Bauwerk wirkt wie ein Mosaik, so auch der mit Kieselsteinen aus dem Allier gepflasterte Boden aus dem 16. Jh.

Ungewöhnliche Begrüßung an der Himmelspforte

▪ Im Juli/Aug. 9–19 Uhr geöffnet, sonst bis 17.30 Uhr.

Espace Notre-Dame – Pays d'Art et d'Histoire du Haut-Allier: Der Espace Notre-Dame, der sich über der Touristeninformation in der ersten und zweiten Etage befindet, widmet sich der Wandmalerei im Haut-Allier. Die Besucher tauchen u. a. in die Geschichte der Fresken oder in die Techniken dieser Kunst ein. Ein kleines Highlight wartet auf der obersten Etage: ein toller Blick auf die Basilika, vor allem auf deren Apsis.

▪ Eintritt frei. Juli/Aug. tägl. 9.30–12.30 und 14–18 Uhr, Sept. tägl. 9.30–12 und 14–17.30 Uhr, sonst → Website der Tourist-Info. Place Grégoire de Tours, ✆ 04-71772830 oder 04-71749749.

Hôtel de la Dentelle: Auf vier Ebenen kann man sich mit der Welt der Spitze, v. a. der Klöppelspitze aus der Haute-Loire, befassen. Wunderschöne traditionelle und zeitgenössische Stoffe, auch aus anderen Ländern, gibt es zu bewundern – Halskragen, Kleider, Altardecken etc. Jedes Jahr legt das Museum den Schwerpunkt auf eine andere europäische Technik, z. B. aus Brüssel, Mailand, Cluny oder Brügge.

▪ **Espace Culturel:** Eintritt 8 €. Mo–Fr 9–12 und 14–18 Uhr, Sa 14–18 Uhr. 29, rue du 4 septembre, ✆ 04-71748002, www.hoteldeladentelle.com.

Maison de Mandrin: Es ist das wohl kleinste Haus in Brioude: das Maison de Mandrin. Benannt ist es nach dem Anführer einer Schmuggler- und Räuberbande, die Mitte des 18. Jh. in Frankreich, der Schweiz und Savoyen ihr Unwesen trieb. Anlass der Bandengründung war der Kampf gegen die Steuereintreiber des Ancien Régime, deren Willkür Louis Mandrin fast in den Ruin getrieben hätte. Die Geschichte ging natürlich nicht gut aus: Der Brigant starb durch den Henker, allerdings nicht ohne sich den Ruf eines „französischen Robin Hood" erworben zu haben. Seine

Begegnung mit dem Städtchen Brioude war freilich eher rustikaler Natur: Am 26. August 1754 plünderte er das Tabakdepot der Stadt, die Verkäuferin stieß er dabei aus dem Fenster. Heute finden in dem Winzlingsgebäude mit Fachwerk Kunstausstellungen statt, gezeigt werden Gemälde, Skulpturen und Fotografien heimischer Kunstschaffenden.

■ Eintritt frei. Juli/Aug. Di–Fr 10–12 und 14–18 Uhr, Sept.–Dez. Di–Fr 14–18 Uhr. 22, rue du 4 Septembre, ✆ 04-71749459.

Aquarium/Maison du Saumon et de la Rivière: In früheren Jahrhunderten wimmelte es am Oberlauf des Allier vor Lachsen, die über die Loire ins Meer schwammen und stets zuverlässig in ihre Laichgewässer zurückkehrten. Doch die vielen Staudämme zur Energiegewinnung forderten ihren Tribut: Der Fisch war hier praktisch ausgestorben. Erst ab den 1980ern entfernte man alte Staumauern und konstruierte Fischtreppen. Langsam erholt sich die Lachspopulation wieder. Das „Lachshaus" erzählt die Geschichte der berühmten Migranten. Es ist zwar schon etwas in die Jahre gekommen, aber didaktisch sehr gut aufgebaut. Ein kleiner Junge begleitet die Besucher von der Quelle bis zur Mündung des Allier. Dabei kommt man an Aquarien mit dem für den jeweiligen Flussabschnitt typischen Fischen vorbei. 35 Arten und etwa 800 Fische kann man sehen, darunter Äschen, Karpfen, Hechte, Forellen und Barben. Auch der Weg der Lachse den Allier hinauf wird nachgezeichnet. In einem Becken dürfen Kinder sogar Fische anfassen.

■ Eintritt 7,50 €. April–Sept. Mo–Fr 10–12 und 14–18 Uhr, Sa/So 14–18 Uhr, Okt. bis Ende der Herbstferien tägl. 14–18 Uhr, in den Weihnachtsferien Mo–Fr 14–18 Uhr. Place de la Résistance, ✆ 04-71749143, www.aquarium-maison-du-saumon.com.

Information **Office de Tourisme de Brioude Sud-Auvergne,** Komplex an der ehemaligen Kirche Notre-Dame. Integriert ist der Espace Notre-Dame im ehemaligen und teilweise erhaltenen Chorraum mit einer Ausstellung zur Kunst(geschichte) des Haute-Allier sowie zur Freskenmalerei. Eintritt frei. Juli/Aug. tägl. geöffnet, sonst → Website. Place Grégoire de Tours, 43100 Brioude, ✆ 04-71749749, www.tourisme-brioudesudauvergne.fr.

Verbindungen **Züge** fahren von Clermont-Ferrand über Brioude nach Le-Puy-en-Velay, zudem Verbindungen nach Nîmes und Busse nach Le Puy-en-Velay.

Ausstellung In der **Chapelle de la Visitation** finden Sonderausstellungen zeitgenössischer Künstler statt. 2, rue de la Visitation. Zudem werden Kunstwerke auch im alten Dekanatshaus, **Le Doyenné,** am Place Lafayette, gezeigt. Sehenswert ist allein schon das alte Gebälk an der Decke.

Baden **Aquabulle,** Spaß- und Freizeitbad mit Schwimmer-, Spaß- und Kinderbecken, Sauna, Dampfbad, Whirlpool und Fitnessraum. 5, chemin de Lachaud, ✆ 04-71508400, www.aquabulle-brioudesudauvergne.fr.

Plage de la Bageasse, Strand am Allier-Ufer in der Nähe des gleichnamigen Campingplatzes, der im Juli/Aug. überwacht wird.

Kanu **COB Canoë-Kayak,** Station in der Nähe des Campingplatzes. Auch Stand-Up-Paddling. Pont de Lamothe, ✆ 04-71504382, www.canoe-brioude.e-monsite.com.

Kino **Cinéma Le Paris,** Place de la Liberté, ✆ 09-61508278.

Krankenhaus **Centre Hospitalier,** 2, rue Michel de l'Hospital, ✆ 04-71509999, www.ch-brioude.fr.

Markt Jeden Sa Bauernmarkt zwischen dem Place du Postel und dem Place Lafayette auf der Rue Sébastopole, im Sommer mit Musikern, Tänzern und Gauklern.

Parken Unterhalb der Altstadt gibt es einen großen Parkplatz in der Avenue de Lamothe. Ein Aufzug führt direkt auf den Place de Lafayette vor dem Rathaus.

Veranstaltungen **Biennale de l'Aquarelle,** alle zwei Jahre, meist in der zweiten Julihälfte, verwandelt sich die Altstadt von Brioude in eine Galerie: französische und internationale Aquarellisten stellen ihre Werke aus. Die nächsten Ausgaben finden 2023 und 2025 statt. Termine → www.biennale-aquarelle.com.

Übernachten/Essen ***** Hôtel de la Sapinière,** das Hotel-Restaurant oberhalb vom Zentrum bietet 11 individuelle, geräumige, freundlich dekorierte Zimmer. Ein Zimmer besitzt ein Baldachinbett. Im „Vulcania" ist das Bett stilvoll mit einem Schiefer-Kopfende ausgestattet,

Auvergne | Die Haute-Loire → Karte S. 154/155

im „Herbstlaub" und „Im Garten" weht ein Hauch Feng-Shui. Großer Park, Schwimmbad und Whirlpool. Im Restaurant wird originelle Regionalkost und viel Fisch aufgetischt – etwa Foie gras an Erdbeer-Basilikum oder gegrillter Dorsch mit Artischockenpüree. Nur abends außer am Fr und So, dafür So mittags geöffnet. 10, avenue Paul Chambriard, ✆ 04-71508730, www.hotel-sapiniere-brioude.com. **€€€**

***** Hôtel Poste et Champanne,** seit drei Generationen ist dieses Hotel-Restaurant im Besitz der Familie Chazal, die auch das Sapinière führt. Herausragend ist das Restaurant, in dem Küchenchefin Hélène Chazal die Rezepte ihrer Großmutter verfeinert. Die 16 Hotelzimmer sind modern und komfortabel und alle in ähnlichem Stil in hellen, dezenten Farben gehalten. Hotel und Restaurant sind (fußläufig) auf zwei Gebäude verteilt. Restaurant: Nur mittags außer So/Mo geöffnet. 1, boulevard du Docteur Devins, Hotel: 3, avenue Paul Chambriard, ✆ 04-71501462, www.hotel-de-la-poste-brioude.com. **€€**

Lard dans l'Assiette, neuer Tag, neue Idee: Die Gerichte in dem freundlichen Restaurant wechseln täglich. Hier wird alles gemischt: regionale mit internationaler (vor allem asiatische und mediterrane Einflüsse), traditionelle mit moderner Küche – Hauptsache lecker. Auch Vegetarisches. Bereichert wird der kleine Gourmettempel durch ein Feinkostlädchen und einen Weinkeller – und einen schmucken Innenhof, umringt von Steinmauern. So Ruhetag, Fr/Sa auch abends Küche. 27, rue du Quatre Septembre, ✆ 04-71748276. **€–€€**

Le Cardi, Brasserie und Pub mit Stil und Geschmack – nicht nur bei der Deko, sondern auch bei den Gerichten. Üppige Portionen, u. a. Burger und Salate. Beliebt bei den Einheimischen. Mo ganztägig und So abends geschlossen. Place Lafayette, ✆ 04-71500616. **€€**

Le Campagnard, wirkt von außen etwas unscheinbar, entpuppt sich aber als Geheimtipp. Das rustikale Restaurant etwas abseits des Zentrums legt Wert auf einfache, lokale und frische Küche. Große Gerichte zu kleinen Preisen. Nur Mittagsküche, Fr geschlossen. 7, rue d'Assas, ✆ 04-71500003. **€€**

Via Della Rosa, wer etwas entschleunigen möchte, sollte einen Stopp in diesem winzigen Café einlegen. Umgeben von einer Riesenauswahl an Tees aus aller Welt, kann man hier ebensolchen genießen oder unterschiedliche Kaffeeröstungen probieren. So geschlossen. 2, rue Saint-Geneix, ✆ 09-80428856, www.viadellarosa.fr.

La Clef, sympathisches Bücher-Café, ideal für einen Kaffee oder Drink zwischendurch. Hier ist immer etwas los: Lesungen, Musik, Theater und andere Veranstaltungen. Vegetarische Snacks. Di–Fr geöffnet, Sa–Mo nur eingeschränkt. 53, rue de la Pardige, ✆ 04-71504836, www.cafelecturebrioude.fr. **€**

Ermitage Saint-Vincent, das ehemalige Pfarrhaus wurde in ein adrettes Gästehaus mit 5 charmanten Zimmern verwandelt – im ländlichen Chic mit antiker Note. Umgeben von einem Garten mit Aussicht auf die Allier-Schlucht. Place de l'Église, 43100 Vieille-Brioude (4 km südlich von Brioude), ✆ 06-806717 45, www.ermitage-saintvincent.fr. **€€**

La Maison de Maria, in einem weinumrankten Steinhaus aus dem 19. Jh. (der Urgroßvater der Hausherrin hat es selbst erbaut) sind 3 geräumige, komfortable Zimmer mit antik-ländlichem Flair in jeweils einem anderen Farbton im Angebot. Schöner großer Garten, um die Idylle zu genießen. 11 km westlich von Brioude. Le Bourg, 43100 Saint Beauzire, ✆ 06-848533 82, www.lamaisondemaria.com. **€€**

Camping ***** Camping La Bageasse,** 2,5 km vom Zentrum am Ufer des Allier liegt dieser kleine, ruhige Campingplatz mit knapp 50 teilschattigen Stellplätzen, Holz-Chalets, Mobil-Homes, Eco-Lodges, fassförmigen Hütten und kleinem Pool. Chemin de La Chaud, 43100 Vieille-Brioude, ✆ 04-71500770, www.aquadis-loisirs.com.

Auzon

Man wähnt sich fast schon in Südfrankreich beim Anblick dieses Mittelalterdorfes 15 km südlich von Brioude. Die hübschen Häuschen mit roten Ziegeldächern schmiegen sich an eine Anhöhe im Tal des Allier, die von sanften grünen Hügeln des Livradois umgeben ist. Den schönsten Blick darauf hat man von einem Aussichtspunkt auf der anderen Seite des Tals (rechts vor dem Parkplatz beim Ortsausgang etwa 500 m die Straße hochfahren).

Starker Kontrast: Wandmalerei trifft auf Glaskunst

Den höchsten Punkt von Auzon bildet die romanische **Kirche Saint-Laurent** aus dem 12. Jh. (bis 18 Uhr und nur von Ostern bis Allerheiligen geöffnet). Ein Blick ins Innere lohnt sich wegen der Wandmalereien und der wunderschönen Statue der Notre Dame du Portail, vor dem Eingang locken fein ausgearbeitete Kapitell-Figuren. Bei genauerer Betrachtung erkennt man Josef, der seiner Maria die Hand hält. Vor der Kirche, entlang der Rue de Notre Dame du Portail, führen ausgeschilderte Entdeckerpfade durch kleine Gässchen mit Namen wie „Höllenstraße". Etwas unterhalb der Kirche kann man eine alte **Markthalle** bewundern, neben dem Gotteshaus das frühere Schloss. Dieses befindet sich allerdings in Privatbesitz und öffnet nur auf Anfrage. Zurück in die Vergangenheit heißt es am ersten Juliwochenende, wenn das **Mittelalterfestival** alljährlich tausende Besucher anlockt. Eine Kuriosität ist ein kleines **Museum** mit über 40 Vespas in der Rue Longue (Eintritt frei, Mai–Aug. Mi und Sa 14–18 Uhr).

Écomusée du Pays d'Auzon: Das Heimatkundemuseum führt in die Vergangenheit Auzons und dessen Umgebung. In 10 Räumen bringt die Austellung u. a. das ländliche Leben und ausgestorbene Berufe näher, zeigt ein altes Klassenzimmer sowie Mineralen, Kristalle und andere Gesteine aus dem längst inaktiven Bergbau.

- Eintritt 3 €, Juli/Aug. tägl. außer Sa 15–18 Uhr, letzter Einlass um 17.30 Uhr. Rue du Pavé, ✆ 04-71761811, www.ecomusee-pays-d-auzon.fr.

Information **Office de Tourisme,** Juli/Aug. tägl. geöffnet, sonst → Website. 18, place de la Barreyre, ✆ 04-71761811, www.gorges-allier.com.

Blesle

Ein wahres Kleinod unter den „Schönsten Dörfern Frankreichs" ist Blesle, 20 km von Brioude entfernt. Einerseits punktet der 640-Einwohner-Ort mit seiner idyllischen Lage am Flüsschen Voireuze im Tal des Alagnon am nordwestlichsten Zipfel der Haute-Loire und in direkter Nachbarschaft zum

Cantal und Puy-de-Dôme – umgeben von bewaldeten Hügeln. Andererseits mit seinem mittelalterlichen Charme dank der gut erhaltenen Fachwerkhäuser, die noch vom Leder- und Webergewerbe des Mittelalters zeugen, und der bourgeoisen Steinhäuser, auf deren Türen sich ein Blick lohnt (etwa in der 9, rue Edouard Châtillon, mit einer der ältesten Haustüren des Ortes aus dem 16. Jh.).

Das Ortsbild prägen ein Donjon aus dem 13. Jh., der Turm der Barone Mercoeur, sowie direkt gegenüber der Kirchturm der einstigen Kirche Saint-Martin. Beide Bauten erinnern an die weltliche und geistliche Macht, die um die Herrschaft in Blesle gerungen haben. Tatsächlich legte die Gründung eines Benediktinerinnenklosters im 9. Jh. den Grundstein dieses Ortes mit dem Label „Plus Beaux Villages". Die Abteikirche Saint-Pierre ist noch gut erhalten: Im Innern locken die hübsch bemalte Decke über dem Altarraum und eine vergoldete Reliquientruhe, außen lädt ein kleiner Garten zum Spazieren ein. Erst im 13. Jh. mischten die Barone de Mercoeur mit, hinterließen das Château des Chavagnacs mit seinem mächtigen Donjon. Ein dritter Turm – mehr ein Türmchen –, die Tour du Massadou, gehört zu Blesle, wenn auch abseits des Zentrums auf einer Anhöhe gelegen. Von hier bietet sich eine zauberhafte Aussicht auf das gesamte Idyll.

Musée de la Coiffe: Hüte, Hauben, Haarbänder – über 700 Kopfbedeckungen vom 18. bis 20. Jh. aus dem Zentralmassiv sind im ehemaligen Hospital ausgestellt. Neben traditionellen Trachten und Gewändern kann man auch eine erst vor wenigen Jahren freigelegte und restaurierte Wandmalerei bewundern. Das Gebäude stammt aus dem 12. Jh., hier logierten Kranke, Bettler und Pilger.

▪ Eintritt 5 €. Mitte April bis Mitte Okt. Mi–So 10–12 und 14.30–17.30 Uhr. Le Vieil Hôpital, 1, rue de la Bonale, ✆ 07-41762708.

Information **Office de Tourisme,** Juli/Aug. tägl. außer Di geöffnet, sonst → Website. Sehenswerte Gebäude sind mit QR-Codes versehen, so lassen sich mit dem Smartphone wichtige Infos nachlesen. Place de l'Église, 43450 Blesle, ✆ 04-71740276, www.tourisme-brioude sudauvergne.fr.

Markt Jeden Fr abends im Juli/Aug. **Markt** in der alten Getreidehalle, **Weihnachtsmarkt** am 2. Dezemberwochenende.

Veranstaltungen **Féstival Apéros Musique,** Mitte Aug. verwandelt sich Blesle in eine große Bühne, Musiker beleben Straßen, Kneipen oder auch die Kirche. www.aperos-musique-blesle.com.

Übernachten/Essen ***** La Bougnate,** das Hotel-Restaurant besitzt viel Charme: eine Außenterrasse unter Ahornbäumen und der elegant-rustikale Speisesaal mit Gebälk. Auf dem Teller landen mediterran zubereitete Köstlichkeiten wie Hummer an Gemüse und Pfifferlingen oder Entenbrust an Pfirsich mit Pfifferlingcannelloni. 12 geschmackvoll eingerichtete, wohnliche Zimmer, Wellnessangebote in Zusammenarbeit mit dem Schönheitssalon, der dem Café Cocon de Douceur schräg gegenüber angegliedert ist. Mo/Di geschlossen. Place du Vallat, ✆ 04-71762930, www.labougnate.fr. **€€–€€€**

Cocon de Douceur, schnuckeliges kleines Café mit verspieltem Interieur. Vom Außenbereich auf dem Trottoir bietet sich ein toller Blick auf die Tour de Massadour und auf das Kriegerdenkmal am Place du Vallat. Kulinarisch sind v. a. leckere Waffeln geboten und eine gute Auswahl an Tee. Ungewöhnlich: Zum Café gehören eine kleine Boutique und ein Schönheitssalon, der u. a. Massagen, Bäder und Gesichtsbehandlungen offeriert. Mo/Di geschlossen. Place du Vallat, ✆ 07-64082677, www.cocondedouceur.fr. **€** (Café)

Le Moulin du Bateau, 4 urgemütliche, stilvolle Gästezimmer, u.a. mit antiken Holzelementen, in einer ehemaligen Mühle am Fluss Alagnon. Zwei Salons und ein großer Garten mit Terrasse und Pool laden zum Verweilen ein. Aussicht auf die Burgruine von Léotoing, die über dem Gästehaus liegt. Die Gästezimmer sind im Juli/Aug. nicht buchbar, dafür das gesamte Haus als Ferienhaus. D 909/Lanau, 43410 Léotoing, ✆ 04-71765707, www.lemoulin dubateau.com. **€€**

Lavaudieu

Das „Tal Gottes" (Lavaudieu = La Vallée de Dieu) liegt 9 km südöstlich von Brioude über dem Ufer der Senouire am Südrand des Naturparks Livradois-Forez. Zu sehen gibt's dort eine eindrucksvolle Abtei mit Kirche und geköpftem Kirchturm – die Französische Revolution hat eben nicht nur Menschen unter die Guillotine gebracht ... Drum herum winden sich Gässchen mit hübschen mittelalterlichen Häuschen aus Arkose, einem speziellen Sandstein. Am besten, man kommt früh oder spät am Tag, wenn der helle Sandstein der Häuser ins Licht der auf- oder untergehenden Sonne getaucht ist. Den schönsten Blick auf eines der „Plus Beaux Villages de France" hat man am Fuße des 250-Einwohner-Örtchens vom rechten Senouire-Ufer. Dort überquert die dreibogige Alte Brücke (Pont Vieux) das Wasser, dahinter lugen die Überbleibsel der Wehrbefestigung und der kopflose Glockenturm der Klosterkirche Saint-André hervor. Die ganze Pracht spiegelt sich obendrein noch im Wasser. Hier steht für Besucher auch ein Parkplatz zur Verfügung, denn Autos sollten im Tal Gottes draußen bleiben.

Abbaye / Cloître de Lavaudieu: Die am besten erhaltene romanische Abtei in der Auvergne wurde im 11. Jh. als Benediktinerinnenkloster gegründet, die letzten Ordensfrauen wurden kurz nach Beginn der Französischen Revolution vertrieben. Herrlich ist der Kreuzgang mit seinen eleganten Arkaden und Säulen mit fein ausgearbeiteten, skulptierten Kapitellen, die u. a. Blumen, Engel und mythologische Wesen wie Meerjungfrauen darstellen. Über dem Kreuzgang verläuft eine Holzgalerie, eine Fassade ist mit Fachwerk durchsetzt. Zur Führung gehören auch Abstecher in den Klostergarten, in dem man nah an die Ruinen der Wehranlage kommt, und in den Speisesaal der Abtei, der mit einer großen, byzantinisch beeinflussten Jesus-Freske verziert ist.

▪ Eintritt 5 €, Führung 7 €. Juli/Aug. tägl. 10–12.30, 14.15–15.30 und 16–17.30 Uhr, Führungen 15.30–16.30 Uhr, Mai/Juni und Sept. tägl. außer Di 10–12.30, 13.45–15 und 16–17.30 Uhr, Führungen 15–16 Uhr. www.abbayedelavaudieu.fr.

Abbatiale Saint-André: Zwar fehlt der romanischen Kirche aus dem 11./12. Jh. der Kopf, dafür aber birgt sie kurioserweise einen ganz speziellen im Inneren: einen Christuskopf. Dabei handelt es sich um die Kopie eines ursprünglich zu einer ganzen Christusstatue gehörenden Kopfes aus dem 13. Jh. Die Statue wurde entweder schon während der Religionskriege oder spätestens während der Französischen Revolution zerstört. Der Originalkopf ist heute im Pariser Louvre zu bewundern, den Torso, den Anfang des 20. Jh. der amerikanische Bildhauer George Grey Bernhard in der Nähe von Lavaudieu entdeckte – und der dann als Vogelscheuche zweckentfremdet wurde –, kann man sich im Metropolitan Museum of Art in New York anschauen. Nennenswert sind zudem die aus dem 16. Jh. stammenden, teilweise verblassten Fresken, die u. a. die Pest darstellen, die das Land gegen 1350 heimsuchte, und einen riesigen Christus – typisch für die Wandmalereien der Haute-Loire.

Musée des Arts et Traditions Populaires: Das Heimatmuseum ist in der alten Dorfbäckerei in einem Haus aus dem 19. Jh. aus dunklem Volvic-Stein untergebracht. Auf zwei Etagen bringt es das traditionelle Landleben näher. Zu sehen gibt es u. a. gut erhaltenes altes Werkzeug sowie Geräte, Holzschuhe, Brillen und Taschenuhren, Spielzeug und Kindermöbel.

▪ Eintritt 3 €. Juli/Aug. Mi, Sa/So 13.45–14.15 Uhr, Mai/Juni Mi, Sa/So 13–15–13.43 Uhr, im

Auvergne | Die Haute-Loire → Karte S. 154/155

Sept. tägl. Le Bourg, ✆ 04-71760890, www.abbayedelavaudieu.fr.

Information **Point Information,** Juli/Aug. tägl. geöffnet, sonst wechselnde Öffnungszeiten. Place de l'Abbaye, 43100 Lavaudieu, ✆ 04-71764600.

Übernachten/Essen **Restaurant Court la Vigne,** im Herzen von Lavaudieu in einer alten Schäferei aus dem 15. Jh., lädt dieses kleine Restaurant zu erlesener, modern zubereiteter traditioneller Kost ein. Der Küchenchef verwendet ausschließlich frische Produkte aus der Region. Entsprechend der Saison wechseln die Gerichte. Di/Mi geschlossen. Reservierung empfohlen. Zum Restaurant gehört auch das rustikale Ferienhäuschen Maison de Marguerite mit 3 Schlafzimmern für 6–8 Pers. Le Bourg, ✆ 04-71764579, www.courtlavignel.wixsite.com/courtlavigne. **€€**

Chez Loutre et Marmotte, Tauben leben in diesem ehemaligen Taubenschlag schon lange nicht mehr und das Gebäude ist seither auch deutlich gewachsen. Immerhin kann man im alten „Pigeonnier" noch nächtigen und zwar u. a. im „Chambre Alexandre". Dieses und die beiden anderen Zimmer sind geräumig und wohnlich eingerichtet – Naturtöne und Deko lassen gute Laune aufkommen. Gut hat uns das Chambre Perrine mit seinem Bambus-Baldachinbett gefallen. Einige Zimmer verfügen über einen Balkon mit Blick auf Lavaudieu und das Tal der Senouire. Pool im Freien. Aus Richtung Brioude von der D 20 auf die D 203, der zweite Haus rechts nach dem Ortseingang. Le Bourg, ✆ 07-82591340, www.loutre-et-marmotte.fr. **€€**

La Maison d'à Côté, Idylle verspricht dieses Gästehaus allein schon wegen seiner Lage am Ufer der Senouire bei der alten Brücke. Besonders schnuckelig ist der Innenhof mit Hängematte und Liegestühlen. Klein und fein sind die 4 herzigen Zimmer, die zwar keinen Designpreis gewinnen, in denen man sich aber pudelwohl fühlt. Le Bourg, ✆ 04-71764504, www.lamaisondacote-lavaudieu.fr. **€€**

***** Domaine Saint Roch,** das Wellnesshotel befindet sich 10,5 km südlich von Lavaudieu in einem alten Herrensitz aus dem 12. Jh. Die 22 Zimmer mit Aussicht auf das hügelige Umland sind komfortabel und in einer geschmackvollen Mischung aus antikem und modernem Stil eingerichtet. Zudem Fitness- und Wellnessbereich mit Sauna, Dampfbad und Pflegeanwendungen in den ehemaligen Stallungen. Barockgärtchen und Aussichtsterrasse. Mit dabei: ein Restaurant mit großen Panoramafenstern und ausgewählter Küche – Spargeltiramisu mit Räucherlachs, Couscous mit Gemüse oder Rinderfilet an Périgord-Soße (mit Weißwein und Trüffel). Di–Sa mittags und So abends Küche. Le Château, 43230 Salzuit, ✆ 04-71740423, www.hotel-auvergne-saintroch.com. **€€**

Lavoûte-Chilhac

Ein herrlicher Ort für entspannte Sommertage, der Herbst 2022 in die Riege „Les Plus Beaux Villages de France" aufgestiegen ist. Zu Recht, denn das 270-Seelen-Dorf liegt wunderschön an einer kleinen Flussschleife am Allier. Das Örtchen besteht aus zwei Teilen. Direkt am Ufer des Allier erheben sich auffällig hohe, südländisch anmutende Häuser. Zum Fluss hin haben sie zwei oder gar drei Kellergeschosse, zur anderen Seite steigt das Gelände an, sodass man die Gebäude im Erdgeschoss betreten kann – Schutz gegen die Hochwassergefahr.

Der älteste Ortsteil befindet sich auf der anderen Flussseite, zu erreichen ist er über eine vierbogige Brücke aus dem 15. Jh. Der Allier macht hier eine sehr enge und wundervoll anzusehende Schleife, die den Ort umschließt. Hier gründete Odilon de Mercœur, Abt von Cluny, im Jahr 1025 ein Priorat. Noch heute umgeben mächtige Gebäude die Kirche, doch sie stammen vom Ende des 18. Jh. Zum Wallfahrtsort wurde das Priorat nach einem wundersamen Ereignis, das sich 1496 abgespielt haben soll. Damals – so sagt man – hätten zwei junge Mädchen am Ufer des Allier mit Kieseln gespielt. Als sie zwei aufeinanderschlugen, fiel aus einem ein 15 mm kleines Bildnis der Jungfrau Maria mit dem Jesuskind auf dem Arm.

Wohl eine der schönsten Ortszufahrten der Region

Dieses winzige Marienbildnis ist anlässlich des Fests „Notre-Dame Trouvée" mit Gottesdienst noch immer Jahr für Jahr an jedem ersten Sonntag im Juli Ziel wallfahrender Pilger. Sonst kann man das Reliquiar leider nicht sehen. Ins Priorat ist inzwischen das Maison des Oiseaux eingezogen, in dem sich alles um Vögel dreht (Eintritt frei, während der Sommerferien tägl. 14–18.30 Uhr, während der Oster- und Herbstferien Sa/So und Feiertage 14–18 Uhr).

Den besten Blick auf Lavoûte-Chilhac hat man übrigens vom Weiler Le Bois. Dafür nimmt man die Straße Richtung Ally (D 21) und biegt nach den Kurven links in Richtung des Weilers ab.

Windmühlen von Ally: 11 km westlich von Lavoûte-Chilhac befindet sich auf einem windreichen Plateau das Örtchen Ally, das seit jeher das stetig wehende Lüftchen zu nutzen wusste. Im 19. Jh. stand hier ein Dutzend Windmühlen, heute sind immerhin noch fünf davon übrig und schön restauriert. In der *Moulin de Pargeat* wird man im Rahmen einer Führung über die Funktionsweise der Mühlen informiert (4 €, ab 2. Juliwoche bis 3. Augustwoche Di–So 14–18 Uhr, 4. Augustwoche tägl. 10–18 Uhr). In der *Moulin Panoramique* lässt sich aus großen Fenstern die Landschaft genießen. Die *Moulin à Paroles* wird manchmal in Gang gesetzt, im Inneren ertönen aus Lautsprechern Windgeräusche und Geschichten (ganztägig freier Eintritt). Heute knüpft Ally an seine Geschichte an: 26 moderne, 120 m hohe Windräder bilden hier einen der größten Windparks Frankreichs (Eintritt Windpark Parc éolien d'Ally-Mercœur 4 €; Öffnungszeiten → www.ally43.fr).

Antimon-Mine: Nicht nur die Luft, auch der Untergrund war gut zu den Bewohnern von Ally. Heute kann man 200 m der in den Stein gehauenen Galerien der alten Antimon-Mine besichtigen.

▪ Zwei Führungen: 7 €/5,50 €. Juli/Aug. Di–So 10–18 Uhr, Mitte April bis Juni Sa/So, Anfang bis Mitte Sept. Sa, genaue Zeiten → Website. Parken im Örtchen Montrome, von da 600 m zu Fuß, www.ally43.fr.

Auvergne | Die Haute-Loire → Karte S. 154/155

Chilhac: Ende des 19. Jh. und dann wieder ab 1974 fanden Archäologen bei dem 170-Seelen-Dorf 4,5 km nordöstlich von Lavoûte-Chilhac zahlreiche Fossilien, von denen einige heute im kleinen *Musée de Paléontologie de Chilhac* am Place de l'Église ausgestellt sind: Knochen und Schädel von Mammuts, Zebras, Nashörnern etc. (5 €, aktuelle Öffnungszeiten → www.museechilhac.com). Heute versteht sich der mittelalterliche Ort selbst als Attraktion. Auf einem Basaltfelsvorsprung gruppieren sich um eine einfache romanische Kirche alte Häuser aus Basaltstein. Vom Kirchplatz öffnet sich eine weite Sicht auf das Allier-Tal. Von seiner schönsten Seite zeigt sich Chilhac vom Flussufer aus: Beeindruckend erhebt sich das Dorf über der Felswand mit gleich zwei Wehrmauern – eine durch Menschenhand erschaffene und eine natürliche aus Orgelpfeifen, die sich oberhalb des Hangs eng aneinanderreihen. Fast schon extravagant mutet die Hängebrücke über den Allier an.

Information Bureau d'Accueil, ganzjährig geöffnet. Place des Anciens Moulins, 43380 Lavoûte-Chilhac, ✆ 04-71774657, www.gorges-allier.com.

Im Windpark von Ally stehen noch alte Mühlen

Baden Unterhalb des Priorats von Lavoûte-Chilhac ist am Allier ein kleiner überwachter Strand angelegt. Auch in Chilhac gibt's am Ufer des Allier einen Strand mit Bademöglichkeiten.

Kanu Canoë-Kayak Val d'Allier, Station mit Verleih, auch Rafting. April bis Mitte Okt. La Tour, 43380 Lavoûte-Chilhac, ✆ 04-71774480. Außerdem Kanu-Basis am Allier unterhalb von Chilhac, nur Juli/Aug. La Plage, 43380 Chilhac, ✆ 04-71774366, www.canoe-valdallier.com.

Übernachten/Essen * Hôtel du Pêcheur,** die schlichten Zimmer mitten im alten Ortsteil präsentieren sich modern und freundlich. Im Restaurant mit Blick auf den Allier oder auf der großen Terrasse auf dem Dorfplatz werden einheimische Spezialitäten wie Truffade, Tripoux oder Pounti angeboten. Außerdem gibt es Fisch und abends (Juni–Sept.) Holzofenpizza. Place des Anciens Moulins, Lavoute-Chilhac, ✆ 04-71774242, www.hotel-dupecheur.com. **€€**

meinTipp **Maison Cha-Ri-Va-Ri,** ein zauberhafter Ort, um zu übernachten. Die 4 Gästezimmer, darunter 2 Suiten mit Blick auf den Allier, sind sehr stilvoll gestaltet: Der aktuelle Zeitgeist trifft auf den Charme dieses Bürgerhauses aus dem 19. Jh. Mit original Dielenböden und ausgesuchten Deko-Elementen. So fungiert etwa ein alter Koffer als Couchtisch. Alles ist stimmig. Zu mieten ist auch ein ebenso ausgestattetes Ferienhaus mit 4 Zimmern und 4 Suiten. Rue du Pont / Sentier des Jardins, ✆ 06-19421085, www.maisoncharivari.com. **€€**

Gîtes de Chilhac, über das Ortszentrum Chilhacs verteilen sich renovierte Ferienhäuser u. a. mit Schlafsälen, allesamt einfach und dennoch komfortabel eingerichtet. Place de Lachaud, 43380 Chilhac, ✆ 04-71774808, www.vacances-chilhac.fr. **€–€€**

Chez l'Autre, ebenfalls im Herzen von Chilhac halten Bernard und Armelle für ihre Gäste 2 charmante, liebevoll gestaltete Zimmer im modernen Landhausstil bereit. Herzliche Atmosphäre, Frühstück am Kamin oder auf der Terrasse. Rue des Granges, 43380 Chilhac, ✆ 04-71774998, www.chez-lautre.com. **€€€**

Camping ** Camping municipal de Chilhac, kleiner, naturbelassener und schattiger Campingplatz mit 25 Stellplätzen am Ufer des Allier. La Ribeyre, 43380 Chilhac, ✆ 04-717748 10, www.vacances-chilhac.fr.

Langeac

Langeac ist mit seinen 3700 Einwohnern der größte Ort am Oberlauf des Allier. Gleichzeitig ist er das belebte Eingangstor zu den wilden Schluchten des Allier, wo sich der Fluss durch enge Täler an Basaltklippen vorbeischlängelt. Manche Teile sieht man nur als wagemutiger Rafting-Experte (etwa zwischen Monistrol und Prades) – oder als gemütlicher Bahnfahrer. Denn die Bahnlinie zwischen Clermont-Ferrand und Nîmes wurde hier im 19. Jh. in den Fels geschlagen. Der spektakulärste Abschnitt führt zwischen Langeac und dem 67 km entfernten Langogne durch 51 Tunnel und über 16 Viadukte. Heute fährt hier auch ein charmanter touristischer Zug. Langeac selbst wurde Ende des 18. Jh. vom Marquis de La Fayette gekauft. Die bedeutendste Sehenswürdigkeit des Ortes ist seine Stiftskirche: Die **Église Saint-Gal** aus dem 15. Jh. verfügt über eine Grablegung aus polychromem Holz.

Château Lafayette: Die französische und die amerikanische Flagge wehen in trauter Eintracht vor dem Schloss in Chavaniac-Lafayette 12 km nordöstlich von Langeac. Gewidmet sind sie einem Mann mit dem langen Namen Marie-Joseph Paul Yves Roch Gilbert du Motier, besser bekannt als Marquis de La Fayette. Als Edelmann wurde er hier am 6. September 1757 geboren, als vehementer Streiter für Freiheit, Menschen- und Bürgerrechte wurde er später berühmt. Sein Engagement auf Seiten der Kolonisten im amerikanischen Unabhängigkeitskrieg und auf Seiten der französischen Revolutionäre von 1789 brachte ihm später den Ehrentitel „Held zweier Welten" ein (→ Kasten S. 180). Bis zum Alter von elf Jahren lebte La Fayette in Chavaniac in dem Schloss, das im 14. Jh. als befestigtes Herrenhaus entstand und Anfang des 18. Jh. weitgehend neu erbaut wurde. Auch später kehrte er noch öfter in die Haute-Loire zurück. Heute wird im Schloss eine interessante Ausstellung über sein Leben präsentiert, auch wenn von der ursprünglichen Ausstattung des Hauses praktisch nichts mehr übrig ist. Man liest Zitate von Bewunderern wie George Washington, Thomas Jefferson oder Marie-Antoinette, aber auch von Gegnern wie Napoleon Bonaparte. Im ehemaligen Arbeitszimmer mit chinesisch angehauchten Wandmalereien befindet sich die kleine Schatzkammer mit Briefen, Ringen, Siegeln, einer Tabakdose und anderen Objekten aus dem Besitz des Marquis. Auch das rot-weiß ausgekleidete Geburtszimmer kann man betreten, die Einrichtung ist allerdings eine Rekonstruktion. Weitere Säle informieren über das Freimaurertum des Marquis, die französischen Aufklärer und über La Fayettes Frau Adrienne de Noailles. Nicht entgehen lassen sollte man sich den Park um das Schloss, der sich auf drei Themenpfaden erschließen lässt. Das Gelände wurde ab 1920 neu gestaltet (und genau 100 Jahre später nochmals erneuert) und umfasst einen Rosengarten, kleine Teiche und ein Arboretum mit Bäumen aus der ganzen Welt – und eine alte Eiche, die noch der Großvater des Marquis gepflanzt hatte.

▪ Eintritt 8 €. Juli/Aug. tägl. 10–18 Uhr, April–Juni und Sept.–Allerheiligen tägl. außer Di 10–12 und 14–18 Uhr. Audioguide auf Deutsch. 42230 Chavaniac-Lafayette, ✆ 04-71775032, www.chateau-lafayette.com.

Information **Bureau d'Accueil,** ganzjährig geöffnet. 9, boulevard Charles de Gaulles, 43300 Langeac, ✆ 04-71770541, www.gorges-allier.com.

Verbindungen In Langeac hält die **Cevennenbahn,** die Clermont-Ferrand mit Nîmes verbindet. Von Mai–Sept. fährt zwischen Langeac und Langogne auch ein **touristischer Zug** – verschiedene Pauschalangebote buchbar (Mittagessen, Baden, Wanderungen etc.).

Tickets online oder bei der Tourist-Info in Langeac, www.train-gorges-allier.com.

Hochseilgarten **Saint-Gal-Parc – Parc Aventure Langeac,** 10 Parcours mit 5 Schwierigkeitsgraden und langer Seilbahn über den Fluss. Chemin de la Vigerie, ✆ 06-881472, www.saint-gal-parc.fr.

Markt Di/Do Bauernmarkt in Langeac.

Veranstaltungen **Belle Journée,** Fest alle zwei Jahre am letzten Juliwochenende zu Ehren des Marquis de La Fayette, mit Pferdeparade und Uniformen, Musik und Tanz, www.belle-journee-lafayette-langeac.fr.

Wassersport **Tonic Aventure,** Rafting, Canyoning, Kanufahren. Île d'Amour, ✆ 04-717 72564, www.tonic-aventure.fr.

Marquis de La Fayette: „Held zweier Welten"

Im Plenarsaal des Repräsentantenhauses in Washington hängen genau zwei Porträts – eines von George Washington und eines vom Marquis de La Fayette. Der am 6. September 1757 im Schloss von Chavaniac geborene Marie-Joseph Paul Yves Roch Gilbert du Motier ist einer von nur acht Ehrenbürgern der USA und der wohl bekannteste Franzose in den Vereinigten Staaten. Zu dieser Ehre kam der Freiheitskämpfer durch sein Engagement im amerikanischen Unabhängigkeitskrieg. In der Heimat wiederum spielte er eine wichtige Rolle während der Französischen Revolution, dort findet man seinen Namen im Pariser Triumphbogen. Seine Verdienste um die Durchsetzung von Menschen- und Bürgerrechten in der Alten und in der Neuen Welt machten ihn zum „Helden zweier Welten".

Als Generalmajor der Kontinentalarmee kämpfte La Fayette ab 1777 für die amerikanische Unabhängigkeit gegen die Briten und wurde zum Vertrauten von George Washington. Er vertrat die Ideale der Aufklärung und setzte sich für Freiheit, Menschen- und Bürgerrechte, Demokratie und die Abschaffung der Sklaverei ein. An der finalen Schlacht von Yorktown 1781, nach der die Briten sich endgültig geschlagen geben mussten, war der Marquis entscheidend beteiligt. Zurück im eigenen Land regte er das Toleranz-Edikt von Versailles an, das ab Ende 1787 die Hugenotten vor Verfolgungen schützte, nach dem Sturm auf die Bastille 1789 wurde er Kommandant der Nationalgarde und wirkte entscheidend an der französischen Menschenrechtserklärung mit.

Später fiel La Fayette als Royalist und vermeintlicher Verräter in Ungnade und verbrachte fünf Jahre in Preußen und in Olmütz in Mähren im Gefängnis. Als La Fayette 1797 wieder freikam, führte er zunächst lange Zeit ein zurückgezogenes Leben auf seinem Landgut Lagrange südöstlich von Paris, bevor er wieder politische Posten übernahm.

Bei der Julirevolution 1830 spielte er erneut eine entscheidende Rolle, indem er wieder die Nationalgarde kommandierte und dazu beitrug, dass Louis-Philippe I. den Thron besteigen konnte. Am 20. Mai 1834 schließlich starb La Fayette in Paris. An seinem Todestag versammeln sich alljährlich Repräsentanten Frankreichs und der USA an seinem Grab.

Übernachten/Essen **** Hôtel-Restaurant Entre Nous,** großräumiger, freundlicher Speisesaal und kleine Terrasse. Regionale Speisen auf der monatlich wechselnden Karte. Das Restaurant ist sehr beliebt, das Hotelangebot weniger. Die 8 Zimmer sind recht klein und für eine Nacht ok. Restaurant tägl. geöffnet, 28, avenue de la Gare, ✆ 04-71770888. **€€**

Le 19, kleines, traumhaftes Hotel, das eher den Charakter eines Gästehauses hat. Die 5 Zimmer, darunter 2 Suiten, sind einfach nur wunderschön und zum Wohlfühlen. Ausgestattet sind sie mit viel Holz, ein stimmiger Kontrast zu den Steinwänden dieses typischen Gebäudes der Haute-Loire. Nicht ganz billig, v. a. die Suite Lafayette mit Galerie ist schon Luxus. 19, rue Lafayette, ✆ 06-72841915, www.le19langeac.fr. **€€€–€€€€**

**** Hôtel de l'Île d'Amour,** auf einer lang gezogenen Allier-Insel am südlichen Ortsausgang. Moderner Speisesaal und große Terrasse direkt am Fluss. Regionale Küche. Schlichte, helle und zeitgemäß eingerichtete Zimmer mit Terrasse. Einzig der Fliesenboden wirkt etwas uncharmant. Tägl. geöffnet. 17, avenue du Gévaudan, ✆ 04-71740997, https://hotel-de-lile-damour-hotel-langeac.eatbu.com. **€€**

Le Trèfle à Quatre Feuilles, urgemütliches Restaurant mit viel Holz, zwei Ebenen und kleiner Galerie. Viele Biogerichte, auch vegetarisch und vegan. Zudem Verkauf von regionalen Produkten. Di–Sa geöffnet, Di–Do nur mittags. 9, place de la Liberté, ✆ 04-71773366. **€€**

Le Pinocchio, netter, kleiner Italiener in der Altstadt mit mehr als 30 Pizza-Variationen! Außerdem kann man auf der Straßenterrasse auch Bruschetta, Tartiflette, auvergnatische Spezialitäten und Tiramisu genießen. Mo/Di geschlossen. 11, rue de la Boucherie, ✆ 04-717 69575. **€–€€**

Camping ***** Camping Les Gorges de l'Allier,** 14 ha großer Campingplatz direkt am Allier mit natürlichem Strand und großem Pool. Snackbar und Animation. Über 200 Stellplätze, große Chalets und Cottages sowie einige Mobil-Homes. Rue Jean Baptiste Tuja, Domaine du Pradeau, ✆ 04-71770501, www.campinglangeac.com.

Chanteuges

Mit „Lachsfischen in Chanteuges" könnte das beschauliche Örtchen am Allier-Ufer werben und passionierte Angler anlocken. Tut es aber nicht, denn die Könige der Fische werden hier in erster Linie gezüchtet – eine Umweltinitiative gegen das Aussterben der Lachse. Mit dem Conservatoire national du Saumon kann sich das 430-Einwohner-Dorf mit Europas größter Lachszucht rühmen (Führung 7 €, Juli/Aug. Di und Do um 15 Uhr, Sa um 10 Uhr, sonst auf Anfrage, www.saumon-sauvage.org).

Touristisches Aushängeschild von Chanteuges ist aber nicht die Lachszucht, sondern das ehemalige Kloster samt Kirche aus dem 12. Jh. Auf einem Felssporn thront die Abtei über dem Dorf. Durch die Wehrmauer erinnert sie stark an eine Festung. Tatsächlich wurde dieser heilige Ort zwischenzeitlich als solche genutzt. Der Weg hinauf ist zwar kurz, aber schweißtreibend. Dafür gibt es einiges zu entdecken: gleich nach dem Eingang eine kleine Fotoausstellung, die Vergangenheit und Gegenwart der Anlage dokumentiert, den

Hoch über Chanteuges thront das alte Kloster

Auvergne | Die Haute-Loire → Karte S. 154/155

weitgehend erhaltenen Kreuzgang mit Panoramafenstern, das Eingangsportal der Chapelle Sainte-Anne mit seinen fein ausgearbeiteten Reliefs. Schöne Skulpturen wie Adler, Bacchus oder Meerjungfrau umsäumen die Säulenkapitelle in der Kirche Saint-Marcellin nebenan. Im Inneren findet sich zudem eine vergoldete Statue des heiligen Petrus (mit ungewöhnlichem Hut, aber ohne Schlüssel). Ein toller Ausblick bietet sich am hinteren Ende der Anlage neben der Kirche – etwa auf das Nachbardorf Saint-Arcons-d'Allier.

Übernachten/Essen **Auberge de Chanteuges,** schlichtes Hotel-Restaurant in einer ehemaligen Mühle unterhalb von Chanteuges. Die 5 Zweibettzimmer und das Familienzimmer sind gepflegt, zeitgemäß, etwas kleiner und kommen ohne viel Schnickschnack aus. Das Restaurant punktet mit einer großen Terrasse, setzt in der Küche die Schlichtheit mit einer kleinen Auswahl an regionalen Spezialitäten fort. Mo/Di geschlossen, Fr/Sa auch abends Küche. 2, rue des Moulins, ✆ 04-71772661, www.auberge-de-chanteuges.fr. **€€**

La Grande Maison, auf dem Weg zum Kloster liegt dieses prächtige Anwesen aus dem 15. Jh. mit mehreren Terrassen, einem hübschen Gärtchen und einem Gewölbesaal, in dem Snacks wie Suppe, Salat und kalte Platte für den kleinen Hunger serviert werden. Für den größeren Hunger gibt es wechselnde Menüs aus regionalen Spezialitäten. Die 9 Gästezimmer mit antikem Charme sind stilvoll und ganz individuell eingerichtet. Nicht alle haben ein eigenes Badezimmer, diese sind dafür etwas günstiger. Zur Verfügung steht auch ein etwas kostspieligeres Appartement. Calade du Valla, ✆ 06-20386777, www.la-grande-maison.com. **€€–€€€**

Saint-Arcons-d'Allier

Saint-Arcons-d'Allier ist ein romantisches, verschlafenes Nest, so wie man es aus kitschigen Filmen kennt, in denen Liebespaare die französische Provinz entdecken. Die pflanzenumrankten Basalthäuser mit roten Ziegeldächern schmiegen sich an einen Hang hoch über dem rechten Ufer des Allier. Einige sind bereits verfallen, doch das verstärkt nur die wildromantische Atmosphäre. Kernstück ist ein Herrensitz aus dem 12. Jh. Die beiden Äbtissinnen Isabeau und Gabrielle de La Fayette – Abkömmlinge des Marquis de La Fayette – ließen ihn restaurieren. Gemütlich kann man durch die wenigen Gassen bis zur Dorfkirche spazieren und dabei die Aussicht genießen, beispielsweise auf den knapp 2 km nordwestlich gelegenen Ort Chanteuges.

Übernachten **L'Auberge du Moulin,** überaus gemütlich und kuschelig präsentieren sich die Gästezimmer, die sich auf mehrere Holz- und Steinhäuschen verteilen. Erstere versprühen mit der Holzverkleidung und den roten Textilien Berghüttencharme, letztere sind etwas komfortabler. Die Hütten gehören zu einer Mühle aus dem 15. Jh., in der ebenfalls ein Gästezimmer eingerichtet wurde. Zudem gibt es einen Schlafsaal in einem ehemaligen Stall mit 15 Betten. Park u. a. mit Lamas, Kängurus, Straußen, Ziegen und Gänsen. Auf Anfrage auvergnatische Küche. Le Moulin (unterhalb der Dorfkirche), ✆ 06-42143834, ✆ 06-71740309, www.lemoulindursapt.com. **€–€€**

Saint-Julien-des-Chazes

Gerade mal 70 Einwohner zählt die kleine Häuseransammlung an der D 48. Das Dörfchen entstand um ein Kloster aus dem 13. Jh., in dem sich heute ein Restaurant befindet. Im Inneren der etwas erhöht liegenden Kirche sind zwei Holzmadonnen und Priestergewänder ausgestellt. Sehenswerter ist jedoch die einsam über dem rechten Allier-Ufer thronende Kapelle

Sainte-Marie-des-Chazes aus dem 12. Jh. (von Saint-Arcons-d'Allier kommend noch nicht über die Brücke rechts in den Ort hinein, sondern geradeaus auf der kleinen Straße parallel zum Allier weiterfahren). Etwas höher gelegen links von der Straße steht die Kapelle vor einer Felswand. 30 Stufen führen zu ihr hinauf. Von hier aus hat man einen guten Blick auf Saint-Julien-des-Chazes am linken Allier-Ufer – eingebettet in eine prärieartige Landschaft mit kleinen, bewaldeten Hügeln, aus denen schroffe Felsen emporragen.

Information/Essen **Le Pellegris**, charmantes Restaurant in einem Flügel des ehemaligen Klosters. Gute, regionale Küche, auch vegetarisch. Hier gibt's auch Infos zum Ort und zum Kloster (einfach nachfragen). Nur im Juli/Aug. und an manchen Feiertagen geöffnet. 43300 Saint-Julien-des-Chazes, ✆ 06-77475538. **€€**

Baden In Prades, 2 km südlich von Saint-Julien-des-Chazes, kann man am Fuße einer imposanten Klippe, deren Gestein wie feine Orgelpfeifen geriffelt ist, im Allier baden.

Saint-Privat-d'Allier

Mächtig erhebt sich das Dorf auf Vulkanklippen in Form von Basaltsäulen. Bedeutung erlangte der 390-Seelen-Ort als Pilgerstätte auf der Via Podiensis, dem Jakobsweg – noch immer kehren zahlreiche Pilger in Saint-Privat ein. Aber nicht nur: Besonders Kanuten zieht es an diesen wilden Teil des Allier. Die Dorf-Skyline prägt das Château Mercœur-Montlaur mit eingearbeitetem Volvic-Stein neben der romanischen Kirche. Das Schloss aus dem 13. Jh. kann man allerdings nur von außen besichtigen. Frei zugänglich sind die Ruinen des Château de Rochegude samt Kapelle etwa 4 km westlich bei dem Weiler Rochegude. Von hier hat man auch eine fantastische Aussicht auf das Allier-Tal. Eine weitere Burgruine, das einstige Château de Mercœur, befindet sich 3,5 km nördlich von Saint-Privat-d'Allier. Einige Rundtürme sind noch erhalten und auch nur von außen zu bewundern. Von Saint-Privat-d'Allier bieten sich drei Ausflüge in die Umgebung an. Einer führt nach Saugue zum Musée Fantastique de la Bête de Gévaudan. Der wolfsähnlichen Bestie ist eine moderne Eisenskulptur gewidmet. Im Ort verteilt findet man von den Anwohnern selbstgestaltete Kreaturen.

Alleyras: Für Motorrad- und Cabriofahrer lohnt ein Abstecher ins 16 km entfernte, südlich gelegene Alleyras wegen der schönen kurvigen Strecke (über die D 40), entlang an Felswänden. Zwischen dem Plateau du Devès im Osten und dem Margeride-Massiv im Westen liegt Alleyras auf einer kleinen Anhöhe über dem Allier-Ufer. Weitaus höhere Hügel mit Kraterseen umgeben das 160-Einwohner-Dörfchen. Sie bieten eine malerische Aussicht auf den Ort. Der Allier ist hier noch ungezähmt und wild, die Schluchten lassen sich wunderbar mit dem Kanu oder auf Wandertouren erkunden.

Lac du Bouchet: Wie mit dem Zirkel gezogen scheint der Kratersee rund 22 km südöstlich von Saint-Privat-d'Allier. Auf 1200 m Höhe und bereits in den Monts du Devès befindet sich dieses 44 ha große, kreisrunde Maar. Das Wasser des Lac du Bouchet ist so klar, dass sich die Nadelwälder ringsum darin spiegeln. 30 m misst die tiefste Stelle des Gewässers, in dem sich Regenbogenforellen tummeln. Im Sommer tummeln sich hier außerdem noch Wasserratten und Sonnenanbeter. Wer nicht ins Wasser mag, kann auf den markierten Spazier- und Laufrouten wandeln. Der Lac du Bouchet ist nach knapp 2,5 km umrundet. Beim See gibt es einen überwachten Badestrand sowie das Hotel-Restaurant Le Chalet du

Auvergne | Die Haute-Loire → Karte S. 154/155

Lac du Bouchet mit ausgezeichneter Küche und schöner Außenterrasse.

Wassersport **Tonic Rafting,** Rafting, Canyoning, Kanufahren. Le Vivier, 43580 Monistrol-d'Allier, ✆ 04-71772564, www.tonic-aventure.fr.

Übernachten In Saint-Privat d'Allier gibt es eine gute Auswahl an Unterkünften, v. a. für Wanderer und Pilger. Außerdem finden sich im Ortszentrum einige Restaurants, die gerade im Sommer dank der vielen Urlauber gut besucht sind.

Le Clos des Pierres Rouges, in einem hübschen Basaltsteinhaus befinden sich 3 wunderbare Gästezimmer mit modernen Bädern. Terrasse und Garten mit Aussicht, Sauna. Rougeac, ✆ 04-71006478, www.leclosdespierresrouges.fr. **€€**

La Cabourne, Gästehaus mit 13 einfachen, modernen, gepflegten Zimmern für 2–6 Gäste sowie eine Panoramaterrasse. Ideal für Wanderer, Motorrad- und Radfahrer. Übernachtung inkl. Frühstück und Abendessen von April bis Mitte Nov. möglich. Le Bourg, Route de Pratclaux, ✆ 04-71572550, www.gite-lacabourne.fr. **€–€€**

Die Bestie vom Gévaudan

Nicht erschrecken: In Saint-Privat-d'Allier trifft man auf ein Ungeheuer, das bedrohlich die Zähne fletscht – die Bestie vom Gévaudan, 1,50 m lang, mit 77 cm Schulterhöhe und 19 cm Maulspannweite. Es handelt sich glücklicherweise nur um eine Eisenskulptur dieser sagenumwobenen Kreatur, die im 18. Jh. Angst und Schrecken in dieser Gegend verbreitet haben soll. Wahrheit oder Mythos? Tatsächlich trieb ein wolfsähnliches Tier damals im Gévaudan, das verteilt ist auf die Departements Lozère und Haute-Loire, sein Unwesen und tötete 102 Menschen. Das erste Unglück ereignete sich am 30. Juni 1764 – ein 14-jähriges Mädchen wurde tot aufgefunden, es war grauenvoll zugerichtet. Die Opfer der „Bête de Gévaudan" waren vornehmlich Kinder, Jugendliche und Frauen. Die Angst der Bauern war so groß, dass König Ludwig XV. eine 57-köpfige Jägergarnison aussandte, um der Bestie den Garaus zu machen. Auch die normannischen Wolfsjäger Denneval, Vater und Sohn, versuchten ihr Glück. Auf ihr Konto gehen rund 1200 erlegte Wölfe. Während der Bischof von Mende eine göttliche Strafe in den Vorfällen sah und den Gläubigen predigte, sie hätten durch ihre Sünden den Zorn Gottes auf sich gezogen, soll Gerüchten zufolge ein gewisser Jean Chastel, der wegen Mordes bereits inhaftiert gewesen war, die Bestie gezüchtet und zum Töten abgerichtet haben. Er war es auch, der das Tier am 19. Juni 1767 erlegte. Zumindest hörte danach die Überfallserie auf.

Die Geschichte dieser umtriebigen Kreatur zeichnet das Musée Fantastique de la Bête de Gévaudan nach, das sich rund 20 km westlich von Saint-Privat-d'Allier befindet. Ein wenig erinnert das Scénomusée an ein Gruselkabinett, wenn es die Besucher durch 25 Szenerien mit mannsgroßen Figuren führt, dabei im Dunkeln plötzlich das Knarzen einer Tür oder Wolfsgeheul ertönt.

▪ Eintritt 5,50 €, Mitte Juni bis Mitte Sept. tägl. 14.30–18.30 Uhr (Juli/Aug. zudem 10–12 Uhr). Rue de la Tour, 43170 Saugues, ✆ 04-71776422, www.musee-bete-gevaudan.com.

Da ist sie noch ganz klein: Die Loire schlängelt sich um Arlempdes

Östlich der Loire

An den gesamten östlichen Rand der Haute-Loire schließt sich das Departement Ardèche an. Das hat den Vorteil, dass man gerade in den Grenzorten wie Saint-Bonnet-le-Froid eine wundervolle Sicht auf die Monts d'Ardèche genießen kann. Sehnsüchtig braucht man auf die Nachbargegend allerdings nicht schauen, denn der östliche und südöstliche Teil der Haute-Loire hat selbst seine Reize.

Saint-Bonnet-le-Froid etwa gilt als Feinschmeckerhochburg, die mit einem Drei-Sterne-Restaurant aufwarten kann. In der Umgebung schießen die Pilze nur so aus dem Boden, und das schlägt sich in der lokalen Speisekarte nieder. Die Landschaft erinnert an den Schwarzwald, bloß dass die dunklen Nadelwälder sanftere Hügel bedecken. Sie ziehen sich Richtung Le Puy-en-Velay weit ins Massif du Meygal hinein. Gewaltige erloschene Vulkane ragen wie überdimensionale Maulwurfshügel in die Höhe. Das Wandererherz dürfte bei diesem Anblick höher schlagen.

Recht karg wird es dagegen im äußersten Südosten der Haute-Loire im Mézenc-Massiv. Dass es sich dabei um einen der höchsten Abschnitte des Zentralmassivs handelt, kann man angesichts der weiten Wiesen- und Weidelandschaft kaum glauben. Für Wanderer und Skifahrer bietet der knapp 1750 m hohe Mont Mézenc Sportmöglichkeiten. Ein für die Auvergne ungewohntes Bild bieten kleine Bergdörfchen mit Strohdächern. Und einen ungewöhnlichen Geschmack bietet das Fin Gras, ein besonders würziges Rindfleisch, das man nur von Februar bis Juni genießen kann. Einen Abstecher kann man durchaus in die angrenzende Ardèche einplanen, denn nicht weit von hier entspringt die Loire – am Fuß des Mont Gerbier-de-Jonc (1551 m). Folgt man dem jungen Flusslauf wieder in die Auvergne, gelangt man auch zum ersten der Loire-Schlösser bzw. zu dem, was davon übrig blieb. Über Arlempdes, einem der schönsten Dörfer Frankreichs, thront die Burgruine hoch über einer Flussschleife.

Saint-Bonnet-le-Froid

Sehenswürdigkeiten im klassischen Sinne hat das Örtchen am Ostrand der Haute-Loire eigentlich nicht zu bieten, dafür umso mehr für den Gaumen. Im Sommer ist hier die Hölle los. Allein sieben Restaurants, darunter ein Drei-Sterne-Tempel, zählt der Ort – für 220 Einwohner ganz schön viele. Kräftig mischt hier die Familie Marcon mit, die zwei Restaurants, drei Hotels, eine Konditorei, eine Bar und einen Weinhandel unterhält. Und allein an der Ortsdurchfahrt finden sich noch etliche andere Lädchen, Metzgereien etc., wo man sich mit regionalen Köstlichkeiten eindecken kann. Pilze etwa spielen hier eine große Rolle; alljährlich strömen Besucher in Scharen zur Fête des Champignons herbei.

Auch wenn Saint-Bonnet-le-Froid keine Monumente vorzuweisen hat – schön gelegen ist es allemal mitten auf dem Plateau des Boutières, umgeben von dunklen Nadelwäldern. Auf 1160 m Höhe blickt man hinüber in die Ardèche, wo die ebenfalls mit dunklen Nadelwäldern bewachsenen Hügel und die hellgrünen Wiesen des Plateau du Vivarais einen schönen Kontrast bilden.

Chapelle Notre-Dame-de-Montfaucon-en-Velay: 13 km nordwestlich von Saint-Bonnet-le-Froid lockt das Örtchen Monfaucon-en-Velay mit seiner Chapelle

Le Chambon-sur-Lignon: Ein Dorf leistet Widerstand

Es erinnert ein wenig an die Geschichte vom kleinen gallischen Dorf, dessen Bewohner den übermächtigen Römern hartnäckig Widerstand leisteten. Die Bewohner der hugenottischen Gemeinde Le Chambon-sur-Lignon auf dem Plateau Vivarais-Lignon wehrten sich zwar nicht mithilfe von Waffen und Zaubertrank gegen die Nazis und das Vichy-Regime, dafür aber mit jeder Menge Mut.

Während des Zweiten Weltkriegs riefen der Pfarrer André Trocmé und seine Frau Magda die Bewohner des Dorfes dazu auf, Juden aufzunehmen, um diese vor der Deportation zu bewahren. Und tatsächlich folgte Le Chambon geschlossen dem Aufruf des Pfarrers und gewährte den Verfolgten Unterschlupf. Damit riskierten die Einwohner ihr Leben, denn auch ihnen drohten Verhaftung und Deportation, hatte die mit den Nationalsozialisten kollaborierende französische Regierung doch befohlen, Juden, Flüchtlinge und Widerstandskämpfer zu verraten.

Aber nicht nur die Dorfgemeinschaft, die ganze Gegend auf dem Vivarais-Lignon-Plateau hielt zusammen: Waren deutsche Patrouillen im Anmarsch, versteckten sich die Männer, Frauen und Kinder außerhalb des Dorfes. Zogen die Soldaten wieder ab, versammelten sich die Bewohner von Le Chambon im nahegelegenen Wald und sangen ein Lied zur Entwarnung. Und der Widerstand ging noch weiter: Ein im Untergrund agierendes Netzwerk zog sich von hier bis in die Schweiz. Die Flüchtlinge wurden mit gefälschten Papieren und Lebensmittelmarken ausgestattet und über die französischen Städte Annemasse und Chamonix-Mont-Blanc über die Grenze in

Notre-Dame. Ein Blick ins Innere lohnt gleich dreimal: Prächtig ist der Marmoraltar im italienischen Stil. Er wiederum birgt einen Schrein mit einer besonderen Madonnenstatue: Sowohl Maria als auch das Jesuskind schmückt eine Krone. Verehrt wird sie bereits seit 1575, gekrönt wurde sie 1920 – am 15. August pilgern jedes Jahr Marienverehrer anlässlich des Wallfahrtsfestes in das Örtchen. Glanzstück der Kirche ist eine Gemäldeserie des belgischen Künstlers Abel Grimmer. Zu den zwölf Werken inspirierte ihn der niederländische Meister Hans Bol. Die zwölf Gemälde stehen für die zwölf Monate, die jeweils mit biblischen Szenen verbunden sind. Dargestellt sind etwa die Flucht nach Ägypten (Januar), der gute Hirte (Juni) oder die Ankunft in Bethlehem (Dezember).

▪ Informationen auf Deutsch. Tägl. 8–18.45 Uhr, Sa bis 18 Uhr. Rue Notre Dame.

Information Im Rathaus ist ein **Point Info Tourisme** untergebracht, der vormittags während der Öffnungszeiten des Rathauses besetzt ist. 1, chemin de Brard, 43290 Saint-Bonnet-le-Froid, ✆ 04-71656441.

Ein deutlich größeres **Office de Tourisme** gibt es im 12 km entfernten Monfaucon-en-Velay. Hier kann man auch Fahrkarten für die historische Dampflok kaufen. Juli/Aug. tägl. geöffnet, sonst → Website. 37, rue Centrale, 43290 Montfaucon-en-Velay. ✆ 04-71599573, www.hautpaysduvelay-tourisme.fr.

Einkaufen **La Chanterelle,** Bäckerei, Konditorei und Café in einem – gehört zur Marcon-Dynastie. Große Auswahl an zuckersüßen Leckereien und knusprigem Brot, freundliches Café mit Außenbereich. Im Febr./April Di/Mi geschlossen, Juli/Aug. nur Di Ruhetag 1, chemin du Fanget, ✆ 04-71599687, www.lesmaisonsmarcon.fr.

die Schweiz geschleust. Einige Tausend Juden konnten so gerettet werden, Historiker gehen von 3000 bis 5000 aus. Einer der Überlebenden des Holocausts ist der in Berlin geborene Mathematiker Alexandre Grothendieck, der als Kind nach Le Chambon kam. Der couragierte Einsatz forderte allerdings auch Opfer. Der Cousin des Pfarrers etwa, Daniel Trocmé, bezahlte ihn mit seinem Leben. Er wurde ins KZ Lublin deportiert, wo er starb.

Die Zeit des Widerstands in Le Chambon prägte auch den französischen Philosophen und Schriftsteller Albert Camus und sein Schaffen. Um seine Tuberkulose auszukurieren, lebte er zeitweise in Le Chambon, schrieb dort sein Werk „Das Missverständnis" und arbeitete an „Die Pest" und „Der Belagerungszustand". Und er schloss sich nach seiner Kur selbst der Widerstandsbewegung an.

Die Solidarität der Dorfbewohner rührt vermutlich aus der eigenen Geschichte: Das Plateau Vivarais-Lignon blickt als wohl protestantischste Gegend Frankreichs auf fast drei Jahrhunderte Hugenottenverfolgung. Für ihr mutiges Engagement ehrte die israelische Regierung die Bürger von Le Chambon und Umgebung als „Gerechte unter den Völkern". Im Mahnmal Yad Vashem gedenkt eine Stele dieses Einsatzes. Le Chambon selbst tut dies mit dem Maison de la Mémoire. Das moderne Gedenkzentrum zeichnet die Geschichte mit ausführlichem Bild-, Ton- und Informationsmaterial nach. Zudem berichten Zeitzeugen über ihre Erfahrungen und Begegnungen sowie ihr Leben unter einem Dach mit den Geflüchteten.

▪ **Lieu de Mémoire:** Eintritt 5 €. Mai–Sept. Di–So 10–12.30 und 14–18 Uhr, März/April und Okt./Nov. Mi–Sa 14–18 Uhr. 23, route du Mazet, 43400 Le Chambon-sur-Lignon, ✆ 04-71565665, www.memoireduchambon.com.

Maison de l'Ail, Feinkostladen mit regionalen und frischen Produkten: Obst, Gemüse, Wein, Sirup, große Auswahl an Marmeladen, Pilz- und Linsenspezialitäten, Öl, Schnecken etc. Mitte Juni bis Weihnachten tägl. geöffnet, Febr. bis Mitte Juni Mo–Mi geschlossen. 1, rue du Velay, ✆ 04-71599376, www.lamaisondelail.com.

Vins Marcon, Weinhandel mit großer Auswahl an französischen und internationalen edlen Tropfen. Tägl. 9–19 Uhr. 48, rue du Velay, ✆ 04-71599064, www.vinsmarcon.com.

Touristenzug **Velay Express,** mit dem historischen Dampfzug kann man gemütlich u. a. durch die Schlucht des Lignon oder unterhalb des Mont Mézenc entlangtuckern. 14–20 €. Juli/Aug. Mi, Do und So, Mai–Juni und Sept.–Okt. nur So. Zudem Spezialfahrten zu Halloween und Weihnachten. Zustieg in Raucoules, Tence, Le Chambon-sur-Lignon und Saint-Agrève. www.velay-express.fr.

Veranstaltungen **Fête des Champignons,** am ersten Novemberwochenende dreht sich alles um den Pilz. Großes Fest mit Bauernmarkt, Kochdemonstrationen und Verköstigungen, Riesenkastanienkuchen und Ausstellungen.

Übernachten/Essen ****** Restaurant Marcon,** Luxus hat in Saint-Bonnet-le-Froid einen Namen: Marcon. Oberhalb des Zentrums thront der Gourmettempel dieser Familie. Vater und Sohn schwingen hier gemeinsam den Drei-Sterne-Kochlöffel. In eleganter Atmosphäre mit Panoramasicht werden experimentelle Gerichte serviert, sogar einen Champignon-Cappuccino gibt es. Sowohl bei der Dekoration im Restaurant als auch bei den 10 Zimmern des Hotels wird auf Natur gesetzt – viel Holz, Kork und Stein. Wie kleine Appartements mit offenen, modernen Bädern sind die Zimmer nebeneinander angeordnet in den Hang gebaut, sodass man vom Bett aus auf Tal und Berge schauen kann. Spa mit Pflegeanwendungen und Naturbad. April–Aug. sowie Nov. bis Mitte Dez. Mo–Mi geschlossen, Okt./Nov. Mo/Mi sowie von Mitte Dez. bis Anfang April. Larsiallas, ✆ 04-71599372, www.regismarcon.fr. **€€€€**

***** Hob Fort du Pré,** das Hotel-Restaurant ist etwas abseits des Zentrums ruhig gelegen. Die 29 Zimmer präsentieren sich geschmackvoll – hell, freundlich, modern, in Naturtönen, mit origineller Holzverkleidung hinter dem Bett. Ein Pool innen, einer außen mit Aussicht, kleiner Spa-Bereich mit Sauna, Whirlpool und Massageanwendungen, Fitness- und Freizeitraum, Billard, Tischtennis etc. Das Restaurant glänzt mit exquisiter, mediterran inspirierter, regionaler Küche und verwendet lokale Produkte. Große Panoramaterrasse mit Blick auf die Monts d'Ardèche. Mo ganztägig, Di mittags und So abends geschlossen. Le Fort du Pré (an der D 105, 1,5 km südwestlich vom Zentrum), ✆ 04-71599183, www.evihob.com. **€€–€€€**

***** Le Clos des Cimes,** etwas preisgünstigeres Hotel der Marcon-Dynastie (immer noch im oberen Preissegment), aber ähnlich komfortabel, mit 12 modernen, stilvollen Zimmern. Das Kopfende der meisten Betten zieren zeitgenössische Gemälde. 8 der großen Zimmer haben Blick auf das Vallée du Doux in der Ardèche. Das Hotel ist durch einen unterirdischen Gang mit dem Bistro La Coulemelle verbunden. Ein paar Meter weiter bietet noch das dritte Hotel der Marcons Zimmer an: La Découverte, ebenfalls mit drei Sternen, aber etwas günstiger, dafür etwas unaufgeregter und minimalistischer ausgestattet. Le Fanget/Place de l'Église, ✆ 04-71599372, www.regismarcon.fr. **€€€–€€€€**

La Coulemelle, „Bistrot" nennt sich dieses Etablissement bescheiden, kommt aber vielmehr als schickes Restaurant in modernem Design daher. Durch die halboffene Küche kann man beim Brutzeln zusehen. Zubereitet werden „produits du terroir", also frische Produkte aus der Umgebung, z. B. Forelle aus dem Fluss Lignon (in der nahen Ardèche) im Blätterteig mit Champignons. Juli/Aug. Di Ruhetag, Febr.–Aug. und Sept.–Dez. Di/Mi sowie im Jan. geschlossen. Rue du Vivarais/Place de l'Église, ✆ 04-71656362, www.regismarcon.fr. **€€–€€€**

L'Acte 2, ein Restaurant mit Wow-Effekt – beim Ambiente wie bei der Kulinarik. Modern, kreativ und innovativ setzen Julie und Luca Dégot einen Gegenpol zu Marcon. Auch Gault & Millau ist begeistert und hat das erfrischend junge Restaurant mit einer ersten Kochmütze geehrt. Worauf dürfen sich Genießer freuen? Z. B. auf Foie gras mit Erdbeeren, gegrillte Forelle an frischen Erbsen und Champignons oder Dinkelrisotto mit knusprigem Schafskäse und saisonalem Gemüse. Auch vegetarisch. Mi und Fr/Sa auch abends geöffnet, Mo/Di geschlossen. 7, place aux Champignons, ✆ 04-717 58593, www.lacte2-restaurant.fr. **€€€**

André et Viviane Chatelard, mit Herz geführtes Gästehaus neben dem Restaurant L'Acte 2, mit 4 gemütlichen, komfortablen Gästezimmern in dunklem Braunton, teilweise mit schönen Deckenbalken. Kleiner Wellnessbereich mit Dampfbad. 16 bis, rue du Vivarais, ✆ 04-71584825, www.chambres-chatelard.fr. **€€€**

Der Suc de Monac erhebt sich hinter Saint-Julien-Chapteuil

Auvergne | Die Haute-Loire → Karte S. 154/155

Das Meygal-Massiv

20 km östlich von Le Puy-en-Velay erhebt sich das Massif du Meygal. Wie gewaltige Maulwurfshügel ragen die vor 11 bis 12 Mio. Jahren entstandenen, von großen Tannenwäldern bedeckten Vulkane in die Höhe. Hier lassen sich einige reizvolle Wandertouren unternehmen. Die höchste Erhebung ist der Grand Testavoyre, dessen 1436 m ihn zu einem guten Aussichtspunkt machen. Die eindrucksvollste ist aber der **Suc de Monet** (1022 m), ein gewaltiger Tafelberg, der bei **Saint-Julien-Chapteuil** emporragt. Das 2000-Einwohner-Städtchen ist der Hauptort im Massiv und nicht nur mit einigen guten Restaurants ausgestattet, sondern auch mit einer ab dem 12. Jh. aus einem Benediktiner-Priorat entstandenen Kirche. Diese beeindruckt durch ihre Westfassade, die der der Kathedrale von Le Puy-en-Velay ähnelt. Über der Stadt erhebt sich der Suc de Chapteuil (1031 m) mit seinen Basalt-Orgelpfeifen und seinem Ruinentürmchen aus dem 13. Jh. Ein Aufstieg lohnt wegen der tollen Aussicht. Das Städtchen ist ein beliebter Ausgangspunkt für Wanderer und Biker.

Information **Office de Tourisme,** nur während der franz. Schulferien Mo–Fr geöffnet. Vor dem Haus zeigt eine 3-D-Landkarte die umliegenden Bergreliefs. Zudem sind etliche Routen für Wander und Mountainbiker rechts vom Eingang ausgeschildert. 8, place Saint-Robert, 43260 Saint-Julien-Chapteuil, ✆ 04-71087770, www.mezencloiresauvage.com.

Markt Jeden Mo Bauernmarkt in Saint-Julien-Chapteuil auf dem Place du Marché.

Veranstaltungen **Fête de la myrtille et des fruits rouges,** meist wird am 3. Augustwochenende in Saint-Julien-Chapteuil den Heidelbeeren und auch Waldbeeren mit einem Fest gehuldigt, die Krönung ist natürlich ein riesiger Obstkuchen.

Wintersport 44 km Langlaufloipen im Massif du Meygal bei Queyrières, nordöstlich von Saint-Julien-Chapteuil, zudem Pisten für Schneeschuh-Wanderungen. Infos unter https://chaletdumeygal.wordpress.com.

Übernachten/Essen **Maison Vidal,** eine der kulinarischen Top-Adressen in Saint-Julien-Chapteuil, mit dem Bib Gourmand und zwei Kochmützen von Gault & Millau ausgezeichnet, und Mitglied bei Toques d'Auvergne. Gespeist wird in freundlicher, moderner Atmosphäre, es gibt vorwiegend frische Produkte aus der Region. Die Karte passt sich der Saison an, jedoch mit festen Klassikern wie Fin Gras du Mézenc, zudem gibt es ein vegetarisches Menü. Grüne Linsen werden auch als Kuchen serviert. Nebenan bietet das dazugehörige Bistro preisgünstigere auvergnatische Spezialitäten in herzlichem Ambiente an. Restaurant Mo ganztägig, So und Di/Mi abends geschlossen (Juli/Aug. Di offen). Bistrot du Justin: Di–Sa nur mittags geöffnet. Place du Marché, 43260 Saint-Julien-Chapteuil, ✆ 04-71087050, www.restaurant-vidal.com. **€€€–€€€€** (Restaurant), **€€** (Bistro)

L'Estaminet, kleines Restaurant mit Bar- und Bistrocharakter in der Nähe der Tourist-Info. Herzhafte, regionale Leckereien in modernem, rustikalem Ambiente. Nur Mittagsküche. Das Restaurant hat unüblicherweise bis zum späten Nachmittag geöffnet, sodass man sich auch einfach nur zu einem Kaffee oder einem Bier einfinden kann. 3, place Saint-Robert, ✆ 04-430 73982, www.lestaminet-restaurant.fr. **€€**

La Chabanade, 4 km nordöstlich von Saint-Julien-Chapteuil (über die D 28) findet man dieses recht abgelegene Steinhaus. Die 3 Gästezimmer, teils mit Holzbalken und Steinwänden, sind liebevoll eingerichtet, u. a. mit antiken Bauernmöbeln. Zwei sind ideal für Familien, da mit mehreren Betten und einer kleinen Galerie (Vorsicht, steile Treppe) ausgestattet. Großer Garten mit Pool. La Montée de la Chabanade, 43260 Saint-Pierre-Eynac, ✆ 04-71013260. **€€**

La Bòria Delh Chastèl, ähnlich liebevoll eingerichtet und urgemütlich, aber etwas einheitlicher präsentieren sich die 4 Gästezimmer in dem ehemaligen Bauernhof aus dem 18. Jh. am Fuße eines Vulkanfelsens. Jedes dieser rustikal-bäuerlichen Zimmer trägt den Namen eines Berges des Meygal-Massivs. Le Bourg, 43260 Queyrières, ✆ 04-63849066, www.laboria-queyrieres.com. **€€**

Das Mézenc-Massiv

Im äußersten Südosten der Haute-Loire und in der angrenzenden Ardèche erhebt sich mit dem Massif du Mézenc einer der höchsten Abschnitte des Zentralmassivs. Die mit über 1500 m durchaus stattliche Höhe der Berge kommt hier jedoch gar nicht so recht zur Geltung: Die umgebende karge Wiesen- und Weidelandschaft liegt auf einer weiten Hochebene, die mit etwa 1200 m über dem Meeresspiegel bereits eine beachtliche Grundhöhe aufweist. Touristisches Zentrum ist der Wintersportort **Les Estables,** der sogar auf 1343 m liegt – höher als alle anderen Kommunen im Zentralmassiv! Über ihm thront der markante, sattelförmige Mont Mézenc mit seinen zwei Spitzen – die eine mit 1744 m der höchste Gipfel der Haute-Loire, die andere, etwa 500 m entfernt, mit 1753 m der höchste Gipfel der Ardèche (beide lassen sich bequem in einer guten halben Stunde von den Parkplätzen beim Croix de Peccata bzw. beim Croix de Boutière besteigen).

Das Mézenc-Massiv liegt fernab aller großen Ansiedlungen und Verkehrsverbindungen und ist eine der am dünnsten besiedelten Regionen Frankreichs. Traditionell wird v. a. Viehzucht betrieben. Die Gegend ist berühmt für ihr Fin Gras, würziges Rindfleisch von Tieren, für deren Zucht und Ernährung strenge und außergewöhnliche Regeln gelten (→ Maison du Fin Gras, S. 191). Eine entvölkerte Gegend, von der aber eine eigentümliche Faszination ausgeht. Die Häuser wurden hier traditionell mit Roggenstroh gedeckt, in Bigorre und Moudeyres kann man noch einige dieser Exemplare bewundern. Reichere Gehöfte wurden mit den Lauze genannten Ziegeln aus vulkanischem Phonolithgestein gedeckt, in der Ardèche dagegen eher mit Ginster. Typisch sind lang gezogene Gebäude, die Wohnräume, Stall und Scheune in sich vereinen und stark geneigte Dächer aufweisen. So schützte man sich vor den harten Wintern in der Höhe und sorgte dafür, dass man das Haus möglichst selten verlassen musste.

Ein kurzer Ausflug in die Ardèche lohnt sich: Fährt man von Les Estables auf der D 36 (die Straße geht an der Grenze in die D 378 über) in Richtung Süden, so taucht nach etwa 11 km linker Hand eine markante Erhebung auf, die einem felsigen Maulwurfshügel ähnelt: der Mont Gerbier-de-Jonc (1551 m), der bekannteste Berg des Mézenc-Massivs. Am Fuße des Gipfels entspringt die Loire bzw. entspringen gleich drei Quellen. Eine davon, die „Touristenquelle“, befindet sich am Eingang eines Souvenirlädchens (leere Trinkflaschen zum Abfüllen nicht vergessen). Folgt man der D 378 ein kleines Stück, gelangt man rechterhand zur „wahren Quelle“, einem dünnen Rinnsal. Um den Mont Gerbier-de-Jonc empfiehlt sich eine kleine Wanderung.

Wandern sollte man auch bei **Chaudeyrolles** – unterhalb des Ortes liegt ein großer Vulkankrater. Aus dessen Kratersee hat sich ein Torfmoor (Narces de Chaudeyrolles) gebildet. Bei einem einstündigen Rundgang lässt sich die irisch anmutende Wiesenlandschaft erkunden und ein Wasserfall entdecken. Oberhalb von Chaudeyrolles kann man den Mont Signon (1455 m) besteigen und dabei auf den Spuren der Lauzerons wandeln, der einstmaligen Ziegelproduzenten, deren Steinbruch und kleine, steinerne Schutzhäuschen man passiert.

Maison du Fin Gras: Echten Feinschmeckern ist das Mézenc-Massiv ein Begriff, denn nur hier gibt es das Fin Gras genannte Rindfleisch, das unter einem AOC-Schutzsiegel (Appellation d'Origine Contrôlée) produziert wird. In Chaudeyrolles kann man in einer Ausstellung viel darüber erfahren – wenn man denn gut Französisch versteht. Die streng ausgewählten Tiere (Charolais, Aubrac, Salers oder Limousin) werden

Bergpanorama im Mézenc-Massiv

im Winter mindestens 110 Tage lang mit dem aromatischen Heu der Bergwiesen gemästet, dem z. B. Bärwurz einen außergewöhnlichen Geschmack verleiht. Mindestens viermal am Tag müssen sie mit dem erlesenen Heu gefüttert werden. Die Tiere werden zwischen dem 1. Februar und dem 31. Mai geschlachtet, weshalb es das Fleisch der insgesamt etwa 1250 Rinder nur ab dem 10. Februar bis Mitte Juni zu kaufen gibt.

Der Höhepunkt der Fin-Gras-Saison ist um das Osterfest, schließlich hat das „Osterrind“ als schmackhaftes Mahl nach der Fastenzeit hier schon eine jahrhundertealte Tradition. Die Qualität dieser Rinder ist schon seit dem Mittelalter landesweit bekannt. Doch erst mit den strengen Regeln des AOC-

Schutzsiegels in den 1990er-Jahren wurden sie zur wahren Delikatesse. Nur in 28 Kommunen darf Fin Gras hergestellt werden. Sie alle liegen um den Mont Mézenc auf mehr als 1100 m auf vulkanischem Boden. Die Ausstellung bietet neben Texttafeln z. B. das Modell einer typischen Farm, einen 25-minütigen Film und einen Laden mit regionalen Produkten. Heu sorgt für einen angenehmen Duft.

■ Freier Eintritt. Juli/Aug. Di–So 14.30–18.30 Uhr, Mai–Juni und Sept. Di–So 14.30–17.30 Uhr, sonst Mi–Fr 14.30–17.30 Uhr. Aktuelle Listen der Metzgereien und Restaurants, die Fin Gras anbieten, stehen zur Verfügung. Le Bourg, 43430 Chaudeyrolles, ✆ 04-71561767, www.aoc-fin-gras-du-mezenc.com.

Strohdächer von Bigorre: Hier sieht es aus, als könnten jeden Moment Asterix und Obelix mit ein paar Wildschweinen unter dem Arm um die Ecke biegen – in dem winzigen Dörfchen Bigorre, das zur 6 km nordwestlich davon gelegenen Gemeinde Saint-Front gehört, fühlt man sich beim Anblick der strohgedeckten Häuschen in eine andere Zeit versetzt. Einstmals waren viele Häuser im Mézenc-Massiv mit Stroh gedeckt, heute sind die Häuschen in Bigorre eine wahre Rarität. Wie in einem alten gallischen Dorf sind sie mit Roggenstroh, teilweise auch mit Phonolithgestein (Lauze) gedeckt und schön hergerichtet. Am unteren Ortsausgang befindet sich ein kleines Heimatmuseum, in dem man ein Modell aus früheren Zeiten sehen und einiges über die Lebensweise Anfang des 20. Jh. erfahren kann. Auch wer einfach einen kleinen, idyllischen Spaziergang in die Vergangenheit unternehmen möchte, ist hier gut aufgehoben. In Moudeyres, 12 km südwestlich von Saint-Front, gibt es ebenfalls noch einige Häuser mit Strohdächern. Sie sind besser instand gehalten und etwas „touristischer". Im ehemaligen Bauernhof der Gebrüder Perrel ist ebenfalls ein Heimatmuseum untergebracht.

■ **Heimatmuseum:** Eintritt 5 €. Juli/Aug. tägl. 14–18 Uhr. Bigorre, 43550 Saint-Front, ✆ 04-71595117. **Ferme des Fréres Perrel:** Eintritt 6 €. Juli/Aug. tägl. 10.30–12.30 und 14–18 Uhr, April–Juni Sa/So und Feiertage 10.30–12.30 und 14–18 Uhr. Route de Genestou, 43150 Moudeyres, ✆ 06-27591452, www.ecomuseefermeperrel.com.

Ungewöhnlicher Weiler: Bigorre mit strohgedeckten Häusern

Information **Office de Tourisme,** Mitte Dez. bis Mitte März und Juli/Aug. tägl. 9–12 und 14–17 Uhr. Place du Mézenc, 43150 Les Estables, ✆ 04-71083108, www.mezencloire sauvage.com.

Esel **Chik'ânes,** Eselswanderungen werden hier angeboten. Souteyros, 43550 Saint-Front, ✆ 04-63890098, www.chikanes.com.

Hochseilgarten **Parcours Tarzan,** 7 Parcours in einem alten Buchenwald auf 1330 m Höhe nordwestlich von Les Estables. Juli/Aug. Di–Fr 10–19 Uhr, Sa–Mo 13.30–19 Uhr, April–Juni und Sept. Sa/So 14–18 Uhr. Chez Jean, 43150 Les Estables, ✆ 06-14905237, www.parcours-aventure-tarzan.com.

Hundeschlitten **Marzoé Nature,** Ausflüge mit Hundeschlitten im Winter, im Sommer kann man sich auf einer Art Roller von Hunden ziehen lassen. Auch Wanderungen mit Hunden im Sommer. Chaudeyrac, 43550 Saint-Front, ✆ 04-71563488, www.marzoenature.com.

Markt Jeden Do und So Bauernmarkt in Les Estables (im Aug. als nordischer Markt), Fr in Saint-Front.

Mountainbike 11 ausgeschilderte Routen (9–140 km). Mountainbike-Verleih bei Mézenc Loisirs. 3, route du Rocher de Tourte, www.mezencloisirs.fr.

Sommerrodelbahn **Lugik Parc,** Rodelbahn auf ungewöhnlicher Höhe oberhalb von Les Estables. Die Bobfahrt erinnert ein wenig an eine Achterbahn – nur ohne Looping, dafür mit Tunnel und zweimaligem Aufstieg. Eine Tour dauert 7 Min., man hat eine tolle Aussicht auf den Mont Mézenc. Eintritt ab 7 €. Öffnungszeiten → Website. Parken im Ort, Fußweg ca. 5 Min., Les Balcons de Mézenc, ✆ 04-71086097, www.lugikparc.com.

Veranstaltungen **Fête du Fin Gras,** am 1. Juniwochenende gibt es einen festlichen Markt, bei dem man Fin Gras in allen Formen probieren kann. Jedes Jahr in einem anderen Dorf in der Haute-Loire oder der Ardèche. www.mezen cloiresauvage.com.

Wintersport Skistation in Les Estables. Knapp 100 km präparierte Langlaufloipen sowie mehr als 40 km Strecke für Schneeschuh-Wanderungen um Les Estables, dazu 9 Pisten, familienfreundliches Skigebiet. Außerdem und Schneekiting.

Übernachten/Essen ***** Hôtel La Découverte,** oberhalb von Les Estables. 20 angenehm eingerichtete, komfortable und modernisierte Zimmer. Innenpool, Spa-Bereich mit Sauna, Whirlpool, Massage. Route des Boutières, 43150 Les Estables, ✆ 04-71083008, www.decouverte-estables.com. **€€€**

Auberge des Calades, urgemütliche Herberge in einem mit Steinziegeln gedeckten Haus aus dem 17. Jh. – herrlich rustikal mit viel Holz und Kamin. Einer der beiden Speisesäle war früher ein Schafstall. Deftige Spezialitäten der Bergregion wie Truffade und Entenbrust. Mittags wechselnde Tagesgerichte, abends à la carte. Di Ruhetag, in der Nebensaison nur mit Reservierung. Chemin de la Croix du Château, 43150 Les Estables, ✆ 06-40272462, www.auberge-des-calades.fr. **€€**

L'Auberge des Fermiers du Mézenc, was in dem alten Bauernhof als Verkaufsstelle von 12 Landwirten entstand, hat sich inzwischen als beliebtes Restaurant etabliert. Eine Boutique mit lokalen Spezialitäten gibt es noch immer und bis unters Dach kann man in charmant-rustikalem Ambiente einfache, aber üppige Kost ausschließlich lokaler Erzeuger genießen. Große Salat- und Wurstteller, Rind mit Kartoffeln, von Febr.–Juni auch Fin Gras. Tägl. geöffnet. Le Bourg, 43150 Les Estables, ✆ 04-71083430, www.lesfermiersdumezenc.com. **€€**

La Maison Forestière du Mézenc, im höchstgelegenen Haus der Haute-Loire hat sich dieses charmante Restaurant mit freundlicher Atmosphäre eingerichtet. Kleine Auswahl an wechselnden Gerichten aus frischen Produkten, bei denen das Auge mitisst, z. B. gegrillter Käse, Fisch oder Rind an Steinpilzpüree und Gemüse. Schöne Panoramaterrasse. 4 einfache, aber moderne und gepflegte Zimmer mit 2–5 Betten eignen sich gut für einen Übernachtungs-Zwischenstopp. Nur Mittagsküche, abends auch für Übernachtungsgäste. März–Juli und Sept.–Dez. Di Ruhetag, im Aug. am Mi. Im Nov. geschlossen. Route de Peccata, 43150 Les Estables, ✆ 04-71083566, www.lamaison forestieredumezenc.fr. **€€**

Bar des Cévennes, sehr beliebtes Bar-Restaurant mit schöner, steinerner und schattiger Außenterrasse und uriger Atmosphäre innen – rustikal, bunte Gemälde und große Spiegel in kuriosen Metallrahmen. Innen wie außen herrscht eine herzliche Atmosphäre. Auf den Teller kommt vor allem einfache Kost wie Gegrilltes, z. B. Steak mit Pommes frites oder würzige Merguez mit Gemüsespieß, zu moderaten Preisen. Kein Wunder, dass das Restaurant mittags brechend voll ist. Ein Plätzchen sollte sich

Auvergne | Die Haute-Loire → Karte S. 154/155

dennoch finden. Tägl. geöffnet. Rue de la Traverse, ✆ 04-71083495. **€**

La Bartette, 4 im modernen Landhausstil gestaltete Gästezimmer mit verspieltem Dekor. La Vacheresse, 43150 Les Estables, ✆ 04-710831 70, www.labartette.fr. **€€**

La Vidalle d'Eyglet, 7 km nördlich von Les Estables liegt dieser alte Bauernhof mit 4 geschmackvoll und freundlich in antikem Stil eingerichteten Zimmern. Gemütlicher Gemeinschaftssalon, Außenwhirlpool. La Vidalle, 43550 Saint-Front, ✆ 04-71595558, www.vidalle.fr. **€€€**

Le Monastier-sur-Gazeille

Im Herzen des Velay zieht sich Le Monastier-sur-Gazeille (1770 Einwohner) zwischen dem Becken von Le Puy-en-Velay und dem Vulkanmassiv Mèzenc über dem Tal der Gazeille entlang. Zu Bekanntheit gelangte der Ort durch Robert Louis Stevenson. Der schottische Autor brach von hier mit seinem Esel in die Cevennen auf, zahlreiche Pilger folgen seinen Spuren noch heute. Als Ausgangspunkt wird aber inzwischen das 18 km entfernte Le Puy nordwestlich von Monastier bevorzugt. Ein Denkmal in der Straße unterhalb des Haupteingangs der Kirche erinnert an den berühmten Wanderer.

Monastier ist schnell besichtigt: Die Sehenswürdigkeiten gruppieren sich alle um die Abteikirche Saint-Chaffre mit ihrer prächtigen, mozarabisch anmutenden und aus verschiedenfarbigen Vulkangesteinen gebauten Westfassade. Ungewöhnlich für eine romanische Kirche ist zudem der Chor mit seinen eckigen Kapellen. Hinter der Kirche ragt eine wuchtige Burg mit bulligen Rundtürmen hervor. Die Festung stammt aus dem 14. Jh., war einst im Besitz der mächtigen Familie Sennectaire und birgt nun ein Museum. Neben der Kirche zieht das Rathaus im ehemaligen Kloster mit den herrlichen Arkaden die Blicke auf sich. Im Zuge eines groß angelegten Sanierungsprojekts kommt peu à peu der Charme der Altstadt wieder zum Vorschein. Vereinzelt finden sich noch Häu-

Im alten Kloster untergebracht: das Rathaus von Monastier

ser der sogenannten Beaten. Diese unverheirateten Frauen lehrten Jungen das Lesen und Schreiben, Mädchen dagegen handwerkliche Fertigkeiten wie Nähen und Klöppeln. Infos zu diesen Häusern erhält man beim Office de Tourisme.

Auf den Spuren von Robert Louis Stevenson

Der Liebeskummer trieb den schottischen Autor Robert Louis Stevenson im Sommer 1878 nach Monastier. Vorher hatte er gemeinsam mit seiner Geliebten Fanny Osbourne in Paris gelebt. Die zehn Jahre ältere Amerikanerin war verheiratet, konnte sich aber nicht zu einer Scheidung von ihrem Mann durchringen. Um eine Entscheidung zu treffen, reiste Osbourne für einige Zeit nach San Francisco. Währendessen zog es Stevenson in die Haute-Loire. Von Monastier aus unternahm der damals 28-Jährige eine Abenteuerreise durch die Cevennen, begleitet von einer Lasteselin namens Modestine. In zwölf Tagen legte er mit ihr die 227 km nach Saint-Jean-du-Gard zurück.

Die faszinierende Hügellandschaft verschaffte dem reiselustigen Schriftsteller in spe einen klaren Kopf und die erhoffte Inspiration: Er verfasste anschließend den Bericht „Reise mit dem Esel durch die Cevennen", den er ein Jahr später veröffentlichte. Jahre später folgten seine berühmtesten Romane „Die Schatzinsel" und „Der seltsame Fall des Doktor Jekyll und Mister Hyde". Seine Liebesgeschichte mit Fanny Osbourne nahm im Übrigen ein Happy End: Die beiden ließen sich 1880 trauen. Das Glück währte allerdings nur 14 Jahre: Stevenson starb bereits im Alter von 44 Jahren an Tuberkulose.

Der nach ihm benannte Stevensonweg (GR 70) ist ein beliebter Pilgerweg für Jung und Alt. Die Strecke, die der Autor einst zurücklegte, wurde auf insgesamt 252 km erweitert: mit Le Puy-en-Velay als Start- und Alès im Languedoc-Roussillon als Zielpunkt. Sie kann zu Fuß oder auf dem Rad, allein oder in der Gruppe, mit Esel oder Pferd als Begleitung zurückgelegt werden und führt durch das Velay und den Gévaudan, durch das Mont-Lozère-Massiv und die Cevennen. Reizvoll ist eine Tour im Mai und Juni, wenn die Flora ihre volle Pracht entfaltet: Im Gévaudan blühen dann die Narzissen, rund um den Mont Lozère gelber Ginster, Wildblumen und Orchideen auf den Wiesen der einsamen Hochebenen.

■ Informationen und Wanderrouten → www.chemin-stevenson.org.

Auvergne | Die Haute-Loire → Karte S. 154/155

Les Trésors de Monastier: Angegliedert an die Touristeninformation ist der Espace Culturel mit einem kleinen Museum, das den Besuchern das mönchische Leben näherbringt – u. a. geht es um die Entstehung des Mönchtums, im Besonderen in Monastier. Modern ist dieses Museum gestaltet, mit Computern in Buchform und mit Touchscreen. In der oberen Etage sind prächtige Kirchenschätze ausgestellt, Herzstück ist eine Büste aus vergoldetem Silber mit den Reliquien des Saint Théofrède.

▪ Eintritt 3 €. Mitte Mai bis 3. Septemberwoche tägl. 9–12.30 und 14–17.30 Uhr. 1, rue Vital Erailh, ✆ 04-71083776.

Musée des Croyances populaires: In der Burg hinter der Klosterkirche regiert der ländliche Volksglaube. Kuriose Puppenstuben und Illustrationen veranschaulichen Aberglauben, Sagen, Quacksalberei und Hexerei. Eben alles, was die Landbevölkerung vom Mittelalter bis in die heutige Zeit plagt und wovor sie sich fürchtet. Da wird eine Frau exorziert, ein Ritter bezwingt einen Drachen und ein Pfarrer ist von Zombies umgeben. Das Museum ist von Puy-en-Velay nach Monastier umgezogen, weil es mehr Platz benötigte. Leider wirken die Puppen und Zeichnungen in den weiten Burgräumen etwas verloren.

▪ Eintritt 5 €. Mai–Sept. Di–So 14.30–19 Uhr. 8, rue du Château, ✆ 06-28573830, www.museedescroyancespopulaires.com.

Information **Office de Tourisme Mézenc Loire Sauvage,** Mai bis 3. Septemberwoche tägl. 9–12.30 und 14–17.30 Uhr. Hier befindet sich auch der Espace Culturel mit dem Museum „Les Trésors du Monastier". 1, rue vital Erailh, 43150 Le Monastier-sur-Gazeille, ✆ 04-71083776, www.mezencloiresauvage.com.

Esel **Âne Azimut,** hier kann man Esel für Wanderungen oder Pilgertouren, auch mehrtägig, mieten. 43, rue Via Croze, ✆ 06-60471702, www.aneazimut.com.

Markt Jeden Di **Bauernmarkt** auf dem Place François d'Estaing. Im Juli/Aug. Do abends **Markt der Erzeuger** im Quartier Saint Jean.

Veranstaltungen **Festival du Monastier** In der zweiten Augustwoche verwandelt sich

Beliebt bei Cabriofahrern: die enge Gebirgsstraße über den Schluchten des Allie

die Altstadt in eine große Bühne. Konzerte, u. a. Jazz, und Theateraufführungen in der und um die Kirche herum. Ein Schwerpunkt liegt auf Blechblasinstrumenten. www.festivaldu monastier.fr.

Übernachten/Essen **Gîte d'étape L'île au trésor,** mehrere einfache, gepflegte und saubere Zimmer mit insgesamt 13 Betten im Herzen der Stadt. Ideal für Weltenbummler. Halbpension möglich. 7, place du Couvent, ✆ 06-11561569, www.gite-tresor.fr. **€–€€**

Chèvres & Chou, Hotel-Restaurant mit jungem Team, das den Zeitgeist trifft, sowohl optisch als auch geschmacklich. Das Restaurant wirkt wie ein moderner, stilvoller Salon. Kreiert werden etwa Lachs in Weißweinsoße an gefüllten Nudeln, auvergnatisches Pounti mit Speck und Pflaumen oder Zitronentarte – frisch, in Bioqualität und lokal. Tägl. geöffnet. Die 4 Gästezimmer sind rundum gelungen und zum Wohlfühlen. 1, rond-point des Acacias (an der D 500), ✆ 04-71083811, https://chevreetchou.com. **€€**

Arlempdes

Über dem beschaulichen 140-Einwohner-Örtchen thront die erste Burg an der Loire, nur 30 km von den Quellen des Flusses entfernt – leider nur noch als Ruine. Das Dorf rund 30 km südlich von Le Puy-en-Velay zählt trotzdem zu den schönsten Frankreichs: Malerisch fügt es sich in eine mit steil aufragenden Vulkanfelsen gespickte Landschaft ein. Der durch Lavaströme geformte, schroffe Felsvorsprung, der den Ort dominiert, dient als Sockel der Burg, zum Teil wurden die Felsen auch in die Festung integriert. Auf einem Vorsprung zur Flussseite hin steht eine winzige Kapelle. Sie ist im Gegensatz zur Festung noch gut erhalten.

Herrlich ist der Blick von den Ruinen hinab auf die über 100 m tiefer fließende, noch junge Loire, die sich in einer Schleife um den Ort windet. Genauso herrlich ist umgekehrt der Blick von der Loire auf die Burg (der D 54 Richtung Vielprat folgen, linker Hand kommt eine breite, inoffizielle Badestelle). Schön anzuschauen ist auch Arlempdes mit seinen restaurierten Basalthäusern um die romanische Kirche Saint-Pierre mit den frei schwingenden Glocken. In der Nähe des Kirchplatzes befinden sich ein kleines Heimatmuseum (Écomusée, Eintritt frei) sowie ein hübsches altes Stadttor.

Château Eintritt 6 €. Mitte März–Mitte Nov. Di–So, Eintrittskarten beim Hotel-Restaurant Le Manoir am Fuß der Burg. Juli/Aug. tägl. Führungen 14–18 Uhr, Mitte März bis Mitte Okt. Di–So 8–17 Uhr, www.chateau-arlempdes.fr.

Übernachten/Essen *** Hôtel du Manoir,** v. a. als Restaurant eine gute Adresse. Schön ist der Saal mit Steinwänden und Holzbalken mit Ausblick auf das Tal. Auf den Teller kommen frische, bewährte Spezialitäten wie Forelle, Entenbrust an grüner Pfeffersoße, Salat mit grünen Linsen. Außerdem 7 einfache, recht biedere Gästezimmer, teilweise mit Burgblick. Le Bourg, 43490 Arlempdes, ✆ 04-71571714, www.hotel-du-manoir.com. **€€**

Das Allier

Das Allier ist Frankreichs goldene Mitte. Das im Zentrum des Landes gelegene Departement ist gleichzeitig das nördlichste der Auvergne – und das einzige ohne Vulkane. Immerhin hat man von hier die gewaltigen Berge in der Ferne fest im Blick. Außerdem hat es eine sehr hohe Dichte an Burgen, Schlössern und Herrenhäusern: über 570.

Knapp 335.600 Menschen leben im Allier, das – wie viele Departements – nach dem Fluss benannt ist. Die 7.340 km² große Fläche zeichnet sich durch ihre Bocage-Landschaften aus.

Das Allier ist das geschichtsträchtigste Departement der Auvergne. Zum einen wegen des Vichy-Regimes während dem Zweiten Weltkrieg. Zum anderen wegen seiner glanzvollen Zeit unter den Bourbonen, die hier mit ihrem Herzogtum Bourbonnais zu mächtigen Herrschern aufstiegen und immerhin sieben französische Könige hervorbrachten. Herrliche geistliche und weltliche Bauwerke zeugen noch immer von Reichtum und Macht dieses Adelsgeschlechts.

Was anschauen?

Moulins malerische Altstadt und Maison Mantin: Jede Menge Charme versprüht Moulins Altstadt. Um die Kathedrale sammeln sich die wichtigsten Bauwerke. Sehenswert ist die Ruine des Bourbonenschlosses, das zuletzt als Gefängnis diente, spannend die Sammlung des Maison Mantin. Die Villa auf dem ehemaligen Schlossgelände ist war das erste Gebäude mit fließendem Strom und Heizung in Moulins. Sie ist bestückt mit prächtigen Antiquitäten, Wandteppichen aus Aubusson und einem skurrilen Kuriositätenkabinett. → S. 223

Forteresse de Bourbon L'Archambault: Über Bourbon-l'Archambault thronen die Überbleibsel einer großen Festung – die Wiege der Bourbonen. Wie prächtig sie war, lässt sich noch erahnen. Von den ehemals 15 Türmen sind nicht mehr viele übrig; einige kann man noch besichtigen. → S. 209

Église Saint-Pierre-et-Saint-Paul: Die geistliche Hochburg der Bourbonen befand sich in Souvigny, wo die Abtei Cluny ein Kloster mit prächtiger Kirche errichtete. Im Musée de Souvigny nebenan lockt eine Steinsäule viele Besucher an: ein besonderer Zeitmesser. → S. 212

Musée Jean le Mineur im Bergwerksort: Das Museum erinnert an die Vergangenheit des Kohleabbaus in Noyant-d'Allier. Einen schönen Gegenakzent setzt ein Park mit buddhistischer Pagode und vielen Statuen. → S. 213

MuPop in Montluçon: Das eigentümlichste Bourbonenschloss steht wohl in Montluçon mit seinem charakteristischen Fachwerk, das sich auch durch die ganze Altstadt zieht. Einen Besuch sollte man aber dem Musikmuseum abstatten – allein schon wegen seiner Vielfalt an Instrumenten und weil man sich als DJ versuchen kann. → S. 204

Was unternehmen?

Ein Spaziergang durch Vichy: Vichy ist Frankreichs bekannteste Kurstätte. Die Marquise de Sévigné und v. a. Napoleon III. machten die Stadt und seine Thermen salonfähig. Ihren Reiz hat die Stadt dank ihrer schicken Cafés, Geschäfte und Parks behalten. Bei Themenführungen kann man zudem in die dunkle Zeit des Vichys-Regimes eintauchen, das seinen Sitz im wunderschönen Opernhaus im Jugendstil hatte. Parks mit hübschen Pavillons und Heilquellen laden zum Verweilen und Flanieren ein. Wer leere Flaschen mitbringt, kann etwa im Parc des Célestins Wasser abfüllen. → S. 235

Wandern im Fôret de Tronçais: Im Nordosten des Allier bietet Europas schönster Eichenwald eine gigantische Ansammlung jahrhundertealter Eichen. Mehr als 500 Jahre sind die ältesten Bäume. Angenehm lässt es sich dort spazieren, auch wenn man sich neben den Baumriesen wie ein Zwerg vorkommt. → Wanderung 6, S. 521

Durch die Domaine Royal de Randan wandeln: Das große, royale Parkgelände ist einen Spaziergang wert. Als Barockgarten angelegt, geht die Grünanlage in Wald über. Fast schon verwunschen wirkt das letzte, durch einen Brand zerstörte Schloss des französischen Königshauses. Die Ruinen des Château de Randan sind mit wildem Grün überwuchert. Kurios wirken die Kaminschlote, die fast schon an eine Fabrik erinnern. Im Innern sind u. a. Jagdtrophäen zur Schau gestellt. → S. 241

Nach Dino-Skeletten buddeln: Als wahres Paradies für Archäologen hat sich Gannat entpuppt: In einem Steinbruch entdeckten sie die Überreste eines Ur-Nashorns. Inzwischen kann man im Paléopolis Parc riesige Dino-Skelette bewundern und Kinder dürfen in nachgestellten Arealen graben. → S. 221

Was sonst noch?

Edlen Wein direkt bei Winzern verkosten: Eines der ältesten Weinanbaugebiete in Frankreich liegt bei Saint-Pourçain-sur-Sioule. Beliebt war der Rebsaft am königlichen Hofe und beim Papst. Auf 35 km zieht es sich durch die Täler der Sioule und des Allier. Infos und Winzer unter www.vin-saint-pourcain.fr. → S. 220

Bourges
Bourges
Nevers, Paris
Châteauneuf-sur-Cher
Sancoins
Saint-Pierre-le-Moûtier
Meillant
Saint-Amand-Montrond
Orval
Charenton-du-Cher
Lurcy-Lévis
Le Veurdre
Ainay-le-Château
Couleuvre
Limoise
St-Bonnet-Tronçais
Forêt de Tronçais
Franchesse
Le Châtelet
Meaulne
Cérilly
Bourbon-l'Archambault
Le Vilhain
Ygrande
Châteauroux
Culan
Vallon-en-Sully
L'Aumance
Bocage Bourbonnais
Hérisson
Saint-Hilaire
Chazemais
Le Cher
Cosne-d'Allier
Buxières-les-Mines
Noyant-d'Allier
Vaux
La Chapelaude
Estivareilles
Villefranche-d'Allier
Tronget
Le Montet
St-Victor
Château de Fontariol
Huriel
Boussac-Bourg
Désertines
Le Theil
Domérat
Treignat
Doyet
Voussac
Quinssaines
Montluçon
Bézenet
Montmarault
Soumans
Prémilhat
Malicorne
Néris-les-Bains
Commentry
Vignoble
Villebret
Durdat-Larequille
Lépaud
Lapeyrouse
Budelière
Bellenaves
Chambon-sur-Voueize
Guéret, Limoges
Marcillat-en-Combraille
Montaigut
Échassières
Étang des Landes
Évaux-les-Bains
Saint-Éloy-les-Mines
Viaduc Rouzat
Creuse
Youx
Ébreuil
Fontanières
Pionsat
Menat
Pont d'Ebreuil
Peyrat-la-Nonière
Puy-de-Dôme
Mainsat
Rougnat
Saint-Gervais-d'Auvergne
Châteauneuf-les-Bains
Auzances
La Tardes
Saint-Priest-des-Champs
Combronde
Bellegarde-en-Marche
Queuille
Limoges
Montel-de-Gelat
Saint-Georges-de-Mons
Manzat
Châtel-Guyon
Mérinchal
Parc Naturel Régional des Volcans d'Auvergne
Riom
Mozac
Volvic
Parc Naturel Régional de Millevaches en Limousin
Pontaumur
Crocq
Condat-en-Combraille
Brive-la-Gaillarde, Bordeaux
A 71
A 89
D 2144
D 943
D 953
D 978a
D 94
D 2371
N 79
D 46
D 993
D 998
D 915
D 916
D 13

Decize
Fours
Luzy
L'Aron
La Loire
Canal Latéral à la Loire
Gannay-sur-Loire
La Somme
Issy-l'Évêque
Chantenay-Saint-Imbert
Dornes
Lucenay-lès-Aix
Saint-Ennemond
Villeneuve-sur-Allier
Château d'Avrilly
Trévol
L'Allier
Montilly
Saint-Menoux
Avermes
Moulins
Garnat-sur-Engièvre
Chevagnes
Sologne Bourbonnaise
Bourbon-Lancy
Gueugnon
Beaulon
Lusigny
L'Arroux
Souvigny
Neuvy
Bressolles
Mont-beugny
Toulon-sur-Allier
Thiel-sur-Acolin
Le PAL
Dompierre-sur-Besbre
Diou
Digoin
Molinet
Mâcon
Besson
Neuilly-le-Réal
Vaumas
Saligny-sur-Roudon
Canal de Roanne à Digoin
Allier
Bessay-sur-Allier
St-Yan
Châtel-de-Neuvre
Jaligny-sur-Besbre
Monétay-sur-Allier
Le Donjon
de Saint-Pourçain
Saulcet
Montoldre
Trézelles
Anzy-le-Duc
St-Pourçain-sur-Sioule
Varennes-sur-Allier
Rongères
Montaiguët-en-Forez
Marcigny
St-Gérand-le-Puy
Lapalisse
Chantelle
Billy
Saint-Prix
Saint-Germain-des-Fossés
Magnet
La Sioule
Le Breuil
Broût-Vernet
Vendat
La Pacaudière
Charroux
Creuzier-le-Vieux
La Besbre
Jenzat
Escurolles
Viaduc de Neuvial
Bellerive-sur-Allier
Vichy
Châtel-Montagne
Molles
Ambierle
Abrest
Gannat
Le Mayet-de-Montagne
Saint-Haon-le-Châtel
Brugheas
Saint-Yorre
Sennepin
Roanne
Le Sichon
Montagne Bourbonnaise
Saint-Etienne, Lyon
Effiat
Mariol
Ferrières-sur-Sichon
Renaison
Riorges
Randan
Aigueperse
Laprugne
Villerest
Thuret
Limons
Châteldon
Puy-Guillaume
Limagne
Parc Naturel Régional du Livradois-Forez
Maringues
Saint-Just-en-Chevalet
Ennezat
Saint-Rémy-sur-Durolle
Chabreloche
Clermont-Ferrand
Joze
Orléat
Thiers
Saint-Etienne, Lyon
6 km
Das Allier
D 981
D 37
D 985
D 13
D 978a
D 986
N 7
D 973
D 979
D 25
D 979a
D 60
D 994
N 79
D 989
D 2009
D 987
N 209
D 907
D 962
D 4
D 62
D 995
D 984
D 906
D 8
D 1093
D 53
D 210
D 224
A 89

Das Allier glänzt mit vielen Burgen und Schlössern, hier Hérrison

Die Bocage Bourbonnais

Die Landschaft Bocage Bourbonnais – ein herrliches, sanft gewelltes, tiefgrünes, durch zahlreiche Hecken parzelliertes Weideland – erstreckt sich im Wesentlichen zwischen dem Tal des Cher im Westen und dem des Allier im Osten. Zwischen Eichen, Eschen und Weiden grasen Charolais-Rinder und nur vereinzelt passiert man winzige Örtchen und Weiler.

Den Nordwesten bedeckt einer der schönsten Eichenwälder Europas. Im mehr als 10.000 ha großen **Forêt de Tronçais** trifft man bis zu 500 Jahre alte Bäume, deren Stämme man auch zu zweit kaum umfassen kann. Aus dem Norden folgt der 1840 in Betrieb genommene Canal de Berry dem Lauf des Cher, auf dem früher Eisenerz transportiert wurde. Industriellen Verkehr gibt es schon lange keinen mehr, teilweise wurde der Kanal sogar zugeschüttet. Inzwischen ist man jedoch bestrebt, ihn entlang der gesamten Strecke als Naherholungsgebiet für Radfahrer und Spaziergänger sowie für Bootsfahrten wiederherzustellen.

Der Kanal führt zur Arbeiter- und Industriestadt Montluçon, der größten Stadt des Allier, hinter deren rauer Schale sich eine hübsche mittelalterliche Altstadt mit viel Fachwerk verbirgt. Einen Ausflug wert ist auch Hérisson, 24 km nördlich von Montluçon, mit seiner romantischen Burgruine. Nur 2,5 km entfernt befindet sich im Örtchen Châteloy eine Kirche aus dem 12. Jh., die prächtig mit Wandmalereien ausgeschmückt ist. Wer sich bei so viel Kultur und Natur auch einmal auf eine andere Art entspannen möchte, sollte dem kleinen, aber geschichtsträchtigen Kurort Néris-les-Bains mit seinen Thermalquellen einen Besuch abstatten.

Wanderung 6: Auf Entdeckungstour im schönsten Eichenwald Europas → S. 521

Auch mit dem Kinderwagen gelangt man zu den uralten Eichen-Riesen.

Montluçon

→ Karte S. 206

Fährt man auf der westlichen Seite des Flusses Cher durch den Ort, kann man sich von den Straßenzügen leicht desillusionieren lassen, so gesichtslos und abweisend erscheint die Arbeiter- und Industriestadt hier. Doch östlich des Cher offenbart sich eine charmante kleine Altstadt mit Fachwerkhäusern und einer darüber thronenden Bourbonen-Burg.

Dennoch hat Montluçon schon bessere Tage gesehen, nicht nur unter dem Herzog Ludwig II. von Bourbon, der die Burg Ende des 14. Jh. errichten ließ, sondern v. a. ab Mitte des 19. Jh., als der nach Norden führende Canal du Berry fertiggestellt war, der zum Transport von Eisenerz, Kohle oder Holz diente und für einen wirtschaftlichen Aufschwung sorgte. Nach dem Zweiten Weltkrieg war der Kanal jedoch zu klein für die modernen Schiffe und wurde stillgelegt. Ebenso verabschiedeten sich viele große Firmen aus der Stadt. Hatte Montluçon 1975 mehr als 56.000 Einwohner, sind es nun nur noch knapp 34.400. Trotzdem ist die Stadt die größte des Allier. Durch ihre Straßen spazierte früher die berühmte französische Schauspielerin Audrey Tautou, die hier Kindheit und Jugend verbrachte. Ihre Eltern leben noch heute dort und Tautou soll die Stadt immer wieder gerne besuchen.

Einen Rundgang durch Montluçon beginnt man am besten beim hübschen Fachwerkviertel Quartier Saint-Pierre mit der gleichnamigen romanischen Kirche aus dem 12. Jh. (man beachte die im 15. Jh. entstandene Seitentür im spätgotischen Stil in der Rue des Cinq Piliers mit ihrer geschwungenen Umrahmung und den beiden mit steinernen Haken verzierten Pinakeln!). Rechts daneben steht das „Haus der zwölf Apostel", dessen namensgebende Figuren zwar während der Revolution verschwunden sind, das mit seinem Fachwerk aber eines der schönsten Gebäude der Stadt ist – auch wenn die Häuser gegenüber mit ihren markanten Auskragungen ebenfalls nicht zu verachten sind. Der akkurat angelegte Park Jardin Wilson mit seinen Terrassen lohnt einen kurzen Abstecher. Über ihm thront das Stadtpalais Hôtel de Charnisay aus dem 17. und 18. Jh., das gemeinsam mit dem benachbarten Kubus das sehenswerte Museum für Popmusik Mu-Pop beherbergt.

Vorbei an einem Brunnen aus dem 15. Jh. (Place de la Fontaine), gelangt man über die Rue du Château hinauf zur auf einem Felsen liegenden Bourbonen-Residenz. Hier soll schon im 13. Jh. eine Burg gestanden haben, doch erst Ludwig II. von Bourbon ließ das heutige Gebäude Ende des 14. Jh. errichten. Die hübsch anzusehende Fachwerkgalerie und der Uhrturm wurden im 15. Jh. ergänzt. Von der Esplanade hat man einen schönen Rundumblick auf die Stadt.

Links bei den steinernen Löwen aus schwarzem Volvic-Stein geht es hinunter zur Rue Grande mit einigen schönen Häusern aus dem 15. und 18. Jh. Folgt man der Straße nach links, trifft man auf die Kirche Notre-Dame, die auf ein Benediktinerpriorat aus dem 12. Jh. zurückgeht. Ende des 14. Jh. ließ Ludwig II. von Bourbon das Gotteshaus neu aufbauen. Im Inneren sind v. a. eine Pieta und ein sitzender Christus (gleich links neben dem Eingang) sehenswert (beide aus dem 15. Jh.).

Weiter geht es gegenüber der Kirche durch einen kleinen Durchgang mit Kreuzrippengewölbe, vorbei an der Unterpräfektur zum stattlichen Rathaus und dem daran anschließenden Theater – beide Anfang des 20. Jh. an der Stelle eines Ursulinenklosters errichtet. Einen modernen Kontrast bildet die Brunnenanlage auf dem Place Jean Jaurès vor dem Rathaus. Auf dem Boulevard de Courtais, in der Avenue Marx Dormoy und der Avenue Jules Ferry kann man nun in eine andere Zeit der Stadtgeschichte eintauchen und prachtvolle Bauten bewundern, die während des industriellen Aufschwungs im 19. Jh. entstanden. Sei es das Schlösschen eines Industriebarons (Square de la Romagère), verspielte Art-déco-Elemente oder Gebäude im neu aufgelegten Louis-treize-Stil – es gibt viel Erstaunliches zu sehen (besonders schön an der Ecke Avenue Marx Dormoy/Avenue Jules Ferry). Vom Place Edouard Piquand hat man noch einmal freien Blick auf die Burg, zu der hier eine große Treppe hinaufführt. In seiner Verlängerung zieht eine ebenerdige Brunnenanlage mit Wasserspielen die Blicke auf sich.

MuPop: Man muss kein Musikliebhaber sein, um Gefallen am Musée des Musiques Populaires – kurz MuPop – zu finden. Das MuPop ist mehr als eine didaktische Jukebox. In verschiedenen Parcours lernt man Geschichte, Funktion und Klänge verschiedener Instrumente kennen. Präsentiert werden etwa Dudelsäcke, Drehleiern, Zittern, Akkordeons – zum Teil noch aus dem Mittelalter und der Renaissance. Per Audioguide bekommt man folkloristische Töne zu hören. Absolutes Kontrastprogramm bietet ein Rundgang mit Stationen zu verschiedenen musikalischen Strömungen der jüngeren Zeit. Man bekommt beispielsweise Einblick in die Tanzveranstaltungen der 1960er-Jahre oder in die Rock-und-Pop-Ära, von ihren Anfängen bis in die Neuzeit. Zu sehen gibt es eine beachtliche Sammlung an E-Gitarren und Platten-Covern –

Viel Fachwerk in Montluçons Altstadt

Hörproben inklusive. Ein Parcours behandelt die neuen Musiktechnologien und man wird selbst zum DJ. Neben Sonderausstellungen finden auch Konzerte statt.

▪ Eintritt 7,50 € inkl. Audioguide. Mai–Aug. Di–So 10–18 Uhr, sonst Di–Sa 14–17 Uhr, im Jan. geschlossen. 3, rue Notre-Dame, ✆ 04-700219 62, www.mupop.fr.

Information **Office de Tourisme,** Juli/Aug. tägl. geöffnet, sonst → Website. 67 ter, boulevard de Courtais, 03100 Montluçon, ✆ 04-700 51144, www.valleecoeurdefrance.fr.

Baden **Centre Aqualudique de la Loue,** Spaßbad mit 60-m-Rutsche, 50-m-Schwimm- und Außenbecken sowie einem Spa-Bereich. Parc des Sports de la Loue, 03410 Saint-Victor, ✆ 04-70082660, www.ca-laloue.fr.

Kino **Le Palace,** 5 Säle. 30, boulevard de Courtais, ✆ 04-70285290, www.cinemas-montlucon.com.

Krankenhaus **Centre hospitalier de Montluçon,** 18, avenue du 8 Mai 1945, ✆ 04-70023030, www.ch-montlucon.fr.

Markt Jeden Sa **Bauernmarkt** in der Altstadt und am Place Piquand. Unter der Woche finden in den verschiedenen Stadtteilen weitere **Märkte** statt (Termine → Website der Tourist-Info).

Theater **Théâtre Municipal Gabrielle Robinne,** wurde bereits im 19. Jh. gegründet, es residierte zuvor in einer ehemaligen Ursulinenkapelle. 600 Sitzplätze, vielfältiges Programm mit klassischem und Straßentheater, modernem Tanz, Konzerten und Kabarett. Place de la Comédie, ✆ 04-70022728, https://mairie-montlucon.maplace.fr.

Théâtre des Îlets, 1976 in Hérisson initiiert, hat sich die Bühne längst in einer ehemaligen Fabrik in Montluçon als „centre dramatique nationale" etabliert. Espace Boris Vian, 27, rue des Faucheroux, ✆ 04-70038618 (Ticketservice), www.theatredesilets.fr.

Veranstaltungen **Lumières sur le Bourbonnais – sur le chemin des Bourbons,** bei dem Spektakel erscheint die einstige Bourbonen-Residenz in einem neuen, sehr farbigen Licht. Die Lasershow widmet sich ganz dem lokalen Erbe der Stadt und dessen Umgebung. Juli/Aug. tägl. ab Einbruch der Dunkelheit bis 23.30 Uhr, Mai/Juni, Sept. Do–Sa, www.lumieres-bourbonnais.com.

Übernachten/Essen In der **Rue Grande** und der **Rue de la Fontaine** **3** befinden sich einige kleine Restaurants, die annehmbare Qualität und günstige Mittagsmenüs bieten.

****** Le Grenier à Sel 7,** hinter der efeubewachsenen Fassade eines Stadtpalais aus dem 16. Jh. findet man ein hübsches, exquisites Restaurant in angenehmen Pastelltönen mit einer schönen Gartenterrasse. Hier kommen Hummer oder Trüffel auf den Tisch, aber auch durchaus bezahlbare Menüs. Die 8 klimatisierten, geräumigen Zimmer des Hotels, die man über einen alten Turm erreicht, besitzen ein herrschaftliches, gemütliches Flair und etwas Museumscharakter. Mo und So abends geschlossen. 10, rue Sainte-Anne, ✆ 04-700553 79, www.legrenierasel.com **€€€–€€€€**

***** Hôtel des Bourbons 6,** schönes Jugendstilgebäude aus dem 19. Jh. mit 41 etwas beengten, schlichten und teils biederen Zimmern. Angenehmes Restaurant mit frischen, regionalen Produkten. Für den kleineren Geldbeutel gibt es auch eine Brasserie. Mo sowie So abends geschlossen, ✆ 04-70052893, www.hotel-des-bourbons.com. **€€**

***** Inter-Hotel L'Univers 5,** das Hotel im Jugendstilbau führt in ein ganz eigenes Universum – ein sehr poppiges, farbenfrohes und individuelles. Die Wände der 48 Zimmer zieren kunstvolle Graffitis, aber auch herrliche und zum Teil kitschige Fotoprints. 38, avenue Marx Dormoy, ✆ 04-70053347, www.hotel-montlucon.fr. **€€**

Le Safran d'Or 8, gleich beim Grenier à Sel findet sich ein zweites hervorragendes Restaurant, in dem man im Saal oder einem engen Gewölbekeller aus dem 13. Jh. speisen kann. Kreative, frische Küche. Mo/Di sowie So abends geschlossen. 12, place des Toiles, ✆ 04-700509 18. **€€–€€€**

meinTipp **Le Saint Trop 4,** Montluçons Nummer 1 in Sachen Kulinarik wollten wir uns nicht entgehen lassen und wurden nicht enttäuscht. Die Anzahl der Tagesgerichte ist überschaubar, dafür frisch zubereitet, was man auch schmeckt. Wir hatten das Rindercarpaccio an dreierlei Tomaten (rot, grün, gelb) mit Parmesankruste und zum Nachtisch Mangosorbet mit belgischer Waffel. Fazit: lecker! Das Ambiente ist modern und eher dunkel gehalten, die Vorliebe für Schmetterlinge und Käfer ist nicht zu übersehen. 15, rue Grande, ✆ 04-700 57795. **€€–€€€**

Auvergne | Das Allier → Karte S. 200/201

Le Winston **1**, beliebte, im modernen Pub-Stil eingerichtete Bar-Brasserie – beliebt vor allem wegen ihrer Küche mit Einflüssen aus Übersee, etwa aus Mauritius oder La Réunion, sonst auch Pommes frites mit Muscheln und Salate. Auch Frühstück. Mittagsmenü ab 13,50 €. Tägl. geöffnet. 7, square Winston Churchill, ✆ 09-73892455. **€–€€**

MeinTipp **Artémis Café** **9**, den besten Kaffee in der Stadt, nämlich hauseigene Röstungen, bekommt man in diesem gemütlichen Café im Vintagestil mit Ledersesseln, Wandgraffiti und vielen Lichterketten. Dazu Hausgemachtes aus dem Backofen. Eine herzliche, tiefenentspannte Atmosphäre gibt es gratis dazu. Von Mai–Sept. So Ruhetag, sonst So sowie Mo abends geschlossen. 11, rue Porte Bretonnie, ✆ 04-70079010, www.artemiscafe.fr. **€–€€**

L'Autel de la Crêpe **2**, auf dem namensgebenden „Crêpe-Altar" werden mehr als 80 Variationen zubereitet. Kein Wunder, dass diese Crêperie gegenüber der Kirche Saint-Pierre so beliebt ist und die Gäste aus dem Schwärmen kaum herauskommen. Hin und wieder Konzerte. So/Mo geschlossen. 6 bis, rue des 5 Piliers, ✆ 06-30432108. **€–€€**

Néris-les-Bains

Im kleinen Kurstädtchen Néris-les-Bains (2600 Einwohner) kann man im wahrsten Sinne des Wortes tief in die Geschichte eintauchen. Schon in vorrömischer Zeit erkannte man die Vorzüge des in Neriomagos aus dem Boden sprudelnden Wassers.

Die Römer tauften den Ort Aquae Nerii und bauten Thermenanlagen, Aquädukte und ein Amphitheater mit 96 m Durchmesser, das 3000 Besuchern Platz bot. Die im Hang angelegten Stufen sind im kleinen Parc des Arènes auf der anderen Straßenseite vom Office de Tourisme zu erkennen, gleichen aber eher einer Naturbühne. Mauerreste haben nur vereinzelt die Zeit überstanden, dafür haben sich Bäume des Amphitheaters bemächtigt. Auf der anderen Seite des Office de Tourisme, im Außenbereich des Schwimmbads, sind noch drei römische Badebecken aus dem 1. und 2. Jh. erhalten. Waren sie einstmals mit Marmor bedeckt und von Säulenhallen umgeben, liegen nun sonnenhungrige Badegäste an ihrem Rand (die Becken sind nur bei Stadtführungen zu sehen – und bei Schwimmbadbesuchen).

An der Stelle der großen römischen Thermen stehen heute die ab 1826 erbauten, neoklassizistischen Thermengebäude, in denen rheumatische, psychosomatische und neurologische Beschwerden behandelt werden. Rund 7700 Kurgäste gönnen sich jährlich eine Auszeit für ihre Gesundheit. Zu den Kurgästen zählten einst die französische Kaiserin Éugenie, der Schriftsteller François René de Chateaubriand, die Familie Poincaré sowie der Premierminister Léon Blum.

Vor den Thermen erhebt sich das im ausgehenden 19. Jh. im prunkvoll ausgeschmückten Stil des Second Empire entstandene „Vergnügungsgebäude", mit einem Casino und einem schönen Theater mit halbrundem Saal. Letzteres wird für Filmvorführungen und andere Veranstaltungen genutzt. Hinter den Thermen steht der neoklassizistische Pavillon César. Er befindet sich direkt über der 53 °C heißen Quelle, deren Wasser aus 4500 m Tiefe kommt. Das Gebäude wird für Wellnessanwendungen genutzt. Schräg gegenüber, in einem fünfeckigen Thermengebäude mit bunter Fassade im maurischen Stil, ermöglicht es der moderne Wellnesstempel „Nériades" Nicht-Kurgästen, die Vorzüge des Thermalwassers zu nutzen.

Neben der Kirche Saint-Georges aus dem 11. und 12. Jh. (auch Mauern aus römischer Zeit sind noch integriert) mit ihrem markanten achteckigen Turm mit drei aufeinandersitzenden Hauben, bedecken zwei Glaspyramiden eine merowingische Nekropole mit steinernen Sarkophagen aus dem 6. bis 10. Jh. Hinter der Kirche zeigt das Maison Patrimoine gut erhaltene archäologische Funde aus der römischen Zeit. Sehenswert ist auch der alte Bahnhof von Néris-les-Bains, heute nur als „Pavillon du Lac" bekannt. Mit den verschiedenfarbigen, Muster bildenden Ziegeln, dem Turm und den Mauern aus Granit und rosafarbenem Sandstein wirkt er sehr herrschaftlich – empfing allerdings nur von 1931 bis 1939 Nahverkehrszüge. Der Kurexpress aus Paris steuerte Néris bis 1957 an, 1969 war auch für den Güterverkehr Schluss. Die 6,4 km lange Strecke nach Montluçon ist nun ein schöner Spazierweg, auf dem man drei mächtige Viadukte überquert. Auch durch die fünf Parks der Stadt mit insgesamt 17 ha Fläche kann man wandeln. Der Flyer „Parcours de l'Arbre" führt zu den schönsten Bäumen.

Auvergne | Das Allier → Karte S. 200/201

Musée gallo-romain: Im Maison Patrimoine (hinter der Kirche) ist ein kleines Museum untergebracht, das Fundstücke aus der gallorömischen Zeit ausstellt. Viele Ton- und Keramikstücke, gut erhaltene bzw. wieder zusammengesetzte Fragmente, etwa Säulen und Schrifttafeln.

▪ Eintritt 3,50 €, Mitte April–Okt. Mi–Sa 14–18 Uhr. 4, rue Monthyon, ✆ 04-70031103.

Information **Office de Tourisme,** Juli/Aug. tägl. geöffnet, sonst → Website. Verschiedene themenbezogene Stadtrundgänge. 2, avenue Max Dormoy, 03310 Néris-les-Bains, ✆ 04-700 31103, www.ot-neris-les-bains.fr.

Verbindungen **Pendelbus** von und zum Bahnhof von Montluçon.

Baden **Piscine municipale,** Außenbad neben den römischen Bädern und der Tourist-Info. Das Freibad wird generalüberholt. Die Wiedereröffnung ist frühestens für 2023 geplant. Avenue Marx Dormoy, ✆ 04-70031158.

Feinstes Heilwasser sprudelt in Néris-les-Bains aus dem Boden

Casino **Casino de Néris-les-Bains,** mit Bistro, das Do–Mo mittags und Do–Sa auch abends geöffnet hat. Casino: So–Do 10–2 Uhr, Fr/Sa bis 3 Uhr, Mo Ruhetag. Parc du Casino, ✆ 04-70031509, www.casinostranchant.com/neris-les-bains.

Golf **Golf de Sainte-Agathe,** 18-Loch-Golfplatz südöstlich von Néris, Plaine de Sainte-Agathe (an der RD 2144), ✆ 04-70089154, www.golf-sainte-agathe.fr.

Markt Jeden Do und So Bauernmarkt auf dem Place de la République.

Minigolf Parcours mit 18 Bahnen im Parc des Arènes (1, rue Marceau), ✆ 04-70031440. Mo/Di geschlossen.

Veranstaltungen **Lumières sur le Bourbonnais – sur le chemin des Bourbons,** bei dem Spektakel erstrahlt das Theater im neuen, bunten Glanz. Bei einer modernen Lichtinstallation reisen die Zuschauer von der gallorömischen bis in die heutige Zeit. Juli/Aug. tägl. ab Einbruch der Dunkelheit bis 23.30 Uhr, Mai/Juni, Sept. Do–Sa, www.lumieres-bourbonnais.com.

Wellness/Therme **Nériades,** 1000 m² großer Wellnesstempel mit Innen- und Außenbecken sowie Balneotherapie-Angeboten mit Thermalwasser. Verschiedene Beauty- und Wellnessangebote, Sauna und Dampfbad. Öffnungszeiten → Website. Place des Thermes, ✆ 04-70031111, www.neriades.com.

Übernachten/Essen ***** Hôtel Noemys,** großes Hotel-Restaurant in einem Komplex aus der Belle Époque gegenüber dem Theater. 57 klimatisierte Zimmer im Art-déco-Stil. Das angegliederte Restaurant La Columelle wartet mit lokalen, saisonalen Spezialitäten auf. 40, avenue Boisrot Desserviers, ✆ 04-70087980, www.noemys.fr. **€€**

**** Le Centre et Proxima,** Hotel-Restaurant mit 15 ordentlichen, hellen und freundlich eingerichteten Zimmern, teilweise auch im Hintergebäude. Kleines Restaurant mit typischen regionalen und sehr leckeren Gerichten. 10, rue du Capitaine Migat, ✆ 04-70031074, www.hotel-proxima.com. **€–€€**

La Paranthèse, modernes, sehr individuelles Gästezimmer in einem noch eigenwilligeren, kreativ dekorierten Haus nordwestlich von Néris und schon kurz vor Montluçon – der Gastgeber mag außergewöhnliche Kunstwerke. Billard, Außenwhirlpool. 13, route de Lignerolles, 03100 Lavault-Sainte-Anne, ✆ 04-70297356. **€€**

Camping ***** Camping Municipal du Lac,** städtischer Campingplatz an einem kleinen See, rund 60 Stellplätze durch niedrige Hecken abgetrennt. Wenig Schatten. Große und kleine Chalets. Volleyball, Pétanque, Spielplatz. Avenue Marx Dormoy, ✆ 04-70032470, www.campingdulac-neris.com.

***** Camping de la Vallée,** etwas abgeschiedener, neuer und ruhiger Campingplatz mitten in der Natur. 73 durch Hecken und Bäume abgetrennte Stellplätze, dazu Holzhütten. Besonders charmant: Ein kleiner Bach fließt durch das Terrain. Pendelbus ins Zentrum von Néris. Allée du Lac, ✆ 07-69262617, www.campingdelavallee03.fr.

Bourbon-l'Archambault

15 Türme überragten einstmals die Festung von Bourbon, die sich stolz über dem Tal des Flüsschens Burge erhob. Sieben französische Könige hat das hier um 950 gegründete Adelsgeschlecht der Bourbonen hervorgebracht, darunter den berühmten Sonnenkönig Ludwig XIV. Ab dem 10. Jh. entwickelte das Adelsgeschlecht eine von Bourbon ausgehende Feudalherrschaft, die Ende des 13. Jh. den Großteil des heutigen Allier umfasste. 1327 wurde das Bourbon zum Herzogtum und Ludwig I. von Bourbon zu seinem ersten Herrscher.

Doch ab dem 16. Jh. war die Burg verlassen, verfiel zusehends und hatte nach der Französischen Revolution endgültig abgewirtschaftet: Sie diente als Steinbruch. Nur dem Dichter Achille Allier ist es zu verdanken, dass man überhaupt noch etwas von der einst so gewaltigen Festung sieht: Er bat den König 1832, die drei Nordtürme zu bewahren – und so stehen sie dort bis heute.

Eine Whiskey- und eine Vanillesorte sind nach dem Adelsgeschlecht derer von Bourbon benannt, v. a. aber stammten die fünf Könige des Ancien Régime von 1589 bis 1792 allesamt von dem Herzogtum ab, angefangen von Heinrich IV. über den Sonnenkönig Ludwig XIV. bis hin zu Ludwig XVI. Auch die zwei Könige der Restaurationszeit und genau genommen auch der Bürgerkönig Louis-Philippe I. stammten aus dem Hause Bourbon (letzterer aber aus der Orléans-Linie, weshalb er offiziell nicht dazugezählt wird).

Bourbon selbst (2600 Einwohner) ist allerdings nicht nach den Blaublütigen benannt, sondern nach dem keltischen Heilgott Borvo – schließlich war der Ort schon seit der Antike für seine wohltuenden Quellen bekannt. Nach der gallorömischen Zeit geriet das lange in Vergessenheit, doch Mitte des 17. Jh. wurden die Thermalquellen wiederentdeckt. Illustre Kurgäste wurden hier behandelt, etwa die Marquise de Sévigné oder die Madame de Montespan, die berühmte Mätresse Ludwigs XIV. „Dem Wasser von Bourbon verdanke ich die Kraft meines Körpers und die Stärke meines Geistes", sagte der bekannte Staatsmann Charles-Maurice de Talleyrand, der hier 30 Jahre lang seine Arthrose behandeln ließ. Mit dem 55 °C warmen Wasser werden v. a. Rheuma und gynäkologische Leiden behandelt.

Das Thermengebäude am Place des Thermes entstand in den 1880ern und verfügt über eine große Halle mit prächtiger Kassettendecke aus Kastanienholz und leuchtenden Keramikkacheln. Einmal im Monat dürfen auch Nicht-Kurgäste bei einer Führung den Prachtbau besichtigen. Touristen müssen mit dem in Form einer Festung erbauten Casino vorliebnehmen. Ansonsten hat die Stadt eindeutig schon bessere Tage gesehen. Doch als Wiege der Bourbonen ist sie ein beliebtes Ausflugsziel.

Forteresse de Bourbon L'Archambault: Nur noch drei von ursprünglich 15 Türmen der Bourbonen-Festung sind erhalten, doch auch diese sind mit ihren

Auvergne | Das Allier → Karte S. 200/201

Die Burgruine lässt die einstige Macht der Bourbonen erahnen

2,5 m dicken Mauern durchaus beeindruckend. Alle drei kann man bis zur Spitze besteigen, von wo man eine schöne Aussicht auf die Stadt und den kleinen See neben der Festung hat. Im Inneren ist jedes Stockwerk einem anderen Aspekt höfischen Lebens gewidmet – allerdings ohne originale Ausstellungsstücke. U. a. ist das Nachtlager der Wachen nachgestellt oder – besonders gelungen – eine Schreibstube. Innerhalb der ehemaligen Festungsanlage finden sich viele alte Mauern und Häuser mit Türmchen. Am hinteren Ende des Burgfelsens ist noch der im 14. Jh. unter Herzog Ludwig II. entstandene Turm Qui Qu'en Grogne erhalten, der bei separaten Führungen besichtigt werden kann.

■ Eintritt 6,50 € (mit Führung 8,50 €), Führung im Tour Qui Qu'en Grogne 6,50 €, beide 13 €. Wechselnde Öffnungszeiten → Website. 268, rue de la Sainte-Chapelle, ✆ 04-70670230, www.chateaudebourbon.fr.

Musée Augustin Bernard: Im ehemaligen Casino ist dieses hübsche Museum untergebracht. Es informiert über die 2000-jährige Geschichte Bourbons, zeigt u. a. archäologische Fundstücke, eine hübsche Madonnenstatue aus dem 13. Jh., eine Sammlung alter Apothekerdosen und widmet sich den berühmten Kurgästen der Stadt. Kleine Highlights sind Modelle der Festung, eines Bauernhofs sowie der Bocage Bourbonnais.

■ Eintritt 4 €. Mitte April bis Aug. Di/Mi und Fr/Sa 15–18 Uhr, Sept./Okt. Di/Mi und Sa 15–18 Uhr. 2, rue du Parc, ✆ 04-70665415.

Information **Office de Tourisme,** Juli/Aug. tägl. geöffnet, sonst → Website. 1, place de l'Hôtel de Ville, 03160 Bourbon-l'Archambault, ✆ 04-70670979, www.tourisme-bocage.fr.

Baden **Piscine Municipale,** Freibad mit Schwimm- und Spaßbecken. Boulevard Jean Bignon, ✆ 04-70670480.

Casino **Casino de Bourbon l'Archambault,** dessen Eingang im Stil einer Burg gestaltet ist, bietet auch Kino, Theater, Kabarett etc. und ein Restaurant (Mi/Do geschlossen, Reservierung empfohlen). So–Do 9–2 Uhr, Fr/Sa bis 3 Uhr. Pont des Chèvres, ✆ 04-70671539, www.casino-bourbon-larchambault.fr.

Markt Jeden Sa Bauernmarkt in Bourbon-l'Archambault beim Marché Couvert.

Therme Der Spa-Bereich der Therme steht auch Nicht-Kurgästen für Anwendungen von Mitte März–Nov. offen. Place des Thermes, ✆ 04-70670788, www.chainethermale.fr.

Veranstaltungen **Lumières sur le Bourbonnais – sur le chemin des Bourbons,** eine Lichtershow erzählt auf der Fassade der Burg die Geschichte des Thermalwesens nach – beginnend bei Bormo und Damona, den keltischen Heil- und Quellgöttern. Juli/Aug. tägl. ab Einbruch der Dunkelheit bis 23.30 Uhr, Mai/Juni, Sept. Do–Sa, www.lumieres-bourbonnais.com.

Übernachten/Essen ***** Grand Hôtel Montespan Talleyrand,** hier kann man sich fühlen wie die berühmten Kurgäste, nach denen das mit den Thermen verbundene Hotel-Restaurant benannt ist. Das im ehemaligen Stadtpalais befindliche Haus verfügt über herrschaftliche Zimmer mit antiken Möbeln und Blick auf den schönen Park im französischen Stil. Salons, Bibliothek, Fitnessraum, Solarium und kleiner Außenpool mit Aussicht auf die Festungstürme. Ebenso stilvolles Restaurant mit ausgezeichneter Küche. 2–4, place des Thermes, ✆ 04-70670024, www.hotel-montespan.com. **€€€€** (Hotel), **€€–€€€€** (Restaurant)

meinTipp **Les Bourbons,** gemütliches Restaurant in modernem, rustikalem Look mit preiswerter, dennoch feiner regionaler Küche, etwa Carpaccio vom Charolais-Rind oder Chorizo-Risotto mit Gambas und Jakobsmuscheln. Auch vegetarisch. Mo geschlossen, Fr/Sa auch abends geöffnet. 6, place de l'Hôtel de Ville, ✆ 04-70666025. **€€**

meinTipp **Le Pas Sage,** inklusives Restaurant mit Café-Charakter, in dem Menschen mit Behinderung mitarbeiten. In schönem Ambiente (Holzbalken und Steinwände) kredenzt man einfache französische Küche, die an der Tafel mit Wortspielereien angepriesen wird. Auch ein vegetarisches Menü. Sa/So geschlossen. 1, rue Neuve, ✆ 04-70675277, www.restaurant-le-pas-sage-bourbon-larchambault.fr. **€–€€**

****** Château d'Ygrande,** ein prächtiges Schloss, das 1835 als Jagdschloss entstand. Herrschaftliche Zimmer mit antiken Möbeln, ein riesiger Park mit Reitstall und Pool, Dampfbad etc. Bei einem Restaurantbesuch kann man zumindest ein wenig in diese luxuriöse Welt hineinschnuppern. Der Speisesaal ist ein cremefarbener Traum, wunderbar auch die riesige Terrasse, von der man weit ins Land blicken kann. Mo sowie Di abends geschlossen. Le Mont, 03160 Ygrande, ✆ 04-70663311, www.chateauygrande.fr. **€€€–€€€€**

Domaine de la Madeleine, 6 km westlich von Bourbon finden sich in einem ehemaligen Bauernhof 3 hübsche Gästezimmer in angenehmen Pastelltönen. Eigene Terrasse für die Gäste. Auch 2 Gîtes für 2 und 4 Pers. stehen zur Verfügung. La Madeleine, 03160 Ygrande, ✆ 06-18570950, www.chambres-gites-bourbon.com. **€€**

Château de Clusors, 9 km östlich von Bourbon und mitten in der Natur steht dieses Schloss aus dem 14. Jh. Es bietet 2 sehr große Gästezimmer mit antiken Möbeln, Dielenboden, Stuck an der Decke und modernen Bädern. Der Park mit stattlichen Bäumen und Pool. Salon mit Billard und Piano. Château de Clusors, 03210 Saint-Menoux, ✆ 04-70439469, www.chateaudeclusors.com. **€€€**

Camping ***** La Borde,** Bourbon hat zwar auch einen Campingplatz, schöner ist aber dieser, fast 20 km südwestlich der Stadt am „Plan d'Eau de Vieure" genannten, 33 ha großen See. Man kann an einem Strand baden gehen, ins Kanu oder Tretboot steigen und Mountainbikes leihen. Zudem komfortable Chalets und weniger komfortable Bungalows. La Borde, 03430 Vieure, ✆ 04-70020446, www.locationschalets campingdelaborde.fr.

Souvigny

Im Bourbonen-Dreieck bildet Souvigny (1750 Einwohner) die südliche Spitze. Lange war das hübsche Städtchen im Herzen der idyllischen Bocage-Landschaft die geistliche Hochburg der Bourbonen. Aymard I. hatte im Jahr 916 seine Besitztümer in Souvigny der sechs Jahre zuvor gegründeten Benediktinerabtei Cluny geschenkt. Diese errichtete ein Kloster in Souvigny – eine der „fünf Töchter" Clunys. Maiolus (Mayeul), der vierte cluniazensische

Die kleine Schwester der Abtei Cluny: die Prioratskirche in Souvigny

Abt, starb während seines Besuchs 994 in Souvigny. Er wurde sogleich in dem Ort beigesetzt, ebenso sein Nachfolger Odilon. Dank deren Grabstätten stieg Souvigny zum Wallfahrtsort auf. Auch die einst mächtigen Bourbonen-Herzöge sind hier bestattet: Karl I. und seine Frau Agnes, Johann II., Peter II. und seine Gemahlin Anne de Beaujeu sowie Tochter Suzanne. Für die Gräber wurde eigens die Prioratskirche erbaut. Imposant ragt sie aus dem Ortskern hervor. Um die Kirche herum lassen sich herrliche Schätze entdecken: der Prioratsgarten zum Spazieren, alte Stallungen, in denen ein Museum mit einer besonderen Tierkreissäule untergebracht ist, ein stattliches Pförtnerhaus mit wildem Garten hinter der Kirche.

Église Saint-Pierre-et-Saint-Paul: Die Prioratskirche brach mit der üblichen Architektur romanischer Kirchen im Allier. Optisch erinnert das Bauwerk mit seiner romanischen Westfassade und den viereckigen Doppeltürmen an seine große Schwester im 130 km entfernten Cluny, auch wenn die Abteikirche die Prioratskirche mit ihrer Pracht um Längen schlägt. Einige Teile von Saint-Pierre-et-Saint-Paul sind im romanischen Stil erhalten, andere Teile, wie das Gewölbe, im gotischen Flamboyantstil. Sehenswert sind im Inneren die Gräber bourbonischer Herzöge in der alten und in der neuen Kapelle. Reliquien der cluniazensischen Äbte Mayeul und Odilon befinden sich in einem bemerkenswerten Schrank aus Holz, bemalt mit Szenen aus dem Leben der beiden Heiligen. Besucher gehen gerne auf die Suche nach einer ganz bestimmten Säule, deren Kapitell Mönche zieren. Diese sogenannten „Monnayeurs" schlagen und prägen Münzen und sind ein Zeugnis dafür, dass Souvigny ab dem 11. Jh. das Münzrecht besaß. Die Säule befindet sich unmittelbar vor der neuen Kapelle links vor dem Chorraum.

Musée de Souvigny: In der alten Klosterscheune ist ein eher unspektakuläres Museum über die Geschichte Souvignys mit archäologischen Fundstücken sowie über die Kirchen der Umgebung eingerichtet. Viel interessanter wird es im hinteren Gebäude, in dem sich die spektakuläre Tierkreiszeichen-Säule verbirgt – ein mysteriöser, in Stein gemeißelter Zeitmesser. Die achteckige Säule soll aus der zweiten Hälfte des 12. Jh. stammen, wurde aber erst im 19. Jh. entdeckt. Das vorhandene Fragment ist vermutlich nur eins von zwei Teilen. Möglicherweise umsäumten zwei Säulen das Portal der Kirchenfassade. Ob der kleine Pfeiler den Geistlichen als Sonnenuhr, Kalender oder Kerzenständer diente, ist unklar. Klar ist aber: Sie ist ein herrlicher Zeuge des Zeit- und Raumverständnisses der damaligen Mönche. Vier Seiten sind u. a. mit den Tierkreiszeichen und fantastischen Wesen geschmückt. Neben der Säule gibt es noch Fresken, Skulpturen und ein wunderbares Fries mit Arkaden aus dem Chorraum zu bewundern. Zudem erfährt man einiges über die Geschichte der Bourbonen. Der Eintritt ins Museum berechtigt auch zum Flanieren im hübschen Klostergarten.

▪ Eintritt 4 € (inkl. Kirchenführung 7 €). Juli/Aug. Mo–Sa 10–13 und 14–19 Uhr, So 13–19 Uhr, Sept. Mo–Sa 9–12 und 14–18 Uhr, So 14–18 Uhr, im Okt. Di geschlossen. 4, place Aristide Briand, ✆ 04-70439975, www.ville-souvigny.com.

Noyant-d'Allier: Bis zum Zweiten Weltkrieg förderte man in dem 700-Seelen-Ort 10 km südwestlich von Souvigny Kohle zutage. Nach einem Unfall mit Toten und Verletzten war in Noyant-d'Allier 1943 Schicht im Schacht. Die Mine wurde inzwischen in das **Musée Jean le Mineur** umgewandelt. Bei einer eineinhalbstündigen Führung erfahren die Besucher mehr über die Geschichte des Kohleabbaus und das Leben der Minenarbeiter. Ein Bummelzug fährt über das Gelände und in einen rekonstruierten Schacht. Eine ganz andere Attraktion lockt unweit des Museums: ein **buddhistischer Tempel** mit herrlichen Statuen. Beeindruckend ist ein vergoldeter Riesenbuddha im Lotussitz. Für Besucher sind Park und Pagode frei zugänglich. Sportlich geht es beim Vélorail zu – auf der stillgelegten Bahnstrecke Montluçon–Moulins kann man auf Draisinen einen Teil der Bocage Bourbonnais erkunden. Einen Gang zurückschalten kann man in der Nähe von Noyant beim Étang de Messarges. Mönche legten den 12 ha großen See im 15. Jh. an. Diese Ruheoase, in der sich der umsäumende Wald von Messarges und ein Eisenbahn-Viadukt spiegeln, ist ideal zum Angeln und Picknicken.

▪ **Musée Jean le Mineur:** Eintritt 4,50 €. Aktuelle Öffnungszeiten → Website. 31, rue de la Mine, 03210 Noyant-d'Allier, ✆ 07-68594695, www.mine-noyant.fr. **Park:** März–Okt. tägl. 14–19 Uhr, sonst 14–18 Uhr. **Pagode:** April–Sept. Mi–So 15–19 Uhr.

Information Die **Touristeninformation in Moulins** ist zuständig für Souvigny, → Abschnitt Moulins, www.moulins-tourisme.com.

Mein Tipp **Galerie Les Ateliers du Chapeau Rouge,** originelle und wirklich ausgefallene Kunstwerke, v. a. Plastiken, laden zum Betrachten in den wundersamen Garten dieser Künstlervereinigung ein. Sonderausstellungen (meist monothematisch) sind auch in dem dazugehörigen

Die Säule mit den Tierkreiszeichen

Auvergne | Das Allier → Karte S. 200/201

Haus sowie im Gebäude auf der anderen Gassenseite zu sehen. Die ausgefallenen Sitzbänke, v. a. um die Kirche herum, entstammen ebenfalls den kreativen Händes dieses Kollektivs. In der 4, rue du Chapeau Rouge.

Markt Jeden Do Wochenmarkt im Zentrum.

Vélorail Auf der ehemaligen Bahnlinie Montluçon–Moulins kann man ab dem stillgelegten Bahnhof in Noyant-d'Allier mit einer Fahrraddraisine die Strecke erkunden. Hin- und Rückfahrt 10 km, ab 35 €. Juli/Aug. tägl. Abfahrt um 9.45, 11.30, 14, 14.45 und 17.30 Uhr, April–Juni und Sept./Okt, Abfahrt Sa/So 14 und 15.45 Uhr. Rue de la Gare, 03210 Noyant-d'Allier, ✆ 06-82714265, www.ecoloisirs.fr.

Moderne Kunst versteckt sich in Souvignys Gassen

Veranstaltungen **Foire Médiévale,** bei dem „Festival Européen des Troubadours et Saltimbanques" Ende Juli bis Anfang Aug. dreht Souvigny eine Woche lang die Zeit zurück ins Mittelalter – altertümlicher Markt mit Spektakeln und Animation, Gauklern und Minnesängern.

Übernachten/Essen **Les Vieux Murs,** 200 m von der Altstadt entfernt überrascht dieses Herrenhaus im strengen klassizistischen Stil mit 4 großen, liebevoll eingerichteten Zimmern. Alle sind mit antikem Mobiliar ausgestattet – 2 in klassischer Eleganz mit Orientteppichen, 2 romantischer und verspielter in Blau und mit Blümchendekor sowie in gewagterem Rosa. Großer Park zum Flanieren, Pool im Freien, Leihräder. Nicht ganz günstig, immerhin reduziert sich der Preis ab der zweiten Nacht. 11, rue Maris Delaume, 03210 Souvigny, ✆ 04-704 29110, www.lesvieuxmurs.fr. **€€€–€€€€**

Sphère Plaisir, eine wahre Freude ist dieses kleine Restaurant etwas abseits der Altstadt. Die Küche überzeugt mit französischen Klassikern wie Coq au Vin. Vor allem die Desserts lassen so manchen Gaumen frohlocken, z. B. die Macarons und Törtchen. Außenbereich auf der anderen Straßenseite neben dem Rathaus. Mo sowie So abends geschlossen. 20, rue de la République, 03210 Souvigny, ✆ 04-70429998. **€€–€€€**

L'Auberge des Tilleuls, sympathisches Restaurant unweit des historischen Viertels mit erfinderischer regionaler Küche. Auf den Teller kommen nur frische Produkte aus der direkten Umgebung – z. B. feines Entenfilet an Lindenhonig oder Charolais-Rind mit Morcheln. Als Nachtisch wird Eis auch mal auf einer halben Ananas serviert und Clafoutis mit Äpfeln und Rhababer. So abends und Mi geschlossen. Place Saint-Éloy, 03210 Souvigny, ✆ 04-70436070. **€€–€€€**

Le Point d'Orgue, Mix aus Restaurant und Café – freundlich und gemütlich, für den großen oder kleinen Hunger (Kaffee und Kuchen am Nachmittag). Oder einfach nur, um Leute zu beobachten, denn gegenüber der Klosterkirche hat man so ziemlich alles im Blick. Mo Ruhetag, So nur mittags Küche. 21, place Aristide Briand, 03210 Souvigny, ✆ 09-84422074, www.lepointdorgue-souvigny.com. **€€**

Das Tal der Sioule

Nach 150 km geschlängeltem Lauf fließt die Sioule nördlich von Saint-Pourçain-sur-Sioule in den Allier. Zuvor hat sie jede Menge wundervolle Naturräume geschaffen. Zunächst im Departement Puy-de-Dôme natürlich die Méandre de Queuille, wohl eine der schönsten Flussschleifen der Welt (→ Pontgibaud, S. 82). Kurz vor der Grenze zum Allier durchströmt die Sioule tief im Tal die Steinbrücke Pont de Menat aus dem 12. Jh. Hier kann man zum Château Rocher hinauflaufen, der hoch über dem Fluss gelegenen Ruine einer Bourbonen-Burg.

Bei Chouvigny im Allier tritt die Sioule dann in enge Schluchten ein, eines der beliebtesten Kanureviere im weiten Umkreis. Darüber thront die (zu besichtigende) Burg von Chouvigny aus dem 13. Jh., mit ihren Zinnenkränzen das romantische Musterbild einer Festungsanlage. Fast 300 Jahre lang lebte dort die Familie La Fayette. Weiter nimmt die Sioule ihren Lauf und lässt das hübsche mittelalterliche Städtchen Charroux auf seinem Kalkplateau einige Kilometer weiter links liegen. Der Ort ist der einzige im Allier, der sich offiziell zum auserwählten Kreis der „schönsten Dörfer Frankreichs" zählen darf. Fährt man ein paar Kilometer weiter südlich, ragen gleich mehrere Viadukte im Tal der Sioule empor. Besonders schön sind die Viadukte von Rouzat und Neuvial, die wegen ihrer speziellen Eisenkonstruktion auch Eiffel-Viadukte genannt werden.

Wenige Kilometer weiter nördlich beginnt das Weinanbaugebiet von Saint-Pourçain, das sich in einem schmalen Band von Chantelle im Süden bis Chemilly im Norden an den Flüssen Beuble, Sioule und Allier entlang erstreckt. Die Weinberge gehören zu den ältesten Frankreichs, ihre Erzeugnisse wurden früher schon am Königshof oder bei den Päpsten von Avignon getrunken. Überall trifft man auf kleine Weingüter, die ihre Produkte direkt zum Verkauf anbieten. Während Saint-Pourçain-sur-Sioule das kommerzielle Zentrum dieser kleinen Region darstellt, wird es weiter nördlich wieder einsamer. Bei Besson schmückt ein kleines Schlösschen die Landschaft.

Saint-Pourçain-sur-Sioule

Im Tal der Sioule ist seit Urzeiten die feine französische Lebensart zu Hause. Schon zu gallorömischer Zeit wurde hier Wein angebaut und später von Benediktinermönchen verfeinert. Noch heute genießt der Wein einen ausgezeichneten Ruf. Auf mehr als 600 ha wird er in 19 Kommunen angebaut.

Zentrum des Weinanbaugebiets ist das 5220-Einwohner-Städtchen Saint-Pourçain-sur-Sioule, wo man überall auf das Maskottchen „Plop", eine fröhliche Weintraube, trifft. Etwas seriöser ist das Weinmuseum bei der Kirche, das Geschichte und Herstellungsweise des Weins näherbringt. Keimzelle des Ortes ist ein Kloster, in dem Ende des 5. Jh. der ehemalige Sklave und Schweinehirte Porcianus Abt wurde. Von dem Kloster ist nur noch ein Joch übrig, dafür prägt die Kirche Sainte-Croix aus dem 10. und 13. Jh. den Ort. Sie ist geschmückt mit zwei romanischen und zwei gotischen Kapellen. Im

Auvergne | Das Allier → Karte S. 200/201

Innern findet man eine fein ausgearbeitete Ecce-Homo-Figur aus dem 16. Jh. und das Chorgestühl der benediktinischen Mönche aus dem 15. Jh. Besonders fällt der schlanke Uhrturm neben der Kirche auf, der 1480 als Wachturm entstand.

Zwar gibt es einige nett anzusehende Fachwerkhäuser, doch Saint-Pourçain ist v. a. ein wichtiger Verkehrsknotenpunkt, wo sich im Sommer gerne mal Stoßstange an Stoßstange reiht. Schön entspannen kann man dagegen auf der Sioule-Insel Île de la Ronde. Die feine französische Lebensart ist in Saint-Pourçain übrigens nicht nur in getränketechnischer Hinsicht zu Hause: Hier werden die wohl berühmtesten Handtaschen der Welt genäht, nämlich die von Louis Vuitton. 650 Mitarbeiter produzieren die begehrten Luxusgüter – einen Fabrikverkauf oder Ähnliches gibt es leider nicht.

Uhrturm aus dem 15. Jh.

Musée de la Vigne et du Terroir: Eine gewaltige Weinkelter und allerlei Werkzeuge aus der Winzergeschichte vermitteln in elf Räumen im historischen Maison de Bailli, in das auch der Uhrturm (Beffroi) mit seiner Wendeltreppe integriert ist, einen Einblick in die Produktion des Weines. Man lernt viel über die Winzer, ihre Arbeit und ihre Mentalität. Auch ein bisschen Stadtgeschichte muss sein: Schließlich gab es in Saint-Pourçain eine bedeutende königliche Münzprägerei.

▪ Eintritt 3 €. Juli/Aug. tägl. Di–Fr 14.30–18 Uhr, Sa/So 10–12.30 und 14.30–18 Uhr, Mitte bis Ende Juni und Anfang bis Mitte Sept. Sa/So 14–18 Uhr. Cour des Bénédictins, ✆ 04-70453273.

Marionnettes-Expo: Schier überwältigt wird man 9 km nördlich von Saint-Pourçain von der Vielzahl an Marionetten in Joël Guichards Marionnettes-Expo. Rund 700 Puppen aus 102 Ländern sind hier versammelt: Vom simplen Kasper über höfische Bedienstete bis hin zu wilden Fratzen und Masken ist alles vertreten. Bei einer Führung werden auch die Bewegungskünste der faszinierenden Gesellen vorgeführt.

▪ Führung 5 €. Mo–Sa 14–18 Uhr. Les Brouillards, 03500 Monétay-sur-Allier, ✆ 04-70420925, www.marionnettesexpo.wordpress.com.

Château de Fontariol: Das Schloss 17 km nordwestlich von Saint-Pourçain ist eine Offenbarung für Schlossliebhaber und Geschichtsinteressierte. Nicht etwa, weil es hier üppigen Luxus zu sehen gibt – damit kann diese eher schlichte Behausung des niederen Adels, die bis in die 1980er-Jahre eine Ruine war, nicht dienen. Zwei Türme und ein hohes Dach sorgen bei dem Schloss aus dem 15. Jh. zwar für ein herrschaftliches Erscheinungsbild, aber sonst sind Inneres und Äußeres sehr einfach gehalten. Doch die Sammlung in dem Schloss an originalen Gegenständen vergangener Jahrhunderte machen einen Besuch zum Erlebnis. So taucht man tief ein in die Lebensgewohnheiten früherer Zeiten, kann dabei hübsche Exponate bestaunen, erleben und anfassen. Die Sammlung deckt fast alle Bereiche des Lebens ab: Ausgestellt sind traditionelle Küchenutensilien, Waffen und Rüstungen, eine große Auswahl an besonderen Schlössern und Schlüsseln, Fahrräder und Damenkleidung, die die Geschichte der Befreiung der Frau erzählt. Zuletzt wurde das Domizil generalsaniert und soll danach Gästen wieder offen stehen (mehr Infos und ein virtueller Rundgang → Website).

■ Fontariol, 03240 Theil, www.chateau-de-fontariol.org.

Information **Office de Tourisme,** modernes Gebäude am Allier, einen weiteren Infopunkt gibt's im Weinmuseum. Juli/Aug. tägl. geöffnet, sonst → Website. 29, rue Marcellin Berthelot, 03500 Saint-Pourçain-sur-Sioule, ✆ 04-70453273, www.valdesioule.com.

Verbindungen Saint-Pourçain wird von der **Buslinie** Montluçon–Vichy bedient. **Busse** fahren auch nach Moulins.

Baden **Piscine de la Moutte,** Freibad mit Schwimmerbecken. Stade de la Moutte, ✆ 04-70454481.

Einkaufen **Traiteur Dumont,** Metzgerei mit Boutique, viele regionale Produkte – von Marmelade, Schokolade und Honig über verschiedene Sorten Schnittnugat bis hin zu Käse, Wein und Bier. Dazu warme Gerichte wie Lasagne, Quiche oder Pâté de Pommes de Terre zum Sofortessen; außen Tische. So/Mo 8.30–19.30 Uhr, Di–Sa 7.30–19.30 Uhr. 41, boulevard Ledru-Rollin, ✆ 04-70453010.

Golf **Golf Briailles,** 18-Loch-Golfplatz sowie ein Pitch & Putt-Parcours. 36, chemin du Château, ✆ 04-70454949, www.golfdebriailles.fr.

Klettern **Parc Aventure Les Perchés,** Hochseilgarten mit 6 Kletterparcours, zudem Stand-Up-Paddeln. Juli/Aug. tägl. 10–19 Uhr, Juni Mi, Sa/So 13–17.30 Uhr, Sept. nur Sa/So, im Mai nur So. Île de la Ronde, ✆ 06-48991035, https://parc-aventure-les-perches-19.webself.net.

Markt Wochenmarkt jeden Sa am Place Clémenceau.

Veranstaltungen **Festival viticole et gourmand,** großes, zehntägiges Festival Mitte Aug., bei dem man im gesamten Umland in rund 30 Gemeinden nicht nur herrlich schlemmen und Wein trinken kann, sondern es werden auch Wanderungen, Ausritte, Konzerte oder Feuerwerk angeboten. Etwa 25.000 Besucher zelebrieren die Feierlichkeiten. www.festigo.fr.

Übernachten/Essen **Le DrugStore,** das beliebteste Restaurant der Stadt liegt ausgerechnet in einer Industriezone. Der hippe Holzquader mit stilvoller Einrichtung trotzt seiner brachen Umgebung und man tischt hier wirklich unverschämt lecker auf: Thunfischsteak an grüner Kräutersoße mit Polenta und Ratatouille oder Rindertatar mit Pommes frites, aber auch Klassiker aus der Region wie Foie gras, dazu Himbeer-Pistazientörtchen und Wein aus dem Umland. So/Mo geschlossen. 16, rue Jean Jaurès, ✆ 04-70202262, www.ledrugstore03.fr. **€€–€€€**

Auberge des Aubrelles, Restaurant mit Blick auf die Sioule. Von außen unscheinbar, hinten mit schöner, friedlicher Terrasse und Garten. Überwiegend regionale Küche wie Charolais-Filet oder Ente mit lokalem Rotwein, aber auch Froschschenkel. April–Sept. Mi–So geöffnet. 32, rue des Béthères, ✆ 04-70454165. **€€–€€€**

Qui L'Eut Cru, angesagte und sehr gemütliche Weinbar mit Laden, hinter der Kirche. Hat man sich bei der tollen Auswahl für einen Wein entschieden, kann man diesen mit Blick auf Brunnen und Uhrturm zu einer leckeren Käse- oder Wurstplatte genießen. Es muss natürlich kein Wein sein – die Bar öffnet bereits am Vormittag und man kann sich auch einen Kaffee oder Fruchtsaft gönnen. So/Mo geschlossen. 13, Pl. du Maréchal Foch, ✆ 06-63358450. **€€**

Château Tout y Fault, sagenhaft schönes Schloss, 7 km südöstlich von Saint-Pourçain. 3 komplett unterschiedliche Gästezimmer, eines davon ist ein modernes Familienzimmer. Das zweite Zimmer ist mit antiken Möbeln ausgestattet und das dritte im mediterranen Stil. Großer Park mit Pool, Pferde zum Ausreiten. 1, tout Y fault, 03500 Loriges, ✆ 04-70490799, www.chateautoutyfault.com. **€€€€**

Camping ***** Camping de l'Île de la Ronde,** einfacher Campingplatz mit knapp 60 schattigen Stellplätzen auf einer Sioule-Insel. Mit pinkfarbenen Mobil-Homes. Neben dem Platz befinden sich eine Minigolfanlage und ein Hochseilgarten, zudem Kanuverleih. 18, quai de la Ronde, ✆ 04-70351369, www.ville-saint-pourcain-sur-sioule.com.

Auvergne | Das Allier → Karte S. 200/201

Chantelle

Die entzückende kleine Ortschaft, knapp 14 km südwestlich von Saint-Pourçain-sur-Sioule gelegen, hätte das Label „Plus Beaux Village de France" wahrlich verdient, muss aber mit der ausschließlichen Bewunderung seiner Besucher vorliebnehmen. Das Städtchen entstand rund um eine stattliche Festung samt Kloster über dem Tal der Bouble. Zu seinen glänzenden Zeiten residierten die Bourbonen hier, zudem verbrachte Anne de Beaujeu (de France), Tochter von König Ludwig XI, viel Zeit in Chantelle und starb sogar an ihrem Lieblingsort. Von der Festung ist nur noch die nicht minder stattliche Abtei Saint-Vincent übrig geblieben, in der Benediktinerinnen leben und Pflegeprodukte herstellen. Welch ein Prachtwerk die Festung einst war, vermittelt ein Modell in der Tourist-Info. Hinter dem Kloster führt ein Weg zur Bouble hinab – entlang des Flusses stehen einige alte Mühlen.

Das Tal der Bouble bietet Anglern ruhige Plätze

Zwei Aussichtspunkte bieten einen tollen Blick auf das Kloster: einmal kurz nach dem Ortseingang aus Richtung Saint-Pourçain rechter Hand neben einem Tennisplatz sowie – und das ist der schönere Ausblick – auf der D 282 nach dem Weiler Deneuille-lès-Chantelle auf der linken Seite. Hierhin gelangt man über die D 987 aus Richtung Saint-Pourçain, vor der Pont des Eaux Salée fährt man rechts auf die D 282.

▪ Von Juni–Sept. Stadt- und Klosterführung, Termine → Maison du Tourisme. Boutique mit Pflegeprodukten im Kloster: Mo 14–17 Uhr, Di–Fr 10–11.30 und 14–17 Uhr (Mitte Juli bis Mitte Aug. bis 18 Uhr), Sa/So 14.30–16.30 Uhr. 14, rue Anne de Beaujeu, ✆ 04-70566269 (Laden), ✆ 04-70566255 (Abtei).

Information **Maison du Tourisme,** Juli/Aug. tägl. geöffnet, sonst → Website. 4, grande Rue, 03140 Chantelle, ✆ 04-70326330.

Charroux

Eine wundervolle Geschichte deutsch-französischer Freundschaft (genau genommen sogar zwei Geschichten) gibt es in dem hübschen 350-Einwohner-Örtchen mit seinen kopfsteingepflasterten Gassen zu erzählen. Der zwischenzeitlich emeritierte deutsche Professor für Romanische Literaturwissenschaft Michael Nerlich von der Technischen Universität Berlin verliebte sich vor Jahren in die einheimische Lyrikerin Evelyne Sinnassamy und ließ in Charroux, wo er heute mit ihr lebt, 1982 das umfangreiche Heimatmuseum entstehen. Dort stehen auch die Mühlsteine einer alten Senfmühle, die an die zweite Geschichte erinnern.

Ab dem 18. Jh. war Charroux berühmt für seinen Senf. Anfang des 20. Jh. ging die Produktion jedoch zurück und das Handwerk der Senfherstellung samt der dazugehörigen Gerätschaften verschwand allmählich – bis Ende der 1980er-Jahre Simone und Claude Maenner, deren Familienunternehmen seit 1850 eigentlich auf die Herstellung von Walnussöl spezialisiert war, beschlossen, die alte Tradition der handwerklichen Senfherstellung wiederzubeleben. Was dafür fehlte, war allerdings eine Senfmühle. Evelyne Sinnassamy fand sie Ende 1990 bei einer Geschäftsaufgabe in Berlin und erreichte es, dass die letzte traditionelle Senfmühle Ost-Berlins nach Charroux geliefert wurde, wo seither die Senfherstellung wieder blüht. Unter dem Firmennamen „Huiles et Moutardes de Charroux" produziert die Familie Maenner heute neben ihren Ölen verschiedene nach alten Rezepten hergestellte Sorten Senf, die von so manchem französischen Spitzenkoch verwendet werden.

Das auf einem Kalkplateau gelegene Charroux war einst eine bedeutende Stadt, geschützt durch zwei Stadtmauern mit insgesamt acht Toren. Zwei stattliche Exemplare davon sind noch übrig, über dem einen verkündet eine Glocke seit 1549 die Stunden. Wenige Meter davon entfernt erhebt sich neben einem schönen Fachwerkhaus aus dem 14. Jh. die Kirche Saint-Jean-Baptiste mit ihrem markanten, während der Französischen Revolution „geköpften" Turm. Der Chor stammt aus dem 12. Jh. Das Gotteshaus verdeutlicht den Übergang vom romanischen zum gotischen Baustil. Beim Eingang trifft man auf einen Kalksteinnachbau der Grotte von Lourdes.

Ein Bummel durch die romantischen Gassen der Stadt lässt sich bestens mit einer kleinen Shoppingtour verbinden, denn in den mit Respekt vor der Vergangenheit hergerichteten Häusern hat sich eine Vielzahl kleiner, individueller Läden angesiedelt, die Konfitüre, Lutscher, Seife, Wein, Brot oder Safranprodukte verkaufen – und natürlich Senf.

Musée de Charroux: Ein Heimatmuseum der traditionellen Art, das wegen seiner Exponate einen Besuch lohnt. Viel zu erzählen gibt es allemal, schließlich war Charroux einst eine bedeutende Stadt mit 3500 Einwohnern. Nur hier kann man Überreste des Klosters Saint-Antoine sehen, das einem Parkplatz gewichen ist. Nur hier findet man eine große Sammlung von Fotografien und Elementen von historischen Kaminen, deren Entstehung bis ins 12. Jh. zurückgeht. Auf 13 Säle und zwei Gebäude ist die Ausstellung verteilt, in der u. a. eine alte Drehleierwerkstatt, Geräte der Berliner Senfmühle Biedermann-Drewig, der steinerne Christ du Toral aus dem 12./13. Jh. und Musikinstrumente präsentiert werden.

▪ Eintritt 4 €. Juli/Aug. tägl. 11–13 und 14–19 Uhr, April–Juni Fr–Mo 11–13 und 14–18 Uhr, Sept.–Dez. Sa/So 14.30–18.30 Uhr. 5, rue de la Poulaillerie, ✆ 04-70583993, www.museecharroux.net.

Jenzat: „Welthauptstadt der Drehleierproduktion" nennt sich Jenzat selbstbewusst. In der Tat wurden in dem Dörfchen, das 6 km südöstlich von Charroux liegt, im 19. und 20. Jh. die weithin geschätzten Instrumente für Musiker in aller Welt hergestellt. Der berühmteste „Luthier" (Instrumentenbauer) war Gilbert Pajot, Begründer einer Manufaktur Ende des 18. Jh., die über viele Generationen fortbestand. Nach dem Ersten Weltkrieg ging die Nachfrage nach Drehleiern stark zurück, doch gibt es heute mit Jean-Claude Boudet und seinem Sohn Claude Emmanuel immerhin noch zwei Handwerker, die die Tradition hochhalten. Im Maison du Luthier sind in den ehemaligen Wohnräumen des 1920 verstorbenen Jacques Antoine Pajot historische und moderne Drehleiern sowie andere Instrumente ausgestellt. Man kann einen Blick in eine alte Werkstatt werfen und in einem Film viel über Fabrikation und Funktionsweise der Instrumente erfahren.

Auvergne | Das Allier → Karte S. 200/201

Der Wein der Könige

Sogar in New York trinkt man Wein aus Saint-Pourçain und diskutiert fachkundig über den leichten Apfelgeschmack und den Schuss Zitrone der Rebsorte Tressallier, die nur hier im Allier wächst. Zu verdanken ist das Olivier Gardien, der gemeinsam mit seinem Bruder Christophe das Weingut Domaine Gardien bei Besson auf die internationale Landkarte gebracht hat. Während Christophe sich in die tägliche Arbeit mit den Trauben vertieft, vermarktet und verkauft Olivier sie, indem er z. B. einfach mal mit sechs Flaschen Wein im Gepäck nach Manhattan fliegt. Ein Glücksritter, der keine halben Sachen macht! Das Engagement von Gardien und seinen Winzerkollegen hat sich gelohnt, denn spätestens, seit der „Saint-Pourçain" genannte Wein, der auf mehr als 600 ha in 19 Kommunen wächst, 2009 mit dem AOC-Schutzsiegel ausgezeichnet wurde, kann man mit den ganz großen Weinen konkurrieren. Früher übertrumpfte man andere Weinbaugebiete auch ohne Schutzsiegel: Ab dem 13. Jh. wurde der Saint-Pourçain am königlichen Hof getrunken, später auch im Papstpalast von Avignon. Die Reblaus machte dem Weinanbau wie fast überall den Garaus, doch seit den 1950ern hat sich die Region langsam wieder hochgearbeitet.

Das Anbaugebiet zieht sich 35 km lang als schmales Band entlang der Täler von Sioule und Allier von Norden nach Süden und zählt zur Weinbauregion der Loire. Früher war die Gegend für ihren Weißwein berühmt, für Tressallier, Chardonnay blanc und Sauvignon. Heute werden vermehrt rote Trauben angebaut und zu Cuvées aus Gamay noir und Pinot noir verarbeitet. Die Gamay-Trauben nimmt man auch für die Rosé-Weine, für die die Domaine Gardien zahlreiche Auszeichnungen erhielt.

Das Weingut bei Besson ist eines der größten im Anbaugebiet. Etwa 150.000 Flaschen füllen die Brüder im Jahr ab. Wenn man sich einen Moment Zeit nimmt, kann man sogar mit Olivier Gardien die halsbrecherische Treppe zum alten Felsenkeller hinabsteigen, wo die edelsten Tropfen in Eichenfässern aus Holz aus dem Forêt de Tronçais reifen.

▪ **Domaine Gardien:** Mo–Sa 8–12 und 14–19 Uhr. 7, **Chassignolles,** 03210 Besson, ✆ 04-70428011, www.domainegardien.fr. Eine Liste der Winzer und weitere Infos gibt es unter www.vin-saint-pourcain.fr.

Sehenswert ist auch die romanische Kirche Saint-Martin im Ort, die wegen ihrer außergewöhnlichen Wandmalereien aus dem 15. Jh. bekannt ist. Zwei Zyklen zeigen die Passion Christi und das Leiden der Katharina von Alexandria.

▪ **Maison du Luthier:** Eintritt 4 €. Juni und Sept. Sa/So 14.30–18.30 Uhr, Juli/Aug. Sa–Mi 14.30–18.30 Uhr. 8, rue des Luthiers, 03800 Jenzat, ✆ 06-80803527, www.maison-luthier-jenzat.fr.

Paléopolis Parc: Riesige Dinosaurier- und Mammutskelette sowie nachgebaute Dinos in Echtgröße machen die Paläontologie in dem Park zum echten Erlebnis. 1993 wurde in einem Steinbruch bei Gannat, 12 km südlich von Charroux, ein Exemplar des Ur-Nashorns Brachypotherium gefunden. Und nicht nur das – weil die Region vor 23 Mio. Jahren von einem See bedeckt war, können sich Archäologen heute über zahlreiche weitere Funde freuen, ebenso wie die Kinder, die sich in nachgestellten Ausgrabungsstätten als Hobbyarchäologen versuchen dürfen. Die Ausstellung zeigt die Entwicklung des Lebens von den ersten Mikroorganismen bis in die heutige Zeit, neben zahlreichen Skeletten kann man etwa auch ein Straußenei bewundern.

▪ Eintritt 14 €. außerhalb der franz. Schulferien Mi 13.30–18 Uhr und Sa/So 10–18 Uhr, während der franz. Schulferien. tägl. 10–18 Uhr. Chazoux, route de Bègues, 03800 Gannat, ✆ 04-70901600, www.paleopolis-parc.com.

Klosterkirche von Ébreuil: Kirchenfreunde sollten einen Abstecher nach Ébreuil machen, 11 km südwestlich von Charroux, wo sich eine für das kleine Örtchen erstaunlich große Klosterkirche erhebt. Anfang des 10. Jh. fanden Benediktiner-Mönche aus Saint-Maixent bei Le Mans hier Zuflucht vor den Normannen. Für die Reliquien des Saint Léger, im 7. Jh. Bischof von Autun, bauten sie das Gotteshaus, Zeugnis der frühen auvergnatischen Romanik (mit später hinzugefügten gotischen Elementen). Im Inneren finden sich prächtige Wandmalereien. Sehenswert ist auch die alte Markthalle von Anfang des 19. Jh.

Viaducs de Rouzet et de Neuvial: Mehrere Viadukte überspannen das Tal der Sioule. Die zwei schönsten sind die Eisenkonstruktionen bei Rouzet und Neuvial, die nach ihrem Konstrukteur Gustave Eiffel auch Viaducs d'Eiffel genannt werden. Das Viadukt von Rouzet befindet sich knapp 8 km südlich von Charroux. Folgt man der D 37 2 km weiter nach Neuvial, erblickt man schon bald die dortige Eisenbahnbrücke.

Basis-Infos

Information Office de Tourisme, Juli/Aug. tägl. geöffnet, sonst → Website. 20, rue Grande, 03140 Charroux, ✆ 04-70568771, www.valdesioule.com und www.charroux.com.

Einkaufen In Charroux befinden sich etliche kleine Ateliers von Künstlern und Kunsthandwerkern mit Verkaufsraum, darunter Keramik, Schmuck etc.

La Boîte à Sucre, Lutscher in Sonnen-, Hasen-, Enten- oder Flugzeugform gibt es hier, mit Mandarinen-, Erdbeer-, Lakritz- oder Vanillegeschmack. Die Auswahl ist riesig, alles ist aus Rohrzucker aus biologischem Anbau sowie mit natürlichen Aromen hergestellt. Außerdem: Konfitüren, Honig und mehr. März–Sept. tägl. 10–18 Uhr. 16, Grande Rue, ✆ 06-85797992, www.laboiteasucre.net.

Confiture de Charroux, vor dem Westtor liegt dieses kleine Lädchen, das mehr als 80 Sorten Konfitüre offeriert. Mo geschlossen 19, rue de l'Horloge, ✆ 04-70585981, www.confiture-charroux.com.

Huiles & Moutardes de Charroux, im Verkaufsraum neben der alten Senfmühle gibt es jede Menge Senfsorten, Walnussöl und andere Produkte. Di–So 14.30–18 Uhr. 3, rue de la Poulaillerie, ✆ 04-70568761, www.huiles-et-moutardes.com.

Safran de Charroux, hier gibt es Safran-Sirup, -Konfitüren, -Olivenöl, -Likör oder -Tee.

Auvergne | Das Allier → Karte S. 200/201

Man kann auch pedalbetriebene „Safranettes" ausleihen und mit den Drei- bis Fünfsitzern herumradeln. Tägl. geöffnet. Besichtigung der Safranfelder auf Anfrage und Reservierung. 2, rue de la Boucherie, ✆ 06-07984102.

Kanu **Aqua Canoë,** bei Chouvigny beginnt die enge Schlucht der Sioule, ein sehr beliebtes Kanurevier. Startpunkte in Saint-Gal und Menat. Neben Kanu, auch Tretboote, Rafting und Stand-Up-Paddeln. April–Sept. Verleih und Touren. 39, route de la Guillotière, 03450 Ébreuil, ✆ 04-70502193, www.canoe-sioule.com.

Vélorail Draisinenfahrten auf einer stillgelegten Bahnstrecke. 3 Strecken mit 10–26 km Länge. 26–56 €, April–Okt. Les Grands Champs, 03800 Le Mayet d'École, ✆ 06-58053271, www.ecoloisirs.fr.

Veranstaltungen Am 1. Augustsonntag verwandelt sich Charroux in ein großes Atelier – rund 40 Künstler und Kunsthandwerker öffnen ihre Werkstätten und zeigen ihre Kreationen.

Übernachten / Essen & Trinken

La Maison du Prince de Condé, stattliches Haus, teilweise aus dem 13. Jh., mit schönem Garten zum Entspannen. 5 Gästezimmer (3 Preiskategorien), größtenteils verschnörkelt im Puppenstuben- und Landhausstil. 8, Grande Rue, ✆ 04-70568136, www.maison-conde.com. **€€–€€€**

In den Gassen von Charroux

Mein Tipp **N°15,** 3 saubere, geräumige Gästezimmer mit je eigenem Farbakzent und ebenfalls geräumigen Badezimmern mitten in Charroux. Sehr herzlicher Empfang, Gastfreundschaft wird hier großgeschrieben. 15, Grande rue, ✆ 04-70412534, www.chambredhotecharrouxallier.com. **€€**

La Ferme Saint-Sébastien, außerhalb vom Zentrum findet sich in einem ehemaligen Bauernhof dieses außerordentlich beliebte, stilvolle Restaurant. Terrasse mit weiter Aussicht auf das Land. Saisonale, regionale Küche, riesige Weinauswahl, auch vegetarisches Menü. Mi–So geöffnet, im Juli/Aug. auch Di. Chemin Bourion, ✆ 04-70568883, www.fermesaintsebastien.fr. **€€–€€€**

Mein Tipp **Le Barapotin,** bereits die Hausfassade mit den hübschen Efeu- und Rosenranken, den blauen Fensterläden und bunten Bistrostühlen davor wirkt einladend. Und diese optische Einladung darf man gerne annehmen. Das Bistro besitzt jede Menge Charme und eine herzliche, familiäre Atmosphäre – nicht zuletzt wegen der guten Laune der Chefs. Deftige regionale Kost wie Truffade mit Würstchen oder rustikale Tapas kommt auf den Tisch. Mo geschlossen. 4, rue Mornat, ✆ 04-70412371. **€€**

Rose-Thé, hübsches kleines Café mit leckeren Kuchen – v. a. die Obsttörtchen mit Früchten aus dem eignen Anbau sind ein Traum – und großer Auswahl an Tee, der auch für die Zubereitung zu Hause verkauft wird. Auch saisonale Heißgetränke wie Kürbis-Latte-Macchiato. Wunderschöner kleiner Garten. Nur nachmittags geöffnet, Mo Ruhetag. 12, rue de la Corderie, ✆ 04-70568326.

Östlich des Flusses Allier

Östlich des Allier geht die Landschaft von der Bocage Bourbonnais in die Sologne Bourbonnaise über. Durch die Bourbonen-Hochburg Moulins und durch das Dorf Billy mit seiner mächtigen Burgruine weiter südlich verläuft mit dem Allier die Grenze zwischen beiden Landschaften. Noch sanfter und platter als in der Bocage sind die Hügel mit den weiten, freien, grünen Flächen dazwischen, die sich etwa das Örtchen Saint-Pourçain-sur-Besbre im Tal der Besbre zunutze gemacht und einen großen Freizeit- und Tierpark mit einer nachempfundenen Savanne geschaffen hat. Mitten in der Auvergne stolzieren dort Löwen, Nashörner, Giraffen und Zebras herum.

Richtung Süden und Südosten steigt die wellige Landschaft langsam zum Mittelgebirge der Montagne Bourbonnaise an. Auf dem Weg dorthin lohnt ein Abstecher zum prächtigen Schloss von Lapalisse. Von der Montagne Bourbonnaise hat man einen guten Blick auf das Tal der Besbre zur einen und auf das Loire-Tal zur anderen Seite. Nach Westen hin öffnet sich das Becken von Vichy – Frankreichs Königin der Heilbäder. Die schmucke Stadt profitiert von den zahlreichen Quellen aus dem benachbarten Gebirge – und der Besucher natürlich von dem reinen Heilwasser.

Moulins

→ Karte S. 231

Moulins ist die Hauptstadt des Departements Allier und die frühere Hochburg des Herzogtums der Bourbonen. Der dynamische 19.200-Einwohner-Ort mit seiner malerischen Altstadt erstreckt sich am Ufer des Allier und wird von seiner strahlend weißen Kathedrale dominiert.

Wichtig für die Entwicklung der einstigen Hauptstadt des Bourbonnais war ihre günstige Lage am Allier, den die dreizehnbogige Steinbrücke Pont Régemortes überspannt. Sie ließ Moulins auch während des Zweiten Weltkriegs zu einem strategisch wichtigen Punkt auf der Demarkationslinie zwischen dem besetzten Frankreich und dem Vichy-Regime werden. Weit vor dieser Zeit jedoch schaukelten auf dem Allier noch Mühlenschiffe vor sich hin und transportierten Getreide von den örtlichen Mühlen in andere Teile Frankreichs. Den Mühlen verdankt der Ort dem Volksglauben nach letztendlich seinen Namen. So soll sich Archambault I. aus dem Hause Bourbon Ende des 10. Jh. nach einem Jagdausflug in die Gegend verirrt und Zuflucht in einer der Mühlen gesucht haben. Dort habe er sich in eine junge Müllerin verliebt und wenig später ein Jagdschloss mit dem Namen Moulins errichten lassen, das fortan von den adligen Herren zum Verweilen genutzt worden sei.

Urkundlich erwähnt wird die Stadt erstmals im Jahr 990. Die rasch wachsende Siedlung stand unter der Herrschaft der Bourbonen, durfte sich aber schon ab 1232 mit vier Konsuln selbst verwalten. Mit der Ernennung des Bourbonnais zum Herzogtum im Jahr 1327 verlagerten die Bourbonen jedoch

Auvergne | Das Allier → Karte S. 200/201

langsam ihren Hauptsitz in die an der Grenze von Bocage Bourbonnais und Sologne Bourbonnaise gelegene Stadt. Ab 1366 ließ Ludwig II. von Bourbon den bis dahin recht unbedeutenden Stützpunkt zu einer mächtigen Residenz ausbauen. Seine Blütezeit – auch künstlerisch – und ebenso seinen politischen Niedergang erlebte Moulins unter Herzog Peter II. und seiner Frau Anne de France im 15. und Anfang des 16. Jh. Mit ihrer Regentschaft fiel Moulins 1527 wieder an die französische Krone. Das Schloss diente zeitweise noch als königliche Residenz, wurde bald aber nur noch als Gericht, Gefängnis und Zeughaus genutzt.

Um den Palast – im oberen und historischen Teil von Moulins – entwickelte sich die Stadt, die voller wundersamer Bauwerke mit noch wundersameren Geschichten steckt. Da wäre z. B. das Maison Mantin, ein modernes Dornröschenschloss, oder der Uhrturm mit einer sonderbaren, auf die Glocken hämmernden Familie. Von einem Palast, der einem verheerenden Brand zum Opfer gefallen war, ist noch ein prächtiger Pavillon im Stil der Renaissance, das heutige Musée Anne-de-Beaujeu, und der über 40 m hohe Wehrturm – liebevoll Mal Coiffée („die schlecht Frisierte") genannt – erhalten. Vom Wall neben dem Wehrturm genießt man eine tolle Aussicht. In den Untergeschossen des ehemaligen Bourbonenschlosses, die während des Zweiten Weltkriegs von der Gestapo als Gefängnis genutzt wurden, kann man die Ergebnisse von Ausgrabungen besichtigen.

Neben dem Wehrturm ragen die Türme der gewaltigen neogotischen Kathedrale in die Höhe. Das strahlende Weiß des Kalksteins von Chauvigny dominiert die Stadtsilhouette und gibt Moulins ein freundliches Erscheinungsbild. An Bögen und Rundungen kontrastiert der helle Stein schön mit schwarzem Volvic-Stein. Zwischen Uhrturm und Kathedrale erstreckt sich das alte Verwaltungsviertel mit steilen Dächern, verwinkelten Gassen, Kopfsteinpflaster und Fachwerkhäusern. Hier lässt es sich wunderbar flanieren – so, wie es einst Coco Chanel tat, die als 18-Jährige in die Stadt kam (→ Kasten S. 230). Der

Steile Dächer und verwinkelte Gassen im alten Verwaltungsviertel

(fiktive) Kommissar Maigret ist ebenfalls hier groß geworden – sein Schöpfer George Simeon ließ ihn im nahe gelegenen Saint Fiacre aufwachsen und für einen Kriminalfall zurückkehren. Ein besonders schönes Beispiel der Architektur des 15. Jh. ist das Maison Thierry de Clèves (2, rue Grenier) neben der Kathedrale. Das wunderbare Fachwerk findet sich nicht nur außen an der Fassade, sondern setzt sich auch in der Galerie im „Innenhof" fort. Die Galerie ist gespickt mit Balkonen, die man allesamt begehen kann.

Quasi eine Etage tiefer, im unteren Teil der Stadt, spielt sich das Leben rund um den Place d'Allier mit seinen Cafés, Restaurants und der Markthalle ab. Gerade am Wochenende während des Sonntagsmarkts herrscht hier ein reges Treiben. Die Ostseite des Platzes schließt die Kirche Sacré-Cœur ab. Ihre 74 m hohen Türme sind zur Kathedrale gerichtet, als würde sie zur großen Schwester hinaufschauen. Die Kirche datiert trotz ihrer neugotischen Bauweise neueren Datums: Errichtet wurde sie erst zwischen 1850 und 1869. Sie ist zudem die erste Kirche Frankreichs, die den Namen Sacré-Cœur trägt. Die gleichnamige Basilika auf dem Montmartre in Paris wurde erst 25 Jahre später fertiggestellt.

Gemütlich spazieren lässt es sich zudem weiter stadtauswärts an beiden Uferseiten des Allier. Vom Westufer aus kann man das Stadtpanorama mit der Kathedrale Notre-Dame und der Église Sacré-Cœur in seiner ganzen Pracht genießen. Und am Ostufer hat Moulins in Sachen Freizeitangebot mächtig aufgerüstet und beim Plan d'eau des Champs am Boulevard de Nomazy ein gigantisches Spielparadies installiert – mit einem originellen Wasserspielplatz, an dem auch Erwachsene ihre Freude haben dürften, und einer riesigen Spielplatz-Landschaft für verschiedene Altersgruppen.

Moulins ist aber auch eine Stadt mit großer kultureller Vielfalt, nicht zuletzt dank seiner Museen wie etwa des nationalen Kostümzentrums, durch das ein Hauch Paris weht. In der alten Kaserne im Quartier Villars finden sich Prachtstücke u. a. aus der Pariser Oper und der Comédie Française.

Sehenswertes

Cathédrale Notre-Dame: Das Bauwerk, eine Mischung aus gotischem Flamboyant- und neogotischem Stil, entstand einst als Stiftskirche (erbaut 1468–1540). Erhalten ist heute nur noch der Chor. In der zweiten Seitenkapelle rechts befindet sich eine schwarze Madonna aus dem 11. Jh. auf einem Thron. Unterhalb der Statue steht ein mit Wunschzetteln gefülltes Kästchen. Prächtig sind die bunten Fenster aus dem 15. und 16. Jh., die Heilige und Stifter der Kirche abbilden, darunter auch Bourbonen-Herzöge. Der eigentliche Star verbirgt sich in der Chapelle des Évêques (Bischofskapelle) in Form eines herrlichen Triptychons. Ein unbekannter Meister kreierte das Altarbild Ende des 15., Anfang des 16. Jh. Das Werk zeigt die Heilige Jungfrau, umringt von Petrus und von Herzog Peter II. sowie der Herzogin Anne de Beaujeu mit ihrer Tochter Suzanne.

Im 19. Jh., als Moulins zum Bistum erhoben wurde, wandelte man die Stiftskirche in eine Kathedrale um und erweiterte sie um die zwei prächtigen Glockentürme. Fassade und Schiff wurden ab 1852 neu gestaltet. Von außen beeindruckt das Bauwerk auch durch seine faszinierenden Wasserspeier – wilde Tiere, aber auch Menschen sind dargestellt.

■ **Kathedrale:** Ostern–Allerheiligen Sa–Mo 9–18 Uhr, Di–Fr 8–19 Uhr, sonst tägl. 9–18 Uhr. Place des Vosges, ✆ 06-37923985.

Tour Jacquemart: Wer in den engen Gassen der Altstadt von Moulins lebt, muss einen guten Schlaf haben. Die Nachtruhe wird einem leicht geraubt von Jacquemart, Jacquette, Jaquelin und Jaqueline. Die vier Figuren thronen

Auvergne | Das Allier → Karte S. 200/201

auf dem 45 m hohen Uhrturm aus rötlichem Sandstein und schlagen mit ihren Hämmern auf die Glocken. Alle fünfzehn Minuten, Tag und Nacht! Die Kinder Jaquelin und Jaqueline dürfen die Viertelstunden ansagen (jede davon mit zwei Schlägen!), die Eltern übernehmen die Stunden. Den Uhrturm ließ Jean II. de Bourbon 1455 errichten. Er fiel zweimal den Flammen zum Opfer, zuletzt 1946, wurde aber immer wieder aufgebaut. Man kann ihn im Rahmen einer Führung besichtigen und von seiner Spitze den herrlichen Blick auf die Stadt – bei schönem Wetter bis zum Puy de Dôme – und die Kathedrale genießen.

Führung 6 €. April–Okt. Sa. Anmeldung bei der Tourist-Info, Place de l'Hôtel de Ville, ✆ 04-70480136.

Maison Mantin: Das Ende des im 19. Jh. am einstigen Standort des Bourbonen-Schlosses erbauten Maison Mantin war ähnlich dem des Dornröschenschlosses: 100 Jahre lag es in einem Dämmerschlaf, kein Mensch betrat das prächtige Gebäude schräg gegenüber der Kathedrale. Genauso, wie es sich der Besitzer Louis Mantin laut Testament gewünscht hatte. Inzwischen ist die restaurierte Villa wieder zugänglich – mit all ihren originalen Schätzen und Kuriositäten, die Mantin auf Reisen angesammelt hatte. Seine Beamtenstellung hatte er im Alter von 42 Jahren gekündigt und fortan ganz nach seinen eigenen Vorstellungen gelebt. Leisten konnte er es sich, hatte er doch bereits mit 30 reich geerbt. Die Villa ließ er exakt nach seinen Plänen bauen und einrichten. Sogar die Wände wurden millimetergenau so hochgezogen, dass seine Aubusson-Teppiche optimal darauf passten. Edle Einrichtungsgegenstände und Möbel im Louis-quinze- und Louis-seize-Stil, Kamine mit Holzschnitzereien, Kunstwerke, Skulpturen und Totenköpfe bereichern die Räume. Besonders hübsch ist das Chambre rose mit einem Himmelszelt an der Decke. Die Stoff- und Ledertapeten ließ Mantin aus Lyon und Avignon kommen. Das Gebäude war das erste in Moulins mit Stromanschluss und Heizungen. Im zweiten Stock hat sich Mantin ein kleines Cabinet de Curiosités, u. a. mit präparierten Tieren, eingerichtet. Am kuriosesten sind zwei fechtende Frösche.

Ein wahres Kuriositätenkabinett gibt es im Maison Mantin

Eintritt 8 € (gekoppelt mit Musée Anne-de-Beaujeu). Mo–Sa 10–12 und 14–18 Uhr, So 14–18 Uhr. Anmeldung erforderlich. Place du Colonel Laussedat, ✆ 04-70204847, https://musees.allier.fr.

Musée Anne-de-Beaujeu: Das Kunstmuseum befindet sich im Pavillon Anne de Beaujeu, benannt nach der Tochter König Ludwigs XI. Er ist eines der letzten Überbleibsel einer Festung und eines der ersten Bauwerke Frankreichs im Stil der Renaissance. Ein Besuch lohnt wegen der prächtigen Architektur und der geschichtlichen Informationen zum Herzogtum Bourbonnais, die Sammlung selbst zeigt keine großen Meisterwerke: Porträts bourbonischer Herzöge, mittelalterliche Steinskulpturen, Gemälde aus dem 19. Jh., Handwerkskunst aus Moulins. Im Kontrast dazu stehen im Rahmen von Sonderausstellungen gezeigte Werke zeitgenössischer Künstler. Im Keller sind archäologische Fundstücke zu sehen.

▪ Eintritt 5 € (ohne Sonderausstellung 3 €), 8 € mit Maison Mantin oder Schloss. Juni–Sept. Mo–Sa 9.45–12.30 und 14–18.30 Uhr, So 14–18.30 Uhr, sonst Di–Sa 10–12 und 14–18 Uhr, So 14–18 Uhr. Anmeldung erforderlich. 5, place du Colonel Laussedat, ✆ 04-70204847, https://musees.allier.fr.

Château des Ducs de Bourbon: Das einstige Bollwerk von Festung, das sich am Hang emporstreckt, strahlt noch immer eine gewisse Macht aus – v. a. sein Wehrturm, der wegen seines schiefen Dachs scherzhaft den Beinamen Mal Coiffée bekommen hat. Erbaut im 14. Jh., kann das Schloss nach jahrelanger Sanierung wieder besichtigt werden. In einem der Säle dürfen die Besucher per Szenografie einen Tag am Hofe aus der Zeit von Anne de France erleben. Bei einer Führung kann man auch tief hinab in den Wehrturm steigen, dessen Keller ab 1755 als Gefängnis fungierte, auch während des Zweiten Weltkriegs unter den Nazis. Viele der Insassen haben ihre Namen und Bilder in die Wände geritzt. Porträtfotos geben einigen der Häftlinge ein Gesicht.

▪ Eintritt 5 € (8 € Kombiticket mit Musée Anne-de-Beaujeu). Juli/Aug. Mo–Sa 9.45–12.30 und 14–18.30 Uhr, So 14–18.30 Uhr, sonst auf Anfrage. Place du Colonel Laussedat, ✆ 04-702048 47, https://musees.allier.fr.

Chapelle de Saint-Joseph (ehemalige Chapelle la Visitation): In klassizistischem Stil mit strengen Linien präsentiert sich die einstige Klosterkapelle vom Orden der Heimsuchung Mariens. Ganz anders das Innere mit dem gewaltigen Mausoleum. Bestattet ist hier Heinrich II. von Montmorency. Die Witwe des Herzogs, Marie-Félice des Ursins aus dem Hause Medici, beauftragte die Gebrüder Anguier mit dem Meisterwerk. Es wurde in Paris aus Carrara-Marmor gefertigt und bekam 1635 seinen Platz in der Kapelle. Die Skulpturen erinnern an Figuren der

Château des Ducs in der Altstadt

klassischen Antike. Heinrich II. und seine Frau zieren den Sarg. Links symbolisieren Herkules (unten) und der Kriegsgott Mars Mut und Stärke des Herzogs, zur Rechten verkörpern zwei weibliche Allegorien Glaube (oben) und Liebe der Herzogin. Nicht minder beeindruckend sind die Fresken des Malers Rémy Vuibert zu Ehren der Jungfrau Maria in der Seitenkapelle. Sie zeigen zudem Szenen aus dem Leben Jesu sowie Tugenden, nach denen die Heilige Jungfrau, aber auch die Ordensschwestern lebten. Besichtigen kann man die Kapelle nur im Rahmen einer Führung.

▪ Eintritt 6 €. April–Okt. tägl. geöffnet, Führungen auf Anfrage über die Tourist-Info. 35, rue de Paris, ✆ 04-70480136.

Musée de la Visitation: Ein wahres Schatzkästchen ist das Museum zu Ehren des Ordens der Heimsuchung Mariens. Es zeichnet nicht nur die Geschichte des Ordens und seiner beiden Gründer Franz von Sales und Johanna

Auvergne | Das Allier → Karte S. 200/201

Franziska von Chantal, die übrigens in Moulins gestorben ist, nach. Es zeigt auch Kunstwerke, Reliquien und andere wertvolle Gegenstände aus den weltweit 88 Visitantinnen-Klöstern. Rund 10.000 Kostbarkeiten hat das Museum angesammelt, darunter herrliche liturgische Gewänder und Geräte, Tabernakel, Kruzifixe, Stickereiarbeiten der Schwestern, Gemälde, Heiligenstatuen, ein Webstuhl und mehr. Gegründet wurde der Orden 1610, in Moulins entstand das dritte Kloster der Gemeinschaft.

▪ Eintritt 7 €, Sonderausstellung 4 €. Mo–Sa 10–12 und 14–18 Uhr, Sonderausstellungen Di–Sa 10–12 und 14–18 Uhr, So 15–18 Uhr. 4, place de l'Ancien Palais, ✆ 04-70443903, www.musee-visitation.eu.

Musée de l'Illustration Jeunesse: In einer kleinen Seitenstraße hinter den Arkaden der ehemaligen Getreidehalle befindet sich dieses noch recht junge Museum im architektonisch sehenswerten ehemaligen Stadtpalais Hôtel de Mora aus der Mitte des 18. Jh. Dass es hier um die farbenfrohe Illustration von Kinder- und Jugendbüchern geht, verraten schon die bunten Fenster. Im Erdgeschoss taucht man ein in die Geschichte der Illustration und in die Arbeitsweise der Künstler, im Lesesaal kann man inmitten üppiger Holztäfelung gemütlich schmökern. Groß ist die Dauerausstellung allerdings nicht. Das prachtvoll mit Stuck verzierte Obergeschoss beherbergt sehenswerte Sonderausstellungen. In einem kleinen Atelier kann man am Computer sein eigenes Buch gestalten.

▪ Eintritt 5 € (4 € ohne Sonderausstellung). Juni–Sept. Mo–Sa 9.45–12.30 und 14–18.30 Uhr, So 14–18.30 Uhr, sonst Di–Sa 10–12 und 14–18 Uhr, So 14–18 Uhr. 26, rue Voltaire, ✆ 04-70357258, https://musees.allier.fr.

Centre National du Costume de Scène: Ans Kasernenleben dürfte hier nichts mehr erinnern, es sei denn, ein paar Kadetten- oder Offiziersuniformen der Kavallerie haben sich in die Kostümsammlung gemogelt, die im Juli 2006 mit dem Centre National du Costume de Scène in den Räumen einer restaurierten Kaserne vom Ende des 18. Jh. Einzug gehalten hat. Seither wird hier ständig die Garderobe gewechselt. Immerhin umfasst das Sammelsurium knapp 10.000 Kostüme aus Theater, Oper (besonders aus Paris), Ballett und Zirkus ab der Mitte des 19. Jh., von denen jeweils eine Auswahl in wechselnden Sonderausstellungen zu bewundern ist.

▪ Eintritt 7 €. Juli/Aug. tägl. 10–18.30 Uhr, sonst tägl. 10–18 Uhr. Quartier Villars, Route de Motilly, ✆ 04-70207620, www.cncs.fr.

Les caves Bertine: Ein wahrer architektonischer Schatz schlummert im Untergrund von Moulins – die caves Bertine, eine Art Stadtpalais in den Tiefen der Erde. Beeindruckende Gewölbesäle aus dem 13. Jh. mit Säulen und Kapitellen gibt es auf drei Ebenen – insgesamt 250 m² – zu entdecken. Wozu der Ort genutzt wurde, ist bislang ungeklärt. Die Räumlichkeiten bieten zudem eine außergewöhnliche Kulisse für Sonderausstellungen.

▪ Führung 3 €, Di–Fr 9–12 und 14–17 Uhr. 1, rue Voltaire, ✆ 04-70440185, www.cavesbertine.fr.

Espace Patrimoine: Wer mehr über die Stadtentwicklung Moulins wissen möchte, sollte dem Hôtel Demoret einen Besuch abstatten. In dem Stadtpalais aus dem 18. Jh. zeichnen verschiedene Reliefpläne nach, wie stark Moulins in den vergangenen Jahrhunderten gewachsen ist. Einige schöne Modelle zeigen zudem den Aufbau besonderer Häuser wie des Maison Thierry de Clèves oder des Maison Mantin.

▪ Eintritt frei. Mitte Febr. bis Jahresende Di–Sa 10–12 und 14–18 Uhr. 83, rue d'Allier, ✆ 04-70480136.

Ausflüge von Moulins

Château d'Avrilly: Idyllisch spiegelt sich das Schloss von Avrilly-Trévol mit seinen Türmchen und hochragenden

Prächtiges Stadtpanorama am Ufer des Allier

Kaminen im Wassergraben und in einem Becken dahinter. Drumherum: ein gepflegter Park, Stallungen, vier Pavillons, eine Orangerie – kurz: ein Schloss wie aus dem Bilderbuch. Auch innen birgt das Château einige Schätze, u. a. hübsche Salons, eine Bibliothek und ein japanisches Zimmer. Der Prachtbau aus dem 15. bis 19. Jh. liegt 12 km nördlich von Moulins entfernt, Zufahrt über die N 7 Richtung Nevers.

■ Eintritt 3 €, Führung 5 €. Aug./Sept. Mo–Fr und So 11–14 Uhr. Avrilly, 03460 Trévol, ✆ 04-70426113, www.chateauavrilly.com.

Parc Le PAL: Zoo oder Vergnügungspark? Der Parc Le PAL ist beides. 28 km südöstlich von Moulins bei Dompierre-sur-Besbre verbinden sich hier die Wunder von Natur und Technik. Bei 25 Attraktionen können die Besucher ihren persönlichen Nervenkitzel erleben. Aber keine Sorge, neben der Achterbahn tigert kein Löwe umher und die Robben schwimmen mit den Wagen der Wildwasserbahn nicht um die Wette. Die beiden Bereiche sind getrennt. Im 35 ha großen Zoo kann man 600 exotische Tiere bewundern, darunter Raubkatzen, Affen, Elefanten, Giraffen und Nilpferde, und zu festen Zeiten beobachten, wie sie gefüttert werden. Hier hat man eine den natürlichen Lebensräumen der Tiere nachempfundene Umgebung geschaffen. In einem Streichelzoo wird in kleinen Holzhütten spielerisch Wissen über die in dem Gehege frei umherlaufenden Bauernhoftiere wie Ziegen, Hasen und Schafe vermittelt. Und wenige Meter vom Zoo entfernt gibt es ein Freigehege in der Art einer afrikanischen Savanne, an dessen Rand man sogar in luxuriösen Holzhäusern auf Stelzen übernachten kann! In moderner Ausstattung kann man vom Bett aus oder beim Abendessen im angeschlossenen Restaurant Zebras und Springböcke beobachten. Alternativ lädt ein Hotelkomplex mit Familienzimmern zum Nächtigen ein, der mit seinen Erdfarben an die Savanne angepasst ist und ein wenig den Charakter von Disneyland hat. Der Parc Le PAL unterhält zudem eine Stiftung für den weltweiten Arten- und Naturschutz sowie den Erhalt der Biodiversität. Er wurde als einziger Freizeitpark in Frankreich mit dem renommierten Nachhaltigkeitslabel „Green Globe" für seinen sanften Tourismus ausgezeichnet.

■ Eintritt verschiedene Ticketoptionen zwischen 30 und 53 €. Juli/Aug. 10–18/19 Uhr, April–Sept. eingeschränkt, → Website. Saint-Pourçain-sur-Besbre, 03290 Dompierre-sur-Besbre, ✆ 04-70426810, www.lepal.com. **€€€–€€€€** (Übernachtung)

Aus Gabrielle Bonheur Chanel wird Coco

Von einem Kloster zum nächsten – ihre Jugend verbrachte die spätere Modedesignerin Gabrielle im Kloster in Aubazine in der Nachbarregion Limousin (→ Kasten S. 419). Als 18-Jährige kam sie unter die Fittiche der Schwestern des Instituts Notre-Dame in Moulins. Zusammen mit ihrer gleichaltrigen Tante Adrienne lernte sie dort Nähen, Sticken und andere Fertigkeiten. Zwei Jahre später wurden die beiden an das Atelier Maison Grampayre vermittelt, wo sie schon bald von sich reden machten und Kunden aus allen Teilen der Stadt anlockten.

Die jungen Frauen teilten jedoch nicht nur die Arbeit, sondern auch ihre Freude am Ausgehen und Singen. Im berüchtigten Café „La Rotonde" ging Chanel ihrer Leidenschaft nach. Hier sang sie das famose Lied „Qui qu'a vu Coco dans le Trocadéro", kokettierte und flirtete mit dem männlichen Publikum, vorwiegend Offiziere. So kam sie auch zu dem Namen Coco, wie die um sie buhlenden Offiziere sie in Anspielung auf ihr Lied nannten. Einem von ihnen, dem reichen Étienne Balsan, verdrehte sie den Kopf und folgte ihm schließlich auf seinen Landsitz. Hier lernte sie später ihre wahre Liebe Arthur „Boy" Capel kennen, der ihre Karriere als Modeschöpferin anstoßen sollte.

Das „La Rotonde" existiert heute nicht mehr, dafür aber die Brasserie Grand Café, in der Chanel als junge Frau ebenfalls gerne verkehrte. Auf den Spuren Chanels kann man bei einem 1,5 km langen Stadtrundgang wandeln, zu dessen Stationen auch das Grand Café zählt. Den Plan zur Tour gibt es in Papierform in der Touristeninformation oder per Download auf deren Website.

Basis-Infos

Information **Office de Tourisme de Moulins et sa Région,** Juli/Aug. tägl. geöffnet, sonst → Website. 11, rue François Péron, 03006 Moulins, ✆ 04-70441414, www.moulins-tourisme.com.

Verbindungen **Intercitys** und **Regionalzüge** fahren tägl. von Moulins nach Paris, Vichy, Clermont-Ferrand, Lyon, Dijon, Bourges, Nantes, Roanne und Tours.

Baden **L'Ovive,** modernes Hallenbad mit Schwimm- und Spaßbecken, Sauna, Dampfbad und Whirlpool, große Badelandschaft im Freien. Rue Félix Mathé, ✆ 04-70340405.

Einkaufen **Chocolatier Les Palets d'Or** **2**, hübsche Chocolaterie mit originalem Jugendstildekor. Tolle Auswahl an Pralinen und Geleebonbons nach der Rezeptur des Gründers Bernard Sérady, allerdings nicht ganz billig. Tägl. geöffnet, außer Mo vormittags und So nachmittags. 11, rue de Paris, ✆ 04-70440271, www.lespaletsdor.com.

Kanu **Canoë Rivière Expérience,** Kanuverleih und -fahrten, auch mehrtägige Touren. Chemin de Halage, ✆ 07-67688075, https://canoe-riviere-experience.fr.

ASPTT Moulins Canoë-Kayak, Kanuverleih beim Plan d'eau des Champs am Ostufer des Allier, auch mehrtägige Touren möglich. Boulevard de Nomazy, Verleih am Chemin de Halage, ✆ 06-33284759, www.ckmoulins.com.

Moulins
100 m
Übernachten
1 Hôtel de Paris
3 La Maison XVIIIe
4 Le Clos de Bourgogne
8 Le Patio
12 Hôtel Le Parc
Essen & Trinken
1 Hôtel de Paris
4 Le Clos de Bourgogne
5 Le Face à Face
6 Toujours Originale Créative
7 La Cuisine d'Hervé
9 Le Lagon
10 Le Bistrot de Guillaume
11 Le Grand Café
12 Hôtel Le Parc
13 La Dolce Vita
Einkaufen
2 Chocolatier Les Palets d'Or
Chapelle de la Visitation
Musée Anne-de-Beaujeu
Mal Coiffée
Cathédrale Notre-Dame
Château des Ducs de Bourbon
Maison Mantin
Maison Thierry de Clèves
Musée de la Visitation
Jacquemart
Musée de l'Illustration Jeunesse
Les caves Bertine
Espace Patrimoine
Place Jean Moulin
Place d'Allier
Rue des Remparts
Cours de Bercy
Rue de Paris
Rue de Decize
Rue Vigenere
Av. Briand
Rue Victor Hugo
Rue Regnaudin
Rue des Potiers
Cours Jean Jaurès
Rue du Lycée
R. Durand
R. Meillet
Cours Vincent d'Indy
Rue Diderot
R. François Péron
Rue du Vert Galant
Rue Voltaire
Rue Denain
R. Pêcheurs
Rue Ardillon
Rue d'Enghien
Rue de l'Horloge
Rue de la Flèche
Rue d'Allier
Rue des Bouchers
Rue Louis Blanc
Rue de la Fraternité
R. Dombasle
Rue du Pont Ginguet
Rue B. Pascal
Rue Datas
Rue Paul Bert
R. Pasteur
R. de Pont
R. Wagram
Av. Banville
R. du 4 Septembre
Rue J.J. Rousseau
Rue Gambetta
R. des Couteliers
R. des Halles
Rue Achille Roche
Rue Bert
Rue Monnin
Rue Delorme
Rue de l'Oiseau
Rue Bertin
Rue de Lyon
Bd. de Courtais
Boulevard Ledru Rollin
Bd Philippe
Rue du 8 Mai
Avenue d'Orvilliers

Kino **CGR Moulins,** Kinokomplex mit 9 Sälen. 16, rue Marcellin Desboutins, ✆ 08-92688588, www.cgrcinemas.fr/moulins.

Krankenhaus **Centre hospitalier de Moulins Yzeure,** 10, avenue du Général de Gaulle, ✆ 04-70357777, www.ch-moulins-yzeure.fr.

Markt **Großer Markt** am Fr auf dem Place d'Allier, in der Rue des Halles sowie Rue Delorme und in den Markthallen, zudem **Markt** jeden So auf dem Place d'Allier.

Pferderennen Das **Hippodrome de Moulins** liegt schön am Ufer des Allier. Wettkämpfe und Turniere → Website. Allée des Soupirs, ✆ 04-70342385, https://regions.equidia.fr.

Theater **Théâtre de Moulins,** hübsches klassizistisches Bauwerk. Theater, Varieté und Oper, aber auch Filme. 13, rue Candie, ✆ 04-70480102, www.ville-moulins.fr.

Veranstaltungen **Festi'BD,** großer Comic-Salon mit Malwettbewerb an einem Wochenende im März. www.festibd.fr.

Lumières sur le Bourbonnais – sur le chemin des Bourbons, faszinierende Lichtinstallationen werden auf die Fassaden des Bourbonen-Schlosses und dessen Wehrturm projiziert und tauchen dabei in die Geschichte des Adelsgeschlechts ein. Juli/Aug. tägl. ab Einbruch der Dunkelheit bis 23.30 Uhr, Mai, Juni, Sept. Do–Sa.

Festival Opéra de Poche, einwöchiges Festival im Juli mit kleinen Opernproduktionen. www.operadepoche.fr.

Biennale des Illustrateurs Moulins, alle zwei Jahre Ende Sept./Anfang Okt. (nur in ungeraden Jahren) strömen namhafte Buchillustratoren zu Workshops, Ausstellungen und Lesungen in die Stadt. www.biennaledesillustrateurs.com.

Wellness Spa-Bereich z. B. im Hôtel de Paris, der auch für Nicht-Hotelgäste zugänglich ist (s. u.).

Übernachten / Essen & Trinken

→ Karte S. 231

Rund um den Place d'Allier und dessen Seitenstraßen reihen sich Restaurants, Brasserien, Bars und Cafés aneinander, meist mit einem Außenbereich, wo man gemütlich am großen Platz sitzt und das Treiben beobachten kann.

****** Hôtel de Paris 1,** das nostalgische Hotel-Restaurant empfängt Gäste bereits seit 1834. 32 liebevoll eingerichtete Komfortzimmer im Landhausstil stehen zur Verfügung. Absolut außergewöhnlich ist der Spa-Bereich: Er befindet sich in der Krypta der ehemaligen Chapelle Notre-Dame! In der Kapelle darüber sang Coco Chanel einst im Chor. Sauna, Dampfbad, Whirlpool, (Wasserdampf-)Massagen, Licht- und Aromatherapie. Preisnachlass für Hotelgäste. - 21, rue de Paris, ✆ 04-70440058, www.hoteldeparis-moulins.com. **€€€–€€€€**

****** Le Clos de Bourgogne 4,** in dem schönen, von viel Grün umgebenen Anwesen bietet das Hotel-Restaurant mit modernem, geschmackvollem Ambiente feinste französische Küche, etwa Foie gras, garniert mit Pistazien und Cranberries oder Dorade an Safransoße. An das Restaurant ist eine Bar angegliedert. Die 11 Zimmer und 2 Suiten sind individuell eingerichtet – verspielt mit Blümchentapeten, elegant mit antiken Möbeln oder modern –, für jeden Geschmack ist etwas dabei. Di–Sa abends sowie Sa mittags geöffnet, Juli/Aug. auch So mittags. So/Mo geschlossen. 83, rue de Bourgogne, ✆ 04-70440300, www.clos-de-bourgogne.com. **€€€–€€€€**

***** Hôtel Le Parc 12,** wie der Name schon andeutet, liegt das Hotel-Restaurant an einem Park. Die 24 Zimmer sind geräumig, gemütlich und ruhig. Glanzstück ist das Restaurant mit exzellenten, regionalen Spezialitäten wie Foie gras mit Feigen-Chutney, Seeteufel mit Hummer oder Kalbsbries an Rahmmorcheln. Restaurant Fr/Sa abends sowie So geschlossen. 31, avenue Général Leclerc, ✆ 04-70441225, www.hotel-moulins.com. **€€**

La Maison XVIIIe 3, in einem hübschen, großbürgerlichen Haus aus dem Jahr 1790, ein paar Gehminuten von der Altstadt entfernt, verbinden die 3 Gästezimmer altes und modernes Design. Besonders charmant ist das Chambre déko mit Steinboden und -wänden. 22, rue Michel de l'Hospital, ✆ 04-70441899, www.lamaison18e.canalblog.com. **€€**

Le Patio 8, 2 schöne Gästezimmer, die schlicht, aber geschmackvoll eingerichtet sind, mit sehr modernen Badezimmern. Haus im Art-déco-Stil am Rande der Altstadt, bei dem allein der Eingangsbereich und das Treppenhaus sehenswert sind. 53, rue des Tanneries, ✆ 04-70434850. **€€**

Domaine d'Aigrepont, 6 km südlich von Moulins wartet diese Ruheoase aus dem 18. Jh. mit 3 großen, geschmackvoll eingerichteten Gästezimmern mit antikem Mobiliar auf. Terrasse, Garten und Pool. Brot und Konfitüre zum Frühstück aus eigener Herstellung. Aigrepont, 03000 Bressolles, ✆ 06-80055102, www.aigrepont.com. **€€€**

Mein Tipp **Le Grand Café 11,** das Art-nouveau-Ambiente dieser ausgesprochen schönen Brasserie von 1899 ist noch original: verschnörkelter Stuck, Spiegelwände, Malereien und Jugendstilfenster an der Decke. Von der Empore aus hat man einen guten Ausblick auf diese Pracht. Geschmackvoll ist auch, was auf den Teller kommt: Regionaltypisches in klassischer Bistro-Art. Ein Besuch ist der Institution ein Muss, zumindest für einen Drink oder Snack. Tägl. geöffnet. Es werden auch Führungen durch die Brasserie über die Tourist-Info angeboten. 49, place d'Allier, ✆ 04-70440005, www.legrandcafe-moulins.fr. **€€**

Le Bistrot de Guillaume 10, das kleine, sehr feine Bistro gehört zu den angesagtesten kulinarischen Adressen der Stadt. Die Küche interpretiert französisch-mediterrane Leckereien auf ihre Art: originell, raffiniert und mit internationalen Akzenten, etwa Kirchererbsensalat mit Feta oder Seelachs mit Quinoa und Rucolapesto. Vegetarier haben hier Auswahl. Mo geschlossen, Do–Sa auch abends geöffnet. 13, rue de Pont, ✆ 04-43512382. **€€**

La Cuisine d'Hervé 7, beliebtes Traditionsrestaurant in einem großbürgerlichen, weinumrankten Haus mit Veranda. Aufgetischt wird in angenehmem, elegantem Ambiente leichte, regionale Küche. Verfeinert sind die Gerichte mit Produkten aus der Umgebung, wie z. B. Öl aus Lapalisse und bourbonischem Honig. Mi geschlossen. 36, cours Jean Jaurès, ✆ 04-704 42566, www.lacuisinedherve.fr. **€€–€€€**

Le Lagon 9, sympathisches asiatisches Restaurant in einer ruhigen Seitenstraße mit freundlicher Atmosphäre, ganz ohne kitschiges Dekor. Zubereitet wird alles frisch mit Produkten vom Markt. Die Karte wechselt einmal im Monat. So/Mo geschlossen. 18, rue des Six Frères, ✆ 04-43024448, www.le-lagon-moulins.com. **€€**

Mein Tipp **Le Face à Face 5,** gegenüber, bzw. hinter der Kathedrale kann man in dem alten Weizenspeicher mit modernem Design so einige ausgefallene Schmankerl mit mediterranen Akzenten zu sich nehmen. Wir hatten die Burrata an grünen, gelben und roten Tomaten – ein Gedicht! Sonst auch Lachsburger oder Dorsch mit Basilikum. Bei schönem Wetter sitzt man unter den Arkaden der alten Halle. So/Mo und Mittwochabend geschlossen. 28, rue François Péron, ✆ 04-70348149, https://lefaceaface.business.site. **€€**

Durch sein Figurenspiel kaum zu überhören: der Jacquemart

T.O.C. 6, das Kürzel steht für Toujours Originale Créative und dem Motto bleibt dieses klitzekleine Restaurant schräg gegenüber der Tourist-Info treu. Die Auswahl der Gerichte ist klein, alles ist bio und wird frisch zubereitet. Es gibt immer einen vegetarischer Teller. Hier wähnt man sich ein wenig wie bei Freunden in heimeliger Atmosphäre. Zum Restaurant gehört eine Boutique mit Bioprodukten wie Tee und Schokolade, regionalem Wein und lokalem Bier sowie fair hergestellter Kleidung. Mo–Fr mittags geöffnet. 14, rue François Péron, ✆ 09-83220859, www.restaurant-toc.fr. **€–€€**

La Dolce Vita 13, ein Italiener, mit frischer Pasta, Pizza, Burrata, Antipasti, in stylischem Industrieambiente. Hier kann man den Köchen zuschauen. In kurzer Zeit hat sich das italienische Lokal in der Markthalle zu einer der beliebtesten Adressen in Moulins gemausert. Kleine Boutique integriert. Mo Ruhetag. 17–19, rue Datas, ✆ 09-81494377, www.moulins-leshalles.fr. **€–€€**

Auvergne | Das Allier → Karte S. 200/201

Lapalisse

Jeder Franzose dürfte Lapalisse kennen, immerhin ist der 3100-Einwohner-Ort im Tal der Besbre am östlichen Rand der Bocage Bourbonnais Namensgeber der „Binsenweisheit“ – auf Französisch: *lapalissade*. Zu dieser zweifelhaften Ehre kam das Städtchen durch Jacques II. de Chabannes, Gutsherr von La Palice. Als Marschall zog er an der Seite des Ritterkönigs Franz I. im Jahr 1525 in die Schlacht bei Pavia, die er nicht überlebte. Weil die Soldaten die Leiche nicht im feindlichen Land lassen wollten, brachten sie den toten Marschall in die Heimat zurück. Um sich dabei selbst anzuspornen, reimten die Männer ein Lied zu Ehren La Palices, das seine Frau zu einer Grabinschrift für den Verstorbenen inspirierte: „Hélas, La Palice est mort, il est mort devant Pavie, hélas, s'il n'était pas mort, il ferait encore envie“ (... wäre er nicht tot, würde er immer noch leben). Daraus wurde später, durch versehentliche oder beabsichtigte Verwechslung von f und s, „S'il n'était pas mort, il serait encore en vie“ (wäre er nicht tot, wäre er noch am Leben) – die erste Binsenweisheit war geboren.

Stolzer sind die Bewohner auf ihr Renaissance-Schloss, in dessen mächtigem Schatten das Örtchen liegt. Ansonsten plätschert das Leben wie das Flüsschen Besbre durch Lapalisse vor sich hin – wenn man sich nicht gerade im freien Fall befindet. Denn in der Nähe befindet sich ein Fallschirmzentrum – für alle, die Nervenkitzel suchen.

Château de La Palice: Erbaut wurde die Festung bereits im 12. und 13. Jh., residiert hatte hier die Familie La Palice. Charles de Bourbon vererbte das feudale Schloss im 15. Jh. Jacques I. de Chabannes, dem Vater des Marschalls aus der Schlacht bei Pavia. Das im 16. Jh. vollendete Château ist von einem hübschen Park umgeben. Ein Rundgang führt durch weite Teile des Schlosses mit antikem Mobiliar, Wandteppichen und Gemälden. Höhepunkt ist der Salon doré – ein prächtiger Saal mit einer einzigartigen Holzdecke im Stil der italienischen Renaissance. Die Decke setzt sich aus vergoldeten und bemalten Holzrauten zusammen, die mit geschnitzten Ornamenten versehen sind. Die Führung endet im Kellergeschoss bei einer beachtlichen Sammlung mit Fahnen aus aller Herren Länder, darunter Fahnen aus nicht mehr existierenden Staaten wie der DDR. Ein Rundgang dauert ca. eine Stunde, alle 20 Min. kann man dazustoßen.

▪ Eintritt 8 €, Schlossgarten tägl. von 9–18 Uhr frei zugänglich. April–Okt. Mi–Mo 9–12 und 14–18 Uhr. Zugang über die Avenue Pasteur, ✆ 04-70993758.

Information **Office de Tourisme du Pays de Lapalisse,** Juli/Aug. tägl. geöffnet, sonst → Website. 9, place Charles Bécaud, 03120 Lapalisse, ✆ 04-70990839, www.lapalisse-tourisme.com.

Baden **Piscine communautaire,** Hallenbad mit einem Innen- und einem Außenbecken. Allée des Sports, ✆ 04-70992741.

Fallschirmspringen **Aéroclub du Pays de Lapalisse,** Segelfliegen, Fallschirmsprung auch zu zweit, etc. Le Rançut – Aérodrome de Lapalisse Perigny, 03120 Lapalisse Perigny, ✆ 04-70991803, http://www.acpla.fr.

Markt Jeden Do Markt auf dem Place Général Leclerc.

Übernachten/Essen **** Hôtel Galland,** Véronique und Sylvain bieten den Gästen ihres Hotel-Restaurants feine Spezialitäten wie in Honig und Thymian gebratenes Täubchen oder Zander mit Trüffeln, aber auch klassisch Regionales wie Foie gras und Charolais-Rind. Das Ambiente ist freundlich und elegant. Die 7 Zimmer sind modern, schlicht, aber komfortabel. Ein Spa-Bereich mit Kosmetiksalon verpasst dem Etablissement das Label Wellnesshotel. Restaurant Mo sowie So abends geschlossen. 20, place de la République, ✆ 04-70990721, www.hotelgalland.fr. **€€**

*** **Le Moulin Marin,** schöner logiert man in der alten Mühle am Ufer der Besbre. Die 16 Zimmer sind modern und stilvoll eingerichtet und in dezenten Farben gehalten. Die Küche ist nicht ganz so erlesen, aber dennoch schmackhaft. Viel Fisch, frische Produkte. Whirlpool. und Dampfbad. So geschlossen, Mi–Sa auch mittags Küche. Route de Varennes-sur-Têches, ✆ 04-70990853, www.moulin-marin.com. **€€**

Billy

Billy ist ein hübsches Örtchen (780 Einwohner) rund 15 km nördlich von Vichy, dessen Festung über dem Ufer des Allier thront. Entstanden ist die Burg im 12. Jh., im 13. Jh. wurde sie von den Bourbonen eingenommen und erweitert, Ende des 16. Jh. während der Religionskriege angegriffen und anschließend bis zur Französischen Revolution als königliches Gefängnis genutzt.

Die meisten Gebäude um den Burgkern sind noch sehr gut erhalten, etwa das Gericht mit seinem Glockenturm oder daneben das Haus des Hauptmanns, in dem dieser zur Warnung läutete, wenn ein Angriff drohte. Im Gerichtsgebäude sitzt inzwischen die Touristeninformation. Auch wenn die Festung selbst nicht vollständig erhalten ist, gibt sie dennoch eine beachtliche Kulisse ab. Bei einer Besichtigung darf man auf den hohen Wehrmauern um den kreisförmigen Hof wandeln – die Zinnen sind zum Teil noch erhalten – und kann dabei auf den Ort mit seinen mittelalterlichen Häusern, auf den Allier und je nach Wetterlage bis zur Vulkankette um den Puy de Dôme schauen und dabei Geschichten über die Bourbonen und das Leben im Mittelalter lauschen.

Information **Office de Tourisme de Billy,** Juli/Aug. tägl. geöffnet, sonst → Website. 5, rue du Château, 03260 Billy, ✆ 04-70435151, www.vichymonamour.fr.

Burg Eintritt 7,50 €. Zugänglich nur mit Führung, auch Motto-Führungen. Juli/Aug. tägl. um 10, 11, 14, 15.30 und 17 Uhr, April–Juni sowie Sept. Mi–So um 14.30 und 16.30 Uhr. Treffpunkt ist 15 Min. vor Beginn bei der Tourist-Info. Auf Französisch und Englisch.

Essen & Trinken **Auberge du Pont,** eine der besten kulinarischen Adressen Billys. Gehobene regionale Küche mit asiatischen Akzenten, z. B. Röllchen von der Dorade, in grünen Tee eingelegt. Generell viel Fisch, aber auch Klassiker wie Schweinebrust an Kartoffelpüree. So/Mo geschlossen. 1, route de Marcenat, ✆ 04-70435009, www.auberge-du-pont-billy.fr. **€€–€€€**

Auvergne | Das Allier → Karte S. 200/201

Vichy

→ Karte S. 244/245

Vichy, die Königin der Heilbäder, ist Frankreichs bekanntester Kurort. Immer noch zieht es die Reichen und Schönen in das Städtchen am Allier, wie einst wegen des Savoir-vivre, des Glamours und der Kultur in der Stadt, aber auch wegen der hier heute vorherrschenden Atmosphäre von Ruhe und Gelassenheit sowie der neu geschaffenen Wellness- und Freizeitangebote.

Mondän präsentiert sich Vichy (25.000 Einwohner) mit seinen prachtvollen Boulevards, den stattlichen Bauwerken aus der Belle Époque, der Oper, den Casinos und den abwechslungsreichen Aktivitäten wie Pferderennen, Golf und Wassersport. Bis weit in die 1930er tummelte sich hier die High Society. Coco Chanel soll, bevor sie ihr selbst angehörte, Quellwasser ausgeschenkt haben, um ihre Miete bezahlen zu können. Vichy konnte problemlos mit Paris mithalten. Und das war v. a. Napoleon III. zu verdanken.

Der Kaiser der Franzosen hatte Vichy zu seiner Sommerresidenz auserkoren: Er ließ Prachtstraßen und Parks anlegen und einen Bahnhof bauen, damit er bequem von Paris anreisen konnte. Und das Heilwasser aus den örtlichen Quellen war in den Pariser Salons so gefragt, dass es abgefüllt in Sandsteinkrügen mit der Bahn in die Hauptstadt transportiert wurde. So mauserte sich das Dorf zur veritablen Kleinstadt. Die Anwesenheit des Monarchen wirkte wie ein Magnet auf die Reichen und Berühmten. Um die wachsende Schar der Besucher stilvoll beherbergen zu können, wurden protzige Villen und noble Herbergen errichtet. Insgesamt 260 Hotels waren es, von denen heute etwa 30 übrig sind, die meisten immer noch mit Top-Standards. Doch das reichte dem Kaiser nicht, er wollte europäische Luxuskurbäder wie Baden-Baden übertrumpfen und den Besuchern neben den öden Trinkkuren Vergnügung bieten. Mit Erfolg: Nach dem Bau eines Ballhauses mit Casino drängte sich die High Society Europas in der Stadt. Auch in Sachen Mode machte die neue Minimetropole von sich reden. Bis zu fünfmal am Tag wechselte man hier seine galanten Roben und Anzüge, um aufzufallen und im Gespräch zu bleiben, und die unter den Kurgästen weilende spanische Gemahlin Napoleons III. ließ die Farbe Schwarz in Frankreich salonfähig werden.

Kuraufenthalte in Vichy waren seinerzeit ein gesellschaftliches Großereignis und ein Statussymbol. Wer etwas auf sich hielt, fuhr an die Stadt am Allier. Jeder Kurgast besaß ein eigenes Trinkglas mit individuellen Gravuren, das er wie ein modisches Accessoire mit sich trug. Heute führt man eher Plastikbecher bei sich oder tütenweise leere Trinkflaschen, die man gratis auffüllen kann, z. B. mit dem leicht salzigen und kohlensäurehaltigen Wasser der Quelle Célestins. Zwölf Quellen gibt es in Vichy, neun sind noch aktiv und vier davon sind den Kurgästen vorbehalten. Die Heilwasser lindern Leber-, Haut- und Gelenkerkrankungen wie Arthrose. Obwohl schon die Römer die

Schmucke Backsteinbauten in der Rue Hubert Colombier

Mineralcocktails zur Genesung tranken, wurde ihre genaue Heilwirkung und Zusammensetzung erst im 20. Jh. aufgeschlüsselt. Und das Wasser trinkt man nicht nur: Man trägt es auch auf die Haut auf – z. B. in Form von Cremes der Marke Vichy. Oder man lutscht die Mineralsalze in Form der erfrischenden Pastilles de Vichy, die gut für die Verdauung sein sollen.

Die Reichen und Berühmten kommen auch heute noch nach Vichy, inzwischen aber weniger, um zu protzen, als viel mehr, um hier eine ungestörte Zeit zu verbringen. Neben normalen Kassenpatienten zieht es v. a. Sportler in die Stadt, die in einer der zahlreichen Sportanlagen trainieren und anschließend in den diversen Spas und den gepflegten Grünanlagen entspannen. Wer es sich nicht gerade bei Wellness oder Spaziergang gut gehen lässt, zieht sich in die vielen Cafés und Brasserien im und um das Thermenviertel zurück – oder frönt dem Konsum beim Shoppen in den hippen Geschäften in der mit Marmor gefliesten Einkaufsstraße Rue Georges Clemenceau.

So sehr die Stadt den sanften Tourismus fördert, so sehr verdrängt sie allerdings auch das dunkelste Kapitel ihrer Geschichte. Vergeblich sucht man nach einem Museum oder Dokumentationszentrum über das Vichy-Regime (offiziell: „État français") unter Marschall Pétain. Immerhin bietet das Fremdenverkehrsamt thematische Stadtrundgänge rund um die Résistance und das Vichy-Regime an.

Geschichte

Die Heilkraft des Quellwassers in Vichy wussten bereits die Römer in der Antike für sich zu nutzen. Am Ufer des Allier gründeten sie Aquae Calidae bzw. später Vicus Calidus – das Dorf der heißen Wasser. In den folgenden Jahrhunderten florierte das antike Kurwesen, ein erster Thermalort war geboren. Im Mittelalter gab es dann allerdings Wichtigeres, als sich mit der heilenden Wirkung von Wasser zu beschäftigen. In Zeiten des Krieges galt es, den strategisch wichtigen Flussübergang zu kontrollieren, und so entstand im 10. und 11. Jh. in der Nähe der heutigen Kirche Saint-Blaise eine Festung. Ab 1344 übernahmen die Bourbonen mit Herzog Peter I. die Herrschaft.

1410 ließ Herzog Ludwig II. das Celestiner-Kloster errichten, in dessen Garten man heute Quellwasser abfüllen kann. Unter den Bourbonen war das Heilwasser allmählich wieder gefragt, doch erst Ende des 16. Jh. und inzwischen unter französischer Krone kam es zu einer Renaissance des Thermalwesens. Mit der Einrichtung einer Therme auf dem heutigen Place des Sources lockte König Heinrich IV. wieder verstärkt Kurgäste an. So richtig in Mode kam Vichy dank der Marquise de Sévigné. Die Autorin setzte 1676 und 1677 auf die Heilwirkung des Wassers, das zwar „scheußlich schmeckte", ihren arthritischen Händen aber neue Kraft zum Schreiben verlieh. Ihre Lobgesänge machten Vichy noch bekannter. Zu den weiteren prominenten Gästen zählten auch die Töchter von Ludwig XV. sowie Napoleon Bonapartes Mutter Letizia.

Die Glanzzeit des Kurorts brach schließlich mit Napoleon III. an. Während seiner fünf Genesungsaufenthalte kannte die Urbanisierung Vichys keine Grenzen. 40.000 Kurgäste empfing die Stadt im Jahr 1900, kurz vor Ausbruch des Ersten Weltkrieges waren es 100.000. Eine weitere Blütezeit erlebte Vichy in den 1930er-Jahren, die jedoch mit der deutschen Besetzung Frankreichs jäh endete. Nach der Niederlage der französischen Armee und dem Waffenstillstandsabkommen am 22. Juni 1940 hatten die Deutschen den Norden, Westen und Osten des Landes okkupiert. Die Trennlinie zum nicht besetzten Süden verlief u. a. durch das nicht weit entfernte Moulins. Vichy wurde Regierungssitz des französischen Reststaats mit Marschall Pétain als Staatschef und Pierre Laval als Ministerpräsident. Versammlungen fanden nun in der Oper statt. Die Wahl des Amtssitzes war u. a. deswegen auf den Kurort gefallen, weil die Stadt mit 260 Hotels über genügend Unterkünfte für Offiziere verfügte. Zudem hatte sie ein modernes Fernmeldeamt, war durch die Bahn direkt an Paris angebunden und galt aufgrund ihrer Boulevards, prächtigen Bauwerke, Cafés sowie des umfangreichen Kur- und Freizeitangebots als ähnlich attraktiv wie Paris. Von Vichy aus kontrollierte und verwaltete Pétain die Südzone. Obwohl sie offiziell als neutral galt, kollaborierten die Funktionäre des Vichy-Regimes mit den Nazis, v. a. bei der Verfolgung und Deportation von Juden und anderen ethnischen Minderheiten. Nach der Landung der Alliierten in der Normandie am 6. Juni 1944 wurde die Vichy-Regierung am 20. August ins hohenzollerische Schloss Sigmaringen nach Deutschland verlegt, wo sie bis zum 21. April 1945 blieb. Neben den 6000 Einwohnern befanden sich damals 700 französische Soldaten und mehrere Tausend regimetreue Flüchtlinge in Sigmaringen. Der Kurbetrieb in Vichy wurde nach der Befreiung Frankreichs wieder aufgenommen, konnte an seine früheren Glanzzeiten jedoch nicht mehr anknüpfen. Die Besucherzahlen gingen drastisch zurück, heute empfängt die Stadt rund 15.000 Kurgäste jährlich. Als bedeutendstes Heilbad Frankreichs kann sie sich dank moderner Wellnessangebote aber immer noch behaupten.

Sehenswertes im Quartier Thermal

Herzstück Vichys sind seine Quellen. Zwei von ihnen entspringen im Parc des Sources im Zentrum der Stadt. Der Park wurde 1802 auf Geheiß von Napoleon Bonaparte angelegt und 1900 um eine mit einer Jugendstil-Eisenkonstruktion überdachte Flaniermeile erweitert. Einige hübsche Pavillons aus der gleichen Zeit verschönern die Anlage. Ebenfalls im Jugendstil wurde die Halle des Sources errichtet, in der Kurgäste zwischen herrlichen Säulen Heilwasser aus einer der Quellen abzapfen können. Eine Flasche oder einen Becher sollte man mitbringen. Zudem kann man aus nächster Nähe beobachten, wie die warmen Quellen Grande Grille (39 °C) und Chomel (43,5 °C) aus dem Boden sprudeln. Hinter der Halle des Sources erhebt sich beeindruckend die Dômes-Therme. Der orientalisch angehauchte Komplex aus dem Jahr 1903 erinnert mit seiner golden-blauen Kuppel und den schlanken weißen Türmchen an eine Moschee. Hübsch sind auch die Meerjungfrauen am oberen Teil der Fassade. In einer kleinen Halle beeindruckt das Interieur mit den Wandmalereien „Die Quelle" und „Das Bad" von Alphonse Osbert, Galerien und einem Brunnen. Vor dem Eingang am Boulevard des États Unis stehen historische Badewannen aus Volvic-Stein.

Um den Parc des Sources versammeln sich weitere prächtige Gebäude wie das alte Casino aus dem Zweiten Kaiserreich am nördlichen Ende des Parks, das 1900 im Jugendstil erweitert und zu einer herrlichen **Oper, der zweitgrößten Frankreichs,** umfunktioniert wurde. Unter der schmucken Kuppel im vergoldeten und mit Elfenbein verkleideten Salon Berlioz verabschiedete die Nationalversammlung am 10. Juli 1940 mit 569 gegen 80 Stimmen ein Gesetz, das Marschall Pétain dazu ermächtigte, eine neue Verfassung zu entwerfen. Er erklärte sich am darauffolgenden Tag selbst zum Staatschef. Ein Schild im Eingangsbereich erinnert an die 80 Parlamentarier, die damals gegen das Gesetz stimmten – einige von ihnen wurden in den darauffolgenden Wochen ermordet.

Das ehemalige Kasino beherbergt heute das prachtvolle Opernhaus

Hinter dem Prachtbau und der Rue du Casino zeugt in einem kleinen Park der Musikkiosk davon, welch hohen Stellenwert die Musik während der Belle Époque in Vichy hatte, das zwischen den Weltkriegen auch die Hauptstadt der Musik und französisches Bayreuth genannt wurde. Edith Piaf, Josephine Baker und Maurice Chevalier waren hier, Opernsänger und Tänzerinnen wie Anna Pawlowa, Solisten und Komponisten wie Richard Strauss. Erste Konzerte erfüllten schon um acht Uhr morgens die Stadt mit Musik. Heute reihen sich in der Gegend hübsche Cafés und Boutiquen aneinander. In der kleinen Grünanlage befindet sich zudem die **Source de l'Hôpital,** von deren Wasser sich bereits die Römer bedienten. An der angrenzenden Rue du Parc steht das berüchtigte Hôtel du Parc. Dort residierte während des Vichy-Regimes Marschall Pétain.

Vor dem Thermalzentrum schließt sich die Galerie Napoléon III an, die auf Wunsch des Kaisers eine Therme der zweiten Klasse beherbergte. Von hier führen kleine Sträßchen zu wahren architektonischen Wunderwerken: In der Rue de Belgique und der Rue Alquie reihen sich prunkvolle Häuser mit Türmen, Galerien und Mosaiken im neugotischen, neoklassizistischen, Neobarock- und Jugendstil aneinander. Besonders sehenswert ist die Häuserzeile am Boulevard des États Unis. In einem der Häuser im Kolonialstil residierte Napoleon III. während seiner fünf Kuraufenthalte. Dahinter erstreckt sich entlang des rechten Allier-Ufers eine der vielen grünen Lungen Vichys: der Parc Napoleon III. Der Kaiser der Franzosen ließ den Park für seine Spaziergänge anlegen.

Musée des Arts d'Afrique et d'Asie: Das in den 1920ern gegründete Museum ist der Kunst zweier großer Kontinente gewidmet. Aus über 4000 afrikanischen und asiatischen Kunstwerken (Gemälde, Zeichnungen, Skulpturen, Porzellan, Keramik, Masken etc.) werden wechselnde, schillernd-bunte Ausstellungen zusammengestellt, die stets ein anderes Land oder Thema behandeln.

■ Eintritt 5 €. April–Okt. Di–So 14–18 Uhr. 16, avenue Thermale, ✆ 04-70977640, www.musee-aaa.com.

Musée Surréaliste François Boucheix: Der auvergnatische Künstler François Boucheix rückt hier seine albtraumhaften Gemälde ins rechte Licht. Der Meister alles Surrealen, Salvador Dalí höchstpersönlich, inspirierte ihn bei einem Treffen zu seinem Schaffen. Hatte der Lehrmeister eher ein Faible für Berge und Uhren, bringt Boucheix lieber Insekten, Schmetterlinge, Vögel und

 → Karte S. 200/201

geflügelte Pferde auf die Leinwand, formt sie als Skulpturen oder integriert sie in Installationen. Etwa 350 knallbunte und verrückte Werke sind ausgestellt, sogar in den Toilettenräumen.

▪ Eintritt 5 €. Mitte Juni–Sept. Mi–So 14.30–18.30 Uhr. 7, rue Sornin, ✆ 04-70314992, www.boucheix-musee.com.

Sehenswertes im Quartier du vieux Vichy

Der Napoleon-Park geht in den erholsamen Parc Kennedy über. Gleich zu Beginn am Boulevard du Président Kennedy steht der Pavillon Sévigné, in dem die Marquise während ihrer beiden Kuren im 17. Jh. nächtigte. Auf der anderen Straßenseite, ein Stück den Boulevard hinab, befindet sich eines der ältesten Bauwerke, das **Castel Franc.** Die Vogtei wurde um 1630 auf der einstigen Stadtbefestigung errichtet. Ein Stück weiter befindet sich Vichys öffentlicher Wasserhahn: Am Eingang des Parc des Célestins sprudelt in einem hübschen Pavillon im Louis-seize-Stil die **Célestins-Quelle** hervor. Leere Wasserflaschen nicht vergessen! Hier füllt wirklich jeder seinen Wochenvorrat an Heilwasser ab. Um die Quelle herum lässt es sich ganz geruhsam durch den Klostergarten spazieren. In dem Park liegt auch eine ehemalige Therme mit weniger Komfort.

Heilwasser aus der Célestins-Quelle

Folgt man der Straße einige Meter nach links, gelangt man zum Place de la Victoire und von dort linker Hand über die Rue Porte Saint-Julien zum Place d'Allier, wo die **Église Saint-Blaise** mit ihrem ungewöhnlichen grauen Turm in die Höhe ragt. Die Kapelle stammt aus dem 15. Jh., wurde aber 1925–37 vergrößert. Die Kirche ist im Art-déco-Stil konstruiert und kommt wie eine wuchtige Käseglocke daher. Wuchtig erscheint auch das Innere: Wände und Decke zieren bombastische Malereien, dargestellt sind u. a. bedeutende Gotteshäuser in Frankreich sowie ein gigantischer doppelter Jesus mit französischen Herrschern und Heiligen zu seinen Füßen. Zu sehen gibt es außerdem schöne Mosaike, ein Art-déco-Taufbecken und eine schwarze Madonna (Notre-Dame-des-Malades) vor einem Sternenhimmel. Um die Kirche liegt die Altstadt, zudem gehen von hier hübsche Sträßchen mit schmucken Backsteinhäusern ab, wie etwa die Rue Hubert Colombier. Über diese Straße gelangt man wieder zum Thermenviertel.

Musée de l'Opéra: Lange galt Vichy als Musikhauptstadt – dank ihres Casinos und dem 1901 darin eröffneten Opernsaal. Regelmäßig erinnert das Museum an die musischen Glanzzeiten, versteht sich dabei als Archiv. Denn es birgt nicht nur alle Programme seit der ersten Saison, sondern auch Plakate, Fotos, Deko-Objekte und Requisiten, Kostürne und Ausgaben der alten Opernzeitung. Aus diesem Fundus schöpfen die Kuratoren, wenn sie einmal im Jahr eine sehenswerte themenbezogene Ausstellung auf die Beine stellen, wie z. B. über das Theater zur Zeit des Ersten Weltkriegs, Mozart in der Oper von Vichy oder über die Bedeutung des Tanzes in der Oper.

■ Eintritt 5 €. Juni–Nov. Di–So 14–18 Uhr. 16, rue du Maréchal Foch, ☏ 04-70584820, www.operavichy-musee.com.

Ausflüge von Vichy

Château de Randan: Die letzte Bastion des französischen Königshauses steht 15 km südwestlich von Vichy in dem kleinen Ort Randan (schon im Departement Puy-de-Dôme). Sie ist nicht durch einen Angriff gefallen, sondern durch einen mysteriösen Brand in der Nacht vom 24. auf den 25. Juli 1925. Dennoch ist das Schloss herrlich anzusehen. Wildes Grün klettert an Backsteinmauern hoch und wuchert aus den Fenstern, intensives Vogelgezwitscher dringt heraus.

Adélaïde d'Orléans, Schwester des Bürgerkönigs und letzten Monarchen Frankreichs, Louis-Philippe I., kaufte 1821 das Schloss aus dem 16. Jh. und ließ es spiegelbildlich auf die doppelte Größe erweitern. Ungewöhnlich ist der aus Platzgründen und wegen störender Essensgerüche ein paar Jahre später in einen riesigen Seitenflügel ausgelagerte Küchentrakt, auf dessen Dach eine Panoramaterrasse angelegt wurde. Besucher konnten darauf gemächlich flanieren und die weite Aussicht genießen. Der Küchenflügel ist nach umfangreichen Restaurierungsarbeiten zugänglich. In den Küchenräumen wird der Besucher ins vergangene Jahrhundert zurückversetzt, auf den Fluren finden Sonderausstellungen zeitgenössischer Künstler statt. Zudem sind die spektakulären Jagdtrophäen von Ferdinand d'Orléans, Herzog von Montpensier und letzter Erbe, zu sehen: ausgestopfte Tiere von allen Kontinenten, darunter ein bengalischer Tiger und ein gigantischer Albatros mit gespreizten Flügeln. An den Küchentrakt schließt eine schmucke Kapelle im klassizistischen Stil an, die, wie das Schloss, der Architekt Pierre-François-Léonard Fontaine entworfen hat. Auf den Kirchenfenstern, angefertigt von der königlichen Manufaktur von Sèvres, symbolisieren zwei Frauengestalten Glaube und Hoffnung.

Art déco: die Église Saint-Blaise

Umgeben sind die Schlossüberreste von einem 40 ha großen Park samt Orangerie und Gewächshäusern. Das Gelände betritt man über das frühere Försterhaus. Darin kann man einige Schätze des Schlosses bewundern, die den Brand überlebt haben.

■ Eintritt 6 €. Juli/Aug. Mo, Mi/Do 14–19 Uhr, Mitte April–Juni, Sept./Okt. tägl. außer Di 14–19 Uhr. Letzte Führung startet 1 Std. vor Schließung. Domaine Royal de Randan, Place Adélaïde d'Orléans, 63310 Randan, ☏ 04-70415786, www.domaine-randan.fr.

Basis-Infos

→ Karte S. 244/245

Information **Office de Tourisme et Thermalisme de Vichy,** Tourist-Info mit Boutique, die themenbezogene Stadtführungen anbietet. Juli/Aug. tägl. geöffnet, sonst → Website. 19, rue du Parc, 03200 Vichy, ✆ 04-70987194, www.vichymonamour.fr.

Verbindungen Von Paris und Lyon verkehren tägl. **Intercitys** nach Vichy, zudem auch **Regionalzüge** und **Busse** u. a. nach Clermont-Ferrand, Roanne, Bordeaux, Montpellier, Marseilles und Le Puy-en-Velay. Bahnhof am Place de la Gare. Während der Pferderennsaison von Juni–Sept. pendelt tägl. ein **Wassertaxi** gratis vom rechten zum linken Allier-Ufer (transportiert auch Fahrräder und Kinderwagen). Boulevard Maréchal de Lattre de Tassigny beim Restaurant „La Rotonde".

Baden **Stade aquatique,** modernes Spaß- und Erholungsbad mit Spa-Bereich und großem Schwimmerbecken sowie Planschbereich im Freien, rund 3 km vom Zentrum. Rue des Chabannes Basses, 03700 Bellerive-sur-Allier, ✆ 04-70965764, www.stade-aquatiquefr.

Plage des Célestins / Aloha Parc, Stadtstrand am rechten Allier-Ufer, Beachvolleyball, Basketball, Wasserspielplatz, Planschbecken. Neben dem Strand befindet sich der kleine **Aloha Parc** (Mindestalter 7 Jahre). Boulevard John Kennedy, www.alohaparc.fr.

Casino **Casino Grand Café,** mit Bar und Brasserie. Tägl. 10–3 Uhr. 7, rue du Casino, ✆ 04-70970740, www.casino-vichy.partouche.com.

Einkaufen In der Rue du Président Wilson entlang des Parc des Sources sowie in den davon abgehenden Galeriepassagen befinden sich zahlreiche individuellere (Mode-)Boutiquen. Zwischen der Rue Lucas und der Rue Jean Jaurès gibt es das moderne Einkaufszentrum Les Quatre Chemins.

Pastilles de Vichy, der Chemiker Jean-Pierre-Joseph d'Arcet erfand im 19. Jh. die Lutschbonbons, die Heilwasser enthalten. Die Pastillen wurden verfeinert, erhielten ihre typisch achteckige Form und wurden zunächst in Apotheken verkauft. Inzwischen gibt es die leicht salzigen Pastillen u. a. in den Geschmacksrichtungen Minze, Zitrone und Anis. Zu erwerben in Süßwarenläden, z. B. beim Maison Moinet (s. u.) oder bei **Vichy Prunelle 5**, 36, rue Montaret.

Maison Moinet 13, die Traditionsconfiserie stellt seit 1852 Bonbons in allen Farben und Geschmacksrichtungen her. Außerdem bietet sie ein großes Sortiment an Pastilles de Vichy

Wildromantische Ruine des Château de Randan

an. Zwei Läden stehen zur Auswahl: Mo 11–12 und 15–19 Uhr, Di–Sa 9–19 Uhr, So 10.15–12.15 und 15–19 Uhr in: 11, rue Georges Clemenceau. Sowie Mo–Sa 9.30-12 und 14.30–19 Uhr, So 10.15–12.15 und 15–19 Uhr in: 4, rue de Source de l'Hôpital, ✆ 04-70323177, www.confiserie-moinet.fr.

Golf **Golf du Sporting Club de Vichy,** 18-Loch-Platz im Bocage-Stil am Ufer des Allier. 5, allée Georges Baugnies, 03700 Bellerive-sur-Allier, ✆ 04-70323911, www.golf-vichy.fr.

Golf Vichy Forêt de Montpensier, 18-Loch-Platz 7,5 km außerhalb vom Zentrum, umgeben von Wald, mit Restaurant. Domaine de Rilhat, 03700 Serbannes, ✆ 04-70563100, www.golf-vichy-montpensier.com.

Kino **Cinéma Étoile Palace,** großes Kino mit 7 Sälen im Einkaufszentrum Les Quatre Chemins. 35, rue Lucas, ✆ 04-70301890, www.cinema-vichy.fr.

Krankenhaus **Centre Hospitalier de Vichy,** Boulevard Denière, ✆ 04-70973333, www.ch-vichy.fr.

Markt Riesige, moderne **Markthalle** (Grand Marché) auf dem Place Pierre Victor Léger, geöffnet Di–So 7–13 Uhr. Jeden Di sowie Do vormittags **Markt** auf dem Place de l'Hôtel de Ville und So auf dem Place Charles de Gaulle.

Oper **Opéra de Vichy,** Oper, Theater, Konzerte und Tanzvorführungen. Das Opernhaus öffnet auch außerhalb der Spielzeit für Führungen seine Pforten. Anmeldung und Tickets über die Tourist-Info oder online. 1, rue du Casino, ✆ 04-70305050, www.opera-vichy.com.

Pferderennen **Hippodrome Vichy Bellerive,** Mai–Sept. fast tägl. Rennen. Anfang Juli Festival du Trot, in der 2. Julihälfte **Festival du Galop.** Restaurant bei der Pferderennbahn. 2, route de Charmeil, 03700 Bellerive-sur-Allier, ✆ 0470324700, www.coursesvichy.fr.

Sportpark **Parc Omnisports Pierre-Coulon,** großer Sportpark mit zahlreichen Angeboten wie Fußball, Tennis, Rugby, Bogenschießen und Klettern. Route du Pont de l'Europe, ✆ 04-70595100, www.ville-vichy.fr/sport/parc-omnisports.

Touristenzug Entdeckungstour mit dem **Petit Train,** Fahrt 7 €, tägl. April–Allerheiligen (außer am Mo im April). Abfahrt am Place des Sources gegenüber der Tourist-Info. Abfahrtszeiten → Website. www.petittrain-vichy.com.

Veranstaltungen **Fêtes Napoléon III,** Ende April/Anfang Mai dreht Vichy 3 Tage lang die Zeit zurück ins Zweite Kaiserreich. Zahlreiche Veranstaltungen, Ausstellungen, Umzug, Kutschfahrten, Ball in der Oper mit traditionellen Tänzen wie Polka und Mazurka. Infos bei der Touristeninformation.

Lumières sur le Bourbonnais – sur le chemin des Bourbons, prächtige Lichtershow mit Art-déco-Motiven auf der Fassade der Oper und des Palais de Congrès. U. a. lassen die bunten Bilder die Geschichte des Thermalwesens Revue passieren, auch der Therme in Baden-Baden. Das dunkelste Kapitel der Stadt, die Zeit des Vichy-Regimes, wird ebenfalls etwas erhellt. Juli/Aug. tägl. ab Einbruch der Dunkelheit bis 23.30 Uhr, Mai/Juni, Sept. Do–Sa, www.lumieres-bourbonnais.com.

Wassersport Im Lac d'Allier (auf 2,5 km Länge ist der Allier hier zu einem See aufgestaut) ist Baden zwar verboten, es werden jedoch zahlreiche Wasseraktivitäten wie Kanufahren, Rudern, Wasserskifahren, Segeln oder Rafting angeboten. Zudem gibt es eine 1,5 km lange Fußgängerpromenade.

Wellness/Therme **Thermes de Vichy,** einzeln buchbare Anwendungen und Spa-Bereich mit Sauna, Dampfbad und Whirlpool. Ab der 2. Dezemberhälfte bis 1. Februarwoche geschlossen. 132, boulevard des États-Unis, ✆ 08-00300063, www.thermes-de-vichy.fr.

Les Célestins, das größte Spa Europas fällt ins absolute Luxussegment. Auch medizinische Anwendungen. Angegliedert ist ein Luxushotel. 111, boulevard des États-Unis, ✆ 04-70308200, www.vichy-spa-hotel.fr.

Auvergne | Das Allier → Karte S. 200/201

Übernachten

→ Karte S. 244/245

******* Spa Hôtel Les Célestins 7,** das Wellnesshotel hinter der Therme, zwischen Parc des Sources und Parc Napoleon III., gehört zu den größten und komfortabelsten der Stadt. Die niedrigste Kategorie der über 100 Zimmer beginnt gleich bei Deluxe, sie geben sich aber keineswegs protzig. Empfehlenswerter sind die Zimmer zur Gartenseite. Großer moderner Spa-Bereich und Pflegeanwendungen. Restaurant, Bistro, Schwimmbad, Boutique und Friseur. 111, boulevard des États-Unis, ✆ 04-703 08282, www.vichy-spa-hotel.fr. **€€€€**

Übernachten
1 Villa Prince d'Annam
2 Hôtel California
3 Le Pavillon D'Enghien
4 Arverna Citotel
7 Les Célestins
9 Hotel Maison Decoret
10 Hôtel de Biarritz
14 Les Nations
17 Brit Hôtel Grignan
Essen & Trinken
3 Le Pavillon D'Enghien
6 WOF
7 Les Célestins
8 La Table d'Antoine
9 Maison Decoret
11 Chez Julietta
14 Les Nations
15 Les Caudalies
Cafés
12 Empire Café
16 Keck's Café
Einkaufen
5 Vichy Prunelle
13 Maison Moinet
L'Allier
Musée des Arts d'Afrique et d'Asie
R. L. Blanc
Rue Callou
Av. P. Coulon
Quai d'Allier
Bd. des États Unis
Avenue Thermale
Dômes-Therme
Av. W. Stucki
Av. Gén. Eisenhower
Galérie Napoléon III
Halle des Sources
Rue du Président
Rue Petit
Chalets Napoléon III
Rue Prunelle
Rue Pontillard
Rue du Parc
Parc des Sources
Rue Alquié
Parc Napoléon III
R. de Belgique
Opéra
Rue du Casino
Musik-kiosk
R. de Banville
Source de l'Hôpital
Boulevard des États Unis
Boulevard de Russie
R. d'Italie
R. d'Anglet.
R. Batillat
Av. A. Briand
R. Sévigné
Pavillon Sévigné
Boulevard
Pont de Bellerive
Rue F. Perrin
Rue Mounin
Rue Pétillat

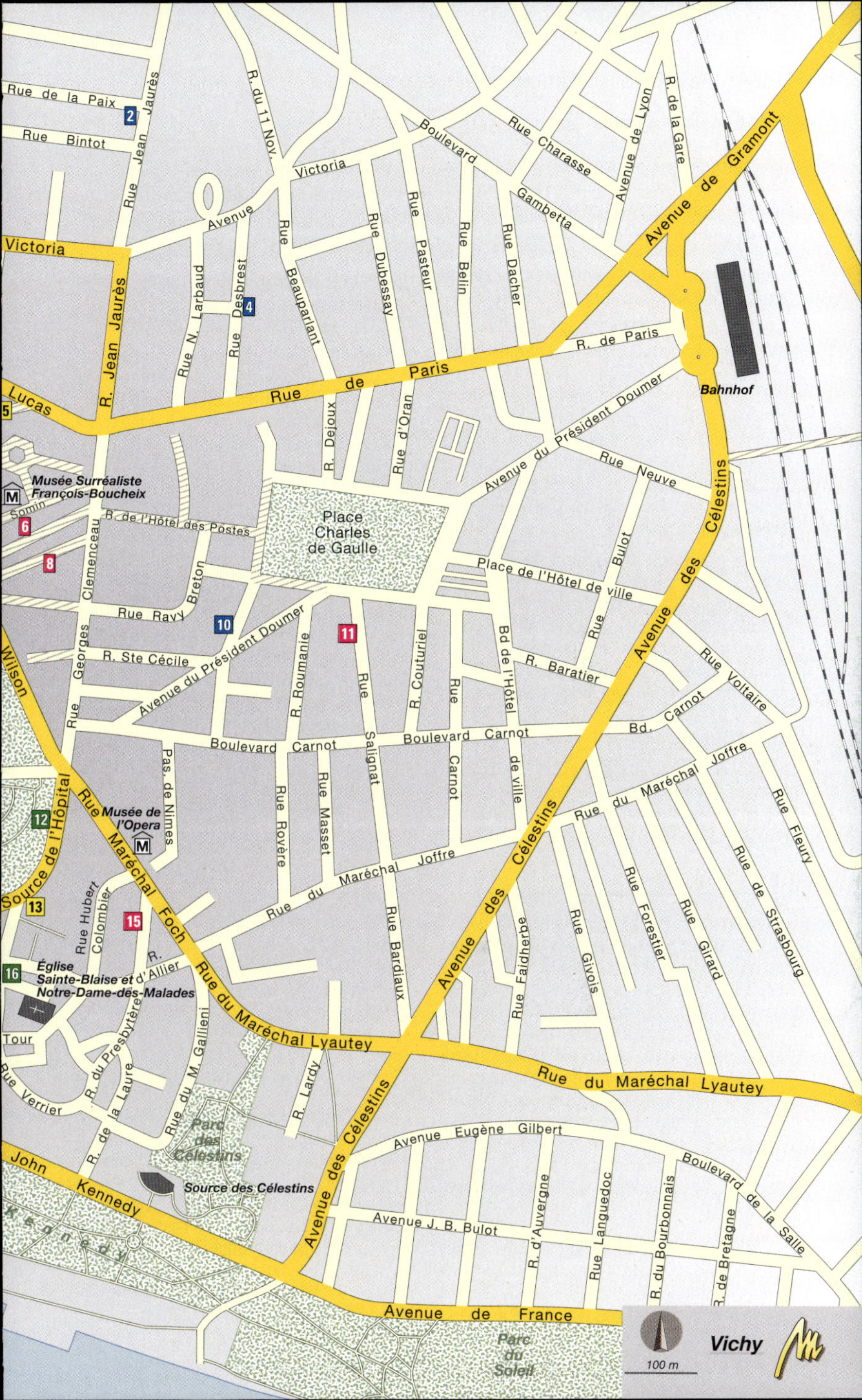
Rue de la Paix
Rue Bintot
Rue Jean Jaurès
R. du 11 Nov.
Boulevard Victoria
Avenue Victoria
Rue Charasse
Avenue de Lyon
R. de la Gare
Boulevard Gambetta
Avenue de Gramont
Victoria
R. Jean Jaurès
Rue N. Larbaud
Rue Desbrest
Rue Beauparlant
Rue Dubessay
Rue Pasteur
Rue Belin
Rue Dacher
R. de Paris
Rue de Paris
Bahnhof
Lucas
R. Dejoux
Rue d'Oran
Avenue du Président Doumer
Rue Neuve
Musée Surréaliste François-Boucheix
Somin
R. de l'Hôtel des Postes
Place Charles de Gaulle
Avenue des Célestins
Rue Bulot
Place de l'Hôtel de ville
Rue Georges Clemenceau
Rue Ravy
Breton
Wilson
R. Ste Cécile
R. Roumanie
Rue Salignat
R. Couturiel
Rue Carnot
Bd de l'Hôtel de ville
R. Baratier
Rue Voltaire
Boulevard Carnot
Bd. Carnot
Pas. de Nimes
Rue Rovère
Rue Masset
Rue du Maréchal Joffre
Rue Fleury
Source de l'Hôpital
Rue Maréchal Foch
Musée de l'Opera
Rue Hubert Colombier
Rue de Strasbourg
Rue Forestier
Rue Girard
Rue Givois
Rue Faidherbe
Rue Bardiaux
R. d'Allier
Église Sainte-Blaise et Notre-Dame-des-Malades
Tour
Rue du Maréchal Lyautey
R. du Presbytère
Rue du M. Gallieni
R. Lardy
Rue Verrier
R. de la Laure
Parc des Célestins
Avenue Eugène Gilbert
Boulevard de la Salle
John Kennedy
Kennedy
Source des Célestins
Avenue J. B. Bulot
R. d'Auvergne
Rue Languedoc
R. du Bourbonnais
R. de Bretagne
Avenue de France
Parc du Soleil
100 m
Vichy

****** Brit Hôtel Grignan 17**, Hotel im Herzen vom Vichy mit knapp 60 soliden und gepflegten Zimmern, die einander gleichen: modern, puristisch, dezente Farben. Die Suiten und Appartements sind deutlich teurer, dafür auch größer. Hotelgäste können in einem Wellnessbereich mit Whirlpool, Sauna und Dampfbad entspannen. 7, place Sévigné, ✆ 04-70320811, https://hotel-vichy-centre.brithotel.fr. **€€–€€€**

***** Les Nations 14**, zentrales Hotel-Restaurant in einem charmanten Jugendstilhaus mit 61 individuell und geschmackvoll dekorierten Komfortzimmern – von dezent bis farbenfroh. Zudem Spa-Bereich und Radverleih. Poppige Lounge-Bar im Retro-Design, Restaurant mit freundlichem, hellem Ambiente und Gourmetküche, auch Diätkost und Sonntagsbrunch. 13, boulevard de Russie, ✆ 04-70982163, www.hotel-lesnations.com. **€€**

***** Le Pavillon D'Enghien 3**, poppiges Wellnesshotel gegenüber der Therme Callou mit 20 originell und stilvoll designten Komfortzimmern (Kategorie supérieur deutlich teurer). Moderne französische Küche. Pool, Spa mit Pflegeanwendungen. Donnerstag- und Sonntagabend sowie Mo geschlossen. 32, rue Callou, ✆ 04-70983330, www.pavillondenghien.com. **€€** (Hotel), **€€€** (Restaurant)

**** Hôtel de Biarritz 10**, mitten im Zentrum in einer ruhigen Seitenstraße liegt dieses kleine Hotel mit gepflegten, modernen Zimmern in klarem, geradlinigem Design. Einige Zimmer mit engen Bädern. 3, rue Grangier, ✆ 04-709 78120, www.hoteldebiarritz-vichy.com. **€€**

***** Arverna Citotel 4**, das familiengeführte, zentral gelegene Hotel verfügt über 23 moderne, geschmackvoll eingerichtete Zimmer mit einem Hauch skandinavischem Chic und Retro-Note. Besonders charmant ist der Frühstücksraum mit Garten-Feeling. 12, rue Desbrest, ✆ 04-70313119, www.arverna-hotels-vichy.com. **€€**

**** Hôtel California 2**, auf 2 Gebäude verteilen sich 17 völlig unterschiedliche Zimmer. Manche kommen etwas poppiger und moderner daher, andere im schicken Empire-Stil, aber allesamt mit ausgefallenen Tapeten. Manchen Bädern täte eine Verjüngungskur gut. Insgesamt jedoch ein charmantes Hotel, von dem das Zentrum zu Fuß schnell erreichbar ist. 27, rue Jean Jaurès, ✆ 04-70978505, www.hotel-california-vichy.fr. **€**

MeinTipp **Villa Prince d'Annam 1**, 2 wunderschöne Gästezimmer mit einem gewissen Chic und Dielenboden. Mit einem Extra-Zimmer mit zwei einzelnen Betten zum Familienzimmer erweiterbar. Das Ganze befindet sich in einem charmanten, gepflegten Jugendstil-Reihenhaus, geführt von den beiden sympathischen Weltenbummlern Sylviane und Bruno. 14, rue des Sources, ✆ 06-19673846, www.villaprincedannam.fr. **€€**

Essen & Trinken

→ Karte S. 244/245

Maison Decoret 9, mit seinem edlen, modernen Dekor in einem großen Glaskubus mit Aussicht auf den Parc des Sources gilt dieses Restaurant als das exquisiteste und kreativste der Stadt. Auf der wechselnden Karte des Ein-Sterne-Kochs Jacques Decoret finden sich nur erlesenste Speisen – einen gut gefüllten Geldbeutel muss man dafür schon mitbringen. Es lohnt sich aber! Mo geschlossen. Zum Sternerestaurant gehört mittlerweile auch ein Designhotel mit 5 stylischen Zimmern. Hinter den Betten hängen ausdrucksstarke Prints. 15, rue du Parc, ✆ 04-70976506, www.maisondecoret.com. **€€€€**

MeinTipp **Les Caudalies 15**, in ihrem gediegenen Speisesaal im Stil Napoleons III. mit uraltem Dielenboden und Stuckdecken kredenzen Lucie und Emmanuel Basset gehobene französische Küche so, wie sie sich jeder Reisende vorstellt: Schnecken aus der Bourgogne mit gratinierter Haselnussbutter, Fleisch vom Charolais-Rind, Enten-Foie-gras, Heilbuttrücken etc. Dazu kann man aus 700 (!) verschiedenen Weinen den passenden aussuchen. Mi/So abends sowie Mo geschlossen. 9, rue Besse, ✆ 04-70321322, www.les-caudalies-vichy.fr. **€€–€€€**

La Table d'Antoine 8, sehr modernes Restaurant mit Steinwänden, verglaster Decke mit Pflanzendekor und angenehmem Lichtkonzept. Ähnlich kreativ und geschmackvoll sind die Speisen, etwa Seeteufel im Austernsaft mit Gemüse-Millefeuille oder Entenbrust mit Pflaumen und Schalottenconfit. Kleine Straßenterrasse. Mo sowie So abends geschlossen. 8, rue Burnol, ✆ 04-70989971, www.latabledantoine.com. **€€€–€€€€**

meinTipp **Chez Julietta 11**, Abwechslung zur französischen Küche bietet Julietta mit Leckereien aus ihrer Heimat Mauritius – etwa gebratene Gambas an Knoblauchbutter und Zitrone, mit Rind oder Gemüse gefüllte Teigtaschen oder karamellisierte Banane. Das Ganze genießt man in einer freundlichen, authentischen und herzlichen Atmosphäre. Ein angenehmer Kontrast zu den noblen Adressen. So/Mo sowie Di abends geschlossen. 27, rue Salignat, ✆ 04-70978471. **€–€€**

meinTipp **WOF – Gaufrerie Végétale 6**, dieser kleine Waffelladen ist einfach nur genial bzw. der Waffelbäcker Giuseppe ist es. All seine ausgefallenen Kreationen sind vegan – egal, ob herzhaft oder süß. Die Waffeln sind beladen mit Gemüse und veganem Käse oder Früchten mit Joghurt oder Sahne. Mo/Di geschlossen. 19, passage de l'Amirauté, ✆ 04-43038577. **€–€€**

Empire Café 12, in dem bezaubernden Café-Restaurant in der Galerie um den Musikkiosk kann man sich dem Müßiggang hingeben – bei Kaffee und Kuchen, Lunch, Dinner und Sonntagsbrunch auf der Terrasse oder innen (mit Galerie). Gemütliche Atmosphäre. Kleines Highlight ist die Toilette, auf der man wahrlich thront. Alles hausgemacht. Mo geschlossen, sonst ab Mittag geöffnet, So schon morgens. 3, galerie de la Source de l'Hôpital, ✆ 04-705988 73, www.empirecafevichy.fr. **€€–€€€**

Keck's Café 16, eine kleine Überraschung versteckt sich unterhalb der Église Saint-Blaise in einem Haus aus dem 15. Jh. mit Gewölbekeller: Café und Boutique in einem – ideal für einen Snack, Mittagsmenü mit internationalen Spezialitäten oder eine Kaffeepause. Zudem Brunch. Etwas versetzt vom Café kann man auch draußen in einem Mikropark sitzen. So/Mo vormittags sowie Di geschlossen. 16, rue d'Allier, ✆ 04-70593219, www.keckscafevichy.com.

Altes Pförtnerhaus in der Rue Hubert Colombier

Montagne Bourbonnaise

Nur wenige Kilometer von Vichy gelegen und doch Welten entfernt von dessen strahlendem Thermenglanz ist die Montagne Bourbonnaise im äußersten Südosten des Allier. Dabei lebt die mondäne Stadt von diesen grünen, waldreichen Bergen: Von hier kommt das Wasser, das – nachdem es mineralienreiche Gesteinsschichten durchflossen hat – in Vichy zu Heil- und Thermalzwecken eingesetzt wird.

Der Gesundheit zuträglich ist sicherlich auch die ruhige, einsame Bergwelt, die beim Puy de Montoncel im südlichsten Zipfel des Allier bis auf 1287 m hinaufreicht. Hoch genug, um in La Loge-des-Gardes die einzige Skistation des Allier zu betreiben – groß ist das Skigebiet indes nicht. Mehr Auswahl hat man da schon an Wanderpfaden und Mountainbike-Strecken.

Zwar leben hier nur 16 Einwohner pro Quadratkilometer (im gesamten Gebiet knapp etwas über 6000 Einwohner), trotzdem hat die Zivilisation ihre Spuren hinterlassen, z. B. in Form der mächtigen Prioratskirche von Châtel-Montagne. Das Örtchen hat aber noch mehr zu bieten: Einige Künstler haben sich mit kleinen Ateliers niedergelassen. Châtel ist zudem ein beliebter Ausgangspunkt für Rad- bzw. Mountainbike-Touren. Verschiedene Strecken von 7 bis 45 km führen in die Umgebung (Landkarten → Website des Rathauses).

Châtel-Montagne: Über dem Tal der Besbre erhebt sich in beeindruckenden Ausmaßen die Prioratskirche von Châtel-Montagne, die einstmals zum Kloster von Cluny gehörte. Sie hat die Form einer dreischiffigen Basilika und wurde im 12. Jh. erbaut, Teile stammen sogar noch aus dem 11. Jh. Der Chorumgang mit seinen Säulen und den vier Radialkapellen sowie die gewaltigen Dimensionen des romanischen Gotteshauses deuten darauf hin, dass hier einst eine wichtige Station für Jakobspilger war. Besonders schön ist die Kirche in der Nachmittagssonne, wenn der helle Granit zu leuchten beginnt.

Maison du Patrimoine: Schräg gegenüber am Dorfplatz kann man sich im Maison du Patrimoine einen Überblick über die rege Künstlerszene des Dorfes verschaffen (auch ein Faltblatt mit Adressen gibt es). Ausgewählte Werke sind zum Verkauf ausgestellt, außerdem regionale Produkte. Im ersten Obergeschoss finden Sonderausstellungen statt, im zweiten Obergeschoss gibt eine gut gemachte Dauerausstellung am Beispiel der örtlichen Kirche einen Einblick in die romanische Baukunst.

Information **Office de Tourisme** und **Maison du Patrimoine,** die Tourist-Info ist zugleich ein Heimatkunde- und Kunstmuseum. Im Obergeschoss erfahren die Besucher mehr über die Prioratskirche. In einem Extraraum wird das Schaffen der hiesigen Künstler bei Sonderausstellungen präsentiert. Juli/Aug. tägl. geöffnet, sonst → Website. Verleih von Fahrrädern. 15, place Alphonse Corre, 03250 Le Mayet-de-Montagne, ✆ 04-70593789, www.chatel-montagne.fr.

Baden **Piscine Municipale,** Freibad mit Schwimmer- und Kinderbecken. Chemin de

La Loge-des-Gardes bietet auch im Sommer Nervenkitzel

Fumouse, 03250 Le Mayet-de-Montagne, ✆ 04-70410633.

Hochseilgarten **Aventure Extrême,** Hochseilgarten mit vier Parcours. Außerdem kann man an dem kleinen See Kanus, Tret- oder Ruderboote leihen. Auch Quadfahren und Bogenschießen werden angeboten. Le Plan d'Eau / La Cartonnée, 03250 Le Mayet-de-Montagne, ✆ 06-64703381, www.aventure-extreme.com.

Mountainbike Große Auswahl an ausgeschilderten Routen um Châtel-Montagne, Lavoine und Saint-Nicolas-des-Biefs.

Sommerrodelbahn **La Loge-des-Gardes,** bei der Skistation kann man sich auch im Sommer austoben: etwa die Sommerrodelbahn befahren, mit einem Fahrrad-Roller eine Bergstrecke hinunterheizen oder mit einem Schwimmreifen eine Rutsche hinuntergleiten. Während der franz. Sommerferien tägl. 10.30–18.30 Uhr. La Loge-des-Gardes (an der D182), 03250 Laprugne, ✆ 04-70564444, www.logedesgardes.com.

Veranstaltungen **Foire aux Paniers,** dem Handwerk der Korbflechterei ist in Le Mayet-de-Montagne nicht nur das Museum Osarium (Musée de la Vannerie) gewidmet, sondern auch ein großes Fest am 3. So im Aug. Rund 30 Korbflechter zeigen ihr Können, dazu gibt es jede Menge Musik und Spektakel.

Wintersport Langlaufloipen am Puy du Montoncel bei Lavoine, in La Verrerie bei Saint-Nicolas-des-Biefs und in La Loge-des-Gardes. An allen 3 Orten sind auch Schneeschuh-Touren möglich. In La Loge-des-Gardes gibt es ein Skigebiet mit 5 Pisten in 3 Schwierigkeitsgraden. www.logedesgardes.com, www.montoncel-lavoine.com.

Übernachten/Essen **La Grande Serve,** romantische Bauwagen mit antiken Möbeln und Lampen ausgestattet, wie für herrschaftliche Reisende hergerichtet. Schöne Aussicht auf die Berge. La Grande Serve, 03250 La Chabanne, ✆ 04-70564318, www.lagrandeserve.com. **€€**

Le Couturon, 2 wunderschöne Gîtes in traditionellen Landhäuschen aus Granitstein mit Eichenparkett, im modernen Landhausstil mit antikem Touch. Schöne Aussicht von dem ehemaligen Bauernhof aus dem 19. Jh. auf das Tal der Besbre. La Cartonnée, 03250 Le Mayet-de-Montagne, ✆ 04-70564514, www.gite-le-couturon.fr. **€€€**

La Vieille Auberge, rustikales Wirtshaus mit Steinwänden, Holzbalken und alten Werbeschildern. Einfache regionale Küche, die mit den Jahreszeiten wechselt, z. B. Entenschlegel an Aprikosen. Im Juli/Aug. Mi Ruhetag, April–Juni und Sept./Okt zusätzlich Di abends geschlossen, Nov.–März auch am Mo abends geschlossen. 9, place de l'Église, 03250 Le Mayet-de-Montagne, ✆ 04-70593401, www.vieilleauberge.fr. **€–€€**

In der Montagne Bourbonnaise sprudeln wichtige Quellen

Le 16 Arts, von einer einfachen Dorfwirtschaft zum beliebten Restaurant mit hochwertiger Küche mauserte sich das Le 16 Arts. Dank der Teilnahme an einer Kochsendung ist es inzwischen über Châtel hinaus bekannt und hält weiterhin sein kulinarisches Niveau hoch. Serviert werden raffinierte regionale Spezialitäten in Bioqualität. Mo geschlossen. Rue Julien Charpentier, 03250 Châtel-Montagne, ✆ 04-705 93069. **€€–€€€**

Camping ***** Les Myrtilles,** kleiner, auf 1000 m Höhe in den Monts de Madeleine gelegener Campingplatz im Wald, der das ganze Jahr geöffnet hat. Mit einigen Bungalows und Chalets. Pool, Minigolf, Volleyball, Mountainbike-Station, Snackbar und Restaurant im Hüttenstil. 03250 Saint-Nicolas-des-Biefs, ✆ 04-705 64003, www.auxmyrtilles.com.

Meymac, Tor zum Naturpark Millevaches, mit seinem Uhrturm

Unterwegs

im Limousin

Die Haute-Vienne

Das Departement Haute-Vienne ist zu Recht stolz auf seine Porzellan- und Emailkunst und auf den Widerstand, der sich hier, u. a. dank der dichten Wälder, im Zweiten Weltkrieg formierte. Zugleich spielte sich damals in dieser Region eine der größten Tragödien ab.

Knapp 373.000 Menschen leben in der Haute-Vienne – und genauso viele Kühe. Auf 5520 km² Fläche hat das rote Limousin-Rind reichlich Platz zum Weiden.

Die Haute-Vienne ist vor allem gekennzeichnet durch ihr weites, dünn besiedeltes Land. Hier läuft das Zentralmassiv in kleineren Mittelgebirgen aus. Einen Kontrast dazu setzt Limoges, Hauptstadt des Limousin, wo sich Menschen, Kultur und Wirtschaft ballen. Historischer Vorläufer der Haute-Vienne war die Vizegrafschaft Limoges, hatte sich Anfang des 10. Jh. gebildet und reichte von Limoges nach Süden in die Corrèze und nach Südwesten ins Périgord. Stück für Stück wurde das Gebiet erweitert. Eine Gemeinsamkeit hatten die verschiedenen Teile der neu formierten Haute-Vienne: den Limosiner Dialekt, eine Form des Okzitanischen, das u. a. in Südfrankreich gesprochen wird.

Was anschauen?

Musée national de Porcelaine Adrien Dubouché: Berühmt ist das Departement für sein Kunsthandwerk. Porzellanmanufakturen, Glas- und Emailkünstler siedelten sich vor allem hier an. Eine reiche Sammlung an Porzellan- und Emailkunst ist im Museum Adrien Dubouché in Limoges zu bewundern. In der Stadt sind zudem etliche Porzellanmanufakturen mit eigenen Ausstellungen und Werksverkäufen ansässig. → **S. 262**

Ganterie Agnelle: In Saint-Junien etablierten sich Gerbereien und Handschuhmacher. Die kleine Manufaktur Agnelle produziert für große Modehäuser wie Dior und Lanvin. Wunderschöne Modelle lassen sich beim Werksverkauf erstehen. → **S. 280 Kasten**

Centre de la Mémoire: Zu den wohl dunkelsten Kapiteln der französischen Geschichte zählt ein Ereignis in Oradour-sur-Glane während des Zweiten

Weltkriegs. Die deutsche Wehrmacht löschte beim Massaker von Oradour fast den gesamten Ort aus. Das Ruinendorf ist über das Museum Centre de la mémoire zugänglich. **→ S. 278**

Montrol-Sénard: Wer kann schon behaupten, in einem Museum zu wohnen? Die Bewohner von Montrol-Sénard! Das kleine Dorf versteht sich als begehbares Heimatmuseum. Bei einer Führung lassen sich die rund 20 Gebäude, in denen das traditionelle Leben nachgezeichnet wird, besichtigen. **→ S. 326**

Mont Gargan: Auf dem Gipfel dieses Berges am Rande des Plateau de Millevaches thront eine Kapellenruine, umgeben von Heidelandschaft. Nicht ganz so friedlich ist dort die Vergangenheit: Beim Mont Gargan lieferten sich die Résistance und die deutsche Wehrmacht eine erbitterte Schlacht, bei der letztere hohe Verluste erlitt. **→ S. 310**

Was unternehmen?

Zu Fuß in den Monts de Blond: Im Norden des Departements bestimmen sanfte Hügel, die sich im Südwesten zum kleinen Mittelgebirge Monts de Blond mausern, das Landschaftsbild. Geheimnisvolle Megalithen ziehen Spaziergänger in die einsame Gegend, auch Biker kommen hier auf ihre Kosten. **→ S. 325**

Wandern im Tourbière des Dauges: Das Zentralmassiv läuft westlich in den Monts d'Ambazacaus. Eine Wanderung durch das Torfmoor, das sich dort inmitten der waldreichen Landschaft gebildet hat, ist ein absolutes Muss. Unser Tourvorschlag endet beim mythischen „wackeligen Felsen" mit grandioser Aussicht. **→ Wanderung 7, S. 523**

Wo baden?

Lac de Vassivière: Mit 1000 ha ist der Stausee im Südosten des Departement der größte See des Limousin. Auch wegen seiner reizvollen Umgebung ist er ein Eldorado für Badetouristen und Outdoorsportler. Kunstliebhaber finden auf der Insel Île de Vassivière ein internationales Kunstzentrum. **→ S. 303**

Lac de Saint-Pardoux: Nur ein Drittel dieser Fläche, aber dennoch genug Platz, bietet der See bei Saint-Pardoux. Neben drei Badestränden locken zudem Wassersport sowie Rad- und Spazierwege. **→ S. 328**

Was sonst noch?

Gegensätzliche Leckereien: Saint-Yrieix-la-Perche ist stolz auf zwei kulinarische Highlights – den würzigen Schinken des *Cul noir Limousin* (Schwein mit schwarzem Kopf und Hinterteil) und die leckeren Mini-Madeleines (Mini-Cupcakes, natur, mit Puderzucker bestäubt oder in feine Schokolade getaucht). Verkosten kann man den Schinken bei Bauernhöfen und das süße Dessert in fast allen Konditoreien der Stadt. **→ S. 302 Kasten, S. 492**

Poitiers
Lussac-les-Châteaux
Montmorillon
Brigueil-le-Chantre
Parc Naturel Régional de la Brenne
Bouresse
D 727
Lathus-Saint-Rémy
Lussac-les-Églises
Saint-Sulpice-les-Feuilles
Moulismes
Gar
D 11
La Vienne
N 147
Usson-du-Poitou
Saint-Léger-Magnazeix
L'Isle-Jourdain
Bussière-Poitevine
D 942
Le Dorat
Magnac-Laval
St-Sornin-Leulac
D 10
Haut Limousin
N 145
Villefavard
Saint-Bonnet-de-Bellac
Château-ponsac
Les Bosnages
Peyrat-de-Bellac
Rancon
Bessines-sur-Gartempe
Pressac
Availles-Limouzine
Bellac
D 951
Mézières-sur-Issoire
D 675
Saint-Pardoux
Blond
Mortemart
Lac de Saint-Pardoux
Razès
Alloue
Montrol-Sénard
Vaulry
Monts de Blond
Confolens
Nantiat
A 20
Cham-boret
Cieux
Compreignac
N 147
Oradour-sur-Glane
Le Cluzeau
Brigueuil
Centre de la Mémoire
Nieul
Rilhac-Rancon
Saint-Junien
N 141
Feeriland
Veyrac
Couzeix
Le Palais-sur-Vienne
Chabanais
La Vienne
Verneuil-sur-Vienne
Suaux
Cognac-la-Forêt
Limoges
Panazol
Rochechouart
Aixe-sur-Vienne
Isle
Feytiat
Angoulême, Bordeaux
Verneuil
Saint-Laurent-sur-Gorre
Boisseuil
La Belle Etoile
Séreilhac
Solignac
Vayres
Les Salles-Lavauguyon
Oradour-sur-Vayres
Le Vigen
Parc Zoo du Reynou
Château de Châlucet
Cussac
Champagnac-la-Rivière
Flavignac
Viaducs Pierre-Buffière
St-Mathieu
Les Cars
Nexon
Pierre-Buffière
D 15
D 901
Château de Brie
Montbron
Auf der Richard-Löwenherz-Straße siehe S. 292
Château de Montbrun
Châlus
Rilhac-Latours
Marval
Dournazac
Bussière-Galant
La Meyze
Espace Hermeline
Souffrignac
D 675
Ladignac-le-Long
D 704
D 19
Parc Naturel Régional du Périgord-Limousin
D 901
Haute-Vienne
La Coquille
Nontron
Coussac-Bonneval
St-Pardoux-la-Rivière
N 21
Jumilhac-le-Grand
St-Yrieix-la-Perche
Glandon
Mareuil
D 675
La Dronne
D 707
L'Isle
D 704
D 18
Périgueux

Châteauroux, Bourges, Orléans
Aigurande
A 20
D 913
D 951
D 6
Boussac
Bonnat
Dun-le-Palestel
La Sédelle
Anzême
La Souterraine
Creuse
Glénic
N 145
Parsac
Montluçon
Saint-Vaury
Gouzon
Le Grand-Bourg
Guéret
Busseau-sur-Creuse
Folles
La Gartempe
Chénérailles
Viaduc de Rocherolle
Moutier-d'Ahun
Ahun
D 912
Laurière
Monts d'Ambazac
Jabreilles-les-Bordes
D 13
Le Taurion
Arboretum
Tourbière des Dauges
La Jonchère-Saint-Maurice
Pontarion
Bellegarde-en-Marche
Saint-Laurent-les-Églises
Bourganeuf
Aubusson
Clermont-Ferrand
Ambazac
Sauviat-sur-Vige
D 8
Felletin
D 941
Moulin du Got
Royère-de-Vassivière
Rigole et Rocher du Diable
Saint-Léonard-de-Noblat
Pierres Initiatiques
La Vienne
Peyrat-le-Château
La Maulde
Puy Crozat 777
Gentioux-Pigerolles
La Geneytouse
Lac de Vassivière
Eymoutiers
D 979
Saint-Hilaire-les-Places
Châteauneuf-la-Forêt
Nedde
Linards
Cité des Insectes
La Courtine
Parc Naturel Régional de Millevaches en Limousin
Millevaches
Mont Gargan 731
Saint-Gilles-les-Forêts
Magnac-Bourg
St-Germain-les-Belles
Bugeat
D 940
Meuzac
Meymac
Treignac
Corrèze
La Vézère
Lubersac
Brive-la-Gaillarde
6 km
Die Haute-Vienne

Limoges

Limoges hat viele Namen: Tor zum Süden, Porzellanhauptstadt, Rote Stadt oder Rom des Sozialismus. Zu ihrem offiziellen Namen kam die Stadt erst Anfang des 6. Jh., da bestand sie schon einige Jahrhunderte. Inzwischen genießt die Hauptstadt des Departements Haute-Vienne ihre Stellung als „Ville d'Art et d'Histoire".

Eigentlich sollten Besucher immer mit dem Zug anreisen. Denn der Bahnhof, der Gare des Bénédictiens, gilt als der schönste Frankreichs, ja sogar ganz Europas. Beleuchtet ist er noch einen Tick schöner, v. a. vom Park schräg gegenüber aus betrachtet, vom Champ de Juillet. Der Bau wirkt in seiner Pracht so gar nicht wie ein klassisches Bahnhofsgebäude. Dafür vertritt er würdig das Benediktinerkloster, das einst an dieser Stelle stand. Besonders markant ist der 61 m aufragende Turm mit seiner kupfergedeckten Spitze. Das Innere der gewaltigen neobyzantinischen Kuppel des Bahnhofsgebäudes selbst zieren vier allegorische Skulpturen, die historische Provinzen darstellen, darunter natürlich das Limousin. Art-nouveau-Fenster und -Verzierungen laden zu einer Entdeckungstour durch das Gebäude ein.

Statue der Jeanne d'Arc am Place de la République

Ähnlich schöne, aber nicht ganz so imposante Bauwerke sind über die ganze Stadt verstreut – das Rathaus beispielsweise, das Porzellanmuseum oder der Justizpalast. Doch nicht nur Prachtbauten prägen das Bild: Limoges ist gut bestückt mit Fachwerkhäusern, die kopfsteingepflasterte Plätze und Gässchen säumen. Zu den schönsten Ecken zählt die Metzgergasse in der Altstadt, wo in die einstigen Schlachthäuser inzwischen kleine Ateliers und Feinschmeckerrestaurants eingezogen sind.

Ebenso schön anzuschauen sind der Place Fontaine des Barres in der Innenstadt mit dem kuriosen pyramidenförmigen Brunnen und den kleinen Cafés sowie die alte Cité mit ihren historischen Sträßchen und Plätzen um die Kathedrale herum. Überhaupt bietet Limoges etliche Inseln aus Beton zum Verweilen. Einer der beliebtesten und belebtesten Flecken ist der Place Dénis-Dussoubs in der Nähe des Porzellanmuseums. Kein Wunder, denn um den großen Kreisverkehr reihen sich Cafés, Kneipen und ein Kino. Und seit seiner Neugestaltung ist der Place de la République mit seinem modernen Flair ein weiterer attraktiver Magnet. Quasi ums Eck, am Place St.

Pierre, ist der Pavillon du Verdurier ein echter Blickfang. Erbaut 1919 im Jugendstil, diente der heutige Kunstausstellungsraum einst als Kühllager für Fleisch, dann als Markthalle und bis in die 1970er-Jahre als Busbahnhof.

Die Stadt mit ihren 131.000 Einwohnern erstreckt sich hauptsächlich hoch über dem rechten Ufer der Vienne, die zu gemütlichen Spaziergängen einlädt, etwa zwischen den alten Brücken Pont Saint-Étienne und Pont Saint-Martial. Wer will, kann im Sommer auch nächtliche Kanufahrten unternehmen, die die Touristeninformation anbietet. Überhaupt steht eine Vielzahl an Entdeckungstouren, Mottoführungen und -rundgängen auf dem Programm. Bei einer Führung erfährt man z. B., dass einer der berühmtesten Söhne der Stadt, der Impressionist Auguste Renoir, am Boulevard Gambetta lebte.

Kunst bzw. Kunsthandwerk spielt in Limoges seit dem Mittelalter eine wichtige Rolle. Führend waren damals die Gewerbe der Glasmalerei und des Emaillierens, die v. a. wegen der großen Bedeutung der Kirche zu dieser Zeit blühten. Die Stadt liegt auf der Via Lemovicensis, einem der vier historischen Jakobswege, die durch Frankreich führen. Und noch immer ist sie ein beliebtes Etappenziel auf dem Jakobsweg, schließlich steht hier die mächtige Kathedrale Saint-Étienne. Aber nicht nur deshalb pilgern die Leute hierher: Heute zieht auch das Porzellan, dessen Herstellung hier ebenfalls eine lange Tradition hat, Besucher und Schnäppchenjäger in Scharen nach Limoges. Namhafte Manufakturen locken mit günstigem Fabrikverkauf. Die etwas teurere Möglichkeit, um an die begehrte Ware zu kommen, sind die vielen Geschäfte am Boulevard Louis Blanc, den die Limogeauds auch Porzellanboulevard nennen.

In Sachen Mode ist die Innenstadt eher ein Produkt der Globalisierung: Modeketten bestimmen das Bild. Dafür kann Limoges als Schlemmerhochburg auftrumpfen. Die meisten Restaurants warten mit traditioneller Limosiner Kost auf: Fleisch vom Limousin-Rind, Schinken vom Cul-noir-Schwein oder Gerichte mit Steinpilzen. Die Maîtres de Cuisine decken sich direkt in der Markthalle mit Zutaten ein (ein Besuch dort ist auch für Touristen obligatorisch). Gegenakzente setzen allerdings mittlerweile einige Bistros, die sich ganz auf Vegetarisches und Veganes spezialisiert haben.

Geschichte

Das heutige Stadtgebiet war ursprünglich von den keltischen Lemoviken besiedelt. Die eigentliche Stadtgeschichte beginnt aber mit der römischen Siedlung Augustoritum, die um das Jahr 10 v. Chr. auf der Anhöhe über dem rechten Vienne-Ufer gegründet wurde. Ein guter Standort: sonniges Klima, ein schiffbarer Fluss und Schnittpunkt zweier wichtiger Verkehrsachsen, der Via Agrippa von Lyon nach Bordeaux und der Handelsroute von der Westküste Frankreichs (Aremorica) zum Mittelmeer. Schnell entwickelte sich Augustoritum zu einer richtigen Stadt, in der Römer und Gallier friedlich miteinander lebten. Ihre Glanzzeit erlebte sie im 2. Jh.: Aquädukte wurden errichtet, eine Brücke über die Vienne, ein Tempel, Thermen, Paläste, ein Theater, ein Forum und ein Amphitheater. Letzteres war mit 136 m mal 115 m eines der größten Galliens. Im Jardin d'Orsay sind davon nur noch Überreste der Fundamente erhalten. Sonst hat aus der gallorömischen Zeit so gut wie nichts die Zeit überdauert, die spärlichen Fundstücke werden im Musée des Beaux Arts aufbewahrt.

Die Christianisierung der Stadt begann im 3. Jh. Der Legende nach soll der heilige Martial im Jahr 250 ein Spektakel im Amphitheater unterbrochen und zu predigen begonnen haben. Der vermeintlich Verrückte wurde eingekerkert und schon bald wieder freigelassen, denn ein geheimnisvolles Licht

 → Karte S. 254/255

Arts du Feu – die Feuerkünste

Die Herstellung von Porzellan, Email und Glas samt Glasmalerei, die sogenannten Arts du Feu, hat eine lange Tradition in Limoges. Als Königsdisziplin gilt die Herstellung von **Porzellan.** Der Chirurg Jean-Baptiste Darnet ahnte sofort, dass seine Frau 1765 bei Saint-Yrieix-la-Perche, 40 km südlich von Limoges, eine wertvolle Entdeckung gemacht hatte. Wie wertvoll, das ahnte er indes nicht. Denn seine Frau hatte eine weiße Masse entdeckt, mit der sich gut Wäsche waschen ließ. Das weckte Darnets Geschäftssinn, der das „Waschmittel" gewinnbringend vermarkten wollte. Er ließ es vom Apotheker Villaris in Bordeaux untersuchen. Dieser erkannte schnell, dass mehr hinter der Seife steckte: Es handelte sich um Kaolin! Dieser für die Porzellanherstellung unersetzliche Rohstoff hatte in Frankreich bisher gefehlt. In Europa hatte man zuvor nur bei Aue in Sachsen ein Vorkommen entdeckt, das die Manufaktur von Meißen natürlich streng hütete. Doch nun konnte man auch in Frankreich Porzellan herstellen. Ab 1768 begann der Kaolin-Abbau in Saint-Yrieix, wenig später entstand das erste französische Porzellan in der Manufacture nationale in Sèvres bei Paris. Im Jahr 1771 riefen die Brüder Grellet mit den Herren Massié und Fournérat die erste Manufaktur von Limoges ins Leben. Damit begann der Aufstieg zur Porzellanhauptstadt Frankreichs – dank der reichen Kaolinvorkommen in der Umgebung. Führend war Anfang des 19. Jh. François Alluaud, aus dessen Betrieb sich später das Unternehmen Royal Limoges entwickelte. Immer mehr Manufakturen entstanden, das goldene Zeitalter der Limosiner Porzellanherstellung war eingeleitet. In den 1850ern zählte die Stadt mehr als 30 Fabriken. Die Krise begann in den 1980ern: Hersteller verlagerten ihre Produktion, trieben mit dem Label „Limoges France" Schindluder oder verkauften an ausländische Investoren. Die größten Hersteller sind heute Bernardaud, Haviland und Royal Limoges.

Im Museum Adrien Dubouché

Der heimliche, buntschillernde Star unter den Feuerkünsten ist die **Emailkunst.** Die Schmelzarbeiten zierten meist Gold, Metalle, Leder und Keramik. Bedeutung gewann das Handwerk im 12. Jh. durch den Reliquienkult. Als eine der Hauptetappen auf dem Jakobsweg hatte Limoges eine steigende Nachfrage nach religiösen Andenken zu verzeichnen. Kreuze, Schreine, Bischofsstäbe etc. waren mit Email verziert. Die Limosiner Emailkunst erlangte in dieser Zeit einen guten Ruf weit über die Landesgrenzen hinaus. Weg von den religiösen und hin zu pro-

Das Museum Adrien Dubouché widmet sich auch der Porzellanherstellung

fanen Motiven ging es während der Renaissance. Es entstand – und hier war Limoges quasi pinselführend – die Emailmalerei. Beliebt und typisch für das Limousin war Grisaille-Email, Bilder in Grau, Schwarz und Weiß. Gemalt wurden vorwiegend antik-mythologische und ländliche Szenen. Der bekannteste Künstler zu dieser Zeit war Léonard Limosin. Später und bis ins 18. Jh. erlebte die Schmelz- und Malkunst eine lange Flaute. Erst in der Jugendstil- und Art-déco-Zeit erfuhr das Handwerk wieder einen Aufschwung. Leider sind in Limoges fast keine Emailkünstler mehr und nur noch wenige Ateliers in der Umgebung zu finden. Wegen erschwerter Sicherheitsauflagen gibt es auch immer weniger Nachwuchs in dem Metier. Noch aktive Handwerker fertigenneben traditionellen Arbeiten modernen Schmuck und hübsche Accessoires an. Kunstwerke aus Email kann man dennoch in Museen und Galerien bewundern.

Ähnlich wie die Emailkunst war im Mittelalter wegen des Baus zahlreicher Kirchen das Handwerk der **Glasmalerei** bedeutend; die Gotik gilt als Blütezeit der Glasmalerei. Eine neue Technik entwickelte sich während der Renaissance und kam in Mode: Schick waren nun Kirchenfenster in Grisaille. Danach wurde es lange still um das Handwerk. Erst Anfang des 20. Jh. machten Künstler die Glasmalerei wieder salonfähig. Zahlreiche Kirchenfenster in der Region wurden in Limoges gefertigt. Doch auch in der Stadt selbst sollte man die Augen offen halten – nicht nur die Kathedrale, Kirchen und Kappellen, sondern auch viele Häuser, der Pavillon du Verdurier und der Bahnhof Gare des Bénédictins sind mit den bunten Scheiben versehen und mit Porzellan- und Emailornamenten verziert. Die Touristeninformation bietet spezielle Stadtführungen zu diesen Gebäuden an. Im Atelier du Vitrail wird die Tradition der Glasmalerei bis heute fortgeführt; es kann jedoch nur auf Anfrage (am besten in der Touristeninformation) oder am Tag der offenen Denkmäler im September besichtigt werden.

erstrahlte über dem Gefängnis. Die Bürger glaubten an ein Wunder. Die Missionierung schritt daraufhin recht zügig voran: Martial zerstörte den Tempel, der Venus, Diana, Minerva und Jupiter geweiht war, und errichtete ein neues Gotteshaus. Martials Gefolgschaft wurde immer größer und er selbst der erste Bischof von Limoges.

Das Ende von Augustoritum wurde durch den Abzug der römischen Truppen Ende des 3. Jh. eingeleitet und durch die Germaneneinfälle im 4. und. 5. Jh. besiegelt. Die Bewohner zogen sich auf den Puy Saint-Étienne zurück und errichteten zum Schutz eine Wehranlage – die Bischofsstadt Cité, das heutige Quartier de la Cité, war geboren. Ab dem späten 4. Jh. nannte sich die Stadt Civitas Lemovicum. Parallel zur Cité bildete sich um die Nekropole, in der der heilige Martial begraben war, das heutige Quartier du Château. Hier entstand Mitte des 9. Jh. das Kloster Saint-Martial, das mit einer der renommiertesten Bibliotheken seiner Zeit aufwarten konnte und als einer der Ursprungsorte der polyfonen Musik gilt. Im 10. Jh. wurde das Viertel befestigt und zu einer Burg für die Vizegrafen. Beide Siedlungen standen lange in Konkurrenz zueinander, wobei der Sitz der Vizegrafen im 13. Jh. die Cité an Größe und Einwohnerzahl deutlich überholt hatte.

Nach der Französischen Revolution verschmolzen sie zu einer Stadt, die schnell zu einem bedeutenden Industriestandort und zur Porzellanhauptstadt Frankreichs aufstieg. Infolge der industriellen Revolution siedelten sich entlang der Vienne auch Manufakturen zur Produktion von Leder, Papier und Kleidung an. Die Stadt wuchs so schnell, dass die alte Stadtbefestigung weichen musste. Zugleich gewann die Arbeiterbewegung an Bedeutung. Bereits 1830 streikten Arbeiter hier mehrere Monate, die Aufstände häuften sich bis Anfang des 20. Jh. – daher rühren die Namen „Rom des Sozialismus" und „Rote Stadt". Letzterer spielt aber auch auf die Brennöfen und den roten Rauch an, der aus den Schloten der damaligen Porzellanmanufakturen stieg. Es ist jedenfalls kein Zufall, dass ausgerechnet in Limoges 1895 die erste französische Gewerkschaft, die *Confédération générale du Travail*, gegründet wurde, die der Kommunistischen Partei nahestand. Der einstige Hauptsitz, das Maison du Peuple, befindet sich in der Innenstadt in der Rue Charles Michels. Dass Limoges – und das Limousin im Allgemeinen – während des Zweiten Weltkriegs zum Zentrum linker Widerstandskämpfer wurde, verwundert daher wenig. Bis 1942 lag die Stadt in der neutralen Zone, wurde dann aber von deutschen Soldaten besetzt und erst zwei Jahre später wieder befreit. Inzwischen ist Limoges eine kunsthistorisch bedeutende Universitäts- und Verwaltungsstadt.

Sehenswertes im Quartier de la Cité

Cathédrale Saint-Étienne: Inspiriert von den Kathedralen in Saint-Dénis und Rouen, zählt die von Limoges zu den wenigen gotischen Bauwerken dieser Größe südlich der Loire. Innen wie außen beeindruckt die Cathédrale Saint-Étienne durch ihre architektonische Harmonie, obwohl sich die Bauarbeiten über 600 Jahre hinzogen; erst 1888 wurde sie fertiggestellt. Schon zuvor standen an dieser Stelle Gotteshäuser: ein römischer Tempel, ein Oratorium des ersten Bischofs von Limoges, Saint Martial, und eine romanische Kirche. Von Letzterer zeugen noch die Krypta, die allerdings nicht zugänglich ist, sowie die ersten drei Etagen des Glockenturms – der Rest ist unverkennbar gotisch. Im Flamboyant-Stil präsentiert sich das prächtige, reich dekorierte Nord- und eigentliche Hauptportal Saint-Jean. In zwei Galerien ist es gegliedert, in die erste ist eine Ro-

Mächtig thront die Kathedrale Saint-Étienne über dem Quartier de la Cité

sette eingelassen. 15 Jahre dauerte seine Ausarbeitung; in die Holztüren sind Szenen aus dem Leben der Heiligen Étienne und Martial eingeschnitzt.

Im Inneren kann man seinen Blick kaum vom Lettner abwenden. In der Renaissance wurde er aus Kalksandstein der Corrèze gearbeitet, heute dient er als Galerie unterhalb der Orgel. Skulpturen, v. a. heidnischer Götter, zieren ihn, auch die sechs Tugenden sind darauf zu finden. Schlank und hoch sind die Fenster des Chorraums. Drei Gräber mit herrlichen Reliefs umgeben den Chor: die letzten Ruhestätten der Bischöfe Raynaud de la Porte, Jean de Langeac und Bernard de Brun. 14 Tafeln, u. a. mit Motiven der Apokalypse, zieren den Sarkophag Langeacs; sie wurden der berühmten Darstellung der Apokalypse von Albrecht Dürer nachempfunden.

Relativ neu und eigentlich eher typisch für die Auvergne ist die schwarze Madonna im bunten Emailgewand im Nordschiff. Die Künstler Léa Sham's und Alain Dubain schufen die Marienstatue anlässlich der letzten *Ostensions* (→ S. 471) im Jahr 2009. Die Kathedrale bildet auch ein Etappenziel der Richard-Löwenherz-Straße (→ S. 292) – schließlich wurde hier Richard Löwenherz zum Herzog von Aquitanien erhoben.

▪ April–Okt. tägl. 9–18 Uhr, Nov.–März bis 17 Uhr. www.cathedrale-limoges.fr.

Souterrain de la Règle: Von dem im 9. Jh. gegründeten Benediktinerinnenkloster Abbaye Sainte-Marie de la Règle ist außer dem Refektorium (heute Cité des Métiers et des Arts) und der Kathedrale nichts mehr übrig – die ehrwürdigen Gebäude mussten in den 1960er-Jahren Neubauten weichen. Die unterirdischen Gänge und Gewölbekeller blieben jedoch erhalten. Sie dienten u. a. der Einlagerung von Vorräten. Die Klosterkeller stehen nach Anmeldung (über die Touristeninformation) zur Besichtigung offen.

▪ Führung (30 Min.) 4 €. Reservierung über die Tourist-Info (✆ 05-55344687). 3, rue de la Règle.

Jardin de l'Évêché: Auf einer riesigen Terrasse über dem Vienne-Ufer erstreckt sich hinter der Kathedrale der etwa 5 ha große Bischofsgarten, ein botanischer Garten mit Brunnen und Teichen. In drei Bereiche ist die Grünanlage gegliedert: Es gibt einen Kräuter- und Gewürzgarten, einen Abschnitt mit Rosensträuchern und Blumenbeeten sowie einen waldartigen Parkbereich. Zwischen mehr als 3000 Pflanzen können Besucher in dieser Ruheoase verweilen und eine tolle Sicht auf die Vienne genießen.

▪ Ganzjährig geöffnet.

Cité des Métiers et des Arts/Musée des Compagnons: Hinter der Kathedrale und am Ende des Bischofsgartens ist in das frühere Refektorium der Abtei die Cité des Métiers et des Art eingezogen. Das Museum gibt Einblick in verschiedene Handwerksberufe. Knapp 100 Exponate und Modelle sind ausgestellt – gefertigt von Zimmerern, Schreinern, Tischlern, Maurern, Steinmetzen, Schlossern, Dachdeckern und Klempnern, die den Titel „Bester Handwerker Frankreichs" tragen. Einzigartig sind nicht nur die Kunstwerke, sondern auch die Räumlichkeiten mit den nahezu schwebend wirkenden Holztreppen und -galerien: Natürlich haben hier einige der „besten Handwerker" selbst Hand angelegt. Zusätzlich präsentieren Sonderausstellungen herrliche Handwerksarbeiten.

▪ Eintritt 5 €. Juli Di–Sa 10–12 und 14–18 Uhr, Aug. Di–Sa 14–18 Uhr. 5, rue de la Règle, ✆ 05-55338686.

Musée des Beaux-Arts: Der Bischofspalast neben der Kathedrale birgt eine stattliche Sammlung an Gemälden sowie Emailarbeiten, darunter Gemälde von der im Limousin geborenen Malerin Suzanne Valadon, von Raoul Haussmann und dem in Limoges geborenen Impressionisten Auguste Renoir. Die Kreationen aus Email reichen vom Mittelalter bis in die heutige Zeit. Zudem erfährt der Besucher einiges über die Entstehung und die Geschichte von Limoges. Ausgestellt sind u. a. Fundstücke aus der Bronzezeit, galloрömische und ägyptische Kunst. Allein der Palast im klassizistischen Stil aus der zweiten Hälfte des 18. Jh. ist sehenswert – er wurde eigens für den Bischof Louis-Charles Duplessis d'Argentré errichtet. Prächtig sind etwa das Rondell mit den vier Evangelien im Erdgeschoss beim Treppenaufgang sowie die Kapelle mit dekorativen Wandverzierungen und einem Adlerpult.

▪ Eintritt 5 €. Mi–So 9.30–12 und 14–18 Uhr. Geschlossen am 1. Jan., 1. Mai, 1. und 11. Nov. sowie 25. Dez. 1, place de l'Évêché, ✆ 05-554 59810, www.museebal.fr.

Musée de la Résistance: Als Hauptstadt des Maquis, der französischen Widerstandsbewegung im Zweiten Weltkrieg, hat die Stadt dem Thema ein modernes, 1400 m² großes Museum gewidmet. In sechs Abschnitten zeichnet die Ausstellung die Geschichte des Zweiten Weltkriegs und die des französischen Widerstands nach. Propagandaplakate des Vichy-Regimes stehen solchen der Résistance gegenüber. Spannend ist der Einblick in das ausgeklügelte Netzwerk im Untergrund, das etliche Sabotagen ermöglichte. Neben reichlich Infomaterial und Videos beeindrucken Exponate wie Schutzanzüge, Gasmasken, Waffen und ein italienischer Jagdbomber des Typus Reggiane 2002. Audioguide auf Deutsch.

▪ Eintritt 5 €. Mitte Juni bis Mitte Sept. tägl. außer Di 10–18 Uhr, Mitte Sept. bis Mitte Juni tägl. außer Di 9.30–17 Uhr, So 13.30–17 Uhr. Audioguide auf Deutsch. 7, rue Neuve Saint-Étienne, ✆ 05-55458444, www.resistance-massif-central.fr.

Sehenswertes im Quartier du Château

Musée national de Porcelaine Adrien Dubouché: Ein Besuch dieses Museums wird garantiert in jedem eine Leidenschaft für Porzellan entfachen. Schon von außen begeistert das Gebäude von 1900 mit seiner sgraffitigeschmückten Fassade. Im kleinen Park davor stehen extravagante Porzellankunstwerke. Das

Limousin | Die Haute-Vienne → Karte S. 254/255

Glaskunst ist eine der drei Säulen des Limoger Handwerks

Innere ist mit Mosaiken und Art-nouveau-Elementen verziert, mit stilisierten naturalistischen Motiven, mit Pflanzen, die die prächtigen Fenster umranken. Weil das Museum nicht mehr den Platzansprüchen der Sammlung genügte und man sich eine modernere Präsentation wünschte, wurde 2011 deshalb die dahinterliegende ehemalige Schule für dekorative Künste integriert und der Zwischenraum überdacht. Das Museum gibt es bereits seit 1845, da stand es aber noch an anderer Stelle. Adrien Dubouché wurde 1865 Direktor und baute als Mäzen die Sammlung auf, die inzwischen 16.000 Objekte umfasst. Sie reicht von frühen archäologischen Funden über chinesisches und japanisches Porzellan, Majoliken und Fayencen bis hin zu Art-nouveau- und Art-déco-Objekten und zeitgenössischer Keramik. Auch die Herstellung von Porzellan wird anschaulich anhand von Modellen erklärt. Das große Finale des Rundgangs sind die Kreationen der berühmtesten Porzellanhersteller von Limoges.

▪ Eintritt 7 €. 1. So im Monat gratis. Tägl. außer Di 10–12.30 und 14–17.45 Uhr. 8 bis, place Winston Churchill, ✆ 05-55330858, www.musee-adriendubouche.fr.

Jardin d'Orsay: Wo zu gallorömischer Zeit ein Amphitheater das Stadtbild prägte, spazieren Fußgänger heute durch einen hübschen Park. Der Jardin d'Orsay befindet sich gegenüber dem Justizpalast und dem Palace d'Aine unweit des Porzellanmuseums. Der königliche Verwalter Boucher d'Orsay ließ den Garten im 18. Jh. für die Öffentlichkeit zum Promenieren anlegen. Zum Park gehört auch ein hübscher Musikpavillon. Ein Denkmal erinnert an den Porzellanfabrikarbeiter Camille Vardelle, der 1905 bei einem Aufstand erschossen wurde.

Halles centrales: In welcher Zeit die Markthalle erbaut wurde, sieht man sofort: in der von Gustave Eiffel. 1889, um genau zu sein. Ein Aufbau aus Glas und großen stählernen Bögen mit floralen Motiven bildet den oberen Teil des Gebäudes, der Mittelteil besteht aus roten Ziegelsteinen und ruht auf einem Sockel aus grauem Naturstein. Unter dem Dach zieht sich ein Fries mit weit über 300 Porzellanplatten entlang. Auf ihnen sind Produkte dargestellt, die es in der Halle zu kaufen gibt. Vier schmiedeeiserne Tore führen hinein in die Markthalle, die natürlich alles bietet, was das Genießerherz begehrt –

darunter Bistros, Tresen verschiedener Restaurants der Stadt, die mittags geöffnet haben und Produkte vom Markt verarbeiten. Gegenüber der Markthalle sollte man auf die Häuserzeile am Place de la Motte schauen: Eine Fassade mit Fachwerk ist aufgemalt – auf den ersten Blick nicht erkennbar.

▪ Di/Mi 7–13 Uhr, Do–So 7–15 Uhr, jeden 2. Fr im Monat auch Nachtmarkt. Place de la Motte, www.leshallescentraleslimoges.fr.

Église Saint-Michel-des-Lions: Namensgeber dieser 1364–1464 erbauten Kirche sind zwei Steinlöwen rechts und links vom Eingang. Mit seiner Kupferkugel auf der Turmspitze und dem schlanken Glockenturm gilt das Bauwerk als *der* Orientierungspunkt der Stadt. Ein bedeutender Schatz verbirgt sich in einem Altar: die Reliquien des heiligen Martial. Alle sieben Jahre werden sie in einer feierlichen Prozession durch die Stadt getragen. Sehenswert sind zwei Kirchenfenster, die das Leben von Johannes dem Täufer und der Muttergottes darstellen.

Cour du Temple: Ein einzigartiges Ensemble bildet der Cour du Temple östlich der Markthalle zwischen der Rue du Temple und der Rue du Consulat. Der Innenhof ist eingerahmt von schmucken Fachwerkhäusern aus dem 17. Jh., die mit Arkaden und Galerien versehen sind. Ein kleines Café lädt zum Verweilen ein.

Rue de la Boucherie: Die malerischste Gasse von Limoges, durchgängig gesäumt von schmalen, hohen Fachwerkhäusern. 52 davon wurden Anfang des 13. Jh. errichtet. Damals war es hier allerdings nicht ganz so malerisch, denn an einem kleinen Wasserlauf siedelten sich die Metzger der Stadt an. Die Schlachthäuser und Ställe befanden sich direkt hinter den Gebäuden. Die Metzger sind seit Anfang des 20. Jh. nach und nach verschwunden, dafür gibt es nun exquisite Restaurants und kleine Läden. Auf der Hälfte der Straße befindet sich ein kleiner Platz, auf dessen Höhe sich eine außergewöhnliche Kapelle zwischen die Fachwerkhäuser

Die berühmteste Straße in Limoges: die Metzgergasse Rue de la Boucherie

quetscht: die Chapelle Saint-Aurélien. Sie ist dem Schutzheiligen der städtischen Metzger gewidmet, dem ehemaligen Bischof Aurélien. Ende des 15. Jh. wurde sie erbaut, um seine Reliquien zu verwahren, im 17. Jh. wurde sie um einen barocken Chor und einen mit Kastanienschindeln gedeckten Glockenturm erweitert. Noch immer gehört die Kapelle der Metzger-Bruderschaft, einer historischen Vereinigung, die Traditionen bewahrt und auf die Qualität der Produkte achtet. Vor der Kapelle steht auf einem Sockel aus Granit ein hohes, weißes Kreuz aus Kalkstein, das Croix des Carmes. Unterhalb des Kreuzes sind in drei Gruppen die zwölf Apostel dargestellt. In der Straße lässt sich außerdem ein altes Metzgerhaus besichtigen: das Maison traditionnelle de la Boucherie in der Nummer 36 mit einem Geschäftsraum und Schlachthaus, einer Küche, Werkzeugen und Wohnräumen sowie dem Dachboden, wo die Häute, Hörner und Hufe trockneten.

▪ **Maison traditionnelle de la Boucherie:** kostenlose Führungen alle 30 Min. Juli/Aug. Di–Sa 14–18 Uhr. 36, rue de la Boucherie, ✆ 05-55344687.

Aquarium: Schon vor mehr als 100 Jahren war das Aquarium von Limoges, schräg gegenüber vom Rathaus (Hôtel de Ville), mit mehr als 3 Mio. Litern Wasser gefüllt, Fische schwammen damals aber (hoffentlich) noch nicht darin. Denn von 1881 bis 1956 diente es als großes Wasserreservoir. Seit 1993 gibt es in den schönen, mit vielen Arkaden versehenen Gewölben wieder Wasser – diesmal aber mit Fischen und anderen Meerestieren! Und zwar über 3000 Exemplare. Piranhas, Schwarzspitzen-Riffhaie, Muränen und viele bunte Farbwunder sind darunter, auch Quallen und Schildkröten. Über ein Becken kann man sogar laufen – unter den Füßen: ein platter Steinbutt. Das Aquarium ist ansprechend im Stil einer Unterwasserlandschaft gestaltet, mit einem in der Tiefe liegenden U-Boot, umrankt von vielen Pflanzen, dazu nachgebildete Uferlandschaften. Bei einem Becken kann man die Fische sogar anfassen.

▪ Eintritt 10 €. Während der franz. Schulferien tägl. 10–18 Uhr, sonst tägl. 10.30–18 Uhr. Im Jan. geschlossen. 2, boulevard Gambetta, ✆ 05-55334211, www.aquariumdulimousin.com.

Hôtel de Ville: Das Rathaus am Place Léon Betoulle unterhalb des Quartier du Château zählt zu den schönsten Bauwerken der Stadt. Der bekannte französische Architekt Charles-Alfred Leclerc, Preisträger des Prix de Rome, entwarf das prachtvolle Gebäude im Neorenaissance-Stil. Erbaut wurde es 1879–83. Schmuckvoll ist der Uhrturm, den zwei Skulpturen säumen: Eine symbolisiert die Goldschmiede-, die andere die Emailkunst. Im Rathaus finden regelmäßig Kunstausstellungen statt. An das wichtigste Gewerbe der Stadt erinnert ein Brunnen aus vergoldetem Porzellan, Granit und Bronze im kleinen Park davor – ein echter Blickfang. Es mag Zufall sein, aber schon vor mehr als 2000 Jahren stand an der Stelle des Rathauses ein gallorömisches Forum.

Bibliothèque francophone Multimédia: Neben dem Rathaus steht die bedeutendste Bibliothek des Limousin. Herausragend ist die Architektur: eine Symbiose aus der barocken Bauweise des 17. Jh. auf der einen und sehr modernen Glasfassaden auf der anderen Seite. Im Innenhof des Gebäudes, das früher als Krankenhaus genutzt wurde, kann ein Mosaik aus gallorömischer Zeit bewundert werden. Die Bibliothek besitzt mehr als 450.000 gedruckte und digitale Medien.

Sehenswertes am Ufer der Vienne

Musée du Four des Casseaux: Am Ufer der Vienne kann man ganz tief in die Porzellangeschichte einsteigen – und das im wahrsten Sinne des Wortes. In einem spannenden Museum, das sich an die noch aktive Porzellanmanufaktur

Limousin | Die Haute-Vienne → Karte S. 254/255

Royal Limoges (→ Einkaufen, S. 269) anschließt, kann man in einen knapp 20 m hohen Ofen aus roten Backsteinen hineinschlüpfen. Auf zwei Stockwerken wurden ehemals 10.000 Teile gleichzeitig gebrannt. Von 1884 bis 1959 war er in Betrieb. Für jeden Brand mussten die Arbeiter den Eingang zumauern und danach wieder aufbrechen. Vier solcher Öfen stehen noch in Limoges, Anfang des 20. Jh. waren es 120. Die Ausstellung informiert außerdem über die Herstellung und Zusammensetzung von Porzellan und zeigt historische Fotografien aus der Fabrik von Haviland.

▪ Eintritt 4,50 €, Führung 7 €. Tägl. außer So und Feiertag 10–12.30 und 14–17.30 Uhr. 2, rue Victor Duruy (Zugang für Manufaktur Royal Limoges, 54, rue Victor Duruy), ✆ 05-55332874, www.museedescasseaux.com.

Quartier des Ponts: Das Viertel am linken Vienne-Ufer erstreckt sich zwischen den beiden Brücken Saint-Étienne und Saint-Martial. Es gilt noch immer als Arbeiterviertel der Stadt, obwohl Unternehmen wie Porzellanfabriken, Brauereien und Elektrizitätswerke hier längst nicht mehr ansässig sind. Berüchtigt waren die früheren Anwohner für ihren „Accent de Ponts", der stark dem Okzitanischen ähnelte und noch bis in die 1950er-Jahre gesprochen wurde. Hübsch ist die Pont Saint-Étienne aus dem 13. Jh. Folgt man der Vienne noch ein Stück in nordöstliche Richtung, eröffnet sich ein schöner Blick auf eben diese alte Bogenbrücke und die Kathedrale.

Parc de l'Auzette: Diese weitläufige Grünanlage beginnt am linken Vienne-Ufer zwischen der Pont Saint-Étienne und der Pont Saint-Martial und geht weiter stadtauswärts in den Parc du Mas-Rome über. Hier kann man gediegen an dem Bächlein Auzette entlangspazieren oder Kunstwerke betrachten, die von einer „Kunst in der Stadt"-Aktion übrig sind. Für die Kleinen sind Spielplätze vorhanden.

Le Poudrier: In dem grünen Kleinod am rechten Vienne-Ufer, etwa 4 km von der Innenstadt entfernt, befand sich im 16. Jh. eine Getreidemühle, die „Bauch Limoges" genannt wurde. Louis XIV ließ sie als Mühle für Kanonenschießpulver umfunktionieren, bevor schließ-

Kleine Ruheoase auf dem Gelände Le Poudrier

lich eine Porzellanfabrik in das Anwesen einzog. Heute finden im winzigen Amphitheater in der Gartenanlage regelmäßig Konzerte und andere kulturelle Veranstaltungen statt. Am Ufer der Vienne liegt ein Bootswrack. Im ehemaligen Gärtnerhaus sind Wohlfühlgästezimmer untergebracht.

▪ Ein kleiner Weg führt zum Anwesen hinunter. ✆ 05-55101800, www.le-poudrier.com.

Basis-Infos

Information **Office de Tourisme,** Juli/Aug. tägl. geöffnet, sonst → Website. Ein City-Pass ermöglicht für 24 oder 48 Stunden (15 € bzw. 20 €) Gratiseintritte und Vergünstigungen. Stadtführungen möglich. 12, boulevard de Fleurus, 87000 Limoges, ✆ 05-55344687, www.destination-limoges.com.

Haute-Vienne Tourisme, sehr gute Website (auch auf Englisch) mit Infos zur gesamten Haute-Vienne: www.tourisme-hautevienne.com.

Krankenhaus **Centre hospitalier universitaire,** 2, avenue Martin Luther King, ✆ 05-55055555, www.chu-limoges.fr.

Markt Die zentrale **Markthalle** am Place de la Motte öffnet Di/Mi 7–13 Uhr, Do–So 7–15 Uhr ihre Pforten, jeden 2. Fr im Monat auch Nachtmarkt.

Kleine **Markthalle** am Place Sadi Carnot, Mo 8–13 Uhr, Di–Sa 7–13 Uhr.

Außerdem verschiedene **Bauernmärkte unter der Woche in den einzelnen Stadtteilen, u. a.** jeden Sa auf dem Place Marceau und dem Place des Carmes.

Am 2. So jeden Monats (außer Aug.) findet im Quartier de la Cité außerdem der größte **Flohmarkt** des Limousin statt. Mehrere Weihnachtsmärkte, **Marché de Noël**, werden ab Anfang und zum Teil bis Ende Dezember u. a. auf dem Place de la Motte, Place de la République, in der rue Jean-Jaurès und im Jardin d'Orsay veranstaltet. Eine Besonderheit sind Krippenfiguren aus Porzellan. https://noel.limoges.fr.

Ein noch recht junges kulinarisches Spektakel ist La Friche des Ponts, ein hipper **Street Food Markt** auf einer Industriebrache am Ufer der Vienne mit rund 20 Foodtrucks und Strandatmosphäre zwischen Oldtimern bei Livemusik. Mitte Juni bis Mitte Sept. ab 18 Uhr. 3, rue de la Fontaine Pinot.

Parken Kostenpflichtiger Parkplatz am Place Winston Churchill. Geheimtipp: Einige kostenlose Parkplätze befinden sich unterhalb der Kathedrale am Quai Louis Goujaud. Allerdings muss man dann Treppen steigen.

Touristenzug Der **Petit Train** fährt an den wichtigsten Sehenswürdigkeiten der Stadt vorbei, dabei erhält man interessante Hintergrundinformationen, auch auf Deutsch. 2 Rundfahrten stehen zur Auswahl: durch die Altstadt oder am Vienne-Ufer entlang (bei Letzterem werden dennoch sehenswerte Gebäude angesteuert). Zudem kann man auch im Tuk-Tuk die Stadt entdecken. Fahrt 8 €, Dauer 40 Min., Tuk-Tuk ab 12 €, Abfahrt und Tickets bei der Tourist-Info, genaue Zeiten → Website. Abfahrt Tuk-Tuk individuell. www.petittrainlimoges.fr.

Ein nostalgischer **Dampfzug** tuckert von Juni bis Aug. durch das Limousin. Von Limoges aus steuert er die Destinationen Eymoutiers, Saint-Junien und Brignac bei Saint-Léonard-de-Noblat an. Fahrzeiten und Preise unter www.trainvapeur.com.

Veranstaltungen **Les Ostensions,** alle sieben Jahre werden die Reliquien des heiligen Martial im Rahmen einer feierlichen Prozession durch die Stadt getragen, das nächste Mal 2023.

Mein Tipp **Impertinente,** alle 2 Jahre findet das Event statt, das nächste Mal 2024. Hommage an die Emailkunst verschiedenster Art, u. a. solche auf Metall. Mehrere Ausstellungen verteilen sich quer durch die Städte Limoges, Bellac, Rochechouart, Solignac und Saint-Yrieix-la-Perche. Nicht nur bestimmte Künstler stehen im Mittelpunkt, sondern auch verschiedene Epochen, vergangene und aktuelle Trends. Ticketverkauf während der Veranstaltungsmonate tägl. 10–19 Uhr im Pavillon du Verdurier, Place St. Pierre.

Lire à Limoges, Mitte Mai findet jedes Jahr an drei Tagen auf dem Champ du Juillet die fünftgrößte Buchmesse Frankreichs statt. Aktuelle Termine unter https://lire.limoges.fr.

La Foire de Limoges, große „Messe" mit über 300 Ausstellern, Konzerten und (Kunst-) Ausstellungen etc. in der zweiten Maihälfte. Eintritt frei. Parc des Expositions Limoges,

Limousin | Die Haute-Vienne → Karte S. 254/255

Boulevard Robert Schuman, www.foiredelimoges.com.

Festival Urbaka, großes Straßenkünstler-Festival Ende Juni/Anfang Juli. www.urbaka.com.

Les Zébrures, bedeutendes Theater-, Musik-, Literatur- und Tanzfestival mit einer Frühlings- und einer Herbstausgabe, das für etwa 10 Tage nicht nur in Limoges, sondern in der ganzen Region stattfindet. Programm und Termine unter www.lesfrancophonies.fr.

La Frairie des Petits Ventres, am 3. Fr im Okt. gibt es in der Rue de la Boucherie ein kulinarisches Highlight: Stände mit regionalen Spezialitäten beleben die alte Metzgergasse.

Salon International de la Caricature, du Dessin de Presse et d'Humour, zehntägiges Festival Ende Sept./Anfang Okt. in Saint-Just-le-Martel, 10 km östlich von Limoges, das sich rund um die Kunst der Karikatur dreht. Die Veranstaltung beinhaltet auch einen Wettbewerb. https://centredessinpresse-stjust.com.

Verbindungen

Flughafen Der **Aéroport International de Limoges Bellegarde** befindet sich ca. 10 km nordwestlich vom Zentrum Richtung Saint-Junien. Leider fliegen Maschinen aus Deutschland den Flughafen noch nicht direkt an. 81, avenue de l'Aéroport, ✆ 05-55433030, www.aeroportlimoges.com.

Gleiswirrwarr vor dem schönsten Bahnhof Frankreichs

Bahn und Bus Der Hauptbahnhof **Gare Limoges-Bénédictins** (4, place Maison Dieu) ist ans Streckennetz Paris–Toulouse sowie Bordeaux–Lyon angebunden, zudem fahren Züge u. a. bis Poitiers und Toulouse. Zahlreiche Regionalzüge und Busse verkehren zwischen Limoges und den kleineren Städten und Dörfern im Limousin sowie Montluçon und Clermont-Ferrand in der Auvergne. Achtung: Die Anzeige in der Bahnhofshalle listet die Abfahrts- und Ankunftszeiten sowohl der Zug- als auch der Busverbindungen auf. Der **Busbahnhof** befindet sich an der Ostseite des Hauptbahnhofs. Das Busnetz CIEL unterhält Linien ins gesamte Departement.

Stadtverkehr Limoges besitzt ein gut ausgebautes Busnetz. Die Stadt setzt traditionell auf **Trolleybusse,** die auf 5 Linien durch Limoges fahren. Insgesamt zählen 37 Linien zum öffentlichen Verkehrsnetz TCL, darunter Nachtlinien und Linien, die speziell an Sonn- und Feiertagen fahren.

Der öffentliche Nahverkehr wird durch sogenannte **Telobusse** ergänzt – eine Art Kleinbus-Taxi, das die Gemeinden um Limoges an das Stadtverkehrsnetz anbindet: Verschiedene Linien fahren nach dem Prinzip eines Anrufsammeltaxis, also nach festem Fahrplan, aber nur bei Bedarf. Das Angebot besteht Mo–Fr. Société de Transports en Commun de Limoges (TCL), Point Bus, 10, place Léon Betouille, ✆ 05-55324646, www.stcl.fr.

Citybike V'LiM, Limoges stellt für die Stadt und seine Vororte normale Fahrräder und E-Bikes zur Verfügung (muss man mind. einen Tag leihen). Maison du V'LiM, 13, boulevard de Fleurus, ✆ 06-19593565, www.limoges-metropole.fr. Mo–Fr 9.30–18 Uhr, Sa 8.30–12 Uhr.

Aktivitäten

Baden **Aquapolis,** Erlebnis- und Entspannungsbad mit Schwimm-, Plansch- und Ruhebereich, Spa, Dampfbad und Sauna. 359, rue Aristide Briand, ✆ 05-87193167, www.vert-marine.com/aquapolis.

Piscine Beaublanc d'été, Freibad mit 50-m-Becken. 19, boulevard de Beaublanc, ✆ 05-557 95116.

Direkt daneben gibt es das Hallenbad **Piscine Beauplan d'hiver,** das in der kalten Jahreszeit geöffnet ist. ✆ 055-55795121.

Bowling **Bowling de Limoges,** große Bowlinghalle mit 20 Bahnen und 14 Billardtischen, 7 km südlich vom Zentrum. Le Bas Faure, Route de Boisseuil, 87220 Feytiat, ✆ 05-55301305, www.limogesbowling.fr.

Geocaching **Terra Aventura,** 7 Entdeckertouren in und um Limoges, u. a. am Ufer der Vienne oder in der Altstadt, auch themenspezifisches Geocaching z. B. rund ums Porzellan. Mehr unter www.terra-aventura.fr.

Golf **Golf Club de Limoges,** zentrumsnahe 18-Loch-Anlage. 26, avenue du Golf, ✆ 05-553 02801, www.golfclublimoges.com.

Golf de la Porcelaine, schöner, hügeliger, bewaldeter 18-Loch-Golfplatz mit Teich, 6 km östlich von Limoges, 75 ha groß. Célicroux, 87350 Panazol, ✆ 05-55311069, www.golf-porcelaine.com.

Hochseilgarten **Tarz en Arbre,** Kletterwald mit 7 Parcours gleich beim Lac d'Uzurat. Juli/Aug. tägl. 9–21 Uhr geöffnet. Avenue de Brachaud, ✆ 06-33178738, www.tarz-en-arbre.com.

Klettern **Climb up Limoges,** 1200 m² große Kletter- und Boulderhalle mit Angeboten ab 2 Jahren. 25, rue de Douai, ✆ 09-80748928, www.limoges.climb-up.fr.

Am Vienne-Ufer wurde außerdem eine 15 m hohe **Kletterwand** installiert. Freier Zugang. Allée Gabriel Ventejol.

Einkaufen

→ Karte S. 270/271

Viele Geschäfte befinden sich rund um die Rue du Consulat **21** und in der Rue Haute-Vienne **32** in der Fußgängerzone.

Porzellan/Kunst **Bernardaud 13**, der Porzellanhersteller schlechthin. Luxuriös, kreativ und qualitativ hochwertig sind die Produkte des Familienunternehmens, das seit 1863 existiert und in Limoges und Oradour-sur-Glane produziert. Bei Führungen durch die Fertigung darf man Porzellanobjekte sowie den Teig, der einmal hartes Porzellan werden soll, auch anfassen. Beim Fabrikverkauf bekommt man die Luxusgüter etwas billiger. Teuer sind sie natürlich trotzdem noch. Führungen 8 €, nach Anmeldung. Fabrikverkauf Mo–Sa 10–12.30 und 13.30–18 Uhr. 27, avenue Albert Thomas, ✆ 05-55105591, www.bernardaud.com.

Haviland 42 (Pavillon de la Porcelaine – musée Haviland), heutzutage ist Bernardaud beliebter, doch früher war Haviland die erste Wahl. Ob Abraham Lincoln, Charles de Gaulle, das marokkanische Königshaus oder Wilhelm II. – bei ihnen stand Porzellan von Haviland auf dem Tisch. Künstler wie Dalí, Kandinsky und Cocteau designten edle Service für das Unternehmen. Gegründet wurde es von David Haviland, der 1842 aus den USA nach Limoges kam. Beim Fabrikverkauf ist auch ein kleines Museum eingerichtet, das die große Historie und die prächtigsten Objekte von Haviland zeigt. Zuletzt war es vorübergehend geschlossen. Das Unternehmen stellt auch Kristallprodukte, Tafelsilber und Geschenkartikel her. Mo–Sa 10–18 Uhr. 3, avenue du Président John Kennedy, Z.I. Magré, ✆ 05-55302186, www.haviland.fr.

Royal Limoges 15, der renommierte Porzellanhersteller neben dem Musée du Four an der Vienne produziert seit 1797 und hat damit die älteste noch aktive Manufaktur der Stadt. Das lang gezogene Gebäude aus Granit und Backstein beherbergt einen Fabrikverkauf von edelstem Porzellan. Mo–Sa 10–18 Uhr. 54, rue Victor Duruy, ✆ 05-55332730, www.royal-limoges.fr.

Raynaud, am westlichen Stadtausgang verkauft diese seit 1919 produzierende Manufaktur ihr Porzellan zu vernünftigen Preisen. Besonders schick sind die feinen Sechzigerjahre-Muster der Linie „Haute couture". Führungen nach Anmeldung. Fabrikverkauf Juli/Aug. Mo–Sa 9.30–18.30 Uhr, sonst Di–Sa 9–12 und 14–

18 Uhr. 14, ancienne route d'Aixe, 87170 Limoges/Isle, ✆ 05-55017755, www.raynaud.fr.

Pierre Arquié **39**, handgefertigte, sehr hochwertige Einzelstücke aus Porzellan. Führungen auf Anfrage. Laden Mo–Sa 10–18 Uhr. 230, avenue Baudin, ✆ 05-55344052, www.ateliersarquie.com.

Porzellanmanufaktur Jacques Pergay **41**, verschnörkelt, verspielt und filigran ist das Porzellan von Jacques und Aurélie Pergay. Das Vater-Tochter-Gespann legt viel Wert auf Qualität – ein Grund, warum sich das Label deutlich verkleinert und sein Atelier von Aixe-sur-Vienne nach Limoges verlagert hat. Mo 10–12 und 14–18 Uhr, Di–Sa 10–12.30 und 14–19 Uhr. 117, rue de Nexon, ✆ 05-55312424, www.jacquespergay.com.

Lachaniette **36**, auf dem sogenannten Porzellanboulevard Louis Blanc **28** finden sich mehrere Porzellangeschäfte. Lachaniette aber ist nicht nur ein Geschäft, das die Waren der verschiedenen Hersteller auf zwei Stockwerken versammelt, sondern auch ein kleines Museum, das die Geschichte und Besonderheiten des Limosiner Porzellans erklärt. Mo–Sa 10–12 und 14–19 Uhr. 27, boulevard Louis Blanc, ✆ 05-55345861, www.porcelainelachaniette.com.

Galerie du Canal **35**, ein Künstlerkollektiv aus sechs Emailleuren, einer Keramikerin und einem Kupferschmied stellt in der Galerie bei der Kapelle Saint-Aurélien seine Arbeiten aus: Schmuck, Bilder, Skulpturen, Vasen etc. Die bekannteste Künstlerin ist Léa Sham's, die eine Madonna aus Email für die Kathedrale Saint-Étienne kreiert hat. Di–Sa 10.30–12.30 und 14–19 Uhr. 15, rue du Canal, ✆ 05-55331411, www.galerieducanal.fr.

Galerie le Bocal **31**, wenn sich Künstler zusammentun, kann ein schönes, buntes Allerlei herauskommen, wie im Bocal. In diesem „Einmachglas" stellen vier Handwerker ihre Kreationen in Form von Email- und Federschmuck, Mosaik-, Porzellan- und Keramikkunst zur Schau und bieten sie zum Verkauf an. Di–Sa 10–13 und 14–19 Uhr. 19, boulevard Louis Blanc, ✆ 05-55338540, www.galerie-lebocal.com.

Schuhe **J. M. Weston,** Schuhe von bester handgefertigter Qualität produziert dieser Luxusanbieter seit 1891 in Limoges. Das Unternehmen hat sogar zwei eigene Gerbereien, das Sohlenleder z. B. wird in Saint-Léonard-de-Noblat gefertigt. Wer nicht nur zum Schauen kommt, muss mehrere Hundert Euro für ein Paar Schuhe hinlegen. Mo–Fr 10–18 Uhr. 56,

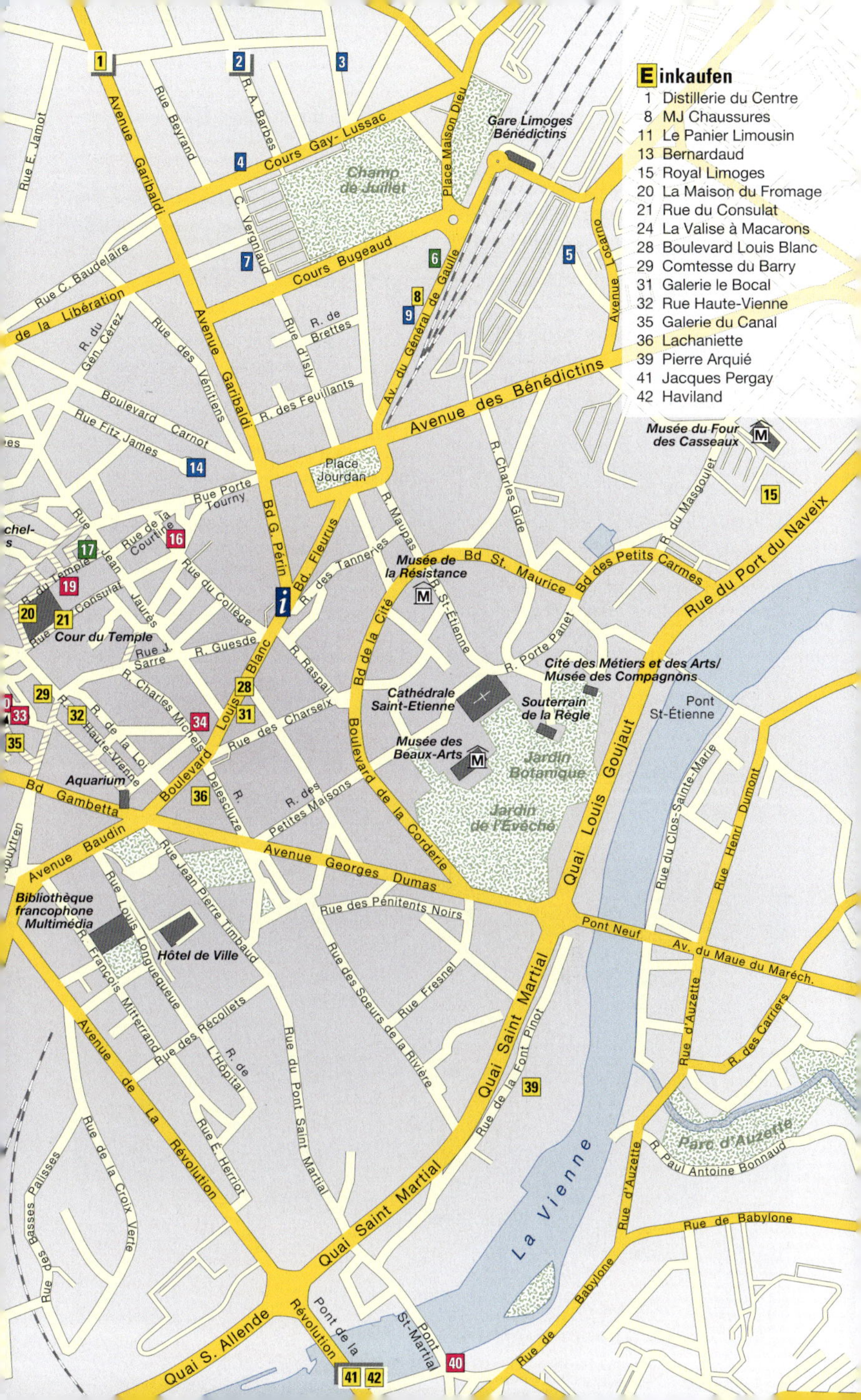
Einkaufen
1 Distillerie du Centre
8 MJ Chaussures
11 Le Panier Limousin
13 Bernardaud
15 Royal Limoges
20 La Maison du Fromage
21 Rue du Consulat
24 La Valise à Macarons
28 Boulevard Louis Blanc
29 Comtesse du Barry
31 Galerie le Bocal
32 Rue Haute-Vienne
35 Galerie du Canal
36 Lachaniette
39 Pierre Arquié
41 Jacques Pergay
42 Haviland
Gare Limoges Bénédictins
Champ de Juillet
Cours Gay-Lussac
Cours Bugeaud
Avenue Garibaldi
Rue Beyrand
R. A. Barbès
C. Vergniaud
Place Maison Dieu
Av. du Général de Gaulle
Avenue Locarno
Avenue des Bénédictins
Rue C. Baudelaire
de la Libération
Rue E. Jamot
R. du Gén. Cérez
Rue des Vénitiens
Boulevard Carnot
Rue Fitz James
R. de Brettes
Rue d'Isly
R. des Feuillants
Place Jourdan
Musée du Four des Casseaux
R. Charles Gide
R. du Masgoulet
Rue du Port du Naveix
Bd des Petits Carmes
Bd St. Maurice
Musée de la Résistance
R. Maupas
R. des Tanneries
R. St-Etienne
Bd Fleurus
Bd G. Périn
Rue Porte Tourny
Rue de la Courtine
Rue Jean Jaurès
Rue du Temple
Rue du Consulat
Cour du Temple
Rue du Collège
Rue J. Sarre
R. Guesde
R. Raspail
Bd de la Cité
R. Porte Panet
Cité des Métiers et des Arts/ Musée des Compagnons
Cathédrale Saint-Etienne
Souterrain de la Règle
Pont St-Étienne
Musée des Beaux-Arts
Jardin Botanique
Jardin de l'Évêché
Quai Louis Goujaut
Rue des Charseix
R. Charles Michels
R. de la Loi
R. Haute-Vienne
Boulevard Louis Blanc
Aquarium
Bd Gambetta
R. Delescluze
R. des Petites Maisons
Boulevard de la Corderie
Avenue Baudin
Avenue Georges Dumas
Rue du Clos-Sainte-Marie
Rue Henri Dumont
Bibliothèque francophone Multimédia
Hôtel de Ville
Rue Jean Pierre Timbaud
Rue Louis Longequeue
R. François Mitterrand
Rue des Pénitents Noirs
Pont Neuf
Av. du Maue du Maréch.
Rue des Soeurs de la Rivière
Rue Fresnel
Quai Saint Martial
Rue de la Font Pinot
Rue d'Auzette
R. des Carriers
Rue des Récollets
R. de l'Hôpital
Rue du Pont Saint Martial
Rue E. Herriot
Avenue de La Révolution
Rue de la Croix Verte
Rue des Basses Palisses
Parc d'Auzette
R. Paul Antoine Bonnaud
La Vienne
Rue de Babylone
Quai S. Allende
Révolution
Pont de la
Pont St-Martial
Rue de

rue Nicolas-Appert, ✆ 05-55040444, www.jmweston.com.

MJ Chaussures 8, Schuhladen mit edlen Waren, die etwas günstiger sind als die von J. M. Weston. Schön in einem Hinterhof beim Bahnhof gelegen, mintgrün gestrichen und mit hölzerner Galerie im Laden. Mo 14–19 Uhr, Di–Sa 10–12.30 und 14–19 Uhr. 15, avenue du Général de Gaulle, ✆ 05-55775905.

Feinkost **Comtesse du Barry 29**, Feinkostladen aus der Nähe von Toulouse, der sich seit 1908 auf Foie gras, Trüffel, Kaviar u. Ä. spezialisiert hat und 60 Geschäfte in Frankreich unterhält. Di/Mi 10–13 und 14.30–18 Uhr, Do–Sa 10–13 und 14–18 Uhr, So/Mo geschlossen. 11, place des Bancs, ✆ 05-55341717, www.comtessedubarry.com.

Le Panier Limousin 11, wer nicht die ganze Region wegen verschiedener lokaler Spezialitäten abfahren möchte, bekommt hier alles auf einmal und kann sich einen persönlichen „Limosiner Einkaufskorb" zusammenstellen: Strohwein, Kastanienlikör, Cul-noir-Konserven, Creusois-Kuchen, Madeleines Bébé und vieles mehr. Di–Sa 11–19 Uhr. 23, rue des Combes, ✆ 05-55558490, www.le-panier-limousin.fr.

La Maison du Fromage 20, kleines Käseparadies seit 1935, gleich ums Eck vom Cour du Temple. Das Traditionslädchen lockt nicht nur mit französischem, sondern auch mit italienischem Käse. Di–Fr 9–12.45 und 14.15–19 Uhr, Sa 8–19 Uhr. 14, rue Ferrerie, ✆ 05-55342189.

La Valise à Macarons 24, ein Schlaraffenland für Macarons-Fans. Nicht nur, dass es in dem Lädchen gegenüber der Markthalle die kleinen süßen Plätzchen in allen möglichen Farben und Geschmacksrichtungen gibt – sie sind auch noch originell bedruckt, etwa mit Comicfiguren oder dem Logo des Ladens (natürlich ein Koffer). Di–Sa 10–19 Uhr. 15, place de la Motte, ✆ 09-84183323, www.lavaliseamacarons.fr.

Distillerie du Centre 1, 1900 gab es noch 48 Destillerien in Limoges, heute ist davon nur noch diese eine übrig, die dafür in einem kleinen Museum mitsamt alten Kupferkesseln und Holzfässern ihre seit 1789 währende Geschichte dokumentiert hat. Einkaufen kann man natürlich auch. Es gibt Aperitifs, Digestifs und Liköre wie La Gauloise, La Sève Centrale oder Vin de Feste. Mi–Fr 9.30–12 und 15–18 Uhr, Sa 9–12 und 14.30–18 Uhr. 54, rue de Belfort, ✆ 05-55772357, www.distillerie-du-centre.fr.

Die Markthalle steckt voller Köstlichkeiten

Kultur

Kino **Grand Ecran Centre,** großes Kino im Zentrum mit Ballettprogramm. 11, place Denis Dussoubs, ✆ 05-55774079, www.grandecran.fr.

Grand Ecran Ester, Kino ca. 2,5 km nordöstlich vom Zentrum, in dem ebenfalls Ballettvorführungen stattfinden. 260, rue Aristide Briand, ✆ 05-55774079, www.grandecran.fr.

Le Lido, kleines, schon etwas in die Jahre gekommenes Programm- und Kunstkino in der Nähe des Bahnhofs. 3, avenue Charles de Gaulle, ✆ 05-55774079, www.grandecran.fr.

Konzerte/Musicals **Le Zénith,** auch wer hier keine Veranstaltung besucht, sollte die außergewöhnliche Konzerthalle begutachten, die wie ein Ufo aussieht. 16, avenue Jean Monnet, ✆ 05-55695555, www.zenithlimoges.com.

Oper **L'Opéra-Théâtre,** wirkt von außen wie ein sozialistischer Zweckbau. Der Ticketschalter ist Di–Sa 12.30–18.30 Uhr geöffnet, Karten sind auch in den Filialen der Unterhaltungsmedien-Kette Fnac erhältlich (z. B. keine 100 m vom Theater entfernt in der Rue des Combes Nr. 8). 48, rue Jean Jaures, ✆ 05-554 59595 (Kartenbestellung), www.operalimoges.fr.

Theater **Théâtre de l'Union,** eines von 33 staatlich subventionierten Centres dramatiques nationaux in Frankreich. Mehr als 300 Sitzplätze. 20, rue des Coopérateurs, ✆ 05-55799000 (Kartenbestellung), www.theatre-union.fr.

Théâtre Expression 7, kleines, charmantes Hinterhoftheater mit der Companie von Max Eyrolle, das sich auch an junges Publikum richtet. 20, rue de la Réforme, ✆ 05-55773750, www.theatreexpression7.fr.

Théâtre de la Passerelle, kleine Bühne in der Nähe des Bahnhofs, die Konzerte und ehrgeizige Theateraufführungen veranstaltet. Die Zuschauerreihen sind rund um die kleine Bühne arrangiert, die Besucher ganz nah dran am Geschehen. 5, rue du Général du Bessol, ✆ 05-55792649, www.theatredelapasserelle.fr.

Übernachten

→ Karte S. 270/271

****** Hôtel Mercure Royale 14,** das Hotel ist zentral gelegen, die 76 großen Zimmer sind so, wie man es von einer Hotelkette erwartet – solide, gepflegt, modern. 7, boulevard Carnot (beim Place de la République), ✆ 05-55346530, https://all.accor.com. **€€–€€€**

****** Best Western Plus Hôtel Richelieu 37,** das zentrumsnahe Richelieu besteht schon seit den 1930er-Jahren, wurde inzwischen aber von einer Kette übernommen. 43 Zimmer sind in vier Kategorien unterteilt, wobei die günstigsten etwas bieder wirken. Die meisten treffen den Zeitgeist, sind modern und schick. Kleiner Fitnessraum, Bibliothek und Bar. 40, avenue Baudin, ✆ 05-55342282, www.bestwestern-richelieu-limoges.com. **€€€**

***** Art Hôtel Tendance 2,** dieses kleine Hotel, 10 Gehminuten vom Bahnhof entfernt, wird seinem Namen gerecht. Es bietet 13 originell gestaltete Zimmer, die unterschiedlicher nicht sein könnten. Nach Themen wie Marokko, Kleopatra, Asien, Provence oder Griechenland sind sie dekoriert – romantisch, verspielt, im Kolonialstil, mediterran etc. 37, rue Armand Barbès, ✆ 05-55773172, www.arthoteltendance.fr. **€€**

***** Kyriad Limoges Centre Gare 5,** klassische Kette mit 70 sauberen, hellen, modernen Zimmern in Naturtönen gehalten, alle im gleichen Stil. 22, allée de Séto, ✆ 05-55107575, www.interhotel-atrium.com. **€€**

***** Campanile Limoges Centre-Gare 4,** noch recht neues Hotel mit 105 schlichten und dennoch modernen, schicken und komfortablen Zimmern in der Nähe des Bahnhofs. Loungiger Bar-Bereich im skandinavischen Stil. 44, cours Gay Lussac, ✆ 05-55107060, www.campanile.com. **€€**

Hôtel de Paris 7, elegantes und beliebtes Hotel in einem ehemaligen Stadtpalais aus dem 19. Jh. in der Nähe des Bahnhofs, das auch ohne Stern ünerzeugt. Die 24 Zimmer sind romantisch, im französischen Stil gehalten und sehr gepflegt. 5, cours Vergniaud, ✆ 05-55775696, www.hoteldeparis-limoges.com. **€€**

mein Tipp **Appart'hôtel Villa 13 9,** Geschmack hat einen Namen: Villa 13. Die 4

Limousin | Die Haute-Vienne → Karte S. 254/255

geräumigen Appartements beim Bahnhof tragen die Namen Jade, Rubin, Ebenholz und Elfenbein und sind dementsprechend eingerichtet. So stilvoll designt, dass man gerne längerfristig einziehen möchte. Kein Frühstück, dafür gratis Kaffee und Tee. 13, avenue du Général de Gaulle, ✆ 05-55775905, www.villa13.fr. **€€€**

MeinTipp **Dupain et Dubeurre 3**, Stéphanie hat eine Bruchbude in einem Wohnviertel unweit des Zentrums in ein Gästehaus mit 7 stilvoll und kreativ eingerichteten Suiten mit Appartementcharakter verwandelt. Gut für Familien oder mehrere Gäste. Jede Suite verfügt über eine Kitchenette. Schöne Terrasse zum Frühstücken und eine Etage tiefer ein für Stadtverhältnisse großer Garten. 24, rue Pétiniaud Dubos, ✆ 06-95943861, www.dupainetdubeurre.fr. **€€**

Maison Durieux 18, wer sich etwas gönnen möchte, sollte in einer der vier Luxussuiten in dem ehemaligen Bürgerhaus nächtigen. Zwischen 25 und 65 m² Platz bieten sie, sind bis ins kleinste Detail durchdesignt und ihre Namen eine Hommage an die Limoger Porzellankunst. Auch das Frühstück wird üppig und luxuriös aufgetischt. 223, avenue de Landouge, ✆ 06-58061191, www.maison-durieux.com. **€€€€**

Le Château de Saint Antoine, einst stand hier ein Kloster, heute steht hier ein Schloss mit 5 Gästezimmern, 11 km nördlich von Limoges. Dank der herrschaftlichen Atmosphäre und der antiken Einrichtung fühlt man sich in die Vergangenheit zurückversetzt. 22, avenue de Maison Rouge, 87270 Bonnac-la-Côte, ✆ 06-15762883, www.salle-de-location-limoges.fr. **€€€**

Camping Château Leychoisier, Zelten im Schlosspark rund 11 km nördlich von Limoges. Große, schattige Stellplätze, ruhige Lage. Pool, kleiner Spielplatz, Café mit Billard und Restaurant. 1, route de Leychoisier, 87270 Bonnac-la-Côte, ✆ 05-55399343, www.leychoisier.com.

Essen & Trinken

→ Karte S. 270/271

Le Cheverny 38, eine der exquisitesten Adresen der Stadt. In einer alten Schuhfabrik experimentiert Didier Palard gemeinsam mit Tochter Estelle in der Küche. Heraus kommen saisonale, ideenreiche Kreationen à la Kalbsbries an Morchelcreme. Michelin und hat die Küche mit einem Bib Gourmand ausgezeichnet. Mo, Sa mittags und So abends geschlossen. 57, avenue Baudin, ✆ 05-55345001, www.lecheverny.fr. **€€€–€€€€**

MeinTipp **La petite graine 16**, wer denkt, Veganer essen nur grünen Salat, wird hier eines Besseren belehrt. Vegane Burger, Quiche, gefüllte Paprika oder Aubergine und Paella lassen das Feinschmeckerherz höher schlagen. Auch in Miniportionen für die kleinen Gäste. Dazu Suppen, Salate, Smoothies, Kuchen und Tartes. Alles wird frisch zubereitet und hat Bioqualität. Besonders gefallen hat uns die Herzlichkeit und Kinderfreundlichkeit. Di–Sa 10–19 Uhr. 2, rue Dalesme, ✆ 05-87196747, www.lapetitegraine.eu. **€–€€**

Bloom Kitchen 19, die traditionelle Limosiner Küche bekommt ordentlich Konkurrenz. Auch in der „Blütenküche" wird Fleischloses farbenfroh und in Bioqualität gezaubert, etwa Gerstentajine mit gerösteten Mandeln und Kichererbsen. Außerdem Desserts, Kuchen und Tartes. Hier isst auch das Auge mit. Di–Fr 10–17 Uhr. 21, rue du Temple, ✆ 06-15411797. **€–€€**

La Récré des Papilles 40, die Geschmacksknospen pausieren entgegen dem Restaurantnamen definitiv nicht. Internationale, moderne Küche: Buddha Bowls, deftige Burger, Salate, mit Ziegenkäse gefüllte Teigtaschen. Für jeden Geschmack ist etwas dabei und auf der Terrasse am Ufer der Vienne lässt es sich noch besser genießen. Besonders familienfreundlich. Auch vegetarisch und vegan. Nur Kindermenü, sonst à la carte. Mo–Fr Mittagsküche, Fr auch abends. 1, place Paul Parbelle, ✆ 05-87198248, www.larecredespapilles.com. **€**

Mamie Bigoude 34, in dieser Crêpérie weiß man gar nicht, wo man zuerst hinschauen soll: auf die zu Tischen umfunktionierten Himmelbetten, die unzähligen Wollknäuel, die von der Decke baumeln oder auf die Tabletts mit Geschirr, die kopfüber als Lampen von der Decke hängen. Auch wenn man nicht muss, sollte man die Toilette besuchen – wenn man sie denn findet ... Schrill, bunt und erfinderisch ist das Restaurant dekoriert, riesig die Auswahl an Crêpes und Galettes, unverschämt lecker sind die Desserts. So/Mo Ruhetag. 6, rue Charles Michels, ✆ 05-55341676. **€–€€**

Le Bistrot d'Olivier 23, ein echtes Erlebnis ist dieses gut besuchte Bistro in der großen

Markthalle. Wer einmal mit Einheimischen speisen möchte, kann hier dicht gedrängt auf Holzbänken an langen Tischen neben ihnen sitzen, Ellenbogen an Ellenbogen. Serviert werden natürlich Produkte frisch vom Markt. Mo–Sa, nur mittags. Place de la Motte, ✆ 05-55337385. €€

Chez Alphonse 26, eine echte Institution hinter der Markthalle, die mit ihrer roten Holzverkleidung und den rot-weiß karierten Tischdecken ein angenehmes Ambiente schafft. Herzhafte Speisen wie Kalbskopf-Carpaccio, Schweinefüße, Innereien, Steak oder Entenbrust. Rechtzeitig kommen, es ist immer viel los. So geschlossen. 5, place de la Motte, ✆ 06-73288615, www.chezalphonse.fr. €€

Le Marrakech 27, wie aus Tausendundeiner Nacht wirkt dieses Restaurant in einer Seitenstraße hinter der Markthalle. Es bietet den Limosinern bereits seit 1997 marokkanische Küche. Gleich ums Eck direkt bei der Markthalle gibt es das dazugehörige Restaurant **La Tajine** (11, place de la Motte, ✆ 05-55344968), das mehr im Bistro-Stil eingerichtet ist und eine kleine Straßenterrasse hat. Auf den Tisch kommt in beiden Lokalen eine große Auswahl an Couscous- und Tajine-Spezialitäten. In der zentralen Markthalle haben die Betreiber mit **Le Majorelle** eine „Couscous-Bar". So/Mo abends geschlossen. 6, rue Léonard Limosin, ✆ 05-55331906, www.restaurant-marrakech-limoges.fr. €€€

L'Amphitryon 30, unter Sternekoch Richard Lequet galt das Restaurant in der Metzgergasse als beste Adresse der Stadt. Der neue Inhaber Olivier Polla kann locker mit modernen, kulinarischen Kreationen an das hohe Feinschmeckerniveau anknüpfen. Das darf auch was kosten. Deutlich günstiger isst man mittags, So/Mo Ruhetag. 26, rue de la Boucherie, ✆ 05-553336 39, www.amphitryon-limoges.fr. €€€–€€€€

Les Petits Ventres 33, ein paar Häuser weiter schließt sich der nächste Schlemmertempel an. Keine Angst, das Restaurant füllt entgegen seinem Namen nicht nur kleine Mägen. In einem Fachwerkhaus aus dem 14. Jh. lässt es sich zwischen Holzgebälk innen oder auf dem malerischen Plätzchen außen mit Kapelle als Kulisse gut speisen. Zum Beispiel Zunge vom Kalb, Rind oder Lamm, Rindertatar mit Basilikum und Parmesan. Wir probierten – weniger wagemutig – das Hühnchen mit Süßkartoffelbrei. So/Mo Ruhetag. 20, rue de la Boucherie, ✆ 05-55342290, www.les-petits-ventres.fr. €€–€€€

Brasserie Bières Michard 10, beliebte Brasserie wegen des frischen, ungefilterten Biers aus Limoges und wegen ihres Whiskys. Die Brauerei ist zwar in der Allée des Faugeras Nr. 39 (Mo–Fr 8–20.30 Uhr, ganztägig Verkauf, mittags und abends auch Restauration), doch auch in der Brasserie schmückt ein großer Kupferkessel den mit viel Liebe in Rot und Dunkelgrün gestalteten Saal (der Korb eines Heißluftballons hängt von der Decke!). Als Grundlage für die vier Biersorten gibt es Flammkuchen. Di–Sa 16–1 Uhr. 8, place Denis-Dussoubs, ✆ 05-55793798, www.bieres-michard.com. €

Le Tagazou 25, angesagte Wein-Bar, in der mehr steckt, als man denkt. Zwei unterirdische Salons nämlich – einer eher schlicht, der andere stimmungsvoll mit Ledersofas und Steinmauern. Im Sommer stehen die Gäste lieber draußen am Weinfass auf der Straße. Kleine Speisen wie Lachs, Käse- und Wurstplatten. Di–Do ab 17 Uhr, Fr/Sa auch mittags. 5, rue d'Aguesseau, ✆ 05-55328287.

Bacchus 12, ein guter Ort, um den Abend zu starten, bevor man sich in die Nacht stürzt. Angenehmes, in Rot getauchtes Ambiente mit Polsterhockern. Wein, Champagner und Biere von Michaud, dazu Tapas, Wurst- und Käseplatten sowie Austern. Di–Sa ab 18.30 Uhr. 3, rue des Filles Notre Dame, ✆ 05-55792383, www.au-bacchus.com.

Lord John 6, beliebtes und altgedientes Pub im englischen Stil nicht weit vom Bahnhof, das trotz seiner langen Existenz ein junges Publikum anzieht. Mo/So Ruhetag, sonst ab 21 Uhr. 19, avenue du Général de Gaulle, ✆ 06-6 133 86305.

MeinTipp **La Fabrique du Café 22**, kleine, stilvolle Kaffeerösterei und Espressobar mit schnuckeliger Hinterhofterrasse. Philippe Exbrayat röstet und serviert den besten Kaffee und Espresso in der Stadt in allen möglichen Variationen. Verkauf von Eigenröstungen. So geschlossen, sonst 7.30–19.30 Uhr (Mo bis 19 Uhr). 7, place d'Aine, ✆ 05-55142816, www.lafabriqueducafe.fr.

Flân'elles 17, supergemütliches Wohlfühlcafé mit Ledersesseln und -sofas auf zwei Etagen. Neben einer Riesenauswahl an Tees gibt es auch hausgemachte Limonade und Eistees. Besonders zu empfehlen sind die Kuchen, etwa die Zitronenmerengue- oder die Aprikosen-Pistazien-Tarte. Vorsicht, Suchtgefahr. Mit kleiner Boutique. Mo 14.30–18.30 Uhr, Di–Sa 10.30–18.30 Uhr. 8, rue du Temple, ✆ 05-55329583.

Limousin | Die Haute-Vienne → Karte S. 254/255

Das Tal der Vienne

Auf dem Plateau de Millevaches, wo die Vienne entspringt, ist sie noch ein wilder Fluss. Doch in flacheren Gefilden angekommen, strömt sie ab Limoges majestätisch, breit und ruhig dahin. Bevor sie in der Charente nach Norden in Richtung Loire abzweigt, deren größter Nebenfluss sie ist, fließt die Vienne im Limousin gelassen nach Westen. An ihren Ufern ist das Hauptsiedlungsgebiet des Limousin entstanden, mit Limoges, aber auch den Städten Saint-Léonard-de-Noblat, Aixe-sur-Vienne und Saint-Junien. Dort konzentrieren sich seit Langem Industrie- und Handwerksbetriebe. Schon vor Jahrhunderten wurde das Wasser von unzähligen Gerbereien und Papierfabriken genutzt.

Das Massaker von Oradour

Für Robert Hébras wiederholt sich das Drama vom 10. Juni 1944 jeden Tag. Jeden Tag aufs Neue sieht Hébras, einer der sechs Überlebenden des Massakers, das SS-Panzergrenadier-Regiment „Der Führer" der SS-Panzer-Division „Das Reich" in sein Heimatdorf Oradour-sur-Glane rollen. Sieht, wie die Soldaten das Dorf umzingeln und alle Bewohner, auch Frauen und Kinder, auf dem Dorfplatz zusammentreiben. Hébras hat noch die Stimmen der jungen Männer im Ohr: „Was sollen die Deutschen uns schon tun? Die haben Besseres zu tun." Doch die Deutschen, die angeblich auf der Suche nach versteckten Waffen sind, sperren 254 Frauen und 207 Kinder in die Kirche und stecken sie in Brand. Nur einer Frau gelingt die Flucht durch ein Fenster, alle anderen verbrennen im Flammenmeer. Auch Hébras' Mutter und zwei seiner Schwestern. Das war kurz vor seinem 19. Geburtstag.

Für Robert Hébras ist jeder Tag der 10. Juni 1944, denn er kann und will diesen Tag nicht vergessen. Unermüdlich setzt er sich für die deutsch-französische Freundschaft ein, führt Jugendliche durch sein niedergebranntes Heimatdorf und begleitete den französischen Präsidenten François Hollande und den deutschen Bundespräsidenten Joachim Gauck bei ihrem geschichtsträchtigen Besuch am 4. September 2013. Gauck war der erste hochrangige deutsche Politiker, der in Oradour empfangen wurde, lange hatten sich die Hinterbliebenen gegen einen solchen Akt gewehrt.

Hébras ist 1944 nur knapp mit dem Leben davongekommen. Die deutschen Soldaten trieben ihn und Dutzende andere Männer in eine Scheune und mähten sie mit Maschinengewehren nieder. Dann bedeckten sie den Leichenberg mit Stroh und setzten ihn in Brand. Hébras überlebte nur dank der Toten, die auf ihn niederfielen. Obwohl sie mehrere Schusswunden und Brandverletzungen hatten, konnte er mit vier Kameraden fliehen. Geblieben ist Hébras damals nicht viel. Das komplette Dorf war niedergebrannt, sein Elternhaus zerstört. „Wie ein Traum" erscheint Hébras das am 10. Juni 1944 Erlebte noch immer. Das viele Blut, die Schreie, die Flammen lassen ihm nach wie vor nachts keine Ruhe.

Oradour-sur-Glane

Kein anderer Ort im Limousin ist in Deutschland bekannter als Oradour-sur-Glane. Leider. Denn die Kleinstadt 25 km nordwestlich von Limoges steht für das schlimmste Massaker der deutschen Wehrmacht in Westeuropa.

Am 10. Juni 1944 wurden hier 642 Einwohner grausam ermordet, darunter 207 Kinder und 254 Frauen, die in die Kirche eingesperrt und verbrannt wurden (→ „Das Massaker von Oradour"). Die Männer trieb man in Scheunen zusammen und erschoss sie. Anschließend brannten die etwa 200 deutschen Soldaten das gesamte Dorf nieder. Nur sechs Menschen konnten diesem Massaker

Das Massaker sorgte auch innerhalb Frankreichs für große Verwerfungen. Denn unter den deutschen Soldaten waren 13 sogenannte „Malgré-nous", Elsässer, die von den Deutschen zwangsrekrutiert worden waren. Auch ein freiwilliger Elsässer war dabei. Über sie alle wurden am 12. Februar 1953 vom Militärgericht in Bordeaux empfindliche Strafen verhängt, der Freiwillige wurde sogar zum Tode verurteilt. Doch das Urteil sorgte für so große Unruhen im Elsass, dass die französische Nationalversammlung nur eine Woche später ein Amnestiegesetz erließ und alle Elsässer straffrei davonkamen. Auch die deutschen Beteiligten wurden kaum zur Rechenschaft gezogen. Der befehlende SS-Sturmbannführer Adolf Diekmann war wie viele andere im Krieg gefallen. Mehr als eine kurze Haftstrafe bekam nur SS-Obersturmbannführer Heinz Barth. Er wurde in der DDR zu lebenslanger Haft verurteilt und saß 14 Jahre im Gefängnis.

Vor dem Massaker war Oradour ein florierendes Örtchen mit vielen Geschäften, lebendigen Plätzen und einer großen Kirche. Sogar eine Trambahn nach Limoges führte mitten durch Oradour. Seit der Gräueltat ist Oradour ein düsterer Ort der Trauer und des Gedenkens, ein Symbol für die Folgen entsetzlicher Menschenverachtung. 300.000 Menschen spazieren Jahr für Jahr betroffen durch die Ruinenlandschaft, vorbei an ausgebrannten Autos und Geschäften, in denen noch die angesengten Überreste von Werkzeugen und Maschinen stehen. In unterirdischen Räumen unter dem Friedhof sieht man noch mehr Gegenstände, die man im niedergebrannten Dorf gefunden hat.

entkommen. Die Ruinen des Dorfes sind seitdem unangetastet geblieben und dienen heute als Mahnmal. Direkt daneben wurde ein neues Oradour errichtet, wo knapp 2500 Menschen in recht schmucklosen Straßen leben.

Centre de la Mémoire: Die „Märtyrerdorf" genannten Überreste des Ortes sind über das unterirdische Dokumentationszentrum zugänglich. Das von Yves Devraine entworfene, sich tief in einen Hang hineinbohrende Centre de la Mémoire wurde 1999 eingeweiht. Man erkennt es an den rostigen Stahlplatten, die gegenüber dem alten Oradour emporragen. Im Centre de la Mémoire befasst sich eine in vier Teile untergliederte Ausstellung mit der Machtergreifung der Nationalsozialisten, der Vichy-Regierung und der Résistance in Frankreich, den systematischen Massakern in Osteuropa, dem Massaker von Tulle am 9. Juni 1944, den Ereignissen in Oradour selbst, sowie der juristischen und gesellschaftlichen Aufarbeitung der Ereignisse. Ein eigener Saal mit Friedensbotschaften dient der Reflexion. In einem zweiten Bereich gibt es Sonderausstellungen. Besonders ergreifend sind die Porträts der getöteten Frauen, Männer und Kinder in der Unterführung zu den Ruinen.

▪ Eintritt 7,80 €, Audioguide 2 €, freier Eintritt zum Märtyrerdorf. Tägl. geöffnet, aktuelle Öffnungszeiten → Website. Letzer Einlass 1 Std. vor Schließung. Hunde sind nicht erlaubt. (Mitte Dez. bis Jan. geschlossen). Letzter Einlass 1 Std. vor Schließung. L'Auze, ✆ 05-55430430, www.oradour.org.

Information **Office de Tourisme Porte Océane du Limousin,** Juli/Aug. tägl. geöffnet, sonst → Website. 39, avenue du 10 Juin 1944, 87520 Oradour-sur-Glane, ✆ 05-550313 73, www.poltourisme.fr.

Markt Jeden Di Bauernmarkt in der Rue de la Glane und So in der Avenue du 10 Juin 1944.

Übernachten/Essen **L'Hôtel de la Glane,** im Zentrum von Oradour erstrahlt das Hotel nach einer Generalüberholung in neuem Glanz. Alle zwölf Zimmer sind modern, mit dezentem Dekor oder mit schönen Wandmotiven eingerichtet. Puristisch-modern mit Kamin gibt sich der Frühstücksraum. Vom Standard-Doppelzimmer bis zur Juniorsuite ist alles dabei. 8, rue de la Mairie, ✆ 05-87140810, www.hoteldelaglane.com. **€€–€€€**

La Croix de Camargue, 2 etwas kleinere, gepflegte Gästezimmer mit rustikalem Charme in einem traditonellen Limosiner Landhäuschen, dessen charakteristische Steinwände und Holzgebälk auch im Inneren erhalten sind. Es steht nur ein Badezimmer zur Verfügung. 2 km vom Zentrum von Oradour entfernt. 2bis, rue de l'Épicerie, Les Bordes, Oradour, ✆ 07-83544664, www.chambre-dhotes-oradour-sur-glane.fr. **€**

Le Moulin de Chevillou, auf einem idyllischen Mühlengelände 10 km östlich von Oradour kann man in lauschigem Ambiente regionale Spezialitäten genießen, z. B. Entenbrust mit Steinpilzsoße. Juni/Sept. Mi–So, Juli/Aug. Di–So, sonst nur am Wochenende und an Feiertagen. Mitte Jan. bis Mitte Febr. geschlossen. Le Chevillou, 87510 Saint-Gence, ✆ 05-557586 13, www.chevillou.fr. **€€**

Die Unterführung zum Märtyrerdorf gibt den Opfern ein Gesicht

Saint-Junien

→ Karte S. 283

Einst lebten nur zwei Männer in Saint-Junien: der Namensgeber der Stadt, der heilige Junianus, und sein Lehrmeister Amandus. Heute ist Saint-Junien mit 11.250 Einwohnern die zweitgrößte Stadt in der Haute-Vienne und bei Schnäppchenjägern wegen der edlen und im Werksverkauf preiswerten Handschuhe beliebt, bei Outdoorsportlern als Pforte zum Nationalpark Périgord-Limousin.

Ein Hauch von Paris weht durch Saint-Junien. In der einstigen Hochburg der Lederindustrie fertigen heute nur noch wenige Manufakturen Handschuhe für namhafte Pariser Designer. Im 19. Jh. boomte das Gewerbe mit 60 Fabriken sowie 30 Weiß- und fünf Ledergerbereien, die u. a. auch Sättel, Schuhe und Gürtel herstellten. Neben der Leder- manifestierte sich auch die Papierindustrie. Die gute Lage an der Vienne und an der Glane begünstigte das Gewerbe. Heute gehört der Industriezweig aber längst zum Altpapier, die Papierfertigung ist aus Saint-Junien verschwunden.

Die Glane umfließt die Stadt von Norden her und mündet im Westen in die Vienne. Auf einem Felsvorsprung über dem Zusammenfluss sollen sich damals der Eremit Amandus und sein Schüler Junianus niedergelassen haben. Hier thronen heute noch die Ruinen des Klosters Saint-Amand mit seinen stufenartigen Terrassen, gut sichtbar, wenn man sich von Westen über die D 941 der Stadt nähert. Junianus soll seinen Lehrmeister schon bald übertroffen haben mit seinen Wundertaten. Kranke soll er geheilt, Drachen besiegt und Dämonen ausgetrieben haben. Bis zu seinem Tod im Jahr 540 lebte der Eremit an diesem Ort. Um die Flut an Pilgern beherbergen zu können, gründeten Mönche im 6. Jh. ein Kloster. Alle sieben Jahre strömen noch heute Scharen nach Saint-Junien – anlässlich der Ehrung der beiden Heiligen. 2023 findet die 73. Ausgabe dieser feierlichen Prozession statt.

Wer von Süden aus Rochechouart (über die D 675) kommt, hat die schönste Sicht auf Saint-Junien. Überquert man auf der sechsbogigen Pont Notre Dame aus dem 8. Jh. die Vienne, fährt man direkt auf die Kapelle zu Ehren der Heiligen Jungfrau zu. Im Herzen der Stadt ziehen die Stiftskirche Saint-Junien und direkt daneben die prächtige Festhalle alle Blicke auf sich. Die Innenstadt lädt mit kleinen Geschäften, Cafés und Restaurants zum Bummeln ein. Kulinarisch kann Saint-Junien längst mit Limoges mithalten. Doch auch die Umgebung hat ihre Reize. Im Nordwesten von Saint-Junien erstreckt sich das Tal der Glane mit einigen wilden Felsformationen, z. B. beim pittoresken Site Corot – einem kleinen Paradies für Wanderer, Picknicker und Angler.

Collégiale Saint-Junien: Die romanische Stiftskirche entstand zwischen dem Ende des 11. und der Mitte des 13. Jh. und sollte die kleine Kapelle, die auf Saint Juniens Grab errichtet worden war, ersetzen. Für die Reliquien des Heiligen baute man im 12. Jh. ein neues Grab – ein Mausoleum aus weißem Kalkstein aus La Rochefoucauld, das sich im Chorraum befindet. Die Kirche besticht im Inneren eher durch ihre Schlichtheit, einige Wand- und Gewölbefresken mit Szenen der Apokalypse und des heiligen Christopherus sowie kleine, hübsche Skulpturen aus dem 15., 16. und 17. Jh. in einigen Säulennischen. Außen sind die ungewöhnlichen, schlanken Türmchen ein Hingucker.

Haute Couture für die Hände

Dass Paris die wohl bedeutendste Modemetropole der Welt ist, daran ist nicht zu zweifeln. Dass sich hinter Saint-Junien auch eine kleine Modemetropole versteckt, weiß kaum jemand. Tatsächlich zieht es namhafte Designer wie Dior, Hermès, Givenchy oder Yves Saint Laurent regelmäßig in den Ort an der Glane – der Handschuhindustrie wegen. Knapp 500.000 Handschuhpaare aus Leder jeder Couleur werden hier pro Jahr produziert, rund die Hälfte davon für Frankreich. Entwickelt hat sich das Gewerbe im 11. Jh. Dank der vorherrschenden Viehwirtschaft gab es Rohmaterial wie Lamm-, Ziegen- oder Kuhleder in Unmengen. Hinzu kam die günstige Lage an der Vienne, deren Wasser sich als optimal zum Gerben erwies. Schon bald florierte das Handschuhmachergewerbe. Bereits im 15. Jh. zählte man über 25 Handschuhmacher und Weißgerber, ihr guter Ruf verbreitete sich schnell über die Grenzen der Provinz hinaus. Sehr in Mode waren die Handschuhe unter dem Sonnenkönig Ludwig XIV. In der Nachkriegszeit gab es Hunderte von Werkstätten mit tausenden Arbeitern. Davon sind heute noch drei Manufakturen (Ganteries) mit etwa 300 Beschäftigten übrig. Schnäppchenjäger finden noch im günstigen Werksverkauf von Agnelle Markenhandschuhe zu kleinen Preisen:

- **Ganterie Agnelle 9**, Mo–Sa 10–12 und 14–17 Uhr, im Dez. Mo–Sa 9–12 und 14–18 Uhr. Besichtigungen über die Touristeninformation vereinbaren. 30, boulevard de la République, ✆ 05-55021353, www.agnelle.com.

Chapelle Notre-Dame-du-Pont: Sagenumwoben ist die Errichtung der Kapelle Notre-Dame-du-Pont. Der Legende nach fanden Bewohner am Ufer der Vienne in der Nähe der sechsbogigen Brücke die Marienstatue der Stiftskirche von Ende des 12. Jh. In einer feierlichen Prozession wurde sie in die Kirche zurückgebracht, allerdings lag sie schon am nächsten Morgen wieder an der Stelle, wo man sie gefunden hatte. Ein Zeichen? Die Einwohner von Saint-Junien errichteten 1451 am Fundort eine Kapelle. Diese kann nur an den Tagen des Denkmals (Journées du patrimoine) im September und bei Führungen besichtigt werden (Termine bei der Touristeninformation erfragen).

Maison des Consuls: Das Haus der Konsuln am Place Guy Mocquet / Ecke Rue Lucien Dumas stammt aus dem 16. Jh. Napoleon übernachtete dort im Jahr 1807 auf der Durchreise. Besonders schön sind die von Rundbögen und Pfosten umsäumten Fenster sowie die in Stein gehauenen Bordüren der oberen Stockwerke.

Pont Sainte-Élisabeth: Die 44 m lange Brücke ist nur für Fußgänger zugänglich. Früher war sie Teil der römischen Salzstraße. Sie wurde im 13. Jh. über die Glane gebaut und besteht aus drei Spitzbögen. Ihr Name rührt von der ehemaligen Kapelle Sainte-Élisabeth her, die in der Nähe stand, aber nicht mehr existiert. Früher nannten die Saint-Juniauds die Pont Sainte-Élisabeth auch „Krankenbrücke" (Pont des Malades), denn in der Nähe befand sich eine Leprakolonie. Die Brücke ist eine Verlängerung der Rue du Pont Sainte-Élisabeth im Westen der Stadt bei der Route du Bas Moulin.

Site Corot: Am nördlichen und westlichen Stadtrand schlängelt sich die Glane durch ein enges und tief in die Wälder eingeschnittenes Tal, bevor der Fluss in die Vienne mündet. Dieser bezaubernde Talabschnitt hat einige Künstler angezogen. Der bekannteste war der Landschaftsmaler Jean-Baptiste Corot, nach dem der lauschige Spazierweg entlang der Glane benannt ist. Große Felsbrocken liegen in diesem Talabschnitt im Flussbett verstreut und erzeugen immer wieder Stromschnellen. Corot hatte für seine Besuche in den 1850ern ein kleines Häuschen für seine Ausrüstung. Dieses „Chalet Corot" wurde neu aufgebaut, auch ein Picknickplatz und ein Parkplatz wurden angelegt.

■ Anfahrt über die Avenue Corot. Unten beim Fluss kann man parken und dann einfach dem Fluss in Strömungsrichtung folgen.

Feeriland: Hier, 15 km östlich von Saint-Junien, ist alles klein, aber sehr fein ausgearbeitet. Neun Modelle entführen in der „wunderbaren Welt der Miniaturen" in andere Zeiten und Welten: Da wären ein Mittelalterdorf mit Fachwerkhäusern, Gauklern, Handwerkern und Wirtshaus, eine Wildweststadt mit Saloons, Sheriff, Sargträger, Bärentänzer und Dampflok oder ein Renaissance-Schloss, einem Loire-Schloss nachempfunden, mit prunkvollen Sälen, Kutsche und Ferkel über dem Feuer. Bombastisch ist eine Ritterburg, die gerade angegriffen wird. Hunderte Ritter stürmen die Burgmauern mit Schwertern und Katapulten. Fantastisch ist eine Karnevalswelt mit Umzugswagen und viel Glitter – über 50 Motoren sind hier eingebaut. Alle Modelle

Limousin | Die Haute-Vienne → Karte S. 254/255

Autofahrer erwartet ein kunstvoller Empfang in Saint-Junien

bestehen aus Natur- oder Recyclingmaterialien, sind durch Geräusche und Lichteffekte animiert. Nach dem Rundgang wartet ein großer Garten mit kleinem Bambuswald, Teich und einem Sumo-Ring, in dem sich Groß und Klein als Sumo-Ringer versuchen können – gut gepolsterte Kostüme sind vorhanden. Imbiss in einer saloonartigen Bar, die über einen Spielbereich mit Hüpfburgen verfügt. Eine Ausstellung über Schlangen und Insekten bereichert das ohnehin üppige Angebot.

■ Eintritt 8 €. April–Juni tägl. 14–18 Uhr während der französischen Schulferien, Juli/Aug. tägl. 10.30–19 Uhr, Mitte Sept. bis Allerheiligen Sa/So und an Feiertagen 14–17.30 Uhr, letzter Einlass 45 Min. vor Schließung. Ebourliat, 87520 Veyrac, ✆ 05-55031671, www.feeriland.com.

Basis-Infos

Information Office de Tourisme Porte Océane du Limousin, Juli/Aug. tägl. geöffnet, sonst → Website. Führungen in die Ganterie Agnelle. Place du Champ de Foire, 87200 Saint-Junien, ✆ 05-55021793, www.poltourisme.fr.

Verbindungen Bahnhof (Gare SNCF) in der Avenue Paul Vaillant Couturier. Täglich Verbindungen mit dem **Regionalzug** zwischen Limoges und Angoulême.

Baden Aïga Bluia, Schwimmbad mit zwei 25-m-Becken (drinnen und draußen), großem Erlebnisbecken mit Whirlpool, Rutsche sowie Sauna und Dampfbad. Rue Léo Lagrange, ✆ 05-55011100, www.porteoceane-dulimousin.fr.

Einkaufen Daguet 4, Fabrikverkauf von Lederwaren, v. a. Gürteln und Taschen. Di–Sa 9–12 und 14–18 Uhr. 19, rue Junien Rigaud, ✆ 05-55029924.

La P'tite Occitanie 6, hübscher Laden mit Spezialitäten aus dem Limousin und dem Périgord, gegenüber der Kirche. Di–Sa 9–12.30 und 14.30–19 Uhr. 10, place Deffuas, ✆ 05-87194218, www.la-petite-occitanie.fr.

La repère des saveurs 3, Feinkostladen im minimalistischen Industrielook mit Café. Di–Sa 9.30–12.30 und 14–19 Uhr, Sa schon ab 9 Uhr. 7 bis, avenue Henri Barbusse, ✆ 05-55325145.

Galerie Joseph Goscimski, der Maler lebt seine Kreativität auf weißem Porzellan aus. Besuch in seinem Atelier jederzeit auf Anfrage möglich. 170, route Rieubarby, La Fabrique, Les Trois Bornes, Saint-Junien, ✆ 05-55023696.

Kanu Canoë Kayak Club de Saint-Victurnien, Anlegestelle an der Vienne, 10 km östlich von Saint-Junien (über die D 32). Juli/Aug. Kanuverleih, Juni und Sept. auf Anfrage. Le Normandie, 87420 Saint-Victurnien, ✆ 05-55032584, www.ckc-saintvicturnien.fr.

Kino Le Cinébourse, Blockbuster-Kino im ehemaligen Klostergarten des Gewerkschaftshauses aus den 1920er-Jahren. 2, place Lénine, ✆ 05-55022616, www.cinebourse.fr.

Krankenhaus Centre hospitalier Roland Mazoin, 12, rue Châteaubriand, ✆ 05-55435000, www.ch-stjunien.fr.

Markt Regionale Erzeuger bieten ihre Spezialitäten Fr–So vormittags (7–13 Uhr) in der Markthalle neben der Stiftskirche an. Ein **Bauernmarkt** belebt jeden Samstagmorgen das Stadtzentrum um die Markthalle und die Kirche herum. Zudem am 3. Sa im Monat **Markt** am Vormittag auf dem Place du Champ de Foire.

Reiten Ecurie du Monteil, Reiten und Ausflüge mit Pony und Pferd. Le Monteil, ✆ 06-75768421, https://ecuriedumonteil87.ffe.com.

Veranstaltungen Les Ostensions, alle sieben Jahre werden in Saint-Junien die beiden Schutzpatrone der Stadt gefeiert, das nächste Mal 2023. Dabei werden die Reliquien der Heiligen Junianus und Amandus ausgestellt. Der Höhepunkt ist die Schlusszeremonie im Juni, bei der rund 1500 kostümierte Teilnehmer durch die Straßen ziehen und die wichtigsten Lebensereignisse der beiden Stadtgründer nachspielen. Die Stadt gleicht einem bunten Blumenmeer, die Hauptstraße ist in Erinnerung an den Wald von Comodoliac, in dem der heilige Junianus lebte, mit dichten Zweigen überdacht, in denen Vogelkäfige hängen.

Biennale international d'arts naïf et singulier, alle zwei Jahre verwandelt sich Saint-Junien gemeinsam mit Rochechouart und Saint-Brice-sur-Vienne im Aug. und bis Mitte Sept. in ein Zentrum für naive Kunst mit rund 10.000 Besuchern. Die nächsten Termine sind 2024 und 2026, www.poltourisme.fr.

Saxophonie, in der ersten Augustwoche wird Saint-Junien zur Hauptstadt des Saxophons. Programm unter www.saxophonie.fr.

Champ Libre, bei dem Festival ab Mitte August zeigen Performance-Künstler, Theaterschauspieler und Musiker ihr Können. Zudem finden Literaturwanderungen und Workshops in der alten Spinnerei in der Moulin Brice beim Site Corot statt, www.festivalchamplibre.com.

Übernachten / Essen & Trinken

***** Le Relais de Comodoliac 8,** seit Jahren ein kulinarischer Dauerbrenner in Saint-Junien. Man speist in entspannter Atmosphäre in großen Korbstühlen auf der Terrasse mit Blick auf den baumreichen Park – oder im verglasten Speisesaal. Auf den Teller kommt v. a. leichte regionale Küche, raffiniert zubereitet und mediterran angehaucht. Der Seehecht, den wir probierten, war eine echte Geschmacksoffenbarung! Das Etablissement verfügt über rund 30 moderne, komfortable Zimmer in kräftigen Farben. So Ruhetag. 22-26, avenue Sadi Carnot, ✆ 05-55022726, www.comodoliac.com. **€€**

MeinTipp **Le Lauryvan 11,** das etwas außerhalb von Saint-Junien im Grünen gelegene Restaurant ist längst kein Geheimtipp mehr, sondern das beliebteste Restaurant der Umgebung – dank David Boyers saisonaler Kreationen. Das wäre z. B. Zitronen-Ingwer-Seehecht an Artischocken, Kalbsbries an Pfifferlingen und Trüffel oder Rinderfilet im Biersud. Sonntagabend, Mo, Mittwochabend geschlossen. Zudem bietet der Restaurantbetreiber 2 geräumige, moderne und stilvolle Gästezimmer in seinem Privathaus ganz in der Nähe an (1, Le Bois au Bœuf, ✆ 05-550226 04). 200, allée du Bois au Bœuf, ✆ 05-55022726, www.lauryvan.fr. **€€** (Hotel), **€€€** (Restaurant)

Grüne Akzente vor dem Eingang zur Altstadt von Saint-Junien

Mein Tipp **La Castel de Glane 1,** allein schon wegen des Ambientes ist das Restaurant einen Besuch wert. Aber natürlich auch wegen der äußerst schmackhaften Küche. Aufgetischt wird in einem noblen Schlösschen, umgeben von altem Mauerwerk. Küchenchef David Nelias setzt auf ausgewählte, frische, regionale Produkte und zaubert daraus mediterrane Gerichte. Di–So 12–13.30 Uhr, Do–Sa auch 19–21 Uhr. Rue Auguste Merle, Domaine de la Vergne, ✆ 05-55013279, www.lecasteldeglane.fr. **€€–€€€**

La Table du Gantier 5, familiengeführter, von außen etwas unscheinbarer Gourmettempel, an dem man schnell vorüberfährt. Einen Stopp darf man hier ruhig einlegen. Serviert werden üppige Limosiner Gerichte mit internationalem Touch. 9, boulevard Victor Hugo, ✆ 05-55794435. **€€**

Burger sur Vienne 7, neben der Markthalle wartet das kleine Restaurant im Westernstyle mit Burgern auf. Die Buns werden selbst gebacken. Auch zum Mitnehmen. Mo/So Ruhetag, sonst mittags und abends geöffnet. 2, rue Veromel, ✆ 05-87199200, https://burgersurvienne.eatbu.com. **€€**

**** Citotel l'Azur,** 4 km nordöstlich von Saint-Junien (über die D 941) liegt dieses Hotelrestaurant in einem tristen Industriegebiet. Davon sollte man sich aber nicht abschrecken lassen. Die Zimmer sind ruhig, groß und sehr gepflegt, der Empfang ist herzlich und das Frühstück üppig. Dazu tägl. regionale Küche. 10, rue Évariste-Galois, Parc Axial ZI Le Pavillon, ✆ 05-55021022, www.hotel-azur-saintjunien.fr. **€€**

Le Clos de la Muse 2, der Schöpfer der 5 Gästezimmer in dem prächtigen Anwesen mit großem Garten scheint tatsächlich von der Muse geküsst worden zu sein: Jedes ist anders gestaltet – kolonial, antik oder im Landhausstil. Allen gemein sind die Himmelbetten – und ein jedes ist nach einem Künstler benannt, der in der Region seine Inspiration fand. 22, avenue Anatole France, ✆ 05-55032790, www.leclosdelamuse.com. **€€**

Au Chat Chocola'Thé 10, süßes, kleines Café im Belle-Époque-Stil. Brunch, Snacks, Kuchen. Geöffnet Mi–Fr 14–18.30 Uhr, Sa 10–13 und 15–19 Uhr. 31, Faubourg Auguste Blanqui, ✆ 05-44247532.

Camping **** Camping de la Glane,** Campingplatz im Grünen über dem Glane-Tal beim Site Corot, 64 Stellplätze und 6 Ferienhäuschen, im Juli/Aug. bieten die Betreiber ein kostenloses Freizeit- und Sportprogramm an. Allée des Pommiers, ✆ 01-83646921.

Limousin | Die Haute-Vienne → Karte S. 254/255

Aixe-sur-Vienne

Aixe-sur-Vienne hat eine lange Geschichte. Schon die Römer haben sich am Ufer der Aixette niedergelassen und eine Brücke über den Fluss errichtet. Und in Aixe werden Traditionen noch hochgehalten: Seit 1923 erfüllt die Eicola dau Barbichet hier die okzitanischen Bräuche mit Leben. Sie ist die älteste Folkloregruppe des Limousin und widmet sich historischen Tänzen, Trachten und Theaterstücken in der alten Sprache der Südfranzosen. Ein „Barbichet" ist übrigens die traditionelle Kopfbedeckung der Frauen in der Umgebung von Limoges: eine Haube aus einem großen Stück feinem weißem Stoff, die den Kopf zu beiden Seiten flügelartig umrahmt und am auf den Schultern aufliegenden Ende kunstvoll bestickt ist.

Weil mitten durch den 5800-Einwohner-Ort die Nationalstraße nach Limoges führt, wälzt sich der Verkehr ohne Unterlass durch die Hauptstraßen. Ein großes Schloss dominierte das Städtchen lange, davon sind aber nur noch Ruinen übrig. Schön ist es aber immerhin an der Uferpromenade der Vienne, die breit durch die Stadt fließt. An der großen Brücke, wo die viel kleinere Aixette zuströmt, ist ein hübscher mittelalterlicher Garten angelegt. Auch an der Aixette selbst kann man nett entlangspazieren. Die meisten Gäste lockt aber das Porzellan – allen voran das vom Maison de la Porcelaine.

Maison de la Porcelaine: Scharen von Porzellanliebhabern bewegen sich jeden Tag über die knarzenden Dielen in diesem Haus. Auf drei Etagen und 1000 m² finden sich rund 200.000 Artikel von ausgewählten Herstellern. Ein Paradies für Freunde exklusiven Geschirrs, aber auch nicht ganz billig. Im Untergeschoss kann man in den vielen in klassischem Weiß gehaltenen Kollektionen des Maison de la Porcelaine selbst stöbern, die in riesigen, vollgepackten Regalen zu Fabrikverkaufspreisen angeboten werden. Die Manufaktur ist seit 1970 in Aixe angesiedelt.

▪ Mo–Sa 10–13 und 14–18 Uhr, Juli/Aug. auch So, sonst → Website. 14, avenue du Président Wilson, ✆ 05-55701468, www.maisonporcelaine.com.

Moulin de la Mie: Ausgefallene Kronleuchter, uralte massive Holzschränke in bestem Zustand, bunte Siebzigerjahre-Stühle, exklusives Porzellan – in den zwei riesigen Hallen am Ufer der Vienne (etwa 3 km nördlich von Aixe) gibt es wirklich alles, was das Trödlerherz begehrt. Und das Schnäppchenjägerherz – denn zu solchen Preisen bekommt man Antiquitäten in Deutschland kaum. Das Prinzip heißt „Dépôt-Vente" und erfreut sich in Frankreich großer Beliebtheit, etwa 1200 dieser Gebrauchtwarenmärkte soll es im Land geben. Privatleute vertrauen den Betreibern ihre Waren an und diese bekommen für den Verkauf eine Provision. Moulin de la Mie ist einer der schönsten und bestsortierten Dépôt-Ventes und der älteste der Region: Bereits seit 1989 werden hier Antiquitäten verkauft.

▪ Tägl. 10–12 und 14–18 Uhr, So/Mo nur nachmittags. 18, Moulin de la Mie, 87700 Saint-Priest-sous-Aixe, ✆ 05-55000061.

Information **Office de Tourisme,** Juli/Aug. tägl. geöffnet, sonst → Website. 46, avenue du Président Wilson, 87700 Aixe-sur-Vienne, ✆ 05-55701971, www.tourismevaldevienne.fr.

Verbindungen Vom **Bahnhof** in Aixe-sur-Vienne verkehren regelmäßig Züge nach Limoges.

Baden **Piscine municipale,** Hallenbad mit 25-m-Becken. Place René Gillet (Champ de Foire), ✆ 05-55707729, www.mairie-aixesurvienne.fr.

Kanu **Aixe CK,** Kurse und Kanuverleih. Im Sommer Startpunkt und Verleih bei der Moulin de la Mie in Saint-Priest-sous-Aixe. Rue des 2 Ponts, ✆ 05-55702927, www.aixeck.fr.

Markt **Bauernmarkt** jeden Fr auf dem Place René Gillet und Sa auf dem Platz Aymard Fayard (Kirchplatz). Großer **Markt** an jedem 1. Fr des Monats.

Reiten **Centre équestre des Seychas,** Reiterhof 7,5 km westlich von Aixe. Les Seychas, 87620 Sereilhac, ✆ 05-55391106, https://seychas.ffe.com.

Übernachten/Essen ***** Le Relais des Tuileries,** an der Nationalstraße 21 erwartet man eigentlich keinen idyllischen Ort, doch in Les Betoulles (Sereilhac), 4 km südwestlich von Aixe, findet man ihn mit dem Relais des Tuileries. In einer ehemaligen Ziegelei, an die noch der alte Ofen im Garten und ein Stück Gleis vor dem Eingang erinnern, hat sich ein kleines Hotelrestaurant mit viel Charme und ausgezeichneter Küche eingerichtet. Serviert wird regionale Kost auf Fleischbasis, aber auch Trüffel-Omelett – und „Le Tuilier", die Spezialität des Hauses: ein Kuchen mit Haselnüssen und Kastanien. Schöner, großer Speisesaal mit Kamin aus Ziegelsteinen. 10 freundliche Zimmer in kräftigen Farben oder Pastelltönen, allerdings etwas klein und im Motelstil aneinandergereiht. Schöner Pool und Garten. Sonntagabend und Mo (außer Juli/Aug.) geschlossen. Les Betoulles, 87620 Sereilhac, ✆ 05-55391027, www.relais-tuileries.fr. **€€** (Hotel), **€€€** (Restaurant)

La P'tite Chopine, die Nummer-1-Empfehlung der Bewohner von Aixe-sur-Vienne. Das kleine Bistro überzeugt durch Herzlichkeit und Gastfreundlichkeit sowie durch Qualität auf dem Teller, und das zu kleinen Preisen. Neben typischen Limosiner Spezialtäten wie Fois gras oder Kalbsbries mit Kartoffelgratin sorgen auch mal Paella oder Lasagne für Abwechslung. So Ruhetag. 54, avenue due Président Wilson, ✆ 06-08146752, www.la-ptite-chopine.fr. **€**

Camping **** Camping Les Grèves,** schön an der Vienne gleich beim Maison de la Porcelaine gelegener, ruhiger Campingplatz mit großen Stellplätzen und Spielplatz. Einige Mobil-Homes mit Veranda. Rue Jean Claude Papon, ✆ 05-557 01298 (Kontakt Mai–Sept.), ✆ 05-55707700 (Kontakt Okt.–April), www.mairie-aixesurvienne.fr.

Solignac

Der 1500-Einwohner-Ort liegt zwar nicht direkt im Tal der Vienne, dafür aber an deren Nebenfluss. Bei L'Aiguille biegt man nach Südosten aus dem Vienne-Tal ab und folgt dann für 7,5 km immer der Briance. Etwa 2 km vor Solignac passiert man rechter Hand eine Steinbrücke aus dem 13. Jh., die Pont Rompu, über die seit vielen Jahrhunderten der Jakobsweg führt.

Die Entstehung des Ortes selbst ist der Großzügigkeit eines ganz und gar nicht geizigen Dagobert zu verdanken (nach dem dennoch die reichste Ente der Welt benannt sein soll in der deutschen Übersetzung des berühmten Comic-Klassikers): Im Jahr 632 überließ der Merowingerkönig Dagobert I. dem Herrn seines Geldspeichers, dem Schatzmeister Eligius, der heute als Saint Éloi bekannt ist, ein Stück Land 10 km südlich von Limoges. Éloi errichtete dort ein florierendes Kloster, das allerdings von Sarazenen und Normannen mehrmals geplündert wurde. Ab 1132 entstand schließlich die Klosterkirche Saint-Pierre-et-Saint-Paul, die bis heute den kleinen Ort prägt. Da die Abtei mehrmals zerstört wurde, stammen die aktuellen Bauten aus dem 18. Jh. Unterhalb der Abtei gibt es eine Brücke aus dem 13. Jh. Überquert man sie, hat man einen schönen Blick auf den Ort. Ein kleiner Spaziergang führt zu allen Besonderheiten des Dorfes mit seinen gut erhaltenen Granithäusern. Markiert sind sie jeweils mit schön bemalten Keramikplatten, die Ansichten von Solignac zeigen.

Église abbatiale Saint-Pierre-et-Saint-Paul: Ein nacktes Hinterteil sieht man nur selten in einer Kirche, wohl aber in der Klosterkirche von Solignac. Jedoch nur, wenn man genau hinschaut. Denn das Hinterteil ist eines der vielen kleinen geschnitzten Zierelemente, mit denen das Chorgestühl geschmückt ist. Auch Schlangen, Meerjungfrauen, Teufel, Monster, Fratzen und ein Dackel sind zu bewundern, wenn man die Stufen in das von drei Kuppeln überwölbte Kirchenschiff hinabgestiegen ist. Das Chorgestühl stammt wie das große Christophorus-Fresko rechts vom Chor aus dem 15. Jh., die Kirche selbst wurde 1143 geweiht. Einst zierte sie ein großer Glockenturm, doch nachdem dieser 1783 einstürzte, errichtete man die heutige Glockenwand. Geht man um die Kirche herum, hat man einen schönen Blick auf den Chor und die wuchtigen Ausbuchtungen der fünf kleinen Kapellen.

Parc Zoo du Reynou: Der Porzellanfabrikant Haviland hat so einiges hinterlassen im Limousin, so auch diesen großartigen Landschaftspark, 3,5 km östlich von Solignac (von der D 704 rechts abbiegen). Der 55 ha große Park wird allerdings nicht wegen der Riesenmammutbäume und der amerikanischen Roteichen gestürmt, sondern wegen der über 130 Tierarten. Da wären Tiger, Löwen und Schneeleoparden sowie zwei große Savannen, auf denen sich Giraffen, Kudus, Zebras, Antilopen, Nashörner und Antilopen gemeinsam tummeln. Einen Streichelzoo gibt es auch.

▪ Eintritt 20 €. April–Sept. tägl. 10–19.30 Uhr, Okt. bis 18.30 Uhr, sonst → Website. Letzter Einlass 90 Min. vor Schließung. Domaine du Reynou, 87110 Le Vigen, ✆ 05-55004000, www.parczooreynou.com.

Château et Jardin de la Borie: Neue Besitzer, neues Konzept: Die vormals klingenden Gärten wurden in einen Jardin en mouvement, einen Garten in Bewegung, umgestaltet. Dieser moderne, gepflegte Park entwirft sich immer wieder aufs Neue im Wechselspiel mit der ursprünglichen Vielfalt und Wildheit der Natur. Im Schloss aus dem 17. Jh. finden regelmäßig Kunstausstellungen statt.

▪ Eintritt 8 €, Schloss Do–So 14–18 Uhr, Garten Sa/So 14–18 Uhr, Führungen 15 und 16.30 Uhr. La Borie, Solignac. ✆ 07-85419955, www.artlaborie.com.

Verbindungen Von Solignac-Le Vigen fahren **Züge** nach Limoges, Uzerche und Brive.

Einkaufen **Madeleines Bébé,** unscheinbar in einem kleinen Gewerbegebiet 9 km südlich von Solignac verkauft Christophe Brouillet seine beliebten Baby-Madeleines. Di–Fr 7–12 und 14–18 Uhr, Sa ab 9 Uhr. Rue des Lauriers, 87800 Saint-Maurice-les-Brousses, ✆ 05-555 82133, www.madeleine-bebe.com.

Markt Jeden Sa **Bauernmarkt** auf dem Place Georges Dubreuil. Mitte Juni bis Anfang Sept. findet alle 2 Wochen am Fr ab 18 Uhr ein festlicher **Markt lokaler Erzeuger** auf dem Place de la Briance statt.

Veranstaltungen **Impertinente,** alle 2 Jahre findet das Event statt, das nächste Mal 2024. Ausstellungen von Emailkunst verschiedenster Art von Juni bis Okt. Exponate werden zudem in Limoges, Bellac, Rochechouart und Saint-Yrieix-la-Perche gezeigt, in Solignac u. a. im Château de la Borie oder in der Moulin de Quatre.

Übernachten/Essen **Le Quatre,** David und Alberto beleben den kleinen Ort mit ihrer traditonellen Küche. Die Karte wechselt entsprechend der Saison. Auf der kleinen Terrasse vorm Haus isst man mit Blick auf die alte Steinbrücke. Di–Do/So 10.30–14 Uhr, Fr/Sa auch abends. Place de la Briance, ✆ 05-87417065, https://restaurant-le-quatre.business.site. **€€**

Sous les Remparts, zwei wunderschöne Gästezimmer, eins im modernen Landhausstil, das andere im verspielten Louis-XIV-Stil – beide zum Wohlfühlen. Für eine Abkühlung sorgt ein Pool im Freien. Frühstück inbegriffen. 19, rue des Remparts, ✆ 06-03073725, https://sous-les-remparts.business.site. **€€–€€€**

Holzschnitzereien im Chorgestühl

Limousin | Die Haute-Vienne → Karte S. 254/255

Saint-Léonard-de-Noblat

Saint-Léonard-de-Noblat punktet mit einer charmanten mittelalterlichen Altstadt mit Fachwerkhäusern und Porzellanmanufakturen, einer bombastischen Stiftskirche und seiner schönen Lage an der Vienne.

Wer Saint-Léonard-de-Noblat besuchen will, sollte sich der Stadt über die D 941 nähern. Denn dann zeigt sich der 4400-Einwohner-Ort von seiner malerischsten Seite, wie er am Nordufer der Vienne auf einem Plateau liegt. Wie eine Modelleisenbahnlandschaft wirkt das Panorama mit dem gigantischen Eisenbahnviadukt, der sich mit über 20 Bögen vor einer Felswand entlangzieht, und der 800 Jahre alten Pont de Noblat, die den Fluss überquert. Doch auch aus der Nähe betrachtet ist Saint-Léonard hübsch anzusehen – v. a. die Altstadt mit ihren Gassen und kleinen Plätzen und den herrschaftlichen Häusern. Besonders prächtig sind das Maison à la Tour Ronde aus dem 17. Jh. und nebenan der Tour Carrée. Ein toller Blick bietet sich vom Place de la République auf den Rundturm, dahinter lugen eine Fachwerkfassade und der Glockenturm der Stiftskirche (Collégiale Saint-Léonard) hervor. Letzterem haben die Bewohner Saint-Léonards ihren kuriosen Namen zu verdanken: Miaulétous bzw. Miaulétounes. Diese Bezeichnung ist okzitanisch und bedeutet Dohlen. Und Dohlen haben sich schon im Mittelalter scharenweise im Glockenturm eingenistet. Etliche schöne Gebäude umsäumen die Collégiale, etwa das Konsulnhaus aus dem 13. Jh. gegenüber der Kirche. Leider wurden hier Fenster und Tür zugemauert. Hübsch ist auch die Rue Victor Hugo im nördlichen Teil der Altstadt mit ihren Seitenpassagen und den zum Großteil leer stehenden Läden mit schönen Pilastern.

Die Entstehung Saint-Léonards geht auf den heiligen Leonhard zurück. Das Patenkind von Merowingerkönig Chlodwig I. tauschte im 6. Jh. das höfische gegen ein einsames Leben auf dem Land. Am Ufer der Vienne in einem Wald 20 km östlich von Limoges ließ er sich nieder. Der König soll ihm das Stück Land geschenkt haben, weil Leonhard dessen Frau bei der schwierigen Geburt ihres Kindes retten konnte. Der Heilige baute mitten im Wald eine kleine Kapelle zu Ehren der Muttergottes. Während seiner Zeit am Hof hatte er die Freiheit vieler Gefangener erwirken können; sie suchten den Eremiten in seiner Einöde auf und siedelten sich bei ihm an. Nach seinem Tod wurde Leonhard in seiner selbst errichteten Kapelle begraben. Die Ansiedlung um die Grabstätte herum wurde immer größer und zog zahlreiche Pilger an, darunter bekannte Persönlichkeiten wie Richard Löwenherz oder Anna von Österreich. Und Zarin Alexandra schickte einen Vertreter, um für einen Thronfolger zu beten. Überhaupt kamen viele Frauen mit Kinderwunsch hierher, in der Hoffnung auf baldige Empfängnis. Diese Heiligenverehrung hält noch heute an und gipfelt in den alle sieben Jahre stattfindenden *Ostensions de Saint-Léonard* (→ S. 471). Vermutlich durch die Pilgerströme gelangte das Rezept einer süßen Köstlichkeit nach Saint-Léonard: Massepain – eine makronenartige Süßspeise aus Mandeln und Eiweiß, die man in den Konditoreien der Stadt bekommt.

Collégiale Saint-Léonard: Die Stiftskirche im Herzen der Altstadt zählt zu den schönsten im Limousin. Errichtet wurde sie im 11. und 12. Jh. als einfaches

Limousin | Die Haute-Vienne → Karte S. 254/255

Der Glockenturm der Stiftskirche hat sieben Stockwerke

Gotteshaus zu Ehren des Schutzpatrons Saint Léonard. Bis ins 19. Jh. wurde sie mehrfach umgebaut und ist inzwischen ein eindrucksvoller Bau. Allein der Chor mit seinen sieben Kapellen wirkt von außen bombastisch, wunderschön der siebenstöckige, filigrane Glockenturm mit seinen Wimperg-Fenstern. Im Inneren zieht das südliche Querschiff ganze Heerscharen von Frauen mit Kinderwunsch an. Dort hängen echte Handfesseln, die Gefangene dem heiligen Leonhard nach ihrem Freikauf überreichten. Dem Aberglauben nach wird eine Frau in naher Zukunft schwanger, wenn sie diese Handschellen berührt. Daneben befinden sich das Grab des Heiligen und ein Reliquienschrein. Die UNESCO zeichnete die Stiftskirche 1998 als Teil des Weltkulturerbes „Jakobsweg in Frankreich" aus.

Musée Gay-Lussac: Ihrem berühmtesten Sohn hat die Gemeinde ein Museum gewidmet: dem Physiker und Chemiker Joseph Louis Gay-Lussac. Als ein Meister auf dem Gebiet der Gasforschung entwickelte er verschiedene Mess- und Analyseverfahren. Die Ausstellung behandelt Leben und Werk sowie die wichtigsten Erkenntnisse des Wissenschaftlers, u. a. sind Gerätschaften und Laborinstrumente zu sehen. Auch Alexander von Humboldt und Justus von Liebig, mit denen Gay-Lussac forschte, werden porträtiert.

■ Eintritt frei. Juli/Aug. Di–Sa 10–12 und 15–18 Uhr, So 15–18 Uhr, Sept. Di–Sa 15–18 Uhr. Rue Jean Giraudoux, ✆ 05-55562506 (Tourist-Info), www.gaylussac.fr.

HistoRail – Musée de Chemin de Fer: Eine alte Lok parkt auf Gleisen vorm Museum – ein kleiner Vorgeschmack darauf, was die Besucher erwartet. Apropos Warten: In der Ausstellung kann man in ausrangierten Polster- und Ledersitzen aus Zügen Platz nehmen. Oder eine aktivere Form der Besichtigung wählen. In der ehemaligen Schuhfabrik sind verschiedene Modelle von Eisenbahnen und Bahnhofsgebäuden ausgestellt sowie alte Stromabnehmer, die noch funktionsfähig sind, und alte Schaltpulte, die von großen und kleinen Zugliebhabern bedient werden dürfen; auch einen Zugführerschein kann man hier erwerben. Der Keller wird fast komplett von einer Modell-Landschaft mit dem Bahnhof von Saint-Léonard eingenommen, durch die Dampfloks und andere Züge fahren, u. a. über ein Viadukt.

▪ Eintritt 6 €. Beginn der franz. Sommerferien bis Mitte Sept. Mo–Fr 14.30–16.30 Uhr. 20 bis, rue de Beaufort, ✆ 06-81665628, www.histo rail.com.

Tannerie Bastin: Der Schuhfabrikant J. M. Weston produziert seit 1980 Leder in der ehemaligen Gerberei Bastin in der Moulin Follet am Fluss Tarde. Besucher können dort die einzelnen Arbeitsschritte der traditionellen Lederherstellung kennenlernen. Über die Touristeninformation werden Führungen angeboten (Anmeldung erforderlich).

▪ Besichtigung nur auf Anfrage, Chemin du Moulin Follet, ✆ 05-55695760.

Le Moulin du Got: 3,5 km nordwestlich des Stadtzentrums befindet sich eine alte Papiermühle, die Ende des 15. Jh. errichtet wurde und bis 1954 in Betrieb war. Sie ist eine der letzten von ehemals rund 20 Papiermühlen an der Vienne. Heute dreht sich ihr Wasserrad nur noch zu Demonstrationszwecken und für die hauseigene Papierherstellung. Bei einer etwa 75-minütigen Führung erfährt man alles über die mehr als 500-jährige Geschichte der Papierproduktion in Saint-Léonard. Der Rundgang führt im Untergeschoss an Maschinen und originalen Mühlsteinen aus Granit vorbei, zudem wird das Schöpfen und Drucken von Papier gezeigt. Im Speicher finden Sonderausstellungen statt. Die Führung ist nur auf Französisch, an der Kasse sind Informationen auf Deutsch erhältlich.

▪ Eintritt 8 € (nur mit Führung, Onlinebuchung möglich). Zeiten → Website. Laden Di–Fr 10–12 und 14–17.30 Uhr, Sa 14–17.30 Uhr. Zufahrt über die D 39 und die Rue 11 Novembre 1918, Le Pénitent, ✆ 05-55571874, www.moulindu got.com.

Les Pierres Initiatiques: Dieser Park knapp 6 km südwestlich von Saint-Léonard-de-Noblat ist wirklich außergewöhnlich. Der Bildhauer Jean Marie Pidou stellt hier seine Skulpturen aus – 140 Stück. Die Figuren sind nicht nur zum Bestaunen, sondern wollen mit ihren Seitenhieben auf Politik, Regierung und Wirtschaft auch zum Schmunzeln bringen und zum Nachdenken anregen. Besucher begegnen hier lieblichen Meerjungfrauen oder kirchlichen Fantasiegebilden aus Limosiner Granit. Auf jeden Fall sehenswert!

▪ Eintritt 7 €. Juli/Aug. tägl. 14–17 Uhr, sonst So 14–17 Uhr oder auf Anfrage. Les Allois, 87400 La Geneytouse, ✆ 05-55560770.

Basis-Infos

Information **Office de Tourisme de Noblat,** Juli/Aug. tägl. geöffnet, sonst → Website. 4, place du Champ de Mars, 87400 Saint-Léonard-de-Noblat, ✆ 05-55562506, tourisme-noblat.org.

Verbindungen **Busse** und **Regionalzug** verbinden Saint-Léonard mit Limoges, Eymoutiers und Ussel. Bahnhof in der Avenue Général de Gaulle.

Baden **Aqua'Noblat,** Schwimmbad für Sport, Badespaß und Erholung mit großem Außenbecken. 8, avenue Léon Blum, ✆ 05-872299 10, https://affluences.com.

Einkaufen Am **Place de la République** verkaufen mehrere Konditoreien Marzipan.

Maison Coignac, die Konditorei, Bäckerei und Chocolaterie hinter der Stiftskirche bietet Kuchen, Schokolade und Marzipan, auch selbst gemachtes, sehr leckeres Eis. Coignac betreibt zudem in der Avenue du Champs de Mars eine weitere Konditorei mit angegliedertem kleinem Café (So Ruhetag). Mi/So nachmittags geschlossen. 22, avenue du Maréchal Foch, ✆ 05-555 60376.

JL Coquet, wunderschön in einer alten Mühle an der Vienne liegt der Fabrikverkauf dieser renommierten und seit 1824 bestehenden Porzellanmanufaktur. Sie ist bekannt für avantgardistisches Design, ihr tiefes Weiß sowie erlesene Farben und Metalle, die für das Dekor verwendet werden. Mo–Sa 9–17 Uhr. 1, avenue de Limoges, ✆ 05-55560828, www.jlcoquet.com.

MeinTipp **Le Trésor Caché,** der originellste und wohlriechendste Laden in der ganzen Stadt. Und vielleicht auch der beengendste, denn auf dem schmalen Weg zur Kasse kommt man an Säcken voller Nüsse, Trockenobst, Gewürzen, Tee, Kaffee und mehr vorbei. Die Wände sind mit alten Zeitungen, Zeitschriften und Schallplattencovern tapeziert. Edgar lässt niemanden aus seinem Laden, ohne eine der Leckereien probiert zu haben. Di–Sa 9–20 Uhr. Rue des Étages, ✆ 06-26060209, www.letresorcache.fr.

Kino **Cinéma le Rex,** kleines, charmantes Kino. 7, boulevard Henri Barbusse, ✆ 05-555 60350, www.cinemasaintleonard.fr.

Krankenhaus **Centre Hospitalier Intercommunal Monts et Barrages,** Chemin du Panaud, ✆ 05-55564300, www.chimb.fr.

Markt **Bauernmarkt** jeden Sa morgens auf dem Place de la République und in den umliegenden Straßen. Großer **Markt** am 1. Mo im Monat auf dem Place du Champ de Mars.

Veranstaltungen **Les Ostensions,** alle sieben Jahre ehren die Miaulétous ihren Schutzpatron Saint Léonard, das nächste Mal 2023. An Christi Himmelfahrt findet eine feierliche Prozession statt. Am Sonntag nach dem 6. Nov., dem Gedenktag des Heiligen, wird mit einer Keule symbolisch ein Gefängnismodell aus Holz zerstört.

Festival mille et une notes, das Festival mit klassischer Musik findet von Mitte Juli bis Mitte Aug. rund um Saint-Léonard, Solignac und Limoges statt. Die Musik erklingt dabei nicht nur in Kirchen und Museen, sondern auch mal in einem Supermarkt. www.festival 1001notes.com.

Übernachten / Essen & Trinken

***** Le Relais Saint-Jacques,** das Hotelrestaurant befindet sich in einem alten Fachwerkhaus am Rande der Altstadt. Die Küche ist regional, aber modern; die Gerichte werden mit lokalen Produkten zubereitet. Foie gras wird etwa mit Aprikose, Schwein mit violettem Senf und Rind mit dem reputablen Wein Mille et une Pierre verfeinert. Als Dessert darf man sich Cheesecake mit Matchatee schmecken lassen. Auch auf der Karte: Culnoir-Schinken oder Rote-Bete-Ravioli. Auch vegetarisch. Das Restaurant ist elegant eingerichtet in Mokka-, Beige- und Grautönen. Dieser Stil setzt sich auch in den 9 geschmackvollen, gepflegten Zimmern mit sehr modernen Bädern fort. Tägl. geöffnet. 6, boulevard Adrien Pressemane, ✆ 05-55560025, www.lerelaissaintjacques.com. **€€**

Le Restaureau, schlichtes, rustikales Restaurant in Steakhouse-Manier mit viel Fleisch im Angebot, dazu Büfett. Fr abends Raclette, So Ruhetag. 19, avenue du Champs de Mars, ✆ 05-55560006, www.le-restaureau-87.fr. **€**

Les Jardins des Lys, die 5 Gästezimmer in dem Bourgeois-Haus in der Altstadt sind alle von der Schönheit der Lilie inspiriert. Entsprechend ihren Namen (weiße und rote Lilie, königliche, kristallene, goldene und silberne Lilie) sind die Räume dekoriert – allesamt geschmackvoll, Modernes und Antikes sind raffiniert kombiniert. Wer einen leichten Schlaf hat, dem sei allerdings davon abgeraten, hier zu nächtigen, denn das Gästehaus befindet sich gegenüber der Stiftskirche, deren Glocken sehr oft läuten. 3, place de la Collégiale, ✆ 05-55566339, www.le-jardin-des-lys.com. **€€–€€€**

Le Masbareau, der alte Gutshof 7 km westlich von Saint-Léonard wird bereits in der siebten Generation geführt und verfügt über 4 große Gästezimmer. In jedem wurde ein anderer Farbakzent gesetzt, alle sind mit antiken Möbeln ausgestattet und haben Blick auf den Park, in dem sich das stattliche Landhaus befindet. Zudem kann man ein Ferienhaus oder sehr günstig ein Bett in einem kleinen Schlafsaal mieten. Ein privater kleiner Wald lädt zum Spazieren und ein Teich zum Angeln ein. Die Gastgeber bieten Tables d'hôtes an. Zufahrt über die D 941 und die D 44A1, Le Masbareau, 87400 Royères, ✆ 05-55002822, www.chambre-table-dhotes-charme-limousin.com. **€€**

Limousin | Die Haute-Vienne → Karte S. 254/255

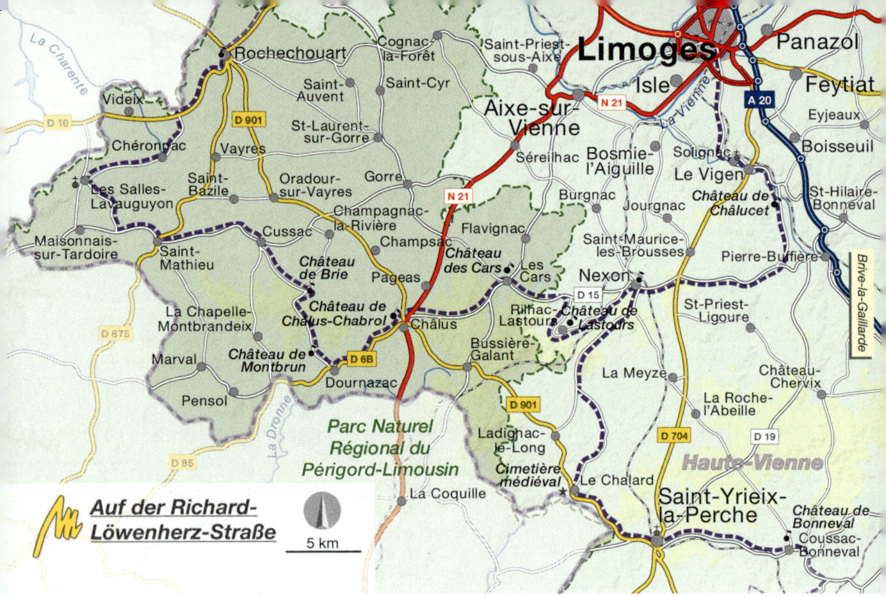

Auf der Richard-Löwenherz-Straße

Zahlreiche Festungen und Burgruinen prägen das Landschaftsbild des Limousin, die meisten stammen aus dem 11. und 12. Jh. – aus der Zeit, in der Richard Löwenherz als Herrscher über das angevinische Reich regierte, das sich zwar zu einem großen Teil auf französischem Boden befand, jedoch der englischen Krone unterstand. Neben dem Limousin gehörten auch die heutige Normandie und die Bretagne, das Centre, die Auvergne und Aquitanien dazu. Um diese weitgehend unbekannten Burgen touristisch zu vermarkten und ins Licht der Öffentlichkeit zu rücken, taten sich die jeweiligen Gemeinden in den 1980er-Jahren zusammen und kreierten die Route Richard-Cœur-de-Lion – die Richard-Löwenherz-Straße.

Das Limousin war im Mittelalter Spielball zwischen dem englischen und dem französischen Königshaus. Richard Löwenherz verbrachte die letzten Jahre seines Lebens in Frankreich, um gegen seinen einstigen Verbündeten Philippe II., König von Frankreich, zu kämpfen und die Aufstände der Vizegrafen niederzuschlagen. Den Beinamen Löwenherz hatten dem Herzog von Aquitanien und König von England sein Mut und sein mitunter brutaler Kampfgeist während des Dritten Kreuzzugs eingebracht. Ausgerechnet im Limousin und gerade zu der Zeit, als er mit Philippe II. Frieden schließen wollte, fand der legendäre Richard Löwenherz den Tod. Bei der Belagerung der Festung in Châlus traf ihn ein Armbrustbolzen und zwölf Tage später erlag er seinen Verletzungen.

Durch vier Departements führt die Richard-Löwenherz-Straße, sie beginnt in der Charente und endet im Westen der Corrèze. Auf ihr liegen 19 Etappenziele in Form von Burgen, Schlössern oder besonderen Kirchen. 14 dieser Stationen befinden sich in der Haute-Vienne. Von Rochechouart im äußersten Westen des Departements führt sie in weiten Bögen über Montbrun und Chalûs nach Nexon. Hier gabelt sie sich, ein Ast verläuft über Châlucet und Solignac nach Limoges, ein zweiter führt über Saint-Yrieix-la-Perche nach Coussac-Bonneval bis nach Ségur-le-Château und Arnac-Pompadour in der Corrèze.

Rochechouart

Der Ort (3800 Einwohner) liegt in einem Meteoritenkrater im Nationalpark Périgord-Limousin, 9 km südwestlich von Saint-Junien. Das Wahrzeichen der Kleinstadt ist das **Schloss** auf einem Felsvorsprung über dem Zusammenfluss der Graine und der Vayres. Ende des 12. Jh. als Festung erbaut, nahm es im Zuge seiner Umbauten bis ins 19. Jh. immer mehr die Form eines Schlosses an. Während der Französischen Revolution versuchten Regimegegner die Festung zu zerstören – dies gelang nur bedingt, und zwar bei den Spitzen der Türme an der Südostfassade. Hier residierten einst die Vizegrafen von Rochechouart, die sich vom Hause Limoges abgenabelt hatten. Die Linie Rochechouart zählt übrigens zu den ältesten Familien Frankreichs. Das Schloss beherbergt inzwischen ein **Museum für zeitgenössische Kunst,** u. a. zieren Werke des Dadaisten Raoul Haussmann die alten Säle. Sehenswert sind der Jagd- und der Herkulessaal mit schönen Wandfresken – die einen bunt, die anderen schwarz-weiß – und alten Holzdecken. Besonders schön stechen moderne Kunstwerke in dem altertümlichen Ambiente heraus. Außen beeindruckt der Innenhof mit Arkaden und gedrehten Säulen. Geschwungen ist auch der Glockenturm der **Kirche Saint-Sauveur** im Ortszentrum. Sie wurde im 11. Jh. errichtet, ungewöhnlich sind im Innern an den Seiten des Längsschiffs die bemalten Säulen und das Holzgewölbe. Die Geschichte des Meteoriteneinschlags vor 214 Mio. Jahren zeichnet ein kleines, weniger spektakuläres Museum in der Nähe der Kirche nach.

Information **Office de Tourisme Porte Océane du Limousin,** hier erhält man auch Infos über Les-Salles-Lavaugyon. Juli/Aug. tägl. geöffnet, sonst → Website. 6, rue Victor Hugo, 87600 Rochechouart, ✆ 05-55037273, www.poltourisme.fr.

Markt Fr/Sa Wochenmarkt im Zentrum von Rochechouart immer vormittags sowie am 26. des Monats.

Museen **Musée départemental d'Art Contemporain**, Eintritt 4,60 €, März–Sept. tägl. außer Di 10–12.30 und 13.30–18 Uhr, Okt. bis Mitte Dez. 10–12.30 und 14–17 Uhr. 2, place du Château, ✆ 05-55037777, www.musee-rochechouart.com.

Maison de la Réserve – Espace Météorite Paul Pellas, Eintritt 4 €, Juli/Aug. Mo–Fr 10–12.30 und 13.30–18 Uhr, Sa/So 14–18 Uhr, April–Juni und Sept. Mo–Fr 10–12 und 14–18 Uhr, sonst Mo–Fr 10–12 und 14–17 Uhr. 16, rue Jean Parvy, ✆ 05-55030270, www.porteoceane-dulimousin.fr.

Veranstaltungen **Impertinente,** alle 2 Jahre findet das Event statt, das nächste Mal 2024. Ausstellungen von Emailkunst verschiedenster Art von Juni bis Okt. Exponate werden zudem in Limoges, Solignac, Bellac und Saint-Yrieix-la-Perche gezeigt, in Rochechouart im Kunstmuseum im Schloss.

Labyrinthe de la Voix, bekannte französische Musiker und Bands verwandeln die Stadt in der letzten Juliwoche in eine große Bühne. www.labyrinthedelavoix.fr.

Übernachten/Essen **La Vie de Château,** in ihrem bonbonfarbenen Café zaubert Sylvie Spezialitäten aus ihrer Heimat, der Bretagne, nämlich deftige Galette und süße Crêpes. Und die sind äußerst lecker. Ein kleiner Laden mit Accessoires ist im Café integriert. Juli/Aug. tägl.

11–19 Uhr, sonst bis 18.30 Uhr, in den Schulferien (außer Sommer) Do–So 11–18.30 Uhr. 2, rue Bertrand Bourdeau, ✆ 05-87503518. **€**

Camping ****** Camping de la Météorite,** recht kleiner, aber ansprechender Campingplatz in einem Waldgebiet an einem See südlich von Rochechouart. Dort darf man nicht schwimmen, aber entspannt drumherum spazieren. Zum Baden gibt es einen Pool, außerdem ein Restaurant, Tischtennis, Badminton, Basketball. Lac de Boischenu, ✆ 05-55036596, campingdelameteorite.com.

Von Rochechouart nach Châlus

Neben Burgen und Schlössern gibt es auf der Richard-Löwenherz-Straße auch Kirchen zu entdecken. Etwa die außergewöhnliche **Église Saint-Eutrope in Les-Salles-Lavaugnyon,** 15 km südwestlich von Rochechouart (über die D 10 und links auf die D 10A). Außergewöhnlich in dieser Kirche aus dem 11. und 12. Jh. sind ihre Wandfresken aus dem 12. Jh., die etwa 200 m² bedecken; dargestellt sind biblische Szenen. Die nächste Etappe führt erneut zu einem Schloss, zum **Château de Brie bei Champagnac-la-Rivière** 22 km weiter südöstlich (über die D 33, D 699 und D 42; direkt von Rochechouart empfiehlt sich die D 901 und D 75). Diesen prächtigen Landsitz ließ ein gewisser Jean de Brie auf einem kleinen grünen Hügel im Jahr 1484 erbauen. Im 18. Jh. gehörte er der Mutter des Revolutionärs Marquis de Mirabeau. Heute steht er interessierten Besuchern zur Besichtigung oder zum Übernachten offen. Neben edlen Antiquitäten beeindruckt ein Fächergewölbe. Nur 6 km weiter südlich wartet das wohl schönste Postkartenmotiv auf der Route (über die D 100, D 213 und D 64) – das **Château de Montbrun bei Dournazac.** Hinter einem Teich tut sich die Prachtfestung aus dem 12. Jh. und 15. Jh. auf. Die runden Ecktürme und der Burgfried besitzen mit ihren Zinnen echten Wehrcharakter. Das Schloss öffnet für Besichtigungen regelmäßig seine Pforten.

Information **Office de Tourisme intercommunal des Monts de Châlus,** Informationen zur Richard-Löwenherz-Straße, zu den Châteaux Montbrun, Châlus-Chabrol, de Châlucet, de Lastours und Les Cars. Juli/Aug. tägl. geöffnet, sonst → Website. 28, avenue François Mitterrand, 87230 Châlus, ✆ 05-55582844, www.tourisme-nexon-chalus.fr.

Wie aus dem Bilderbuch: das Château de Montbrun

Château de Brie Eintritt 6 € (Schloss), 2,50 € (nur Scheune), April–Okt. So 14–19 Uhr. Vorm Schloss laden rund 60 Puppen mit Musik (Audio-Animatronics) zu einer kleinen Weltreise ein, ähnlich der Attraktion Small World im Disneyland. Führungen im Schloss. Großer Schlosspark zum Verweilen. 87150 Champagnac-la-Rivière, ✆ 05-55781752, www.chateaude brie.fr.

Château de Montbrun Eintritt 15 €, Mai bis Ende Sept. tägl. Führungen um 15 und 17 Uhr. Wunderschönes Postkartenschloss mit prächtigem Burgfried, der „Grand Jacques" genannt wird. Im 14. Jh. ist es niedergebrannt und wurde im 15. Jh. wiederaufgebaut. Anfang des 20. Jh. wurde das Anwesen abermals Opfer eines Brandes. 8, route du Château, 87230 Dournazac, ✆ 05-55787511, www.montbrun.com.

Markt Wochenmarkt Do/Fr jeweils vormittags in Châlus sowie Di vormittags in Champagnac-la-Rivière.

Übernachten/Essen ***** Hostellerie La Bergerie des Chapelles,** dieses kleine, charmante Hotelrestaurant liegt 12 km südlich von Rochechouart und 15 km nordwestlich von Châlus. Die ehemaligen Schafställe wurden zu stilvollen, modernen Zimmern umgewandelt, alle mit Zugang zum Garten. Ein Pool und ein Wellnessbereich runden den Komfort ab. Wie auch im Hotel trifft im Restaurant mit gemütlichem Kamin Moderne auf Limosiner Ländlichkeit. Die Küche kocht frisch, mit tägl. wechselnden Menüs. So/Mo Ruhetag, Restaurant nur abends geöffnet, Reservierung erforderlich. Deutschsprachig. Chemin de la Côte, 87150 Oradour sur Vayres, ✆ 05-55782991, www. domainedeschapelles.com. **€€**

La Taverne de Montbrun, großes Restaurant mit ebensolchem „Biergarten" neben dem Schloss. Bei gutem Wetter dreht außen schon mal ein Spanferkel am Spieß über offenem Feuer. Ansonsten bewegt sich die Küche auch außerhalb guter Limosiner Kost: Gemüsemillefeuille, Ziegenkäsequiche, Thunfischsteak, Burger, vegetarische Canelloni, Kastanienkuchen. Juli/Aug. tägl. geöffnet, April/Mai und Sept./Okt. Mi/Do Ruhetag. 7, route de Montbrun, 87230 Dournazac, ✆ 09-84412033, www.lataverne montbrun.fr. **€–€€**

Vom Château de Châlus-Chabrol bis zum Château de Lastours

Auf der Richard-Löwenherz-Straße ist **Châlus,** 35 km südwestlich von Limoges, ein Muss – schließlich wurde Löwenherz hier tödlich verwundet. 1199 belagerte der König von England das Schloss – als Reaktion auf die Rebellion des Vizegrafen von Limoges, Adémar V. Angeblich soll Löwenherz v. a. an den vollen Schatzkammern der Burg interessiert gewesen sein. Statt Gold, Silber und anderen Schätzen erwartete ihn hier jedoch der Tod: Ein gewisser Pierre Basile, andere Chroniken nennen auch einen Bertrannus de Gurdon als Todesschützen, feuerte einen Armbrustbolzen auf ihn ab. Zwölf Tage später, am 6. April, erlag Richard Löwenherz seinen Verletzungen.

Im 11. Jh. hatte der Vizegraf von Limoges die Festung auf einem Felsplateau über der Stadt errichten lassen, um so den Weg von Limoges ins Périgord besser kontrollieren zu können. Sie war im Besitz einiger nobler Familien wie Sully, d'Albret, Borgia und Bourbon. Von der Festung sind heute noch gut erhaltenene und mit prächtigen Exponaten eingerichtete Ruinen übrig, die besichtigt werden können.

Ebenfalls nur die Ruinen sind vom **Château de Les Cars,** 9 km nordöstlich von Châlus, im Ort Les Cars übrig. Die Grundrisse lassen die einstige Pracht und Macht der Renaissance-Festung und der Adelsfamilie Pérusse des Cars erahnen. Neben den Ruinen kann man bei Führungen noch Wandmalereien sehen – allerdings nur an ausgewählten Terminen im Sommer. Die Türme und Mauergrundrisse lassen sich auch von außen gut betrachten. Um die Ruinen sind Wege und Infotafeln angelegt.

Die Burg von Châlus-Chabrol birgt so manche Schätze

Eine weitere und deutlich besser erhaltene Burgruine gibt es in Rilhac-Lastours, rund 8 km südöstlich von Les Cars, zu entdecken und begehen, das **Château de Lastours.** In der Sommersaison blüht das Anwesen aus dem 12.–16. Jh. der einstigen Barone von Lastours zu einer wahrlichen Mittelalterbastion mit (Nacht-)Spektakeln und Spielen auf.

Château de Les Cars Eintritt 6,50 €, nur einzelne Termine für Führungen im Juli/Aug. Termine unter www.tourisme-nexon-chalus.fr, ✆ 05-55582844. Le Bourg, 87230 Les Cars.

Mein Tipp **Château de Châlus-Chabrol** Eintritt 6 €, Juli/Aug. tägl. 10–19 Uhr. Ein Muss für alle Burgfans, auch weil Richard Löwenherz hier seinen Verletzungen erlag. Von der einstigen Prachtfestung sind noch einige beeindruckende Säle (auch im Keller) mit Ritterrüstung, einem alten Flügel und weiteren antiker Dekorationen erhalten und ein Turm, von dem man eine tolle Aussicht hat. Zu Beginn des Besuchs informiert ein kleiner Film über die Burg sowie seine Restaurierung. ✆ 05-55318888 oder bei der Tourist-Info in Châlus, 2, chemin du Château, 87230 Châlus, ✆ 05-55582844.

Château de Lastours Im Sommer kann man die Burg besichtigen und die Welt des Mittelalters bei aufwendigen Spektakeln eintauchen. Aktuelle Preise, Öffnungszeiten und mögliche Showtermine unter www.chateau-lastours-limousin.fr. 6, rue Gouffier de Lastours, 87800 Rilhac-Lastours, ✆ 05-55583847.

Baden/Hochseilgarten Nicht direkt auf der Richard-Löwenherz-Straße, aber nur 8 km südöstlich von Châlus liegt der **Espace Hermeline** (südlich des Örtchens Bussière-Galant). Mehr Freizeitaktivitäten als hier kann man kaum auf einem Fleck anbieten. Die gewöhnlichsten sind noch Baden in einem See mit Sandstrand und Minigolf. Der große Kletterpark bietet sieben Parcours an, und an einem 400 m langen Seil lässt es sich über den See rauschen. Höhepunkt ist eine Vélorail-Strecke, bei der man bis zu 12 km mit einer Draisine auf einer stillgelegten Bahnstrecke radeln kann. Inzwischen ist ein kleiner Campingplatz angegliedert, wo man auch in Jurten übernachten kann. Aktuelle Preise und Öffnungszeiten → Website. Avenue du Plan d'Eau, 87230

Bussière-Galant, ✆ 05-55788612, www.espace-hermeline.com.

Übernachten/Essen **Le Sax'O,** kleines Restaurant mit gemütlichem Kamin und soliden, frischen lokalen Spezialitäten. Besonders zu empfehlen ist der Ziegenkäsekuchen (salzig) und überhaupt die Obstkuchen zum Nachtisch. Vegetarisch auf Nachfrage. So/Mo abends geschlossen. 10, place de la Fontaine, ✆ 05-55785029. **€**

Partage des Saveurs, asiatische trifft auf französische Küche, und das äußerst schmackhaft zubereitet. Wählen kann man z. B. zwischen Frühlingsrollen und Schnecken, Curryhühnchen und Entenspieß sowie gebackener Banane und Crêpes. Zeitgemäßes Ambiente. Di/Mi Ruhetag. 15, avenue François Mitterrand, 87230 Chalus, ✆ 05-44245230, https://partagedessaveurs.eatbu.com. **€€**

Les Drouilles Bleues, die 3 Zimmer in dem Bauernhof eines ehemaligen Klosters sind gemütlich und gepflegt, die Atmosphäre ist herzlich. Gäste können sich im Salon mit Kamin entspannen. Das Steinhaus befindet sich auf einem kleinen Hügel mit Aussicht auf die Umgebung. Die Hausherren geben gerne Tipps für Wanderungen. Table d'hôtes möglich (2 Tage im Voraus bestellen). La Drouille, Saint-Hilaire-les-Places, ✆ 05-55582126, http://drouillesbleues.free.fr. **€€**

Château de Châlucet

Hoch über dem Zusammenfluss der Ligoure und der Birance thronen die Ruinen der Burg Châlucet auf einem Felsplateau, umgeben von Laub- und Nadelbäumen. Zwischen 1100 und 1130 ließen zwei Ritter aus dem Hause Jaunhac, Lehnsherren des Vizegrafen von Limoges, die Festung errichten. Während der Tumulte zwischen den Vizegrafschaften im 13. Jh. eroberte der königliche Berater Géraud de Maulmont die Burg und ließ sie erweitern, es entstanden eine untere und eine obere Festung. Châlucet avancierte so zur größten Verteidigungsanlage im Limousin. Ausgerechnet Räuberbanden nisteten sich in der zweiten Hälfte des 14. Jh. in dem Bollwerk ein. Ein jähes Ende fand die Burg während des Hundertjährigen Krieges. Um zu verhindern, dass sich katholische Fundamentalisten dort niederließen, beauftragte die Stadt Limoges im Jahr 1594 hundert Männer damit, die Burg zu schleifen. Sie hinterließen ein Trümmerfeld. Heute können noch Mauerreste und der Tour Jeanne besichtigt werden. Von dem Burgfried bietet sich ein toller Ausblick auf den Wald von Ligoure und die umliegenden Täler. Von Limoges aus ist Châlucet über die A 20 in etwa 15 Min. zu erreichen. Vom Parkplatz aus läuft man ein Stück den Wasserlauf entlang. Hinter dem Empfangshaus führt eine Treppe zur Festung hinauf, ein Rundgang durch die Ruinen ist ausgeschildert.

▪ Das ganze Jahr über zugänglich, freier Eintritt, Führung 6 €. Infopunkt: Juli/Aug. tägl. 10.30–17.30 Uhr, April–Juni, Sept./Nov. tägl. 10.30–12.30 und 13.30–18.30 Uhr. Châlucet, 87260 Saint-Jean-Ligoure, ✆ 05-55009655, www.chalucet.com.

Essen & Trinken *****Auberge Dupuytren,** ein Abstecher nach Pierre-Buffière, ca. 7 km südöstlich der Burgruine, lohnt sich nicht nur wegen des Hotelrestaurants. Kurz nach dem Ortseingang erheben sich als Doppelgespann ein Viadukt aus dem 19 Jh. und eine Autobahnbrücke über das Tal der Briance. Ein Postrelais aus dem 16. Jh. mit schönem Fachwerk schmückt das Ortszentrum. In diesem sogenannten Hôtel des Trois-Anges nächtige einst Papst Pius VII. Links daneben kreiert das Drei-Sterne-Hotelrestaurant in schickem Ambiente französische Leckereien – saisonal, frisch und lokal, etwa Kalbsmedaillons in Honigsoße mit Karotten-Vanille-Püree, aber auch Einfacheres wie Omelett oder Burger. Schlicht, dennoch modern und groß sind die Hotelzimmer. Sie wirken sehr wohnlich, kombiniert mit dem Charme des alten Steingebäudes. Beheizter Außenpool. 24, avenue de la République, 87260 Pierre-Buffière, ✆ 05-5558008. **€€**

Saint-Yrieix-la-Perche

Die Stadt kann mit einem hübschen mittelalterlichen Stadtzentrum und zwei kulinarischen Leckerbissen auftrumpfen: zum einen mit dem Schinken von den *Cochons au Cul noir* (Schweine, die für ihre schwarzen Köpfe und Hinterteile berühmt sind); einige Bauernhöfe in und um die 6700-Einwohner-Stadt kann man besichtigen und den besonderen Schinken verkosten. Zum anderen gibt es in dieser Gegend das ohnehin sehr kleine Gebäck Madeleine in einer noch kleineren Variante – Madeleine Bébé.

Saint-Yrieix-la-Perche besitzt mit seinen Steinhäuschen und den roten Ziegeln bereits südfranzösischen Charme, ein Vorgeschmack auf das nahe Périgord. Die Straßen sind gespickt mit kleinen Läden und Cafés, auch in der winzigen Markthalle am Fuß des Kirchbergs haben sich Geschäfte und Ateliers eingerichtet. Gerade im Juli und August peppen Künstler und Bewohner anlässlich des Streetartfestivals die Alstadt jedes Jahr mit neuen Kunstaktionen optisch auf. Kleine Gässchen führen zum Quartier Moustier mit der Stiftskirche hinauf. Das Collégiale aus dem 12. und 13. Jh. ist ein Paradebeispiel frühgotischer Architektur: statisch, massiv, quaderhaft, ein wenig wie eine Festung. Im Inneren werden ein Reliquienschrein, die Orgel und eine Silberbüste (allerdings nur eine Kopie) des Stadtgründers Arédius zur Schau gestellt. Gegenüber der Kirche ragt ein 24 m hoher Wehrturm in die Höhe – der **Tour de Plô** aus dem 12. Jh. ist das einzige Überbleibsel einer Verteidigungsanlage (im Juni und Sept. am Wochenende und im Juli/Aug. Mi–So zugänglich) und erinnert an die Zeit von Richard Löwenherz (und optisch an den Turm der Burg von Montbrun).

Einen besonderen Schatz birgt die Stadtbücherei in der Avenue du Maréchal de Lattre de Tassigny Nr. 6: eine riesige, 23 kg schwere Bibel mit Lederseiten. Eines der schönsten Gebäude ist das Rathaus außerhalb der Altstadt. Inspiriert vom Hôtel de Ville in Limoges, realisierte der Architekt eine Mini-Variante davon samt Glockenturm in Saint-Yrieix, 1901 wurde das Rathaus eingeweiht. Dafür verdankt Limoges sein florierendstes Gewerbe dieser Kleinstadt. In Saint-Yrieix wurde 1765 nämlich Kaolin entdeckt – und ohne Kaolin kein Porzellan (→ Kasten S. 258). Die Kaolinmine von Marcognac kann nach Voranmeldung besichtigt werden (✆ 05-55750651), ebenso verschiedene Porzellanfabriken wie z. B. die älteste Fabrik des Limousin, Seynard, die einen Werksverkauf bieten und meist auch ihre schönsten Stücke ausstellen (Liste bei der Touristeninformation).

Musée collection céramique: Das Museum widmet sich u. a. der Geschichte und Entdeckung des Kaolin sowie der Herstellung von Porzellan. Zu sehen ist auch die Privatsammlung des verstorbenen Porzellanliebhabers Paul Marquet, einer der bedeutendsten Unternehmer und Urgestein der Stadt.

▪ Eintritt frei. Juni–Sept. tägl. 14–18 Uhr. 1, place Attane, ✆ 09-64114452.

Village de la Porcelaine: Die ehemalige Mühle beherbegt ein kleines Museum mit über 2000 Exponaten aus über 300 Jahrhunderten. Zwischen Tassen, Vasen und Figuren finden sich auch Teller, die berühmte Gäste signiert haben, etwa die früheren Staatspräsidenten Jacques Chirac und François Mitterand. Auch ausländisches Porzellan, u. a. aus Deutschland, bereichert die Ausstellung. Auf dem Gelände gibt es neben einem Geschäft mit einer Riesenauswahl an Geschirr zudem eine Halle mit Trödel für Schnäppchenjäger.

▪ Eintritt frei. Mo–Sa 9–12 und 14–18 Uhr. Plan d'eau/Les Palloux, ✆ 05-55751038.

Basis-Infos

Information **Office de Tourisme de Saint-Yrieix-la-Perche,** organisiert Führungen zu Bauernhöfen mit Cul-noir-Schweinen, auch Fahrradverleih. Juli/Aug. tägl. geöffnet, sonst → Website. 58, boulevard de l'Hôtel de Ville, 87500 Saint-Yrieix-la-Perche, ✆ 05-550820 72, www.tourisme-saint-yrieix.com.

Verbindungen Ein **Regionalzug** fährt mehrmals tägl. über Saint-Yrieix-la-Perche nach Limoges. Busse fahren u. a. über Coussac-Bonneval nach Arnac-Pompadour.

Baden Der 15 ha große See **Lac d'Arfeuille** liegt 1 km nördlich des Zentrums von Saint-Yrieix. Badeaufsicht im Sommer, Kanu- und Tretbootverleih.

Villa Sport, Hallen- und Freizeitbad mit Außenbereich, Spa-Bereich, Sauna, Dampfbad und Fitnesszentrum. Rue du Colonnel du Garreau de la Méchénie, ✆ 05-55586020, www.villasport.fr.

Einkaufen **Madeleine Bijou,** die Traditionskonditorei stellt die klassischen Madeleines mit zarter Mandelnote bereits seit über 170 Jahren her. Kostenlose Besichtigung der Fabrik möglich, Fabrikverkauf mit großer Auswahl. Werksbesichtigung möglich, Anmeldung über die Tourist-Info. Mo–Do 8.30–12.30 und 13.30–18.30 Uhr, Fr durchgehend, Sa 9–12 und 14–18 Uhr. Les Lacs, ✆ 05-55083000, www.bijou.com.

Boule d'Or, deutlich kleinerer Werksverkauf mit ebenso köstlichen Madeleines am entgegengesetzten nördlichen Stadtrand. Werksbesichtigung möglich, Anmeldung über die Tourist-Info. Mo 9–12 und 14–18 Uhr, Di–Fr 8–18 Uhr. Avenue Limoges, ✆ 05-55751079.

Eine Liste aller Konditoren und Hersteller von **Madeleines** gibt bei der Tourist-Info.

Krankenhaus **Centre hospitalier Jacques Boutard,** Place du Président Magnaud, ✆ 05-55757575, www.chjb.fr.

Markt **Wochenmarkt** 1. und 3. Sa morgens sowie großer **Markt** jeden 2. und 4. Fr im Monat im Zentrum. Jeden Do abends im Juli/Aug. **Nachtmarkt** auf dem Place du Moulinassou. **Marché primé au gras** mit Stopfleber-Spezialitäten jeweils Fr von Nov.–März in der Markthalle.

Reiten **Centre équestre le Moulin des Cailloux,** größerer Reitclub, Kurse und Ausreiten. 5, rue Jean Monnet, ✆ 06-835919.

Die Stadt ist stolz auf ihr Handwerk: Straßen-, Back- und Porzellankunst

Veranstaltungen **Impertinente,** alle 2 Jahre findet das Event statt, das nächste Mal 2024. Ausstellungen von Emailkunst verschiedenster Art, u. a. solche auf Metall, von Juni bis Okt. Exponate werden zudem in Limoges, Solignac, Rochechouart und Bellac gezeigt, in Saint-Yrieix im Château de la Brégère.

Rue des Arts, Streetartfestival im Juli/Aug., bei dem Handwerker und Künstler ihre Ateliers, Galerien und Wekstätten öffnen. In dieser Zeit wird die Altstadt mit Kunstaktionen verschönert. ✆ 05-55088854.

Übernachten / Essen & Trinken

***** Brit Hôtel La Tour Blanche,** das Hotel punktet mit seiner Lage am See. Die 23 Zimmer sind hell, freundlich, modern und stilvoll eingerichtet. 7, rue des Palloux, ✆ 05-55751817, https://saint-yrieix.brithotel.fr. **€€**

Maison Marcal, eines der ältesten Herrenhäuser der Stadt gegenüber der Stiftskirche. Die 5 Zimmer sind äußerst nobel und gleichen eher kleinen Sälen. König Heinrich IV. nächtigte hier bereits, sein damaliges Schlafgemach ist das prächtigste der Gästezimmer. Keines gleicht dem anderen, Modernes wurde mit Antikem kombiniert, die alten Holzböden wurden erhalten. Der Hausherr Monsieur Marcal versteht es zudem, seine Gäste herzlich zu beherbergen – immerhin arbeitete er über 20 Jahre als Hotelportier in London. Deutschsprachig. 5, place du Moustier, ✆ 05-587198153, www.maisonmarcal.com. **€€€€**

L'Attanum, die angesagteste kulinarische Adresse befindet sich außerhalb der Altstadt, am eher uncharmanten Place de la Nation. Hinter der blauen Tür des L'Attanum stößt man auf das Gegenteil, vor allem auf dem Teller: Küchenchef Ludwik Crosnier weiß Limosiner Spezialitäten neu zu interpretieren und so die Geschmacksknospen zum Explodieren zu bringen. Frische, saisonale Küche. Große, recht gut abgeschirmte Außenterrasse, Reservierung empfohlen. So/Mo Ruhetag, Di–Do nur mittags Küche, Fr/Sa auch abends. 64, place de la Nation, ✆ 05-55095227. **€€€**

Restaurant Le Plan d'Eau d'Arfeuille, einfaches Restaurant, schön am See gelegen. Gute Adresse für Liebhaber bodenständiger Küche. Die Gerichte sind einfach, aber üppig, mit frischen Produkten von lokalen Erzeugern. Dienstagabend/Mi geschlossen. Plan d'Eau d'Arfeuille, ✆ 05-55759684. **€€**

mein Tipp **Salon de Thé Le Croquembouche,** die Pâtisserie mit kleinem Café in modernem Ambiente macht die besten Madeleines der Stadt: Mini-Madeleines („bébé") in Vollmilch-, Zartbitter- oder Orangenschokolade getaucht oder als Pomminettes, mit Apfelgeschmack. Daneben auch Snacks wie Sandwiches, Burger und Panini. Im Juli/Aug. Do morgens Besichtigung der Backstube möglich, Anmeldung über die Tourist-Info. Di–Sa 6.30–19.30 Uhr, So 6.30–13 Uhr. 9, rue Émile-Frange, ✆ 05-55081261, www.le-croquembouche.fr. **€**

mein Tipp **Le Moulin de la Gorce,** das Hotelrestaurant in einer alten Mühle 11 km nördlich von Saint-Yrieix ist nichts für schmale Geldbeutel. Hier zahlt man für die idyllische Umgebung und den Michelin-Stern mit. Schicke Einrichtung in rustikalem Rahmen – Steinwände, Holzbalken, Steinboden. Saisonale französische Küche mit traditionellen und modernen Akzenten. Die 7 Zimmer präsentieren sich geschmackvoll und schick mit antiken Möbeln, zum Teil im Landhausstil – allesamt gepflegt und gemütlich. Restaurant Mo–Mi geschlossen, im Juli/Aug. jedoch Mo und Mi auch abends geöffnet. Die wesentlich preisgünstigeren, aber genauso schmackhaften Gerichte werden im Ableger **La Table du Moulin** in La-Roche-l'Abeille präsentiert. Das Bistro serviert aufgepeppte regionale Küche. Mo/Di Ruhetag, im Juli/Aug. jedoch Mo und Mi auch abends geöffnet. La Réserve, 87800 La-Roche-l'Abeille, ✆ 05-55007066, www.moulindelagorce.com. **€€€** (Hotel), **€€€€** (Restaurant), **€€** (Bistro)

Camping ***** Camping du lac d'Arfeuille,** rund 1 km nördlich vom Stadtzentrum liegt dieser Campingplatz idyllisch am See. Die 75 Stellplätze sind teils schattig und durch Hecken voneinander abgetrennt. 11 Chalets. Schöne Sicht auf ein Viadukt. Pool, Spielplatz, Minigolf, Beachvolleyball, Bogenschießen, Pétanque, Verleih von Kanus, Tretbooten und Windsurfbrettern, Imbiss. Route du Viaduc, ✆ 05-55750875.

Coussac-Bonneval

In Coussac-Bonneval, nur 11 km östlich von Saint-Yrieix, endet die Richard-Löwenherz-Straße – zumindest ihr Haute-Vienne-Teilstück. Die darauffolgenden drei Etappen liegen in der Corrèze und führen von Ségur-le-Château über Lubersac bis nach Pompadour (→ S. 400). Im Herzen von Coussac-Bonneval steht etwas erhöht das mächtige **Schloss.** Schon 930 gab es eine Burg, die im 14. Jh. wieder errichtet und im Laufe der Jahrhunderte ständig umgebaut wurde. Heute gleicht das Château einer Mischung aus Schloss und Burg. Mit seinen vier Rundtürmen, der Zugbrücke und dem gepflegten Park gehört es zu den schönsten im Departement. Auch innen ist es edel ausgestattet. Ein Rundgang führt durch zehn Säle und Galerien mit erlesenen Antiquitäten wie Baldachinbetten oder Wandteppichen. Highlights sind ein Deckengemälde im Europasaal, das die Entführung Europas durch Jupiter darstellt, sowie ein Kamin mit prächtigen Holzschnitzereien. Ein Schlafgemach ist König Heinrich IV. gewidmet, der hier übernachtet haben soll, und eines Claude-Alexandre de Bonneval – der französische Adelige und Regimentskommandeur konvertierte 1730 zum Islam, nannte sich Ahmed, wurde zum Pascha ernannt und verhalf der osmanischen Armee zu Kriegserfolgen. Neben dem Schloss besitzt Coussac-Bonneval eine der wenigen Totenlaternen im Limousin. Sie befindet sich gegenüber dem Rathaus (die Straße an der Kirche vorbei weiterlaufen).

▪ **Château de Bonneval:** Eintritt 10 €, Schlosspark kostenlos. Juli bis Mitte Sept. Di–So Führungen stündlich von 14.30–17.30 Uhr, im Okt. nur am Wochenende. Tickets in der Schlossboutique oder über die Website. Place aux Foires, ✆ 06-29194906, www.chateaudebonneval.com.

Information **Office de Tourisme in Saint-Yrieix-la-Perche**, www.tourisme-saint-yrieix.com.

Markt Jeden Do **Markt** auf dem Place aux Foires.

Verbindungen Busse fahren von Saint-Yrieix-la-Perche über Coussac-Bonneval nach Arnac-Pompadour.

Reiten **Ferme Équestre du Puy**, Reitkurse, Pferde- und Ponywanderungen. Le Puy, ✆ 06-33800159, www.fermeequestredupuy.fr.

Übernachten/Essen **** Hôtel des Voyageurs – Le Kaolin**, das familiengeführte Hotelrestaurant unterhalb des Schlosses bietet gutbürgerliche Hausmannskost. Die meisten Gerichte, auch Foie gras und Rind, sind mit Apfel verfeinert. Die 7 Zimmer sind sauber und zweckmäßig, im Charme der 1970er- und 80er-Jahre gehalten, aber somit wie das Restaurant recht altmodisch. Die meisten Zimmer haben Zugang zum Garten. 21, avenue du 11 Novembre 1918, ✆ 05-55752024, www.voyageurskaolin.com. **€** (Hotel), **€€** (Restaurant)

Totenlaterne in Coussac-Bonneval

Limousin | Die Haute-Vienne → Karte S. 254/255

Schwein gehabt!

Als man Anfang der 1980er-Jahre in Frankreich die Vorteile der Biodiversität entdeckte, war es fast schon zu spät. Von ehemals 30 Schweinerassen waren neben den vier Hauptrassen gerade mal fünf übrig. Eine davon war das *Cul noir Limousin,* das schon seit Jahrhunderten um Saint-Yrieix-la-Perche gezüchtet wurde (*cul noir* heißt „schwarzer Hintern"). Für die industrielle, auf maximalen Ertrag ausgelegte Nahrungsmittelproduktion nach dem Zweiten Weltkrieg hatten sich die Tiere als ungeeignet erwiesen. Sie wuchsen viel zu langsam, brauchten 18 Monate bis zur Schlachtreife, zu viel Futter und mussten in einem Freigehege mit hochwertiger Nahrung gehalten werden. Anfang des 20. Jh. soll es von diesen mächtigen Tieren mit den charakteristischen schwarzen Köpfen und Hintern noch etwa 160.000 Exemplare gegeben haben, in den 1980ern waren nur noch 30 Säue und zehn Eber übrig.

Einige leidenschaftliche und traditionsbewusste Bauern nahmen sich der Tiere an – und hatten Erfolg! Heute gibt es etwa 30 Züchter und ungefähr 180 Tiere, v. a. im Süden der Haute-Vienne und im Westen der Corrèze. Die Tiere können ohne Auslauf in der freien Natur nicht gedeihen. Oft werden sie in Eichen- und Kastanienwäldchen gehalten, wo sie reichlich hochwertige Nahrung finden und zusätzlich mit Getreide gefüttert werden. Die Tiere wachsen zwar langsam, dafür aber setzen sie umso mehr Fett an, bis zu 50 % des Körpergewichts. Deshalb waren die Schweine einstmals auch so beliebt: Durch das Fett konnte man das Fleisch gut konservieren und brauchte kein teures Salz. Um das Gesamtgewicht von bis zu 300 kg tragen zu können, brauchen die Schweine Muskeln, die sie nur durch ausreichend Auslauf entwickeln. Das Fleisch und der Schinken vom Cul noir sind heute wieder eine Spezialität – die natürlich ihren Preis hat. Dafür bekommt man aber ein Produkt, das auch den hohen Ansprüchen biologischer Landwirtschaft gerecht wird und weicher, saftiger, salziger als das Fleisch anderer Schweine schmeckt – sogar etwas nussig!

■ Verkauf (nach Voranmeldung) u. a. bei Familie Dufour, ✆ 05-55007862, La Jaunie, 87800 La Meyze. Besichtigung von Bauernhof und Hofladen der Ferme de la Coutussie von Guy Tallet (am besten vorher anrufen). La Coutussie, 87500 Ladignac-le-Long, ✆ 09-796 18884.

Die Tourist-Info verfügt über Adressen weiterer Züchter und Bauernhöfe mit Besichtigung und Verkauf.

Lac de Vassivière

Der Lac de Vassivière ist quasi das Dreiländereck des Limousin. Im Nordwesten des Naturparks Millevaches, wo der Stausee liegt, berühren sich alle drei Departements: Zwar nimmt die Corrèze den Großteil des Plateau de Millevaches ein, dafür teilen sich Haute-Vienne und Creuse den See etwa zur Hälfte.

Im Sommer verwandelt sich Vassivière zum Mallorca von Frankreich. In Bussen werden Badegäste, Sonnenanbeter und Touristen angekarrt, pilgern Wanderfreunde oder radeln Mountainbiker um den See. Kein Wunder: Der Lac de Vassivière zählt zu den größten Seen in Frankreich und ist mit seinen 1000 ha das größte Gewässer des Limousin, mit einem schier unendlichen Angebot an Freizeitaktivitäten. Auch wenn die Badegäste und Outdoorsportler im Juli und August in Scharen herbeiströmen, bietet der See genug Platz zum Segeln, Surfen, Schwimmen, Angeln, Beachvolleyballspielen, Grillen und Faulenzen.

Der Stausee wurde Ende 1949 geschaffen und sollte den Energiehunger in den Wirtschaftswunderjahren (in Frankreich „les Trente Glorieuses" genannt) stillen. Acht Dörfer und kleine Weiler wurden dafür im Tal der Maulde überflutet. Weil das kleine Flüsschen für das geplante Riesenbassin mit 106 Mio. m^3 Wasser viel zu mickrig war, wurde ein Netz von kleineren Stauseen, Kanälen und unterirdischen Galerien gebaut, um für genug Wassernachschub zu sorgen. Die daraus resultierende unregelmäßig geformte Wasserfläche windet sich um Hügel, Halbinseln und eine große Insel herum. Auf dieser können Besucher ein Kunstmuseum, ein Schloss und einen kleinen Tierpark erkunden. Kostenlose Wassertaxis sorgen dafür, dass man schnell von A nach B gelangt.

Obwohl der Lac de Vassivière ein Freizeitparadies ist, spürt man den rauen Charakter des Plateau de Millevaches. Keine breite und asphaltierte Radlerautobahn führt um den See, sondern eine mehr oder weniger anspruchsvolle Mountainbike-Strecke. Im Norden ist die Natur sogar fast völlig unberührt. Umgeben ist der See von dicht bewaldeten Hügeln, die sich hervorragend zum Wandern und Mountainbiken eignen. Gerade mehrtägige Wandertouren mit Eseln sind derzeit der Renner. Neben knapp 30 Wanderwegen und Geocachingrouten sind zehn Mountainbike-Strecken ausgeschildert (die auch wirklich nicht für andere Fahrräder geeignet sind!) – von leicht bis fast unschaffbar, von 6 bis 33 km ist alles dabei. Die längste Tour führt einmal um den gesamten See und verlangt Waden aus Stahl. Die dichten Wälder werden unterbrochen von Heide- und Moorlandschaften, im Spätsommer dominiert violettes Heidekraut das sonst grüne Landschaftsbild – ein Paradies für Entdecker von Fauna und Flora. Ein Paradies aber auch für Liebhaber von Legenden und Mythen: Der Nordwesten des Plateau de Millevaches mit seinen Flüssen, Bächen und Wasserfällen sowie kuriosen Steinformationen steckt voller Legenden.

Selbstverständlich ist der Lac de Vassivière auch ein Badeparadies. Bei 45 km Küstenlinie sollte sich für jeden ein Fleckchen finden. Ob an einem der fünf offiziellen und bewachten Sandstrände oder an einem versteckten Plätzchen zwischen den Büschen, gerade breit genug für ein Pärchen und

Limousin | Die Haute-Vienne → Karte S. 254/255

einen Picknickkorb. Mächtig was los ist an den Stränden von Auphelle im Westen und Broussas im Südosten. Wer es ruhiger haben möchte, sollte sich für den Strand von Nergout im Süden entscheiden.

Peyrat-le-Château: Hauptort in der Umgebung ist das 7 km westlich des Sees gelegene Peyrat-le-Château. Im ehemaligen Schloss, das sich schön in dem großen Teich daneben spiegelt, ist ein Résistance-Museum untergebracht, das auch die Geschichte von Georges Guingouin erzählt, der als Maquisard den Widerstand in der Region anführte und am 21. August 1944 Limoges befreite. In der Ausstellung geht es u. a. auch um die Rolle der Frau in der Résistance, um die Schlacht beim Mont Gargan und daie Massaker von Tulle und Oradour.

▪ **Führung:** Nur für Gruppen ab 10 Pers. und nach Reservierung.

▪ **Museum**: Eintritt 3,50 €. Mitte Juni bis Mitte Sept. Mo–Sa 14.30–17.30 Uhr, Mitte Juli bis Mitte Aug. tägl. 10–12.30 Uhr und So 14.30–17.30 Uhr. Avenue de la Tour, 87470 Peyrat-le-Château, ✆ 05-55694023, www.musee-resistance-peyrat.fr.

Puy Crozat: Beim mit 777 m höchsten Berg der Haute-Vienne kann man eine schöne kleine Wanderung machen: Der „Chemin des Poêtes" beginnt etwa 1 km südlich von Auphelle, dem zu Peyrat-le-Château gehörenden Strandbad am See, bei einer Steinskulptur an der D 222 und führt an einem Torfmoor vorbei in eine Heidelandschaft mit schönen Felsformationen und einem Steintürmchen über einem Grabmal aus der Eisenzeit. Pluspunkt: Am Aussichtspunkt angelangt, blickt man auf alle drei Departements des Limousin.

Île de Vassivière: Wo ein großes Gewässer ist, muss auch ein Leuchtturm sein, dachten sich wohl der italienische Architekt Aldo Rossi und sein Kollege Xavier Fabre. Seit 1990 erhebt sich deshalb auf dem höchsten Punkt dieser 70 ha großen Insel ein kegelförmiger Turm aus rotem Backstein und Granit. Weil sich die Wände schräg nach innen neigen und die Stufen einzeln an der Wand befestigt sind, sollte man für den Aufstieg im Inneren schwindelfrei sein. Die Aussicht ist die Schweißperlen aber wert. Neben dem Leuchtturm ist in einer lang gezogenen Halle aus denselben Materialien das Centre International d'Art et du Paysage untergebracht, ein Museum für moderne Kunst mit wechselnden Sonderausstellungen. Wer viel Zeit mitbringt und ein Kunstfreund ist, kann außerdem kostenlos einen weitläufigen Skulpturenpark auf der Insel erkunden. Und damit nicht genug der Kunst: Das alte Schloss der Familie Vassivière in der Mitte der Insel dient Künstlern als Residenz auf Zeit, und auch der Skatepark ist eigentlich ein großes Kunstwerk. Für Abwechslung und abenteuerliche Gefühle sorgt zudem ein neuer Hindernisparcours, der u. a. durch den See und Schlamm führt. Ein kleiner Tierpark – ein Gutshof mit allerlei Getier –, ein Restaurant und ein Laden mit regionalen Produkten ergänzen das Angebot auf der Insel. Man erreicht sie über eine etwa 1 km lange Brücke von der Halbinsel Pierrefitte aus: entweder zu Fuß (auf der Insel dürfen keine Autos fahren) oder mit dem Touristenzug. Besonderes Schmankerl: Seit einer Ausstellung im Jahr 2011 ragt vor der Insel ein U-Boot aus dem Wasser!

▪ **Kunstmuseum:** Eintritt 5 €, Skulpturenpark gratis und frei zugänglich. Juli/Aug. tägl. 11–13 und 14–18 Uhr, sonst Di–Fr 14–18 Uhr, Sa/So 11–13 und 14–18 Uhr. Île de Vassivière, 87120 Beaumont-du-Lac, ✆ 05-55692727, https://ciapvassiviere.org.

Rigole et Rocher du Diable: Der Legende nach hatte der Teufel höchstpersönlich bei diesem Naturschauspiel in der Schlucht des Taurion seine Finger im Spiel. Der Graben und Felsen des Teufels – so die deutsche Übersetzung – ist über die D 3 erreichbar und liegt ca.

8 km nördlich vom Lac de Vassivière. Auf der rechten Seite der Straße fließt der Taurion, durchsetzt mit Granitfelsen, die den Fluss beschleunigen und kleine Wasserfälle provozieren. Kanufahren ist hier wegen der Stromschnellen sehr beliebt. Nur einen Katzensprung von dort türmen sich auf der linken Seite der Straße gewaltige Felsen auf. Der oberste Stein ist mit einer Art Hufabdruck gezeichnet, hierbei soll es sich um den Fußabdruck des Teufels handeln. Die Legende dazu geht so: Der Teufel hatte mit einem alten Mönch aus einem nahegelegenen Kloster ein Abkommen. Er, Luzifer, würde mit seinem Gefolge einen Bewässerungskanal ausheben. Vereinbart war, dass, falls die Höllenschar vor dem Krähen des Hahns fertig werden würde, die Seelen der Mönche dem Teufel gehören sollten. Von einem Felsvorsprung aus trieb Luzifer seine Höllendämonen zur Arbeit an. Doch der alte Mönch ersann eine List: Er hatte den Hahn in eine Kiste gesperrt, holte ihn noch vor dem Morgengrauen heraus, entzündete eine Fackel und brachte den Hahn so zum Krähen. Der Teufel hatte verloren. Als er die List des Mönchs durchschaute, stampfte er vor Wut so fest auf, dass der Felssporn brach und dieses wunderbare steinerne Gebilde geschaffen wurde – und der Hufabdruck noch heute zu sehen ist …

La Lande du Puy de la Croix: Auf diesem 2,3 km langen Spaziergang auf den Hügel an der Nordostecke des Lac de Vassivière, den Puy de la Croix, sorgen neun in Felsen gehauene Reliefs, die örtliche Legenden darstellen, für Abwechslung. Los geht's bei einem kleinen Parkplatz an der D 3, kurz vor dem Kreisverkehr an der äußersten Nordostecke des Sees. Von dort folgt man einem hölzernen Wegweiser, der von einem Frauenkopf gekrönt ist. Tipp: Vorher das Faltblatt zum Rundgang in der Touristeninformation von Auphelle besorgen, um keinen Stein zu verpassen! Nach einem kleinen Bachlauf und einem Wäldchen geht es hinauf in die Heidelandschaft, die im Spätsommer eindrucksvoll violett leuchtet. Oben wird man mit einer schönen Aussicht auf den Lac de Vassivière und die davor liegende Vegetation aus Heidekraut, Wacholder, Stechginster

Limousin | Die Haute-Vienne → Karte S. 254/255

Über den Taurion schlägt die Pont de Sénoueix einen winzigen Bogen

und Scheiden-Wollgras belohnt. Nach dem Abstieg führt der Weg noch eine Weile am See entlang, passiert einen Ponton und trifft dann wieder auf den Parkplatz.

Royère-de-Vassivière: Nur ca. 4 km vom Seeufer entfernt, am nordwestlichen Rand des Plateau de Millevaches – und damit streng genommen nicht mehr in der Haute-Vienne, sondern im tiefsten Süden der Creuse – liegt das beschauliche 580-Einwohner-Örtchen Royère-de-Vassivière. Das raue Klima des Plateaus und das Haudegen-Temperament seiner auf 35 Weiler verteilten Bewohner ist hier deutlich spürbar. Der Place de la Mayade im Zentrum des Ortes ist umsäumt von einigen typischen Häusern aus Granitstein, der Touristeninformation und der Kirche Saint-Gérmain. Auf dem Friedhof erhebt sich eine Totenlaterne. Das Beeindruckendste an Royère ist jedoch seine Umgebung – eine rau-romantische Naturlandschaft mit Heidekraut und Moor, durchzogen von Bächen und den beiden Flüssen Maulde und Taurion.

Pont de Sénoueix: Eine kleine, steinerne Kuriosität ist ca. 11 km südöstlich von Royère und nur 1 km nördlich des Örtchens Senoueix direkt an der D 16 zu entdecken: eine winzige Bogenbrücke über den hier noch als Rinnsal fließenden Taurion, inmitten einer Heidelandschaft. Obwohl sie auch romanische Brücke *(pont romain)* genannt wird, wurde sie vermutlich erst im 17. Jh. gebaut. Die Granitsteine sehen aus wie aneinandergeklebt, der Bogen scheint regelrecht über dem Wasser zu schweben. Der idyllische Flecken bietet sich zum Picknicken an.

Basis-Infos

Information Le Lac de Vassivière Pôle Tourisme, schräg gegenüber dem Restaurant L'Escale in Auphelle, von der Straße etwas nach hinten versetzt. Juli/Aug. tägl. geöffnet, sonst → Website. Auphelle, 87470 Peyrat-le-Château, ✆ 05-55697670, www.tourisme-creuse.com/lac-de-vassiviere.

Office de Tourisme in Royère-de-Vassivière, Juli/Aug. tägl. geöffnet, sonst → Website. Pl. de la Mayade, 23460 Royère-de-Vassivière, ✆ 05-555647511, www.tourisme-creuse.com/lac-de-vassiviere.

Île de Vassivière, Infopunkt in der Boutique de l'Île. Das Lädchen bietet eine große Auswahl an regionalen Produkten und Mitbringseln. Juli/Aug. tägl. 10–13 und 14–19 Uhr, April–Juni und Sept. tägl. 10.30–13 und 14–18 Uhr, Okt. tägl. 10–12 und 13–17.30 Uhr. 87120 Beaumont-du-Lac, ✆ 05-55696595.

Verbindungen Von Bahnhof Limoges gelangt mit **Zug** nach Eymoutiers und von dort mit dem **Pendelbus** über Peyrat-le-Château zum Lac de Vassivière.

Auf dem See verkehren **Wassertaxis,** kleine Boote *(navettes)*, die vier Anlegestellen (Auphelle, Île de Vassivière, Broussas und Masgrangeas) ansteuern. Ticket 2,50 €. Juli/Aug. tägl. 11.15–13.30 und 14.30–19 Uhr (rechtzeitig über die Rückfahrten informieren!).

Baden Im Juli/Aug. nachmittags bewachte Sandstrände: in **Auphelle** (Imbiss, Kanuverleih, Volley- und Basketball, Spielplatz), **Pierrefitte** (Kiosk, Wasserski-Club in der Nähe, Kanuverleih), **Nergout** (klein und ruhig, mit Volleyballfeld, in der Nähe eine Pizzeria, ein Tennisplatz und Pétanquefeld), **Vauveix** (Kanu- und Tretbootverleih, Zorbing, Wasserrutsche, Wasservolleyball, Kiosk) und **Broussas** (Snackbar, Kanuverleih, Spielplatz; aufwendig neu gestaltet, beliebtester Strand von allen) sowie der nicht bewachte, naturbelassene FKK-Bereich Aire du Maillereau auf der Halbinsel **Chassagnas**.

Bootsausflüge Einstündige, kommentierte Rundfahrten, die beim Restaurant L'Escale in Auphelle starten. Fahrt 8,50 €. Fahrten von April bis Mitte Sept., genaue Zeiten → Website. ✆ 05-55694135, www.escale-vassiviere.fr.

Esel Les Ânes de Vassivière, Eselwanderungen, mit unterschiedlichen Strecken. Kleinkinder können auf den Tieren reiten, ansonsten führt man die Esel die Strecke entlang und kann dabei auch eine kleine Rallye machen. Champseau, 87470 Peyrat-le-Château, ✆ 05-55694143, www.anes-de-vassiviere.com.

Fahrradverleih C.K.E., Mountainbikes und Trekkingräder, beim Strand von Auphelle, 87470 Peyrat-le-Château, ✆ 06-75611581, www.sport-nature-eymoutiers-vassiviere.fr.

Masgrangeas, Mountainbikes und E-Bikes, beim Bistro du lac, Le Hameau du Lac, 23460 Royère-de-Vassivière, ✆ 05-87540024.

Base FFCT Nedde, Mountainbikes und E-Bikes, beim VVF Village „Le Château", 87120 Nedde, ✆ 05-55699623.

Fun Loc Rentals, Broussas, 23340 Broussas-de-Maulde, ✆ 06-95382950.

Hochseilgarten Parc d'Arbre en Arbre, Kletterwald mit 7 Parcours in der Nähe von Broussas. Im Juli/Aug. tägl. außer Sa vormittags geöffnet, im Juni und Sept.–Nov. nur mit Voranmeldung. Broussas de Maulde, 23340 Faux la Montagne, ✆ 05-55679423, www.arbreenarbre vassiviere.com.

Kanu Verleih an den Stränden von Broussas, Pierrefitte, Auphelle, Nergout und Vauveix.

Markt Bauernmarkt in Peyrat-le-Château jeden Do und Sa, jeden Mo **Markt** in Faux-la-Montagne, Di in Royère-de-Vassivière und Fr in Nedde.

Reiten Centre équestre Vassivière à Cheval, Reitkurse, Ausflüge mit Pferden, auch mehrtägig. Les Sagnes Masgrangeas, Royère-de-Vassivière, ✆ 06-83555559, www.vassiviere acheval.com.

Écuries de Peyrat-le-Château, Reitkurse bei wunderschönem Ausblick, Ausflüge mit Pferden. Auf dem Anwesen steht auch ein modernes, finnisches Holzhaus, das Urlaubsgäste mieten können (→ Übernachten). Lieu-dit Lintignat, 87470 Peyrat-le-Château, ✆ 07-853313 19, www.equitation-limousin.fr.

Spiel/Unterhaltung Vassiviera, auf dem ehemaligen Gelände der Segelschule in Auphelle ist eine Art Entdeckerspielplatz eingezogen, jedoch nicht im herkömmlichen Sinne und für alle, die gerne knobeln und quizzen. Bei einem Escape Game können sich Groß und Klein als Retter vor einer großen Überschwemmung versuchen. Verschiedene Entdeckerpfade laden (ab Frühjahr 2023) zu einer Schatzsuche mit Rätseln ein – jede Route erzählt eine eigene Geschichte. Entspannen und stärken können sich die Abenteurer im einstigen Hangar der Segelboote, der sich in ein hippes Strandrestaurant mit Terrasse am Seeufer verwandelt hat. Hier finden auch Konzerte statt. Escape Game 22–28 €, Entdeckerpfade kostenlos. Mi–So 10–21.30 Uhr. Am Seeufer kurz nach dem Ortseingang (noch vor der Tourist-Info, ein kleines Holzschild, das man leicht übersieht, weist den Weg). Auphelle, 87470 Peyrat-le-Château, https://vassiviera.fr.

Veranstaltungen Vielfältiges Veranstaltungs- und Animationsprogramm im Sommer. Aktuelle Infos → www.tourisme-creuse.com/lac-de-vassiviere und bei den Tourist-Infos in Auphelle, Peyrat und Royère.

Lake Motors Show, am letzten Maiwochenende zieht es Biker, Olditimer- und Truckfans an den See nach Auphelle. Ordentlich PS gibt es auch in Aktion bei Truck- und Stuntshows zu sehen. ✆ 06-71743110.

Festival Interculturel du Conte de l'île de Vassivière – Paroles de Conteurs, bei diesem Festival in der 2. Augusthälfte gilt nur eins: zurücklehnen und Ohren spitzen, wenn auf der Île de Vassivière die Geschichtenerzähler los sind. www.paroles-conteurs.org.

Swimrunman, rund 1000 Atlethen tummeln sich am 1. Juniwochenende im See und drumherum. Bei Swimrun gibt die Natur die Strecke dieses Wettbewerbs vor und so wechseln die Sportbegeisterten zwischen Schwimmen und Laufen ständig. Start ist auf der Île de Vassivière. www.swimrunman.fr.

Wassersport Infos zum Segeln gibt's beim **Nautic Club Limousin,** Vauveix, ✆ 05-556 47802, https://nautic-club-limousin.pagesperso-orange.fr oder beim **Club Nautique de Vassivière – Port Crozat** in Auphelle, ✆ 06-107 44593, www.cnvassiviere.fr.

Wasserski beim **Ski Club de Vassivière,** Pierrefitte, 87120 Beaumont-du-Lac ✆ 06-657429 69, sowie beim **Ski Nautique Club Auchaize Vassivière,** in Digue d'Auchaize, 23460 Royère-de-Vassivière, bei der Staumauer im Nordwesten, ✆ 06-95150695, www.sncav.fr.

Limousin | Die Haute-Vienne → Karte S. 254/255

Übernachten

Die Einrichtungen um den See sind eher durchschnittlich und profitieren hauptsichtlich von ihrer Lage und dem Ausblick. Leider gibt es bis heute kein empfehlenswertes Hotel direkt am Seeufer. Neben den aufgezählten Unterkünften sei auch eine Recherche unter www.gites-de-france.com empfohlen.

MeinTipp **Les Ânes de Vassivière,** schlafen wie Nomaden in der Mongolei kann man hier in echten Jurten. 4 der großen Rundzelte stehen auf der Eselsfarm, innen bunt, folkloristisch-orientalisch, auf jeden Fall kuschelig. Platz gibt es für 4 Pers. Essen ist in den Jurten strengstens verboten, dafür stehen Picknicktische etwas abseits bereit. Ein Bauwagen (Roulotte) mit einfacher Einrichtung sowie Ferienzimmer mit antiken Möbeln im alten Bauernhaus komplettieren das außergewöhnliche Übernachtungsangebot. Gemeinschaftsduschen und -toiletten. Ein kleiner Spa-Bereich mit Sauna macht eine zusätzliche Auszeit möglich. Etwa 20 Esel leben derzeit auf der Farm. Sie stehen für Wanderungen zur Verfügung, für eine Stunde oder mehrere Tage. Kinder bis ca. 30 kg dürfen auf den Tieren sitzen. Kleiner Tipp: Ist der Esel gerade störrisch, einfach in den Ohren kraulen, das lieben die Tiere. Champseau, Peyrat-le-Château, ☏ 05-556941 43, www.anes-de-vassiviere.com. **€€**

Les Hortensias de la Mayade, 5 liebevoll eingerichtete Gästezimmer mit persönlicher Note. Ein kleiner Garten mit vielen Hortensien steigert den Wohlfühlfaktor. 6, place de la Mayade, 23460 Royère-de-Vassivière, ☏ 06-691018 38. **€€**

MeinTipp **Gîte d'Écuries de Peyrat-le-Château,** Urlaub auf dem Reiterhof inmitten der Idylle in einem echten Holzhaus, aus Finnland importiert. Von Hütte kann hier nicht die Rede sein, das Chalet ist fast schon luxuriös und modern ausgestattet. 2 Schlafzimmer und ein Doppelbett in der Mansarde bieten Platz für bis zu 6 Gäste. WLAN gibt es keins, dafür einen herrlichen Ausblick auf die Pferdekoppel und grünen Hügel dahinter. Wunderbar entspannend! Lieu-dit Lintignat, 87470 Peyrat-le-Château, ☏ 07-85331319, www.equitation-limousin.fr. **€€**

Camping ***** Les Terrasses du Lac,** großer Campingplatz am Hang über dem Strand und der Bootsanlegestelle von Vauveix. Viele Mobil-Homes, recht schmale Stellplätze. Vauveix, Royère-de-Vassivière, ☏ 05-55647677, www.camping-vassiviere.fr.

***** Les 2 Îles,** Campingplatz mit sehr modernen „Hotel Units" und Mobil-Homes. Direkt oberhalb des Strandes von Auphelle. Los ist hier deshalb immer was. Auphelle, Peyrat-le-Château, ☏ 05-55356081, www.campings-vassiviere.com.

**** La Presqu'île,** angenehmer Campingplatz in einem zum See hin flach auslaufenden Waldgebiet neben dem beliebten Strand von Broussas. Schöne Chalets, dazu Holzhütten und Wohnzelte. Broussas, Royère-de-Vassivière, ☏ 05-55647898, www.campings-vassiviere.com.

Essen & Trinken

L'Escale, nicht weit vom Strand von Auphelle liegt diese beliebte Brasserie mit großer Terrasse und angeschlossenem Kiosk, in der man die typischen Speisen eines Badesee-Etablissements bekommt. Satt wird man definitiv, vor allem beim All-you-can-eat-Vorspeisenbüfett, oder bei Burger und Crêpes. Hier kehrt man vornehmlich wegen der Lage und der tollen Aussicht ein. Öffnungszeiten → Website. Chemin de l'Escale, 87470 Peyrat-le-Château, ☏ 05-55694135, www.escale-vassiviere.fr. **€€**

Pré du Lac, hübsches Café, beim Schloss auf der Île de Vassivière gelegen, große Terrasse mit Aussicht. Serviert werden u. a. Bowls, Burger, Salate, Crêpes und Bio-Eis. Juli/Aug. tägl. mittags, sonst nur Fr–So geöffnet. Le château de l'Île de Vassivière, Beaumont-du-Lac, ☏ 05-55692123. **€€**

L'Atelier, im Jahr 2002 haben sich Anwohner zusammengeschlossen und ein altes Hotel umgemodelt, um das gastronomisch verwaiste Royère wiederzubeleben. Mit Erfolg: Das Restaurant mit Bar und Stuckverzierung ist inzwischen das eigentliche Zentrum von Royère und versprüht einen Hauch von Bohème. Hier treffen sich Jung und Alt, Einheimische und Touristen. Entweder zum Plaudern oder Kickern, auf einen Espresso oder ein Bier, um den kleinen oder großen Hunger zu stillen. Serviert werden neben traditionellen Hauptgerichten auch klassisch französische Imbisse wie Quiche. Regelmäßig finden im Atelier Veranstaltungen wie Konzerte oder Kunstausstellungen statt. Mit Geschenken und Mitbringseln kann man sich im angeschlossenen Laden eindecken. Mo geschlossen. Place de la Mayade, Royère-de-Vassivière, ☏ 05-55645222, http://latelier23.free.fr. **€**

Eymoutiers

Eymoutiers ist eine geschäftige kleine Stadt mit 2100 Einwohnern. Die mittelalterliche Siedlung am Ufer der Vienne ist heute der größte Ort im Umkreis von 30 km. Sie liegt im Herzen des Limousin, auf dem Plateau de Millevaches, knapp 50 km südöstlich von Limoges und etwa 12 km südwestlich vom Lac du Vassivière.

Boulevards umgeben die Innenstadt mit ihren Restaurants, Kneipen und Geschäften, wo die Pelauds bummeln oder ihren *petit café* genießen. Pelauds, so nennt man die Bewohner von Eymoutiers – und Pelaud nennt man auch eine Meringue-Spezialität des Ortes. Pelauds wurden die Arbeiter genannt, die Tierhäute abschabten und damit den Gerbern zuarbeiteten. Das Gerben war lange Zeit das führende Gewerbe in Eymoutiers. Es entwickelte sich ab dem 11. Jh., begünstigt durch die Lage der Stadt am Ufer der Vienne. Hochkonjunktur hatte die Herstellung von Schuhen und Sätteln im 18. Jh., als sich mehr als 20 Gerbereien an der Vienne aneinanderreihten. In der Rue Farge stehen noch Granithäuser der Gerber mit ihren typischen Holzspeichern, in denen früher die Häute trockneten. Auf der anderen Uferseite lädt der Parc du Pré Lanaud zum Flanieren ein. Auch einige prächtige Bauwerke schmücken die Altstadt: eine alte Markthalle mit Holzdecke, in der Avenue de la Paix, über der sich eine Bibliothek eingerichtet hat, ein altes Ursulinenkloster, das das Rathaus beherbergt, und die romanisch-gotische Stiftskirche Saint-Étienne direkt daneben. Einzigartig sind ihr Glockenturm mit seinem spitzen Dach und die 16 Fenster aus dem 15. Jh. – Beispiele der großartigen Limosiner Glaskunst.

Einem irischen oder schottischen Einsiedler (so genau weiß man es nicht) ist die Entstehung Eymoutiers zu verdanken. Ein gewisser Psalmet floh vor dem Ruhm, den ihm seine Wundertaten eingebracht hatten, und suchte in der Einöde des Limousin in einem Wald bei Eymoutiers Ruhe. Doch auch hier holte ihn sein Ruf als Heiler und Bezwinger von Dämonen ein und er wurde von Kranken und Verzweifelten aufgesucht. Er zähmte u. a. einen Wolf und bewirkte, dass eine blinde Frau wieder sehen konnte. Pilger strömten in Scharen zu ihm. Bis zu seinem Tod flehte Psalmet Gott täglich an, ihn von seiner Gabe zu befreien. Nach seinem Tod 630 wurde er am Ufer der Vienne begraben. Auf seinem Grab errichtete man eine kleine Kirche, aus der sich später ein Kloster entwickelte. Daher rührt auch der Name Eymoutiers, der so viel bedeutet wie „Kloster am Fuße des Hügels". „Moutiers" leitet sich von *monastère* (Kloster) ab, „Ey" von *agentus*, was Hügel bedeutet. Aus *agentus monastère* wurde schließlich Eymoutiers.

Espace Paul Rebeyrolle: Dem berühmtesten Sohn der Stadt ist ein modernes Museum gewidmet: dem Künstler Paul Rebeyrolle. Er galt als großer Naturalist, der seine Gedanken und Gefühle in seinen Gemälden und Plastiken eindringlich zum Ausdruck brachte. Berühmt ist der Maler für seine Bildserien mit politischem Inhalt. Zu seinen Bewunderern zählten die französischen Philosophen Jean-Paul Sartre und Michel Foucault. Das Kunstzentrum stellt Werke Rebeyrolles zur Schau: überdimensionierte plastisch wirkende und reliefartige Gemälde, in die Naturmaterialen eingearbeitet sind, groteske Stillleben mit echten Knochen sowie mumien- und

Limousin | Die Haute-Vienne → Karte S. 254/255

zombiehafte Skulpturen. Sonderausstellungen ergänzen die Sammlung.

▪ Eintritt 6 €. Juli/Aug. tägl. 10–19 Uhr, Dez. 10–17 Uhr, sonst 10–18 Uhr, im Jan. geschlossen. Route de Nedde, ✆ 05-55695888, www.espace-rebeyrolle.com.

Cité des Insectes: Wenn sie in der eigenen Wohnung herumkrabbeln, findet man sie einfach nur eklig. Hier in der „Stadt der Insekten", etwa 13 km südöstlich von Eymoutiers, sind sie dagegen höchst faszinierend: die Insekten, die ein Engländer und eine Französin versammelt haben. Da gibt es Meister der Tarnung wie die Guadeloupe-Stabschrecke oder die Australische Gespenstschrecke zu sehen, aber auch ein Kuriositätenkabinett aus dem 17. Jh. mit außergewöhnlichen Tieren (nicht nur Insekten) und Gegenständen. In Schaukästen kann man mehr als 15.000 Arten von Schmetterlingen, Libellen oder Käfern bestaunen, unter Mikroskopen darf man einen Wespenstachel oder winzige Insektenbeine inspizieren. Im Keller leuchtet eine riesige Kunststoffheuschrecke, daneben kann man einen bevölkerten Ameisenhaufen im Querschnitt begutachten. Darüber hinaus tummeln sich in einem 8000 m² großen, idyllisch bepflanzten Garten Bienen, Ameisen und jede Menge andere Insekten. In der Snackbar gibt es kleine Speisen, für Wagemutige auch getrocknete Mehlkäferlarven zum Knabbern!

▪ Eintritt 9,50 €. April–Okt. Mi und Sa/So 10.30–19 Uhr, während der franz. Schulferien tägl. 588, impasse de Chaud, 87120 Nedde, ✆ 05-55040255, www.lacitedesinsectes.com.

Ausflug zum Mont Gargan: Fernab von jeder größeren Siedlung liegt der 731 m hohe Mont Gargan, 21 km südwestlich von Eymoutiers. Ein 2,2 km langer Spaziergang beginnt in einer beeindruckenden Buchenallee und führt hinauf auf den Gipfel, wo die Ruinen einer Kapelle im neogotischen Stil aus Granitstein (erbaut 1868–71) einen faszinierenden Kontrast bilden zu der Landschaft aus violettem Heidekraut und gelbem Ginster. Einst war der komplette Berg von diesen Pflanzen bedeckt. Bis in die 1920er-Jahre war die Kapelle intakt, verfiel aber nach und nach. Im Inneren steht die Glocke des nicht mehr vorhandenen Glockenturms. Die Limosiner kommen nicht nur wegen der tollen Aussicht auf das Plateau de Millevaches und das Monédières-Massiv, sondern auch wegen eines Gedenksteins, der an den Juli 1944 erinnert. Damals lieferten sich hier der Maquis unter Georges Guingouin und die Wehrmacht eine erbitterte Schlacht, bei der die Deutschen mit mehr als 300 Toten und Verletzten dreimal so hohe Verluste wie die französischen Widerstandskämpfer zu beklagen hatten. Immer am 16. August pilgern viele zudem anlässlich des Festival du Mont Gargan auf den Hügel.

▪ Der Fußgängerweg auf den Gipfel beginnt an der D 39 zwischen Surdoux und La Forêt Haute. Wer nicht so viel laufen mag, kann mit dem Auto fast bis zur Ruine hinauffahren – von Saint-Gilles-les-Fôrets die D 39 A nehmen und der Beschilderung folgen. Vom kleinen Parkplatz sind es ca. 5 Min. zu Fuß durch ein kleines Waldstück mit breitem Weg.

Basis-Infos

Information **Office de Tourisme d'Eymoutiers,** Juli/Aug. tägl. geöffnet, sonst → Website. 17, avenue de la Paix, 87120 Eymoutiers, ✆ 05-55692781, www.tourisme-portesdevassiviere.fr.

Verbindungen Über den **Gare d'Eymoutiers-Vassivière** (Avenue de la Gare) verkehren **Busse** und **Züge** nach Limoges und Ussel, zudem Pendelbusse zum Lac de Vassivière.

Baden **Freibad** mit zwei Becken und Rutsche. Promenade des Sports, ✆ 05-55691542.

Einkaufen **Pâtisserie ChouBeurrePomme,** kleine Konditorei mit Café bei der Kirche, neben Pralinen und Törtchen gibt es die Spezialität Pelaud (Meringue mit Mandelsplittern und Schokoladenguss) sowie Madeleines. Mo 8–19 Uhr, Sa bis 18 Uhr, So bis 12.30 Uhr. 4, rue des Ursulines, ✆ 05-55691045 .

Kanu **Canoë-Kayak Eymoutiers,** Kanufahren auf der Vienne, im Juli/Aug. immer dienstags auch Touren zum Sonnenuntergang, genaue Zeiten und Angebote → Website. Chemin du Pré Lannaut, ✆ 06-75611581, www.sport-nature-eymoutiers-vassiviere.fr.

Kino **Cinéma Le Jean-Gabin,** 30, avenue de la Paix, ✆ 05-55692755, www.mairie-eymoutiers.fr/culture-loisirs/cinema.

Markt **Wochenmarkt** jeden Sa auf dem Place Stalingrad sowie jeden 1. und 3. Do im Monat im Zentrum. Außerdem der Künstler- und Handwerkermarkt **Les Artisans en Fête** im Zentrum Mi und So im Juli/Aug.

Touristenzug Ein nostalgischer **Dampfzug** tuckert von Mitte Juni bis Aug. von Limoges nach Eymoutiers, von Eymoutiers nach Bugeat und Châteauneuf-Bujaleuf. Zeiten und Preise → www.trainvapeur.com.

Mont Gargan: Kapellenruine

Übernachten / Essen & Trinken

Die meisten Restaurants in Eymoutiers haben Brasserie- und Bistrocharakter und sind eher mittelmäßig. Keines sticht wirklich hervor. Gute Küche findet man eher in der Umgebung.

La Tour d'Ayen, das Anwesen aus der Renaissance-Zeit beherbergt 2 große Gästezimmer, die puristisch im Landhaus- und skandinavischen Stil eingerichtet sind. Die Zimmer sind über den Turm mit seiner Holzwendeltreppe zugänglich. 18, rue Pierre et Marie Curie, ✆ 06-46289126, www.tour-dayen.jimdofree.com. **€€**

Terre Indigo, die 4 gepflegten und stilvollen Gästezimmer liegen etwas außerhalb von Eymoutiers in einem alten Steinhaus, umgeben von Natur. Peyrassou, Eymoutiers, ✆ 05-554258 45, www.terreindigoleplaisirdexister.jimdo.com. **€**

***** Le Ranch des Lacs,** das Hotelrestaurant liegt 8 km westlich von Eymoutiers. Die Küche bleibt der Region treu, besonders fein und saftig ist das Fleisch, absolut empfehlenswert das Entrecôte. Neu auf der Karte: Fisch- und Fleisch-Fondue. Weingenießer kommen voll auf ihre Kosten: Etwa 350 Sorten lagern im Keller. Die Terrasse bietet eine tolle Sicht auf das Vienne-Tal. Das Restaurant mit seinem Kamin und den gestapelten Holzscheiten wirkt eher rustikal, ganz im Gegensatz zu den 5 modern eingerichteten Hotelzimmern. Der Empfang ist herzlich und sympathisch. Üppiges Büfett, Pool im Freien. Restaurant für Hotelgäste jeden Abend geöffnet, für externe Gäste Di–Sa abends sowie Di–Do und So jeweils mittags. Vervialle, 87120 Augne, ✆ 05-55691566, www.le-ranch-des-lacs.fr. **€€**

***** Hôtel Le Verrou,** das familiengeführte Hotel in einem alten Steinhaus befindet sich im Zentrum des friedlichen Örtchens Nedde, rund 10 km südöstlich von Eymoutiers. Inspiration für den Namen war die mit Kastanienholzschindeln gedeckte Kirche aus dem 13. Jh. direkt gegenüber. Verrou, das ist ein Türriegel, und den sollte man sich bei der Kirche genauer anschauen! Drei Figuren fügen sich in das rostige Ensemble ein – was es mit ihnen auf sich hat, bleibt bis heute ein Rätsel. Die 6 Zimmer des kleinen Hotels versprühen Landhausstil-Charme. Mindestaufenthalt 3 Nächte. Le Bourg, 87120 Nedde, ✆ 05-55699804, www.leverrou.com. **€€**

La Belle Maison, das Gästehaus macht seinem Namen alle Ehre: Es ist wahrlich schön, auch die 3 Gästezimmer. Das eine ist etwas schicker im antiken Empire-Stil, das zweite lieblicher und schlichter und das dritte blumig mit Pariser Chic. 17, faubourg de Macaud, ✆ 05-55425819, www.labellemaison.net. **€€**

mein Tipp **Café des Amis,** kulinarisches Kleinod auf halber Strecke zwischen dem Mont Gargan und Eymoutiers (jeweils ca. 10 km entfernt). Auf der Durchfahrt sollte man hier unbedingt einen Stopp einlegen. Die Vorliebe für die Farbe Salbei findet sich sowohl auf der Hausfassade als auch innen wieder. Auf dem Teller geht es farbenfroher und kreativer zu. Hier trifft Limosiner auf mediterrane Kost: Lachs- oder Forellenpüree, Schweinebraten mit Aprikosen oder Spinatlasagne. Auch vegetarisch. Di–Fr 10–14 Uhr. Boulevard des Rocks, 87120 Domps, ✆ 05-55354001. **€€**

Wackelig steht man auf dem Pierre Branlante in den Monts d'Ambazac

Die Monts d'Ambazac

Auf 701 m bringt es der Puy de Sauvagnac, der höchste Berg in diesem westlichen Ausläufer des Zentralmassivs, der sich zwischen den Flusstälern von Gartempe und Taurion im Norden und Süden sowie dem Lac de Saint-Pardoux und der Grenze zum Departement Creuse im Westen und Osten erstreckt.

Es ist eine raue Landschaft, dicht bedeckt mit Buchen-, Eichen- und Kastanienwäldern. Die kleinen Dörfer hoch oben zwischen den Bergen bekommen nur selten Besuch. Zu Unrecht: Schon das **Tourbière des Dauges,** ein Torfmoor bei **Saint-Léger-la-Montagne,** ist unbedingt einen Spaziergang wert. Mit dem Auto kurvt man hier steil auf und nieder durch ein verlassenes Land, das einstmals berühmte Einsiedler beherbergte: die Grammontenser. Der Eremit Étienne de Muret gründete den Orden im Jahr 1076 in Muret bei Ambazac. Nach seinem Tod zogen die Mönche nach Grandmont bei Saint-Sylvestre, 8 km nördlich von Ambazac. Ab dem 12. Jh. erlebte der sehr asketische, strenge Reformorden einen gewaltigen Aufschwung und gründete rund 160 Priorate – auch in Spanien und England. Papst Clemens V., der 1309 den Papstsitz für mehrere Jahrzehnte nach Avignon verlegte, war Grammontenser. Bereits im 14. Jh. begann der Orden langsam wieder an Bedeutung zu verlieren, der Hundertjährige Krieg und die Religionskriege taten ihr Übriges. 1772 wurde er von König Ludwig XVI. aufgelöst.

Heute ist Grandmont die einstmalige Bedeutung nicht mehr anzusehen. Nur eine 1825 auf den Trümmern der Abtei errichtete Kapelle erinnert an die Vergangenheit. Immerhin: In der Kirche von Ambazac kann man den prachtvol-

Wanderung 7: Vom Torfmoor Tourbière des Dauges zum Pierre Branlante → S. 523
Leichte, abenteuerliche Wanderung durch ein faszinierendes Torfmoor

len Reliquienschrein des Ordensgründers bewundern. Und auch in der Landschaft haben sich die Mönche verewigt und eine Kette von sechs kleinen Seen (einstmals waren es neun) bei Grandmont angelegt, die sie zum Fischfang und zum Antrieb der Mühlen nutzten. Im 20. Jh. erlangte das Mittelgebirge aus ganz anderen Gründen Bedeutung: Links und rechts der Autobahn erstreckte sich bis zur Schließung der letzten Mine im Jahr 1995 das größte und wichtigste Uran-Abbaugebiet Frankreichs. Strahlende Ausstellungsstücke findet man im Mineralienmuseum von Ambazac.

Ambazac

Eigentlich gilt Ambazac als Eingangspforte zu den Monts d'Ambazac, doch in den letzten Jahren wird die Kleinstadt im Nordwesten des Limousin vielmehr als Vorort des 21 km südwestlich gelegenen Limoges wahrgenommen, ist sie doch beliebte Wohnstätte von Pendlern. Zum einen wegen der Nähe zur Hauptstadt des Limousin und des guten Anschlusses an die A 20, zum anderen, weil Wälder und Berge direkt vor der Haustür liegen. Der 5600-Einwohner-Ort liegt am Fuße des 500 m hohen Mont Gerbassou – fast schon ehrerbietig, denn auf dem Hügel thront das Schloss Montméry, das allerdings zunehmend verwildert.

Musée de Minéralogie et de Pétrographie: Dass Steine nicht nur graue Zeitzeugen der Natur sind, beweist das Museum im Zentrum von Ambazac. Mehr als 3500 Mineralien aus allen Kontinenten leuchten und glitzern auf drei Etagen. Beeindruckend sind die gelben und türkisfarbenen Steine aus dem Fundus des Forschers Jean Ventenat, der über 50 Jahre lang die uranhaltigen Mineralien im Limousin sammelte. Das Museum kann aber mehr als nur Steine: Im obersten Stockwerk ist dem bekanntesten Bewohner Ambazacs eine Daueraustellung gewidmet: dem 1980 verstorbenen litauisch-französischen Fotografen IZIS. Der Künstler mit dem bürgerlichen Namen Israëlis Bidermanas floh im Zweiten Weltkrieg von Paris nach Ambazac, wo er in deutsche Gefangenschaft geriet. Nach der Befreiung durch die Résistance schloss er sich den Widerstandskämpfern an, kehrte aber nach Kriegsende nach Paris zurück. Daneben ist jedes Jahr eine Sonderaustellung einem weiteren Künstler gewidmet.

▪ Freier Eintritt, Zugang über die Bibliothek. Juli/Aug. Di–Sa 8–13 Uhr, sonst Di–Mi und Fr 14–18 Uhr sowie Sa 14–17 Uhr. 5, avenue de la Libération, ✆ 06-99338706.

Église Saint-Antoine: Die romanische Kirche aus dem 12. Jh. im Zentrum birgt einen besonderen Schatz: einen schmuckvollen Schrein mit den Reliquien von Saint Étienne de Muret, dem Gründer des Ordens von Grandmont. Das Kästchen ist vergoldet und mit Bergkristallen, Glas und Email verziert. Das Vögelchen auf dem Schrein soll den Heiligen Geist oder die Seele des

Mönchs darstellen. Daneben stellt die Kirchengemeinde eine Dalmatik aus, ein Gewand des berühmten Eremiten. Angeblich schenkte Mathilde von Tuszien, die Frau des deutschen Kaisers Heinrich V., Étienne diese Robe.

Chapelle Notre-Dame de la Libération: Sehenswert ist die kleine Kapelle v. a. wegen ihrer Entstehungsgeschichte. Der Priester Abbé Landon errichtete sie nach dem Zweiten Weltkrieg. Am 4. August 1944 hatten deutsche Soldaten Ambazacs Bewohner im Zentrum zusammengetrieben, auf der Suche nach Juden und Widerstandskämpfern. Der Geistliche bot sich freiwillig als Geisel an. Seine Worte: „Wenn Ambazacs Bewohner verschont bleiben, baue ich mit meinen eigenen Händen eine Kapelle." Die Bewohner blieben verschont und Abbé Landon hielt Wort. Im Juni 1954 wurde die Kapelle eingeweiht. Sie steht in der Allée Muret bei der Schule in der Nähe des Ortseingangs (von der A 20 kommend).

Arboretum de La Jonchère-Saint-Maurice: Das Arboretum liegt 10 km nordöstlich von Ambazac. 1884 als Baumschule gegründet, um die Region mit Holz zu versorgen, ist der Park von ursprünglich sechs auf inzwischen 70 ha angewachsen. Auf einem Naturpfad kann man durch diese botanische, zum Teil exotische Anpflanzung wandeln – vorbei an Tulpenbaum, Atlaszeder, Japanischem Kuchenbaum, Kalifornischer Nusseibe, Pinie oder Bergahorn. Rote Pfeile weisen den Weg. Wer mit dem Auto kommt, sollte am Ende des Rundgangs starten: Vom Parkplatz aus links auf die Landstraße abbiegen, nach 20 m führt ein kleiner Weg rechts ins Arboretum (grüne Hinweisschilder). Dem Weg unter einem Blätterdach geradeaus folgen, die erste Abzweigung links nehmen. Sie führt leicht bergab an einer Holztafel vorbei, nach wenigen Metern biegt man in den ersten Weg links ab. Wer will, geht vom Parkplatz links die Landstraße rund 1 km bergab bis zur Hinweistafel mit einer Karte des Arboretums. Eine App zum Arboretum erklärt die verschiedenen Pflanzenarten.

■ Das ganze Jahr über frei zugänglich. 47, rue des Chevailles, 87340 La Jonchère-Saint-Maurice, ✆ 05-55345313.

Steinerner Zeitzeuge: die Stele von Epona

Kirche von Jabreilles-les-Bordes: Jabreilles-les-Bordes, 16 km nordöstlich von Ambazac, ist ein kleines Dorf am Fuße des Puy de Jabreilles. Von dem 575 m hohen Berg bietet sich ein toller Blick auf den 270-Seelen-Ort. Auf dem Gipfel befindet sich ein Altar mit Madonnenstatue. Jabreilles ist fast gänzlich von Wald umschlossen, ein Großteil der Landschaft steht unter Naturschutz. Stolz ist der kleine Ort auf seine Kirche, sie wurde im 13. und 15. Jh. erbaut. Auffällig ist der Glockenturm mit seinen Kastanienholzschindeln, noch auffälliger eine Holztreppe, die außen zum Turm hinaufführt. Die Hauptattraktion der Kirche steht links vor dem tiefer gelegenen Eingang: die Stele von Epona. Der Steinpfeiler gehörte vermutlich zu einem keltischen Grab. Abgebildet ist auf der Vorderseite die keltische Göttin der Fruchtbarkeit und zugleich römische Pferdegöttin Epona mit einem Pferd. Die Rückseite zieren Mars und zwei andere Gottheiten. Im heruntergekommenen Inneren verdienen der barocke Altar mit seinen mit Weinranken verzierten Holzsäulen sowie die Kirchenfenster Beachtung, die nach dem Verfahren der Lithophanie gefertigt wurden.

Basis-Infos

Information **Office de Tourisme,** Juli/Aug. tägl. geöffnet, sonst → Website. 3, avenue du Général de Gaulle, 87240 Ambazac, ✆ 05-555 67070, www.tourisme-montsdulimousin.fr.

Maison de la Réserve, Info-Zentrum über das Torfmoor Tourbière des Dauges. Hier kann man ein spezielles GPS-Gerät ausleihen, von dem man während einer Wanderung Infos über die Landschaft erhält. Im Sommer werden auch Führungen angeboten. Juli/Aug. tägl. 10–18 Uhr. Sauvagnac, 87340 Saint-Léger-la-Montagne, ✆ 05-55398020, www.conservatoire limousin.com.

Verbindungen Vom Bahnhof in Ambazac fahren **Züge** nach Limoges, Guéret, Ussel, Montluçon und Poitiers. Außerdem fahren **Busse** nach Limoges.

Markt Jeden 1. Mi großer **Markt** und jeden Fr **Bauernmarkt** in Ambazac auf der Place du 19 mars 1962 sowie **Weihnachtsmarkt** ab Mitte Dez. im Zentrum. Jeden Sa **Bauernmarkt** in La Jonchère-Saint-Maurice.

Broc'Amb, am 1. So im Juni lädt alljährlich der größte Flohmarkt des Departements 10.000 Menschen nach Ambazac zum lustvollen Stöbern ein.

Mountainbike 19 ausgeschilderte Touren in den Monts d'Ambazac und im Tal des Taurion. Die Base VTT von Ambazac ist gleich beim Campingplatz Ecrin Nature. Zudem halsbrecherische Profistrecken beim Pierre Branlante bei Saint-Léger-la-Montagne, https://sitesvtt.ffc.fr.

Reiten **Centre équestre d'Ambazac,** Reitkurse und Ausritte. Domaine de Muret, Ambazac, ✆ 06-70494993, www.domainedemuret.ffe.com.

Veranstaltungen **Les Gendarmes et les Voleurs de Temps,** ein bisschen verrückt ist es ja schon, dieses Querfeldeinrennen am Pfingstwochenende in den Bergen um Ambazac, bei dem die längste Strecke 52 km lang ist und 2400 m Steigung aufweist (auch Strecken mit 32 oder 10 km sowie für Kinder und nur für Frauen). 5000 Menschen machen trotzdem mit, viermal so viele sehen lieber zu. www.gendarmes-et-voleurs.com.

Limousin | Die Haute-Vienne → Karte S. 254/255

Übernachten / Essen & Trinken

**** Relais du Taurion,** Saint-Priest-Taurion am Südzipfel der Monts d'Ambazac ist nicht nur wegen der 10 mächtigen Bögen des Eisenbahnviadukts über den Taurion und des Zusammenflusses von Vienne und Taurion einen Stopp wert, sondern auch wegen der von wildem Wein umrankten ehemaligen Poststation. Im stilvollen Speisesaal serviert Marc Gottar abwechslungsreiche Küche, in der Äpfel aus dem Limousin, Kastanien-Blutwurst oder *paté de pommes de terre* eine Rolle spielen. Manchmal stehen auch Sauerkraut und Gugelhupf aus der elsässischen Heimat des Kochs auf der oft wechselnden Karte. Schöne Terrasse im Garten, auf der man entspannt unter Bäumen speisen kann. Die Hotelzimmer sind schick und modern eingerichtet. Sie werden nach und nach renoviert. Restaurant Mai–Sept. Sonntagabend, Mo und Dienstagmittag geschlossen, Okt.–April Mo–Sa abends Küche sowie Fr–So auch mittags. 2, chemin des Contamines, 87480 Saint-Priest-Taurion, ✆ 05-55397014, www.relais-taurion.fr. **€€** (Hotel), **€€€** (Restaurant)

Hôtel-Restaurant des Voyageurs, Gourmets kommen in diesem Hotelrestaurant auf ihre Kosten. Der Küchenchef ist Mitglied der renommierten Vereinigung Toques Blanches du Limousin, was Gaumenfreuden garantiert. Frische lokale Produkte landen als Kunstwerke auf dem Teller. Apropos Kunst – Gemälde regionaler Künstler zieren die Wände der Gasträume Bei schönem Wetter empfiehlt sich die Terrasse im Garten. Das Hotelrestaurant bietet auch 5 frisch renovierte, moderne und stilvolle, zum Teil etwas kleine Zimmer an. So abends und Mo geschlossen. 27, avenue du Général de Gaulle, ✆ 05-55566031, www.hotel-ambazac.fr. **€–€€** (Hotel), **€€–€€€** (Restaurant)

Les Tables de Muret, zeitgemäß eingerichtetes Restaurant mit traditioneller und rustikaler Küche, z. B. Kurzgebratenes mit Pommes frites oder Burger, zum Dessert Macarons, die wie kleine, süße Burger serviert werden. Das typische Limosiner Granithaus mit einer urigen Steinbar liegt auf einem ehemaligen Gutshof, umgeben von Weideland, Pferdekoppeln und einem See. Gutes Preis-Leistungs-Verhältnis. So abends und Mo geschlossen. Domaine de Muret, ✆ 05-55791378. **€–€€**

Gîte La Ferme de Montméry, auf dem Gutshof aus dem 17. Jh. befindet sich auf 500 m Höhe ein Ferienhaus für bis zu 7 Pers. Die 3 Zimmer und auch die Badezimmer sind im antiken Landhausstil gemütlich eingerichtet, der Salon ist typisch für das Limousin mit seinen Steinwänden und dem großen Cantou. Von dem Anwesen hat man eine schöne Panoramasicht auf das Tal und das 2 km entfernte Ambazac zur einen Seite, zur anderen auf das Château de Montméry. Dieses ließ der Porzellanfabrikant Théodore Haviland im 19. Jh. von einem New Yorker Architekten errichten. In dem Schloss wurden Teile des Films „Lady Chatterley" gedreht. Leider kann man es nicht besichtigen. Um den Gutshof kümmert sich die Ururenkelin des einstigen Porzellanmoguls. Deutschsprachig. Sarl Mont-Gerbassou, ✆ 05-55567319. **€€€**

Ferme Auberge de la Besse, im rustikalen Speisesaal mit Gewölbe eines Bauernhofs, 15 km östlich von Ambazac, kann man hofeigene und regionale Produkte kosten: Limousin-Rind, Schweinelende mit Safran, Steinpilze, Kastanien etc. Das Angebot wechselt je nach Saison. Wer hier speisen will, sollte vorher telefonisch reservieren! Sa/So mittags geöffnet. La Besse, 87340 Les Billanges, ✆ 05-55565776, www.fermedelabesse.fr. **€€**

Camping *** Château de Leychoisier,** der Schlosspark, 13 km westlich von Ambazac, wurde zu einem De-luxe-Campingplatz umfunktioniert. Im Schloss selbst verweilte einst u. a. der bedeutende Schriftsteller Victor Hugo. Gepflegt, freundlich und großzügig sind die 80 schattigen Stellplätze, die sich in Lindenalleen aneinanderreihen. Der Campingplatz geht in einen Wald über, ideal für Spaziergänge. Auf dem Gelände befinden sich auch ein kleiner Tierpark und in der Nähe eine alte Mühle sowie ein Wasserfall. 2 Cottages, Schwimmbad, Spielplatz, Volleyballfeld, Restaurant mit regionaler Küche. 1, route de Leychoisier, 87270 Bonnac-la-Côte, ✆ 05-55399343, www.chateau-de-leychoisier.pagesperso-orange.fr.

***** L'Ecrin Nature,** 3 km nördlich vom Zentrum Ambazacs liegt dieser kleine Campingplatz inmitten der Natur am See Jonas (nicht zum Baden geeignet). Animation wird hier nicht geboten, dafür trumpft der Campingplatz mit seiner Ruhe, der idyllischen Lage am See und den Wäldern drumherum. Große, luxuriöse Safarizelte, 47 Stellplätze, Mobil-Homes und Chalets, beheizter Pool und Spielplatz, Snackbar mit Boutique. 225, chemin de la Pierre Crosade, Étang de Jonas, ✆ 06-52927165, www.campinglecrinature.com.

***** Pont du Dognon**, steil den Hang hinunter bis zum Taurion zieht sich dieser Campingplatz kurz vor der mächtigen und namensgebenden Brücke über den Fluss. Unten befindet sich ein schön gelegener Pool. Stellplätze durch Hecken halb abgetrennt (etwas klein, wenig Schatten), dazu gibt es etliche Mini-Chalets sowie einige Mobil-Homes und Chalets. Tennis, Tischtennis, Minigolf, Snackbar. Pont du Dognon, 87240 Saint-Laurent-les-Églises, ✆ 05-55565725, www.aupontdudognon.fr.

Das Haut-Limousin

Der Norden der Haute-Vienne ist der am dünnsten besiedelte Teil des Departements und auch der am wenigsten von Touristen überlaufene. Hier sind die Menschen ganz bei sich, gehen auch die jungen Leute noch zum Angeln und Jagen, sind im Sommer Heerscharen von Pfadfindern unterwegs. 1000 Jahre lang gab es hier im Norden die Basse Marche, doch seit dem Jahr 2002 existiert sie nicht mehr. Touristisch gesehen zumindest. Denn seither ist die historische Provinz, die bereits im 10. Jh. um Le Dorat entstand, Teil des Zusammenschlusses „Haut-Limousin". Dafür hat diese neue Tourismusregion westlich der A 20 nun auch mehr zu bieten als der äußerste Norden der Haute-Vienne allein. Zu den vielen glasklaren Teichen und Seen, der flachen Weidelandschaft und den historischen Städten Le Dorat, Bellac und Châteauponsac gesellen sich ein Mittelgebirge und ein Badeparadies. Im Südwesten laden die Monts de Blond zu Entdeckungstouren zu sagenumwobenen Megalithen ein, im Südosten kann man sich in den verzweigten Lac de Saint-Pardoux stürzen.

Le Dorat

Le Dorat lässt aufblicken. Zugegeben: Man braucht schon fast ein Fernglas, um den goldenen Engel auf der 60 m hohen Kirchturmspitze erkennen zu können. Aber hinschauen sollte man schon, auch aus einem anderen Grund: Denn das Kirchturmdach ist komplett aus Stein! Die gewaltige Stiftskirche, einst von Kanonikern im 11. und 12. Jh. erbaut, prägt den 1600-Einwohner-Ort, der von 1561 bis zur Französischen Revolution Hauptstadt der historischen Provinz Basse Marche war. Zur Westseite der auf einer kleinen Anhöhe gelegenen Altstadt hin sind die Stadtmauern aus dem 15. Jh. noch gut erhalten. Heraus sticht das von zwei Türmen flankierte Stadttor Porte Bergère (ein kleiner Rundgang ist mit Tafeln ausgeschildert). Bemerkenswert ist auch das Hôtel de la Pouge in der Rue Saint-Michel, ehemals Sitz des Seneschalls. An der Seite klebt ein Türmchen, und über der Tür sind drei steinerne Kapitelle zu sehen, die von königlichen Vorhängen bedeckte Urnen darstellen – man hatte Sinn für Humor. Unter der Altstadt sind unterirdische Verstecke vorhanden, in die sich die Bewohner bei Angriffen flüchten konnten. Über das Office de Tourisme lassen sich Führungen in die Unterwelt buchen.

Collégiale Saint-Pierre: Bereits im Jahr 980 richtete Boson I. der Alte in Le Dorat ein Kollegiatstift mit einer Gruppe von Kanonikern ein. Die heutige Stiftskirche, 77 m lang und eines der schönsten romanischen Gotteshäuser des Limousin, entstand ab 1013 bis ins 12. Jh. aus grauem Granit. Prägend sind der spitze Glockenturm über der Vierung und der niedrigere, schiefergedeckte Uhrturm über dem Portal. Vielerorts lassen sich mozarabische Einflüsse erkennen, etwa am Hauptportal Saint-Pierre. Im 15. Jh. wurde die Kirche befestigt, auffällig ist ein Verteidigungsturm, der sich an die Kapelle anschließt. Ins düstere Innere gelangt man über eine breite Treppe, die zwölf Stufen nach unten in das hohe Kirchenschiff führen, in dem einige schöne Kapitelle auffallen.

Romanische Stiftskirche in Le Dorat

Information **Office de Tourisme Le Dorat,** Juli/Aug. tägl. geöffnet, sonst → Website. 9 bis, place de la Collégiale, 87210 Le Dorat, ✆ 05-55681279, www.tourisme-hautlimousin.com.

Verbindungen Der **Bahnhof** von Le Dorat liegt auf der Zugstrecke von Limoges nach Poitiers.

Einkaufen **Deshoulières,** Fabrikverkauf des seit 1799 bestehenden Traditionsporzellan-Herstellers. Di–Sa 9.30–12 und 13.30–18 Uhr. 4, avenue du Président Georges Pompidou, ✆ 05-55607497, porcelaine-deshoulieres-ledorat.com.

Kino **Le Cinéma,** 4, place Charles de Gaulle, ✆ 05-55606659, www.cineserie.com.

Markt **Bauernmarkt** jeden Do ab 17 Uhr auf der Place Général de Gaulle. **Markt der Direktvermarkter** im Juli am 1., 3. und 5. Do

Limousin | Die Haute-Vienne → Karte S. 254/255

und im Aug. am 2. und 4. Do ab 17 Uhr auf dem Kirchplatz. **Monatlicher Markttag** immer am 13. eines Monats auf dem Kirchplatz, wenn der Tag auf einen Sonntag fällt – dann findet dieser am Samstag statt. **Weihnachtsmarkt** am 1. So im Dez. in der Halle aux Grains in der Rue de l'Hozanne.

Veranstaltungen **La Journée Artisanale,** 70 (Kunst-)Handwerker stellen jeden 2. So im Juli in Le Dorat ihre Produkte aus und ihr Können unter Beweis.

Pferderennen, auf der 1420 m langen Pferderennbahn südlich von Le Dorat gibt es dreimal im Jahr große Wettbewerbe: am 2. So im Juni sowie am 14. Juli und am 15. Aug. Hippodrome de la Sagne, www.hippodromedorat.com.

Übernachten/Essen **La Marmite,** vom ersten Eindruck sollte man sich nicht täuschen lassen, denn das Restaurant gilt als schmackhafteste Adresse Le Dorats. Die Küche überzeugt mit mediterran akzentuierten lokalen Spezialitäten: Thunfischstulle mit Zitrone und Thymian, Tomatentiramisu mit Krabbenspieß, Fleisch vom Limousin-Rind mit Foie gras. Di/Mi geschlossen. 29, avenue de la Gare, ✆ 05-55606694, www.restaurant87lamarmite.com. **€€**

La Petite Fontaine, beliebte Brasserie mit charmantem Gewölbe aus dem 11. Jh. Die britische Herkunft der Patronne macht sich auf der Karte bemerkbar: gehobeneres Fast Food in Form von Burgern, Sandwiches, Pommes frites, Caesar-Salad und auch Pizza, freitags gibt es ganz klassisch Fish & Chips. Di Ruhetag. 15, Grande Rue, ✆ 05-55602974, www.lapetitefontaine.com. **€**

Maison Marie, knapp 10 km südöstlich von Le Dorat liegt dieses gemütliche Gästehaus mit seinen blauen Klappläden. Der herzliche Gastgeber wartet mit liebevoll im Landhausstil eingerichteten Zimmern auf. Üppiges Frühstück wird bei gutem Wetter auf der Terrasse serviert. Le Petit Mont 2, ✆ 05-55602208. **€€**

The Ancient Presbytery, ein komplett verfallenes Pfarrhaus aus dem 18. Jh., 3,5 km westlich von Le Dorat, haben Lisa und Anthony Jones in einen Urlaubstraum mit 4 Gästezimmern verwandelt. Eines davon glänzt mit Fachwerk und Deckenbalken, in allen dreien kann man sich in Holzbetten kuscheln. Die Gastgeber bieten auch Metzger- sowie Falknerei-Kurse, letztere mit eigenen Uhus an. 5, Place de L'ancien Presbytère , 87210 Voulons (Le Dorat), ✆ 05-55680445, https://lancienpresbytere.com. **€€**

La Ferme de Garance, eine Art Pop-up-Restaurant des Pariser Nobel-Restaurants La Garance, das nur in der Sommersaison den Herd anschaltet. Diniert wird im Freien mitten in der Natur, knapp 7 km östlich von Le Dorat. Kochkünstler Romain Goyeneche setzt dabei ausschließlich auf Bioprodukte von Erzeugern aus der direkten Umgebung. Eine besondere Nacht kann man im sehr schönen, selbst gezimmerten Tiny House verbringen. Juli–Sept. Do–So mittags und abends geöffnet. Reservierung über die Website emfpohlen. La Thibarderie, 87190 Magnac-Laval, www.lafermedegarance.com und https://de.parceltinyhouse.com. **€€€**

Bellac

Eigentlich ist Bellac, 12 km südlich von Le Dorat, mit seinen 3650 Einwohnern deutlich größer und wirtschaftlich bedeutender als die Klosterstadt Le Dorat, touristisch aber weniger interessant. Dabei ist der Anblick der auf einem Felssporn hoch über dem Tal des Vincou gelegenen Altstadt mit ihrer dominanten Kirche zunächst überwältigend. Doch die Stadt erweist sich als Scheinriese: Spaziert man erst einmal durch die Gassen, wirken die Häuser ungepflegt und teilweise verfallen. Dem versucht die Stadt peu à peu mit kleinen Sanierungsaktionen entgegenzuwirken: Um die Mediathek im Zentrum ist das bereits geglückt, hier ergänzen sich moderne Kunst und alte Architektur harmonisch. Eine schöne Aussicht auf die Kirche und ein Eisenbahnviadukt hat man vom Boulevard Victor Bussière. An der Stelle des Gotteshauses hatte Boson I. der Alte im 10. Jh. eine Burg errichten lassen und damit die mehrere Jahrhunderte überdauernde Grafschaft Marche begründet. Herausragend an Bellac ist der Reliquienschrein in der Kirche Notre-Dame de

Bellac, der älteste des gesamten Limousin. Das vergoldete, mit vielen Edelsteinen verzierte Kästchen aus dem 12. Jh. ist mit 14 Emailmedaillons besetzt. Unten am Fluss führt in einer hübschen Grünanlage noch eine massive Spitzbogenbrücke aus dem 13. Jh. über den Vincou. Bekannt ist Bellac auch als Geburtsort des Schriftstellers und Dramaturgen Jean Giraudoux. Der 1888 geborene Autor schrieb z. B. die Stücke „Ondine“ und „Der trojanische Krieg findet nicht statt“. Ihm ist ein großes, alljährliches Theaterfestival gewidmet, das Festival National de Bellac. In seinem Geburtshaus ist außerdem ein kleines, interaktives Museum mit Escape Room eingerichtet.

▪ **La Digitale – Maison natale de Jean-Giraudoux:** Eintritt frei. Öffnungszeiten Museum und Escape Room → Website. 4, rue Jean-Jaurès, ✆ 06-08435190, https://ladigitale-giraudoux.fr.

▪ **Jardin Zoologique Bellanchon,** mitten in der Stadt leben exotische Bewohner in einer Grünanlage, die an einen botanischen Garten erinnert. Rund 150 Tierarten, darunter eine Vielfalt an Vögeln und Reptilien. Besonders niedlich sind die Seidenäffchen und Prevost-Hörnchen. Eintritt 6,50 €, nur am Wochenende im Juli/Aug. geöffnet. Chemin des Chaumes, ✆ 06-38740190.

Information **Office de Tourisme du Haut-Limousin,** Juli/Aug. tägl. geöffnet, sonst → Website. Rue des Doctrinaires, 87300 Bellac, ✆ 05-55681279, www.tourisme-hautlimousin.com.

Verbindungen Der **Bahnhof** von Bellac liegt auf der Zugstrecke von Limoges nach Poitiers.

Baden **Le Centre Aquarécréatif Ondine,** Frei- und Spaßbad in Bellac mit 25-m-Becken und verschiedenen Rutschen. Rue Léo Lagrange, ✆ 05-55602581.

Einkaufen **Brasserie de Bel-Air,** 8 km nordwestlich von Bellac wird in der Mikro-Brauerei das Bier „La Bergère“ gebraut. Die namensgebende Schäferin ziert das Etikett. Mi und Fr 9.30–18 Uhr. Route Nationale 147, 87300 Saint-Bonnet-de-Bellac, ✆ 06-31619931, www.bierelabergere.com.

Antiquités Hervé Ritter, riesiger Trödelladen mit angegliedertem Café. Bei schönem Wetter kann man Drinks und Snacks auch draußen genießen. Di–Sa 8–19 Uhr. Lieu-dit Bellevue, 87300 Peyrat-de-Bellac, ✆ 06-850825 81, www.antiquites-herve-ritter.com.

Kino **Cinéma le Lux,** 3, avenue de la Liberté, ✆ 05-87779119, www.cinema-bellac.com.

Krankenhaus **Hôpital intercommunal du Haut-Limousin,** 4, avenue Charles de Gaulle, ✆ 05-55472020, www.hihl.fr.

Kutschfahrten **Les Attelages de la Clémentine,** Pferdehof, der Ausfahrten mit schönen historischen Kutschen anbietet.

Limousin | Die Haute-Vienne → Karte S. 254/255

Eine Stadt hübscht sich auf: Bellac setzt moderne Akzente

Châteauneuf, 87300 Saint-Bonnet-de-Bellac, ✆ 06-16247048.

Markt Jeden Sa Bauernmarkt auf dem Champ de Foire.

Reiten **Domaine de Gauchoux,** Ausritte in die Umgebung, Bogenschießen auf dem Pferd, Jurten zum Übernachten. Domaine de Gauchoux, 87300 Peyrat-de-Bellac, ✆ 05-55680859, www.gauchoux-cheval.com.

Theater **Théâtre du Cloître,** hier kann man ganzjährig (aber unregelmäßig) Theater, Tanz oder Musik genießen. Rue La Fayette, ✆ 05-55608761, www.theatre-du-cloitre.fr.

Veranstaltungen **Impertinente,** alle 2 Jahre findet das Event statt, das nächste Mal 2024. Ausstellungen von Emailkunst verschiedenster Art, u. a. solche auf Metall, von Juni bis Okt. Exponate werden zudem in Limoges, Solignac, Rochechouart und Saint-Yrieix-la-Perche gezeigt, in Bellac im Rathaus.

Festival National de Bellac, großes Festival, das 1953 zu Ehren des Dramaturgen Jean Giraudoux ins Leben gerufen wurde. Es umfasst Theater, Musik und Film. Alljährlich Ende Juni/Anfang Juli. www.theatre-du-cloitre.fr.

Übernachten/Essen **Maison Bellachonne,** mitten in Bellac befindet sich dieses alte Stadthaus aus dem 17. Jh. mit 5 gediegenen Gästezimmern. Frühstück oder auf Wunsch auch Abendessen wird in einem herrschaftlichen Salon serviert. 11, place de la République, ✆ 05-55684761, http://chambresdhotesbellac.com. **€€**

Auberge du Cheval Blanc, das weiße Haus mit den tiefblauen Fensterläden ist beliebt aufgrund seiner traditionellen Küche mit schmackhaftem Rind und Lamm und den überaus leckeren Desserts. Di/Mi geschlossen. 2, avenue Jean Jaurès, ✆ 05-55688488. **€€**

Ô Bell Acceuil chez Éric et Carine, gern besuchte Crêperie von den Bellanchons und zwar nicht nur wegen den Crêpes und Galettes, sondern auch wegen der deftigen Fleischkreationen vom Limousin-Rind. Sehr herzliche Atmosphäre, aber etwas spartanisch eingerichtet. 19, rue Thiers, ✆ 05-55688271, www.restaurant-bellac-creperie-vincou.fr. **€–€€**

Châteauponsac

Warum Châteauponsac als die „Perle der Gartempe“ gilt, erkennt man nur, wenn man sich aus Richtung Saint-Pardoux nähert. Noch bevor man hinabfährt ins Tal der Gartempe, sollte man unbedingt von der D 44 links abzweigen in Richtung des ausgeschilderten Aussichtspunkts. Auf dem Hügel gegenüber sieht man den 2000-Einwohner-Ort in seiner vollen Pracht vor sich liegen: links vor der Kirche auf einem Felsvorsprung das alte Viertel Faubourg du Moustier, in dem noch Häuser aus dem 15. Jh. stehen, dahinter das im 11. Jh. von Benediktinern erbaute Gotteshaus Saint-Thyrse (wegen Baufälligkeit geschlossen). Den Hang hinab ziehen sich terrassenförmig angelegte Gärten bis hinunter zur Gartempe, in der nach dem Abriss einer Staumauer an der Vienne wieder Lachse schwimmen. Über den Fluss spannt sich eine mächtige, restaurierte Steinbrücke mit zwei Bögen. Sie wird oft fälschlicherweise als römisch bezeichnet – naheliegend, denn der Ort entstand als „Castrum Potentiacum“ im 3. Jh. Sie wurde aber erst im 17. Jh. auf den Fundamenten eines Bauwerks aus dem 11. Jh. errichtet. Zu jener Zeit siedelten sich die Benediktiner an, bauten neben der Kirche auch ein Kloster. Nach dessen Niedergang folgte 1318 ein Priorat, in dem ein Heimatmuseum untergebracht ist, das die oft langweiligen Ansammlungen von verstaubten Werkzeugen und Trachten in anderen Orten weit in den Schatten stellt. Das Museum belebt den Ort, der inzwischen etwas zu veröden droht und dem das nahegelegene Örtchen Rancon allmählich den Rang abläuft. Dort locken eine Totenlaterne aus dem 12. Jh. zwischen prächtigen Eichen und Kunstgalerien Interessierte an.

Im Musée René Baubérot taucht man in Limosiner Traditionen und Lebensart ein

Musée René Baubérot: Tiefer in die Traditionen des Limousin kann man nirgendwo eintauchen als in den überbordenden Sälen im ehemaligen Benediktiner-Priorat von Châteauponsac. Mit viel Liebe, Sorgfalt und Detailversessenheit wurden sie gefüllt: Vom Sonnenschirm aus Elfenbein und Chantillyspitze aus dem Zweiten Kaiserreich bis zum Brautkleid aus der Zeit von Louis-Philippe I. – die Sammlung ist grandios! In Werkstätten sieht man Uhrmacher, Schuster, Holzfäller, Tischler und Korbflechter bei der Arbeit (natürlich als Puppen). Eine beeindruckende Dokumentensammlung rekonstruiert die Ortsgeschichte von Karl VII. bis heute, sogar ein Breve des Papstes aus dem Jahr 1664 ist darunter. Auch Fundstücke aus einer galloromischen Villa und Grabmäler aus dieser Zeit sind ausgestellt. Am Ende des Rundgangs wartet eine ehemalige Ölmühle mit ihrem schweren Mühlstein.

▪ Eintritt 6 €. Juli bis Mitte Sept. tägl. 14–18 Uhr, April–Juni sowie Mitte Sept. bis Mitte Nov. Mi und Sa/So 14–18 Uhr. Place de l'Église Saint-Thyrse, ✆ 05-87595118, www.museechateauponsac.fr.

Buddhistische Pagode von Les Bosnages: Mitten im französischen Nirgendwo, 8 km westlich von Châteauponsac, tauchen plötzlich ein großes, gelbes Tor und dahinter eine riesige Pagode auf. Dort haben sich vietnamesische Mönche und Nonnen niedergelassen. Auch Fremde sind dazu eingeladen, das weitläufige Gelände mit unzähligen Statuen, die die Lebensgeschichte Buddhas nacherzählen, zu erkunden. Sogar in den Tempel zum Gebet darf man mit, wenn man ruhig im Hintergrund bleibt. Natürlich gibt es auch einen kleinen Laden mit Buddhafiguren.

▪ Das ganze Jahr über frei zugänglich. 18, Les Bosnages, 87290 Rancon, ✆ 05-55602272.

Kunst **Galérie Vanderlick / Cabinet des Curiosités Africaines**, Kunstgalerie und Museum in einem. Die Malerin Sandra Vanderlick stellt ihre modernen Kreationen zur Schau und in der oberen Etage eine große Sammlung an Andenken von ihren Reisen auf dem afrikanischen Kontinent. 37, rue des Marchands de Vin, 87290 Rancon, ✆ 06-87524379, www.galerievanderlick.com.

Ferme de Villefavard: In einem wunderschönen Gutshofensemble in dem winzigen Dörfchen Villefavard, 8 km nordwestlich von Châteauponsac, regiert die Musik: Hier leben im Sommer junge Künstler, um in entspannter Atmosphäre in Meisterklassen ihr Können zu vervollkommnen. In der Scheune ist ein toller Konzertsaal eingerichtet, auch Freiluftaufführungen werden angeboten.

▪ 2, impasse de l'Église et de la Cure, 87190 Villefavard, ✆ 05-55765472, www.fermedevillefavard.com.

Information **Pôle d'Accueil,** Juli/Aug. tägl. geöffnet, sonst → Website. Place Xavier Mazurier, 87290 Châteauponsac, ✆ 05-55681279, www.tourisme-hautlimousin.com.

Ballonfahrten **Haute-Vienne Montgolfière Club,** einstündige Flüge ab Châteauponsac.Auzillac, ✆ 05-587379322, www.montgolfiere-haute-vienne.com.

Einkaufen **La Grange Artisanale,** gegenüber dem Heimatmuseum ist in einer alten Scheune all das liebevoll drapiert, was die Region zu bieten hat: Marmelade, Nuss- und Enzianlikör, Bier von Mikro-Brauereien, Confit, aber auch Handtaschen und Schmuck. Die Boutique öffnet nur noch in der Saison an bestimmten Aktionstagen, → Website des Heimatmuseums oder auf Facebook.

Markt Bauernmarkt jeden Sa auf der Place des Tilleuls sowie jeden Sa in Rancon.

Veranstaltungen **Festival du Haut-Limousin,** großes Festival der klassischen Musik von Ende Juli bis Mitte Aug. Konzerte in der Ferme de Villefavard. www.festivalduhautlimousin.com.

Übernachten/Essen ***** Camping de la Gartempe et Hameau de Cottages,** steil zieht sich dieser kleine Campingplatz am Ortsausgang von Châteauponsac den Hang zur Gartempe hinunter. Am Ufer laden ein Schwimm- und ein Planschbecken zum Abkühlen und ein Spa-Bereich zu einer kleinen Auszeit ein. 40 Stellplätze mit hohen Hecken und Bäumen, Cottages, einige Chalets und Mobil-Homes. Snackbar, Volleyball, Geocaching. 39, Avenue de Ventenat, ✆ 07-49403934, www.campingdelagartempe.fr.

Chloébelle's, kleines Café, in dem man an alten Nähmaschinentischen sitzt. Die Engländerin Davinia ist Kuchenbäckerin mit Leib und Seele und berühmt für ihre imposanten Torten. Im Café gibt es davon einen kleinen Vorgeschmack, aber auch klassisch Britisches wie Scones, Muffins, ebenso deftiges klassisches English Breakfast, Würstchen, Sandwiches oder Salate. Do–So mittags geöffnet. 57, rue des Marchands de Vin, 87290 Rancon, ✆ 06-04441311. **€**

Le Georges, Rancons Kulinarik scheint fest in britischer Hand, eben auch diese sympathische Brasserie im Diner-Look mit dezenten Farben. Auf der Speisekarte treffen britische Klassiker wie Fish & Chips oder Burger auf französische Gerichte wie Schnecken, Froschschenkel oder Entenbrust. Die Betreiber bieten ums Eck zudem 3 gemütliche Gästezimmer an (6 bis, de la Croix Pierre). Sa Ruhetag, Do–Fr und So auch abends geöffnet. 3, Place Georges Bonnet, 87290 Rancon, ✆ 05-87379001, www.legeorgesrancon.fr. **€–€€**

Bessines-sur-Gartempe

Die strahlenden Zeiten von Bessines-sur-Gartempe sind vorbei – seit 1995, seit kein Uran mehr in dem Städtchen im Tal der Gartempe abgebaut wird. Ab 1948 entwickelten sich Bessines und seine Umgebung mit knapp einem Dutzend Minen zum Uranzentrum. Die 2800-Einwohner-Gemeinde, 32 km nördlich von Limoges, blickt selbstbewusst auf diese Vergangenheit, hatte der Abbau doch gut 1000 Arbeitsplätze geschaffen. Ein Erlebnismuseum erinnert seit Sommer 2013 an diese Zeit. Große Attraktionen bietet der Ort sonst keine, mit gutem Willen noch die Kirche Saint-Léger aus dem 12. und 13. Jh. Am zweiten Joch der Nordmauer fällt ein Kalkrelief auf – abgebildet ist eine segnende Hand, entstanden Anfang des 19. Jh. Ganz hübsch ist der Platz im belebten Ortszentrum mit einem Bacchus-Brunnen. Stolz ist Bessines auf seine berühmteste Tochter: die Künstlerin Suzanne Valadon. Ihr Geburtshaus in der Rue du 8 Mai 1945 ist gut instand gesetzt. An den Ortsrändern sind kleine Zeugen der Vergangenheit zu entdecken: u. a. eine alte Schäferhütte, eine Granitbrunnenschale, genannt Pierre Belle, oder die Brücke Bonshommes, die Mönche im 13. Jh. errichteten. Ein Plan mit Spaziervorschlägen zu den bescheidenen Attraktionen ist bei der Touristeninformation erhältlich.

Espace Valadon: Eine Ausstellung in der Touristeninformation ist der Künstlerin Suzanne Valadon gewidmet. Neben drei Kopien hängen hauptsächlich Drucke in dem Museum, darunter auch Werke ihres Sohnes Maurice Utrillo. Zudem wurde ein kleines Atelier nachgestellt. Die Ausstellung schildert ausführlich das Leben der Künstlerin, die unter dem Namen Marie-Clémentine Valadon in Bessines geboren wurde. Ihre Mutter, eine Näherin, verließ mit ihrer 5-jährigen Tochter das Limousin in Richtung Paris. Das Mädchen wuchs am Montmartre auf, wo sie als Modell u. a. für Auguste Renoir und Henri Toulouse-Lautrec Eintritt in die Künstlerszene fand. Mit Toulouse-Lautrec hatte sie eine leidenschaftliche Affäre. Er war es auch, der ihr Talent erkannte und ihre Zeichnungen an sein Idol Edgar Degas weiterreichte. Dieser unterstütze die junge Malerin und führte sie offiziell in den Künstlerkreis von Paris ein.

■ Eintritt frei. Mitte Juni bis Mitte Sept. Mo–Sa 9.30–12.30 und 14.30–18.30 Uhr, So 10–12 Uhr, sonst Mo–Sa 9–12 und 14–17.30 Uhr (Okt.–April Do nachmittags geschlossen).

Musée de la Mine Urêka: Etwa 50 Jahre lang gehörte Bessines zu den großen Zentren der Urangewinnung. An diese wirtschaftlich erfolgreiche Zeit erinnert seit Juli 2013 das Minen-Erlebnismuseum. Besucher tauchen ab in die Welt der Radioaktivität: Ein Rundgang führt in den Untergrund zu einer alten Mine, noch funktionsfähige Maschinen können genauer begutachtet werden, ein 3D-Film schildert die Geschichte des Urans. Auf Voranmeldung ist eine Führung zu stillgelegten Minen in der Umgebung möglich. Spielerisch versucht das Museum den Besuchern Wissen,

Limousin | Die Haute-Vienne → Karte S. 254/255

Im Erlebnismuseum in Bessines dreht sich alles um Uran

Geschichte und aktuelle Forschungstrends nahezubringen. Das Museum beherbergt einen Escape Room.

▪ Eintritt 7 €. Mi–So 14–18 Uhr, Escape Room Fr 17.45 und 19.15 Uhr. 1, avenue Brugeaud, ✆ 05-32090560, www.ureka.fr.

Viaduc de Rocherolles: Knapp 8 km östlich von Bessines erhebt sich ein monumentales Viadukt im Tal der Gartempe. Mit einer Höhe von 54,60 m und einer Länge von 187 m überspannt die Eisenbahnbrücke den Fluss. 2000 Arbeiter bauten das Bauwerk aus Granit mit zwölf Bögen – acht oben, vier unten. Zwei Jahre dauerte die Errichtung, noch mal zwei Jahre später fuhr am 2. Juni 1856 der erste Zug darüber. Das Projekt verschlang schon damals stolze 1,5 Mio. Franc.

▪ Von Bessines erreichbar über die D 220, dann auf die D 51 und schließlich auf die D 94. 87250 Folles.

Die mächtige Eisenbahnbrücke Viaduc de Rocherolles

Information **Office de Tourisme,** beherbergt den Espace Valadon und daneben Sonderausstellungen regionaler Künstler. Juli/Aug. tägl. geöffnet, sonst → Website. 6, avenue de 11 Novembre 1918, 87250 Bessines-sur-Gartempe, ✆ 05-55760928, www.tourisme-montsdulimousin.fr.

Baden Der lang gezogene **Lac de Sagnat** wurde im Mittelalter im Auftrag der Abtei Grandmont ausgehoben. Überwachter Badebereich im Juli und bis Mitte August, Spielplatz. 2 km südwestlich vom Zentrum, Zufahrt über die Avenue de Sagnat und Rue de la Lande.

Markt Jeden Fr und So Bauernmarkt im Zentrum von Bessines.

Paintball **Fox's Paintball,** 6000 m² großes Gelände, So ab 14.30 Uhr ohne Voranmeldung, unter der Woche reservieren. 3 km nördlich vom Zentrum (über die D 1). La Croix du Breuil, Bessines-sur-Gartempe, ✆ 06-62143381, www.foxpaintball.fr.

Veranstaltungen **Festivals des Bandafolie's,** das mehrtägige Musikfestival steigt immer Mitte Juli. Rund 350 französische und internationale Musiker locken im Schnitt 50.000 Zuschauer an und bringen die ganze Stadt zum Tanzen. Mit auf dem Programm: Feuerwerk, Flohmarkt, Unterhaltung durch Kleinkünstler wie Akrobaten. www.bandafolies.com.

Festival Graines de Rue, am Pfingstwochenende gleicht Bessines einem Tollhaus – auf den Straßen zeigen Künstler verschiedener Sparten ihr Talent. Von Tänzern, Akrobaten, Zirkusartisten bis zu Schauspielern, Musikern und Filmemachern ist hier alles vertreten. www.grainesderue.fr.

Übernachten/Essen ***** The Originals City – Hôtel de France,** das Hotelrestaurant an der Ortsdurchfahrt ist eine echte Überraschung. Das Lokal besitzt rustikal-ländlichen Charme und ist Mitglied der Vereinigung Toques Blanches du Limousin – traditionelle regionale Küche mit viel Fleisch, frischen Produkten und selbst gemachtem Eis. Die 14 Hotelzimmer befinden sich in einem Nebengebäude hinter dem Restaurant. Modern, puristisch, in Braun- und Grautönen eingerichtet, alle mit Balkon oder Terrasse. Auch die Bäder sind modern und sauber. Das Hotel läuft mit Solarstrom, auf der Wiese nebenan weiden Kühe. 12, rue du 8 Mai 1945, ✆ 05-55760304, www.hoteldefrancebessines.com. **€€**

***** Le Manoir Henri IV,** in dem schönen Landsitz aus dem 16. Jh. soll Heinrich IV. von Navarra während der Jagdsaison gerne residiert haben. Den alten Stil hat das Restaurant beibehalten. Allerdings diniert man hier besser, als man sich bettet. Die Gerichte sind typisch für das Limousin, die 11 Zimmer sind einfach und altmodisch. So abends, Mo und Di mittags geschlossen. Avenue du Brugeaud, ✆ 05-55760056, www.henri4-hotel-restaurant.fr. **€–€€**

Chez Château Constant, das herrschaftliche Haus aus dem 19. Jh. beherbergt 5 romantisch eingerichtete Gästezimmer. Keines gleicht dem anderen: 2 haben einen eigenen Balkon, 4 verfügen über mit geschmiedeten Zierelementen versehene Eisenbetten, 2 davon sind Himmelbetten. Hübsch wirken die großen, altmodischen Badezimmer mit frei stehender Badewanne, in einem Bad stehen sogar zwei Wannen. In dem Haus fühlt man sich wie in einer anderen Zeit. Avenue du 11 Novembre 1918, ✆ 06-51176673, www.chateau-constant.com. **€€**

MeinTipp **Chambres de Kernad,** 2 wunderschöne, große Gästezimmer mit Charme in einem typischen Limosiner Landhaus, ca. 6 km von Bessines. Antike Möbel bilden einen gelungenen Kontrast zum modernen Ambiente mit vielen Holzelementen. Besonders angetan hat es uns die kleine Terrasse – eine wahre Wohlfühloase. Die Besitzer bieten auch (plastische) Kunst- und Schreibworkshops an. 35 le, Grand Beaubiat, 87370 Bersac-sur-Rivalier, ✆ 06-881 32411, www.chambresdekernad.com. **€€€**

Camping **** Camping de Sagnat „Les Pignons verts",** am Lac de Sagnat, umgeben von Bäumen, liegt dieser kleine, teils schattige Campingplatz. 53 Stellplätze, 3 Chalets, direkter Zugang zum See mit Strand. Zufahrt über die Avenue de Sagnat und Rue de la Lande, ✆ 05-55761769.

Limousin | Die Haute-Vienne → Karte S. 254/255

Monts de Blond

Die sanften Hügel der Monts de Blond zwischen Bellac und Oradour-sur-Glane sind eine geheimnisvolle Landschaft. Nur ein paar winzige Siedlungen gibt es zwischen den Laubwäldern in dem kleinräumigen Mittelgebirge, doch dafür haben sich hier andere Gesellen breit gemacht: Steine. Nicht irgendwelche Felsen, sondern Megalithen, die während der Jungsteinzeit von Menschenhand aufgerichtet wurden. Auf zwei Rundwegen kann man diese Dolmen, Hinkelsteine und die sogenannten *pierres à legendes* (durch Erosion entstandene, aber mystisch anmutende Felsformationen) mit dem Auto oder zu Fuß entdecken. Die Monts de Blond, der westlichste Ausläufer des Zentralmassivs, erheben sich nicht so mächtig über ihre Umgebung wie die Monts d'Ambazac. Auf 514 m bringen es die höchsten Erhebungen. Genug aber, um ein Paradies für Mountainbiker zu sein. Die genießen die Einsamkeit. Auch die Wanderwege hat man fast für sich allein, denn Ausflügler konzentrieren sich meist auf die Orte Mortemart und Montrol-Sénard am Westrand des Mittelgebirges.

Blond: Traditionen werden auch in dieser eher einsamen Gegend gepflegt – in das namensgebende Örtchen strömen seit über 30 Jahren am zweiten Sonntag im Dezember 200 Aussteller und bis zu 20.000 Menschen zum Kapaunen-Markt (Foire aux Chapons).

Wanderung 8: Zu den sagenumwobenen Felsen der Monts de Blond → S. 525
Lauschiger Spaziergang zu Hinkelsteinen und Felsformationen

Ein Kapaun ist ein kastrierter Masthahn. Franzosen verspeisen ihn gerne an Weihnachten, sie schätzen das saftige, fette und zarte Fleisch. 1,3 Mio. werden pro Jahr produziert. Dass der Hahn dafür komplett entmannt wird – Hoden, Kamm und Kehllappen werden entfernt –, verdirbt den Franzosen den Appetit nicht. Zu Zeiten der Gallier hieß der Ort Blatomago, was so viel wie „Weizenmarkt" bedeutet. Dominiert wird Blond heute von seiner schönen Wehrkirche, die im 12. Jh. entstand und im 16. Jh. befestigt wurde.

Montrol-Sénard: Dem ersten Anschein nach gleicht das Dorf im Westen der Monts de Blond vielen anderen Orten im Limousin. Die typischen Granitsteinhäuschen mit romantischen Blumenranken schmiegen sich malerisch an den Hang. Erst auf den zweiten Blick erkennt man: Das 270-Seelen-Dorf ist etwas Besonderes, denn es wurde zu einem Heimatmuseum umgewandelt. Hier vermitteln u. a. Handwerker-Werkstätten, ein altes Wirtshaus, ein Bauernhof und ein altes Klassenzimmer einen Eindruck vom Leben Anfang des 20. Jh. Aus insgesamt 18 Stationen besteht der Rundgang, dazu gehören auch ein traditioneller Gemüsegarten und der öffentliche Waschplatz. Ein Plan ist in der Touristeninformation erhältlich. Einen modernen Kontrast bilden kleine Ateliers mit Galerien. Auch ein kurzer Abstecher zum Friedhof ist zu empfehlen – wegen der alten Gräber und des Hosianna-Kreuzes, das typisch für den westlichen Teil Frankreichs ist und von denen nur etwa 100 die Zeit überdauert haben.

■ Führungen 5 €. Die 18 Stationen sind ab den franz. Osterferien bis Allerheiligen zugänglich. Anmeldung: ✆ 05-55681279.

Mortemart: Zwei Eigenheiten zeichnen Mortemart aus: Es ist mit 3,6 km² die kleinste Gemeinde und gleichzeitig der einzige Ort mit der Auszeichnung „Les Plus Beaux Villages de France" in der Haute-Vienne. Das 120-Seelen-Dorf liegt 1 km nördlich von Montrol-Sénard – ein Ausflug in beide Dörfer lässt sich

Rote Ziegeln, Mauern aus Granit: die Häuschen in Montrol-Sénard

wunderbar verbinden. Anders als die meisten Ortschaften bildete sich Mortemart nicht um eine Kirche herum, sondern um eine Burg, die der Grundherr Abon Drut Ende des 10. Jh. errichten ließ. Dank einer Vereinigung mit dem Hause Rochechouart durch Heirat im Jahr 1205 mauserte sich Mortemart von einer Lehnsherrschaft zum Herzogtum. Die Burg wurde im Hundertjährigen Krieg von Engländern zerstört, wiederaufgebaut und schließlich auf Befehl Richelieus erneut geschleift. Die Familie Mortemart ließ die Überbleibsel, einen Donjon und ein weiteres Gebäude (das Château des Ducs), renovieren. Das Dorfbild prägt allerdings nicht das Château des Ducs, sondern das Couvent Augustins mit der dazugehörigen Kirche, die allein schon wegen ihres Schieferglockenturms ein Blickfang ist. Im Kircheninnern sind das Eichenchorgestühl aus dem 15. Jh. mit feinen Schnitzereien, das vergoldete Lesepult in Form eines Adlers sowie die barocke Altarwand sehenswert. Die Rückfassade des Klosters erinnert an ein Schloss, auch wegen des großen Gartens. Inzwischen beherbergt es das Rathaus sowie Kunstausstellungsräume. Es ist eins von drei Klöstern, die Kardinal Pierre Gauvain 1330 in dem Ort gründete. Gegenüber steht das deutlich schlichtere Karmeliterkloster, das als Herberge genutzt wird. Das Couvent des Chartreux existiert nicht mehr. Mortemart war einst wohlhabend, wovon einige noble Bürgerhäuser und die hölzerne Markthalle gegenüber dem Château des Ducs zeugen. Ein kleines Café daneben lädt zum Verweilen ein. Das Syndicat d'Initiative de Mortemart (1, place du Château des Ducs, 87330 Mortemart, ✆ 05-55608577, www.mortemarttourisme limousin.fr) kümmert sich um das kulturelle Erbe Mortemarts und organsiert kulturelle Veranstaltungen sowie kostenlose Kunstausstellungen.

Kapelle Notre-Dame de Vaulry: Das Wohlwollen des Herrn will verdient sein, und so muss man einen zehnminütigen Aufstieg auf die Höhen der Monts de Blond auf sich nehmen, um vom Parkplatz bei der Mountainbike-Station des Örtchens Les Mas, 2 km nordwestlich von Vaulry, zur Kapelle zu gelangen. Die liegt auf einer Bergkuppe und bietet eine herrliche Sicht auf die Umgebung. Nachdem Vandalen Anfang der 1990er-Jahre die gesamte Einrichtung mitsamt Marienstatue und Fenster zerstörten, ist das Gotteshaus nur noch sonntags und auf Anfrage geöffnet. Im Inneren der erst ab 1863 erbauten Kapelle stützt das Gewölbe eine seltene Eisenkonstruktion – ganz wie in der zur selben Zeit erbauten Kirche Saint-Augustin in Paris. Fresken und Fenster sind Anfang 2000 neu entstanden.

▪ Ostern–Okt. So 14.30–18 Uhr, sonst auf Anfrage. Les Mas, 87140 Vaulry, ✆ 05-49918196.

Information Pôle d'Accueil de Mortemart, Infos auch zu Montrol-Sénard. Juli/Aug. geöffnet, außerhalb der Saison ist die Touristeninformation in Bellac zuständig. 1, place Château des Ducs, 87330 Mortemart, ✆ 05-556 81279. Informationen auch beim Office de Tourisme in Bellac.

Golf Golf de Mortemart, 9-Loch-Platz 1 km nördlich von Mortemart im Herzen der Monts de Blond. Les Villards, Mortemart, ✆ 05-556045 16, www.golfdemortemart.fr.

Markt Jeden So **Bauernmarkt** in Blond. Nur im Sommer jeden So morgens **Markt** in Mortemart.

Mountainbike Mehrere ausgeschilderte Strecken in den Monts de Blond für unterschiedliche Herausforderungen. Fahrradverleih bei der Base VTT-FFC (Reservierung mind. ein Tag im Voraus), Les Mas, 87140 Vaulry, ✆ 05-55534261, www.espacevttmontsdeblond.com.

Reiten Centre Équestre **Les Hauts de Blond,** Kurse und Ausritte in die Natur auf Pony oder Pferd. Bachellerie, 87300 Blond, ✆ 05-55763072, www.centre-equestre-les-hauts-de-blond.com.

Veranstaltungen Nuits Musicales de Cieux, kleines Festival am letzten Juliwochenende in Cieux (und den umliegenden Dörfern) am Südrand der Monts de Blond,

Limousin | Die Haute-Vienne → Karte S. 254/255

7,5 km südlich von Blond, das sich Ende Juli mit mehreren Konzerten der klassischen Gitarre in unterschiedlichen Spielarten widmet. www.nuitsmusicalesdecieux.com.

Estivol, großer Flugtag am letzten Juliwochenende in Blond. Mit kleinen Flugzeugen, Heißluftballons, Hubschraubern, Gyrokoptern, Motorschirmen und Drachen werden Flugvorführungen gemacht. www.estivol.org.

Übernachten/Essen **Le Couvent des Carmes,** im ehemaligen Karmeliterkloster aus dem 14. Jh. sind 4 herrlich nostalgische Gästezimmer, darunter eine Familiensuite, in antikem Stil eingerichtet, zum Teil mit geblümten Tapeten und ebensolchen Tagesdecken. Gefrühstückt wird im rustikalen Esszimmer mit Steinkamin. Als Rückzugsort eignet sich der kleine Garten mit Teich. 2, place des Carmes, 87330 Mortemart, ✆ 06-73163162, www.ancien couventdescarmes.com. **€€**

Mein Tipp **Auberge de la Source,** die ehemalige Poststation in Cieux im Süden der Monts de Blond ist berühmt für ihre ausgezeichnete regionale und kreative Küche. Hier gibt es Crème brûlée mit Foie gras und Feigen-Chutney oder Desserts, die wie Dolmen aussehen. Wer ein großes Loch im Bauch hat, kann Côte de Bœuf mit Fourme-d'Ambert-Soße bestellen (ein Stück aus der Hochrippe des Rinds), bekommt dann aber auch ein halbes Kilo Fleisch. Das alles kann man auf einer schönen Terrasse zum Garten hin genießen oder im Speisesaal mit hoher Holzdecke und Galerie. Die 7 Zimmer (ein barrierefreies) sind zwar groß, aber weniger kreativ gestaltet als die Küche. Sonntagabend, Mo und Dienstagmittag geschlossen. Deutschsprachig. 1, avenue du Lac, 87520 Cieux, ✆ 05-55033323, www.auberge-la-source.fr. **€€** (Hotel), **€€–€€€** (Restaurant)

Mein Tipp **La Flambée,** völlig unverhofft taucht 6 km nördlich von Blond dieses einladende Haus vom Ende des 18. Jh. mit seinen roten Fensterläden auf. Die ursympathische Gastgeberin Myriam Morice lädt zum Abendmahl mit Produkten vom eigenen Hof (Gemüse, Schweine, Enten, Gänse, Hühner) an einen großen runden Tisch, umgeben von antiken Möbeln. Für ihre Gäste hat sie 4 feine Zimmer eingerichtet. Eines ist ganz puristisch in sanftem Grau gehalten, ein anderes mit impressionistischen Bildern geschmückt, ein weiteres in tiefe Gelb-, Orange- und Rottöne getaucht und mit Blumen verziert. Dazu gibt es ein wundervolles, neu eingerichtetes Gîte, in dessen Küche Natursteine integriert sind. Thoveyrat, 87300 Blond, ✆ 05-55688686, www.laflambee.info. **€**

La Table du Lavoir – Chez Madeleine, Montrol-Sénard kann auch kulinarisch auftrumpfen. Vor oder nach einem Rundgang durch das Museumsdorf sollte man seinen Gaumen unbedingt in dem Restaurant in einer ehemaligen Scheune verwöhnen, etwa mit Artischockenpastete an mit Steinpilzen gefüllten Ravioli, Entenschlegel oder Lachscarpaccio – frisch und raffniert zubereitet. 6, place de l'École, 87330 Montrol-Sénard, ✆ 05-55602488. **€€**

Lac de Saint-Pardoux

Am Strand fläzen, entspannt durch den See gleiten, mit dem Kajak paddeln oder Wasserski fahren, segeln oder mit dem Bogen schießen – ein Tag am Lac de Saint-Pardoux verspricht herrliche Urlaubserlebnisse. Wie groß der Lac de Saint-Pardoux wirklich ist, sieht man auf den ersten Blick gar nicht, denn das Gewässer läuft in zwei lange Arme aus, die jeweils von vielen kleinen Buchten gesäumt sind. Steigt man aufs Fahrrad, erfährt man die Ausmaße: Ein 24 km langer Rad- und Spazierweg führt um den 330 ha großen, noch recht jungen See – erst 1975 wurde er geschaffen. Einziger Wermutstropfen, der den Badespaß an den drei Stränden (Site de Santrop, Site de Chabannes, Site de Fréaudour) ein wenig trüben könnte: Weil in der Umgebung lange Uran abgebaut wurde und der Untergrund leicht radioaktiv ist, hat man auch im See früher erhöhte Strahlenwerte gemessen. 2007 wurden daraufhin

10.000 m³ Schlamm ausgebaggert. Historische Monumente gibt es nur wenige um das Gewässer. Die im 15. Jh. befestigte Wehrkirche von Compreignac mit ihren Pechnasen und Türmchen etwa ist einen Abstecher wert.

Information **Maison du Lac**, großes Info-Zentrum beim Strand am Site de Santrop. Juli/Aug. tägl. geöffnet, sonst → Website. 87640 Razés, ✆ 05-55710440, www.lacsaintpardoux.fr.

Pôle d'Accueil, Juli/Aug. tägl. außer Mi 10–13 und 14–18 Uhr, Juni/Sept. Di/Mi und Fr/Sa 10-12.30 und 14–17.30 Uhr, Do 10–12.30 Uhr, April–Mai und Okt. Di/Mi und Fr/Sa 10–12 und 14–17 Uhr. 17, rue de la Halle, 87250 Saint-Pardoux, www.tourisme-hautlimousin.com.

Baden Der größte Badestrand mit zahlreichen Freizeitangeboten ist beim **Site de Santrop**. Kleinere, im Sommer überwachte Strände gibt es beim **Site de Chabannes** und **Site de Fréaudour.**

Piscine du Lac de Saint-Pardoux, modernes Hallenbad mit Schwimm- und Spaßbecken, sowie ein Kinder- und Freizeit-Außenbecken, Dampfbad und Solarium. Der Außenbereich mit Blick auf den See ist im Juli/Aug. geöffnet. Site de Santrop, 87640 Razès, ✆ 05-55027979.

Einkaufen **Bières Lémovice,** Ghislain Mandon hat die einstige Mikrobrauerei „Brasserie du Haut-Limousin" übernommen, das Bier „La Lémovice" weiter verfeinert und das Sortiment auf ein Dutzend erweitert, darunter auch Honigbier. Dazu gesellt sich eine Limonade. Kaufen kann man die Biere natürlich hier und auf diversen Märkten im Département sowie von Mitte Juni bis Mitte Sept. Fr–So bei einem Food-Truck-Event auf dem Parkplatz der Brauerei. Führung nach Anmeldung. 19, rue de Limoges, 87640 Razès, ✆ 06-87942165.

Hochseilgarten **Parc Aventure,** 8 Parcours beim Site de Santrop. Juli/Aug. tägl. 13.30–20.30 Uhr, April–Juni und Sept. Mi und Sa/So 13.30–19.30 Uhr, in den Osterferien Mi–So 13.30–19.30 Uhr, in den Herbstferien bis 18.30 Uhr. ✆ 05-55710440.

Kanu Verleih von Kanus, Windsurfbrettern, Stand-up-Paddel-Brettern, Tret- und Ruderbooten beim Site de Chabanne.

Markt Jeden Mi im Juli/Aug. Bauernmarkt in Saint-Pardoux.

Mountainbike Verleih von E-Bikes, Mountbikes und Trekkingrädern beim Site de Chabannes. Schöne Radwege führen um den See, insbesondere zwischen den Site de Chabannes und Site Fréaudour. Landkarten gibt es beim Verleih und beim Maison du Lac. ✆ 05-55710708.

Wasserski Beim Site de Fréaudour kann man sich auf Skiern und Bojen durch das Wasser ziehen lassen. Auch für Kinder wird Wasserski angeboten. Zudem Wakeboard. Juni–Sept. tägl. 10.30–12 und 14–19 Uhr. ✆ 05-55763756.

Übernachten/Essen **Bistrot La Forge,** zu Deutsch „Die Schmiede". Geschmiedet wird hier nur eins: hochwertiges Fast Food wie Burger und Pizza. Ein Muss sind die Cheesecake – klassisch, mit Himbeeren oder die Cappuccinovariante. Das sind zwar keine Limosiner Traditionsgerichte, dafür kommt alles frisch und aus lokalen Zutaten auf den Tisch. Mo und So abends geschlossen. 10, place de l'Église, 87250 Saint-Pardoux-le-Lac, ✆ 05-44254187. **€–€€**

MeinTipp **Chez Patou,** Marie-Patricia, genannt Patou, bringt kulinarischen Schwung in das kleine Örtchen und zwar mit Spezialitäten aus ihrer Heimat La Réunion. Ihre Vorliebe fürs Kochen hat sie von ihrer Mutter und ihrer Oma geerbt und so schmecken ihre kreolisch-französischen Kreationensehr lecker. 3, rue de la Halle, 87250 Saint-Pardoux-le-Lac, ✆ 05-877 77280. **€€**

Chasseneuil, ein kleines Stück nordwestlich vom See hat ein britisches Paar in einem 1819 errichteten Steinhaus 5 stimmungsvolle Gästezimmer mit Dielenboden eingerichtet. Zudem steht ein Gîte für 5–6 Pers. zur Verfügung. Entspannen lässt es sich in der Sauna oder im Hammam. Auf dem ehemaligen Bauernhof sind heute wieder Pferde, Esel, Schweine, Hühner, Wachteln, ein Papagei – sogar ein Pfau und ein Schwan zuhause. Mit im Freizeitangebot sind u. a. ein Außenpool, Billard, Darts, Tischfußball und Laser Games. 5, Chasseneuil, 87140 Saint-Symphorien-sur-Couze, ✆ 05-555 35901, www.chambresdhoteslimousin.com. **€€**

Camping ****** Camping de Fréaudour**, beim gleichnamigen Strand. Neben gut 100 Stellplätzen im lichten Wald gibt es Mobil-Homes und große Chalets. Pool und Snackbar. Zugang zum Seestrand mit Spielplatz. Site de Fréaudour, 87250 Saint-Pardoux, ✆ 05-557657 22, www.aquadis-loisirs.com.

Limousin | Die Haute-Vienne → Karte S. 254/255

Die Creuse

Die Creuse gilt mit ihren grünen Hügeln und den gewundenen, wildromantischen Flusstälern als Ruhepol des Limousin. Städter ziehen sich im Sommer gerne hierher zurück. Benannt ist die Creuse nach dem gleichnamigen Fluss, der auf knapp 820 m Höhe im Plateau de Millevaches entspringt und nach 264 km in die Vienne mündet.

Das Departement ist mit 116.000 Einwohnern das am dünnsten besiedelte und mit 5565 km² Fläche eines der kleinsten der Region Nouvelle-Aquitaine.

Auf den Wiesen der sanften Bocage-Landschaften grasen vorwiegend Kühe und Rinder, denn wichtigstes ökonomisches Standbein der Creuse ist die Landwirtschaft, allen voran die Zucht des Limousin-Rinds. Am liebsten haben es die Einheimischen natürlich auf dem Teller. Deftig darf es sein, wie auch das Fondu creusois: geschmolzener Bergbauernkäse, vermischt mit Crème fraîche und Eigelb, den man mit Pommes frites oder Kartoffeln isst. Süß darf es aber auch sein: Als Dessert oder zum Kaffee wird gerne ein schmackhafter Haselnusskuchen mit dem schlichten Namen Creusois serviert.

Was anschauen?

Cité internationale de la Tapisserie d'Aubusson: Die Creuse blickt auf eine lange Tradition der Teppichwirkerei zurück. Die Weberhochburgen Aubusson und Felletin fertigten für Adel und Könige prächtige Wandteppiche an. Einige Manufakturen sind noch in Betrieb. Hier, in der Cité internationale de la Tapisserie, treffen antike auf zeitgenössische Prachtexemplare aus aller Welt. → S. 350

Klosterkirche in Moutier d'Ahun: Das wohl beeindruckendste Chorgestühl der Region befindet sich dieser einzigartigen Klosterkirche. Bildhauer Simon Bauer hat aus Eichenholz filigrane und komplexe Schnitzereien gefertigt. Unbedingt anschauen. → S. 346

Église de Sous-Parsat: Unweit davon befindet sich das nächste ungewöhnliche Gotteshaus. Grell und bunt wirken die zeitgenössischen Wandmalereien in der Kirche auf die Besucher. → S. 348

Steinskulpturen in Masgot: Eine ganz andere Art von Kunst kann man in Masgot bewundern. Die kleine Häuseransammlung ist voller Skulpturen.

Ursprünglich zierten die Figuren nur eine Gartenmauer, inzwischen den ganzen Weiler. **→ S. 349**

Château de Boussac: Abenteuerlich nah am Abgrund steht das Schloss an einen Felsvorsprung. Der Fundus an antiken Schätzen ist immens. Hier nächtigte auch George Sand. **→ S. 359**

Was unternehmen?

Zu Fuß auf den Spuren Monets: Die wilde Natur der Creuse lockte zahlreiche Künstler an. Der wohl bekannteste – Claude Monet – war von der Naturschönheit des Flusses angetan und fand bei Fresselines einen geeigneten Ort, um seine Serienbilder zu malen. Bei einem Spaziergang kann man auf seinen Spuren wandeln. **→ S. 339**

Blick über die Pierres des Jaumâtres: Die Schriftstellerin liebte die Ruhe der Creuse. Inspiration fand sie vor allem bei den Pierres Jaumâtres. Gemeinsam mit Frédéric Chopin wandelte sie in dem sagenumwobenen Felsenmeer. Die Aussicht von der Plattform lohnt den kurzen Spaziergang hinauf. **→ S. 359**

Den Wölfen ganz nah: Die Wölfe von Chabrières leben in einem Wildpark bei Guéret, der wiederum in einem der größten Wälder der Creuse liegt. Von gut organisierten Wegen aus lassen sich die Tiere beobachten, zudem wartet eine kleine Ausstellung zum Mythos Wolf auf. **→ S. 343**

Boots- und Kanutouren in Crozant: Im Kanu oder auf einem Panoramaboot kann man die Creuse direkt erkunden. Geführte Kanutouren führen bis zu einer Flussschleife unterhalb der sehenswerten Burgruinen von Crozant. Weniger sportlich Aktive buchen eine kommentierte Tour mit dem Panoramaboot. **→ S. 337**

Wo baden?

Bade- und Freitzeitparadies Lac de Vassivière: Der größte See des Limousin erstreckt sich über Creuse und die Haute-Vienne. Neben Planschen, Schwimmen, Segeln und Bootfahren kann man zudem die Insel samt Kunstzentrum erkunden, auf den Pisten rund um den See biken und wandern, unter anderem mit Eseln. **→ S. 303**

Creuse: Baden kann man auch in der aufgestauten Creuse im Lac de Chambon bei Crozant (→ S. 337) sowie in der Creuse bei La Celle-Dunoise und bei Le Bourg-d'Hem an Sandstränden.

Künstliche Seen: Der Lac de Courtille neben dem Campingplatz in Guéret (→ S. 344) lädt ebenfalls zum Badespaß ein.

Was sonst noch?

Rastlos durchs Riesenlabyrinth: Das Labyrinthe Géant des Monts de Guéret gilt als das größte Pflanzenlabyrinth der Welt. Besonderen Spaß macht das Umherirren in lauen Sommernächten. Ausreichend Zeit einplanen und Taschenlampen nicht vergessen. **→ S. 343**

Châteauroux, Bourges, Orléans
Saint-Benoît-du-Sault
Éguzon-Chantôme
Lac de Chambon
Aigurande
Lourdoueix-Saint-Pierre
D 6
Fresselines
Crozant
Jardin les Gargalhous
Arboretum de la Sédelle
A 20
Azerables
D 1
D 913
D 951
Saint-Sulpice-les-Feuilles
Tuilerie de Pouligny
Bonnat
La Celle-Dunoise
Dun-le-Palestel
Le Bourg-d'Hem
La Sédelle
La Creuse
Saint-Agnant-de-Versillat
Bussière-Dunoise
Anzême
Cascades de la Mouline
La Souterraine
Noth
Glénic
N 145
Saint-Sulpice-le-Guérétois
St-Fiel
Saint-Maurice-la-Souterraine
Saint-Vaury
Guéret
Le Grand-Bourg
St-Pierre-de-Fursac
Jardin de Val Maubrune
Sainte-Feyre
St-Étienne-de-Fursac
Labyrinthe Géant des Monts de Guéret
Bénévent-l'Abbaye
Montaigut-le-Blanc
Les Loups de Chabrières
Bessines-sur-Gartempe
La Gartempe
Marsac
Mourioux-Vieilleville
D 912
Laurière
Sardent
Razès
Monts d'Ambazac
Saint-Dizier-Leyrenne
D 13
Châtelus-le-Marcheix
Vélorail
Bosmoreau-les-Mines
Pontarion
Pierre aux neuf gradins
Ambazac
Saint-Laurent-les-Églises
Bourganeuf
Soubrebost
Mont-boucher
D 8
Le Taurion
Sauviat-sur-Vige
Haute-Vienne
Rigole et Rocher du Diable
Limoges
D 941
Royère-de-Vassivière
Saint-Léonard-de-Noblat
Limoges
La Vienne
La Maulde
Peyrat-le-Château
La Geneytouse
Lac de Vassivière
Masléon
D 979
Eymoutiers
Faux-la-Montagne
Saint-Hilaire-Bonneval
Châteauneuf-la-Forêt
Linards
D 940
Pierre-Buffière
Brive-la-Gaillarde

Châteauroux
Bourges, Orléans
Moulins, Vichy, Clermont-Ferrand
Montluçon
Huriel
D 940
D 917
Boussac-Bourg
D 916
Boussac
Genouillac
La Petite Creuse
Clugnat
Pierres des Jaumâtres
Châtelus-Malvaleix
Soumans
D 11
Toulx-Ste-Croix
Le Cher
D 993
Lépaud
Ladapeyre
N 145
Budelière
Allier
Ajain
Parsac
Chambon-sur-Voueize
Jarnages
D 915
Gouzon
Étang des Landes
Évaux-les-Bains
Cressat
Viaduc de Busseau
Busseau-sur-Creuse
Château de Villemonteix
Chénérailles
Font-Saint-Blaise
Fontanières
D 942
Ahun
Moutier-d'Ahun
Sous-Parsat
Lavaveix-les-Mines
Peyrat-la-Nonière
D 988
Rougnat
Mainsat
Masgot
D 990
Tardes
Auzances
La Creuse
D 988
Bellegarde-en-Marche
Le Cher
Creuse
Saint-Amand
Aubusson
D 996
D 941
Montel-de-Gelat
Moutier-Rozeille
Mérinchal
Vallière
D 941
Felletin
Crocq
Clermont-Ferrand
Condat-en-Combraille
D 992
Puy-de-Dôme
Parc Naturel Régional de Millevaches en Limousin
Giat
Gentioux-Pigerolles
Flayat
D 982
Herment
Corrèze
D 36
La Courtine
5 km
Die Creuse

Hier stellte einst Claude Monet seine Staffelei auf

Rund um das Tal der Creuse

Der Fluss Creuse hat nicht nur dem Departement seinen Namen verliehen, sondern prägt es auch wie kein zweiter. Er durchschneidet das Departement komplett von Südosten nach Nordwesten. Am beeindruckendsten ist der Teil zwischen Guéret und Crozant. Dort schlängelt sich der Fluss in vielen Windungen durch sein mal dicht bewaldetes, mal von felsigen Schluchten geprägtes Tal. Umgeben ist es von einer bezaubernden Bocagelandschaft mit Wiesen und Feldern, die durch Hecken und Bäume voneinander abgetrennt sind. Kein Wunder, dass sich die Schriftstellerin George Sand bei ihrem ersten Besuch im Jahr 1827 Hals über Kopf in das Tal der Creuse verliebte; zeitlebens war sie von der Schönheit der Natur inspiriert und verlegte daher auch die Handlung ihres Romans „Le Péché de Monsieur Antoine" in diese Gegend. Ab 1845 kam sie öfter hierher, besaß später sogar ein kleines Häuschen im nahen Gargilesse im angrenzenden Departement Indre und versuchte eifrig, ihre Künstlerfreunde mit ihrer Begeisterung für die Creuse anzustecken.

Sie kam genau zur rechten Zeit: In den 1840er-Jahren wurden Tuben für Ölfarben erfunden, sodass man hinaus in die Landschaft gehen und direkt vor Ort malen konnten. Eine Gruppe von Malern packte die Staffeleien ein und strömte ins Tal der Creuse, das ab 1856 bestens mit dem Zug zu erreichen war. Armand Guillaumin war der fleißigste Gast, aber auch Léon Detroy, Jules Dupré und natürlich Claude Monet verewigten die einzigartige Landschaft auf ihren Leinwänden.

Die sah damals allerdings noch völlig anders aus: Die Creuse und die Sédelle rauschten flach und brausend um die Ruinen von Crozant herum, erst mit dem Bau der Talsperre ein paar Kilometer nördlich im Jahr 1926 beruhigte sich das zu einem See aufgestaute Gewässer und überflutete Teile der Landschaft, die die Impressionisten so fasziniert hatte. Ab den 1950ern verschwanden dann noch die Hirten mit ihren Schafen und Ziegen. Die Tiere hatten dafür gesorgt, dass zwischen den Felsen nur ein flacher Bewuchs aus rosa- und mauvefarbenem Heidekraut, gelbem Ginster und Adlerfarn gedieh, während sich heute ein dichter Wald des Tals bemächtigt hat.

Crozant

In Crozant beginnt das Departement Creuse mit einem Paukenschlag: Beeindruckend erheben sich die Ruinen der alten Festung auf einem hohen, 500 m langen Bergsporn, der nach drei Seiten steil abfällt.

Und so könnte der Name Crozant treffender nicht sein: Er geht auf das gallische Wort *crosa* zurück und bedeutet „tiefes Tal". Weit unten schmiegen sich die Creuse und die Sédelle, die hier zusammenfließen, ruhig um das Felsplateau, mittendrin Kanufahrer, die sich gemächlich treiben lassen – ein Bild vollkommener Harmonie, von dem einst auch Impressionisten wie Claude Monet und Armand Guillaumin verzaubert waren. Letzterem ist eine Büste neben der Kirche gewidmet. Entlang der Sédelle kann man heute auf den Spuren der Maler wandeln. Seit dem Frühjahr 2014 hat das ehemalige Hôtel Lépinat im Kern des 440-Einwohner-Dorfes wieder geöffnet, in dem sie einst nächtigten: Es informiert über die von ihnen begründete École de Crozant. Im Ortszentrum kann man bei der „Palette de Crozant", ein ca. 15 Min. kurzer Rundgang, Künstler mit Facetten ihrer Werke auf Hausfassaden entdecken. Einen schönen Blick auf die Festungsruinen hat man vom Platz hinter der Dorfkirche – und vom Rocher des Fileuses auf der anderen Flussseite, der bereits im Nachbardepartement Indre liegt.

L'Hôtel Lépinat: Zu einer Reise in die Welt der Impressionisten lädt das Centre d'Interprétation des peintres de la Vallée de la Creuse ein. Das szenografische Museum widmet sich u. a. mit gelungenen Inszenierungen den Künstlern, die sich im und vom Tal der Creuse inspirieren ließen. Dabei lernen die Besucher auch die Arbeitsweise und Malwerkzeuge dieser Künstler kennen. Sonderausstellungen runden das Ganze mit Werken verschiedener Impressionisten ab. Touristenauskunft im Museum.

▪ Eintritt 6 €, Juli/Aug. tägl.10.30–12.30 und 13.45–18.30 Uhr, sonst tägl. 13.45–18.15 Uhr, Einlass bis 1 Std. vor Schließung. 5, rue Armand Guillaumin, ✆ 05-55630190, www.hotel-lepinat.com.

Ruinen von Crozant: Einst waren die Festungsanlagen von einer einen Kilometer langen Mauer mit zehn Türmen umgeben – das Bollwerk auf dem Felssporn über der Creuse und der Sédelle war quasi uneinnehmbar. Nur eine schmale Verbindung der Halbinsel zum heutigen Ort hin bot eine Angriffsfläche, diese war aber durch einen breiten Graben abgesichert. Die Verteidigungsanlage entstand im 13. Jh. unter der Herrschaft Hugos X. von Lusignan und seiner Frau Isabella von Angoulême, zuvor Gemahlin des englischen Königs Johann Ohneland und Mutter von

Limousin | Die Creuse → Karte S. 332/333

dessen Thronfolger Heinrich III. Nachdem die Festung im Hundertjährigen Krieg (14. Jh.) sogar dem Ansturm des gefürchteten „Schwarzen Prinzen" Edward of Woodstock widerstanden hatte, wurde sie während der Religionskriege im 16. Jh. beschädigt, dann verlassen und bei einem Erdbeben 1606 endgültig zerstört. Übrig geblieben sind nur Mauerreste und Turmfragmente, die dennoch einen guten Eindruck von den einstigen Dimensionen vermitteln. Überall eröffnen sich faszinierende Blicke auf die Ruinen, die Flüsse im Tal und die umgebenden Schluchten. Nicht mehr sehen kann man den unten am Abhang gelegenen, einstigen Wasserturm, der das Überleben der Bewohner sicherte. Er wurde durch die aufgestauten Fluten der Creuse weitgehend überschwemmt.

▪ Eintritt 4 €. tägl. 8–22 Uhr. Route d'Isabelle d'Angoulême, ✆ 05-55890905, www.forteresse-crozant.com.

Rocher des Fileuses: Vom „Felsen der Spinnerinnen" bietet sich *das* Postkartenmotiv der Creuse schlechthin, ein Ausflug dorthin ist daher ein absolutes Muss – schon allein wegen der Aussicht auf die Ruinen von Crozant. Auf den steilen, mit Heidekraut bewachsenen Klippen kann man sich ein lauschiges Plätzchen suchen und den fantastischen Ausblick genießen. Das taten einst schon Hirtinnen, die jeden Abend beim Heimtreiben der Herden auf den Felsen zusammenkamen und so die Wachposten der Festung ablenkten. Eines Abends soll sich den Männern ein besonderes Spektakel geboten haben: Eine Hirtin kam auf die Idee, ihre Spindel mit Schafswolle hinab zur Creuse rauschen zu lassen und mit einer geschickten Bewegung des Handgelenks am Faden wieder hinaufzukatapultieren. Die anderen taten es ihr nach, sodass ein silbrig schimmernder Vorhang entstand, der die gesamte Besatzung von Crozant faszinierte. Der Burgherr ließ die Hirtin zu sich kommen und gab ihr einen Ritter zum Mann.

▪ Über die D 30 nach Saint-Jallet, 36190 Saint-Plantaie (ca. 3 km nordöstlich von Crozant), dort links ab in Le Montet/Rue des Fileuses bis zum Parkplatz, zu Fuß geradeaus weiter durch einen Weiler, am Ende des Weges rechts ab und dem Weg durch ein Stück Wald bis zum Aussichtspunkt folgen; insgesamt 10 Min. Fußweg.

Malerisch umschlängelt die Creuse die Burgruine von Crozant

Spaziergang entlang der Sédelle: Bei einem knapp 4 km langen Spaziergang hinunter zur Sédelle kann man sich auf die Spuren der Impressionisten begeben. Mehrere InfoStellen helfen dabei. Los geht die Tour bei der Kirche von Crozant (schattiger Parkplatz dahinter). Gegenüber vom Eingang führt eine Treppe hinab und von nun an folgt man einfach dem gelben Strich als Markierung. Nach dem Abstieg zur Sédelle gelangt man zu einer schönen alten Mühle, danach tauchen lauschige Picknickplätze auf, auch große Felsen im Fluss laden zum Verweilen ein. Der idyllische Weg führt das Tal entlang, wo das Wasser nicht mehr aufgestaut ist, sondern beschaulich über mächtige Steine hinwegplätschert, sodass man sich herrlich impressionistisch beseelt fühlt. Nach 2 km erreicht man einen Parkplatz, wo ein Weg schräg links den Berg hochgeht. Es lohnt sich aber, ein paar Meter weiter zur Pont Charreau zu laufen, einer zweibogigen Granitbrücke aus dem 17. Jh. Anschließend geht es weiter den Berg hinauf und an weiten Flächen mit Heidekraut vorbei. Bald erreicht man die Straße und gelangt links zurück in den Ort.

▪ Die Beschreibung der Wanderung „Le sentier des peintres" gibt es als Faltblatt im Hôtel de Lépinat und auf einem Info-Schild vor dem Museum oder zum Herunterladen → www.tourisme-creuse.com.

Arboretum de la Sédelle: 1986 war hier, 4 km südlich von Crozant, noch alles überwuchert. Dann schuf Philippe Wanty ein Gartenparadies, das heute als „Jardin remarquable", ein Gütesiegel des *Comité des Parcs et Jardins de France*, ausgezeichnet ist. Allein 130 verschiedene Ahorn-Arten gibt in dem 6 ha großen „bemerkenswerten Garten", der sich in einem schmalen Band vom Eingang zur Sédelle hinunterzieht. Das Arboretum besteht aus fünf Teilen: einer von Eichen umstandenen Wiesenlandschaft, einem Buchenhain, einem Tümpel, einer Heidelandschaft, wie sie zur Zeit der Impressionisten typisch war, und dem Ufer der Sédelle. Hunde dürfen leider nicht in den Park.

Crozant würdigt seine Impressionisten

▪ Eintritt 6 €. Mai–Okt. Do–Mo 14–18 Uhr. 2 Villejoint, ✆ 05-55898316, www.arboretumsedelle.com.

Baden Im **Lac de Chambon** (auch **Lac d'Éguzon**) in der aufgestauten Creuse nördlich von Crozant, z. B. bei Éguzon oder Fougères im Departement Indre. Im Juli/Aug. überwacht, Snackbar, Spielplatz, Kanu- und Tretbootverleih.

Bootsausflüge 70 Min. kommentierte Ausflüge mit dem Panoramaboot durch die Creuse-Schlucht. April–Sept. Di–So 14.30 und 16 Uhr. Abfahrt und Tickets (13 €/Pers.) beim Hôtel du Lac. ✆ 05-55898196, www.hoteldulac-crozant.com.

Kanu Atemberaubende Aussichten auf die Klippen. Touren im ruhigen Stausee, auch für Anfänger geeignet. Verleih beim Hôtel du Lac sowie bei Lac de Chambon.

Markt Jeden Dienstagmorgen April–Okt. Bauernmarkt auf der Place de l'Ancien Presbytère.

Wassersport Tretboote, Wasserski, Wakeboard, Stand-up-Paddeln, Segeln bei der **Base de plein air,** 6, chemin du Pradet, Chambon, 36270 Éguzon-Chantôme, ✆ 02-54474613, www.bpa-laceguzon.fr.

Übernachten/Essen **Hôtel-Restaurant du Lac,** von der Lage her sollte das Hotel-Restaurant gleich bei der Brücke unterhalb von Crozant und direkt an der Creuse eine wahre Goldgrube sein. Auf der Terrasse mit Blick auf die Ruinen und den Fluss lassen sich Tatar, Lachs, Zander (oder einfach ein Eis) wunderbar genießen. Wer hier übernachtet, sollte sich unbedingt für ein Zimmer mit Aussicht entscheiden, es gibt derer vier mit Blick auf die Creuse oder die Burgruine. Die Räume sind einfach, aber modern gehalten und bewusst ohne Fernseher. Pont de Crozant, 23160 Crozant, ✆ 05-55898196, www.hoteldulac-crozant.com. **€€**

L'Auberge de la Vallée, das Können von Sternekoch Sébastien Proux wird auch von Michelin und Gault & Millau hoch gelobt. Mitten im kleinen Crozant tischt er Regionales mit mediterraner und fernöstlicher Note auf: Foie gras auf Linsen, Thunfischtataki, natürlich Fleisch vom Limousin-Rind oder Jakobsmuscheln. Das Gemüse stammt zum Teil aus dem eigenen Garten. Das alles in 3 hellen, freundlichen Sälen, denen allerdings der Fliesenboden viel von ihrem Charme nimmt. Mo geschlossen, Di, Mi, So 12–14 Uhr, Do–Sa 12–14 und 19.30–21 Uhr. 14, rue Armand Guillaumin. ✆ 05-55898003, www.laubergedelavallee.fr. **€€€**

Fresselines

Das knapp 500-Einwohner-Örtchen liegt auf einem flachen Plateau inmitten einer hübschen Bocagelandschaft am nordwestlichen Rand des Departements. Von Crozant sind es nur wenige Kilometer hierher. 250 m über dem Zusammenfluss der Kleinen und der Großen Creuse reihen sich mit Efeu bewachsene Häuser aneinander. Das Herzstück Fresselines bildet die im 12. Jh. erbaute Kirche Saint-Julien de Brioude mit ihrem schiefergedeckten Glockenturm. Im Inneren ist die Nordkapelle mit eleganten Holztäfelungen aus dem 18. Jh. verziert. Auf der Rückseite außen sticht in einer Nische ein weißes Relief hervor. Der berühmte Bildhauer Auguste Rodin hat es dem Lyriker Maurice Rollinat gewidmet, es zeigt den „Dichter und seine Muse".

Ein Muss für Kunstliebhaber: das Haus Monet Rollinat

Rodin hatte seinen Freund Rollinat öfter in der Creuse besucht. Dieser war vor der Pariser Großstadthektik geflohen, um die letzten 20 Jahre seines Lebens in Fresselines zu verbringen. Seine Faszination für die unberührte Natur drückte er in zahlreichen Gedichten aus. „Auf den Hügeln schmeicheln die Horizonte dem Blick: ein endloser grüner Schatten, umhüllt von dichtem, blauen Rauch ...", schwärmte er dem Impressionisten Claude Monet vor, der sich von März bis Mai 1889 in Fresselines aufhielt. Die meiste Zeit verbrachte der Maler am Zusammenfluss der Großen und der Kleinen Creuse, zu jeder Tageszeit, egal bei welchem Wetter. Dort, wo die untergehende Sonne leuchtende Schatten auf die Wasseroberfläche wirft, produzierte Monet eine ganze Serie – 24 Bilder, die heute in Galerien und Museen auf der ganzen Welt verstreut sind. Seither übt die wildromantische Landschaft eine magische Anziehungskraft auf Künstler aus. Generationen von Malern stellten ihre Staffeleien am Ufer auf. Auf den ein oder anderen kann man noch heute bei einem Spaziergang treffen. Etliche Ateliers beleben das Örtchen, sie stehen v. a. im Sommer jedem Besucher offen.

Espace Monet Rollinat: Die alte Scheune gegenüber dem Campingplatz und rund 150 m vom Kirchplatz entfernt wurde zu einem Museum umgewandelt, ohne dabei an ihrem ursprünglichen Charakter zu rühren. Hier trifft frühere auf zeitgenössische Kunst. Im Erdgeschoss ist ein Bereich den Werken Monets gewidmet, die nicht ausgestellt, sondern projiziert werden. In einem weiteren Bereich dreht sich alles um Maurice Rollinat. In der oberen Etage finden wechselnde Sonderausstellungen zeitgenössischer und regionaler Künstler statt.

■ Eintritt 5,50 €. April–Juni und Sept.–Nov. tägl. 13.45–18.15 Uhr, Juli/Aug. tägl. 10.30–12.30 und 13.45–18.30 Uhr. 2, allée Fernand Maillaud, 23450 Fresselines, ✆ 05-5589273 oder 06-42780277, www.espace-monet-rollinat.com.

Monet-Spaziergang: Auf den Spuren Monets kann man bei einem 4 km langen Spaziergang wandeln. Ausgangspunkt ist die Kirche von Fresselines. Von dort geht es die Rue Léon Detroy aus dem Ort hinaus. Etwa 100 m nach dem Friedhof zweigt auf der linken Straßenseite ein grasbewachsener Weg ab. Ein Schild weist auf den Site Claude Monet hin. Der Weg führt zur Creuse hinunter – ein beliebter Platz zum Picknicken und Angeln. Nach Überqueren der Steinbrücke biegt man links ab. Die Creuse fließt links, von hier hat man noch mal einen tollen Blick auf die Brücke. Schon nach wenigen Metern gabeln sich die Pfade, führen aber nach einiger Zeit wieder zusammen. Bald erreicht man eine nagelneue Stahlbrücke, überquert sie und geht rechts weiter. Kurz darauf gelangt man auch schon zum Zusammenfluss der Kleinen und der Großen Creuse, wo sich eine kleine Badestelle befindet. Danach geht es den Weg links hoch, die Creuse befindet sich jetzt rechts. Der Pfad führt nach wenigen hundert Metern aus dem Wald hinaus auf einen Wiesenweg, der geradeaus direkt auf Fresselines zuläuft. Links hat man eine schöne Sicht auf das Schloss Puy Guillon. Man folgt der Straße bis zum Wasserturm und biegt links in die Rue Claude Monet ein, passiert einige Ateliers und gelangt automatisch wieder zur Kirche. Wer mag, kann neben dem Kirchplatz ein Erinnerungsfoto von dem Künstler machen. Ein Plakat mit einem lebensgroßen Monet lädt zu Selfies ein.

Jardin les Gargalhous: In dem 2000 m² großen Garten 4 km südwestlich von Fresselines entfaltet sich eine wahre Blütenpracht wie auf einem impressionistischen Gemälde. Beeindruckend sind die zum Teil seltenen Rosenarten, die in allen Farben leuchten.

■ Eintritt 5 €. April bis Ende Okt., So 14–18 Uhr, sonst auf Anfrage. Châtre, 23450 Fresselines, ✆ 05-55892887.

 → Karte S. 332/333

Übernachten/Essen **Le Nid de 2 Creuses,** über die Farbwahl der Wände lässt sich streiten, doch die Gästezimmer, darunter eine Suite, in dem typischen Limosiner Steinhaus punkten mit ihrer Größe und dem charmanten Parkett. Ein üppiges Frühstück ist inbegriffen. Der große Garten lädt zusätzlich zu einer Auszeit ein. Ganz im Stile des Ortes befindet sich in dem Gästehaus auch eine kleine Galerie. 6, rue Claude Monet, 23450 Fresselines, ✆ 06-329860 55, www.nid2creuse.fr. **€€**

Les Artistes du Confluent, das Künstlerflair des Dorfes ist auch in dem gegenüber der Kirche gelegenen Bar-Restaurant mit Wandbemalung und großer Terrasse zu spüren. Die Küche überzeugt mit herzhafter Kost wie Zanderfilet, Rumpsteak oder Entrecôte – alle Produkte stammen von lokalen Erzeugern. Gute Auswahl an Salaten. Wechselnde Gerichte je nach Saison. 2, place de l'Église, 23450 Fresselines, ✆ 05-55890034. **€€**

Von La Celle-Dunoise nach Guéret

Wie es sich so steil den Hang hinab und bis über die Creuse hinunterzieht, ist **La Celle-Dunoise** allein schon von der Lage her einer der schönsten Orte des Departements. Tatsächlich ist er sogar der einzige zwischen Guéret und der Grenze zum Departement Indre, den der Fluss direkt durchströmt. Ein kleiner Spaziergang entlang des Ufers bei der vierbogigen gotischen Brücke aus dem 14. Jh. lohnt sich. Über dem Wasser erhebt sich am Hang der Ort, unten geht es idyllisch flussaufwärts an der Creuse entlang, bis man zu einem kleinen Badestrand gelangt. Neben der Wehrkirche Saint-Pierre steht übrigens der „Stein der Toten", auf dem traditionell vor Beerdigungen der Sarg abgestellt wird.

Weiter geht es 10 km lang auf kleinen Sträßlein nach **Le Bourg-d'Hem,** das hoch über dem Tal der Creuse liegt und vom Platz hinter der Kirche einen tollen Ausblick auf den Fluss und die dicht bewaldeten Hügel bietet. 8 km weiter wird es wilder: Über die hohe, spitzbogige Teufelsbrücke (Pont du Diable) überquert man kurz vor **Anzême** die Creuse, die sich hier durch eine felsige Schlucht kämpft. Bei einer verfallenden Mühle stehen dort gerne Angler im Wasser. Aber auch für Autofahrer empfiehlt sich ein kurzer Stopp. Hier ist man mitten im Pays des trois Lacs, im Land der drei Stauseen, die kurz hintereinander an der Creuse folgen und zahlreiche Freizeitaktivitäten und Picknick-Möglichkeiten bieten.

Folgt man von Anzême aus der D 14 in Richtung Saint-Vaury, erreicht man schon kurz nach dem Ortsausgang rechter Hand eine kleine Parkbucht, von der man nach ein paar Minuten Fußmarsch zu den **Cascades de la Mouline** gelangt. Aus großer Höhe rauschen die Wasserfälle zwar nicht hinab, das kleine Bächlein im Wald ist trotzdem nett anzuschauen. 13 km weiter kann man in **Glénic** schließlich eine der schönsten Wehrkirchen des Limousin bewundern. Erbaut wurde sie im 11./12. Jh., befestigt dann im 15. Jh. Eine Freske aus dem 14./15. Jh. zeigt Adam und Eva vor dem Baum der Erkenntnis.

La Tuilerie de Pouligny: 30 Ziegeleien gab es einst im lehmreichen Norden der Creuse, davon ist nur noch eine übrig – als großes Freilichtmuseum (6 km östlich von La Celle-Dunoise). Neben einer Ausstellung von Ton- und Keramikware erfährt man viel über die Geschichte und die Arbeitsweise der Töpfer und Ziegler – aber auch über andere vergangene Handwerksberufe – und kann Töpfern bei ihrer Arbeit zusehen. Groß und Klein dürfen auch selbst werkeln. Töpfer- und Keramikworkshops kann man zu kleinem Preis dazubuchen. Für Wanderlustige gibt es einen 4 km langen Rundweg durch die Heide- und Bocagelandschaft um die alte Ziegelei. Startpunkt ist der Parkplatz. Mit Beschilderung.

▪ Eintritt 5,50 €, Mit Führung 8 €, mit Audioguide 6 €. In den französischen Oster- und Herbstferien sowie im Juli/Aug. tägl.

Idyllischer Blick vom Fluss Indre auf La Celle-Dunoise

Limousin | Die Creuse → Karte S. 332/333

13.45–18.15 Uhr, ab Mitte Mai bis Ende Juni, Sept. bis Mitte Okt. Sa/So 13.45–18.15 Uhr, sonst auch mit Reservierung für Gruppen ab 10 Pers. Chemin des Tuiliers, 23220 Cheniers, ✆ 05-55621961, www.tuilerie-pouligny.com.

Baden Kleine Sandstrände an der Creuse in La Celle-Dunoise und unterhalb von Le Bourg-d'Hem. Außerdem Strände an den Stauseen Barrage de l'Âge bei Le Bourg-d'Hem mit Tretbootverleih und Barrage des Champsanglard bei Anzêmes.

Klettern **Site de Roche Galet/Site du Rocher de Jupille,** Zugang zum Felsen über das Dörfchen Jupille zwischen Le Bourg-d'Hem und Anzême. Während der Brutzeit der Wanderfalken ist der Zutritt von Febr. bis Mai untersagt.

Kutschfahrten Im Reiterhof **Paradis de Pablo** in La Celle-Dunoise kann man Kutsche fahren oder Esel und Ponys bei einer kleinen Wanderung führen. Pony- und Pferdereiten stehen ebenfalls zur Auswahl. 15, rue des Pradelles, ✆ 06-01761563, www.leparadisdepablo.fr.

Markt Jeden Sa Bauernmarkt in Bonnat, 8 km östlich von Le Bourg-d'Hem.

Übernachten/Essen ***** Domaine de L'Orangerie,** 8 km östlich von Le Bourg-d'Hem kann man in einem wundervollen Herrschaftshaus, umgeben von 5 ha Park, saisonale, puristische und kreative Küche genießen, z. B. Perlhuhn mit Pfirsichen, Karamell und Banyuls-Likörwein oder als Vorspeise gegrillte Auberginen und Paprika mit Sardellen. Zum Teil mit Produkten aus dem eigenen Gemüsegarten. Gediegener Speisesaal mit hohen Fenstern, große Terrasse. Die 30 Zimmer sind im hellen, bourgeoisen Stil gehalten. Pool, eigener Tennis- und Golfplatz sowie Billardsaal. So 12–13.30 Uhr geöffnet, Mo–Sa 19–20.30 Uhr. 3 rue de la Paix, 23220 Bonnat, ✆ 05-55628686, www.hotel-lorangerie.fr. **€€–€€€**

L'Hostellerie du Bourg-d'Hem, v. a. an einem lauschigen Sommerabend ist dieses Restaurant ein absoluter Geheimtipp. Auf der Terrasse oder vielmehr Wiese genießt man ein wundervolles Ambiente mit toller Aussicht auf das Tal der Creuse. Die Speisekarte mit exquisiterer Limosiner Kost ändert sich je nach Jahreszeit und Angebot auf dem regionalen Markt, auch vegetarische Gerichte. So–Di geschlossen. 10, Le Bourg, 23220 Le Bourg-d'Hem, ✆ 05-555 10162. **€€**

Gîte d'étape et de groupe, gegenüber der Hostellerie können Reisende in einem sanierten, traditionellen Steinhaus logieren. Die sieben Zimmer sind einfach, aber zeitgemäß gehalten – ideal für Pilger, Wanderer, Gruppenreisende und alle mit weniger Anspruch. Buchung über das Rathaus möglich. 11, Le Bourg, 23220 Le Bourg-d'Hem, ✆ 05-55621657, www.lebourgdhem.fr. **€**

Auberge la Chaumière, sehr beliebt bei den Einheimischen ist dieses Restaurant mit Bar in rustikal-ländlichem Ambiente – passend dazu die deftige, fleischlastige Küche mit typischen Speisen der Creuse. 4, Place de la Fontaine, 23220 Chéniers, ✆ 05-55812245, www.auberge-la-chaumiere.fr. **€€**

Guéret

In der Hauptstadt der Creuse wird in erster Linie gearbeitet und verwaltet. Postkartenmotive gibt es hier nicht, auch wenn man sich mit Blumenschmuck viel Mühe gibt. Attraktivstes Ziel in der Umgebung ist der Wolfspark im Wald von Chabrières.

Die auf einem Hochplateau gelegene 12.750-Einwohner-Stadt blickt im Norden auf Bocagelandschaft und im Süden auf die dicht bewaldeten Hügel der Monts de Guéret, die im Puy du Gaudy (689 m) und dem Maupuy (683 m) ihre Höhepunkte finden. Das Herz Guérets, das aus einem um 680 gebauten Kloster hervorgegangen ist, bildet der Place Bonnyaud. Nur wenige Gehminuten davon entfernt ziehen sich die Guéretois gerne in ihre kleine Ruheoase zurück, in den Jardin Public Ferdinand Villard. In dem hübschen Park mit Teich steht auch eines der schönsten Gebäude der Stadt, das Hôtel de la Sénatorerie aus dem 17./18. Jh. – es diente zu Zeiten Napoleons als Residenz der Senatoren. Fast noch prächtiger ist das Hôtel des Moneyroux. Das aus dem 15. Jh. stammende Gebäude im Flamboyantstil liegt nur eine Gehminute vom Place Bonnyaud entfernt auf dem Weg in die Fußgängerzone und ist heute Sitz des *Conseil général de la Creuse*. Darüber hinaus bietet die Stadt eine relativ gut ausgebaute gastronomische Infrastruktur mit etlichen Cafés und Restaurants zum Ausgehen und einen nahe gelegenen Badesee mit angeschlossenem Sportpark zum Entspannen.

Das Musée d'Art et d'Archéologie

Musée d'Art et d'Archéologie: Im ehemaligen Hôtel de la Sénatorerie trifft Kunst auf Archäologie. Im Gewölbekeller sind Fundstücke aus der Region ab der gallorömischen Zeit bis weit ins Mittelalter hinein zu sehen: Sarkophage, Werkzeug, Krüge etc. Im Erdgeschoss wird u. a. ein ganzer Zoo an ausgestopften Tieren aus allen Kontinenten gezeigt, sogar das Skelett eines Nilpferds ist dabei. Im Obergeschoss führt die Ausstellung durch die verschiedenen Epochen Frankreichs mit prachtvollen Antiquitäten und mehr oder weniger bedeutender Malerei und Plastik der flämischen, italienischen und französischen Schule vom 17. bis zum 20. Jh. Auch eine Skulptur von Rodin ist zu sehen. Wichtige regionale Impressionisten sind vertreten, darunter Armand Guillaumin, Meister der Schule von Crozant, oder Paul Leroy. Porzellan aus Asien ergänzt das Sortiment, ebenso Schätze der Limosiner Handwerkskunst, wie Wandteppiche aus Aubusson und Emailarbeiten. Auch einige wertvolle Reliquienschreine sind zu sehen. Neben der Dauerausstellung finden regelmäßig Sonderausstellungen statt.

■ Eintritt 3,30 €. Mai–Okt. tägl. außer Di 10–12 und 14–18 Uhr, Nov.–April Mo und Mi–Sa sowie

1. So im Monat 14–18 Uhr. 22, avenue de la Sénatorerie, 23000 Guéret, ✆ 05-55523798, www.ville-gueret.fr.

Labyrinthe Géant des Monts de Guéret: Der Irrgarten 3 km südlich von Guéret rühmt sich als größtes Pflanzenlabyrinth der Welt. Sieben Pfade führen hinein und nur zwei wieder hinaus. Zwischen hohen Hecken und Büschen kommt man schnell vom rechten Weg ab, bei 4,5 km Gesamtlänge auf über 2 ha Fläche nicht verwunderlich. Verschiedene Quizfragen (auch auf Deutsch verfügbar) helfen, wieder auf die rechte Spur zu finden. Ein Besuch dauert im Schnitt eine Stunde – es empfiehlt sich aber, etwas mehr Zeit einzuplanen! Im Sommer Taschenlampen nicht vergessen, denn an manchen Tagen darf man bis Mitternacht auf den Irrpfaden wandeln. Auf dem Gelände befinden sich zudem u. a. verschiedene Escape Games, ein Streichelzoo, ein Spielpark, ein Paintball-Feld, Wasserrutschen und ein Arboretum.

▪ Eintritt 7 €. Öffnungszeiten → Website, letzter Einlass 90 Min. vor Schließung. Route de Bourganeuf, ✆ 05-55410197, www.labyrinthe-gueret.fr.

Les Loups de Chabrières: 40.000 Besucher strömen jedes Jahr in den Wolfspark tief im ausgedehnten Waldgebiet von Chabrières 8 km südlich von Guéret. Trotz der vielen Gäste haben die etwa 50 Wölfe weitgehend ihre Ruhe vor der Zivilisation. Beim Großteil der Tiere handelt es sich um graue eurasische Wölfe, die in zwei weitläufigen, naturbelassenen Gehegen untergebracht sind. Dazu kommen fünf kleinere Areale mit einigen Polar- und weißen Mackenzie-Wölfen.

Vom Parkplatz sind es etwa 500 m bis zum Eingang, einem Fort mit hohem hölzernem Palisadenzaun. Oben entlang verläuft eine Art Wehrgang, von dem man einen ersten Blick auf die Tiere werfen kann. Ein Spazierweg führt dann durch den Wald zu den verschiedensten Winkeln der Gehege. Durch kleine Fenster kann man die Rudel beobachten, oft auf nur wenige Meter Entfernung. Erklärungen zu Verbreitung, Sozialverhalten, Ernährung etc. der Tiere liefern Info-Schilder (auch auf Englisch). Für Kinder gibt's mitten im Wald einen Abenteuerspielplatz und einen Streichelzoo (Mini-Ferme). Neuester Zuwachs sind Alpakas. Das Empfangsgebäude bietet zudem eine ausführliche und ausgesprochen interessante Ausstellung zum Mythos Wolf, der fast kompletten Ausrottung der Tiere und zu aktuellen Schutzbestrebungen (nur auf Französisch).

▪ Eintritt 12,50 €. Ferngläser gegen Gebühr zum Ausleihen. Febr.–April und Sept. bis 1. Dezemberwochenende tägl. 13.30–18 Uhr, Mai/Juni tägl. 10–18 Uhr, Juli/Aug. tägl. 10–19 Uhr; letzter Einlass 1 Std. vor Schließung. Audioguides auf Deutsch. Chabrières, 23000 Sainte-Feyre, ✆ 05-55812323, www.loups-chabrieres.com.

Jardin de Val Maubrune: Garten, Park oder Wald? Ein bisschen von allem ist die Grünoase 8 km östlich von Guéret – ideal zum Spazieren, Entspannen oder einfach nur Anschauen. Wanderschuhe sind ratsam, der Zugang für Rollstuhlfahrer ist schwierig.

▪ Eintritt 6 €. Juli/Aug. Fr–Mo 14.30–19 Uhr (Einlass nur bis 17 Uhr), Mitte April bis Ende Juni und Sept./Okt. Fr–So 14.30–19 Uhr. Le Petit Mas, 23000 La Brionne, ✆ 05-55801647, www.jardin-val-maubrune.fr.

Basis-Infos

Information Office de Tourisme des Monts de Guerét, viel Infomaterial rund um Guéret und die Creuse, Boutique mit Produkten von lokalen Erzeugern. Juli/Aug. tägl. geöffnet, sonst → Website. 1, rue Eugène France, 23000 Guéret, ✆ 05-55521429, www.tourisme-creuse.com/monts-de-gueret.

Limousin | Die Creuse → Karte S. 332/333

Wolfsrudel tummeln sich im Parc des Loups bei Guéret

Verbindungen Vom **Bahnhof Guéret** gibt es mehrere Zugverbindungen nach Limoges, Felletin und Montluçon. Ein **Bus** verkehrt nach La Souterraine, von dort fahren Züge nach Paris.

Baden **Piscine municipale,** Hallenbad mit verschiedenen Kursangeboten. Derzeit ist das Schwimmbad geschlossen (Infos → Website). Avenue Fayolle, ✆ 05-55521653, www.ville-gueret.fr.

La Base de Loisirs de Courtille, am Lac de Courtille – ein großer Badesee westlich der Innenstadt mit überwachtem Badebereich. Tretboot- und Kanufahren, Segeln, Stand-up-Paddeln, Angeln, Minigolf, Tennis möglich. Auch ein Skaterpark sowie Fahrradverleih vorhanden. Verleih Juli/Aug. Mo–Sa 14–18.30 Uhr, überwachtes Baden im Sommer tägl. möglich. Route de Courtille.

Einkaufen **La Coop des Champs,** Zusammenschluss von 25 lokalen Landwirten, die Fleisch, Käse, Gemüse, Obst, Konfitüre, Brot etc. verkaufen. Do und Fr 9–13 sowie15–19 Uhr, Sa 9–12.30 Uhr Uhr. 11, rue du Docteur de Lavillatte, ✆ 05-55411942.

Bio Creuse, 350 m² großer Bioladen, betrieben von Erzeugern aus der Region, der aber auch Kaffee, Tee, Schokolade, Reis, Zucker etc. anbietet, mit Unverpacktregalen. Im Angebot gibt es zudem ein günstiges vegetarisches Mittagsmenü. Mo–Sa 9–19 Uhr. Avenue de l'Europe, ✆ 05-55525050, www.biocreuse.fr.

Sylvie et Didier Giraud, die Konditorei und Chocolaterie in der Fußgängerzone gilt als die beste der Stadt und der Umgebung. Hier gibt es neben Pralinen auch kleine und große Törtchen wie die Limosiner Spezialitäten Trépaïs oder Creusois und im Sommer selbst gemachtes Eis. Di–Sa 8–12.30 Uhr und 14.30–19 Uhr, So 8–12.30 Uhr. 6, Place du Marché, ✆ 05-55529490.

Talents de Creuse et d'ailleurs, ein Rasthof der ungewöhnlichen Art: Rund 40 Erzeuger aus der Region bieten hier ihre Produkte an – von Wein, Bier, Aperitif über Sirup, Marmelade bis hin zu Käse und Wurst. Auf Displays kann man außerdem mehr über die Region erfahren. Tägl. 10–15 und 15.30–19 Uhr. Aire de Monts de Guéret, Le Masgerot, 23000 Saint-Sulpice-Le-Guérétois (Bundesstraße 145, Ausfahrt 49), ✆ 05-44300453.

Markt Jeden Do und Sa vormittags großer Markt auf dem Place Bonnyaud.

Kino **Cinéma Le Sénéchal,** Programmkino mit 5 Sälen. 1, rue du Sénéchal, ✆ 05-555226 44, www.cinema-senechal.com.

Klettern Geübte Kletterer können sich im ehemaligen Steinbruch am Maupuy versuchen: Sites des Carrières de Maupuy, 23000 Saint-Léger-le-Guérétois. Informationen beim Club Alpin Français Creuse, Maison des Associations, 11, rue de Braconne, 23000 Guéret, ✆ 05-556 29579, http://lacreuse.ffcam.fr.

Krankenhaus **Centre hospitalier de Guéret,** 39, avenue de la Sénatorerie, ✆ 05-55517000, www.ch-gueret.fr.

Kultur **Espace Fayolle,** Ausstellungen, Konzerte, Tanzveranstaltungen. 6, avenue Fayolle, ✆ 05-55529635, www.ville-gueret.fr.

Mountainbike In den Monts de Guéret gibt es mehr als 30 ausgeschilderte Mountainbike-Routen. Herunterzuladen → www.tourisme-creuse.com/monts-de-gueret.

Theater **La Guérétoise de Spectacle,** das Theater gehört zum Espace Fayolle, s. o. 6, avenue Fayolle, 23000 Guéret, ✆ 05-55528497 oder 05-55528494 (Tickethotline), www.lagueretoisedespectacle.fr.

Touristischer Zug Die Züge der **Autorail creusois** verkehren während der Sommerferien jeden Do von Guéret nach Felletin, Abfahrt vom Bahnhof. Fahrt 24 €. Tickets in der Tourist-Info erhältlich. ✆ 05-55527939, www.autorail-creusois.fr.

Veranstaltungen **Les Sortilèges de la Pleine Lune,** Di/Do abends von Mitte Juli bis Mitte Aug. entführen Märchenerzähler beim Wolfspark oder im alten Steinbruch von Maupuy in die Welt der Hexen und Feen. Termine und Karten bei der Tourist-Info.

Les rencontres littéraires de Chaminadour, dieses kleine Literaturfestival Mitte oder Ende Sept. ist jedes Jahr einem anderen Schriftsteller gewidmet. 10, rue Joseph-Ducouret, ✆ 05-55520807, www.chaminadour.com.

Fête de la Pomme, am ersten So im Nov. dreht sich in Sainte-Feyre, (6,5 km südöstlich von Guéret) alles um den Apfel. 23000 Sainte-Feyre.

Übernachten

****** Kyriad,** die Hotelkette wartet mit 56 modernen, recht großen und ruhigen Zimmern auf. Die Einrichtung – auch im Barbereich – ist in dänischem Design gehalten. Das Hotel liegt am Stadtrand, aber das Zentrum ist zu Fuß in etwa 15 Min. zu erreichen. Fahrradverleih. 3, avenue René Cassin, ✆ 05-55801160, www.kyriad-gueret.fr. **€€–€€€**

***** Hôtel Campanile,** gegenüber dem Kyriad, gehört zur gleichen Kette. Die 51 Zimmer sind fast identisch, modern, etwas beengt und wie in einem Motel angeordnet. Das Restaurant ist tägl. mittags und abends geöffnet und bietet u. a. Pasta und Burger an. 4, avenue René Cassin, ✆ 05-55515400, www.campanile-gueret.fr. **€€**

***** Brit Hôtel Auclair,** das Hotel mit Bar, Restaurant und Pool liegt im Zentrum. Die 31 Zimmer sind modern und schick, der Empfang übt sich in kühler Distanz. Das angegliederte Restaurant „Au Bœuf à La Fleur de Sel" hat Mo–Fr mittags und abends geöffnet. Die Karte macht dem Namen alle Ehre: mit viel Fleisch vom Rind, zubereitet auf verschiedenste Art, u. a. in Form von Burgern. 19, avenue de la Sénatorerie, ✆ 05-44000393, www.gueret.brithotel.fr. **€€**

mein Tipp **Domaine de la Jarrige,** 10 km von Guéret entfernt haben sich Yolande und Marc Müller auf einem ehemaligen Gutshof aus dem 17. Jh. ein kleines Paradies geschaffen. Die 5 Gästezimmer, das Loft und die 3 Ferienhäuser der beiden Elsässer könnten gut als Vorlage für „Schöner Wohnen" dienen. Die Hausherrin beweist ein Händchen für geschmackvolle Einrichtung. Die Dekoration wechselt alle paar Jahre. Üppig gefrühstückt wird bei schönem Wetter im riesigen Garten. Kleiner Ruhe- und Spa-Bereich. Die Gastgeber bieten Tâble d'hôtes an. 5, la Jarrige, 23320 Saint-Vaury, ✆ 06-86549517, www.domainedelajarrige.fr. **€€€**

Camping ***** Camping de Courtille,** mittelgroßer, ruhig gelegener Campingplatz beim Badesee und Sportpark von Guéret. Die 64 Stellplätze sind in 6 Kreisen konzentrisch angeordnet. Dazu gibt es einige Mobil-Homes, ein Chalet und eben den nahen Strand. Rue Georges Aulong, ✆ 05-55819224, www.entreprisefrery.fr/gueret.

Essen & Trinken / Nachtleben

Pub Rochefort, Pub und Restaurant in einem. Hier wird deftige Limosiner Kost serviert. Große Auswahl an Salaten und Eis, der Außenbereich ist nicht so schön, innen ist's dafür umso gemütlicher. Ungewöhnlicher, überdachter Innenhof. Abends trifft man sich auf einen Drink (große Whiskyauswahl). Motto-Abende und Karaoke am Do und 3. Fr im Monat, zudem Blues- und Country-Konzerte. So/Mo geschlossen. 6, place de Rochefort, ✆ 05-55526102, www.pubrochefort-restaurant.fr. **€€**

Le Coq en Pâte, in dem alten Herrenhaus mit großer Terrasse fühlt man sich automatisch ganz nobel: zum einen wegen der Lage – ein Weg führt durch einen kleinen Park zum

Limousin | Die Creuse → Karte S. 332/333

Restaurant hinauf – und zum anderen wegen der gehobenen Küche mit bretonischer Note. Regionale Spezialitäten werden kreativ zubereitet und dekorativ angerichtet: Fisch, Kastanien, feines Limousin-Rind oder im Whisky flambierter Hummer stehen u. a. auf der Karte, auch Vegetarisches – eine der besten Adressen in und um Guéret. So–Di abends geschlossen. 2, rue de Pommeil, ✆ 05-55414343, www.restaurant-lecoqenpate.com. **€€€**

Le Cabas Creusois, die Creuser Einkaufstasche ist bei den Einheimischen besonders beliebt. In dem Feinkostladen lässt sich der Hunger mit schmackhafter Quiche, Burger oder Wurst- und Käseplatte zu moderaten Preisen stillen. Besonders lecker sind die Clafoutis, die auch mal mit Aprikosen serviert werden. So/Mo geschlossen. 41, place Bonnyaud, ✆ 05-556 23975. **€**

Influence, kreative Küche, die auch vom Guide Michelin empfohlen wird, in einem hellen Steinhaus 9 km südlich von Guéret. Die Karte wechselt viermal im Jahr, auf den Teller kommen z. B. Gans in Cidre mit Kastanienpüree oder Foie gras mit Feigen-Chutney. Der geflieste Speisesaal hat leider wenig Flair, immerhin gibt es eine kleine Terrasse. So/Mo geschlossen. 1, rue des Remparts, 23000 La Chapelle-Taillefert, ✆ 05-55819832, www.restaurant-influence.com. **€€**

Moutier d'Ahun

Wer die mächtige, romanische Brücke über die Creuse nach Moutier d'Ahun überquert, dürfte sich sofort weit in die Vergangenheit zurückversetzt fühlen. Hier verschandeln keine modernen Bauten die Steinhaus-Idylle, hier trifft reichhaltiges Kulturerbe auf große Kunst.

„Moutier" ist ein alter Ausdruck für Kloster. Und so wundert es nicht, dass sich unterhalb des noch älteren Städtchens Ahun ein mehr als 1000 Jahre altes Benediktinerkloster befindet. Vom Jahr 997 bis zur Französischen Revolution lebten dort Mönche. Im Inneren der Klosterkirche sind prächtige Schnitzarbeiten zu sehen, die viele Touristen anziehen. Doch auch zeitgenössische Künstler haben sich in dem idyllischen 170-Seelen-Örtchen niedergelassen, das sich mit niedrigen Häuschen mit Holzfensterläden in verschiedenen Pastelltönen die Hauptstraße entlangzieht. Ein Künstlerhaus in einer renovierten Mühle dient als Begegnungsstätte junger Kreativer, zudem finden sich in Moutier mehrere Ateliers.

Mit deratigen Attraktionen kann der „Mutterort" **Ahun** nicht aufwarten. Dieser geht zurück auf das gallorömische Acitodunum, dessen steinerne Überbleibsel allerdings nicht hier, sondern im Museum von Guéret zu besichtigen sind. Lediglich ein paar gallorömische Gräber sind in Ahun erhalten geblieben. Man findet sie zusammen mit mittelalterlichen Steinsarkophagen im Jardin Jacques Lagrange ganz in der Nähe der Ortskirche. Die ist dem heiligen Sylvain geweiht, der hier im Jahr 407 den Märtyrertod starb. Erbaut wurde sie im 12. Jh. über der bereits im 10. Jh. entstandenen Krypta. Der Chor ist mit dunklem Holz getäfelt und mit filigran geschnitzten Figuren verziert. Gleich neben dem Eingang ist eine Lourdes-Grotte nachgebaut. Die Krypta ist zugänglich, aber nicht viel mehr als ein unansehnliches Loch.

Klosterkirche mit Holztäfelungen: Der Künstler Simon Bauer selbst blickt dem Besucher entgegen, wenn dieser in der Kirche auf das erste Stützbrett in der linken oberen Reihe des Chorgestühls schaut. Hier hat sich der Bildhauer aus der Auvergne verewigt, der von 1673 bis 1681 aus Eichenholz einen Chor de luxe kreierte. In die oberen Sitzplätze des Chorgestühls hat Bauer jeweils Gesichter geschnitzt, die unteren zieren Tiermotive. Hier kann man sich kaum sattsehen an den gedrehten Schlangensäulen des Altars, den kunstvollen, aneinandergelehnten Löwen, die das Pult bilden, und den zwei Christusfiguren am Kreuz, die aus einem einzigen Stamm geschnitzt sind.

Die Kirche wurde 1591 in Brand gesteckt. Das Feuer zerstörte das Langschiff, heute stehen nur noch der romanische Chor und der Vierungsturm. Zwischen dem mächtigen gotischen Granitportal und den Resten des Gotteshauses wurde ein kleiner Park angelegt, anstelle der Kirchenpfeiler stehen hier Linden. Auf den sechs Bogenläufen des Portals sieht man Musiker, Jongleure, Engel und Propheten.

▪ Eintritt 3,50 €, mit Audioguide 5,50 €. Jan./Febr. sowie Mitte Okt. bis Jahresende Fr–So 14–17 Uhr, März–Juni sowie Sept. bis Mitte Okt. tägl. außer Di 14–17 Uhr, Juli/Aug. tägl. 10–12.30 und 14–18.30 Uhr. www.moutier-d-ahun.fr.

Künstlerhaus La Métive: Seit 2002 lebt Moutier d'Ahun nicht mehr nur von der Vergangenheit, sondern hat stets progressive und urbane Künstler zu Gast. Auf 400 m^2 bietet die renovierte Mühle der Abtei an der Creuse jungen Künstlern Platz, sich unter ihresgleichen zu entfalten. Kreative aus allen Bereichen können dort eine Zeitlang leben, lernen und sich vernetzen. Festivals, Ausstellungen, Konzerte oder Filmvorführungen verschaffen der lokalen Bevölkerung und Besuchern einen Einblick in das aktuelle Schaffen.

▪ Aktuelle Termine auf der Website. 23150 Moutier d'Ahun, 2, rue Simon Bauer, ✆ 05-556 28976, www.lametive.fr.

La Bergerie: Seit 1975 betreiben die „Freunde von Moutier" in einem aus Stein gemauerten ehemaligen Schäferhaus eine künstlerische Begegnungsstätte. Die Vereinigung steckte zunächst ihre ganze Kraft in Renovierungsarbeiten im Ort, bevor sie sich der Kultur widmete. Jedes Jahr finden in der Bergerie mehrere Ausstellungen statt, u. a. in Kooperation mit der Cité internationale de la tapisserie d'Aubusson. 2020 wurde die Keramikbiennale ins Leben gerufen, die alle zwei Jahre am letzten Septemberwochenende stattfindet. Ab Mitte März bis Jahresende locken jeden Freitagabend Konzerte verschiedener Musikgenres ins alte Schäferhaus.

Meisterleistung der Schnitzkunst: das Chorgestühl der Klosterkirche

▪ Fr ab 21 Uhr, Reservierung empfohlen. Moutier d'Ahun, 18, rue de la Bergerie, ✆ 06-184984 50, www.labergerie-expo.fr.

Viadukt von Busseau: 6,5 km nördlich von Moutier-d'Ahun schlagen nicht nur die Herzen der Eisenbahnfans höher: Das Viadukt von Busseau-sur-Creuse, das hier die Gleise in 57 m Höhe und 339 m Länge über das grüne Tal führt, erinnert von der Bauweise her stark an den Pariser Eiffelturm. Und so verwundert es nicht, dass das Bauwerk oft Gustave Eiffel zugeschrieben wird. Doch das Viadukt entstand früher. Bei seiner Fertigstellung 1864 war es das erste seiner Art in Frankreich. Geplant wurde es von der *Compagnie du chemin de fer Paris–Orléans* unter der Leitung

Limousin | Die Creuse → Karte S. 332/333

der Ingenieure Wilhelm Nördling und Francis Lloyd. Den schönsten Blick auf das Bauwerk hat man vom Restaurant „Le Viaduc" in Busseau-sur-Creuse (→ unten).

Château de Villemonteix: Ein kleiner Ausflug von 11 km in Richtung Chénérailles führt zu einer Renaissance-Perle mitten im Grünen. Das im 15. Jh. errichtete Schloss von Villemonteix ist seit seiner Erbauung nahezu intakt geblieben. Früher war es von einem Wassergraben mit Zugbrücke umgeben. Noch immer beeindrucken das trutzige Äußere mit dem rechteckigen Wehrturm und dem Wehrgang unter dem Dach sowie das bestens erhaltene Innere. Zu sehen gibt es neben der mittelalterlichen Küche u. a. einen prächtigen Salon aus dem 18. Jh. sowie Wandteppiche aus dem 16. und 17. Jh., die aus Aubusson, Felletin und Flandern stammen.

■ Eintritt 7 €. Ostern–Allerheiligen tägl. 14–19 Uhr, Juli/Aug. tägl. 10–12 und 14–19 Uhr. 23150 Saint-Pardoux-les-Cars, ✆ 05-55623392 www.lajoixbranger.wixsite.com/chateauvillemonteix.

Église de Sous-Parsat: Rund 7,5 km südwestlich von Ahun erleiden konservative Kirchgänger eventuell einen Schock, Kunstliebhaber dagegen werden ihre Freude haben. Die Kirche in dem beschaulichen Örtchen Sous-Parsat ist nämlich mit außergewöhnlichen Wandmalereien verziert. Außen eine graue Maus, ist sie im Innern mit grellbunten Farbexplosionen ausgestattet. 1985–89 malte Gabriel Chabrat die Lebensstationen Christi, biblische Szenen und die Apokalypse in expressivem Stil auf Wände und Decke. Ein Segen für die Kirche, die während der Französischen Revolution zerstört und 1870 im neoklassischen Stil wiederaufgebaut wurde. Der Künstler lebt im Dorf und hat dort auch sein Atelier (Espace Peinture, Le Bourg, Mitte Juni bis Juli Sa/So 15–19 Uhr, Aug. tägl. 15–19 Uhr).

Die Kirche ist Teil der „Route des églises peintes en Limousin", die sechs Kirchen mit außergewöhnlichen, modernen Wandmalereien verbindet. Die Straße beginnt bei der Kirche Saint-Blaise in Pompadour (→ S. 402) in der Corrèze und führt durch alle drei Departements des Limousin.

■ Tägl. 9–18 Uhr. Le Bourg, 23150 Sous-Parsat. Infos zur Route des églises peintes → www.detours-en-limousin.com/Route-des-eglises-peintes-en-Limousin.

Information **Office de Tourisme Creuse Sud-Ouest,** Juli/Aug. tägl. geöffnet, sonst → Website. Die Tourist-Info befindet sich neben der Kirche. Ganzjährig Ausstellungen in den Nebenräumen. 12, place Defumade / 8, Grande Rue, 23150 Ahun, ✆ 05-55625593, www.tourisme-creuse.com/creuse-sud-ouest. Kleine Tourist-Info Juni–Sept. auch in Moutier d'Ahun.

Verbindungen Mehrmals tägl. **Busverbindungen** von Ahun nach Bourganeuf, Boussac, Guéret, Aubusson, Felletin und Évaux-les-Bains.

Markt Jeden Mi Bauernmarkt in Ahun.

Übernachten/Essen **Le Viaduc,** sehr beliebtes, freundliches Restaurant mit prächtiger Aussicht auf das Viadukt von Busseau-sur-Creuse und kreativer regionaler Küche mit Produkten aus der Umgebung, etwa Fois gras an Kiwigelee und Pflaumen-Ingwer-Mus oder Kalbsmedaillon mit Morcheln und Süßkartoffelbrei. Die 5 Zimmer wurden schon lange nicht mehr renoviert, haben aber einen gewissen Charme (alte Tapeten und Teppichboden im Bad; jedes Zimmer ein Thema: Afrika, Venedig, Marokko etc.). Mo/Do sowie So abends geschlossen. 23150 Busseau-sur-Creuse, ✆ 05-55625720, www.restaurant-leviaduc.com. **€€**

Wienerissimo, in einem ehemaligen Herrenhaus bietet Élisa Wiener fünf herrschaftliche Gästezimmer im antiken Stil mit verspieltem Dekor. Gefrühstückt wird im Salon – wie in eine andere Zeit versetzt. Entspannen kann man im wunderschönen Garten oder in einem kleinen Spa-Bereich. Die Vorliebe der Hausherrin für Musik zeigt sich auch in den 5 Klavieren bzw. Flügeln, die im Haus verteilt sind. Im Musiksalon finden regelmäßig Konzerte junger Künstler statt. 13, place du Docteur Coudère, 23150 Ahun, ✆ 06-82467045, www.wienerissimo.fr. **€€**

La Crêperie, charmante Crêperie mit rustikaler Einrichtung direkt gegenüber der Kirche von Ahun. Lauschiger Innenhof, in dem man unter dem Blätterdach angenehm speisen kann. Neben Crêpes und Galettes gibt es auch Salate. 12–14.30 und 19–21.30 Uhr, So/Mo abends geschlossen. 9, Grande Rue, 23150 Ahun, ✆ 05-55625870, www.restaurant-ahun.fr. **€**

Le Coq d'Or, mitten in Chénérailles (13 km östlich von Ahun). Hier findet sich der namensgebende Hahn überall in der Deko wieder. Die Speisen sind nicht zu verachten, schließlich zeichnete auch Michelin das Restaurant für sein gutes Preis-Leistungs-Verhältnis aus. Regionale, modern interpretierte Küche mit viel Einfallsreichtum. Mo/Di geschlossen. 7, place du Champ de Foire, 23130 Chénérailles, ✆ 05-55623083, www.restaurant-coqdor-23.com. **€€**

Masgot

Eine Meerjungfrau, ein Adler mit geöffneten Schwingen, ein Hund, der eine Schlange ergriffen hat, und Figuren zieren die Mauer um das ehemalige Gemüsegärtchen von François Michaud im Dörfchen Masgot, etwa 6 km südlich von Ahun (Anfahrt über die D 16). Der Bauer, der hier im 19. Jh. lebte, schälte aus dem dunklen Granit der Umgebung Skulpturen, verzierte damit sein Haus und schließlich das ganze Dorf. Nach seinem Tod 1890 geriet Michaud 100 Jahre lang in Vergessenheit, bevor 1990 sein erstes Wohnhaus restauriert wurde. Im Inneren ist nun ein **Wohnraum aus dem 19. Jh.** nachgestellt. Sein zweites Haus ist bewohnt und deshalb nicht zugänglich. Doch auch von außen und auf dem Eingangsportal sind Skulpturen zu sehen. Am Ortseingang ist neben einem kleinen Info-Zentrum mit regionalen Produkten, Ausstellungsräumen und einem angeschlossenen Restaurant ein Atelier eingerichtet, in dem im Sommer Kinder und Erwachsene in Kursen Steine bearbeiten können. Wer sich etwas bewegen möchte, durchstreift auf dem 10 km langen **Rundweg Jardin de Pierre et de Terre** („Garten der Steine und der Erde") nicht nur Masgot, sondern kommt auch durch wunderschöne, von Steinmäuerchen eingefasste Hohlwege bis hinauf zum imposanten Pierre Tournadoire, der aus zwei gewaltigen, aufeinandergetürmten Felsen besteht.

Masgot steckt voller steinerner Überraschungen

Information Das **Info-Zentrum** und der **Wohnraum** aus dem 19. Jh. sind Juli/Aug. tägl. geöffnet, sonst → Website. Zugang zum Ort ganzjährig. Audioguide 3,50 €. 3, Masgot, 23480 Fransèches, ✆ 05-55669888, www.masgot.fr.

Veranstaltungen Ob Trödelmarkt, Eiersuche zu Ostern, Ausstellungen, eine Zeitreise ins 19. Jh. oder ein Festival Ende Oktober: Den „Freunden der Steine von Masgot" fällt immer etwas ein. Infos → www.masgot.fr.

Essen & Trinken **La mange Cailloux,** Bar-Bistro im Info-Zentrum. Kalte und warme Menüs für den großen oder kleinen Hunger, u. a. mit Sandwiches oder Klassischem wie Coq au Vin, zudem Cocktails und Eis zum Erfrischen. April–Sept. tägl. nur mittags geöffnet. Le Bourg, 23480 Fransèches, ✆ 0555663340. **€**

Aubusson

→ Karte S. 354

Aubusson gilt zu Recht als Frankreichs Tapisserie-Hauptstadt: Das Handwerk blickt hier auf eine 600 Jahre alte Tradition zurück, überlebt haben allerdings nur wenige Manufakturen. Dafür beleben kleine Ateliers und Galerien die 3250-Einwohner-Stadt an der Creuse und deren Nebenfluss Beauze.

Aubusson bildet das nördliche Eingangstor zum Naturpark Millevaches und ist umgeben von grünen Hügeln. Besonders malerisch ist das Quartier de la Terrade im Westen – eine alte Steinbrücke führt über die Creuse in das ehemalige Weberviertel mit seinen Fachwerkhäusern. Durch das Zentrum ziehen sich zwei Hauptstraßen: Die eine heißt standesgemäß Grande Rue und schlängelt sich mit ihren Geschäften und schmucken Häusern durch ein schmales Tal. Besonderes Augenmerk verdient hier das Maison des Vallenet an der Ecke des Place de la Libération. Errichtet wurde das Gebäude im 17. Jh. mit Steinen, Türen und Fenstern der Burg, Besitzer war eine reiche Weberfamilie. Parallel zur Grande Rue verläuft die Rue Vieille, eine reine Fußgängerstraße. Von dort gelangt man den Hügel hinauf bis zum Tour de l'Horloge, einem alten Uhr- und Wachturm. Oben angekommen, bietet sich eine klassische Postkartensicht auf den Ort. Auf dem Berg gegenüber liegt die Ruine der Burg, die zusammen mit dem Wachturm die Stadtsilhouette prägt. Erbaut wurde sie im 11./12. Jh., in der Folge entwickelte sich ein reges Hofleben. Vor allem Minnesänger zog es zum Sitz der einstigen Grafschaft, um Marguerite, die Gattin von Graf Reinaud VI., zu bezirzen. Im Jahr 1632 befahl Richelieu, die Festung zu zerstören. Damit war es mit dem höfischen Leben vorbei, mit der Bildwirkerei erblühte Aubusson aber erneut.

Maison du Tapissier: Das Weberhaus mit dem hübschen Rundtürmchen ist nur über die Touristeninformation zugänglich. In dem Gebäude aus dem 17. Jh. hatten früher die sogenannten Maîtres lissiers (Webermeister) ihre Werkstatt. Die Arbeits- und Wohnstuben sind der damaligen Tradition nachempfunden. Der Rundgang beginnt im Esszimmer und endet in der Weberwerkstatt. Die fünf Räume sind mit Antiquitäten, Wandteppichen und Kartonmodellen bestückt. Im Atelier demonstriert ein Mitarbeiter das Handwerk, umgeben von Webspulen und viel buntem Garn.

▪ Eintritt 5 €. Juli/Aug. Mo–Sa 10–13 und 14–18 Uhr, Sept.–Juni Di–Fr 10–12 Uhr (im Febr. geschlossen), letzter Einlass 30 Min. vor Schließung. Info-Blatt auf Deutsch. 63, rue Vieille, ✆ 05-55663212, www.tourisme-creuse.com/aubusson-felletin.

Cité internationale de la Tapisserie d'Aubusson: Das moderne, interdisziplinäre Zentrum ist Museum, Ausbildungsstätte, Atelier, Bibliothek, Archiv und Künstlerresidenz in einem. In dem Komplex der früheren Kunsthochschule mit bunter Holzfassade bewahrt die Stadt nicht nur Tradition, sondern gibt diese weiter und bietet zudem einen Ort für kreative Köpfe und Hände. Stetig entstehen in internationaler Zusammenarbeit neue, großartige Kreationen. Derzeit setzen Künstler 16 Illustrationen des Schriftstellers J. R. R. Tolkien in Teppiche um. Das Museum schöpft außerdem aus einem großen Fundus prächtiger Tapisserien aus über fünf Jahrhunderten. Präsentiert werden in wechselnden Ausstellungen echte und projizierte Wandteppiche, moderne

Farbenfrohe Garnvielfalt in der Teppichmanufaktur Saint-Jean

Kreationen, Kartons, Möbel und Werkzeuge. Vor allem die traditionellen Tapisserien beeindrucken mit großartigen Kunstwerken, welche die Vorlieben der verschiedenen Jahrhunderte demonstrieren – von Jagdszenen über chinesische und mythologische Motive bis zu neckischen Flirtszenen auf dem Land im 18. Jh. Das Zentrum fördert zudem junge Künstler und rückt (internationale) Talente in den Fokus. Jährlich wird ein Preis ausgelobt. Die besten Webkunstwerke sind in Aubusson zu sehen.

▪ Eintritt 8 €. Kombitickets mit Attraktionen in der Umgebung möglich, z. B. der Kirche in Moutier d'Ahun. Juli/Aug. tägl. 10–18 Uhr, Di nur 14–18 Uhr, sonst tägl. außer Di 9.30–12 und 14–18 Uhr. Weihnachten bis Mitte Jan. geschlossen. Eingang über die Rue Williams-Dumazet, ✆ 05-55666666, www.cite-tapisserie.fr.

Hôtel de Ville: Im Rathaus finden jeden Sommer Ausstellungen zu vergangener oder zeitgenössischer Tapisserie-Kunst oder Bildenden Künsten statt. Das Gebäude selbst ist sehenswert, 1933 wurde es im Art-déco-Stil erbaut. Bemerkenswert ist ein knapp 30 m² großer Wandteppich des Künstlers Gérard Garouste im Treppenhaus.

▪ Öffnungszeiten und Eintritt bei der Touristeninformation erfragen. 50, Grande Rue, ✆ 05-55830800 oder ✆ 05-55663212.

Manufacture Royale Saint-Jean: Diese Manufaktur wurde im 18. Jh. gegründet und pflegt noch heute die Tradition des Tapisserie-Handwerks. Aufträge gehen aus der ganzen Welt ein: So werden z. B. moderne Teppiche für Scheiche aus Saudi-Arabien gefertigt oder Prachtexemplare aus dem Hause Grimaldi restauriert. Ein einstündiger Rundgang führt durch alle Ateliers der Manufaktur und erklärt die einzelnen Arbeitsschritte. Bewundert werden kann, was gerade im Entstehen ist. Beeindruckend sind die riesigen Dimensionen der Webstühle und das Farbenmeer der vielen Garnknäuel. Einziger Wermutstropfen: In Spitzenzeiten füllten 600 Mitarbeiter die Räume, heute ist es nur noch ein Dutzend. Wer auf die nächste Führung wartet, kann sich in zwei Galerien mit traditionellen und modernen Tapisserien umsehen. Im Sommer ehrt die Manufaktur einen bedeutenden Künstler mit einer Sonderausstellung.

▪ Eintritt 10 €. Mitte Mai bis Mitte Okt. Mo–Fr 10–12 und 14–17 Uhr, im Juli/Aug. zudem Sa/So 14–17 Uhr. Avenue des Lissiers, ✆ 05-55661008, www.manufactureroyalesaintjeandaubusson.com.

Manufacture Robert Four: Eine der letzten noch aktiven Manufakturen, die

Limousin | Die Creuse → Karte S. 332/333

Die Kunst der Tapisserie

Flämische Handwerker brachten das Know-how im 14. und 15. Jh. in die Creuse. Die englisch-französischen Konflikte erschwerten die Handelsbeziehungen zwischen England und Flandern bis ins 15. Jh. Notgedrungen wanderten viele Flamen in die Creuse ab, denn hier gab es Schafe und somit Wolle zuhauf. Zunächst verbreitete sich die Kunst der Tapisserie in der Nachbarstadt beim ewigen Rivalen Felletin, schließlich dann in Aubusson. Die Lage an der Creuse und der Beauze begünstigte das Gewerbe der Färberei, das für die Tapisserie unentbehrlich war. Wichtig waren auch die Kartonisten: Sie malten die Motive auf Kartons, beliebt waren Jagd-, Landschafts- und Hirtenszenen sowie mythologische Motive. Diese wurden dann maßstabsgetreu auf die Teppiche übertragen. Kunstwerke berühmter Maler inspirierten die Kartonisten.

Die Meister aus Aubusson fertigten vornehmlich Wandteppiche als Zierde für Schlösser und noble Herrenhäuser sowie Stoffe für Polstermöbel. Bei der Bildwirkerei benutzen die Maîtres lissiers wie die Weber Hoch- und Flachwebstühle, allerdings unterscheidet sich die Technik der Tapisserie von der des Webens. Bei der Wirkerei werden die farbigen Fäden nur bis zum Rand der im Karton vorgegebenen Farbfläche hin- und zurückgewirkt, bei der Weberei werden sie dagegen durch die gesamte Webbreite von einer Kante zur anderen eingeschlossen. Aubusson-Tapisserien zeichnen sich durch ihre blauen Rahmen aus – Teppiche aus Felletin sind braun umsäumt.

Die Kunst der Tapisserie blühte erstmals im 16. und 17. Jh. auf, Colbert erhob Aubusson 1665 zur königlichen Manufaktur, Felletin folgte 1689. Durch den Widerruf des Edikts von Nantes brach die Teppichherstellung ein, denn viele protestantische Handwerker flohen aus der Region. Rund ein Jahrhundert dauerte es, bis sich das Gewerbe erholte und im 18. Jh. einen neuen Höhepunkt erlebte. Anfang des 20. Jh. arbeiteten noch rund 2000 Handwerker in der Bildwirkerei, dann ließ die Nachfrage allmählich nach. Mit dem Künstler Jean Lurçat wurde die Kunst wieder moderner. Dennoch konnte sich die Branche nie mehr richtig erholen und den Glanz der alten Zeiten erreichen. Seit die UNESCO Aubusson mit der Kunst der Tapisserie auf die Liste des immateriellen Welterbes gesetzt hat, pflegt auch die Stadt aktiv diese Tradition und versucht verstärkt, junge Leute für die Bildwirkerei zu begeistern. Mit dem internationalen Zentrum der Wirkerei und Weberei hat sie dafür eine vielversprechende Plattform geschaffen.

Wandschmuck aus dem Barock

moderne Tapisserien und solche im traditionellen Stil herstellen, restaurieren und reinigen. Etwa 50 Stück entstehen jährlich in Zusammenarbeit mit zeitgenössischen Künstlern. Einige Exemplare sowie Kartons werden ausgestellt.

▪ Für Führungen die Manufaktur kontaktieren. 7, rue Madeleine, ✆ 05-87046057 und 06-723 86620, www.aubusson-robertfour.com.

Atelier-Musée des Cartons de Tapisserie: Im alten Weber- und Färberviertel zeigt eine Ausstellung Kartons vom Mittelalter bis ins 19. Jh. Zudem ist eine traditionelle Werkstatt nachgestellt. Bei Sonderausstellungen gibt es u. a. auch Geschirr und Schmuck zu sehen. Im Atelier nebenan, am Ufer der Creuse, sind Werke zeitgenössischer Karton-Maler zu sehen.

▪ Eintritt 8,50 €. Di–Sa 11–12 und 14.30–15.30 Uhr. 1, rue de l'Abreuvoir/Pont de la Terrade, ✆ 06-88253507, www.atelier-musee.wixsite.com/amcarta.

Galerie Jabert: In gleich zwei Städten stellt Maxime Jabert die Kunst der Tapisserie zur Schau – nämlich in Paris und natürlich in der Hochburg der Webkunst, in Aubusson. Antike und zeitgenössische Wandteppiche, Polstermöbel und Kissen gehören zur Sammlung des Restaurateurs. Im Sommer holt Jabert zudem Sonderausstellungen ins Haus. Führungen auf direkte Anfrage oder über die Tourist-Info.

▪ Mo, Do, Fr 9–19 Uhr, Sa/So 10–19 Uhr, Di/Mi auf Anfrage. 4, Grande Rue, ✆ 01-43064555, www.galeriejabert.com.

Basis-Infos

→ Karte S. 354

Information **Office de Tourisme,** Zugang zum Maison du Tapissier. Zudem gibt es eine Boutique mit einem großen Sortiment regionaler Produkte – Lebensmittel, Schmuck, Accessoires, Email, Kosmetik. Juli/Aug. tägl. geöffnet, sonst → Website. 63, rue Vieille, 23200 Aubusson, ✆ 05-55663212, www.tourisme-creuse.com/aubusson-felletin.

Verbindungen Aubusson ist nicht mehr ans Bahnnetz angeschlossen. Ein Zug verkehrt auf der Linie Paris–Limoges nach La Souterraine. Von fort fährt ein Bus des TER nach Aubusson. Drei Buslinien fahren u. a. Limoges, Guéret, Felletin, Montluçon und Clermont-Ferrand an.

Baden **Aquasud,** modernes Hallenbad mit Schwimmbecken, Badelandschaft und Kinderbereich. Zudem Spa, Sauna und Dampfbad. Allée Jean-Marie Couturier, ✆ 05-55677101, www.creuse-grand-sud.fr.

Einkaufen **Pâtisserie Alain Battut 1,** traditionelle Kuchen wie Creusois und Trépaïs. Mo Ruhetag. 81, Grande Rue, ✆ 05-55661405.

L'Épicerie d'Aubusson 5, Unverpackt-Feinkostladen mit lokalen Spezialitäten, Obst und Gemüse. Nebenan lockt der Laden La Cave mit Wein, Bier und Spiritousen. Di–Fr 9–12.30 und 14.30–19 Uhr, Sa 9–18.30 Uhr. 1 Rue Vaveix, ✆ 05-55831462.

Kleine Markthalle, in der Grande Rue bieten lokale Erzeuger in einer Art Mini-Markthalle ihre Spezialitäten wie Käse, Wein, Wurst und Fleisch an.

Kanu **Canoë-Kayak Club Aubussonnais,** Base de la Croix Blanche bei der Rue de la Croix Blanche, ✆ 06-09639078, www.canoe.kayak.club.aubusson.sitew.com.

Kino **Cinéma Le Colbert,** 50, Grande Rue, ✆ 05-55661072, www.cinemalecolbert.com.

Krankenhaus **Centre hospitalier d'Aubusson,** Rue Henri Dunant, ✆ 05-55835050, www.ch-aubusson.fr.

Kultur **Scène nationale d'Aubusson – Théâtre Jean Lurçat,** auf dem Programm stehen Tanz, Marionettentheater, Konzerte, Erzählungen, moderne Performances und natürlich Theaterstücke. 16, avenue des Lissiers, ✆ 05-55830909 (Tickets), www.snaubusson.com.

Markt Am Samstavormittag findet auf dem Parkplatz der Passerelle am Ufer der Creuse ein großer Bauernmarkt statt.

Touristischer Zug Auf der Strecke von Guéret nach Felletin oder von Felletin nach Busseau sur Creuse über Aubusson verkehren jeden Donnerstagnachmittag im Juli/Aug. touristische Züge. Fahrt je nach Strecke 20€/24 €. Tickets gibt es bei der Tourist-Info. ✆ 05-55527939, www.autorail-creusois.fr.

Übernachten/Essen

***** Le France 6,** das Hotel-Restaurant im Zentrum ist *die* Institution der Stadt und bekannt für seine moderne, mediterran angehauchte regionale Küche. Mit auf der Karte: Fondu creusois. Doch man isst nicht nur gut, sondern kann sich auch so betten. Die 21 Zimmer sind in drei Kategorien unterteilt, allesamt gemütlich im Ancien-Stil eingerichtet. Dennoch würde dem Hotel eine kleine Verjüngung guttun. In den Zimmern zur Straße ist je nach Tageszeit mit Verkehrslärm zu rechnen. Den Hotelgästen steht ein Ruhe- und Spa-Bereich zur Verfügung. 6, rue des Déportés politiques, ✆ 05-55661022, www.aubussonlefrance.com. €€

***** La Beauze 8,** das herzlich geführte Hotel in dem ehemaligen Herrenhaus liegt nicht weit von der Innenstadt entfernt. Die 10 Zimmer – die meisten mit Gartenblick – sind groß, elegant-puristisch und hell in angenehmen Brauntönen gehalten, die Bäder sind modern. Hinter dem Hotel führt ein großer Garten bis zur Beauze hinunter. Mo–Mi optional Abendessen für Hotelgäste. Deutschsprachig. 14, avenue de la République, ✆ 05-55664600, www.hotellabeauze.fr. €€

****** Les Maisons du Pont 3/ A la Terrade 4,** auf ein Gebäude aus dem 17. und eines aus dem 18. Jh. am Eingang des alten Weberviertels an der Creuse verteilen sich die geräumigen Suiten und Appartements – allesamt so schick, modern und geschmackvoll eingerichtet, dass man am liebsten einziehen möchte. Einen charmanten Akzent setzt die Originalbalkendecke in manchen Zimmern. Optional kann man einen Frühstückskorb buchen. Den Spa-Bereich können auch Nicht-Hotelgäste nutzen. Zum 4-Sterne-Komplex gehört das Bistro A la Terrade. Im modernen Ambiente des traditionellen Hauses mit Steinwänden und Holzbalken kann man mediterran-lokale Küche genießen, etwa flambierte Gambas mit Mango, Perlhuhn an Oliven und Nektarinen oder klassisch Steak vom Limousin-Rind mit Pommes frites. Besonderes Flair genießt man auf der Terrasse über dem Creuse-Ufer. Bistro Mo/Di geschlossen, Mi–Sa 12–14 und 19–21 Uhr, So 12–14 Uhr. 6, rue Alfred Assolant, ✆ 05-556 77222, www.lesmaisonsdupont.com. **€€**

A Côté 4, modernes, minimalistisches kleines Café in einem traditionellen Haus im Weberviertel, das ebenfalls Teil der Maisons du Pont ist. Hier lässt sich innen oder auf der Terrasse über dem Creuse-Ufer eine gemütliche Pause einlegen – es gibt warme Gerichte wie aus Omas Küche, Fondu Creusois, Lachs mit Wildreis oder Gemüsequiche, kalte Platten (auch vegetarisch), Kuchen. Das Café war zwischenzeitlich geschlossen, daher Öffnungszeiten auf der Website nachschauen. 2, rue de l'Abreuvoir, ✆ 05-55677221, www.lesmaisonsdupont.com/fr/cafe-cantine-terrasse-aubusson. **€**

mein Tipp **Chez Armand 2,** kleines Bistro im Retro-Stil ohne viel Schnickschnack gegenüber der Brücke vom Quartier de la Terrade. Auf den Teller kommt Regionales mit mediterraner Note sowie Mediterranes mit regionaler Note, z. B. Rindertatar mit Basilikum, Parmesan und Pinienkernen oder Lasagne. Savoir-vivre kann man am besten draußen mit einem fruchtigen Cocktail und Blick auf das alte Weberviertel. Mo–Fr 12–14 Uhr und 19–20.30 Uhr. 26, rue Vaveix, ✆ 09-72644858. **€**

Le Jardin de Nicole 7, in einer ehemaligen Teppichweberei aus dem 19. Jh. gibt es 2 reizende Gästezimmer im Shabby-Chic-Stil und ein kleines Gästehaus für bis zu 6 Pers. Kleiner romantischer Garten. 30 A, rue Jean Jaurès, ✆ 05-55838745, www.lejardindenicole.com. **€€**

**** Hôtel Restaurant Au Petit Vatel,** 5 km südlich von Aubusson liegt dieses stattliche Haus, das seit 1904 in Besitz derselben Familie ist. Ganz so alt sind die 7 Zimmer nicht, dennoch strahlen sie den gediegen-gemütlichen Charme vergangener Zeiten aus. Ansprechend ist auch der Pool, der die Gäste zum Schwimmen und entspannten Bräunen im Liegestuhl einlädt. Im Speisesaal gefällt das erlesene, freundliche Interieur. Regionale Küche. 30, la Clide, 23200 Moutier-Rozeille, ✆ 05-55661315, www.aupetitvatel.com. **€€**

La Vallée Gourmande, in dem alten Steinhaus 15 km nordöstlich von Aubusson wird frische regionale Küche auf kreative Weise serviert. Mit auf der Karte: dreierlei Fondu Creusois. Ein weiteres Highlight ist die Panoramaterrasse mit toller Aussicht aufs Tal der Tardes. Mo/Di sowie Sonntagabend geschlossen. Le Bourg, 23190 Saint-Silvain-Bellegarde, ✆ 05-55830975. **€€**

Camping **** La Croix Blanche,** einfacher Campingplatz (ausschließlich klassische Stellplätze) direkt an der Creuse. Rund 90 große Stellplätze, durch Hecken und Bäume abgetrennt. Etwas wenig Schatten. Route de Felletin, ✆ 05-55661800, www.aubusson.fr.

mein Tipp ***** Camping La Perle,** ungewöhnlicher Campingplatz in ungewöhnlicher Höhenlage mit noch ungewöhnlicheren Schlafplätzen. Neben den klassischen Stellplätzen (groß, sonnig und schattig), wenigen Mobil-Homes und Chalets können die Gäste in Retro-Familienzelten sowie großen Safarizelten mit Betten nächtigen. Neben der Vorliebe für die 1970er- und 1980er-Jahre, die sich vor allem in der Deko zeigt – lediglich die Chalets sind modern eingerichtet – haben die Besitzer ein Faible für die USA. Denn übernachten kann man u. a. in einem ausrangierten Airstream aus den 1950er-Jahren oder in einem US-amerikanischen Schulbus. 6, route Lavaveix, Fourneaux, 23200 Saint-Médard-la-Rochette, ✆ 05-55830125, www.camping-laperle.fr.

Limousin | Die Creuse → Karte S. 332/333

Felletin

Rühmt sich Aubusson als Hauptstadt der Tapisserie, bezeichnet sich das Nachbarstädtchen Felletin als Capitale de la Laine - Hauptstadt der Wolle. Und das, obwohl der Ort am Oberlauf der Creuse selbst eine Hochburg der Tapisserie war – wovon noch viele stattliche Häuser künden. Bereits im 14. Jh. – früher als in Aubusson - waren hier die Bildwirker aktiv. Die Viehherden auf dem Plateau de Millevaches (→ S. 442) lieferten damals beinahe unbegrenzt Nachschub an Wolle, und weil die Creuse gewissermaßen vor der Haustüre lag, siedelten sich zudem jede Menge Müller, Gerber, Färber und Papierproduzenten an. So wurde Felletin ein wichtiges Handelszentrum zwischen Limoges und Clermont und Umschlagplatz für die ganze Region. Erst, nachdem man den Wettstreit mit dem Rivalen Aubusson im 18. Jh. verloren hatte, sanken Bedeutung und Einwohnerzahl rapide. Immerhin: Auch Felletin war königliche Manufaktur (ab 1689). Die noch existierenden Ateliers Pinton stellten die größte an einem Stück gefertigte Tapisserie der Welt her (22,76 m hoch, 11,60 m breit), einen thronenden Christus, der nun den Altarraum der Kathedrale von Coventry in England dominiert.

Zum kulinarischen Zentrum des Limousin wird der 1550-Einwohner-Ort jeden Freitag, wenn tausende Menschen auf den Markt strömen, Produkte frisch vom angrenzenden Plateau de Millevaches kosten und spontan aufspielenden Musikanten lauschen. In der Kirche Notre-Dame-du-Château in der Rue du Château sind jedes Jahr von April bis Ende Oktober zeitgenössische Wandteppiche ausgestellt (Eintritt 4 €). Der Baumeister des Gotteshauses stammte aus dem Languedoc, deshalb die untypische Architektur mit einem breiten Langhaus und sechs daran angeschlossenen Kapellen. Prägend für Felletin war aber eher die Église du Moutier. Mönche aus Chambon-sur-Voueize gründeten hier 1122 ein Kloster, um das sich das schon zuvor existierende Städtchen weiterentwickelte. Im 15. Jh. wurde die dazugehörige Kirche nach schweren Bränden neu aufgebaut. Auffällig ist der Glockenturm, den drei Stockwerke mit großen Spitzbogenfenstern auszeichnen. Das oberste ist mit Apostel-Statuen verziert.

Ateliers Pinton: Für berühmte Künstler wie Dalí, Magritte, Miró, Picasso und Vasarely sowie für orientalische Paläste und New Yorker Galerien haben die seit 1867 bestehenden Ateliers Pinton schon Wand- und Bodenteppiche gefertigt. Noch heute erschaffen 35 Mitarbeiter neue Kunstwerke. Wie sie das machen, kann man sich bei einer einstündigen Führung anschauen.

■ Eintritt 6 €. Führungen April–Sept. Di und Do 10.30 Uhr, Okt. Di 10.30 Uhr. Karten und Reservierung im Office de Tourisme. 9, rue Préville, ☏ 05-55665542, www.pinton1867.com.

Filature Terrade: In der renommierten Spinnerei Terrade kann man bei einer einstündigen Führung, vorbei an alten, ratternden Maschinen und Färbebecken, entdecken, wie Wolle entsteht.

■ Eintritt 6 €. Führungen nur mit Anmeldung, April–Sept. Di und Do 15.30 Uhr, Okt. Di 15.30 Uhr. Werksverkauf Mo–Fr 8–12 und 14–18.30 Uhr. Rue de la Papeterie, ☏ 05-55664488, www.sarl-filature-terrade.com.

Diamantenschleiferei: Fast 100 Jahre lang, von 1890 bis 1982, wurden in Felletin Diamanten aus Südafrika oder dem Kongo geschliffen und an Juweliere in London und den Niederlanden verkauft. Mehr über die Geschichte und das Handwerk erfährt man in der alten Diamantenschleiferei direkt an der Creuse, unweit der Pont Roby, einer mittelalterlichen Granitbrücke aus dem 15. Jh.

■ Neueröffnung nach Renovierung in 2023. Eintritt sowie Öffnungszeiten → www.felletinpatrimoine.com. Rue de la Diamanterie, ☏ 05-55665460.

Information **Office de Tourisme,** in einem schönen Fachwerkhäuschen direkt an der Kirche. Juli/Aug. tägl. geöffnet, sonst → Website. Place Philippe Quinault, 23500 Felletin, ☏ 05-55663212, www.tourisme-creuse.com/aubusson-felletin.

Verbindungen **Buslinien** nach Ussel, Aubusson, Guéret, La Souterraine, Clermont-Ferrand, Montluçon und Limoges.

Einkaufen **Brasserie de la Creuse – Félis,** in einem kleinen Schuppen beim Bahnhof befindet sich diese beliebte Mikro-Brauerei, die ihre Produkte z. B. auf den Märkten von Felletin und Aubusson oder direkt vor Ort vertreibt. Die Brauerei kann auch besichtigt werden (vorher anrufen!). Rue des Ateliers, ☏ 05-55675814, www.brasseriedelacreuse.com.

Histoire de Laines, kleine Boutique rund um Wolle und alles, was dazugehört. Di–Do 10–12 und 14–17 Uhr, Fr 9.30–12.30 und 14–16 Uhr

(Juli/Aug. nachmittags jeweils eine Stunde länger). 6, route d'Aubusson, ✆ 05-55675727.

Markt Jeden Fr auf dem Place Courtaud und den umliegenden Straßen.

Reiten **Centre équestre de Felletin Equi'passion,** Ausflüge mit Pferd oder Pony. 3, rue Pierre Noël, ✆ 05-55664807, www.centre-equestre-equipassion.ffe.com.

Touristischer Zug Von Guéret nach Felletin und von Felletin nach Busseau sur Creuse verkehren jeden Donnerstagnachmittag im Juli/Aug. touristische Züge. Fahrt 20 €/24 € je nach Strecke, Tickets gibt es bei der Tourist-Info. ✆ 05-55527939, www.autorail-creusois.fr.

Veranstaltungen **Journées Nationales de la Laine,** an den „Wolltagen" am letzten Wochenende im Okt. kann man Unternehmen, Ateliers und Ausstellungen besuchen und an Kursen teilnehmen. www.journeesdelalaine.wixsite.com/felletin.

Fel'tival Vagabond, Anfang Aug. wird in Felletin fünf Tage lang Volkstänzen und Volksmusik aus der ganzen Welt gehuldigt. 300 Tänzer und Musiker und 30.000 Zuschauer kommen dazu in die Stadt. Veranstalter ist die Vereinigung Les Portes du Monde, Place du Marché, ✆ 05-55664300, www.portesdumonde.net.

Journées Européennes du Feutre, dieses Festival widmet sich ganz der Filzkunst. Es findet alle 2 Jahre Mitte April in ungeraden Jahren statt. www.journeesdufeutre.wixsite.com/felletin.

Au Pied du Mur, Ende Juni dreht die Schaustellertruppe „Le Mur de la Mort" in der zylindrischen Holzbude mit Zirkusdach auf Motorrädern ihre Runden. Das Besondere: Die Zuschauer beobachten das Spektakel – wiederbelebt aus den 1930er- und 40-Jahren – von oben. Zudem Konzerte und andere Liveshows. Aktuelle Termine auf der Facebookseite.

Übernachten **Le vieux Presbytère,** in dem ehemaligen Pfarrhaus aus dem 18. Jh. kann man in einem von 3 wundervollen Gästezimmern (eines davon ein Appartement mit Küche) mit altem Dielenboden nächtigen. Antike Möbel, stilsicher mit modernen Elementen kombiniert. Frühstück ist inbegriffen. 3, place des Arbres, ✆ 05-55665229, www.3placedesarbres.com. **€€**

Les Fayes, vier Gästezimmer zwischen 14 und 32 m² in einem ehemaligen, imposanten Jagddomizil aus dem 19. Jh., etwas außerhalb von Felletin in grüner Idylle. Die Zimmer sind stilvoll gehalten, die Deko greift deren Namen, wie Tropen- oder Barockzimmer, auf. Frühstück ist inbegriffen. Les Fayes, 23500 Felletin, ✆ 06-732 48410, www.lesfayes.fr. **€€**

Markttreiben in der Teppich-Stadt Felletin

Essen & Trinken **L'Auberge Felletinoise,** in der ehemaligen Poststation am Ortseingang kehren mit Vorliebe die Einheimischen ein. Kein Wunder, denn ein günstigeres und dennoch solides Menü gibt es sonst nirgendwo in dem Städtchen. Auch anspruchsvolle Gerichte mit Lamm und Rind aus dem Limousin oder Fleisch vom Cul-noir-Schwein stehen auf Laurent Lecours Speisekarte. Sa geschlossen. 11-13, route d'Aubusson, ✆ 05-55664013. www.auberge-felletinoise.fr. **€**

Les Fougères, Bistro-Restaurant mit schlichtem, modernem Holzinterieur und hipper offener Küche von Küchenchef Tobias Girard, der am Herd regionale mit asiatischen Spezialitäten mixt. Einfallsreich und in Bioqualität wird saisonal gekocht. Mo/Di und Mi geschlossen, sonst nur abends geöffnet. 9, place Courtaud, ✆ 05-55670325. **€€**

Grand Café, in Gourmet-Führern findet man diese Brasserie direkt am Marktplatz nicht, vor Ort ist sie dennoch beliebt: Am Markttag sind die Ledersitzbänke und die Stühle voll besetzt. Es gehört einfach dazu, hier seinen Kaffee zu trinken. So Ruhetag. 2, place Courtaud, ✆ 05-55521417. **€**

Der wohl mystischste Ort im Limousin: die Felsen Pierres des Jaumâtres

Der Nordosten der Creuse

Viele Spuren aus vergangenen Zeiten findet man im Nordosten der Creuse: die der Römer im einzigen Limosiner Thermalort Évaux-les-Bains, die der Kelten in Toulx-Sainte-Croix sowie die von Erdbeben und Vulkanausbrüchen, die unglaubliche Steinformationen hinterlassen und die Creusois wie nirgends sonst zu Mythen inspiriert haben.

Der Norden der Creuse um Boussac ist relativ flach, zum Osten hin gewinnt der Landstrich aber zunehmend an Höhe. Geprägt ist er nicht zuletzt durchs Wasser: Bäche und Flüsse durchschlängeln grüne Täler und sanfte Schluchten, um sich hier und dort zu vereinen. So etwa in Chambon-sur-Voueize, wo die Tardes und die Voueize in einem großen Becken zusammenfließen – ein Paradies für Angler und Fans atemberaubender Landschaften. Quasi ums Eck befindet sich der einzige auf natürliche Weise entstandene See im gesamten Limousin, der Étang des Landes, mit seiner vielfältigen und einzigartigen Fauna und Flora.

Kaum ein Teil des Limousin ist so sagenumwoben wie der Nordosten. Hinter fast jedem Stein steckt eine Legende – vor allem in den Pierres des Jaumâtres, einer gigantischen Ansammlung von Hinkelsteinen und Dolmen südlich von Boussac. Ihrem Reiz ist schon die große Schriftstellerin George Sand erlegen, die auf dem Rücken eines Esels in Begleitung des Komponisten Frédéric Chopin hierher ritt. Heute sind eher Pferde- und Ponywanderungen beliebt. Und apropos gigantisch: Nirgendwo sonst hat man so weitreichende Aussichten – in Toulx-Saint-Croix etwa blickt man auf sieben Departements.

Boussac

Über dem Tal der Kleinen Creuse erstreckt sich Boussac entlang einer Felswand. Blickfang ist die Burg, die auf die einstige Herrscherfamilie de Brosse zurückgeht. Bekanntheit erlangte der 1250-Einwohner-Ort durch prominente Besucher wie George Sand, eine Freundin des Philosophen und Frühsozialisten Pierre Leroux, der im Revolutionsjahr 1848 kurzzeitig Bürgermeister des Städtchens war. Die Schriftstellerin wiederum lud prominente Freunde ein, darunter den Komponisten Frédéric Chopin, mit dem sie eine innige Liebesbeziehung führte. Gemeinsam suchten sie in der legendenumwobenen Natur um Boussac Ruhe und Inspiration. Lohnenswert ist ein Spaziergang durch die Altstadt bis zur Burg. Die Gassen führen an historischen Bürgerhäusern mit Türmen und Holzgalerien sowie an Geschäften mit alten Schildern vorbei – alles wirkt ein bisschen wie eine Filmkulisse aus den 1950er-Jahren.

Château de Boussac: Hoch über der Kleinen Creuse thront die Burg herrschaftlich auf einem Felsvorsprung. Es wirkt, als ob sie jeden Moment ins Tal hinunterstürzen würde, so nah steht sie am Abgrund. Erbaut wurde sie im 15. Jh. unter Jean I. de Brosse, Teile stammen allerdings schon aus dem 12. Jh. Zuletzt war sie im Besitz von Bernadette und ihrem verstorbenen Mann Lucien Blondeau. Ihm gehörte auch die noch traditionell arbeitende Tapisserie-Manufaktur Royale Saint Jean in Aubusson (→ S. 351). Mit viel Leidenschaft hat Madame Blondeau die imposante Bastion in eine wahre Schatzkammer verwandelt: Antike Möbel, prachtvolle Wandteppiche, Gemälde, Porzellan, Zinngeschirr, Truhen, ein Badezimmer mit Holzbadewanne, ja sogar eine Gehstock-Sammlung finden sich in den alten Sälen und Kammern. Im ehemaligen Wächtersaal hing die berühmte „Dame à la Licorne“, eine Serie aus sechs flämischen Wandteppichen, die eine Frau mit Einhörnern zeigt. Sie sind heute im Musée National du Moyen-Âge in Paris zu bewundern. Auch George Sand hat einige Zeit in der Festung verbracht, ihre ehemalige Schlafstube ist zugänglich.

▪ Eintritt 12 €. Ostern bis Allerheiligen Mo–Fr 9–12 und 14–18 Uhr, Sa/So 11–12 und 14–18 Uhr, sonst auf Anfrage, nur Führungen. Rue Jean de Brosse, ✆ 06-08433836 oder 05-556 50762, www.chateaudeboussac.com.

Pierres des Jaumâtres: Eine außergewöhnliche Felsformation versteckt sich rund 5,5 km südlich von Boussac Richtung Toulx-Sainte-Croix abseits der Landstraße (Route de Boussac). Als hätten Riesen Murmeln gespielt, verteilen sich auf dem Gipfel des Mont Barlot rund vierzig Felsen in allen möglichen Formen und Größen und mit lustigen Namen wie Zuckerbrot oder Butterkugel. Die ungewöhnlichsten Formationen sind der 14 m lange Stein Hesus, benannt nach dem gälischen Kriegsgott, sowie die sogenannte Teufelswiege (Berceau du Diable), der größte Felsen, den man für Fotos mit ausgestreckten Armen scheinbar stemmen kann. Bis ins 19. Jh. glaubte man, Druiden hätten die Steine als Opferaltäre genutzt, um ihre Rituale und Kulte zu zelebrieren oder um die Muttergottheiten anzubeten (die Matronen oder Matres, daher auch der Name Jaumâtres). Heute weiß man, dass die Granitblöcke Überbleibsel eines vorgeschichtlichen Erdbebens oder Vulkanausbruchs sind. George Sand pflegte hier in Begleitung ihres Liebhabers Frédéric Chopin zu spazieren. Der Ort inspirierte sie zu ihrem Roman „Jeanne“. Ein zehnminütiger Wanderweg führt vom Parkplatz zur Plattform hinauf, wo sich auch eine herrliche Sicht auf die umliegenden Täler und auf Boussac eröffnet.

Toulx-Sainte-Croix: Das 250-Seelen-Dorf liegt 12 km südlich von Boussac in 655 m Höhe. Vermutlich befand sich hier einst eine keltische Siedlung. So klein der Ort auch ist, er birgt gleich zwei Kuriositäten: Im Zentrum fällt die zweigeteilte Kirche aus dem 11. Jh. auf. Nach einem Einsturz stehen der untersetzte Glockenturm mit seinem Kastaniendach und das Kirchenschiff jeweils für sich. Im Glockenturm befinden sich Sarkophage, drei gallorömische Löwen aus Granit bewachen das Kirchenportal. Zweite Besonderheit ist ein Aussichtsturm auf dem Rocher de Brûdalis im Norden des Dorfes. 74 Stufen führen zur Spitze hinauf, von hier bietet sich ein Ausblick auf sieben Departements.

La Ferme des Clautres: Ein Mix aus Viehranch und Streichelzoo: Rund 120 Tierarten leben auf dem 45 ha großen Gut, knapp 15 km von Boussac entfernt. Auf einem 2 km langen Rundgang kommt man u. a. Eseln, Pferden, Kamelen, Alpakas, Straußen und Wasserbüffel ganz nahe.

▪ Eintritt 10 €, April–Juni tägl. 10–18 Uhr, Juli/Aug. tägl. 10–19 Uhr. Letzter Einlass 1 Std. vor Schließung. Les Clautres, 23230 Bord-Saint-Georges, ✆ 06-67967771, www.lafermedesclautres.fr.

Information **Office de Tourisme du Pays de Boussac,** Juli/Aug. tägl. geöffnet, sonst → Website. Boutique mit regionalen Produkten und kleine Kunstausstellung. Place de l'Hôtel de Ville, 23600 Boussac, ✆ 05-55650595, www.tourisme-creuse.com/creuse-confluence.

Abenteuerpark **Le Chalet des Pierres Jaumâtres,** Kletterpark im Wald, Trampolin, Hüpfburgen, Bobbahn mit Reifen, Lasergame, Minigolf. Tagestickets Kinder bis 10 Jahre 13 €, Kind ab 8 mit Erwachsenem 20 €, April/Mai tägl. 14–18 Uhr, Juni–Sept. tägl. 10–18 Uhr. 2, les Pierres Jaumâtres, 23600 Toulx-Sainte-Croix, ✆ 05-55654311, www.lespierresjaumatres.fr.

Einkaufen **Myrtilles du Trimoulet,** Blaubeerfarm mit 13 Blaubeerarten, Lädchen mit diversen Produkten wie Marmelade, Sirup, Likör und Senf. Juli/Aug. Fr 10.30 Uhr Besichtigung mit Verköstigung, Eintritt frei. 3, le Trimoulet, 23600 Boussac (D997 Richtung St. Amand) ✆ 05-55823349 oder 06-73573776, www.myrtille.fr.

La Safranière des Pierres Jaumâtres, kleine Safranfarm mit Verkauf von Knollen, Marmelade, Sirup, Likör etc., Laden tägl. geöffnet. Besonders schön im Oktober zur Blüte- und Erntezeit. Besuch und Führungen im Okt., Termine und Programm in der Tourist-Info oder direkt auf der Farm erhältlich. 5 km südlich von Boussac, 5, les Chaumes de Pradeau, 23600 Toulx-Sainte-Croix, ✆ 05-55651468.

Markt Jeden Do 8.30–12 Uhr auf dem Place de l'Hôtel de Ville in Boussac.

Minigolf **Chalet des Pierres Jaumâtres,** April/Mai tägl. 14–18 Uhr, Juni–Sept. tägl. 10–18 Uhr. 2, les Pierres Jaumâtres, 23600 Toulx-Sainte-Croix, ✆ 05-55654311, www.lespierresjaumatres.fr.

Reiten **Le Centre Equestre Chez Trillaud,** Pony- und Pferdereiten sowie Ausflüge und Wanderungen. Chez Trillaud, 23600 Nouzerines, ✆ 06-09622112.

Blue Shade Ranch, Reitkurse, auch Westernreiten, Pferde- und Ponywanderungen. Englischsprachig. Le Gourneix, 23600 Toulx-Sainte-Croix, ✆ 06-08732118, www.blue-shade-ranch.fr/.

Übernachten/Essen ***** Le Central,** kleines, feines Hotel-Restaurant in einem ehemaligen Postrelais mit kleiner, feiner Küche, die sich an den Jahreszeiten orientiert. Auch Vegetarisches. Besonders schön lässt es sich im Innenhof dinieren. Die 10 Hotelzimmer sind eher klein, modern mit romantischen Akzenten eingerichtet. Zudem kann man im gemütlichen Kaminzimmer schmökern. Mo/Di und So abends geschlossen. 4, rue du Onze Novembre, 23600 Boussac, ✆ 05-55650011, www.hotelcentral-creuse.com. **€€**

Le Chalet des Pierres Jaumâtres, stilvoll und zeitgemäß, mit Holz- und schwarzen Eisenelementen präsentiert sich das überaus große Chalet, das mit einer Hütte nichts gemein hat. Typische Speisen der Creuse wie Fondu kann man auf der großen Panorama-Terrasse genießen oder eine Wanderung zu den Steinformationen der Pierres Jaumâtres, bzw. einen Tag im angegliederten Abenteuerpark bei einem Drink ausklingen lassen. Familienfreundlich. Im Jan. geschlossen. 2, les Pierres Jaumâtres,

23600 Toulx-Sainte-Croix, ✆ 05-55654311, www.lespierresjaumatres.fr. **€€**

Mein Tipp ***** La Bonne Auberge,** das Hotel-Restaurant 12 km nordwestlich von Boussac gehört zu den edleren in der Umgebung. Die regional-saisonale Küche ist ein Gaumen- und Augenschmaus. Der Käsegang kommt auf einem Holzwagen angerollt. Schöne, grüne Terrasse. Die 6 Zimmer sind gepflegt und ganz individuell, zum Teil im Shabby-Chic-Stil, zum Teil romantisch-elegant, Mo, Dienstagmittag und Sonntagabend geschlossen. 1, rue des Lilas, 23600 Nouzerines, ✆ 05-55820118, www.la-bonne-auberge.net. **€€**

La Table de mon Grandpère, das Hotel-Restaurant rund 20 km westlich von Boussac verfügt über 5 herzige Zimmer im Berghüttenstil, dazu 2 Ferienhäuschen. Das Restaurant präsentiert sich rustikal-charmant, im Sommer werden im Garten unter dem großen Apfelbaum und im Winter bei Kaminfeuer regionale Küche, Pizza, Raclette und Fondue aufgetischt. Reservierung empfohlen. Sa mittags und So–Mi abends geschlossen. 20, Montfargeaud, 23350 Genouillac, ✆ 05-55808560, www.tablegrandpere.fr. **€€**

Camping ****** Creuse Nature,** der von Niederländern geführte Nudisten-Campingplatz liegt mitten in einem 19 ha großen Wald. Ungezwungene, herzliche Atmosphäre, vielfältiges Animationsprogramm, Jazzabende, 2 Pools, Restaurant, Smoothie-Stand, Petanque-, Volleyball- und Spielplatz, Angelteich, Bogenschießen. Autos und Kleider müssen draußen bleiben. 100 Stellplätze, Mobil-Homes, Holz- und Steinchalets, Ökohäuser. Deutschsprachig. Centre de Vacances Naturiste, Route de Bétête (D15), ✆ 05-55651801, www.creuse-nature.com.

****** Camping du Château de Poinsouze,** großer, gepflegter, teilschattiger Campingplatz in einem 5 ha großen ehemaligen Schlosspark. 145 große Stellplätze, Mobil-Homes, Chalets und ein Bauwagen, kleines Restaurant in den ehemaligen Pferdeställen, See mit Tretboot, Pool mit großer, schöner Kinder-Badelandschaft, Mehrzweck-Sportplatz, Hüpfburg, Trampoline, Outdoor-Fitnessgeräte. Deutschsprachig. Route de la Châtre, ✆ 05-55650221, www.camping-de-poinsouze.com.

Limousin | Die Creuse → Karte S. 332/333

Chambon-sur-Voueize

„Riviera creusoise" hat Chambon-sur-Voueize noch niemand getauft, ganz unrecht hätte man damit aber nicht. Das nette Städtchen ist das regenärmste des gesamten Departements, schon Teil der hügeligen Combrailles, die sich v. a. in der Auvergne ausdehnen, und kann dank der windgeschützten Lage in den Tälern von Voueize und Tardes mit einem angenehm milden Klima glänzen. Und nicht nur damit: Schon wenn man von Westen nach Chambon-sur-Voueize hinabfährt, beeindrucken unten im Tal die beiden mächtigen Türme der Abtei Sainte-Valérie. Im Jahr 957 gründeten die Mönche von Saint-Martial aus Limoges hier ein Kloster, 987 brachten sie die Reliquien der heiligen Valérie nach Chambon. Die gewaltige romanische Abteikirche entstand im 11. und 12. Jh. Im Inneren sind v. a. das mit geschnitzten Gesichtern verzierte Chorgestühl aus dem 17. Jh. und die Reliquienbüste der heiligen Valérie bemerkenswert. Imposant sind die beiden Türme mit ihren Dachkappen. Über dem Portal erhebt sich der Bürgerturm, über der Vierung der noch etwas höhere Archivturm, in dem einst wertvolle Dokumente lagerten. Den schönsten Blick auf die Abteikirche und die Dächerlandschaft mit ihren braunen Ziegeln hat man von der Rue du Puy am Nordrand Chambons.

Trotz der ehemals herausragenden Bedeutung: Heute ist Chambon ein verlassenes 870-Einwohner-Städtchen, dem man die Problematik der Landflucht ansieht. Die Abtei, die dreibogige Brücke aus dem Mittelalter und die Lage am Zusammenfluss von Tardes und Voueize schaffen aber dennoch ein angenehmes Ambiente. Lohnenswert ist ein Spaziergang durch die wilden

Gorges de la Voueize. Um in das Naturschutzgebiet zu gelangen, geht man einfach den Chemin du Moulin Girardy und hält sich dann weiter am rechten Ufer der Voueize. Empfehlenswert ist außerdem ein kleiner Abstecher ins 4 km nordöstlich, oberhalb der Tardes, gelegene Le Châtelet. Dort wurde von 1905 bis 1956 Gold abgebaut. Vorher existierte der Ort nicht. Die ehemaligen Unterkünfte der Arbeiter dienen heute als Wohnhäuser, die Minen sind nur noch als Ruinen erkennbar.

Étang des Landes: Ein leistungsfähiges Fernglas im Reisegepäck lohnt sich schon allein wegen dieses außergewöhnlichen Naturschutzgebiets. Der 100 ha große See bei Lussat (9 km westlich von Chambon, an der D 915 ausgeschildert) beeindruckt durch seinen Artenreichtum. Fast 100 verschiedene Vogelarten kann man hier beobachten, z. B. den prächtigen und extrem seltenen Purpurreiher, den kleineren Nachtreiher und die bussardähnliche Rohrweihe. Mehr als 40 Libellenarten schwirren umher. Erkunden kann man diesen Naturschatz auf einem 7 km langen Pfad um den See. Teilweise ist man weit weg von der geschützten Uferzone, doch an vier mit viel Feingefühl, Holz und Reet arrangierten Beobachtungsposten mit Guckklappen kommt man ganz nah heran. Geduld und Schweigen ist ratsam! Neben dem See – am Startpunkt der Wanderung – informiert das Maison la Réserve interessierte Besucher.

■ **Maison de la Réserve:** Juli/Aug. tägl. außer Fr 14–18 Uhr, Osterferien–Allerheiligen Mi und Sa/So 14–17 Uhr. 23170 Lussat, ✆ 05-558284 55, www.etang-des-landes.creuse.fr.

Information **Office de Tourisme,** Juli/Aug. tägl. geöffnet, sonst → Website. 3, Place Aubergier, 23170 Chambon-sur-Voueize, ✆ 05-558 21589, www.tourisme-creuse.com/creuse-confluence.

Markt Großer **Marché du Terroir** am 1. Mi im Aug. auf dem Place des Platanes / Place de la Poste, sonst immer Mi **Bauernmarkt.**

Essen & Trinken **Au Bistrot d'autrefois,** rustikales, charmantes Bistro, in dem man dem Küchenchef beim Zubereiten lokaler und frischer Spezialitäten mit internationaler Note zuschauen kann. So schmeckt es gleich noch besser. So/Mo Ruhetag. 25, place de la Promenade, ✆ 05-55821397. **€€**

Auberge du Moulin Chancelier, direkt am Ufer der Tardes kann man hier, 3 km östlich von Chambon (kleine Straße links ab von der Hauptstraße nach Evaux-les-Bains), auf einer großen, schattigen Terrasse regionale Küche genießen – oder im rustikalen, dunklen Saal mit Steinmauern, Holzbalken und -säulen. 100 m weiter hat man einen Blick auf ein von Gustave Eiffel entworfenes Viadukt über die Tardes. Do und So abends geschlossen. Doulaud, 23310 Évaux-les-Bains, ✆ 05-55821361. **€€**

Évaux-les-Bains

In der Auvergne gibt es noch jede Menge aktive Thermalorte, das Limousin hat zumindest den einen: Évaux-les-Bains. Mit 1330 Einwohnern und 3300 Kurgästen, die sich hier wegen Rheuma, Venenerkrankungen und gynäkologischen Leiden behandeln lassen, gehört er zwar zu den eher kleineren, aber immerhin reicht die Thermalgeschichte lange zurück.

Bereits die römischen Legionen von Julius Cäsar sollen sich 50 v. Chr. hier, im antiken Ivaonum, niedergelassen und die Thermalquellen erschlossen haben. Mehr als 30 Quellen soll es damals in dem nach dem gallischen Wassergott Ivaos benannten Ort gegeben haben. Die Blütezeit war allerdings kurz, denn schon im 3. Jh. kamen die Barbaren und zerstörten die Bäder. Bis ins 19. Jh.

war's dann vorbei mit der Thermenherrlichkeit, erst die Anbindung an die Eisenbahnlinie von Montluçon nach Ussel (heute stillgelegt) brachte einen neuen Aufschwung, der bis heute anhält. Vor einigen Jahren wurden die frisch renovierten Thermen durch einen neuen, öffentlich zugänglichen Wellnessbereich erweitert. Wer vom Ort in das Thermenviertel hinunterfährt, taucht ein in eine andere, mondänere und entspannte Welt. Der Rest von Évaux hat allerdings wenig von einem klassischen Kurort. Oben im Ort lohnt sich ein Besuch der Kirche Saint-Pierre-et-Saint-Paul. An dieser Stelle entstand über den Reliquien des Eremiten Marien im 9. Jh. ein Kloster, aus dem sich vom 11. bis zum 13. Jh. die Abteikirche entwickelte. Der fünfstöckige Turm mit seiner rechteckigen Basis und seiner runden Spitze ist einzigartig im Limousin. Sonst beeindrucken in der Kirche noch ein hohes hölzernes Tonnengewölbe und der ansprechend gemauerte Chor. Neben dem Eingang beherbergt die Kirche einen begehbaren Bücherschrank oder vielmehr eine kleine Bibliothek mit einer kleinen Fotoausstellung und vor allem Lesestoff zum Leihen und Verschenken. Ein kleiner Rundweg führt durch das Zentrum des Städtchens (Plan neben der Kirche). Eine wahre Rarität findet sich in der Rue de l'Hôpital / Ecke Rue de l'Hôtel de Ville: eine alte Zapfzäule zum Tanken an der Hauswand eines ehemaligen Lebensmittelgeschäfts.

Hängebrücke von Budelière mit zwei Kapellen: Direkt an der Grenze zur Auvergne haben Natur und Mensch etwas Besonderes geschaffen. Doch kaum jemand kennt es! Wo Tardes und Cher im Stausee Barrage de Rochebut zusammenfließen, sind tief in die bewaldeten Hügel eingeschnittene Flussschleifen wie an der Dordogne zu bewundern – und zwei würdevoll auf Bergkuppen thronende Kapellen. Am besten nähert man sich von Süden: Von

Die Hängebrücke von Budelière

Entraigues aus, 6 km nördlich von Évaux-les-Bains, folgt man weiter der Straße in Richtung Chapelle Saint-Marien, bis links auf einer Wiese ein Parkplatz auftaucht. Rechts geht es zu Fuß in den Wald hinein. Folgt man dem Weg, gelangt man hinunter zum Zusammenfluss von Tardes und Cher, wo die Einheimischen gerne baden gehen. Leicht übersieht man ziemlich am Anfang linker Hand die kleine, einem im 6. Jh. verstorbenen Eremiten gewidmete Kapelle, von der man eine wundervolle Sicht ins Tal hat. Folgt man anschließend mit dem Auto weiter der Straße, kann man schon bald eine abenteuerliche Hängebrücke (erbaut 1921) überqueren, auf deren Brettern lediglich ein Auto Platz hat (nur Mut!). Auf der anderen Seite sollte man schon gleich in der ersten Linkskurve den

Wagen rechts abstellen und den Weg nach oben gehen. Nach wenigen Minuten gelangt man zur Chapelle Sainte-Radegonde, um die herum ein neuer Picknickplatz angelegt wurde. Wer sich auf die Trampelpfade am Hang wagt, hat eine wundervolle Aussicht auf die Hängebrücke und die Schleifen der Tardes.

Safranerie von Font-Saint-Blaise: Im Herbst erstrahlt hinter der Kirche von Fontanières (8 km südlich von Évaux) ein violettes Blütenmeer. Auf 2 ha wird hier Safran angebaut, damit ist der Betrieb der größte seiner Art in ganz Frankreich. Zur Blüte- und Erntezeit werden Führungen mit Verkostung angeboten.

▪ Führungen 10 € inkl. Safrantee und -gebäck, ab der zweiten Oktoberhälfte bis Anfang November während der Blüte- und Erntezeit. Die aktuellen Termine stehen auf der Website. Anmeldung erforderlich. 4, route de Frédeval, 23110 Fontanières, ✆ 05-55823540, www.safrandefrance.fr.

Information **Office de Tourisme,** mit kleiner Boutique. Juli/Aug. tägl. geöffnet, sonst → Website. 1, place Serge-Cléret, 23110 Évaux-les-Bains, ✆ 05-55655090, www.tourisme-creuse.com/creuse-confluence.

Verbindungen **Busverkehr** nach Montluçon, Ussel und Guéret.

Baden **Piscine municipale Adolphe Dumery,** modernisiertes Hallenbad, Rue des Thermes, ✆ 05-55656962.

Casino **Casino Partouche,** tägl. 10–1 Uhr, Fr/Sa bis 3 Uhr, Spieltische ab 20 Uhr. Restaurant tägl. geöffnet. 7, place Saint-Bonnet, ✆ 05-55656733, www.casino-evaux.partouche.com.

Einkaufen **Filature Fonty,** die renommierte Spinnerei in Rougnat (16 km südlich von Évaux) bietet Privatkunden ihre Wolle Mi 13.30–17 Uhr im Fabrikverkauf an. 2, Le Moulin Neuf, 23700 Rougnat, ✆ 05-55670604, www.fonty.fr.

Kino **Cinéma Alpha,** 19, rue de Rentière, ✆ 05-55655858.

Krankenhaus **Centre hospitalier Les Genêts d'Or,** Ouches de Budelle, ✆ 05-55656000.

Markt Jeden Mo Bauernmarkt auf dem Place Serge Cléret, am 1. Fr im August Nachtmarkt ab 18.30 Uhr.

Wellness/Therme **Wellness Evahona,** Wellness mit Sauna, Dampfbad und Whirlpool im Thermengebäude. Große Auswahl an Anwendungen sind buchbar, auch Kur-Anwendungen. ✆ 05-55658948, www.evauxthermes.com.

Übernachten/Essen **** Evaux les bains,** prächtiges, bourgeoises Thermalhotel, das direkt an die Kureinrichtungen angeschlossen ist. 61 Zimmer im Kolonialstil. Hoher Speisesaal mit Jugendstil-Elementen, hohe Spiegel. Regionale Küche. Wiedereröffnung nach Sanierung im Juli 2023. Les Thermes, ✆ 05-55824600, www.evauxthermes.com. **€€–€€€**

Chalet d'Antan, rustikales Bistro mit Holztischchen, kleinem Kamin und rustikalem Essen, allem voran deftige Kartoffelaufläufe. Außerdem Salate und Vegetarisches aus dem Wok. Mo/Di geschlossen. 11, rue Notre Dame, ✆ 05-55655068. **€**

La Domaine de la Couture, auf halber Strecke zwischen Évaux-les-Bains und Fontanières lockt dieses grüne, sehr ruhige Idyll mit originellen Schlafplätzen: schlichte Zimmer im Haupthaus, Baumhäuser, Bauwagen und halbrunde Hobbithütten. Teilweise Gemeinschaftsbad. Im Restaurant speist man umgeben von viel Holz und Stein Spezialitäten wie Foie gras oder Kalbsbries mit Steinpilzen. 1, La Couture, ✆ 05-55822918, www.domainedelacouture.com. **€€**

Le Damier, 8 km südlich von Évaux. So stellt man sich ein typisches Bistro vor: schwarz-weiße Bodenfließen, schwarze Bestuhlung, der Kamin ist zu einem Klavier umfunktioniert. Nur dass das Le Damier kein Bistro, sondern ein kleines, sehr feines Restaurant ist – Mitglied der Toque Blanche du Limousin. Auf den Teller kommt neben klassisch Regionalem auch selbst gefangener Fisch, verfeinert mit Safran. Nebenan lohnt sich ein Blick in die Kirche Notre-Dame-de-la-Route mit ihrem holzgeschnitzten Altar, hellblau bemaltem Gewölbe und den aufgepinselten Blümchen an Decken und Wänden. Im Eingangsbereich steht eine schöne hölzerne Marienstatue mit Kind. Mi Ruhetag, nur Mittagsküche außer Mo – am Mo abends. 22, route de Montluçon, 23110 Fontanières, ✆ 05-55823591.

Die West-Creuse

Die West-Creuse ist ein Gebiet, das geprägt ist von winzigen Dörfern, die meist nur durch Fahrradwege verbunden sind, die sich aber offiziell „Straße" nennen dürfen. Hier kann man Dutzende von Kilometern durch die sanft gewellte Weidelandschaft fahren, ohne einen größeren Ort zu passieren. Genau genommen gibt es auch nur einen: La Souterraine. Touristisch interessanter sind allerdings Bénévent-l'Abbaye und Bourganeuf, das schon den Übergang zur Region um den Lac de Vassivière darstellt (→ S. 303). Aber eigentlich gibt es in jedem Dorf Sehenswürdigkeiten: die traditionellen Steinhäuschen. Deren Schönheit haben bereits viele Engländer und Niederländer für sich entdeckt. In fast jeder Häuseransammlung haben sie sich ein Exemplar herausgepickt und mit viel Liebe renoviert. Genug Bausubstanz, aus der man etwas machen kann, gibt es ohne Zweifel. Schließlich sind die Maurer der Creuse weltberühmt und haben das Paris der Haussmann-Ära maßgeblich gestaltet (→ S. 373). Dem berühmtesten von ihnen, Martin Nadaud, ist östlich von Bourganeuf ein sehenswertes Museum gewidmet.

Bénévent-l'Abbaye

Wem „Bénévent" italienisch vorkommt, hat recht: 1080 kamen die Reliquien des Apostels Bartholomäus aus Benevento in die Creuse – und mit ihnen der Name der Stadt in Kampanien. Was vom Apostel übrig blieb, lagerte fortan in den Mauern des 1028 gegründeten Augustinerklosters, womit auch die Herkunft des zweiten Namensbestandteils von Bénévent-l'Abbaye geklärt wäre.

Geprägt ist das hübsche, verschlafene 770-Einwohner-Örtchen mit den bunten Fensterläden von der alten Klosterkirche Saint-Barthélémy mit ihren zwei Türmen über dem Portal und der Vierung. Trutzig, massiv und imposant kommt sie daher, aber doch zu schlicht, um sie als „Sacré-Cœur der Creuse" zu bezeichnen. Dabei läge man damit nicht ganz falsch: Der achteckige Vierungsturm entstand erst 1875 und wurde von Paul Abadie entworfen, dem Architekten der berühmten Basilika auf dem Pariser Montmartre. Im Inneren der Kirche sind neben der Holzschnitzerei über dem Ausgang auch einige mozarabische Elemente sehenswert, die auf den Einfluss der vielen Jakobspilger zurückgehen. Hinter der Kirche ist weiter unten auf der Terrasse ein kleines Gärtchen mit Heilpflanzen angelegt.

Der Ort hat aber auch noch einen anderen Botschafter als das Gotteshaus: den Likör Bénéventine, dessen Geschichte auf überwältigende Weise in einer Scénovision erzählt wird. Ein absolutes Muss für jeden Creuse-Besucher. Ein Blick lohnt sich zudem auf das scherzhaft so genannte „Château Migout" in der Rue de la Fontaine, etwas versetzt hinter der Touristeninformation. Das ungewöhnlich geformte Prachthaus mit Glockenturm ließ Jacques Migout im 19. Jh. als sein persönliches Statussymbol erbauen. Der einfache Brotverkäufer schaffte es bis zum „Banker" des Örtchens und so zu Reichtum.

Limousin | Die Creuse → Karte S. 332/333

„Blutige Hochzeit"

So lautet der Titel eines Films von Claude Chabrol, der 1973 in die Kinos kam. Es geht um die Liebesbeziehung zwischen Pierre und Lucienne, beide verheiratet, unglücklicherweise nicht miteinander. Die Geschichte, ein Psychodrama mit deutlichen gesellschaftskritischen Anklängen, geht nicht gut aus: Da die jeweiligen Ehepartner der Liaison im Wege stehen, werden sie kurzerhand gemeuchelt; Pierre und Lucienne, die sich liebenden (Verzweiflungs-)Täter, werden zur Verantwortung gezogen.

Der Film wäre hier nicht der Erwähnung wert, wenn er nicht eine reale Geschichte zum Vorbild gehabt hätte, nämlich die der „teuflischen Liebhaber von Bourganeuf", einem kleinen Städtchen in der westlichen Creuse (→ S. 369). Wie die reißerische Formulierung erahnen lässt, wurde sie seinerzeit vom Boulevardjournalismus begierig aufgegriffen – und zwar landesweit. Vor ein paar Jahren erlebte sie sogar noch eine mediale Renaissance, als ihr im Rahmen einer TV-Doku-Serie zum Thema „50 Jahre Nachrichten" eine eigene Episode gewidmet wurde.

Zur Chronologie der Ereignisse: Am 24. Dezember 1969 stirbt plötzlich und unerwartet die Frau eines gewissen Bernard Cousty; wegen eines vorangegangenen heftigen Fieberanfalls hält der Arzt eine Grippe für die Todesursache. Nur zwei Monate darauf, am späten Abend des 23. Februar 1970, verunglücken René Balaire, Geschäftsmann aus Bourganeuf, und seine Frau Yvette mit ihrem Auto. Der Wagen kommt von der Straße ab und fängt Feuer. René Balaire stirbt in den Flammen, Yvette überlebt leicht verletzt, weil sie sich – wie sie angibt – kurz vor der Katastrophe aus dem Wagen hatte befreien können. Ein zufällig den Unfallort passierender Lastwagenfahrer bringt sie in Sicherheit.

Was niemand so genau weiß, aber manch einer ahnt: Bernard Cousty und Yvette Balaire verbindet seit Langem ein heimliches Liebesverhältnis. Schon bald kursieren im Ort entsprechende Gerüchte und es wird klar, dass hinter den zwei tragischen Todesfällen mehr stecken könnte als zunächst angenommen. Misstrauisch geworden, bittet der Sohn von René und Yvette Balaire bei den zuständigen Stellen um eine erneute Untersuchung. Und tatsächlich: Eine Autopsie der Leiche seines Vaters ergibt, dass in der Brust René Balaires eine Kugel steckt. Danach geht alles Schlag auf Schlag: Bernard Cousty gesteht, den Wagen der Balaires am fraglichen Abend als Anhalter getarnt angehalten und René Balaire mit einem Pistolenschuss außer Gefecht gesetzt zu haben. Schließlich habe er den Wagen in Brand gesetzt, derweil sich Yvette Balaire leichte Verletzungen zugefügt habe, um sich als vermeintlich überlebendes Unfallopfer zu inszenieren. Das Geständnis wirft unweigerlich die Frage nach den Umständen nicht nur des Mordes an Balaire auf, sondern auch nach denen des angeblichen Grippetods seiner Frau, der sich als Tod durch Vergiftung entpuppt. Im Mai 1972 wird Bernard Cousty wegen Mordes zum Tode verurteilt, Yvette Balaire erhält wegen Beihilfe zum Mord eine Haftstrafe von zehn Jahren. Ein Jahr später kommt es im Fall Bernard Cousty zu einem Wiederaufnahmeverfahren, im Rahmen dessen die Todesstrafe wegen verschiedener Formfehler in der ersten Verhandlung in eine lebenslange Haftstrafe umgewandelt wird.

Scénovision „Marion et la Bénéventine“: Oberflächlich betrachtet, wird hier für den Likör Bénéventine geworben. Doch was hier geboten wird, ist so viel mehr: magisch, ergreifend, verblüffend, ein Erlebnis für alle Sinne. In sechs Sälen verfolgt man in gut einer Stunde die Geschichte der fiktiven Bauerntochter Marion von 1874 bis 1914 und taucht dabei mitten hinein ins Geschehen. Man sitzt etwa an den Tischen eines urigen Wirtshauses, hört das Feuer knistern und die Pferde vor der Tür trampeln. Rahmen und Spiegel verwandeln sich in Bildschirme, und aus Lautsprechern erklingen die Dialoge. Man besucht die Apotheke und die Brennerei von Paul Pellissier, dem Wiederentdecker des Bénéventine, dessen Originalrezept auf die Mönche von Saint-Barthélémy zurückgehen soll. Dabei zieht einem der Duft der Heilkräuter in die Nase und die Seiten eines Buches sowie Türen werden von unsichtbarer Hand bewegt. Daran schließt sich noch ein weiteres, etwa halbstündiges Spektakel an: die berührende Geschichte von Marions Sohn, einem Zimmermann, der den Dachstuhl der Klosterkirche konstruiert hat. Im Anschluss darf man vom Likör kosten und im Laden „1900“ stöbern. Es lohnt sich auch ein kleiner Spaziergang durch die parkähnliche Landschaft hinter dem Gebäude (Start vom Parkplatz). Hier hat man die schönste Aussicht auf den Ort und erkennt noch gut seinen mittelalterlichen Charakter.

■ Eintritt 10 €. Ende Juni bis Mitte Sept. Di–So 9.45–12.30 und 13.45–18.30 Uhr, sonst Di–So 13.45–18.30 Uhr (letzte Vorführung jeweils um 17 Uhr). In den Weihnachtsferien geschlossen. Start alle 30 Min. Ein deutsches Info-Blatt führt in die Geschichte ein, doch Französischkenntnisse erhöhen das Vergnügen ungemein. 18, rue de l'Oiseau, ✆ 05-55623143, www.scenovision-benevent.fr.

Information Office de Tourisme, Juli/Aug. tägl. geöffnet, sonst → Website. 2, rue de la Fontaine, 23210 Bénévent-l'Abbaye, ✆ 05-556 26835.

Baden Naturschwimmbad im Freien in Marsac, in dem nicht die Chemie, sondern Pflanzen die Reinigung übernehmen. Konstant 25 C Badetemperatur. Juli/Aug. tägl. außer Di geöffnet. 4 km südwestlich von Bénévent. 1, Impasse de la Piscine, 23210 Marsac, ✆ 05-556 21656.

Fast wie in einer echten Destillerie dampft es in der Scénovision

Limousin | Die Creuse → Karte S. 332/333

Auch von Weitem schön: Bénévent-l'Abbaye mit seiner Klosterkirche

Einkaufen **La Broc'aux Locaux Station 23,** Lebens- und Genussmittel sowie Kunsthandwerk wie Keramik von rund 30 Erzeugern und Künstlern aus dem Umkreis werden in der Halle einer ehemaligen Autowerkstatt neben der Klosterkirche präsentiert. Fr/Sa 8.30–19 Uhr, So 9–13 Uhr. 1, place Saint-Barthélémy, ✆ 06-02551872.

Les Vergers du Grand Murat, 3 km nördlich von Bénévent werden 23 verschiedene Apfelsorten angebaut. Verkauf Ende Sept.–April 14–18 Uhr, auch von Säften, Gelees und Konfitüren, aber auch Fleisch aus der eigenen Rinderzucht. Besichtigungen nach Anmeldung im Sept./Okt. (mind. 10 Pers.). Le Grand Murat, ✆ 06-87772685, www.lesvergersdugrandmurat.fr.

Markt Jeden Di Bauernmarkt in Bénévent-l'Abbaye.

Übernachten/Essen ***** Hôtel Restaurant Nougier,** das Hotel-Restaurant 12 km westlich von Bénévent wird bereits in der dritten Generation geführt. Küchenchef Stéphane Nougier beweist einen guten Gaumen und Geschmack bei der Einrichtung. Die Gerichte sind regional, dabei originell und modern. Die Atmosphäre ist erfrischend elegant und stilvoll. Keines der 10 Zimmer gleicht dem anderen: Von rustikal bis modern ist alles dabei, jedes hat eine eigene Farbnote, hell sind sie aber alle. Pool im Freien, Ruhebereich. Sonntagabend bis Dienstagmittag geschlossen (Juli/Aug. nur Mo/Di mittags). 2, place de l'Église, 23290 Saint-Etienne-de-Fursac, ✆ 05-55636056, www.hotelnougier.fr. **€€–€€€**

Mein Tipp **La Bonneterie,** 1848 erbaut und, wie der Name schon sagt, zeitweise als Strickwarengeschäft genutzt. Heute bieten Monsieur und Madame Schlichter 3 adrette Gästezimmer an. Jedes ist in einem anderen Stil gehalten (neoklassisch, Art déco und romantisch), gemütlich und mit Antiquitäten bestückt. Eine Ruheoase verbirgt sich hinter dem Haus. Bei gutem Wetter bekommt man das Frühstück in dem riesigen Garten serviert. 25, rue des Écoles, 23320 Montaigut-le-Blanc (10 km von Bénévent), ✆ 05-55817746, www.la-bonneterie.fr. **€€€**

Mein Tipp **La Grange,** was auf den ersten Blick wie ein Trödelladen wirkt, ist eine Tapas-Bar mit Limosiner Häppchen. Mittags serviert Corinne ein üppiges Gericht, etwa Kartoffelgratin mit Rind oder einfach kalte Platten. Hungrig verlässt niemand den einstigen Pferdestall eines Postrelais. Auch beliebt, um den Tag bei einem Drink im kleinsten Innenhof der Welt oder auf der Terrasse unter dem Holzpavillon ausklingen zu lassen. Do Ruhetag. 46, rue du Pont de la Gartempe, 23240 Le Grand Bourg, ✆ 06-58997633. **€**

Bourganeuf

Das kleine Städtchen (2500 Einwohner) liegt eingebettet in die sanft hügelige Landschaft der Südwest-Creuse inmitten der Täler von Verger und Taurion, die den Ort beide gemächlich durchfließen. Auf einer kleinen Erhebung befindet sich die mittelalterliche Altstadt mit der ehemaligen Komturei und ihren drei stolzen Rundtürmen – in einem davon lebte einst ein Prinz aus tausendundeiner Nacht.

Komturei und Stadt gehen zurück auf den Johanniterorden, der hier im 12. Jh. seinen Hauptsitz im Limousin einrichtete. In der Komturei, die immer noch den Mittelpunkt des Ortes bildet, sind heute das Rathaus und ein Kino untergebracht. Nebenan schließt die alte Prioratskirche mit ihren fast schon orientalisch anmutenden Wandmalereien an. Vor dem Rathausplatz ist dem berühmtesten Sohn der Stadt eine Büste gewidmet – dem Politiker und „Maurer der Creuse" Martin Nadaud (→ S. 371).

Kein Sohn der Stadt, aber sicher ihr berühmtester Gast war der erwähnte Prinz. Eingeladen oder besser: herzitiert wurde er um 1480 von Pierre d'Aubusson, seinerzeit Großmeister des stadtbeherrschenden Johanniterordens. Der Prinz hieß Cem, auch genannt Zizim, und war einer der Söhne des mächtigen osmanischen Sultans Mehmed II., der das christliche Abendland mit der Eroberung Konstantinopels und dem Vordringen bis nach Italien buchstäblich das Fürchten gelehrt hatte. Nach dem Tod Mehmeds im Jahr 1481 lieferte sich

In der Komturei logierte einst ein türkischer Prinz

Cem mit seinem Bruder Bayezid einen erbitternden Kampf um die Nachfolge, geriet dabei militärisch ins Hintertreffen und musste fliehen. Dass ihn ausgerechnet die frommen Ordensritter unter ihre Fittiche nahmen – immerhin war auch Cem ein Repräsentant der muslimischen Bedrohung –, war rein taktisches Kalkül: Machthaber Bayezid wurde zugesichert, Cems immer noch bestehende Gelüste auf die Eroberung des osmanischen Throns im Zaum zu halten; im Gegenzug erklärte Bayezid seinen Verzicht auf weitere europäische Abenteuer im Stile seines Vaters. Cem war also nichts weiter als ein politisches Faustpfand, hübsch soll er es in Bourganeuf dennoch gehabt haben ...

Drei Jahre verbrachte Zizim in seinem „goldenen Gefängnis" im Turm, danach geschah in Bourganeuf viele Jahrhunderte nichts, was auch nur im Entferntesten an den Glanz des Prinzen aus tausendundeiner Nacht hätte anknüpfen können. Und so gelangte die Stadt erst wieder in den Blick der Öffentlichkeit, als die Zeichen der Zeit schon ganz auf Modernität eingestellt waren: 1886 speiste Bourganeuf als eine der ersten Städte Frankreichs seine Lichter mit elektrischem Strom und drei Jahre später hatte es in dieser Hinsicht sogar einen französischen Superlativ zu verbuchen: Erstmals gelang es, die neue Energiequelle über eine längere Distanz zu transportieren – von der hydraulischen Turbine am Wasserfall Cascade des Jarrauds über eine Strecke von 14 km direkt in den Ort.

Tour Zizim: Mit sieben Stockwerken ist er der höchste der drei Burgtürme, vom öffentlichen Parkplatz hinter der Burg betrachtet, steht er links. Pechnasen und Schießscharten sind noch vorhanden, obwohl der Turm mit seinen 2,80 m dicken Mauern nicht zur Verteidigung gebaut wurde, sondern einzig und allein, um dem türkischen Prinzen Cem Sultan Asyl zu gewähren. Der hatte sich nach dem verlorenen Machtkampf mit seinem Bruder Bayezid zunächst ins Hauptquartier der Johanniter auf der Insel Rhodos geflüchtet, war aber von dort vermutlich aus Sicherheitsgründen schon bald in die französische Provinz gebracht worden: zunächst in einen Stützpunkt der Ordensritter in der Region Rhône-Alpes, nach Fertigstellung des Turms im Jahr 1486 ging's dann nach Bourganeuf. Dort lebte er zwar in Gefangenschaft, richtete sich sein neues Zuhause aber prächtig ein – mit türkischem Bad und Harem. Heute sind im Tour Zizim Fundstücke aus der gallorömischen Zeit ausgestellt.

■ Eintritt 2 €, Führung 4 €. Juni bis Mitte Sept. Di–So 14.30–18.30 Uhr, zudem Mi 10–12 Uhr, Mitte Juli bis Aug. Führungen Mi um 14.30 Uhr (4,50 €), auch auf Englisch. ✆ 05-55641220.

Pôle des Énergies: Bourganeuf war die dritte Stadt Frankreichs, die auf elektrischen Strom setzte. 60 Glühbirnen brachte man 1886 damit zum Leuchten, erzeugt wurde der Strom mit der Wasserkraft des Verger. Mehr Kraft und damit gesteigerte Kapazitäten versprachen die Cascades des Jarrauds bei Saint-Martin-Château und so entschloss man sich schon bald, den 14 km von Bourganeuf entfernten Wasserfall für die Stromversorgung der Stadt nutzbar zu machen. Unter der Leitung von Marcel Deprez entstanden binnen zweier Jahre die notwendigen technischen Gerätschaften (eine hydraulische Turbine und ein Generator); die eigentliche Pionierleistung bestand aber darin, Wasserfall und Stadt über kilometerlange elektrische Kabel miteinander zu verbinden. Heute lohnt sich der Ausflug zu den Cascades aus zwei Gründen: wegen des schönen Naturschauspiels, bei dem sich die Maulde zwischen Granitfelsen in 15 m hohe Wasserfälle ergießt, und wegen des modernen Energiezentrums, auf dem

Das Energiezentrum widmet sich auch der Geschichte der Elektrizität

sich einst das Elektrizitätswerk befand. Es zeichnet die Geschichte der Elektrifizierung von Bourganeuf und Frankreich nach und behandelt Erneuerbare Energien. Spannend ist ein Simulator, der zeigt, wie sich Energie aus Photovoltaik und Wasserkraft gewinnen lässt. Im Freien läuft noch eine Turbine aus dem Jahr 1920.

■ Eintritt 6 €. Juli/Aug. Mo/Mi 10–12 und 14.30–18 Uhr, Do–So 14.30–18 Uhr, sonst → Website. 19, route de la Cascade, ✆ 05-556 42626, www.poledesenergies.fr.

Maison Martin Nadaud: Auf dem Anwesen 10 km nordöstlich von Bourganeuf (D 941) kam Martin Nadaud 1815 zur Welt, verlassen musste er es 1898. Ihm zu Ehren wurde eine Mischung aus Museum und Scénovision eingerichtet. Nadaud war Maurer, Freimaurer und Politiker mit sozialistischer Gesinnung, der sich für die Rechte der Arbeiter stark machte. Prägend hierfür war seine Zeit in Paris. Wie viele andere Arbeitsmigranten vom Land war er als einfacher Handwerker an den städtebaulichen Großprojekten beteiligt, die der Hauptstadt ab Mitte des 19. Jh. unter der Ägide des Pariser Präfekten Haussmann ein komplett neues Erscheinungsbild verpassten. Das und mehr über sein Leben erfährt man im Maison Martin Nadaud. Die Reise beginnt mit einer Kutschfahrt in Paris und endet im Garten, wo man Auszügen aus den Werken dieses bedeutenden Mannes lauschen kann.

■ Eintritt 6 €. Zuletzt war das Museum geschlossen. Wiedereröffnung bzw. Öffnungszeiten → Website. Audioguide auf Englisch. La Martinèche, 23250 Soubrebost, ✆ 05-556425 15, www.martinadaud-martineche.com.

Musée de la Mine: Rund 7 km nördlich von Bourganeuf liegt der kleine Ort Bosmoreau-les-Mines, dessen wirtschaftliches Standbein Ende des 18. bis

Limousin | Die Creuse → Karte S. 332/333

Mitte des 20. Jh. die Steinkohleförderung war. Daran erinnert das Minenmuseum. Sieben Stationen widmen sich der Geschichte sowie der Arbeit in der Mine. Bergwerke in Form von Modellen und eine Küche einer Bergarbeitersiedlung wurden nachgebaut. Im Anschluss an den Rundgang kann man zwei Spaziergänge (Les Chemins de Fer) zum ehemaligen Minengelände machen.

■ Eintritt 6 €. Juli/Aug. Mo–Fr 14–18.30 Uhr, sonst auf Anfrage. 28, rue Mairie, 23400 Bosmoreau-les-Mines, ✆ 05-55642052, www.museedelamine.fr.

Vélorail de Bosmoreau-les-Mines: Die stillgelegten Minengleise in Bosmoreau werden heute für Vélorail-Fahrten genutzt. Ein abenteuerliches Erlebnis mit Nervenkitzel: Die zu einem Fahrrad umfunktionierte Draisine schlittert gleich am Anfang steil den Berg hinab. Die gesamte Fahrt – hin und zurück 10 km – führt durch den Wald im Tal des Taurion, u. a. geht's auch über ein kleines Viadukt. Am Ziel bietet sich eine tolle Aussicht auf die Komturei von Bourganeuf.

■ Fahrt 25 € (4/5 Pers.), Mai–Sept. tägl. 10–17.30 Uhr, Abfahrt 10.30/14/16 Uhr, im Juli/Aug. mit Reservierung. 15 Min. vor der Abfahrt sollte man da sein. Le Bourg, 23400 Bosmoreau-les-Mines, ✆ 05-55641091.

Bison-Park: Endlose Prärien gibt es in der Creuse nicht, aber immerhin ein 50 ha großes Gehege 7 km nördlich von Bourganeuf, in dem sich 60 Bisons tummeln. Mit Geländewagen wird man durch das Areal kutschiert und kommt den Tieren so relativ nah. Wer Produkte aus Bisonfleisch kosten möchte, ist hier ebenfalls richtig. Zudem werden Ausflüge mit Pferden und Ponys angeboten.

■ Eintritt 7 €. Juli/Aug. tägl. 14–18 Uhr, sonst auf Anfrage. Le Palais, ✆ 05-55641563, www.fr.bison-nature.com.

Pierre aux neuf gradins: Eine wundersame Felsenansammlung krönt den Puy Maria etwa 11 km nordöstlich von Bourganeuf beim Weiler La Martinèche. Auf dem Gipfel des 574 m hohen Berges haben Erosionen bis zu 3 m hohe und 7 m breite Granitbrocken in kuriosen Formen hinterlassen. Drei wurden durch Menschenhand bearbeitet, darunter auch der *pierre aux neuf gradins,* dessen neun Stufen zu zwei Wasserbecken hinaufführen. Martin Nadaud hielt sich gerne an diesem Ort auf.

Information **Office de Tourisme,** Juli/Aug. tägl. geöffnet, sonst → Website. Place du Champ de Foire, 23400 Bourganeuf, ✆ 05-556 41220, www.tourisme-creuse.com/creuse-sud-ouest.

Verbindungen Ein **Bus** fährt tägl. nach Aubusson/Felletin, Guéret, La Souterraine und nach Limoges vom Place de l'Hôtel de Ville.

Kino **Cinéma Claude Miller,** das Kino ist in einem Teil der Komturei untergebracht. Place du Mail, ✆ 05-55640226.

Markt Wochenmarkt im Zentrum von Bourganeuf jeden Mittwochvormittag.

Übernachten/Essen **Le Terminus,** kleines, sympathisches Restaurant mit Barcharakter gegenüber der Komturei. Auf den Teller kommen einfache Leckereien wie Hähnchenschlegel mit Kartoffelbrei oder Schweinebraten. Do abends und So geschlossen. 27, rue Zizim, ✆ 07-71801168. **€–€€**

Les Berry's, Gästehaus, etwa eineinhalb Kilometer außerhalb vom Zentrum (an der D912), Außen wirkt es etwas pfui, davon darf man sich nicht täuschen, denn innen ist es mehr als hui, Besonders angetan hat es uns der geschmackvoll eingerichtete Salon, in dem mit einem üppigen Frühstück aufgewartet wird. Herzig und schick sind die 3 Gästezimmer. Ein schöner Platz zum Erholen ist zudem der gepflegte Garten. ✆ 07-84840059, 2, Les Combettes. **€**

mein Tipp **Bois Tordu,** was für eine Entdeckung! Das Restaurant im modernen Holzhaus befindet sich 8 km westlich von Bourganeuf direkt an der D 941. Puristisch gibt sich nicht nur der helle Speiseraum mit wenigen Kunstwerken an den sonst nackten Wänden, sondern auch die Karte. Es steht eigentlich nur ein Menü zur Auswahl mit Produkten der Saison, dafür schmeckt es maximal gut. Auch vegetarisch. Modern, nachhaltig und trotz der Lage an der Landstraße fast wie in der Natur. Wer einen Platz auf der Terrasse erwischt, kann bei Vogelgezwitscher seinen Gaumen erfreuen. Das Restaurant wird durch ein Feinkostlädchen mit Produkten lokaler Erzeuger sowie eine kleine Rösterei erweitert. Mi Ruhetag, Mittagsküche sowie Fr und Sa abends. Les Brutisses, 23400 Montboucher, ✆ 06-47133637. **€€**

Auberge Chez Nous, Chabatz d'entrar – Treten Sie ein! So empfängt das rustikale Restaurant, auf einem alten Gutshof 3 km nördlich von Bourganeuf, seine Gäste. Die Atmosphäre ist typisch für die Region: alte Steinwände, Holzbalken und der traditionelle Kamin. Und die Küche natürlich auch mit Confit, Foie gras, Limousin-Rind und Fondu creusois. Öffnungszeiten auf der Website oder auf Facebook nachschauen, da das Restaurant immer wieder vorübergehend geschlossen ist. Les Gouttes, 23400 Masbaraud-Merignat, ✆ 05-55641883, www.cheznous23.com. **€€**

Stein auf Stein – die Maurer der Creuse

Die vielen charmanten Steinhäuschen im Limousin lassen es bereits vermuten: Der Beruf des Maurers war in der Creuse weit verbreitet. Die fleißigen Handwerker machten sich sogar als Maçons de la Creuse – Maurer der Creuse – einen Namen. Der Beruf war allerdings auch im Norden der Corrèze und im Osten der Haute-Vienne stark vertreten.

Jedes Jahr unternahmen die Maurer der Creuse notgedrungen eine Wanderung in große Städte. Denn meist besaßen die Männer nur wenig Land, das für die Landwirtschaft kaum geeignet war und zum Leben nicht reichte. Sie mussten daher andernorts Geld verdienen. Und wo ging das besser als in den wachsenden Städten? Etwa die Hälfte zog es nach Paris, die andere Hälfte nach Lyon und Saint-Étienne. Los ging es zwischen dem 1. März und dem 15. April, natürlich zu Fuß. Meist verließen die Maurer für zwei, vier oder sogar fünf Jahre ihre Familien. Zurück blieben Frauen und Kinder, um den Hof zu bestellen. Fast ausgestorbene Ortschaften waren kein ungewöhnliches Bild.

Die Maurer-Migration reicht bis ins späte Mittelalter zurück und kam im 17. Jh. zunehmend in Fahrt. Beim Bau der Basilika in Saint-Denis hatten die Maurer der Creuse ihre geschickten Finger im Spiel oder bei der Errichtung des Damms Richelieu in La Rochelle. Ihren Höhepunkt erreichte die Wanderung aber im 19. Jh.: Rund 35.000 Maurer verließen für die Saisonarbeit ihre Heimat, manche Quellen berichten sogar von 50.000.

Der bekannteste Maurer der Creuse war Martin Nadaud. Bereits mit 14 Jahren wanderte er mit seinem Vater nach Paris. Dort erfuhr er die schlechten Arbeitsbedingungen am eigenen Leib, was sein späteres Wirken als Politiker stark beeinflusste.

Limousin | Die Creuse → Karte S. 332/333

Die Corrèze

Im landschaftlich facettenreichsten Departement des Limousin treffen raue Mittelgebirgslandschaften, ausgedehnte Wälder und tief eingegrabene Flusstäler auf schroffe, südlich geprägte Landstriche, wo Klima und Mentalität dem Périgord schon ganz nah sind.

Rund 239.00 Menschen leben hier auf 5 857 km² Fläche – Tendenz sinkend. Die Corrèze ist Wiege zweier Staatspräsidenten und der „schönsten Dörfer Frankreichs".

In dem Land, in dem Walnüsse, Steinpilze und natürlich Kastanien gedeihen (mit durchschnittlich 1500 Tonnen Jahresproduktion noch sehr bedeutend), finden die Menschen leider kaum Arbeitsplätze. Dafür lässt sich in der dünn besiedelten Region herrlich Urlaub machen: Eine Fülle von Stauseen, herrliche Flusstäler und nicht zuletzt die ungestörte Ruhe sorgen für ideale Rahmenbedingungen.

Malerische Dörfer setzen Akzente gegenüber einigen größeren Städten. Tulle ist die nüchterne Verwaltungshauptstadt des Departements. Das lebendige Zentrum ist jedoch Brive mit seinen vielen kleinen Läden, seinen vorzüglichen Restaurants und seinen weltoffenen Bewohnern. Und an den südlichsten Ausläufern des Plateau de Millevaches kann sich das ansonsten nicht allzu spektakuläre Ussel damit rühmen, dass zwei französischen Staatspräsidenten hier ihre Karriere starteten: Jacques Chirac und François Hollande.

Was anschauen?

Collonges-la-Rouge: Die Mutter der schönsten Dörfer Frankreichs, der „plus beaux villages de France", ist Collonges-la-Rouge. Der Ort mit den aus rotem Sandstein errichteten Häusern war der erste, der dieses Label trug. Dabei ist der rote Stein untypisch für die Corrèze, wo man sonst eher unverputzte Steinhäuser aus Granit findet. **→ S. 391**

Schiefersteinbrüche von Travassac: Die meisten Häuser in der Corrèze sind mit dunklen Schieferziegeln gedeckt. Sie stammen aus dem Schiefersteinbruch Pans de Travassac. Klein fühlt man sich, wenn man zwischen den eindrucksvollen Felswänden wandelt.

Führungen durch die bizarre Landschaft → **S. 395**

Tours de Merle: Die wohl schönste Burgruine der Corrèze erhebt sich auf einem kleinen Felsplateau in einem bewaldeten Tal in der Xaintrie. Hat man erst einmal die Türme erklommen, bietet sich ein lohnenswerter Rundumblick. → **S. 426**

Château de Pompadour: In Arnac-Pompadour dreht sich (fast) alles ums Pferd. Pferderennen und -zucht spielen eine bedeutende Rolle. Die königlichen Ställe befinden sich auf dem Gelände des Schlosses, das Madame de Pompadour zu ihrem Adelstitel verhalf. Wer kein Interesse an Pferden hat, besichtigt das Schloss. → **S. 400**

Orgues de Bort: Eine ungewöhnliche Kulisse umgibt Bort-les-Orgues – bis zu 100 m hohe Gesteinsäulen, die sich wie Orgelpfeifen (orgues) aneinanderreihen. Die Felsen sind bei Kletterern beliebt. Aber auch vom Parkplatz aus bietet sich ein fantastisches Panorama. → **S. 433**

Was unternehmen?

Aufstieg zu den Cascades de Gimel: In drei Stufen stürzen die Wasserfälle nahe Tulle in die Tiefe – der Dritte fällt ganze 60 m hinab. Fast schon hautnah kommt man dem Naturereignis bei einem Spaziergang. → **S. 415**

Marktbummel in Brive-la-Gaillarde: Die wohl berühmteste Markthalle Frankreichs, Marché Georges Brassens, ist nach dem Sänger benannt und eine Institution. Hier gibt es wirklich alles, was das Genießerherz begehrt. → **S. 381**

Unterwegs auf historischen Kähnen: In 18 m langen Lastkähnen (gabares) wurde früher Holz auf der Dordogne bis nach Bordeaux transportiert. Heute sind geführte Rundfahrten ab Argentat-sur-Dordogne auf nachgebauten Gabarren ein nachdrückliches Erlebnis. → **S. 423 Kasten**

Wo baden?

Lac du Causse: Am See, südwestlich von Brive gelegen, kann man eine wohltuende Auszeit verbringen. Hier lässt es sich, umgeben von hohen Hügeln, besonders schön baden. → **S. 388**

Lac de Triouzoune: Das 410 ha große Badeparadies bei Neuvic ist vor allem für seine hervorragende Wasserqualität bekannt. → **S. 436**

Was sonst noch?

Vin paillé: Ein aromatischer, süßer Tropfen wird im Süden der Corrèze hergestellt. Sein Name, Strohwein, rührt daher, weil die Trauben früher auf Strohmatten lagerten und trockneten. → **S. 431 Kasten**

Musée de Jaques Chirac: Das Museum in Sarrin stellt die kuriosen Gastgeschenke des verstorbenen Staatspräsidenten aus, die er im Laufe seiner Amtszeit erhielt und auch verschenkte. → **S. 454**

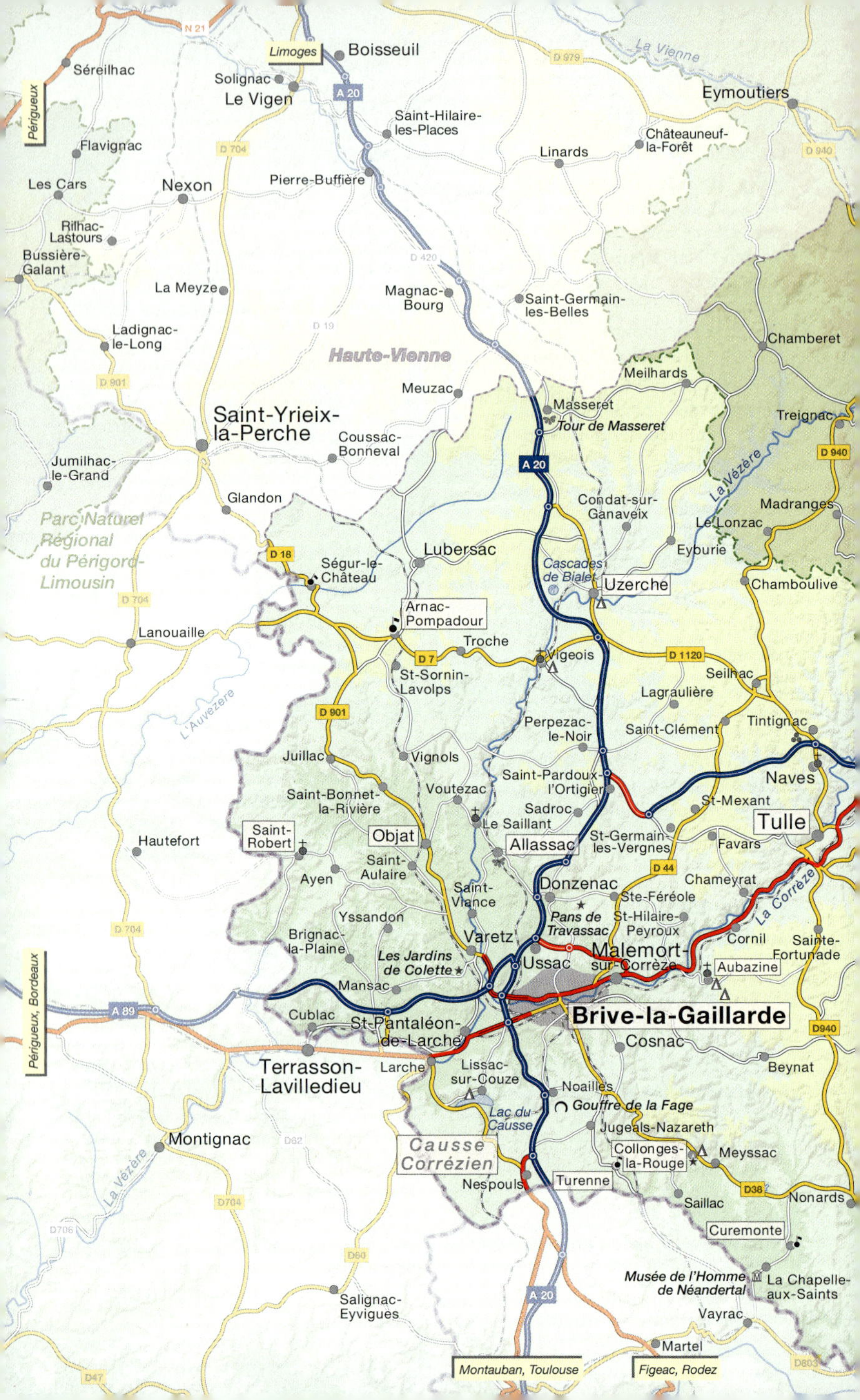

Limoges
Boisseuil
Séreilhac
Solignac
Le Vigen
Périgueux
La Vienne
Eymoutiers
Saint-Hilaire-les-Places
Châteauneuf-la-Forêt
Flavignac
Linards
Les Cars
Nexon
Pierre-Buffière
Rilhac-Lastours
Bussière-Galant
La Meyze
Magnac-Bourg
Saint-Germain-les-Belles
Ladignac-le-Long
Haute-Vienne
Chamberet
Meilhards
Meuzac
Masseret
Tour de Masseret
Treignac
Saint-Yrieix-la-Perche
Coussac-Bonneval
Jumilhac-le-Grand
La Vézère
Glandon
Condat-sur-Ganaveix
Madranges
Parc Naturel Régional du Périgord-Limousin
Le Lonzac
Lubersac
Eyburie
Ségur-le-Château
Cascades de Bialet
Uzerche
Chamboulive
Arnac-Pompadour
Lanouaille
Troche
Vigeois
Seilhac
St-Sornin-Lavolps
Lagraulière
L'Auvezère
Perpezac-le-Noir
Tintignac
Saint-Clément
Juillac
Vignols
Saint-Pardoux-l'Ortigier
Naves
Saint-Bonnet-la-Rivière
Voutezac
St-Mexant
Sadroc
Tulle
Le Saillant
Hautefort
Saint-Robert
Objat
Allassac
St-Germain-les-Vergnes
Favars
Saint-Aulaire
Ayen
Chameyrat
Saint-Viance
Donzenac
Ste-Féréole
Yssandon
Pans de Travassac
St-Hilaire-Peyroux
La Corrèze
Brignac-la-Plaine
Varetz
Cornil
Sainte-Fortunade
Malemort-sur-Corrèze
Les Jardins de Colette
Ussac
Aubazine
Mansac
Périgueux, Bordeaux
Brive-la-Gaillarde
Cublac
St-Pantaléon-de-Larche
Cosnac
Terrasson-Lavilledieu
Larche
Lissac-sur-Couze
Beynat
Noailles
Gouffre de la Fage
Lac du Causse
Jugeals-Nazareth
Montignac
Causse Corrézien
Collonges-la-Rouge
Meyssac
Nespouls
Turenne
Saillac
Nonards
Curemonte
Musée de l'Homme de Néandertal
La Chapelle-aux-Saints
Salignac-Eyvigues
Vayrac
Martel
Montauban, Toulouse
Figeac, Rodez

Die Corrèze
5 km
Creuse
Corrèze
Cantal
Lac de Vassivière
Gentioux-Pigerolles
Faux-la-Montagne
Nedde
Flayat
Herment
Peyrelevade
La Courtine
Sornac
Plateau de Millevaches
Millevaches
Saint-Merd-les-Oussines
Saint-Rémy
Eygurande
Merlines
Bourg-Lastic
Clermont-Ferrand
A 89
La Diège
Site gallo-romain des Cars
Tourbière du Longeyroux
Viam
Bugeat
Pérols-sur-Vézère
Mont Pendu 977
Mont Bessou 976
D 979
D 982
D 1089
D 27
D 36
Ussel
Meymac
Le Viaduc des Farges
Parc Naturel Régional de Millevaches en Limousin
Confolent-Port-Dieu
Mestes
Monestier-Port-Dieu
Suc-au-May 908
Maison de Pays des Monédières
Saint-Yrieix-le-Déjalat
Maussac
La Triouzoune
Moulin de Valiergues
Margerides
Château de Val
Chaumeil
Massif des Monédières
Site de Saint-Nazaire
Barrage de Bort-les-Orgues
St-Augustin
Sarran
Égletons
Liginiac
Château de Ventadour
Lac de Triouzoune
Les Orgues de Bort
Bort-les-Orgues
Meyrignac-l'Église
Neuvic
Moustier-Ventadour
D 991
Corrèze
Rosiers-d'Égletons
La Dordogne
Ydes
La Sumène
D 26
Site Gratte-Bruyère
D 3
Gimel-les-Cascades
Cascades de Gimel
Château de Sédières
D 16
Lapleau
D 922
Clergoux
D 978
Laval-sur-Luzège
Soursac
Marcillac-la-Croisille
Viaduc des Rochers Noirs
D 678
D 10
Barrage de l'Aigle
Mauriac
Le Mars
La Roche-Canillac
Auriac
Les Jardins Sothys
Lagarde-Enval
Cascade de Salins
D 1120
D 18
D 680
Saint-Privat
Fermes du Moyen-Âge
Salers
Pleaux
Parc Naturel Régional des Volcans d'Auvergne
Saint-Julien-aux-Bois
D 980
Argentat-sur-Dordogne
Barrage d'Argentat
Xaintrie
Maronne
Monceaux-sur-Dordogne
Tours de Merle
Saint-Cernin
D12
D41
Mercœur
D922
Beaulieu-sur-Dordogne
La Cère
Laroquebrou
D653
D120
Astaillac
Lac de Saint-Étienne-Cantalès
Bretenoux

Eines der schönsten Dörfer Frankreichs: Ségur-le-Château

Das Becken von Brive

„Willkommen in Südfrankreich!", möchte man ausrufen, wenn man sich Brive nähert. Weit weg ist man vom rauen Klima und dem herben Charakter des Plateau de Millevaches (→ S. 442) im Nordosten der Corrèze. Hier öffnet sich die nur noch etwa 100 m über dem Meeresspiegel gelegene Landschaft in Richtung Périgord und präsentiert sich südländisch, ebenso wie die Menschen und die Küche. Die Einwohner von Tulle, der Hauptstadt der Corrèze, werden eher als rückständig und provinziell betrachtet, man sieht in Brive nicht viele Gemeinsamkeiten mit der eigenen Weltoffenheit, Lebensfreude und Modernität.

Brive-la-Gaillarde

→ Karte S. 384/385

Brive ist so etwas wie das Los Angeles des Limousin: Auf den Hügeln ringsum haben sich die Wohlhabenderen angesiedelt und genießen von dort einen wundervollen Blick auf die Stadt. Wie in L. A. eben – nur dass das Zentrum von Brive um ein Vielfaches schöner ist.

Wer im Limousin das Zentrum verfeinerter Lebensart sucht, ist in Brive, seit 1919 korrekt Brive-la-Gaillarde, genau richtig. In der quirligen 47.000-Einwohner-Stadt laufen die Warenströme zusammen. Auf ihrem berühmten Markt kann man von allen Spezialitäten des Limousin (und des nahen Périgord) kosten, in den von netten Cafés und Restaurants gesäumten Straßen treffen sich die Brivistes zum Sehen und Gesehenwerden. Ihr Selbstbewusstsein trägt die Stadt auf der Brust vor sich her: „100 % Gaillarde" heißt die Kampagne, zu der man im Office de Tourisme T-Shirts kaufen kann. Die Übersetzung ist variabel: Ein *gaillard* kann, je nach Kontext, ein „echter Kerl" sein, aber auch ein Spaßvogel und guter Kumpel. Den Beinamen bekam die Stadt, als sie im 15. Jh. eine wehrhafte Stadtbefestigung anlegte. In diesem Sinne bedeutet „Gaillarde" eher „die Rüstige" oder „Kräftige". Das sind die Brivistes noch heute. Schließlich sind sie sehr aktiv und sportlich – und mächtig stolz auf die starken Männer des CA Brive, ihres Rugby-Vereins, der in der ersten Liga mitmischt und im weiten Umkreis eine extreme Popularität genießt.

Geschichte

Die Ursprünge Brives reichen zurück bis in die gallorömische Zeit, als an einer Brücke über die Corrèze die Siedlung Briva Curretia errichtet wurde. Daher auch der Name: Das gallische Wort „Briva" bedeutet Brücke. Der Fluss durchzog damals in mehreren Armen das Gebiet und die Lebensbedingungen in dem zu jener Zeit feuchten Sumpfland waren nicht einfach. Im Jahr 407 kam Martin l'Espagnol hierher in der Absicht, die Bewohner der Gegend zu christianisieren. Er sollte diesen Versuch zwar nicht überleben, Erfolg hatte er in gewisser Weise aber letztendlich dennoch, denn der Bischof von Limoges ließ Ende des 5. Jh. auf seinem Grab eine Kirche errichten, aus der sich später die Stiftskirche Saint-Martin entwickelte.

Im 12. Jh. entstand eine erste kleine Stadtmauer um das Kirchenareal. Eine Burg gab es nie, schließlich waren für die Verteidigung lange die Vizegrafen von Turenne und die Herren von Malemort zuständig. Im Jahr 1225 wurde Brive jedoch von König Ludwig VIII. offiziell zum Konsulat ernannt und damit unabhängig. Die Konsuln beherrschten die Stadt bis zur Französischen Revolution. 1430 errichtete man eine neue, deutlich mächtigere Mauer mit einer Länge von 1600 m und sieben Tortürmen. Heute folgen die großen Boulevards um die Altstadt dem ehemaligen Mauerverlauf. Im späten Mittelalter errichtete man außerdem eine Brücke mit 13 Bögen über die Corrèze und ihre Nebenarme. Sie soll vom Beginn der heutigen Rue Toulzac bis zur Mitte der Avenue de Paris gereicht haben.

Damals floss die Corrèze also nicht so weit nördlich der Altstadt wie heute. Das ergab sich erst ab 1730, als man die Gegend um den Marktplatz trockenlegte und den Fluss in einem einzigen Bett kanalisierte. Leider, möchte man meinen. Die Corrèze könnte eine Renaturalisierung gut gebrauchen. Nördlich der Altstadt ist der Fluss nicht etwa von schönen Cafés gesäumt, sondern von hohen Mauern, die ihm den Charakter eines großen Abwasserkanals verpassen.

Einen enormen Aufschwung erlebte die auch am Schnittpunkt zweier Autobahnen (die A 20 Paris–Toulouse und die A 89 Bordeaux–Clermont-Ferrand) gelegene Stadt mit dem Anschluss an das französische Eisenbahnnetz im Jahr 1860. Der Ausbau zum Eisenbahnknotenpunkt verhalf dem damals noch weniger als 10.000 Einwohner zählenden Ort zu seiner heutigen Bedeutung. Auch während des Zweiten Weltkriegs blieb Brive „La Gaillarde": Am 15. August 1944 war es die erste Stadt in Frankreich, die sich selbst von der deutschen Besatzung befreien konnte. Wirtschaftlich hat gegenwärtig neben dem Elektroniksektor vor allem die Produktion von Obst und Gemüse einen hohen Stellenwert.

Sehenswertes

Einen Rundgang durch die Stadt startet man am besten bei der Markthalle (und

Limousin | Die Corrèze → Karte S. 376/377

zwar vorzugsweise samstags!) am Place du 14 Juillet nördlich der Altstadt. Dort glaubt man sich kurz ans Meer versetzt, denn über dem Platz erhebt sich ein 22,50 m hoher Leuchtturm. Bei dem vermeintlichen Signalfeuer handelt es sich jedoch um einen 1834 erbauten Wasserturm, der früher einmal die umliegenden Brunnen versorgte. In dem Gebäude am Fuße des Turms ist das Office de Tourisme untergebracht, der Turm selbst kann bestiegen werden. Dominiert wird der Platz von der in makellosem Weiß erstrahlenden Rokoko-Fassade des Stadttheaters, das 2011 nach langer Umbauzeit wiedereröffnet wurde. Hinter dem historischen Gebäude schließt sich ein moderner Anbau an. Die Lebensader der Stadt ist die Rue Toulzac, eine von unzähligen Geschäften gesäumte Fußgängerzone, die die Altstadt von Nord nach Süd durchzieht. Gleich an ihrem Anfang lohnt sich ein Abstecher in die Rue de Corrèze, wo man eintaucht in eine Welt aus hellem Sandstein und Schieferdächern, aus kleinen Läden und Cafés. Menschen und Straßen haben sich hier offenbar gleichermaßen herausgeputzt. Nach ein paar Metern trifft man auf die Kapelle Saint-Libéral aus dem 15. Jh. mit ihrem romanischen Portal, inder Austellungen zeitgenössischer Künstler zu sehen sind. In der Rue Majour schließlich, in die die Rue de Corrèze mündet, erblickte der in den Revolutionskriegen und unter Napoleon berühmt gewordene Guillaume Brune 1763 das Licht der Welt. Der stolze Marschall steht als Statue auf dem Place du 14 Juillet. In derselben Straße wurde 35 Jahre später auch Jean Firmin Marbeau geboren, der 1844 in Paris die erste Kinderkrippe Europas gründete.

Im Zentrum der Stadt erhebt sich mächtig die Stiftskirche Saint-Martin, nebenan lässt sich im schmalen Gässchen Rue des Échevins der an einem Haus klebende Tour des Échevins bewundern, der mit Skulpturen, verschnörkelten Säulen und vielen Renaissance-Elementen übersät ist. In dieser Straße residierte früher der Geldadel. Überall in der Altstadt finden sich solche mit Türmchen verzierte Herrenhäuser. Architektonisch trumpft

Steinerner Sisyphos im Garten des Stadtarchivs

auch das Rathaus auf. Es hat wie der Pariser Elysée-Palast einen repräsentativen Ehrenhof, der sich aus unzähligen großen Kieselsteinen zusammensetzt. Es wurde im 17. Jh. für die Priesterkongregation der Doktrinarier errichtet. Anschließend diente es bis zum Zweiten Weltkrieg als Knabenschule. Fußläufig erreicht man das Maison Cavaignac, ein ehemaliges Klarissenkloster im Louis-treize-Stil, in dem mittlerweile das Stadtarchiv residiert. Bemerkenswert ist eine protzige Sisyphos-Statue im Garten. Folgt man noch ein Stück dem Boulevard Jules Ferry, gelangt man zu einem besonders beeindruckenden Renaissancebau: das im 16. Jh. erbaute Hôtel Noble de Labenche, das heute das Stadtmuseum beherbergt. Einen Rundgang kann man in der nahegelegenen Halle Gaillarde ausklingen lassen. Die moderne Markthalle liegt südlich von der Altstadt. Brive will damit einen trendigen Gegenakzent zum traditionellen Marché Georges Brassens im Norden des Zentrums setzen – und das ist gelungen.

Marché Georges Brassens: Die Markthalle auf dem Place de la Guierle ist nach dem Sänger Georges Brassens benannt, der 1952 in seinem Chanson „Hécatombe“ („Blutbad“) eine Schlägerei zwischen alten Marktfrauen und Polizisten auf dem Markt von Brive beschrieb. Ein Blutbad erwartet den Besucher hier natürlich nicht, sondern ein sinnliches Erlebnis, zu dem die Menschen in Massen strömen. An rund 200 Ständen und Buden dampfen die Pfannen, findet man Brot mit Nüssen, Feigen, Sesam und Müsli oder Würste mit Steinpilzen und Blaubeeren, hier vermengen sich die Gerüche von Doraden, Seehechten, Garnelen und Kraken und biegen sich die Stände unter der Last von Radieschen, Erdbeeren, Orangen oder des feinen Käses aus der Auvergne. Für die Einheimischen ist dieser Markt eine Institution, bei der man sich (vor allem samstags) einfach sehen

Alter Wasserturm neben dem Theater

lassen muss. Schließlich geht die Markttradition bis ins Jahr 1241 zurück. Zeitgenössische Künstler stellen an den Wänden ihre Werke aus.

▪ Di, Do, Sa 7.30–13 Uhr. Place du 14 Juillet / Place de la Guierle.

Collégiale Saint-Martin: Im Zentrum der Altstadt erhebt sich 60 m hoch die Stiftskirche aus Sandstein, die ab 1180 erbaut und mehrfach erneuert wurde, das romanische Kirchenschiff etwa tauschte man Anfang des 13. Jh. gegen ein gotisches aus. Der neoromanische Turm stammt aus dem 19. Jh. In der Krypta finden sich Mauerreste der ersten Kirchen von Brive aus dem 5. und 6. Jh. sowie einige Sarkophage. Insgesamt ist im Inneren wenig Herausragendes zu sehen, immerhin aber ein aus einem einzigen Sandsteinblock gefertigtes, großes Taufbecken aus dem 12. Jh. Der Missionar Martin l'Espagnol, der 407 gesteinigt wurde und den Märtyrertod starb, ist in der Kirche begraben.

Chapelle Saint-Libéral: errichtet Anfang des 15. Jh. auf dem Grab (oder in dessen Nähe) von Saint Libéral, der im

Limousin | Die Corrèze → Karte S. 376/377

10. Jh. verstarb. Die Kapelle zieht Besucher vor allem wegen Kunstausstellungen und Veranstaltungen an.

▪ Eintritt frei, Mai–Sept. Mo–Sa 10–18 Uhr, So 15–18 Uhr, Okt.–April Mo–Sa 12–18 Uhr, So 15–18 Uhr. Rue Corrèze, ✆ 05-55744129, www.museelabenche.fr.

Distillerie Denoix: Diese Destillerie nur unter der Rubrik „Einkaufen" zu verstecken, wäre ein Frevel. Ihr Besuch ist ein einzigartiges Erlebnis, bei dem man mit der Nase den betörenden Geruch von Walnüssen und Likör aufsaugt und mit den Augen die alten Kupferkessel, die Eichenfässer und die roten Backsteine bewundert. Und natürlich die lang gezogene Theke mit Hunderten von Flaschen der hauseigenen Spirituosen. Seit 1839 produziert die Familie Denoix nach traditionellen Methoden Liköre und Aperitifs. Die Klassiker sind der auf der Basis von Walnüssen („noix") hergestellte QuinquiNoix und der Suprême Denoix, aber auch Liköre mit Fenchel, Orange oder Schokolade und der berühmte violette Senf gehören zum Sortiment.

▪ Di–Sa 9.30–12.30 und 14.30–19 Uhr, Juli/Aug. auch Mo geöffnet. Kostenlose Führungen Juli/Aug. Di–Fr um 14.30 Uhr. 9, boulevard du Maréchal-Lyautey, ✆ 05-55743427, www.denoix.com.

Musée Labenche d'Art et d'Histoire: Das Stadtmuseum ist schon allein wegen der prächtigen Renaissance-Architektur und dem schönen Ehrenhof einen Besuch wert: Jean de Calvimont, Justizminister des Königs für das Bas-Limousin, ließ es 1540 erbauen. Im Innern empfängt das Museum die Besucher mit einem Piano des berühmten Komponisten Claude Debussy und erzählt dann in 17 Sälen Brives Geschichte von prähistorischen und gallorömischen Funden bis zur Gegenwart. Herausragende Exponate sind zehn Tapisserien aus der königlich-englischen Manufaktur von Mortlake und eine Akkordeon-Sammlung mit Instrumenten, die im 19. Jh. von François Dedenis in Brive hergestellt wurden. Kleiner Shop im Foyer.

▪ Eintritt 5 €. Tägl. außer Di, Mai–Sept. 10–12.30 und 13.30–18.30 Uhr, Okt.–April 14–18 Uhr. Sonderausstellungen sind kostenlos, Mo und Mi–Sa 12–18 Uhr, So 15–18 Uhr. 26 bis, boulevard Jules Ferry, ✆ 05-55181770, www.museelabenche.fr.

Musée Edmond Michelet: Ein veritables Forschungszentrum zum Zweiten Weltkrieg hat sich im ehemaligen Wohnhaus von Edmond Michelet, ehemals Anführer der Résistance-Gruppe „Combat", etabliert. 4500 Bände umfasst die Bibliothek. Öffentlich zugänglich ist auch das Museum: In neun Sälen kann man sich ausführlich über Résistance, Deportation, Besatzungszeit, Propaganda (das Museum ist im Besitz von mehr als 400 Plakaten), Befreiung und natürlich über Edmond Michelet informieren. Dieser wurde 1943 nach Dachau deportiert, überlebte aber und war später unter de Gaulle u. a. Verteidigungs- und Kulturminister.

▪ Eintritt kostenlos. Mai–Sept. Mo–Fr 11–18 Uhr, Sa 13–18 Uhr, Okt.–April Mo–Sa 13–18 Uhr, an Feiertagen geschlossen. 4, rue Champanatier, ✆ 05-55740608, http://centremichelet.brive.fr.

Basis-Infos

→ Karte S. 384/385

Information **Office de Tourisme,** Juli/Aug. tägl. geöffnet, sonst → Website. Gratis Zugang zum Turm, Shop in der Tourist-Info, Ausgangspunkt für Stadtführungen. Place du 14 Juillet, 19100 Brive-la-Gaillarde, ✆ 05-55240880, www.brive-tourisme.com.

Verbindungen Der **Bahnhof** von Brive liegt südlich vom Zentrum in der Avenue Jean Jaurès. Hier kreuzen sich die Strecken von Paris nach Toulouse und von Bordeaux nach Lyon. In diese Städte fahren auch Busse. Außerdem verkehren **Züge** nach Limoges, nach Uzerche, Tulle, Ussel und über Turenne nach Aurillac (Auvergne). Zudem fahren **Busse** nach Beaulieu, Vayrac, Tulle, Uzerche und in die umliegenden Orte sowie die Linien des **Stadtverkehrs Libéo.**

Baden **Espace Aquatique de Brive,** modernes, großes Hallenbad mit 50-m-Becken und riesiger Badelandschaft mit Palmen, Sauna und Hamam. Boulevard Voltaire, ✆ 05-55743727.

Einkaufen Viele nette kleine und individuelle Läden, v. a. mit Damenmode, gibt es in der Rue de Corrèze. In der Rue Toulzac reihen sich vorwiegend Modeketten aneinander.

Chocolaterie Lamy **12**, hier gibt es die berühmten Pralinen von Eric Lamy, außerdem leckeres Eis. Beides kann man in einem angegliederten Café genießen. Wie die schokoladigen Leckerbissen entstehen, erfährt man im Mitte Juni bis Mitte Sept. jeden Do um 15 Uhr bei einer Führung (4 €). Laden Mo–Fr 9–12 und 14–19 Uhr. 5, rue de l'Hôtel de Ville, ✆ 05-55 189126, www.chocolaterie-lamy.com.

meinTipp **Halle Gaillarde** **18**, im Süden der Altstadt, ist nicht nur örtlich ein Gegenpol der **Markthalle Georges Brassens** **4** im Norden des Zentrums. Im modernen Ambiente kann man hier einkaufen, zu Mittag essen oder Kaffee von einer örtlichen Rösterei genießen. Marktstände vor der Halle. Di–Do 7.30–14 Uhr, Fr/Sa 7.30–19 Uhr, So 9–16 Uhr. Place Maréchal de Lattre de Tassigny, ✆ 05-87093027.

Golf **CAB Golf Brive,** 18 Loch auf 54 ha, 5 km südwestlich von Brive. Chemin de la Jargasse (Vallée de Planchetorte), ✆ 05-55852259, www.golfdebrive.com.

Kino **CGR Brive-la-Gaillarde,** Multiplex mit 9 Sälen, 4, avenue de Jacques et Bernadette Chirac, ✆ 08-92688588, www.cgrcinemas.fr/brive.

Le Rex D'Arts et Essai, Programmkino in einem Art-déco-Gebäude von 1935, das als „Monument historique" ausgezeichnet ist. 3, boulevard Général Koenig, ✆ 05-55224169, www.cinema-rex-brive.fr.

Krankenhaus **Centre hospitalier,** 2, boulevard Docteur Verlhac, ✆ 05-55926000, www.ch-brive.fr.

Markt Bei den **Foires Grasses** in der Markthalle Georges Brassens kommen ab Mitte Nov. bis Anfang Febr. am jeweils 1. Sa (im Dez. auch am 3.) Freunde von Fettleber und Trüffel voll auf ihre Kosten. **Trüffelmarkt** am ersten Samstag im Januar. **Flohmarkt** Sept.–Juni jeden 1. So auf dem Place de Lattre de Tassigny.

Parken In den Tiefgaragen „Guierle" und „Thiers" kann man tägl. 12–14 Uhr kostenlos sowie am Sa (Markttag) für 1 € parken. Auf dem Parkplatz Winston Churchill neben der neuen Markthalle sind die ersten beiden Stunden gratis.

Moderne Markthalle südlich der Altstadt

Theater **L'empreinte – Scéne nationale Brive-Tulle,** Stadttheater im prächtigen, weißen Rokokobau mit Tanz- und Musikdarbietungen sowie Theaterstücken. Place Aristide Briand, Ticketverkauf online oder ✆ 05-552 21522, www.sn-lempreinte.fr.

Théâtre de la Grange, kleines Theater in einer ehemaligen Scheune. 12, rue René Glangeaud, ✆ 05-55869799, www.theatredelagrange-brive.com.

Veranstaltungen **Foire du Livre,** die Buchmesse von Brive, meist am 1. Wochenende im Nov., ist die zweitwichtigste des Landes und zieht mehr als 100.000 Besucher an. www.foiredulivredebrive.net.

Brive Festival, das einstige Beachfestival ist inzwischen vom Zentrum an den Stadtrand gewandert und äußerst beliebt. Mitte bis Ende Juli strömen zehntausende Besucher zur Bühne, wo Musik- und Tanzaufführungen zum Besten gegeben werden. Verschiedene Bereiche mit Disco und Foodtrucks. www.brivefestival.com.

Festival de l'Elevage et de la Table Gourmande, am vorletzten Wochenende im Aug. verwandelt sich die Stadt in einen Bauernhof – mit 700 Kühen, Schafen und Schweinen. Deren

Limousin | Die Corrèze → Karte S. 376/377

Züchter zeigen in und um die Markthalle Georges Brassens ihr Können und bringen die Städter zum Staunen. www.brive-tourisme.com.

Übernachten / Essen & Trinken

****** Mercure,** schön gelegen ist dieses Kettenhotel gleich bei der Autobahnauffahrt und dem Industriegebiet sicher nicht, doch in den 57 Zimmern bekommt man verlässlichen Komfort und eine Klimaanlage, außerdem gibt es einen Fitnessbereich und einen Pool. Hauseigenes Restaurant (tägl. mittags und abends) und Bar. Le Griffolet, 19270 Ussac, ✆ 05-5586 3636, https://all.accor.com. **€€€**

***** Le Miel des Muses 21,** wie von der Muse geküsst erscheint dieses Gästehaus in der Nähe des Bahnhofs mit seinen 11 superschönen Wohlfühlzimmern, darunter ein Familienzimmer, von Komfort- bis Luxuskategorie. Manche kommen sehr stylisch daher, andere mit gemütlichem Landhauscharme. Originale Elemente des Gebäudes wie Holzbalken oder Steinwände fügen sich harmonisch ins Ganze ein. Spa-Bereich, Restaurant Le Comptoir Saint Sernin im Erdgeschoss (s. u.). 21, avenue Jean-Jaurès, ✆ 05-55237965, www.lemieldesmuses.fr. **€€€–€€€€**

MeinTipp ***** Le Collonges 16,** tolles Hotel mit Charme und Style. Die schicken Zimmer gibt es in drei Kategorien und unterschiedlichen Größen, allesamt ruhig und klimatisiert. Im Frühstücksbereich bilden die rustikalen Steinwände einen Kontrast zur modernen Einrichtung, das Personal ist familienfreundlich. Ein kleines Café ist auch für Nicht-Hotelgäste geöffnet, sei es für einen Kaffee oder auch für ein Frühstück. 3-5, place Winston Churchill, ✆ 05-55740958, www.hotel-collonges.com. **€€**

MeinTipp **Le Chêne Vert 13,** angesagtes Hotel, das mit einer hippen Loungebar punktet, aber auch mit den 20 Zimmern. In ihnen steckt dank mancher antiker Stücke ein Hauch der 1930er-Jahre. Die Zimmer sind mit viel Liebe zum Detail gestaltet, die Vorliebe für Marmor und Holz ist nicht zu übersehen. Manche sind mit Fenstern zum Badezimmer ausgestattet. Die Loungebar steht jedem für einen gemütlichen Schnack bei einem Glas Wein oder einem Mittagskaffee offen. Die Steineichen vorm Hotel sind Namensgeber des attraktiven Etablissements. Bar tägl. geöffnet. 24, boulevard Jules Ferry, ✆ 05-87099999, www.chenevert-hotel.fr. **€€**

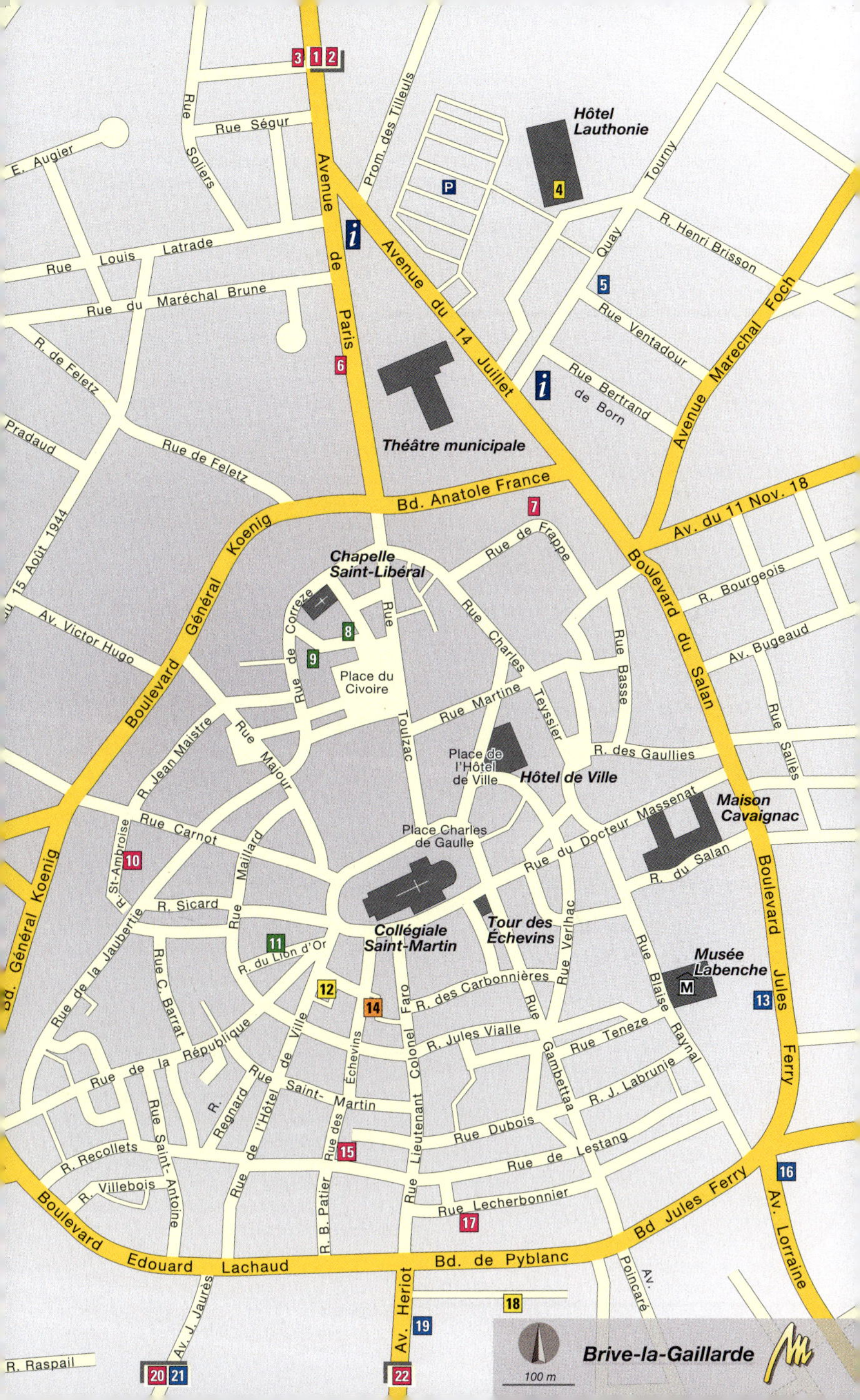
Brive-la-Gaillarde
100 m
Hôtel Lauthonie
Théâtre municipale
Chapelle Saint-Libéral
Place du Civoire
Place de l'Hôtel de Ville
Hôtel de Ville
Maison Cavaignac
Place Charles de Gaulle
Collégiale Saint-Martin
Tour des Échevins
Musée Labenche
Avenue de Paris
Avenue du 14 Juillet
Prom. des Tilleuls
Rue Ségur
Rue Soliers
E. Augier
Rue Louis Latrade
Rue du Maréchal Brune
R. de Feletz
Rue de Feletz
Pradaud
Av. du 15 Août 1944
Bd. Anatole France
Boulevard Général Koenig
Bd. Général Koenig
Av. Victor Hugo
Tourny
Quay
R. Henri Brisson
Rue Ventadour
Rue Bertrand de Born
Avenue Maréchal Foch
Av. du 11 Nov. 18
Boulevard du Salan
R. Bourgeois
Av. Bugeaud
Rue Sallès
Rue de Frappe
Rue Charles Teyssier
Rue Basse
R. des Gaullies
Rue de Correze
Rue Toulzac
Rue Martine
R. Jean Maistre
Rue Majour
Rue Carnot
R. St-Ambroise
Rue Maillard
R. Sicard
Rue du Docteur Massenat
R. du Salan
Rue Verlhac
Rue Blaise Raynal
Boulevard Jules Ferry
R. du Lion d'Or
Rue de la Jaubertie
Rue C. Barrat
Rue de la République
R. Regnard
Rue de l'Hôtel de Ville
Rue Saint-Martin
Rue des Échevins
Rue Lieutenant Colonel Faro
R. des Carbonnières
R. Jules Vialle
Rue Gambetta
Rue Teneze
R. J. Labrunie
Rue Dubois
Rue de Lestang
Rue Lecherbonnier
Rue Saint-Antoine
R. Recollets
R. Villebois
R. B. Patier
Boulevard Edouard Lachaud
Bd. de Pyblanc
Bd Jules Ferry
Av. Poincaré
Av. Lorraine
Av. J. Jaurès
Av. Heriot
R. Raspail
P
i
M
1
2
3
4
5
6
7
8
9
10
11
12
13
14
15
16
17
18
19
20
21
22

***** La Truffe Noire 7,** das stattliche Hotel-Restaurant am Innenstadtring (schallisoliert!) ist mit seinem flämischen Stil, seinem roten Fachwerk und den kleinen Dächlein über den Fenstern eine echte Augenweide. Großes Restaurant mit loungigem Interieur, Polsterecken, riesigen Bogenfenstern und schattiger Terrasse. Der Frühstücksraum schließt sich stimmungsvoll (aber dunkel) im alten Gewölbekeller an. Auf der exquisiten Karte stehen etwa Salat mit Trüffelöl und Foie gras oder Rühreier mit Trüffeln. Ein Gastroklassiker, der inzwischen starke Konkurrenz bekommen hat. Die 27 klimatisierten Zimmer sind geschmackvoll mit edlen antiken Möbeln ausgestattet. Tägl. geöffnet. 22, boulevard Anatole France, ✆ 05-55924500, www.la-truffe-noire.com. **€€€**

***** Le Quercy 5,** direkt beim Markt. Von außen erinnert das Hotel an einen wenig gefälligen Nachkriegsbau, von innen präsentieren sich die 48 Zimmer topmodern mit kräftigen, kontrastreichen Farbtönen und in verschiedenen Stilen. Klimatisiert und schallisoliert. 8 bis, quai Tourny, ✆ 05-55740926, www.hoteldu quercy.com. **€€€**

***** La Réserve de Brive 19,** in dem herrschaftlichen Haus mit hohen, weißen Sprossenfenstern und weißen Fensterläden neben der neuen Markthalle befindet sich ein familiengeführtes Hotel. Die 24 teilweise kleinen Zimmer wie auch die Familiensuiten treffen allesamt stilistisch den aktuellen Zeitgeist. Kleine Eisdiele mit Snackbar im Erdgeschoss. In der direkten Umgebung befinden sich einige Restaurants. 1, place de Lattre de Tassigny, ✆ 05-55742340, www.hotel-reserve-brive.com. **€€**

Bistrot C. Forget 3, schon das holzgetäfelte, graue Äußere lädt zum Eintreten ein. Auch das Bistro bietet eine angenehme Atmosphäre, schlicht, modern und dennoch stimmungsvoll eingerichtet. Was zählt, ist aber, was auf den Teller kommt und das gehört kulinarisch mit zu den Höhepunkten in Brive. Zurecht, denn Christoph Forget versteht sich als Perfektionist: originell und kunstvoll angerichtet präsentiert er traditionelle lokale Spezialitäten, z. B. sein berühmtes knuspriges Kalbshirn, saftiges Salers-Rind, Fisch auf Risotto oder Tatar als Sommerrolle. Neben der Vielfalt an Fleisch und Fisch, die er gern miteinander kombiniert, wird auch ein vegetarisches Gericht angeboten. Zudem Kochkurse, €. Do–So mittags und abends Küche. 53, avenue de Paris, ✆ 05-55743247, www.bistrotcforget.fr. **€€€**

****** Les Collines de Sainte-Féréole,** 10 km nordöstlich von Brive kann man bei Sainte-Féréole so richtig abtauchen. 25 Ferienwohnungen sind hier in den Hang eingegraben, nur die große Fensterfront und die Terrasse zeigen nach vorne. Die Unterkünfte wurden ausgezeichnet für ihre natürliche Isolierung und Klimafreundlichkeit und bieten in 3 Größenkategorien Platz für bis zu 8 Pers. Die Räume sind in modernem Design gehalten, die mit bunter Kunst verzierten Betonwände muss man aber mögen. Solarbeheiztes Schwimmbecken, Badminton, Volleyball, Pétanque. Frühstück 48 Std. vorher bestellen. Allée Antoine Valéry, 19270 Sainte-Féréole, ✆ 05-55924350, www.residencelescollines.com. **€€**

La Grange de Clémence, Marie Christine hat ihre alten Scheunen in 3 schicke Gästezimmer, darunter eines für Familien, umgewandelt und nach ihren Eltern benannt – stylish im Shabby Chic und absolut gemütlich. Etwas abseits, aber nagelneu steht noch ein nicht minder hübsches Ferienhaus. 10 Min. von Brive findet man sich hier in einer kleinen Ruheoase, mit Frühstück auf der Veranda und Pool im Garten. Kleiner Wellnessbereich. Berchat, 19270 Sainte-Féréole, ✆ 06-03259560, www.lagrangedeclemence.com. **€€**

Domaine du Breuil, gar nicht weit von der Innenstadt ist man hier in einer anderen Welt – und zwar in einem komfortabel ausgebauten Bauwagen mit Wänden in Pastelltönen. Sogar ein kleines Bad ist in diesen romantischen Unterschlupf eingebaut. Dazu gibt es 3 Gästezimmer mit alten Schwarz-Weiß-Fotos und Retro-Charme. Ein Schwimmbecken und ein großer Garten versüßen den Aufenthalt. 10, rue Albert Thomas, ✆ 05-55233361, www.domainedu breuil.com. **€€**

MeinTipp **Inspyration 1,** klein und familiär ist dieses schlichte Restaurant am nördlichen Standrand von Brive. Es gilt als der Insidertipp unter Einheimischen. Man fühlt sich ein wenig wie bei Freunden. Ein Karte gibt es nicht, Küchenchef Jérémy Cannesan lässt sich aus dem heimischen Gemüseanbau und von den Jahreszeiten inspirieren. Dabei beweist er ein gutes Händchen für seine originellen Leckereien, berücksichtigt zudem Lebensmittelunverträglichkeiten der Gäste (gerne fragen). So/Mo Ruhetage, Fr/Sa zudem abends Küche. 142, avenue Henri Queuille, ✆ 09-81023676. **€€**

Le Comptoir Saint Sernin 20, raffinierte traditionelle Küche mit internationalen Akzenten, etwa Fois gras mit Aprikosenchutney und Walnusskrokant, Entenbrust an Rosmarinhonig, Kartoffeln und Ratatouille, aber auch klassisch Burger oder Rindertatar. Die Gäste dinieren im schicken, rustikalen Industrieambiente. Mo–So mittags und abends geöffnet. Brunch jeden So außer im Juli/Aug. 21, rue Jean Jaurès, ✆ 05-55843813, www.lecomptoir saintsernin.fr. **€€–€€€**

La Table d'Olivier 10, eine der exquisitesten Adressen der Stadt. Das Restaurant in einer kleinen Seitenstraße kommt ganz unaufdringlich daher. Umso spektakulärer ist die Küche, die mit einem Michelin-Stern ausgezeichnet ist. Hummermedaillons mit Mangocreme, Foie gras mit Apfel und Erdbeeren verfeinert oder Thunfisch an Rote-Bete-Sorbet sorgen für wahre Geschmacksexplosionen. Saisonal wechselnde Karte. So/Mo geschlossen. 3, rue Saint-Ambroise, ✆ 05-55189595. **€€€€**

En Cuisine 22, eines der angesagtesten Restaurants mit angenehmer Atmosphäre, das mit kreativer Limosiner Küche auftrumpfen kann und mit dem Bib Gourmand ausgezeichnet ist. Nicolas Eche kocht mit Herz und Seele. Dabei entstehen Kreationen wie knuspriger, mit Basilikum gewürzter Stör an Tomaten und grünem Spargel oder Schweinsfüße an violettem Senf mit Schnecken auf getoastetem Brot. So/Mo geschlossen. 39, avenue Edouard Herriot, ✆ 05-55749753, www.encuisine.net. **€€**

meinTipp **Tessandier Francis (Chez Francis) 2**, kleiner Künstler- und Literatentreff, der sich an den Pariser Bistros orientiert. Die kreativen Gäste haben inzwischen zahlreiche Karikaturen und persönliche Worte an Decke und Wänden hinterlassen. Dekoriert mit Email-Schildern, Schwarz-Weiß-Fotos und viel Krimskrams – die Zusammenstellung wirkt dennoch edel. Regionale Küche, z. B. Trüffelsalat oder gebratene Blutwurst an mit Zitrone verfeinertem Kartoffelbrei. So/Mo geschlossen. 61, avenue de Paris, ✆ 05-55744172, https://tessandierfrancis.site-solocal.com. **€€**

Bistrot Chambon 15, in der Brasserie wird anspruchsvolle, deftige Limosiner Kost wie Kalbsleber, Kalbskopf oder Baguette d'os à moelle (Baguette mit gefülltem Markknochen) serviert. Das Restaurant ist eine Dependance des renommierten Le Pont de l'Ouysse in Lacave im Departement Lot. So/Mo sowie Fr abends geschlossen. 8, rue des Échevins, ✆ 05-55223683, www.bistrot-chambon.fr. **€€**

Le Grain de Sel 17, gediegenes Restaurant am Südrand der Altstadt mit einer Mischung aus internationaler und moderner regionaler Küche – geprägt von der Reiselust des jungen Küchenteams. So finden sich auf der meeresfrüchtelastigen Karte Akzente Polynesiens, des Libanons oder der Karibik, aber auch Kreationen wie Thunfischburger mit Wasabi. Große Terrasse hinter dem schmiedeeisernen Tor. Di/Mi und So abends geschlossen. 6, boulevard Puyblanc, ✆ 05-55240622, www.legraindesel-brive.fr. **€€**

Le Chat Noir 9, hippes Café mit alternativem Flair, das sich als Bar-Kantine versteht. Puristische Einrichtung. Die Gerichte erinnern an üppige Tapas und überzeugen durch Frische. Kooperationen mit lokalen Erzeugern, Gemüse aus dem Garten, Kaffee von der Rösterei – regional, nachhaltig und transparent gehören zum Konzept. Mo–Mi geschlossen. 1, rue Saint-Libéral, ✆ 05-55232108, https://click andcollect.chatnoir.cafe. **€€**

meinTipp **La Django 8**, schönes Café im Vintage-Stil, das hungrige Mägen wegen seiner gigantischen Sandwiches und Tartes anlockt. Zudem warme Mittagsgerichte, z. B. Tagliatelle, Kreationen mit Quinoa oder auch Limosiner Kost à la Kalbskopf und viel Vegetarisches. So/Mo geschlossen. 4, place des Patriotes Martyrs, ✆ 05-19076880, www.le-django.eatbu.com. **€–€€**

Le Chantilly 11, zeitgemäßes Café mit Industriecharme und richtig gutem Kaffee. Besonders gemütlich sitzt es sich im 1. Stock auf den Ledersofas oder auf der kleinen Terrasse zum Innenhof (auch im 1. Stock). Salate und Gerichte wie Curryhühnchen mit Reis werden im Einmachglas serviert; auch süße Snacks und Milchshakes. So Ruhetag. 9, rue du Lion d'Or, ✆ 05-44319185. **€**

Café de Paris 6, Café und Bar in einem in der Nähe des Stadttheaters, sehr beliebt. Öffnet früh für den ersten Kaffee und schließt erst nach dem letzten Drink. Modernes Ambiente in Holzoptik und Außenbar. Snacks, Tapas, Wurst- und Käseplatten. So Ruhetag. 11, avenue de Paris, ✆ 05-55242957. **€**

Watson Pub 14, klassisches Pub – mit dunklem Holz, rustikalen Steinwänden und typischem Tresen – wie aus dem Bilderbuch. Etwas versteckt in einer Seitenstraße im Zentrum. Ordentliche Auswahl an Alkoholischem, aber auch Softdrinks, dazu Wurst- und Käseplatten. So/Mo geschlossen. 22, rue des Évechins, ✆ 05-55225815, www.lewatsonpub.fr. **€**

Limousin | Die Corrèze → Karte S. 376/377

Die Causse Corrèzien

Eigentlich gibt es die Kalk-Hochplateaus vor allem im Süden des Zentralmassivs, in den Departements Quercy und Aveyron. Aber auch südlich von Brive bekommt man ein Stück dieser eigentümlichen Landschaft zu sehen, auf der nur etwas kümmerliche Bäume (und Trüffel!) gedeihen, weil alles Wasser sofort im Kalkboden verschwindet und dort große Höhlen formt. Doch nicht überall fließt das Wasser ab: Kurioserweise befindet sich hier auch der größte (Stau-)See der Corrèze, der von hohen Hügeln eingeschlossene **Lac du Causse.** Die Bewohner von Brive strömen im Sommer in Scharen zu seinen Ufern, entsprechend ausgebaut ist die Infrastruktur. Über dem Gewässer thronen schön auf einer Bergspitze das Dörfchen Chasteaux mit seinem festungsartigen Kirchturm und die Ruinen der Burg von Couzage. Um den See laden Rad- und Wanderwege zum Entdecken der Natur und der Dörfer ein.

Gouffre de la Fage: 14.000 Fledermäuse leben in dieser Tropfsteinhöhle 3 km südlich von Noailles. Doch keine Angst: Sie sind nur im Winter hier, nicht zu den Führungszeiten. Im Sommer kann man die Höhle, die Ende des 19. Jh. beim Bau der Bahnstrecke von Brive nach Cahors entdeckt wurde, ganz in Ruhe genießen, kann das Farbspiel zwischen Rot, Ocker und Grau bewundern oder die Tausenden von Stalaktiten, die von der Decke hängen. Ein Erlebnis ist schon der Abstieg in die 25 m tief gelegene Unterwelt, der über eine Treppe in einen tiefgrün bemoosten, 10–12 °C kalten Höhlenschlund führt. Unten kann man zwei insgesamt 600 m lange Galerien besichtigen. Es empfiehlt sich festes Schuhwerk und eine warme Jacke.

■ Eintritt 9 €. Letzter Einlass 1 Std. vor Schließung. Juli/Aug. tägl. 9.30–13 und 14–19 Uhr, April–Juni und Anfang bis Mitte Sept. tägl. außer Mi 14–17 Uhr. Gouffre de la Fage, 19600 Noailles, ✆ 05-55858035, www.gouffre-de-la-fage.com.

Information Die alte Mühle am Lac du Causse, zwischen Lissac und Chasteaux, beherbergt eine Außenstelle der **Tourist-Info** von Brive sowie das **Maison de l'Eau et de la Pêche.**

Sagenhafte Tropfsteinhöhle 25 Meter unter der Erde

Tourist-Info: Juli/Aug. tägl. geöffnet, sonst → Website. Moulin de Lissac, 19600 Lissac-sur-Coueze, ✆ 05-55240880 oder 05-55172568, www.brive-tourisme.com.

Angeln Informationen rund ums Angeln gibt es im **Maison de l'Eau et de la Pêche.** Dieses bietet auch Angelkurse an, auch für Kinder. ✆ 06-31229160.

Baden Zwei im Sommer überwachte Sandstrände gibt es am **Lac du Causse:** Plage du Moulin und Plage des Peupliers (Juli/Aug. 11–19 Uhr).

Markt Trüffelmarkt in Chartrier-Ferrière Anfang Febr.

Mountainbike Radverleih und Karten bei der **Base Nautique / Base de Loisiers** durch den Zusammenschluss Corrézienne VTT. Mountainbiker können sich auf verschiedenen Wegen von leicht bis schwer ausprobieren. Base Nautique (oder Base de Loisirs), Port Lissac, 19600 Lissac-sur-Couze, ✆ 05-55245158, www.csnbrive.fr.

Wassersport **Club des Sports Nautique de Brive,** Kanus, Stand-up-Paddeln , Tret- und Ruderboote, Wasserski und Windsurfen gibt es hier. Base Nautique, Port Lissac, 19600 Lissac-sur-Couze, ✆ 05-55245158, www.csnbrive.fr.

Übernachten/Essen **Château de Lissac,** in der wehrhaften Burg von Lissac-sur-Couze, deren Anfänge auf das 8. Jh. zurückgehen, lässt es sich feudal leben. Man stolziert über die Wendeltreppe im Turm, bewegt sich zwischen steinernen Mauern – und landet in 5 Zimmern mit sehr modernem Design, das trotzdem die Geschichte des Hauses respektiert. Große Zimmer, extrem hohe Räume. Wundervolle Terrasse und penibel gepflegter Park mit Blick auf den nahen Lac du Causse. 19600 Lissac-sur-Couze, ✆ 06-08149597, www.chateaudelissac.com. **€€€–€€€€**

Le Pigeonnier de Lissac, 3 hübsche Zimmer in einer auf mehrere Gebäude verteilten ehemaligen Meierei aus dem 18. Jh., mal mit modernem Dekor, mal mit Steinmauer und Holz, mal mit Dachschräge und Balken. Man kann nur die Zimmer oder gleich das ganze Gîte buchen. Frühstück in uriger Stube mit Brotofen und Cantou. Whirlpool und Sauna inkl. Im Juli/Aug. mind. 3 Nächte. La Micauderie, 19600 Lissac-sur-Couze, ✆ 05-55853491, www.le-pigeonnier-de-lissac.fr. **€€**

Domaine de la Fage, prächtiges Anwesen der einstigen Vizegrafen von Noailles. 4 Gästezimmer und 2 Ferienhäuser, die mit viel Liebe zum Detail und Geschmack dekoriert wurden – allesamt modern, nobel und hell. Zu dem Landsitz gehört ein großer Park. Außenpool mit moderner Café-Bar zum Verweilen. La Fage, 120, rue du Pigeonnier, 19600 Noailles, ✆ 06-80980707, www.domainedelafage.fr. **€€€**

L'Art des Mets, an der Grenze zum Departement Dordogne befindet sich dieses feine Restaurant in einem alten, typischen Steinhäuschen, das Tartine mit Schweinsfüßen und Foie gras, viel Fisch und Rinderkoteletts anbietet, saisonal und frisch kocht. Außen sitzt man gemütlich unter Holzgebälk. Sehr beliebt bei den Einheimischen. Mo, Sonntag- und Mittwochabend geschlossen. 2, route de Périgueux, 24120 La Feuillade, ✆ 05-55854659. **€€**

Camping ***** Camping du Lac du Causse,** schöner Campingplatz beim Lac du Causse, 500 m vom Sandstrand entfernt. Moderne Mobil-Homes, Holzchalets, große feste Zelte, bungalowartige, schicke Luxuszelte und Feriendorf mit Pool, zum Teil direkt am Ufer. Zudem Restaurant mit gemütlichem Außenbereich im modernem Strandbar-Stil, teilweise mit Foodtruck. 207, chemin de La Prairie, 19600 Lissac-sur-Couze, ✆ 05-5585379, www.campinglacducausse.com.

Limousin | Die Corrèze → Karte S. 376/377

Turenne

Wie ein Sahnehäubchen sitzt die mittelalterliche Burg auf einer Bergkuppe oberhalb der Altstadt der kleinen Ortschaft im Tal der Tourmente. Die Festung ist heute allerdings nur noch eine Ruine. Dafür zieren ehemalige Bauteile der Burg die Häuser in der Altstadt.

Bis ins 18. Jh. war der heute 810 Einwohner zählende Ort auf dem 320 m hohen Felsplateau Hauptsitz der mächtigen Vizegrafschaft Turenne, deren Spuren bis ins 9. Jh. zurückreichen. Sie bedeckte rund ein Drittel des Limousin, herrschte in ihrer Blütezeit über mehr als 100 Gemeinden, 1200 Dörfer und 100.000 Einwohner und hatte einen Sonderstatus in Frankreich: Ausgestattet mit einer eigenen Währung und befreit von den Steuerabgaben an den König, war Turenne weitgehend autonom und eine Art Staat im Staat. Der große Feldmarschall Henri de Turenne ging aus dieser Dynastie hervor – sein Neffe ließ in Paris das Hôtel d'Evreux, den heutigen Élysée-Palast, erbauen. 1738 läutete der letzte Vizegraf Charles-Godefroy das eher unwürdige Ende dieses mächtigen Herrscherhauses ein: Um seine Spielschulden begleichen zu können, verschacherte er die Vizegrafschaft an Ludwig XV.

Die einstige Pracht ist heute noch in der Altstadt sichtbar. Sie zieht sich südwestlich zur Burg hinauf. In den Gässchen stehen herrschaftliche Wohnhäuser aus dem 16. bis 18. Jh., viele im Flamboyant-Stil mit Spitzbögen über den Türen und Fenstern, etliche mit Türmchen. Nachdem die Festung zerstört worden war, bauten die damaligen Bewohner Teile der Burg als dekorative Elemente in ihre Häuser ein. Südlich der Festungsmauer befindet sich das Quartier des Officiers mit Gebäuden aus dem 13. und 14. Jh. Hier logierten ursprünglich Ritter, später dann Verwaltungs- und Justizbeamte. Im Norden war das Quartier de Magal, in dem Herbergen, Pferdeställe und Hufschmieden lagen. Der Aufstieg zum Gipfel lohnt allein schon wegen der tollen Aussicht.

Weithin bekannt ist Turenne auch wegen der hier ansässigen Distillerie des Terres Rouges. Sie kann nicht besichtigt werden, doch ihre Produkte gibt es überall: Kastanien-, Feigen- oder Mirabellenaperitif, Nusswein, aromatisierte Speiseöle und den berühmten violetten Senf, aber auch Senf mit Absinth oder Tandoori.

Château de Turenne: Turennes Markenzeichen ist seine im 11. Jh. errichtete Burg. Die Festung wirkt noch immer mächtig, obwohl die meisten Gebäude nicht mehr existieren. Übrig geblieben sind nur ein runder Wachturm, der Tour César (erbaut im 13. Jh.), sowie ein Verteidigungsturm, auch Schatz- oder Uhrturm genannt. Beide Türme verbindet ein schmucker Garten. Im Erdgeschoss des Wehrturms befindet sich die alte Wachstube mit einem stattlichen Kamin, antiken Möbeln und einer Ritterrüstung, der Rest des Gebäudes ist in Privatbesitz. Der Tour César ist für Besucher zugänglich und bietet eine grandiose Aussicht. Der Treppenaufgang ist allerdings sehr eng, wer klaustrophobisch veranlagt ist, sollte unten bleiben. Übernachtungen sind in der Burg auch möglich, sogar recht günstig.

■ Eintritt 5,50 €. Juli/Aug. tägl. 10–19 Uhr, April–Juni und Sept./Okt. tägl. 10–12 und 14–18 Uhr, Nov.–März So 14–17 Uhr. ✆ 05-55859066, www.chateau-turenne.com. **€€** (Zimmer)

Collégiale Notre-Dame de Saint-Pantaléon: Karg, schlicht, streng – die Stiftskirche Notre-Dame de Saint-Pantaléon (1660–80) ist ein klassisches Beispiel für Kirchen aus der Zeit der französischen Gegenreformation. Auffällig ist das hohe Gewölbe mit seiner Musterung, einem Wechsel von ockerfarbenen und beigen Steinen. Im Kontrast zu dieser Kargheit steht der vergoldete und reich verzierte Tabernakelaltar – typisch eigentlich für den Barock. Vier weinumrankte Holzsäulen umsäumen zwei Skulpturen. Beeindruckend ist auch der 30 m hohe Glockenturm im Stile eines Wehrturms.

Information **Office de Tourisme,** im unteren Ortsteil gelegen, Stadt- und Nachtwächterführungen, auch in mittelalterlichen Gewändern. Juli/Aug. tägl. geöffnet, sonst → Website. Avenue du Sénateur Labrousse, 19500 Turenne, ✆ 05-55240880, www.brive-tourisme.com.

Verbindungen **Regionalzüge** verkehren nach Brive und Aurillac, zudem **Bus** (Linie 4) nach Brive.

Einkaufen **L'Echoppe à Doudou,** urige Boutique mit Flair in einem Steinhaus mit altem Cantou. Große Auswahl an lokalen und regionalen Produkten. In der Hochsaison tägl. geöffnet. Avenue Joseph Brugel / Place de la Halle, ✆ 05-55220528.

Touristenzug Gemütlicher und weniger anstrengend kommt man zur Burg mit dem kleinen, nostalgischen Bummelzug **Petit-Train.** Auf der Fahrt kann man die Altstadt auch noch bewundern. Hin- und Rückfahrt 4,50 €, einfache Fahrt 3 €, Tickets und Abfahrt bei der Tourist-Info, Juli/Aug. tägl. und im Mai/Juni Di–So alle 30 Min. von 10–12 und 13.30–18 Uhr. Bei Regen pausiert der Zug. ✆ 06-37661343, www.allo-petit-train.com.

Übernachten/Essen ***** La Maison des Chanoines,** schon die Eingangstür des Hotel-Restaurants ist ein Blickfang: ein spätgotisches Spitzportal. Und auch innen fühlt man sich in dem Haus aus dem 16 Jh. in eine andere Zeit versetzt. Aufgetischt wird in einem Gewölbesaal oder auf der Terrasse auf der anderen Straßenseite, und zwar gute traditionelle Küche – alles frisch, mit lokalen Produkten je nach Saison. Relativ neu auf der Karte ist ein Trüffel-Menü. Zu dem charmanten Hotel gehören 5 Zimmer und ein Appartement mit hohem Wohlfühlfaktor (die Suiten kosten etwas mehr) und ein Spa-Bereich. Restaurant nur abends mit Reservierung und für Hotelgäste geöffnet. 29, rue Joseph Rouveyrol, ✆ 05-55859343, www.maison-des-chanoines.com. **€€–€€€**

Le Bistrot de Turenne, einige Gastronomen haben schon ihr Glück an dem belebten Platz versucht, nun auch dieses charmante Bistro. Die Küche überzeugt mit soliden, frischen Gerichten. So Ruhetag, Mittagsküche sowie Fr/Sa abends. Place de la Halle, ✆ 09-88492996. **€€**

Le Capucins, beliebte Pizzeria, bei der schnell alle Plätze ausgebucht sind – am besten einen Tisch reservieren. Unter dem schönen Gewölbe werden Pizzen und leckere Obsttartes serviert.

Eine alte Festung krönt Turenne

Montagabend und Di geschlossen. Avenue Joseph Brugel, ✆ 05-55244311. **€€**

***** La Bastidie,** etwa 10 Min. nordöstlich von Turenne steht dieser Gourmettempel in einem authentischen Haus aus Sandstein. Kreativ zubereitete und kunstvoll angerichtete französische Spezialitäten lässt man sich im stilvollen Ambiente schmecken. Tische stehen auch in einem Cantou, den traditionellen offenen Kaminen der Region. 4 wunderschöne Gästezimmer, zum Teil unterm Dach, ergänzen das Angebot. Am besten gefällt uns die Suite „La Belle Inconnue" im Landhausstil. 1, rue des Écoles, 195000 Noailhac, ✆ 09-51949907, www.la-bastidie.fr. **€€€**

Le Clos Marnis, früher war in dem Steinhaus eine Bruderschaft ansässig, heute nächtigen dort Touristen. Ein Hauch von Nostalgie umweht die 5 adretten Gästezimmer, alle mit Badezimmer in kräftigen Farben. Der Garten ist eine Ruheoase mit Blick auf die Burg. Ab 2 Nächten reduziert sich der Preis. Place de la Halle, ✆ 05-55220528, http://closmarnis.online.fr. **€€**

Limousin | Die Corrèze → Karte S. 376/377

Collonges-la-Rouge

Wer Collonges-la-Rouge mit seinen knapp 500 Einwohnern besucht, sieht erst mal nur rot. Doch schnell formen sich die roten Schemen und Grundrisse zu Häusern. Die einen prächtig mit Türmchen – alte Herrensitze hoher Beamter der Grafschaft Turenne –, die anderen romantisch mit wilden Wein- und Blumenranken. Eins haben sie alle gemeinsam: Sie bestehen aus rotem Sandstein. Dem verdankt Collonges auch seinen Namenszusatz „la Rouge", die rote Siedlung. Die Einzigartigkeit dieses Dorfes, die heute Heerscharen von Touristen anerkennen, wusste sein früherer Bürgermeister Charles Reyrac gut zu vermarkten: 1982 rief er das Label „Les Plus Beaux Villages de France" ins Leben. Collonges-la-Rouge ist quasi die Urmutter aller schönsten Städtchen, von denen es mittlerweile mehr als 150 in Frankreich gibt. Schön anzuschauen sind die Kirche mit ihrem weißen Tympanon über der Tür, das aufdringlich aus dem Rot hervorsticht, sowie direkt daneben die alte Markthalle mit dem Brotofen. Und noch ein weiteres rotes Schmankerl hat Collonges zu bieten: den berühmten violetten Senf aus rotem Traubenmost. Angeblich ließ Papst Clemens VI. einen Senfhersteller extra aus der Corrèze nach Avignon kommen, damit dieser die Spezialität dort kreiere. Einige Boutiquen verkaufen den Traditionssenf.

Meyssac: Der deutlich größere Nachbarort bleibt der ewige Rivale von Collonges-la-Rouge, das sich zur Touristenhochburg gemausert hat. Meyssacs ebenfalls aus rotem Sandstein erbaute Altstadt lohnt einen kleiner Abstecher: gotische Häuser aus dem 15. Jh. und 16. Jh., etwa das Maison Verdès mit seinem Rundturm, daneben die hübsche Kirche Saint-Vincent mit ihrem Festungsglockenturm und die alte Getreidehalle aus dem 13. Jh.

Les Quatres Demoiselles – Musée de la noix: Mindestens so bedeutend wie die Trüffel ist für die Südcorrèze die Walnuss. Wie bedeutend, demonstriert das Örtchen Saillac, das einst im Rhythmus der schmackhaften Nüsse lebte, im neuen Walnussmuseum. Im sogenannten Muséographie lädt Maurice Marbot, fiktiver Präsident des Internationalen Walnussexperten- und Freundeskreises, zur „Tafelrunde". Zwölf internationale Experten – vom Historiker über einen Biologen bis hin zu einer Köchin – erklären Bedeutung (botanisch, medizinisch kommerziell etc.), Geschichte und Vorzüge der Walnuss. Modern und abwechslungsreich ist diese etwa einstündige Vorführung in einem Gewölberaum gestaltet. Anschließend wird der Besucher in eine kleine Ausstellung (u. a. mit Exponaten rund um die Walnuss, Bauernmöbeln sowie einer kuriosen Baumskultpur, in die vier Frauen verwoben sind) entlassen. Das I-Tüpfelchen ist eine Verkostung verschiedener Nussöle. Ein kleines Café lädt zum Verweilen ein (Di–So 8–21 Uhr, ab Mitte Dezember bis Mitte Januar geschlossen). Auch interessant: Nach dem Ortseingang kann man gegenüber dem Dorfparkplatz eine alte Nussölpresse begutachten.

■ Eintritt 5 €. Mitte Jan. bis Mitte Dez. Di–So 9–19 Uhr (bis 17 Uhr). Filme mit engl. Untertiteln. 25, rue du Musée (hinter der Kirche), 19500 Saillac, ✆ 05-55227062, www.4demoiselles.fr.

Information **Office de Tourisme,** kleiner Shop mit lokalen Produkten. Juli/Aug. tägl. geöffnet, sonst → Website. Rue de la Barrière (hinter dem Rathaus), 19500 Collonges-la-Rouge, ✆ 05-65332200, www.vallee-dordogne.com.

Verbindungen Die **Buslinie 4** fährt von Collonges über Meyssac nach Brive-la-Gaillarde.

Einkaufen Vor allem in der Hauptstraße reihen sich Boutiquen, kitschige Souvenirläden und Ateliers aneinander. Den traditionellen violetten Senf und andere Sorten verkauft u. a. die Boutique der **Distillerie des Terres Rouges** in der Rue de la Barrière gegenüber dem Restaurant Le Cantou (Nov./Dez. Mo–Mi geschlossen).

Markt Di und Fr sowie am So im Juli/Aug. **Markt** in Meyssac, jeden 2. und 4. Fr großer **Bauernmarkt.** Im Juli/Aug. findet in Saillac Fr abends ein großer Markt der Erzeuger statt.

Parken Oberhalb des Ortes gibt es 2 kostenpflichtige Parkplätze (4 € Tagestarif). Im Dorf gilt absolutes Fahr- und Halteverbot.

Veranstaltungen An 6 Dienstagen ab Mitte Juli werden im Rahmen der **Théatrales** um 21.30 Uhr auf dem Place du Lavoir Theaterstücke (u. a. von Molière, Hugo) aufgeführt. www.theatrales-collonges.org.

Übernachten/Essen **Le Relais St Jacques de Compostelle,** das einzige Hotel im Ort verfügt über 10 schlichte, aber keineswegs ungemütliche Zimmer. Gute Adresse für echte Corrèzer Küche. Das große Restaurant mit schöner Terrasse gilt als Institution in der Umgebung. Auch vegetarisches und veganes im Angebot. Mi und Sonntagabend geschlossen. 28, rue de la Barrière, ✆ 05-55254102, www.hotel-stjacques.com. **€€** (Hotel), **€€€** (Restaurant)

La Douce France, 3 km außerhalb von Collonges befindet sich dieses alte Bauernhaus mit 4 Gästezimmern. Von hier hat man ein tolle Aussicht auf das umliegende Tal. Ganz zauberhaft ist das Zimmer „Collonges" mit seinen roten Sandsteinwänden. Le Dourieux, ✆ 06-10212135, https://dourieux.wixsite.com/la doucefrance. **€€**

La Vigne Grande, in einer ehemaligen Scheune, ca. 2,5 km von Collonges entfernt, kann man sich sehr ruhig betten. Die 5 schlichten Gästezimmer sind in dezenten Farben gehalten. Garten mit Spielmöglichkeiten für Kinder und Außenpool. 92, route de la Fouillade, ✆ 05-55253920. **€**

**** Relais de Quercy,** über 5 Zimmer, 5 Appartements und ein Haus für 12 Pers. verfügt die alte Poststation in Meyssac: die Zimmer sind unaufgeregt, aber gemütlich eingerichtet, empfehlenswert sind die zum Garten. Die geräumigen, schicken Appartements (für 4–8 Pers.) sind topmodern eingerichtet. Schwimmbad im Freien. Das Restaurant ist hell und freundlich in dezenten Farben gehalten, mit guter traditioneller Küche. Avenue du Quercy, 19500 Meyssac, ✆ 05-55254031, www.relaisdu quercy.fr. **€€**

Le Maraîcher, Collonges nachhaltigstes Restaurant, stimmungsvoll in einer alten Scheune mit großer Außenterrasse, am Rand der Altstadt. Hier wandern die Produkte vom eigenen Garten bzw. von lokalen Viehbauern direkt auf den Teller – so das Ziel des Kollektivs um Ideengeber und Gemüsebauer Antoine Hartmann. Dabei soll Müll möglichst vermieden werden. Entsprechend frisch und saisonal kommen die Spezialitäten wie Kastanien-Kürbis-Suppe, Schweinsbrust mit Süßkartoffeln oder Quinoa mit gegrilltem Gemüse auf den Tisch. Selbst das Sauerteigbrot ist selbst gebacken. Vegetarische Gerichte. Mo Ruhetag. La Bassière, ✆ 07-69995580, www.lemaraicher.fr. **€€**

Mein Tipp **À l'Ombre du Figuier,** herzlich geführtes kleines Restaurant, in dem Spezialitäten aus dem Limousin und aus der Auvergne raffiniert kombiniert werdenn z. B. Fleisch vom Limousin-Rind mit Truffade und saisonalem Gemüse. Exzellent sind auch die üppigen, gebackenen Panini mit Truffade. Außen sitzt

Rot, roter, Collonges-la-Rouge

man im namengebenden Schatten eines Feigenbaumes. 80, place de l'église, ✆ 05-44317702. **€€–€€€**

Le Cantou, urig-rustikale Brasserie im Ortszentrum mit Gewölbe und schattigem, großem Außenbereich. Traditionelle Gerichte wie Steinpilzpastete oder Foie gras als Vorspeise oder Rindersteak mit violettem Senf, außerdem üppige Salate. Zur Brasserie gehört auch ein kleiner Laden mit Produkten und Waren aus der Region, etwa Hüte aus Caussade. Nur mittags Küche (Juli/Aug. auch abends), im Jan. geschlossen. Rue de la Barrière, ✆ 05-55842515, www.lecantou.fr. **€€**

Lou Brasier, große Auswahl an Pizzas – von klassisch italienischen bis hin zu Corrèzer Eigenkreationen mit Foie gras oder Confit. Zwar rühmt sich die Pizzeria als Saladeria, die Salate sind aber enttäuschend winzig für den Preis. Besser Pizza mit Beilagensalat nehmen. Tägl. mittags, Fr–So auch abends geöffnet. Rue de la Barrière, ✆ 05-55746827. **€**

Camping ***** Camping de Collonges-la-Rouge,** abseits vom Zentrum liegt unterhalb von Collonges und Meyssac der Campingplatz an einem kleinen Bächlein. Relativ viele Mobil-Homes, einige Holzhütten und Eco-Lodges. Schwimmbad mit Rutschen, Tennisplatz, Tischtennis, Petanquefeld, Spielplatz, Snackbar. RD 38 – Le Moulin, 19500 Collonges-la-Rouge, ✆ 05-55254159, www.aquadis-loisirs.com.

Mein Tipp ***** Domaine du Coq Rouge,** Campingplatz mit Freikörperkultur. Neben über 40 Stellplätzen gibt es moderne Holzlodges und ausgefallene Unterkünfte, etwa Inuit- oder Maorizelte, Zeltkuppeln oder Zelthütten, Puy Bousquet, ✆ 05-55178983, www.domaine ducoqrouge.com.

Limousin | Die Corrèze → Karte S. 376/377

Gigantische Schieferwände: in den Steinbrüchen von Travassac

Die West-Corrèze

Wer der Straße vom Brive-Becken über Donzenac nach Allassac folgt, die Schluchten der Vézère und einige Schiefersteinbrüche passierend, gelangt in eine wellige Hügellandschaft, die von alten Schieferdörfern durchsetzt ist. Weiter nördlich dominieren die Täler der Auvézère, während der Südwesten bis zur Grenze des Departements Dordogne von Obstplantagen, Walnussbäumen und Getreidefeldern geprägt ist.

Allassac

Das mit Blumen geschmückte 4000 Einwohner zählende Städtchen lässt sofort erkennen, wodurch es einst seinen Reichtum erlangte: Schiefer. Fast jedes Haus ist mit den dunklen Schindeln bedeckt und auch die (nur von außen) düstere Kirche im Zentrum zeigt, welche Schätze hier im Boden ruhen. Schon im 16. Jh. baute man in Allassac und im nahen Travassac Schiefer in großen Steinbrüchen ab und ermöglichte so der Gegend einen wirtschaftlichen Aufschwung. Anfang des 20. Jh. arbeiteten hier 400 Menschen in diesem Gewerbe, das prächtig gedieh und exportierte. Die Dächer des berühmten Mont Saint-Michel etwa sind mit Schiefer aus Travassac gedeckt.

Doch nach dem Zweiten Weltkrieg kam der Niedergang und viele Schieferbrüche mussten schließen. Immerhin: In Allassac wird seit 2006 nach 30 Jahren Pause wieder das dunkle Gestein abgebaut. Auch die beeindruckenden Schieferbrüche von Travassac produzieren in kleinem Stil weiter und sind zu besichtigen. Ein Erlebnis, das man sich nicht entgehen lassen sollte.

Tour César: Der Aufstieg auf den 30 m hohen Tour César im Zentrum Allassacs lohnt sich wirklich: Von der zinnenbekrönten und mit Pechnasen versehenen Spitze hat man eine beeindruckende Aussicht auf eine ausgedehnte Dachlandschaft aus Schiefer. Auch der runde und dunkle Turm selbst ist aus Schiefer und Gneis erbaut, und zwar im 12. und 14. Jh. Das winzige Türmchen, das an seiner Seite klebt, ist übrigens eine ehemalige Latrine. Das tiefe Gewölbe in seiner Basis diente einst als Speisekammer und Gefängnis.

▪ Zugang über das Office de Tourisme während dessen Öffnungszeiten. Eintritt 3 €.

Pont du Saillant/Chapelle du Saillant: Der kleine Weiler Le Saillant 4 km nordöstlich von Allassac kann mit zwei Besonderheiten aufwarten. Zum einen mit einer mittelalterlichen Steinbrücke über die Vézère, deren sechs Bögen auf zwei Gemeinden verteilt sind. Weil der Fluss die Grenze zwischen den Nachbargemeinden Allassac und Voutezac markiert, kommt es, dass zwei Bögen zu Ersterem und die restlichen vier zu Letzterem gehören. Bei der Fahrt über die Brücke kann man einen kurzen Blick auf das an drei Seiten von Wasser umschlossene Château de Mirabeau erhaschen, in dem seit 1320 durchgängig die Familie Lasteyrie du Saillant lebt. Der dazugehörige Park mit uralten Mammutbäumen, Tulpenbäumen und Eichen ist nur während des Festival de la Vézère öffentlich zugänglich.

Die zweite Besonderheit ist ein wahrer Schatz, den die Gemeinde Voutezac ihr Eigen nennen darf: Kirchenfenster, kreiert von Marc Chagall. Alle sechs Fenster in der kleinen Kapelle an der Ortsdurchfahrt (etwa 100 m nach der Brücke auf der rechten Seite) wurden von dem französischen Künstler auf Bitte des Comte Guy de Lasteyrie zwischen 1978 und 1981 bemalt. Das kräftig leuchtende Blau des Fensters hinter dem Altar – das erste der sechs Werke – symbolisiert die Vézère. Für die Gestaltung der vier Seitenfenster wünschte sich der Comte als Repräsentation des Landlebens um Saillant die Motive Weizen, Fisch, Weinrebe und Lamm. Das zuletzt entstandene, kleine runde Fenster über dem Eingang zeigt einen bunten Blumenstrauß, der für Liebe, Frieden und Heiterkeit steht. Chagall selbst hat Le Saillant nie besucht und die bescheidene Kapelle mit seinen Werken nie gesehen. Die kleine Kirche ist tägl. von 9.30–18 Uhr offen.

Schieferbrüche von Travassac: Wo Anfang des 17. Jh. noch ein ganz normaler Hügel war, ist nun als Folge des über Jahrhunderte betriebenen Bergbaus eine bizarre Landschaft mit sechs bis zu 60 m hohen Quarzitwänden zu bewundern, die langsam wieder von der Natur in Beschlag genommen werden. Um die Wände herum liegen sieben Schieferadern, die bis heute – inzwischen in bescheidenem Ausmaß – ausgebeutet werden. Seit 1997 kann man im Rahmen einer Führung in die im Zuge des Schieferabbaus entstandenen schmalen Schluchten hinabsteigen, von Aussichtskanzeln in die Tiefe hinabblicken oder auf einer 50 m langen Hängebrücke über einen mit Wasser voll gelaufenen Schacht spazieren. An heißen Sommertagen ist es hier unten angenehm kühl. Im Anschluss an den Rundgang zeigt ein Arbeiter den Besuchern, wie aus den Schieferplatten Ziegel geformt werden. Ein Laden bietet allerlei Praktisches und Künstlerisches aus Schiefer an, an einer kleinen Bar mit Panoramaterrasse (natürlich aus Schiefer) kann man sich erfrischen.

▪ Die Schieferbrüche befinden sich 10 km südöstlich von Allassac. Eintritt 8,80 €. Juli/Aug. tägl. 10.30–11.30 und 14.30–17.30 Uhr, Führungsbeginn alle 30 Min., Mai/Juni und Sept./Okt. So und Feiertage 14.30–17.30 Uhr, sonst auf Anfrage. Info-Blatt auf Deutsch. Les Carrières/La Rue Haute (D 25), 19270 Donzenac, ✆ 05-55856633, www.lespansdetravassac.com.

Limousin | Die Corrèze → Karte S. 376/377

Abstecher zu den Jardins de Colette: Der 17 km südlich von Allassac gelegene Park ist der französischen Schriftstellerin Colette gewidmet, die zwölf Jahre in der Corrèze lebte. Als Journalistin für die Zeitung „Le Matin" hatte sie deren Chefredakteur Baron Henry de Jouvenel kennengelernt und mit ihm nach der Heirat Schloss Castel Novel bezogen, das sich direkt neben den Gärten befindet. Die Jardins de Colette sind in sechs Bereiche unterteilt und markieren wichtige Stationen im Leben der Schriftstellerin bzw. die Regionen, in denen sie lebte. Der Besucher startet in Colettes Geburtsort Saint-Saveur-en-Puisage (Burgund), durchquert das Franche-Comté, die Bretagne, die Corrèze, die Provence und beendet die Reise schließlich in Paris in den Jardins du Palais Royal. Die Gärten sind sehr unterschiedlich gestaltet, entweder spiegeln sie die Vorlieben Colettes wider oder die Eigenheiten der jeweiligen repräsentierten Region. Passagen aus den Werken der Künstlerin zu Beginn eines jeden Gartens geben Einblick in ihr literarisches Schaffen. Auch ein Labyrinth in Schmetterlingsform lockt zum Zeitvertreib. Ein Audioguide auf Deutsch informiert über Leben und Wirken dieser ungewöhnlichen Grande Dame der französischen Literatur, ein kleines Café mit Außenbereich und ein kleiner Laden ergänzen die Jardins de Colette.

■ Eintritt 8,50 €. Juli/Aug. tägl. 10–19 Uhr, sonst → Website. Parc Floral Les Jardins de Colette, 1119, route de Roland Garros, 19240 Varetz, ✆ 05-55867535, www.lesjardinsdecolette.com.

Information **Office de Tourisme** von Allassac. Von hier hat man Zugang zum Aussichtsturm Tour César. Juli/Aug. tägl. geöffnet, sonst → Website. Rue de la Tour César, 19240 Allassac, ✆ 05-55240880, www.brive-tourisme.com.

Verbindungen Vom **Bahnhof** in der Avenue de la Gare in Allassac fahren mehrmals tägl. Züge nach Limoges und Brive.

MeinTipp **Einkaufen** **Coteaux du Saillant-Vézère,** seit 2003 wächst auf 15 ha zwischen Voutezac und Sainte-Féréole wieder Wein (Weißwein und Rosé). Weingut mit Laden, Mo–Do 9–12 und 14–18 Uhr, Fr bis 17 Uhr, während der französischen Schulferien auch Sa 9.30–12 und 14.30–17 Uhr. La Jugie – Le Saillant, 19240 Allassac, ✆ 05-55252460, www.coteaux-vezere.fr.

Klettern/Mountainbike **La Base,** Zusammenschluss von Outdoor-Sportanbietern, die Aktivitäten und Ausrüstung vermittelt, z. B. Klettern am außergewöhnlichen Klettersteig „Via Ferrata" bei den Felsen der Vézère-Schlucht. Ebenso Mountainbike-Verleih, leichte bis anspruchsvollle Routen. La Lombertie, 19130 Voutezac, ✆ 05-55847354, www.base-vezere.com.

Markt **Bauernmarkt** in Allassac am 1. und 3. Fr auf dem Place de la République und auf dem Place d'Allègre sowie am 2., 4. und ggf. 5. Fr großer **Markt**. Di abends im Sommer **Marché des Producteurs** in Le Saillant.

Veranstaltungen **Fête Médiévale,** am 1. Wochenende im Aug. wird jedes Jahr in Donzenac ein zweitägiges Mittelalterfest gefeiert. Eintritt 5 €.

Festival de la Vézère, das sonst nicht zugängliche Schloss von Le Saillant ist Gründungsort und einer der Hauptspielorte des renommierten sommerlichen Klassik-Festivals, das alljährlich von Anfang Juli bis Mitte Aug. mehrere Tausend Musikfreunde begeistert. Konzerte auch in Brive, Tulle und Aubazine. www.festival-vezere.com.

Wassersport **La Base,** Zusammenschluss von Outdoor-Sportanbietern, die Aktivitäten und Ausrüstung vermittelt, z. B. Kanufahrten auf der Vézère bei der Station Sports Nature Corrèze (auch Bogenschießen etc.), u. a. in Le Saillant. La Lombertie, 19130 Voutezac, ✆ 05-55847354, www.base-vezere.com.

Übernachten/Essen ****** Château de Castel Novel,** als letzter Adeliger besaß der Baron Henry de Jouvenel, Ehemann der bekannten Schriftstellerin Colette, dieses alte Schloss. Die Autorin hat hier mehrere ihrer Romane geschrieben – die Suite Nr. 11 ist ihr gewidmet. Königlich bettet man sich in den 27 Zimmern (vier Kategorien). Stofftapeten mit Blumenmustern zieren die Wände, in einigen Räumen sind noch die alten Steinmauern zu sehen. Antiquitäten schaffen eine noble und dennoch gemütliche Atmosphäre. Zusätzliche Zimmer gibt es in den ehemaligen, zu Cottages umgebauten Stallungen. Den drei Speisesälen im Restaurant, darunter einer in der ehemaligen Bibliothek Colettes, wie auch der Schlossterrasse mangelt es ebenfalls nicht an höfischem Flair. Der Küchenchef verleiht der traditionellen Küche der Corrèze deutlich Pepp. Zur Wahl stehen etwa Lachsravioli oder Foie gras an violettem Senf mit Äpfeln und Rhabarber, mit Minze verfeinertes Lammfilet mit Quinoa oder Rind mit Pfifferlingen, Parmesan und Trüffeln. Schwimmbad und Tennisplätze. Route de Roland Garros, 19240 Varetz, ✆ 05-55850001, www.castelnovel.com. **€€€–€€€€**

Auberge du Cheval Blanc, Restaurant mit einfachem Bistrocharakter und bodenständigen französischen Leckereien mit internationalen Akzenten. Auch vegetarische und vegane Gerichte. Mo Ruhetag. Mittagsküche, Fr/ Sa auch abends. 15, Rue Jean Cariven, 19240 Allassac, ✆ 05-55863141. **€€**

***** Les Coquelicots,** 12 km nordöstlich von Allassac findet man nicht weit von der Autobahnausfahrt Perpezac-le-Noir ein Haus der Kette Interhotel. Hier bekommt man verlässliche Qualität: moderne, geräumige Zimmer mit großen Betten (2 x 2 m), die alle ebenerdig gelegen sind, und einen Pool. Angeschlossen ist auch ein Restaurant mit schmackhafter, traditioneller Küche, in der viel Wert auf regionale Produkte gelegt wird. D 920 / La Croix de Fer, 19270 Saint-Pardoux-L'Ortigier, ✆ 05-55845102, www.hotel-lescoquelicots.fr. **€€–€€€**

Le Cadran Solaire, einen Traum vom eigenen Restaurant hat sich Sébastien Marques in Voutezac erfüllt. Er interpretiert die französische Küche gerne neu und belebt die Speisekarte mit portugiesischen Spezialitäten. Mi Ruhetag, Do/Fr auch abends geöffnet. 6, rue du Cadran Solaire, 19130 Voutezac, ✆ 05-55875523. **€€**

Batistana, 5 moderne Gästezimmer in einem rustikalen Haus in einem winzigen Örtchen über dem Becken von Brive. Terrasse mit schöner Aussicht auf Brive, das Périgord und Quercy. 5, Sajueix, 19130 Voutezac, ✆ 05-55920021, https://batistana.free.fr. **€€**

Objat

Um in das landwirtschaftlich geprägte Tal von Objat zu gelangen, passiert man zuerst Voutezac, dessen schiefergedeckte Häuschen sich an den Hang schmiegen und schöne Aussichten ermöglichen. Das unspektakuläre Objat selbst (3600 Einwohner) ist das kommerzielle Zentrum der näheren Umgebung und ein attraktives Ziel für Feinschmecker: Zum großen Markt am Sonntagmorgen kommen im Sommer mehr als 10.000 Menschen. Außerdem ist die Gegend für ihr zartes Fleisch von Kälbern bekannt, die ausschließlich mit Muttermilch aufgezogen wurden. **Église Saint-Bonnet:** Ein Besuch dieses 5 km nordwestlich von Objat gelegenen Gotteshauses ersetzt natürlich nicht den Besuch der Grabeskirche von Jerusalem, doch haben die beiden Kirchen durchaus einiges gemeinsam: Saint-Bonnet ist mit seinem runden Grundriss, der einen Durchmesser von 18 m hat, und seinen zehn im Kreis angeordneten Säulen im Inneren dem großen Vorbild in der Heiligen Stadt nachempfunden. Beim Alter hört es allerdings mit den Gemeinsamkeiten auf: Türmchen und Eingangsportal stammen aus dem 11. Jh., der Rest aus dem 16. Jh.

Information Office de Tourisme, Juli/Aug. tägl. geöffnet, sonst → Website. Place Charles de Gaulle, 19130 Objat, ✆ 05-19310033, www.tourismeobjat.com oder www.brive-tourisme.com.

Baden EcoPiscine, Hallenspaßbad mit Außenbereich, 70 m langer Rutsche und Wasserspielbereich, außerdem Sauna und Hamam. Avenue Jules Ferry / Espace loisirs Jacques Lagrave, ✆ 05-55258294, www.ecopiscine-objat.fr.

Einkaufen La Coutellerie Objatoise, jedes Messer in seinem Atelierladen ist handgefertigt. Nicolas Piot hat sich in der Messerstadt Thiers ausbilden lassen. Er schleift auch stumpfe Stücke und verleiht ihnen neuen Glanz. So/Mo nachmittags geschlossen. 6, place Johannes Lagueyrie, ✆ 05-87439594, www.coutellerie-objatoise.com.

Limousin | Die Corrèze → Karte S. 376/377

La Ferme d'Objat, Feinkostladen und Käserei in einem. Gute Auswahl an regionalen Produkten und Käse, den man gleich in der Boutique verkosten kann. So/Mo nachmittags geschlossen. 3, place du 11 Novembre, ✆ 05-55841438, www.lafermedobjat-brive.fr.

Markt Sehr populärer **Markt** mit regionalen Produkten jeden So 8–13 Uhr. **Kälbermarkt** jeden 2., 4. und ggf. 5. Di des Monats.

Veranstaltungen **Fête de la Truffe,** jedes Jahr wird Ende Jan. in Yssandon den Trüffeln gehuldigt.

Marché des Petits Pois, am letzten Wochenende im Mai feiert Objat seine große Vergangenheit als Erbsen-Anbaugebiet.

Übernachten & Essen **Domayne les Rues,** mitten im Nirgendwo hat Berna Sieverding (spricht Deutsch) aus einem ehemaligen Taubenschlag ein wunderschönes Ferienhäuschen für bis zu 4 Pers. gezaubert. Großer Garten mit über 160-jähriger Eiche, Pool zum Entspannen und einer Jurte zum Übernachten. 9, rue de Juillac, 19130 Saint-Bonnet-la-Rivière, ✆ 05-55255651, www.domaynelesrues.com. **€**

Village de Chalets, Siedlung mit 20 großen Chalets (4–6 Pers.) direkt beim kleinen See von Objat. ✆ 05-55240880, www.tourismeobjat.com. **€€**

La Tête de l'Art, neben dem Schwimmbad und schön am See gelegenes Restaurant mit frischen und saisonalen Produkten in angenehmem Ambiente. Kreative Küche, z. B. Muschel-Garnelen-Lasagne oder 7 Std. auf Steinpilzen gekochtes Schweinefleisch. So/Mo abends geschlossen (Juli/Aug. Mi geöffnet). 155, avenue Jules Ferry, ✆ 05-55255042, https://restaurantlatetedelart.eatbu.com. **€€**

Le Bouchee Double, einladend ist die Umgebung, in der das Restaurant liegt, nicht. Umso mehr überzeugt dagegen die Küche mit Spezialitäten der Region, die liebevoll auf dem Teller angerichtet werden. Die Zutaten sind frisch und regional. So Ruhetag, sonst tägl. geöffnet, Fr/Sa auch abends. 8, avenue du 8 Mai 1946, ✆ 05-555222742, https://les-boucheesdoubles-restaurant-objat.eatbu.com. **€–€€**

Saint-Robert

Auf einem Bergkamm an der Grenze zum Nachbardepartement Dordogne thront Saint-Robert mit seinen rund 300 Einwohnern. Schon von Weitem versteht man, warum der Ort zu den schönsten Dörfern Frankreichs zählt.

Die Silhouette der romanischen Kirche mit ihrem achteckigen Glockenturm und der hellen Kalksteinhäuser mit ihren Türmchen und Schieferdächern ist einzigartig. Die kleinen Gassen und alten Straßen führen an mehreren ehemaligen Herren- und Landsitzen vorbei und durch zwei alte Stadttore hindurch. Weinranken zieren so manches Haus, ein Café am Platz vor der Kirche und kleine Galerien bringen Leben in den friedlichen Ort. Fasziniert von dem mittelalterlichen Charme war schon der französische Schriftsteller Henri-Pierre Roché. Der Autor des Romans „Jules et Jim" lebte lange Zeit in dem Dorf. Und für den TV-Mehrteiler „Des grives aux loups" nach dem gleichnamigen Roman von Claude Michelet diente Saint-Robert als Kulisse. War Saint-Robert früher ein begehrter Zwischenstopp für Pilger des Jakobswegs, ist er das heute für Touristen. Einen Wunsch sollten Gäste bis zum Besuch aufbewahren: Unterhalb des Dorfes, bei Saint-Maurice, steht ein magischer Brunnen, dessen Wasser eine heilende Wirkung zugesprochen wird.

Église Saint-Robert / Ayen: Die Wallfahrtskirche, die dem Ort ihren Namen verliehen hat, wurde im 12. Jh. erbaut, der achteckige Glockenturm stammt aus dem 15. Jh. An den Chorraum schließt sich außen ein Verteidigungsturm an. Besonders empfehlenswert ist ein Spaziergang zur Esplanade links hinter der Kirche: Von hier bietet sich eine tolle Aussicht auf das Yssandonnais und auf den 4 km südöstlich gelegenen Nachbarort Ayen mit seinem alten Viertel Ayen-Bas. Die kleine aus einem Schloss und Scheunen bestehende Ansiedlung aus rötlichem Sandstein ist (auch wenn man sich direkt vor Ort begibt) leider nur von außen zu bewundern. Direkt neben dem Gehöft sitzt der sogenannte „L'Homme qui crache", ein Männlein, das einen winzigen Bachlauf ausspuckt. Im oberhalb gelegenen Ayan verdient die Kirche Sainte-Madeleine Aufmerksamkeit, v. a. wegen der sechs Grabnischen aus dem 12. Jh. im Mauerwerk.

Information **Office de Tourisme,** Juli/Aug. tägl. geöffnet, sonst → Website. Le Bourg (neben der Kirche), 19310 Saint-Robert, ✆ 05-55252101, www.brive-tourisme.com.

Veranstaltungen **L'Été musical de Saint-Robert,** seit mehr als 40 Jahren gibt Saint-Robert rund drei Wochen lang den Takt in der Region vor. Denn Mitte/Ende Juli bis Mitte Aug. findet hier der Musiksommer statt, eines der bedeutendsten klassischen Musikfestivals in Südwestfrankreich, bei dem Profi- und Nachwuchskünstler aus der ganzen Welt auftreten. www.festival-saint-robert.com.

Übernachten/Essen **Prélaminon,** Christine und Jacques haben die alte Fachwerkscheune 5 km nordöstlich von Saint-Robert in ein romantisches Ferienhaus verwandelt. Urig, stilvoll, gemütlich – in den 2 Zimmern herrscht modernes Berghüttenflair, ohne dass sie allzu rustikal wirken. Bis zu 6 Pers. können hier übernachten. Laurégie, 19310 Segonzac, ✆ 05-55841739, www.prelaminon.com. **€€€**

mein Tipp **Le Relais de Juillac,** mit 10 km Entfernung liegt diese bezaubernde winzige Restaurant zwar nicht ums Eck, aber ein kulinarischer Ausflug lohnt sich dennoch. Hier trifft die Küche der Corrèze auf die Mexikos: Foie gras, Schweinepastete mit Walnüssen versus Chili con Carne und Fajita. Lecker! Mo Ruhetag. Do–Sa auch abends Küche. Zu dem ehemaligen Postrelais gehört ein hübsches Ferienhaus mit Außenpool. Route d'Ayen, 19350 Juillac, ✆ 05-44318490, https://relaisdejuillac.wordpress.com. **€€**

Die romanische Wallfahrtskirche lockt Pilger wie Touristen nach Saint-Robert

Le Relais d'Ayen, das Restaurant mit großem Barbereich erscheint in neuem Look: mit hübschem Tresen, Wänden in Schieferoptik, gemütlichen Ledersesseln, schöner Holzterrasse – alles ziemlich zeitgemäß. Unter der Woche steht ein günstiges Menü bereit, abends und am Wochenende gibt es nur Pizza, wobei man selbst entscheiden kann, was auf den Teig kommt. Montagabend geschlossen. 8, rue des Écoles, 19310 Ayen, ✆ 05-443313780. **€–€€**

Le Café Perché, kleines Café im Vintagelook mit Innenhof – für den kleinen und großen Hunger. Jamsessions und Gourmetabende. Di/Mi geschlossen, öffnet am Nachmittag, Mo bereits um 11 Uhr. 23, place de la Prévoté, ✆ 09-86616716. **€€**

Arnac-Pompadour

Madame de Pompadour, die Geliebte von König Ludwig XV., verdankt dem einstigen Herrensitz ihren Adelsnamen. Die Marquise legte dort auch den Grundstein für die renommierte Pferdezucht. Heute gilt Arnac-Pompadour als die Pferdestadt Frankreichs schlechthin.

In Arnac-Pompadour (1150 Einwohner) ist das zweitgrößte nationale Gestüt Frankreichs beheimatet. Neben den hier erstmals gezüchteten Edelbluthengsten der Rasse Anglo-Araber, auf die die Einheimischen besonders stolz sind, ist hier jede andere in Frankreich vorkommende Pferderasse vertreten. Das Gestüt hat schließlich den staatlichen Auftrag, für deren Fortbestand und Weiterentwicklung zu sorgen. Während der Turnier- und Reitsaison von Mai bis Ende September ist es vorbei mit der gemächlichen Ruhe: Pferdeliebhaber, Züchter, Jockeys und Wetteiferer strömen in Scharen herbei und beleben das sonst eher verschlafene Provinznest.

In der Saison gibt es fast täglich Pferdeschauen, Rennen und Turniere. Außer dem Schloss, dem Gestüt und der Pferderennbahn hat Arnac-Pompadour allerdings wenig zu bieten.

Ein Besuch des 2 km entfernten Arnac lohnt sich wegen der Klosterkirche Saint-Pierre-et-Saint-Pardoux. Über dem Kirchenportal wachen in Nischen drei Statuen aus dem 13. Jh.: in der Mitte die Jungfrau Maria, links und rechts davon der heilige Pardoux und der heilige Martial, beides Schutzpatrone des Limousin. In der Nähe der Kirche steht ein Brunnen mit dem kuriosen Namen *pas de la mule* – Maultiertritt. Der Legende nach soll an dieser Stelle unter dem Hufabdruck eines Maultiers, das die Reliquien des heiligen Pardoux aufgeladen hatte, Wasser hervorgesprudelt sein.

Château de Pompadour: Bereits 1026 war auf dem Gelände eine Festung errichtet worden, die jedoch im Jahr 1200 komplett niederbrannte. Geoffroy Hélie de Pompadour ließ das Schloss im 15. Jh. bauen, seine heutige Form erhielt es bei einer Umgestaltung im 18. Jh. König Ludwig XV. schenkte es Madame de Pompadour im Juli 1745 und erhob sie damit offiziell in den Adelsstand. Die Marquise hat auf dem Anwesen nur ein einziges Mal übernachtet. Von außen ist das Schloss ein wahres Bollwerk mit seinen imposanten, jedoch rein dekorativen Wehrtürmen. Innen befinden sich neben zeitgenössischen Kunstwerken auch prächtige Gewänder, Wandteppiche, Porzellan und Antiquitäten wie etwa vier Polstersessel, auf deren Bezügen Motive aus Fabeln von Theodore Fontane eingewebt sind. Zudem lässt eine Ausstellung in die Welt rund um das Pferd eintauchen. Ein Schlossgarten umgibt den Prachtbau. Im Gestüt der Pompadour bei der Orangerie sind heute noch Pferde untergebracht. Hinter den Ställen sind einige Kutschen ausgestellt. Infoblatt auf Deutsch.

▪ Eintritt 9,50 €, in der Nebensaison 7 €. Kombitickets mit der Domaine de Chignac und den Ställen und Pferdeshows. Wechselnde Öffnungszeiten, → Website. Letzter Einlass 1 Std. vor Schließung. Tickets und Einlass bei der Tourist-Info. Place du Château, ✆ 05-55989927, www.chateau-pompadour.fr.

Les écuries des étalons du Haras national: Napoleon erhob das Gestüt 1872 zum nationalen Haras, also einem von insgesamt 19 staatlichen Pferdezuchtbetrieben in Frankreich. Es liegt auf der anderen Seite des Schlossplatzes, wo in der Saison u. a. Springturniere stattfinden.

Madame de Pompadour – die heimliche Königin

Heute würde man Madame de Pompadour, mit bürgerlichem Namen Jeanne-Antoinette Poisson, als Karrierefrau bezeichnen, als gewiefte Politikerin, als Frau mit Einfluss, die sich gut zu verkaufen wusste. Tatsächlich war sie in Versailles die eigentliche Drahtzieherin hinter Ludwig XV., vor allem in außenpolitischer Hinsicht. Den Weg zu dieser Machtposition ebneten ihr ihre Verführungskünste. Eine Zukunft an der Seite des Königs hatte ihr bereits als Kind eine Wahrsagerin prophezeit. Jeanne-Antoinette Poisson stammte aus einer zwar wohlhabenden, jedoch nur bürgerlichen Familie. Was ihr fehlte, waren ein Adelstitel, Ansehen und Macht. Mit 23 Jahren schaffte sie es, die Aufmerksamkeit Ludwigs XV. auf sich zu lenken – mit großem Erfolg. Nur wenige Zeit später erhob er sie im Jahr 1745 zur Mätresse. Damit war sie die erste Bürgerliche überhaupt, die diesen Status erreichte.

Das löste bei Hofe eine Welle der Empörung aus. Ein Titel musste her. Das Geschlecht Pompadour war gerade ausgestorben, also kaufte der König seiner Geliebten den Landsitz samt Schloss und verlieh ihr den Titel der Marquise mit eigenem Wappen. In Versailles konnte sie sich als feste Größe etablieren, auch weil sie weiterhin erfolgreich um die Gunst der Königin buhlte. Die Marquise de Pompadour hatte nicht nur politisch Einfluss, sie nutzte ihren Status auch, um Philosophen und Literaten wie Denis Diderot, Jean-Jacques Rousseau oder Voltaire zu fördern. Obwohl sie bis zu ihrem Tod 1764 seine offizielle Mätresse blieb, kühlte das intime Verhältnis zum König ab dem Jahr 1751 ab. Um den Monarchen zu beeindrucken, versuchte die Geadelte auf ihrem Landsitz in Pompadour eine Zucht edler Pferde zu etablieren und ließ ein Gestüt mit einem Dutzend Fohlen und zwei Deckhengsten errichten. Sie hatte nur mäßigen Erfolg damit und verkaufte den Landsitz zehn Jahre später. Nach dem Tod der Marquise holte sich der König den Landsitz in Pompadour zurück und ließ das Gestüt wiederbeleben. Napoleon Bonaparte erhob es sogar in den Rang eines Nationalgestüts – mit dem Ziel, eine Pferderasse zu entwickeln, die auf dem Schlachtfeld ausdauernd, robust und wendig sein sollte. Aber erst nach dessen Tod stellte sich schließlich der Erfolg ein, mit der Züchtung einer neuen Rasse: dem Anglo-Araber.

Kleinod für die Liebe: Ludwig XV. schenkte das Schloss seiner Mätresse

Domaine de Chignac: Gezüchtet werden die Tiere heutzutage nicht mehr im Gestüt beim Schloss, sondern rund 2,5 km außerhalb von Pompadour in Chignac. In dem Gestüt leben rund 60 Araber und Anglo-Araber, vor allem während der Rennsaison. Besichtigen kann man Hengste in dem Gestüt aus dem 19. Jh., die Sattlerei und die Hufschmiede.

▪ Domaine de Chignac: Eintritt 6 €. Öffnungszeiten → Website. Besichtigung des Haras national bei der Tourist-Info erfragen. ✆ 05-5598 9927, www.chateau-pompadour.fr.

Chapelle Saint-Blaise: Fast kindlich wirkend Malereien von André Brasilier zieren Wände und Decke der einstigen Pfarrkirche der Ländereien von Pompadour aus dem 17. Jh. Sie gehört, wie etwa auch die Kirche von Sous-Parsat in der Creuse, zur *Route des églises peintes en Limousin,* an der Gotteshäuser mit außergewöhnlicher, moderner Malerei liegen. Vier Jahre brauchte der Künstler für sein rund 300 m² großes Meisterwerk (2005–08), auf dem Szenen aus der Bibel dargestellt sind, etwa ein überdimensionierter Jesus am Kreuz umringt von Reitern. Der Künstler war bei der Fertigstellung 79 Jahre (!) alt. Die Kapelle befindet sich am Place Saint-Blaise direkt hinter dem Schloss.

▪ Tägl. 9–18.30 Uhr geöffnet.

Ségur-le-Château: Das 200-Einwohner-Dorf 11 km nordwestlich von Arnac-Pompadour liegt malerisch an einer Flussschleife der Auvézère, wo vor allem im Sommer Angler das Stadtbild prägen. Auf der Bergkuppe oberhalb erheben sich romantisch die pflanzenüberwucherten Ruinen der mittelalterlichen Burg. Besondere Sehenswürdigkeiten hat Ségur-le-Château darüber hinaus nicht zu bieten. Es sind seine eng an und um die Flussbiegung geschmiegten alten Fachwerkhäuschen, die ihm das Label „Les plus beaux villages de France" eingebracht haben, das Label für die schönsten Dörfer Frankreichs. In den engen Gassen reihen sich Steinhäuser aus dem 15. Jh. aneinander, deren Türmchen und mehrstöckige Fachwerk-Erker ein hübscher Blickfang sind. Sogar der französische König Heinrich IV. soll in dem Örtchen genächtigt haben, sein Ururgroßvater Jean III. d'Albret wurde hier geboren. Ein kulinarisches Highlight ist der allsommerliche Marché des Producteurs: Jeden Montag im Juli und August ab 17 Uhr beginnt auf dem Hauptplatz am Flussufer das große Schlemmen.

Information **Office de Tourisme,** im Schloss von Arnac-Pompadour. Juli/Aug. tägl. geöffnet, sonst → Website. Auch Infos zu Pferderennen und Reitkursen. 19230 Arnac-Pompadour, ✆ 05-55985547, www.terresdecorreze.com.

Office de Tourisme, in Ségur-le-Château, Juli/Aug. tägl. geöffnet, sonst → Website. Place du Champ de foire, 19230 Ségur-le-Château, ✆ 05-55733992, www.tourisme-saint-yrieix.com.

Verbindungen Am **Bahnhof** im Zentrum von Pompadour hält der Nahverkehrszug von Brive nach Limoges.

Baden Sehr kleines **Freibad** mit zwei Becken in Pompadour. 5, allée de la Forêt. Abwechslungsreiches **Freibad** mit kleiner Rutschlandschaft. Le Pradeau, 19210 Lubersac.

Markt Jeden Sa vormittags auf der Place du Château sowie jeden 2. und 4. Mi im Monat entlang der Allée des Marronniers.

Pferderennen Mai–Sept. jeden So im Hippodrom sowie auch unter der Woche Springreiten beim Pferdeparcour Puy Marmont – beides gegenüber vom Schloss, Infos bei der Tourist-Info.

Concours de Dressage, regionaler Wettbewerb Mitte April, im Juli findet der internationale Dressur-Wettkampf statt. www.pompadour-equestre.com.

Grande Fête du Cheval, vom12.–15. Aug. feiert Pompadour den „Großen Tag des Pferdes", das Ereignis schlechthin. Mit dem Grand Prix de Pompadour erreicht es seinen absoluten Höhepunkt.

Grande Semaine de Pompadour, der Wettkampf im Dressur-, Vielseitigkeits- und Springreiten findet alljährlich im Sept. statt. https://grandesemainecomplet.shf.eu.

Veranstaltungen **Fête de la Framboise,** was für Beaulieu die Erdbeere ist, ist für Concèze, 8 km südlich von Pompadour, die Himbeere. Am 1. oder 2. So im Juli werden ihr ein großes Fest und eine noch größere Torte gewidmet – mit 3,20 m Durchmesser und 23.800 Früchten der größte runde Himbeerkuchen der Welt. www.framboises.com.

Übernachten/Essen ***** Hôtel Auberge de la Mandrie,** die 20 modernen Zimmer befinden sich in kleinen ferienhüttenähnlichen Häuschen neben dem Restaurant, große Parkanlage um das Hotel mit überdachtem Schwimmbecken im Freien. Restaurant mit traditioneller Küche. Route de Périgeux, 19230 Pompadour, ✆ 05-55733714, www.la-mandrie.com. **€€**

Parc Hôtel Pompadour, wesentlich komfortabler und schicker bettet man sich im Parc Hôtel mit stylisher Lobby gegenüber der Kapelle - Saint-Blaise. 1, place du Vieux Lavoir, ✆ 05-55 985661, www.parc-hotel-pompadour.com. **€€–€€€**

Le Canari, schräg gegenüber vom Schloss setzt die Brasserie moderne Akzente – zumindest optisch. Im stylischen Glaskasten isst man für Brasserien typische Gerichte wie Pommes frites mit Burger, Grillhähnchen, Quiche oder auch mal Lasagne – simpel, aber sättigend. Öffnungszeiten → Facebookseite. 1, place de la Poste, ✆ 05-55733019. **€–€€**

Le 7, gemütliches, kleines Café, im Landhaus-Empire-Stil mit einem Hauch Shabbychic für eine Kaffeepause. Gute Auswahl an Crêpes, auch Burger. Neben dem Café gibt es 3 geräumige stilvolle Gästezimmer und eine Suite mit Kitchenette. 7, avenue du Midi, ✆ 06-50567412, www.le7pompadour.fr. **€€**

meinTipp **Lime Trees,** ein ungewöhnliches Gästehaus, in dem man sich in die Vergangenheit zurückversetzt fühlt – fast wie in einem Museum. Der noble und herrschaftliche Charakter ist bewahrt: Man frühstückt an und bettet sich in Antiquitäten, lediglich die Badezimmer bilden einen modernen Kontrast. Außenpool, Tischtennis, Spielplatz. 12, rue des Écuyers, ✆ 07-54203973, www.lime-trees.fr. **€–€€**

Château La Frange, herrschaftlich residiert man in dem alten Landsitz aus dem 17. Jh. Keines der 5 Zimmer mit den ungewöhnlichen Namen „Vogelnest", „Hut" oder „Maîtresse" gleicht dem anderen. Allesamt sind sie elegant, komfortabel und geschmackvoll gestaltet, mit Kunstwerken der Hausherrin an den Wänden. Terrasse, Schwimmbad und Park. Château La Frange, 19210 Lubersac, ✆ 05-55985117, www.lafragne.net. **€€€€**

Auberge de Concèze, originelles, sympathisches Bistro mit traditioneller Küche und Produkten von Erzeugern aus der Umgebung. Aufgetischt werden deftige regionale Leckereien wie Foie gras mit in Cognac getränkter Birne oder Rumpsteak vom Limousin-Rind an Käsesoße mit Käse aus der Auvergne, auch vegetarisch. Tägl. mittags (außer am Mi) sowie Fr/Sa abends geöffnet. 10, impasse de la Halle, 193 50 Concèze, ✆ 05-55255584, www.aubergedeconceze.fr. **€–€€**

meinTipp **Le Tilleul de Sully,** ein Restaurant für echte Gourmets, bei dem auch das Auge mitessen darf. Der Maître de Cuisine bereitet regionale Spezialitäten modern und leicht zu und wurde dafür mit dem Bib Gourmand von Michelin geehrt. Das Gemüse stammt aus dem heimischen Garten. Das Ambiente ist stimmungsvoll, mit Fachwerk, großem Cantou und Retroelementen. 15 km nördlich von Pompadour. Sonntagabend, Mo/Di geschlossen, Reservierung ratsam. Le Bourg, 19210 Montgibaud, ✆ 05-55980196. **€€–€€€**

Limousin | Die Corrèze → Karte S. 376/377

Uzerche

Die „Perle des Limousin" versammelt auf einem Felssporn über einer Schleife der Vézère eine alte Benediktinerabtei und eine Vielzahl von aristokratischen Stadthäusern mit Türmchen und Schieferdächern. Nicht umsonst sagt man: „Wer ein Haus in Uzerche hat, besitzt einen Palast im Limousin."

Einen Rundgang durch den 2800-Einwohner-Ort beginnt man am besten bei der mit einem Türmchen geschmückten Porte Bécharie – dem Wahrzeichen der Stadt. Links vom Stadttor erkennt man ein steinernes Stadtwappen mit zwei Stieren. Vorbei an stattlichen Häusern aus dem 17. Jh., die mit ihren kunstvoll verzierten Tür- und Fensteröffnungen für den ehemaligen Reichtum der Stadt stehen, erreicht man das Zentrum der Stadt: den modern gestalteten Place de la Libération mit einem in den Boden eingelassenen stufenartigen Brunnen, dem Maison Eyssartier im Renaissance-Stil gegenüber und oberhalb des Platzes der Klosterkirche. Von hier lohnt sich ein kleiner Abstecher zum idyllischen Place des Vignerons, wo man beim Maison Boyer Chammard eine schöne Aussicht auf die terrassierten Gemüsegärten oberhalb der Vézère genießt. Auch bei der Kapelle Notre-Dame de Bécharie nebenan (wechselnde Kunstausstellungen im Inneren) entfaltet sich ein wundervolles Panorama. Nimmt man die Rue Pierre Chalaud, passiert man beim Abstieg das Château de Tayac und das Château Pontier sowie das ehemalige Wohnhaus des Seneschalls, des königlichen Gerichtsverwalters.

Uzerches Wahrzeichen: die Porte Bécharie

Schon die Gallier erkannten die strategisch günstige Lage des heutigen Uzerche. Zur Festung mit Mauer und 18 Türmen ausbauen ließ die Stadt aber erst Pippin der Jüngere Mitte des 8. Jh. – gerade noch rechtzeitig, denn 30 Jahre nach ihrer Niederlage bei Poitiers (732) wollten die Sarazenen in Uzerche einfallen. Sieben Jahre lang belagerten sie die Stadt, dann waren die Bewohner ausgehungert, ließen sich aber noch eine Kriegslist einfallen: Sie verfütterten ihr letztes Getreide an ihren letzten Stier und schickten das wohlgenährte Tier vor die Tore der Stadt. Die Sarazenen meinten zu erkennen, dass die Vorräte Uzerches unerschöpflich seien, gaben auf und zogen ab – sagt zumindest die Legende. Heute schmücken deswegen zwei Stiere das Stadtwappen. Ab dem 10. Jh. entstand auf dem Felssporn über der Vézère ein Benediktinerkloster, von dem noch die Kirche Saint-Pierre und die Krypta übrig sind. Ab dem 14. Jh. machte sich auch der Amtsadel die herrliche Lage zunutze und konstruierte stattliche Palais und Herrenhäuser, die noch heute einen Gang durch die Altstadtgassen zum Erlebnis machen. Die Stadt wurde nie eingenommen oder zerstört. Nicht umsonst erhielt sie den Beinamen „Uzerche-la-Pucelle" („Uzerche, die Jungfrau").

Église Saint-Pierre: Die Konstruktion ihrer Klosterkirche begannen die Benediktinermönche um das Jahr 1030 mit der von kräftigen Säulen gestützten Krypta. Diese ist damit heute die älteste des Limousin. Sie ist nur von außerhalb der Kirche zugänglich und hat denselben Grundriss wie der Chor mit Chorumgang und Kapellen darüber. Zwei heiliggesprochene bretonische Bischöfe sind hier begraben. Die Kirche selbst ist eher schlicht gehalten. Der Glockenturm endet wie häufig im Limousin mit einer achteckigen Etage.

Spaziergänge an der Vézère: Einen schönen Spazierweg bietet die ehemalige Bahnstrecke von Uzerche nach Seilhac. Entspannt schlendern lässt es sich auf dem alten, zwölfbogigen Viadukt unterhalb der Altstadt mit prächtiger Aussicht auf die Stadtpaläste am Hang. Wer sich ausgiebiger die Füße vertreten möchte, kann dann am alten Stadtbahnhof vorbeilaufen und weiter auf der alten Bahnstrecke wandern. Nach etwa 3 km trifft man auf das ehemalige Bahnhofsgebäude von Espartignac. Auf beiden Seiten der Vézère kann man zudem 5 km und zehn Texttafeln weit auf den Spuren von Simone de Beauvoir wandeln, am einen Ufer verläuft der Weg auf der beschriebenen Bahntrasse. Die Schriftstellerin hatte ihre Ferien als Kind meist beim Großvater in Meyrignac verbracht, nur wenige Kilometer nördlich von Uzerche.

Cascades de Bialet: 4 km westlich von Uzerche rauscht unterhalb des Örtchens La Valette (gehört zu Saint-Ybard) der Wasserfall von Bialet in die Tiefe. Tiefe bedeutet hier nur einige Meter, dafür ermöglicht der versteckte Wasserfall ein einmaliges Naturerlebnis mit Picknickgelegenheit. Über etwas abenteuerliche Holzkonstruktionen kann man zweimal das Bächlein überqueren. Geht man noch etwas weiter, gelangt man zum Viadukt Gour noir, der längsten Steinbrücke mit nur einem Bogen in Europa.

Église Saint-Pierre in Vigeois: Die im 11. und 12. Jh. erbaute romanische Kirche 8 km südwestlich von Uzerche zählt zu den schönsten im Limousin. Diese und ein alter Brunnen auf dem Platz davor sind die Überbleibsel des einst stolzen Klosters in Vigeois, das vermutlich Ende des 5. Jh. gegründet wurde. Bemerkenswert sind das Halbkuppelgewölbe über dem Chor sowie die reich verzierten Kapitelle im Chorraum und an dessen Außenseite. Ein Blickfang ist auch der Bogen über dem Seitenportal mit seinen Löwenskulpturen. Die zwei Figuren rechts stellen Saint-Pierre, den Schutzpatron der Kirche, und Petrus dar, gut erkennbar an seinem Attribut, einem Schlüssel.

Einst ein Wasserturm: Tour de Masseret

Tour de Masseret: Hoch über dem Örtchen Masseret, 15 km nördlich von Uzerche, thront dieser schöne Turm im mittelalterlichen Stil mit Zinnen und einem Rundtürmchen. Das Bollwerk datiert jedoch aus 1954 und wurde als Wasserturm errichtet. Immerhin stand hier einst eine Burg. Von der Plattform bietet sich ein herrlicher Panoramaausblick, u. a. auf das Monédières-Massiv und bis zu den Bergen der Auvergne. Am Fuße des Turms verschönern moderne Skulpturen das Plätzchen.

■ Place Marcel Chameis, 19510 Masseret.

Information Office de Tourisme, in Uzerche ist die Tourist-Info mit Boutique in einer ehemaligen Mädchenschule untergebracht.

Hier gibt es viel Infomaterial, auch zu Wandertouren. Öffnungszeiten → Website. Im Sommer gibt es dienstags zusätzlich einen mobilen Infostand. 10, place de la Libération, 19140 Uzerche, ☏ 05-55731571, www.terresdecorreze.com. In Vigeois ist während der Sommersaison jeden Do vormittags ein **mobiler Infostand** unterwegs.

Verbindungen Am **Bahnhof** nördlich der Altstadt von Uzerche, in der Avenue de la Gare, halten neben Intercitys von Paris nach Toulouse mehrmals tägl. Nahverkehrszüge nach Limoges und Brive. Hier fährt auch die TER-Linie 7 ab, die Limoges mit Tulle verbindet. Über den Bahnhof in Vigeois verkehrt mehrmals tägl. die TER-Linie 6 zwischen Limoges und Brive.

Baden **Freibad** mit zwei Becken beim Parc de Loisirs du Puy Grolier in Uzerche. Rue du 18 Juin 1940.

Bademöglichkeiten am Strand des **Lac de Pontcharal,** 19410 Vigeois. Im Juli/Aug. tägl. 13–19 Uhr überwacht.

Kanu/Klettern/Mountainbike **Base de la Minoterie,** Kanuverleih beim Campingplatz von Uzerche. Auch Klettern, Mountainbiken, Bogenschießen, Kutschfahrten und vieles mehr werden angeboten. ☏ 05-55730284, www.vezerepassion.com.

Kino **Cinéma Municipal Louis Jouvet**, Place de la Libération, ☏ 05-55730941, www.uzerche.fr/cinema.

Markt **Bauernmarkt** jeden Sa bei der Rue Paul Langevin. Festlicher **Markt der Direktvermarkter** jeden Fr im Juli/Aug. auf der Place de la Papéterie. In Vigeois findet jeden Donnerstagmorgen ein **Markt** auf der Place du Champ de Foire statt.

Übernachten/Essen ****** Hôtel Joyet de Maubec,** wer luxuriös essen und sich betten möchte, ist bei dieser Adresse am Rand der Altstadt richtig. Das einstige Stadtpalais schmiegt sich an den Hang, eine entsprechend tolle Aussicht bietet sich von den Zimmern und dem angegliederten Restaurant **La Treille Muscate.** Beides ist stilistisch stimmig: modern trifft auf antik – hell, gemütlich und geschmackvoll. Letzteres gilt auch für die Kulinarik des Hauses, die der Region treu bleibt und sich kreativ zeigt. Spa-Bereich. Mitte April–Sept. Mo abends geschlossen. Sonst nur Do–So mittags sowie Mi–So abends geöffnet. Place des Vignerons, ☏ 05-55972060, www.hotel-joyet-maubec.com. **€€€–€€€€**

***** Hôtel Teyssier,** Haus mit gediegenem, bürgerlichem Charme, direkt an der Vézère. 2 große Säle, davon einer mit Panoramafenstern mit Blick auf die Vézère, kleine Straßenterrasse. Regionale Küche mit Anspruch. Auch Vegetarisches auf der Karte. 14 Hotelzimmer mit altehrwürdigem Ambiente. Rue du Pont Turgot, ☏ 05-55731005, www.hotel-teyssier.com. **€€**

mein Tipp **La Table de M,** alte Poststation, idyllischer Innenhof mit Fachwerkmauern, Holztischen und -stühlen sowie einer kleinen Terrasse vor dem Gebäude. Schickes Inneres mit modernen und stilvollen Polstermöbeln, blanken Steinmauern und Balken. Hier bekommt man vor allem schmackhafte, etwas aufgepeppte regionale Küche wie Fleisch vom Limousin-Rind mit Gorgonzolasoße an Saison-Gemüse, Burger oder Krabbenspieß an Zitrusfrüchteschaum mit Quinoa. Mo sowie So/Di abends geschlossen. Place Alexis-Boyer, ☏ 05-55981780. **€€–€€€**

Le Domaine du Grand Brugeron, wer kein Vegetarier ist, findet hier, auf einem Bauernhof, der Canard gras produziert, ein angenehmes Ambiente vor. Großer Speisesaal und riesige Terrasse mit Aussicht. Auf der Speisekarte: natürlich Foie gras, Schnecken, Fleisch vom Cul-noir-Schwein. Dazu Gästezimmer und ein Ferienhaus. Le Grand Brugeron, 19410 Vigeois, ☏ 05-55736895, www.fermedugrandbrugeron.fr. **€€**

Camping ***** Camping Municipal de la Minoterie,** an der Vézère zieht sich der Gemeinde-Campingplatz entlang. Neben 48 Stellplätzen gibt es auch einige Mini-Chalets und Schlafplätze in einer alten Getreidemühle, die auch als Empfangsgebäude dient. Tennis, Spielplatz, nicht beaufsichtigte Badestelle. La Minoterie, ☏ 05-55730284.

***** Camping Municipal Lac de Pontcharal,** große Stellplätze mit viel Schatten am See von Pontcharal bei Vigeois. Strand mit Bademöglichkeit, Snackbar. Auch einige Mobil-Homes. Lac de Pontcharal, 19410 Vigeois, ☏ 05-55989086.

***** Camping Moulin de la Geneste,** rund 8 km nordöstlich von Uzerche befindet sich dieser kleine, charmante Campingplatz inmitten der Natur an einem Fluss. Stellplätze mit und ohne Stromanschluss, Mobil-Homes, moderne Holzchalets, feste Luxuszelte und Bauwagen. Angeln, Pony- und Eselwanderungen, Schnitz-, Strick- und Filzkurse. Le Moulin de la Geneste, 19140 Condat-sur-Ganaveix, ☏ 05-55733916, www.lageneste.net.

Rund um das Tal der Corrèze

Das Tal in der Mitte des Departements Corrèze ist landschaftlich und klimatisch klassisches Übergangsland vom rauen Plateau de Millevaches zum Süden Frankreichs. Hier ist es noch nicht ganz so flach wie im Becken von Brive, vom südwestlich gelegenen Périgord strahlt jedoch bereits eine angenehme Wärme aus und der Niederschlag ist, wenn auch deutlich höher als im Rest des Landes, doch nicht mehr ganz so ergiebig wie im Millevaches.

Grün ist das Herz der Corrèze – die Hügel um Tulle herum und auch das weite Land sind bedeckt mit Wäldern wie um das Château de Sédières, nordöstlich von Tulle. Eine ideale Gegend für leichtere Wanderungen oder anspruchsvollere Spaziergänge, für sportliche Golfpartien oder gemütliches Picknicken. Und auch für Kanufahrten, Wasserrafting oder zum Angeln, denn die Landschaft ist durchzogen von mehreren Flüssen. Der größte von ihnen ist die Corrèze selbst, die im Plateau de Millevaches entspringt. Der längste Teil des sich über 95 km erstreckenden Wasserlaufs befindet sich im Pays de Tulle. Hier ist das Tal sehr eng, wie etwa bei der Stadt Tulle, die von sanften Hügeln umgeben ist. Nach Tulle tritt die Corrèze aus dem engen Tal heraus, hinein ins Bassin von Brive, und mündet schließlich in die Vézère. Das Wechselspiel von Hügeln und Wasserläufen im Tal der Corrèze, der dreistufige Wasserfall Gimel-les-Cascades nördlich von Tulle oder der Ort Aubazine mit seinem jahrhundertealten Kanal – es gibt viel zu entdecken in dieser stillen, vom Tourismus streckenweise wenig berührten Landschaft.

Tulle

→ Karte S. 412/413

Auf sieben Hügeln ist Tulle erbaut, genauso wie Rom, sagen die einen und ergänzen, dass es wie dieses auch Bischofssitz ist. Ein grauer Schlauch sei Tulle, das Schönste daran noch die Corrèze, die durch die Kleinstadt fließt – so die weniger Wohlwollenden.

Wir meinen: Mit der italienischen Metropole kann man Tulle sicherlich nicht vergleichen, doch die Altstadt hat durchaus Charme: kleine Gässchen, die sich vom Ufer bis zu den Hügeln hinaufziehen, gesäumt von alten Fachwerkhäusern mit mehrstöckigen Holzgalerien und prächtigen alten Türen. Zugegeben, um die Altstadt herum schmälert so manch hässlicher Bau der 1960er- und 70er-Jahre das Stadtbild.

Einst Hauptstadt der Spitze, des Akkordeons und der Waffen, hat sich Tulle von einer florierenden Arbeiterstadt zum Verwaltungsstandort gemausert. Mit seinen 14.800 Einwohnern ist es heute die Präfektur der Corrèze sowie Sitz des Generalrats des Departements.

Das kann das rund 30 km südwestlich von Tulle gelegene und deutlich größere Brive-la-Gaillarde nur schwer verkraften, das dafür aber als Sonnenschein der Region gilt. Denn hier pulsiert bereits der Rhythmus Südfrankreichs – und darauf wiederum schielen die Tullistes nicht ganz ohne Neid. Die Rivalität der beiden Städte besteht schon seit Jahrhunderten und gipfelt in den Derbys der heimischen Rugby-Clubs, die allerdings eher selten stattfinden, da Brive derzeit in der höchsten Liga, Tulle dagegen unter ferner liefen spielt. In den vergangenen Jahren gelang aber immer wieder der Aufstieg in die zweite Liga.

Den wirtschaftlichen Einbruch durch den Wegfall der Spitzen- und Waffenindustrie und die Flaute in der Akkordeonproduktion konnte die Stadt durch einen Zugewinn an politischer Bedeutung wettmachen – in Tulle wird Politik gemacht: auf einem der sieben Hügel im Conseil Général neben der ehemaligen Kaserne Marbot, in Tulles hässlichem, unverkennbarem 22-stöckigem Verwaltungsturm, der Cité administrative, und in den Cafés und Restaurants entlang der Corrèze, wo sich die Politiker mittags und abends zum Essen treffen. Der berühmteste Politiker der Stadt ist ohne Zweifel François Hollande, der vor seiner Karriere als Staatspräsident (2012–2017) sieben Jahre als Bürgermeister in Tulle regierte und vier Jahre lang Präsident des Generalrats der Corrèze war.

Benannt ist die Stadt nach Tutela, einer römischen Schutzgöttin. Zu gallorömischen Zeiten lag Tulle an der Route des Métaux, die vom Nordwesten Frankreichs zum Mittelmeer führte. Aus der Bretagne und dem Limousin wurde auf der „Metallstraße" Gold, von den Cévennen Zinn und Blei in den Süden transportiert, umgekehrt brachte man aus dem Süden Wein und Öl in den Norden. Unterwegs legten die Reisenden – auch im Mittelalter noch – einen Zwischenstopp in Tulle ein, wo sie die Götter um Schutz baten. Im 7. Jh. wurde das Kloster Saint-Martin errichtet, das nach seiner späteren Zerstörung im 12. Jh. wiederaufgebaut wurde. Im 14. Jh. erhob Papst Johannes XXII.

Das Maison de Loyac am Place Gambetta

Gedenken an die Befreiung Tulles am 17. August 1944

die Abtei zum Bistum, die Kirche Notre-Dame wurde zur Kathedrale geweiht. Während des Zweiten Weltkriegs wurde Tulle zum Schauplatz eines brutalen Massakers. Widerstandskämpfer wollten nach der Landung der Alliierten in der Normandie den Kampf zur Befreiung Frankreichs unterstützen und attackierten die Mädchenschule in Tulle, die von deutschen Soldaten besetzt war. 40 Deutsche kamen dabei ums Leben. Die Rache folgte am 9. Juni 1944: Die 2. SS-Panzer-Division „Das Reich" unter Heinz Lammerding hängte 99 Tullisten an Balkonen auf dem ehemaligen Place de Seilhac und in der heutigen Rue des Martyrs auf. 149 Menschen wurden nach Deutschland deportiert, nur 48 kamen lebend zurück. Ein eindringliches Denkmal am Ende der Rue Jean Jaurès erinnert an die Befreiuung Tulles am 17. August 1944.

Cathédrale Notre-Dame: Die Kathedrale Notre-Dame wurde vom 12. bis 14. Jh. errichtet, sie besitzt romanische und gotische Bauelemente. Elegant und schlank ragt der reichverzierte Glockenturm drei Stockwerke und 75 m in die Höhe. Allein die achteckige Turmspitze ist 27 m hoch, sie stammt noch aus dem 14. Jh. Im Kircheninnern gibt es einige bemerkenswerte Statuen, darunter eine Holzstatue von Johannes dem Täufer. Ihm zu Ehren feiert die Stadt jedes Jahr eine Prozession mit dem Namen La Lunade (→ S. 413). Genauer unter die Lupe sollte man das große Kirchenfenster im Chorraum nehmen. Auf der rechten Seite, im 3. und 4. Fenster von unten, ist ein Gehängter dargestellt – er soll an das Massaker vom 9. Juni 1944 erinnern (s. o.). Während der Französischen Revolution wurden Kathedrale und Kloster zu einer Waffenfabrik umfunktioniert. Am Platz vor der Kirche ist ein schöner Wasserlauf in den Boden eingelassen – mit Steinquadern daneben zum Verweilen.

Musée du Cloître: Rechts neben der Kathedrale lädt das Kloster zum kurzen Verweilen ein. Der Klosterhof wirkt etwas karg, umso prächtiger ist dafür die typisch gotische Galerie. Bei den Arkaden auf der Ostseite stechen die Kapitelle mit teilweise farbig gestalteten Skulpturen hervor. Die Farben sind natürlich nicht mehr original, aber den ursprünglichen nachempfunden. Schön ist auch der Kapitelsaal, den die Tullistes als „la petite merveille" – das kleine Wunder – bezeichnen. Fresken aus dem 14. Jh. zieren die Wände, auf der rechten Seite ist das Abendmahl, auf der linken der Einzug nach Jerusalem dargestellt. Das Gewölbe ist mit Motiven aus dem Neuen Testament geschmückt. In dem ehemaligen Kloster befindet sich zudem ein Museum, in dessen Erdgeschoss u. a. Reliquien ausgestellt sind. Im 1. Stock finden regelmäßig Sonderaustellungen regionaler und zeitgenössischer Künstler statt.

▪ Eintritt frei. Mitte Juni bis Sept. Di–Sa 10.30–12.30 und 14–18 Uhr, sonst Di–Sa 14–18 Uhr. Place Monseigneur Berteaud.

Maison de Loyac: Das vierstöckige Haus gegenüber der Kathedrale auf dem Place Gambetta Nr. 18 wurde Anfang des 16. Jh. erbaut. Mit seinen zwei Türmchen und vor allem wegen seiner reich dekorierten Fenster gilt es als eines der schönsten Häuser der Stadt. Besonders hübsch sind die Skulpturen über den Fensterbögen: Löwen, Meerjungfrauen, Wildschweine und Stachelschweine. Typisch für Tulle sind Fachwerkhäuser wie rechts neben dem Maison de Loyac. Links daneben führt eine Treppe in die Rue de la Tour de Maisse hinauf. Sie wird auch „Les Quatre-Vingts" genannt – wegen ihrer 80 Stufen.

Einfach Spitze!

Ein fast vergessenes und einst wichtiges Handwerksprodukt lebt in Tulle seit den 1980ern wieder auf: die Spitze. Beliebt war dieser besondere Stoff v. a. am Hof von Versailles im 17. Jh. – dank Étienne Baluze, einem Historiker aus Tulle und Bibliothekar Colberts. Er schwärmte von den Vorzügen des feinen Stoffes aus seiner Heimatstadt, der zudem günstiger als andere Spitzen im Land war. Das war der Beginn einer Spitzen-Erfolgsgeschichte, die allerdings mit der Französischen Revolution und einer Veränderung des Geschmacks jäh endete. Heute kann man Liebhaberinnen und Kennerinnen des Handwerks im Atelier Baluze neben der Kathedrale wieder beim Spitzesticken zuschauen. Charakteristisch für die Poinct de Tulle ist ihre Herstellung mittels der anspruchsvollen Nadelspitzen-Technik. Bekannt ist auch die Klöppelspitze – eine Spezialität der Stadt Puy-en-Velay in der Nachbarregion Auvergne (→ S. 156).

Das Wort für den Stoff Tüll leitet sich übrigens vom Namen der Stadt Tulle ab – wegen deren guten Rufs ihres Spitzenhandwerks. Tüll hat mit den feinen Spitzen allerdings nichts gemeinsam, weder in Sachen Aussehen noch in der Herstellung: Spitze wird mit der Hand gefertigt, Tüll von jeher maschinell.

▪ **Atelier du Poinct de Tulle:** Eintritt frei. Juni–Sept. Di–Sa 14.30–17 Uhr. 2, place Émile Zola, ✆ 06-75197412, www.lepoinctdetulle.com.

Hôtel Lauthonie: Das Renaissance-Gebäude (Baujahr 1551) in der Rue de Riche war früher Teil der Stadtummauerung. Ins Auge fallen sofort die prächtige Eingangstür, die Jakobsmuscheln über den Fenstern im 3. Stock und die hellen Sprossenfenster eine Etage darüber.

L'Empreinte – Scène nationale Brive-Tulle: Das Theater befindet sich am Quai de la République direkt an der Corrèze. Architekt Anatole de Baudot verwendete bei der Errichtung 1899 den damals noch ziemlich neuen Baustoff Stahlbeton. Hübsch sind die mit Email verzierte Fassade und die Frauenbüsten, die rechts das Drama und links die Komödie verkörpern. Gegenüber am anderen Ufer steht das prächtige Gerichtsgebäude.

Tour d'Alverge: Die einstige Herberge für Jakobspilger aus dem 15. Jh. befindet sich in der Rue Fontaine Saint-Martin und ist gut von der Rückseite der Kathedrale aus zu sehen. Die Räume und Holzgalerien sind über das Treppenhaus im integrierten Turm zu erreichen, nach dem das Fachwerkgebäude benannt ist.

Manufacture d'accordeons Maugein: Tulle gilt als die Akkordeon-Hauptstadt Frankreichs. Rund 2 km südwestlich der Innenstadt werden in der letzten Fabrik dieser Art im ganzen Land Akkordeons noch handgefertigt. Die 1919 von den Gebrüdern Maugein gegründete Manufaktur zählte bis kurz vor Ausbruch des Zweiten Weltkriegs 300 Arbeiter, während des Krieges wurde die Produktion eingestellt. Abwärts ging es in den 1950er- und 1960er-Jahren, als zunehmend Gitarren gefragt waren. Bei einem Rundgang erfährt man alles über Geschichte und Herstellung der Instrumente, in der Werkstatt kann man den heute noch rund 25 Handwerkern bei den einzelnen Arbeitsschritten über die Schulter schauen. Etwa 600 Akkordeons fertigen sie pro Jahr.

▪ Eintritt 9 €. Führung nur nach Anmeldung Mo–Fr um 10.30 Uhr. Um telefonische Anmeldung oder über das Kontaktformular auf der Website wird gebeten. Die Manufaktur hat Mo–Fr 8.30–12 und 13.30–17 Uhr geöffnet. 9, rue Marguerite Pradel, ✆ 05-55200889, www.accordeons-maugein.fr.

Cité de l'Accordéon et des Patrimoines de Tulle: Ein neues Museum widmet sich Tulles bedeutender Waffenindustrie. 1777 wurde eine Waffenfabrik im Dienste des Königs errichtet. Während des Ersten Weltkriegs erlebte die *Manufacture des Armes* eine Hochphase mit 4700 Arbeitern und florierte noch bis zu den Anfängen des Kalten Kriegs. Anfang der 1990er-Jahre stellte sie die die Produktion ein. Das neue multidiziplinäre Museum informiert über die Geschichte der Waffenproduktion mit einer Sammlung an Waffen. Zudem bündelt es aber auch die anderen bedeutenden Handwerke der Stadt.

▪ Das neue Museum öffnet im Laufe des Jahres 2023 erstmals seine Pforten. Öffnungszeiten und Adresse bei der Tourist-Info erfragen.

Naves: Ein kleiner Ausflug ins Zentrum des Städtchens Naves, 6 km nördlich von Tulle, lohnt sich ohne Zweifel. In der Kirche Saint-Pierre aus dem 14. Jh. wird man schier überwältigt von dem Altaraufsatz aus Nussbaumholz. 14 m hoch und 12 m breit ist er und von den beiden Brüdern Duhamel Ende des 17. Jh. formvollendet ausgeführt. Zwischen gedrehten Säulen thronen überlebensgroße Figuren von Johannes dem Täufer, Paulus, Petrus und Hieronymus, ganz unten sind auf zehn Platten Szenen aus dem Leben Petri geschnitzt. Bibelfeste Besucher können hier viel Zeit beim Entdecken verbringen.

Tintignac: 3 km nördlich von Naves sind die bedeutendsten keltischen Fundstätten der Corrèze zu bewundern. 2004 wurden 500 Fragmente aus Bronze und Eisen entdeckt, darunter fünf gut erhaltene Exemplare eines keltischen Blasinstruments, des Carnyx.

Limousin | Die Corrèze → Karte S. 376/377

Dieses sehr lange Bronzerohr, dessen Ende als Tierkopf geformt ist, kennt man auch von Troubadix, dem Barden aus den Asterix-Comics. Gehört hat man es indes noch nie. Erst mithilfe der Vorlage aus Tintignac konnte man ein Instrument nachbauen, das allerdings reichlich schräg klingt. Wer möchte, kann einen kleinen Rundgang um die erhaltenen Grundmauern des religiösen Ortes machen. Ein Picknickplatz bietet Möglichkeit zur Rast.Die Fundstätte ist in der Sommersaison begehbar. Hier kann man Modelle von Gebäuden und Arenen sowie einige Bronzeskultpturen betrachten.

▪ Site archéologique de Tintignac-Naves, Tintignac, 19460 Naves. Eintritt und Öffnungszeiten bei der Tourist-Info in Tulle erfragen.

Informationen **Office de Tourisme,** Broschüren und Wanderkarten zu Tulle und Umgebung, integrierter Shop mit regionalen Produkten. Die Tourist-Info befindet sich im wohl ältesten Haus von Tulle, erbaut im 13. Jh., allein wegen der schönen Architektur im Innern lohnt ein Besuch. Juli/Aug. tägl. geöffnet, sonst → Website. 14, place Gambetta, 19000 Tulle, ✆ 05-55265961, www.tulle-en-correze.com.

Agence de développement touristique de la Corrèze, Informationen zur Corrèze. Juli/Aug. tägl. geöffnet, sonst → Website. 45, quai Aristide-Briand, ✆ 05-44419020, www.tourismecorreze.com.

Verbindungen Vom Bahnhof Tulle verkehren mehrmals tägl. **Busse** nach Limoges sowie **Züge** nach Brive und Ussel.

Baden **Le Centre aquarécréatif Tulle,** Erlebnisbad mit Schwimmerbecken und beheiztem Außenbereich mit Rutschen. Avenue Lieutenant Colonel Faro – Site de l'Auzelou, ✆ 05-55200808.

Einkaufen **Pâtisserie Orfèves Sarl 5,** kleine Chocolaterie mit verschiedenen Schokoladen- und Pralinensorten und bunten Törtchen. Die Pâtisserie wurde für ihre Schokoladenkreationen schon mehrfach ausgezeichnet. Di–Sa 9–13 und 14.30–19 Uhr, So 9–12.30 Uhr. 21, avenue Charles de Gaulle, ✆ 05-55261257.

Kino **Véo,** das einzige Kino in Tulle verfügt über 5 Säle. 36, avenue Ventadour, ✆ 05-55299654, www.veocinemas.fr/veo-tulle.

Krankenhaus **Centre hospitalier de Tulle,** 3, place Maschat, ✆ 05-55297900, www.ch-tulle.fr.

Markt **Wochenmarkt** jeden Mi und Sa auf dem Place Gambetta und am Quai Baluze sowie großer **Markt** jeden 2. und 4. Mi im Monat.

Marché des Producteurs, festlicher Markt der Direktvermarkter jeden Do abends im Sommer im Parc de l'Auzelou. Aktuelle Termine → www.marches-producteurs.com.

Parken Kostenloses Parken ist u. a. in den Parkhäusern neben der Kirche Saint-Pierre so-

wie bei der Mediathek neben dem Bahnhof möglich.

Theater **L'Empreinte – Scène nationale Brive-Tulle,** Ticketverkauf direkt im Theater Di–Fr 13–17 Uhr, Sa 10–13 Uhr. 8, quai de la République, ✆ 05-55269910, www.sn-lempreinte.fr.

Veranstaltungen **La Lunade,** dieser religiöse Festzug findet am 23. Juni zu Ehren von Johannes dem Täufer statt. Der Legende nach soll ein Geistlicher im Jahr 1348 die Stadt von der Pest befreit haben, nachdem er die Bewohner zu einer Prozession aufgerufen hatte. Dabei trugen die Teilnehmer die Statue des heiligen Johannes einmal um die Stadt. Seither wird die Prozession jedes Jahr begangen. Am Abend wird vor der Kathedrale ein Feuer entzündet.

Les Nuits de Nacre, das Akkordeon- und Musikfestival ist das Ereignis des Jahres. Für vier Tage – Ende Juni – verwandelt sich Tulle in eine einzige Bühne. Rund 100 Konzerte finden in der Innenstadt, am Flussufer, in Bars, Cafés, Restaurants, im Theater und in Kirchen statt. ✆ 05-55202854, www.accordeon.org.

Übernachten ***** Hotel Limouzi Tulle 7**, das beim Verwaltungsturm an der Corrèze gelegene Hotel weist 50 gediegene, helle und saubere Zimmer in Creme- und Brauntönen auf. Aufzug und 2 barrierefreie Zimmer. Die Zimmer zur Straße haben alle Balkon, was angesichts des Verkehrs allerdings ein zweifelhaftes Vergnügen sein dürfte. 16, quai de la République, ✆ 05-55264200, www.hotel-tulle.com. **€€**

Manoir XV Domaine de Peyrafort, Mr und Mrs Black haben einen Hang zum Noblen, was wohl daran liegt, dass sich ihre 4 Gästezimmer und das Appartement in einem ehemaligen Herrenhaus aus dem 15. Jh. befinden – auf einem Hügel rund 3 km nördlich vom Zentrum (auf der D 1120). Die Zimmer sind gemütlich und herrschaftlich dekoriert – wir empfehlen das Chambre Antoine Fortier und die Suite de Peyrafort. Den Landsitz umgibt ein 3 ha großer Park mit einer Allee, umsäumt von Linden und Eichen. 6, chemin de Peyrafort, ✆ 05-55273466, www.manoirxv.com. **€€**

Kontrast zur schmucken Altstadt: das Rathaus von Tulle

meinTipp **Manoir Chantemerle,** rund 7 km liegt dieses stattliche Corrèzer Herrenhaus von Tulle entfernt. Die 3 geräumigen und stilvollen Gästezimmer sind nach Vögeln benannt und farblich dezent und stimmig gehalten. Ein wunderschöner Park mit See umgibt das Anwesen, in dem auch Pferde und Ponys leben. Neben einem Spa-Bereich wartet noch ein Tennisplatz auf Gäste. Chantemerle, 19490 Sainte-Fortunade, ✆ 06-60672934, www.manoir-chantemerle.com. **€€–€€€**

Essen & Trinken **Les 7 2**, das angesagteste Restaurant der Stadt kommt optisch ganz schlicht in erdigen Farben daher. Umso imposanter und farbenfroher geht es auf dem Teller zu: Geflügel mit Gnocchi, Kohlroulade und Gemüse nach Saison, Kalb an gebratenem Speck und Zucchiniravioli oder Foie gras mit Humus. Zur Auswahl stehen auch edle Tropfen aus dem eigenen Weinkeller. So/Mo abends geschlossen. 32, quai Baluze, ✆ 05-44409489, www.restaurant-les7.fr. **€€€**

meinTipp **LE BO – Le Bouche à Oreille 3**, es ist schon unverschämt lecker, was Stéphane Houdayer so alles in der Küche zaubert. Entsprechend der Saison kann etwa Thunfischtatar mit Mango, Pfifferlingstrüffel-Törtchen oder Entenfilet mit Fenchelkompott serviert werden. Das Ganze in einem schlichten, stilvollen Ambiente und einem mediterran anmutenden Hinterhofgarten. So/Mo geschlossen. 39, 41, 43, avenue Charles de Gaulle, ✆ 05-44404030, www.leboucheaoreille-tulle.com. **€€€**

meinTipp **Le Local 4**, von Einheimischen empfohlen, von uns getestet: Als etwas günstiger als le BO, aber als genauso schmackhaft, erweist sich dieses auf den ersten Blick unscheinbare Restaurant gegenüber der Corrèze. Wir hatten das Kichererbsen-Curry mit Couscous und das sehr zarte Rindergeschnetzelte an Oliven. Sowie Apfelcrumble und Tiramisu zum Dessert, was alles wirklich fein, frisch und mehr als ausreichend war. Dem Namen entsprechend legt die Küche viel Wert auf lokale Produkte. So /Mo Ruhetage, Di/Mi nur mittags Küche. 36B, quai Baluze, ✆ 05-55209797, https://lelocal-tulle.eatbu.com. **€€**

Au Palais Corrézien – Le Grill de la Boucherie 1, einen Katzensprung weiter trifft man auf diese alteingegessene Metzgerei, wo man hervorragend typische Limosiner Fleischkost zu moderaten Preisen essen kann. Einfach, aber authentisch. Jeden Di gibt es Kalbskopf, Do Farcidure – eine regionale Kloßspezialität aus Kartoffeln, Schweinehack und Petersilie. Bemerkenswert ist auch die kitschige Kuhfigurensammlung den Treppenaufgang entlang. Mo–Sa ab 7.15 Uhr geöffnet, Mo und Sa nachmittags sowie So geschlossen. 14, quai Baluze, ✆ 05-55265452. **€–€€**

Café Bogota 6/8, Traditionsrösterei, die seit 1930 besteht – urspünglich als Feinkostladen, der auf Anfrage auch Kaffeebohnen röstete. Ein kleines Café neben der Kathedrale sowie ein deutlich größeres mit schönerem Ambiente in der Rue Jean Jaurès laden zu einer kleinen oder – bei der Auswahl an Kaffee – auch zu einer ausgedehnteren Kaffeepause ein. So/Mo geschlossen. 1, place Clément Simon bzw. 32, rue Jean Jaurès, ✆ 05-55201385, www.cafebogota.fr.

Gimel-les-Cascades

Hoch über dem Tal der Montane liegt Gimel-les-Cascades (790 Einwohner) inmitten scheinbar endloser Wälder am Rand eines Abgrunds. Dort stürzen sich in drei beeindruckenden Stufen die im Ortsnamen auftauchenden Wasserfälle in die Tiefe – sie gehören zu den Hauptattraktionen des Limousin. Gimel selbst ist ein hübsches Örtchen mit sehr engen Straßen, kleinen Ateliers von Kunsthandwerkern und Läden mit regionalen Produkten. Der Ort kann außerdem mit der im 15. Jh. erbauten, restaurierten Kirche Saint-Pardoux aufwarten, in der man auf einen im 12. Jh. in Limoges gefertigten Reliquienschrein aus Email und Fresken aus dem 13. Jh. stößt. Ein paar Meter weiter hat man von den Ruinen der Burg La Roche Haute eine wundervolle Aussicht auf das Tal und seine ineinandergreifenden grünen Hügel. An den beiden letzten Juli-Wochenenden tauchen auf der Burg 150 Kostümierte beim Spektakel „Son et Lumière" mit bombastischen Lichteffekten in die Vergangenheit ein. Heiter geht es dagegen an den beiden letzten Oktoberwochenenden beim „Spectacle de Cabaret" zu (Infos → www.gimelenscene.com).

Cascades de Gimel: In drei spektakulären Stufen stürzt das Wasser der Montane über Felsen in die Tiefe. Wer den Eintritt zu dem abgezäunten Gelände ein paar Fußminuten unterhalb des Ortes bezahlt (es lohnt sich!), kommt dafür den tosenden Wassermassen sehr nah – muss aber viele Treppen steigen. Der Weg ist anstrengend, aber gut ausgebaut. Es empfiehlt sich unbedingt, zu den ausgeschilderten Plattformen zu gehen, von dort kann man beinahe in die Sturzfluten hineingreifen. Am schönsten ist vielleicht gleich der erste Fall, Le Grand Saut („Der große Sprung", 45 m). Über Treppen, Stege und Brückchen kommt man auch La Redole (Herkunft des Namens unbekannt, 27 m) und dem „Pferdeschweif" (La Queue de Cheval, 60 m) sehr nah. Für die etwa einstündige Tour empfiehlt sich gutes Schuhwerk.

▪ Eintritt 6 €. März–Okt. tägl. 10–18 Uhr, Mi 11–18 Uhr, Juli/Aug. tägl. 10–19 Uhr.

Information **Office de Tourisme,** Juli/Aug. tägl. geöffnet, sonst → Website. Le Bourg, 19800 Gimel-les-Cascades, ✆ 05-55265961, www.tulle-en-correze.com.

Übernachten/Essen **Le Chalet de Paul,** einen schönen und kostenloses Ausblick auf die Wasserfälle hat man von dem Restaurant mit Bar-Charakter am südlichen Ortsausgang. Hier sitzt man gediegen an Panoramafenstern in loungiger Atmosphäre und kann es sich bei einem üppigen Snack wie Wurst-, Käse- oder Meeresfrüchteplatte, Quiche oder Tarte oder bloß bei einem Drink gutgehen lassen. Zeitgenössische Künstler stellen hier ihre Werke aus. Öffnungszeiten → Website. 30, Le Bourg, ✆ 05-55931444, https://le-chalet-paul-mourdie-bar-gimel-les-cascades.eatbu.com. **€€**

Le Chant des Sources, gemütliches Ferienhäuschen mit Panoramablick im Ortszentrum. Zum historischen Charme der Unterkunft gesellen sich zeitgenössische Akzente. Bis zu 2 Pers. 12, Le Bourg, ✆ 05-55273838, www.gites-de-france-correze.fr. **€–€€**

Limousin | Die Corrèze → Karte S. 376/377

Versteck der Résistance: das Renaissance-Schloss Sédières

Château de Sédières

Bei einem Besuch des Château de Sédières, rund 20 km östlich von Tulle, lassen sich Kultur- und Naturgenuss wunderbar miteinander verbinden. 130 ha Wald mit Seen und Teichen umgeben das 3 km östlich von Clergoux gelegene Renaissanceschloss mit den hübschen Rundtürmchen. Vor seinem Umbau Mitte des 16. Jh. diente es Verteidigungszwecken, wovon die erhaltene Zugbrücke und einige Pechnasen zeugen. 1944 quartierte sich die FFI (Französische Streitkräfte im Inneren) ein, eine Organisation, die alle im Untergrund operierenden Résistance-Gruppierungen vereinte. Heute finden in dem Schloss wechselnde Kunstausstellungen statt. Wer mehr über die Geschichte des Schlosses erfahren will, kann auf dem Gelände einen circa eineinhalbstündigen Rundgang mit Audioguide (nur auf Franz. und Engl.) machen. Das Schloss beherbergt zudem eine kleine Snackbar. Es ist nur im Sommer zugänglich, der Schlosspark mit seinem Freizeitangebot das ganze Jahr über. Das Gelände ist Ausgangspunkt für Wanderungen – die Rundwege sind markiert –, es gibt auch einen Mountainbike-Verleih sowie einen Bikepark. Jeden Sommer finden Konzerte statt, daneben gibt es weitere Veranstaltungen, speziell auch für Kinder.

▪ Schloss: Eintritt 4 €. Mitte Juni–Sept. tägl. 10–12.30 und 13.30–18 Uhr. Domaine de Sédières, 19320 Clergoux, ✆ 05-55276964, www.sedieres.fr.

Aubazine

Aubazine (auch „Aubazines“) erstreckt sich entlang der Schlucht der Coiroux auf einem Gebirgsvorsprung im Schutz des 520 m hohen Puy de Pauliac. Die Coiroux fließt knapp 130 m unterhalb der kleinen Ortschaft. Das Zentrum bilden die Klosterkirche Saint-Etienne und eine ehemalige Zisterzienser-Abtei, die der heilige Etienne von Obazine um das Jahr 1130 errichten ließ. Der Kirchplatz ist umsäumt von alten Klostergebäuden, in denen sich das Rathaus und die Touristeninformation befinden, sowie von kleinen Geschäften und einer Brasserie. Die meisten Häuser im Ort wurden zwischen dem 15. und 17. Jh. gebaut. Ein eineinhalbstündiger Rundgang führt durch die alten Gassen, etwa zum Viertel Barry-bas mit einer alten Mühle oder zum Barry-haut, wo sich die Häuser an einen Felsvorsprung schmiegen und man eine tolle Sicht auf die Ruinen eines Frauenklosters im Tal der Coiroux hat. Die Umgebung von Aubazine birgt viele wundersame Schätze wie beispielsweise eine byzantinische Kapelle, ein Cromlech, Dolmen, den Schäferinnensprung und den berühmten Canal des Moines. Aubazine ist ein beliebter Ausgangspunkt für Wanderungen.

Klosterkirche: Erbaut wurde die Kirche in der zweiten Hälfte des 12. Jh. Auffällig ist der flache Turm mit seinen drei freischwingenden Glocken. Im Innern sind das Grab des heiligen Etienne – ein reich verzierter Steinschrein auf Arkaden mit aufgebahrter Statue – sowie eine Pieta sehenswert. Das Muster der Kirchenfenster soll die einstige Designerin Coco Chanel zu ihrem Logo inspiriert haben.

Kloster: Saint Etienne gründete die Zisterzienser-Abtei im 12. Jh., die Vollendung der Gebäude erlebte er allerdings nicht mehr. Das Kloster schließt an den Nordteil der Kirche an. Der Klostergarten ist umgeben von Gebäuden aus der Gründungszeit, die noch den Kapitelsaal, das Skriptorium, einen Schlafsaal und die Küche mit einem immensen Kamin beherbergen. Aus dem Brunnen in der Mitte des Klostergartens schöpften die Mönche früher Wasser aus einem von ihnen angelegten Kanalsystem. Mit dem etwas später gegründeten Nonnenkloster Coiroux bildete die Abtei eine Art Doppelkloster – für Zisterzienser-Orden eher ungewöhnlich. Im Coiroux-Tal sind nur noch Ruinen davon übrig. In dem Kloster wurde sogar ein Werbespot für Chanel gedreht.

▪ Eintritt 9 €, nur Führungen. Aktuelle Öffnungszeiten → Website. ✆ 05-55873952, http://abbaye.aubazine.com.

Canal des Moines: Dieses Bewässerungssystem ist einzigartig in Europa. Mönche legten den 1,5 km langen Kanal im 12. Jh. an, um ihr Kloster und das Dorf mit von der Coiroux abgeleitetem Wasser zu versorgen. An einer Stelle wurde eigens eine Bogenbrücke gebaut, um den Wasserlauf über der Schlucht kontinuierlich fortzuführen. Wer möchte, kann den kompletten Wasserlauf entlangspazieren und kommt dabei auch beim sogenannten Saute de la Bergère vorbei – hier soll sich eine von einem Jäger verfolgte Schäferin vom Felsen gestürzt haben. Wie durch ein Wunder überlebte sie den Sprung und wurde der Legende nach vom heiligen Etienne persönlich nach Hause geleitet.

▪ Freier Zugang das ganze Jahr über, Wanderkarte beim Office de Tourisme, Führungen (5,50 €) werden von der Tourist-Info im Juli/Aug. auf Anfrage und ab 20 Pers. organisiert.

Chapelle byzantine: In einem alten Bauernhofgebäude abseits der Straße am Ortsausgang Richtung Tulle befin-

Wanderung 9:
Zum Canal des Moines bei Aubazine → S. 527
Anstrengend, aber mit Felsen, schönen Kapellen und Aussicht

det sich diese Kapelle (Monastère de la Théophanie genannt), deren Wände und Decke der Chilene Juan Echenique bemalt hat. Von der Kuppel blicken ein überdimensionierter Christus und die Evangelisten herab. Die Wandfresken zeigen die Stationen des Kreuzwegs.

Information **Office de Tourisme,** hier gibt es Tickets für die Klosterführung. Juli/Aug. tägl. geöffnet, sonst → Website. Le Bourg, 19190 Aubazine, ✆ 05-65332200, www.vallee-dordogne.com.

Abenteuerpark **Parc Mayaventure,** Vergnügungspark am See neben dem Campingplatz Le Coiroux. Hochseilgarten mit neun Parcous, dazu einer für (kleine) Kinder. Außerdem Paintball, Hüpfburgen, Minigolf und eine Kletterwand. Für Spaziergänger ist der Eintritt kostenlos, sonst 18,50 €. Juli/Aug. tägl. 10–19 Uhr, Mitte April–Juni und Sept./Okt. Sa/So/Feiertage 10–19 Uhr. Centre touristique du Coiroux, ✆ 05-55272110, www.parc-mayaventure.fr.

Golf **Parc du Coiroux,** 27-Loch-Golfplatz (der einzige im Limousin) am See von Coiroux. Parc du Coiroux, ✆ 05-55272566, www.golf-coiroux.com.

Veranstaltungen **Foire aux Chèvres,** großer Ziegenmarkt mit 10.000 Besuchern im Zentrum Mitte oder Ende April in Aubazine, bei dem nicht nur viel gemeckert wird, sondern es auch jede Menge regionale Produkte und Animation gibt. Genauen Tag auf www.ville-aubazine.fr nachschauen.

Fête de la Châtaigne et du Marron, in Beynat, 13 km südöstlich von Aubazine, wird am 2. oder 3. Wochenende im Okt. das große Kastanienfest gefeiert. Infos → www.beynat.fr.

Übernachten/Essen **** Hôtel-Restaurant Le Saint-Etienne,** die 33 Zimmer verteilen sich auf ein großes Gelände mit 4 Gebäuden und 3 Pavillons. Die Einrichtung reicht von gediegen über puristisch bis hin zu poppigem Retrodesign. Das wunderschöne Hauptgebäude mit Türmchen gehörte einst zur Abtei, diente als Pilgerherberge, besitzt mehrere Säle mit historischem Charme und ist bereits seit 1854 ein Hotel. In den Zimmern stehen teils antike Holzbetten, zuweilen sind Holzbalken und Steinmauern zu sehen. Teilweise sind die Zimmer renoviert, teilweise etwas angestaubt, dazu einfache Bäder. Schöne Terrasse mit Blick auf die Kirche. Unspektakuläre, regionale Küche mit frischen Produkten. Tägl. geöffnet. Rue Brugeilles, ✆ 05-55257101, www.le-saint-etienne.com. **€€**

**** Hotel de la Tour,** schön am Platz gegenüber der Klosterkirche gelegenes kleines Hotel mit 17 einfachen, rustikalen Zimmern. 2 der 3 Speisesäle mit altem Kamin. So/Mo abends geschlossen. Place de l'Église, ✆ 05-55257117, www.hotel-tour-aubazine.fr. **€€**

La Broderie, gemütlich eingerichtetes Café im Kloster mit so einigem Schnickschnack und unglaublich leckeren Kuchen. Nur Sa/So nachmittags geöffnet. Infos zu aktuellen Öffnungszeiten bekommt man in der Metzgerei auf der anderen Seite des Kirchplatzes oder in der Tourist-Info. ✆ 06-14490681. **€**

meinTipp **Le Saut de la Bergère,** das Gästehaus punktet vor allem mit seiner fantastischen Lage und seiner Panoramaterrasse am Hang. Die 4 Gästezimmer sind geräumig, mehr oder weniger trendig und mit verspielten Elementen. 1265 Route du lac, ✆ 05-55257409, www.lesautdelabergere.com. **€€**

Camping ****** Le Coiroux,** wunderschön und abgeschieden im Grünen bei einem großen Badesee gelegener Campingplatz mit 13 ha Fläche. Etwa 4,5 km östlich von Aubazine. Knapp 90 große, von Hecken abgetrennte Stellplätze. 80 Mobil-Homes, außerdem Chalets,

Bungalows und Zeltlodges. Familienfreundlich und mit viel Animation. Schwimmbad, Hüpfburg, Tennis, Bogenschießen, Pétanque. Mehrstufige Sonnenterrasse beim Pool. Golfplatz und Hochseilgarten im umgebenden Park. 1, route du Parc du Coiroux, ✆ 05-55272196, www.campingcoiroux.fr.

***** Centre touristique de Miel,** 16 km südöstlich von Aubazine, mitten im Nirgendwo, kann man sich ordentlich austoben: Der ausgedehnte Campingplatz liegt direkt am Lac du Miel mit großem Sandstrand und einem Sprungturm, außerdem Kanuverleih und ein zusätzlicher Pool. 140 sehr große Stellplätze mit etwas wenig Schatten, Mobil-Homes, große Chalets, Gîtes und ein Bauwagen, zudem Originelles zum Schlafen wie Zeltbungalows, zeltartige Westernwagen und ultramoderne Cottages. Überdachter Außenpool, Wasserspielpaltz, Tennis, Minigolf, Fahrradverleih. Lac de Miel, 19190 Beynat, ✆ 05-55855066, www.camping-miel.com.

Aubazine – Inspiration für Coco Chanel

Aubazine darf sich damit rühmen, die Wiege des großen Modeimperiums Chanel zu sein, denn hier erlernte Coco Chanel das Nähen. Im Alter von zwölf Jahren kam die junge Gabrielle Chanel (1883–1971) in das Waisenhaus des Klosters von Aubazine, wo sie sechs Jahre in der Obhut der Schwestern verbrachte. Diese Zeit prägte sie und ihr späteres Schaffen. Ihre Vorliebe für klare, strenge Schnitte mit wenigen Mustern, meist in Beige, Grau und Schwarz-Weiß – beeinflusst durch die Klostermauern (Beige), die Nonnenroben und Schuluniformen (Schwarz-Weiß, Grau) sowie durch das bescheidene Leben in der Klosterschule. Das Muster der Kirchenfenster inspirierte sie zu ihrem Markenzeichen, zwei ineinandergreifende C. In der Nachbarregion Auvergne nahm der Werdegang der Modeschöpferin seinen Lauf: Als 18-Jährige erhielt sie zwei Jahre Unterricht im Pensionat Notre-Dame der Stiftsdamen von Saint-Augustin in Moulins (→ Kasten S. 230). Während dieser Zeit verfeinerte sie ihr Handwerk und erhielt erste Aufträge als Näherin bzw. Schneiderin, bevor sie 1910 ihr erstes Modehaus in Paris eröffnete und schließlich zur Stilikone und einer der einflussreichsten Persönlichkeiten des 20. Jh. wurde.

Limousin | Die Corrèze → Karte S. 376/377

Die Dordogne gräbt sich durch die Xaintrie

Die Xaintrie

Wild und abwechslungsreich ist die Xaintrie. Durchzogen von tiefen Schluchten und Flüssen erstreckt sich das Gebiet über den Süden der Corrèze und den Westen des Cantal in der Auvergne. Gerade wegen ihrer landschaftlichen Vielfalt gilt die Xaintrie als Paradies für Outdoorsportler.

Die Xaintrie ist ein Naturraum voller Gegensätze: Sie ist reich an Wäldern und Flüssen, doch immer wieder drängt sich das schroffe Gestein des Granitplateaus zwischen dem saftigen Grün hervor. Drei Flüsse – die Dordogne im Osten, die Cère im Süden und die in Ost-West-Richtung fließende Maronne in der Mitte – grenzen das Gebiet ab und unterteilen es in zwei Unterregionen, die größtenteils in der Corrèze liegen. Da wäre die Xaintrie Blanche im Norden, eingerahmt von Dordogne und Maronne, die hauptsächlich von der Landwirtschaft lebt. Zu ihr gehören das schmucke Örtchen Argentat-sur-Dordogne, die berühmten Ruinen der Tours de Merle und das außergewöhnliche Mittelalter-Freilandmuseum bei Saint-Julien-aux-Bois. Die Xaintrie Blanche hat ihren Namen von der hellen Rinde der Birken, die hier gut gedeihen. Und da wäre die traditionell ärmere und waldreichere Xaintrie Noire im Süden, zwischen der Cère und der Maronne, wo eher Eichen und Kiefern wachsen. Das variationsreiche Bergrelief eignet sich zum Mountainbiken, das schroffe Granitgestein zum Klettern, die Wälder zum Wandern, die Flüsse zum Angeln und Kanufahren oder für Bootsausflüge.

Der südlichste Zipfel der Corrèze um das mit drei Schlössern gesegnete Curemonte und das dortige kleine Wein- und Strohwein-Anbaugebiet gehören streng genommen nicht mehr zur Xaintrie, sind aber so nah beim am Rand der Xaintrie Blanche gelegenen Beaulieu-sur-Dordogne, dass sie dennoch in diesem Kapitel vorgestellt werden.

Argentat-sur-Dordogne

Idyllisch ist Argentat mit seinen 2800 Einwohnern ins Tal der Dordogne am westlichen Rande der Xaintrie eingebettet. Seit 2017 bildet der Ort gemeinsam mit dem südlichen Nachbardorf Saint-Bazile-de-la-Roche die neue Gemeinde Argentat-sur-Dordogne. Alte Fischerhäuser säumen die Ufer Argentats – sie stammen noch aus der Zeit der Gabariers, der einstigen Lastkahnfahrer. Dank ihnen hatte sich das Städtchen ab dem 16. Jh. zu einem bedeutenden Wirtschaftsstandort entwickelt. Und ihnen ist auch die romantische Kulisse am Ufer zu verdanken, die alten Steinhäuschen, sogenannte Maisons à Bolets, mit ihren typischen Holzbalkonen und den grauen Schieferdächern. Den schönsten Blick hat man von der Pont de la République, die hübschen Häuserzeilen mit ihren Cafés spiegeln sich in der im Sommer von zahlreichen Kanufahrern gesprenkelten Dordogne. Romantisch ist auch ein Spaziergang über die kopfsteingepflasterte Uferpromenade. So beschaulich und friedlich wie heute war Argentat nicht immer: Lange Zeit teilten sich der Prior von Carennac und der Vicomte von Turenne die Herrschaft über das Städtchen und führten dort einen der ältesten Märkte der Region ein. Während des 16. und Anfang des 17. Jh. kam es jedoch zu Unruhen, als sich Protestanten und Katholiken im hugenottischen Argentat bekämpften. Ruhe kehrte erst mit der Gegenreformation ein, im Zuge derer sich ein Mönchs- und zwei Schwesternorden im Ort niederließen. Ein etwa einstündiger Spaziergang führt zu den alten Kirchen und Klöstern aus dieser Zeit (alle Stationen sind durchnummeriert, Karte im Office de Tourisme), durch hübsche kleine Gässchen und an alten Patrizier- und Fischerhäusern vorbei. Einen modernen Kontrast dazu setzt die Place da Maïa mit liegestuhlähnlichen Holzbänken vor der Touristeninformation.

La Maison du Patrimoine: Das Heimatmuseum befindet sich in einer restaurierten alten Scheune. Es informiert über die Ortsgeschichte, zeigt archäologische Fundstücke aus der Zeit von 450 bis 50 v. Chr. sowie einen Film über die Historie der Schifffahrt.

▪ Eintritt frei. Juli/Aug. Di–So 10–12 und 15–18 Uhr, Juni/Sept. Mi–So. Avenue Gilbert Dillange, ✆ 05-55280616, www.argentat-sur-dordogne.fr.

Barrage d'Argentat: Der auch Barrage du Sablier (dt. Sanduhr) genannte Stausee befindet sich 2 km nördlich von Argentat und ist der kleinste von insgesamt fünf am Oberlauf der Dordogne. Die zwischen 1954 und 1957 errichtete Talsperre ist eine der kleineren der Region. Der am Ufer gelegene Campingplatz Château du Gibanel bietet viele Freizeitmöglichkeiten, und auch wer kein Camper ist, kann den See zum Angeln, Schwimmen und Kanufahren nutzen.

La Roche-Canillac: Wer das Limousin einmal wie aus dem Bilderbuch erleben will, sollte die 17 km lange Fahrt von Argentat Richtung Norden nach La Roche-Canillac unternehmen. Auf Straßen, die Fahrradwegen gleichen und durch schier endlos erscheinende Wälder führen, erreicht man das an einem steilen Hang über dem Tal des Doustre liegende, schon im frühen Mittelalter bekannte Dörfchen mit seinen schiefen Steinhäuschen und engen Gassen. Ein Besuch des Ensembles um den schlanken Turm Canillac empfiehlt sich unbedingt, wenn man das alte Frankreich entdecken möchte.

Limousin | Die Corrèze → Karte S. 376/377

Basis-Infos

Information **Office de Tourisme,** Juli/Aug. tägl. geöffnet, sonst → Website. Tickets für Fahrten auf der Gabarre erhältlich. Place da Maïa, 19400 Argentat-sur-Dordogne ✆ 05-65332200, www.vallee-dordogne.com.

Verbindungen **Busverbindungen** nach Brive, Tulle und Limoges.

Baden **Centre Aquarécréatif Le Splash,** Badelandschaft im Freien mit 580 m² großem Spaß- und Spielbecken, Schwimmbecken, Spa- und Sportbereich. 509, rue Louis Bessou, ✆ 05-55283170.

Bootsausflüge 75-minütige Touren auf den traditionellen Lastkähnen ab der Anlegestelle „Graffeuille" in der Nähe des Stausees Barrage d'Argentat Sablier am linken Ufer. Verschiedene Themenfahrten, bei denen aus der Sicht unterschiedlicher Charaktere oder über Legenden erzählt wird. Juli/Aug. tägl. 9, 10.45, 17 und 18.45 Uhr, Juni und Sept./Okt. Mo–Sa um 15 Uhr. Karten 9,50 €. Anmeldung erforderlich. Näheres bei der Tourist-Info oder ✆ 05-55914977.

Hochseilgarten **Escalad'arbre – Escapade de Nature,** Klettergarten im Wald. Ganzjährig geöffnet. 21 Avenue Foch, ✆ 05-55286631, www.escapadenatureargentat.com.

Kino **Cinéma Le Turenne,** Avenue Raymond Poincaré, ✆ 05-55281839, www.leturenne.allocinecine.fr.

Markt Jeden Do am Place Joseph Faure sowie Di und Sa am Place da Maïa. Von Mai bis Sept. stellen jeden So am Kirchplatz **Produzenten aus der Corrèze** ihre Stände auf und ab Mitte Juli bis Mitte Aug. findet Mi ein abendlicher **Markt** im Zentrum statt. Festlicher **Markt der Direktvermarkter** jeden Do Juli/Aug. im 6 km entfernten Monceaux-sur-Dordogne, Place de l'Église.

Wassersport **Canoë à Argentat – Escapade Nature,** Kanuverleih, Stand-up-Paddeln. Mai–Sept. tägl. geöffnet, sonst Mo–Fr, am Wochenende auf Anfrage. 21, avenue Foch, ✆ 05-55286631, www.escapadenatureargentat.com.

Canoë Safaraid Dordogne, Kajak und Kanus, verschiedene Touren auf der Dordogne. Anlegestelle zwischen Saulières und Monteaux. Saulières, 19400 Monceaux-sur-Dordogne, ✆ 05-65374487, www.canoe-kayak-dordogne.com.

ABC Saga Team, Anlegestelle beim Camping au Soleil d'Oc. Mai–Sept. Escourbaniers, 19400 Monceaux-sur-Dordogne, ✆ 05-55288484, www.saga-team-dordogne.com.

Apache Canoë, Anlegestelle beim Camping l'Europe, Mitte Mai bis Mitte Sept. Le Chambon, 19400 Monceaux-sur-Dordogne, ✆ 05-552 80770.

Übernachten / Essen & Trinken

Am Ufer der Dordogne (Quai Lestourgie) reihen sich einige Restaurants und -Cafés aneinander, die vor allem mit ihrer idyllischen Lage punkten. So mancher Service ist verbesserungswürdig, aber dank des schönen Ausblicks kann man das in Kauf nehmen.

***** Hôtel le Sablier du Temps,** mit seinen blauen Markisen und Balkonen sehr mediterran wirkendes Haus in einer ruhigen Seitenstraße. Auch die 24 Zimmer wirken freundlich und sind in südländischen Farben gestrichen, 2 sind davon barrierefrei. Geschmackvolle Möbel und moderne Bäder. Ein schöner Garten mit Pool, Spielplatz und Liegestühlen lädt zum Entspannen ein. Freundliches, lichtdurchflutetes Restaurant mit großer Außenterrasse und ausgezeichneter Küche (drei Logis-Kochtöpfe). Regionale Gerichte mit modernen Einsprengseln und raffinierter Zubereitung. Große Salatauswahl. 13, rue Joseph Vachal, ✆ 05-55289490, www.lesablierdutemps.fr. **€€–€€€**

**** Hôtel Maison Fouillade,** schön am zentralen Platz von Argentat gelegenes, alteingesessenes Hotel, das bereits in der vierten Generation geführt wird. Michel Fouillade ist nicht nur in der Küche ein Künstler, sondern auch an der Leinwand: Überall im Haus hängen Landschaftsbilder von ihm. Die 15 Zimmer sind einfach und schmucklos eingerichtet und mit modernen Bädern ausgestattet. Die Räume des einstigen Restaurants können Hotelgäste zur eigenen Bewirtung nutzen. 11, place Gambetta, ✆ 05-55281017. **€–€€**

Le Bistrot des Quais, sympathische und beliebte Crêperie unterhalb der Pont de la République am Rand des rechten Dordogne-Ufers. Besonders schön sitzt man auf der höher gelegenen Terrasse. Neben Crêpes und Galettes

Auf der Wasser-Autobahn: die Gabarren

Man könnte die etwa 18 m langen Gabarren (franz. *gabares*) auch als Einwegboote bezeichnen, denn sie wurden auf der Dordogne nur für eine einzige Fahrt benutzt. Die vier Tonnen schweren flachen hölzernen Lastkähne wurden vor allem zwischen dem 17. und dem 19. Jh. von Waldarbeitern an der Haute-Dordogne gebaut, die damit ihr karges Einkommen aufbesserten. Von Argentat, Beaulieu und Spontour aus transportierten die Gabarren Eichen- und Kastanienholz bis nach Libourne vor den Toren Bordeaux', wo man es dringend für den Bau von Weinfässern und Schiffen benötigte. Hauptsaison für den Transport war nach starken Regenfällen oder nach der Schneeschmelze im Winter – wenn also das Wasser hoch war und die Dordogne schnell floss. Erlaubte es der Wasserstand (was nur an etwa 30 Tagen im Jahr der Fall war), starteten schon einmal 400 Gabarren gleichzeitig, mit bis zu 20 Tonnen Holz beladen. Eine Woche dauerte eine Überfahrt von Argentat bis nach Bordeaux, drei Wochen der Rückmarsch – denn die Bootsbauer und -fahrer kehrten zu Fuß nach Hause zurück. Die Lastkähne verkauften sie am Zielort. Mit der Erfindung der Eisenbahn und dem Ausbau des Straßennetzes verlor diese Art des Transports schließlich an Bedeutung. Heute schippern die Gabarren für Touristen wieder regelmäßig über die Dordogne.

gibt es auch Burger. Mo Ruhetag. 2, rue du Port Saulou, ✆ 05-55288043, https://bistrot-des-quais.business.site. **€–€€**

Hêtre sous le Charme, Baumhäuser sind extrem beliebt in der Corrèze, doch wohl kein anderes ist so schön gelegen wie diese 5 direkt auf einer Klippe über der Dordogne komplett aus Holz errichteten Hütten im Wald. Alle bieten einen paradiesischen Blick von Balkon und Veranda aus, das größte Baumhaus kann sogar mit einer Holzbadewanne und einer Freiluftdusche mit Aussicht begeistern. Bei mehr Nächten reduziert sich der Preis. Le Bourg, 19400 Saint-Martial-Entraygues, ✆ 06-31424439, www.hetresouslecharme.com. **€€€€**

Chez Maryse, Bistro an der Landstraße zwischen Argentat und Beaulieu mit kleinem Tabak- und Lebensmittelladen. Hier treffen sich Einheimische auf ein schnelles Bier und tauschen Neuigkeiten aus. Touristen kommen meist zur Erfrischung nach einer Wanderung oder Kanufahrt. Ganzjährig geöffnet, 7.30–bis Sonnenuntergang. Laygues, 19400 Monceaux-sur-Dordogne, ✆ 05-55281333.

Camping ****** Château du Gibanel,** großer, am Stausee Barrage d'Argentat im Grünen gelegener Campingplatz rund 4 km nordwestlich von Argentat. 250 große Stellplätze, jeweils durch einen Baum voneinander abgegrenzt, der angenehmen Schatten spendet. Die

Limousin | Die Corrèze → Karte S. 376/377

Stellplätze am Wasser sind etwas kleiner, rund 15 Mobil-Homes und zeltartige Bauwägen, umfassendes Freizeit- und Animationsangebot, Schwimmbecken, Volleyball, Basketball, Tennis, Spielplatz, Kanu- und Tretbootverleih. Bar im alten Schloss aus dem 13. Jh. nebenan, Juli bis Mitte Sept. geöffnet. Château du Gibanel, ✆ 05-64102020, www.camping-gibanel.com.

****** Le Vaurette,** Campingplatz mit vielen Freizeitmöglichkeiten und großem Baumbestand an der Dordogne, 9 km südlich von Argentat. Schön angelegtes Schwimmbecken. Snackbar, Fahrradverleih, Fußball, Basketball, Volleyball, Badminton, Tennis, Tischtennis und Pétanque. 120 Stellplätze, 2 Mobil-Homes. Bademöglichkeit an der Dordogne (kleiner Strand). Vaurette, 19400 Monceaux-sur-Dordogne, ✆ 05-55280967, www.vaurette.com.

****** L'Echo du Malpas,** Campingplatz an der Dordogne, der mit 62 Mobil-Homes eher nichts für das traditionelle, simple Stellplätze liebende Camping-Klientel ist. Familienfreundlich, mit Schwimmbad (mehrere Becken) inkl. großer Rutsche und Kinderbecken, Snackbar im Juli/Aug. 20 Gehminuten ins Zentrum von Argentat. Route de Beaulieu-sur-Dordogne, ✆ 05-55915277, www.camping-echo-du-malpas.com.

***** Europe,** ruhiger, familienfreundlicher Campingplatz an der Dordogne, 1,7 km südlich von Argentat. Keine Animation, keine Musik. Bei 100 Stellplätzen nur 5 Mobil-Homes. Verkauf von Eis und Snacks, Kanuverleih, Tennisplatz und kleines Schwimmbecken. Auf Höhe des Campingplatzes befindet sich eine Insel in der Dordogne, zu der man hinüberwaten kann. Rezeption und Wohnsitz der Besitzer (zwei Brüder) ist ein 500 Jahre altes Herrenhaus. Le Chambon, 19400 Monceaux-sur-Dordogne, ✆ 05-55280770, http://www.camping-europe-argentat.fr.

****** Camping au Soleil d'Oc,** mit einem Bauernhof fing alles an, inzwischen hat sich das Grundstück mit dem alten Patrizierhaus in einen urwüchsigen Campingplatz am Ufer der Dordogne mit Gemüsegarten und unzähligen Nussbäumen verwandelt – ideal für Naturliebhaber. 100 Stellplätze, 30 modern eingerichtete Mobil-Homes, Chalets, Zelt-Lodges, Bungalows und Bauwagen. Restaurant/Bar, Verkauf von Snacks, Kanuverleih, Stand-up-Paddeln, Minigolf, überdachtes und offenes Schwimmbecken, Spielplätze. Escourbaniers, 19400 Monceaux-sur-Dordogne, ✆ 05-55288484, www.campingsoleildoc.com.

Von Argentat in die Xaintrie Blanche

In der Xaintrie Blanche nähert man sich landschaftlich dem Cantal in der Auvergne, dessen beeindruckende Berge man in der Ferne bereits erkennen kann. Die Gegend ist vulkanisch geprägt und liegt deutlich höher als etwa Argentat. Im Osten darf sogar der eigentlich in der Auvergne beheimatete Cantal-Käse produziert werden. In der landwirtschaftlich geprägten Xaintrie Blanche bekommt man das unverfälschte französische Landleben zu sehen, in dem Enten für die Herstellung von Foie gras gestopft werden und der Bäcker mit frischem Brot durch die Dörfer tingelt. Aber auch eine Pariser Kosmetikfirma hat sich in der Gegend ein Refugium geschaffen: die Jardins Sothys.

Les Fermes du Moyen-Âge: Im Freilandmuseum von Saint-Julien-aux-Bois sind die Uhren um 700 Jahre zurückgedreht. Der Besucher spaziert durch ein mittelalterliches Dorf, vorbei an Kühen, Gänsen, Hühnern und Schweinen. Zwei Jahre dauerte der Bau, Gründer Pierre Giré hat alles selbst geschaffen – die Steinhäuser, den Gewürzgarten, die Koppeln und die Dorfmauern. Sogar das Stroh für die Dächer und der Lehm für die Wände stammen aus eigener Produktion. Wie in einem echten Mittelalterdorf gibt es ein „luxuriöseres" Haus des wohlhabenden Bauern, ein schlichtes des armen Bauern, ein Notarhaus, in dem Giré selbst die meiste Zeit lebt, und eine Kirche. Fast jedes Jahr kommen neue Bauten dazu,

Das Freilandmuseum von Saint-Julien-aux-Bois

etwa eine Mühle und eine Totenlaterne. Tiere wie Kühe, Schweine, Hühner und Schafe verleihen dem Anwesen zusätzlich Bauernhofflair. In einem botanischen Garten gedeihen über 400 Pflanzen, darunter für das Mittelalter typische. Hunde sind nicht erlaubt. Das Gelände ist für Rollstühle nicht geeignet.

▪ Eintritt 6 €. Ostern–Juni und Sept.–Allerheiligen auf Anfrage, Juli/Aug. tägl. außer Sa 14–19 Uhr. Le Puy d'Arrel, 19220 Saint-Julien-aux-Bois, ✆ 05-55283130 oder 06-87493453, www.fermesdumoyenage.com.

Les Jardins Sothys: Wie ein Mosaik setzen sich die Jardins Sothys zu einem großen Garten zusammen, der vielfältiger nicht sein könnte. Durch 13 Themenwelten wandelt der Besucher, die vom farbenprächtigen Rosengarten mit über 80 Sorten über einen buddhistischen Zen- und einen japanischen Teegarten bis zum klassisch englischen Mixed-Border reichen. In starkem Kontrast steht Letzterer zum „Jardin des Constellations" mit seinen akkurat geschnittenen Büschen und Bäumen. Die kreis-, kugel- und pyramidenförmigen sowie geschwungenen Eiben, Liguster und Buchse sind als Sternenkonstellation angelegt – in Erinnerung an den Stern Sothys, nach dem die Ägypter ihre Göttin der Schönheit benannten, die Namensgeberin der Pariser Kosmetikfirma. Der Park kann bei jedem Wetter besucht werden, Regenschirme stehen gratis zur Verfügung. Sie sind auch bei Sonnenschein ratsam, denn trotz der Pflanzenvielfalt findet sich in den Jardins Sothys kaum ein schattiges Plätzchen. Zum Park gehört mittlerweile auch ein Gemüsegarten.

Sothys ließ den Garten 2007 jedoch nicht nur zur Erbauung für die Besucher anlegen, die Firma, die Wert auf die Verwendung von pflanzlichen Inhaltsstoffen für ihre Produkte legt, nutzt ihn auch zur Erforschung der regionalen Flora. In einem Laden werden neben lokalen Erzeugnissen, Büchern, Schmuck, Taschen und Kleidung auch Pflege- und Kosmetikprodukte verkauft.

▪ Eintritt 6 €. April Di–So 11–19 Uhr, Juli/Aug. So/Mo 10–19 Uhr, Di–Sa 10–20 Uhr, Mai/Juni

Limousin | Die Corrèze → Karte S. 376/377

und Sept. Di–So 10–19 Uhr, Okt. Di–So 10–18 Uhr Uhr. 10, rue Bernard Mas, 19220 Auriac, ✆ 05-55919689, www.lesjardinssothys.fr.

Tours de Merle: Schon wegen ihrer Lage zählen die Tours de Merle zu den schönsten Festungen im Limousin. Die markanten Türme ragen stolz von ihrem kleinen Felsplateau aus dem tiefen Tal der Maronne empor und bieten Ruinen-Romantik vom Feinsten. Im 12. Jh. richtete sich hier ein Gutsherr ein – damit sicherte die Vize-Grafschaft Turenne die Grenzen zur Auvergne und zum damaligen Aquitanien ab. Bis zum 15. Jh. ließen die Nachkommen auf dem Gelände ihre eigenen Mini-Festungen errichten, die sich später zu dieser majestätischen Bastion zusammenfügten. Ein Rundgang führt durch die Ruinen der einzelnen Herrensitze und hoch in die Türme aus dem 12. bis 14. Jh., von wo aus man einen herrlichen Blick auf den umliegenden Wald und die Flussschleife hat. Ältestes Bauwerk ist eine winzige Kapelle aus dem 12. Jh. Weiter geht es hinab ins Tal der Maronne, wo man picknicken oder angeln kann. Zu der 10 ha großen Parkanlage gehören auch ein Kräutergarten, eine kleine Farm – beides im Mittelalter-Stil – sowie ein Museum. Im Juli und August beleben Mittelalter-Festspiele, Open-Air-Theater und Greifvogelshows die Festung.

▪ Eintritt 8 €. Juli/Aug. tägl. 10–19 Uhr, April–Juni, Sept. und franz. Herbstferien tägl. 14–18 Uhr, Okt. So 14–18 Uhr. Les Tours de Merle, 19220 Saint-Geniez-ô-Merle, ✆ 05-55282231, www.toursdemerle.fr.

Einkaufen **Fromagerie Duroux,** 1200 t Käse werden in dieser unscheinbaren Fabrikhalle pro Jahr produziert, v. a. auvergnatische Sorten wie Cantal, Saint-Nectaire, Bleu und Fourme d'Ambert. Die Produkte schmecken zum Glück nicht so steril wie sich der stark frequentierte Verkaufsraum präsentiert. Mo–Sa 9–12 (Juli–Sept. bis 12.30 Uhr) und 14.30–18 Uhr. Le Bourg, 19220 Rilhac-Xaintrie, ✆ 05-55282762, www.fromagerie-duroux.fr.

Ferme de Calebrousse, hier werden Enten für Foie gras gestopft, die man im Hofladen kaufen kann. Außerdem: Confits, Rillettes und verschiedene Fleischstücke. Offizielle Öffnungszeiten gibt es nicht, aber es ist eigentlich immer jemand da. Führung möglich, am besten telefonisch vorher anmelden. Hofladen Mo–Sa 9–12 und 14–18 Uhr. Calebrousse, 19430 Goulles, ✆ 05-55287265 und 05-55284210.

Übernachten/Essen **Restaurant des Jardins Sothys,** umgeben von einem See und dem Sothys-Garten liegt die zu einem Restaurant umgewandelte Scheune etwas abseits von Auriac. Rustikales Flair und Eleganz vereinen sich nicht nur beim Interieur, sondern auch auf dem Teller. Die regionale Küche wird gerne mal verfremdet und originell aufgepeppt. Innen isst man mit Blick auf den See unter altem Holzgebälk, außen auf einer großen Terrasse. Eine Reservierung wird empfohlen. Angeboten wird auch ein vegetarisches Menü. Öffnungszeiten → Website. Le Bourg, 19220 Auriac, ✆ 05-5591 9689, www.lesjardinssothys.fr. **€€€**

***** Auberge de la Xaintrie,** an der Hauptstraße von Saint-Privat, dem größten Ort im weiteren Umkreis, findet sich ein feines Hotel mit 28 schlichten Zimmern im dunkleren Design sowie Sauna, Dampfbad, Whirl- und Außenpool. Sehr gutes Essen in einem wunderschönen Speisesaal mit herausgeputzten Steinmauern. Kalbsbries, Salers-Rind oder hausgemachte Patisserien sind im Angebot. 25, rue de la Xaintrie, 19220 Saint-Privat, ✆ 05-55284980, www.aubergedelaxaintrie.fr. **€€**

La Ferme des Histoires mélangées, ein Hauch von Abenteuer schwingt mit, denn hier bettet man sich inmitten grüner Eichenwipfel oder direkt am See. Mehrere urige Baumhäuser und eine Holzhütte – alle mit Veranda – auf dem rund 50 ha großen Naturschutzgebiet 12 km südöstlich von Argentat lassen ein Gefühl von „zurück zur Natur" aufkommen, zumindest fast. Die Häuschen sind sehr komfortabel eingerichtet. Zudem gibt es ein Gästezimmer im Stil einer Holzhütte. Das Biofrühstück wird morgens in Körben gebracht, u. a. mit selbst gemachter Marmelade und Eiern vom eigenen Bauernhof. Neben Hühnern leben Esel und Pferde auf der Ferme des Histoires mélangées. Auf Wunsch Candlelight-Dinner. Marlinges, 19340 Sexcles, ✆ 05-55287397, www.lafermedeshistoiresmelangees.com. **€€** (Gästezimmer), **€€€–€€€€** (Hütten)

Beaulieu-sur-Dordogne

Wundervoll an der Dordogne gelegen, macht Beaulieu (1300 Einwohner) seinem Namen als „schöner Ort" alle Ehre: Hier, an der sogenannten Riviera Limousine, beginnt Südfrankreich, sowohl vom Klima als auch vom Lebensgefühl her. Die Vegetation ist ebenfalls entsprechend südländisch und so lässt es sich herrlich unter Palmen, Bananenstauden und Walnussbäumen wandeln. Die offiziell ausgeschilderte Route de la Noix (Nussstraße, Infos → www.noixduperigord.com) beginnt zwar schon in Argentat-sur-Dordogne, aber erst zwischen Brivezac und Beaulieu stößt man auf riesige Walnussplantagen.

Rodolphe de Turenne, Erzbischof von Bourges, war bei seinem Besuch 855 sofort von diesem Ort begeistert, taufte ihn „Bellus Locus" und gründete eine Benediktinerabtei. Im 12. Jh. wurde eine neue Klosterkirche errichtet, die das Zentrum des schmucken Städtchens bildet. Den Spaziergang durch die Gässchen beginnt man am besten bei der Porte Saint-Catherine, die man über den Boulevard Rodolphe de Turenne erreicht, vorbei an teilweise heruntergekommenen herrschaftlichen Anwesen mit eisernen Toren, Vorgärten und großen Treppen. Innerhalb der Stadtmauern trifft man auf windschiefe, schön herausgeputzte Steinhäuschen mit viel Fachwerk. Folgt man weiter der Tour mit nummerierten Stationen (Karte dazu im Office de Tourisme), gelangt man zur ehemaligen Klosterkirche und ihrem einladenden Vorplatz, einem prächtig ausgeschmückten Renaissance-Haus und schließlich zur imposanten Büßerkapelle, die sich schön in der Dordogne spiegelt. Die „Bellocois" sind zu Recht stolz auf ihr Heimatstädtchen.

Église Saint-Pierre: Um den schönsten Teil der aus grauem Sandstein erbauten ehemaligen Klosterkirche aus dem 12. Jh. zu sehen, muss man das romanische Gotteshaus noch nicht einmal betreten. Das 5,80 m breite und 4,30 m hohe Tympanon am Südportal zeigt eine wunderschön ausgearbeitete Darstellung des Jüngsten Gerichts mit einem Christus, der auf einem Thron sitzt und umrahmt ist von Engeln und Aposteln. Die Kirche selbst, eine dreischiffige Basilika mit Querhaus, ist als Pilgerkirche auf dem Weg nach Santiago de Compostela errichtet worden und wartet mit einem Umgangschor mit fünf Kapellen auf. Weil sich der Orden im 11. Jh. der cluniazensischen Reformbewegung anschloss, ist das Gotteshaus ansonsten einfach und karg ausgestaltet.

▪ Tägl. 9–18 Uhr.

Chapelle des Pénitents Noirs: Am Fluss erhebt sich die im 12. Jh. errichtete Büßerkapelle mit ihrer imposanten Glockenwand. Im Inneren finden regelmäßig Ausstellungen statt. Den schönsten Blick darauf hat man von der gegenüberliegenden Seite des Flusses, zu der man über einen Fußgängersteg gelangt.

▪ Freier Eintritt. Mitte Juni bis Mitte Sept im Rahmen von Ausstellungen geöffnet. Führungen über die Tourist-Info. Place du Monturuc.

Information **Office de Tourisme,** Verkauf von regionalen Produkten und Souvenirs. Juli/Aug. tägl. geöffnet, sonst → Website. Place Marbot, 19120 Beaulieu-sur-Dordogne, ✆ 05-65332200, www.vallee-dordogne.com.

Verbindungen **Busverbindungen** nach Tulle und Brive.

Baden **Piscine Beaulieu-Altillac,** öffentliches Freibad (Juli/Aug.) mit Rutsche. 9, La Garenne, 19120 Altillac, ✆ 05-19980192.

Bootsausflüge Mit einer nachgebauten, traditionellen Gabarren kann man ab dem Quai

Limousin | Die Corrèze → Karte S. 376/377

Faugère einstündige Rundfahrten unternehmen. Fahrt 8 €. Mai–Aug. Sa–Do um 11 Uhr, Sept. tägl. um 15 Uhr, Okt. auf Nachfrage. Karten im Office de Tourisme. ✆ 05-55910994.

Markt Ganzjährig jeden 1. und 3. Fr im Monat großer **Markt** am Place du Champ de Mars und Place Marbot sowie jeden Mi am Place du Champ. Zusätzlich: Juli/Aug. festlicher **Bauernmarkt** jeden Mo 17–20 Uhr bei der Büßerkapelle am Place du Monturuc.

Veranstaltungen **Fête de la Fraise,** am 2. So im Mai wird das Erdbeerfest mit einem Kuchen von 8 m Durchmesser, einem Erdbeer- und Lebensmittelmarkt sowie Musik und Kunsthandwerk gefeiert.

Fête du Monturuc, großes Feuerwerk über der Dordogne am 15. Aug., danach Parade auf dem Fluss mit traditionellen Gabarren und beleuchteten Kanus.

La Randonoix, „Nusswanderung" am letzten So im Sept., Attraktionen und Probierstationen auf der „Route de la Noix".

Wassersport **Corrèze Sports Animations,** Kanuverleih, Hydrospeedund Stand-up-Paddeln neben dem Freibad bei der Base de loisirs, La Garenne. ✆ 06-51422728, www.correze-sports-animations.fr.

Übernachten/Essen ***** Grand Hôtel le Turenne,** in dem Hotel im Zentrum von Beaulieu trifft Moderne auf Mittelalter. Zu den mit schicken Designermöbeln ausgestatteten 7 Zimmern und 2 Suiten (der Preis steigt mit der Kategorie) gelangt man in ritterlicher Manier über einen Steinturm mit breiten, ausgetretenen Stufen. Kein Zimmer gleicht dem anderen, in einigen sind die typischen Steinmauern des Limousin beibehalten, in anderen trennen Vorhänge aus Fäden oder Engelsflügel das Bad vom Schlafraum ab. Zum Hotel gehört ein Wellnessbereich. Das Restaurant ist in geschmackvollem Design eingerichtet und büßt trotz des Chics nichts von seiner Herzlichkeit ein. Die Tageskarte wird in Form einer großen Tafel an den Tisch getragen. Wir wählten Spargelcremesuppe als Vorspeise, Ente an Auberginen- und Kürbispüree mit Bohnen und zum Dessert einen traditionellen Walnusskuchen – alles raffinierte lokale Spezialitäten. Restaurant Mo/Di geschlossen. 1, boulevard Saint-Rodolphe-de-Turenne, ✆ 05-55919472, www.leturenne.com. **€€€**

Côté Dordogne, in dem romantischen Steinhaus, das an einem Seitenarm der Dordogne liegt, genießt man entspannende Ruhe, die lediglich vom Plätschern des Wassers unterbrochen wird. Im modernen, hellen Ambiente werden kreativ zubereitete lokale Spezialitäten serviert, etwa Foie-gras-Terrine an Strohwein und Walnüssen oder Lachs an Safrankartoffeln. Bei schönem Wetter empfiehlt sich die große Terrasse (leider mit hässlichem Kunstrasen) über dem Dordogne-Ufer. Mi geschlossen. 20, boulevard Saint-Rodolphe-de-Turenne, ✆ 05-55 912929, www.cote-dordogne.fr. **€€**

**** Les Flots Bleus,** am Ufer der Dordogne empfängt das familiengeführte Hotel seine Gäste in friedlicher Atmosphäre. Die 7 Zimmer sind komplett renoviert, hell, modern, stilvoll und einfach nur gemütlich. Hotelgäste können sich auf eine Extra-Terrasse mit Blick auf die Dordogne und die Chapelle des Pénitents zurückziehen. Die darunterliegende Veranda ist den Restaurantgästen vorbehalten. Die traditionelle Küche nach Familienrezepten ist mit ihren frischen Produkten und den hausgemachten Desserts besonders für anspruchsvolle Gaumen ein Genuss – Küchenchefin Corinne Bernardie wurde für ihre Kochkünste schon mehrfach ausgezeichnet. Place de Monturuc, ✆ 05-55910621, www.hotel-flotsbleus.com. **€€–€€€**

***** Le Beaulieu,** nobles Hotel-Restaurant mit riesigem Kamin. Die Küche ist der Region treu mit schmackhaften Klassikern wie Foie gras mit Erdbeerchutney oder Fleisch vom Limousin-Rind mit Steinpilzrisotto. Dazu gibt es geräumige und stilvoll eingerichtete Zimmer zum Wohlfühlen. 4, place du Champ de Mars, ✆ 05-55910134, www.hotelbeaulieudordogne.com. **€** (Hotel), **€€–€€€** (Restaurant)

Château de La Grèze, ein trutziges Schloss aus dem 18. Jh. erhebt sich bei Brivezac über dem Tal der Dordogne. In ihm verbergen sich 3 edle Zimmer mit antiken Möbeln, neuzeitlichem Komfort, Kastanienparkett und toller Aussicht. Zudem 3 Ferienhäuschen. Park mit großem Pool. Reitausflüge mit den Pferden der Besitzer möglich. 220, allée de La Grèze, 19120 Brivezac, ✆ 05-55910868 und 06-07620905, www.chateaudelagreze.com. **€€€**

Ferienwohnungen **** La Riviera Limousine,** idyllisch auf einer großen Insel gegenüber von Beaulieu in der Dordogne gelegene, relativ neue Ferienanlage mit großem Baumbestand. Der Clou: 26 auf Stelzen in einigen Metern Höhe ruhende hölzerne Pavillons mit pragmatischer, moderner Ausstattung (für bis zu 6 Pers.). Wer die Bäume lieber von unten ansieht, kann zwischen 41 Pavillons ohne Stelzen wählen (bis 4 oder 5 Pers.). Schwimmbad mit Rutsche (Juli/Aug.), Basketball, Badminton, Pétanque, Snackbar im Juli/Aug., Steg zum Stadtzentrum. Altillac, ✆ 01-76340014, https://riviera.popinns.com. **€€–€€€**

Camping ***** Camping Huttopia,** mit über 200 Plätzen für die Gegend relativ großer Campingplatz zwischen Palmen, Bananenstauden und Oleander. Nur wenige Meter zum Stadtzentrum. Großzügige, schattige Stellplätze von etwa 100 m². Außerdem große Wohnzelte, Bungalows und Mobil-Homes. Bunt und spielerisch gestaltetes Kinderschwimmbad mit Planschbecken. Foodtruck, Spielplatz, Tischtennis, Fitnessgeräte, Pétanque. Boulevard Saint-Rodolphe-de-Turenne, ✆ 05-55910265, https://europe.huttopia.com.

Curemonte

In das 210-Seelen-Dörfchen sollte man nicht gleich hineineilen, sondern ausgiebig den Blick von den umliegenden Hügeln genießen: Nur so lässt sich die volle Pracht Curemontes wahrnehmen, das sich auf einem kleinen Höhenrücken zwischen mächtigeren Erhebungen entlangzieht. Im Zentrum stehen sich kurioserweise zwei große Sandsteinschlösser gegenüber, innerhalb derselben Burgmauern und nur wenige Meter voneinander entfernt. Warum, das wissen selbst die Historiker nicht. Zuerst war das **Schloss Saint-Hilaire** da, das mit seinen quadratischen Türmen im 14. Jh. entstand. Das noch stattlichere **Schloss Plas** mit seinen charakteristischen runden Türmen entstand im 16. Jh. Die beiden Schlösser gehörten einst Bel Gazou, der Tochter der Schriftstellerin Colette. Diese verbrachte 1940 einige Zeit in Curemonte und erwähnte das Dorf in ihrem „Journal à Rebours". Am Südende des Dorfes befindet sich noch ein drittes, wenn auch kleineres Schloss aus dem 14. Jh. – das Châte de la Joannie. Alle drei sind in Privatbesitz und nicht von innen zu besichtigen. Den Dreiklang setzt das Örtchen auch bei den Kirchen fort, denn obwohl so klein, zählt Curemonte gleich drei Kirchen. Sehenswert ist etwa

Face à face stehen zwei Schlösser in Curemonte

Limousin | Die Corrèze → Karte S. 376/377

Obwohl so klein, steckt Curemonte voller Sehenswürdigkeiten

Saint-Barthélémy mit ihrer Glockenwand, ihren bunt bemalten Kreuzrippen im Gewölbe und ihrem goldenen Altaraufsatz. Ein Spaziergang durch die Gassen mit ihren alten Adelshäusern aus Sandstein, die oft mit Türmchen bestückt sind, und der alten Markthalle ist fast ein Muss. Kurioser Fakt: Durch Curemonte verläuft der 45. Breitengrad (also die Hälfte der Strecke zwischen Äquator und Nordpol). An dieser Stelle schmückt eine Art moderner Zen-Garten mit originellen Steinskulpturen das alte Dörfchen. Dieses zählt übrigens nicht umsonst zu den „schönsten Dörfern Frankreichs". Touristenscharen und Souvenirläden findet man hier aber nicht. Das Auto müssen Besucher auf Parkplätzen am Ortsrand stehen lassen.

Musée de l'Homme de Néandertal: Schon vor 45.000 Jahren konnte man in der Corrèze ganz gut leben. Das zumindest lässt das fast vollständig erhaltene Skelett eines Neandertalers vermuten, das 1908 in einer kleinen Höhle am Ortsrand von La Chapelle-aux-Saints gefunden wurde. Es galt als wissenschaftliche Sensation und prägte lange das Bild vom Neandertaler – leider ein falsches, denn man glaubte, der Verwandte des Menschen wäre ein grober, zusammengekrümmter Höhlenbewohner, der dem Affen sehr ähnlich war. Heute weiß man mehr und präsentiert das auf ansprechende Weise im Neandertaler-Museum 4 km südwestlich von Curemonte. Für Kinder gibt es im Juli/Aug. ein besonderes Angebot: Donnerstags und freitags können sie vormittags lernen, Feuer zu machen und wie die Neandertaler zu malen. Am ersten Wochenende im August gibt es jedes Jahr ein großes Neandertaler-Fest.

■ Eintritt 5,50 €. Juli/Aug. tägl. 10–12 und 14.30–18 Uhr, April–Juni und Sept./Okt. Mo–Sa 14.30–18 Uhr, letzter Eintritt 17 Uhr. Sourdoire, 19120 La Chapelle-aux-Saints, ✆ 05-55911800, www.neandertal-musee.org.

Übernachten/Essen La Barbacane, heimeliges Restaurant mit sehr feiner Corrèzer Küche faite à la maison, etwa Lamm mit Kartoffelgratin und zum Dessert Aprikosen-Clafoutis. Schöne Aussicht von der Terrasse. Sa Ruhetag. Place Barbacane, ✆ 05-55254329. **€€**

Moulin de Lassalle, etwas außerhalb von Curemonte idyllisch im Tal gelegenes Haus aus dem 13. Jh. mit 5 modernen, schlichten Gästezimmern. 167, route D'Escaravage, ✆ 06-8116 2401, www.lemoulindelasalle.fr. **€€**

Einkaufen Lou Pé dé Gril, kleiner Laden am Ortseingang vom Parkplatz kommend, mit einer guten Auswahl an regionalen Produkten wie Walnussöl und -sirup oder Safranaperitif, Nusskuchen, Konfitüren, Strohwein etc. 77, route de Branceilles, ✆ 05-55254553, www.loupedegril.com.

Strohwein – der Honig der Musen

Süß und aromatisch und ein wunderbarer Aperitif ist der Strohwein (Vin Paillé), der im Süden der Corrèze hergestellt wird. Die Trauben (Cabernet Franc und Cabernet Sauvignon für Rotwein, Chardonnay und Sauvignon blanc für Weißwein) werden per Hand gelesen, in hölzernen Obststiegen gelagert (früher oft auf Strohmatten) und zwei Monate lang getrocknet. Wegen des starken Wasserverlusts ergeben 7 kg Trauben nur 1 l Strohwein. Der Wein gewinnt dadurch an Zucker und Geschmack. Um die Weihnachtszeit herum pressen die Winzer die Trauben und lassen den Wein mindestens zwei Jahre lang reifen. Dann trinkt man die rote Version als Aperitif und zu Schokolade oder Erdbeeren, die weiße passt besser zu Foie gras oder Käse. Den auch „Honig der Musen" („Miel des Muses") genannten Strohwein sollen die Römer schon im 3. Jh. im Limousin eingeführt haben. Nachdem die Reblaus Ende des 19. Jh. zugeschlagen hatte, gab es in der Corrèze allerdings fast 100 Jahre lang keinen Weinanbau mehr. Ende des 20. Jh. lebte die Tradition wieder auf und die Winzer schlossen sich zum „Syndicat Viticole du Vin Paillé de la Corrèze" zusammen. Inzwischen gehören ihm 18 Produzenten zwischen Meyssac und Queyssac-les-Vignes an. Nur 14.000 Flaschen werden pro Jahr produziert, weshalb man für eine Halbliterflasche auch gut 20 € hinlegen muss. Vom Kirchplatz in Queyssac hat man einen schönen, weiten Blick auf Rebstöcke, Walnussbäume und bis hinaus zum Tal der Dordogne. Eine 15 km lange Wanderung durch die Weinberge ist ausgeschildert (Karte auch auf www.vallee-dordogne.com). Auch „richtigen" Wein gibt es in der Corrèze: Bei dem Örtchen Branceilles wird seit Kurzem wieder auf 30 ha „Mille et une Pierres" angebaut, der als Rotwein und Rosé verkauft wird.

- **Domaine du Bas Queyssac**, Jean-Louis Roche verkauft auf seinem Hof Strohwein, Nussöl und -aperitif. Domaine du Queyssac Bas, 19120 Queyssac-les-Vignes, ✆ 05-559 10521 oder 06-83459442 (vorher anrufen!), www.domainedubasqueyssac.com.
- **Mille et une Pierres**, Verkauf Mo–Sa 9–12 und 14–18 Uhr, Führungen jeden Do um 16 Uhr von Mai–Sept. (4,50 €). Le Bourg, 19500 Branceilles, ✆ 05-55840901, www.1001-pierres.com.

Die steinernen Orgelpfeifen von Bort-les-Orgues ragen in den Himmel

Zwischen der Dordogne und Millevaches

Die Landschaft zwischen der Dordogne und dem Plateau de Millevaches ist geprägt von tiefen Flusstälern, dichten Wäldern und kurvigen Sträßlein, auf denen man besser niemandem begegnet. Und zum Glück ist das meist der Fall, denn auf weiten Flächen finden sich nur ein paar verstreute winzige Dörflein – ideale Bedingungen also für Ruhe suchende Naturliebhaber.

Lange Zeit toste die Dordogne in wilden Stromschnellen durch ihr Bett und machte die Arbeit der Gabariers, die in ihren Booten Holz in Richtung Bordeaux transportierten (→ S. 423), zu einer lebensgefährlichen Herausforderung. Zwischen 1930 und 1950 änderte sich das: Mit fünf gewaltigen Talsperren wurden die Wassermassen beruhigt und Stromschnellen anderer Art installiert. Der größte Stausee zieht sich bei Bort-les-Orgues entlang, der kleinste ist die letzte Staustufe vor Argentat. Gemeinsam mit den zahlreichen Stauseen an den Nebenflüssen (dazu gehören der Lac de la Triouzoune bei Neuvic und der Lac de la Valette bei Marcillac-la-Croisille) werden in den Turbinen pro Jahr rund 3000 Gigawattstunden Strom erzeugt. Die ruhigen, breit aufgestauten Flüsse und die Seen mit ihren Freizeitmöglichkeiten sind heute eine touristische Attraktion. Daran, dass dafür zahlreiche Dörfer, Brücken und Naturräume überflutet werden mussten, denkt heute keiner mehr.

Bort-les-Orgues

Die Natur beschert dem Besucher von Bort-les-Orgues (2700 Einwohner) einen beeindruckenden Empfang: Hoch über dem Örtchen im Tal der Dordogne thront die Felsformation Orgues de Bort („Orgelpfeifen von Bort"), bis zu 100 m hohe Säulen aus Phonolithgestein, die sich auf einer Länge von 2 km wie Orgelpfeifen aneinanderreihen. Und noch etwas hängt über den Köpfen der „Bortois": der größte Stausee Frankreichs, mehr als 1000 ha groß und 21 km lang. Eine 120 m hohe Betonmauer schützt die Einwohner vor den Wassermassen, die als Energielieferant, aber auch als Grundlage für ein Freizeitparadies dienen. Der Ort an den Ufern der Dordogne, der seit dem 14. Jh. für seine Holzschuhe und Gerbereien berühmt war, gibt sich heute reichlich unspektakulär. Eine Getreidehalle von 1821 neben dem Rathaus, in der sich kurioserweise eine Weihnachtsaustellung befindet (le village du Père Noël). Einen Kontrast dazu stellt unter dem Steinpavillon das Werk „Enfant" des Künstlers Paul-Roger Bloche dar – eine Mutter, die ihr Kind liebkost. Die Kirche Saint Germain, die romanische und gotische Elemente vereint, lockt Besucher nicht nur wegen ihrer modernen Fenster, sondern auch wegen ihrer alten Orgel. Bei kostenlosen Führungen erfährt man mehr über das Instrument mit seinen 850 Orgelpfeifen. Auf einer kurzen Uferpromenade steht ein Badehäuschen, das in eine Ausstellungshalle umgewandelt wurde. Das Städtchen an der Grenze zur Auvergne hat man schnell gesehen. Als „Limosiner Juwel in einer auvergnatischen Schmuckschatulle" beschrieb der in Bort-les-Orgues geborene Schriftsteller und Enzyklopädist Jean-François Marmontel (1723–99) sein Heimatstädtchen. Das mag weniger für den Ort zutreffen als für die Umgebung – für diese sollte man viel Zeit einplanen.

Orgues de Bort: Die durch Erosion entstandenen sogenannten Orgelpfeifen aus dem widerstandsfähigem Vulkangestein Phonolith, die heute einen 2 km langen Steinvorhang 350 m oberhalb von Bort bilden, erreicht man über die D 127. Vom an der Straße gelegenen Aussichtspunkt mit Parkplatz und Kiosk eröffnet sich ein gigantisches 180-Grad-Panorama: auf das prächtige Massiv von Sancy, die Berge des Cantal, auf Bort-les-Orgues tief unten im Tal – und, wenn man etwas nach rechts geht, natürlich auch auf die steinernen Orgelpfeifen selbst. Auf einem 2 km langen, Tête de l'Homme genannten Wanderweg kann man die vulkanische Kuriosität noch weiter erkunden.

Musée de la Tannerie et du Cuir: Das Gerberei- und Ledermuseum erinnert an die Blütezeit der Stadt Anfang bis Mitte des 20. Jh., als die Gerberei- und

Die Getreidehalle birgt im Inneren einen Weihnachtsmarkt

Limousin | Die Corrèze → Karte S. 376/377

Lederindustrie in Bort-les-Orgues florierte. Ehemalige Angestellte eröffneten es fünf Jahre nach Schließung der Fabrik im Jahr 1996. Ein etwa 40-minütiger Rundgang führt durch eine der ehemaligen Fabrikhallen. Auf circa 1000 m² sind zwei Dutzend Maschinen ausgestellt, anhand derer der Weg von der rohen Tierhaut zum hochwertig verarbeiteten Leder in seinen einzelnen Etappen erklärt wird – vom Weichen und Entfleischen über Beizen und Gerben bis hin zum Falzen und Färben. Neben den eindrucksvollen Maschinen zeugen Werkzeuge und alte Fotos von der einstigen Arbeit, ebenso sind verschiedene Leder und Erzeugnisse daraus wie Schuhe oder Sättel ausgestellt. Die Halle beherbergt zudem ein kleines Schulmuseum, das Klassenzimmer von früher rekonstruiert. In einem Atielier kann man bei Workshops eigene Kreationen aus Lederfertigen.

Idyllisch: Château de Val

■ Eintritt 6 €. ab Mitte Juni bis Mitte Sept. tägl. 10–19 Uhr, März–Mitte Juni sowie ab Mitte Sept.–Okt. Di–So 10–12 und 14–19 Uhr, sonst auf Anfrage. 965, avenue de la Gare. ✆ 05-55968559.

Château de Val: Einst erhoben sich die sechs Türme des prächtigen Château de Val auf einem Felsvorsprung 70 m über der Dordogne. Doch die Flutung des Stausees von Bort-les-Orgues hat das Gelände 6 km nördlich der Stadt zu einer romantischen Halbinsel gemacht, dem Schloss liegt das Wasser nun direkt zu Füßen. Eigentlich befindet man sich hier schon im Cantal, doch die Stadt Bort-les-Orgues hat das Schloss 1953 gekauft, nachdem die vorherigen Besitzer das Anwesen wegen der Flutung des Stausees verlassen mussten. Entstanden ist es bereits im 15. Jh., erbaut von der Adelsfamilie d'Estaing. Es glänzt nicht nur durch bemalte Balken und Riemenparkett, sondern auch durch einen riesigen Wandteppich aus Aubusson, eine Eichenholztreppe im Renaissance-Stil und einen begehbaren Wehrgang mit wunderschöner Aussicht auf den See. In der zweiten Etage sind Kunstausstellungen zu sehen. In der Kapelle erfährt man in einer interessanten Fotoausstellung mehr über die frühere Lage des Schlosses und den Bau der Staumauer. Auf dem Anwesen finden auch Konzerte und im Sommer Theaterspektakel statt. Neben dem Schloss befindet sich ein Badestrand, zudem ein Restaurant, ein Klettergarten und ein Tretbootverleih. Außerdem legen hier Ausflugsschiffe ab.

■ Eintritt 6,50 €. Freier Zugang zum Schlosshof und zur Kapelle. Febr.–Juni und Sept. bis Anfang Nov. tägl. außer Di 10–12 und 14–18 Uhr, Juli/Aug. tägl. 10–12.30 und 14–19 Uhr. Les Fontilles, 15270 Lanobre, ✆ 04-71403020, www.chateau-de-val.com.

Barrage de Bort-les-Orgues: Der erste von fünf Stauseen, die die einst wilde Dordogne im Limousin bändigen, ist zugleich der größte: Die 1952 in Betrieb genommene Barrage de Bort-les-Orgues ist 21 km lang, fasst 477 Mio. m^3 Wasser und bedeckt mehr als 1000 ha. Der Strom, der bei der fast 400 m langen, befahrbaren Staumauer erzeugt wird, reicht für etwa 128.000 Menschen.

Es lohnt sich, am Stausee entlangzufahren. Direkte Sicht hat man zwar nur von einigen Aussichtspunkten, dort aber umso spektakulärer. Dafür zunächst der D 979 Richtung Ussel folgen und nach etwa 7 km rechts auf die D 82 abbiegen. Nach 2,5 km rechts nach Outre-Val abzweigen und den Schildern nach rechts zum „Site du Mont" folgen. Vor einer großen Eiche mit dem Schild „Chêne Sully" parken und dem Fußweg folgen (nach der Bank noch ein Stück weiter!). Alternativ einfach geradeaus weiter Richtung Outre-Val. Schon bei der ersten Linkskurve hat man eine prächtige Aussicht auf den See und das Château de Val gegenüber. Folgt man der D 82 für weitere 6 km, so gelangt man nach Monstier-Port-Dieu, wo man den Schildern „Site de la Vie" folgt. Von einem kleinen Parkplatz sind es nur 50 m zum Aussichtspunkt mit Orientierungstafel, Picknickplatz und Sicht bis auf das Massiv von Sancy. 8 km weiter (zunächst auf der D 82, dann rechts ab auf die D 159) erreicht man Confolent-Port-Dieu, wo man den Schildern zum „Site de Port-Dieu" steil nach unten zu einer idyllisch gelegenen, romanischen Kapelle am Seeufer und einem aufgelassenen Friedhof folgt.

▪ Espace EDF, Besucherpark im Kraftwerk, Eintritt kostenlos, Führungen auf Anfrage. Juli/Aug. Di–Sa 10–12.30 und 14–18 Uhr. Route du Barrage, ✆ 05-34398870, www.edf.fr/hydraulique-dordogne.

Site de Saint-Nazaire: Schöne Aussichtspunkte auf die Dordogne gibt es massenhaft, doch der Site Saint-Nazaire, ein Felsvorsprung in Saint-Julien-près-Bort, etwa 11 km westlich von Bort-les-Orgues, gilt als der gigantischste von ihnen. Zu Recht, schieben sich doch hier, am Zusammenfluss von Diège und Dordogne, die grünen Hügel besonders malerisch ineinander. Vom Parkplatz sind dafür nur wenige Minuten Fußmarsch nötig.

Information **Office de Tourisme,** Juli/Aug. tägl. geöffnet, sonst → Website. 287, place Marmontel, 19110 Bort-les-Orgues, ✆ 05-1960 0040, www.tourisme-hautecorreze.fr.

Verbindungen Vom stillgelegten Bahnhof aus verkehren mehrmals tägl. **Busse** nach Ussel, Mauriac, Limoges und Clermont-Ferrand.

Baden Neben dem Château de Val ist ein auch für Kinder geeigneter **Badestrand.** Im Sommer überwacht. Weitere Strände beim Campingplatz Les Aubazines und bei La Siauve.

Piscine Municipale Couverte, öffentliches Hallenbad mit zwei Becken. 181, avenue Victor Hugo, ✆ 05-55968336.

Centre Aqua Récréatif, Freibad beim Campingplatz Les Aubazines mit Solarium und Whirlpool. Juli/Aug. geöffnet. Route d'Ussel, 19110 Sarroux–St Julien. ✆ 05-55960838.

Bootstouren Panorama-Boote legen in der Sommersaison direkt neben dem Château de Val zu etwa einstündigen Fahrten ab. Fahrten zur Barragae d'Argentat, 14 €. Aktuelle Abfahrtszeiten → Website. Embarcadère du Château de Val, 15270 Lanobre. ✆ 05-55462167, www.vedettes-panoramiques.fr.

Einkaufen **Le Tanneur,** Fabrikverkauf von edlen Koffern, Reisetaschen und Handtaschen aus Leder, von denen auch die ehemalige First Lady der USA, Michelle Obama, bei einem Staatsbesuch ein Exemplar bekam. Di–Sa 10–12 und 14–19 Uhr. 1028, avenue de la Gare, ✆ 05-55968756, www.letanneur.com.

Kino **Cinéma Le 7ème Art,** Place Marmontel, ✆ 05-55960488, www.7art.cine.allocine.fr.

Klettern Klettermöglichkeit an Felsen der Orgelpfeifen von Bort (an der D 127 Richtung Site de Saint-Nazaire).

Krankenhaus **Hôpital de Bort-les-Orgues,** 190, avenue Gustave Parré, ✆ 05-5546 3333, www.ch-bort.fr.

Wassersport Verleih von Tretbooten, Kanus, Motorbooten, Jet-Ski und anderen Wassergefährten am Badestrand neben dem Château de Val. Plage du châteaux de Val, 15270 Lanobre, ✆ 06-65792164, www.aqualoisirs-auvergne.fr.

Markt Jeden Sa vormittags im Stadtzentrum bei der Kirche.

Übernachten/Essen ***** Central Hôtel,** die alte Poststation an der Ortsdurchfahrt hat sich in ein modernes Wellnesshotel verwandelt. 33 Zimmer, eine Juniorsuite und ein Appartement sind in teilweise kräftigen Farben, teilweise in zarten Pastelltönen gehalten und elegant eingerichtet. 3 Zimmer verfügen über einen Balkon über der Dordogne mit tollem Blick auf die „Orgelpfeifen". Zum Erholen lädt ein Spa-Bereich ein mit Sauna, Whirlpool, Hamam (auch für Rollstuhlfahrer) und Massage. Großzügig sind auch die Bar und das Restaurant, die Atmosphäre ist freundlich. Der Gast kann sich gehobene regionale Küche zu moderaten Preisen im Speisesaal, in einer Art Wintergarten oder auf der Terrasse über dem Flüsschen kredenzen lassen. Besonders empfehlenswert ist das Aligot (Kartoffelpüree mit Käse und Knoblauch), Wagemutige probieren Schafskutteln. Ein kleiner Laden verkauft regionale Produkte und Wein. Freitagabend und Sa/So geschlossen. 65, avenue de la Gare, ✆ 05-55968105, www.centralhotelbort.fr. **€€**

Relais Valcastel, Bar, Brasserie und Eisdiele mit großer Panorama-Terrasse über dem See und gegenüber vom Schloss. Cocktails und kleine Speisen. Mitte April bis Anfang Nov. tägl. geöffnet (Mai, Okt./Nov. Montagabend und Di geschlossen). Route du Château de Val / Les Fontilles, 15270 Lanobre. ✆ 04-71403414, www.relais-valcastel.com. **€€**

meinTipp **Soul Kitchen US Mex,** unweit vom Stausee liegt dieses mexanisch-amerikanische Restaurant mit Bikerflair und Retro-Charme. Neben Burger und viel Frittiertem gibt es klassisch mexikanische Spezialitäten wie Tortillas und mexikanisches Bier. So/Mo Ruhetag. 824, route du Barrage, ✆ 05-55461972, https://soul-kitchen-us-mex.business.site. **€–€€**

Le Relais des Capucines, 11 km südwestlich von Bort-les-Orgues und schon im Cantal liegt dieses schöne Steinhaus mit Riesengarten und drei gemütlichen, schön eingerichteten Gästezimmern, darunter ein Familienzimmer. 78, avenue de la Libération, 15210 Ydes, ✆ 06-49384636. **€€**

Chambre d'hôtes Site de Port-Dieu, völlig abgelegen am Site de Port-Dieu (20 km nördlich von Bort, → Barrage de Bort-les-Orgues, S. 434) gelegenes Ferienhäuschen mit 3 einfachen Zimmern, darunter ein Familienzimmer. Der Gastgeber bietet zudem Quad- und Motorradtouren an. Presbytère de Port-Dieu, 1, route de Trappe, 19200 Confolent Port-Dieu, ✆ 05-55943956, www.passionetdecouverte.com. **€**

Camping ***** Les Aubazines,** wunderschön am Hang über dem Stausee gelegen, Sicht auf das Château de Val. 75 große, weitestgehend schattige Stellplätze. Mit Chalets, Mini-Chalets, Bungalows, „Zelthäusern" und Appartements sowie Animation. Gleich neben dem Campingplatz befinden sich ein öffentlicher Strand und ein im Juli/Aug. geöffnetes Schwimmbad. Route d'Ussel, ✆ 05-55960838, www.les-aubazines.com.

Neuvic

Dass der 1700 Einwohner zählende Ort im Sommer ziemlich überlaufen ist, liegt nicht an seiner Altstadt, sondern am 410 ha großen **Lac de Triouzoune.** Er bietet nicht nur alles, was sich Freizeitsportler und Erholungssuchende wünschen, sondern ist auch noch eines der wenigen Gewässer im Landesinneren, die sich mit dem „Pavillon Bleu" (der „Blauen Flagge" für ausgezeichnete Wasserqualität) schmücken dürfen. Neuvic bedeutet eigentlich „neuer Ort", tatsächlich schaut man hier aber auf eine lange Vergangenheit zurück. Von der ursprünglichen Stadtbefestigung sind nur noch Reste übrig. In einem der drei Türme, im Tour des Cinq Pierres, befindet sich das Office de Tourisme. Geprägt wird der Ort durch das Schloss der Familie d'Ussel, hinter dessen Mauern sich ein öffentlich zugänglicher Landschaftspark verbirgt.

Musée de la Résistance Henri Queuille: Henri Queuille ist der berühmteste Sohn der Stadt. Von 1912 bis 1965 (die Zeit des Zweiten Weltkriegs ausgenommen) war er Bürgermeister von Neuvic. Außerdem war der Allgemeinmediziner zeitweise Premierminister Frankreichs und bekleidete mehrere Ministerposten. Er verantwortete die Grün-

Denkmal am Ufer des Lac Triouzoune

dung der französischen Eisenbahngesellschaft SNCF. Im Zweiten Weltkrieg verweigerte er dem Vichy-Regime die Gefolgschaft und wanderte nach London aus, um sich de Gaulle anzuschließen. In seinem ehemaligen Wohnhaus ist nun ein Résistance-Museum eingerichtet, das sich dem Widerstand, der Deportation und dem Leben Henri Queuilles widmet.

▪ Eintritt frei. Juli/Aug. tägl. 10–12 und 14–17.30 Uhr, sonst nur Mo–Fr. 21, rue du Commerce, ✆ 05-19078450.

Arboretum du Château de Neuvic d'Ussel: Mitten in Neuvic findet sich auf dem Gelände des Schlosses der Familie d'Ussel ein 6 ha großer englischer Landschaftspark mit 300 verschiedenen Bäumen und Sträuchern, der in fünf Bereiche unterteilt ist und kontinuierlich verschönert wird. Seine Anfänge liegen im Jahr 1815, weshalb sich viele stattliche Gewächse finden, etwa ein Riesenmammutbaum mit 10,70 m Umfang oder eine 40 m hohe Europäische Lärche. 2 km Alleen gibt es auf dem hügeligen Terrain, auf dem sich bei der Kapelle auch ein kleiner Gemüsegarten befindet.

▪ Eintritt 6 €, auch Führungen. Ab Mitte Juli–Aug. tägl. außer Do 14.30–20 Uhr (letzter Einlass 18.30 Uhr), sonst → Website und auf Anfrage. 2, avenue des Marronniers, ✆ 06-7396 4845, www.larboretum-neuvicdussel.com.

Site Gratte-Bruyère: Eine fantastische Aussicht auf die Dordogne und die Barrage de l'Aigle hat man vom Site Gratte-Bruyère am Zusammenfluss mit der Sumène, wenige Kilometer südlich von Sérandon (an der D168 bei La Charlane), 11 km südöstlich von Neuvic. Mit etwas Glück kann man Wanderfalken, Rotmilane und Zwergadler beobachten.

 → Karte S. 376/377

Federn zum Anbeißen

Welch passionierte Angler die Menschen im Limousin sind, sieht man, wenn jedes Jahr am 1. Mai 10.000 Leute in Neuvic zum **Concours national des Coqs de Pêche** einfallen. In der Region werden nämlich spezielle Hähne gezüchtet, aus deren Federn man besonders erfolgversprechende Köder fürs Fliegenfischen herstellen kann. An dem Festtag werden in Neuvic die schönsten gekürt.

Information **Office de Tourisme des Gorges de la Haute Dordogne,** Juli/Aug. tägl. geöffnet, sonst → Website. 1, rue de la Tour des Cinq Pierres, 19160 Neuvic, ✆ 05-19600030, www.tourisme-hautecorreze.fr.

Verbindungen **Busverbindung** nach Ussel.

Baden Im Juli/Aug. überwachter Sandstrand am **Lac de Triouzoune** in Neuvic.

Golf **Golf de Neuvic,** 2 Parcours mit jeweils 9 Löchern, gleich beim See. Route de la Plage, ✆ 05-55959889, www.golfneuvic.com.

Kino **Le Paradisio,** Place de la Mairie, ✆ 05-55950824, www.allocine.fr.

Markt Bauernmarkt jeden Mittwochmorgen am Place Henri Queuille.

Reiten **Centre équestre municipal,** 6, route de Saint-Thomas, ✆ 05-55958289 oder 06-40709719.

Veranstaltungen **Concours national des Coqs de Pêche,** am 1. Mai wird in Neuvic jedes Jahr der schönste Hahn gekürt.

Festival de la Luzège, Theaterfestival Mitte Juli bis Mitte Aug., in der Gemeinde Saint-Pantaléon-de-Lapleau am Roc du Gour Noir, wo über der Luzège eine alte Kirche thront. www.laluzege.fr.

Wassersport/Mountainbike **Station Sports Nature Corrèze Gorge de la Haute Dordogne,** hier kann man auf dem Lac de la Triouzoune segeln, surfen und Kanu fahren. Auch Stand-up-Paddeln wird angeboten, außerdem Mountainbiken, Golf und Klettern. Route de la Plage, ✆ 05-55956067, www.station-sports-nature-haute-dordogne.com.

Club Motonautique, Wasserski, außerdem Wakeboard und Bootsfahrten. Base nautique, La Plage, ✆ 06-81401463.

Übernachten/Essen ***** Hôtel du Lac,** Hotel für Erholungsuchende mit 15 modernen, hübschen Zimmern. Alle in einem flachen Bau aneinandergereiht, mit Balkon und Seeblick. Stilvolles Restaurant mit Panoramafenstern zum See, große Terrasse. Regionale Küche. Direkt am See wird zudem im dazugehörigen Restaurant „La Guinguette" typische Corrèzer Kost, auch vegetarische, angeboten. Im April und Okt.–Dez. Sonntagabend und Mo geschlossen. La Plage, ✆ 05-55958143, www.hotel-du-lac-neuvic.fr. **€€–€€€**

Maison Chabrat, 4 moderne Gästezimmer zum Wohlfühlen in einem großen, renovierten Steinhaus. Angenehme Farbtöne. Die belgischen Besitzer Rudi und Rita können Deutsch. Chabrat, 19160 Liginiac, ✆ 06-40596880, www.maisonchabrat.com. **€€**

Camping ****** Le Mialaret,** hochklassiger Campingplatz rund um ein luxuriöses Schloss aus dem 19. Jh. gelegen. In dem Schloss kann man fein speisen oder eines der 7 exklusiven Zimmer beziehen. 80 normale Stellplätze gibt es auch, dazu jede Menge Chalets und kleine Häuschen sowie einige möblierte Safarizelte. Zwei Teiche zum Angeln, Pool, Fußball, Tennis, Volleyball, Spielplatz, Brasserie/Pizzeria. Route d'Égletons, ✆ 05-55460250, www.lemialaret.com.

***** Le Port de Neuvic,** Campingplatz der Kette „Flower Campings". Mit großen Chalets, möblierten Freeflower-Zelten und Mobil-Homes. Am See mit Sandstrand. Bar-Restaurant, Snacks. Antiges, ✆ 06-78683479, www.camping-port-de-neuvic.fr.

***** Camping Municipal du Lac,** am See, rund 90 Stellplätze, teilweise mit Seeblick. Schattige Plätze, durch kleine Hecken getrennt. Außerdem Chalets, Gîtes und Mobil-Homes. Der Campingplatz **Champ Pigeonnier** gehört auch dazu: 40 Stellplätze am See. Einfacher, naturbelassener, billiger. Radverleih. Route de la Plage, ✆ 05-55967069, www.camping-neuvic.fr, www.campingdulac-neuvic-correze.com.

Soursac und Umgebung

Abgelegener als die Gegend um das winzige Soursac (500 Einwohner) kann eine Region kaum sein: Auf mickrigen, abenteuerlich engen Sträßlein kurvt man Serpentine um Serpentine die tiefen Täler von Dordogne und Luzège hinunter – um sich herum nichts als Wald. Belohnt wird man für die Anstrengung mit grandiosen Ausblicken und majestätischen Flüssen, die dank der Stauseen breit und friedlich daliegen. Früher war das zu Soursac gehörende Spontour einer der bedeutendsten Orte für den Bau der Gabarren

(→ Kasten S. 423), also der Boote, mit denen Holz ins Bordelais gebracht wurde. Noch heute künden einige stolze Häuser der Gabariers im Tal der Dordogne von der Vergangenheit. Auch eine Fahrt mit einer nachgebauten Gabarre kann man unternehmen. Soursac, Marcillac-la-Croisille und das bei Neuvic gelegene Liginiac sind die Kommunen mit den meisten Zweitwohnsitzen der Corrèze (mehr als 40 %). Im Winter sind sie deshalb weitgehend entvölkert.

Viaduc des Rochers Noirs: Von 1913 bis 1959 zuckelte die „Transcorrézien", eher eine klapprige Straßenbahn als ein Zug, von Tulle nach Ussel und brachte die Moderne in das rückständige Hinterland. Einige Bauwerke künden noch von dieser Vergangenheit. Das Spektakulärste: eine 92 m hohe und 150 m lange Hängebrücke über das Tal der Luzège. Am besten nähert man sich ihr von Lapleau aus, wo eine Sackgasse direkt vor den beiden gewaltigen Portalen aus dunklem Gestein endet. Eine Überquerung des Viadukts ist verboten. Fast noch schöner ist allerdings ein Halt ein paar Hundert Meter weiter oben (von Lapleau und Vasséjoux kommend), wo an einer Kurve ein terrassenartiger Picknickplatz mit mehreren Tischen in der prallen Sonne mit einer grandiosen Aussicht auf die ineinandergreifenden Hänge des Luzège-Tals einlädt. Links unten sieht man auch das Viadukt.

Barrage de l'Aigle: Die Dordogne-Stauseen bilden keine breiten Wasserflächen, sondern schlängeln sich meist kilometerlang durch die tiefen Täler. So auch der Barrage de l'Aigle, der durch eine 92 m hohe Mauer auf einer Länge von 25 km aufgestaut wird. Der See wurde während des Zweiten Weltkriegs angelegt, die Baustelle diente damals zahlreichen Mitgliedern der Résistance als Versteck, weshalb er auch „Barrage de la Résistance" genannt wird. Die Widerstandskämpfer verzögerten damals gezielt die Arbeiten am Staudamm, damit den deutschen Besatzern mit dem fertiggestellten Stausee nicht eine zusätzliche Energiequelle zur Verfügung gestellt wurde. Ein spektakulärer Anblick bietet sich dem Besucher heute, wenn, wie hin und wieder der Fall, das Wasser des Sees abgelassen ist: Dann kann man die Ruinen des überschwemmten Dörfchens Nauzenac bei Lamirande besichtigen. Bei einem frei zugänglichen und schön gestalteten Besucherpark, der sich auf mehreren Ebenen erstreckt, kommt man dem Damm ganz nah und kann sich über dessen Geschichte und Bau, aber auch über die Umgebung sowie deren Fauna und Flora informieren. Natürlich kann man auch ganz bequem den Staudamm zu Fuß oder mit dem Auto überqueren.

▪ April–Nov. tägl. geöffnet. Kostenlose Führungen zu variablen Terminen und nach Anmeldung unter ✆ 05-34398870, www.tourisme-hautecorreze.fr.

Baden Sandstrand mit Rutsche am See bei der Domaine du **Lac de Soursac.**

Bootsausflüge Mit einer originalgetreu nachgebauten Gabarre kann man von Spontour aus (neben dem Campingplatz) Rundfahrten unternehmen. Fahrt 9 €. Anmeldung über die Tourist-Info in Neuvic erforderlich. Juli/Aug. Mo, Mi, Fr um 11, 14 und 16 Uhr, Sa/So und Do um 15.30 und 17.30 Uhr, Mai/Juni und Sept./Okt. Mi, Sa/So und Feiertage 15.30 und 17.30 Uhr oder auf Anfrage. ✆ 05-55958878.

Übernachten **Les Pradelles,** die sympathischen Gastgeber Teri und Chris haben in ihrem Zuhause 9 km nordwestlich von Soursac 3 völlig unterschiedliche, gemütliche und gepflegte Gästezimmer eingerichtet. 29, avenue des Pradelles, 19550 Lapleau, ✆ 05-55275072, www.lespradelles.net. **€€€**

Camping ***** Domaine du Lac de Soursac,** eigentlich ist der Ruisseau du Pont Aubert nur ein kleines Bächlein, hier ist er zu einem kleinen Badesee mit Sandstrand und Rutsche aufgestaut, an dessen Ufer der schattige Campingplatz mit 70 Stellplätzen, 30 Gîtes (2–6 Pers.) sowie einigen Chalets und Cottages liegt. Angeln, Spielplatz, Pizzeria. Le Pont Aubert, 19550 Soursac, ✆ 05-45704014, www.domaine-lac-soursac.com.

Limousin | Die Corrèze → Karte S. 376/377

Égletons

Égletons (4300 Einwohner) ist nicht viel mehr als ein kleines kommerzielles Zentrum mit Resten einer alten Stadtmauer und der Kirche Saint-Antoine-l'Ermite auf einer kleinen Anhöhe in der Mitte der Stadt. Das Gotteshaus überrascht mit einem wehrhaften Turm mit Pechnasen und vor allem mit den modernen Fenstern, die das Atelier Blanchet und Lesage im Jahr 1956 schuf. Früher war Égletons aufgrund seiner unmittelbaren Nähe zur Festung von Ventadour eine bedeutende Stadt. Die Anlage verkörperte das Zentrum der Vizegrafschaft, die später zur Grafschaft und zum Herzogtum aufstieg. Ein kleiner Spaziergang lohnt sich durch die kleine, charmante mittelalterliche Altstadt. Boutiquen und Cafés beleben die Gässchen um die Kirche herum (eine Karte mit eingezeichnetem Rundgang gibt es bei der Touristeninformation).

Eine Kostbarkeit in der Altstadt

Le Centre de Découverte du Moyen Âge: Die Ausstellung informiert über das Alltagsleben im Mittelalter. Besucher können darüber hinaus in einem mittelalterlichen Garten wandeln, in dem Kräuter, Gemüse und Obst angebaut werden. Im Sommer finden Schmiedevorführungen und Kurse in Kalligrafie und Töpfern statt.

▪ Eintritt 3 €. Mai–Okt. Mi–So 10–12 und 14–18 Uhr. 2, avenue d'Orluc, ✆ 05-55932966.

Le Château de Ventadour: Wie mächtig die Festung von Ventadour einst war, bezeugen ihre Ruinen, die auf einem Felsvorsprung 200 m über der Schlucht der Soudeillette, 5 km östlich von Égletons, thronen. Fast vier Jahrhunderte dauerte die im 11. Jh. begonnene Errichtung der mittelalterlichen Burg. Der Mauergrundriss, 170 m lang und 30 m breit, ist vollständig erhalten. Von den Gebäuden sind nur noch ein Rundturm und zwei Turmwände übrig, die wie Flossen in den Himmel ragen. Obwohl so mächtig und quasi uneinnehmbar, verlor die Grafschaft Ventadour ihre Festung durch Intrigen mit den Engländern während des Hundertjährigen Kriegs. Geoffroy Tête-Noire, ein bretonischer Söldner, der für England kämpfte, trieb zehn Jahre lang auf der Burg mit seiner 30-köpfigen Räuberbande sein Unwesen. 1800 erwarb ein Geschäftsmann das inzwischen verlassene und verfallene Anwesen, um die Trümmersteine als Baumaterial zu verkaufen. Heute ist die Burg im Besitz der Gemeinde. Im Mittelalter war die Grafschaft Ventadour vor allem für ihre Dichtkunst bekannt. Zu wahrer Berühmtheit gelangte Bernard de Ventadour, ein Mann aus einfachen Verhältnissen, der als Troubadour zum Hof des englischen Königs Heinrich übersiedelte.

▪ Eintritt 5 €. Juli/Aug. tägl. 10–13 und 14.30–18.30 Uhr, Mai/Juni und 1. Septemberhälfte Mi–Fr 14–18 Uhr, Sa/So 10–13 und 14–18 Uhr, Rest des Jahres geschlossen. La Chanselve, 19300 Moustier-Ventadour, ✆ 05-55930434, www.chateau-ventadour.fr.

Information **Office de Tourisme,** Juli/Aug. tägl. geöffnet, sonst → Website. 11, rue Joseph Vialaneix, 19300 Égletons, ✆ 05-55930434, www.tourisme-egletons.com.

Verbindungen Der **Bahnhof** von Égletons am Boulevard du Puy Nègre liegt auf der Strecke Ussel und Brive. Zudem **Busse** nach Tulle, Ussel und Brive.

Baden Der Badestrand am **Lac du Deiro** in Soudeilles, nördlich von Égletons, im Sommer überwacht.

Centre Aquarécréatif, modernes Hallenbad mit Sauna und Hamam. Boulevard du Puy Nègre, ✆ 05-55939390, www.cc-ventadour.fr.

Einkaufen **Salaisons Chassagnard,** in einer Seitenstraße am Rand des Zentrums wird eine Vielfalt an Würsten hergestellt, verfeinert u. a. mit verschiedenen Käsen, Walnüssen, Haselnüssen, Steinpilzen etc. – das Ganze zu kleinen Preisen. Mo–Do 8–12 und 14–16 Uhr, Fr 8–12 Uhr. 3, rue Peire de Glotos, ✆ 05-55931830, www.salaisons-chassagnard.fr.

Hochseilgarten/Bogenschießen **Station Sports Nature,** Hochseilgarten und Bogenschießen am Lac de Vallette, auch Mountainbiken und Klettern werden angeboten. 10, promenade du Lac, 19320 Marcillac-la-Croisille, ✆ 05-55278427, www.marcillacsportsnature.com.

Kino **L'Esplanade,** Kino mit 2 Sälen. Esplanade Charles Spinasse, ✆ 05-55931940, www.ccsegletons.com.

Markt Bauernmarkt jeden Sonntagmorgen am Place Henri Chapoulie.

Reiten **Centre Équestre d'Égletons,** Pferde- und Ponywanderungen. Lestang, ✆ 06-82355757.

Wassersport Die **Station Sports Nature** bietet auch Kanu- und Tretbootfahren, Stand-up-Paddeln und Segeln auf dem Lac de Vallette an.

Übernachten/Essen ***** Hotel Ibis,** etwas untypisches Ibis-Hotel, das nicht im Stadtzentrum liegt, sondern am Lac du Deiro. Helle, freundliche, etwas kleine Zimmer. Das angeschlossene Restaurant ist mittags und abends geöffnet. 39, route du Lac, ✆ 05-55932516, www.accorhotels.com. **€€**

***** Le Chatel,** freundliches Hotel 15 km nordöstlich von Égletons. Vorzügliches Essen in einem Saal mit beeindruckenden Steinbögen. Auch im Aufenthaltsbereich sitzt man zwischen Steinmauern. Die 14 Zimmer dagegen sind modern, hell und stilvoll eingerichtet und mit vielen natürlichen Materialien gestaltet. Restaurant Mo und Sonntagabend geschlossen. La Chapelle RN 89, 19250 Combressol, ✆ 05-19980155, www.hotelrestaurantlechatel.fr. **€€**

Le Sucré Salé, das Restaurant liegt unterhalb der Altstadt und überzeugt seit über 20 Jahren mit Limosiner Küche, die auch für die Augen eine Freude ist, so liebevoll und kreativ angerichtet sind die Leckereien. Tägl. mittags sowie Fr/Sa abends geöffnet. 10, rue Bernard-de-Ventadour, ✆ 05-55931757. **€€**

Le Café des Artistes, hippes Künstlercafé am Rande der Altstadt, wo sich Jung und Alt, Musik- und Kaffeeliebhaber treffen. Auf Palettenmöbeln kann man eine Bio-Latte-Macchiato und Kuchen bei Livemusik genießen. Eine kleine Bühne mit Instrumenten lädt dazu ein, sich musikalisch auszuprobieren. Vielleicht entsteht dabei sogar eine Jam-Session. Wunderbar! Ansonsten finden regelmäßig Konzerte statt. Sa abends geöffnet. 1, place du Marchadial, ✆ 09-54930433, https://cafe-des-artistes-correze-34.webself.net.

Camping ***** Camping du Lac,** Campingplatz am Lac de la Vallette, der viele Möglichkeiten für Freizeitaktivitäten bietet. Leicht am Hang mit natürlichem Wald. 80 Stellplätze, Mobil-Homes, Mini-Chalets ohne Sanitär, komfortable Chalets und Eco-Lodges. 28, route du Viaduc, 19320 Marcillac-la-Croisille, ✆ 05-55278138, www.aquadis-loisirs.com.

Limousin | Die Corrèze → Karte S. 376/377

Der Naturpark Millevaches

Der Naturpark mit dem rauen, niederschlagsreichen Plateau de Millevaches als Herzstück ist geprägt von Einsamkeit, weiten Wäldern und wilder Natur. Hier finden sich der höchste Berg des Limousin, Torfmoore, die sanften Hügel des Monédières-Massivs und die Städtchen Meymac und Treignac.

Kühe (Vaches) gibt es hier zwar genug, benannt ist der Naturpark Millevaches aber nach dem alten Wort *vacca* für „Quelle". Das mehr als 3000 km² große Areal, das sich über alle drei Departements des Limousin erstreckt, ist der „Wasserhahn" Zentralfrankreichs, zahlreiche Flüsse entspringen hier. Aufgrund der ungehindert vom Atlantik her einströmenden Luftmassen, die an den Hügeln des Plateaus abregnen, weist die Region hohe Niederschläge auf. Der weitaus größte Teil des 2004 ins Leben gerufenen Naturparks liegt in der Corrèze, er bedeckt aber auch Teile der Haute-Vienne und der Creuse. Nur an den Randgebieten gibt es etwas größere Orte (Ussel, Meymac, Égletons), ansonsten ist die Gegend kaum besiedelt, weshalb man die Fahrt hierhin besser mit gut gefülltem Tank antritt! Kein Wunder, dass sich hier auch besonders viele mit dem Label „Village Étoilé" ausgezeichnete Dörfer finden – Orte also, an denen sich der Sternenhimmel aufgrund geringer Luftverschmutzung besonders prachtvoll und klar präsentiert. Auch die Tierwelt profitiert von der relativen Einsamkeit: Ottern, seltenen Schmetterlingen und Vögeln oder dem Schlangenadler bietet der Naturpark ideale Lebens- und Fortpflanzungsbedingungen.

Plateau de Millevaches

Wer wilde, raue Natur erleben will, ist auf dem Plateau de Millevaches, dem Herzstück des Millevaches-Naturparks, genau richtig. Auf dieser Hochebene, einem 300 Mio. Jahre alten Granitsockel, leben kaum Menschen, denn die Lebensbedingungen sind eher unwirtlich. Der Regen, der in großen Mengen fällt, sammelt sich in zahlreichen Seen und Teichen, bedeutende Flüsse wie Vézère, Vienne, Creuse oder Corrèze entspringen hier. Die wilde Landschaft ist bestimmt von Koniferenwäldern, Heidekraut und torfhaltigen Mooren. Sehenswerte Bauwerke gibt es keine, der Star ist die Natur und entsprechend beliebt ist die Region bei Wanderern und Mountainbikern.

Mont Bessou: Der Mont Bessou mit seinem weithin sichtbaren Sender, 4 km nördlich von Meymac, ist zwar der höchste Berg des Limousin, aber mit 976 m immer noch kein Eintausender. Das konnten die Limosiner natürlich nicht auf sich sitzen lassen und erbauten 2005 kurzerhand einen 26 m hohen Aussichtsturm, von dem sich wunderbar die Luft in 1000 m Höhe schnuppern und die Aussicht auf das Massif Sancy und den Puy de Dôme in der Auvergne genießen lässt. Schwindelfrei sollte man sein, ist der Turm doch eine recht luftige Stahlkonstruktion mit Gittern auf den 188 Stufen. Der Mont Bessou ist aber nicht nur Aussichtspunkt, sondern auch ein beliebter Ausgangspunkt für Wander- und Mountainbike-Touren. Neben dem Aussichtsturm lädt eine Blockhütte (La P'tite Fuste) zu einer kleinen Stärkung wie etwa Crêpes ein (nur im Juli/Aug.).

▪ Zwischen Meymac und Lantrade (D 36 Richtung Bugeat) geht es links ab auf den Mont Bessou hinauf. Einfach der Beschilderung „Tour de Mont Bessou" folgen.

Der Aussichtsturm am Mont Bessou

Le site gallo-romain des Cars: Mitten im Nirgendwo, eingebettet in sanft gewellte Hügel, findet man auf dem Plateau de Millevaches einen mystischen Ort mit Spuren einer längst untergegangenen Zivilisation. Im 2. Jh. sollen der gallorömische Tempel und das Mausoleum (gleich beim Parkplatz) entstanden sein, von denen nur noch ein Trümmerfeld mit großen Granitblöcken (frz. „cars") und eine breite Treppe übrig sind. 200 m weiter (dem Weg durch den Wald folgen) sind die Grundmauern einer beeindruckenden Villa aus derselben Zeit zu bewundern. 15 Zimmer hat das Gebäude einst umfasst. Erhalten ist noch ein 8 Tonnen schweres, steinernes Wasserbecken. Das einzige intankte Gebäude hier ist ein Holzquader, in dem sich ein Café und ein Lädchen mit regionalen Produkten befindet. Ein Wanderweg führt zum Torfmoor Tourbière du Longeyroux. Im Sommer findet in den Ruinen Konzerte statt.

▪ Die Ruinen sind frei zugänglich und befinden sich zwischen Saint-Merd-les-Oussines und Pérols-sur-Vézère, unweit des an der D 78 gelegenen Örtchens Ars. Gratis Führungen im Juli/Aug. tägl. außer Do, zwischen 13 und 19 Uhr. In dieser Zeit ist auch das Café geöffnet. Infos und Wanderwege → www.site-gallo-romain-les-cars.com.

Tourbière du Longeyroux: 250 ha groß ist der Talkessel des Torfmoors von Longeyroux, des größten seiner Art im Limousin, das eine einzigartige Naturlandschaft darstellt. Besonders im Spätsommer, wenn das Heidekraut in voller Blüte steht und die ganze Senke in ein tiefes Violett taucht, lohnt sich ein Besuch. Wer durch das Torfmoor streift (kurzer Rundweg von 1 km oder längere Wanderung von 9 km), begegnet wahren Heerscharen von Libellen, Grashüpfern und Fröschen, mit Glück

Wanderung 10: Durch die Heidelandschaft des Tourbière du Longeyroux → S. 529

Angenehm leichte Rundtour durch die wilde Flora eines Torfmoors auch Reihern, Rehen oder Fischottern. In dem feuchten Naturraum, in dem neben Heidekraut vor allem Pfeifengras und seltene Pflanzen wie der blau-violette Lungen-Enzian wachsen, entspringt auch die Vézère. Die großen Felsen im Inneren sollen der Legende nach einst Kühe gewesen sein: Die Tiere waren bei einem schrecklichen Gewitter so verängstigt, dass sie sich weigerten, zurück zum Stall zu gehen – so lange standen sie dort vor Furcht erstarrt, bis die tausend Kühe schließlich zu tausend Steinen geworden waren. Diese inoffizielle Erklärung für die Bezeichnung „Millevaches" ist ebenso weit verbreitet wie die schon geschilderte ethymologische. Ein Wanderweg verbindet die schöne Naturstätte mit der Site gallo-romain des Cars.

■ Kleiner Parkplatz mit Hinweisschildern und schöner Aussicht auf das ganze Areal direkt an der D 109 zwischen den kleinen Dörfchen Celle und Lissac.

Maison du Granite: Dem die gesamte Region prägenden Granit ist im Office de Tourisme von Bugeat das Maison du Granite gewidmet. Geologie, Abbau, Bearbeitung und Verwendung des Gesteins werden hier geschildert.

■ Öffnungszeiten wie das Office de Tourisme Bugeat (s. u.), 35, place du Champ de Foire, 19170 Bugeat. http://lamaisondugranite.free.fr.

Information **Parc Naturel Régional de Millevaches,** allgemeine Infos → Website oder im **Maison du Parc** mit einer Ausstellung. Freier Eintritt, Juli/Aug. tägl. geöffnet, sonst → Website. 7, route d'Aubusson, 19290 Millevaches, ✆ 05-55969700, www.pnr-millevaches.fr.

Office de Tourisme Bugeat, Juli/Aug. tägl. geöffnet, sonst → Website. 35, place du Champ de Foire, 19170 Bugeat, ✆ 05-519600060, www.tourisme-hautecorreze.fr.

Baden / Mountainbike Während der Sommerferien überwachter Sandstrand am **Lac de Viam** mit Mountainbike-Station und Startpunkt für Rundtour, 4 km westlich von Bugeat.

Markt Jeden 2. und 4. Do vormittags in Bugeat.

Wassersport Im Sommer **Kanuverleih** beim Campingplatz am Lac de Viam.

Wintersport 6 Loipen (2–20 km) und 4 Wege für Schneeschuh-Wanderungen auf 915 m Höhe ab dem Chalet **La Croix de la Mission,** 19290 Saint-Setiers. Dort auch Verleih von Ski etc. Neben Langlauf sind auch Hundeschlitten-Touren und im Sommer Mountainbiken möglich.

Übernachten/Essen ***** Hôtel Restaurant des Voyageurs,** heller, freundlicher Speisesaal mit etwas uncharmanten Fliesen, dafür sind die Kreationen auf dem Teller ein wahrer Schmaus für die Augen und den Gaumen. Ein Besuch lohnt sich schon wegen der raffinierten Arrangements der Speisen. Für die Qualität der Küche ist das 12 km nördlich von Bugeat gelegene Restaurant weithin bekannt. Dazu gibt es ein Hotel mit stilvollen und schicken Zimmer. Di–Sa nur abends geöffnet, Reservierung erforderlich. 18, avenuede la Mairie, 19170 Tarnac, ✆ 05-55955312, www.hotelcorreze.com. **€€–€€€**

Camping **** Camping du Lac de Viam,** einfacher Campingplatz am Lac de Viam mit Mobil-Homes und festen Zelten. Bademöglichkeit am überwachten Strand, Kanuverleih. 6, rue de la Plage, 19170 Viam, ✆ 06-523631730, www.camping-viam.fr.

Ussel

Die knapp 9400 Einwohner zählende Stadt Ussel hat nicht umsonst den Beinamen „die Diskrete". Wie beim Häuten einer Zwiebel nähert man sich von den Supermärkten am Stadtrand Schale um Schale dem Kern – und möchte immer wieder verzweifeln, so wenig Vergnügliches gönnt Ussel dem Auge. Selbst gute Hotels und Restaurants fehlen. Auf der politischen Landkarte ist die Stadt an den südlichsten Ausläufern des Plateau de Millevaches dafür durchaus von Bedeutung: Jacques Chirac saß für den Wahlkreis Ussel lange im französischen Parlament, bevor er 1995 zum Staatspräsidenten ernannt wurde. Und auch der frühere Staatspräsident François Hollande ist Ussel verbunden: 1983 bis 1989 war er hier Stadtrat.

Im kleinen Zentrum immerhin versammeln sich um die Kirche herum ein paar ansehnliche Gassen. In der Rue des Ventadour steht das Renaissance-Palais der Herzöge von Ventadour aus dem 16. Jh., das mit seinen Türmchen nett anzusehen ist. Gegenüber auf dem Place de la République thronte einst ein Schloss. Heute steht hier noch eine Scheune, in der Kunststudenten bei Sonderausstellungen ihre Werke zeigen. In den umliegenden Straßen finden sich einige Häuser aus dem 15.–17. Jh. Dort waren etliche Schlachter angesiedelt. In der Rue du 4. Septembre etwa zeugen noch alte, in Signalrot bemalte Fleischerhaken von dieser Zeit. Dass die Kirche Saint-Martin so im Stadtzentrum eingezwängt ist, liegt daran, dass sie Anfang des 16. Jh. auf Kosten des anschließenden Friedhofs vergrößert wurde. Im Inneren kann sie wenig Besonderes vorweisen. Außergewöhnlich ist hingegen der 800 kg schwere Adler aus Granit, der auf dem Place Voltaire beim Office de Tourisme steht und noch aus römischer Zeit stammt.

Musée du Pays d'Ussel: Das Heimatkundemuseum ist auf vier Gebäude aufgeteilt und widmet sich je einem Themenschwerpunkt. Im L'Hôtel Bonnot de Bay,ein Stadtpalais aus dem 18. Jh., steht das traditionelle ländliche Leben Ussels und seiner Umgebung sowie dessen Bräuche und Handwerk im Mittelpunkt. In der Sammlung befinden sich so einige Schätze, etwa eine originale dampfbetriebene Lokomobile. Nur wenige Hausnummern weiter dreht sich alles um das Druckereigeschehen. u. a. mit alten Druckmaschinen, Drucksätzen aus Holz und Eisen, Litographien usw. Im Sommer kann man sogar selbst Drucke gestalten. Das Quartett ergänzen noch die Büßerkapelle aus dem 15. Jh. (Chapelle des Pétinents) in der Rue Pasteur sowie das Maison Moncourier-Beauregard in der Rue de la Montagne, in dem das einfache Leben dargestellt wird.

Eine echte Seltenheit: die Windmühle von Valiergues

▪ Eintritt 5 €. L'Hôtel Bonnot de Bay und Maison Moncourier-Beauregard: Mitte April–Okt. Di–So 14–18 Uhr, Mi/Sa auch 10–12 Uhr, Druckerei und Büßerkapelle Juni–Sept. Di–Sa 14–18 Uhr. 12, rue Michelet, ✆ 05-55725469.

Parc arboretum du Château de la Diège: Ein kleiner Park umgibt das Schlösschen aus dem 19. Jh. Zur Fauna und Flora gehören schöne Baumbestände. Vor einigen Jahren wurde ein Mammutbaum gefällt, von dessen gewaltigem Ausmaß sein Stumpf zeugt. Im Teil hinter dem Schloss kann man sogar einen kleinen Wasserfall entdecken.

▪ Eintritt frei, 26, avenue Marmontel, ✆ 05-55465400.

Moulin de Valiergues: Diese Windmühle, 9 km südlich von Ussel, ist eine Rarität, denn sie ist die einzige in der Corrèze und eine der letzten noch

Limousin | Die Corrèze → Karte S. 376/377

funktionstüchtigen im gesamten Limousin. 1840 wurde sie erbaut, noch im Ersten Weltkrieg waren die Flügel mit Tuchresten bespannt.

Information Office de Tourisme, Juli/Aug. tägl. geöffnet, sonst → Website. Place Voltaire, 19200 Ussel, ✆ 05-19600030, www.tourisme-hautecorreze.fr.

Verbindungen Am Bahnhof in der Rue Pierre Semard halten **Nahverkehrszüge** nach Limoges, Brive, Tulle und Bort-les-Orgues. Zudem fahren auch **Busse** nach Limoges, Brive, Tulle, Aubusson, Felletin, Montluçon und Clermont-Ferrand.

Baden Centre Aquarécréatif, städtisches Hallenbad mit mehreren Schwimmbecken, Spaßbecken für Kinder und Wellnessbereich u. a. mit Whirlpool. 3, rue du Stade, ✆ 05-55721669, www.ussel19.fr.

Im Sommer überwachter **Sandstrand** am Lac de Ponty, 1,5 km westlich der Innenstadt. In dem 18 ha großen See kann man angeln, es gibt Tretboote und auch eine Mountainbike-Station.

Kino Le Carnot, 2 Säle. 66 bis, avenue Carnot, ✆ 05-55721128, www.veocinemas.fr/ussel-carnot/.

Krankenhaus Centre hospitalier, 2, avenue du Docteur Roullet, ✆ 05-55964000, www.ch-ussel.fr.

Markt Wöchentlicher **Bauernmarkt** am Sa in der Innenstadt hinter der Kirche und in der Markthalle am Place de la République. **Weihnachtsmarkt** ab dem 2. Dezemberwochenende an den gleichen Plätzen.

Reiten Centre Équestre de Ponty, Wanderungen mit Pferd und Pony, Reitkurse ab 3 Jahren. Rue du Lac, ✆ 05-55961587, www.ussel-equitation.fr.

Wassersport/Bogenschießen/Klettern Station Sports Nature Haute-Corrèze, großes Angebot mit Kanufahren, Rafting, Mountainbiken, Bogenschießen und Kletter- bzw. Hochseilgarten beim Château de la Diège. 18, avenue Turgot, ✆ 06-24128572, www.sportsnaturehautecorreze.com.

Übernachten/Essen Auberge de l'Empereur, in einer schönen renovierten Scheune aus dem 18. Jh. kann man neben einem riesigen Kamin gut speisen. Kleiner Salon mit altem Piano. Nur wenige Minuten außerhalb von Ussel. 4 einfache, farbenfrohe Zimmer. So/Mo geschlossen. La Goudounèche, ✆ 05-55460430, www.aubergedelempereur.fr. **€** (Zimmer), **€€€** (Restaurant)

meinTipp **Château de la Borde,** was für eine Entdeckung! In dem ehemaligen Schloss aus dem 15. und 17. Jh. erlebt man höchsten Genuss. Französische Spezialitäten werden innovativ und mit viel Fingerspitzengefühl zubereitet, etwa geräucherte oder in Kräuter eingelegte Entenbrust, Fisch mit Zitronenpolenta an Zucchinispaghetti oder schwarzer Milchreis mit Kokoscreme. Das Ambiente – traumhaft: Innen der historische Charme des Gebäudes, außen auf einer romantischen Terrasse. Das alles zu erstaunlich günstigen Preisen. Mo/Di und So abends geschlossen. Rue des Buis, ✆ 05-55725927. https://chateau-de-la-borde-restaurant-ussel.eatbu.com. **€€**

Rarität in der Altstadt: Der Siebenmeilenstiefel ziert eine Eingangstür

Le Jardin d'Arsac, ein Traum, nicht nur für eifrige Leser der Zeitschrift „Landlust", stehen die 4 Gästezimmer in Arsac, 8 km östlich von Ussel, zur Verfügung. Dass die Zimmer wahre Wohlfühl-Oasen mit antiken Möbeln sind und der Frühstücksraum nicht nur wegen der lokalen Bioprodukte einen wundervollen Start in den Tag verspricht, ist noch nicht einmal das Beste: Rund um den alten Bauernhof befindet sich einer der schönsten Parks des Limousin, besonders wegen seines japanischen Teils. Arsac, 19200 Saint-Fréjoux, ✆ 06-33628699, www.jardindarsac.canalblog.com. **€€**

Camping ***** Camping de Ponty**, Campingplatz mit 40 Stellplätzen am Lac de Ponty beim Centre Touristique de Ponty, 1,5 km westlich der Innenstadt. Sandstrand, Spielplatz, Pétanque. Außerdem 18 Gîtes für 4–6 Pers. Route de Ponty, ✆ 05-55723005, www.ussel19.fr.

Meymac

Als eine der Eingangspforten zum Plateau de Millevaches gilt das beschauliche Städtchen Meymac (2300 Einwohner), rund 15 km östlich von Ussel. Die Stadt lebt weitgehend von der Holzwirtschaft, was nicht zuletzt an der nahe gelegenen Douglaserie des Farges liegt – einem 10 ha großen Douglasienwald. Meymac ist aber auch ein beliebter Ausgangspunkt für Freizeitaktivitäten wie Wandern, Mountainbike oder Radfahren. Der Ort selbst lädt zu einem Spaziergang durch die Altstadt mit ihren kleinen, pittoresken Gässchen ein. Sie ist zweigeteilt: in die untere Altstadt um die alte Abtei herum, daneben das Château des Moines-Larose aus dem 19. Jh. mit seinen Rundtürmen, die Markthalle aus dem 14. Jh., die Kirche und daneben das Hôtel-Dieu, das inzwischen ein Kulturzentrum beheimatet. Sowie in das obere Viertel, wo der Uhrturm die typischen Granithäuser mit ihren Schieferdächern überragt. Der Wachturm aus dem 13. Jh. ist das letzte Überbleibsel der Festung – Meymac gehörte neben Ussel, Égletons und Neuvic zu den vier Hauptsitzen der Grafschaft Ventadour. Zur oberen Altstadt führt die Grande Rue, vorbei an schmucken Häusern im Renaissance-Stil mit reich verzierten Ornamenten, hinauf zum Rathausplatz mit einem hübschen Brunnen. Auf dem Platz stand zu Zeiten der Terrorherrschaft der Jakobiner eine Guillotine, fünf Meymacois, wie sich die Bewohner nennen, wurden hingerichtet.

Église Saint-André-et-Saint-Léger: Die Benediktinerklosterkirche aus dem 11. und 12. Jh. neben der ehemaligen Abtei fällt schon wegen ihrer violetten Türen auf. Die Kirche beherbergt eine schwarze Madonna. Die Chorkapellen sind so angelegt, dass in der Morgendämmerung des 2. Oktobers, am Gedenktag des heiligen Leodegar von Autun, die Sonnenstrahlen auf dessen Reliquien fallen.

Centre d'art contemporain: Das Museum für zeitgenössische Kunst ist im Südflügel und im Turm der ehemaligen Benediktinerabtei untergebracht. Drei Sonderausstellungen pro Jahr zeigen vorwiegend plastische Kunstwerke. Im Klostergarten vor dem Gebäude ist eine Eisenkonstruktion des dänischen Künstlers Robert Jacobsen aufgetürmt. Auf der Rückseite im „Klosterhof" setzen Hochbeete grüne Akzente. Im Winter verwandelt sich die Fassade des Museums in einen Adventskalender.

▪ Eintritt 5 €. Juli bis Mitte Sept. Di–So 10–13 und 14–19 Uhr, Mitte Sept.–Juni Di–So 14–18 Uhr, zwischen den Ausstellungen geschlossen. Place du Bûcher, 19250 Meymac, ✆ 05-55952330, www.cacmeymac.com.

Château des Moines-Larose: Der Stadtpalais neben dem Kloster zieht alle Blicke auf sich. Das mag vor allem an seinen Rundtürmchen liegen, angeblich ist das Château das erste Gebäude

Limousin | Die Corrèze → Karte S. 376/377

mit Rundtürmchen in ganz Meymac. Links schaut die Venus von Milo und rechts der Weingott Bacchus herab – letzterer als Symbol für den erfolgreichen Weinhandel, den Jean Gaye-Bordas im 18. Jh. in Meymac etablierte. Wein vermutet man auf dem Plateau de Millevaches eher weniger, tatsächlich aber gab es kleine private Weingüter, die dem Händler reichten, um ins Weingeschäft einzusteigen. Er vertrieb hauptsächlich edle Tropfen aus Bordeaux unter dem Label „Meyma-près-Bordeaux". Gaye-Bordas, genannt „kleines Fass", ließ das Château des Moines-Larose erbauen – ein weiterer Name seines Handels.

Musée Marius Vazeilles: Das Heimatkundemuseum im ehemaligen Kloster würdigt die Arbeit des französischen Försters und Archäologen Marius Vazeilles, der das Plateau de Millevaches bis zu seinen Ursprüngen erforschte. Ihm ist auch ein Großteil der rauen Schönheit dieses Naturparks, wie man ihn heute kennt, zu verdanken, da er viele der Wälder anpflanzen ließ. Eine beachtliche Sammlung seiner Fundstücke sowie Erklärungen zur Entstehung und Besiedlung des Plateau de Millevaches werden gezeigt. Eine Ausstellung rund um die Lebensweise, verschiedene Bräuche, den Glauben der Menschen und Mythen ergänzen die Sammlung.

■ Eintritt 5 €. Juni–Okt. Di–So 14.30–18.30 Uhr. Abbaye Saint-André, ✆ 05-55951915, www.mariusvazeilles.fr.

Der Weingott Bacchus blickt vom Château des Moines-Larose herab

Viaduc des Farges: Ein amerikanischer Ingenieur konstruierte dieses 210 m lange Bauwerk mit elf Bögen von 1881 bis 1883. Am 21. Februar 1944 nahmen französische Widerstandskämpfer einen Zug, beladen mit Waffen und Munition für die deutsche Armee, unter Beschuss. Mit Erfolg, der Zug stürzte knapp 35 m tief in den sumpfigen Wald, ohne einen einzigen Toten. Das Viadukt ist ab Meymac ausgeschildert.

Monastère du Jassonneix: Etwa 3 km von Meymac entfernt (Richtung Bugeat), liegt dieses Zisterzienserkloster. Auf dem Weg dorthin durchfährt man die Route des hêtres, eine pittoreske, mit Buchen gesäumte Straße, die einen herrlichen Ausblick auf das Farges-Tal und auch auf die Berge des Cantal eröffnet. 1981 sind die Klosterschwestern in das ehemalige Château de Jassonneix gezogen. Gäste können in dem alten Herrensitz übernachten oder sich einfach aus dem Alltag zurückziehen. Berühmt sind die Schwestern für den Anbau von Blaubeeren und ihre aus den Früchten zubereitete Konfitüre.

■ Die Boutique ist Mo–Sa 10–12 und 15–17.30 Uhr sowie So nachmittags nach dem Gottesdienst geöffnet. Le Jassonneix, 19250 Meymac, ✆ 05-55952111.

Information Office de Tourisme, Juli/Aug. tägl. geöffnet, sonst → Website. 1, place de l'Hôtel de Ville, 19250 Meymac, ✆ 05-19600030, www.tourisme-hautecorreze.fr.

Verbindungen Über den Bahnhof in Meymac in der Avenue de la Grange verkehren **Nahverkehrszüge** zwischen Ussel und Limoges sowie zusätzlich **Züge** und **Busse** von Ussel über Tulle nach Brive.

Baden 2 km südwestlich vom Zentrum Meymacs liegt der 40 ha große, von Nadelwäldern umsäumte **Lac de Sèchemailles.** Badebereich mit Strand (im Juli/Aug. Badeaufsicht). Verleih von Mountainbikes. Angeln und Bogenschießen sind möglich. Snackbar/Restaurant, Kinderspielplatz.

Einkaufen **Chez Françoise Bleu,** Feinkostladen direkt neben dem Hotel-Restaurant Chez Françoise mit regionalen Spezialitäten. Große Auswahl u. a. an Marmelade, Sirup, Nusskuchen, Steinpilz-, Pfifferling- und Trüffelspezialitäten, Confit, Wein und Käse. Das Geschäft hat zeitgleich mit dem Restaurant geöffnet (s. u.). 24, rue Fontaine du Rat, ✆ 05-55951063, www.chezfrancoise.fr.

PêlMêl, der erste Unverpacktladen der Corrèze mit vorwiegend Produkten aus der Region. Juli./Aug. Mo und So nachmittags geschlossen, Sept.–Juni Mo/Mi und So nachmittags geschlossen. 16, Grande Rue, ✆ 05-55957794, www.pelmel-meymac.jimdofree.com.

Kino **Cinéma Le SouBise,** Saal mit 200 Plätzen. 13, boulevard du Pré Soubise, ✆ 05-55951347, www.meymac.fr.

Markt **Bauernmarkt** jeden Sonntagmorgen, festlicher **Markt der Direktvermarkter** jeden Mi im Juli/Aug. ab 17 Uhr bei der alten Markthalle.

Veranstaltungen **Journées Artisanales** d'Art, meist am dritten Augustwochende belebt ein Kunsthandwerkermarkt mit rund 100 Ausstellern die Altstadt.

Fête de la Saint-Léger, am ersten Oktoberwochenende feiert Meymac seinen Schutzpatron, den heiligen Leodegar von Autun, u. a. mit traditionellem Brotbacken und Apfelsaftherstellung, Musikshow, Tanzabend, Sonntagsmarkt und Gottesdienst.

Wassersport Verleih von Kanus, Windsurfbrettern, Ruder- und Tretbooten, Mountainbike-Station in der Sommersaison am Lac de Sèchemailles.

Übernachten/Essen **Hôtel Chez Françoise Bleu,** gute Adresse für die klassische Küche der Corrèze. Seit fast vier Jahrzehnten werden hier traditionelle Gerichte und Wein aus einem schier unendlichen Sortiment serviert. Die rot-weiß karierten Tischdecken und die großen Kamine verleihen dem Haus aus dem 17. Jh. und seinem rustikalen Interieur ein authentisches Flair. Rustikal und gemütlich sind die 4 großen, komfortablen Hotelzimmer. Besonders charmant: Der Aufstieg in die Zimmer erfolgt über einen Steinturm. So abends und Mo geschlossen. 24, rue Fontaine du Rat, ✆ 05-55951063 https://chezfrancoise.com. **€€**

meinTipp **Crêperie du Beffroi,** beliebte Crêperie mit modern-rustikalem Ambiente und schönem Tresen. Tolle Auswahl an schmackhaften, deftigen Galettes, u. a. mit den Käsen aus der Auvergne, die wie kleine, knusprige Briefumschläge serviert werden. Wer noch Platz hat, gönnt sich noch einen süßen Crêpe, z. B. mit Apfel und salziger Karamellsoße. Im Juli/Aug. Di Ruhetag, April–Juni und Sept. Mo/Di geschlossen, Okt.–März So/Mo geschlossen. 17, Grande Rue, ✆ 05-55958167, www.http://lebeffroimeymac.fr. **€–€€**

Gourmandises et Babioles, der Name ist in dem kleinen Café Programm: Naschereien und Nippes. Erstere kann man an Vintage-Möbeln genießen, vorwiegend Kuchen, Kekse oder leckere Fruchtschorlen mit Obst. Zweiteres als Andenken oder zum Verschenken mitnehmen, darunter handgemachte Taschen und Kleidung. Sonntags gibt es „Marktfrühstück“. Mo/Di geschlossen. 14, Grande Rue, ✆ 05-55957785.

meinTipp **Moulin des Farges,** wer einmal auf diesem weiträumigen Mühlengelände beim Viaduc des Farges war, will so schnell nicht mehr weg. In einem einsamen Tal mitten im Wald, 4 km nordwestlich von Meymac, kann man sich hier komplett zurückziehen, romantisch auf einem kleinen See mit Blick auf das Viadukt rudern oder in einem der 5 nach Süden weisenden Gästezimmer mit Dielenboden ein Vollbad in den freistehenden Badewannen genießen. Das englische Besitzerpaar hat mit viel Liebe zum Detail, verschnörkeltem Design und wohltuenden Farbtönen einen entspannenden Wohntraum geschaffen. Eine wundervolle Terrasse (mit einem Mühlstein als Tisch!) und einen mondänen Pool gibt's noch obendrauf. Die Gästezimmer befinden sich in einem großen Steinhaus oberhalb der alten Mühle, die als Cottage für bis zu 6 Pers. eingerichtet ist. Les Farges, 19250 Meymac, ✆ 05-55460648, www.moulindesfarges.com. **€€** (Zimmer), **€€€** (Suite)

Limousin | Die Corrèze → Karte S. 376/377

Ein hübscher Blick auf Treignac bietet sich vom Ufer der Vézère

Das Monédières-Massiv

Wer die sanft abgerundeten Hügelkuppen des Massif des Monédières friedlich daliegen sieht wie ein Meer mit ruhigem Wellengang, ahnt nichts von der unheilvollen Geschichte dieser Region. Früher bedeckten dichte Wälder das Mittelgebirge aus Granit, doch Julius Cäsar ließ Feuer legen, um die Druiden zu vertreiben, die sich hier versteckten und ihren Widerstand planten. Monatelang sollen die Wälder gebrannt haben. Das Schauspiel wiederholte sich während der Religionskriege im 16. Jh., als Louis de Pompadour, Baron von Treignac, sich mit einer Feuersbrunst gegen die einfallenden Hugenotten zur Wehr setzte. Seine Strategie war erfolgreich, allerdings vernichtete er damit auch einen Großteil seiner Besitztümer. Heute ist das Massif des Monédières geprägt von Heidelandschaft, Blaubeeren, Ginster, Enzian und Farnen, aber auch Nadelwälder wurden wieder aufgeforstet. Die einsame Gegend erstreckt sich auf etwa 60 km² zwischen den Flüssen Vézère und Corrèze. Höchster Gipfel ist der namensgebende Puy de la Monédière (919 m), die schönste Aussicht aber genießt man vom Suc-au-May (908 m).

Suc-au-May: Wer den zwischen dunkle, mit Nadelwald bedeckte Hügel eingebetteten zweithöchsten Gipfel der Monédières (908 m) erklimmt, wird mit einer grandiosen Aussicht belohnt. Weit in die Talebene in Richtung Tulle, zu den Bergen der Auvergne und scheinbar bis in die Unendlichkeit kann man von hier oben blicken. Vor dem großen Orientierungsstein auf dem Gipfel kann man sich im Gras für ein Picknick niederlassen und das Landschaftsgemälde auf sich wirken lassen, mit etwas Glück kann man dabei auch noch Gleitschirmflieger beobachten. Ein Parkplatz befindet sich nur wenige Gehminuten unterhalb des Gipfels (den Hinweisschildern „Suc-au-May" folgen). Zu Füßen der Hügel liegt ein gigantisches natürliches Amphitheater, genannt Cirque de Freysselines, das von den umgebenden Erhebungen eingerahmt und ein guter Ausgangspunkt für Wandertouren ist.

Maison de Pays des Monédières: In einer ehemaligen Scheune aus Stein kann man sich in dem Örtchen Chaumeil über das Monédières-Massiv informieren. Außerdem präsentieren lokale Künstler hier ihre Werke in wechselnden Ausstellungen, während sich die Besucher an typischen Produkten der Gegend wie Blaubeermarmelade, Honig, Confits oder Apfelsaft erfreuen können. Zudem erfährt man mehr über den berühmtesten Sohn des Ortes, den Akkordeonspieler Jean Ségurel, der mit seinen Volksliedern nicht nur mehr als 10 Mio. Platten verkauft hat (am bekanntesten ist „Bruyère Corrèzienne"), sondern Anfang der 1950er auch der Erfinder des Radkurses Bol d'or des Monédières war, der ab 2005 einen Teil des Rennens Paris–Corrèze darstellte. 2013 wurde das Rennen aus finanziellen Gründen abgesetzt, die Zukunft ist unklar. In dem Haus befindet sich zudem ein Infopunkt für Touristen.

▪ Juli/Aug. tägl. 10–12.30 und 14–18.30 Uhr. Le Bourg, 19390 Chaumeil, ✆ 05-55212124, www.maisondesmonedieres.boonzai.com.

Treignac: Einen rauen Charme versprüht das Örtchen, dessen erste Bewohner sich während des frühen Mittelalters im Tal der Vézère ansiedelten. Im 13. Jh. war Treignac mit seiner Burg zu einer richtigen Stadt herangewachsen. Von der Festungsanlage ist heute kaum noch etwas übrig. Ein Rundgang durch die Altstadt (Ausgangspunkt vor der Touristeninformation, Plan dort erhältlich) führt durch das einzige noch erhaltene Stadttor, die Porte Chabirande (erbaut im 13. Jh.). Daneben steht das einstige Maison des Gardes. Eine Jakobsmuschel als Wegweiser führt u. a. zu einer Brücke aus dem 15. Jh. hinab, durch Gässchen mit hübschen Renaissance-Häusern, vorbei an der alten Markthalle und der Kapelle Notre-Dame-de-la-Paix mit ihrem außergewöhnlichen, gedrehten Schieferglockenturm sowie zu einem alten Stadtturm, von dem sich ein toller Blick auf die für die Gegend typischen grauen Steinhäuser mit ihren Schieferdächern bietet. Ein stattliches Bürgerhaus aus dem 15. und 16. Jh. kann man auch von innen besichten und zwar in der Rue du Docteur Fleyssac. In der Nummer 5 lädt das Heimatmuseum zu einer Reise in die Vergangenheit ein. Auf drei Stockwerken erfährt man mehr über das frühere Leben, das Handwerk und die Landwirtschaft (2 €, Juli./Aug. tägl. außer Di 14.30–18.30 Uhr).

Rocher des Folles: Als Ziel für einen kleinen Spaziergang bieten sich die stattlichen, geschichteten Felsen oberhalb der Vézère an, die einst wohl als religiöse Kultstätte dienten. Der Legende nach stürzte sich hier eine Frau, die sich weigerte, ihre Tochter den Göttern zu opfern, zusammen mit dieser in den Fluss. Glaubt man einer anderen Version, wollte die Mutter ihre Tochter damit vor dem gefürchteten Jus primae Noctis, dem Recht der ersten Nacht, bewahren. Etwa 30 Min. Fußmarsch von Treignac.

Maison de l'arbre et de la nature: 11 km nordwestlich von Treignac findet man im „Haus des Baumes" in Chamberet ein Paradies für Kinder, das alle Sinne anspricht. Hier kann man Pflanzen erriechen, Vogelstimmen erraten, Tannenzapfen oder Walnüsse ertasten, Bäume im Querschnitt sehen oder einen Bienenstock bewundern. Ein wundervolles Haus für kleine Entdecker – die sich aber leider ohne Erläuterungen zurechtfinden müssen, sofern sie nicht des Französischen mächtig sind oder ein gutes Französischwörterbuch dabeihaben. Um das Haus lädt ein 18 ha großer Park mit ausgeschilderten Routen zu weiteren Pflanzenentdeckungen ein. Dieser ist das ganze Jahr über frei zugänglich.

▪ Eintritt 3,50 €. April.–Okt. Mi, Fr–So und Feiertage 14–17 Uhr, während der franz. Schulferien tägl. 10–12 und 14–17 Uhr. 71, route d'Eymoutiers, 19370 Chamberet, ✆ 05-55979214, www.arboretum-chamberet.com.

Reliquienschrein von Chamberet: Ein prächtiger Email-Reliquienschrein aus dem 13. Jh. beherbergt im Eingangsbereich der Kirche Saint-Dulcet in Chamberet die Überreste des Bischofs Saint-Dulcet. Der Schrein war Teil der Pariser Weltausstellung 1889, zu der auch der Eiffelturm errichtet wurde. Das Gotteshaus wurde im 12. Jh. von Mönchen aus Uzerche erbaut und beeindruckt durch ein langes, holzgetäfeltes Rundtonnengewölbe.

Basis-Infos

Information **Office de Tourisme,** aktuelle Öffnungszeiten → Website. 1, place de la République, 19260 Treignac, ✆ 05-55981504, www.terresdecorreze.com.

Baden Baden kann man in dem Stausee **Lac des Bariousses,** gegenüber dem Campingplatz Camping de la Plage, im Juli/Aug. überwacht. Es gibt auch einen Kanu-, Tretboot- und Fahrradverleih sowie Stand-up-Paddeln bei der Station Sports Nature Vézère-Monédières.

Am Stausee ist der **Treign' Aqua Park** mit vielfältigen Spaßaktionen wie Wassertrampolin und aufblasbare Badelandschaft integriert. Eintritt 5,50–18 €. Juli/Aug. tägl. 13–19 Uhr.

Einkaufen **Chocolatier Borzeix-Besse,** seit 1909 werden in der Pâtisserie Pralinen, Ganaches (Pralinen aus Schokolade und Creme fraîche), Törtchen, Macarons und Geleebonbons kreiert. Große Auswahl an Schokolade in den verschiedensten Geschmacksrichtungen und Formen (z. B. als Zigarren, Puzzles, Figuren und Postkarten). Bereits in den Schaufenstern sind prächtige Schokoladenkreationen zu bewundern. Ein kleiner Ausstellungsbereich neben dem Eingang präsentiert Schokokunst und informiert über das Traditionshaus. Läden auch in Brive und Limoges. So/Mo geschlossen. 3–5, avenue Léon Vacher, 19260 Treignac, ✆ 05-55980246, www.chocolats-borzeix-besse.com.

Gleitschirm **Parapente Corrèze,** auch Anfängerkurse und Tandemflüge werden April–Nov. angeboten. 8, place du Lieutenant Cramouzaud, 19260 Treignac, ✆ 06-21386369, www.parapente-correze.fr.

Markt Im Juli/Aug. findet Fr ab 17 Uhr der **Markt der Direkterzeuger** am Place de la République in Treignac statt. In Chamberet ist jeden 2. und 4. So **Markt,** Juli/Aug. an jedem So.

Mountainbike Jede Menge Rundkurse, zusammengefasst in einem Blättchen zu „La Petite Montagne Limousine", gibt es beim Rathaus in Chamberet sowie bei der Station Sports Nature Vézère-Monédières (im Juli/Aug. am Lac des Bariousses) in Treignac – 1, place de la République, ✆ 05-55980093, www.sportsnature-correze.fr.

Reiten **L'étrier des Monédières,** 19, rue Lusigny de la Gueronnière, 19470 Le Lonzac, ✆ 06-89256846, www.etrierdesmonedieres.ffe.com.

S.O.S Equipassion, Ausflüge mit Pony oder Pferd, Besichtigung des Reiterhofs und Animation speziell für Kinder. Le Moulin de Bonnat, 19370 Chamberet, ✆ 06-65020984.

In Chamberet befindet sich auch ein Gestüt der Haras nationaux (staatliche Pferdezuchtbetriebe), wo die Entwicklung junger Pferde erforscht wird. Es ist allerdings nicht zu besichtigen.

Wandern/Kanu/Hochseilgarten **Station Sports Nature** Vézère-Monédières, die „Natursportstation" in Treignac bietet alles an, was man in der Natur unternehmen kann: geführte Wanderungen, Fahrrad- und Kanuverleih, Klettern im Hochseilgarten, Quad-Ausflüge, Wanderungen mit Hunden und vieles mehr. 1, place de la République, 19260 Treignac, ✆ 05-559 80093, www.sportsnature-correze.fr.

Veranstaltungen **Fête de la Myrtille,** am letzten So im Juli feiert Chaumeil traditionell das Blaubeerfest, in dessen Mittelpunkt ein mehr als 20 m² großer Blaubeerkuchen steht.

Kayak festif, Kayakrennen am Lac des Bariousses und in der Vézère in Treignac am zweiten Oktoberwochende mit Imbissständen und Konzerten.

Übernachten / Essen & Trinken

***** Déshors-Foujanet,** Hotel und Restaurant präsentieren sich sehr unterschiedlich: modern und geschmackvoll in Kaffee- und Cremetönen die 20 Zimmer des Hotels mit Sauna, Schwimm- und Dampfbad, Außenpool sowie einem kleinen Fitnessraum. Das Restaurant ist schlicht und modern, die Atmosphäre angenehm. Große Auswahl an Menüs, auch für

Vegetarier. 9, La Faurie, (an der D 940) 19450 Chamboulive, ✆ 05-55216205, www.deshors-foujanet.com. **€€**

**** Hôtel de France,** in der ehemaligen Postrelaisstation im Zentrum Chamberets zaubert Küchenchef Jean-Paul Pouget für die Region ungewohnt leichte Kost auf den Teller. Regionale Spezialitäten peppt er modern auf, ein wahrer Gaumenschmaus. Das Hotel-Restaurant mit seinen Steinwänden, sowohl innen als auch außen, ist rustikal und freundlich eingerichtet. Nicht ganz modern, aber dennoch komfortabel sind die 12 Zimmer. 5, place du Marché, 19370 Chamberet, ✆ 05-55983014. **€€**

**** La Brasserie,** kurz nach dem Ortsausgang von Treignac an der Hauptstraße, aber schön an der Vézère gelegen. Das völlig mit wildem Wein überwucherte Gebäude wurde 1842 als Brauerei erbaut, erfüllte diese Funktion aber nie. Im Inneren genießt man zwischen alten Steinmauern in einem durch hölzerne Paravents unterteilten Saal regionale Gerichte, aber auch Burger oder Black Pudding (Blutpudding). Große Terrasse. 12 schlichte, gemütliche und geschmackvoll eingerichtete Zimmer zum Übernachten. Route du Lac, 19260 Treignac, ✆ 05-55980362, www.labrasserietreignac.fr. **€–€€**

Crêperie des Remparts, schon allein wegen der idyllischen Lage sollte man hier eine Pause einlegen. Am Fuß der alten Brücke kann man über der Vézère entweder auf der Außen- oder auf der überdachten Terrasse sitzen und kulinarisch ein wenig durch die Region, bzw. ein wenig durch Europa reisen: auvergnatische Galette mit dreierlei Käse oder die norwegische Variante mit Räucherlachs. Das Ganze bei schönstem Blick auf den Fluss. Mo Ruhetag. 10, rue Léo Champseix, ✆ 06-95872794, www.lacreperiedesremparts.com. **€€**

Pat Touille, 3 herrliche Gästezimmer in der Altstadt von Treignac. Die Gäste logieren inmitten antiker Möbel, umgeben vom Charme des traditionellen Gebäudes mit altem Kamin, Steinwänden und Holzbalken. Ein wahres Kleinod! 31 Rue Eugène Daubech, ✆ 06-30784950, www.pat-a-touille.com. **€€**

Le Village des Monédières – Slowmoov, Urlaub der etwas anderen Art kann man in der Nähe des Arboretum in Chamberet machen: in einem Feriendörfchen mit ungewöhnlichen Unterkünften. Zum Beipiel in komfortabel eingerichteten Planwagen (bis zu 5 Pers.). Hell, freundlich, mit viel Holz – und mit Kochgelegenheit und kleinem Bad. Oder in ebenso komfortablen Hausbooten sowie in würfelförmigen Häuschen mit Kuppel und Blick in den Sternenhimmel. Und in Holzchalets in rustikalen oder modernen Formen. Auf dem Gelände befinden sich auch ein überdachter Pool, ein Fitnessraum, eine Sauna und eine Bar im hölzernen Empfangsgebäude. Langle, 19370 Chamberet, ✆ 03-85537660, www.slowmoov.com. **€€–€€€**

Camping ***** Camping de la Plage,** nur eine Straße mit Fußgängerunterführung trennt den schattigen Campingplatz der Kette Flower Campings vom Sandstrand des Stausees Lac de Bariousses. Kanuverleih, Tretboote, Pétanque, ein Bar-Restaurant und eine hoffnungslos veraltete Minigolfanlage sorgen dort für Zeitvertreib. Der Campingplatz selbst hat ein beheiztes Schwimmbecken. Neben den normalen Campingstellplätzen gibt es die Free Flowers (große Wohnzelte mit Küche), Cabane Lodge genannte Holzhäuschen auf Pfählen und jede Menge Mobil-Homes. Lac des Bariousses, ✆ 05-55980854, www.camping-correze.com.

Limousin | Die Corrèze → Karte S. 376/377

Corrèze

Corrèze begrüßt seine Besucher zunächst mit recht öden, teils verfallenen Häuserfassaden. Das eigentliche Schmuckstück verbirgt sich im Ortskern: das historische Viertel einer einst bedeutenden Stadt im westlichen Limousin. Die Fahrt durch den Ort bis dorthin zieht sich allerdings ungewöhnlich lang für ein 1140-Seelen-Nest. Gegründet wurde Corrèze im frühen Mittelalter, als sich am rechten Ufer des gleichnamigen Flusses Geistliche ansiedelten. Schnell stieg es zum wichtigen Etappenziel für Jakobspilger auf, woran mit Jakobsmuscheln verzierte Hauseingänge, aber auch die Kirche Saint-Martial und zwei Kapellen erinnern. Seine Blütezeit erlebte der Ort im 16. und 17. Jh. Kaum zu glauben, dass sich in der Altstadt und direkt um sie herum zu jener Zeit rund 1400 Einwohner drängten, die Mehrzahl davon gehobenes Bürgertum. Der einstige Reichtum der Stadt zeigt sich noch heute in den stattlichen, reich verzierten Häusern im Renaissance-Stil in der Altstadt.

Start eines historischen Rundgangs ist die Porte Margot. Sie entstand im 15. Jh. zum Schutz der Stadt und ist der Königin Margot gewidmet. In einer kleinen Nische befindet sich eine Skulptur des heiligen Martial, Schutzpatron der Stadt. Durch das Stadttor hindurch geht man direkt auf die romanische Église Saint-Martial zu, die auch gotische Elemente enthält. Während der Französischen Revolution wurde in der Kirche Salpeter für Schießpulver hergestellt. In der Rue Barry reihen sich Häuschen im ländlichen Stil und alte Weberhäuser aneinander. Ein kleines Schmankerl ist das Maison Florentin, das älteste Haus im Ort, an der Kreuzung der Rue Leynia de la Jarrige und der Rue Jean Baptiste Chèze.

Chapelle Notre-Dame du Pont du Salut: Die kleine Kapelle aus dem 15. Jh. liegt fünf Min. Fußweg von der Altstadt entfernt am Ufer der Corrèze. Sie beherbergt eine Madonnenstatue, die ein Maurer aus Spanien mitbrachte. Die Kapelle war eine bedeutende Anlaufstelle für Pilger, und noch heute empfängt man dort vom 5. bis 8. September Pilger zum Fest der Mariä Verkündigung. Direkt daneben überquert eine Steinbrücke aus dem 17. Jh. den Fluss.

Hat ein eigenes Museum: Jacques Chirac

Musée du président Jacques Chirac: Nicht in Paris, sondern beim Dörfchen Sarran steht ein dem ehemaligen Staatspräsidenten Jacques Chirac gewidmetes Museum. Immerhin startete dieser in der Corrèze seine politische Laufbahn und war hier häufig zu Gast, wenn er sich mit seiner Frau Bernadette in seinem Schloss bei Sarran vom Großstadttreiben zurückzog. Schon wegen der Architektur lohnt sich ein Besuch des Museums, auch wenn der moderne Gebäudekomplex aus Holz und Glas in dem ländlichen Idyll etwas deplatziert wirkt und an eine futuristische Scheune erinnert. Die Ausstellung selbst ist ebenfalls ungewöhnlich: Gastgeschenke aus allen Kontinenten führen an das Leben und politische Wirken Chiracs heran, zeigen Status, Macht und Diplomatiegeschick des früheren französischen Präsidenten in der Welt. Knapp 1500 von insgesamt 5000 Geschenken, die Chirac als Staatsmann erhielt oder selbst überreichte, sind ausgestellt – z. B. Cowboystiefel von Bill Clinton, ein Schachspiel aus Südafrika mit Nelson Mandela als König, Sumo-Ringer-Gürtel, diamantbesetzte Uhren etc. Sonderaustellungen erweitern das Museum, so konnte man aus nächster Nähe die Autos der französischen Präsidenten betrachten oder mehr über die Schenkkultur in Japan erfahren. An das Museum ist ein Restaurant mit Mittagstisch angegliedert (Reservierung empfohlen, ✆ 05-55262974).

■ Eintritt 4,50 €. Mai–Sept. Di–So 10–12.30 und 13.30–18 Uhr, März/April und Okt. bis Mitte Nov. Di–So 10–12.30 und 13.30–17 Uhr. 4, route du Musée, 19800 Sarran, ✆ 05-55217777, www.museepresidentjchirac.fr.

Les petits trains de Seilhac: Grégoire Porté hat sich mit dem Freiland-Modelleisenbahnpark einen Kindheitstraum erfüllt. Alle Modelle hat er selbst gebaut. Rund 20 Züge tuckern durch eine Miniaturhäuser- und Naturlandschaft mit 3500 Bonsaipflanzen. Eine außergewöhnliche Idee, deren Umsetzung auch ganz schön aufwendig ist, denn Porté baut pünktlich zur kalten Jahreszeit alle Modelle eigenhändig ab und zum Frühjahr wieder auf. Schautafeln zeigen die Entstehung dieses kleinen Eisenbahnparadieses.

▪ Eintritt 3 €. April–Sept. geöffnet, Öffnungszeiten → Website. Letzter Einlass 45 Min. vor Schließung. Rue de la Bregeade, 19700 Seilhac, ✆ 06-19718056, www.lespetitstrainsdeseilhac.com.

Information **Office de Tourisme,** Juli/Aug. tägl. geöffnet, sonst → Website. 2, avenue de la Gare, 19800 Corrèze, ✆ 05-55265961, www.tulle-en-correze.com.

Baden Freibad mit einem Schwimmerbecken in Corrèze, 11 rue d'en Chastre.

Im Juli/Aug. überwachter Sandstrand am 32 ha großen **Lac de Bournazel,** direkt beim Campingplatz von Seilhac.

Markt In Corrèze jeden Di nachmittags Bauernmarkt, in Seilhac jeden Do sowie am Sonntagmorgen.

Übernachten/Essen **Le Parc des Quatres Saisons,** den Herrensitz hat eine sympathische belgische Familie liebevoll hergerichtet. Die 5 Zimmer, darunter auch eine Suite und ein Loft, sind gemütlich und geschmackvoll gestaltet, jedes mit einem anderen Farbakzent. Besonders charmant ist das Zimmer unterm Dach mit seinem Holzgebälk und den teilweise freigelegten Steinwänden. Schwimmbad im Freien, gemeinsam genutzter Salon und Terrasse. 16, avenue de la Gare, ✆ 06-33636372, www.leparcdes4saisons.fr. **€€**

Pêcheur de Lune, Traditionsrestaurant, das aus Corrèze nicht mehr wegzudenken ist. In dem großen Steinhaus mit dem gemütlichen Cantou herrscht eine herzliche Atmosphäre, was u. a. an der stets gut gelaunten und gesprächigen Wirtin liegt. Die Teller sind gut gefüllt, mit regionalen Spezialitäten wie Tête de veau, Rind mit Steinpilzen oder Pfifferlingen, Schweinerippchen mit Honig und Kastanien. Ein Muss: Apfel-, Birnen-Flognarde oder Blaubeerkuchen als Dessert. Tägl. geöffnet. Die Küche ist flexibel, auf Wunsch auch vegetarisch. Place de la Mairie, ✆ 05-55214493, www.lepecheurdelune19.fr. **€€**

Cabanes de Salagnac, in den 6 Holzwürfeln auf Stelzen mitten im Wald lässt es sich leben wie ein moderner Robinson Crusoe – nur eben mit allem Komfort: Bad, WC, Küche. Einen krassen Gegensatz bildet das stilvolle Interieur zur umgebenden Natur: Mit Liebe zum Detail, zu den 1960ern, zu skandinavischem Design und zur Farbe Grün hat die junge Pariser Architektin Apolline Terrier die Hütten entworfen und bestückt. Salon mit Glasfront, Veranda, Platz für bis zu 4 Pers., ideal für Ruhesuchende. Hameau de Miers/Château de Salagnac, 19800 Meyrignac-L'Église, ✆ 06-64612916, www.cabanesdesalagnac.com. **€€€€**

Le Saint Clément, 4 km südwestlich von Seilhac lässt es sich ordentlich schlemmen. Limosiner Spezialitäten werden in herzlicher Atmosphäre serviert, darunter Rindertatar mit Pommes frites, oder Forellenfilet mit Quinoa und Grillgemüse. Ein wahrer Genuss ist die Tapasplatte mit Miniburger, Fleischspießen, Terrine und mehr. Mo Ruhetag. Fr/Sa auch abends Küche. 2, place de la Liberté, 19700 Saint-Clement, ✆ 05-55207161. **€€–€€€**

Camping ****** Lac de Bournazel,** das prächtige Schloss von Seilhac mit seinen vielen Türmchen ist in Privatbesitz – und so tummeln sich die Gäste des Ortes v. a. am 32 ha großen See mit Sandstrand. Direkt daneben liegt der ruhige Campingplatz mit großen, durch kleine Erdwälle abgetrennten Stellplätzen, viel Schatten, Mobil-Homes, rustikal eingerichteten Chalets, Tipis und zwei Bauwagen. Der Betreiber spricht Deutsch. Baden im See, Pétanque, Volleyball, Fahrradverleih, Pool. Le Lac, 19700 Seilhac, ✆ 05-55270565, www.camping-lac-bournazel.com.

**** La p'tite ferme de Caro,** 4 km nördlich von Corrèze liegt der 17 ha große Étang de Meyrignac – und an seinem Ufer ein kleiner, naturbelassener Campingplatz mit Bungalows, Chalets, einer Jurte und sogar einem Tipi. Barfußpfad, Wanderungen und Ausflüge mit Esel, Ziegen, Pferden oder Pony. Puy de Fourche, 2, route des Monédières, 19800 Meyrignac-L'Église, ✆ 07-60602771 und 07-60602771, www.camping-la-ptite-ferme-de-caro.webnode.fr.

Mittelalter-Flair auf der Burgmauer in Châlus-Cabrol

Nachlesen

& Nachschlagen

Der sagenumwobene Rocher du Diable beim Lac de Vassivière

Geografie und Landschaft

Die Auvergne und das westlich daran anschließende Limousin gelten als Frankreichs grünes Herz, durch das blaue Adern fließen: üppige, von Vulkanen geprägte Weide- und Waldlandschaften, reich an Flüssen und Seen. Zusammengenommen bilden die beiden Regionen das Zentrum des Landes. Obwohl sie seit 2016 nicht mehr als administrative Regionen existieren (→ „Verwaltung“ S. 467), sind die Auvergne und das Limousin nach wie vor touristisch und historisch eigenständige Gebiete. Durch ihre Lage im Zentralmassiv bilden sie zudem eine geografische Einheit. Die Auvergne und das Limousin haben viel gemein: Beide konnten ihre ursprüngliche Natur bewahren und sind geprägt von einer vielgesichtigen Berg- und Tallandschaft, die sich auf Höhen von 700 bis knapp 1900 m erhebt. Zusammen nehmen die vier Departements der Auvergne und die drei Departements des Limousin den Großteil des **Zentralmassivs** ein. Das Gebirge im Zentrum Südfrankreichs läuft in der Auvergne nach Norden und im Limousin Richtung Westen, Norden und Süden langsam aus. Im Nordwesten zwischen Limoges und Clermont-Ferrand steigt es allmählich an und gipfelt auf Limousin-Seite auf dem Plateau de Millevaches im Mont Bessou (977 m). In der Auvergne befinden sich die höchsten, fast doppelt so hohen Erhebungen des Zentralmassivs. Die bedeutendsten sind die beiden Vulkanketten Chaîne des Puys mit dem Wahrzeichen der Auvergne, dem Puy de Dôme (1465 m), und das Sancy-Massiv (eigentlich Monts Dore genannt) mit dem Puy de Sancy (1886 m), dem höchsten Berg des Zentralmassivs, sowie die Berge des Cantal mit dem Plomb du Cantal (1858 m). Im Allier, im Norden der Auvergne, an der Grenze zur Loire, bildet die Montagne de la Madeleine (1292 m) den Rand des Zentralmassivs, im Osten im Departement Puy-de-Dôme die Berge des Livradois und Forez (1634 m).

Auvergne – Vulkanriesen und Maare

Das Zentrum des Zentralmassivs ist wohl am beeindruckendsten. Vor Urzeiten tat sich hier die glühendheiße Erde auf, spie Feuer und spuckte Asche, dicke Lavaströme rissen alles mit sich und Rauchschwaden füllten den Himmel. Was so dramatisch klingt, hat eine der eindrucksvollsten Landschaften Europas hinterlassen – die Vulkan-Auvergne. Die teils kahlen, teils von Wäldern und Wiesen bedeckten Kuppen und Kegel von rund 100 erloschenen Vulkanen durchziehen das Departement Puy-de-Dôme bis ins Cantal im Südwesten und in die Haute-Loire im Südosten. Geradezu alpin wirken diese Berge, die sich im Winter mit ihrer Schneedecke als Ski-Paradies erweisen und sonst wie immergrüne, überdimensionierte Mooshügel erscheinen. Doch auch die Hitzesommer der vergangenen Jahre haben ihre Spuren hinterlassen und das schöne Grün in ein dürres Braun verwandelt. Glücklicherweise konnte sich die Natur (vorerst) recht schnell erholen. Das Gebiet wurde zum größten naturgeschützten Parc régional in Frankreich erklärt. Zwei Vulkanketten reihen sich hier aneinander: zum einen die **Monts Dore** (bzw. das Sancy-Massiv), zum anderen die **Chaîne des Puys.** Das Sancy-Massiv entstand gemeinsam mit den Vulkanen des Velay und den Bergen des Cantal im Tertiär infolge von Plattenverschiebungen. Die Puy-Kette um Clermont-Ferrand ist aus geologischer Sicht noch jung, sie entstand erst vor 8500 bis 11.000 Jahren. Etwa 80 Vulkane reihen sich hier von Nord nach Süd aneinander. Dazwischen laden einige Maare zum Baden oder Bootfahren ein. Diese klaren, idyllischen Seen sind das Ergebnis vulkanischer Gasexplosionen, sogenannte phreatomagmatische Explosionen. Die oft kreisrunden Vertiefungen füllten sich nach und nach mit Grund- oder Niederschlagswasser – und sind heute beliebte Ausflugsziele. Den Anfang der Puy-Kette macht das fast kreisrunde Maar Gour de Tazenat im Norden, das Schlusslicht bildet der Puy de Montenard im Süden. Über 100 klare Quellen sprudeln zudem in den Gebirgen der Auvergne hervor, einige davon machen sich Kurorte wie Le Mont-Dore oder La Bourboule zunutze.

Von einer ganz anderen Seite zeigt sich das Departement östlich dieser beiden Bergketten. Hier flacht das Land auf 200 bis 500 m zu einer ebenen bis leicht hügeligen Landschaft, der **Limagne,** stark ab. Von Riom und Volvic im Norden zieht sich diese längliche Ebene über etwa 100 km über Clermont-Ferrand im Zentrum und Issoire im Süden bis nach Brioude in der Haute-Loire. Die Gegend zeichnet sich durch ihre fruchtbaren Böden aus – sogar Weinbau wird hier betrieben – und die Landschaft wirkt zuweilen fast schon mediterran.

Östlich dieser Ebene steigt die Landschaft zu den beiden Mittelgebirgsrücken Livradois und Forez hin wieder an, die gemeinsam mit einer Fäche von rund 310.000 ha den regionalen **Naturpark Livradois-Forez** bilden. Er verläuft parallel zur Limagne und zieht sich ebenfalls auf etwa 100 km von Thiers im Norden über Ambert in der Mitte bis nach Le Puy-en-Velay in der Haute-Loire. Seine Berge sind vorwiegend mit Eichen- und Buchenwäldern, in den höheren Lagen mit dunklen Nadelwäldern bedeckt. Unterbrochen wird der Wald von malerischen Hochweiden. Zwischen den Gebirgszügen fließt die Dore hindurch, in deren Talebene sich Ambert erstreckt.

Historisch gesehen ragt im Cantal nur ein einziger Vulkan empor. Er war einst der größte Europas und gipfelt im Plomb du Cantal (1855 m). Im Laufe der Eiszeiten klaffte der ursprünglich 3000 m hohe Riese in mehrere Bergspitzen auseinander, die mit einer Fläche von 2500 km² heute die **Monts du Cantal** bilden, das ausgedehnteste Vulkangebiet Europas. Die Landschaft ist von tief eingeschnittenen Tälern geprägt, an den Felswänden neben den engen und steilen Passstraßen rinnen kleine bzw. stürzen reißende Wasserfälle hinunter. Richtung Südwesten zeigt sich das Cantal in der **Châtaigneraie** dicht bewaldet und kaum mehr vulkanisch. Im Osten und Südosten öffnet sich das Departement mit **Hochplateaus** und einer weiten, schier unendlichen Sicht in die Planèze de Saint-Flour, eine erstarrte Lavazunge, und ins Plateau d'Aubrac, wo die Aubrac-Rinder grasen.

Vulkanischen Ursprungs ist auch die recht zerfurcht wirkende Landschaft **Velay** in der Haute-Loire. Einzelne frei stehende, graue und bräunliche Granitfelsen ragen, mal kahl und schroff, mal bewaldet, in die Höhe und durchbrechen das dominierende Grün – ein einzigartiger Anblick. In Le Puy-en-Velay prägen drei solcher Felsnadeln das Stadtbild. Durch das Departement fließen die noch recht junge Loire und der Allier und graben schroffe, wild-romantische Schluchten durch die Hochebenen. Karger ist der Südosten des Velay im **Massif du Mézenc,** wo sich Hochweiden mit dunklen Nadelwäldern abwechseln.

Fast gänzlich ohne größere Erhebungen muss das Allier im Norden der Auvergne auskommen. Von Süd nach Nord halbiert der gleichnamige Fluss das Departement. Zwar steigt im Südosten mit der Montagne Bourbonnaise das Land wieder an, doch das Departement zeichnet sich vielmehr durch seine Bocage-Landschaft aus. Die **Bocage Bourbonnais** nimmt den Norden und Westen ein. Dabei handelt es sich um bezauberndes, sanft gewelltes, tiefgrünes Weideland, parzelliert durch Hecken; ab und zu mischen sich Eichen, Eschen und Weiden dazwischen. Zum Teil tun sich wuchtige Wälder auf, wie der **Forêt de Tronçais,** der aus jahrhundertealten Eichen besteht. Östlich des Allier erstreckt sich die **Sologne Bourbonnaise,** eine von Flüssen und kleinen

Eine der schönsten Gebirgskämme: die Brèche de Roland

Seen durchsetzte grüne Landschaft, deren Hügel überwiegend von Heidekraut und Ginster bedeckt sind.

Limousin – Hochebenen und malerische Täler

Das Limousin zeichnet sich durch seine sanfte, waldreiche Hügellandschaft und seine saubere Luft aus – der Schadstoffausstoß ist hier mit der geringste in ganz Frankreich. Die höchsten Lagen nimmt das **Plateau de Millevaches** ein. Diese „Hochebene der tausend Quellen" erstreckt sich über alle drei Departements des Limousin, sie gilt als der Wasserspeicher der Region. Kein Wunder, zum einen liegt hier der 1000 ha große Stausee Lac de Vassivière, zum anderen entspringen hier etliche Flüsse wie die Corrèze, die Vienne, die Creuse und die Vézère. Überhaupt ist das Limousin eine besonders wasserreiche Gegend: Etwa 12.000 Tümpel, Teiche, Seen und fast 10.000 km Flusslauf kann die Region verzeichnen. Die großen Flüsse graben zum Teil sanfte, romantische Täler durch die Hügellandschaft, wie in der Creuse etwa, wo der gleichnamige Fluss bei Crozant eine malerische Schleife zieht. Beliebt war diese Landschaft v. a. bei Künstlern wie z. B. Claude Monet, die einst ihre Staffeleien in den Tälern aufstellten.

Im Süden geht das Plateau de Millevaches im Departement Corrèze in das **Massif des Monédières** über – eine rauere Mittelgebirgslandschaft, in der sich Heide mit Birken-, Eschen- und Nadelwäldern abwechselt. Noch weiter südlich fällt die Landschaft langsam ab, um Tulle herum wird das Klima bereits sanfter, wunderschöne Wasserfälle wie die Cascades de Gimel beeindrucken dort. In der Ebene des Beckens von Brive wähnt man sich bereits in Südfrankreich, denn hier, wie auch um Beaulieu herum, gedeihen Obst- und Walnussbäume und Wein. Östlich des Beckens steigt das Land zu einem Plateau aus Granit an: die **Xaintrie,** eine waldreiche, von schroffen Felsen durchsetzte Gegend. Die Dordogne zieht wilde Schluchten durch diesen Landstrich und macht ihn zu einem wahren Paradies für Kanuten.

Den Norden des Departements Haute-Vienne prägen kleinere Gebirge wie die **Monts d'Ambazac:** eine raue Landschaft, dicht bedeckt mit Buchen-, Eichen- und Kastanienwäldern, die sich zwischen den Flusstälern von Gartempe und Taurion erstreckt. Ein Torfmoor kann man hier durchwandern und eigenartige Felsformationen bewundern. Auch die sanften Hügel der **Monts de Blond** im Westen sind spannend: Aus den Laubwäldern des kleinräumigen Mittelgebirges ragen mystische Dolmen und Hinkelsteine empor. Im Südwesten der Haute-Vienne läuft das Zentralmassiv im regionalen Naturpark **Périgord-Limousin** aus. Der flache Landstrich ist recht abwechslungsreich: Bocage, Moore, Eichen- und Kastanienwälder sowie weite Heidelandschaften, durch die sich die Vienne gemächlich schlängelt.

Flora und Fauna

Ein großer Teil der Landschaften im Zentralmassiv steht unter Naturschutz. In der Auvergne und im Limousin wurden insgesamt vier geschützte regionale Naturparks eingerichtet. In der Auvergne sind das der Naturpark Volcans d'Auvergne – mit knapp 400.000 ha der größte in Frankreich – und der Livradois-Forez. Streng genommen ragt ein weiterer, grenzübergreifender Naturpark in den Süden der Auvergne hinein: der Parc de l'Aubrac, der sich im Cantal über das Plateau von Aubrac bis nach Chaudes-Aigues sowie über Teile der Nachbardepartements Lozère und Aveyron erstreckt. Im Limousin sind das der Naturpark Millevaches, ein klimatisch raues Hochplateau, und der von einem weitaus milderen Klima geprägte Naturpark Périgord-Limousin. Beide Regionen zeichnen sich durch ihren Pflanzen- und Artenreichtum aus; dieser wiederum schafft eine Vielfalt von Lebensräumen für unterschiedlichste tierische Bewohner. Einige sehr informative Naturkundemuseen stellen die verschiedenen Natur- und Lebensräume mit ihrer typischen Fauna und Flora nach (z. B. das Musée Henri Lecoq in Clermont-Ferrand, → S. 60, oder das Maison de la Faune in Murat, → S. 117).

Pflanzenwelt

Ein Meer aus bunten Blüten darf man hier nicht erwarten. In der Auvergne und im Limousin dominiert die Farbe Grün, wobei sich dies während der vergangenen Hitzesommer bereits deutlich geändert hat. Viele – noch recht junge – Wälder bedecken die Plateaus und Berge. **Nadelbäume** wie Fichte oder Kiefer kommen reichlich vor, besonders in den Monts Livradois und im Süden der Haute-Loire, wo eher dunkle Wälder vorherrschen. Auf dem Plateau de Millevaches bestimmen Koniferen das Landschaftsbild. Unter den Laubbäumen kommen Buchen und Eichen am häufigsten vor. Der wohl bekannteste Eichenwald erstreckt sich mit seinen jahrhundertealten Bäumen im Allier: der **Fôret de Tronçais,** der erstmals im 13. Jh. erwähnt und in dem im 17. Jh. auf Geheiß Jean-Baptiste Colberts verstärkt angepflanzt wurde.

In den südlicheren Gefilden ragen vermehrt Kastanienbäume in die Höhe. Ein riesiger Kastanienwald bedeckte einst ein Gebiet im Cantal, das noch heute einen entsprechenden Namen trägt – die Châtaigneraie. Leider mussten viele der Bäume zugunsten von Weideland weichen. Im benachbarten Departement Corrèze im Limousin gedeihen **Kastanien** nach wie vor en masse. Dort nimmt der Baum sogar eine so bedeutende Stellung ein, dass sein Blatt das Logo der Tourismuszentrale der Region ziert. In der Corrèze beginnt auch die **Walnussstraße,** die sich im Périgord fortsetzt. Seit Jahrhunderten

Trotz bunter Blüten beherrscht Grün die Vulkane der Auvergne

hat der Walnussanbau dort Tradition. Mönche produzierten schon im Mittelalter Walnussöl und noch heute ist der Handel mit der Nuss ein profitables Geschäft. Frankreich ist nach Rumänien europaweit der zweitgrößte Produzent von Walnüssen, mit durchschnittlich 38.500 t pro Jahr. Allein aus der Corrèze und dem benachbarten Périgord kommen rund 50 % der Walnüsse. Im Limousin blickt man außerdem noch auf ganz andere schmackhafte Früchte: Entlang der **Apfelstraße,** die im südlichsten Zipfel des Departements Haute-Vienne beginnt und sich durch die Corrèze bis in die Dordogne zieht, erstrecken sich große Plantagen mit den gelben, rotbäckigen Pommes du Limousin. Auch Heidelbeeren *(myrtilles)* und eine Vielfalt an Pilzen, besonders Pfifferlinge, Steinpilze und Champignons, gedeihen hervorragend auf den Waldböden der Corrèze, aber auch im Cantal und in der Haute-Loire, was sich auf den lokalen Speisekarten bemerkbar macht.

Zwischen all dem Grün setzen doch immerhin einige Pflanzen bunte Akzente. In den Bergregionen etwa blüht der Enzian in schillerndem Gelb, v. a. im Sancy-Massiv und in den hochgebirgsartigen Bergen des Cantal. Ganze Armeen der über einen Meter hohen Stängel mit den fleischigen Blättern bedecken die Hochweiden. Aber auch Arnika, Gelbe Alpen-Kuhschellen oder den blau blühenden Frühlings-Enzian kann man entdecken. Einem Meer aus lila Blüten wiederum gleichen die Hochmoore in der Auvergne und ganz besonders im Limousin im Spätsommer und Herbst: Heidekraut sprießt dann in diesen feuchten Gegenden, etwa auf dem Plateau de Millevaches im Moor Tourbière du Longéroux, um den Lac de Vassivière oder im Tourbière des Dauges, einem Torfmoor in den Monts d'Ambazac. Hier finden sich auch seltene fleischfressende Pflanzen. Was viele nicht wissen: Im Zentralmassiv gedeihen Orchideen en masse – rund 50 wilde Arten wie Braunroter Stendelwurz, Vogel-Nestwurz, Türkenbund, Bergwald-Storchschnabel und Immergrün. Eine tolle Übersicht über die Orchideenvielfalt bietet das Musée Henri Lecoq in Clermont-Ferrand (→ S. 60).

Tierwelt

In seinen unterschiedlichen Landschaften und Biotopen beherbergt das Zentralmassiv viele verschiedene tierische Bewohner. **Murmeltiere** etwa sind in den Hochgebirgen der Auvergne wieder heimisch geworden. Mit Erfolg konnte man sie im Sancy-Massiv, auf dem Mont Mézenc und im Cantal-Massiv ansiedeln. Allein im Cantal tummeln sich etwa 150 dieser Erdhörnchen. Um sie zu sehen, braucht man allerdings ein Fernglas, Geduld und natürlich etwas Glück. Aber auch Gämsen und Mufflons grasen in dem Vulkangebirge. In den Wäldern leben unter anderem viele **Dachse.** In den östlichen und südlichen Ausläufern des Zentralmassivs gibt es sogar wieder Spuren von **Wölfen,** dies betrifft aber vornehmlich die Nachbarregionen der Auvergne. Ganze Wolfsrudel leben im Limousin in der Creuse bei Guéret – jedoch nicht in freier Wildbahn, sondern im Park Loups de Chabrières, wo man den Eindruck bekommt, den Tieren ganz nah zu sein (→ S. 343).

Aus dem Landschaftsbild kaum wegzudenken sind die Kühe – ob auf Hochalmen oder auf niedriger gelegenen Weiden. Allein im Limousin gibt es doppelt so viele Kühe wie Menschen, vornehmlich von der Rasse Limousin. Ruhig, ausgeglichen und robust sind die Rinder mit dem markanten rötlichen, zum Teil auch weizenfarbenen Fell. Sie kommen im gesamten Limousin und auch in Teilen der Auvergne vor. Das **Limousin-Rind** ist in Frankreich neben dem Charolais-Rind die bedeutendste Fleischrindrasse. Letzteres stammt ursprünglich aus der Region Burgund, ist aber verstärkt auch im Allier in der Auvergne zu sehen. Besonders stolz sind die Auvergnaten auf ihr **Salers-Rind.** Mit dem langen, rotbraunen und zotteligen Fell und den nach oben geschwungenen Hörnern kann es sich aber auch wirklich sehen lassen. Das Salers-Rind ist eine sehr alte Rasse. Bereits die Römer sollen ähnlich aussehende Tiere gehalten haben. Das heutige Salers-Rind züchtete im 19. Jh. ein gewisser Ernest Tyssandier d'Escous aus dem Ort Salers im Cantal. In diesem Departement ist auch das **Aubrac-Rind** beheimatet. Typisch ist sein kurzes, dichtes weizenfarbenes Fell, das bei geringeren Temperaturen auch länger und kraus werden kann. Die Rinder fallen durch eine schwarze Umrandung der Augen auf – als wären sie geschminkt! Die Spitzen der geschwungenen Hörner sind ebenfalls meist schwarz. Der Bestand dieser Rasse war noch vor über 30 Jahren stark dezimiert (unter 10.000), inzwischen gibt es rund 250.000 Tiere in Frankreich.

In den Lüften über dem Zentralmassiv kann man einige Steinadler, Falken und Bussarde beobachten. Vor allem die beiden Mittelgebirge des Livradois-Forez sind reich an Vogelarten. Hier leben auch die seltenen **Ringdrosseln** und **Steinrötel.** Die Männchen letzterer Art sind besonders schön mit ihrem dreifarbigen Federkleid: blauer Kopf, schwarze Flügel und orangeroter Bauch.

Mit ihren vielen Flüssen, Seen und Teichen sind die Auvergne und das Limousin außerdem Lebensraum für Wasser- bzw. Sumpfbewohner. In den Tälern des Allier und der Sioule ist der **Europäische Biber** angesiedelt. Fischotter gibt es in den Flüssen des gesamten Limousin sowie im Zentrum und im Südwesten der Auvergne. Auf dem Plateau de Millevaches im Naturpark Périgord-Limousin finden sich sogar Moorschildkröten und Sumpfohreulen. Ganze Heerscharen an schillernden Smaragdlibellen findet man in den Hochmooren wie z. B. dem Millevaches. Und im oberen Flusslauf des Allier schwimmen seit einigen Jahren wieder verstärkt **Lachse.** Einen einzigartigen und sehr natürlichen Eindruck von der Biodiversität in sumpfigeren Gefilden erhält man im Naturschutz-

Tierische Schönheit auf der Weide: die Aubrac-Kuh

gebiet um den See Étang des Landes (→ S. 362) im Nordosten des Limousin in der Creuse. Bei einem Rundgang mit speziellen Beobachtungspunkten kann man dort die Seebewohner in ihrer natürlichen Umgebung vors Auge bzw. vor die Linse bekommen.

Klima und Reisezeit

In den Zentralmassivregionen herrscht aufgrund der unterschiedlichen Höhenlagen ein recht uneinheitliches Klima. In der Auvergne sind die oft lang andauernden Winter v. a. im Sancy-Massiv, in der Combrailles und in den höheren Lagen des Cantal, im Limousin auf dem Plateau de Millevaches sowie in den Monédières sehr schneereich und frostig, dazu weht oft ein eisiger Wind. Wer die bis auf 1000 m hinaufführende Autobahn durch die Vulkankette der Auvergne befährt, kann selbst Anfang Mai noch von einem Schneesturm überrascht werden. In den niedrigeren Gefilden, in den Becken und Tälern, fallen die Winter dagegen milder aus, regelrechte Wärmeinseln bilden sich hier. Fast schon mediterran mutet das Klima an im Becken von Brive im Limousin und an der Limosiner Riviera um Beaulieu, in der zentralen Limagne mit Clermont-Ferrand und Riom, um Billom, weiter südlich in Le Puy-en-Velay und nördlich in Montluçon.

Regenreich sind in beiden Regionen die kälteren Monate, die Sommer können dafür sehr heiß und trocken mit Temperaturen von über 30 Grad ausfallen. Generell sollte man aber vorsichtshalber Regensachen dabeihaben, Regenschauer können immer wieder mal überraschen. Ihre fast schon immergrünen Landschaften haben die Auvergne und das Limousin nämlich atlantischen Tiefausläufern zu verdanken, die sich vornehmlich im Frühjahr über den Berghängen des Zentralmassivs abregnen. Dank des Niederschlags behalten die Hochalmen auch im Sommer ihr eindringliches Grün.

Weil die Auvergne ein beliebtes Skigebiet ist, kann man diese Region auch im Winter (die Skisaison dauert von Dezember bis April) und somit das ganze Jahr über bereisen. Die Skistationen haben meist bis in den März hinein geöffnet. Vorsicht: Im Cantal sind im Winter manche Bergpässe geschlossen und man muss umständliche Umwege in Kauf nehmen. Hochsaison für das gesamte Zentralmassiv ist aber zu Ostern, von Juli bis September und um Allerheiligen – also während der französischen Schulferien. In dieser Zeit steigen die Übernachtungspreise teilweise um 30–40 %, liegen aber dennoch unter dem Landesdurchschnitt. Auch außerhalb der Hauptsaison lässt sich das Zentralmassiv wunderbar bereisen. Allerdings muss man mit stark eingeschränkten Öffnungszeiten von Museen, Burgen und Schlössern rechnen. Camping ist im Juli und August sicher am angenehmsten, denn vorher und nachher kühlt es in den Nächten trotz milder Tagestemperaturen schnell ab.

Zum Wandern sind Spätsommer und Frühherbst ideal, schon allein der prächtigen Flora wegen. Besonders schön ist es dann in den Hochmooren im Limousin, wenn violettes Heidekraut die Landschaft überzieht. In dieser Zeit können je nach Wetter die höchsten Gipfel der Auvergne in eine dicke Nebelsuppe gehüllt sein. Natürlich lässt es sich auch im Frühling wunderbar wandern, allerdings sollte man auf festes Schuhwerk achten, da die Böden relativ weich und feucht sein können.

Politik

Die Mitte Frankreichs liegt ziemlich links – in politischer Hinsicht. Die Auvergne und besonders das Limousin gelten als linke Bastionen in Frankreich. Allerdings bröckelt diese Bastion: In der Auvergne fand bei der letzten Parlamentswahl (2022) ein deutlicher Rechts-Mitte-Ruck statt, während im Limousin die linken und linkssozialistischen Parteien noch die Mehrheit haben. Beide Regionen gelten auch als Wiege vieler Staatspräsidenten. Vier von acht Regenten der aktuellen Fünften Republik haben die beiden Regionen hervorgebracht: Georges Pompidou, der im Cantal geboren wurde und dort Abgeordneter war, Valéry Giscard d'Estaing, der im Departement Puy-de-Dôme einen Teil seiner Jugend verbrachte und dort später seine Politkarriere als Abgeordneter startete, und Jacques Chirac sowie François Hollande, die jeweils ihre politische Karriere in der Corrèze ins Rollen brachten.

Die regierende Mehrheit hat in beiden Regionen die Parti Socialiste (PS), gestärkt von den Ultralinken und den Kommunisten – v. a. im Limousin. Ende der 1970er-Jahre versuchte der damals amtierende (und aus der Auvergne stammende) Staatspräsident Georges Pompidou speziell im Limousin Wähler für sich zu gewinnen. Er schickte in den 1960er-Jahren eine ganze Truppe junger Karrieristen in die Region, doch einzig der konservative Jacques Chirac hatte dort Erfolg. 1965 wurde er in Saint-Féréole in der Corrèze, woher auch seine Familie stammt, zum Gemeinderat gewählt. Zwei Jahre später erhielt er ein Abgeordnetenmandat in Ussel, mit dem es ihm gelang, sukzessive weite Teile des Departements Corrèze zu „bekehren" – Franzosen sprechen gerne vom „Chiracismus". Der Erfolg zeigte sich bei den Präsidentschaftswahlen 1995, als er im zweiten Wahlgang 61 % der hiesigen Stimmen erhielt – für die linksgerichtete Gegend ein Traumergebnis. Chiracs Erfolgsrezept: sich volksnah geben, bemüht um die Sorgen und Probleme der Bürger, die sich in ihrer ländlichen Region von Paris oft vernachlässigt fühlten. Ganz unbekannt waren Chirac Land und Bürger nicht, denn er hatte in seiner Kindheit viel Zeit bei seinen Großeltern in der Nähe von Brive verbracht.

In der Corrèze versuchte man einen Gegenpol zum Chiracismus zu schaffen und schickte in den 1980er-Jahren gezielt den unscheinbar und harmlos wirkenden François Hollande nach Ussel. Ebenfalls mit Erfolg: Der junge Politiker wurde wie Chirac Abgeordneter in Ussel, wechselte später nach Tulle, wo er 2001 sogar die Bürgermeisterwahl gewann. Der Rest ist bekannt: Im Mai 2012 setzte sich Hollande bei den Präsidentschaftswahlen mit deutlichem Vorsprung gegen Nicolas Sarkozy durch – die meisten Stimmen landesweit erhielt er aus dem Limousin (64 % im zweiten Wahlgang), und auch die Wähler in der Auvergne gingen für ihn fleißig zur Wahlurne (57 %).

Die sozialistische Ausrichtung der beiden Regionen ist historisch tief verwurzelt. Verantwortlich dafür werden zwar gerne die Freimaurer gemacht, die dort aktiv waren, tatsächlich steht sie aber in Zusammenhang nicht mit den Freimaurern, sondern mit dem Berufsstand der Maurer. Deren bekanntester Vertreter, der Limosiner Martin Nadaud (→ Kasten S. 373), zog schon als Jugendlicher nach Paris, um die Metropole unter Haussmann mit aufzubauen. Früh erfuhr er die schlechten Bedingungen, denen die einfachen Arbeiter ausgesetzt waren, am eigenen Leib.

Später ging er in die Politik, machte Karriere und setzte sich für seine Kollegen ein; er konnte erste Rechte, wie etwa einen besseren Schutz bei Arbeitsunfällen, für die armen Handwerker erringen und unterstützte die Einführung der Rente für Arbeiter. Vor allem in den größeren Städten wie Limoges gab es viele Arbeiter, dort vornehmlich in der Porzellanproduktion. „Rom des Sozialismus" wird die Stadt an der Vienne auch genannt, schließlich hat sich hier im Jahr 1895 die erste französische Gewerkschaft, die Confédération Générale du Travail (CGT), gebildet. Das Limousin hat viele Arbeiteraufstände erlebt – ganz massiv im Jahr 1905 in Limoges – und ist bekannt für seinen hartnäckigen Widerstand während des Zweiten Weltkriegs. Auch in der Auvergne setzte man sich Ende des 19. und Anfang des 20. Jh. für die Rechte der Arbeiter ein, allen voran die Gebrüder Michelin, die um ihr Reifenwerk Arbeitersiedlungen mit vorbildlicher Versorgung, auch in Sachen Bildung, bauen ließen. Die Widerstandsbewegung während des Zweiten Weltkriegs war in dieser Region besonders aktiv – ein heikles Unterfangen, schließlich war ausgerechnet Vichy in der Auvergne Sitz der mit Deutschland kollaborierenden Regierung.

Verwaltung

Frankreich ist nach einer Neugliederung im Jahr 2016 nur noch in 18 Regionen (davon liegen fünf in Übersee) eingeteilt, zuvor waren es 27. Die Regionen sind eine relativ junge Erscheinung, sie wurden erst ab 1960 geschaffen. An ihrer Spitze stand jeweils der Regionalpräfekt, seit 2010 hat der Präsident des jeweiligen Generalrats diese Funktion. Zuständig sind die Regionen für Wirtschaft, Bildungs- und Kulturpolitik sowie für das gymnasiale Schulwesen. Die Regionen gliedern sich wiederum in sogenannte Departements. Während der Französischen Revolution waren die historischen Provinzen aufgelöst und Frankreich in diese kleinen Verwaltungseinheiten eingeteilt worden. Dadurch sollten sich Entscheidungsbefugnisse gleichmäßig verteilen. Dennoch ballte sich die politische Macht weiter in Paris. Erst im Zuge der Dezentralisierung im Jahr 1982 wurden den Departements mehr Zuständigkeiten und Verantwortung gegeben, z. B. für große Teile des Sozial- und Transportwesens, den Gesundheits- und Schulbereich, für Kultur und Sport. 101 Departements zählt Frankreich, fünf davon sind identisch mit den fünf Überseeregionen. Ihnen stehen die Generalräte vor. Benannt sind diese Verwaltungseinheiten meist nach Flüssen.

Die Auvergne wurde mit der östlichen Nachbarregion Rhônes-Alpes zusammengelegt und heißt jetzt schlicht Auvergne-Rhônes-Alpes, Lyon ist Verwaltungssitz. Sie gliedert sich in 13 Departements, darunter auch in die vier bisherigen Departements der Auvergne: dem Allier (03) im Norden der Region mit Moulins als Präfektur, dem Puy-de-Dôme (63) im Zentrum mit Clermont-Ferrand als Hauptstadt, dem Cantal (14) im Südwesten mit Aurillac als Verwaltungssitz und der Haute-Loire (43) im Südosten mit Le Puy-en-Velay als Präfektur.

Historisch gesehen und aus touristischer Sicht bleiben Auvergne und Limousin aber eigenständige Gebiete, als solche werden sie in diesem Reiseführer behandelt.

Das Limousin bildet mit den früheren und südlich gelegenen Regionen Aquitanien und Poitou-Charentes nun die neue Region Nouvelle-Aquitaine mit 12 Departements und somit die größte Region Frankreichs. Die Regionalhauptstadt ist Bordeaux. Immerhin ist Limoges dahinter die zweitgrößte Stadt der neuen Region. Die bisherigen drei Departements des Limousin blieben weiter bestehen (ihnen ist jeweils eine Nummer zugeteilt): die Creuse (23) im Norden und Osten mit Aubusson als Präfektur, die Haute-Vienne (87) im Norden und Westen mit Limoges als Verwaltungssitz und die Corrèze (19) mit Tulle als Präfektur im Süden.

Wirtschaft

Rein geografisch betrachtet bieten beide Regionen nicht die besten Voraussetzungen für verarbeitende Industrie. In der Auvergne reiht sich ein Vulkan an den anderen, die höchsten Punkte der Region erreichen fast 1900 m. Im Limousin wechseln sich Berge, Plateaus und Täler ab. Es dominieren Serpentinenstraßen, bei denen man die Entfernung nicht in Kilometern, sondern in Minuten bzw. Stunden misst. Dass die Regionen lange unzugänglich und somit industriell unattraktiv waren, ist aus touristischer Sicht aber gut so. Denn sonst würden wohl zwischen den Vulkankegeln und inmitten der idyllischen Bocage-Landschaften rauchende Fabrikschlote hervorragen ...

Dennoch: Beide Regionen haben wirtschaftlich das Beste aus ihren geografischen Gegebenheiten herausgeholt. Die Auvergne gleicht ihren schwachen lokalen Markt durch gute Exportquoten und Unternehmen aus, die international ganz oben mitspielen. Das betrifft v. a. den Reifenhersteller Michelin aus Clermont-Ferrand. Auch der Saatguthersteller Limagrain und natürlich der Mineralwasserproduzent Volvic sind bedeutende Unternehmen in der Region. Im Limousin gibt es mehr Kühe als Einwohner, in der Creuse leben sogar drei Mal so viele Tiere wie Menschen. Das Fleisch der Limousin-Rinder gilt als das beste Frankreichs und ist ein bedeutender Wirtschaftsfaktor. Die Region kann auf eine der niedrigsten Arbeitslosenraten in Frankreich verweisen.

Landwirtschaft

Sowohl die Auvergne als auch das Limousin leben zum Großteil von dem, was die Natur hergibt – in beiden Fällen sind das v. a. Kühe. Die weiten Bocage-Landschaften und die Hochalmen begünstigen die Viehzucht. Sie macht etwa 85 % der Agrarwirtschafts-Einkünfte in den beiden Regionen aus. „Steckenpferde" sind im Limousin das Limousin-Rind – das Fleisch wird in über 70 Länder exportiert – und in der Auvergne das Salers- und das Aubrac-Rind. Innerhalb eines Jahres ziehen Limousiner Bauern mehr als 1,1 Mio. Rinder auf, knapp die Hälfte davon sind Milchkühe, und die auvergnatischen Bauern rund 1,65 Mio. Rinder, davon knapp 250.000 Milchkühe. Neben der Fleisch- spielt somit auch die Käseproduktion eine bedeutende Rolle in der Auvergne. Hergestellt werden die fünf Sorten Cantal, Salers, Saint-Nectaire, Fourme d'Ambert und Bleu d'Auvergne (→ Kasten S. 490). Mit etwa 50.000 Tonnen Käse jährlich trägt die Auvergne zu einem Viertel der landesweiten Käseproduktion mit dem Zertifikat AOP bei.

Daneben konzentrieren sich die Regionen u. a. auf die Kultivierung von Linsen, in der Auvergne sind das die berühmten grünen Linsen von Le Puy-en-Velay *(lentilles verts du Puy)* und die hellen Linsen von Saint-Flour *(lentilles blondes)*. Im Cantal spielen darüber hinaus Kastanien und Enzian, bzw. Enzianlikör, eine große Rolle, im Allier

An riesigen Webstühlen werden die traditionellen Tapisserien gefertigt

und dem Puy-de-Dôme der Weinbau. Im Limousin werden in größerem Stil die gleichnamigen goldgelben Äpfel angebaut, die Pommes du Limousin, außerdem Walnüsse (v. a. in der Corrèze), und auch der süße, aromatische Strohwein wird in der Corrèze produziert (→ Kasten S. 431).

Handwerk

Vor allem im Limousin ist traditionelles Handwerk noch heute von großer Bedeutung. Dort entwickelte sich eine florierende Leder- und Gerberindustrie im 19. Jh., begünstigt auch durch die Lage vieler Städte an einem der zahlreichen Flüsse. Überlebt haben die Manufakturen in Saint-Junien bei Limoges, die Handschuhe für namhafte Designer wie Hermès schneidern, auch Handtaschen und Gürtel gehören zum Sortiment. Zudem ist der Luxusschuhproduzent J. M. Weston in Limoges beheimatet.

Das bekannteste Kunsthandwerk im Limousin ist die Herstellung von Porzellan (→ Kasten S. 258). Die Entdeckung des Kaolins im 18. Jh. hat das Geschäft mit dem Porzellan angetrieben. Von den 130 Öfen aus der Blütezeit Anfang des 20. Jh. brennen nur noch wenige. Doch noch immer wird das edle Geschirr in und um Limoges hergestellt, das in der Innenstadt und in Lagerverkäufen etwas außerhalb des Zentrums angeboten wird. Auch für Emailkunst ist die Region bekannt, sie boomte in der Hochphase der Pilgerzeit, als jeder die verschiedenen Kirchenpatrone als Andenken in Form von kleinen Skulpturen oder Amuletten mit sich führen wollte. Leider mangelt es wegen erhöhter Sicherheitsbestimmungen an Nachwuchs in diesem Handwerk, doch im Umland von Limoges gibt es noch einige kleine Ateliers, wo man beim Malen und Brennen zuschauen kann. Schöne Exponate finden sich vor allem in Galerien und Museen. Und die alle zwei Jahre stattfindende Veranstaltung Impertinente (die nächste findet 2024 statt) bündelt traditionelle und zeitgenössische Emailkunst in und um Limoges sowie in den Städten des Haut-Limousin.

Ein weiteres wichtiges Handwerk im Limousin ist das Knüpfen von Wandteppichen. Aubusson im Departement Creuse gilt als Weberhochburg – früher fertigten die Weber hier prächtige Gobelins im Auftrag des Königs. Zwar ist die Zahl der Manufakturen stark zurückgegangen, aber noch immer ist die Knüpfkunst aus Aubusson renommiert. Insbesondere im saudiarabischen Raum sind die Teppiche mit den modernen Motiven begehrt. Zudem ist das traditionelle Know-how für die Restaurierung alter Teppiche sehr gefragt. In kleinen Ateliers und in den verbliebenen Manufakturen kann man die Kunst des Knüpfens aus nächster Nähe beobachten und das ein oder andere Stück erstehen.

Fest verankert in der Wirtschaft der Region ist der Bau von Akkordeons in Tulle in der Corrèze. Auch wenn die einzige noch bestehende Fabrik keine beachtliche Zahl an Arbeitsplätzen schafft und sicher auch nicht das BIP wesentlich steigert, so sind die Instrumente der Maugein-Brüder weltweit bekannt und immer noch als Nischenprodukt gefragt.

In der Auvergne gehörte die Papierherstellung einst zu den florierenden Handwerken. In der Gegend um Ambert im Livradois-Forez waren Hunderte Papiermühlen angesiedelt, davon ist jedoch leider nur noch eine einzige übrig. Immerhin hat die Messerschmiedekunst von Thiers überlebt, wo noch heute 80 % der französischen Messer hergestellt werden.

Industrie

Lange war die gebirgige Auvergne nur schwer zugänglich. Die Industrialisierung ging größtenteils an der Region vorbei. Dennoch hat sich durch die Gebrüder Michelin eine renommierte Reifenindustrie entwickelt. Im Jahr 1889 übernahmen André und Édouard Michelin eine Kautschukfabrik in Clermont-Ferrand und produzierten mit zunächst 52 Mitarbeitern Gummibälle für Kinder und Bremsblöcke für Kutschen. Inzwischen behauptet sich das Unternehmen als einer der Marktführer in der Reifenbranche mit 125.000 Mitarbeitern weltweit.

Den vielen Bergen verdankt die Auvergne die zahlreichen Quellen, die hier sprudeln. Eine davon ist die Volvic-Quelle, die 1927 entdeckt und deren Wasser 1938 erstmals in Flaschen gefüllt wurde. Seit den 1990ern gehört das Unternehmen zur Danone-Gruppe. Das Mineralwasser Volvic wird im gleichnamigen Ort abgefüllt (über 1,2 Milliarden Flaschen im Jahr) und in die ganze Welt geliefert. Rund die Hälfte des Mineralwassers wird in über 65 Länder exportiert. Der wichtigste Abnehmer unter den Exportmärkten ist Deutschland. Eine große Rolle spielt Wasser auch in Vichy. Die Heilwasser des Thermalortes sind wichtiger Bestandteil der Pflege- und Kosmetikmarke Vichy.

Eine relativ junge Industrie ist die Holzindustrie, die v. a. im Limousin eine wichtige Rolle spielt. Etwa zu einem Drittel sind die drei Departements von Wald bedeckt. Das war nicht immer so: Die meisten Bäume wurden erst im vergangenen Jahrhundert angepflanzt. Zu den traditionellen Gewerben im Limousin gehörte bis in die 1950er noch der Abbau von Schiefer, Kohle und bis in die 1990er-Jahre der Abbau von Uran. Allerdings ist hier inzwischen Schicht im Schacht. Die ehemaligen Minen sind heute Teil von Museen und können bei Führungen besichtigt werden. Einen Großteil der Elektrizität gewinnt die Region aus ihren Stauseen wie dem Lac de Vassivière – als Badeort eine der wichtigsten Touristen-Anlaufstellen.

Tourismus

Zum Touristenziel wurde die Auvergne bereits im 19. Jh., v. a. Kurorte wie Vichy, La Bourboule, Le Mont-Dore oder Royat zogen Gäste aus ganz Europa an. Seit einigen Jahren setzen beide Regionen auf grünen und sanften Tourismus. Hierbei münzte man den Nachteil der Regionen in einen Vorteil um: ihre Abgeschiedenheit. Geworben wird mit der geballten Ladung Natur, u. a. wurde etwa das Wanderwegenetz ausgebaut, hinzu kommt die Gründung mehrerer Naturparks wie Millevaches und Livradois-Forez. Das Zentralmassiv lockt Wanderer und Kletterer, im Winter Skisportler an. Reizvoll ist die Berglandschaft mit ihren Serpentinen auch für Motorradfahrer. Kanufahren und Rafting stehen in den beiden von großen Flüssen durchzogenen Regionen ebenfalls hoch im Kurs.

Darüber hinaus werden verstärkt Kultur und das kulturelle Erbe beider Regionen in den Vordergrund gerückt. Burgen und Schlösser wurden restauriert und wieder zugänglich gemacht, ebenso neue Museen und Dokumentationszentren eingerichtet. Fast jedes Dorf besitzt mittlerweile ein Museum (besonders beliebt sind dort Szenografien) und offeriert ein vielfältiges kulturelles Programm mit Musik- oder Theaterfestivals.

Brauchtum und Feste

Die Menschen in der Auvergne und im Limousin feiern gerne. Gerade im Sommer vergeht kaum ein Tag, an dem keine Veranstaltung stattfindet, egal, ob religiöser oder profaner Natur – selbst in den kleinsten Orten. Neben zahllosen kleineren Dorffesten haben sich etliche kulturelle Events etabliert. Auch in Sachen Kulinarik findet sich immer ein Grund, zu feiern: Die Einheimischen ehren ihre regionalen Spezialitäten mit Blaubeer-, Pilz- oder ähnlichen Festen. Und dank der hohen Dichte an Burgen und Schlössern ist auch an Mittelalterspektakeln einiges geboten. Die Touristeninformationen listen in der Regel jeweils alle Festivals und Veranstaltungen auf ihren Internetseiten.

Heiligenverehrung

Vor allem im Limousin genießt die Heiligenverehrung einen hohen Stellenwert. Fast jeder Ort verehrt einen Schutzpatron, dem Wundertaten und Heilkräfte zugeschrieben werden. Manche davon veranstalten sogenannte *ostensions*, bei denen die Reliquien des jeweiligen Ortsheiligen im Rahmen einer Prozession durch die Straßen getragen werden. Meist bildet ein anschließendes Fest mit Musik, Tanz und bisweilen Feuerwerk den weltlich-fröhlichen Ausklang.

Die Ostensions sind sicher die bedeutendsten religiösen Veranstaltungen der Region und finden nur alle sieben Jahre statt (die nächsten Male 2023 und 2030). Am bekanntesten sind die Ostensions de Saint-Junien, deren Vorbereitungen schon ein Jahr im Voraus beginnen. Bis zu 100.000 Besucher lockt die Veranstaltung in die Kleinstadt im Department Haute-Vienne.

Begründet wurde die Tradition bereits im ausgehenden 10. Jh., und zwar zu Ehren des heiligen Martial, des ersten Bischofs von Limoges. Nachdem Tausende Menschen im Jahr 994 in Limoges und Umgebung einer schweren Seuche zum Opfer gefallen waren, baten die Bewohner Gott um Hilfe. Sie pilgerten mit den Reliquien des Heiligen auf den höchsten Hügel der Stadt und erhofften sich dadurch Rettung.

Tatsächlich wurden wie durch ein Wunder 13.000 Menschen geheilt.

Marienkult

In der Auvergne wird die Verehrung der Muttergottes ganz groß praktiziert. In vielen Kirchen findet sich hinter dem Altar und teilweise auch in den Krypten eine *Vierge noire*, eine schwarze Madonnenstatue mit Jesuskind – entweder in sitzender Haltung oder stehend. Die Statuen tragen oft prächtige Gewänder, einige Madonnen wurden sogar gekrönt. Künstler gestalteten solche Madonnen entweder aus dunklem Holz bzw. Stein oder färbten Gesicht und Hände der Skulptur schwarz. Der Kult um die Figuren entstand im frühen Mittelalter. Warum gerade die schwarz gefärbten Madonnen so viele Pilger anlockten, ist bislang ein Rätsel. Viele der Statuen sind Kopien, deren Originale während der Französischen Revolution zerstört wurden. In der Auvergne werden die Marienstatuen in feierlichen Prozessionen, ähnlich denen für die Kirchenheiligen, durch den Ort getragen. Berühmt ist etwa die Montée (auch Montade) in Besse-et-Saint-Anastaise im Südosten des Sancy-Massivs Anfang Juli: Bei einer feierlichen Prozession wird die Notre-Dame-de-Vassivière von der Kirche in Besse bergauf in die nahe gelegene Kapelle in Vassivière getragen, wo sie den Sommer verbringt. Bei der Dévalade Anfang September erfolgt das gleiche Prozedere in umgekehrter Richtung. Noch bekannter ist die Prozession in Le Puy-en-Velay Mitte August, bei der auch viele Gläubige aus anderen Ländern, vorwiegend aus Spanien, anreisen.

Mittelalter-Spektakel und Folklorefeste

Die Auvergne und das Limousin sind gespickt mit Burgen, Burgruinen und Schlössern. Vor allem im Sommer beleben Ritterspiele und Nachtspektakel die mittelalterlichen Festungen. Auch in manchen Dörfern und Städten greift man gerne zu alten Trachten und verwandelt die historischen Viertel in Mittelalterstädte mit traditionellen Handwerkermärkten. Ein Highlight ist das Fête du Roi de l'Oiseau in Le Puy-en-Velay in der Auvergne, bei dem in der dritten Septemberwoche die Zeit bis in die Renaissance zurückgedreht wird. Im Mittelpunkt steht eine Tradition aus dem 16. Jh., bei welcher der beste Bogenschütze ermittelt wird. Der Kurort Vichy wiederum verwandelt sich einmal im Jahr ins Vichy der Belle-Époque – und ehrt Napoleon III., der die Stadt aufblühen ließ. Auch Folklorefeste stehen in einigen Orten auf dem Programm, u. a. in Saint-Flour, wo weltweiten Bergvölkern gehuldigt wird.

Musik- und Kulturfestivals

Beide Regionen pflegen eine vielfältige und junge Kulturszene. Zahlreiche Festivals mit unterschiedlichen künstlerischen Schwerpunkten finden in größeren Städten und den umliegenden Orten statt. Die Palette reicht von Straßentheater, Filmvorführungen, Jazzfestivals, Klassik-Open-Airs bis hin zu Konzertreihen in bedeutenden Kirchen. Großes Theater herrscht Mitte August in den Straßen von Aurillac in der Auvergne beim berühmten Festival de Théâtre de Rue mit internationalen Künstlern. Und Clermont-Ferrand bietet während des ganzen Sommers mit den Contre-Plongées de l'Été eine Veranstaltungsreihe mit Konzerten, Open-Air-Kino etc. Märchen und Mythen stehen bei den Coquelicontes im Mittelpunkt: Zwei Wochen im Mai sind Erzähler in rund 50 Ortschaften im Limousin unterwegs und lesen in Cafés, Kneipen, Schulen, Kulturzentren und sogar in Gefängnissen traditionelle Geschichten vor.

Ein Denkmal in Clermont-Ferrand ehrt den Fürsten Vercingetorix

Geschichtlicher Überblick

Die Geschichte von Auvergne und Limousin ist eng miteinander verknüpft. Beide Regionen sind von Eroberungen und Widerstand geprägt, waren lange Spielball kirchlicher und politischer Mächte. Inzwischen herrscht die reinste Idylle in diesen ländlichen Bergregionen. In den Städten und auch in kleineren Orten skizzieren Museen mittels Szenografien (scénovisions) bedeutende geschichtliche Ereignisse sehr anschaulich und informativ.

Vor- und Frühgeschichte

200.000 – 40.000 v. Chr.: Auf dem Gebiet der heutigen Corrèze (Limousin) leben Neandertaler; belegt ist das durch den Fund eines entsprechenden Skeletts Anfang des 20. Jh. in einer Höhle nahe der Ortschaft La Chapelle-aux-Saints.

25.000 – 10.000 v. Chr.: Ausgrabungen bei Chilhac dokumentieren, dass Jäger und Sammler der Périgordien- und Madalénien-Kultur die Flusstäler im Südosten der Auvergne bevölkern.

3000 – 1500 v. Chr.: Die Ligurer siedeln sich im Zentralmassiv an – von ihnen leitet sich der Name Loire (lat. Ligera oder Ligara) ab.

Um 800 v. Chr.: Aus dem Donauraum von Germanen verdrängte Kelten wandern ein. In der Auvergne lassen sich die Averner nieder, im Limousin die Lemoviken. Beide Regionen haben den keltischen Stämmen ihre Namen zu verdanken.

121 v. Chr.: Die Romanisierung Galliens beginnt mit der Einrichtung der Provinz Gallia Narbonensis (entspricht heute in etwa der Provence).

58–51/50 v. Chr.: Im Zuge des Gallischen Kriegs erobert Julius Caesar bei seinen Feldzügen sukzessive das „freie Gallien".

52 v. Chr.: Im siebten Jahr des Gallischen Kriegs schwingt sich der Fürst Vercingetorix zum Anführer der Averner empor. Ihm gelingt es, fast alle gallischen Völker, darunter auch die Lemoviken, zu vereinen und einen letzten, wenn auch erfolglosen Aufstand gegen Julius Caesar anzuzetteln, um die Unabhängigkeit Galliens zu verteidigen. Bei der Schlacht um ihre Hauptstadt Gergovia (in der Nähe von Clermont-Ferrand) können die Aufrührer die Römer noch in die Flucht treiben. 700 römische Soldaten fallen, Vercingetorix wird wie ein König gefeiert. Zwei Jahre später müssen er und seine Truppen sich bei der Schlacht von Alesia (Burgund) jedoch geschlagen geben.

46 v. Chr.: Vercingetorix wird in Rom hingerichtet.

Bis ins 2. Jh.: Unter Kaiser Augustus (63–14 v. Chr.) werden Augustonemetum (später Clermont) und um 10 v. Chr. Augustoritum Lemovicorum (später Limoges) als Zentren der Auvergne und des Limousin eingerichtet und der Provinz Aquitanien unterstellt. Es beginnt eine Zeit voller Wohlstand, in der gallisches Kulturerbe und römische Zivilisation miteinander verschmelzen. Die Römer führen das Thermalwesen ein.

Frühes Mittelalter

3. Jh.: Die Christianisierung der beiden Regionen setzt ein. Der heilige Martial bekehrt Limoges, im Jahr 250 wird er erster Bischof der Hauptstadt. Ende des 3. Jh. missioniert der heilige Austremonius mit seinen Anhängern Nectarius und Marius die Auvergne.

4./5. Jh.: Im Zuge der Völkerwanderung fallen Vandalen, Sueben und Westgoten in Aquitanien ein und zerstören große Teile des römischen Erbes.

471: Die Stadt Clermont bekommt mit dem römischen Präfekten und Dichter Sidonius Apollinarius ihren ersten Bischof. Dieser ruft 475 zum Widerstand gegen die Westgoten auf. Dennoch fällt die Auvergne an die Germanen im Tausch gegen die Provence.

507: Der Merowinger-König Chlodwig I. besiegt die Westgoten bei Vouillé (Vienne) und erobert Gallien. Er vereint schrittweise Franken und Gallorömer, konvertiert zum katholischen Glauben und christianisiert auch sein Volk.

6./7. Jh.: Nach Chlodwigs I. Tod (511) wird das Land unter seinen Nachkommen aufgeteilt; die folgende Zeit ist geprägt von Erbstreitigkeiten. Die Auvergne und das Limousin fallen an die Provinz Aquitanien. Unter den Merowingern erreicht das Limousin eine regelrechte Welle von Einsiedlern: Eremiten aus Nordgallien und von den Britischen Inseln siedeln sich in den Wäldern des Limousin an und ziehen durch vermeintliche Wundertaten viele Anhänger an, die sich in ihrer Nähe niederlassen. Orte wie Saint-Junien (um 500), Solignac (um 600) oder Guéret (im 7. Jh.) entstehen auf diese Weise.

Feudales Mittelalter

760: Der Karolinger Pippin III., seit 751 König der Franken, erobert Aquitanien.

768 – 814: Nach Pippins III. Tod 768 wird das Frankenreich unter seinen Söhnen Karl dem Großen und Karlmann aufgeteilt. Ersterem fällt u. a. das westliche Aquitanien mit dem Limousin und der Auvergne zu. Erst nach Karlmanns Tod 771 regiert Karl über das gesamte Fränkische Reich. Nach seinem Tod 814 zerfällt es, eine Feudalisierung setzt ein.

9./10. Jh.: Im Zuge der Feudalisierung schwindet zunehmend die Macht des Königs und der herrschenden Herzöge. Kleinere Fürsten gewinnen an Einfluss, errichten Festungen und sichern sich die Macht in deren Umkreis. Im Limousin regieren vornehmlich Vizegrafen. Das Bas-Limousin beispielsweise unterteilt sich in die Vizegrafschaften Limoges, Ventadour, Turenne, Lastours und Comborn. Der Norden gehört zur Grafschaft Marche. Einen Teil der heutigen Haute-Vienne regiert der Bischof von Limoges selbst, um den restlichen

Beliebtes Motiv für Wandfresken: Ritterkämpfe

Teil rangeln die Herren von Lastours und von Cars sowie der Vizegraf von Rochechouart. Die Fürsten stehen in ständigem Konflikt miteinander, verwüsten und plündern die Ländereien anderer im Bestreben nach mehr Macht.

951: Gothescalk, Bischof von Le Puy-en-Velay (Haute-Loire), bricht mit einer Pilgergruppe als erster Franzose auf der Via Podiensis von Le Puy nach Santiago de Compostela auf.

999: Der ehemalige Mönch Gerbert aus der Abtei St-Géraud in Aurillac (Corrèze) wird zum ersten französischen Papst gewählt, Papstname ist Silvester II.

1043: Robert de Turlande gründet die Abtei La Chaise-Dieu, die zu einem bedeutenden christlichen Zentrum der Auvergne mit Tochterklöstern in ganz Europa aufsteigt.

1095: Papst Urban II. ruft in Clermont zum Ersten Kreuzzug auf. Sein inszenierter Glaubenseifer stachelt die Kampfeslust der Adeligen an.

1154: Durch Heirat fällt Aquitanien an die englische Krone in Person von Heinrich II., in der Folge regieren Richard I. (Richard Löwenherz) und sein Bruder Johann Ohneland.

1189: Dem französischen König Philipp II. August gelingt es, die Auvergne aus dem Territorium Aquitaniens herauszulösen und bis 1213 der französischen Krone zu unterwerfen – Clermont bleibt im bischöflichen Besitz.

1327: Ludwig I. von Bourbon wird von König Karl IV. (dem Schönen) die erbliche Herzogswürde verliehen. Dadurch steigt das seit dem 10. Jh. bestehende Adelsgeschlecht der Bourbonen mit Stammsitz im heutigen Departement Allier (Auvergne) zum mächtigen Herrscherhaus auf.

1370: Während des Hundertjährigen Krieges fällt der „Schwarze Prinz“, Edward of Woodstock, in Limoges ein und lässt 3000 Menschen niedermetzeln. Die Stadt hatte gegen die englische Herrschaft revoltiert. Plünderungen, Hungersnöte und Krankheiten sorgen während des Hundertjährigen Krieges vielerorts für Leid und Verwüstung.

1375: Das Limousin gelangt unter Karl V. wieder unter französische Herrschaft.

13./14. Jh.: Viele Städte in beiden Regionen erlangen eine Quasi-Autonomie.

1527: Das Herzogtum der Bourbonen fällt an die französische Krone. In der Folge entstammen alle fünf Könige des Ancien Régime diesem Adelsgeschlecht.

1587: Margarete von Valois, bekannt als „Reine Margot" und Frau von Heinrich IV., wird von ihrem Bruder Heinrich III. für 19 Jahre nach Usson verbannt.

1589: Die Vizegrafschaft Limoges wird der französischen Krone unterstellt.

Um 1630: Kardinal Richelieu lässt in der Auvergne und im Limousin zahlreiche Festungen schleifen, um die Macht der Adelsgeschlechter zu mindern.

1642: Der in Clermont-Ferrand geborene Mathematiker Blaise Pascal erfindet die erste Rechenmaschine, die Pascaline.

1661: Die ersten Maurer aus der Creuse machen sich auf, um das Schloss Versailles zu errichten.

Eine der schwarzen Madonnen in der Kathedrale von Le Puy

1665: Unter Ludwig XIV. lässt Finanzminister Colbert in Aubusson eine königliche Teppichmanufaktur gründen, gut 20 Jahre später auch in Felletin.

1665/66: Bei den Grands Jours d'Auvergne, einem großen Gerichtsprozess in Riom, werden 692 Aristokraten zum Tode verurteilt. 450 entgehen der Strafe durch Flucht und Exil. Der Adel muss sich nun endgültig König Ludwig XIV. unterwerfen.

1693 – 1709: Eine Hungersnot macht die wenigen von Colbert herbeigeführten wirtschaftlichen Errungenschaften zunichte.

1757: Gilbert Motier kommt im Château de Chavaniac in der Nähe von Brioude (Haute-Loire) zur Welt. Er spielt später als Marquis de La Fayette im amerikanischen Unabhängigkeitskrieg eine tragende Rolle.

1764 – 67: Die Wolfsbestie vom Gévaudan treibt im Grenzgebiet zwischen der Auvergne und dem Languedoc-Roussillon ihr Unwesen und tötet rund 100 Menschen.

1768: In Saint-Yrieix-la-Perche im Limousin (Haute-Vienne) wird Kaolin entdeckt – Grundstein der Porzellanproduktion. Die Frau eines Apothekers nutzt die weiße Erde zunächst als Waschpulver.

1771: Die Gebrüder Grellet eröffnen mit den Herren Massié und Fournérat die erste Porzellanfabrik im Limousin.

Französische Revolution

1790: Im Zuge der Französischen Revolution werden alle Provinzen in Departements unterteilt, mit dem Ziel, die zentrale Machtstellung von Paris abzubauen. In der Auvergne sind das: Puy-de-Dôme, Cantal, Haute-Loire und Allier. Im Limousin: Creuse, Haute-Vienne und Corrèze.

1793: Die Revolution verläuft weitgehend friedlich im Limousin und etwas rigoroser in der Auvergne, wo die Revolutionsregierung Klöster auflöst, Kirch-

Murat gedenkt der Opfer des Zweiten Weltkriegs mit skurrilen Fresken

türme köpft und Madonnenstatuen verbrennt. Die Verfolgten flüchten in die Berge.

1800: In der Schlacht bei Marengo verhilft der junge General Louis Charles Antoine Desaix Napoleon Bonaparte zum Sieg über die Österreicher. Sein Geburtsort Ayat-sur-Sioule im Departement Puy-de-Dôme erinnert mit einem Museum an den jungen Helden – im Triumphbogen in Paris ist auch sein Name eingraviert.

Moderne

1852: In der Blütezeit der Porzellanproduktion verdoppeln die Manufakturen ihre Belegschaft. Rund 60 Fabriken zählt allein Limoges.

1855: Clermont-Ferrand wird ans Eisenbahnnetz angeschlossen. Nur ein Jahr später erreicht die Bahn auch Limoges und 1860 Brive-la-Gaillarde.

1862 – 66: Kaiser Napoleon III. verbringt seine Kuraufenthalte in Vichy in der Auvergne. Dank ihm verwandelt sich die Stadt im Zweiten Kaiserreich zum mondänen und sehr beliebten Kurbad.

1884: Gustave Eiffel konstruiert das Garabit-Viadukt im Cantal, die zu dieser Zeit höchste Eisenbahnbrücke der Welt.

1889: Die Reblaus frisst sich durch die Weinberge der Limagne. Im selben Jahr gehen in Bourganeuf (Limousin), der ersten französischen Stadt mit Stromversorgung, die Lichter an.

1895: Die erste Gewerkschaft Frankreichs wird in Limoges gegründet, die Confédération générale du Travail.

1905: In Limoges geht die streikende Arbeiterschaft auf die Barrikaden. Bei dem Aufstand gibt es einen Toten.

1931: Der aus Aurillac stammende Paul Doumer wird der vorletzte Staatspräsident der Dritten Republik. Ein Jahr später wird er in Paris Opfer eines Attentats.

Zweiter Weltkrieg

1940: Nach dem Waffenstillstand mit Deutschland richtet Marschall Pétain in Vichy den neuen Regierungssitz der unbesetzten Zone Frankreichs ein, mit Pierre Laval als stellvertretendem Ministerpräsidenten. Das Vichy-Regime kollaboriert mit den Deutschen.

1942/43: Vom 19. Februar 1942 bis zum 15. April des Folgejahres findet der

Prozess von Riom statt – ein Schauprozess, bei dem Vertreter demokratischer Vorkriegsregierungen, darunter Léon Blum und Paul Reynaud, des Hoch- und Landesverrats angeklagt werden. Der Prozess zielt auf die vollständige Diskreditierung der vormaligen demokratischen Führungselite Frankreichs ab, wird für Vichy allerdings zum propagandistischen Fehlschlag. Am Ende liefert Vichy die Angeklagten an Nazideutschland aus, wo sie in Konzentrationslagern interniert werden (→ „Der Prozess von Riom", S. 77).

Mai 1944: Bei der Schlacht am Mont Mouchet am Südrand der Auvergne sterben rund 300 französische Widerstandskämpfer beim Versuch, die Verbindung zwischen den deutschen Truppen aus dem Süden und denen in der Normandie zu kappen.

Juni 1944: Deutsche Truppen verüben zwei Massaker im Limousin – eine Art Racheakt, der sich gegen den hartnäckigen Widerstand in der Region richtet. Am 9. Juni dringt die 2. SS-Panzer-Division „Das Reich" unter Heinz Lammerding in Tulle ein, erhängt 99 Menschen an Balkonen und Laternen, weitere 141 werden deportiert – nur 40 kommen lebend zurück. Nur einen Tag später überfallen 120 Soldaten derselben Division Oradour-sur-Glane und ermorden fast alle Bewohner des Ortes. Frauen und Kinder werden in die Kirche getrieben und verbrannt, eine Frau kann fliehen. Die Männer werden in Scheunen und Garagen getrieben und erschossen. Bei dem Kriegsverbrechen sterben 642 Menschen, darunter 207 Kinder und 254 Frauen, nur sechs Menschen überleben.

Die Fünfte Republik

1958: Charles de Gaulle gründet die Fünfte Republik mit ihm als Staatspräsident.

1960: Die historischen Provinzen werden nach und nach in Regionen umgewandelt, das Limousin erhält den Status eines *établissement public* unter Leitung eines Regionalpräfekten im Jahr 1964, die Auvergne erhält diesen Status 1972.

1969: Der im Cantal geborene Abgeordnete Georges Pompidou wird französischer Staatspräsident.

1974: Mit Valéry Giscard d'Estaing folgt Pompidou erneut ein Auvergnate als Staatspräsident.

1995: Der mit dem Limousin eng verbundene Jacques Chirac wird zum Staatspräsidenten gewählt. Chirac war lange Zeit Abgeordneter von Ussel (Corrèze), hat dort noch einen Wohnsitz und verbrachte einen Teil seiner Kindheit bei seinen Großeltern im Limousin.

2012: François Hollande wird Frankreichs Staatspräsident. 30 Jahre lang hatte er seine politische Karriere im Limousin vorangetrieben – als Abgeordneter von Ussel und von Tulle, wo er zudem Bürgermeister war. In Tulle feiert er auch seinen Sieg gegen Nicolas Sarkozy und hält vor dem Rathaus seine erste Rede unmittelbar nach der Verkündung der Wahlergebnisse.

2016: Am ersten Januar erhält Frankreich eine neue politische Karte: Auf Initiative von François Hollande reduziert Frankreich seine Regionen von 27 auf 18. Ziel ist es, die Verwaltung effizienter zu gestalten und die Staatsschulden langfristig zu minimieren. Durch die Neugliederung wird die Auvergne mit ihrem östlichen Nachbarn Rhônes-Alpes zur „Auvergne-Rhônes-Alpes" zusammengelegt. Das Limousin bildet mit seinen bisherigen Nachbarregionen Poitou-Charentes und Aquitaine die neue Region „Nouvelle-Aquitaine". Das Gesetz hierzu trat bereits ein Jahr zuvor in Kraft.

Seit 2017: Emmanuel Macron löst François Hollande als Staatspräsident ab. Er regiert inzwischen bereits in seiner zweiten Amtszeit.

Maquis du Limousin: Widerstand aus dem Wald

Bitter war die Niederlage gegen Deutschland im Zweiten Weltkrieg für die Franzosen. Hitler hatte am 10. Mai 1940 die deutsche Offensive gegen Frankreich gestartet und das Land in einem „Blitzkrieg" besiegt. Am 22. Juni wurde der Waffenstillstand unterschrieben, der komplette Norden und Westen Frankreichs war in deutscher Hand. Fast noch bitterer war, dass die Regierung unter Marschall Pétain in der unbesetzten Zone zunehmend mit dem Gegner kollaborierte. Viele Franzosen akzeptierten die Kapitulation nicht, in der Bevölkerung formierte sich Widerstand. Doch erst ab der zweiten Hälfte des Jahres 1941 wurden die Operationen und Sabotageakte verschiedener Gruppen organisierter. Einer der ersten Widerständler war **Edmond Michelet,** der bereits am 17. Juni 1940 Flugblätter in die Briefkästen in Brive-la-Gaillarde eingeworfen hatte, um zum Widerstand aufzurufen. Er führte die Résistance-Gruppe Combat im Limousin an, eine der wichtigsten Bewegungen in Frankreich. 1943 wurde Michelet von der Gestapo verhaftet und ins KZ Dachau deportiert, wo er bis zur Befreiung des Lagers durch US-Soldaten verblieb.

Zweite wichtige Leitfigur im Widerstand des Limousin war **Georges Guingouin,** Aktivist der französischen kommunistischen Partei und Kopf des sogenannten Maquis du Limousin, einer der größten und aktivsten Untergrundbewegung im Land. Zählte die Résistance anfangs einige tausend Aktive, waren es gegen Ende des Zweiten Weltkriegs fast 200.000. Allein im Departement Haute-Vienne tauchten 7000 Widerstandskämpfer in den Untergrund ab – so viele wie in keinem anderen Departement. Die Maquisards oder schlicht Maquis (abgeleitet von korsisch *macchja* = Buschwald) versteckten sich in den Wäldern, Bergen und Schluchten des Limousin und agierten von dort aus gegen die deutschen Besatzungstruppen. Den Maquisards sind zahlreiche erfolgreiche Sabotageakte zuzuschreiben: Sie kappten Bahnlinien und Telefonleitungen, sprengten Viadukte, um den Transport von Waffen zu verhindern, und griffen deutsche Gruppen direkt an. Sie versteckten rund 1000 jüdische Kinder in der Creuse, und etliche jüdische Familien fanden Zuflucht in der Stadt Saint-Léonard-de-Noblat. Auf dem Mont Gargan kam es vom 18. bis 24. Juli 1944 zu einer erbitterten Schlacht zwischen den Maquisards und den Deutschen, der ersten und einzigen offenen Schlacht der Widerständler. 10.000 Männer zogen unter der Führung von Georges Guingouin gegen knapp 3000 Deutsche in den Kampf. Auf deutscher Seite gab es 342 Opfer (Tote und Verletzte), mehr als dreimal so viele wie bei den Maquisards, die 99 Opfer zu beklagen hatten.

Die Widerstandsaktionen blieben jedoch nicht ungesühnt: Die Nazis verübten zwei Massaker (in Tulle und Oradour-sur-Glane) mit knapp 850 Toten, die meisten davon Frauen und Kinder. Wie viele Widerständler zudem ums Leben kamen, zeigen die vielen Namen auf den Gedenktafeln und Stelen in den einzelnen Ortschaften. Dennoch konnten die Maquis maßgeblich zum Sieg über Deutschland beitragen und noch weit vor Kriegsende Städte wie Guéret, Brive oder Limoges befreien. Für seinen Einsatz wurde Guingouin mit dem Ordre de la Libération ausgezeichnet.

Das Zentralmassiv ist ein Paradies für Motorradfahrer

Anreise

Wer die Auvergne und das Limousin bereisen und viel sehen möchte, kommt um die Anfahrt mit dem eigenen Fahrzeug kaum herum. Man ist vor Ort sehr viel flexibler, zumal sich die Busverbindungen vielerorts weitgehend auf den Schulverkehr beschränken und auch die Bahnverbindungen recht überschaubar sind. Im Sommer gibt es einige Pendelbusse zu bedeutenden Touristen- und Naturattraktionen. Die Anreise per Flugzeug oder Bahn ist relativ langwierig und meist nicht gerade günstig.

Mit dem eigenen Fahrzeug

Ins in der Auvergne gelegene Allier oder ins Puy-de-Dôme gelangt man von Stuttgart aus meist in siebeneinhalb bis neun Stunden, von Berlin sind es etwa 13 bis 14 Stunden. Ins Cantal kann die Anreise ähnlich lange dauern wie die nach Limoges im Limousin. Bei Fahrten ins Limousin ist für Reisende aus Norddeutschland, v. a. aber aus Ostdeutschland oder Österreich ein Übernachtungsstopp unbedingt sinnvoll. Von Berlin nach Limoges etwa sollte man 14 Stunden reine Fahrtzeit einplanen, von Wien oder Graz ist es sogar eine Stunde mehr. Von Stuttgart wie auch von anderen Orten in Süd- oder Westdeutschland dagegen ist man schon nach etwa achteinhalb Stunden am Ziel, was an einem Tag also gut zu bewältigen ist. Immer vorausgesetzt, man verzichtet nicht auf die komfortablen Autobahnen. Zwar fallen dabei Gebühren an, dafür ist auf den französischen Autobahnen meist deutlich weniger Verkehr als in Deutschland und bei der Reise ins Limousin kommt man durch die langen Fahrten auf den Nationalstraßen noch recht günstig davon. Weil auch die Lastwagen dort die zulässige Höchstgeschwindigkeit fahren können, kann man sich ganz entspannt einreihen und muss sich keinem Überholstress aussetzen. Auch sind manche Autobahnabschnitte mautfrei: So ist die A 75 in der Auvergne, die von Clermont-Ferrand in Richtung Süden führt, in der gesamten Region kostenfrei, ebenso die A 20, die das Limousin von Norden nach Süden durchzieht.

Mit dem Zug

Aus ökologischer Sicht ist die Fahrt mit dem Zug sicher die nachhaltigste Art der Anreise, nicht aber, wenn man vor Ort viel herumreisen möchte. Zu spärlich ausgebaut ist der öffentliche Nahverkehr in den dünn besiedelten Regionen. Weil man auf jeden Fall über Paris fahren muss, spart man durch die Zugreise kaum Zeit. Und nicht nur Zeit, sondern auch Nerven kostet das Umsteigen in Paris. Dort muss man in jedem Fall mit der Metro einen anderen Bahnhof für die Weiterfahrt ansteuern. Vom Gare de l'Est oder vom Gare du Nord geht es zum Bahnhof Paris-Bercy, um von dort in etwa dreieinhalb Stunden nach Clermont-Ferrand zu fahren. Ebenso schell ist man in Limoges, die Reise dorthin tritt man allerdings vom Gare d'Austerlitz an.

■ Es lohnt sich, unter www.bahn.de oder www.sncf.com frühzeitig nach Verbindungen zu suchen und sich die Tickets deutlich vor der Reise zu besorgen, um von den verschiedenen Sparpreis-Angeboten profitieren zu können.

Mit dem Flugzeug

Direktflüge von Deutschland, Österreich oder der Schweiz nach Clermont-Ferrand oder Limoges gibt es nicht. Man muss bei der Reise mit Air France oder Lufthansa auf jeden Fall in Paris oder Amsterdam zwischenlanden (in Paris meist noch vom Flughafen Paris-Charles-de-Gaulle zum Flughafen Paris-Orly wechseln).

Schneller (und meist günstiger) gelangt man per Flugzeug nach Clermont-Ferrand – auch wenn hier die Anreise ebenfalls über Paris verläuft. Weil die Flüge nach Limoges oft erst viele Stunden nach der Ankunft in Paris abheben, kann die Flugreise schnell ähnlich lang dauern wie eine Autofahrt.

■ Verbindungen in die Mitte Frankreichs haben Air France, nach Paris auch Lufthansa im Angebot, am besten sucht man auf www.fluege.de nach einer passenden. Wie bei der Anreise mit der Bahn gilt: Früh buchen!

Verkehrsmittel vor Ort

Beide Regionen erkundet man idealerweise mit dem eigenen fahrbaren Untersatz – öffentliche Verkehrsverbindungen sind im eher dünn besiedelten Zentralmassiv rar, lediglich die größeren Städte sind gut mit Bus oder Bahn erreichbar.

Mit dem Auto oder Motorrad

Im Zentralmassiv gibt es nur wenige Autobahnen und Nationalstraßen. Meist kurvt man Dutzende von Kilometern auf winzigen Sträßlein herum, die eher an breite Fahrradwege erinnern. Wer denkt, dass er einen 120 Kilometer entfernten Ort in einer knappen Stunde erreichen kann, wird eines Besseren belehrt werden. Fährt man über Land – und das bedeutet in beiden Regionen durch überwiegend hügelige bis gebirgige Gegenden –, sind 60 Kilometer pro Stunde weitaus realistischer. Dafür ist man meist allein unterwegs und kann die Landschaft in Ruhe genießen. Gut aufpassen muss man dabei trotzdem: Weil die Straßen so eng und in den Gebirgspässen der Auvergne oder den tiefen Flusstälern des Limousin gerne mal gespickt sind mit scharfen Kurven, wird man leicht überrascht von einem entgegenkommenden Fahrzeug – man sollte immer darauf gefasst sein, dass dieses die Kurve schneidet. Besondere Vorsicht gilt natürlich auf den Gebirgsstraßen, die sich an steilen Abhängen entlangziehen. In der Regel sind diese zwar gesichert, aber Übermut ist hier trotzdem fehl am Platz, besonders, wenn die Gipfel mal wieder in dichten Nebel getaucht sind. Meist sind die Kurven breiter oder mit Ausbuchtungen versehen.

Seit einiger Zeit setzt die Auvergne verstärkt auf Motorrad- und Fahrradtourismus. Die engen, kurvigen Bergstraßen und Serpentinen, die herrliche Natur und das grandiose Vulkanpanorama haben schon so manchen Easy Rider verzaubert. Der Tourismusverband hat mehrere besonders reizvolle Routen ausgearbeitet, die man unter www.auvergne-destination.com herunterladen kann.

Angenehm ist, dass die Einheimischen sich meist an die Geschwindigkeitsbegrenzungen halten, selten drängeln, öfter mal freundlich Vorfahrt gewähren und auch sonst entspannter im Straßenverkehr unterwegs sind als viele Deutsche.

Alkohol am Steuer Durch weinselige Autofahrer hervorgerufene Unfälle sind ein echtes Problem in Frankreich, weshalb es seit 2012 Pflicht ist, einen Alkoholtest für Auto- und Motorradfahrer mitzuführen. Die Röhrchen gibt es für ein paar Euro in Tankstellen oder Apotheken. Wer ohne die Apparatur erwischt wird, muss inzwischen kein Bußgeld mehr bezahlen, bekommt aber eine Verwarnung. Die Tester müssen einer Norm entsprechen, daher sollte man auf die Bezeichnung „NF“ (Norme Française) achten. Anders ist das, wenn man die bei 0,5 liegende Promillegrenze überschreitet. Dann wird ein Bußgeld von 135 € fällig. Wessen Blutalkoholgehalt bei mehr als 0,8 Promille liegt, darf sich im schlimmsten Fall auf eine zweijährige Haftstrafe und eine Geldbuße von 4500 € freuen.

Bußgelder Verhält man sich im Straßenverkehr unachtsam oder gefährdend, kann man schnell einen Teil der Urlaubskasse aufbrauchen. Wer etwa über eine rote Ampel fährt, am Steuer ohne Freisprechanlage telefoniert oder zwischen 0,5 und 0,8 Promille Blutalkoholgehalt aufweist, muss mindestens 135 € hinlegen. Wird man mit bis 20 km/h zuviel außerorts geblitzt, werden 68 € fällig, innerorts 135 €, die gleiche Summe ist bei bis zu 50 km/h zuviel fällig. Bei mehr als 50 km/h über der zulässigen Höchstgeschwindigkeit werden mindestens 1500 € fällig, bei wiederholtem Vergehen sogar 3750 €. Schon ab 30 km/h Geschwindigkeitsüberschreitung kann der Führerschein eingezogen werden. Wer die Strafen innerhalb von drei Tagen bezahlt, kommt etwas billiger davon. Wartet man damit mehr als 30 Tage, wird es deutlich teurer.

Kreisverkehr Offiziell 30.000 *rond points* oder *giratoires* soll es in Frankreich geben (manche Quellen nennen sogar zwischen 40.000 und 50.000), die Hälfte aller Kreisverkehre weltweit. Jährlich kommen zwischen 500 und 800 hinzu. Meist gilt bei der Einfahrt rechts vor links, Einfahrende haben also Vorfahrt. Diese Regelung wird aber oft durch entsprechende Verkehrsschilder aufgehoben. Wer im Kreisel gleich rechts abbiegen will, muss bei der Einfahrt rechts blinken und (bei einem zweispurigen Kreisverkehr) auf der äußeren Spur bleiben. Wer erst später abbiegen möchte, sollte bei der Einfahrt links blinken und sich auf der inneren Spur einordnen. Bei der Ausfahrt sollte man dann natürlich wieder rechts blinken (Fahrzeuge auf der inneren Spur haben dabei Vorfahrt vor denen auf der äußeren).

Maut Bis auf kurze Strecken um größere Städte und wenige Ausnahmen (etwa die A 75 südlich von Clermont-Ferrand oder die A 20 im Limousin) sind die Autobahnen in Frankreich gebührenpflichtig. Mautpflichtige Strecken sind mit dem Hinweis „Péage“ gekennzeichnet. Im Schnitt zahlt man für einen Kilometer etwa fünf Cent. Bezahlen kann man entweder mit Bargeld oder mit Kreditkarte (Mastercard oder Visa). Die Spuren für die Kartenzahlung sind mit „CB“ gekennzeichnet. Die Spuren mit einem orangefarbenen „t“ sind Fahrern vorbehalten, die eine Liber-t-Box an Bord haben, mit deren Hilfe die Maut automatisch erhoben und vom Konto abgebucht wird (funktioniert nur mit einem französischen Bankkonto).

Parken Parken in Städten ist oft auf zwei Stunden beschränkt. In mit gelben Linien abgegrenzten Bereichen am Fahrbahnrand sollte man sein Fahrzeug auf keinen Fall abstellen, wenn man es am selben Ort wiederfinden möchte. Ist die gelbe Linie gestrichelt, gilt hier nur Parkverbot, ist sie durchgezogen, herrscht absolutes Halteverbot. Innerhalb der blauen Linien darf man Mo–Sa von 9 bis 12 und von 14 oder 14.30 Uhr bis 19 Uhr eine Stunde lang kostenlos parken, sonntags auch länger (Parkscheibe nicht vergessen!). Ist auf die Straße der Schriftzug „Payant“ gepinselt, muss man am Parkscheinautomaten ein Ticket lösen.

Sicherheitsweste/Warndreieck Eine signalfarbene Warnweste mit CE-Kennzeichnung im Wagen und ein Warndreieck mit dem ECE-Genehmigungszeichen R27 sind auch in Frankreich Pflicht – sonst wird ein Bußgeld von bis zu 375 € fällig. Übrigens muss man auch als Fahrradfahrer eine solche Weste tragen, wenn man nachts außerhalb geschlossener Ortschaften unterwegs ist. Ein Verbandskasten ist dagegen in Frankreich nicht vorgeschrieben.

Tanken Tankstellen sind außerhalb der großen Städte im Zentralmassiv rar, deshalb gilt hier: Lieber zum Zapfhahn greifen, auch wenn der Tank noch halb voll ist, als im Nirgendwo stehen bleiben! Die wenigen vorhandenen Tankstellen sind nur zu den Hauptverkehrszeiten und an stark frequentierten Orten mit Personal besetzt. Ansonsten sind sie verwaist und die Kunden müssen mit Kreditkarte bezahlen. Deutsche Kreditkarten funktionieren nur, wenn sie neueren Typs sind – und wenn man die Geheimzahl weiß! Ansonsten kann man nur hoffen, dass ein hilfsbereiter Franzose vorbeikommt, dem man einen Bar-Betrag reicht und dafür mit seiner Kreditkarte tanken darf.

Aufs Geld schauen darf man etwa auf dem Plateau de Millevaches dann nicht mehr. Hier kann der Liter Benzin schon mal zehn Cent mehr kosten als anderswo. Es gibt eben keine Konkurrenz. Zehn Cent billiger ist es dagegen oft an den Tankstellen der großen Supermärkte, wo die Mehrheit der Franzosen gerne tankt. Meist entsprechen die Benzinpreise im Schnitt in etwa denjenigen in Deutschland. Bei großen Supermärkten kann es etwas billiger sein. Auf der Internetseite www.carbeo.com kann man die Preise im Umkreis vergleichen.

Tempolimit Wer in Frankreich zu sehr aufs Gaspedal drückt, muss mit einem saftigen Bußgeld rechnen. In Frankreich gibt es deutlich häufiger Radarkontrollen als in Deutschland, viele davon sind fest installiert. Während vor einigen Jahren noch ein Schild freundlich auf das bevorstehende Blitzlichtgewitter hinwies, werden diese Schilder nun zunehmend abmontiert. Auch deshalb halten sich die meisten Franzosen an das Tempolimit, und zwar exakt – im Limousin übrigens noch gewissenhafter als in der Auvergne. Deshalb kann man, gerade auf den Autobahnen, gut einen Tempomaten einsetzen. Einstellen sollte man ihn dort auf höchstens 130 km/h, bei Nässe auf 110 km/h. Auf Land- und Nationalstraßen darf man 90 km/h fahren, sind letztere vierspurig, sind meist 110 km/h erlaubt. In geschlossenen Ortschaften gilt wie in Deutschland eine Geschwindigkeitsbegrenzung von 50 km/h.

Wichtig: Wer die erfolgreiche Führerscheinprüfung noch keine zwei Jahre hinter sich hat, kann sich gleich auf der rechten Spur einordnen. Führerscheinneulinge dürfen auf Autobahnen nämlich nur 110 km/h fahren, auf Landstraßen nur 80 km/h.

Mit Bus und Bahn

Wer mit öffentlichen Verkehrsmitteln unterwegs sein will, muss sich auf den meisten Strecken auf starke Einschränkungen gefasst machen. Größere Städte wie Limoges und Brive sind noch recht gut miteinander verbunden, aber an kleineren Bahnhöfen kann man schon mal stundenlang auf den nächsten Zug warten. Die Fahrpläne sind oft sehr stark an den Berufs- und Schulverkehr angepasst. Morgens und abends fahren gleich mehrere Züge hintereinander, aber nur einer zur Mittagszeit, und sonst herrscht gähnende Leere am Bahnsteig. An etlichen Bahnhöfen ersetzen zunehmend Busse *(autocars)* die Regionallinien.

Wer nur große Orte ansteuern möchte und zeitlich sehr flexibel ist, für den können Bus und Bahn aber durchaus eine Alternative zum eigenen Fahrzeug sein. Verbindungen und Streckenpläne findet man unter www.rome2rio.com. Unter www.sncf.com sind die Fahrpläne der Zug- und Busverbindungen der französischen Staatsbahn SNCF abrufbar.

Vor allem in der Auvergne, aber auch im Limousin gibt es darüber hinaus einige reizvolle touristische Züge. Sie zuckeln auf zum Teil stillgelegten Bahnstrecken durch die malerische Landschaft, über Viadukte und vorbei an schroffen Felswänden. Ein einmaliges Erlebnis ist z. B. die Fahrt durch die enge Allier-Schlucht in der Haute-Loire oder die mit dem Enzian-Express (Gentiane Express) im Cantal (Start in Riom-ès-Montagnes).

Einstmals war das Eisenbahnnetz deutlich dichter geknüpft. Einige Strecken sind mittlerweile zu Rad- und Spazierwegen umgewandelt worden, etwa bei Uzerche, Montluçon oder Le Puy-en-Velay. Sehr beliebt sind auch die Vélorail genannten Draisinenstrecken: Hier kann man auf stillgelegten Gleisen entlanggleiten (mehr Infos → S. 497).

Fast wie in einem Schloss: liebevoll eingerichtetes Gästezimmer

Übernachten

In der Auvergne und im Limousin und kann man sowohl auf Bauernhöfen zelten oder dort in liebevoll eingerichteten Gästezimmern nächtigen, aber auch in noblen Schlosshotels mit antiken Möbeln und angeschlossenem Reitstall selig schlummern. Insgesamt findet man größtenteils rustikale Unterkünfte, die gemütlichsten sind meist eher Gäste- als Hotelzimmer.

Im Vergleich zu Südfrankreich sind die Unterkünfte in den Regionen des Zentralmassivs noch recht preiswert. Zuweilen erhöhen sich die Tarife in der Hochsaison im Juli und August und in den Skigebieten zwischen Dezember und April, wenn der Großteil der Franzosen Urlaub macht. Mancherorts gibt es von Mitte Juli bis Mitte August sogar noch eine „Super-Hochsaison". Die Preisschwankungen merkt man v. a. bei Ferienhäusern und den festen Unterkünften auf Campingplätzen. Da das Zentralmassiv aber größtenteils noch nicht touristisch überlaufen ist, ändern sich die Preise in den Hotels im Jahresverlauf meist nur wenig, in den Gästezimmern oft gar nicht. Wer das Zentralmassiv zur Hochsaison bereisen möchte, sollte aber frühzeitig reservieren, weil gerade die reizvollen und preiswerteren Unterkünfte schnell ausgebucht sein können. Die besonders empfehlenswerten Herbergen sind im Reiseteil dieses Buches mit „Mein Tipp" gekennzeichnet.

Doppelzimmer sind in Frankreich in der Regel mit einem großen Bett *(grand lit)* ausgestattet, das aber meist gar nicht so groß, sondern nur 1,40 m breit ist. Hier schläft man auf einer einzigen Matratze und teilt sich eine große Bettdecke. Wer so viel Nähe nicht gewohnt ist oder dem Arbeitskollegen oder

Bekannten nicht ganz so sehr auf die Pelle rücken möchte, sollte sich für ein *chambre twin* oder *chambre à deux lits* entscheiden, wo man in zwei getrennten Betten nächtigt. In den Doppelzimmern kann man natürlich auch alleine schlafen, einen nennenswerten Preisnachlass gibt es dafür aber leider nur selten. Ausgewiesene Einzelzimmer sind nur wenige im Angebot.

Egal, ob Hotel, Gästezimmer, Feriendorf oder Campingplatz – Übernachtungsgäste müssen eine Art Touristensteuer *(taxe de séjour)* zahlen. Diese kann von 20 Cent bis zu vier Euro pro Tag reichen. Die Steuer entfällt bei unter 18-Jährigen.

Logis-Hotels: Qualität hat einen Kamin

Da die Sterne-Bewertung von Hotels lediglich etwas über die Ausstattung, weniger aber über Lage, Sauberkeit, Freundlichkeit des Personals, Umweltfreundlichkeit usw. aussagt, hat „Logis", ein Zusammenschluss von selbstständigen, privaten Hotel-Restaurants, einen Kriterienkatalog entwickelt, der Unterkünfte nach genau solchen Aspekten klassifiziert. Die Qualität der Unterkünfte wurde mit bis zu drei Kamin-Symbolen bewertet, die Güte der Restaurants zeigten Kochtöpfe an. Kamine wurden vor wenigen Jahren durch die Kategorien *Essentiel, Cosy, Elégance und Exception* und Kochtöpfe durch *Terroir, Gourmand, Savoureux* ersetzt. Genusstempel, die wahre Geschmacksexplosionen bieten, werden mit dem Label „Table distinguée" oder „Table d'exception" ausgezeichnet. In der Auvergne gibt es zwei Gourmetparadiese der ersten Kategorie, im Limousin eins. Logis-Unterkünfte erkennt man leicht am hellgrünen, weithin sichtbaren Logo. Die Initiative deckt das Zentralmassiv sehr gut ab, sodass es eigentlich nie weit ist zum nächsten Logis-Hotel. Und ein Restaurant muss man dort dann auch nicht lange suchen.

www.logishotels.com.

Mittag- und v. a. Abendessen werden in Frankreich oft ausladend zelebriert, zum Frühstück genügt den Franzosen dagegen ein Croissant, das sie schnell nebenbei verzehren. Die meisten Hotels bieten ein interkontinentales Frühstücksbüfett mit regionaler Note an. Für einen kleinen Zuschlag bekommt man ein Frühstück auch direkt im Zimmer serviert. In Gästezimmern ist das Frühstück in der Regel bereits im Zimmerpreis inbegriffen. Hier geben sich die Gastgeber meist größte Mühe und tischen gerne auch mal Selbstgemachtes auf. In Ferienhäusern oder besonderen Unterkünften wie Baumhäusern oder Jurten kann man meist einen Frühstückskorb dazubuchen.

Die Übernachtungspreise werden in diesem Buch in Kategorien angegeben, symbolisiert durch 1–4 Eurozeichen. Sie gelten für eine Übernachtung mit Zweierbelegung ohne Frühstück in der Hauptsaison.

€	bis 60 Euro
€€	über 61 bis 110 Euro
€€€	über 111 bis 149 Euro
€€€€	über 150 Euro

Hotels

Gerade auf dem Land gab es offensichtlich lange keinerlei Konkurrenz in Sachen Modernität und Stilbewusstsein, weshalb sich vor der Buchung ein kurzer Blick in die Zimmer lohnt. Manche Hotels wirken wie aus der Zeit gefallen mit ihren alten Teppichböden und ihren bunt-biederen Tagesdecken. In den letzten Jahren scheint sich aber etwas zu bewegen auf dem Hotelmarkt im Zentralmassiv und die muffigen Etablissements werden nach und nach modernisiert. Luxushotels gibt es aber meist nur in den großen Städten, sonst dominiert die Mittelklasse mit zwei bis drei Sternen. Aber auch auf dem Land kann man auf echte Schmuckstücke treffen.

Hotelketten findet man im Zentralmassiv nur selten. Sie konzentrieren sich auf die (wenigen) großen Städte und liegen oft in der Nähe von Autobahnausfahrten und an den Ausfallstraßen.

▪ Eine große Auswahl an Hotels findet man auf den Internetseiten der Tourismusverbände der Auvergne (www.auvergne-destination.com, www.auvergnerhonealpes-tourismus.com) oder dem Limousin (www.nouvell-aquitaine-tourisme.com), auf den Websites der Touristenverbände der Departements (www.allier-auvergne-tourisme.com, www.auvergnevacances.com (Haute-Loire), www.tourisme-creuse.com, www.tourisme-hautevienne.com, www.tourismecorreze.com) oder auf den Websites einzelner Fremdenverkehrsämter – und in diesem Reiseführer.

Gästezimmer und Ferienwohnungen

Die schönste Art, in der Auvergne und im Limousin Urlaub zu machen, ist definitiv, in einem der vielen Gästezimmer *(chambre d'hôtes)* zu logieren. Oft findet man sich in liebevoll renovierten und dekorierten ehemaligen Bauernhöfen oder Scheunen wieder, mit schönen Steinwänden, alten Balken und knarrendem Dielenboden. Gerade viele Zugereiste (v. a. Briten, Niederländer und Belgier), die sich in der Auvergne oder im Limousin ihren Traum vom Leben in Frankreich erfüllen, bieten Gästezimmer an. Der Vorteil: Sie sprechen Englisch, manche auch Deutsch, und haben sich oft besonders viel Mühe mit der Einrichtung gegeben. Das Frühstück ist hier im Preis inbegriffen und wird meist an einem großen Tisch mit den anderen Gästen eingenommen. Manche Gastgeber bieten stolz ihre selbstgemachten Marmeladen und ihr selbstgebackenes Brot an.

In einigen Unterkünften kann man auch ein Abendessen mit mehreren Gängen und Wein genießen *(table d'hôtes)*. Häufig bekommt man dabei Produkte aus dem eigenen Gemüsegarten serviert und es wird deutlich mehr Wert auf Bioprodukte gelegt als in den Restaurants. Auch WLAN ist meistens kostenlos vorhanden, funktioniert in den alten Gemäuern aber nicht überall reibungslos. Manchmal muss man sich für optimalen Empfang in den Gemeinschaftsraum setzen.

Wer lieber unabhängig sein möchte und sich nicht an feste Essenszeiten binden will, ist in Ferienwohnungen und -häusern *(gîtes)* am besten aufgehoben. In der Auvergne und im Limousin gibt es ein schier unüberschaubares Angebot. Von der notdürftig hergerichteten Behausung auf dem Dachboden einer Scheune bis zur exklusiven Nobelherberge auf einem Gutshof ist alles dabei. Meist kann man die Unterkünfte nur wochenweise mieten, Hauptanreisetag ist der Samstag. Der große Nachteil der Gîtes: Hier ziehen die Preise zur Hauptsaison meist am heftigsten an. In Mode sind *hébérgements insolites* – außergewöhnliche und nicht selten inmitten der Natur gelegene Unterkünfte wie beispielsweise Baumhäuser, Jurten, Bauwagen, morderne Waldhütten. Hier kann man meist Frühstück oder Abendessen dazu buchen.

▪ Die meisten empfehlenswerten Gästezimmer und Gîtes tragen das grüne Logo „Gîtes de France" und sind unter www.gites-de-france.com zu finden. Dort sind sie nicht mit Sternen ausgezeichnet, sondern mit ein bis fünf Getreideähren. Viele Unterkünfte sind auch unter dem blauen Label „Clévacances" verzeichnet. Unter www.clevacances.com erfolgt die Bewertung mit Schlüsseln. Gästezimmer findet man unter: www.chambres-hotes.fr. Auch die Websites der gängigen Touristeninformationen und -verbände listen Übernachtungsmöglichkeiten nach Unterkunftsart.

Camping

Die großen Campingplätze konzentrieren sich in der Auvergne und im Limousin auf wenige Gegenden im Zentralmassiv, etwa das Tal der Dordogne zwischen Argentat und Beaulieu-sur-Dordogne oder das Sancy-Massiv. Doch fast überall findet man in

Noch immer im Trend: übernachten in einer „Roulotte"

noch so kleinen Örtchen einen **Camping municipal,** einen kommunalen Campingplatz. Dieser ist oft sehr einfach ausgestattet, dafür aber häufig reizvoll gelegen, z. B. an kleinen Flüsschen. Klassifiziert werden Campingplätze in Frankreich meist mit Sternen. Ab drei Sternen kann man von gutem Service, Komfort und hohen Sicherheitsstandards ausgehen. Allerdings sagen die Sterne nichts über die landschaftliche Lage oder die Atmosphäre aus. Wer auf nächtliche Beleuchtung und Animation verzichten kann und einfach nur Ruhe und Natur genießen möchte, ist vielerorts auf einem Campingplatz mit weniger Sternen besser aufgehoben. In jedem Fall sollte man eine Taschenlampe (oder ein leuchtstarkes Handy) dabei haben, denn auf vielen Campingplätzen werden ab 23 Uhr sämtliche Wegbeleuchtungen gelöscht. Ruhe und Sicherheit der Gäste sind heilig und vielerorts hebt sich die Schranke an der Einfahrt ab 22 Uhr nicht mehr. Wer später kommt, muss seinen Wagen vor dem Campingplatz abstellen.

Mancherorts kann man auch ganz unkompliziert auf einem Bauernhof zelten, den Wohnwagen in den Obstgarten stellen und die Idylle genießen – **Camping à la Ferme** nennt sich das dann. Eine Auswahl an Bauernhof-Campingplätzen und Gästezimmern, aber auch Restaurants und Verkaufsstellen von Produkten aus eigener Herstellung findet man auf www.bienvenue-a-la-ferme.com.

Campingplätze sind im Zentralmassiv übrigens nicht nur etwas für Menschen, die gerne mit Wohnwagen oder Wohnmobil verreisen oder sich im Zelt in den Schlafsack kuscheln. Ein großer Trend in Frankreich sind die sogenannten **Mobil-Homes** (in Frankreich meist „Mobilomm" ausgesprochen), containerartige Kunststoffhäuschen, die wie Wohnwagen transportierbar, allerdings deutlich größer sind. Fast immer verfügen sie über Kochgelegenheit und Kühlschrank sowie über ein kleines Bad. Hier kann man deutlich billiger Urlaub machen als in einem Ferienhaus, genießt aber doch einen gewissen Komfort – wenn man mit dem Plastik-Charme gut leben kann. Nachts und in der kalten Jahreszeit kühlen die Mobil-Homes allerdings wegen der dünnen Wände recht schnell aus. Elektroheizungen sorgen dann für Wärme im Innenraum – und auf dem angrenzenden Stellplatz. Viele Campingplätze haben mittlerweile auf einem Großteil ihrer Fläche auch noch andere feste Unterkünfte stehen – und diese werden immer ausgefallener. Von möblierten Wohnzelten über Holzhütten (*chalets* oder *lodges*) bis hin zu Holzgerüsten, bei denen man in einem aufgehängten Tuch mit Blick auf den Sternenhimmel schläft, ist alles dabei. Gerade die Chalets könnten nicht unterschiedlicher sein: sehr klein, spartanisch und ohne Wasseranschluss auf der einen Seite (jeder Campingplatz verfügt glücklicherweise über mindestens einen Sanitärblock), auf der anderen Seite stylisch-trendige Luxushäuschen, zum Teil mit Nachhaltigkeitscharakter.

In manchen Orten ist ein spezieller **Parkplatz für Wohnmobile bzw. Wohnwagen** ausgewiesen, ein sogenannter „Aire", „Aire de Repos" oder „Aire de Camping-Car", auf dem die Übernachtung in der Regel gratis ist. Dort gibt es häufig Entsorgungseinrichtungen und fließend Wasser, seltener Sanitäranlagen. **Wildcampen** ist in Frankreich nur mit Genehmigung der Eigentümer bzw. der Gemeinde erlaubt. In Natur- oder Wasserschutzgebieten und in der Nähe wichtiger Sehenswürdigkeiten ist es ausdrücklich verboten und wird mit Geldbußen geahndet.

> Ganzjährig geöffnete Campingplätze sind im Zentralmassiv weitgehend unbekannt, Dauercamper findet man hier deshalb keine. Meist öffnen die Campingplätze erst im Mai (manchmal auch schon im April) und schließen Ende Oktober wieder ihre Pforten. Einige wenige setzen auf das Schnee-Erlebnis und haben auch im Winter geöffnet.

Essen und Trinken

Herzhaft, fleischlastig und sehr sättigend ist die traditionelle Küche der Auvergne und im Limousin. Wer kein Fleisch mag, ist da oft auf verlorenem Posten. Doch gerade in den größeren Städten öffnen zunehmend vegetarische und vegane Cafés und Bistros (Limoges erlebt einen regelrechten Boom), und auch Restaurants bieten oft ein fleischloses Menü an. Auf Anfrage erhält man zunehmend auch glutenfreie Gerichte. Es schadet nicht, auf Unverträglichkeiten hinzuweisen. Immerhin ist die Truffade – eine Art Kartoffelauflauf mit viel Käse und das auvergnatische Gericht schlechthin – vegetarisch. Überhaupt kommen hier Käseliebhaber auf ihre Kosten, denn die Auvergne ist ganz einfach die Käseregion par excellence und kann sich mit fünf AOP-zertifizierten Sorten rühmen. Auch Steinpilze (*cèpes*), Pfifferlinge (*girolles*) oder Kastanien (*châtaignes*) kommen in den Küchen der beiden Regionen verstärkt zum Einsatz. Zum Glück sorgen zahlreiche namhafte Destillerien für die Herstellung von (zumindest vermeintlich) verdauungsfördernden Getränken wie beispielsweise den Enzianaperitif.

Fleisch- und Wurstspezialitäten

In der Auvergne wird Fleisch vom Salers-Rind serviert, manchmal auch vom Aubrac-Rind. Diese beiden Rassen sind für ihr hervorragendes Fleisch bekannt. Eine Delikatesse des Mézenc-Massivs im Südosten der Haute-Loire ist **Fin Gras,** würzig-aromatisches Rindfleisch, das unter streng reglementier-

Madeleines aus dem Limousin sind ein Muss für Naschkatzen

ten Bedingungen, darunter erlesenes Heu als Futter, erzeugt wird (→ S. 191).

Der ganze Stolz der Limosiner ist ihr **bœuf,** ihr Rindfleisch. Natürlich darf da nur das vom Limousin-Rind auf den Teller kommen. Das Fleisch der Tiere mit dem rötlichen Fell gilt als eines der besten Frankreichs. Es war auch das erste, das sich mit dem Label rouge für außergewöhnliche Qualität schmücken durfte. Restaurants weisenauf diese Auszeichnung durch ein Schild mit der Aufschrift „Blason Prestige" hin. Sehr beliebt in beiden Regionen sind die **saucissons,** geräucherte Würste, die es in unendlich vielen Geschmacksrichtungen gibt, etwa Feige *(figue)* oder Blaubeere *(myrtille)*. Auf jedem größeren Markt findet man solch einen Wurststand, in Eymoutiers gibt es sogar einen Fabrikverkauf. Speziell im Limousin wird darüber hinaus häufig **Boudin** angeboten, Blutwurst, oft mit Kastanien verfeinert. Eine besondere Spezialität des Limousin ist außerdem der weiche, saftige, salzige und leicht nussige **Schinken vom Cul noir,** einer Schweinerasse, die v. a. um Saint-Yrieix-la-Perche gezüchtet wird (→ Kasten S. 302). In der Auvergne, v. a. im Cantal, werden häufig **Tripoux** serviert – Kalbsinnereien im Schafsmagen, deren intensiver Geschmack sicher nicht jedermanns Sache ist.

Wie überall in Frankreich kommt natürlich auch in den Regionen des Zentralmassivs häufig **Foie gras** auf den Tisch. Den meisten Franzosen sind ethische Bedenken bezüglich der Produktion der Entenstopfleber völlig fremd. Produktionszentren sind zwar die südwestfranzösischen Departements Landes und Dordogne, aber auch in der Corrèze und im Cantal gibt es einige Hersteller, bei denen man direkt auf dem Hof einkaufen kann. Dort gibt es dann häufig auch **confit,** in Fett gekochtes und eingelegtes Gänse- oder Entenfleisch. Beide Spezialitäten werden in Restaurants gerne mit Früchten und besonderen Gewürzen verfeinert.

Fünf Käse für ein Halleluja!

Die Auvergne mit ihren unzähligen Hochweiden ist traditionell eine Hochburg der Käseherstellung und berühmt für ihre schmackhaften Sorten. Fünf davon dürfen sich mit der geschützten Herkunftsbezeichnung *Appellation d'Origine Protégée* schmücken und sind die Aushängeschilder der Region. Findige Tourismusfachleute haben die Straße „Route des Fromages A.O.P. d'Auvergne" mit 33 Stationen zusammengestellt (die Karte dazu bekommt man in jedem Office de Tourisme). Aber auch ohne diese Route muss man nicht lange suchen, um die fünf AOP-Sorten zu finden. Meist liegen sie in trauter Eintracht nebeneinander in den Käsetheken aus – schließlich sind die Auvergnaten stolz auf die Auszeichnung.

Die längste Geschichte kann sicherlich der Rohmilchkäse **Cantal** aufweisen: Schon Plinius der Ältere hat ihn vor knapp 2000 Jahren erwähnt. Einstmals galt er als wertvolle, lange haltbare Nahrungsreserve. Er ist beliebt wegen seines nussigen und fruchtigen Geschmacks und die am weitesten verbreitete der auvergnatischen Käsesorten. Knapp 19.000 t werden davon pro Jahr produziert, in mächtigen Laiben, 35 bis 45 kg schwer. Für die Herstellung wird er zweimal gepresst – ein einzigartiges Vorgehen in Frankreich. Zum Reifen kommt er in große, sechs bis zwölf Grad kalte Keller, in denen mindestens 95 % Luftfeuchtigkeit herrscht. Den Cantal gibt es in drei Varianten: in *jeune* (30 bis 60 Tage gereift), der beliebtesten Sorte *entre deux* (90 bis 210 Tage) und der würzigen, strengen Variation *vieux* (mehr als 240 Tage). Hergestellt wird er im gesamten Cantal sowie in kleinen Teilen von Corrèze, Puy-de-Dôme und Aveyron.

Sehr eng verwandt mit dem Cantal in Bezug auf Herstellung, Form und Größe der Laibe ist der **Salers.** Der Cantal wird im Winter hergestellt, die Futtergrundlage der Milchkühe ist Heu, der Salers dagegen darf nur zwischen dem 15. April und dem 15. November hergestellt werden. Und zwar ausschließlich auf Bauernhöfen und nicht in Molkereien, weshalb es auch nur rund 80 Produzenten gibt, die etwa 1200 t pro Jahr in Umlauf bringen. Ob die Kühe glücklich sind, wird nicht überprüft, wohl aber, ob sie auf Bergwiesen weiden. Für die Spezial-Variante „Tradition Salers" darf ausschließlich Milch der Rasse Salers verwendet werden. Der Salers ist würziger, herber und aromatischer als der Cantal. Produziert wird er im vulkanischen Teil des Cantal, in einem daran angrenzenden Gebiet im Puy-de-Dôme sowie in winzigen Fleckchen in Corrèze und Aveyron.

Aus einem der kleinsten Herstellungsgebiete aller AOP-Käsesorten in Frankreich kommt der cremig-weiche **Saint-Nectaire,** benannt nach einem kleinen Ort am Ostrand des Sancy-Massivs. Marschall Henri de Senneccterre (auch Saint-Nectaire), der dem ehemals in Saint-Nectaire herrschenden gleichnamigen Adelsgeschlecht entstammte, führte die Käsesorte mit Haselnussnote am Hofe von König Ludwig XIV. ein. Der Sonnenkönig soll den Saint-Nectaire sehr geschätzt haben. Produziert wird der Käse in rund 70 Gemeinden, etwa 50 davon liegen im Departement Puy-de-Dôme, 20 im Cantal. Ursprünglich wurden die relativ kleinen, etwa 1,7 kg schweren Laibe „Fromage de Seigle" genannt, weil sie traditionell auf Roggenstroh reiften (mancherorts tun sie das noch heute). Nach dem Cantal ist der Saint-Nectaire die am zweithäufigsten hergestellte Käsesorte der Auvergne. Das Besondere ist, dass fast die Hälfte der mehr als 14.000 pro Jahr produzierten Tonnen als *fermier* gekennzeichnet sind, also direkt auf Bauernhöfen aus Rohmilch hergestellt werden.

Traditionell reift der cremig-weiche Saint-Nectaire auf einem Strohbett

Sanft wie eine Dame soll er sein, der milde Blauschimmelkäse **Fourme d'Ambert,** der traditionell (und mindestens schon seit dem 9. Jh.) in den Monts du Forez um das Städtchen Ambert hergestellt wird. Es ist eine der wenigen Käsesorten Frankreichs, die sich mit dem weiblichen Artikel schmücken dürfen: Einst wurden die Kühe, deren Milch zur Herstellung diente, auf Hochweiden getrieben. Dort lebten Frauen und Kinder der Bauernfamilien den Sommer über in den Jasseries, an den Hang gebauten Häuschen mit Strohdächern. Sie waren größer als die (von Männern betriebenen) Burons im Cantal (→ S. 138) und auch mit einem Stall ausgestattet, in den die Tiere – anders als im Cantal – jeden Abend getrieben wurden, um sie am nächsten Morgen melken zu können. Heute sind die Monts du Forez im Osten der Auvergne und acht Gemeinden im angrenzenden Departement Loire noch immer die Hauptproduktionszentren. Doch auch westlich des Dore-Tals, rund um die Vulkankette und um Saint-Flour im Cantal darf der Fourme d'Ambert hergestellt werden. Seinen Namen hat er von der Form, in die er gepresst wird, bevor man ihn mit Blauschimmelkulturen impft. Er hat einen Durchmesser von 13 cm und eine Höhe von 19 cm. Etwa 19 l Milch werden als Grundlage für den 2,2 kg schweren Laib benötigt. 1400 Produzenten stellen knapp 6000 t Fourme d'Ambert pro Jahr her. Auf die Qualität der Milch wird viel Wert gelegt: Die Kühe müssen mindestens 150 Tage im Jahr auf der Weide verweilen, genauso lange wie für die fünfte und letzte Sorte der auvergantischen Käse.

Auch der **Bleu d'Auvergne** ist (bei diesem Namen wenig überraschend) ein Blauschimmelkäse. Allerdings schmeckt er deutlich intensiver, würziger und strenger als der Fourme d'Ambert. Sein Herstellungsgebiet ist das größte der auvergnatischen AOP-Käsesorten: Er wird fast überall in den Departements Puy-de-Dôme (mit Schwerpunkt im Süden) und Cantal (v. a. im Norden) produziert, aber auch in Teilen von Corrèze, Lot, Aveyron, Lozère und Haute-Loire. Der erste Bleu d'Auvergne entstand erst Mitte des 19. Jh. Heute summieren sich die zwei bis drei Kilo schweren Laibe auf eine Gesamtmenge von etwa 5250 t pro Jahr. Der Käse wird fast ausschließlich in Molkereien hergestellt.

Käse-, Kartoffel- und andere Gemüsegerichte

Vegetarier haben es in der Auvergne etwas leichter als im Limousin. Leichter? Nun ja, nicht ganz, denn auch die fleischlose Alternative ist dort recht gehaltvoll und liegt möglicherweise etwas schwerer im Magen. **Truffade** heißt die kulinarische Spezialität der Auvergne, sie hat quasi den Status eines Nationalgerichts. Dabei handelt es sich um eine Art Kartoffelauflauf mit geschmolzenem, möglichst lange Fäden ziehendem Cantal-Käse. In Richtung des Hochplateaus Aubrac im Südosten des Cantal gibt es vermehrt die **Aligot** genannte Variante: Hier wird der Käse mit Kartoffelbrei vermischt. Populär als Vorspeise ist die **Soupe au Fromage** (Käsesuppe), ein traditionelles Gericht mit Zwiebeln, Kohl, altem Brot, trockenem Weißwein und jeder Menge Cantal- oder Laguiole-Käse. Weitere typische Gerichte der auvergnatischen Küche sind die Kohlroulade **Chou farci** (Kohl spielt traditionell eine große Rolle in der Küche der Region) und **Pounti,** eine Art Kuchen mit Mangold, Pflaumen, Speck und Zwiebeln.

In der Creuse liebt man das **Fondu creusois:** Zu dem flüssigen Käse werden meist Pommes gereicht. In der Auvergne, gerade in den Berg- und Skiregionen, steht Fondu fest auf der Karte. Eine kleine Variante ist **Fondue de Saint-Nectaire,** das zumeist in runden Auflaufförmchen serviert wird. Eine Spezialität, die man in vielen Bäckereien des Limousin, aber auch im Allier bekommt, ist die **Pâté aux Pommes de Terre,** mit Kartoffeln und Crème fraîche gefüllter Blätterteig, der warm gegessen wird. Die Spezialität der Haute-Loire sind die **Lentilles vertes du Puy,** die grünen Linsen von Puy. Die winzige, tellerförmige Hülsenfrucht gedeiht seit mehr als 2000 Jahren prächtig auf den roten Vulkanböden des Velay. Östlich des Allier herrschen perfekte Bedingungen, da der Föhn vom Margeride-Massiv die Gegend wärmt und für mehr Sonnenstunden als in Bordeaux oder Toulouse sorgt. In der zentralen und südlichen Haute-Loire und auch noch ein Stück östlich der Loire bauen etwa 650 Landwirte auf mehr als 3000 ha die grünen Linsen an. Sie waren auch früher schon Grundnahrungsmittel und als „Kaviar der Armen" bekannt, schließlich ist ihr Anbau zweieinhalb Mal ertragreicher als der von Weizen. Die grünen Linsen von Puy haben eine besonders dünne Haut, sind fester und damit weniger mehligkochend als andere Linsen. Außerdem enthalten sie viele Ballaststoffe, Kalium, Eisen, Magnesium, B-Vitamine und Phosphor. Kurz: Sie sind ein sehr gesundes Lebensmittel, das in Zeiten bewusster Ernährung sehr beliebt ist und nicht nur aus Lokalpatriotismus den Weg auf viele Speisekarten der Haute-Loire findet. Die Linsen dürfen wegen ihres AOC-Schutzsiegels nur ohne Dünger angebaut werden. Deshalb werden sie auch niemals zwei Jahre nacheinander auf derselben Parzelle angesät.

Süßspeisen, Obst und Nüsse

Einige Orte haben sich auch mit Süßspeisen einen Namen gemacht: Im Cantal etwa liebt man die Kekse **Carrés de Salers** und die mit Sahne und Waldbeeren gefüllten Biskuit-Hörnchen **Cornets de Murat,** die es jeweils praktisch nur in den namensgebenden Orten gibt. Und auch im Limousin kann man naschen: In Saint-Léonard-de-Noblat etwa die **Massepains** genannten Marzipan-Makronen oder die **Madeleines** in Saint-Yrieix-la-Perche. Das Departement Creuse ist für den **Creusois,** einen schmackhaften Haselnusskuchen, bekannt. Die süße Spezialität des Limousin schlechthin ist aber der Kirschkuchen **Clafoutis** mit seinem pfannkuchenähnlichen Teig. Den Kuchen gibt es auch in der Variante **Flaugnarde,** dann meist mit Äpfeln belegt. Äpfel *(pommes)* sind ohnehin ein Markenzeichen des Limousin. Dort werden Früchte der Gattung „Golden Delicious" angebaut, die sogar das Schutzsiegel AOP tragen. Dasselbe gilt für die Walnüsse *(noix)*, die um Beaulieu-sur-Dordogne im Süden der Corrèze gedeihen. Weil das Anbaugebiet aber größtenteils im Departement Dordogne liegt, tragen sie das Label „Noix du Périgord".

Getränke

In Sachen Getränke sind die Auvergne und das Limousin v. a. für ihre Vielzahl an **Likören und Aperitifs** bekannt. Wer einmal den Geschmack des auvergnatischen Berglandes kosten möchte, sollte den etwas bitteren Enzianaperitif probieren. Er wird aus den Wurzeln des Gelben Enzians *(gentiane)* hergestellt, der auf 900–1700 m wächst, 1–2 m hoch wird und (etwa ab seinem zehnten Lebensjahr) von Juni bis August blüht. Die bekanntesten Marken sind Salers aus Turenne im Limousin und Avèze aus Riom-ès-Montagnes. Bis zu 2000 t Wurzeln werden pro Jahr geerntet. Traditionell werden sie mit der zweizackigen „Teufelsgabel" aus dem Boden gehebelt. Meist werden dafür Pflanzen ausgewählt, die bereits 40 Jahre alt sind. Darüber hinaus gibt es jede Menge weitere alkoholische Spezialitäten: den mit Zitronenverbene verfeinerten Likör Verveine du Velay aus Le Puy-en-Velay etwa, aber auch die Produkte der Distillerie du Centre in Limoges, der Distillerie Denoix in Brive-la-Gaillarde (bekannt für ihre Walnussliköre und -aperitifs) und der Distillerie des Terres Rouges in Turenne sind äußerst beliebt.

Sogar **Wein** wächst in den beiden bergigen Regionen, die ausgeprägtere Weinbautradition hat die Auvergne. Vor allem das 600 ha große Anbaugebiet um Saint-Pourçain-sur-Sioule im Allier hat sich einen Namen gemacht (→ Kasten S. 220). Dort werden überwiegend Rotweine aus Gamay noir und Pinot noir hergestellt, aber auch einige Weißweine aus Chardonnay blanc, Sauvignon und der nur dort vorkommenden Rebsorte Tressallier. Seit 2009 dürfen sich die Weine aus Saint-Pourçain-sur-Sioule mit dem AOC-Schutzsiegel schmücken. Auf etwa 400 ha Anbaufläche bringen es die Côtes d'Auvergne. Das Weinbaugebiet verteilt sich auf fünf in Nord-Süd-Richtung angeordnete Parzellen am linken Ufer des Allier im Departement Puy-de-Dôme (die größten sind die von Châteaugay und Boudes). Auch hier werden v. a. Rotweine gekeltert.

Tägliche Öffnungszeiten sind eher selten

Im Limousin hingegen wächst er nur in geringem Ausmaß. Auf nur etwa 30 ha wird in der südlichen Corrèze der Wein Mille et une Pierres angebaut (Rotwein und Rosé). Bekannter ist die Gegend aber für den aus Trauben gewonnenen Aperitif Vin Paillé, den sogenannten Strohwein (→ Kasten S. 431). Recht beliebt sind die **Mikro-Brauereien,** die v. a. im Limousin verbreitet sind. In alten Scheunen auf dem Land gehen meist junge Brauer ihrer Leidenschaft für den Gerstensaft nach und erschaffen überwiegend ungefilterte, naturtrübe Biere. Die wohl größte unter den kleinen Brauereien ist Bières Michard in Limoges, kleiner sind die Brasserie de Bel-Air bei Bellac (mit dem Bier „La Bergère"), Lémovice (gebraut in Razès beim Lac de Saint-Pardoux), Félis aus Felletin oder die Brasserie Corrézienne in der Nähe von Curemonte. Auch in der Auvergne gibt es mittlerweile einige solcher Brauereien, z. B. Gaïa Bière du Sancy in Picherande, südlich des Sancy-Massivs, La Vertueuse – ein Bio-Bier mit Eisenkraut aus der Haute-Loire – oder Basaltik-Bier der Brauerei 360 im Cantal. Einen Überblick über Frankreichs Brauereien erhält man z. B. unter www.biere-tourisme.fr. Hier kann man nach Region auswählen.

Die Auvergne ist natürlich auch für ihre **Mineralwasser** bekannt. An Dutzenden von Quellen werden sie abgefüllt, allen voran an der von Volvic. Aber auch die Produkte von Vichy Célestins oder Saint-Yorre haben durchaus einen guten Namen in Frankreich. Und wer ungern zum großen Softdrink-Marktführer greift, hat in der Auvergne eine Alternative: **Auvergnat Cola,** auffällig schon allein durch die Werbung. Der Slogan „Fai tot petar miladiu!" bedeutet so viel wie: „Bringt dich zum Explodieren!" Einen Versuch ist es wert. Im Angebot sind auch eine Light-Variante, Limonaden, Tonic und Eistee.

Essen gehen

Wenn die Geschäfte geschlossen haben, wird in Frankreich gegessen. Aber auch nur dann: Restaurants und andere Gaststätten haben tagsüber meist nur von 12 bis 14 Uhr geöffnet, wer nach 13.30 Uhr kommt, ist oft schon zu spät. Wer dieses Zeitfenster nicht beachtet, muss in abgelegeneren Gegenden schon mal bis zum Abend aushalten. Erst ab 19 oder 19.30 Uhr haben die meisten Lokale wieder geöffnet.

Die Preise für ein vollständiges Menü bei einem Restaurantsbesuch werden in diesem Buch in Kategorien angegeben, symbolisiert durch 1–4 Eurozeichen.

€	bis 25 €
€€	26 bis 40 €
€€€	41 bis 69 €
€€€€	ab 70 €

Restaurants findet man in der Auvergne und im Limousin selbst im kleinsten Dorf. Von der rustikalen Spelunke bis zum gehobenen Lokal ist alles dabei. Oft verfügen Hotels über ein Restaurant und ab und zu kann man kleine Lokale mit nur wenigen Tischen in privaten Wohnhäusern entdecken – serviert wird dort im Wohnzimmer, im Garten oder auf der Terrasse. Vereinzelt stößt man in den beiden dünn besiedelten Regionen sogar auf Sternerestaurants (12 in der Auvergne und drei im Limousin) und wahre Gourmettempel, die nah an einem Stern dran sind und für ihre Finesse mit einem Bib Gourmand von Michelin oder mit Kochmützen des Restaurantführers Gault & Millau ausgezeichnet wurden. In französischen Restaurants werden überwiegend Menüs bestellt. Einzelne Speisen von der Karte sind im Verhältnis deutlich teurer. Mittags gibt es vielerorts auch ein günstigeres Mittagsmenü oder eine sogenannte „formule". Letztere besteht in der Regel aus zwei Gängen. Meist kann man wählen, ob man den Hauptgang durch Vor- oder Nachspeise ergänzen möchte. Restaurants unterscheiden ihre Küche oft in gastronomique und bistronomique. Erstere ist erlesener, meist teurer und mit höherem Anspruch. Zweitere hat Bistro- oder Brasseriecharakter, ist günstiger, aber oft nicht minder fein. Gerade in den ländlichen Regionen legen die Küchenchefs Wert auf frische und lokale Produkte. Nicht selten arbeiten sie mit lokalen Erzeugern zusammen oder holen ihre Zutaten vom Markt. Einzelne Restaurants bedienen sich sogar aus dem eigenen Anbau.

Aufgetischt wird natürlich nicht nur im Restaurant, sondern auch in der **Brasserie** und im **Bistro** – jedoch nicht ganz so üppig. Brasserie heißt eigentlich Brauerei. Bier wird hier allerdings in der Regel nur noch gezapft, nicht mehr gebraut. Vereinzelt, etwa in Limoges, gibt es noch „echte" Brasserien. Sowohl Brasserien als auch Bistros sind einfacher ausgestattet als Restaurants und bieten weniger Speisen an. Im Bistro gibt es meist ein Tagesgericht, Salate und Snacks. Die Auswahl an warmen Gerichten ist in einer Brasserie größer, hier wird meist auch ein Menü angeboten. Für den ganz kleinen oder süßen Hunger kann man auch einen **Salon de Thé** ansteuern, das Pendant zu unseren Cafés. Er bietet Kaffee und Kuchen sowie einige herzhafte Snacks. Ein recht junges Phänomen sind, vor allem in größeren Ortschaften, trendige Coffeeshops, die den Salons de Thé ähneln, aber ein größeres Kaffeeportfolio mit Latte Art bieten.

Wenn es ans Bezahlen geht, wird „Zusammen oder getrennt?" gar nicht erst gefragt. In Frankreich bezahlt man immer für den ganzen Tisch. Die Rechnung *(addition)* kommt üblicherweise in einem kleinen Mäppchen, in das man den Betrag legt. Erst wenn das Mäppchen mit dem Rückgeld wieder gebracht wird, lässt man das Trinkgeld darin liegen und verlässt das Lokal. Es ist nicht unüblich, mit Karte zu zahlen.

Outdoor-Aktivitäten und Sport

Die Auvergne und das Limousin sind ein wahres Paradies für Naturliebhaber und Outdoor-Sportler. Die Palette an Bewegungs- und Beschäftigungsmöglichkeiten im Freien ist breit, sodass sowohl Familien mit Kindern als auch Abenteurer im Zentralmassiv auf ihre Kosten kommen.

Wandern und Klettern

Das Zentralmassiv mit seinen vielfältigen Landschaften und seinem abwechslungsreichen Relief bietet zahlreiche, unterschiedlichst beschaffene, Wanderwege. Es geht über Vulkanketten, Mittelgebirge und Hochplateaus, durch Täler, an Flüssen entlang und um Seen herum. In Frankreich unterscheidet man grundsätzlich drei Arten von Wanderwegen: Grande Randonnée (GR), Grande Randonnée de Pays (GRP) und Petite Randonnée (PR). Die GR-Routen sind längere, meist mehrtägige Touren mit rot-weißer Markierung. Bei den GRP-Wegen handelt es sich oft um Rundwege von 50 bis 150 km Länge, die mit gelb-roten Markierungen gekennzeichnet sind. Die PR-Markierungen (meist gelb) weisen kürzere Wanderungen von einigen Stunden Länge (maximal ein Tag) aus.

Im Limousin wird v. a. auch auf den meist sehr gut markierten Mountainbike-Routen gewandert. Man muss dabei keine Angst haben, alle paar Minuten von tollkühnen Radlern über den Haufen gefahren zu werden. Trotz ihrer offiziellen Kategorisierung als Mountainbike-Routen sind diese Strecken keine anspruchsvollen Downhill-Passagen, sondern entsprechen eher ganz normalen Wanderwegen, auf denen man so gut wie nie einen Biker zu Gesicht bekommt.

Zu den markierten Wanderwegen im Limousin gehört auch eine der vier historischen Jakobspilgerrouten: Die Via Lemovicensis verläuft durch die

Region, beginnend im Departement Creuse in Crozant. Einen ähnlichen Verlauf nimmt der Fernwanderweg GR 654. Die Auvergne zählt elf Fernwanderwege, darunter den GR 65, der über weite Teile der Via Podiensis folgt (→ Kasten S. 167). Diese Jakobspilgerroute beginnt in Le Puy-en-Velay in der Haute-Loire. Ebenfalls in diesem Departement beginnt der sogenannte Stevensonweg GR 70 (→ Kasten S. 195). Der „Schatzinsel"-Autor Robert Louis Stevenson machte sich hier einst in Begleitung einer Eselin auf den Weg in die Cevennen. Noch immer folgen Pilger den Spuren des Schriftstellers, mit oder ohne Esel. Um die Route herum stehen „Leihesel" zur Verfügung. Eine schöne Strecke ist auch der Fernwanderweg GR 4, der im Limousin von Saint-Laurent-sur-Gorre (bei Rocheouart) u. a. über Solignac, Limoges, Bourganeuf und Aubusson führt und auf dem es in der Auvergne um die Krater der Monts Dôme herum und über den Kamm des Cantal-Massivs geht.

▪ Wanderkarten (Blaue Serie des IGN) vertreiben die lokalen Touristeninformationen oder das Institut Géographique National (www.ign.fr). Empfehlenswert sind auch die Topoguides der Fédération Française de la Randonnée Pédestre mit detaillierten Wegbeschreibungen auf Französisch und einer Auflistung von Wanderhütten (Gîtes d'Étapes). Allgemeine Informationen sowie Wegbeschreibungen finden sich auch auf www.parcs-massif-central.com.

> **Kleiner Wanderführer** → S. 508
> In diesem Reiseführer finden Sie neben zahlreichen Hinweisen auf Wandermöglichkeiten auch zehn ausführlich beschriebene Touren samt Kartenskizzen.

Wo Berge sind, da sind in aller Regel auch Felsen. Und wo Felsen sind, kann man klettern. Zwar stehen die beiden Regionen ein wenig im Schatten der großen Klettergebiete im nahen Südfrankreich, können aber dennoch mit einigen schönen Wänden aufwarten. Sportkletterer kommen v. a. in der Corrèze rund um Tulle auf ihre Kosten: Eines der schönsten Gebiete dort sind die Basaltsäulen in Bort-les-Orgues. Bemerkenswert ist, dass sich in der Corrèze viele verschiedene Gesteinsarten auf engstem Raum finden – hier klettert man an Granit, Gneis, Kalk oder Vulkangestein.

▪ Die Touristeninformationen geben Auskunft über die örtlichen Klettergärten, deutschsprachige Topoführer gibt es derzeit leider keine. Informationen über die Klettergebiete erhält man auch beim Club Alpin Français (www.ffcam.fr).

Radfahren, Mountainbiken, Vélorail und Quad fahren

Gesonderte, asphaltierte Radwege findet man in Frankreich kaum. Da die Straßen in der Auvergne und im Limousin vielerorts aber sehr wenig befahren werden, ist es meist nicht schlimm, dass man sich die Fahrbahn teilen muss. Gerade bei Rennradlern sind die bergigen Straßen beliebt – und im Sommer sind etliche von ihnen zu sehen. Etappen der Tour de France führen regelmäßig durch das Zentralmassiv. Immerhin gibt es einige Voies Vertes: autoverkehrs- und barrierefreie Radwege, die in beiden Regionen fast alle auf ehemaligen Bahnstrecken verlaufen. Peu à peu kommen neue dazu: 13 solcher Strecken finden sich inzwischen in der Auvergne und drei im Limousin. In der Haute-Vienne ist sogar eine Themenstrecke eingerichtet: Ein 25 km langer Rundweg, bei dem Radler Schlösser und Burgen der Richard-Löwenherz-Straße ansteuern und wo man per Audioguide Fahr- mit Hörspaß verbinden kann. Fast überall gibt es gut ausgeschilderte, teilweise recht anspruchsvolle Mountainbike-Routen. Leihen kann man sich Mountainbikes (VTT, Vélo Tout Terrain) auch bei Badeseen und auf Campingplätzen. Oft haben solche VTT-Bases auch normale Fahrräder und E-Bikes.

Wer in den Bergen unterwegs ist, muss beachten, dass es dort zu sponta-

Im Sommer rasen Biker die Skipisten in der Auvergne hinab

nen Wetterumschwüngen kommen kann; die Ausrüstung sollte daher allwettertauglich sein. Seit einigen Jahren müssen Radfahrer außerdem reflektierende gelbe oder orangefarbene Warnwesten tragen, wenn sie nachts oder bei schlechten Lichtverhältnissen außerhalb von Ortschaften unterwegs sind. Ohne wird ein Bußgeld fällig.

Ein besonderer Spaß für die ganze Familie sind die sogenannten Vélorails. Auf diesen zu Fahrrädern umgebauten Draisinen haben bis zu vier Personen Platz. Auf stillgelegten Bahn- und Minenstrecken wie z. B. in Mauriac im Cantal oder in Espirat bei Billom (Puy-de-Dôme) kann man damit die Umgebung erkunden.

Zunehmender Beliebtheit erfreuen sich Quads. Gerade in der Auvergne bieten sich die Gebirgsstraßen für Spritztouren an. Oft haben Betreiber von Campingplätzen oder Gästezimmer Quads im Portfolio oder es sind geführte Fahrten über Touristeninformationen im Programm.

■ Die Websites der Touristeninformationen listen Rad- und Mountainbike-Strecken (auch zum Download) und Verleihstationen. Zudem Infos unter: www.auvergne-destination.com, http://www.ma-voie-verte.fr, www.voieverte-enlimousin.com, www.auvergnerhonealpes cyclisme.com, www.nouvelleaquitaine-cyclisme.fr und https://veloraildefrance.com.

Kanufahren und Rafting

Das Zentralmassiv wird von zahlreichen Flüssen durchzogen. Der Allier, die Loire und die Sioule graben tiefe Schluchten in die vulkanische Landschaft der Auvergne. Im Limousin schlängeln sich u. a. die Dordogne, die Vienne und die Creuse durch die Täler. In den Ortschaften entlang der Flüsse kann man in der Regel allerlei Boote leihen – sowohl für individuelle als auch für geführte Fahrten. In den wildesten Teil der tiefen Allier-Schluchten bei Saint-Privat-d'Allier sollten sich nur Profis wagen. Auf der Creuse und großen Teilen der Dordogne kann man dagegen als Laie fahren und entspannt dahinpaddeln. Zum Üben eignen sich auch die zahlreichen Seen wie etwa der Lac de Vassivière im Limousin, an dessen Ufern ebenfalls zahlreiche Anbieter Kanus verleihen.

Baden, Segeln und Wasserskifahren

Zahlreiche Seen (oft ausgeschildert als „Plan d'eau", wörtlich „Wasserfläche") locken im Zentralmassiv Wassersportler an. Vor allem im Limousin besitzen viele Stauseen Badestrände mit Sportangeboten wie Wasserskifahren oder Segeln, mit Tretbootverleih, Stand-up-Paddeln und anderen Möglichkeiten, übers Wasser zu gleiten. Beliebt ist der Stausee bei Bort-les-Orgues. Der bestbesuchte und größte See ist der Lac de Vassivière auf dem Plateau de Millevaches. Hier befördern sogar Wassertaxis die Badegäste von einem Strand zum anderen. In den meisten Badeseen sind nur recht kleine offizielle, mit Bojen abgegrenzte Schwimmbereiche ausgewiesen. Diese Areale werden im Sommer von Bademeistern überwacht. Außerhalb ist man auf eigene Gefahr unterwegs. Die meisten Franzosen planschen ausschließlich in diesen kleinen Bereichen herum.

In der Auvergne kommen zu den Stauseen noch malerische Kraterseen wie der Lac Pavin hinzu. Nicht alle eignen sich zum Baden, erkunden kann man sie dennoch mit dem Tret- oder Paddelboot. Beliebte Reviere für Wassersportarten sind in der Auvergne auch der Lac d'Aydat bei Orcival und der Stausee Fades-Besserve unweit des Viaduc des Fades.

Wintersport

Die Auvergne ist mit ihren Vulkankegeln nicht nur eine ideale Wander- und Radfahrregion, sondern im Winter in erster Linie Skigebiet für Abfahrt- und Langlaufski. Ein moderner Wintersportort ist Super-Besse im Sancy-Massiv, wo sich auch die Skistationen Le Mont-Dore und Chastreix-Sancy befinden. Auch das Cantal besitzt mit Le Lioran ein modernes Skigebiet mit vielen Pistenkilometern. Zusätzlich gibt es dort wie in den Mittelgebirgslandschaften, etwa im Livradois-Forez, Langlaufloipen und ausgeschilderte Routen für Schneeschuh-Wanderungen sowie geführte Hundeschlitten-Touren. Beliebt sind auch Fahrten mit Schneemobilen.

Fahrten im Kanu und im Vélorail sind im Zentralmassiv äußerst beliebt

Golf

Der erste Golfplatz in der Auvergne wurde in Vichy eröffnet (18 Loch). Durch die feine Gesellschaft, die in den Thermalorten kurte, kam der Sport in der Region groß in Mode. Knapp 20 Golfplätze verteilen sich über die Auvergne – die meisten befinden sich bei den Kurorten. Spektakulär ist die Anlage im nahe bei Vichy gelegenen Fôret de Montpensier (18 Loch) inmitten eines Eichenwaldes. Auch mit Panoramasicht kann man golfen (z. B. in Royat, 9 Loch) oder am Fuß der Vulkane (z. B. in Orcines, 18 Loch). Ebenso schön im Grünen liegen die sieben Golfplätze des Limousin: Drei gibt es in der Haute-Vienne (zwei in Limoges und einen in Mortemart), einen in der Creuse (Gouzon) und vier in der Corrèze (Peyrelevade, Neuvic, Aubazine, Brive).

▪ Mehr Infos zu den Plätzen im Limousin und in der Auvergne findet man unter www.ffgolf.org.

Reiten und Eselswanderungen

In beiden Regionen sind vielerorts Ferien auf dem Reiterhof möglich. Gîtes de Frances (www.gites-de-france.com) listet unter „Gîtes et Cheval“ spezielle Angebote für Reiturlaube *(séjour équestre)* auf. Auch die regionalen und lokalen Fremdenverkehrsbüros haben Adressen von Reiterhöfen *(centre équestre)*. Dort kann man meist nicht nur (aus)reiten, sondern auch mit Pferden, Ponys und Eseln individuelle oder geführte Wanderungen unternehmen. Bei Touren mit Eseln führt man die tierischen Wanderbegleiter – ein zum Teil schwieriges Unterfangen, denn Esel versuchen, so ziemlich jeden Grashalm zu fressen. Und kommen sie erst einmal zum Stehen, erfordert es viel „Überzeugungsarbeit“, die störrischen Gefährten zum Weitergehen zu bewegen. Kleine Kinder (meist bis 30 kg Körpergewicht) dürfen auf den Eseln auch reiten, ansonsten tragen die Tiere das Gepäck.

▪ Listen von Reiterhöfen gibt es auf www.auvergne-destination.com und www.nouvelle-aquitaine-tourisme.com sowie auf den Seiten der Departements und der Touristeninformationen.

Reisepraktisches von A bis Z

Adressen

Bei französischen Adressangaben steht grundsätzlich die Hausnummer vor der Straßenbezeichnung, also etwa: 13, boulevard de Russie. Wenn es noch einen Nebeneingang gibt, bekäme der in diesem Beispiel den Zusatz „bis", hieße also „13 bis"; gibt es sogar noch einen dritten Weg in das Gebäude, so hieße dieser „13 ter". Die kleinen Dörfer, die für die Auvergne und das Limousin so typisch sind, haben oftmals keine offiziellen Straßennamen und Hausnummern. Als Adresse wird hier meist nur „Le Bourg" („das Dorf") angegeben – lange suchen muss man aber meist trotzdem nicht.

Barrierefreiheit

Mit Rollstuhl hat man es in Frankreich nicht immer einfach, aber zunehmend leichter. Ältere Museen beispielsweise sind nicht immer barrierefrei, ebenso manche Busse und andere öffentliche Verkehrsmittel in ländlichen Gegenden. Dennoch rüsten Museen und Touristenattraktionen, Hotels und andere Unterkünfte zunehmend um und richten barrierefreie Zugänge und Zimmer ein. Auf den Websites der Unterkünfte werden die Zimmer als Chambre PMR (personne à mobilité réduite) aufgeführt (und extra beworben). Eine Liste mit barrierefreien Hotels findet man etwa auf www.logishotels.com. Noch mehr Adressen und Informationen, auch zu öffentlichen Verkehrsmitteln, bietet die Organisation Association France Handicap (APF) unter www.vacances-accessibles.apf.asso.fr und in einer kostenpflichtigen Broschüre auf Französisch.

Dokumente

Deutsche und Österreicher müssen in Frankreich den Personalausweis oder Reisepass dabeihaben, Schweizer die Identitätskarte. Auch Kinder brauchen ein eigenes Ausweisdokument, ein Eintrag im Reisepass der Eltern reicht nicht mehr aus. Ein Studenten- oder Behindertenausweis berechtigt vielerorts zu Ermäßigungen.

Ermäßigungen

Fast alle Museen, Freizeitparks und sonstigen touristischen Attraktionen bieten Ermäßigungen für Kinder, Studenten, Arbeitslose oder Menschen mit Behinderung an. Sie werden bei den einzelnen Einrichtungen im Buch nicht extra aufgeführt. In Restaurants gibt es oft ein spezielles, preisgünstigeres Kinder-Menü.

Feiertage

1. Januar	Neujahr
1. Mai	Tag der Arbeit
8. Mai	Tag des Sieges 1945
14. Juli	Nationalfeiertag
15. August	Mariä Himmelfahrt
1. November	Allerheiligen
11. November	Waffenstillstand 1918
25. Dezember	Weihnachten

Banken und Geschäfte haben an diesen Tagen sowie an den beweglichen Feiertagen Ostermontag, Christi Himmelfahrt und Pfingstmontag strikt geschlossen. Touristische Attraktionen können speziell in den Sommermonaten geöffnet haben.

Geld

Man wähnt sich in einer anderen Zeit, wenn die Franzosen ihr Scheckheftchen zücken und das Papier dann an der Supermarktkasse durch eine altertümliche Maschine rattert. Tatsächlich ist der Scheck in Frankreich noch immer außerordentlich beliebt als Zahlungsmittel, was auch daran liegt, dass er gebührenfrei einsetzbar ist.

Ansonsten zahlt man in Frankreich viel und gern mit der Kreditkarte (Geheimnummer parat haben!). Aber natürlich kann man auch mit der EC-Karte bezahlen. Geldautomaten (Distributeur automatique de Billets, kurz DAB) findet man in der Regel auch in kleineren Dörfern.

Gesundheit

Wichtige Medikamente sollte man natürlich immer mit sich führen. Speziell in bergigen, sehr dünn besiedelten Gegenden wie etwa dem Cantal kann der Weg zur nächsten Apotheke und v. a. zum nächsten Facharzt schon mal etwas länger sein. Ansonsten findet man in fast jedem größeren Dorf und auch bei Einkaufszentren eine Apotheke, meist leicht erkennbar an einem blinkenden grünen Kreuz. Drogerien wie in Deutschland, wo es allerlei frei verkäufliche Medizinprodukte gibt, sind in Frankreich unbekannt. Drogerien sind oft in Apotheken integriert.

Für die Behandlung beim Arzt sollte man seine elektronische Gesundheitskarte mit sich führen, deren Rückseite als Europäische Krankenversicherungskarte deklariert ist. Behandlung und Medikamente muss man dennoch zunächst sofort bezahlen. Die Belege reicht man dann bei der heimischen Krankenkasse ein. Dabei ist die Eigenbeteiligung meist beachtlich, weshalb es sich – speziell bei längeren Reisen und behandlungsintensiven Vorerkrankungen – empfiehlt, zusätzlich eine Auslandskrankenversicherung abzuschließen, die solche Kosten komplett übernimmt.

Haustiere

Kampfhunde der Kategorie I dürfen grundsätzlich nicht nach Frankreich einreisen. Auch für Tiere der Kategorie II wie etwa Rottweiler gibt es zahlreiche Auflagen – z. B. Maulkorbzwang, die Begleitung durch eine volljährige Person und ein Eintrag in einem vom Internationalen Hundeverband zugelassenen Stammbuch.

Für alle „normalen" Hunde und Katzen ist die Einreise einfacher. Sie müssen nur älter als drei Monate und durch einen Mikrochip oder eine Tätowierung identifizierbar sein sowie über eine aktuelle Tollwutimpfung verfügen. Diese muss mindestens drei Wochen alt sein, darf aber nicht länger als ein Jahr zurückliegen – außer bei Impfstoffen, die drei Jahre lang gültig sind. Das muss dann im Impfpass vermerkt sein. Wer sein Tier in ein Hotel oder auf einen Campingplatz mitnehmen will, darf den EU-Heimtierausweis, bzw. den Impfpass (für Nicht-EU-Staaten), nicht vergessen.

Information

Zu Hause: Über den französischen Fremdenverkehrsverband **Atout France** kann man sich online ausgiebig über die Reiseregionen informieren und sich Prospekte zuschicken lassen.

In Deutschland: Atout France, Postfach 100128, D-60001 Frankfurt am Main, info.de@atout-france.fr, www.france.fr/de.

In Österreich: Atout France, Prinz-Eugen-Straße 72/2/2.3, A-1040 Wien, info.at@atout-france.fr, www.france.fr/de.

In der Schweiz: Atout France, Rennweg 42, Postfach 3376, CH-8021 Zürich, info.ch@atout-france.fr, www.france.fr/de.

Vor Ort: Über deutlich detailliertere Informationen als der französische Fremdenverkehrsverband verfügen die **Tourismusverbände der Regionen.** Beide bieten auch deutschsprachige Internetseiten an, verschicken touristische Karten und Unterkunftsverzeichnisse.

Die Organisation Auvergne – Rhônes-Alpes Tourisme hat einen Standort in der Auvergne: Site de Clermont-Ferrand, 59, boulevard Léon Jouhaux -

CS 9070, F-63050 Clermont-Ferrand, www.auvergnerhonealpes-tourisme.com, www.auvergne-destination.com.

Ausführliche Informationen bieten auch die Tourismusverbände der Departments auf ihren Websites. Departement Allier: www.allier-auvergne-tourisme.com. Haute-Loire: www.auvergnevacances.com. Puy-de-Dôme / Cantal: www.auvergne-destination.com (departementübergreifend).

Creuse : www.tourisme-creuse.com.

Haute-Vienne: www.tourisme-haute vienne.com.

Corrèze: www.tourismecorreze.com.

Das Comité Régional du Tourisme en Nouvelle-Aquitaine hat eine Vertretung in Limoges: Maison Régionale du Tourisme, 30, cours Gay-Lussac, C.S. 500 95, F-87003 Limoges Cedex 1, www.nouvelle-aquitaine-tourisme.com.

Vor Ort gibt es ein sehr dichtes Netz aus **Touristeninformationen** (Office de Tourisme, Bureau de Tourisme, Bureau d'acceuil oder Bureau d'information), ausgeschildert durch ein rotes „i" auf blauem Grund. Im Reiseteil dieses Buches sind die Adressen und die Öffnungszeiten zur Hauptreisezeit aufgeführt. Die Öffnungszeiten richten sich nach den aktuellen französischen Ferienzeiten und können sich daher jedes Jahr ändern. Sinnvoll ist es, die aktuellen Öffnungszeiten direkt auf den Websites nachzuschauen. Insbesondere in kleineren Orten schränken Touristeninformationen in der Nebensaison die Öffnungszeiten stark ein. Anders als in Deutschland verfügt in Frankreich fast jede Gemeinde über eine solche Einrichtung. Die Qualität variiert natürlich: Manchmal liegen nur ein paar (veraltete) Flyer herum, doch meist trifft man auf engagierte Mitarbeiter, die viele Geheimtipps parat haben. Ein zunehmender Trend ist, die wichtigsten Sehenswürdigkeiten in Ortschaften mit QR-Codes zu versehen. Via Smartphone kann man einen Audioguide gratis herunterladen und hat so seinen ganz persönlichen Fremdenführer.

Internet

In Frankreich ist es mittlerweile Standard, dass in Hotels, Gästezimmern und auf Campingplätzen kostenloses WLAN (Wi-Fi gratuit) angeboten wird. Auch viele Touristeninformationen bieten diesen Service an. Da sich Gästezimmer allerdings häufig in traditionellen Steinhäusern mit dicken Mauern befinden, kann der Empfang dort schlecht sein und man muss sich mit seinem Laptop oder Smartphone in den Gemeinschaftsraum setzen. Wer auf guten Empfang angewiesen ist, sollte sich vorher erkundigen.

Auf Campingplätzen ist WLAN meist nur rund um das Empfangsgebäude kostenfrei. Manche Campingplätze bieten auch die Möglichkeit, auf dem eigenen Stellplatz oder im Mobil-Home gegen Gebühr im Internet zu surfen.

Kartenmaterial

Sowohl Straßen- als auch Wanderkarten bekommt man in Frankreich günstiger als in Deutschland.

Für Autofahrer: Das Zentralmassiv ist weniger von Autobahnen und großen Nationalstraßen durchzogen als von Straßen, die breiten Fahrradwegen ähneln. An diese reihen sich winzige Weiler, die oft nicht einmal ein Ortsschild haben. Wer sich da zurechtfinden will, sollte seinem Navigationsgerät die neuesten und detailliertesten Frankreichkarten gönnen und/oder zu einer realen Straßenkarte greifen. Empfehlenswert sind v. a. die Karten von **Michelin.** Für die Auvergne ist das die Karte Nr. 522. Die Karte Nr. 521 fasst das Limousin und Poitou-Charentes zusammen. Beide Karten haben den Maßstab 1.200.000.

Wer einen Teil der beiden Regionen ausgiebiger erkunden möchte, sollte eher zu den Karten der Reihe **Michelin**

Local greifen, die im Maßstab 1:150.000 ein bis zwei Departements abdecken. Folgende Karten sind für die Auvergne und das Limousin erhältlich: Creuse/ Haute-Vienne (Nr. 325), Pérgord mit der Corrèze (Nr. 329), Auvergne/Aubrac mit dem Cantal (Nr. 330), Auvergne/Zentralmassif mit dem Allier und Puy-de-Dôme (Nr. 326) und Ardèche mit der Haute-Loire (Nr. 331).

Für Wanderer: Vor allem bei den im Wanderteil beschriebenen Gebirgstouren sollte man immer eine detaillierte Wanderkarte im Gepäck haben. Empfehlenswert sind z. B. die blauen Karten des **Institut Géographique National** (IGN, www.ign.fr) im Maßstab 1:25.000, auf denen auch die kleinsten Trampelpfade eingezeichnet sind.

Brive: der schönste Markt des Limousin

Kriminalität

Das Limousin gilt als eines der Gebiete mit der geringsten Kriminalitätsrate in ganz Frankreich, dicht darauf folgt schon die Auvergne. In den Departements Cantal, Haute-Loire, Haute-Vienne und Corrèze passieren mit die wenigsten Straftaten in ganz Frankreich. Die ländliche Struktur und fast schon familiäre Atmosphäre in den Orten sorgt dafür, dass die Bewohner kleiner Dörfer oft nicht einmal ihre Haustüren absperren.

Trotzdem sollte man als Tourist natürlich nicht leichtsinnig werden, also keine Wertgegenstände, Taschen oder Rucksäcke sichtbar im Auto liegen lassen.

Märkte

Der wöchentliche Markt ist in Frankreich eine echte Institution. Auch in kleinen Dörfern werden dann schon früh am Morgen die duftenden Käselaibe, die Pilze und Walnüsse, die dicken Würste und die Erdbeeren ausgelegt. Los geht es meist um 8 Uhr, mancherorts schon eine Stunde früher. Um die Mittagszeit wird dann langsam wieder zusammengepackt. Weil sie überall annähernd gleich sind, sind die Marktzeiten bei den jeweiligen Orten nicht eigens aufgeführt, wohl aber die Markttage. In der Auvergne kann man sich z. B. in Aurillac und Vichy quer durchs Schlaraffenland futtern, die bekanntesten Märkte im Limousin finden in Brive-la-Gaillarde, Felletin und Objat statt. .

Ein klassischer Wochen- oder Bauernmarkt wird in der Regel Marché genannt. Foire bezeichnet dagegen einen größeren Markt, auf dem auch Kleidung und Haushaltswaren feilgeboten werden. Im Sommer gibt es vielerorts auch große, festliche Märkte mit Biergarten- und/oder Folklore-Flair, wo man an langen Tafeln die große Auswahl der Imbiss-Stände genießen kann – oft mit Musikbegleitung, Tänzen und anderen kulturellen Darbietungen. Dazu gehören auch die sogenannten Marchés des Producteurs, die im Sommer am Abend stattfinden. Abends gibt es an manchen Orten auch Marchés nocturnes, Nachtmärkte.

Notruf

In Frankreich wählt man die EU-weite Notrufnummer ✆ **112.** Wer vom Festnetz aus anruft, kann auch direkt die

Nummer der benötigten Stelle wählen: ✆ 15 für den Notarzt, ✆ 17 für die Polizei und ✆ 18 für die Feuerwehr.

Öffnungszeiten

In Frankreich ist die Mittagspause heilig, was man bei Unternehmungen unbedingt beachten sollte. Machen Museen und Geschäfte machen oft erst um 10 Uhr morgens auf und schließen um 12 Uhr schon wieder für mindestens zwei Stunden. Das gilt auch für die Touristeninformationen (außer in der Hauptsaison im Juli/Aug., dann sind sie meist durchgehend geöffnet) und selbst für Supermärkte, zumindest in kleineren Städten. Wer zu diesen Zeiten in der Innenstadt unterwegs ist, wandelt meist durch gespenstisch leere Gassen. Nur die für Frankreich so typischen, riesigen Einkaufskomplexe haben durchgehend geöffnet. Abends ist dann allgemein wieder bis 18 oder 19 Uhr offen. Supermärkte schließen üblicherweise um 20 Uhr, Carrefour, Auchan und Co. in den großen Städten zuweilen auch erst um 21 oder 22 Uhr. Auch am Sonntagvormittag kann man dort einkaufen. Dagegen haben viele Geschäfte und Restaurants am Montag vormittags oder sogar den ganzen Tag geschlossen.

Museen haben in den meisten Fällen am Dienstag geschlossen. Die im Reiseteil für Sonntage angegebenen Öffnungszeiten gelten meist auch für Feiertage. Viele Sehenswürdigkeiten haben außerhalb der Hauptsaison nur sehr eingeschränkt geöffnet oder bleiben gar ganz geschlossen. Wenn im Reiseteil Öffnungszeiten für Juli/Aug. angegeben sind, ist damit in der Regel der Zeitraum der großen Schulferien gemeint, der jedes Jahr um ein paar Tage variieren kann.

Rauchen

Laisser-faire gibt es in Bezug auf Zigarettenqualm schon lange nicht mehr in Frankreich. Seit 2008 gilt Rauchverbot nicht mehr nur in Geschäften und öffentlichen Gebäuden, sondern auch in allen Cafés, Restaurants und Hotels. Wer dagegen verstößt, muss mit hohen Bußgeldern rechnen. Seit 2010 darf Tabak nur noch an Volljährige verkauft werden.

Sprache

Neben Französisch spricht die ältere Generation in der Auvergne und im Limousin teils noch die okzitanischen Dialekte Auvergnat und Limousin. Ein Großteil der jüngeren Generation versteht diese Dialekte noch, spricht sie aber nicht.

Die galloromanische Sprache Okzitanisch gilt in Frankreich als Regional- bzw. Minderheitensprache und wird an einigen Schulen gelehrt. Vor allem im Limousin befindet sich unter einem französischsprachigen Ortsschild oftmals noch ein zweites, das den alten okzitanischen Namen für die jeweilige Stadt angibt, für Limoges etwa „Limòtges“, für Meyssac „Maiçac“ oder für Fresselines „Fraisselina“.

Strom

In Frankreich kommt 220-Volt-Wechselstrom aus der Steckdose. Meistens passen deutsche Stecker, manchmal braucht man aber flache Eurostecker oder Adapter, die man in Supermärkten oder im Fachhandel bekommt. In Ferienhäusern muss man oft die Rechnung für den Stromverbrauch während des Aufenthalts direkt beim Vermieter begleichen.

Telefonieren

Nach einer Verordnung der EU im Juni 2017 entfallen die Roaminggebühren in allen EU-Staaten. Wer also in die Heimat telefonieren möchte, zahlt die in Deutschland geltenden Tarife – je nach Vertrag sogar gar nichts. Das gleiche gilt für die Internetnutzung. Wer seinem Vertrag entsprechend mit seinem Smartphone gratis surfen darf, kann dies auch in Frankreich.

Die französischen Telefonzellen (Cabine téléphonique oder Publiphone) sind weitgehend verschwunden oder zu Bücherregalen oder sonstigem umfunktioniert worden. Zuletzt existierten nur noch rund 20 Stück landesweit, die vorwiegend für Notfall-Anrufe gebraucht werden. Die Telekommunikations-Unternehmen stellen keine Telefonkarten (Télécarte) mehr her.

Aus Frankreich ins Ausland: Nach Deutschland wählt man die Landesvorwahl 0049, nach Österreich 0043 und in die Schweiz 0041. Bei der folgenden Ortsvorwahl entfällt die Null, z. B. wählt man von Frankreich nach München: 0049-89 plus Teilnehmernummer. Statt 00 kann man am Smartphone auch ein + eintippen, also +49.

Aus dem Ausland nach Frankreich: Von Deutschland, Österreich und der Schweiz aus wählt man die französische Landesvorwahl 0033 oder mit dem Smartphone +33.

Die französischen Telefonnummern sind immer zehnstellig. In der Auvergne beginnen sie mit 04, im Limousin mit 05. Mobilnummern beginnen mit 06 oder 07. Bei einem Anruf aus dem Ausland nach Frankreich entfällt die Null, man wählt also 0033-4, bzw. 0033-5 oder 0033-6, bzw. 0033-7.

Thermalbäder und Wellness

Die Auvergne ist Thermenland. Nicht nur das mondäne Vichy lockt die Kurgäste, sondern auch Orte wie Chaudes-Aigues, Néris-les-Bains oder Bourbon-l'Archambault versprühen Bäder-Charme. Das Limousin kann dagegen nur einen Kurort aufweisen: Évaux-les-Bains in der Creuse, nur wenige Kilometer von der Grenze zum Allier in der Auvergne entfernt.

Thermalbäder für die Öffentlichkeit, wie sie etwa in Deutschland weit verbreitet sind, gibt es in Frankreich allerdings kaum. Die Thermen sind meist Kurgästen vorbehalten. Einzelne Anwendungen oder Schnupperangebote lassen sich aber oft auch von Touristen buchen. Außerdem verfügen die Thermen häufig über abgetrennte Wellnessbereiche, die jeder besuchen kann.

Öffentliche Thermalbäder heißen in Frankreich Centre thermolodique. Man findet sie z. B. in Chaudes-Aigues oder in Saint-Nectaire.

Toiletten

In Frankreich gibt es nicht nur an jedem Autobahnparkplatz kostenfreie öffentliche WCs (toilettes publiques), sondern praktisch auch in jedem Dorf mit mehr als 20 Häusern. Lange muss man eigentlich nie danach suchen. Zuweilen sind die Toiletten allerdings in einem bedauernswerten Zustand.

Touristensteuer

Seit 2013 müssen Übernachtungsgäste eine Art Touristensteuer (taxe de séjour) zahlen. Diese kann von 20 Cent bis zu vier Euro pro Tag betragen. Dies gilt u. a. für Hotels, Gästezimmer, Ferienwohnungen und -häuser, Feriendörfer und Campingplätze. Die Steuer entfällt für unter 18-Jährige.

Zeitungen und Zeitschriften

Ihre tägliche Portion Neuigkeiten und Nachrichten holen sich die Bewohner der Auvergne aus der Tageszeitung La Montagne, die auch im Limousin gelesen wird. Dort ist zudem die Zeitung Le Populaire du Centre verbreitet. Im Limousin erscheint darüber hinaus das stark links orientierte Blatt L'Écho (du Centre). Die großen französischen Zeitungen wie Le Monde oder Le Figaro, Zeitschriften und Magazine erhält man in der Regel bei Zeitungshändlern oder in einem Maison de la Presse. In Letzterem sind auch überregionale deutschsprachige Tages- und Wochenzeitungen wie SZ, FAZ, NZZ, SPIEGEL oder ZEIT zu haben – allerdings nur in den großen Städten und frühestens einen Tag nach ihrem Erscheinen.

Vom Puy de Dôme blickt man auf die Vulkankette mit dem Puy Pariou

Wandern

in der Auvergne & im Limousin

GPS-kartierte Touren sind mit dem Symbol GPS gekennzeichnet. Download der GPS-Tracks inkl. Waypoints unter https://mmv.me/49823

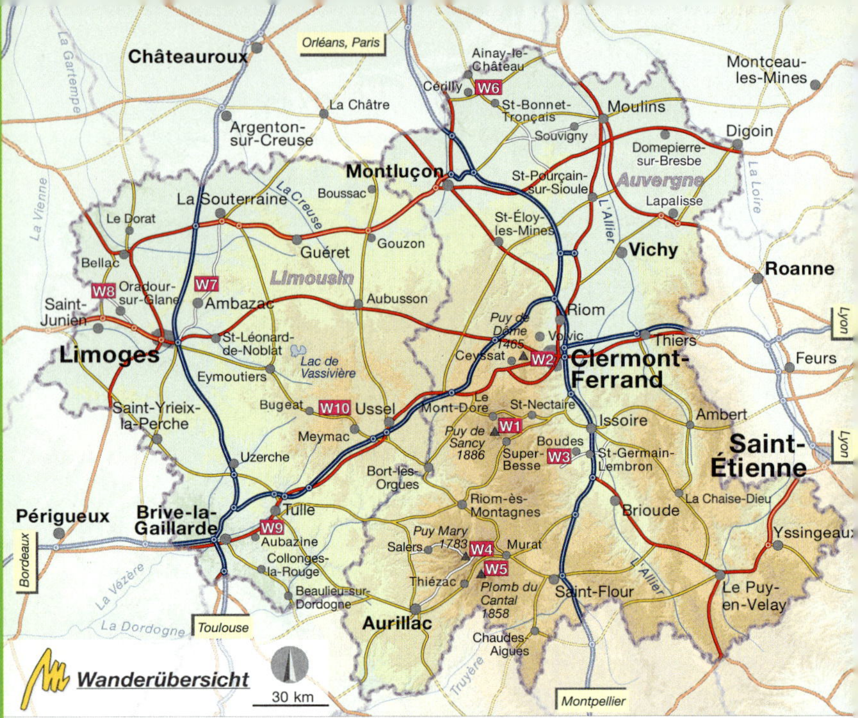

Kleiner Wanderführer

Wie aus Moos modelliert – so sehen die sanft gewellten Berge der Auvergne aus. Und doch bilden sie ein veritables Hochgebirge, das bis auf knapp 1900 m ansteigt. Die spektakuläre, von erloschenen Vulkanen übersäte Region ist ein Wanderparadies mit schier unendlichen Möglichkeiten. Das Limousin ist da etwas zurückhaltender, bietet in seinen Mittelgebirgen aber dennoch jede Menge lohnender Ziele.

Hoch hinaus geht es natürlich auf den Vulkanen der Auvergne. Unsere herausfordernde Königsetappe führt auf den höchsten Gipfel, den Puy de Sancy (Wanderung 1). Aber auch die Giganten des Cantal bieten berauschende Aussichten und bestes Training für die Waden (Wanderungen 4 und 5). Beim bekanntesten Gipfel der Auvergne, dem Puy de Dôme, wird es etwas gemütlicher: Hier kombinieren wir die Wanderung mit einer Zahnradbahnfahrt (Wanderung 2). In der Auvergne gibt es aber natürlich nicht nur hohe Berge: So erkunden wir auch einen bizarren Canyon im Miniaturformat (Wanderung 3) und begeben uns auf eine kinderleichte Wanderung durch den wohl schönsten Eichenwald Europas (Wanderung 6).

Bei Aubazine im Limousin gibt es einen meisterhaften Kanal, den Mönche einst in den Bergen anlegten (Wanderung 9), außerdem führen Wanderungen zu facettenreichen Torfmooren (Wanderungen 7 und 10) oder zu mysteriösen Felsformationen und Hinkelsteinen (Wanderung 8). Für Wanderungen in den Höhen der Auvergne empfehlen sich die Monate Juni bis September. Im Mai kann es durchaus noch schneien und richtig ungemütlich werden. Touren im Hochgebirge sollte man nur bei zuverlässig gutem Wetter beginnen. Außerdem muss man beachten, dass es auch bei schönstem Sonnenschein auf den Gipfeln empfindlich kühl sein kann und zuweilen ein heftiger Wind weht. Die Intensität der Sonnenstrahlung ist dann zwar weniger zu spüren, aber dennoch nicht zu unterschätzen. Deshalb immer an entsprechenden Hautschutz denken. Berghütten sind hier übrigens bei Weitem nicht so verbreitet wie etwa in den Alpen, deshalb sollte man stets genug Proviant und v. a. ausreichend Wasser einpacken. Ein Besuch der Moorlandschaften des Tourbière des Dauges und vor allem des Tourbière du Longeyroux ist im Spätsommer und Frühherbst empfehlenswert, wenn das Heidekraut violett blüht. Außerdem brennt dann die Sonne nicht so erbarmungslos in die Talsenken. Die Tour durch den Eichenwald im Allier sollte man natürlich dann unternehmen, wenn die Bäume Blätter tragen.

Sämtliche hier beschriebenen Touren sind Rundwanderungen, das heißt, man kommt jeweils wieder bequem zum Startpunkt bzw. zum eigenen Fahrzeug zurück. Die angegebene Dauer ist jeweils die reine Gehzeit. Man sollte also erheblich mehr Zeit einplanen für Pausen, Fotografieren, Staunen oder einen kurzen Plausch zwischendurch. Und obwohl die Wanderungen alle sehr sorgfältig beschrieben sind, lohnt es sich – v. a. bei Touren im Hochgebirge der Auvergne – detailreiche Wanderkarten mitzunehmen. Beschilderungen können verschwunden sein, und eine falsche Abzweigung ist schnell genommen. Außerdem kann man die vorgeschlagenen Touren so leichter variieren. Empfehlenswert sind die blauen Karten des Institut Géographique National (IGN, www.ign.fr) im Maßstab 1:25.000, die in den meisten Fremdenverkehrsämtern erhältlich sind. Viele Touren stehen auch auf den Websites der Touristeninformationen zum Herunterladen bereit.

Bei Aubazine legten Mönche im 12. Jh. einen Kanal zur Wasserversorgung an

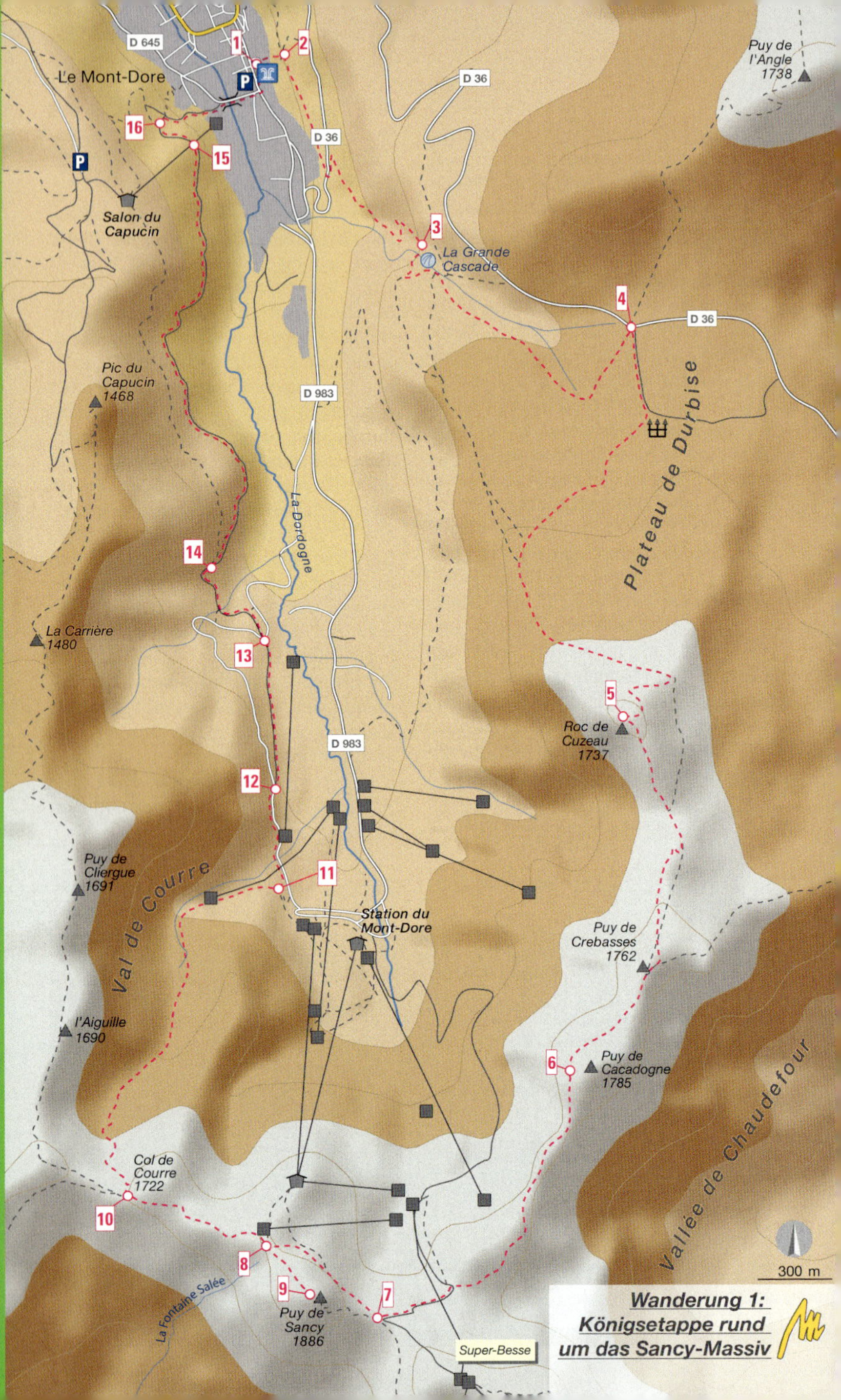

Wanderung 1: Königsetappe rund um das Sancy-Massiv

GPS-Wanderung 1

Königsetappe rund um das Sancy-Massiv

(Auvergne/Puy-de-Dôme)

Charakteristik: sehr herausfordernde, extrem lange Tour hoch zu den Gipfeln des Sancy-Massivs. Nach konditionell anspruchsvollem Aufstieg vorbei am schönsten Wasserfall der Auvergne, geht die lange Wanderung panoramareich entlang der Bergrücken bis zum Höhepunkt, dem Puy de Sancy. Bergsteigerisch leicht zu bewältigen, aber gute Ausdauer ist nötig. Tour nur bei schönem Wetter starten, auf dem Grat kann es extrem windig und gefährlich werden! **Länge/Dauer:** 16,9 km, ca. 7 Std. **Markierung:** gelb. **Ausrüstung:** genug Proviant einpacken, nur bei der Sancy-Seilbahnstation gibt es etwas zu essen. **Start:** Thermen von Le Mont-Dore, Place du Panthéon, 63240 Le Mont-Dore (→ S. 33).

Wegbeschreibung: Wir starten beim **Parkplatz 1** mit dem kleinen Pavillon rechts von den Thermen von Le Mont-Dore. Beim Brunnen gehen wir mit dem gelben Pfeil die Treppe hoch – es werden zunächst viele weitere Stufen folgen. Im Wald treffen wir bald auf einen **Querweg 2**, dem wir nach rechts folgen. Kurz darauf überqueren wir eine Straße und gehen den Weg direkt gegenüber weiter. Schon bald erkennen wir einen Bachlauf mit kleinen Wasserfällen. Doch sie sind nichts gegen den, der uns nun erwartet: **La Grande Cascade du Mont-Dore 3**! 30 m tief fällt ein Vorhang aus feinem Wasserstaub hinab in eine riesige, halbrunde Felsenarena. Spektakulär!

Wenig später steigen wir eine Metalltreppe hinauf und haben im Zurückblicken nochmals eine tolle Sicht auf den Wasserfall. Kurz darauf eröffnet sich auch ein schöner Panoramablick auf Le Mont-Dore. Wir erreichen das zur Linken vom Puy de l'Angle und zur Rechten vom Roc de Cuzeau eingerahmte **Plateau de Durbise.** In der unendlichen Weite dieser tiefgrünen und baumlosen Landschaft mit den sanft gerundeten Bergkuppen scheint man sich auf wundervolle Weise zu verlieren.

Wir gehen bis zur **Passstraße 4** und wenden uns dort nach rechts in Richtung Roc de Cuzeau, auf den wir nun auf einem schmalen Pfad zwischen den abgezäunten Wiesen zuwandern. Nach 400 m überwinden wir einen Zaun mit einer kleinen Holzleiter, können eine Weile einen sanften Anstieg genießen, bevor es dann richtig zur Sache geht.

Irgendwie muss man ja hochkommen auf den Grat, und am **Roc de Cuzeau 5** ist man dann auch schon auf 1737 m und kann den Ausblick auf das Sancy-Massiv genießen, der uns fortan fast durchgehend begleitet. Von nun an wandern wir lange mit kleineren Auf- und Abstiegen weiter auf dem Grat entlang. Etwas mehr als 1 km weiter ist beim **Puy de Crebasses** linker Hand eine traumhafte Sicht in das Vallée de Chaudefour möglich.

Kurz darauf kommt ein etwas unangenehmer **Abstieg auf gerölligem Untergrund 6**, bevor wir uns langsam dem letzten großen Aufstieg nähern. Herausfordernd thront der Puy de Sancy vor uns, mit 1886 m der höchste Gipfel der Auvergne. Wer möchte, kann (bei wenig Wind) den direkten Weg hinauf wählen. Wir entscheiden uns aber für die etwas bequemere Variante (auch bei starkem Wind unbedingt ratsam!): Bei der **Weggabelung** **7** kurz vor dem direkten und steilen Aufstieg nehmen wir den Pfad rechts um den Gipfel herum und steigen auf der anderen Seite die **Treppen** **8** mit den von der Seilbahn kommenden Touristen hinauf zum Dach der Auvergne, dem **Puy de Sancy** **9**.

Nachdem wir die Aussicht ausgiebig genossen haben, gehen wir wieder hinunter. Aber nicht bis zur Seilbahnstation (außer wir brauchen eine kleine Stärkung aus der Cafeteria), sondern nur bis zu der Stelle, wo vorhin unser Pfad auf die **Treppen** **8** stieß. Hier zweigt auch ein Weg nach links ab, dem wir weiter über den Bergkamm folgen. Allerdings nur etwa 600 m weit bis zum **Col de Courre** **10**. Hier wählen wir den Abstieg rechts hinunter ins Tal (alternativ kann man auch weiter den Grat entlanggehen über L'Aiguille, Puy de Cliergue und La Carrière bis zur Einkehrmöglichkeit Salon du Capucin, wo eine historische Drahtseilbahn hinab nach Le Mont-Dore führt – Juli/Aug. tägl. in Betrieb (letzte Abfahrt um 18.40 Uhr), Mai/Juni und Sept./Okt. nur Mi–So (letzte Abfahrt um 17.40 Uhr); sicherheitshalber im Office de Tourisme oder unter www.sancy.com nach den Fahrzeiten erkundigen).

Hier wird es jetzt zunächst etwas beschwerlich, denn der Weg führt recht steil hinab, auf **gerölligem Untergrund** mit vielen losen Steinen. Hat man den Hauptabstieg bewältigt, sollte man das wundervolle Tal mit seinen sanft gewellten, tiefgrünen Bergflanken und den grasenden Salers-Rindern genießen – und einen Blick zurückwerfen. Die zackigen Felsspitzen bilden eine grandiose Silhouette!

Am Ausgang des Val de Courre tauchen rechter Hand die **Talstationen** der Sancy-Bahnen und -Lifte auf. Hier biegen wir gleich an der kleinen **Straße** **11** links ab, gehen an einem Sessellift vorbei und nehmen kurz darauf rechts von der Straße den breiten **Schotterweg** **12**. Dieser führt uns bald zu einem großen **Platz** **13**, wo wir uns links halten. Wenig später folgt im Wald eine **Weggabelung** **14**, an der wir rechts abzweigen. Der Pfad führt uns nun längere Zeit am Hang entlang in Richtung Le Mont-Dore.

Schließlich überqueren wir die Strecke der alten **Drahtseilbahn** **15** vom Salon du Capucin und gehen bald **rechts steil bergab** **16** hinein nach Le Mont-Dore. Hier laufen wir einfach geradeaus weiter, an der T-Kreuzung schließlich links und sind wieder beim Ausgangspunkt **1**.

Im Val de Courre

GPS-Wanderung 2

Puy de Dôme – der Star unter den Vulkanen

(Auvergne/Puy-de-Dôme)

Charakteristik: Pflichttour um den Puy de Dôme mit anschließendem „Aufstieg" per Zahnradbahn. Kleiner Rundweg auf dem Gipfel mit grandioser Sicht auf die Vulkankette. Steiler Abstieg auf dem Maultierpfad. **Länge/Dauer:** 9,4 km zu Fuß, 5,3 km mit der Zahnradbahn, ca. 3 Std. zu Fuß, Fahrt mit der Zahnradbahn ca. 0:15 Std. **Markierung:** beim Rundweg gelbe Markierung, beim Abstieg Chemin des Muletiers. **Start:** Parkplatz beim Col de Ceyssat, 63870 Orcines, an der D 68 (→ S. 49).

Wegbeschreibung: Eine Wanderung auf den bekanntesten Vulkan der Auvergne ist ein Muss, v. a. wenn man die berühmte Vulkankette einmal von oben sehen möchte. 1465 m ist der Berg hoch, zum Gipfel gelangt man ganz bequem mit der Panoramabahn. Doch auch die muss man sich erst einmal verdienen.

Los geht es beim **Col de Ceyssat** **1**. Rechts neben, bzw. vor dem zuletzt geschlossenen Restaurant stehen zwei bordeauxfarbene Säulen. Wir gehen rechts daran vorbei und geradeaus etwas bergan bis zur Abzweigung mit gelber Markierung. Wir biegen rechts ab und gelangen in einen schattigen Wald. Der Weg gabelt sich und führt etwas später wieder zusammen. Nach insgesamt 1,4 km steigt der inzwischen mit Wurzeln durchzogene Weg leicht an. Etwa 800 m weiter kommen wir **aus dem Wald heraus** **2**, zum ersten Mal ist rechts der Puy de Dôme sichtbar, links ragen drei kleinere Vulkankegel in die Höhe.

Der Weg gabelt sich, wir halten uns rechts. Nach ca. 150 m geht der Weg in einen schmalen Pfad zwischen Büschen und Hecken über und führt in

Die Aussicht vom Puy de Dôme gleicht einer Fototapete

ein Wäldchen. Nach weiteren 500 m steigt der Weg erst leicht, dann etwas steiler an, wird aber schnell wieder eben. Ein toller **Blick auf den Puy de Dôme** **3** und aufs Tal bietet sich nach weiteren 300 m. Schon bald gelangen wir an eine Kreuzung mit Brunnen – das Wasser ist trinkbar.

Wir gehen geradeaus weiter und genießen die **Aussicht** **4** auf das Tal mit ausgedehnter Häuserlandschaft. Wir folgen der Kurve rechts hinab; es wird waldiger. Nach etwa 800 m nehmen wir die Linkskurve weiter bergab. Etwa 500 m weiter biegen wir rechts ab in einen ebenen, breiten Weg, den wir – immer geradeaus – weitergehen. Bald eröffnet sich rechts wieder eine tolle **Sicht auf den Puy de Dôme** **5**. Nach insgesamt 6,5 km Strecke passieren wir **Gleise** **6**, hier folgen wir der Straße links bergab.

Wir gehen geradeaus; nach rund 400 m queren wir den Parkplatz und erreichen die **Station der Zahnradbahn** **7**, in der wir ein Ticket für eine einfache (!) Fahrt lösen. Die Fahrt lohnt sich schon allein wegen der herrlichen Aussicht auf die Vulkankette und Clermont-Ferrand.

Oben angekommen verlassen wir die Station über den **Sortie Principale** **8**. Bei der Bergstation gibt es ein Restaurant mit Aussichtsterrasse. Mit der Station im Rücken gehen wir nach rechts und folgen dem Weg, der einmal um den Gipfel herumführt. Im Sommer starten hier Gleitschirmflieger. Hinter dem Sendemast kann man noch die Überreste des römischen **Merculiustempels** besichtigen. An dessen Stelle

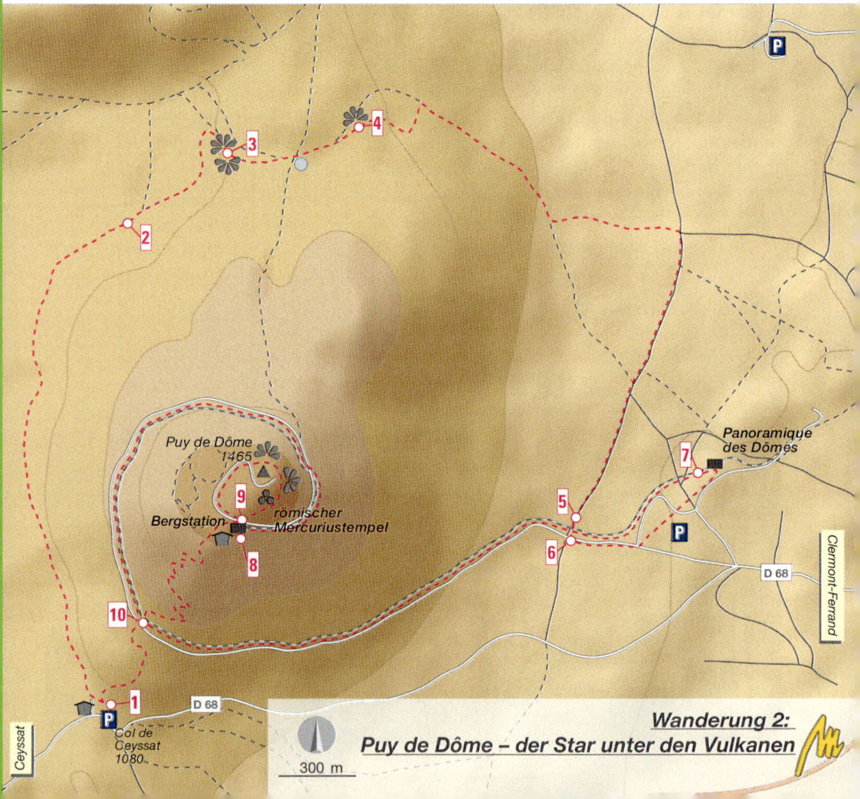

soll einst ein Heiligtum zu Ehren des keltischen Gottes Dumiatis gewesen sein. Vermutlich leitet sich von *podium Dumiatis* auch der Name Puy de Dôme ab. Rechts bietet sich durchgehend ein herrlicher Blick auf die Vulkankette, u. a. auf den Kegel des Puy de Pariou, der auf dem Etikett des Volvic-Mineralwassers abgebildet ist.

Einmal um den Gipfel herum, kommen wir wieder zur Bergstation: Rechts davon nehmen wir nun den **Chemin des Muletiers** **9**, der an der folgenden Gabelung links abgeht. Der Abstieg ist recht steil und dauert ca. 30 Min. Zunächst führen Treppenstufen hinab auf einen sandigen Schotterweg. In der Ferne ragt der Puy de Sancy in die Höhe, der höchste Berg der Auvergne. Der Pfad schlängelt sich um eine Basaltfelswand. Unterwegs ist der Wegrand von Blumen, Disteln und von Felsen gesäumt. Es kann durchaus passieren, dass einem hier im Sommer Jogger entgegenlaufen – durchaus sportlich bei dem steilen Anstieg! Nach einiger Zeit überqueren wir **Gleise** **10**, gehen geradeaus weiter und folgen dem Weg, der uns automatisch zu unserem Ausgangspunkt **1** führt.

GPS-Wanderung 3

Zu den Cheminées de Fées bei Boudes (Auvergne/Puy-de-Dôme)

Charakteristik: bestens erschlossene Tour zu bizarren Felsformationen aus rotem Sandstein, einem Canyon im Mini-Format. Mittelschwere, aber kurze Wanderung mit einigen Steigungen. **Länge/Dauer:** 5,4 km, ca. 1:20 Std. **Markierung:** Hinweisschilder „Sentier des Cheminées de Fées". **Start:** Parkplatz bei der „Halle d'Accueil" am Ortseingang von Boudes (aus Richtung Issoire), 14 km südlich von Issoire (→ S. 91).

Wegbeschreibung: Unsere Tour startet in dem hübschen Winzerörtchen Boudes, in dem noch viele Häuser aus den örtlichen Baumaterialien – dunkelgrauem Basalt, ocker- oder orangefarbenem Sandstein und hellgrauem Kalkstein – gemauert sind. Von der Vergangenheit kündet ein Wehrturm – und immerhin 50 ha Weinberge am Südhang sind noch übrig von den 500 ha, die die Region in der zweiten Hälfte des 19. Jh. zu einer bedeutenden Weinbaugegend gemacht hatten.

Am Ortsausgang Richtung Issoire befindet sich ein **Besucherzentrum** **1** zum Vallée des Saints (Tal der Heiligen) mit Infotafeln, Toiletten und einem Parkplatz. Ab hier weisen uns große ockerfarbene Wegweiser mit der Aufschrift „Sentier des Cheminées de Fées" die Richtung. Wir gehen an der Straße links und nach 50 m halblinks in die Rue du Coufin. Am **Hauptplatz** geht es wieder links, bevor wir schließlich eine kleine Brücke überqueren, uns nach rechts wenden und den Ort auf einem steilen Anstieg verlassen. Jetzt heißt es, Höhe zu gewinnen, damit wir knapp 1 km nach dem Start bei einem weißen **Metallkreuz** **2** auf der Anhöhe eine schöne Aussicht auf Boudes und die dahinterliegenden Weinberge genießen können.

Hier biegen wir rechts ab und gelangen in einen Wald mit sandigem, rötlichem Boden. Nach 800 m weist ein **Schild** **3** nach rechts zum „Vallon des Fosses", dem wir unbedingt folgen sollten. Nach einem 300 m langen Abstieg eröffnet sich von einer hölzernen **Plattform** **4** der Ausblick auf eine bizarre rote Kegellandschaft, die sich zwischen den Bäumen erhebt. Die Einheimischen sehen in den Kegeln in ein Priestergewand gehüllte Heilige. Besonders schön glüht der Sandstein im Abendlicht. Aber: Nicht zu spät losgehen, sonst ist die Sonne hinter dem Bergrücken verschwunden!

Es geht wieder zurück auf den Hauptweg 3, dem wir nach rechts folgen. Gleich darauf tauchen links die roten **Cheminées de Fées** (Feenschornsteine) im Grünen auf. Wenige Meter weiter führt ein kleiner Weg links ab zum Aussichtspunkt beim **Cirque des Mottes** 5, wo die Erosion wundervolle Formen im Sandstein hinterlassen hat. Die „Schornsteine" hatten ursprünglich einen Hut aus widerstandsfähigem Basalt, der den weicheren Sandstein schützte und diese Formationen möglich machte. Man wähnt sich kurzzeitig an einem Ausläufer des Colorado River, tatsächlich aber befindet man sich in den Tälern der Bächlein Ruisseau des Fosses und Ruisseau de Bard.

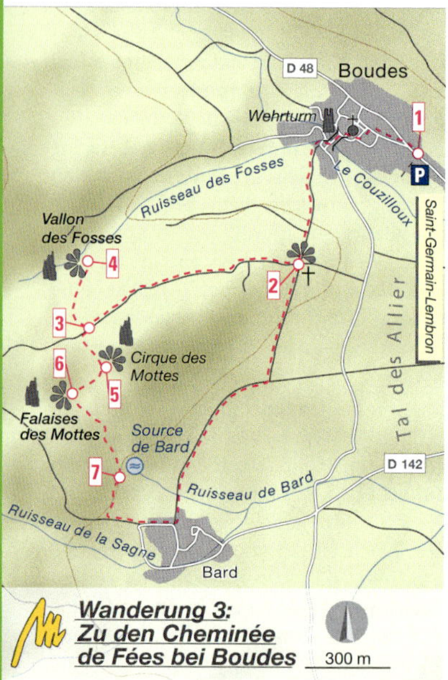

Wir gehen zurück auf dem Hauptweg links weiter und haben gleich rechts eine erste Sicht auf eine hohe, rote Felswand. Wir folgen dem schön angelegten Weg mit von Holz umrahmten Stufen, bevor sich dann die Felswand **Falaises des Mottes** 6 in ihrer vollen Pracht entfaltet. Sahen die Kamine noch wie Riesenfinger aus, gleichen die Spuren in den Klippen hier eher gewaltigen Füßen, die den Hang hinunterschreiten. Die verschiedenen Rot-, Orange- und Ocker-Schattierungen zeichnen sich wunderbar ab.

Anschließend geht es erst einmal stetig bergab, bevor wir nach 400 m einen rötlichen, blubbernden Wassertopf entdecken: **Source de Bard** 7. Die Brunnenschale existierte schon zur Zeit der Römer. Lange Zeit war sie von einem Erdrutsch verdeckt. Als die Quelle 1882 wiederentdeckt wurde, fand man auch römische Münzen.

Bald schon haben wir einen schönen Ausblick auf das weite Tal des Allier und passieren das Dörfchen **Bard,** das stark durch den lokalen Stein (und die Anwesenheit von Tauben!) geprägt ist. Wir gehen auf einem Feldweg an Wiesen vorbei, bis wir schließlich wieder bei dem weißen **Metallkreuz** 2 ankommen, das wir bereits vom Hinweg kennen. Von hier aus nehmen wir denselben Weg nach Boudes hinunter und erreichen so wieder unseren Ausgangspunkt 1.

GPS-Wanderung 4

Runde unterhalb des Puy Mary und durch das Tal der Santoire (Auvergne/Cantal)

Charakteristik: herausfordernde, lange Tour, die zunächst die Sommerweiden am Puy Mary passiert und dann vom Grat der Brèche de Roland Ausblicke auf eine wundervoll geschwungene, moosgrüne Berglandschaft ermöglicht. Die Anstiege verteilen sich ausgeglichen und sind insgesamt recht gut zu bewältigen. Vorsicht: Bei der Brèche de Roland warten zwei nicht ganz einfache Kletterpartien über Felsen. Tour nur bei schönem Wetter starten, auf dem Grat kann es sehr windig werden! **Länge/Dauer:** 16,8 km, ca. 4:40 Std. **Markierung:** grün. **Ausrüstung:** genug Proviant einpacken. **Start:** Wanderparkplatz vor La Gravière, 15300 Lavigerie (→ S. 115).

Wegbeschreibung: Los geht es bei der **Übersichtstafel** **1** zu den Wanderwegen rund um Lavigerie. Wir folgen der Straße kurz Richtung Lavigerie, biegen gleich mit der ersten Straße links ab und steigen durch die Allee bergauf (mit der grünen Markierung in Richtung „Col de Serre"). Bei einer Gruppe von Häuschen geht es rechts in einen Forstweg und fortan spazieren wir gemütlich vor uns hin und treffen dabei auf prächtige, mit Felsbrocken und Enzian bestückte Blumenwiesen.

Etwa 2 km nach dem Startpunkt biegen wir **rechts ab** **2** und überqueren auf zwei **Holzbrücken** zwei kleine Bachläufe. Es folgt ein kurzer, heftiger Anstieg, bevor wir halbrechts über einen V-förmigen Holzdurchstieg im **Zaun** klettern müssen. Bald wandern wir durch das weite Tal, den Puy Mary und jede Menge Salers- und Aubrac-Rinder vor Augen.

Nach einer Weile geht es **rechts hoch** **3** in Richtung Autostraße. Wir passieren eine verfallene Sennhütte und

Prächtige Aussicht vom Rücken der Brèche de Roland aus

erreichen nach anstrengendem Aufstieg die **Straße 4**. Dieser folgen wir für etwa 400 m nach links, bevor wir mit der Straßenabzweigung rechts abbiegen. Wenig später haben wir den **Col de Serre 5** mit seinem Parkplatz erreicht. Hier laufen wir links in Richtung Brèche de Roland, wir sehen diese Scharte *(brèche)* im Bergrücken bereits links vom Puy Mary.

Nun geht es immer auf einem kleinen Bergrücken entlang durch eine dürre Landschaft mit niedrigen Büschen. Erst eine Weile bergauf, dann wieder bergab – solang man den Puy Mary vor Augen hat, kann man hier nichts falsch machen. Dann dem Wegweiser in Richtung Straße zur Brèche de Roland folgen. Auf der Straße wenden wir uns dann nach rechts und passieren nach kurzer Zeit das **Buron d'Eylac 6**, wo es im Sommer kalte Brotzeiten und warme Snacks wie Omeletts zu kaufen gibt. Die kleine Einkehrmöglichkeit ist sehr beliebt und die einzige Verpflegungsstation auf unserer Tour.

In einer Rechtskehre führt ein Pfad links ab, der einen kurzen Abstecher lohnt, denn mit etwas Glück und einem Fernglas lassen sich hier Murmeltiere beobachten. Unser eigentlicher **Weg 7** zweigt erst etwa 100 m nach der Kehre links ab. Nun geht es auf felsigem Weg steil bergauf. Kurz bevor wir wieder die Straße erreichen, steigen wir noch einmal **links hoch 8**.

75 Höhenmeter später erreichen wir den **Kamm 9**. Nun könnte man natür-

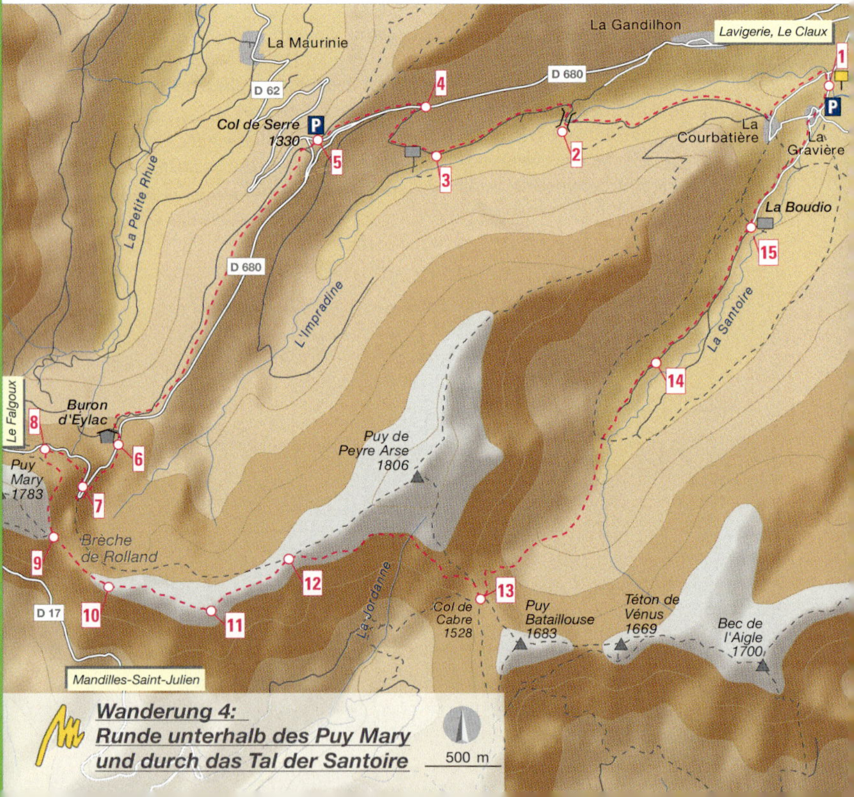

lich rechter Hand kurz den Puy Mary erklimmen, doch die 170 Höhenmeter sollten angesichts der noch bevorstehenden Anstrengungen wohl nur die ganz Ehrgeizigen anpacken. Alle anderen gehen nach links und genießen die grandiose Aussicht rechter Hand, wo uns ab jetzt eine wie von einem genialen Modellbauer geschaffene Landschaft begleitet, deren wundervoll geschwungene moosgrüne Berge so sanft wirken und doch schon Hochgebirge sind.

Nach 500 m wartet die größte Herausforderung der Wanderung: die Scharte **Brèche de Roland** **10**. Hier sollte man unbedingt beide Hände frei haben, um sich erst die Felsen hinunter- und auf der anderen Seite wieder hinauftasten zu können. Schon bald erreichen wir den **höchsten Punkt** **11** unserer Tour.

Wir laufen auf den Puy de Peyre Arse zu, der von der Seite ein wenig wie der Rücken eines Stegosaurus aussieht. Doch wir steigen nicht hinauf auf den 1800er, sondern biegen bei der **Weggabelung** **12** rechts ab und gehen so an der Flanke gemütlich um den Berg herum. Den sanften Weg kann man 1,7 km lang genießen, bevor man an einem Pass ankommt, dem 1528 m hohen **Col de Cabre** **13**.

Hier geht es links hinunter ins weite Quelltal der Santoire, das sich breit vor uns ausdehnt. Man kann es jedoch nur kurz genießen, denn bald heißt es, sich beim langen Abstieg auf den gerölligen Weg zu konzentrieren. Nachdem der steile Teil bewältigt ist, gelangen wir zu einem von Bäumen gesäumten **Hohlweg** **14**, der uns zu der Wanderhütte **La Boudio** **15** führt. Diese bietet mittags Verpflegung auch für Nicht-Übernachtungsgäste. Die restlichen Meter führen noch durch das kleine, gepflegte Örtchen La Gravière, bevor wir wieder den Startpunkt **1** erreichen.

GPS-Wanderung 5

Auf das Dach des Cantal (Auvergne/Cantal)

Charakteristik: schöne Tour auf den Plomb du Cantal, mit 1858 m der höchste Berg des Departements Cantal. Anfangs sehr steiler Aufstieg über die Skipiste, dann gut zu bewältigen. Vorsicht: Beim Puy du Rocher muss man eine 4 m hohe Leiter im Felsen erklimmen! **Länge/Dauer:** 10,6 km, ca. 3:15 Std. **Markierung:** beim Aufstieg rot-weiße Markierung, beim Abstieg zunächst blaue Skipiste „Les Alpins", dann die grüne „Familial"-Piste. **Start:** Office de Tourisme bei der Seilbahn-Talstation zum Plomb du Cantal, Super-Lioran, 15300 Laveissière (→ S. 119).

Wegbeschreibung: Als größter Wintersportort des Cantal ist Super-Lioran mit seinen Hochhäusern an Hässlichkeit kaum zu überbieten. Doch die Talstation der Seilbahn zum Plomb du Cantal ist ja nur unser Ausgangspunkt (immerhin schon auf 1258 m), und schnell ist man dem Trubel – auch im Sommer ist mit Rodelbahn, Hüpfburg, Markt und großem Kinder- und Freizeitprogramm genug geboten – entkommen.

Wir starten beim **Office de Tourisme** **1**, gehen links an der Sesselliftstation vorbei, lassen die Sommerrodelbahn rechts liegen und folgen der rot-weißen Markierung die sehr steile und trostlose Skipiste hinauf. Nach 800 m geht es links ab in den Wald auf einen

Wanderweg 2, die Steigung wird nun deutlich angenehmer. Schon bald erhebt sich links von uns die Felsnase des Puy Griou. Fast 1 km folgen wir diesem Weg, dann muss man kurz **aufpassen** 3: Links zweigt ein Weg nach Super-Lioran ab, doch wir gehen mit der rot-weißen Markierung rechts hoch. Schon 80 m weiter bietet sich links ein schöner Aussichtspunkt auf ein tiefes, von dunklem Nadelwald bedecktes Gebirgstal, das einen schönen Kontrast bildet zu dem hellen Grün weiter oben beim von Felsen gekrönten Puy du Rocher, dem wir uns nähern.

600 m weiter verlassen wir den Wald und haben nun freie Sicht auf den Puy du Rocher und die Gipfelstation am Plomb du Cantal. Nun geht es durch herrliche gelb, violett und pink blühende Blumenwiesen hindurch, in denen es von Schmetterlingen und Grillen nur so wimmelt.

Es geht bergauf und dann länger am Hang entlang, bis wir am **Grat** 4 angelangt sind – und nun auch auf die andere Seite ins Land blicken können. Nach 500 m wird es etwas abenteuerlich: Um die Felskrone des Puy du Rocher zu erklimmen, müssen wir einige **leiterartige Metallstufen** 5 bewältigen. Dabei geht es etwa 4 m in die Höhe. Gefährlich ist das aber nicht. Entschädigt wird man ohnehin durch den Gelben Enzian, der hier überall gedeiht.

Kurz darauf erreichen wir den Gipfel des **Puy du Rocher** 6. Nun geht es wieder etwas abwärts. 500 m weiter gelangen wir zu einem **Pass** 7 unterhalb des Plomb du Cantal, über den auch die Skipisten führen. Wir laufen geradeaus weiter, an der Sesselliftstation vorbei, und erreichen nach einem kurzen Aufstieg die **Gipfelstation** 8 der Seilbahn mit einer kleinen Cafeteria.

Schon zu erahnen: der Gipfel des Plomb du Cantal

Ab hier muss man sich den Weg natürlich mit vielen Touristen teilen, die die bequemere Aufstiegsvariante gewählt haben. Die restlichen 60 Höhenmeter führen über eine Treppe bequem zum Gipfel des **Plomb du Cantal** 9 – mit seinen 1858 m der höchste Berg des Departements Cantal – hinauf.

Anschließend folgen wir zunächst derselben Route hinab zum **Pass** 7. Hier biegen wir links ab und bewegen uns auf der blauen Skipiste „Les Alpins“ bergab. Vom breiten Kiesweg aus bietet sich eine freie Sicht auf Puy Griou und Puy Mary – nur die zuweilen vorbeirauschenden Mountainbiker sollte man dabei nicht ganz vergessen! Nach etwas mehr als 2 km geht die Route bei einer **Sesselliftstation** 10 rechts ab und wir gelangen wenig später auf die breite, grüne „Familial“-Piste, die uns hinunter bis zum Ausgangspunkt 1 leitet.

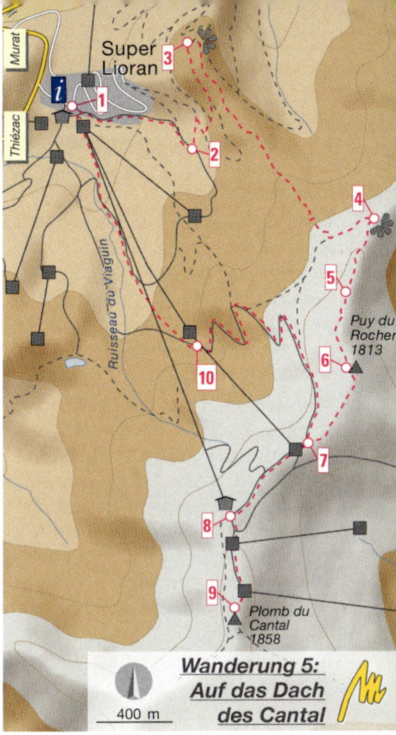

GPS-Wanderung 6

Auf Entdeckungstour im schönsten Eichenwald Europas

(Auvergne/Allier)

Charakteristik: einfache, auch mit dem Kinderwagen zu bewältigende Tour zu den uralten Eichen-Riesen im Forêt de Tronçais. Aufpassen: Der riesige Wald ist natürlich voller Wild und daher ein beliebtes Jagdgebiet. In der Jagdsaison (Mitte Sept. bis Ende März) gibt es auch Parforcejagden mit Hunden und Pferden, die die Ruhe jäh hinwegfegen. **Länge/Dauer:** 8,2 km, ca. 1:45 Std. **Markierung:** gelb. **Start:** Rond du Vieux Morat in 03360 Saint-Bonnet-Tronçais (→ S. 202). Von Süden kommend in der ersten Linkskurve im Ort rechts abbiegen (schlecht ausgeschildert!), dann gleich wieder rechts und 300 m zum Rond du Vieux Morat, wo mehrere Forststraßen sternförmig zusammenlaufen und man sein Auto abstellen kann.

Wegbeschreibung: Der mehr als 10.000 ha große Eichenwald Forêt de Tronçais am Nordwestrand des Allier gilt vielen als der schönste Eichenwald Europas. Mehr als 80 % seiner Fläche sind mit Eichen bedeckt, der Rest besteht v. a. aus Buchen. Einst gehörte er den Herzögen von Bourbon, seit 1528 ist er ein Staatsforst. Jean-Baptiste Colbert, Finanzminister des Sonnenkönigs Ludwig XIV., verhalf ihm 1670 zu seiner heutigen Gestalt. Er schuf den Forêt de Tronçais als Holzlieferant für die königliche Marine – mit nachhaltiger

Bewirtschaftung. Davon profitieren die Spaziergänger noch heute, denn einige Eichen-Riesen aus Colberts Zeit sind noch erhalten.

Beim Rond du Vieux Morat, einer großen Wegkreuzung, steht an einer Ecke ein langgezogenes Gebäude, neben dem ein **Schild 1** zur Forststraße weist und über die Standorte von sieben außergewöhnlichen Eichen (les sept chênes) informiert.

Wir folgen der Forststraße. Bald schon taucht rechts der See Étang de Morat auf, an dessen Ufer wir fortan entlanggehen. Sofort, nachdem links ein kleiner Wasserarm auftaucht, geht es links in den Wald. 30 m vom Weg entfernt erhebt sich 34 m hoch die Eiche **Saint-Louis.** Der Baum wurde bereits im 16. Jh. gepflanzt und hat einen Umfang von 6 m.

Wir gehen zurück auf die Forststraße und links weiter. Knapp 1 km später folgen wir der nach links führenden Forststraße zum Rond Neuf. Es geht nun leicht bergauf, bevor nach 500 m ein kleiner Pfad nach links in den Wald abzweigt. 100 m von der Straße entfernt finden wir die schlanke, 41 m hohe **Chêne de la Résistance 2** von 1640.

Wir gehen zurück und weiter auf der Forststraße bis zum Rond Neuf. Wer den kleinen Pfad vorher nicht gefunden hat: Auch hier führt ein Weg halblinks nach hinten zu besagter Eiche Chêne de la Résistance.

Am Rond Neuf biegen wir nun links in eine Forststraße ab. Keine 500 m weiter können wir rechter Hand, 20 m im Wald, die wunderschön verästelte Eiche namens **Stebbing 3** bewundern, die aus der ersten Hälfte des 17. Jh. stammt. Weiter auf der Forststraße, überqueren wir nach knapp 700 m eine kreuzende Fahrbahn, wenden uns bei der darauf folgenden T-Kreuzung kurz nach links und scheren gleich wieder rechts in einen **Forstweg 4** ein.

Die Bäume sind hier größtenteils 125 bis 200 Jahre alt – und sollen noch älter werden: Das forstwirtschaftliche Ziel ist es, den Großteil der Eichen über 250 Jahre alt werden zu lassen. Nicht umsonst ist der Forêt de Tronçais bei den Branntwein-Produzenten von Cognac und den Winzern von Bordeaux so beliebt als Rohstofflieferant für ihre Holzfässer. Im Spätsommer und Herbst gedeihen massenhaft Steinpilze, Pfifferlinge, Täublinge oder Totentrompeten, aber auch die für Eichenwälder typischen, giftigen Knollenblätterpilze.

13 ha aus der Zeit Colberts sind heute noch übrig. Dass solche Langlebigkeit nicht selbstverständlich ist, sehen wir bei der Eiche Jacques Chevalier. Wir erreichen sie, indem wir zunächst den Forstweg 600 m weit bis zum Rond de la Pelloterie gehen, wo sieben Wege sternförmig zusammentreffen. Wir nehmen den dritten Weg zur rechten Seite (also die große Forststraße), biegen aber schon 100 m weiter links in den Wald ab. 400 m später erreichen wir erneut eine **Forststraße 5**. Ihr folgen wir für 150 m nach rechts, bevor wir links im Wald zur Eiche **Jacques Chevalier 6** kommen – oder dem, was davon noch übrig ist. Ein Sturm hat den

einstigen 35-m-Giganten im Frühjahr 2009 gekappt und nur noch seinen Stamm als Mahnmal stehen lassen.

Wir gehen auf der Forststraße wieder die 150 m zurück zu der Stelle 5, wo wir sie betreten haben, und biegen rechts in den Forstweg ab (wer den Abstecher zur toten Eiche weggelassen hat: einfach die Forststraße überqueren und direkt auf dem Forstweg gegenüber weitergehen). 500 m weiter geht es links in einen Waldweg. Nach 400 m sieht man schon das Ende des Waldes und biegt wieder links ab. Gleich darauf ragt die stämmige Eiche **Sentinelle** **7** am Wegrand mit einem gewaltigen Umfang von 6,50 m empor. Sie ist bereits im Jahr 1580 aus einer kleinen Eichel gekeimt und ist nun der dickste Baum im Forêt de Tronçais.

Ob er auch der spektakulärste ist, ist natürlich Ansichtssache. Kaum weniger beeindruckend ist jedenfalls die Zwillingseiche, die 200 m weiter nach einem kleinen Rechtsschlenker auftaucht: Die Eiche **Les Jumeaux** **8** bietet ein tolles Bild. Gleich danach geht es wieder links und bei der Forststraße schließlich nach rechts. 400 m weiter treffen wir auf eine weitere Straße, der wir nach links bis zum Ausgangspunkt **1** folgen.

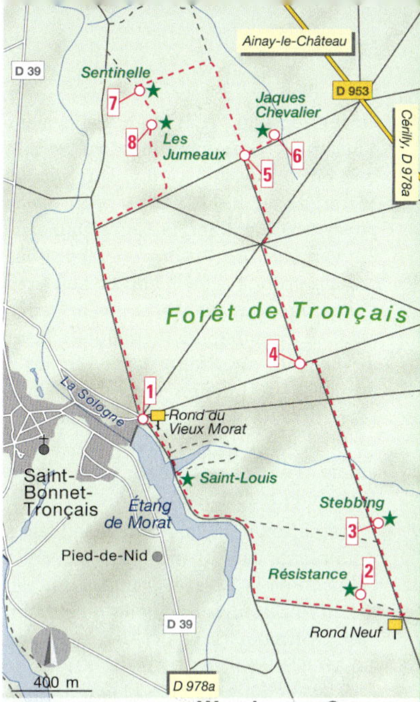

Wanderung 6: Auf Entdeckungstour im schönsten Eichenwald Europas

GPS-Wanderung 7

Vom Torfmoor Tourbière des Dauges zum Pierre Branlante

(Limousin/Haute-Vienne)

Charakteristik: abenteuerliche und feuchte Rundtour durch ein Torfmoor in den Monts d'Ambazac, anschließend kurzer Aufstieg zum „wackeligen Felsen" mit atemberaubender Aussicht. Die Wanderung ist leicht zu bewältigen und bietet auch Kindern großen Spaß. **Länge/Dauer:** 7,9 km, ca. 2 Std. **Markierung:** grüne Zeichen für den Moor-Rundweg, blau-violette zum Wackelstein. **Ausrüstung:** Gummistiefel oder Schuhe zum Wechseln nach der Wanderung. **Start:** Parkplatz gegenüber der Dorfkirche in Sauvagnac, 87340 Saint-Léger-la-Montagne (→ S. 313).

Wegbeschreibung: Bei dieser Wanderung taucht man nicht nur in die Schönheit der Natur ein, sondern auch in die Vergangenheit des Stammlandes der Grammontenser-Mönche. Gleich beim Startpunkt, dem **Parkplatz** **1** im Zentrum von Sauvagnac, sieht man einen etwas hässlichen, verfallenen

Nachkriegsbau. Hier stand einst das Kloster der Grammontenser, heute lebt hier ein orthodoxer Orden. Nur wenige Meter weiter links gibt es noch etwas zu sehen: die Kapelle Notre-Dame de Sauvagnac. Der Ritter von Meyrignac stiftete sie 1147, nachdem er heil vom Kreuzzug zurückgekehrt war. Jeden zweiten Sonntag im September führt die älteste Wallfahrt des Limousin dorthin. Im Inneren kann man eine Marienstatue aus dem 13. Jh. und eine Pieta aus dem 15. Jh. sehen sowie auf einem Fenster aus dem 19. Jh. den Ritter von Meyrignac.

Keine 100 m nach der Kapelle biegen wir rechts ab (beim Hinweisschild „Maison de la Réserve") und passieren gleich linker Hand das **Info-Zentrum** zum Torfmoor (im Juli/Aug. tägl. von 10–18 Uhr geöffnet). An der Kreuzung geht es rechts und dann gleich links in einen schönen Waldweg (immer mit der grünen Markierung). Nach knapp 1 km kommen wir zu einer **Gabelung** **2**. Wir laufen rechts durch den Wald hinunter zum Moor, auf das wir nach 1,5 km einen schönen Blick erhaschen.

Unten angelangt, geht es in einer Linkskurve um eine Anhöhe, wo sich ein Schäfer aus Felsen einen kleinen **Unterschlupf** **3** gebaut hat. Hier trifft man auch auf den Bach, der das stellenweise bis zu 3 m tiefe Moor durchfließt.

Wir gehen weiter auf dem befestigten Weg und sehen rechter Hand dicke Moosbüschel zwischen den Birken. Zweimal kurz hintereinander – und fortan noch öfter – versperren Metallspiralen den Weg. Man muss sie öffnen, um weitergehen zu können, und dann wieder schließen. An ihnen und den links und rechts gespannten Schnüren erkennt man, dass man weiterhin richtig ist, denn bald steht man mitten im **Moor** **4**. Das weiße, an Baumwolle erinnernde Scheiden-Wollgras wächst hier überall, genauso wie die gelb blühende Echte Arnika. Mehr Glück braucht man, um eine der zwei hier verbreiteten fleischfressenden Sonnentau-Arten zu entdecken oder um eine Gerandete Jagdspinne über das Wasser flitzen zu sehen.

Man schaut beim Laufen ohnehin v. a. auf den mit Wasser vollgesogenen Boden, in den man schon mal bis zum Knöchel einsinken kann. Wer seine Schuhe trocken halten will und ein be-

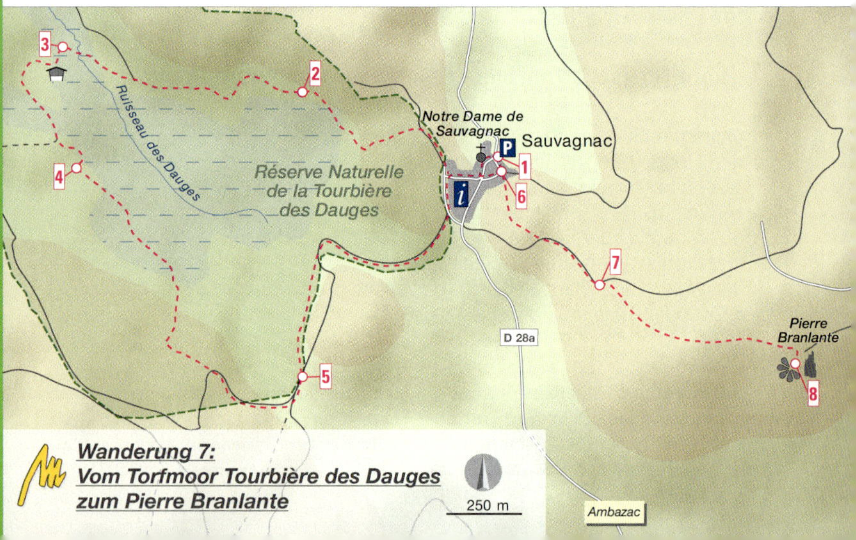

Wanderung 7: Vom Torfmoor Tourbière des Dauges zum Pierre Branlante

sonderes Erlebnis haben möchte, kann einfach barfuß durch das Moor waten und die schmatzenden Geräusche bei jedem Schritt genießen.

Sobald wir das Moor verlassen haben, gelangen wir in einen schönen Wald mit Heidelbeeren, Farnen und Flechten. Kurz darauf, nach insgesamt fast 4 km, kommen wir zu einer **Weggabelung** **5**, wo wir nach links abzweigen. Es geht weiter auf dem Forstweg bis nach Sauvagnac.

Wir passieren das **Info-Zentrum,** überqueren die Hauptstraße und biegen vor einer **Scheune** **6** rechts ab. Wir folgen nun der blau-violetten Markierung und gehen eine Weile bergauf durch den Wald. An einer Wegkreuzung mit großen Ameisenhaufen biegen wir links und gleich wieder rechts **7** ab und erreichen etwa 1,5 km nach Sauvagnac eine frei liegende Felsplatte, den **Pierre Branlante** **8**. Von hier hat man eine fantastische Aussicht auf die Umgebung. Wer sich traut, kann den mächtigen Stein sogar leicht zum Vibrieren bringen. Auch die tollkühnen Holzkonstruktionen für die Profi-Mountainbiker nebenan bringen einen zum Staunen. Zurück nach Sauvagnac geht es auf demselben Weg. Am Parkplatz **1** endet unsere Wanderung.

GPS-Wanderung 8

Zu den sagenumwobenen Felsen der Monts de Blond

(Limousin/Haute-Vienne)

Charakteristik: Runde durch die Wälder der Monts de Blond, bei der man auf mehrere Hinkelsteine und beeindruckende Felsformationen trifft. Größtenteils gibt es nur geringe Steigungen, im Mittelteil fallen sie dafür umso heftiger aus. Ansonsten ist es ein lauschiger Spaziergang mit spannenden Entdeckungen. **Länge/Dauer:** 9,9 km, ca. 2:10 Std. **Markierung:** gelb (nicht immer gut markiert). **Start:** Ceinturat, 87520 Cieux (→ S. 325).

Wegbeschreibung: Vom kleinen Örtchen Ceinturat aus (manchmal auch: Cinturat), 8 km westlich von Cieux, lassen sich die geheimnisvollen Steine der Monts de Blond am besten entdecken. Dafür stellt man sein Auto am **Ortseingang** **1** neben der Straße ab und läuft zunächst in Richtung Cieux. Schon nach wenigen Metern weist ein Schild nach links zum „Pierre à Sacrifice“. Doch wir gehen geradeaus weiter (immer der gelben Markierung folgen!), passieren einen kleinen See und laufen weiter auf der Straße durch den Wald.

Bald treffen wir auf einen kleinen Weiler, an dessen Anfang eine kleine, scheunenartige Kapelle mit einem Holzkreuz davor steht: die **Chapelle du Bois-du-Rat.** Wir folgen der Straße nach rechts, biegen aber schon nach 100 m rechts **2** in den Wald ab. Etwa 500 m weiter kreuzt eine Hochspannungsleitung den Weg. Linker Hand sieht man eine mächtige **Felsformation** **3**: Zwei Blöcke liegen so aufeinander, dass sie wie ein gewaltiger Champignon aussehen.

Wir gehen weiter auf dem Weg durch Wald und Gebüsch, laufen an einer Wegkreuzung geradeaus weiter und folgen 130 m danach einem kleinen Pfad nach rechts in Richtung „Rochers des Fées“. Nach 300 m taucht links ein kleiner, mit Seerosen bedeckter See auf. An dessen Ende biegen wir rechts ab und erreichen nach einem kurzen Anstieg die **Rochers des Fées** **4**. Die mächtigen Felskolosse sollen vor

Tausenden von Jahren zunächst als Behausung und später als Nekropole gedient haben.

Jetzt heißt es vorsichtig sein: Auf der großen, steilen Felsenfläche müssen wir rechts hinunter zum **Bach,** wo wir links abbiegen. Der Wasserlauf schlängelt sich durch ein chaotisches Felsenwirrwarr. Schon wenig später erreichen wir eine breite **Kiesstraße,** der wir nach rechts folgen. Kurz darauf knickt die Kiesstraße rechts ab – wir aber gehen geradeaus auf den **Feldweg 5**.

Dieser steigt nun für längere Zeit an, bis wir rechts auf eine **Abzweigung 6** zum „Oratoire rupestre" treffen. Hier biegen wir ab und folgen nach einem kurzen Abstieg links einem versteckten Pfad im Gebüsch. Ein Schild weist zwar darauf hin, dass es sich um einen Privatweg handelt, doch die 50 m bis zur Grotte darf man gehen. In einer hohen Felswand wurde hier im Jahr 1889 ein **Ort der Marien-Verehrung 7** geschaffen.

Von der Grotte gehen wir die 50 m wieder zurück auf den Pfad und auf ihm links weiter bis zu einem breiten Weg, auf dem wir nach 100 m bereits die ersten Häuser des Dörfchens **Arnac** erreichen, das wir nun durchqueren. Am Ortsende finden wir 50 m links von der Straße in der Wiese den 3,20 m hohen Hinkelstein **Pierre à Cupules 8**.

Von dort kehren wir zurück zur Straße, überqueren sie und halten uns weiter geradeaus. Nach den letzten Häusern biegen wir links ab, gehen unter der Hochspannungsleitung hindurch und können für eine Weile einen wunderschönen, von Bäumen gesäumten Spazierweg zwischen den Weiden genießen.

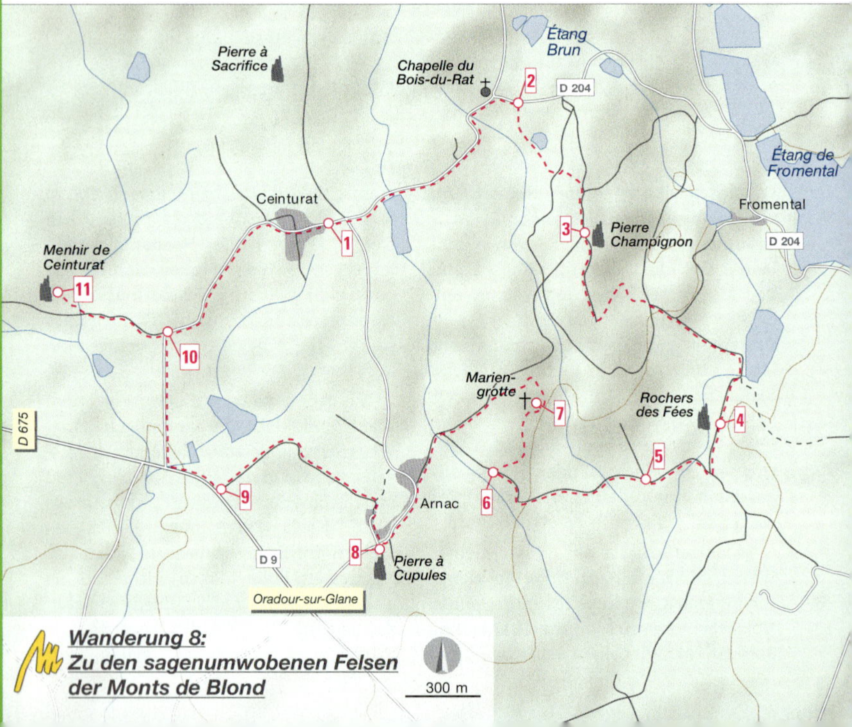

Knapp 1 km nach Arnac treffen wir wieder auf eine **Straße** **9**, der wir kurz nach rechts folgen. Nach 200 m dürfen wir sie schon wieder verlassen, es geht rechts auf einer kleineren Straße weiter. Nach 500 m biegen wir scharf links in einen **Feldweg** **10** ab, nach weiteren knapp 500 m folgen wir dem Wegweiser nach rechts und stehen kurz darauf vor dem gewaltigen **Menhir de Ceinturat** **11**, der 5,10 m in die Höhe ragt.

Danach geht's zurück zur Straße **10** und dann links weiter bergauf zu den Steinhäuschen von **Ceinturat,** wo wir wieder den Ausgangspunkt 1 erreichen.

Wer möchte, kann noch zum eingangs erwähnten Pierre à Sacrifice gehen. Dafür folgen wir dem ausgeschilderten Weg für knapp 500 m, bevor wir dann links im Wald den gewaltigen Granitblock entdecken. Er hat Vertiefungen, die ihn wie einen Opferfelsen wirken lassen. Tatsächlich sind diese aber durch Erosion entstanden.

Der Hinkelstein
Menhir du Ceinturat

GPS-Wanderung 9

Zum Canal des Moines bei Aubazine (Limousin/Corrèze)

Charakteristik: für die Anstrengungen eines sehr beschwerlichen Aufstiegs wird man während der zweiten Hälfte der Tour mit einem Feuerwerk von Höhepunkten belohnt: mit fantastischen Aussichten und Felsformationen sowie den von Mönchen in den Stein gehauene Kanal (Canal des Moines). **Länge/Dauer:** 11 km, ca. 3 Std. **Markierung:** grüne Striche (nicht immer leicht zu sehen). **Start:** Place de l'Église in Aubazine (→ S. 417).

Wegbeschreibung: Bevor man vom **Place de l'Église** **1** zur Tour aufbricht, lohnt sich ein Blick in die dortige Klosterkirche aus dem 12. Jh. Anschließend geht es rechts an der Kirche vorbei und die erste Straße links ab (Richtung „Tulle"). Kurz darauf trifft man rechter Hand auf ein **Wasserbecken** **2**, in das die Wasser des Canal des Moines (Kanal der Mönche) rauschen, zu dessen Anfang wir auf dieser Tour wandern.

Wenige Meter nach dem Wasserbecken zweigen wir mit dem schmalen grünen Strich als Markierung rechts ab. Die Straße führt kurz bergauf, bevor ein erster kleiner Abstecher winkt: Links geht es eine Treppe hinunter zur kleinen **Kapelle** **3** eines Frauenklosters der melkitischen griechisch-katholischen Kirche. In diesem ehemaligen Bauernhof lassen sich prächtige Wandmalereien bewundern.

Wir kehren zurück auf die Straße und folgen ihr weiter bergauf. Im Wald zweigt halbrechts ein mit Seilen abgegrenzter **Wanderweg** **4** von der Fahrbahn ab, dem wir nun folgen. Er führt steil bergauf und trifft auf ein kleines Sträßlein. Auf diesem gehen wir weiter bergauf, bis es in eine etwas größere Ortsverbindungsstraße mündet. Hier biegen wir links ab. Nach einigen Häusern und einem **Boule-Platz** linker Hand heißt es aufpassen: Während rechts eine bergauf führende Straße abzweigt, biegen wir links gegenüber (schlecht markiert) in einen **Feldweg** **5** ein.

Bei einer Weggabelung kurz darauf halten wir uns halbrechts und folgen dem Weg durch den Wald hinauf zu einem **Funkmast,** wo man mit schöner Aussicht belohnt wird. Wenig später geht es rechts ab und auf der Straße hinein in das Dörflein **Pauliac Bas** **6**, das wir durchqueren, bevor wir Pauliac Haut erreichen. Wenn der Ort Mardil links auftaucht, biegen wir rechts in den **Feldweg** **7** ein. Er trifft schließlich auf eine Straße, der wir kurz nach rechts folgen. Wir gelangen in einen ehemaligen **Steinbruch** **8**. Auf dessen hohe Felswände laufen wir direkt zu, ehe wir ihn rechts auf Steintreppen durch eine wunderschöne Felslandschaft umgehen.

Unerwartet taucht ein mysteriöser neolithischer **Steinkreis** **9** auf (Cromlech), den wir diagonal durchqueren (grüne Markierung unten auf einer Steinstufe). Der Pfad führt – über einen Forstweg hinweg – hinauf auf den 524 m hohen **Puy de Pauliat** **10**, wo uns eine fantastische Rundumsicht und eine Orientierungstafel erwarten.

Nun schlängelt sich der Weg bergab, vorbei an einer Quelle, zu den verfallenen **Steinhäusern** **11** einer ehemaligen Einsiedelei (Roche Bergère). Weiter geht es zu einer „Rocher du Bois d'Aliac" genannten Gruppe von **Felsen** **12**, von wo man eine wundervolle Aussicht hat. Ab hier führt ein breiter Forstweg vorbei an einem einsamen Haus zu einem **Dolmen** **13**, einer aus Steinblöcken errichteten, tischförmigen Grabstätte.

Wenn man wieder felsiges Terrain erreicht, zeigt ein Wegweiser („Calvaire") nach rechts zur **Kalvarienkapelle** **14** – ein lohnender Abstecher. Zurück beim Wegweiser, gehen wir rechts bergab, überqueren eine Straße und gelangen schließlich zum Anfang des **Canal des Moines** **15**. Hier zweigten Mönche im 12. Jh. das Wasser vom Gebirgsbach Coiroux ab. Wir folgen nun dem 1,5 km langen, schmalen Kanal. Bald führt er dicht an **Felsen** **16** entlang. Beim Blick ins Tal kann man die Ruinen des ehemaligen Frauenklosters von Coiroux entdecken, bevor man schließlich wieder Aubazine **1** erreicht.

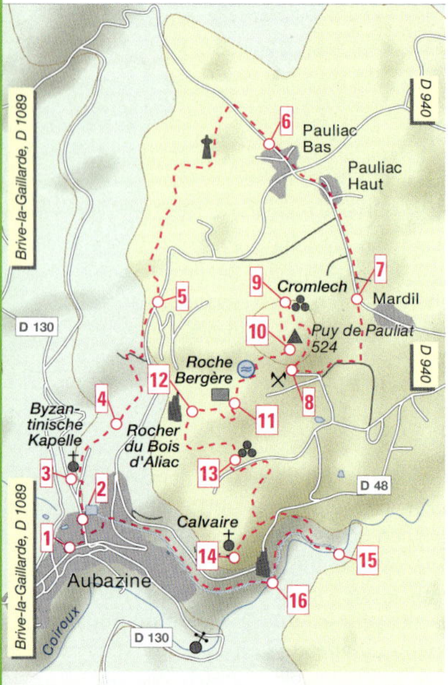

Wanderung 9: Zum Canal des Moines bei Aubazine

GPS-Wanderung 10

Durch die Heidelandschaft des Tourbière du Longeyroux

(Limousin/Corrèze)

Charakteristik: angenehme Rundtour durch das Moor Longeyroux auf dem Plateau de Millevaches mit wilder Flora. Die Wanderung führt streckenweise auf recht zugewucherten Wegen. Man sollte daher besonders auf die Markierungen achten. Mit etwas Glück sieht man Fischotter, Wiesenpieper und Schlangenadler. Empfehlenswert ist eine Wanderung im Spätsommer und Frühherbst, wenn das Heidekraut in prächtigem Lila blüht. **Länge/Dauer**: 8,4 km, ca. 2:15 Std. **Markierung**: mauvefarbener Pfeil mit Heidekrautstängel. **Start**: Parkplatz, Hinweisschilder an der D 109, zwischen den Dörfchen Celle und Lissac, 19170 Saint-Merd-les-Oussines (→ S. 444).

Wegbeschreibung: Das Tourbière du Longeyroux ist mit 250 ha das größte Moor im Limousin. Der Sentier Bruyère – der Heidekraut-Weg – führt direkt hinein in diese Landschaft voller Heidekraut, Scheiden-Wollgras und fleischfressendem Sonnentau, der leicht zu übersehen ist.

Startpunkt ist der **Parkplatz 1** an der Landstraße. Von hier kann man die Moorlandschaft von oben auf sich wirken lassen: ein grüner Kessel, in der Ferne der Puy Pendu mit seinen Nadelbäumen und der Mont Bessou mit seinem Sendemast. Wir biegen links auf die Landstraße – ein mauvefarbener

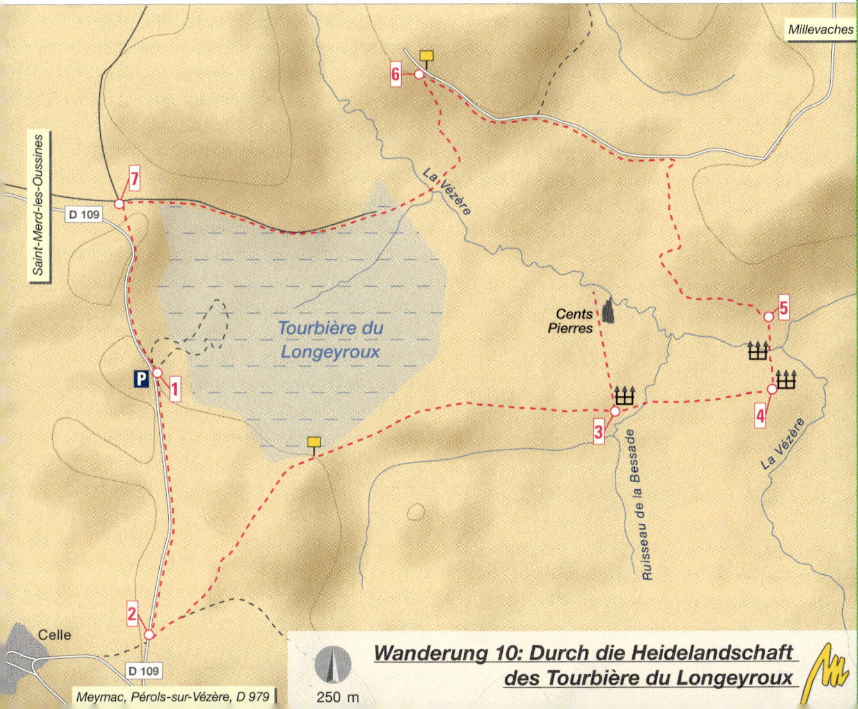

Wanderung 10: Durch die Heidelandschaft des Tourbière du Longeyroux

Pfeil auf einem kleinen Steinpfeiler weist den Weg. Nach kurzer Zeit verlassen wir die Straße nach links in einen aufgeschütteten **Weg** **2**. Dieser steigt leicht an; zu unserer linken Seite erheben sich Nadelbäume. Wir folgen dem Pfad für kurze Zeit und nehmen dann die linke Abzweigung, die in den schattigen Wald hineinführt. Nach ein paar Hundert Metern geht es leicht bergab. Herrlich ist der Anblick der Bäume: Die Stämme bilden einen tollen Kontrast zu dem intensiv hellgrünen Moosboden.

Wir passieren auf der linken Seite ein **gläsernes Infoschild** und verlassen den Wald; der Weg geht in eine Wiese über. Links ist der Boden dicht bedeckt von Heidekraut, rechts stehen zunächst noch Nadelbäume, doch bald sind nur noch Weiden zu sehen. Nach kurzer Zeit erreichen wir linker Hand einen Zaun. Wer einen Abstecher ins Moor wagen möchte, passiert das kleine **Tor** **3** und geht dann geradeaus. Nach etwa 200–300 m tauchen riesige, zum Teil mit Heidekraut überwucherte Steinbrocken auf: die Cents Pierres. Der Legende nach handelt es sich um versteinerte Kühe. Hier kann man wieder umkehren und auf den Hauptweg vor dem Tor zurückgehen.

Ein schönes, schimmerndes Naturschauspiel folgt schon bald. Wir überqueren ein Bächlein – mit etwas Glück besetzen den Holzsteg unzählige Libellen, die hier überall umherschwirren. Wir gehen geradeaus weiter und kommen in einen lichten, niedrigen Wald. Wir halten uns links, bald erscheint auf der linken Seite ein **Gatter** **4**. Wir gehen hindurch und folgen einem Trampelpfad. Nach etwa 150 m müssen wir wieder durch ein Tor und über einen kleinen Steg. Dieser führt über die Vézère, die hier entspringt. Viele Disteln kennzeichnen die Landschaft, Libellen surren durch die Luft, das Zirpen der Grillen und Quaken der Frösche begleitet uns.

Bald taucht linker Hand eine **Markierung** **5** auf, die uns nach links lenkt. Auf einem schmalen Wurzelpfad wandern wir zwischen Heidekrautbüschen. Wir erreichen einen Nadelwald und folgen dem Trampelpfad; rechts von uns verläuft ein Zaun. Wir gehen rechts hoch, bis wir auf einen asphaltierten Weg stoßen und biegen links ab. Es geht etwa 300 m leicht bergauf. Links eröffnet sich eine schöne Aussicht auf das Moor, bevor dann links drei **Holzpfosten** **6** mit Informationen über die Landschaft erscheinen. Etwas versteckt zweigt links daneben ein schmaler, zugewucherter Weg mit mehr als hüfthohem Farn ab (möglich, dass in der Zwischenzeit gemäht wurde).

Wir folgen dem Pfad ins Moor hinunter. Wieder sind Mini-Stege zu überqueren. Der Pfad schwenkt nach rechts, verläuft an einem Zaun entlang, und schließlich stoßen wir auf eine Birkenansammlung. Wir biegen links in einen **Waldwirtschaftsweg** **7**. Nach etwa 200 m treffen wir wieder auf die Landstraße und folgen dieser nach links. Es geht leicht bergauf, und so kommen wir wieder zum Parkplatz **1**. Wer mag, kann die Tour mit einer Wanderung zu den nahegelegenen gallorömischen Ruinen bei der Site des Cars kombinieren oder das Torfmoor lediglich als Startpunkt nutzen (zusätzlich 16 km). Die Beschreibung steht unter www.site-gallo-romain-les-cars.com.

Etwas Französisch

Guter Wille wird honoriert. Wer sich mit auch nur wenigen französischen Wörtern durchzuschlagen versucht, zeigt damit, dass er als Gast gekommen ist, und kann sich der Freundlichkeit des Gastgebers gewiss sein.

Gespräche

guten Tag	*bonjour*
guten Abend	*bonsoir*
gute Nacht	*bonne nuit*
auf Wiedersehen	*au revoir*
bis bald	*à bientôt*
bis gleich	*à tout à l'heure*
Wie geht es dir?	*Comment vas-tu?*
Wie geht es Ihnen?	*Comment allez-vous?*
danke	*merci*
Mir geht es gut, und dir (Ihnen)?	*Je vais bien, et toi (vous)?*
Wie heißen Sie?	*Quel est votre nom?*
Wie heißt das auf Französisch?	*Comment cela se dit en français?*
Ich bin ...	*Je suis ...*
Deutsche/r	*Allemand/Allemande*
Österreicher/in	*Autrichien/Autrichienne*
Schweizer	*Suisse/Suissesse*
Entschuldigung	*pardon*
Deutschland/ deutsch	*l'Allemagne/ allemand/e*
Sprechen Sie Deutsch? (Englisch, Italienisch)?	*Parlez-vous allemand? (anglais, italien)?*
Kennen Sie ...?	*Connaissez-vous ...?*
Ich habe nicht verstanden	*Je n'ai pas compris*
Ich weiß (es) nicht	*Je ne (le) sais pas*
Ich suche	*Je cherche*
Geben Sie mir ..., bitte!	*Donnez-moi ..., s'il vous plaît!*
einverstanden! o.k.!	*d'accord!*

Minimalwortschatz

ja	*oui*
nein	*non*
vielleicht	*peut-être*
und	*et*
oder	*ou*
schön	*beau (bel, belle)*
groß/klein	*grand (grande)/petit (petite)*
viel	*beaucoup (de)*
wenig	*peu (de)*
es gibt/es gibt nicht	*il y a/il n'y a pas*
wo/wohin	*où*
wann	*quand*
wie viel/wie viele	*combien*
warum	*pourquoi*
..., bitte! (Aufforderung)	*..., s'il vous plaît!*

Unterwegs

Ich suche ...	*Je cherche ...*
Wo ist ...?	*Où est ...?*
Ich möchte ...	*Je voudrais ...*
Ich möchte nach ... gehen	*Je voudrais aller à ...*
Wann kommt ... an?	*A quelle heure arrive ...?*
Wann fährt/ fliegt ein ... nach ...?	*A quelle heure y a t-il un (une) ... pour ...?*
Um wie viel Uhr?	*A quelle heure?*
um (4) Uhr	*à (quatre) heures*
Weg	*le chemin*
Straße	*la rue*
Überlandstraße	*la route*
Autobahn	*l'autoroute*
Kreuzung	*le carrefour*
Kreisel	*le rond-point*
Ampel	*les feux, le feu rouge*
abbiegen	*tourner*
links	*à gauche*
rechts	*à droite*
geradeaus	*tout droit*

Abfahrt, Abflug	*le départ*
Ankunft	*l'arrivée*
Information	*l'information*
Fahrkarte	*le billet*
einfach	*aller simple*
hin und zurück	*aller-retour*
Flughafen	*l'aéroport*
Flugzeug	*l'avion*
Hafen	*le port*
Schiff	*le bateau*
Fährschiff	*le ferry*
Bahnhof	*la gare*
Zug	*le train*
Bus	*le bus*
Busbahnhof	*la gare routière*

Rund ums Auto

Ich möchte mieten (für einen Tag)	*Je voudrais louer (pour un jour)*
Wie viel kostet das (pro Tag)?	*Combien ça coûte? (par jour)?*
Voll, bitte!	*Le plein, s'il vous plaît!*
Ich habe eine Panne	*Je suis tombé(e) en panne*
(Der Anlasser) geht nicht mehr.	*(Le démarreur) ne marche plus.*
Auto	*la voiture*
Führerschein	*le permis de conduire*
Tankstelle	*la station essence*
Benzin	*l'essence*
Diesel	*le gasoil/le gazole*
Öl	*l'huile*
Ölwechsel	*la vidange (d'huile)*
Unfall	*l'accident*
Abschleppdienst	*le dépannage*
Autowerkstatt	*le garage*
Anlasser	*le démarreur*
Auspuff	*le pot d'échappement*
Batterie	*la batterie*
Blinker	*le clignotant*
Bremsen	*les freins*
Bremslichter	*les feux de stop*
Felge	*la jante*
Gang	*la vitesse*
Gebläse	*le ventilateur*
Handbremse	*le frein à main*
Kupplung	*l'embrayage*
Kühler	*le radiateur*
Lichtmaschine	*l'alternateur*
Motor	*le moteur*
Motorhaube	*le capot*
Reifen	*le pneu*
Rückwärtsgang	*la marche arrière*
Scheibenwischer	*l'essuie-glace*
Scheinwerfer	*le phare*
Schlauch	*le tuyau*
Stoßdämpfer	*l'amortisseur*
Wasser (destilliert)	*l'eau distillée*
Vergaser	*le carburateur*
Zündkerzen	*les bougies*

Unterkunft

Haben Sie ...?	*Avez-vous ...?*
ein Zimmer reservieren	*réserver une chambre*
Doppelzimmer	*la chambre double*
Einzelzimmer	*la chambre simple*
Wie viel kostet das?	*Combien ça coûte?*
Das ist zu teuer.	*C'est trop cher.*
ein billigeres Zimmer	*une chambre moins chère*
mit Dusche/ mit Badewanne	*avec douche/ avec baignoire*
für eine Nacht	*pour une nuit*
für (3) Tage	*pour (trois) jours*
voll (alle Zimmer belegt)	*complet*
Vollpension	*pension complète*
Halbpension	*demi-pension*
Frühstück	*le petit déjeuner*
Ich nehme es (das Zimmer).	*Je la prends.*
Zeltplatz	*le camping*
Zelt	*la tente*
im Schatten	*à l'ombre*
elektrischer Anschluss	*le branchement électrique*
Dusche	*la douche*
Waschmaschine	*le lave-linge*

Bank/Post

offen	*ouvert*
geschlossen	*fermé*
Ich möchte	*Je voudrais*
SFr. wechseln.	*changer des francs suisses.*
... ein Fax aufgeben	*... envoyer un fax*
Wechselstube	*le bureau de change*
Bank	*la banque*
Geldwechsel	*le change*
Wechselkurs	*le cours du change*
Briefkasten	*la boîte aux lettres*
Briefmarke	*le timbre*
Brief	*la lettre*
Ansichtskarte	*la carte postale*
Luftpost	*par avion*
Eilpost	*prioritaire*
Einschreiben	*lettre recommandée*
Ferngespräch	*la communication interurbaine*

Einkaufen

Haben Sie ...?	*Avez-vous ...?*
Ich hätte gern ...	*Je voudrais ..., s'il vous plaît.*
Wie viel kostet das?	*Combien ça coûte?*
Das ist zu teuer/	*C'est trop cher/*
billiger.	*moins cher.*
Das gefällt mir nicht.	*Ça ne me plaît pas.*
1 Pfund/Kilo	*une livre/un kilo*
100 Gramm	*cent grammes*
groß/klein	*grand/petit*
Lebensmittelgeschäft	*le magasin d'alimentation*
Bäckerei	*la boulangerie*
Metzgerei	*la boucherie*
Wurstwarenhandlung	*la charcuterie*
Apotheke	*la pharmacie*
Buchhandlung	*la librairie*
Schreibwarenhandlung	*la papeterie*
Briefumschlag	*l'enveloppe*
Brot	*le pain*
Buch	*le livre*
Butter	*le beurre*
Ei	*l'œuf*
Essig	*le vinaigre*
Honig	*le miel*
Käse	*le fromage*
Klopapier	*le papier toilette*
Marmelade	*la confiture*
Milch	*le lait*
Öl	*l'huile*
Orange	*l'orange*
Pfeffer	*le poivre*
Salz	*le sel*
Seife	*le savon*
Shampoo	*le shampooing*
Sonnenöl	*l'huile solaire*
Streichhölzer	*les allumettes*
Tomaten	*les tomates*
Wurst	*la charcuterie*
Zeitung	*le journal*
Zucker	*le sucre*

Sehenswertes/ geographische Begriffe

Wo ist der/die/das ...?	*Où est le/la ...?*
Wo ist der Weg/ die Straße zum ...?	*Pourriez-vous m'indiquer le chemin pour ...?*
rechts/links	*à droite/à gauche*
hier/dort	*ici/là*
Gebirge	*la montagne*
Burg	*le château*
Brücke	*le pont*
Bucht	*la baie*
Dorf	*le village*
Fluss	*la rivière*
Gipfel	*le sommet*
Hafen	*le port*
Höhle	*la grotte*
Insel	*l'île*
Kapelle	*la chapelle*
Kirche	*l'église*
Kloster	*le couvent/le monastère*

Viaduc de la Perrière im Departement Allier

Leuchtturm	*le phare*
Meer	*la mer*
Museum	*le musée*
Pass	*le col*
Platz	*la place*
Schlucht	*les gorges*
See	*le lac*
Stadt	*la ville*
Staudamm	*le barrage*
Strand	*la plage*
Turm	*la tour*
Wald	*la forêt*
Wasserfall	*la cascade*

Allgemeine Zeitbegriffe

vorgestern	*avant-hier*
gestern	*hier*
heute	*aujourd'hui*
morgen	*demain*
übermorgen	*après-demain*
Stunde	*l'heure*
Tag	*le jour*
Woche	*la semaine*
Monat	*le mois*
Jahr	*l'an/l'année*
danach	*après*
Wie viel Uhr ist es?	*Quelle heure est-il?*
Um wie viel Uhr?	*A quelle heure?*
Wann?	*Quand?*
Morgen	*le matin*
Nachmittag	*l'après-midi*
Abend	*le soir*
Nacht	*la nuit*

Tage, Monate, Jahreszeiten

Montag	*lundi*
Dienstag	*mardi*
Mittwoch	*mercredi*
Donnerstag	*jeudi*
Freitag	*vendredi*
Samstag	*samedi*
Sonntag	*dimanche*
Januar	*janvier*
Februar	*février*
März	*mars*
April	*avril*
Mai	*mai*
Juni	*juin*

Juli	*juillet*
August	*août*
September	*septembre*
Oktober	*octobre*
November	*novembre*
Dezember	*décembre*
Frühjahr	*le printemps*
Sommer	*l'été*
Herbst	*l'automne*
Winter	*l'hiver*

Hilfe/Krankheit

Können Sie mir bitte helfen?	*Pourriez-vous m'aider, s'il vous plaît?*
Wo ist ein Arzt/ eine Apotheke?	*Où pourrais-je trouver un docteur/ une pharmacie?*
Wann hat der Arzt Sprechstunde?	*A quelle heure le cabinet est-il ouvert?*
Ich habe (hier) Schmerzen.	*J'ai des douleurs (ici).*
Ich bin allergisch gegen ...	*J'ai une allergie à (aux) ...*
Konsulat	*le consulat*
Arzt	*le docteur*
Krankenhaus	*l'hôpital*
Polizei	*la police*
Unfall	*l'accident*
Zahnarzt	*le dentiste*
Ich brauche ...	*J'ai besoin de ...*
Pflaster	*le pansement*
Mullbinde	*la bande de gaze*
Schmerzen	*des douleurs*
krank	*malade*
erkältet	*enrhumé*
Grippe	*la grippe*
Husten	*la toux*
Durchfall	*la diarrhée, la colique*
Verstopfung	*la constipation*
Entzündung	*l'inflammation*
Ohrenentzündung	*l'otite*
Insektenstich	*la piqûre d'insecte*
Ich habe ...	*J'ai ...*
... Kopfschmerzen	*... mal à la tête*
... Halsschmerzen	*... mal à la gorge*
... Zahnschmerzen	*... mal aux dents*
Auge/die Augen	*l'œil/les yeux*
Ohr	*l'oreille*
Magen	*l'estomac*
Rücken	*le dos*

Zahlen

1	*un*
2	*deux*
3	*trois*
4	*quatre*
5	*cinq*
6	*six*
7	*sept*
8	*huit*
9	*neuf*
10	*dix*
11	*onze*
12	*douze*
13	*treize*
14	*quatorze*
15	*quinze*
16	*seize*
17	*dix-sept*
18	*dix-huit*
19	*dix-neuf*
20	*vingt*
21	*vingt et un*
22	*vingt-deux*
30	*trente*
40	*quarante*
50	*cinquante*
60	*soixante*
70	*soixante-dix*
80	*quatre-vingts*
90	*quatre-vingt-dix*
100	*cent*
200	*deux cents*
1000	*mille*
2019	*deux mille dix-neuf*
einmal	*une fois*
zweimal	*deux fois*
der erste	*le premier (la première)*
der zweite	*le deuxième*
die Hälfte von ...	*la moitié de ...*
ein Drittel	*un tiers*
ein Viertel	*un quart*
ein Paar...	*une paire de ...*

Speiselexikon

Allgemeines

Bedienung!	*S'il vous plaît, Madame/Monsieur!*
Die Speisekarte, bitte!	*La carte, s'il vous plaît!*
Ich hätte gerne …	*Je voudrais bien …*
Haben Sie …?	*Est-ce que vous avez …?*
Die Rechnung bitte!	*L'addition, s'il vous plaît!*
Teller	*L'assiette*
Landgasthof	*l'auberge*
gut durchgebraten	*bien cuit*
bei großer Hitze nur wenige Sekunden angebraten	*bleu*
trinken	*boire*
geschmort	*braisé*
eigentlich Brauhaus; heute v. a. Bezeichnung für Cafés mit Mittags- und Abendtisch	*la brasserie*
Weinkarte	*la carte des vins*
Tageskarte	*le menu du jour*
Aschenbecher	*le cendrier*
heiß	*chaud(e)*
Bestellung	*la commande*
inbegriffen	*compris(e)*
Messer	*le couteau*
Löffel	*la cuillère*
gekocht	*cuit(e)*
Mittagessen	*le déjeuner*
fast durchgebraten (rosafarbener Kern)	*demi-anglais*
hart, zäh	*dur(e)*
Vorspeise	*l'entrée*
Gewürz	*l'épice*
schmelzend	*fondant(e)*
Gabel	*la fourchette*
kalt	*froid(e)*
geräuchert	*fumé(e)*
Kellner, Ober	*le garçon*
gesülzt	*en gelée*

Eis	*la glace*
Eiswürfel	*le glaçon*
Tropfen	*la goutte*
Auflauf, Überbackenes	*le gratin*
Gegrilltes	*les grillades*
gegrillt	*grillé(e)*
Kräuter der Provence	*les herbes de Provence*
Vorspeise	*l'hors-d'œuvre*
Öl	*l'huile*
Selbstbedienung	*self-service*
mager	*maigre*
essen	*manger*
geschmort	*mijoté(e)*
Pfeffermühle	*le moulin à poivre*
Rechnung	*la note*
Flaschenöffner	*l'ouvre-bouteilles*
Haut, Schale	*la peau*
Frühstück	*le petit déjeuner*
Wein-/Wasserkaraffe	*le pichet de vin/d'eau*
Prise	*la pincée*
Gericht, Platte	*le plat*
Tagesgericht	*… du jour*
in der Pfanne gebraten	*poêlé(e)*
auf den Punkt gebraten (außen knusprig, innen gerade noch rosa)	*à point*
Topf	*le pot*
Trinkgeld	*le pourboire*
bereit, angerichtet	*prêt(e)*
ein Viertel	*un quart*
Wie gebraten?	*quelle cuisson?*
Klößchen, Röllchen	*les quenelles*
geraspelt, gerieben	*râpé(e)*
aufwärmen	*réchauffer*
empfohlen, empfehlenswert	*recommandé(e)*
Landgasthof	*le relais*

scharfe rote Soße	*la rouille*
nur kurz angebraten (blutig)	*saignant*
gesalzen	*salé(e)*
Teesalon	*le salon de thé*
Bedienung (nicht) inbegriffen	*service (non) compris*
Salz	*le sel*
Suppe	*la soupe*
zart	*tendre*
Pastete nach Art des Hauses	*la terrine maison*
lauwarm	*tiède*
Schnitte, Scheibe	*la tranche*

Fleisch, Wild und Geflügel

Lamm	*l'agneau*
Fleischstreifen von der Ente	*les aiguillettes de canard*
geräucherte Wurst aus Innereien	*l'andouille de Vire*
Kuttelwurst	*l'andouillette*
kalte Platte	*l'assiette anglaise*
kalte Platte mit Schinken und Wurstwaren	*l'assiette de charcuterie*
Rohkostteller mit Salat	*l'assiette de crudités*
Bauchlappen	*la bavette*
Beefsteak	*le bifteck*
weißes Kalbsfrikassee	*la blanquette de veau*
Ochse oder Rind	*le bœuf*
eine Art Weißwurst aus Geflügelfleisch	*le boudin blanc*
Blutwurst	*le boudin noir*
Spießchen	*la brochette*
Wachtel	*la caille*
Ente	*le canard*
Lammrückenstück	*le carré d'agneau*
Hirsch	*le cerf*
Wurstaufschnitt	*la charcuterie*
Pferd	*le cheval*
Ziege	*la chèvre*
Reh	*le chevreuil*
Wildragout	*le civet*
Schwein	*le cochon*
in Entenschmalz eingelegtes Entenfleisch	*le confit de canard*
Hahn	*le coq*
Brathähnchen	*le coquelet*
Rippenstück	*la côte*
Lammkotelett	*... d'agneau*
Kalbskotelett	*... de veau*
Entenschlegel	*la cuisse de canard*
Pute	*la dinde*
Truthahn	*le dindon*
Zwischenrippenstück	*l'entrecôte*
Lammschulter	*l'épaule d'agneau*
Schnitzel	*l'escalope*
Weinbergschnecken	*les escargots*
Fasan	*le faisan*
Lendenstück	*le filet*
kleines Steak aus dem schmalen Teil des Rinderfilets	*le filet mignon*
Leber	*le foie*
Wild	*le gibier*
Keule	*le gigot*
Gulasch	*la goulache*
Frosch	*la grenouille*
Schinken	*le jambon*
Schweinshaxe	*le jambonneau*
Haxe	*le jarret*
Ochsenwange	*la joue de bœuf*
Ochsenzunge	*la langue de bœuf*
Hase	*le lièvre*
Kaninchen	*le lapin*
Entenbrust	*le magret de canard*
Hammel, Schaf	*le mouton*
Lammnüsschen	*la noisette d'agneau*
Gans	*l'oie*
Rindssteak (Zwerchfellstütze, bei der Wirbelsäule)	*l'onglet de bœuf*
Knochen	*l'os*
Bugschauffelstück (Rindsschulter)	*le paleron braisé*
Roulade	*la paupiette*
junges Rebhuhn	*le perdreau*
Rebhuhn	*la perdrix*
Schweinsfüße	*les pieds de porc*

Taube	*le pigeon*
Perlhuhn	*le pintadeau*
Brust	*la poitrine*
Schwein	*le porc*
Spanferkel	*le porcelet*
Masthuhn	*la poularde*
Brathähnchen	*le poulet*
Schwanz	*la queue*
Kaninchenrücken	*le râble de lapin*
Nieren	*les rognons*
Braten	*le rôti*
Wildschwein	*le sanglier*
Schnitt- oder Brühwurst	*le saucisson*
Lammrücken	*la selle d'agneau*
Pfeffersteak	*le steak au poivre*
Lendenschnitte	*le tournedos*
Kutteln	*les tripes*
Kalb, Kalbfleisch	*le veau*
Fleisch	*la viande*
Geflügel	*la volaille*

Meeresfrüchte/Fische

Sardelle (Anchovis)	*l'anchois*
Aal	*l'anguille*
Barsch	*le bar*
Barbe	*le barbeau (barbillon)*
Meerbutt, Glattbutt	*la barbue*
Seeteufel	*la baudroie*
Fischsuppe	*la bisquebouille*
kräftige Fischsuppe mit mehreren Fischarten	*la bouillabaisse*
püriertes Stockfischmus	*la brandade de morue*
Hecht	*le brochet*
Kabeljau	*le cabillaud*
Karpfen	*la carpe*
Scholle	*le carrelet*
Meer- bzw. Seeaal	*le congre*
Muscheln	*les coquillages*
Garnelen	*les crevettes*
Zahnbrasse	*le denté*
Flusskrebse	*les écrevisses*
Heilbutt	*le flétan*
Meeresfrüchte	*les fruits de mer*
Garnelen, Krabben	*les gambas*
Knurrhahn	*le grondin*
Hering	*le hareng*
Hummer	*le homard*
Austern	*les huîtres*
Kaisergranat	*les langoustines*
Seelachs, Polack	*le lieu*
Seeteufel	*la lotte de mer*
Wolfsbarsch	*le loup de mer*
Makrele	*le maquereau*
Fischeintopf mit Edelfischen und Miesmuscheln	*la marmite dieppoise*
Fischgericht in einer Soße aus Crème fraîche und Weißwein	*la matelote*
Stockfisch	*la morue*
Muscheln	*les moules*
Jabobsmuscheln	*les coquilles Saint-Jacques*
Seebarsch	*le perche*
Scholle	*la plie*
Fisch	*le poisson*
Flussfisch	*... de rivière*
Tintenfisch	*le poulpe*
Venusmuschel	*la praire*
Hechtklößchen	*les quenelles de brochet*
Rochen	*la raie*
Drachenkopf	*la rascasse*
Rotbarbe	*le rouget*
Zander	*le sandre*
Ölsardinen	*les sardines à l'huile*
Lachs	*le saumon*
Tintenfisch	*la seiche*
mit Gemüse und Hackfleisch gefüllte Tintenfische	*les seiches farcies*
Seezunge	*la sole*
St.-Petersfisch	*le st-pierre*
Schleie	*la tanche*
lauwarme Pastete	*la timbale tiède*
Thunfisch	*le thon*
Taschenkrebs	*le tourteau*
Forelle	*la truite*
Steinbutt	*le turbot*

Gemüse/Beilagen

Artischocken	*les artichauts*
Spargel	*les asperges*
weiße Sahnesoße	*la béchamel*
Rote Bete	*la betterave rouge*
Weizen, Korn	*le blé*
Mangold	*la blette*
Steinpilze	*les cèpes*
Pfifferlinge	*les chanterelles*
Kichererbsen	*les pois chiches*
Kohl	*le chou*
Blumenkohl	*le chou-fleur*
Grünkohl	*le chou vert*
Sauerkraut	*la choucroute*
Gurke	*le concombre*
Zucchini	*les courgettes*
Rohkost	*les crudités*
Schalotte	*l'échalote*
Spinat	*les épinards*
Fenchel	*le fenouil*
Zucchini-Blüten	*les fleurs de courge*
Beilage	*la garniture*
Ingwer	*le gingembre*
Pfifferlinge	*les girolles*
grüne Bohnen	*les haricots verts*
Kopfsalat	*la laitue*
Gemüse	*les légumes*
Linsen	*les lentilles*
Feldsalat	*la mâche*
Salatmix (Chicorree, Rucola, Kerbel, Portulak)	*le mesclun*
Hirse	*le millet*
Nudeln	*les nouilles*
Zwiebeln	*les oignons*
Teig	*la pâte*
Nudeln	*les pâtes*
Brot	*le pain*
Erbsen	*les petits pois*
Lauch, Porree	*le poireau*
Mangold	*la poirée*
Kartoffeln	*les pommes de terre*
Rettich	*le radis*
geschmortes Gemüseallerlei zumeist aus Auberginen, Zucchini, Paprika und Tomaten	*la ratatouille*
Salat	*la salade*
Grieß	*la semoule*

Obst, Dessert, Gebäck und Käse

Aprikose	*l'abricot*
Mandeln	*les amandes*
Krapfen	*le beignet*
Hefegebäck	*la brioche*
Süßwaren	*la confiserie*
Vanillecreme mit flambierter Karamellkruste	*la crème brûlée*
würziger Weichkäse	*le dauphin*
süß	*doux, douce*
Pudding	*le flan*
Feige	*la figue*
Käse	*le fromage*
Himbeere	*la framboise*
Früchte, Obst	*les fruits*
Kuchen	*le gâteau*
Eischnee in einer crème anglaise schwimmend	*l'île flottante*
Obstsalat	*la macédoine de fruits*
Heidelbeeren	*les myrtilles*
Haselnuss	*la noisette*
Walnuss	*la noix*
Konditorei, Gebäck	*la pâtisserie*
Pfirsich	*la pêche*
Ziegenkäse	*le pélardon*
Teegebäck	*le petit gâteau*
Pinienkern	*le pignon*
Birne	*la poire*
Apfel	*la pomme*
Obst und Gemüse	*les primeurs*
Back- oder Dörrpflaume	*le pruneau*
Mark, Fruchtfleisch	*la pulpe*
Weintrauben	*les raisins*
kleiner Käsekuchen	*le ramequin*
Käseplatte	*le plateau de fromage*
Sandgebäck	*le sablé*
Früchtesorbet	*le sorbet aux fruits*
Eierauflauf	*le soufflé*

Zucker (sucré: gesüßt)	*le sucre*
Sirup	*le sirop*
Kuchen	*la tarte*
Törtchen	*la tartelette*
mit Zimt gewürzter Milchreis	*la teurgoule*

Diverses

Knoblauch-Mayonnaise	*l'aïoli*
Butter	*le beurre*
sehr dünnes, langes Weißbrot	*la ficelle*
Gänseschmalz	*la graisse d'oie*
Eigelb	*le jaune d'œuf*
Honig	*le miel*
Senf	*la moutarde*
Rührei	*l'œuf brouillé*
hart gekochtes Ei	*l'œuf dur*
Pfeffersoße	*la poivrade*
mit schwarzen Oliven, Zwiebelscheiben und Sardellen bedeckter Brotteig	*la pissaladière*
Suppe	*le potage*
Eintopf	*la potée*
Gänsepastete	*les rillettes d'oie*
mit Basilikum, Knoblauch u. Olivenöl verfeinerte Gemüsesuppe	*la soupe au pistou*
ein mit Anchovis und Kapern verfeinertes Olivenpüree (Brotaufstrich)	*la tapenade*
Trüffel	*les truffes*
Crèmesuppe	*le velouté*

Würzig: Salers-Käse

Essig	*le vinaigre*
Joghurt	*le yaourt*

Getränke

Alkohol	*l'alcool*
helles (dunkles) Bier	*la bière (brune) blonde*
Bier vom Fass	*(la biere à) la pression*
Getränk	*la boisson*
Flasche	*la bouteille*
Kaffee	*le café*
Milchkaffee	*... le grand crème*
koffeinfrei	*... décaféiné*
Apfelschnaps	*le calvados*
Apfelwein	*le cidre*
Verdauungsschnaps	*le digestif*
halb	*demi*
halbtrocken	*demi-sec*
Wasser	*l'eau*
mit Kohlensäure	*... gazeuse*
natürliches Mineralwasser	*... naturelle*
Branntwein	*... de vie*
Kräuterlikör	*le génépy*
Kräutertee	*l'infusion*
Saft	*le jus*
Milch	*le lait*
Vollmilch	*... entier*
Anisschnaps, der mit Wasser zu einer gelblichen Flüssigkeit verdünnt wird	*le pastis*
Aperitif aus frisch gepresstem Apfelsaft und jungem Calvados	*le pommeau*
Sammelbegriff für Erfrischungsgetränke	*les rafraîchissements*
Tee	*le thé*
Schwarzer Tee	*le thé nature*
(Trink-)Glas	*le verre*
Wermut	*le vermouth*
Wein	*le vin*
Weißwein	*... blanc*
Landwein	*... de pays*
Tischwein	*... de table*
einheimischer Wein	*... du pays*
Rotwein	*... rouge*

Weideidyll vor dem Puy de Dôme,
dem König der Vulkane

Kartenverzeichnis

Zeichenerklärung für die Karten und Pläne

Autobahn
Hauptverkehrsstraße
Landstraße
Nebenstraße
Bahnlinie
Wanderung (mit GPS-Punkt)
Bebauung
Grünanlage
Friedhof
Fußgängerzone
Gewässer
Limoges – im Kapitel näher beschriebener Ort

Berggipfel
Ruine Burg/Schloss
Burg
Kirche, Kapelle
Klosterruine
Denkmal
Museum
Sehenswürdigkeit
Naturattraktion
Aussichtspunkt
Quelle
Archäologische Stätte

Information
Flughafen
Parkplatz
Gatter
Felsen
Campingplatz
Schutzhütte
Schild
Wegkreuz
Wasserfall
Wasserbecken
heiße Quelle

Alles im Kasten

Nostalgische Fassadendeko in Blesle

Was haben Sie entdeckt?

Haben Sie ein besonderes Restaurant, ein neues Museum oder ein nettes Hotel entdeckt? Wenn Sie Ergänzungen, Verbesserungen oder Tipps zum Buch haben, lassen Sie es uns bitte wissen!

Schreiben Sie an: Severine Wahl, Stichwort „Auvergne & Limousin"

c/o Michael Müller Verlag GmbH | Gerberei 19 | D – 91054 Erlangen

severine.wahl@michael-mueller-verlag.de

Vielen Dank!

Ich möchte mich bei Yasmine-Délia Greifenstein, Karine Bon, Gilles Bergeal, Sophie Trinques und Béatrice Faury für ihr Unterstützung bedanken, ebenso allen Lesern für ihre wertvollen Tipps, meinem Mann für seine Fahrdienste und meinen Kindern für ihre Geduld.

Impressum

Text und Recherche: Severine Wahl | **Lektorat:** D&M Services GmbH: Britta Dieterle | **Redaktion:** Christine Hetterle | **Layout:** D&M Services GmbH: Julia Lüssow, Heike Wurthmann | **Karten:** Theresa Flenger, Judit Ladik, Benedikt Neuwirth | **GIS-Consulting:** Rolf Kastner | **Fotos:** Severine Wahl | **Innentitel:** Église Saint-Michel d'Aiguilhe, Le Puy-en-Velay | **Covergestaltung:** Karl Serwotka | **Covermotiv:** Collonges-la-Rouge © mauritius images / Hilke Maunder / Alamy / Alamy Stock Photos

ISBN 978-3-95654-982-3

 Druck: Zeitfracht Medien GmbH, Nürnberg.

Haftungsausschluss

Die in diesem Reisebuch enthaltenen Informationen wurden von der Autorin nach bestem Wissen erstellt und von ihr und dem Verlag mit größtmöglicher Sorgfalt überprüft. Dennoch sind, wie wir im Sinne des Produkthaftungsrechts betonen müssen, inhaltliche Fehler nicht mit letzter Gewissheit auszuschließen. Daher erfolgen die Angaben ohne jegliche Verpflichtung oder Garantie der Autorin bzw. des Verlags. Autorin und Verlag übernehmen keinerlei Verantwortung bzw. Haftung für mögliche Unstimmigkeiten. Wir bitten um Verständnis und sind jederzeit für Anregungen und Verbesserungsvorschläge dankbar.

Abruzzen ■ Ägypten ■ Albanien ■ Algarve ■ Algarve ■ Allgäu ■ Altmühltal & Fränk. Seenland ■ Amsterdam ■ Andalusien ■ Andalusien ■ Apulien ■ Australien – Der Osten ■ Azoren ■ Bali & Lombok ■ Barcelona ■ Bayerischer Wald ■ Berchtesgadener Land ■ Berlin ■ Bodensee ■ Bornholm ■ Bremen mit Bremerhaven ■ Bretagne ■ Brüssel ■ Budapest ■ Chalkidiki ■ Chiemgauer Alpen ■ Chiemgau & Berchtesgadener Land ■ Chios ■ Cilento ■ Comer See ■ Cornwall & Devon ■ Costa Brava ■ Costa de la Luz ■ Côte d'Azur ■ Cuba ■ Dänemark Nordseeküste ■ Dolomiten ■ Dolomiten ■ Dominikanische Republik ■ Dresden ■ Dublin ■ Düsseldorf ■ Ecuador ■ Eifel ■ Elba ■ Elsass ■ Elsass ■ Fehmarn ■ Florenz & Chianti ■ Föhr & Amrum ■ Franken ■ Fränkische Schweiz ■ Fränkische Schweiz ■ Friaul-Julisch Venetien ■ Fuerteventura ■ Gardasee ■ Gardasee ■ Golf von Neapel ■ Gomera ■ Gran Canaria ■ Hamburg ■ Harz ■ Haute-Provence ■ Ibiza & Formentera ■ Irland ■ Island ■ Istanbul ■ Istrien ■ Jerusalem ■ Kalabrien & Basilikata ■ Kanada – der Westen ■ Karpathos ■ Kärnten ■ Katalonien ■ Kefalonia & Ithaka ■ Köln ■ Kopenhagen ■ Korfu ■ Korsika ■ Korsika Fernwanderwege ■ Korsika ■ Kos ■ Krakau ■ Kreta ■ Kreta ■ Kroatische Inseln & Küstenstädte ■ Kykladen ■ Lago Maggiore ■ Lago Maggiore ■ La Palma ■ La Palma ■ Languedoc-Roussillon ■ Lanzarote ■ Latium mit Rom ■ Lesbos ■ Ligurien ■ Ligurien ■ Limnos ■ Limousin & Auvergne ■ Liparische Inseln ■ Lissabon & Costa de Lisboa ■ Lissabon ■ London ■ Lübeck ■ Lüneburg & Lüneburger Heide ■ Madeira ■ Madeira ■ Madrid ■ Mailand ■ Mainfranken ■ Mainz ■ Mallorca ■ Mallorca ■ Malta, Gozo, Comino ■ Marken ■ Marseille ■ Mecklenburgische Seenplatte ■ Mecklenburg-Vorpommern ■ Menorca ■ Midi-Pyrénées ■ Mittel- und Süddalmatien ■ Montenegro ■ Moskau ■ München ■ Münchner Ausflugsberge ■ Münster & Münsterland ■ Naxos ■ Neuseeland ■ New York ■ Niederlande ■ Nord- u. Mittelengland ■ Nord- u. Mittelgriechenland ■ Norddalmatien ■ Norderney ■ Nordkroatien ■ Nördliche Sporaden ■ Nordportugal ■ Nordseeküste – Schleswig Holstein ■ Nordspanien ■ Normandie ■ Norwegen ■ Nürnberg, Fürth, Erlangen ■ Oberbayerische Seen ■ Oberitalien ■ Oberitalienische Seen ■ Odenwald ■ Oslo ■ Ostfriesland – Ostfriesische Inseln ■ Ostseeküste – Mecklenburg-Vorpommern ■ Ostseeküste – von Lübeck bis Kiel ■ Paris ■ Peloponnes ■ Pfalz ■ Pfälzerwald ■ Piemont & Aostatal ■ Piemont ■ Polnische Ostseeküste ■ Porto ■ Portugal ■ Potsdam ■ Prag ■ Provence & Côte d'Azur ■ Provence ■ Rhodos ■ Rom ■ Rügen, Stralsund, Hiddensee ■ Rumänien ■ Rund um Meran ■ Salzburg & Salzkammergut ■ Samos ■ Santorini ■ Sardinien ■ Sardinien ■ Schottland ■ Schwäbische Alb ■ Schwarzwald Mitte/Nord ■ Shanghai ■ Sizilien ■ Sizilien ■ Slowakei ■ Slowenien ■ Span. Jakobsweg ■ Spreewald ■ Sri Lanka ■ St. Petersburg ■ Steiermark ■ Stockholm ■ Straßburg ■ Südböhmen – Böhmerwald ■ Südengland ■ Südfrankreich ■ Südnorwegen ■ Südschwarzwald ■ Südschweden ■ Südtirol ■ Südtoscana ■ Südwestfrankreich ■ Sylt ■ Tallinn ■ Teneriffa ■ Teneriffa ■ Tessin ■ Thailand – der Norden ■ Thassos & Samothraki ■ Thüringen ■ Toskana ■ Toskana ■ Tschechien ■ Türkei ■ Türkei – Lykische Küste ■ Türkei – Mittelmeerküste ■ Türkei – Südägäis ■ Türkische Riviera – Kappadokien ■ Umbrien ■ USA – Südwesten ■ Usedom ■ Varadero & Havanna ■ Venedig ■ Valdarno, Casentino & Florenz ■ Venetien ■ Wachau, Wald- u. Weinviertel ■ Wales ■ Warschau ■ Westböhmen & Bäderdreieck ■ Wien ■ Zakynthos ■ Zypern

MM-Travel **MM-City** **MM-Wandern**

Ruine mit romantischem Flair:
Tours de Merle in der Corrèze

Register

Ehemalige Traditionsmetzgerei in Ussel

Abenteuerliche Wanderung für die ganze Familie in den Schluchten der Jordanne